Aus Freude am Lesen

btb

Novembermörder

An einem Novembertag stürzt Richard von Knecht, der reichste Mann Göteborgs, von seinem Balkon in den Tod. Als feststeht, dass es sich um Mord handelt, ist Inspektorin Huss gefordert. Sie sieht sich zunächst jedoch vor einer Mauer des Schweigens, bis ein zweiter Mord geschieht…

Der zweite Mord

Im Privatkrankenhaus Löwanderska in Göteborg fällt der Strom aus. Kurz darauf gibt es zwei Tote: ein Patient und eine Krankenschwester. Eine weitere Krankenschwester ist spurlos verschwunden. Die Ermittlungen beginnen für Irene Huss mysteriös, da die einzige Zeugin behauptet, in dieser Nacht eine gewisse Schwester Tekla, die sich vor fünfzig Jahren im Krankenhaus erhängt hat, in den Fluren gesehen zu haben…

Autorin

Helene Tursten wurde 1954 in Göteborg geboren und ist eine der meistgelesenen Krimiautorinnen Schwedens. Ihre Serie um Kriminalinspektorin Huss wurde erfolgreich verfilmt. Die Autorin ist mit einem ehemaligen Polizisten verheiratet und lebt in Sunne/Värmland.

Helene Tursten bei btb

Die Irene-Huss-Serie:
Der Novembermörder. Roman (72554) · Der zweite Mord. Roman (72624) · Die Tätowierung. Roman (73147) · Tod im Pfarrhaus. Roman (73233) · Der erste Verdacht. Roman (73596) · Die Tote im Keller. Roman (75200)

Außerdem:
Die Frau im Fahrstuhl (73257)

Helene Tursten

Novembermörder
Der zweite Mord

Zwei Romane in einem Band

btb

Die schwedische Originalausgabe von »Novembermörder« erschien 1998 unter dem Titel »Den krossade Tanghästen«, die Originalausgabe von »Der zweite Mord« erschien 1999 unter dem Titel »Nattrond« bei Anamma Böcker, Göteborg.

FSC
Mixed Sources
Product group from well-managed
forests and other controlled sources

Cert no. GFA-COC-1223
www.fsc.org
© 1996 Forest Stewardship Council

Verlagsgruppe Random House FSC-DEU-0100
Das für dieses Buch verwendete FSC-zertifizierte Papier *Munken Print* liefert Arctic Paper Munkedals AB, Schweden

Einmalige Sonderausgabe März 2008
published by agreement with Anamma Böcker AB, Göteborg,
represented by Leonhardt & Høier Literary Agency, Copenhagen
Novembermörder
Copyright © 1998 by Helene Tursten
Copyright © der deutschsprachigen Ausgabe 2000
by btb Verlag in der Verlagsgruppe Random House GmbH, München
Der zweite Mord
Copyright © 1999 by Helene Tursten
Copyright © der deutschsprachigen Ausgabe 2001
by btb Verlag in der Verlagsgruppe Random House GmbH, München
Umschlaggestaltung: Design Team München
Umschlagmotiv: Foto: Plainpicture/Pictorium
Satz: Uhl+Massopust, Aalen
Druck und Einband: Clausen & Bosse, Leck
NB · Herstellung: BB
Printed in Germany
ISBN-10: 978-3-442-73729-1

www.btb-verlag.de

Novembermörder

Aus dem Schwedischen
von Christel Hildebrandt

FÜR HILMER UND CECILIA

PROLOG

Niemand sah, wie er durch die kompakte Novemberdunkelheit fiel. Mit einem schweren, dumpfen Ton schlug er auf den regennassen Pflastersteinen auf. Obwohl eigentlich noch Feierabendverkehr herrschte, befanden sich außergewöhnlich wenige Menschen auf dem Bürgersteig. Die Fußgänger stemmten sich gegen den Wind, während ihre Regenschirme sich umstülpten, und schoben ihr Kinn tief in hochgeschlagene Kragen, um ein wenig Schutz vor dem eisigen Regen zu finden. Jeder, der konnte, fuhr lieber mit dem Auto oder drängte sich in die feucht dampfende Wärme eines Busses oder einer Straßenbahn.

Eine ältere Frau, die einen widerspenstigen durchnässten Dackel an der Leine hinter sich her zog, war am nähesten dran. Das Aufjaulen des Hundes und seiner Herrin verkündete den Menschen in der Nähe, dass etwas Ernstes passiert war. Die vorbeieilenden Fußgänger verlangsamten ihre Schritte. Die Neugier siegte und zog sie zu dem Unglücksort.

Ein weißer Mercedes stand nachlässig am Kantstein geparkt. Ein Mann in einem hellen Ulster war gerade um den Wagen herumgelaufen und hatte die Tür auf der Beifahrerseite geöffnet, als die Dame mit dem Dackel anfing zu schreien. Der Mann drehte sich schnell um, spähte durch den Regen und entdeckte das Bündel, nur dreißig Meter von ihm entfernt. Seine Hand umklammerte weiter den Griff der offenen Wagentür, während er langsam den Kopf nach hinten beugte und zur obersten Wohnung des stattlichen Hauses hinaufsah. Ein leiser Jammerton entfuhr seiner Kehle, aber er blieb weiterhin wie gelähmt stehen. Die Frau auf dem Beifahrersitz sprang behände aus dem Wagen, ohne sich einen Mantel überzuziehen, und lief auf die unbewegliche Gestalt auf dem Boden zu. Die Frau war klein und dünn, was durch das elegante Chanelkostüm noch betont wurde. Die Kunst, auf hohen Hacken zu laufen, beherrschte sie formvollendet. Hektisch bahnte sie sich mit ihren Ellbogen einen Weg durch das Menschengedränge und gelangte so ins Zentrum des Geschehens.

KAPITEL 1

Der Streifenwagen war als Erster zur Stelle. Der Unfall-
wagen kam nur fünf Minuten später. Die Sanitäter konnten
nur noch feststellen, dass nicht mehr viel zu tun war. Die beiden Polizisten versuchten die sensationslüsternen Zuschauer
zurückzudrängen, die plötzlich klaglos Wind und Regen trotz-
ten. Einer der Polizisten setzte sich in den Wagen und forderte
Verstärkung an. »Schickt das Einsatzkommando zur Ecke
Aschebergsgatan-Molinsgatan. Ein Mann ist aus dem fünften Stock gesprungen. Scheint dieser berühmte Typ zu sein.
Knäck- irgendwas. Seine Frau und sein Sohn befinden sich
hier, sie stehen unter Schock. Wir brauchen für beide einen
Krankenwagen. Ja, genau… von Knecht.«

Kriminalkommissar Sven Andersson war auf dem Weg zu sei-
nem alten Volvo 240 und wollte gerade den Schlüssel ins
Schloss stecken, als er eine nur allzu vertraute Frauenstimme
rufen hörte:
»Sven warte! Es gibt Arbeit!«
Verärgert drehte er sich um und seufzte:
»Was ist denn nun wieder los?«
Die Stimme der Inspektorin klang ein wenig sensationshei-
schend, als sie sagte:
»Richard von Knecht ist vom Balkon gesprungen!«
»Richard von Knecht! Der Richard von Knecht…?«
»Ja. Klingt unglaublich, nicht? Vielleicht gab's ja gerade
irgendwo einen Börsencrash?«
»Steig ein. Hast du die Adresse?«

Es goss in Strömen, und der Kommissar musste die Scheibenwischer auf Höchstgeschwindigkeit stellen, um überhaupt etwas erkennen zu können. Göteborg machte seinem Spitznamen »Blöteborg« = Nassburg alle Ehre. Erst eine Woche zuvor hatte hier das nackte Chaos geherrscht, nachdem ein halber Meter Schnee gefallen war, was die ganze Stadt für mehrere Tage lahm gelegt hatte. Die Folgen davon würden sich sicher Anfang August des nächsten Jahres in hohen Geburtenraten zeigen. Jetzt herrschten erneut einige Plusgrade, und es war keine einzige Schneeflocke weit und breit mehr zu finden.

Inspektorin Irene Huss rief zu Hause bei ihren Teenagertöchtern an und teilte ihnen mit, dass es später werden würde. Das waren sie gewohnt, da ihre Mutter seit vielen Jahren bei der Kriminalpolizei arbeitete. Sie versprachen, mit dem Hund rauszugehen, ihm zu fressen zu geben und es Krister zu sagen. Er war es natürlich auch gewohnt. Wie üblich würde er seinen Töchtern etwas Leckeres kochen. Alles funktionierte reibungslos, auch ohne ihr Dazutun.

Sie musste laut geseufzt haben, denn Kommissar Sven Andersson warf ihr einen schnellen Blick zu und fragte:

»Hast du Sorgen?«

»Nein, nichts. Es ist nur dieses trübe Wetter. Und dann noch ein Selbstmord. Alles ist so grau. Grau, grau, grau!«

Der Kommissar nickte zustimmend und starrte mit finsterer Miene in den schwarzen Regen hinaus, der von den Sturmböen gegen die Windschutzscheibe geworfen wurde. Schließlich fragte er:

»Woher weiß die Einsatzzentrale, dass es wirklich Richard von Knecht ist, der da gesprungen ist?«

»Dem Wachhabenden zufolge befanden sich seine Frau und sein Sohn unten auf der Straße. Offenbar hat der Sohn die Polizei gerufen.«

»Weißt du, aus welchem Stockwerk er gefallen ist?«

»Nein, aber anscheinend war es ziemlich hoch.«

Ein paar Minuten herrschte Schweigen. Dann räusperte sich der Kommissar und fragte:

»Weißt du was über diesen Richard von Knecht?«

»Das, was die meisten wissen. Stammt aus adligem Haus und ist reich. Ein Geschäftsmann, wie er im Buche steht, mit allen Wassern gewaschen, Mitglied von Göteborgs High Society. Glaubt man dem Wirtschaftsmagazin, dann ist er ein Geschäftsgenie, aber laut meinem Mann hat er nur unglaubliches Schwein gehabt.«

»Ist Krister jetzt auch noch unter die Wirtschafts- und Aktienexperten gegangen?«

»Nein, nein. Aber er hat vor ein paar Jahren durch die Umstrukturierung zwanzig Trygg-Hansa-Aktien bekommen. Trotzdem ist er immer noch bloß Küchenchef im Glady's Corner.«

»Aber das ist doch ein guter Job, oder? Die Adresse soll im Augenblick richtig in sein, wie ich gehört habe.«

»O ja.«

Durch die hektisch arbeitenden Scheibenwischer konnten sie jetzt das pulsierende Blaulicht der Einsatzfahrzeuge sehen. Das Einsatzkommando war da und die Besatzung hatte einen größeren Bereich abgesperrt. Der Platz, wo der Körper aufgeschlagen war, wurde von einem weichen Lichtschein erleuchtet, der durch die Scheiben in der Eingangstür eines exklusiven Herrenausstatters fiel. Die Tür war in die Ecke des Granitsockels des Hauses eingelassen worden. Kommissar Sven Andersson konnte sich schwach daran erinnern, dass sich in seiner Kindheit eine Apotheke hier befunden hatte. Aber ganz sicher war er sich nicht, da er in Masthugget aufgewachsen war.

Über der Tür befand sich ein Erker. Jedes Stockwerk hatte einen derartigen Eckerker mit Fenstern, die in drei Richtungen gingen. Außer dem obersten, das dafür mit einem Balkon protzte, der mit einem turmförmigen Dach versehen war. Von dort war Richard von Knecht auf die Straße hinuntergestürzt. Kommissar Andersson ließ seinen Blick über das huschen, was von ihm übrig geblieben war, schaute aber schnell wieder weg. Auch Inspektorin Huss erschauerte. Keine schöne Art zu sterben, dachte sie. Einer von der Spurensicherung gesellte sich zu ihnen.

»Der Gerichtsmediziner kommt gleich.«

»Weißt du, wer Dienst hat?«, fragte der Kommissar.

Ein Achselzucken war die Antwort. Mit Irene Huss im Kielwasser ging Kommissar Andersson zu dem parkenden Streifenwagen. Er beugte sich zu dem Polizisten hinunter, der auf dem Fahrersitz saß.

»Hallo, Kommissar Sven Andersson von der Kripo.«

»Hallo, Hans Stefansson von PO1. Haben sie euch schon hergerufen?«

»Ja, das ging erstaunlich schnell. Wir wurden angeblich schon eine Viertelstunde, nachdem es passiert ist, gerufen, was wohl bedeuten würde, dass er um siebzehn Uhr fünfundvierzig gestürzt ist. Stimmt das?«

»Nicht ganz. Wir waren als Erste hier, und ich war Punkt siebzehn Uhr fünfunddreißig vor Ort. Er kann höchstens fünf Minuten früher runtergesegelt sein. Mein Kollege und ich befanden uns auf dem Korsvägen, als der Einsatz kam. Ich nehme an, die genaue Zeit des Sturzes war siebzehn Uhr dreißig.«

Ihr Gespräch wurde unterbrochen durch die Ankunft der Gerichtsmedizinerin Yvonne Stridner. Sie war Professorin für Rechtsmedizin und unbestritten eine der besten Pathologen des Landes. Aber Kommissar Andersson hatte so seine Probleme mit ihr. Professor Stridner war nämlich eine Frau, die wusste, was sie konnte, und keinen Grund sah, damit in irgendeiner Form hinter dem Berg zu halten. Irene Huss war schon bei mehreren Fällen dabei gewesen, bei denen die Hypothesen der Polizei durch die sorgfältigen gerichtsmedizinischen Gutachten von Yvonne Stridner ad absurdum geführt worden waren. Und bis jetzt hatte sie jedes Mal Recht behalten. Aber nicht das machte es Kommissar Andersson so schwierig, mit ihr auszukommen, sondern ihre autoritäre und akademische Art. Irene Huss hatte den starken Verdacht, dass der Kommissar insgeheim der Meinung war, dass die Gerichtsmedizin kein passendes Berufsfeld für eine Frau war.

Der weiße Ford Escort mit der Aufschrift »Arzt« auf beiden Vordertüren war am Rand des abgesperrten Gebiets abgestellt. Heraus segelte die Professorin der Gerichtsmedizin. Auch die, die keine Ahnung von ihrem Beruf hatten, wichen ihrer selbstverständlichen Autorität. Ihr flammend rotes Haar harmonierte ausgezeichnet mit dem weichen, senffarbenen Wollcape. Sie ging zu der Leiche, nahm das Cape ab und bat einen Polizisten, es zu halten. Ein schneeweißer Arztkittel kam zum Vorschein. Sie öffnete die kleine Tasche, die sie bei sich trug, zog ein Paar Gummihandschuhe über und hockte sich neben von Knechts Überreste. Die Kriminaltechniker hatten gerade einen Scheinwerfer installiert, sodass sie besser sehen konnte. Nicht einen Blick hatte sie in die Runde geworfen. Professor Stridner hatte über ihre exklusiven Lederschuhe ein Paar Plastikhüllen gezogen. Um die Leiche herum gab es viel Blut, vermischt mit anderen Dingen und verdünnt durch das Regenwasser. Ziemlich matschig die ganze Angelegenheit.

Um das Gefühl zu haben, etwas Nützliches zu tun, beschloss Irene Huss, erst einmal die anwesenden Polizisten zu befragen. Den Leiter der Bereitschaftspolizei, Håkan Lund, kannte sie gut. Vor fünfzehn Jahren hatten sie gleichzeitig in dem damaligen dritten Distrikt, dem jetzigen PO1, angefangen. Lund war nicht viel größer als sie, höchstens einsachtzig. Aber seine Taillenweite würde bald die gleichen Ausmaße annehmen, wenn er nicht aufpasste.

Die Leute von Einsatzkommando hatten ihre Instruktionen bekommen. Håkan Lund wandte sich Irene Huss zu und begrüßte sie freundlich: »Hallo, Huss! Ist die Kripo auch schon da?«

»Grüß dich. Ja, diesmal sind wir rechtzeitig gerufen worden. Wann seid ihr da gewesen?«

»Wir haben den Alarm kurz nach halb sechs von der Einsatzzentrale gekriegt. Wir sind direkt hergefahren. ›Höchste Priorität! Richard von Knecht liegt tot Ecke Molinsgatan-Aschebergsgatan!‹«

»Wie sah es aus hier?«

»Das reinste Chaos! Die Geier hatten sich schon versammelt. Wir wären fast nicht durch die Gaffer gekommen. Aber wir haben geschoben und ein paar Drohungen ausgestoßen und dann die Sperren aufgestellt. Und zwar ziemlich großzügig, wie du siehst. Der eine oder andere hat trotzdem noch versucht, unter den Plastikstreifen hindurch zu schlüpfen, aber denen habe ich den Marsch geblasen. Und nicht zu leise!«

Irene Huss konnte sich die Szene lebhaft vorstellen. Sie fragte schnell weiter. »Wer hat Richard von Knecht identifiziert?«

»Seine Frau und sein Sohn. Als wir durch die Menschenmenge kamen, stand da eine total durchnässte Frau und weinte. Ein junger Mann versuchte sie zu stützen. Das waren Frau von Knecht und ihr Sohn. So weit ich verstanden habe, befanden sie sich gerade auf der Straße, als er fiel«, sagte Håkan Lund voller Mitgefühl.

»Und wo sind sie jetzt?«

»Der Krankenwagen hat sie zum Sahlgrenska gefahren. Mit ihr kannst du bestimmt ein paar Tage lang nicht reden, und der Junge war kreidebleich. Der hat sich schon übergeben, als sie noch gar nicht richtig im Krankenwagen saßen.«

Håkan Lund wirkte nachdenklich, aber dann hellte sich sein Gesicht auf und er meinte:

»Du, ich habe da eine interessante Person aufgetan, die musst du unbedingt sprechen. Komm!«

Irene Huss folgte ihm zum Einsatzwagen. Mit einer theatralischen Geste öffnete er die Seitentür und sagte:

»Das hier ist Frau Karlsson. Frau Karlsson, das ist Inspektorin Irene Huss.«

Er wandte sich der kleinen Frau in hellgrauem Trenchcoat zu, die nur stumm zur Begrüßung nickte. Auf ihrem Schoß saß ein brauner Dackel, der offensichtlich nicht an Stummheit litt. Durch das wütende Gebell des Hundes hörte Irene Huss Håkan Lund sagen:

»Das ist die Zeugin, die am nächsten dran war. Sie befand sich ungefähr sieben Meter vom Aufprallpunkt entfernt.«

Irene wandte sich der Frau zu. Eine dünne weiße Hand streckte sich ihr zitternd entgegen. Sie umfasste vorsichtig die gebrechliche, kalte Hand. Mit therapeutischem Tonfall begann sie: »Frau Karlsson, ich würde gern mit Ihnen über das tragische Geschehen sprechen, das sie heute Abend haben mit ansehen mussten...«

»Es war schrecklich! Ich bin jetzt bald siebenundsiebzig Jahre, und das hier ist das Fürchterlichste, was mir in meinem ganzen Leben passiert ist! Mit ansehen zu müssen, wie ein Mann vor den eigenen Füßen zerschmettert wird! Er ist ja fast auf Snobben gefallen!«

Ein dünner weißer Finger zeigte anklagend auf die Reste von Richard von Knecht. Irene trat sofort den Rückzug an. Es war das Beste, die alte Dame nach Hause zu bringen und erst später zu versuchen, sie zu vernehmen.

Hinten bei der Leiche war Yvonne Stridner dabei, ihre Sachen einzupacken. Mit geübten Bewegungen riss die Professorin sich die Gummihandschuhe ab, zog ihren Kittel aus und stopfte alles in eine Tasche. Die Plastiküberzüge hatte sie bereits von den Füßen gezogen. Ohne auch nur einen Blick auf ihn zu werfen, machte die Stridner eine majestätische Geste in Richtung des jungen Polizeiassistenten, der geduldig mehr als eine Viertelstunde lang ihren Mantel gehalten hatte. Erst jetzt schien sie zu bemerken, dass Leute um sie herumstanden. Laut sagte sie:

»Gibt's hier jemanden von der Kripo?«

Kommissar Andersson sank in sich zusammen, seufzte und trottete zu ihr hinüber.

»Ach ja, der Andersson. Kommen Sie näher. Aber treten Sie nicht ins Blut«, sagte die Pathologin.

Irene Huss schlich hinter dem Kommissar her. Stridner hatte aus dem Seitenfach ihrer Tasche einen Stab gezogen. Sie zupfte kurz an dem einen Ende und zog einen ein Meter langen Zeigestock hervor. Das passte perfekt zu Yvonne Stridner, mit einem Zeigestock in der Tasche herumzulaufen. Auffordernd sagte sie:

»Sehen sie mal auf die Oberseite seiner rechten Hand. Ich habe die Hand umgedreht, damit das Licht drauf fällt. Schauen Sie!«

Sie zeigte mit ihrem dünnen Stock. Die beiden Kriminalbeamten sahen es. Quer über den ganzen Handrücken lief eine scharfe Furche. Nicht so schmal wie nach einem Messerschnitt, aber eindeutig durch etwas Scharfes verursacht.

Andersson traute sich zu fragen:

»Kann er sich das nicht beim Fallen zugezogen haben?«

»Nein. Zu gerade. Die Wunde muss ihm mit einem Instrument oder einer Waffe beigefügt worden sein. Da ich von Knecht kenne … oder kannte, berührt mich der Todesfall auch persönlich. Eigentlich habe ich morgen den ganzen Vormittag Unterricht, aber ich werde zusehen, dass ich die Obduktion selbst machen kann. Ich werde spätestens um acht anfangen und so nach elf Uhr von mir hören lassen.«

»Wäre es nicht möglich, ihn schon heute Abend kurz anzusehen?«

Der Kommissar sah sie ohne große Hoffnung an. Sie schob ihre rote Haarpracht kurz mit den Fingerspitzen nach oben. Ihre Frisur hatte mittlerweile erheblich gelitten.

»Nicht nötig, Andersson. Wir haben es hier mit größter Wahrscheinlichkeit mit Mord zu tun«, entgegnete sie nur kurz.

Irene Huss ertappte sich, wie sie die Pathologin ungläubig anstarrte. Wut stieg in ihr auf; wie bei den meisten Menschen stimulierte ein herablassender Tonfall ihren Adrenalinspiegel. Mit scharfer Stimme mischte sie sich ein.

»Einen Augenblick! Womit begründen Sie das? Und woher kennen Sie von Knecht?«

Stridner sah sie überrascht an, als würde sie erst jetzt bemerken, dass noch eine Person anwesend war. Sven Andersson murmelte erklärend Namen und Titel von Inspektorin Irene Huss. Bevor Stridner antworten konnte, kamen Sanitäter und fragten, ob sie die Leiche in die Pathologie bringen könnten. Die Gerichtsmedizinerin nickte. Sie zeigte zum Hauseingang.

»Stellen wir uns dort unter, dann stehen wir nicht im Weg. Und nicht im Regen.«

Der ganze Trupp ging zum Eingang, einer soliden Tür mit schön geschliffenem Fensterglas in der oberen Hälfte. Es gab keine Namensschilder der Hausbewohner, nur ein Codeschloss mit Gegensprechanlage. Man musste den Code wissen, um überhaupt Kontakt mit den Hausbewohnern aufnehmen zu können.

Yvonne Stridner kam sofort zur Sache:

»Wir waren keine engen Freunde, von Knecht und ich. Er ist manchmal mit meinem Mann segeln gewesen. Oder besser gesagt, mit meinem Exmann. Mein jetziger Mann kennt die Familie von Knecht gar nicht.«

Die Stridner war also verheiratet, und das auch noch mindestens zweimal. Irene Huss' Wut wich der Überraschung. Die Verwirrung der Inspektorin gar nicht bemerkend, fuhr die Professorin fort:

»Es ist genau fünfzehn Jahre her, seit ich ihn das letzte Mal gesehen habe. Aber ich bin überzeugt davon, dass Richard nie, niemals von einem Balkon aus fünfundzwanzig Metern Höhe springen würde! Auch wenn er Selbstmord machen wollte. Er hatte nämlich Höhenangst. Wenn ein Schot oder eine Wante sich am Mast verhakte, versuchte er es möglichst zu umgehen hinaufzuklettern.«

»Woher kannte Ihr Exmann Richard von Knecht?«

Wieder war es Irene Huss, die fragte. Yvonne Stridner warf ihr einen schnellen Blick zu, nickte dann aber, als verstünde sie, warum diese Frage gestellt werden musste.

»Sie gehörten während der Gymnasiumszeit zur gleichen Clique. Damals gingen sie füreinander durch dick und dünn. Mit der Zeit kamen dann diverse Freundinnen und Ehefrauen dazu. Wir durften jedes Jahr beim Frühlingsball und zu Silvester dabei sein. Ansonsten standen die Frauen ziemlich außen vor. Das war fast wie ein Herrenclub, eine Art Orden.«

»Wie viele Jahre lang hatten Sie Kontakt mit den von Knechts?«

»Tore und ich waren knapp vier Jahre verheiratet. In der Zeit habe ich sie vielleicht zehnmal getroffen. Und das ist, wie gesagt fünfzehn Jahre her. Mit der Scheidung brach jeder Kontakt mit den von Knechts ab.«

Irene Huss bemerkte, wie die Professorin auf ihre elegante Armbanduhr schaute, und wusste, dass sie sich mit ihrer letzten, wichtigen Frage beeilen musste. Schnell fragte sie:

»Wer war alles Mitglied in diesem Herrenclub?«

Jetzt sah Yvonne Stridner wütend aus. Vielleicht hatte sie das Gefühl, zu mitteilsam gewesen zu sein.

»Einige heute ziemlich bekannte Männer«, sagte sie schroff. Nach einer Weile fuhr sie freundlicher fort.

»Lassen Sie es uns so machen. Ich fertige euch eine Liste von denen an, die zur Gruppe gehörten. Die kriegt ihr morgen mit dem vorläufigen Obduktionsbericht.«

Mit schnellen Schritten ging sie zu ihrem weißen Ford Escort. Irene Huss schaute ihr nach und sagte:

»Sie ist doch ganz menschlich.«

Sven Andersson schnaubte:

»Die und menschlich! Sie hat so viele Gefühle wie ein Bagger!«

Inspektor Huss musste kichern und stellte mal wieder fest, dass der Kommissar reichlich nachtragend war. Dann drehte sie sich zur Haustür und schaute sie nachdenklich an.

»Und wie kommen wir jetzt hier rein? Das ist das reinste Fort Knox, wenn man weder Code noch Schlüssel hat«, stellte sie fest.

Kommissar Andersson schien gar nicht zuzuhören, er war offensichtlich in Gedanken versunken. Schließlich holte er tief Luft und sagte:

»Es wird eine Weile dauern, bis sie in der Zentrale den Staatsanwalt erreicht haben und die Erlaubnis für eine Hausdurchsuchung haben. In der Zeit werde ich wohl hier stehen müssen und auf die Erlaubnis und einen Schlüsseldienst warten. Könntest du zum Sahlgrenska-Krankenhaus fahren und nachfragen, wie es der Ehefrau und dem Sohn geht? Wäre doch schön, von denen die Schlüssel zu bekommen. Auf diese Weise müssen wir diese wundervolle Haustür hier nicht beschädigen.«

Ein müder und bitterer Unterton verriet, dass Sven Andersson wohl stärker von dem Fall betroffen war, als er zugeben wollte.

Wie üblich war es hoffnungslos, einen Parkplatz finden zu wollen, obwohl die Abendbesuchszeit fast vorbei war. Irene zeigte dem Wächter ihren Dienstausweis und bekam die Erlaubnis, hineinzufahren. Das klappte nicht immer, wenn man in Zivil kam und niemanden im Auto hatte, der versorgt werden musste.

Da es ein normaler Dienstagabend war und immer noch ziemlich früh, war es in der großen Notaufnahme ruhig. Irene ging zum Schwesternbüro und sah dort einen blonden Krankenpfleger sitzen und telefonieren. Sie hatten sich aus dienstlichen Gründen schon häufiger gesehen. Er winkte ihr freundlich zu und machte Zeichen, dass er das Gespräch gleich beenden würde.

Irene Huss schaute sich um. Direkt vor dem Büro lag ein älterer Mann auf einer Trage. Seine Gesichtsfarbe war bleich und von hässlichem Grau, die Lippen waren in dem blassen Gesicht kaum zu sehen. Er lag mit geschlossenen Augen da und schien von seiner Umgebung nichts wahrzunehmen. Neben ihm auf einem Stuhl saß eine kleine, pummelige Frau und strich ihm unaufhörlich über den Arm. Sie schluchzte lautlos, sprach aber nicht mit ihm. Weiter hinten im Warteraum saß ein Jüngling, eine Menge blutiges Haushaltspapier um die Hand gewickelt. Ein älterer Gentleman, den Huss von der Säuferbank im Brunnspark kannte, lag laut schnarchend auf einer Trage. Er war sicher in keiner akuten Gefahr, denn das Blut um die Wunde auf seiner Stirn war schon geronnen. Eine junge Frau saß kerzengerade auf ihrem Stuhl und starrte vor sich hin. Abgesehen von dem Schnarchen war es fast friedlich in der Aufnahme.

Pfleger Roland hatte sein Gespräch beendet und winkte Huss vom Flur zu sich herein mit einem fröhlichen:

»Hallo, Irene! Lange nicht gesehen! Ich glaube, ich weiß, warum du hier bist!«

»Hallo! Hast du Frau von Knecht und ihren Sohn gesehen?«

»O ja, die Sanitäter haben mich zum Krankenwagen gerufen. Sie waren der Meinung, dass es wohl besser wäre, sie gleich zur Psychiatrie zu bringen. Und bei dem Zustand, in dem sie sich befand, konnte ich dem nur zustimmen.«

»Und wie erschien der Sohn?«

»Er hat nur vor sich hin gestarrt. Er stand natürlich auch unter einem ziemlichen Schock. Willst du einen Kaffee, bevor du gehst? So auf die Schnelle?«

Roland winkte einladend zum Personalzimmer. Irene Huss spürte einen unwiderstehlichen Sog im Magen, lehnte aber dankend ab. Die Zeit lief zu schnell davon. Sie ging gerade zum Ausgang, als eine sonderbare Gestalt durch die Türen hereinkam. Er war lang und unglaublich mager. Das rattenfarbene Haar war dünn und hing fettig auf den Rücken der Lederjacke hinunter. An den Füßen trug er ein Paar unglaublich schmutzige, ausgetretene Joggingschuhe, die mit seinen Jeans in puncto Dreck in Konkurrenz treten konnten. Die wadenlange Lederjacke hatte einen Schnitt wie aus den Sechzigern und war wahrscheinlich bei Myrorna gekauft oder aus einem Container nach einer Wohnungsräumung gezogen worden. Aber es war nicht seine dreckige, altmodische Kleidung, die Irene Huss zusammenzucken ließ.

Sein Kopf war so gelb, dass er schon ins Grüne schillerte. Der Kerl hatte eine Gelbsucht von fulminantem Kaliber. Wortlos öffnete der Gelbhäutige seine Jacke. Die Vorderseite seines T-Shirts war blutdurchtränkt. Die reglosen Pupillen, umgeben von schwefelgelbem Weiß, sahen die Inspektorin starr an. Er packte den unteren Rand seines T-Shirts und zog es hoch.

Da schrie Irene Huss auf:

»Roland! Schnell! Roland!«

Pfleger Roland steckte seinen Kopf aus der Bürotür. Nach mehr als zehn Jahren Arbeit in der Aufnahme hatte er kein Problem, die Situation sofort zu erfassen.

»Verdammt, das ist eine Darmschlinge, die da aus dem Bauch hängt!«

Er sprang zurück ins Büro. Sie hörte ihn aufgeregt in die Gegensprechanlage rufen.

»...Messerstich im Bauch. Das ist die reine Hepatitis und HIV auf zwei Beinen.«

Wie der Blitz kam er aus der Tür geschossen. Im Laufen zog er sich einen gelben Schutzkittel, Plastikhandschuhe und eine Schutzbrille über. Genau in dem Moment, als er zu dem Mann mit dem Messerstich kam, verdrehte dieser die Augen nach oben, ließ sie ein paar Mal kreisen und sank zu Boden.

Vom Flur hörte man schnelle Schritte näher kommen. Die Leute aus der Notaufnahme kamen hastig angelaufen, wobei sie gleichzeitig ihre Schutzbekleidung überzogen.

Die Inspektorin drückte sich vorsichtig seitwärts an der Gestalt vorbei, hinaus in die schwarze Novemberfeuchtigkeit. Es war richtig schön, in die Kälte zu kommen. Der Wind hatte abgeflaut, und der Regen hing nur noch wie ein Eisnebel in der Luft.

Die Psychiatrienotaufnahme war natürlich verschlossen. Irene Huss musste an der Tür klingeln. Ein langer, muskulöser Pfleger in weißer Arbeitskleidung kam und öffnete. Er baute sich in der Türöffnung auf, und seine Schultern füllten diese fast aus. Seine Gesichtszüge waren offen und kraftvoll, und er hatte eine ziemlich dunkle Haut. Vielleicht ein Inder? Mindestens zehn Jahre jünger als sie, aber er war einer der schönsten Männer, die sie je gesehen hatte.

»Hallo, worum geht es?«

Er hatte eine tiefe, angenehme Stimme ohne Akzent.

»Hallo, ich bin Inspektorin Irene Huss von der Kripo. Ich würde gern mit dem Sohn von Richard von Knecht sprechen.

Nein, keine Vernehmung. Ich weiß, dass er vor einer Weile mit seiner Mutter hierher gebracht wurde. Wir brauchen nur seine Hilfe. Der Krankenwagen war schon abgefahren, als wir am Unglücksort eintrafen.«

Irene Huss zeigte ihren Polizeiausweis. Der Pfleger, der laut Namensschild Thomas hieß, nickte lächelnd. Er führte sie hinein in den kleinen, engen Warteraum. Dort wandte er sich wieder zu ihr und sagte mit leiser Stimme:

»Wir haben beide erst einmal in einem Behandlungszimmer untergebracht. Setzen Sie sich, dann gehe ich und sage Henrik von Knecht Bescheid, dass Sie mit ihm sprechen wollen.«

Wieder schenkte er ihr ein wunderbares Lächeln, bevor er ging. Irene sah seinen breiten Rücken den Flur hinunter verschwinden. Er klopfte an eine verschlossene Tür und öffnete sie dann. Aus dem Zimmer waren jammernde Schluchzer zu hören. Der Pfleger brauchte nicht länger als eine Minute. Als er zurückkam, hatte er einen blassen Mann in den Dreißigern bei sich. Auf dem hellbeigen Ulster des Mannes waren Blutflecken zu sehen, vor allem auf den Ärmeln und auf der Brust.

Aus dem Behandlungsraum war jetzt lautes Schluchzen zu hören.

»Geh nicht, Henrik. Lass mich nicht allein hier!«

Henrik von Knecht schloss die Tür und lehnte für einen Moment seine Stirn dagegen. Dann richtete er sich auf, holte tief Luft und folgte dem Pfleger. Die beiden waren fast gleich groß. Aber alles, was bei dem dunklen Pfleger Stärke und Wärme ausstrahlte, schien bei Henrik von Knecht genau das Gegenteil auszudrücken. Sicher, er war groß, ging aber gebeugt. Der teure Ulster hing ihm lose um den Leib. Sein blondes Haar war am Scheitel bereits schütter. Um das zu verbergen, hatte er seinen langen Pony nach hinten gekämmt. Sein Gesicht war scharf geschnitten. Es war eigentlich ein hübsches Gesicht, aber die Blässe und der helle Ulster verliehen ihm ein sonderbar ausgewaschenes Aussehen.

Er ging auf Irene zu. Seine Stimme klang schroff und rau, als er zögernd sagte:

»Ja bitte, Sie wünschen?«

»Ich bin Inspektorin Irene Huss. Wir wären Ihnen äußerst dankbar, wenn Sie uns bei einer Sache behilflich sein könnten.«

»Und die wäre?«

»Wir bräuchten den Schlüssel zur Wohnung Ihrer Eltern.«

»Den Schlüssel? Wozu denn?«

»Damit wir die Tür nicht aufbrechen müssen, um die Wohnung zu durchsuchen. Das ist in so einem Fall immer notwendig. Und es ist doch nur gut, wenn man das Schloss nicht kaputtmachen muss. Oder die Tür.«

Es schien, als wolle er protestieren, aber stattdessen schluckte er und drehte sich auf den Hacken um. Über die Schulter sagte er:

»Mama hat den Hausschlüssel in ihrer Handtasche.«

Er verschwand im Behandlungszimmer. Irene konnte von dort ein aufgeregtes Gemurmel von Stimmen und lautes Schluchzen vernehmen. Henrik von Knecht kam nach ungefähr fünf Minuten zurück. Sein Gesicht hätte zu einer verwitterten Marmorstatue gehören können. Aus dem Zimmer war eine angespannte, dünne Frauenstimme zu hören:

»...die Schlüssel zurück. Auch wenn sie...«

Der Wortschwall wurde abgeschnitten, als Henrik von Knecht fest und entschlossen die Tür schloss.

KAPITEL 2

Henrik von Knecht sprach während der fünfminütigen Autofahrt kein einziges Wort. Er saß da, den Kopf vornübergebeugt, die Stirn in die Hände und die Ellbogen auf die Knie gestützt.

Inspektorin Huss forderte ihn nicht auf, sich anzuschnallen, sie ließ ihn versunken in seine Trauer und sein Schweigen sitzen. Als sie in die Molinsgatan einbogen, sah Irene Huss, dass nicht nur Kommissar Andersson und die Leute von der Spurensicherung vor von Knechts Haus warteten. Zwei Personen, die sie nur zu gut kannte, drückten sich vor der Eingangstür des Herrenausstatters herum. Sie fuhr an ihnen vorbei und bog nach links in die Engelbrektsgatan ein. Irene Huss berührte vorsichtig Henrik von Knechts Arm, worauf er zusammenzuckte, als hätte sie ihn geweckt.

»Was ist los?«, fragte er verwirrt.

»Ich will einen Bogen machen und in der Aschebergsgatan parken. In der Ecke vorm Herrenmodengeschäft stehen zwei Typen von der Zeitung. Können wir über den Hinterhof ins Haus kommen und von dort aus den anderen die Tür öffnen? Dann entkommen Sie den Hyänen«, erklärte Irene Huss.

Ein angespannter Zug fuhr über sein Gesicht, und plötzlich schien er hellwach zu sein.

»Parken Sie rechts bei den Erik-Dahlbergs-Treppen. Stellen Sie sich auf einen der beiden äußersten Plätze«, dirigierte er.

Sie hatten Glück, einer der Plätze war frei. Irene Huss sah den blutbefleckten Ulster an. Sie bat Henrik von Knecht, noch sitzen zu bleiben, während sie zum Kofferraum ging. Dort fand sie einen alten, öligen, blauen Helly-Hansen-Pullover und die schwarze Kappe ihrer Tochter, mit »N.Y.« bestickt. Sie gab ihm die Sachen und sagte:

»Ziehen Sie den Mantel aus und das hier an.«

Ohne eine Miene zu verziehen, zog er sich schnell im Auto um.

Sie gingen mit raschen Schritten über den Zebrastreifen. Das war der kritische Moment. Sie musste sich zwingen, nicht zur Ecke fünfzig Meter weit entfernt zu gucken. Mit erzwungener Ruhe gingen sie noch ungefähr zehn Meter weiter. Henrik von Knecht hielt vor einer massiven Holztür an, zog einen Schlüsselbund aus der Tasche seiner maßgeschneiderten Hose und schloss die Tür auf. Einer der Fotografen steckte seinen Kopf um die Ecke, schien aber nicht auf die Kontraste von Henrik von Knechts Kleidung zu reagieren.

Sie schlüpften durch die Tür und gelangten in einen Fahrradraum. Es war ein kombinierter Fahrrad- und Müllraum, eigentlich ein etwa zwanzig Meter langer Durchgang, der an beiden Enden von abgeschlossenen Türen begrenzt wurde. Neben der Tür zur Straße standen fünf grüne Mülltonnen.

Schnell durchquerten sie den Raum, öffneten die hintere Tür und traten auf einen kleinen, quadratischen Hinterhof. Er wurde von einem großen Baum mitten auf dem Hof beherrscht, beleuchtet von einer altmodischen Straßenlaterne. Die Wände entlang liefen Blumenrabatte. In jeder Hauswand befand sich eine kleine Tür mit Fenster und jede Tür war mit einer soliden Lampe beleuchtet. Henrik von Knecht steuerte ohne zu zögern die linke Tür an, schloss sie auf und hielt sie für Irene Huss auf. Er streckte seine Hand zu dem selbst leuchtenden Knopf, um die Treppenbeleuchtung einzuschalten.

»Kein Licht! Sonst sehen die Zeitungsfritzen, dass was im Gange ist«, zischte Irene Huss.

Sie holte ihre kleine, lichtstarke Taschenlampe aus der Tasche ihrer Popelinejacke. Dem nach unten gerichteten Lichtstrahl folgend gingen sie fünf schmale Treppenstufen hinauf. Durch die schmale Türöffnung traten sie in ein großes

Treppenhaus. Im Lichtkegel glänzte der bunte Marmor des Bodens. Rechts von sich sahen sie das Licht eines Fahrstuhlfensters. Irene Huss löschte die Taschenlampe und ging zur Eingangstreppe, die zur Haustür hinunterführte. Als sie auf der Höhe der Fahrstuhltür stand, konnte sie den oberen Teil der schön geschliffenen Glasscheiben der Haustür sehen. Sie trat noch ein paar Schritte vor und konnte die Köpfe des Kommissars und der Techniker erkennen. Vorsichtig schlich sie an eine Seite der breiten Treppe, hielt sich an dem geschnitzten Treppengeländer fest und glitt lautlos die zehn Treppenstufen zur Tür hinunter. Sie tappte über die weiche Fußmatte, riss die Tür hinter ihren Kollegen auf und zischte laut:

»Schnell! Beeilt euch, ehe die Zeitungsfritzen kommen!«

»Uns beeilen! Wie soll man das denn anstellen, wenn man sich vor Schreck in die Hose geschissen hat!«, wollte Svante Malm von der Spurensicherung wissen.

Kommissar Andersson behauptete später, er wäre nie in seinem Leben einem Herzinfarkt näher gewesen.

Sie schlüpften durch die Tür hinein, bevor die Zeitungsheinis an der Ecke überhaupt begriffen hatten, was da vor sich ging. Irene Huss drückte auf den Knopf für die Flurbeleuchtung. Der Kommissar zwinkerte wütend mit den Augen und fragte schroff:

»Was zum Teufel machst du denn jetzt schon wieder?«

Aber Irene Huss antwortete ihm nicht, sie betrachtete voller Bewunderung die Wände des Treppenaufgangs. Die Wandgemälde waren wunderschön, spielende Kinder zwischen Buschwindröschen und der Frühling, der in einem Wagen angeflogen kam, welcher von großen exotischen Schmetterlingen gezogen wurde. Alles in frühlingshaften hellen Pastelltönen gehalten. Auf der gegenüberliegenden Wand gab es ein Mittsommernachtsfest in deutlich kräftigeren, bunteren Farben zu sehen. Erwachsene und Kinder tanzten in der Sommerdämmerung, und der Spielmann strich auf seiner Geige, was das Instrument nur hergab. Sein Gesicht war schweißnass, und die Augen funkelten vor Spielfreude.

»Das Gemälde hat Carl Larsson gemalt, Anfang der Neunzigerjahre im letzten Jahrhundert.«

Alle Polizisten wandten ihr Gesicht zum Treppenabsatz, von wo die trockene Stimme kam. Henrik von Knecht sah in seiner Verkleidung zweifellos sonderbar aus. Er schaute auf die vier Polizisten herunter und nickte Irene zu, als er weitersprach:

»Die Inspektorin Huss war so freundlich und hat mich an den Presseleuten vorbeigelotst. Wollen wir jetzt nach oben?«

Er zeigte mit einer Hand zur Fahrstuhltür. Die Polizisten trotteten die Stufen hoch und drängten sich in den kleinen Aufzug. »Max. 5 Personen«, informierte ein Messingschild. Irene hoffte heimlich, dass es sich dabei um ausgewachsene Personen handeln durfte. Sie nutzte die Gelegenheit, Henrik von Knecht den anderen drei vorzustellen: Kommissar Andersson und den Leuten von der Spurensicherung, Svante Malm und Per Svensson. Letzterer trug die schwere Beleuchtungsausrüstung und diverse Kameras.

Ohne Zwischenstopp fuhr der Fahrstuhl in den vierten Stock. Sie stiegen aus und gingen zu der großen, geschnitzten Doppeltür. Ein zierliches schmiedeeisernes Gitter in Form ineinander verschlungener französischer Lilien bedeckte das in die Tür eingelassene Fenster. Die Schnitzereien auf der unteren Türhälfte stellten springende und spielende Hirsche dar. Svante Malm spitzte die Lippen zu einem lautlosen Pfiff beim Anblick der imposanten Tür.

Irene Huss schien es, als hätte Henrik von Knecht sich während ihres Versteckspiels mit der Presse ein wenig erholt. Aber als er nun aus dem Aufzug stieg, erstarrte sein Gesichtsausdruck von neuem. Auch Kommissar Andersson bemerkte das.

»Sie müssen nicht mit in die Wohnung kommen«, sagte er freundlich.

»Doch, das will ich aber!«

Die Antwort kam wie ein Peitschenknall. Der Kommissar war überrascht davon und murmelte:

»Ja, ja, können Sie ja. Aber Sie müssen sich dann dicht hinter uns halten. Sie dürfen nichts anfassen, sich auf keinen Stuhl setzen und kein Licht anmachen. Wir sind natürlich dankbar, wenn Sie uns durch die Wohnung führen würden. Wie groß ist sie eigentlich?«

»Dreihundertfünfzig Quadratmeter. Es ist eine Maisonettewohnung. Die anderen drei Wohnungen im Haus sind immer nur auf einem Stockwerk. Papa hat das Haus hier Ende der Siebziger gekauft und es sehr sorgfältig renovieren lassen. Es steht natürlich unter Denkmalschutz«, berichtete er.

»Es gibt also nur drei andere Wohnungen im ganzen Haus?«

»Ja.«

Während sie miteinander sprachen, hatte der Kommissar sich ein Paar dünne Gummihandschuhe übergezogen. Mit einer Geste bat er Henrik von Knecht um den Türschlüssel. Er bekam ihn und schloss auf.

Mit einem leichten Druck auf das äußerste Ende der Türklinke drückte er diese nach unten und öffnete die Wohnungstür.

»Fasst keinen Lichschalter hier im Flur an. Benutzt lieber eure Taschenlampen«, ermahnte Svante Malm sie.

Leicht seufzend fuhr er fort:

»Der Laser ist kaputt, deshalb muss ich die gute alte Pulvermethode benutzen.«

Währenddessen suchte er mit dem Lichtkegel seiner Taschenlampe nach dem Lichtschalter. Als er ihn direkt neben der Tür gefunden hatte, bat er Irene Huss, die Taschenlampe direkt auf den Schalter zu richten. Er blies über die ganze Plastikscheibe um den Knopf herum Metallpulver. Vorsichtig pinselte er das überflüssige Pulver weg, drückte eine dünne Plastikfolie auf die Fläche und zog diese dann wieder ab. Ein Ausdruck der Überraschung zeichnete sich auf seinem länglichen Gesicht ab.

»Total blank. Kein Krümelchen zu sehen. Jemand muss den Schalter abgewischt haben«, sagte er erstaunt.

»Deshalb riecht es hier wohl auch nach Ajax«, sagte Irene Huss.

Sie schnüffelten alle. Es gab noch mehr zu riechen. Zigarre. Das erklärte auch, warum sie ein Gefühl von Weihnachtsstimmung empfunden hatte, als sie in den Flur getreten war. Eine Erinnerung an die Weihnachtsfeiern ihrer Kindheit. Mutters Ajax und Vaters Weihnachtszigarre. Sie wandte sich an Henrik von Knecht.

»Rauchte Ihr Vater Zigarren?«

»Ja, ab und zu. Bei festlichen Gelegenheiten...«

Seine Stimme erstarb zu einem Flüstern. Er schluckte schwer, denn auch er hatte den Zigarrenduft wahrgenommen. Mit verkniffenen Lippen fragte er Irene flüsternd:

»Warum nehmen Sie Fingerabdrücke?«

Irene dachte daran, was die Gerichtsmedizinerin gesagt hatte, beschloss jedoch, nur einen Teil der Wahrheit zu sagen.

»Reine Routine. Das machen wir immer so, wenn wir bei einem überraschenden Todesfall an den Unglücksort gerufen werden«, erklärte sie.

Er kommentierte ihre Aussage nicht weiter, sondern biss so fest die Zähne aufeinander, dass die Kiefermuskeln wie steinharte Polster am Ende der Kieferlinie hervortraten.

Svante Malm knipste die Lampe im Flur an. Die Wände ragten sicher vier Meter in die Höhe. Die Eingangshalle war beeindruckend groß und geräumig. Der Boden war aus hellgrauem Marmor. Rechts von der Tür reihten sich fünf Garderobenfächer mit geschnitzten Türen aus dunklem Holz aneinander. Die mittlere war mit einem ovalen Spiegel versehen, der fast die ganze Tür bedeckte. Zusätzlich thronte einer der größten und am reichsten verzierten Spiegel, die Irene Huss je gesehen hatte, an der gegenüberliegenden Wand. Unter ihm stand eine ebenso kunstvoll geschnitzte und vergoldete Konsole.

Kommisar Andersson wandte sich Henrik von Knecht zu.

»Können Sie uns kurz einen Überblick über die Wohnung geben?«

»Ja, natürlich. Die Tür neben dem Spiegel führt zu einer Toilette. Die nächste Tür geht zur Küche.«

»Und die Tür gegenüber der Küche, neben den Garderoben?«

»Die führt in die Gästesuite hier unten. Dort drinnen gibt es ein separates Badezimmer mit WC. Geradeaus haben wir die Tür zu dem großen Wohnzimmer. Ganz dahinten, linker Hand, ist die Treppe zum oberen Stockwerk. Dort oben liegen die Bibliothek, ein kleineres Arbeitszimmer, die Sauna, das Schlafzimmer, das Fernsehzimmer und der Billardraum. Und ein Bad mit WC und Jacuzzi.«

Svante Malm war vor einer glänzend polierten Kommode mit vergoldeten Beschlägen, runden Formen und einem Furnier aus hellen und dunklen Hölzern stehen geblieben. Mit Ehrfurcht in der Stimme fragte er:

»Darf ich fragen: Ist das eine Haupt-Kommode?«

Henrik von Knecht schnaubte unbewusst.

»Nein, die steht in der Bibliothek. Diese hier hat mein Vater in London gekauft. Der Versicherungswert beträgt fünfhundertfünfzigtausend. Auch ein hübsches Stück«, erklärte er.

Keinem der Polizisten fiel dazu eine Bemerkung ein. Der Kommissar wandte sich Irene zu.

»Am besten bleibst du mit Herrn von Knecht hier, während wir uns umsehen«, sagte er.

»Ich komme gern mit. Es ist ja möglich, dass etwas nicht so aussieht, wie es normalerweise aussieht«, widersprach Henrik von Knecht schnell.

Er schob sein Kinn vor und bekam einen eigensinnigen Zug um den Mund. Andersson sah ihn nachdenklich an und nickte dann zustimmend. Er wandte sich den Leuten von der Spurensicherung zu.

»Als Erstes überprüfen wir den Balkon«, bestimmte er.

Alle gemeinsam marschierten sie zu der breiten Türöffnung zum Wohnzimmer. Vorsichtig traten sie auf den weichen Teppich in der Mitte der Eingangshalle. Irene musste stehen bleiben, um das golden schimmernde Muster zu bewundern, das einen schönen Baum mit Vögeln und stilisierten Tieren darstellte, umgeben von einem weinrankenähnlichen Gewächs auf dunkelblauem Grund. Sie merkte, wie Henrik von Knecht sie ansah.

»Das ist ein semiantiker Motashemi-Keshan«, erklärte er sachkundig.

Vor ihren Augen erschien kurz die Vision ihrer letzten Investition an der Teppichfront, ein rostroter Teppich mit kleinen, naiv gezeichneten Strichmännchen in den Ecken. Der Verkäufer bei IKEA hatte ihr versichert, dass das ein echter, handgeknüpfter Gabbeh war, zu dem günstigen Preis von zweitausend Kronen. Sie liebte diesen Teppich und war der Meinung, er würde ihr ganzes Wohnzimmer erhellen, wie er dort unter dem Couchtisch lag. Plötzlich überfiel sie wütend das Gefühl, ihren Teppich verteidigen zu müssen. Sie fauchte schärfer, als sie geplant hatte.

»Sind Sie so ein Museumsheini, oder was?«

»Nein, ich handle mit Antiquitäten«, antwortete er nur kurz.

Sie standen in der Türöffnung zu dem Wohnzimmer, wie Henrik es genannt hatte. Im Schein der Taschenlampe vollführte Svante Malm wieder die Fingerabdrucksprozedur an dem großen Kontaktschalter, und wieder mit dem gleichen negativen Resultat. Irene Huss konnte erkennen, dass sie sich in einem sehr großen Saal befanden. Das Straßenlicht sickerte durch die dünnen vorgezogenen Gardinen. An der gesamten äußeren Wand schienen Fenster vom Boden bis zur Decke zu verlaufen. Wieso hatte sie das Gefühl, sich in einer Kirche zu befinden? Nachdem keine Fingerabdrücke zu finden waren, drückte Svante Malm auf den Lichtschalter. Glänzende, schwere Messingkronleuchter erhellten einen großen Saal. Alle waren überrascht und beeindruckt, der Kommissar sammelte sich als Erster und sagte:

»Auf geht's. Haben alle Plastikschutz über den Schuhen?«

Die Treppe begann direkt beim Lichtschalter und führte an der Wand, an der sie standen, nach oben. Mit Andersson an der Spitze stiegen die Techniker schnell die breiten Marmorstufen hinauf.

Henrik drückte auf den äußersten Knopf auf der Schalterleiste, und mit einem leisen Surren schob sich die dünne, champagnerfarbene Seidengardine zur Seite.

Sie merkte, dass sie sich geirrt hatte. Die hohen Fenster waren keine Fenster, es waren gläserne Balkontüren. Und sie reichten nicht vom Boden bis zur Decke. Denn die Deckenhöhe der Außenwand betrug sicher acht Meter. Über ihren Köpfen gab es die Decke von vier Metern Höhe, doch die hörte abrupt ein paar Meter weiter auf. Irene trat weiter vor und schaute sich um. Das, was hier die Decke bildete, war natürlich im nächsten Stock der Boden. Und wo der Boden des oberen Stockwerks aufhörte, lief ein schönes Schmiedeeisengeländer entlang. Das erstreckte sich über zwei Seiten des Saals. Hoch über ihrem Kopf wölbte sich die stuckverzierte Decke. Kein Wunder, dass sie das Gefühl bekommen hatte, sich in einer Kirche zu befinden! Vom Dach hingen drei riesige Kronleuchter. Der ganze Raum war länglich, sah aber auf Grund der Marmorsäulen, die in einer Reihe standen und den Boden des oberen Stockwerks abstützten, schmaler aus, als er in Wirklichkeit war. Die Kollegen traten gemessenen Schrittes ans Geländer und gingen dann zur Balkonecke in der großen offenen Bibliothek. Irene Huss kehrte wieder zu Henrik zurück, und gemeinsam gingen die beiden schweigend die Treppe hinauf. Im oberen Stockwerk war der Zigarrenduft sehr viel deutlicher zu riechen. Sie gingen am Geländer entlang, in die geräumige Bibliothek. Links von sich sah Irene eine Halle und einen Flur mit mehreren Türen. Sie begriff, dass hier die übrigen Zimmer und die Sauna liegen mussten. Die Sauna… Sie verlangsamte ihren Schritt und blieb stehen. Jetzt konnte sie identifizieren, welcher Geruch vom Zigarrenduft überdeckt wurde.

Sie holte tief Luft und drehte sich Henrik zu.

»Wissen Sie, wonach es riecht?«

Er schnupperte kurz und nickte.

»Nach Eukalyptus. Mein Vater war in der Sauna. Das erklärt auch, warum er den Bademantel anhatte«, antwortete er mit einem leichten Zittern in der Stimme.

Schnell zogen die Bilder vor ihrem inneren Auge vorbei, der zerschmetterte Richard von Knecht, bekleidet mit einem dicken Bademantel aus weinrotem Samtfrottee, seine nackten Beine in verdrehter Position, weiß in der Scheinwerferbeleuchtung der Spurensicherung, und die braunen Lederpantoffeln, ein paar Meter von der Leiche entfernt. Sie erschauerte und konzentrierte sich auf ihre Kollegen an der Balkontür. Die drei Männer standen wortlos vor der verschlossenen Tür. Langsam drehte sich Kommissar Andersson um und schaute Henrik von Knecht ernst an:

»Leider muss ich Ihnen mitteilen, dass es einige Anzeichen dafür gibt, dass Ihr Vater getötet wurde. Die Balkontür ist von innen verschlossen, der Schlüssel steckt und der Türgriff ist heruntergedreht. Und auf der Außenseite gibt es keinen Griff.«

Das war zu viel für Henrik von Knecht. Er sank direkt vor der Balkontür auf die Knie, die Hände vors Gesicht geschlagen, und begann zu weinen, leise und trocken. Irene rief einen Streifenwagen, der ihn und seinen weißen Mercedes nach Hause bringen sollte.

Während sie auf die Ankunft des Streifenwagens warteten, fragte Irene Huss, ob er versuchen wollte, ihr einige Fragen zu beantworten. Er nickte bejahend. Sie begann ganz neutral:

»Wo wohnen Sie?«

»Örgryte. Långåsliden.«

»Ist jemand bei Ihnen, oder sollen wir jemanden benachrichtigen?«

»Meine Frau ist zu Hause.«

»Ach so.«

Irene hörte selbst, wie dumm das klang, aber sie war einfach überrascht davon, dass Henrik von Knecht eine Frau hatte. Schnell versuchte sie ihre Verblüffung zu überspielen:

»Weiß Ihre Frau, was heute Abend passiert ist?«

Er schüttelte den Kopf, ohne die Hände vom Gesicht zu nehmen.

»Wenn ich es recht verstanden habe, dann befanden Ihre Mutter und Sie sich auf der Straße, als Ihr Vater hinunterfiel. Sie stiegen gerade aus dem Auto, stimmt das?«, fuhr sie fort.

Er blieb eine ganze Weile unbeweglich sitzen. Irene überlegte, ob er die Frage überhaupt verstanden hatte. Sie wollte sie bereits neu formulieren, als er seine Hände herunternahm und sie direkt ansah. Wieder begegnete ihr diese steife Maske. Auch wenn seine Augen glänzten, es lag eine Eiskruste unter den Tränen. Er strich sich mit einer müden Geste über das Gesicht.

»Entschuldigung… Was haben Sie gefragt?«

Irene stellte ihre Frage noch einmal. Er holte tief Luft, bevor er antwortete:

»Wir haben auf der anderen Seite geparkt, an der Ecke der Aschebergsgatan. Ich habe gar nicht gesehen, dass was passiert ist, bin nur ums Auto gegangen, um meiner Mutter zu öffnen. Da hörte ich einen Schrei. Ich sah, dass… dass da etwas auf dem Boden lag und dass Menschen dorthin rannten. Meine Mutter lief auch hin. Sie fing an zu schreien. Ich rief von meinem Handy aus die Polizei an. Ja, den Rest kennen Sie ja.«

»Wo waren Sie und Ihre Mutter gewesen?«

»Wir hatten abgemacht, uns in Landsvetter zu treffen. Sie kam mit einem Flugzeug aus Stockholm, das eine Viertelstunde nach meinem landete. Aus London. Es war reiner Zufall, dass unsere Flüge so zusammenfielen. Das haben wir Samstag bemerkt, auf dem Fest. Mama und Papa feierten ihren dreißigjährigen Hochzeitstag…«

Er schluckte und verstummte. Irene Huss sah ein, dass er an seinen Grenzen angelangt war.

»Wir werden morgen sicher noch ausführlicher miteinander reden müssen. Möchten Sie, dass wir zu Ihnen kommen, oder wollen Sie im Präsidium vorbeischauen?«

»Ich komme ins Präsidium.«

»Geht es um elf? Und bringen Sie bitte Ihre Frau mit.«

»Wir werden versuchen, um elf zu kommen.«

»Es ist jetzt sicher an der Zeit runterzugehen. Wie Sie wissen, können die Streifenpolizisten ja nicht ins Haus«, sagte sie freundlich.

Sie brachte ihn mit dem Fahrstuhl hinunter. Er murmelte ein Dankeschön und verschwand zwischen den beiden Polizisten draußen im Dunkel.

Irene Huss musste einfach stehen bleiben und den so sorgfältig verlegten Marmorboden bewundern. Das Motiv stellte einen schwarzen Schwan dar, der von weißen und rosa Lilien umgeben wurde. Das war der schönste Boden, den sie je gesehen hatte. Carl Larsson an den Wänden des Treppenhauses, als zusätzlicher Bonus, verschlechterte den Eindruck auch nicht gerade.

Während ihrer vielen Jahre bei der Polizei war sie bereits in hunderten von Hauseingängen gewesen. Die meisten waren heruntergekommen, der Gestank nach Pisse und billigem Essen schlug den Besuchern wie das selbst produzierte Tränengas des Vororts entgegen. Die Wände waren abgeblättert, und Gekritzel auf ihnen kündete vollmundig von »Schwanz«, »Ausländer raus«, »Kilroy was here« und anderen aufmunternden Parolen. Schmutzige Treppen und eingetretene Wohnungstüren gehörten zum normalen Bild. Die Polizei hat selten etwas in Hauseingängen mit Marmorbelag auf dem Boden und Carl-Larsson-Malereien an den Wänden zu suchen.

Die Balkontür stand offen, und die Beamten waren damit beschäftigt, Spuren zu sichern. Eine sehr konkrete war ein Fleischerbeil. Nicht in der Größe eines Schlachtwerkzeugs, sondern eher eine kleinere Küchenvariante.

»Das lag auf dem Balkonboden, ganz an der Wand. Es hat unter dem Dach gelegen, da werden wir bestimmt einiges Interessantes dran finden«, sagte Andersson.

Der Kommissar war aufgewühlter, als er zugeben wollte. Seine Wangen zeigten eine intensive Röte. Leise fragte Irene: »Bist du in Ordnung? Ich meine… was den Blutdruck betrifft?«

»Was kümmert dich das?«

Der Kommissar schaute wütend auf. Keiner wird gern an seine beginnenden Alterszipperlein erinnert. Und hoher Blutdruck war eins der seinen. Die Beamten schauten verwundert von ihrer Arbeit auf. Mit aller Kraftanstrengung beherrschte Andersson sich und zwang seine Stimme in leisere Regionen.

»Die Sauna war an. Mir ist ziemlich heiß geworden, als ich reingeguckt habe«, erklärte er, konnte aber nicht einmal sich selbst damit überzeugen.

Irene beschloss, die peinliche Frage nach dem Blutdruck des Chefs auf sich beruhen zu lassen.

»War der Ofen noch an?«, wunderte sie sich.

»Nein, der war ausgestellt. Und hier hast du die Erklärung für den Zigarrengeruch.«

Andersson deutete auf eine Zigarre, die in einem blauen Kristallaschenbecher lag, platziert auf einem Rauchtisch mit runder Kupferscheibe. Neben dem Aschenbecher stand ein breites Whiskyglas mit einem kleinen bernsteinfarbenen Rest auf dem Grund. Der Rauchtisch diente als Sideboard zwischen den beiden über Eck stehenden Sofas. Diese sahen einladend und bequem aus in ihrem weinroten, weichen Leder. Das Sofa, das dem Balkon am nächsten stand, zeigte mit dem Rücken zum Schmiedeeisengeländer und mit der kurzen Seite zur Balkontür. Vor dem großen Sprossenfenster thronte ein Ohrensessel im gleichfarbenen Leder wie die Sofas. Eine Halogenleselampe daneben sah fast aus wie eine Fleisch fressende Pflanze aus Messing. Das andere Sofa war zur Balkontür hin ausgerichtet, mit dem Rücken zur Treppe und zum Schlafzimmerflur. Die Platzierung des Aschenbechers und des Whiskyglases deutete darauf hin, dass Richard von Knecht auf letztgenanntem Sofa gesessen hatte. Der Kommissar betrachtete nachdenklich das Arrangement.

»Warum saß er auf dem Sofa und nicht auf dem Sessel?«, überlegte er.

»Sieh doch mal die Lautsprecher. Der eine steht in der Ecke und der andere auf der anderen Seite der Balkontür. Wahrscheinlich ist der Klang am besten, wenn man auf dem Sofa sitzt«, erwiderte Irene Huss.

Sie ging zum CD-Spieler, der hinter einer rauchfarbenen Glastür in einem der Bücherregale versteckt war. Mit einem Stift drückte sie vorsichtig auf einen Knopf, und die Scheibe glitt heraus. Ohne sie anzufassen, las sie laut den Titel:

»›The Best of Glenn Miller‹. Richard von Knecht sitzt hier also frisch aus der Sauna kommend, raucht eine gute Zigarre, trinkt einen Schluck und hört Glenn Miller. Und dann soll er also plötzlich aufspringen, sich mit dem Fleischerbeil in die Hand hauen und vom Balkon springen! Das klingt nicht besonders glaubwürdig. Die Stridner hat Recht, das war kein Selbstmord.«

»Und vergiss nicht, dass die Balkontür von innen verschlossen war und der Schlüssel steckte.«

»Ich möchte nur wissen, was eigentlich passiert ist.«

»Das herauszufinden, werden wir bezahlt«, erklärte der Kommissar trocken.

Er wandte sich wieder zur Balkontür und fragte mit lauter Stimme:

»Svante, ist eigentlich viel Blut auf dem Balkon?«

Svante Malm steckte sein sommersprossiges Pferdegesicht durch die Tür.

»Nein, bis jetzt haben wir noch gar keins entdeckt. Jedenfalls keins, das sichtbar wäre.«

»Offenbar ist er also nicht mit der Axt auf dem Balkon umgebracht, sondern wirklich übers Geländer geschubst worden. Nur sonderbar, dass er nicht geschrien hat, nicht wahr? Hat jemand der Zeugen gehört, dass er geschrien hat, als er zu Boden stürzte?«, fragte Andersson.

Irene dachte an die kleine Dame mit dem Hund.

»Scheint nicht so. Ich habe mit der Zeugin gesprochen, die

am nächsten dran war. Sie war sehr aufgebracht, weil von Knecht fast auf ihrem Hund gelandet ist. Aber sie hat nichts von einem Schrei erwähnt. Aber sie stand natürlich unter Schock. Ich werde sie morgen vernehmen.«

»Okay. Dann sehen wir uns hier mal weiter um.«

Die Bibliothek wurde von den hohen, an der Wand befestigten Bücherregalen dominiert. Sie erstreckten sich vom Boden bis zum Dach und waren mit Glastüren versehen. Die Sitzgruppe stand mitten in dem großen Raum. Eine kleinere Lesegruppe in einer Ecke bestand aus einem Glastisch und zwei Ohrensesseln, im gleichen Design und Lederbezug wie die Sitzgruppe. Um das große Fenster herum bis zur Balkontür gab es keine Bücherregale. An den Wänden hing stattdessen moderne Kunst. Unter einem bunten Ölgemälde, das einen grünen Monsterkopf mit gelben Augen darstellte, stand die so genannte Haupt-Kommode. Man konnte sie kaum als Kommode bezeichnen, eher als einen Sekretär auf hohen, verschnörkelten Beinen. Unter der Klappe saßen drei Schubladen nebeneinander, und darüber wölbte sich ein raffinierter Rollladen. Die Haupt-Kommode war eine Enttäuschung. Die Kommode in der Eingangshalle war viel imposanter. Aber das war es wohl nicht, was ihren Wert ausmachte, wie Irene aus Svante Malms Reaktion zu erkennen meinte. Auf der anderen Seite des Fensters hingen zwei Bilder, die sogar von den ungeübten Augen des Kommissars als Werke von Picasso identifiziert werden konnten. Es waren nämlich deutlich die Signaturen zu erkennen.

»Kubistischer Stil. Das erkenne ich nach dem Steckbrief für die Bilder, die aus dem Moderna museet gestohlen wurden. Nichts sitzt dort, wo es sein sollte. Wie sollte man zwei Augen sehen können, wenn die Nase im Profil gezeichnet ist?« fragte Andersson.

Er beäugte die beiden Bilder kritisch. Sie waren deutlich kleiner als das Monsterbild, aber sicher beträchtlich teurer.

»Wir drehen mal eine Runde. Und wir versprechen, nichts anzufassen und nur die Taschenlampen zu benutzen.«

40

Letzteres sagte er zu Svante, dessen Kopf wieder in der Balkonöffnung erschienen war.

Sie begaben sich in den Flur des Obergeschosses, von dem die übrigen Zimmer abgingen. Das erste Zimmer erwies sich als Arbeitszimmer, nur wenig kleiner als das kleinere Wohnzimmer. Im Lichtkegel waren Bücherregale mit Büchern und Ordnern zu erkennen, eine kleine Sitzgruppe, ein großer Schreibtisch und ein separater Computertisch.

Alles sah sehr sauber und ordentlich aus. Anderssons Taschenlampe blieb auf einem eingerahmten Plakat über dem Schreibtisch hängen. Es stellte eine Balletttänzerin in wadenlangem Tüllrock dar. Sie hatte eine Pose eingenommen, in der ein Bein schräg nach vorn gestreckt war und Arme und der Oberkörper sich über das Bein streckten. Große Buchstaben erklärten: »Der Nussknacker. Musik von Tschaikowsky mit einer Originalchoreografie von L. Ivanov«. Verwundert fragte Andersson:

»Mochte von Knecht Ballett?«

Neugierig trat Irene neben ihn und las im Licht der Lampen:

»›Nehmen Sie teil an der 75-Jahres-Feier des Nussknackers, 1892–1967 im Stora teatern in Göteborg.‹ Ja ha, ganz offensichtlich ballettinteressiert«, stellte sie fest.

»Wir verschaffen uns heute Abend nur einen ersten Überblick. Die Jungs haben dann die ganze Nacht Zeit, Spuren zu sichern. Sollten sie etwas Wertvolles finden, werde ich es morgen früh von ihnen erfahren… hm, das ist eigentlich ein ganz blöder Ausdruck in diesen Kreisen hier!«

Er schnaubte leise und Irene wurde es ganz warm ums Herz. Auch er war also von den Dingen um ihn herum beeindruckt. Sie verließen das Arbeitszimmer und betraten den nächsten Raum. Der erwies sich als die schon viel besprochene Sauna, gekachelt vom Boden bis zur Decke. Am hinteren Ende des Raumes befand sich eine ganze Plexiglaswand mit einer Tür, auch diese aus Plexiglas. Dahinter waren Bänke in verschiedener Höhe und ein großes Saunaaggregat an der einen kurzen Wand zu erkennen. Außerdem gab es noch eine Dusche mit Wänden und einer Schiebetür aus Glas. Zwei Deckstühle aus Teakholz mit dicken Kissen und ein kleiner Tisch machten das Inventar aus. Es roch intensiv nach Eukalyptus. Irene leuchete in die Dusche und konnte sehen, dass Wände und Boden noch feucht waren.

»Nichts weiter von Interesse. Weiter«, sagte Andersson.

Hinter der nächsten Tür befand sich eine separate Toilette mit einem großen Marmorwaschbecken. Die letzte Tür auf der rechten Seite des Flurs führte zu einem Billardzimmer. Ein großer Billardtisch dominierte den Raum.

Sie überquerten den Flur und kamen in das größte Schlafzimmer, das beide je betreten hatten. Ein extrabreites Doppelbett mit einer gelben Seidentagesdecke und vielen Kissen beherrschten das Zimmer. Es war umgeben von polierten Holzschränken und Kommoden, und an den Wänden hingen die Bilder dicht an dicht. Hier konnte man übrigens genau sehen, was die Kunst darstellte. Nackte Körper, die meisten davon weiblich. Es gab auch den einen oder anderen posierenden Mann. Einige der Bilder nahe beim Bett waren direkt pornografisch, vielleicht auch erotisch, da die kopulierenden Paare zum Teil bekleidet waren.

Die Kleidungsstücke, die sie noch trugen, waren altmodisch, wie Schnürleiber, Krinolinen und Schuten. Interessiert betrachtete Irene Huss außergewöhnliche Beischlafstellungen auf einer ganzen Anzahl kleiner japanischer Drucke. Eine Tür in der Wand gegenüber den Kleiderschränken verbarg ein großes Badezimmer mit Toilette. Die Badewanne war ein Eckmodell, offensichtlich das erwähnte Jacuzzi.

Der Kommissar versuchte ein Gähnen zu unterdrücken und sagte: »Es ist jetzt halb elf. Das reicht nur noch für einen kurzen Schnelldurchlauf. Übrigens, ist dir was aufgefallen? Wo sind eigentlich all die neugierigen Nachbarn, die sonst immer angerannt kommen und fragen, was denn passiert ist? Es gibt noch drei Wohnungen in diesem Haus.«

»Ich werde schnell mal die Operation Anklopfen durchführen.«

Irene verließ das von Knecht'sche Schlafgemach und
brachte ihre Aufgabe schneller hinter sich, als sie dachte.
Auch Sven Andersson war überrascht, als er im unteren Flur
schon wieder auf sie stieß.

»Keiner der Nachbarn ist zu Hause. In allen drei Wohnungen ist es still und dunkel. Und ich habe geklingelt und geklopft«, versicherte sie.

Andersson sah nachdenklich aus.

»Das erklärt das Fehlen neugieriger Nachbarn. Und es hat
dem Mörder die Sache leichter gemacht. Die Zentrale hat per
Telefon ebenfalls keinen der Nachbarn erwischen können.
Übrigens habe ich mir noch das letzte Zimmer oben ange-
sehen. Ein Fernsehzimmer. Nichts von Interesse. Nur eine
Menge Bilder und ein riesiger Fernseher.«

Er nickte zur Küchentür hin.

»Lass uns in die Küche gehen«, sagte er.

Die Küche erwies sich als ultramodern, schätzungsweise
um die fünfzig Quadratmeter groß. In der Mitte erhob sich
eine große Kücheninsel mit einer gewaltigen kupfernen Abzugshaube darüber. Die Hänge- und Unterbauschränke hatten
geschnitzte Fronttüren aus rot getöntem Kirschbaumholz.
Auf dem Boden glänzte ein seidenmattes, dunkelrot lasiertes
Parkett. Vor dem Herd und um die Kücheninsel herum lagen
rotbraune Ziegelklinker. Die Wände waren hell, fast weiß.
Unter der Decke liefen Balken entlang, in der gleichen Farbe
wie der Boden lasiert. Alles war sauber und ordentlich. Die
Klappe der Geschirrspülmaschine stand einen Spalt offen.
Vorsichtig schob der Kommissar sie mit dem Ende seiner Ta-
schenlampe auf und leuchtete hinein.

»Gewaschen. Und kein schmutziges Geschirr auf der
Spüle«, stellte er fest.

»Sven, guck mal über der Arbeitsplatte«, sagte Irene.
»Unter der Abzugshaube hängen Küchengeräte.«

Fünf Zentimeter unter der Unterkante verlief eine festgelö-

43

tete Stange. Sie war mit kleinen Haken versehen, und an denen hingen diverse Küchengeräte. Ein Fleischerbeil konnten sie nicht entdecken. Andersson sah nachdenklich aus, als er fragte:

»Wozu benutzt man eigentlich ein Fleischerbeil?«

Irene wunderte sich, dass er das nicht wusste, ließ sich aber nichts anmerken.

»Es hat eine scharfe Schneide, mit der man Sehnen und Knorpel abhackt. Mit der breiten, platten Breitseite schlägt man aufs Fleisch, damit es dünner und mürber wird. Ich glaube, heute wird es nicht mehr so viel benutzt wie früher. Heute ist das Fleisch ja schon geschnitten und geklopft, wenn man es kauft.«

»Wir müssen den Griff des Fleischerbeils mit den Griffen der Geräte vergleichen, die hier hängen. Es scheint alles die gleiche Serie zu sein. Und hier ist ein leerer Haken«, sagte der Kommissar.

»Ich habe das Gefühl, das sind nur Dekorationsstücke. Die Geräte scheinen mir nie benutzt worden zu sein. Ich habe noch nie einen so jungfräulichen Schneebesen gesehen! Und guck mal, die Griffe sind Ton in Ton mit den Fronttüren«, schnaubte Irene.

Sie zeigte auf eine Tür an der hinteren Wand.

»Ich möchte wissen, wohin die wohl führt?«

»Sieht aus wie eine ganz gewöhnliche Tür zur Hintertreppe. Die Jungs sollen das morgen überprüfen«, beschloss Andersson. Er unterdrückte ein erneutes Gähnen, bevor er weitersprach: »Ich glaube, wir waren ziemlich gründlich für einen ersten Durchgang durch die Wohnung. Oder haben wir etwas vergessen?«

Irene war klar, dass die Frage des Kommissars rhetorisch gemeint war, aber diese Tür hier störte sie. Eine Erinnerung tickte herausfordernd in ihrem Hinterkopf, und jetzt platzte sie auf und wurde zum Bild. Sie erinnerte sich an die vier Türen unten auf dem quadratischen kleinen Hinterhof. Wenn sie es richtig verstanden hatte, mündeten die fünf Treppenstufen der jeweiligen Haupteingänge dort. Etwas, das wie eine Hintertreppe aussah, hatte sie nicht gesehen. Es gab allen Grund, hinter die Tür zu schauen, bevor sie gingen.

Andersson seufzte, tappte ihr aber nach zu der Tür. Mit einem vorsichtigen Schubs bekam sie die Tür auf. Dahinter befand sich keine Hintertreppe, sondern ein großer Wirtschaftsraum. Die Lichtkegel der Taschenlampen huschten über Putzschrank, Trockner, Trockenschrank und Waschmaschine. An Letzterer blinkte eine rote Lampe und zeigte, dass die Wäsche fertig war. Wieder benutzte Irene ihren Stift, um keine Fingerabdrücke zu hinterlassen oder bereits vorhandene auszuwischen, als sie die Klappe der Waschmaschine öffnete.

»Bettzeug. Er hat Bettzeug und Handtücher in die Waschmaschine gesteckt, bevor er seinen Mörder traf«, erklärte sie voller Dramatik dem Kommissar.

Sie gingen wieder durch die Küche hinaus, quer über den Teppich in der Eingangshalle und inspizierten noch die Gästesuite. Hinter der Tür befand sich ein großzügiges Schlafzimmer mit einem breiten Doppelbett. Aber auch als sie einen hastigen Blick ins Gästebadezimmer warfen, gelang es ihnen nicht, etwas von Interesse zu entdecken.

KAPITEL 3

Irene Huss fuhr durch das mitternachtsstille Göteborg heim. Hier und dort zeigte sich schon der erste Weihnachtsleuchter in den Fenstern, obwohl es doch noch mehr als eineinhalb Wochen bis zum ersten Advent waren. Lag das an den immer früheren Weihnachtsauslagen in den Schaufenstern, oder war es nur ein Zeichen der Sehnsucht nach Licht in der undurchdringlichen Winterdunkelheit? Apropos Licht: Jenny brauchte einen neuen Kerzenhalter für ihr Fenster. Der alte hatte letztes Jahr einen Kurzschluss gehabt. War sie es gewesen oder Katarina, die erklärt hatte, sie wollte lieber einen Stern haben? Manchmal war es schon schwierig, sich daran zu erinnern, welche von beiden was gesagt hatte. Aber auch wenn sie Zwillinge waren, waren die Mädchen in jeder Beziehung so unterschiedlich, dass Leute oft nicht einmal glaubten, dass sie Schwestern waren. Jenny war Krister ähnlich, ein wenig schweigsam und genauso blond wie er. Aber sie hatte nicht das Interesse ihres Vaters an der Kochkunst geerbt, sie war in erster Linie von Musik besessen. Katarina war dunkel wie Irene, nach außen gewandt und sportlich. Schon mit zehn Jahren war sie mit Irene zum dojon gegangen. Nun war sie dreizehn und war dabei, sich auf den grünen Gürtel vorzubereiten, den ukemi-waza.

Irene selbst war siebzehn gewesen, als sie ihn gemacht hatte. Mit neunzehn wurde sie nordische Meisterin in Jiu-Jitsu, zwei Jahre später Europameisterin. Vor siebzehn Jahren hatte es zwar noch keine große Konkurrenz in Europa auf der Damenseite gegeben, aber es hatte ihr trotzdem einen hohen Status in der Polizeischule eingebracht.

Ihre Kurskameraden sprachen heute noch von der Episode, als ein Lehrbeauftragter an die Schule kam, um ihnen einen Vortrag zu halten über »die Nützlichkeit für Polizisten, gewisse Grundlagen in der Selbstverteidigung zu haben«. Es war ein überheblicher Stockholmer gewesen, der den kleinen Hosenscheißern zeigen wollte, wie sich so ein richtiger Ninjaheld verteidigte! Er rief den schmächtigsten Jungen des Jahrgangs zu sich, einen sehnigen Burschen aus Småland, der noch nie in seinem Leben irgendwelchen Kampfsport trainiert hatte. Dafür gehörte er der schwedischen Nationalmannschaft für Tischtennis an. Ihm wurde gesagt, er sollte den Lehrbeauftragten von hinten mit einem Würgegriff angreifen, was er auch gehorsam tat. Sofort packte der Herr aus Stockholm die linke Hand des Tischtennisspielers, drehte sie um neunzig Grad, drückte sie ihm fest gegen die Schulter und warf ihn mit einem O-soto-otoshi auf die Matte. Doch dabei machte er einen Fehler: Sehnige Burschen aus Småland drückt man nicht einfach so zu Boden. Und schon gar nicht, wenn sie zur Nationalmannschaft im Tischtennis gehören. Der Junge wurde wütend und wehrte sich, woraufhin sein Schultergelenk aus der Kapsel sprang. Das tat verdammt weh, und der Arme krümmte sich auf der Matte. Die Vorführung musste unterbrochen und der Polizeischüler ins Krankenhaus gebracht werden, um das Schultergelenk wieder einzurenken.

Irene war stinkwütend gewesen. Während der Mittagspause hatte sie einen Beschluss gefasst. Es war gegen die Grundregeln ihres Sports, aber dieser Ausbilder musste in seine Schranken verwiesen weden. Er hatte einen Griff angewandt, der zum blauen Gürtel gehörte, ein viel zu hoher Schwierigkeitsgrad für einen Anfänger.

Nach der Mittagspause kam der Ausbilder wieder in den Gymnastikraum. Mit einem schiefen Lächeln hoffte er, dass »der kleine Unfall sie nicht von weiteren Übungen abgeschreckt habe«. Niemand antwortete, die Stimmung war gedrückt. Schnell wandte der Ausbilder sich direkt an die

Schüler und fragte: »Jemand, der den Griff verstanden hat und ihn ausprobieren will?«

Ha, direkt in die Falle getappt! Irene stand auf, bevor ihr jemand zuvorkommen konnte. Mit gespielter Scheu schlug sie ihre Augen nieder und sagte in ihrem breitesten Göteburger Akzent: »Ich kann es ja mal versuchen.«

Die Spannung unter ihren Mitschülern wuchs, aber der Ausbilder merkte nichts davon. Er war nur deutlich verunsichert, als er sah, dass sie fast zehn Zentimeter größer war als er. Mit verkniffener Miene hob er die Arme hoch, um bei ihr den Würgegriff von hinten ansetzen zu können. Nur im Bruchteil einer Sekunde hatte sie ihre Halsmuskeln angespannt, mit dem linken Bein einen Schritt hinter ihn gemacht und sein Bein gepackt. Das zog sie dann mit einem schnellen Griff vor, ließ ihn fallen und ging selbst auf Distanz.

Der Jubel und das Klatschen wollten gar kein Ende nehmen.

Der ausgezählte Ausbilder versuchte die Initiative wieder an sich zu reißen, noch während er auf dem Rücken auf der Matte lag:

»Gut, sehr gut! Noch jemand, der es versuchen will?«

Die Buhrufe nach diesem Kommentar waren nicht mehr zu überhören. Er schlich durch die Tür hinaus. Das war das erste und letzte Mal, dass er sie mit seiner Anwesenheit beehrte.

Irene musste bei der Erinnerung schmunzeln. Fast hätte sie darüber vergessen, beim Jörnbrottsmotet auf die Västerleden abzubiegen und wäre weiter Richtung Särö gefahren. Ihre Augenlider waren schwer und sie sehnte sich nach ihrem Bett.

Hinter der Tür saß Sammie und wedelte fröhlich mit dem Schwanz. Er sprang hoch, hüpfte und zeigte mit seinem ganzen Körper, wie sehr er sich freute, dass sie gekommen war. Plötzlich hielt er inne und drückte seine Nase fest gegen die Tür. Er warf ihr einen auffordernden Blick zu: »Raus. Muss Pipi machen. Dringend!«

Mit einem Seufzer band sie ihm das Halsband um und ging hinaus in die Nacht. Nach ein paar Minuten fiel ihr ein, dass sie keine Plastiktüten mehr in der Tasche hatte. Wenn jetzt was passierte, mussten sie wohl auf die Dunkelheit und die späte Stunde bauen und schnell den Tatort verlassen.

»War das der Grund, dass es gestern so spät geworden ist?« Krister hielt die Göteborg-Posten direkt unter Irenes verschwommenen Blick. Sie saß am Frühstückstisch und versuchte wach zu werden. Es war fast sieben. Die Töchter plumpsten an den Tisch. Der morgendliche Duschfight war folgendermaßen ausgefallen: Katarina Erste, Krister Zweiter, Jenny Dritte und sie selbst Letzte. Krister musste zusehen, dass er einen neuen Thermostaten für die Dusche im Keller fand. Aber ihr Mann hatte anscheinend eine Frage gestellt? Sie sah die schwarzen Lettern, die über die halbe Titelseite liefen: »Richard von Knecht tot nach Fall vom Balkon!« Weiter unten auf der Seite stand in kleineren Lettern: »Polizei schweigt. Unfall oder Selbstmord?«

Sie konnte zur Antwort nur nicken. Als sie aus der Küche ging, bemerkte sie über die Schulter:

»Ich geh jetzt duschen. Liebling, sieh zu, dass der Kaffee stark genug wird!«

Genussvoll blieb sie eine ganze Weile unter der Dusche stehen. Deutlich wacher ging sie danach ins Schlafzimmer und zog sich an: schwarze Levi's-Jeans, ein schwarzes Polohemd und einen knallroten Pringle-Pullover mit V-Ausschnitt. Nun ja, eigentlich eine Raubkopie von Pringle, aber immerhin. Dünnen blauen Eyeliner, Ton in Ton mit den Augen, ein wenig schwarze Mascara und einen Spritzer Red Door. Jetzt war sie bereit, Berge zu versetzen!

Die Mädchen hatten schon ihr Frühstück beendet, als sie hinunterkam. In einer Viertelstunde würde ihr Bus fahren. Katarina wirbelte herum, um ihre Schultasche zu suchen, während Jenny noch am Tisch saß. Sie wusste nicht so recht, wie sie am geschicktesten ihren Wunsch äußern sollte:

»Also, kriege ich das Geld für eine elektrische Gitarre? Oder kriege ich eine zu Weihnachten?«

»Eine elektrische Gitarre?«, wiederholten ihre Eltern gleichzeitig.

»Ja. Eine Band in der Schule braucht jemanden, der Gitarre spielen und singen kann… und da haben sie mich gefragt. Einer der Typen lernt Gitarre spielen beim gleichen Lehrer wie ich.«

»Sind das Jungs aus deiner Klasse in dieser Band?«, fragte Krister.

»Nein, drei Jungs und ein Mädchen aus der Neunten.«

»Aus der Neunten! Aber du gehst doch erst in die Siebte, mein Schätzchen!«

»Ich bin kein Schätzchen!«

Sie fuhr mit tränenfeuchten Augen vom Stuhl auf und sauste aus der Küche. Katarina steckte ihren Kopf durch die Küchentür und fragte verwundert:

»Was ist denn jetzt schon wieder?«

»Sie will eine elektrische Gitarre haben und in einer Band in der Schule spielen«, seufzte Krister.

»Ach so, deswegen. Das sind die White Killers. Starke Sache. Spielen manchmal auch in Freizeitheimen«, erklärte Katarina.

»White Killers? Was ist denn das für ein Name für eine Band? Sind das Satanisten oder so was?«

Krister hatte für gewöhnlich eine ziemlich lange Leitung, aber jetzt hatte er Lunte gerochen.

»Na ja…. eher so eine Art Punk-Rock, irgendwie… glaube ich. Punx not dead, Väterchen!«

Mit einem lauten Lachen sprang Katarina in den Eingangsflur, und die Mädchen liefen zur Bushaltestelle.

Irene spürte selbst die Müdigkeit in ihrer Stimme, als sie stöhnte: »Herr, gib mir Kraft und Stärke! White Killers! Bist du heute Abend zu Hause? Ich weiß nicht, wann ich komme. Das mit dem von Knecht ist ein heißes Eisen. Vieles deutet darauf hin, dass er ermordet wurde, aber bis wir den Bericht von der Obduktion haben, halten wir uns noch zurück. Es scheint ja nichts zur Presse durchgesickert zu sein. Sobald die Lunte riechen, werden sie bestimmt das Präsidium stürmen!« »Wann ich zu Hause bin? Nicht vor sechs. Aber das passt ganz gut, denn Katarina hat doch heute Abend Ju-Ju-Training. Dann kann ich versuchen, mal mit Jenny zu reden. Nun sieh aber zu, dass wir loskommen.«

Sammie durfte noch eine Runde pinkeln gehen, bevor er bei einer Tagesmutter abgeliefert wurde, einer pensionierten Witwe. Ihre Pension verlängerte sie, indem sie sich gegen Schwarzgeld um vier Hunde kümmerte. Jenny und Katarina holten Sammie ab, wenn sie von der Schule nach Hause kamen.

In den Räumen der Kriminalpolizei herrschte schon reger Betrieb, als Irene Huss kurz vor acht dort eintraf. Die jährliche Grippewelle war im Anmarsch, aber bis jetzt grassierten erst die ganz normalen Herbsterkältungen. Der Mordkommission fehlten drei Inspektoren, die krankgemeldet waren. Das war nicht einfach, aber Kommissar Andersson versuchte, Beamte aus anderen Abteilungen loszueisen.

Sven Andersson sprach mit dem Kommissar für Allgemeine Fahndung, Birger Nilsson, der widerspenstig einen Inspektor zur Verfügung stellte, als er begriff, dass der Tod von Knechts bald alle Titelseiten füllen würde. Unfall oder Selbstmord ist so eine Sache, aber Mord ist etwas ganz anderes. Birger Nilsson begann daraufhin interessiert nach Details zu fragen, aber Andersson war im Stress und gab sich wenig auskunftsbereit. Er wusste, dass sich seine neue Ermittlungsgruppe bereits versammelt hatte und auf ihn wartete.

»Wir, die wir hier im Raum versammelt sind, werden uns ausschließlich mit dem Fall von Knecht befassen. Andere Fälle müssen zur Seite gelegt oder anderen Ermittlern übergeben werden. Haben alle die Schlagzeilen der Morgenzeitungen und die Artikel über von Knechts ›Unfall‹ gelesen?«

Die sieben um den Tisch nickten. Sven Andersson ließ die Luft in seine Lunge einströmen und stellte sich, ohne es selbst zu bemerken, leicht auf die Zehenspitzen, als er fortfuhr:

»Das Ganze war weder ein Unfall noch ein Selbstmord, sondern ein Mord!«

Erregtes Gemurmel war die Folge. Der Kommissar bat um Ruhe und begann zu berichten, was er und Irene am vergangenen Abend gesehen hatten. Während seiner Ausführungen war es mucksmäuschenstill. Er schloss seinen Bericht, indem er bekannt gab, was die Jungs von der Spurensicherung ihm vor ein paar Stunden mitgeteilt hatten, und das war auch für Irene neu. Er fragte:

»Den Kriminaltechniker Svante Malm kennt ihr wohl alle. Du auch, Hannu?«

Letzteres war an Hannu Rauhala gerichtet, den geliehenen Inspektor aus der anderen Abteilung. Keiner von der Mordkommisssion kannte ihn. Hannu Rauhala nickte.

»Er hat mir mitgeteilt, dass auf der flachen Breitseite der Fleischaxt Blut und Haare gefunden wurden, wahrscheinlich von von Knecht. Auf der scharfen Schneide gibt es ebenfalls Blut und Hautfragmente, auch diese höchstwahrscheinlich vom Opfer. Die Länge des Schnitts auf dem Handrücken des Opfers stimmt mit der Länge der Axtscheide überein. Die Vergleichstests werden morgen gegen sieben Uhr fertig sein. Svante und Per haben die ganze Nacht unter Hochdruck gearbeitet. Auf dem Schaft befindet sich kein einziger Abdruck. Er ist sorgfältig abgewischt worden, und dem Geruch nach zu urteilen, können wir bereits jetzt behaupten, dass er mit einem gehörigen Spritzer Ajax gereinigt wurde!«

Er verstummte und schaute sich am Tisch um. Rechts neben ihm saß Irene Huss, die bei den letzten Informationen nur leicht die Augenbrauen hob. Neben ihr saß Tommy Persson, den sie schon seit Ausbildungstagen kannte und der einer ihrer besten Freunde war. Dann folgte Hans Borg, der nach dem fünfzigsten Geburtstag seiner Frau vom letzten Wochenende noch immer müde und mitgenommen aussah. Von Birgitta Moberg neben ihm konnte hingegen kaum behauptet werden, dass sie müde aussah. Ihre braunen Eichhörnchenaugen waren fasziniert auf den Kommissar gerichtet. Sie war hübsch, blond und niedlich. Viele junge Männer in der Abteilung hatten schon versucht, sich an die kleine Person heranzumachen, die aussah, als hätte sie gerade erst die Polizeischule abgeschlossen. Aber sie war bereits dreißig Jahre alt und hatte einen klugen Kopf und scharfe Klauen. Die meisten versuchten es nur ein einziges Mal. Unter denen, die es versucht hatten, befand sich auch Jonny Blom, der Mann neben ihr. Während der unvergesslichen Weihnachtsfeier im letzten Jahr hatte ihm Birgitta im wahrsten Sinne des Wortes mit seiner Frau und seinen vier Kindern den Hals gestopft. Der neueste Inspektor in der Abteilung war Fredrik Stridh. Er arbeitete jetzt ein Jahr bei ihnen und hatte einen guten Eindruck gemacht. Als Letzter in der Runde und dem Kommissar zur Linken saß Hannu Rauhala. Er sah unergründlich und etwas exotisch aus mit seinen schrägen eisblauen Augen, dem weißblonden Haar und den markanten Wangenknochen. Sein Alter war nur schwer zu bestimmen, wahrscheinlich lag es irgendwo so um die dreißig. Andersson schlug die Hände zusammen und sagte energisch:

»Wir müssen schnell machen, solange die Medien noch nicht wissen, dass es sich um einen Mord handelt. Die Pressekonferenz ist auf dreizehn Uhr angesetzt. Das vorläufige Obduktionsergebnis ist uns für elf versprochen worden.«

Der Kommisar schwieg und betrachtete nachdenklich seine Inspektoren.

»Dieser von Knecht war ja eine richtige Größe in ganz Schweden. Das Einzige, an das ich mich spontan erinnere, ist sein Fest zu seinem sechzigsten Geburtstag vor ein paar Monaten«, sagte er dann zögernd.

Alle am Tisch nickten. Das war ein Fest gewesen, von dem alle bis hin zur Boulevardpresse in Stockholm berichtet hatten. Jeder in der Finanz- und Jetsetwelt, der etwas auf sich hielt, war auf von Knechts schickem Landsitz versammelt gewesen. Andersson fuhr fort:

»Irene und ich waren schwer beeindruckt von der Wohnung, aber der Schuppen draußen bei Marstrand ist noch mindestens dreimal so groß. Er liegt auf einer Halbinsel, und von Knecht gehört die ganze Halbinsel. Er hat auch einen Privathafen. Das Gelände muss mehrere Hektar groß sein. Meine Schwester hat ein Ferienhaus in Åstol. Ich habe vom Wasser aus das Haus mal gesehen, als mein Schwager und ich zum Angeln draußen waren. Noch mehr, was wir wissen? Irene?«

»Seine Frau heißt Sylvia. Der Sohn heißt Henrik und ist verheiratet. Ich weiß bis jetzt nur die Namen, keine persönlichen Daten. Ach ja, Henrik sagte, dass seine Eltern letzten Samstag ihren dreißigsten Hochzeitstag gefeiert haben. Und es wissen ja alle, dass es sich bei den von Knechts um eine von Schwedens reichsten Familien handelt. Richard von Knecht hatte während der fröhlichen Achtziger einen ungemeinen Aufschwung an der Börse. Viel mehr weiß ich nicht. Vielleicht sollten wir eine meiner alten Freundinnen um Hilfe bitten? Sie ist Journalistin bei Svensk Damtidning. Sie kann uns bestimmt helfen und mit altem Klatsch versorgen.«

Andersson schien von dieser Idee nicht besonders begeistert zu sein, zuckte aber schließlich mit den Schultern und sagte:

»Warum nicht. Vielleicht bringt das was. Ansonsten kümmerst du dich um die Vernehmung von Henrik von Knecht und seiner Frau heute Vormittag und versuchst, diese Frau mit dem Hund zu fassen zu kriegen. Wer kann, soll sich zehn Minuten vor der Pressekonferenz hier einfinden. Tommy, Hans und Fredrik befragen die anderen Bewohner in dem Viertel, ob sie was gesehen oder gehört haben. Birgitta, du bleibst am besten noch eine Weile hier, sodass du und Irene mehr über die anderen Mieter im von Knecht'schen Haus erfahren. Es ist anzunehmen, dass Henrik von Knecht weiß, um wen es sich da handelt. Und dann fahr hin und versuche sie zu fassen zu kriegen. Bei ihrer Arbeit oder womit diese Menschen sonst ihre Tage so verbringen. Irgendwo müssen sie doch zu finden sein!«

Er holte tief Luft und versuchte herauszufinden, wer noch keine Arbeit zugeteilt bekommen hatte. Dann sagte er:

»Hannu, du sammelst alle statistischen Daten, die es so gibt, das könnt ihr von der Allgemeinen doch so gut. Ausführliche Personeninformationen über alle Familienmitglieder. Wenn wir die Namen der übrigen Mieter kennen, will ich auch über sie Informationen haben. Jonny, nimm Kontakt mit der Abteilung für Wirtschaftsverbrechen auf und informier dich, was die über von Knecht wissen. Apropos Zeitungen – vielleicht sollten wir mal Kontakt zur Göteborgs-Posten aufnehmen. Die müssten doch einiges Material haben. Hat jemand Kontakt zur GP? Aha, Hannu. Okay, dann übernimmst du das auch noch. Habe ich was vergesssen?«

»Was machst du selbst?«

Natürlich war es Jonny, der in seiner trockenen Art die Frage stellte. Der Kommissar sank ein wenig in sich zusammen und seufzte, wahrscheinlich ohne es selbst zu merken.

»Ich muss zum Polizeipräsidenten. Er will Informationen haben. Und dann fahre ich zur Pathologie, um die Professorenfrau zu treffen.«

Irene konnte nicht anders, sie ärgerte sich an Yvonne Stridners Stelle.

»Sie hat sich den Professorentitel selbst erarbeitet und keinen Professor geheiratet«, warf sie spitz ein.

Falls Andersson sie gehört hatte, ließ er es sich nicht anmerken. Demonstrativ schaute er auf die Uhr über der Tür. Alle konnten sehen, dass sie auf zehn zuging, also war es höchste Zeit, an die Arbeit zu gehen.

Irene Huss begann damit, dass sie in Stockholm die Svensk Damtidning anrief. Nach einer Weile hörte sie Sofies vom Rauchen heisere Stimme.

»Ja, hier ist Sofie Ahl.«

Sie freute sich, war aber gleichzeitig überrascht, Irene

selbst am Telefon zu haben. Nach dem üblichen Geplänkel und den Fragen nach dem Wohlergehen äußerte Irene ihre Bitte nach alten Artikeln über die Familie von Knecht. Die Neuigkeiten über den sensationellen Todesfall war auch für die Stockholmer Boulevard-Zeitungen die Hauptschlagzeile gewesen. Sofie wurde neugierig, aber Irene blieb bei ungenauen Floskeln wie »... die Obduktion ist noch nicht abgeschlossen, aber wir versuchen, uns ein Bild von dem Hintergrund des Todesfalls zu machen ... suchen nach möglichen Erklärungen für einen Selbstmord ... Geh so weit zurück, wie du kannst. Aber ich denke, es wird reichen, so ab Mitte der Fünfziger zu gucken. Kann ich dich heute Nachmittag wieder anrufen und nach dem Ergebnis fragen?«, wollte Irene wissen.

»Nein, das geht nicht. Ich muss für einen Artikel außer Haus. Aber pass auf, wie wir es machen: Du gibst mir deine Faxnummer und ich setze eine unserer Praktikantinnen dran. Sie kann dir dann durchfaxen, was sie für dich gefunden hat, und dann kannst du es selbst durchsehen. Es ist wahrscheinlich nicht nötig, alles zu schicken, aber das, was von Interesse sein kann, wird sie wohl finden.«

»Du bist ein Schatz, Sofie.«

Der nächste Name auf der Liste war der Dackel, Frau Eva Karlsson in der Kapellgatan 3. Irene holte tief Luft, bevor sie die Nummer tippte. Zehn Freizeichen waren zu hören, bevor der Hörer abgenommen wurde. Dann erklang ein breiiges Gemurmel, aber Irene ging davon aus, dass sie die richtige Person erwischt hatte.

»Spreche ich mit Frau Eva Karlsson?«

»Ja, wer ist da?«

»Inspektorin Irene Huss. Wir haben gestern kurz miteinander gesprochen, nach dem schrecklichen ... Unfall.«

»O bitte, kein Wort davon. Ich habe noch geschlafen, als Sie angerufen haben. Ich musste heute Nacht eine Schlaftablette nehmen, um überhaupt schlafen zu können.«

Danach folgte eine längere Ausführung über Frau Karlssons langjährige Schlafstörungen und all die verschiedenen

Tabletten, die sie im Laufe der Jahre bereits ausprobiert hatte. Irene hatte das Gefühl, dass es wohl das Beste wäre, einfach zuzuhören. Und sei es nur, damit die Dame richtig wach wurde. Schließlich warf sie ein:

»Und wie geht es dem Hund?«

»O ja, danke, Snobben liegt hier, ihm geht es gottlob gut.«

Entschlossen stellte Irene ihre nächste Frage, bevor Frau Karlsson sich in der Hundewelt verlieren konnte.

»Sie sind die Zeugin, die am dichtesten am Geschehen war. Sind Sie sich immer noch sicher, dass Sie keinen Schrei gehört haben, bevor – oder während – er fiel?«

Es blieb eine ganze Weile still.

»Nein, ich bin mir sicher, dass ich keinen Schrei gehört habe. Er ist einfach heruntergebraust. Oje, jetzt sehe ich wieder alles ganz deutlich vor mir!«

»Frau Karlsson, könnte ich heute Nachmittag einmal zu Ihnen kommen, um mich mit Ihnen zu unterhalten?«

»Aber meine Liebe, das geht ganz bestimmt. Aber rufen Sie bitte vorher an.«

»Das verspreche ich. Vielen Dank erst einmal.«

Eine schnelle Tasse Kaffee müsste sie vor elf Uhr noch schaffen. Sie hatte den höchsten Gang eingelegt, als sie um die Ecke des Flurs brauste. Der Zusammenstoß zwischen dem Kommissar und ihr war deutlich spürbar, brachte aber hoffentlich keine blauen Flecken mit sich. Und seine knallrote Gesichtstönung würde sich sicher auch mit der Zeit wieder geben. Wütend zischte er:

»Pass doch auf! Ach, du bist das! Gut! Jetzt wollen wir der Sache mal auf den Grund gehen!«

Schon oft hatte sie ihn wütend erlebt, aber selten so sehr wie jetzt. Mit allen äußeren Zeichen einer bevorstehenden Hirnblutung polterte er los:

»Eben klingelte bei mir das Telefon. Als ich es abnehme, ist ein Reporter von GT dran, dieser Kurt Höök. Und weißt du, was dieser Kerl mich gefragt hat? ›Aus welchen Gründen sind

Sie so sicher, dass von Knecht ermordet wurde?‹ Zuerst war ich wie versteinert, aber dann habe ich nachgefragt: ›Wer behauptet denn, dass er ermordet wurde?‹ Und weißt du, was er daraufhin geantwortet hat? ›Eine sichere Quelle.‹ Was sagst du dazu? Ich werde jedenfalls zusehen, dass diese Quelle versiegt, und zwar ein für alle Mal!«

»Weißt du, wo das Leck sitzt?«

»Ich habe da so eine Ahnung! Wer hat denn Bekannte bei der GP? Und wenn man Bekannte bei einer Zeitung hat, dann kann man ja auch welche bei der anderen haben«, zischte Andersson.

»Sven, komm mit auf eine Tasse Kaffee. Und wenn es nun nicht Hannu ist? Nur weil er einen Journalisten bei GP kennt, muss er ja nicht auch jemanden bei GT kennen.«

Der Kommissar protestierte heftig, musste aber schließlich einsehen, dass Irene Recht haben konnte.

Murmelnd und leise vor sich hin fluchend folgte er Irene widerstrebend in die Kantine. Dort stießen sie auf zwei andere Inspektoren, die nichts mit dem von-Knecht-Fall zu tun hatten. Ansonsten war es leer im Raum. Sie ließen sich an einem Tisch ein Stück entfernt von den beiden Kollegen nieder. Irene hatte gerade in ihren Zwieback gebissen, als der Chef der Allgemeinen Fahndung, Kommissar Birger Nilsson, den Raum betrat. Er entdeckte Irene Huss und Sven Andersson, zeigte daraufhin ein strahlendes Lächeln und steuerte sofort ihren Fenstertisch an. Fröhlich sagte er:

»Hallo, hier sitzt ihr also und trinkt Kaffee. Das ist euch wirklich zu gönnen. Ich kann mir vorstellen, dass die von-Knecht-Ermittlung ziemlich anstrengend ist. Ihr könnt Rauhala behalten, so lange ihr ihn braucht. Übrigens, eins hast du mir nie gesagt, Sven… Aus welchen Gründen seid ihr so sicher, dass von Knecht ermordet wurde?«

Wortwörtlich die steife Formulierung, die Kurt Höök von GT benutzt hatte. Kommissar Nilsson beugte sich nonchalant über den Tisch, eine Hand in der Hosentasche, und strahlte ganz und gar freundliches Interesse aus. Irene traute sich nicht, den Kopf zu drehen und Andersson anzusehen, aber sie ahnte die pochenden Vibrationen zurückgehaltener Wut, die von ihm ausgingen. Deshalb war der neutrale Ton am Anfang seiner Antwort eine Überraschung, aber kaum das, was dann folgte. »Ja, weißt du, lieber Kollege. Ich habe ihm eine Informationsquelle in den Arsch gesteckt. Und beide sind zusammen verblutet. Damit ist die Quelle also jetzt versiegt!«

Das war ein gewagter Schuss ins Blaue, abgefeuert aus reiner Intuition, aber er traf ins Schwarze. Nilssons Gesicht wurde ganz bleich, die Verlegenheit des Schuldigen war deutlich zu sehen, und seine gesamte weltmännische Sicherheit verschwand. Ohne ein Wort lief er aus dem Raum.

Die beiden Inspektoren am anderen Tisch sahen aus, als wäre der Blitz in ihre Kaffeebecher eingeschlagen. Andersson winkte ihnen abwehrend zu und versuchte sein Auftreten zu erklären:

»Okay, so läuft es nun einmal. Schnelle Tipps sind Gold wert für die Presse. Sie bezahlt reichlich dafür, als Erste etwas Neues zu erfahren. Ihr wisst genauso gut wie ich, dass gewisse Kollegen sich gern ein Extraeinkommen verschaffen, indem sie der Presse Tipps geben. Die Pressekonferenz über den von-Knecht-Fall ist auf dreizehn Uhr angesetzt, also etwas zu spät für die Abendzeitungen. Heute Morgen war ich bei der Allgemeinen Fahndung und habe mir einen Mann ausgeliehen. Da fiel Birger Nilsson nicht mal mein Name ein.«

Es wäre gelogen zu behaupten, die beiden Inspektoren hätten nach dieser Erklärung klüger ausgesehen, aber sie taten zumindest ihr Bestes. Anderssons Gesichtsfarbe wurde langsam wieder normal. Er reckte sich.

»Nachdem ihr beide gehört habt, wie Nilssons Frage lautete, hoffe ich doch, dass ihr die nächsten zwei Stunden absolut dichthaltet«, sagte er scharf.

Sie murmelten »selbstverständlich«, »natürlich«, »auf jeden Fall«, sahen aber immer noch im höchsten Grad verwirrt aus. Irene Huss war sich nicht sicher, ob sie überhaupt wussten, worüber sie dichthalten sollten.

Schnell schüttete sie den Kaffee in sich hinein und eilte zurück in ihr Zimmer.

Henrik von Knecht und seine Frau warteten bereits auf sie. Henrik sah schrecklich aus, ganz hohläugig. Er hatte jetzt eine schwarze Hose und einen dunkelblauen Cardigan-Pullover an. Auch wenn sein Hemd weiß und sauber war, hatte er etwas von einem wieder auferstandenen Vampir an sich. Die Frau auf dem Stuhl neben ihm war ansprechend schön. Irene meinte sie zu kennen, konnte sich aber nicht erinnern, woher. Auch sie war dunkelblau gekleidet. In ihrem Fall handelte es sich um ein Kostüm aus weichem Nappaleder, mit geradem kurzem Rock und großen Goldknöpfen. Allein die schwarzen Boots mit Stilettabsätzen würden eine Polizeiassistentin einen ganzen Monatslohn kosten. Ihr Haar war schulterlang, intensiv mahagoni gefärbt, die Augen schimmerten in einer unglaublichen türkisblauen Tönung wie das Meer. Sie glänzten von Tränen, aber es waren auch nur diese Tränen, die entlarvten, dass nicht alles so war, wie es sein sollte. Ansonsten war sie gefasst und saß mit ruhig auf dem Schoß liegenden Händen da. Ihre diskret aufgetragene Schminke unterstrich ihre Schönheit. Möglicherweise war es eine sorgfältig aufgetragene Make-up-Creme, die ihrer Haut einen seidenmatten Glanz verlieh. Ein Hauch Rouge verstärkte noch den Glanz auf den Wangenknochen, die wie gemeißelt erschienen.

Plötzlich überfiel Irene die Vierzigjahreskrise mit voller Wucht. Was sie auch unternehmen würde, niemals konnte sie nach einer durchwachten Nacht so betörend aussehen. Wobei es keine Rolle spielte, ob es sich um eine leidenschaftliche Liebesnacht handelte, die sie wach gehalten hatte, sie würde jedes Mal wie ein Wrack aussehen. Wie Sofie Ahl einmal gesagt hatte: »Wenn du auf Reisen gehst, merkst du, dass du bald vierzig wirst. Mit zwanzig hat man nur ein kleines Necessaire in die Außentasche des Rucksacks gestopft. Mit vierzig ist der ganze Rucksack ein Necessaire.«

Henrik sah, wie die Inspektorin seine Frau anstarrte, und mit einem Seufzer sagte er:

»Guten Morgen, Frau Inspektorin. Ja. Sie haben sie schon mal gesehen. Sie ist das ›Sun Shampoo Girl‹. Wenn das jetzt auch schon ein paar Jahre her ist.«

»Guten Morgen und hallo. Entschuldigen Sie, dass ich Sie so angestarrt habe, aber der Grund war wirklich, dass ich meinte, Sie von irgendwoher zu kennen. Aber ich konnte nicht darauf kommen, woher«, bestätigte Irene Huss kurz.

Dankbar griff sie nach dem Strohhalm, den Henrik ihr ohne es zu wissen gegeben hatte. Sie ging zu der jungen Frau und nahm deren Hand. Sie fühlte sich schlaff und feucht an.

»Inspektorin Irene Huss.«

»Charlotte von Knecht.«

Die Stimme war tief und sinnlich und passte nicht zu dem Handgriff.

»Das hier ist keine richtige Vernehmung. Ich brauche einfach Hilfe hinsichtlich einiger Daten und will versuchen, den Handlungsablauf um den tragischen Todesfall herum zu skizzieren«, begann Irene.

Die türkisfarbenen Augen schauten sie ununterbrochen an. Henriks Augen waren wie zwei eingetrocknete Tonkugeln, in die Erde gedrückt. Aber beide nickten. Irene fragte ganz spontan:

»Wie alt sind Sie?«

Henrik antwortete zögernd:

»Ich bin neunundzwanzig und Charlotte ist fünfundzwanzig. Aber was hat das mit Papas Tod zu tun?«

»Hintergrunddaten. Wann werden Sie dreißig?«

»Am fünfzehnten April«, antwortete er kurz.

Was bedeutete, dass Sylvia von Knecht bei der Hochzeit vor dreißig Jahren schwanger gewesen war.

Es waren nur vier Jahre Altersunterschied zwischen Henrik und Charlotte, aber wenn man hätte raten sollen, hätten die meisten sicher auf zehn Jahre getippt. Charlotte ein wenig jünger und Henrik bedeutend älter geschätzt, eher an die fünfunddreißig. Irene wandte sich Henrik zu und fuhr fort:

»Wann haben Sie Ihren Vater zum letzten Mal gesehen?«

»Auf dem Fest am Samstag.«

»War das das letzte Mal, dass Sie mit ihm gesprochen haben?«

»Nein. Er hat mich am Sonntagnachmittag angerufen. Ich hatte ein paar Kataloge der Auktionen mitgebracht, die ich jetzt zum Monatswechsel besuchen werde. In Stockholm. Vom siebenundzwanzigsten November bis zum dritten Dezember ist jeden Tag eine Auktion, aber in verschiedenen Auktionshäusern. Aus irgendeinem Grund hatte ich den Katalog von Nordéns nicht dabei. Deren internationale Auktion findet am dreißigsten November statt. Papa wollte den Katalog gern sehen. Es gab da eine kleine flämische Barockkommode, die ihn interessierte. Auf der Auktion biete ich übrigens selbst für ein Tang-Pferd.«

Noch weitere Kommoden waren wohl das Letzte, was Richard von Knecht unbedingt gebraucht hatte, aber sie musste einsehen, dass es sich hier nicht um den praktischen Nutzen handelte. Und was zum Teufel war ein Tang-Pferd? Aber es widerstrebte ihr, das eigene Unwissen kundzutun. Darum fragte sie lieber schnell:

»Und Sie, Charlotte, wann sahen Sie Ihren Schwiegervater das letzte Mal?«

Charlotte holte durch bebende Nasenflügel tief Luft, fixierte Irene weiterhin in Türkis und antwortete mit einem leichten Zittern in der Stimme:

»Am Montagnachmittag. Zur Lunchzeit. Ich habe Richard den Katalog gebracht, von dem Henrik gerade erzählt hat.«

»Und blieben Sie lange dort?«

»Nein, ich bin nicht einmal reingegangen! Zum einen war er erkältet, und außerdem war die Putzfrau da, um aufzuräumen. Ich habe nur gesagt, wie schön ich das Fest fand, und ›Gute Besserung‹ oder so.«

»Wie wirkte er? Stimmungsmäßig und im Verhalten, meine ich.«

Eine Mahagonilocke rutschte zwischen den Fingern vor und zurück, während sie nachdachte. Die Schreibtischlampe spiegelte sich in dem dunkelblauen Perlmuttlack der unglaublich langen und sorgfältig gefeilten Fingernägel. Sie zuckte leicht mit den Schultern und sagte:

»Wie immer. Ein bisschen müde nach dem Fest und vielleicht auch wegen der Erkältung.«

»Er wirkte nicht nervös?«

»Nein, nicht so weit ich es bemerken konnte.«

»Wie spät war es genau, als Sie in der Molinsgatan eintrafen?«

»Ungefähr halb eins, vielleicht eine Viertelstunde früher oder später.«

»Sind Sie reingekommen? Kennen Sie den Code?«

Charlotte hörte abrupt auf, die Haarlocke zu drehen.

»Ja, natürlich kennen wir die Codenummer. Wie sollten wir sonst reinkommen?«

»Keiner von Ihnen hat einen Schlüssel?«

Henrik räusperte sich und antwortete:

»Nein. Meine Eltern haben nur einen Extraschlüssel. Den nehmen wir, wenn sie für längere Zeit wegfahren. Sonst nicht.«

Irene wandte sich wieder Charlotte zu.

»Wo arbeiten Sie? Falls wir mit Ihnen tagsüber in Kontakt treten müssen.«

»Ich bin meistens zu Hause. Ich bin Fotomodell.«

Von Henrik war ein leises Schnauben zu hören. Sie tat so, als hörte sie es gar nicht, sondern fuhr einfach fort:

»Die Modellbranche ist hart. Als ich Henrik kennen lernte, ging ich auf eine Schauspielschule.«

»Haben Sie Kinder?«

Charlotte holte tief Luft.

»Ich habe Freitag erfahren, dass ich schwanger bin«, sagte sie nach einem gewissen Zögern.

»Oh, herzlichen Glückwunsch!«

Irene schaute lächelnd von Charlotte zu Henrik, musste

aber feststellen, dass sie sich ihre Glückwünsche hätte sparen können. Beide saßen kerzengerade und steif da, keiner sah den anderen an. Vielleicht waren es einfach zwei zu starke Gefühlseindrücke zu dicht aufeinander? Zuerst der Bescheid über die Schwangerschaft und dann nur ein paar Tage später der Mord. Als könnte sie Gedanken lesen, sprang Charlotte von ihrem Stuhl auf und fragte mit gedrückter Stimme:

»Entschuldigung, wo ist das WC? Mir geht es nicht so gut!«

Nachdem sie Charlotte schnell zur nächstgelegenen Toilette gebracht hatte, kehrte Irene nachdenklich in ihr Zimmer zurück. Da war etwas in der gespannten Atmosphäre zwischen den beiden Eheleuten, das nicht stimmte. Deshalb war sie nicht sehr verwundert, als sie Henrik tief in sich zusammengesunken auf dem Stuhl vorfand, die Hände vor das Gesicht geschlagen. Ohne ein Wort setzte sie sich auf ihren Platz und wartete ab. Nach einigen Minuten nahm er die Hände herunter und richtete seine Lehmaugen auf sie. Sie waren vollkommen trocken und tot, ohne das geringste Anzeichen von Feuchtigkeit. Tonlos sagte er:

»Wahrscheinlich führen wir uns ziemlich merkwürdig auf, aber wir stehen unter einem unglaublichen Druck. Die letzten Tage waren die Hölle!«

Er holte tief Atem und fuhr fort:

»Charlotte und ich haben einige Probleme gehabt. Sie fühlte sich ziemlich einsam, weil ich viel gereist bin. Das war ein anstrengender Herbst mit vielen Diskussionen und Streit. Am Donnerstag haben wir beschlossen, uns für eine Weile zu trennen, aber wir wollten auf dem Fest meiner Eltern am Samstag noch den Schein wahren. Und am Freitagabend, als ich nach Hause kam, hat Charlotte mir mitgeteilt, dass sie bei ihrem Gynäkologen war und dass sie in der zwölften Woche schwanger ist! Wir haben das ganze Wochende hin und her diskutiert. Am Samstagabend haben wir den dreißigsten Hochzeitstag meiner Eltern gefeiert, und am Sonntag ging mein Flugzeug nach London, um fünfzehn Uhr. Und als ich am Dienstagabend zurückgekommen bin, da ist das mit Papa passiert! Ich bin vollkommen erledigt!«

Irene empfand Mitleid mit der schmächtigen Person auf der anderen Seite ihres Schreibtischs. Aber gleichzeitig war es wichtig, so viele Informationen wie möglich zu bekommen. Henrik schien das Bedürfnis zu haben zu reden, und offensichtlich vertraute er ihr. Jeder tüchtige Vernehmungsführer nutzt so etwas aus. Vorsichtig fragte sie leise:

»Sind Sie und Charlotte zu einem Beschluss gekommen?«

Er nickte.

»Ja, wir werden versuchen weiterzukämpfen. Dem Kind und der Familie zuliebe. Und Charlotte wird mit einem Kind ausgefüllt sein und muss sich dann nicht mehr so überflüssig zu Hause fühlen.«

Irene konnte sich noch gut daran erinnern, dass sie fast auf den Knien gelegen und den Boden im Umkleideraum geküsst hatte, als sie wieder anfangen konnte zu arbeiten, nachdem sie neun Monate mit den Zwillingen zu Hause gewesen war. Krister war die folgenden vier Monate daheim geblieben, und anschließend besuchten die Mädchen eine Krippe.

Aus dem Augenwinkel konnte sie sehen, dass Charlotte wieder hereinkam, und beschloss deshalb, das Thema zu wechseln.

»Wer wohnt außer Ihren Eltern in dem Haus in der Molinsgatan?«, fragte sie.

»Im Erdgeschoss wohnt der Börsenmakler Valle Reuter. Er heißt Waldemar, wird Valle genannt. Im ersten Stock wohnen Papas alter Klassenkamerad Peder Wahl und seine Frau Ulla. Sie haben ein Haus in der Provence, da halten sie sich die meiste Zeit auf und genießen ihr Pensionistendasein.«

»Aber er kann doch nicht älter als sechzig sein, wenn er mit Ihrem Vater in eine Klasse gegangen ist?«

Zum ersten Mal während des gesamten Gesprächs umspielte so etwas wie ein Lächeln Henriks Mund.

»Peder und Papa haben eins der größten Immobilienimperien Schwedens verkauft, als es auf dem Markt am turbulentesten zuging. Mit mehr als einhundert Millionen auf der Hand beschloss er, dass es an der Zeit war, es etwas ruhiger im Leben angehen zu lassen. Er hat drei Töchter, und keine von ihnen hat auch nur das geringste Interesse, in die Immobilienbranche einzusteigen.«

»So wenig wie du.«

Charlotte mischte sich in das Gespräch ein. Henrik presste die Lippen aufeinander, fuhr dann aber fort, als hätte er den Einwurf seiner Frau gar nicht gehört:

»Die Wohnung unter der meiner Eltern steht leer. Da hat der Rechtsanwalt Tore Eiderstam gewohnt.«

»Tore… Tore, Rechtsanwalt…« Irene erinnerte sich an Yvonne Stridners Exehemann. Bewusst gleichgültig fragte sie:

»War der nicht mit der Pathologieprofessorin Yvonne Stridner verheiratet?«

»Ha, Tore war viermal verheiratet! Aber wenn Sie es sagen, dann stimmt das wohl. Ich erinnere mich noch an ein Gespräch zwischen meinen Eltern. Mama sagte irgendwas in der Richtung, wie eklig es doch sei, dass es jemanden in ihrem Freundeskreis gab, der den ganzen Tag in Leichen herumwühlte. Das war das erste Mal, dass ich das Wort ›nekrophil‹ gehört habe.«

Irene begriff mit einem kurzen Gefühl der Sympathie für Yvonne Stridner, dass diese es nicht leicht in diesen Kreisen gehabt hatte. Erst jetzt wurde ihr bewusst, dass Birgitta Moberg hereingeschlüpft war. Irene wandte sich ihr zu und stellte sie Charlotte und Henrik von Knecht vor.

Kurz berichtete sie Birgitta, was Henrik über die Mieter des Erdgeschosses und ersten Stocks des Hauses berichtet hatte.

»Und jetzt sind wir gerade zum zweiten Stock gekommen. Dort wohnte der Rechtsanwalt Tore Eiderstam, der auch ein alter Freund von Richard von Knecht ist. Sie sagten, er wohnte dort, wohin ist er denn gezogen?«

»Zum Östra-Friedhof, dem Eiderstamschen Familiengrab.«

Weder Irene noch Brigitta wussten darauf etwas zu sagen. Henrik fuhr nach kurzem Schweigen fort:

»Er ist im September Knall auf Fall an einem Herzinfarkt gestorben. Die Scheidung von seiner letzten Frau war gerade unter Dach und Fach. Er hat zwei Kinder aus früheren Ehen, und die haben ihn anscheinend beerbt. Es hat sich ziemlich hingezogen, aber jetzt ist die Wohnung geräumt. Zum ersten Dezember zieht ein neuer Mieter ein.«

»Wissen Sie, wer?«

»Ja, natürlich, Ivan Viktors, der Opernsänger. Er ist auch ein alter Freund meiner Eltern.«

»Haben Sie gehört, wie es Ihrer Mutter geht?«

»Mir ist gesagt worden, dass sie sich erholt hat. Ich habe versprochen, sie heute Nachmittag abzuholen.«

Irene nickte und dachte nach. Heute Nachmittag würden die Jungs von der Spurensicherung so ziemlich mit der Wohnung durch sein. Was sie bisher von Sylvia von Knecht gehört hatte, ließ sie den Schluss ziehen, dass die Dame sicherlich über das »Eindringen« der Polizei empört sein würde. Nicht die richtige Atmosphäre, um Informationen zu erfragen. Um die Lage zu sondieren, sagte sie:

»Wann wollen Sie sie abholen und in welcher Abteilung befindet sie sich jetzt?«

»Auf Abteilung fünf. Sie möchte um halb vier abgeholt werden, damit sie noch den Nachmittagskaffee mitbekommt.«

»Was meinen Sie, ob es möglich ist, dass ich gegen drei Uhr mit ihr spreche?«

Henrik zuckte nur mit den Achseln. Eine kleine Gedächtnisstütze auf Irenes Block: »PS, Abt. 5 anrufen. Sylvia v. K. 15 Uhr?« Dann würde sie es vielleicht schaffen, bei dem Dackelfrauchen Eva Karlsson vorher vorbeizuschauen. Das lag sowieso auf dem Weg zum Sahlgrenska. Weitere Notiz: »Eva K. um 14 Uhr anrufen.«

Sie schaute von ihrem Block auf und wandte sich an Charlotte.

»Haben Sie von Ihrem Schwiegervater an dem Montag noch mal gehört?«

»Nein.«

»Haben Sie ihn am Dienstag getroffen oder mit ihm gesprochen?«

»Nein.«

»Wissen Sie, wie die Putzfrau heißt? Sie war doch in der Wohnung und hat sauber gemacht, als Sie kamen, Charlotte?«

Beide schüttelten den Kopf. Endlich mal eine Sache, in der sie sich einig waren.

»Danke, dass Sie so nett waren und hergekommen sind. Wir werden uns sicher im Laufe der Ermittlungen noch häufiger sehen. Wenn Ihnen irgendetwas einfällt, dann rufen Sie bitte mich oder einen der anderen Inspektoren an. Oder natürlich auch Kommissar Andersson. Wir sind acht Leute, die an diesem Fall arbeiten. Es wird immer jemand zu erreichen sein«, erklärte Irene abschließend in einem freundlichen Tonfall.

Sie stand auf und reichte Henrik die Hand. Seine Hand war eiskalt. Er umfasste Irenes Finger nur mit einem leichten Druck, ließ gleich wieder los. Charlotte streckte ausdrucksvoll ihre frisch manikürte Hand vor, aber ihr Handschlag war wie ein feuchter Wischlappen.

Als Irene wieder allein in ihrem Zimmer war, rief sie in der Psychiatrie an und bekam die Erlaubnis, Sylvia von Knecht auf ihrem Patiententelefon anzurufen. Ihre Stimme klang verschliffen und matt, als sie antwortete. Man konnte ein leichtes, kaum wahrnehmbares Finnlandschwedisch erahnen.

»Ja, es ist wohl am besten, es möglichst bald hinter sich zu bringen. Aber wenn Sie mich fragen, warum er gesprungen ist – ich weiß es nicht. Er war genauso wie immer in der letzten Zeit. Und er war so aufgedreht auf dem Fest am Samstag… ach!«, brach sie mit einem Schluchzer ab.

Das Telefon war nicht gerade das geeignete Medium, um Sylvia von Knecht mitzuteilen, dass die Polizei einen Mord vermutete. Aber die Pressekonferenz, in der das bekannt gegeben werden sollte, fand in einer Stunde statt. Die Journalisten würden sie überfallen, sobald sich die Tür der Psychiatrie hinter ihr schloss. Ein Mord in diesen Kreisen hatte einen hundertfach größeren Sensationswert als ein einfacher Selbstmord. Irene räusperte sich verhalten und sagte:

»Frau von Knecht. Was ich Ihnen jetzt mitteile, wird sicher wie ein weiterer Schock für Sie sein. Wir haben gewisse Spuren, die darauf hindeuten, dass Ihr Gatte getötet wurde.«

Es war ganz still in der Leitung. Schließlich ertönte es ungewöhnlich schroff:

»Meinen Sie, ermordet? Ist er ermordet worden?«

»Ja, vieles deutet darauf hin…«

»O Gott sei gepriesen! Was für eine Erleichterung!«

Was Irene auch erwartet hatte, ganz gewiss nicht diesen Kommentar. Sie versuchte dennoch ihre Verblüffung nicht zu zeigen, sondern fuhr möglichst neutral fort:

»Um ein Uhr ist eine Pressekonferenz im Polizeipräsidium angesetzt. Kommissar Sven Andersson wird dann gezwungen sein, die Presse darüber zu informieren, dass wir an einem Mord und nicht an einem Selbstmord arbeiten. Sie müssen sich darauf einstellen, dass die Journalisten Sie ziemlich bedrängen werden.«

»Das tun sie doch immer. Überlegen Sie doch nur, was für ein Geschmiere sie verfasst hätten, wenn Richard Selbstmord begangen hätte. Und seine Versicherung… na, das ist dann ja kein Problem mehr. Ein Mord ist natürlich schrecklich, aber nichts, was der Familie angelastet werden kann. Gegen Wahnsinnige kann sich niemand schützen. Wann wollten Sie kommen, um drei Uhr?«

Ganz benommen bestätigte Irene die Uhrzeit. Erst als sie den Hörer aufgelegt hatte, fiel ihr ein, dass Sylvia von Knecht nicht einmal gefragt hatte, wieso die Polizei denn so sicher war, dass es sich um Mord handelte. Ein Teil ihres sonderbaren Verhaltens war sicher auf diverse Medikamente zurückzuführen, die sie in der Psychatrie bekommen hatte. Aber ihre Reaktion war dennoch äußerst bemerkenswert.

Das Dackelfrauchen Eva Karlsson klang deutlich aufgekratzter als beim ersten Telefongespräch am Morgen.

»Ja, natürlich, es passt mir ausgezeichnet. Zwei Uhr ist in Ordnung, dann können wir zusammen Kaffee trinken«, zwitscherte sie fröhlich.

Irenes Protest wurde freundlich, aber entschieden abgeschmettert. Mit einem Seufzer legte sie den Hörer auf. Es konnte etwas eng werden, wenn sie um drei Uhr im Sahlgrenska sein wollte, aber sie musste eben unerbittlich sein. Ältere einsame Damen haben die unglückselige Tendenz, in Polizisten ihre besten Freunde zu sehen.

Leider sind es auch oft ihre einzigen.

KAPITEL 4

Kommissar Sven Andersson war mit sich selbst zufrieden,
weil er es dem wichtigtuerischen Kollegen von der Allgemeinen Fahndung gegeben hatte. Es würde mit Sicherheit eine
ganze Weile dauern, bis es wieder »aus wohl unterrichteten
Polizeikreisen« leckte! Aber Kommissar Birger Nilsson war
wahrscheinlich nicht der Einzige mit einem derartigen kleinen
Nebenjob. Es gab mehrere Kollegen, die sich auf diese Art be-
reicherten, trotzdem war es ein gutes Gefühl, zumindest einen
von ihnen zurechtgewiesen zu haben. Sollte er es anzeigen?
Richtige Beweise hatte er allerdings nicht. Die interne Unter-
suchungskommission der Polizei brauchte mehr als nur Indizien oder bloße Schuldvermutungen.

Er pfiff »Lilli Marlen« fröhlich und falsch vor sich hin, während er rückwärts vom Parkplatz des Präsidiums fuhr. Es war
immer noch alles Grau in Grau, aber zumindest regnete es
nicht mehr. Die Temperaturen lagen knapp über Null, zum
Abend hin war wohl mit Glatteis zu rechnen. Die Verkehrs-
polizei würde alle Hände voll zu tun bekommen. »Winterreifen? Aber lieber Herr Wachtmeister, ich fahre das ganze Jahr
über mit Sommerreifen. Das ging bisher immer gut!«

Die Lichterketten über den Fußgängerstraßen waren bereits angebracht, und in den meisten Schaufenstern war schon
die Weihnachtsdekoration zu sehen. Weihnachten, ach ja.
Dieses Jahr freute er sich darauf. Sein Schwager und seine
Schwester hatten ihn über die Feiertage zu sich nach Åstol
eingeladen. Seine Nichte und deren zwei kleine Knirpse wollten auch kommen. Hoffentlich zog sich dieser Fall nur nicht

so lange hin. Andersson hörte auf zu pfeifen und seufzte statt-dessen hörbar. Irene hatte etwas von einem »Kulturzusam-menstoß« gesagt, und er musste zugeben, dass es reichlich Möglichkeiten für weitere gab.

Die Milieus, in denen sie normalerweise ermittelten, hatten keinerlei Ähnlichkeit mit der exklusiven Wohnung, die er am vorherigen Abend aufgesucht hatte. Häufig waren die Mordtatorte verschissene, stinkende Fixerbuden. Das Opfer meistens nach einer internen Drogenauseinandersetzung mit dem Messer erstochen worden. Auch nicht selten war das Bild eines nach Alkohol stinkenden Mannes am Tatort, der reuevoll herumbrüllte, weil er »aus Versehen« seine Frau tot-geschlagen hatte. Prunkvolle Fernsehmorde wie der von-Knecht-Mord finden so gut wie nie statt. Aber wenn sie es doch tun, scheint die Polizei vollkommen ratlos zu sein. Plötz-lich gibt es eine ganze Menge empfindliche Zehen, auf die man nicht trampeln darf. Man kann nicht in üblicher Weise die Ermittlungen führen. Das hatte der Polizeipräsident Bengt Bergström bei »dem kleinen Informationstreffen« sehr deut-lich unterstrichen, das stattgefunden hatte, kurz bevor Sven Andersson zur Pathologie losfahren musste. Bergström hatte mit ruhiger, vertraulicher Stimme verkündet: »Schließlich handelt es sich hier um eine alte, prominente Göteborger Fa-milie. Da müssen wir äußerst vorsichtig sein mit dem, was eventuell im Laufe der Ermittlungen herauskommt. Du bist ein alter Fuchs und bekannt dafür, dass du auf deine Art ar-beitest... sehr erfolgreich, das will ich gern hinzufügen... aber ich möchte unbedingt fortlaufend von dir über den Stand der Ermittlungen unterrichtet werden bla... bla... bla...«

Mit wachsender Unlust begriff Andersson, dass Bergström sehr wohl wusste, dass ein derartiges Vorgehen eigentlich ge-gen die Regeln verstieß, dies aber hinter Schmeicheleien und einem kameradschaftlichen Ton zu verbergen suchte. Den Po-lizeipräsidenten unter der Hand über eine noch laufende Er-mittlung zu informieren, war nicht gerade die übliche Vorge-hensweise.

Andersson schlug mit der flachen Hand auf das Lenkrad und fauchte wütend:

»Ein Mord ist ein Mord, und ein Mörder ist ein Mörder! Auch wenn er in einen goldenen Pott gepinkelt hat!«

Die Dame am Zebrastreifen, vor dem Andersson bei rotem Licht hatte halten müssen, sah ihn verwundert an. Beschämt wurde ihm klar, dass er laut geredet hatte, aber zum Glück war das Fenster hochgekurbelt.

Warum regte er sich eigentlich so auf? Aus Angst, es könnte ihm nicht gelingen, diesen Fall zu lösen? Schon möglich, aber er musste zugeben, dass ihn auch das bevorstehende Treffen mit der Professorin Stridner etwas unsicher machte. Sie war hübsch und tüchtig. Aber sie sah ihn nie an. Um bei der Wahrheit zu bleiben: Sie sah auch sonst keine andere Person an.

Wahrscheinlich musste man erst als – wenn schon nicht hübsche, dann zumindest interessante – Leiche auf ihrem rostfreien Obduktionstisch liegen, dachte er, um ihr Interesse zu wecken.

Der Obduktionsassistent war ein Bodybuilder, der schon seit vielen Jahren in der Pathologie arbeitete. Er nickte Sven Andersson zu und deutete auf eine Treppe, als der Kommissar nach Yvonne Stridner fragte.

Sie saß in ihrem Arbeitszimmer und diktierte in ein kleines Tonbandgerät von der Größe einer Zigarettenpackung.

»…die Leber ist leicht hypotroph, aber ohne deutliche Zeichen von Steatosis. Unter Berücksichtigung der Lebergröße kann man hier von einem Anfangsstadium sprechen. PAD anordnen.«

Dann warf sie Sven Andersson einen kritischen Blick zu und stellte das Diktiergerät aus. Aber im nächsten Moment erkannte sie ihn wieder.

»Sie sind also persönlich gekommen? Die Obduktion ist gerade beendet. Ich hätte Sie sonst angerufen. Aber das brauche ich jetzt ja nicht mehr«, sagte sie zufrieden.

Der Kommissar begrüßte sie und stellte sofort seine wichtigste Frage:

»Steht die Todesursache schon fest?«

»Ja, ganz ohne jeden Zweifel. Er starb an dem Aufprall auf die Straße.«

»Soll das etwa heißen, dass es sich ebenso gut um einen Selbstmord handeln kann?«

»Keineswegs. Am Hinterkopf befindet sich eine kräftige Quetschung. Am os occipitale ist ein leichter Riss, von einem kräftigen Schlag herrührend, zu erkennen, ausreichend, um ihn bewusstlos zu machen, aber nicht tödlich. Das Interessante ist die Lokalisation des Schlags. Direkt oberhalb der Nackengrube, an der Hinterwand und dem Boden der Hirnschale. Er ist etwas schräg nach links ausgerichtet. Das lässt zwei Möglichkeiten zu. Erstens: von Knecht hat vor seinem Henker mit gebeugtem Kopf gekniet. Der Mörder ließ sich aber nicht erweichen, sondern hat das Beil in einem weiten Bogen aufwärts geschwungen, sodass der Schlag etwas von unten auf die Schädelbasis auftraf. Aber dann muss Richard von Knecht sich sehr tief gebückt haben. Kaum denkbar. Möglichkeit Nummer zwei: Der Mörder hat eine trainierte Rückhand und er ist Rechtshänder.«

»Rückhand?«

»Einen Tennisschlag meine ich. Die Kraft für den Schlag wurde von unten geholt, schräg vor dem Körper des Mörders, und dann nach oben gerichtet. Es ist schwierig, genügend Kraft in einen derartigen Schlag zu legen, aber ein tüchtiger Tennisspieler müsste es hinkriegen, damit eine Person zu betäuben.«

»So weit ich Svante Malm verstanden habe, stimmt die Wunde auf dem Handrücken des Opfers mit der Schneide des Fleischbeils überein, das auf dem Balkon gefunden wurde. Und wie ist es mit der Wunde am Hinterkopf?«

»Passt genau zu der Klopfseite des Beils. Ich habe es selbst überprüft.«

»Aber die Jungs von der Spurensicherung waren doch

schon um sieben hier? Und die haben doch das Beil wieder mit ins Labor genommen!«

Sie warf ihm einen vernichtenden Blick zu. Kurz bemerkte sie: »Wer nicht alles schon hier war um sieben Uhr!«

Sie holte tief Luft und ließ ihren Blick über das schmutzige Fenster gleiten.

»Für mich ist das eine Wissenschaft. Ich muss die Todesursache herausbekommen. Was kann der tote Körper über die lebendige Person berichten? Kann er mir etwas über den Mörder sagen? Warum und wer ihn ermordet hat, das herauszufinden, ist dann Ihr Job.«

Der Kommissar beschloss, Stridners Gesprächsbereitschaft noch ein wenig zu schüren. Ein Obduktionsprotokoll war erst in ein paar Tagen zu erwarten. Ohne zu zeigen, welche Selbstüberwindung ihn das kostete, sagte er in neutralem Ton:

»Ich bin Ihnen wirklich dankbar, dass Sie sich die Leiche so schnell angesehen haben. Ich werde mein Bestes tun, um Antworten auf das Warum und Wer zu finden, aber ohne Ihre Hilfe wird das kaum möglich sein.«

Die Professorin schürzte die Lippen, aber sie löste ihren Blick von dem dreckigen Fenster und sah erneut Andersson gnädig an. Zufrieden sagte sie:

»Nun ja, so ist es tatsächlich. Übrigens, ist Ihnen nie der Gedanke gekommen, dass es gar nicht von Knecht war, der da auf den Gehweg gefallen ist?«

Anderssson saß stumm da, mit einem leicht schafsähnlichen Gesichtsausdruck. Herausfordernd fragte Yvonne Stridner:

»Haben Sie sich die Leiche gestern gut angesehen?«

»Er lag auf dem Bauch. Und es war dunkel«, antwortete Andersson zögernd.

»Ganz genau. Er landete mit einem Bauchklatscher. Die vorderen Schädelknochen sind gebrochen und reichlich vermischt. Ich habe den Unterkiefer und Teile des Oberkiefers wieder zusammenpuzzeln können. Der Gerichtsodontologe wird nach der Mittagspause kommen. Und hier... voilà! Meine kleine Überraschung für Sie!«

Sie streckte sich über den Schreibtisch und zog einen braunen Umschlag hervor, den sie triumphierend in die Luft hielt. Der Kommissar konnte nur schwer verbergen, dass er nunmehr fest davon überzeugt war, dass sie total übergeschnappt war. Er hatte schon immer Probleme gehabt, eine Ebene mit diesem Frauenzimmer zu finden, aber das kam ja nur daher, weil er es schon immer intuitiv gespürt hatte: Sie war total verrückt.

Stridner sah, was er dachte, öffnete lachend das Kuvert und zog ein grünes Stück Pappe heraus. Es war in drei Teile gefaltet, und jeder Teil hatte kleine, längliche Fenster, gefüllt mit dunkelglänzendem Zelluloid. Es waren Röntgenbilder eines Zahnarztes. Am Rand gab es einen schmalen weißen Papierstreifen mit dem Text: »Richard von Knecht, 350803«.

Andersson wurde verlegen und murmelte vor sich hin.

Yvonne Stridner runzelte die Augenbrauen und drohte ihm scherzhaft mit den Röntgenbildern.

»Ich höre kein ›phantastische Arbeit, Yvonne!‹ und kein ›Aber wie um alles in der Welt sind Sie denn so schnell an seine Röntgenbilder gekommen?‹ oder das nahe liegendste ›Woher wussten Sie, welchen Zahnarzt Sie fragen mussten?‹«

Das war ein Punkt für sie und sie lutschte voller Lust an ihrem süßen Karamell. Andersson seufzte leise und hob beide Handflächen in einer ergebenden Geste in die Luft.

»Okay, okay. Phantastische Arbeit… Yvonne, und all das andere Zeug. Ich verneige mich. Aber ich wäre dankbar für Antworten auf die Fragen plus Fakten über von Knechts Allgemeinzustand.«

»Aha, ein wirklich fordernder Mann.«

Kokett warf sie ihm einen weiteren zwinkernden Blick zu. Sie hatte ihre kleine Überraschung wirklich genossen. Ein Blick auf die Papiere auf dem Schreibtisch, und sie wurde wieder zu der effektiven Pathologin. Andersson dachte, dass er diese neue Yvonne Stridner auf jeden Fall vorzog.

»Ich habe Ihnen eine Liste des Freundeskreises um von

Kecht versprochen. Ich habe es noch nicht geschafft, aber ich kann Ihnen die Namen auch mündlich geben. Sven Tosse gehört beispielsweise dazu. Er ist einer von Göteborgs besten Zahnärzten. Ich wie auch die Familie von Knecht sind Patienten von ihm. Das ist wohl der einzige gemeinsame Berührungspunkt, den wir noch haben, nach meiner Scheidung von Tore. Tosses Praxis liegt nur einen Steinwurf von hier, auf der anderen Straßenseite. Am Kapellplats.«

Andersson hatte einen zerknitterten Block aus der Tasche gezogen und notierte sich mit einem kurzen Bleistiftstummel Name und Adresse des Zahnarztes.

»Ich habe Sven heute Morgen angerufen. Er hatte natürlich von der Sache in der Zeitung gelesen und war sehr betroffen. Er hat seine Gehilfin mit Richards Röntgenbildern hergeschickt, und jetzt muss der Gerichtsodontologe den Rest erledigen.«

»Haben Sie Zweifel daran, dass es von Knecht war?«

»Nein, aber es ist doch wichtig, sich abzusichern, wo sein Gesicht so zerschmettert ist. Wollen Sie ihn sehen?«

Andersson schüttelte schnell den Kopf. Obduktionssäle waren unerträglich. Ganz zu schweigen von dem, was dort auf den Tischen zu liegen pflegte. Nein, wenn er es vermeiden konnte, betrat er lieber gar keinen Obduktionssaal. Ihm genügten die Leichen, die er sich täglich ansehen musste. Die Stridner konnte die ihren für sich behalten. Obwohl ihre Interessen natürlich oft zusammenfielen. Yvonne Stridner stellte nüchtern fest:

»Es bringt wahrscheinlich auch nicht viel, wenn Sie sich die Leiche anschauen. Das war ein tiefer Fall, mindestens über zwanzig Meter. Na gut, also einige Daten über ihn.«

Sie setzte sich eine Lesebrille auf, räusperte sich unbewusst, schaute auf ihren Papierstapel und las:

»Länge: einhundertdreiundachtzig Zentimeter. Gewicht: zweiundachtzig Kilo. Das Alter kennen wir und das stimmt mit dem Körper überein. Er war für sein Alter gut trainiert, hatte eine ausgeprägte Muskulatur.«

Sie warf Andersson einen bedeutungsvollen Blick über den Rand ihrer Brille zu, bevor sie wieder in ihre Papiere guckte.

»Ich will nicht auf all die multiplen Frakturen eingehen. Kurz gesagt ist so gut wie jeder Knochen im Körper gebrochen. Was seinen übrigen Zustand betrifft, so habe ich einige kleine Verkalkungen in den Herzkranzgefäßen gefunden, was sicher das Risiko für einen zukünftigen Infarkt erhöhte. Eine leichte Fraktur der rechten Tibia, also des einen Unterschenkels. Der Schaden scheint alt zu sein. Die Leber ist ein wenig vergrößert, beginnende Fettleber, aber noch nicht dramatisch. Lässt auf einen gewissen Alkoholkonsum schließen.«

»War er Alkoholiker?«

»Das keinesfall. Deren Lebern sind mit deutlich sichtbaren Fettnekrosen durchsetzt. Auch wenn Richard wohl in letzter Zeit angefangen hat, ein wenig mehr zu trinken, so hatte seine Leber immer noch diverse Jahre gut. Wahrscheinlich wäre er an etwas anderem gestorben als an einem Leberproblem. Was er ja nun auch tat. Und man kann eine Fettleber viele Jahre lang haben, ohne dass sie einem größere Beschwerden bereitet. Erst wenn sie sich in eine Schrumpfleber verwandelt, wird es zum Problem. Zu einem richtigen Problem! Aber davon war Richard noch weit entfernt. Ich bin kein Experte für Alkoholschäden, aber so viel wage ich doch zu behaupten. Und dann habe ich Blutproben eingeschickt, um den Alkoholpegel zu überprüfen und eine Untersuchung des Mageninhalts veranlasst. Er hat eine üppige Mahlzeit eingenommen, wahrscheinlich ein spätes Mittagessen. Die Zeit, wann der Tod eintrat, kennen wir ja.«

Andersson drehte sich der Magen um, als er daran dachte, dass von Knechts sicher üppiges Mahl jetzt in einem Glasbehälter im Labor lag und wie ein unappetitlicher Matsch herumschwappte. Stridner schob ihre Papiere zusammen und nahm die Brille ab.

»So weit bin ich also gekommen«, sagte sie.

»Und wie war das mit dem Hieb auf den Handrücken? War der kräftig?«

»Ja, aber nicht sonderlich tief. Hat aber trotzdem bestimmt ziemlich wehgetan. Das ist übrigens merkwürdig, es gibt keine Spuren an den Unterarmen, dass er sich gewehrt hat. Die hätte ich finden müssen, wenn dem Fall ein Streit vorangegangen wäre. Aber dem scheint nicht so gewesen zu sein.«

Beide blieben eine Weile stumm sitzen und dachten über dieses Mysterium nach. Schließlich sagte Andersson:

»Das muss bedeuten, dass von hinten auf ihn eingeschlagen wurde, als er über das Geländer gebeugt stand. Er hat sich gar nicht gegen seinen Mörder wehren können.«

Stridner nickte und zeigte einen harten Zug um den Mund:

»So wird es gewesen sein. Ein feiger Mörder. Aber das sind sie ja eigentlich immer, die Mörder. Feige.«

Sie funkelte Andersson dunkel an, als wäre er persönlich für die Existenz von Mördern verantwortlich. Etwas nachdenklicher fuhr sie dann fort:

»Oder verzweifelt. Angst kann Menschen zum Mord treiben. Aber normalerweise ist es eher Rache, Eifersucht oder auch Gier. Ich möchte nur wissen, was Richard von Knechts Mörder antrieb.«

Wieder schwieg sie. Mit einem tiefen Seufzer lehnte sie sich auf ihrem Stuhl zurück und warf Andersson einen kurzen Blick zu.

»Die Liste. Sie wollten eine Liste von Namen haben. Schreiben Sie auf?«, fragte sie in einem Ton, der klarmachte, dass sie nicht daran dachte, es selbst zu tun.

Der Kommissar nickte und hielt sich mit seinem Bleistiftstummel bereit.

»Meinen Exmann Tore Eiderstam können Sie streichen, er ist im September gestorben. Ebenso Per Nord, der ist vor fünf Jahren an Leukämie gestorben. Und jetzt Richard…«

Sie schwieg eine Weile, holte dann wieder tief Luft und fuhr fort:

»Sven Tosse, mein Zahnarzt, wie auch der von Familie von Knecht. Er und Sylvia von Knecht waren übrigens verlobt, bevor sie Richard kennen lernte.«

Andersson schrieb, was der Stift hergab. Stridner verstummte taktvoll und wartete, bis er einen Punkt setzte.

»Und dann haben wir Valle Reuter. Einer unserer größten Börsenmakler, in doppelter Hinsicht. Er ist natürlich der Makler der ganzen Bande, so wie Sven ihr Zahnarzt ist. Sein Börsenmaklerbüro heißt Reuter & Lech, so weit ich mich erinnere.«

Wieder musste sie warten, bis Andersson mit seinen Notizen fertig war. Mit einem Fluch zerbrach er die Spitze seines Stifts. Wortlos reichte Stridner ihm einen weißen Bleistift mit dem Aufdruck »Göteborg Krankenhausverwaltung«.

»Nur auf den Radiergummi drücken, dann kommt die Mine heraus. Wo war ich? Ach ja, Valle. Er wohnt im Erdgeschoss in von Knechts Haus. Er ist verheiratet mit Leila. Die beiden haben einen Sohn, der Arzt ist. Er hat vor ein paar Jahren ein Praktikum bei mir gemacht.«

Es schien, als überlegte sie, ob sie noch mehr über Valle Reuter wusste, ihr aber nichts mehr einfiel.

»Der Nächste ist Peder Wahl. Er ist verheiratet mit Ulla, der Schwester von Sven Tosse. Die beiden wohnen im ersten Stock, haben aber ein Weingut in Frankreich, wo sie sich die meiste Zeit über aufhalten.«

»Was arbeitet er?«

Als Antwort zog Stridner nur ironisch eine Augenbraue hoch.

Andersson bekam das Gefühl, die dümmste Frage des Tages gestellt zu haben. Am besten machte er einfach weiter. Er schaute auf seinen Block und sagte:

»Ich habe jetzt drei Namen. Sven Tosse, Valle Reuter und Peder Wahl. Sind das alle?«

»Ivan Viktors, der Opernsänger.«

Andersson hielt inne. Es kommt nicht so oft vor, dass man während einer Mordermittlung auf seine Idole stößt.

»Er hat sich von den Opernbühnen der Welt zurückgezogen. Und zwar nachdem seine Frau vor einem oder zwei Jahren an Krebs gestorben ist. Und dann gibt es noch jemanden.

Gustav Ceder. Er ist Bankier und wohnt in London. Ihn habe ich nur ein einziges Mal getroffen.«

Stridner spielte mit einer dunkelroten Haarlocke, während sie geistesabwesend aus dem Fenster sah. Es war wohl kaum der Anblick des Vasa-Krankenhauses, der sie in diesen träumerischen Zustand versetzte. Eher die Erinnerung. Ihre Erinnerungen waren ihm eine unglaubliche Hilfe gewesen. Das musste er ihr lassen. Sein Blick fiel auf die Uhr. Laut rief er aus:

»Um eins ist die Pressekonferenz!«

Er sprang von seinem Stuhl auf, als stände dieser plötzlich unter Strom.

Stridner zuckte zusammen, brutal aus ihrer Rückschau gerissen. Bedächtig sagte sie:

»Kann nicht so tragisch sein. Es ist doch erst Viertel vor.«

»Aber ich soll sie leiten! Ich rufe heute Nachmittag an.«

»Es ist sicher besser, wenn ich anrufe, wenn die Ergebnisse vorliegen.«

Aber sie sprach mit einer leeren Türöffnung. Sie konnte hören, wie Andersson die Treppen hinunterrannte. Im Verhältnis zu seinem Körperumfang hatte er reichlich Fahrt drauf. Sie schüttelte den Kopf und sagte zu sich selbst:

»Wenn du so weitermachst, sehen wir uns schneller wieder, als du denkst.«

KAPITEL 5

Die Pressekonferenz geriet zu einer tumultartigen Veranstaltung. Die Journalisten schrien alle gleichzeitig. Kommissar Andersson hatte schon viel mitgemacht, doch so etwas hatte er noch nie erlebt. Aber irgendwie brachte er das Ganze hinter sich, antwortete so gut er konnte und ließ gewisse Informationen aus »ermittlungstechnischen Gründen« aus. Ein kurzhaariger Bursche von der Lokalredaktion von TV4 wollte wissen, wie es dem Mörder gelingen konnte, unbemerkt das Haus zu verlassen und nicht entdeckt zu werden, obwohl die Polizei so schnell am Tatort war. Andersson schaute nachdenklich drein und murmelte nur kurz:

»Die Untersuchung des Tatortes ist noch nicht abgeschlossen.«

Aber es war wirklich höchste Zeit, eine Antwort auf die Frage des Reporters zu finden. Deshalb stellte er mit großer Befriedigung fest, dass Svante Malm am Konferenztisch des Zimmers saß, das als Ermittlungszentrale diente. Malm hatte Fotos von von Knechts zerschmettertem Körper an die Pinwand gehängt. Unter anderem ein paar Vergrößerungen der Wunde am Hinterkopf. Es gab auch Fotos von dem Fleischerbeil.

»Hallo Malm!«

Andersson versuchte einen lockeren Ton anzuschlagen, aber als er Malms bleiche Grimasse sah, die ein Lächeln vorstellen sollte, bereute er es. Stattdessen sagte er nur:

»Du und Per, ihr habt wirklich gute Arbeit geleistet.«

Svante Malm sah aus, als könnte er jeden Moment einschlafen. Er rieb sich die Augen und erklärte:

82

»Ich will nur berichten, was wir bis jetzt gefunden haben. Jemand von euch sollte mitschreiben.«

Andersson gab Irene Huss ein entsprechendes Zeichen.

»Auf dem Balkon haben wir das Fleischerbeil gefunden. Die scharfe Schneide stimmt mit dem Hieb auf der Hand überein und die Klopffläche mit dem Schlag auf den Nacken. Frau Professor Stridner hat uns geholfen, das heute Morgen zu überprüfen. Es handelt sich um ein Fleischerbeil für eine Privatküche, es stammt aus den Küchengeräten in von Knechts Küche. Die Werkzeuge hängen unter der Abzugshaube des Herds. Der Beilschaft ist mit einem in Ajaxlösung getauchtes Tuch abgewischt worden. Nicht die Arbeitsteile, nur der Schaft. Das Beil lag dicht an der Wand, deshalb war es vor dem Regen geschützt. Wir haben Blut und Haare an ihm gefunden, wahrscheinlich von von Knecht stammend. Die Analyse liegt noch nicht vor«, leierte Malm herunter.

Er machte eine kurze Pause und gähnte herzhaft. Andersson nutzte die Gelegenheit, um zu fragen:

»Ist der Balkon der Tatort des Mordes?«

»Ja. Es gibt keinerlei Anzeichen dafür, dass der Körper auf den Balkon hinausgeschleppt und dann über das Geländer gehoben wurde. Man muss dabei bedenken, dass von Knecht nicht gerade klein war. Es ist schwer, einen bewusstlosen Körper zu tragen. Wir haben da eine Theorie, wie das Ganze abgelaufen ist. Der Balkon hat ja die Form eines kleinen Turms, bei dem vier Säulen das kleine Dach tragen. An einer der Säulen haben wir einen frischen Abdruck von von Knechts Handfläche gefunden. Von der rechten Hand. Der Hieb ging in die rechte Hand. Wir nehmen an, dass von Knecht auf dem Balkon stand, mit dem Rücken zur Balkontür. Vielleicht hielt er sich an der Säule fest. Der Mörder schlägt ihn von hinten in den Nacken, aber er wird nicht ganz bewusstlos, sondern umklammert immer noch die Säule. Da pflanzt der Mörder die scharfe Klinge in von Knechts Handrücken und dieser lässt reflexmäßig los. Ein kräftiger Stoß in den Rücken und Richard von Knecht macht seine letzte Flugreise.«

83

Es war vollkommen still im Konferenzraum, während Malm die letzten Minuten in von Knechts Leben skizzierte. Irene hatte das Gefühl, als würde ihr ein kalter Atem über den Nacken huschen. Plötzlich war der Mörder äußerst greifbar. Vorher war er zwischen all den Antiquitäten und den schrillen Zeitungsschlagzeilen fast verschwunden.

Im Raum befand sich neben Sven Andersson, Svante Malm und Irene Huss nur noch Jonny Blom. Die anderen waren noch nicht wieder zurück. Andersson beschloss, das als gutes Zeichen zu werten. Man sammelte Informationen und kam mit den Ermittlungen voran. Hoffentlich. Laut sagte er:

»Das klingt überzeugend. Und Stridner hat betont, dass es keine Hinweise darauf gibt, dass er sich gewehrt hat.«

Irene schaute von ihrem Block auf.

»Er hat den Mörder gekannt. Hat ihm vertraut. Ließ zu, dass er hinter ihm stand, als er auf den Balkon ging und sich über das Geländer beugte. Denkt daran, dass er unter Höhenangst litt.«

Malm fuhr fort:

»Ansonsten ist noch bemerkenswert, dass alle Lichtschalter und Türgriffe mit einem Tuch und Ajax abgewischt wurden. Das gesamte obere Stockwerk ist äußerst aufgeräumt und sauber. Wir werden mit dem unteren Stockwerk erst heute spätabends fertig werden. Åhlén und Ljundgren haben die Sache übernommen. Sie werden auch den Fahrstuhl und die Treppen überprüfen. Auch wenn es gestern Abend und fast die ganze Nacht über in Strömen gegossen hat, wäre es vielleicht ganz sinnvoll, sich auch den Hof und die Müllräume anzusehen.«

»Das werde ich mit den beiden besprechen. Fahr du jetzt nach Hause und leg dich schlafen, Svante«, sagte der Kommissar.

Nachdem Malm verschwunden war, blieb Andersson eine Weile stumm sitzen, ganz in Gedanken vertieft. Ein leises Klopfen an der Tür ließ ihn zusammenzucken. Eine Sekretärin brachte ihm ein Papier. Er überflog es schnell. Aus den gerunzelten Augenbrauen schloss Irene, dass er mit dem Inhalt des Papiers nicht ganz zufrieden war.

»Muss jetzt noch so eine Tussi hier hereintrampeln? Ich meine nicht dich, Irene, sondern die zuständige Staatsanwältin. Es wird Inez Collin sein. Nicht dass es mit der Stridner reichen würde, jetzt auch noch die Collin«, sagte er schwer atmend.

Irene sah, wie er mit Jonny einen verständnisvollen Blick wechselte, was sie wütend machte, denn Inez Collin war als eine äußerst tüchtige und urteilsfähige Staatsanwältin bekannt. Hart, aber geradeheraus. Wieder diese Spitzen gegen kompetente Frauen mittleren Alters – warum waren sie so bedrohlich für ihn? Andersson schien sich von ihr nie bedroht zu fühlen, obwohl sie bekanntermaßen eine tüchtige Kriminalbeamtin war. Offensichtlich weil er sie kannte und schätzte. In seinen Augen alterte sie nicht. Das war ein tröstlicher Gedanke. Andersson sagte:

»Ich werde dafür sorgen, dass sich alle aus unserer Gruppe um siebzehn Uhr wieder hier versammeln. Was machst du heute Nachmittag, Irene?«

»Ich werde mit Frau Karlsson reden, dem Dackelfrauchen. Dann fahre ich zum Sahlgrenska und treffe mich um drei Uhr mit Sylvia von Knecht.«

»Okay. Jonny?«

»Wühle weiter in den Wirtschaftssachen. Richard von Knecht hat offensichtlich in einigen zweifelhaften Geldaktionen seine Finger drin gehabt. Er hat im letzten Jahr ein Einkommen von neunhundertachtzigtausend Kronen angegeben.«

Fast eine Million. Andersson und Irene waren beeindruckt, aber eigentlich nicht besonders überrascht.

Triumphierend fuhr Jonny fort:

»Aber kennt ihr auch sein deklariertes Vermögen? Haltet euch fest: einhundertdreiundsechzig Millionen! Danach wird er eingestuft, aber das Finanzamt glaubt, dass es im Ausland noch so einiges gibt, wofür er nie eine Öre in Schweden zahlt. Wer kann so viel gebrauchen?«

Unglaublich viel Geld. Man war ein Glückspilz, wenn man eine Million gewann, reich, wenn man zwei Millionen besaß und ein Krösus, wenn man zehn hatte. Aber einhundertdreiundsechzig! Ein Mensch mit so viel Geld – und offensichtlich noch mehr – wonach konnte der noch streben? Welches Lebensziel gab es für ihn? Was gab ihm Spannung und einen Sinn im Leben? Was hatte von Knechts Leben die besondere Prise gegeben? Die Antiquitäten?

Irene wurde von Jonnys Stimme aus ihren Überlegungen gerissen.

»... hat viele Jahre lang versucht. Aber das ist nicht einfach, weil er sich schon früh auf den Märkten in Südostasien getummelt hat. Das Vermögen ist sicher verankert in Firmen wie Toshiba und Hyundai. Das Finanzamt wird versuchen, so viel wie möglich herauszufinden.«

»Du kannst dich ja auch noch um die Einkünfte und Vermögen der anderen Familienmitglieder kümmern. Ich habe hier übrigens eine Liste von Stridner gekriegt mit den Namen der alten Freunde von von Knecht«, sagte Andersson.

Er zog seinen zerknitterten Block aus der Hosentasche, fing an darin zu blättern und las laut vor:

»Sven Tosse, Zahnarzt. Er hat seine Praxis am Kapellplats.«

»Dann kann ich mit ihm sprechen, wenn ich vom Sahlgrenska zurückkomme. Und von Frau Karlsson ist es auch nicht so weit bis zur Praxis«, überlegte Irene.

Sie beschloss zu versuchen, den Zahnarzt Tosse noch vor ihrem Besuch im Sahlgrenska zu sprechen.

»Die nächsten Namen sind Waldemar und Leila Reuter. Auf die wird Birgitta Moberg sowieso stoßen, denn die wohnen im Erdgeschoss in von Knechts Haus. Der hat wirklich seine alten Kumpel um sich versammelt, denn im ersten Stock wohnt das Paar Peder und Ulla Wahl. Aber die leben die meiste Zeit in Frankreich.«

Der Kommissar machte eine Pause und blätterte weiter in seinem Block.

»Gustav Ceder heißt einer, der anscheinend fast ganz aus

dem Männerkreis verschwunden ist. Er wohnt schon seit vielen Jahren in England. Jonny, kannst du dich trotzdem mal über ihn erkundigen, damit uns nichts durch die Lappen geht. Als Letzten haben wir dann noch Ivan Viktors. Den übernehme ich selbst.«

Irene warf ein:

»Weißt du, dass Viktors in die leere Wohnung unter von Knechts ziehen soll? Und dass Waldemar Reuter im Erdgeschoss allein wohnt?«

»Wer sagt das?«

»Henrik von Knecht. Außerdem ist Henriks Frau Charlotte schwanger.«

»Aha. Das müssen wir uns heute Nachmittag alles noch einmal genauer anschauen.«

Andersson erhob sich als Zeichen, dass das Treffen hiermit beendet war. Irene warf einen Blick auf die Uhr und musste feststellen, dass keine Zeit mehr fürs Mittagessen blieb, wenn sie ihre Verabredung mit Eva Karlsson um zwei Uhr einhalten wollte.

Sie fand einen freien Parkplatz direkt vor Frau Karlssons Haustür. Nur wenige Minuten zu spät drückte sie den Klingelknopf neben dem Namensschild »N. Karlsson«. Da es der einzige Karlsson war, den es hier gab, ließ sie es darauf ankommen. Und als sie eine zittrige Altfrauenstimme in der Gegensprechanlage hörte, wusste sie, dass sie hier richtig war. Das Türschloss summte. Sie schob die schwere alte Eichentür auf. Der Eingang war so dunkel, dass sie die Treppenbeleuchtung einschaltete. Fußboden und Treppe waren aus Stein, aber ohne Marmorschwäne. Das Treppenhaus schien neu renoviert zu sein, mit sanft gelben Wänden und einem grünen, schablonengemalten Rand auf halber Höhe. Einen kleinen Aufzug gab es auch. Der summte leise zum zweiten Stock hinauf.

Eva Karlsson hatte ihre Tür einen Spalt weit geöffnet, riss sie aber ganz auf, als Irene aus dem Fahrstuhl trat, und rief freudig:

»Willkommen, meine Liebe!«

Irene hatte das diffuse Gefühl, zu einem Kaffeekränzchen eingeladen worden zu sein. Und dem war auch so. Zwar hatte sie gesehen, dass gleich neben der Haustür eine Konditorei war, aber in ihrer wildesten Phantasie hatte sie nicht erwartet, dass Eva Karlsson dort gleich das ganze Sortiment gekauft hätte. So schien es zumindest. Die Kuchenstücke lagen auf dünnen Tortenpapieren, diese wiederum auf einer Tortenplatte aus Kristall. Die goldumrandeten Kaffeetassen sahen zerbrechlich aus, sorgfältig gefaltete Servietten waren unter die Teller geschoben. An einem Ende des Säulentischs in der guten Stube stand sogar eine Garnitur in Silber, mit Zuckerschale und Sahnekännchen. Ein Sofa und zwei Sessel mit gelbem Seidenbezug, die schrecklich unbequem aussahen, waren um den Tisch gruppiert.

Snobben lag auf einem der Sessel, und seinem Blick nach zu schließen dachte er gar nicht daran, ihn herzugeben.

Mit einer zitternden Hand machte Eva Karlsson eine ausholende Geste ins Zimmer und sagte:

»Wir sind vor neun Jahren hierher gezogen. Ich glaube, der Umzug hat meinem Mann die letzten Kräfte geraubt, denn fünf Monate später ist er gestorben. Neun Jahre… wie die Zeit doch vergeht!«

Irene nahm ihre Chance wahr. Notlügen verursachten ihr nur selten ein schlechtes Gewissen.

»Apropos Zeit, ich kann leider nur eine halbe Stunde bleiben. Ich habe um halb drei einen anderen Termin. Aber ganz hier in der Nähe.«

Den letzten Satz hatte sie schnell hinzugefügt, als sie einen Zug der Enttäuschung über Eva Karlssons Gesicht huschen sah. Ohne dies ganz verbergen zu können, sagte die kleine dünne weißhaarige Dame:

»Ja, aber dann setzen Sie sich doch und verschwenden keine kostbare Zeit! Der Kaffee ist schon fertig.«

Sie verschwand in dem dunklen Flur, und Irene konnte ein leises Klappern aus der Küche hören. Anscheinend lag diese zum Hinterhof hin. Eva Karlsson kam mit dem Kaffee herein und drängte Irene, sich doch vom Kuchen zu nehmen. Diese schätzte sich glücklich, dass sie es nicht geschafft hatte, zu Mittag zu essen. Einschließlich Rosinenwecken und Napfkuchen gab es zwölf Sorten.

Das ältliche Dackelfrauchen plauderte gern über alles Mögliche, ausgenommen die Geschehnisse vom gestrigen Abend. Irene erfuhr von ihrer kinderlosen, aber glücklichen Ehe, ihrer Zeit als Bibliothekarin in der Stadtbibliothek und der unerschöpflichen Quelle der Freude, die Snobben in den letzten acht Jahren für sie war. Mit leichter Verzweiflung lehnte Irene artig den zehnten Kuchen ab – Mürbeteig mit Himbeerkonfitüre – und beschloss, zur Sache zu kommen. Sie schob die Kaffeetasse von sich und wurde ganz Polizeibeamtin. In offiziellem Ton sagte sie:

»Frau Karlsson. Ich muss in wenigen Minuten gehen. Es gibt nichts Neues, an das Sie sich erinnern, jetzt, nachdem der erste Schock sich gelegt hat? Sie sind sich immer noch sicher, dass Sie keinen Schrei gehört haben?«

Eva Karlsson sank in sich zusammen, musste aber einsehen, dass das Fest vorbei war.

Irene sah, wie schwer es Eva Karlsson fiel, sich an das zu erinnern, was am Abend zuvor geschehen war. Sie schaute nachdenklich zum Fenster. Nicht, um festzustellen, dass es dringend geputzt werden musste, sondern in einem ernsthaften Versuch, sich zu konzentrieren und nachzudenken. Jetzt konnte sie es nicht länger aufschieben. Der weiße Kopf nickte langsam, als sie sagte:

»Er hat nicht geschrien. Ich bin mir absolut sicher.«

Was also bedeutete, dass Richard von Knecht ohnmächtig gewesen war, als er hinunterstürzte und auf die Pflastersteine fiel. Die Kuchen machten bei dem Gedanken in Irenes Magen einen kollektiven Purzelbaum.

Snobben schnarchte laut auf seinem Sessel und sah einmal auf, als Irene aufstand und sich für Kaffee und bedankte.

Sie ließ den Wagen stehen. Einen nähergelegenen Parkplatz würde sie kaum finden. Die auf dem Markt waren immer von Kunden der Bank, des Supermarkts oder der kleinen Läden belegt. Sie ging in einen Blumenladen und fragte nach, wo Zahnarzt Tosse seine Praxis hatte. Die freundliche Dame mittleren Alters deutete mit einem erdigen Daumen zur Rolltreppe. Sie war gerade dabei, Hyazinthen in einen großen Korb zu pflanzen. Zum ersten Mal in diesem Jahr hatte Irene das Gefühl, dass Weihnachten sich näherte. Das lag sicher am Hyazinthenduft, denn draußen herrschte eiskaltes, nebliges Regenwetter.

Sie fuhr mit der Rolltreppe eine Etage nach oben und gelangte direkt vor die Tür von Sven Tosses Praxis. Ein glänzendes Messingschild sagte ihr, dass sie richtig war. Jemand hatte sein Bestes getan, um diese Information unkenntlich zu machen, indem er schwarze Farbe übers Schild gesprüht hatte. Sie klingelte, und nach einem kurzen Moment kam eine junge Praxishelferin in einem zartrosa Anzug und öffnete ihr. Ihr Lächeln war gleichzeitig warm und professionell, als sie fragte:

»Guten Tag, womit kann ich helfen?«

»Inspektorin Irene Huss. Ich möchte zu Herrn Doktor Sven Tosse, es geht um den Mord an Richard von Knecht.«

Die veilchenblauen Augen der Schwester wurden kugelrund, genau wie ihr Mund. Schnell trat sie zur Seite und machte eine einladende Geste zum Wartezimmer hin. Eilig verschwand sie daraufhin den Flur entlang auf eine offene Tür zu, aus der das schneidende Geräusch eines Zahnartzbohrers zu hören war. Irene erschauerte unfreiwillig. Das lag an dem Geräusch und dem Geruch. Die waren in allen Zahnarztpraxen gleich. Aber damit hatte die Ähnlichkeit mit den Praxen, die sie früher gesehen hatte, auch schon ein Ende.

Das Wartezimmer war leer. Ein großer handgeknüpfter Wollteppich in gedämpften Herbsttönen lag auf dem Boden. An den Wänden hingen große Grafiken. Ein ausladendes braunes Ledersofa und vier dazu passende Sessel, zwei Glastischchen und ein hohes Zeitschriftenregal verliehen dem Zimmer eine exklusive Atmosphäre. Gleichzeitig war es gemütlich. Das Wartezimmer war von der Anmeldung durch eine Glaswand getrennt, in der sich ein phantastisches Salzwasseraquarium befand. Und über alles legte sich ein angenehmer Geräuschfilter aus leiser klassischer Musik.

Das Bohrergeräusch war nicht mehr zu hören. Durch die Tür kamen die Praxishelferin und ein dünner, sehniger Mann mit stahlgrauem Haar. Er sah mindestens zehn Jahre jünger aus als sechzig. Der Blick, den er Irene zuwarf, war scharf und intensivblau. Er passte zu seiner hellblauen Praxiskleidung. In den Augen war eine deutliche Beunruhigung zu lesen. Er streckte die Hand vor, gab ihr einen schmerzhaften festen Handdruck und stellte sich vor. Mit einem Nicken bat er sie, ihm in sein Zimmer zu folgen. Deutlich bewegt sagte er:

»Wenn Sie entschuldigen: Ich habe einen Patienten auf dem Stuhl. Deshalb darf das nicht zu lange dauern. Was haben Sie Mia gesagt: Richard ist ermordet worden? Das ist doch unmöglich! Obwohl ein Selbstmord eigentlich genauso unmöglich ist. Wissen Sie genau, dass er ermordet wurde?«

»Ja, ganz sicher. Er wurde bewusstlos geschlagen und über den Balkon geworfen«, antwortete Irene.

Schweigen. Tosse schloss nur die Augen und nickte.

»So weit wir erfahren haben, waren Richard von Knecht und Sie gute Freunde«, fuhr Irene fort.

»Wer hat das gesagt?«

»Die Gerichtsmedizinerin Yvonne Stridner.«

»Ach so, Yvonne. Dann hat sie sicher auch erzählt, dass Sylvia und ich verlobt waren, bevor sie Richard kennen lernte. Das war hart damals, aber er war nun mal eine bessere Partie als ich. Aber ich habe Inga, meine erste Frau, nur wenige Monate später kennen gelernt, und da haben wir Frieden geschlossen. Wir waren auf ihrer Hochzeit und sie waren auf unserer.«

Irene kam ein Gedanke.

»Waren Sie auch auf dem Fest am Samstag?«, fragte sie.

»Ja, natürlich. Aber Inga war natürlich nicht dabei, wir haben uns vor mehr als zwanzig Jahren scheiden lassen. Ann-Marie, meine jetzige Frau, war mit.«

»Waren alle aus der alten Gruppe auf dem Fest?«

»Ja. Aber nicht alle, die bei der Hochzeit dabei waren. Bei der Hochzeit waren wir mehr als hundert Gäste. Am Samstag waren wir vielleicht so um die zwanzig.«

»Waren die, die in Frankreich leben, auch da?«

»Ja. Peder und Ulla Wahl. Ulla ist meine Schwester. Sie haben es damit verbunden, ihr neues Enkelkind zu sehen. Aber am Montag sind sie schon wieder zurück in die Provence gefahren.«

»Hatten Sie den Eindruck, dass Richard von Knecht wie immer war?«

Tosse dachte lange nach, bevor er antwortete:

»Ja, er war ganz genau wie immer. Fröhlich und aufge-kratzt. Er liebte Feste. Das war ein tolles Fest. Die Einzigen, die bedrückt wirkten, das waren Henrik und seine Frau. Viel-leicht fühlten sie sich nicht wohl unter den ganzen Alten.«

»Und Sylvia von Knecht?«

»Genau wie immer. Aber sie ist nun mal ein wenig… eigen.«

Er verstummte. Bevor Irene eine weitere Frage stellen konnte, streckte er ihr wieder die Hand entgegen und schüt-telte diese in einem weiteren Schraubzwingengriff.

»Nun muss ich aber zurück zu meinem Patienten. Fassen Sie den Mörder. Denn niemandem ist zu gönnen, Opfer eines Mörders zu werden. Nicht einmal Richard«, sagte er schnell.

Irene kam nicht mehr dazu, ihn um eine Erklärung zu bit-ten, wie er den letzten Satz denn gemeint hatte, da war er be-reits durch die Tür verschwunden. Irene massierte ihre rechte Hand. Zahnärzte haben starke Handmuskeln.

Die schöne Mia lotste sie zum Ausgang. Vom anderen Ende des Flurs hörte sie wieder das Aufjaulen des Bohrers.

Draußen war der Nieselregen in eine kühle Brise mit vereinzelten Schneeflocken übergegangen.

Null Grad in einem windigen, kalten Göteborg fühlen sich an wie minus zwanzig Grad in Kiruna. Wenn nicht noch kälter. Irene schob ihr Kinn in den Jackenausschnitt.

Sie würde etwas zu spät zu ihrer Verabredung mit Sylvia von Knecht kommen, aber insgesamt war sie mit ihrem Geschick, ihren Zeitplan einzuhalten, ganz zufrieden.

Die Uhr zeigte Viertel nach drei, als sie durch die Glastür zur Abteilung 4 der Psychiatrie ging. Der Flur war vollkommen leer. Die Wände waren mit einer schmutzig gelben Farbe bemalt, und der Boden mit grauem Linoleum belegt. Ein Schild mit der Aufschrift »Schwesternbüro« war weiter hinten zu sehen. Dort fand sie eine weiß gekleidete Schwester um die fünfzig hinter einem Schreibtisch. Mit verträumtem Blick starrte sie auf einen Computerbildschirm. Irene räusperte sich leise.

»Entschuldigung. Wo finde ich Sylvia von Knecht? Ich bin Inspektorin Irene Huss.«

Die Schwester zuckte zusammen, wandte sich Irene zu und warf ihr einen irritierten Blick zu. Spitz sagte sie:

»Ja, das möchte ich auch gern wissen. Wo ist Sylvia von Knecht? Und wo sind all die anderen Patienten?«

Hatte es eine Massenflucht aus der Psychiatrie gegeben? Oder war das hier eine der Patientinnen, die sich einen weißen Kittel besorgt hatte und nun vor dem Computer saß? Die Computerfrau wandte sich wieder dem Bildschirm zu.

»Es ist doch zum Haareraufen! Mir ist der Kaffeebecher auf die Tastatur gefallen. Zum Glück war kein Kaffee mehr drin, aber die gesamte aktuelle Einweisungsliste ist verschwunden. Ich kriege nur noch die vom April dreiundneunzig auf den Schirm! Mag der Teufel wissen, auf welche Taste ich gekommen bin. Vielleicht ja auch auf mehrere gleichzeitig. Verdammter Mist! Die Gräfin liegt auf zwei eins«, sagte sie im gleichen Atemzug.

Es dauerte einen Augenblick, bevor die verwirrte Irene begriff, dass sie eine Antwort auf ihre Frage bekommen hatte. »Die Gräfin«, das musste wohl Sylvia von Knecht sein. Und »zwei eins«, das war sicher im zweiten Zimmer, erstes Bett.

Sie klopfte leise an die Tür, die mit einer verblichenen, kaum noch erkennbaren Zwei markiert war, bevor sie eintrat. In dem Bett direkt an der Tür lag eine alte, ausgemergelte Frau und starrte mit leerem Blick an die Decke. Ihre gelbe Haut schien fest über den Schädel gespannt zu sein, ohne irgendwelche Muskulatur dazwischen. Ihr fehlten die Zähne, die Lippen waren eingefallen und ließen den Mund wie einen kleinen Strich erscheinen. Ohne ein einziges Mal zu blinzeln lag sie regungslos da und starrte ins absolute Nichts. Durch ein Nasenloch war eine Sonde eingeführt. Sie war an der Wange mit Pflaster festgeklebt, damit sie nicht herausrutschte.

In der hinteren Ecke am Fenster saß Sylvia von Knecht. Es war kein Licht eingeschaltet im Zimmer. Eine graue Nachmittagsdämmerung war bereits ins Zimmer gekrochen und verbreitete ein unwirkliches Dunkel. Das Einzige, was im Zimmer leuchtete, waren Sylvias Haare, die dick, schulterlang und platinblond waren. Sie sah aus wie eine ätherische Elfe auf ihrem Stuhl, in einem dunklen Kostüm mit weißer Seidenbluse. Ihre Hände hatte sie auf dem Schoß gefaltet. Die kleine zerbrechliche Frau saß vollkommen still und sah Irene an.

»Sind Sie die von der Polizei?«

Ihre Stimme klang angenehm mit einem kaum hörbaren finnlandschwedischen Akzent, aber der Tonfall war schneidend. Irene fühlte sich wie ein Schulmädchen, das eine Entschuldigung wegen Zuspätkommens von zu Hause vorzeigen musste. Sie nickte und wollte sich gerade vorstellen, als Sylvia weitersprach:

»Huss war das, nicht wahr? Warum kommen Sie zu spät?«

»Inspektorin Irene Huss. Ich habe den ganzen Vormittag einige Zeugen vernommen, um Fakten und Informationen zu sammeln. Das hat sich hingezogen.«

Sie dachte gar nicht daran, sich zu entschuldigen! Sylvia von Knecht sagte tonlos:

»Henrik holt mich in einer halben Stunde ab. Hier bleibe ich keine Nacht länger. Zuerst wollten sie mich in ein Zimmer mit vier Betten legen. Nie im Leben, habe ich gesagt. Und dann haben sie mich hier reingelegt, zu diesem Zombie da.«

Mit einer gezierten Geste zeigte sie auf die Frau im Nachbarbett.

»Nun ja, die ist nicht besonders gefährlich. Sie hat sich seit mehreren Jahren nicht mehr bewegt und nichts gesagt, hat das Personal mir versichert. Sie soll zurück in ein Pflegeheim, sobald da wieder Platz ist. Sie wird mit dem Schlauch durch die Nase zwangsernährt. Der geht wohl direkt in den Magen. Das ist wirklich eklig, aber es ist auch nicht so schlimm, denn ich habe sowieso keinen Appetit. Aber den Nachmittagskaffee will ich noch abwarten«, sagte sie.

Irene nahm Anlauf, um die Vernehmung von Sylvia von Knecht einzuleiten. Schnell begann sie:

»Wir versuchen ein Motiv zu finden, das hinter dem Mord an Ihrem Ehemann liegen kann, und...«

Sylvia von Knecht unterbrach sie:

»Woher wissen Sie, dass es ein Mord war?«

Sie hatte offensichtlich nach dem Telefongespräch am Vormittag darüber nachgedacht. Irene nahm sich die Zeit, die Fakten zu berichten, die bis jetzt zusammengetragen worden waren. Während des ganzen Berichts saß Sylvia von Knecht stumm da, die Hände auf dem Schoß gefaltet und den Kopf leicht gesenkt. Das Haar fiel wie ein Vorhang vor ihr Gesicht. Irene konnte ihren Gesichtsausdruck nicht erkennen. Als sie fertig war, hob Sylvia ihren Kopf. Tränen standen ihr in den Augen und ihre Stimme zitterte vor Erregung, als sie sagte:

»Dass so etwas unsere Familie treffen kann. Das ist widerwärtig! Ich weigere mich, es zu glauben. Wer sollte Richard ermordet haben? Warum?«

»Das sind genau die Fragen, auf die wir eine Antwort suchen. Frau von Knecht...«

»Sagen Sie Sylvia, so uralt bin ich ja nun noch nicht.«

Uralt war sicher das Letzte, was einem bei ihrem Anblick

95

einfallen würde. Laut den Dokumenten sollte diese Frau einige Jahre über fünfzig sein, aber sie sah keinen Tag älter als vierzig aus. Zumindest nicht in dem Halbdunkel dieses Zimmers. Bevor sich Irene so weit gefasst hatte, um ihre Fragen zu wiederholen, beantwortete Sylvia sie selbst:

»Nein, ich habe nicht die geringste Ahnung. Richard ist nie bedroht worden. Obwohl, es ist natürlich klar, dass große Geschäftsmänner sich immer irgendwelche Feinde machen.«

»Hätte er Ihnen etwas gesagt, wenn er von jemandem bedroht worden wäre?«

»Ja, das hätte er auf jeden Fall gemacht.«

Warum log sie? Irene bemerkte den heftigen Ruck im Nacken, der viel zu trotzig war, um zu überzeugen. Sie beschloss, das Thema lieber ein andermal wieder aufzugreifen. Stattdessen fragte sie:

»Wann sind Sie nach Stockholm geflogen?«

»Am Sonntag, so gegen zwei Uhr.«

»Wo haben Sie in Stockholm gewohnt?«

»Im Hotel Plaza. Meine Mutter und Arja sind mit mir geflogen. Arja ist meine Schwester. Wir hatten Karten für die Vorstellung vom ›Cyrano‹ im Oscars für den Abend bestellt. Am nächsten Morgen haben meine Mutter und Arja dann die Fähre nach Helsinki genommen. Und ich bin ins Haus des Tanzes gegangen.«

»Das Haus des Tanzes, was ist das?«

»Kennen Sie das nicht? Das ist die Bühne in Stockholm, auf der alle Arten von Tanz aufgeführt werden. Sozusagen die Hochburg des Tanzes im Norden, so könnte man es bezeichnen. Sie wissen wohl, dass ich Choreografin bin. Das Haus des Tanzes hat nächstes Jahr fünfjähriges Jubiläum, und dann soll eines meiner Balletts aufgeführt werden. Das bedeutet natürlich Unmengen an Arbeit, aber es macht auch ungemein Spaß. Ich war im Herbst schon zweimal dort, um zu besprechen, wie ich mir das Ganze vorstelle. Und jetzt sind wir so weit, dass die Rollen besetzt werden können.«

Irene bemerkte, wie sich Sylvias Stimme veränderte, als sie

vom Tanzen sprach. Das war eine echte Leidenschaft, das konnte man hören. Dass Sylvia Choreografin war, war Irene neu, aber es war wohl am klügsten, es nicht zu zeigen. Und von dem Haus des Tanzes hatte sie noch nie etwas gehört. Um das Thema zu wechseln, fragte sie:

»Haben Sie mit Ihrem Mann am Montag oder Dienstag gesprochen?«

»Am Dienstag, gegen zwölf Uhr. Er war ja am Sonntag schon kurz davor, eine Erkältung zu kriegen, das wusste ich, aber richtig schlimm wurde es erst am Montag. Das hat er jedenfalls gesagt. Aber offenbar war es doch nur ein normaler Virus, denn am Dienstag fühlte er sich wieder gut. Er wollte mit Valle zu ihrem gemeinsamen Dienstagsessen gehen.«

»Valle? Meinen Sie damit Waldemar Reuter?«

»Ja, das habe ich doch gesagt! Die beiden essen seit über zwanzig Jahren jeden Dienstag zusammen zu Mittag.«

»Immer im gleichen Restaurant?«

»Nein, das wechselt immer mal. Das weiß ich nicht so genau.«

»Wie klang seine Stimme, als Sie miteinander sprachen?«

»Ganz genau wie immer. Nur ein bisschen müde und mit verstopfter Nase.«

»Was hat er gesagt? Können Sie sich daran erinnern?«

Sylvia schien eine Weile nachzudenken. Schließlich zuckte sie mit den Achseln und meinte uninteressiert:

»Er hat mir von seiner Erkältung erzählt und dass er den ganzen Montag im Haus geblieben ist. Die Putzfrau war da gewesen und hatte nach dem Fest sauber gemacht. Sie hat wohl ihre Tochter dabeigehabt.«

»Wie heißt die Putzfrau?«

»Was hat denn das mit der ganzen Sache zu tun?«

»Sie kann etwas Wichtiges gesehen oder gehört haben. Alle, die in den letzten Tagen mit Ihrem Ehemann Kontakt gehabt hatten, müssen befragt werden.«

Sylvia kniff die Lippen zusammen, ließ sich aber schließlich doch herab und antwortete.

97

»Sie heißt Pirjo Larsson. Sie ist Finnin, verheiratet mit einem Schweden, redet aber ganz schlecht Schwedisch. Sie ist durch Empfehlung einer Freundin vor zwei Jahren zu mir gekommen. Nur die Finninnen können richtig sauber machen. Die Schwedinnen sind zu schlampig, und Chileninnen oder so haben zu wenig Ahnung«, stellte sie fest.

»Wie oft macht sie bei Ihnen sauber?«

»Dreimal in der Woche. Montags, mittwochs und freitags.«

»Wo wohnt sie?«

»Das weiß ich nicht. Ich glaube, in Angered. Ich habe ihre Telefonnummer zu Hause.«

»Sagte Ihr Mann noch was?«

»Ja ha, er wollte zwei Sandwichs kaufen, die wir abends essen wollten, wenn ich… wenn ich zurück wäre.«

Wieder senkte sie ihren Kopf. Die Achseln zitterten leicht, und für einen kurzen Moment hatte Irene fast das Gefühl, sie versuchte einen Lachanfall zu unterdrücken. Aber ihre trockenen, heiseren Schluchzer bezeugten das Gegenteil. Irene beschloss, dass es für diesmal genug war.

Sie machte einen Schritt auf Sylvia zu, spürte aber instinktiv, dass sie sie nicht anfassen durfte.

»Vielen Dank, dass Sie meine Fragen beantwortet haben. Ich werde morgen wieder zu Ihnen kommen. Aber ich rufe vorher an. Wenn Sie mit jemandem sprechen möchten, der an den Ermittlungen beteiligt ist, dann rufen Sie einfach diese Nummer hier an«, sagte Irene.

Sie streckte Sylvia eine Karte mit ihrer Durchwahlnummer hin. Als diese keine Notiz davon zu nehmen schien, schob sie sie vorsichtig zwischen ihre gefalteten Hände, die immer noch im Schoß lagen.

Als Irene sich umdrehte, um das Zimmer zu verlassen, hatte sie das Gefühl, als würden die Augen der alten, mumienähnlichen Frau aufglühen. Vor funkelndem Hass. Aber das konnte auch nur die Reflexion der Flurbeleuchtung sein, da die Tür gerade geöffnet wurde und eine Schwester mit dem Kaffee hereinkam.

Die Zeit bis zu ihrem Termin um fünf nutzte sie, um die Ergebnisse ihrer Gespräche von diesem Tag zu protokollieren. Von regelrechten Vernehmungen konnte noch keine Rede sein. Trotzdem war sie zufrieden mit dem Ergebnis. Sie hatten bereits eine ganze Menge Informationen, obwohl sie doch erst seit einem Tag dran waren. Das war der Vorteil, wenn man die Ermittlungen so schnell aufnehmen konnte. Verbargen sich der Mörder und das Motiv bereits in dem Material, das ihnen vorlag, und sahen sie es nur nicht? Oder waren sie noch Lichtjahre von der Wahrheit entfernt? Solange noch keine konkrete Spur zu sehen war, der sie hätte folgen können, war es das Beste, weiterhin hier und da zu bohren und zu graben. Dabei kam eigentlich immer irgendetwas Nützliches heraus.

Sie rief zu Hause an. Krister war am Apparat. Er war gerade erst hereingekommen, erzählte aber, dass Katarina schon zu ihrem Ju-Ju-Training los war und Jenny mit Sammie draußen herumlief.

»Ich werde mit Jenny heute Abend reden und versuchen, etwas über diese ›White Killers‹ rauszukriegen. Im Augenblick lese ich über deine Arbeit in den Abendzeitungen. ›Von Knecht ERMORDET!‹ schreien alle Schlagzeilen. Anscheinend haben sie im ganzen Land die Druckpressen angehalten und die ersten Seiten, die heute Morgen schon gedruckt waren, ausgetauscht«, erzählte er.

Irene seufzte. Immer dieses schlechte Gewissen, weil sie das Gefühl hatte, Krister organisiere das meiste daheim. Aber gleichzeitig war sie auch sehr dankbar, dass er die Sache mit Jenny übernahm. Müde sagte sie:

»Wir haben um fünf Uhr eine gemeinsame Besprechung. Das heißt – jetzt. Ich muss mich beeilen. Ich bin bestimmt nicht vor neun zu Hause. Küsschen, Küsschen!«

Letzteres hatte sie aus einer Fernsehserie geklaut. Wie süß. Bevor sie sich zum Konferenzraum aufmachte, zog sie einen jungfräulichen Collegeblock aus der Schreibtischschublade. Auf das Deckblatt schrieb sie mit schwarzem Edding »von

Knecht«. Sie schlug auf die erste Seite um und schrieb sauber auf die erste Zeile »Pizza«.

Sie kam als Letzte, aber die anderen hatten noch nicht angefangen. Sie ließ die Pizzaliste herumgehen, und alle, die wollten, schrieben ihren Namen und den der gewünschten Pizza auf. Leichtbier und Salat inklusive. Die Liste wurde einer Sekretärin übergeben, die das Gewünschte bestellen sollte, sodass es um sechs Uhr bei der Zentralwache abgeliefert wurde.

Andersson ging durch, was die Pathologin und die Jungs von der Spurensicherung an diesem Tag herausgefunden hatten. Das einzig Neue für Irene war, dass Ivan Viktors nicht erreicht worden war. Andersson hatte eine Nachricht in seinem Briefkasten und eine Mitteilung auf dem Anrufbeantworter hinterlassen.

Tommy Perssons, Hans Borgs und Fredrik Stridhs Befragungen in den Straßen um den Tatort herum waren im Großen und Ganzen negativ ausgefallen. Das einzig Positive, wenn auch deutlich infrage zu Stellende, war die Aussage einer pensionierten Lehrerin. Sie war einundachtzig Jahre alt und fast blind. »Und deshalb ist mein Gehör auf meine alten Tage umso besser«, hatte sie behauptet. Fredrik Stridh war davon nicht überzeugt, erzählte aber, was sie ihm gesagt hatte:

»Sie behauptet, gehört zu haben, dass die Tür zu dem äußeren Müllraum zufiel, nachdem die letzten Polizeisirenen verklungen waren. Das würde also bedeuten fünfzehn Minuten vor sechs, denn zu dem Zeitpunkt ist der letzte Krankenwagen eingetroffen.«

Der Kommissar warf eine Frage ein:

»Woher weiß sie, dass es die Tür zum äußeren Müllraum war?«

»Ihre Wohnung liegt direkt daneben. Sie wohnt also schräg über den Hof, von von Knechts Aufgang aus gesehen. Aber es erscheint natürlich zweifelhaft, ob es wirklich stimmt, was sie sagt, denn sie behauptet, die Tür hätte sich gleich wieder geöffnet, und sie hätte schnelle Schritte zur Hoftür gehört, die zu ihrem Treppenhaus führt. Sie nahm an, dass die Person schnell dem Regen entkommen wollte. Nicht sehr verwunderlich, denn es hat ja geschüttet. Aber dann behauptet die Alte auch noch, sie würde ihre Nachbarn an den Schritten erkennen. Ihre Wohnung liegt im Erdgeschoss, also hat sie bestimmt den Überblick. Und diese Schritte kannte sie nicht! Es war also keiner aus dem Haus.«

Jonny Blom schnaufte und verdrehte die Augen. Fredrik kümmerte sich nicht um ihn, sondern schaute auf seinen Block, während er fortfuhr:

»Sie hat gehört, wie die Hoftür geöffnet wurde und dass jemand ins Treppenhaus ging, aber dann gingen die Schritte nicht weiter die Treppe hinauf, sondern quer durch den Eingang und wieder durch die Haustür hinaus auf die Straße. Die Haustür ist schwer und fällt mit einem Knall ins Schloss, wie sie sagt.«

Andersson unterbrach ihn erneut mit einer Frage:

»Wirkte sie verwirrt oder senil?«

»Nun ja, sie ist natürlich reichlich alt und so. Und ich kann nicht sagen, ob sie wirklich so gut hört, wie sie sagt. Aber direkt tüttelig ist sie nicht.«

In Stridhs Augen waren alle über fünfzig Fossilien. Andersson seufzte leise, bevor er seine nächste Frage stellte:

»Habt ihr überprüft, ob jemand aus dem Haus zu der Zeit draußen war und diese Wege gegangen ist, die die Dame beschreibt?«

Weder Stridh, noch Borg oder Persson hatten jemanden gefunden, der erklärt hätte, zum besagten Zeitpunkt dort unterwegs gewesen zu sein und das Knallen der Türen und die Schritte auf dem Hof verursacht zu haben. Andersson sagte:

»Wenn das unser Mörder war, dann lässt das auf eine verdammte Kaltblütigkeit schließen. Noch eine Viertelstunde nach dem Mord in der Wohnung zu bleiben! Andererseits glaubten ja anfangs alle, dass es sich um Selbstmord handelt. Keiner hat nach einem Mörder gesucht. Und wenn es stimmt, dass er über den Hof gegangen ist, so kam er auf der Kapellgatan raus. Einen ganzen Häuserblock vom Tatort entfernt!«

Es war Andersson anzusehen, dass er das äußerst interessant fand. Er teilte Fredrik Stridhs Zweifel nicht. Die Erfahrung hatte ihn gelehrt, dass sich langweilende alte Leute, die ihre nächste Umgebung im Blick hatten, unschätzbare Zeugen waren. Eifrig sagte er:

»Angenommen, das ist unser Mörder. Im Schutz von Regen und Dunkelheit schleicht er sich auf den Hof. Aus irgendeinem Grund schlüpft er schnell in den Müllraum und wirft etwas weg. Was? Mir kommt da so ein Gedanke. Vorschläge?«

Andersson schaute sich im Raum um, aber niemand sonst äußerte irgendwelche Vermutungen. Triumphierend rief er aus:

»Das Tuch! Das Wischtuch mit der Ajaxlösung! Das ist nämlich nicht in der Wohnung gefunden worden. Die einzigen Putztücher, die wir gefunden haben, lagen in einer noch nicht angebrochenen Verpackung im Putzschrank. Leider waren wir heute Morgen nicht schnell genug. Die Müllabfuhr hat die Mülltonnen geleert, bevor wir sie untersuchen konnten. Und an der Tür zum Hof waren nur die Fingerabdrücke von Irene und von Henrik von Knecht zu finden. Jemand hat die Klinke abgewischt, bevor Irene und der junge von Knecht sie anfassten.«

Die anderen sahen Irene verwundert an, aber weder sie noch der Kommissar machten sich die Mühe, von ihrem Versteckspiel mit der Presse am Abend zuvor zu erzählen. Stattdessen sagte Irene:

»Laut Sylvia von Knecht ist die Putzfrau Finnin, sie heißt Pirjo Larsson und spricht nur gebrochen Schwedisch. Wir bekommen von ihr die Telefonnummer, und dann können wir die Adresse rauskriegen. Sie wohnt irgendwo Richtung Angered. Hannu, darf ich dich fragen, ob du Finnisch sprechen kannst?«

Hannu Rauhala nickte.

»Könntest du dich um die Vernehmung von Pirjo Larsson kümmern?«

Wieder ein Nicken von Hannu.

Irene berichtete von ihren Gesprächen an diesem Tag. Alle waren ihrer Meinung, dass einige interessante Informationen dabei herausgekommen waren, wenn auch kein Motiv oder ein denkbarer Mörder.

Birgitta Moberg war es gelungen, das Ehepaar Wahl per Telefon in der Provence zu erwischen. Die jüngste Tochter, die unverheiratet und deshalb problemlos im Telefonbuch zu finden war, hatte Birgitta die Nummer gegeben. Sie rief die Wahls an, die bereits wussten, dass Richard von Knecht ermordet worden war, da eine ihrer Töchter es ihnen am Telefon erzählt hatte. Sie erklärten, dass sie am Sonntagabend mit der Fähre nach Kiel gefahren waren. Im Laufe des folgenden Tages waren sie auf ihrem Hof, einige hundert Kilometer außerhalb von Aix-en-Provence angekommen. Sie konnten nur das bestätigen, was die anderen Personen, die auf dem Fest dabei gewesen waren, schon erklärt hatten: dass von Knecht fröhlich und lebhaft wie immer gewesen war und dass sie nicht die geringste Ahnung hinsichtlich eines Motivs oder eines Mörders hatten. Unfassbar, das war ihr Kommentar. Birgitta ging weiter in ihren Notizen.

»Waldemar Reuter war in seiner Börsenmaklerfirma, oder wie sich so ein Büro nennt. Er hatte keine Zeit, heute mit mir zu sprechen, hat aber versprochen, morgen früh um acht Uhr hierher zu kommen. Er hat aber schon gesagt, dass er schockiert ist und sich nicht vorstellen kann, wie jemand auf die Idee kommt, von Knecht zu ermorden. Er scheint ja ein richtiger Prachtkumpel gewesen zu sein, dieser Richard von Knecht«, sagte sie erschöpft.

Es klopfte vorsichtig an der Tür, und die Sekretärin kam mit einem dicken Packen Faxpapieren unter dem Arm herein. Trocken sagte sie:

»Grüße vom Wachdienst an Inspektorin Huss, das Faxgerät ist zusammengeschmort! Und warum wohl?«

Womit sie den Packen vor Irene auf den Tisch legte. Aber die Zeitschriftenartikel bei der Svensk Damtidning waren ein wahrer Fund. Das konnte Irene schon beim ersten Durchblättern feststellen. Das Ganze war ordentlich in chronologischer Reihenfolge verschickt worden, jedes Mal mit einem Datum versehen.

Jonny berichtete von den Unterlagen, die er von den beiden Kollegen bei der Wirtschaftskripo bekommen hatte. Den Namen von Knecht fand er dort im Zusammenhang mit dem Verdacht auf Steuerhinterziehung, wobei es um Geld aus Aktiengeschäften im Ausland gehen sollte. Das Material wurde bereits seit zwei Jahren zusammengestellt, war dann aber liegen geblieben. Jonny erklärte:

»Diese Kripobeamten sind ja ausgebildet, um Wirtschaftsverbrechen aufzuspüren, und sie sind hier im Polizeipräsidium, obwohl sie eigentlich dem Wirtschaftsressort unterstellt sind. Also, das ist eine ganz offizielle Sache. Aber weil ihre Arbeit dort oft von der Staatsanwaltschaft gebremst wird, wühlen sie hier bei der Kripo ein bisschen auf anderen Wegen weiter. Es gab offenbar den Verdacht auf Insidergeschäfte bei dem Verkauf einer Arzneimittelfirma vor ein paar Jahren. Doch das war nicht zu beweisen. Von Knecht machte damals einen hübschen kleinen Reibach von elf Millionen. Laut den Wirtschaftsleuten ist davon auszugehen, dass er im Ausland größere Ressourcen hat als hier in Schweden. Aber da es ausländische Makler sind, die diese Geschäfte abwickeln, ist das nur schwer zu kontrollieren. Und in Schweden ist sein Privatvermögen auf einhundertdreiundsechzig Millionen taxiert worden!«

Die Pfiffe und Rufe des Erstaunens wurden von einem wütenden Signal im Haustelefon unterbrochen.

»Hallo! Hier ist die Zentrale! Seid doch so nett und holt eure Pizzas ab! Hier stinkt es wie in einer Pizzeria!«

Fredrik Stridh und Birgitta Moberg meldeten sich freiwillig. Als sie durch die Tür hinausgingen, fiel Irene auf, dass die beiden eigentlich ziemlich oft zusammen zu sehen waren.

Einer, der offenbar den gleichen Gedanken gehabt hatte wie sie, war Jonny Blom. Unbewusst presste er seine Lippen zusammen, während er die beiden mit einem finsteren Blick verfolgte. Die anderen nutzten die Gelegenheit, aufzustehen und die Beine auszustrecken.

Die Pizzen waren schnell aufgegessen, direkt aus dem Karton, mit dem beigefügten Plastikbesteck. Der Pizzabäcker wusste, was von ihm erwartet wurde, wenn er eine Bestellung aus dem Polizeipräsidium bekam.

Die Kaffeemaschine wurde angestellt. Andersson lehnte sich satt und aufgebläht im Stuhl zurück.

Genau in dem Moment war eine kräftige, dumpfe Explosion zu hören. Die Druckwelle ließ die Fensterscheiben sich leicht nach innen wölben und unheildrohend klirren.

»Verdammt, eine der Raffinerien auf Hising-Island ist in die Luft geflogen!«

Das war von Jonny als Joke gemeint, aber niemand lachte. Das war ein unangenehm lauter Knall gewesen, auch wenn es nicht Shells Ölzisterne gewesen sein sollte, die da explodiert war.

Andersson zuckte mit den Schultern und versuchte die Außenwelt zu ignorieren.

»Über den Knall sollen sich andere den Kopf zerbrechen. Dann haben wir jetzt von allen gehört, woran sie heute gearbeitet haben. Außer von dir, Hannu.«

Hannu Rauhala sah den Kommissar direkt an, als er das Wort ergriff. Seine Stimme klang ungewöhnlich tief, und sein singendes Finnlandschwedisch war angenehm weich:

»Ich war beim Finanzamt...«

Jonny zuckte auf seinem Stuhl zusammen und unterbrach ihn aufgebracht:

»Doppelte Arbeit bringt ja wohl nichts! Ich habe doch bei der Wirtschaftskripo schon alles rausgeholt, was interessant ist!« Hannu bewegte keinen Muskel im Gesicht, veränderte seine Stimme um keine Nuance, aber seine Augen wechselten in ein kälteres Eisblau.

»Richard von Knecht hat noch einen Sohn.«

In dem kompakten Schweigen, das auf diesen Satz folgte, erschien es allen, als würden die Sirenen sämtlicher Streifenwagen und Feuerwehrwagen Göteborgs gleichzeitig einsetzen.

KAPITEL 6

Was sagst du da? Und was für ein Scheiß ist denn da draußen los?«

Anderssons Gesichtsfarbe wurde deutlich dunkler. Er hatte gedacht, sie hätten die Sache ganz gut im Griff. Und plötzlich brach die Hölle los, sowohl hier drinnen wie auch draußen.

Hannu Rauhala schaute immer noch ungerührt den Kommissar an und sprach einfach weiter:

»Das Finanzamt hat Kopien der Personalakten. Richard von Knecht hat die Vaterschaft anerkannt. Bo Jonas, geboren 23. 07. 65 in der Gemeinde Katarina in Stockholm. Die Mutter heißt Mona Söder, 02. 11. 41. Das steht auf von Knechts Totenschein.«

»Wie hast du denn dazu Zugang ge… Ach, scheiß drauf.«

Ein Blick in die eisblauen Augen und Andersson beschloss, die Frage zu verschieben. Stattdessen sagte er:

»Das ist ja interessant! Möchte nur wissen, ob seine Frau und sein Sohn Henrik von Jonas' Existenz wissen? Irene, du hast doch Kontakt zu den beiden, frag mal nach. Hannu, du kümmerst dich um Pirjo Larsson. Wir müssen wissen, ob sie einen Schlüssel zu von Knechts Wohnung hat. Frag sie auch nach eventuellen Besuchern, während sie dort war, oder ob sie irgendwas anderes Merkwürdiges gesehen hat. Und den Lappen! Vergiss nicht, sie nach dem Putzlappen zu fragen. Und forsche weiter nach Jonas und seiner Mutter. Dazu brauchen wir wohl die Hilfe der Kollegen in Stockholm… Meine Güte, was ist denn das für ein Sirenengeheul da draußen! Ist halb Göteborg in die Luft geflogen?«

Wütend drückte er die Nummer der Zentrale. Zunächst beantwortete niemand seinen Ruf. Er musste es ein zweites Mal versuchen.

»Ja ha, Zentrale«, antwortete eine ruhige Männerstimme.

»Was ist denn da draußen los?«

»Da ist ein Haus in der Berzeliigatan, das brennt. Sieht nach einer Bombe aus. Habt ihr nicht den Knall gehört? Es ist nicht mal einen Kilometer von hier.«

»Sieht so aus, als ob die Jungs von der PO1 heiße Ohren kriegen!«

»Genau. Also, tschüss.«

Der Kommissar sah verdutzt aus, als das Klicken verkündete, dass die Verbindung unterbrochen war. Um seine Verlegenheit zu überspielen, fuhr er schnell fort:

»Dann wissen wir das also auch, aber darüber sollen sich andere den Kopf zerbrechen. Wir haben uns um die Familie von Knecht zu kümmern. Hannu, hast du noch mehr Informationen über diesen zweiten Sohn?«

Hannu schüttelte den Kopf.

»Na gut, dann verfolgst du diese Spur also weiter. Ja, Jonny?«

»Die Vermögen der anderen Familienmitglieder laut ihrer Steuererklärung. Sylvia von Knecht hat einhundertfünfzigtausend verdient, Privatvermögen siebenhundertachtundsechzigtausend Kronen. Henrik von Knecht hat fünfhunderttausend verdient, Vermögen vierhundertdreiundfünfzigtausend. Charlotte von Knecht hat zweiundsiebzigtausend verdient und null Vermögen.«

»Arme Schlucker, im Vergleich zu Papa von Knecht. Aber wer ist das nicht im Vergleich zu ihm!«

Fröhlich stellte Fredrik fest:

»Um ehrlich zu sein, dann haben wohl nur Charlotte und ich die gleiche Art an Vermögen.«

Die anderen lachten zustimmend und erhoben sich, um sich Kaffee zu holen.

Die Besprechung dauerte noch weitere zwei Stunden. Man

drehte und wendete die verschiedenen Vermutungen und Hypothesen, wusste aber nicht, ob man damit der Wahrheit sehr viel näher kam. Oder ob sie bereits auf dem Tisch lag, aber niemand sie sah.

Andersson unterdrückte ein Gähnen und beschloss die Besprechung mit ein paar abschließenden Worten zu beenden:

»Okay, wir sehen uns dann morgen früh um halb acht.«

Die Versammelten packten Notizblock, Stifte, Kaffeebecher und andere für die Ermittlung notwendigen Utensilien ein, als es an der Tür klopfte. Gleich darauf wurde die Tür geöffnet und der Leiter des Einsatzkommandos Håkan Lund füllte die Türöffnung aus. Er begann mit einem Gruß:

»Tag, alle zusammen. Ich glaube, ich habe was Interessantes für euch.«

Überrascht sah die Gruppe zu, wie er zur Schmalseite des Konferenztisches ging. Dort angekommen, begann er zu erzählen:

»Ich komme direkt vom Brand in der Berzeliigatan. Ein Zeuge hat eine kräftige Explosion gehört und danach fing es an zu brennen. Die Fenster aller Nachbarhäuser sind eingedrückt worden. Laut Aussage des gleichen Zeugen hat es im zweiten Stock geknallt. Und dort...«

Er verstummte und schaute melodramatisch seine Zuhörer an, bevor er weitersprach:

»...dort hat... oder besser gesagt hatte... Richard von Knecht sein Büro!«

Es war mucksmäuschenstill, niemand wusste, was er sagen sollte. Håkan Lund war offensichtlich zufrieden mit dem Effekt seiner Neuigkeit und fuhr fort:

»Meine Schicht war eigentlich um vier zu Ende, aber wir wurden von einer Massenkarambolage am Tingstadstunnel aufgehalten. Eisregen, Glatteis. Fünf Autos aufeinander gefahren. Kein nennenswerter Personenschaden, aber es war trotzdem reichlich zu tun. Gerade als wir dort fertig waren, kam der Alarm wegen der Bombenexplosion in der Berzeliigatan, Ecke Sten Sturegatan. Als wir dort ankamen, brannte es nicht schlecht. Drei Löschfahrzeuge und einige Streifenwagen waren da.«

»Ist das ganze Haus zerstört?«

Lund sah Andersson, der die Frage gestellt hatte, nachdenklich an, dann antwortete er:

»Lass es mich so ausdrücken: Auf einer Brandskala von eins bis zehn, bei der eins eine Streichholzschachtel ist und zehn eine Supernova, da ist das hier eine neun. Ein Inferno. Antwort: Ja, das gesamte Haus ist ausgebrannt!«

»Verdammter Mist!«

Das war kein besonders intelligenter Kommentar aus dem Mund des Kommissars, aber er drückte wahrscheinlich genau das aus, was alle im Zimmer fühlten. Lund fuhr in seinem Bericht über den Ablauf des Geschehens fort.

»Im Erdgeschoss befindet sich ein Friseursalon. Die betreffende Haarkünstlerin konnte sich auf die Straße retten. Sie war gerade dabei, sauber zu machen. Zum Glück hat sie nur leichte Verletzungen am Kopf und am Rücken abgekriegt. Im ersten Stock gibt es zwei Wohnungen. Den Wohnungsinhabern der großen Wohnung, einem Rentnerehepaar, gelang es, allein ins Freie zu kommen. Sie haben einen Schock abgekriegt. Hörschäden und diverse hässliche Schnittwunden. Der Besitzer der Zweizimmerwohnung arbeitet als Portier im Sheraton und war nicht zu Hause, als es knallte. Er kam gerade, als ich weg wollte. Offenbar hatte er die Sonderberichte über den Brand gehört. Im zweiten Stock liegt – oder besser gesagt lag – von Knechts Büro. Offenbar eine größere Wohnung, über die er da verfügt, so wie die darunter. Übrigens gehört von Knecht das ganze Haus. Die Nachbarwohnung steht im Augenblick leer. Das ist eine kleine Zweizimmerwohnung, die er zeitweise an Firmen vermietet, die für kürzere Zeit eine Wohnung brauchen.«

Hier unterbrach Lund sich. Mit hastigen Bewegungen ging er zur Kaffeemaschine und goss den kalten Rest in der Kanne in eine Plastiktasse. Er ließ den Kaffee im Mund kreisen, bevor er ihn hinunterschluckte, schnalzte zufrieden mit der Zunge und sagte dann:

»Man wird so verdammt trocken im Mund von Bränden. Und vom Reden.«

Da niemand etwas sagte, ging Lund wieder zurück an seinen Platz und fuhr fort mit seinem Bericht:

»Die dritte Etage gehört einem Fotografen. Er wohnt in der Zweizimmerwohnung und hat sein Atelier in der großen Wohnung über von Knechts Büro. Die Zeugen aus dem ersten Stock, das Pensionärsehepaar, meinten, er sei nicht da gewesen. Sie haben ihn schon seit einigen Tagen nicht gesehen. Wahrscheinlich macht er irgendwo im Ausland Modereportagen. Wollen wir ihm zuliebe hoffen, dass dem so ist und er hübsche Frauen unter Palmen ablichtet. Wenn nicht, ist er nämlich tot. Gegrillt. Es wird noch mehrere Stunden dauern, bis die Feuerwehrleute ins Haus rein können.«

Lund hielt inne und sah sehr grimmig und ernst aus, als er fortfuhr:

»Aus dem vierten Stock konnte eine junge Frau über die Leiter gerettet werden. Natürlich stand sie unter Schock und wollte deshalb nicht mit dem Feuerwehrmann runterklettern. Aber er bekam sie zu fassen und hat sie mehr oder weniger runtergetragen. Als sie glücklich auf dem Boden war, fiel ihr plötzlich ein, dass ihr Freund noch irgendwo in der Wohnung lag und schlief. Aber es war zu spät. Es gab keine Chance mehr, in die Wohnung zu kommen. Sie stand total in Flammen, und das Risiko, dass der Boden einbrechen würde, war zu groß. Die Dame in der Nachbarwohnung hatte mehr Glück. Sie kam von der Arbeit, als die Löscharbeiten in vollem Gange waren. Offenbar hatte sie noch nichts von dem Feuer gehört, weshalb sie einen Schock erlitt. Sie brach auf der Straße zusammen, und der Krankenwagen musste sie ins Krankenhaus bringen. Der fünfte Stock war unbewohnt. Sie hatten wohl gerade angefangen, ihn zu einer Art Maisonettewohnung auszubauen.«

»Diese Art Wohnungen waren wohl sein Hobby. Aber woher wusstest du, dass wir noch hier sind?«

Birgitta Moberg hatte sich so weit gefasst, dass sie einen Kommentar und eine Frage anbringen konnte.

»Ich habe es einfach drauf ankommen lassen. Irene und ich haben uns gestern nach von Knechts kleiner Trapeznummer getroffen. In den Zeitungen steht, dass er dabei Hilfe gehabt hat. Interessant. Nun ja, und als wir von der Abendschicht abgelöst wurden, habe ich in der Zentrale angerufen und gefragt, ob noch jemand von euch im Haus war. Die Zentrale sagte mir, dass ihr hier 'ne Pizzaorgie veranstaltet. Da habe ich mir gedacht, schau ich mal rein und schüre das Feuer unter eurem Hintern mit ein paar noch rauchenden Informationen«, schloss Håkan Lund mit einem verlegenen Lächeln.

»Ich glaube, wir sind alle der Meinung, dass dir das ausgezeichnet gelungen ist«, sagte Andersson matt.

Er versuchte sich zusammenzureißen und ein paar intelligente Fragen zu stellen. Das war nicht so einfach.

»Woher weißt du das alles, das über von Knechts Büro, dass ihm das Haus gehört, wer in den Wohnungen wohnt und so weiter?«, wollte er wissen.

»Habe ich das nicht gesagt? Das pensionierte Paar im ersten Stock. Das war äußerst gut informiert, die reinste Goldgrube für Informationen. Wartet mal…«

Lund suchte in den Taschen seiner neuen Uniformjacke aus weichem, aber kräftigem Leder herum.

»Hier habe ich den Zettel mit ihren Namen und der Adresse. Zunächst einmal wohnen sie bei ihrer Tochter in Mölndal. Aber auf jeden Fall müssen sie wohl erst einmal ein paar Tage im Mölndal-Krankenhaus bleiben.«

»Danke, Håkan. Du bist selbst eine Goldgrube, oder… nun ja, du weißt schon, was ich meine.«

Das war sicher kein besonders glücklicher Ausdruck, aber Lund schien die darin enthaltene Wertschätzung zu verstehen, er deutete eine Verneigung an und sagte:

»Vielen Dank. Aber jetzt darf ich mich wohl empfehlen. Ich überlasse euch euren Hypothesen. Guten Abend!«

Mit diesen Worten segelte er durch die Tür hinaus. Wenn man bei einem Mann von einem Doppelzentner von segeln sprechen kann.

Anschließend herrschte eine Weile Schweigen, bis Andersson es brach. Seine Gesichtsfarbe begann wieder dunkler zu werden, während er energisch in die Hände klatschte und rief:

»Also, jetzt müssen wir uns erst einmal um dieses Feuer kümmern! Fredrik und Tommy, ihr fahrt dorthin. Versucht mal die Lage zu sondieren. Und berichtet uns darüber morgen früh um halb acht. Ihr könnt gleich losgehen. Hier ist der Zettel mit Namen und Adresse der Tochter dieses Rentnerpaares.«

Die übrigen sechs blieben noch ungefähr eine Stunde zusammensitzen, kamen aber nicht weiter. Schließlich sagte Andersson:

»Nein, jetzt ist Schluss für heute Abend. Wir sehen uns morgen früh Punkt halb acht.«

Krister war noch auf, als Irene heimkam. Es war fast elf. Sammie schnüffelte herum und zeigte deutlich, dass sich den ganzen Tag lang niemand um ihn gekümmert hatte. Aber sein helles, weizenfarbenes Fell glänzte frisch gebürstet, und sein Fressnapf stand abgewaschen neben der Spüle. Er hatte keine Not zu leiden. Als sie vor dem Fernseher auf den Sessel sank, tat er, als wäre er ein Schoßhündchen. Achtzehn Kilo Irish Terrier sind zu viel auf dem Schoß, wenn man sich entspannen möchte, deshalb musste er beleidigt wieder auf den Boden zurückkehren und sich mit etwas Kraulen hinter dem Ohr zufrieden geben.

Krister erzählte von seinem Gespräch mit Jenny. Offenbar war es ihr großer Traum, in einer richtigen Band zu spielen. Und wenn auch nur mit einer gebrauchten elektrischen Gitarre. Der Bandleader konnte eine vernünftige für tausend Kronen besorgen. Sie beschlossen, noch mal darüber nachzudenken. Vielleicht war das ja ein gutes Weihnachtsgeschenk?

»Aber zu teuer! Es wäre was anderes, wenn es uns wie von Knecht ginge, mit mehr als hundertsechzig Millionen Vermögen. Und zusätzlich hat er bestimmt noch Massen an Rentenfonds und Absicherungen hier und da«, sagte Irene sauer.

»Aber überlege mal, mein Schatz. Was haben ihm gestern all seine Millionen genützt, als er ohne Absicherungen gefallen ist?«

Manchmal tat Kristers värmländische Erdverbundenheit doch sehr wohl. Wie auch sein Beruf, der ins Spiel kam, als er fragte:

»Möchtest du etwas zu essen?«

»Nein danke. Die Pizza liegt mir wie ein Stein im Magen.«

»Und was wünschen Gnädigste stattdessen?«

»Einen Whisky. Einen großen.«

»Aber gewiss, meine Liebe. Chivas Regal, Jack Daniels oder Famous Grouse?«

»Chivas.«

Lachend erhob Krister sich und ging in die Küche. Er kam mit zwei Gläsern und einer Dose Pripps Special Klasse II zurück. Irene sah ihm enttäuscht entgegen.

»Also, heute Abend könnte ich wirklich einen richtigen Drink vertragen, um mich zu entspannen. Es muss auch gar nicht viel sein. So ein ordentlicher Becher voll, das würde schon genügen«, klagte sie.

»Wir können einen Cocktail aus der Dose hier machen, mit fünf Zentiliter Schnaps und zehn Zentiliter Amontillado. Das ist alles, was wir im Haus haben. Ich gehe morgen los und kaufe ein paar Flaschen Wein fürs Wochenende. Freitag arbeite ich lange, aber Samstag nicht. Hey, warte mal, mir fällt noch was anderes ein, was dich entspannen könnte. Komm mal mit dem lieben Onkel, dann kriegst du auch ein Bonbon…«

Sammie verstand genau, was da vor sich ging, er ließ den Schwanz sinken und schlich sich die Treppe hoch in Jennys Zimmer. Ihm war klar, dass es mit dem Kraulen hinterm Ohr für heute – zumindest was ihn betraf – Schluss war.

Alle waren um halb acht zur Stelle. Tommy Persson saß gähnend da, während Fredrik aussah, als hätte er acht Stunden und nicht nur vier geschlafen. Er war es, der über den Brand berichtete.

»Tommy und ich waren um halb zehn da. Wir sind herumgelaufen und haben mit den Leuten aus dem Haus gegenüber gesprochen. Sie haben bestätigt, was Håkan uns sagte. Es knallte so ziemlich genau um achtzehn Uhr zwanzig. Das Feuer flammte sofort auf und es schien, als hätte es sich explosionsartig ausgebreitet. Vielleicht Benzin?«

»Aber dann hätten die Nachbarn es doch riechen müssen«, wandte Jonny ein.

»Ja, stimmt. Aber die Feuerwehrleute vermuten so etwas in der Richtung. Heute Morgen wollen sie jedenfalls reingehen, denn der Typ, der im vierten Stock in der Wohnung schlief, wird immer noch vermisst. Die beiden waren erst letzte Woche zusammengezogen. Das hatte sie noch nicht drauf. Und deshalb ist es ihr wohl erst zu spät eingefallen. Er heißt Mattias Larsson, zweiundzwanzig Jahre alt. Studiert an der Pädagogischen Hochschule.«

Fredrik sah betreten drein und blätterte in seinen Papieren, bevor er fortfuhr:

»Hier, da habe ich's! Der Fotograf im Stockwerk über von Knecht hat in der Zentrale angerufen, und die haben uns informiert. Er hat das Feuer in den Spätnachrichten gesehen. Das war natürlich ein Schock! Wenn man sich vorstellt, da sitzt er gemütlich mit einem Bierchen im Sessel, macht den Hotelfernseher an und darf mit ansehen, wie seine Wohnung und sein Atelier ausbrennen! Er arbeitet im Augenblick in Stockholm, wie er sagt. Aber er wird heute zurückkommen und dann Kontakt mit uns aufnehmen. Er heißt Bobo Torsson. Wir versuchen herauszufinden, ob diese Brandsache etwas mit dem Mord zu tun hat.«

Der Kommissar nickte.

»Okay. Dann setzt euch mit dem Pensionärsehepaar in Verbindung, sobald sie aus dem Krankenhaus entlassen werden. Es müsste ja mit dem Teufel zugehen, wenn es keinen Zusammenhang zwischen dem Mord an von Knecht und dem Bombenanschlag auf sein Büro gibt. Die Frage ist nur: Warum wurde auch noch sein Büro in die Luft gesprengt?

Hatte er irgendwelche Leute angestellt, vielleicht eine Sekretärin?«

»Ich werde mit Sylvia von Knecht noch heute Vormittag sprechen. Sie müsste das ja wohl wissen«, sagte Irene.

»Dann übernimm doch auch gleich Henrik von Knecht. Tommy und Fredrik bleiben weiter an der Brandsache dran. Birgitta hat heute einen Termin mit diesem Börsenmakler, Waldemar Reuter.«

»Ja, gleich heute Morgen«, bestätigte Birgitta.

»Ich möchte bei der Vernehmung gern dabei sein. Er muss einer der Letzten gewesen sein, die von Knecht lebend gesehen haben. Jonny, kannst du versuchen, ob du den Opernsänger erwischst, Ivan Viktors? Er hat nichts von sich hören lassen, trotz Zetteln im Briefkasten und Nachricht auf dem Anrufbeantworter. Warte, ich habe seine Nummer hier irgendwo…«

Der Kommissar suchte zwischen seinen Papieren auf dem Tisch. Nach viel Gewühl rief er laut:

»Hier! Bitte schön. Und Hannu, du suchst weiter nach dem unehelichen Sohn in Stockholm. Aber noch wichtiger ist es, erst mal Pirjo Larsson zu erwischen.«

Hannu nickte, und zur Verwunderung aller begann er zu sprechen:

»Sie steht nicht im Telefonbuch.«

»Aha, nun – ja… na, das wirst du schon schaffen, irgendwie.«

Andersson war sich immer noch nicht sicher, ob er alle Wege kannte, auf denen Hannu sich seine Informationen verschaffte. Aber effektiv waren sie auf jeden Fall.

Irene wandte sich an Hannu und sagte:

»Sylvia von Knecht hat mir gesagt, sie habe die Telefonnummer von Pirjo Larsson. Ich werde sie gleich nach der Besprechung anrufen und mit ihr ausmachen, wann wir uns treffen. Dann kann ich sie gleich um Pirjos Nummer bitten.«

Hannu nickte noch einmal. Andersson wandte sich nun Hans Borg zu, der wie üblich vor sich hindösend auf seinem

116

Stuhl hing. Um ihn aufzuwecken, hob Andersson seine Stimme und sprach seinen ältesten Inspektor direkt an:

»Hans, du fährst noch mal zum Tatort. Also zu dem, der nicht abgebrannt ist. Hör dich um, ob jemand was auf der Kapellgatan gesehen hat, so gegen zwanzig vor sechs am Mordabend. Auf der anderen Straßenseite liegt ein Parkhaus. Auch wenn es dunkel war und ein Sauwetter, kann trotzdem jemand den Mörder gesehen haben. Falls er es war, der durch die Haustür dort gegangen ist.«

Andersson machte eine Pause und hob dann die Sitzung auf. »Wir treffen uns dann hier so gegen fünf Uhr wieder.«

Ein Klopfen an der Tür unterbrach ihn. Die Sekretärin kam mit einem Fax in der Hand herein.

»Guten Mogen, alle zusammen! Ein Fax aus der Pathologie, noch ganz frisch«, erklärte sie schnell.

Andersson nahm es entgegen. Die anderen konnten sehen, wie seine buschigen Augenbrauen zu dem nicht existenten Haaransatz hochfuhren, als er ausrief:

»Von Knecht hatte 1,1 Promille im Blut! Er war nicht sturzbesoffen, aber schon reichlich angeheitert. Das hat dem Mörder die Sache bestimmt erleichtert.«

Wieder in ihrem Büro rief Irene Sylvia von Knecht an. Hannu war hinter ihr hergetrottet und hatte sich auf einen Stuhl neben der Tür niedergelassen.

Sylvia hob gleich ab. Als Irene ihren Namen nannte, wurde sie sofort wütend und beschimpfte die gesamte Göteborger Polizei, weil sie ihre Wohnung durcheinander gebracht hätten. Sie regte sich reichlich auf. Selbst Hannu in seiner Ecke konnte hören, wie sie keifte.

»Und Pirjo erreiche ich auch nicht! Ich versuche seit sieben Uhr, sie anzurufen. Sie muss doch herkommen und mir beim Saubermachen helfen!«

Irene hielt den Hörer etwas vom Ohr ab und warf Hannu einen viel sagenden Blick zu, bevor sie den Hörer wieder in Position brachte und in freundlichem Ton sagte:

117

»Gut, dass Sie Pirjo zur Sprache bringen. Wir würden gern mit ihr reden. Kann ich ihre Telefonnummer bekommen. Oder die Nummer der Reinigungsfirma, ihres Arbeitgebers?«

Es blieb still am anderen Ende der Leitung. Schließlich fauchte Sylvia von Knecht:

»Es ist kein Verbrechen, seine Putzfrau schwarz zu bezahlen!«

»O doch, das ist es«, hätte Irene am liebsten geantwortet, aber ihr war klar, dass das äußerst ungeschickt gewesen wäre. Ruhig sagte sie stattdessen:

»Nein, nein, Frau von… Sylvia, ich wäre nur dankbar, wenn ich ihre Nummer kriegen könnte.«

Widerstrebend gab Sylvia ihr die Nummer. Irene schrieb sie auf einen Zettel und reichte ihn Hannu. Mit einem Kopfnicken verschwand er auf den Flur.

Erst jetzt erwähnte Sylvia den nächtlichen Brand.

»Ist es nicht merkwürdig, dass das Haus in der Berzeliigatan am Tag nach Richards Tod in Feuer geraten ist? Aber es war natürlich alt. Sicher war es irgendein Kurzschluss in einer elektrischen Leitung. Sie hatten gerade angefangen, die oberste Wohnung zu renovieren. Es sollte eine Atelierwohnung werden. Ich hoffe nur, er hatte seine Computer richtig versichert. Das Haus war versichert, das weiß ich.«

Die Morgenzeitungen hatten nur von einem »explosionsartigen Feuer« gesprochen, nirgends hatte etwas von dem Verdacht der Brandstiftung gestanden. Irene fragte schnell dazwischen:

»Hatte er Angestellte in seinem Büro?«

Kurz angebunden antwortete Sylvia:

»Nein. Er verfolgte alle Börsen der Welt auf seinen Computerbildschirmen. Dafür brauchte er keine Sekretärin. Seine Makler kümmerten sich um alles Praktische, was mit den Aktiengesellschaften zu tun hatte. Richard wollte das Ganze möglichst überschaubar halten. Er war immer nur ein paar Tage in der Woche dort.«

Sylvia beschloss, dass sie sich um zehn Uhr treffen sollten.

Mit einem Seufzer schaute Irene auf den Stapel mit den Faxseiten aus der Klatschpresse. Um diese Arbeit noch etwas hinauszuzögern, rief sie Henrik von Knecht an und machte mit ihm einen Termin aus. Er wollte gegen ein Uhr zu ihr ins Präsidium kommen.

Andersson ging mit Birgitta Moberg in ihr Arbeitszimmer. Waldemar Reuter war noch nicht aufgetaucht, aber es war auch erst fünf nach acht. Andersson arbeitete gern mit Birgitta zusammen. Sie war pfiffig, aufgeweckt, jung und hübsch. Sie hatte nur einen Fehler. Sie vermittelte dem Kommissar das Gefühl, alt zu sein. Er fühlte sich in Birgittas Gesellschaft immer etwas unbeholfen. Sie ging tanzen, reiste ins Ausland und lief im Winter Ski. Außerdem hatte sie eine Taucherlizenz und war oft am Roten Meer oder am Mittelmeer. Man muss sich für seine Leute interessieren, hatten sie beim letzten Kurs für Führungskräfte gesagt, weshalb Andersson Birgitta fragte:

»Und – was machst du im Frühling? Tauchen im Roten Meer oder Ski laufen in den Alpen?«

»Beides nicht. Ich bin am Sparen. Kein Urlaub vor nächstem Herbst. Dann will ich für mindestens zwei Monate nach Australien. Packe alles in den Rucksack und los geht's.«

»Ganz allein?«

Er merkte selbst, wie naiv seine Frage klang, aber sie war ihm spontan herausgerutscht. Sie lachte fröhlich auf.

»Natürlich. Männer sind doch nur hinderlich. Wenn man einen Kerl mitnimmt, muss man die ganze Zeit Rücksicht auf seine Wünsche nehmen. Nein, ich will Sachen erleben und für alles offen sein.«

»Ist das denn nicht gefährlich für eine Frau, so ganz allein?«

Birgitta lachte wieder.

»Wie du weißt, kann es schon gefährlich sein, auf den Balkon zu gehen!«

Würde er sich in Australiens Natur wagen? Nie im Leben! Unter freiem Himmel schlafen, wo alle nächtlichen Raubtiere herumstreifen konnten. Schlangen und Spinnen. Er erschauerte. Und fühlte sich alt wie Methusalem.

»So eine Reise kostet bestimmt eine ganze Stange Geld. Wie schaffst du es, dafür zu sparen?«

»Ich wohne günstig in einer kleinen Einzimmerwohnung in Högsbo. Mein Auto ist zwölf Jahre alt und ich repariere alles selbst dran. Aber die Grundlage ist eigentlich ein kleines Erbe von meiner Großmutter.«

Ein leises Pochen an der Tür war zu hören und Waldemar Reuter trat ein. Er winkte noch jemandem auf dem Flur zu. Beide Polizeibeamten bemerkten, dass er leicht lallte, als er sagte:

»Vielen, vielen Dank, schönes Fräulein. Es war nett, dass Sie mich durch das Labyrinth geführt haben, das sich Göteborgs Polizeipräsidium nennt.«

Mit einem leichten Schlingern drehte er sich um und bohrte seine geröteten Augen in Birgitta:

»Oh, guten Morgen! Das Haus ist ja voll mit Schönheiten!«

Er machte eine tiefe Verbeugung, wobei er deutlich hörbar rülpste. Die Atemluft, die er im Zimmer verbreitete, hätte man gut und gern in Scheiben schneiden und als lange abgelagerten Käse verkaufen können. Reuter hatte keinen Kater. Aber den würde er sicher kriegen, in einigen Stunden. Sein runder Kopf sah aus, als würde er direkt auf dem klotzförmigen Rumpf kleben, ohne einen irgendwie sichtbaren Hals dazwischen. Er schien so breit wie hoch zu sein. Seine Arme standen direkt vom Körper ab. Aber vielleicht verstärkte sein Versuch, das Gleichgewicht mit Hilfe der Arme als Stabilisator zu halten, ja auch diesen Eindruck. Die Beine waren kurz. Die Füße in den exklusiven Schuhen waren überraschend klein. Er trug einen Burberry-Mantel über dem Arm, sodass dieser in der Luft herumflatterte, wenn er mit den Armen wedelte. Sein Anzug war dunkelblau und aus weichem Stoff, mit einem diskreten glänzenden Saum. Seine Krawatte hing aus irgendeinem Grund um das Jackettrevers und nicht um den Hemdkragen. Aber er hatte sie jedenfalls immer noch um den Hals.

120

Birgitta machte über Reuters geneigten Rücken eine Miene des Abscheus, aber als er sich wieder erhoben hatte, schenkte sie ihm ein strahlendes Lächeln und bat ihn, doch auf dem Besucherstuhl Platz zu nehmen. Sie stellte sich vor und auch den Kommissar in der Ecke. Waldemar Reuter rief aus:

»Ach, verdammt, noch ein Mann im Zimmer! Den habe ich ja gar nicht gesehen!«

Er gab Andersson einen feuchten Handschlag und zwinkerte Birgitta schelmisch mit einem viel sagenden Blick zu.

War es ein Vorteil, dass er betrunken war? Es war das Beste, Birgitta die Vernehmung zu überlassen. Er sah sie nicht als Polizeibeamtin. Andersson versuchte, sich in seiner Ecke so unsichtbar zu machen wie möglich, was aber vollkommen unnötig war. Reuter hatte schon vergessen, dass er überhaupt existierte. Birgitta sagte freundlich:

»Möchten Sie eine Tasse Kaffee, Herr Reuter?«

»Valle, meine Gute! Alle sagen Valle zu mir!«

»Kaffee?«

»Ja, gern.«

Andersson war verblüfft, als Birgitta ihm ein Zeichen gab, dass er doch Kaffee holen möge. Aber das war sicher genau richtig. Sie war es, die die Vernehmung leitete. Dennoch fühlte er sich ziemlich dumm, als er zum Kaffeeautomaten ging. Er holte drei Becher, was er auf dem Rückweg schwer bereute. Es war nicht leicht, drei Becher auf einmal zu tragen.

Reuter saß schnaufend da und beachtete Andersson gar nicht, als dieser zwei der Becher auf den Schreibtisch stellte.

»...mein ältester Freund. Wir kannten uns seit fünfundvierzig Jahren!«

Valle Reuter wischte sich die Nase im karierten Futter der Jacke ab. Mit einer gespielt Anteil nehmenden Miene reichte Birgitta ihm ein Papiertaschentuch.

»So weit wir wissen, waren Sie... Valle, auch auf dem Fest am Samstag. Zum dreißigsten Hochzeitstag.«

»Ja, aber natürlich! Leila und ich waren doch Trauzeugen bei ihrer Hochzeit.«

»Leila?«

»Meine frühere Frau. Wir haben uns vor fünf Jahren scheiden lassen. Nicht ein Öre hat sie gekriegt!«

Reuters Stimme war plötzlich aggressiv und hasserfüllt geworden.

»War es ein schönes Fest?«

»Fest? Welches Fest?«

»Das am Samstag bei von Knechts.«

»Ach so, das Fest. Ja, phantastisch! Herrliches Essen und wunderbare Weine. Zur Vorspeise wurde ein interessanter Weißwein serviert, und zwar aus Südafrika! Neil Ellis. Sauvignon Blanc. Trocken und pfeffrig, frisch und rund. Intensiver Geschmack. Leichter Duft nach Ameisensäure und Kräuterboden. Ausgezeichnet zum Lachstatar!«

In den Ohren des Kommissars klang das wie Besoffenengelaber, aber da Birgitta sich anscheinend etwas notierte, mischte er sich nicht ein. Reuter wanderte weiter in seinen Träumen und setzte seine Schwärmereien fort:

»Zum Hauptgericht wurde ein phantastischer französischer Wein gereicht. Zum Glück unterstützt Richard nicht diese idiotischen Ideen, die Franzosen zu boykottieren. Rot. Bandol Cuvée Special 92. Satter Duft, konzentriert, reicher und fruchtiger Geschmack mit einem Hauch von Lakritze. Der Rehrücken war wirklich in guter Gesellschaft, das muss ich schon sagen.«

Andersson fand eher, das klang widerlich. Lakritzgeschmack im Rotwein! Andererseits mochte er sowieso keinen Rotwein. Höchstens weißen, zu Krabben! Er bevorzugte ein Bier mit einem Schnaps. Birgitta fragte:

»Was meinen Sie, hat Richard sich wie immer verhalten?«

»Absolut! Fröhlich und offen, wie immer. Wir mögen Feiern gern, Richard und ich. Aber jetzt kann er ja auf kein Fest mehr gehen. Richard…«

Wieder musste Birgitta mit einem Taschentuch aushelfen. Reuter putzte sich lautstark die Nase und starrte sie mit roten Augen an. Er holte tief Luft, bevor er fortfuhr:

»Meine Güte, ich muss um Entschuldigung bitten. Ich habe die ganze Nacht getrunken. In Erinnerung an Richard. An meine Freundschaft zu Richard. Er ist mein bester Freund.«

»Trotzdem haben Sie daran gedacht hierher zu kommen?«

»Mein Stellvertreter hat mich abgeholt. Ich hatte ihn gestern darum gebeten. Nachdem Sie, wie war das noch... ja, nachdem Sie angerufen hatten. Das ist ein prima Junge, Mats Tengman. Ich habe ihn mir ausgesucht. Als meinen Nachfolger. Mein Sohn ist Arzt. Er will Anästhesist werden, denn er will nicht mit Geld, sondern mit Menschen arbeiten, wie er sagt. Alle meine Leute sind in Ordnung. Wenn Sie wüssten, was ich für tolle Mitarbeiter habe.«

Ein weiteres lautes Schnauben unterstrich seine Behauptung.

»Als er mich hier abgeliefert hat, da hat er ja gesehen, wie... wie mitgenommen ich bin, nach allem, was passiert ist... mit Richard. Und da hat er gesagt: ›Valle, ich kümmere mich schon um den Laden. Ruhe du dich heute lieber aus.‹ Das hat Mats zu mir gesagt.«

Andersson sah, dass Birgitta diskret etwas auf ihrem Block notierte. Vorsichtig setzte sie die Vernehmung fort.

»Erzählen Sie mir von den Dienstagen, Valle.«

»Wovon?«

»Von den Mittagessen am Dienstag.«

»Das machen wir jetzt seit mehr als zwanzig Jahren so. Jeden Dienstag haben wir zusammen Mittag gegessen. Das fing an, als Richard seine Reederei verkauft hat. Er hatte einen... einen siebten Sinn, was die Entwicklung der Wirtschaft anging. Wenn ich mich getraut hätte, ihm zu glauben... dann wäre ich jetzt ziemlich reich. Aber ich bin ja auch so zurechtgekommen.«

Er schwieg und starrte blicklos vor sich hin. Birgitta schubste ihn mit einer neuen Frage an:

»Welche Reederei hat er verkauft?«

»Na, natürlich sein Erbe! Die Familienreederei! Er hat ein gutes Geschäft damit gemacht. Er hat ins Immobiliengeschäft investiert, zusammen mit Peder Wahl. Kennen Sie Peder?«

»Ich habe mit ihm telefoniert.«

»Das ist ein prima Kumpel. Schade, dass die beiden die meiste Zeit unten in der Provence leben. Ich vermisse Peder. Sagen Sie ihm das das nächste Mal, wenn Sie mit ihm sprechen.«

Birgitta verdrehte die Augen und sah Andersson an. Er machte eine beruhigende Handbewegung. Wahrheitsserum ist immer gut. Birgitta fuhr tapfer fort:

»Wo haben Sie am Dienstag gegessen?«

»Wir sind mit dem Taxi ins Johanneshus gefahren. Ein wirklich gutes Restaurant draußen in Billdal. Wir wollten das noch genießen, bevor diese Weihnachtsfeierhysterie einsetzt. Dann sind einfach zu viele Menschen dort.«

»Wann waren Sie dort?«

»Wo?«

»Na, im Johanneshus in Billdal. Zum Essen mit Richard.«

»Ach so, ja, natürlich. Das meinen Sie.«

Valle Reuter versuchte wirklich nachzudenken. Er hatte nicht wenig Ähnlichkeit mit einem traurigen Seehund, als seine Stirn sich nachdenklich in Falten legte.

»Ich denke, das Taxi war wohl so gegen eins oder halb zwei dort. Irgendwann so um den Dreh. Fragen Sie doch Peter, den Wirt.« Birgitta machte sich erneut Notizen. Das würde sie machen.

»Und was haben Sie gegessen?«

»Oh, Meeresfrüchte! Als Vorspeise eiskalte Austern mit Lime. Dazu einen nicht ganz geglückten Wein, was war das noch… aus den USA. Golden Hind. Sauvignon Blanc. Passt nicht zu Austern. Eine Enttäuschung. Aber er passt gut zu…«

»Das Hauptgericht, Valle. Was war das Hauptgericht?«

»Pochierter Heilbutt mit geriebenem Meerrettich und zerlassener Butter. Die Kartoffeln waren nicht püriert, sondern… wie heißt das noch? …gequetscht, ja. Gequetschte Kartoffeln. Dazu haben wir Südafrika eine Chance gegeben.

Habe ich erzählt, welchen Wein wir am Samstag getrunken haben? Den weißen zur Vorspeise... ach so, ja, genau... der stammte nämlich auch von dort. Ein ausgezeichneter Wein! Bouchard Finlayson. Chardonnay. Der war einfach phantastisch. Wir haben zwei Flaschen bestellt. Zum Dessert, einem Eismousse mit Brombeeren, haben wir dann die süßen Weine aus der Alten Welt herausgefordert! Wir bestellten eine Flasche Mike Mossion Liqueur Muscat. Einen Australier. Sehr gelungen. Sehr gut.«

Andersson war die vielen sonderbaren Weine und wunderbaren Gerichte mittlerweile herzlich leid. Trotzdem gab er Birgitta ein Zeichen weiterzumachen, als sie Hilfe suchend seinen Blick suchte. Ein kaum hörbarer Seufzer entfuhr ihr, als sie weiterfragte:

»Und wann haben Sie die Mahlzeit beendet?«

»Wir mussten uns ein wenig beeilen. Wir sind um halb vier weggefahren. Mit dem Taxi natürlich. Sylvia sollte an dem Abend zurückkommen, Richard wollte dann zu Hause sein und die Lage peilen. Außerdem war er etwas erkältet. Er wollte sich einen Whisky gönnen und in die Sauna gehen. Das mache ich auch immer, wenn ich erkältet bin. Aber nur den ersten Teil, auf die Sauna kann ich verzichten!«

Das fand Valle Reuter außerordentlich witzig und begann daraufhin vor Lachen zu keckern und zu pfeifen. Weder Andersson noch Birgitta Moberg brachten es über sich mitzulachen. Der kleine runde Mann hatte etwas Trauriges, Bedrückendes an sich. Birgitta beugte sich über den Schreibtisch und rief:

»Valle. Hallo! Valle!«

Reuter wischte sich die Augen mit dem feuchten Papiertaschentuch ab. Ein wenig beruhigte er sich.

»Sie wissen, dass Richard ermordet worden ist. Was meinen Sie, wer könnte es getan haben? Und warum?«

Reuter wurde ganz steif und warf Birgitta einen scharfen Blick zu, die für einen Moment überlegte, ob Valle nicht doch nüchterner war, als es den Anschein hatte. Scharf sagte er:

»Sylvia! Es muss Sylvia gewesen sein. Sie erbt das Geld. Und sie ist gierig auf Geld! Geizig. Und eklig. Wenn Sie wüssten, was sie zu mir gesagt hat!«

Er zeigte nun eine äußerst verletzte Miene.

»Laut mehreren Augenzeugen befand sie sich gerade in dem Moment auf der Straße, als Richard von Knecht aufs Pflaster aufschlug«, stellte Birgitta trocken fest.

Diese Feststellung ließ auf Reuters Stirn wieder die Sorgenfalten entstehen. Aber er sagte nichts, sondern murmelte nur etwas Unverständliches.

»Sie glauben also, das Erbe, das viele Geld, ist das Motiv?«

»Sylvia. Das Geld.«

Er nickte vor sich hin und schien äußerst zufrieden mit den eigenen scharfsinnigen Schlussfolgerungen zu sein.

»Valle, was haben Sie und Richard gemacht, nachdem Sie beide aus dem Taxi gestiegen sind?«

»Wir sind im Fahrstuhl hochgefahren. Ich bin im ersten Stock ausgestiegen und Richard ist zu sich hochgefahren.«

»Haben Sie ihn danach noch einmal gesehen oder mit ihm gesprochen?«

»Nein. Da habe ich Richard zum letzten Mal gesehen.«

Andersson fürchtete, Valle könnte wieder anfangen zu weinen. Aber das tat er nicht. Er hing auf seinem Stuhl wie ein Ball, dem die Luft ausgegangen war. Er gähnte und blinzelte mit den roten Augen. Andersson war klar, dass sie sich mit ihren Fragen beeilen mussten. Er stand auf und trat langsam an Valle heran, der zusammenzuckte, aufwachte und verwundert fragte:

»Sind Sie immer noch da? Wie war noch der Name?«

»Sven Andersson. Noch eine letzte Frage, dann rufen wir Ihnen ein Taxi. Wo waren Sie Dienstagabend und nachts? Wir haben bei Ihnen geklingelt, aber Sie waren nicht zu Hause.«

Valle kniff den Mund zu einem schmalen Strich zusammen. Es war offensichtlich, dass er gar nicht daran dachte zu antworten.

Geduldig fuhr der Kommissar fort:

»Es wäre gut, wenn Sie mir jetzt antworten würden. Das würde uns viel Arbeit ersparen. Sie waren der Letzte, der Richard von Knecht lebend gesehen hat. Außer dem Mörder.«

Letzteres sagte er mit Betonung. Valle bemerkte das, beugte sich vor und flüsterte konspirativ:

»Die Mörderin! Sylvia.«

»Begreifen Sie denn nicht, dass Sie in höchstem Maße verdächtig sind?«, platzte Andersson der Kragen.

Valle schaute äußerst verletzt drein.

»Ich? Meinen besten Freund töten?! Niemals!«

»Wo waren Sie also?«

Plötzlich kam Birgitta eine Idee. Sie knüpfte wieder an der konspirativen Stimmung an, die vorher geherrscht hatte, beugte sich über den Schreibtisch vor und fragte mit schelmischem Unterton:

»Nun gestehen Sie's doch, Valle, es geht um eine Dame, nicht wahr?«

Der ganze kleine Mann erstrahlte in einem jovialen Licht.

»Aber natürlich, meine Schöne! Um die Ehre einer Dame.«

»Die Sie schon lange kennen, stimmt's?«

»Ja, genau, drei Jahre schon… Aber wenn Sie sie kennen, warum fragen Sie dann?«

»Ich kenne ihren Namen nicht.«

Wieder sah Valle unzufrieden aus. Er starrte Birgitta finster an. Herausfordernd sagte sie:

»Valle, Sie brauchen ein Alibi!«

»Aber sie will das nicht! Sie wird böse auf mich werden!«

»Sie wird sicher verstehen, dass Sie ein Alibi brauchen, wenn Sie ohne eigenes Verschulden in eine Mordermittlung verwickelt werden. Und nur sie kann es Ihnen verschaffen.«

Valle sank noch weiter in sich zusammen. Nach langem Schweigen murmelte er:

»Gunnel… Gunnel Forsell.«

»Wo wohnt sie?«

»Nun hören Sie aber, meine Kleine. Sie will auf keinen Fall, dass bei ihr die Polizei ein- oder ausgeht. Und verraten Sie ihr bloß nicht, dass ich etwas gesagt habe. Dann darf ich nicht wieder zu ihr kommen.«

Der Tonfall, verbunden mit der Unruhe in seinen nunmehr aufgerissenen Augen, verriet alles. Sein Trost in seiner Einsamkeit war eine Prostituierte. In neutralem Ton fragte Birgitta:

»Wann sind Sie zu ihr gefahren?«

»Zur üblichen Zeit.«

Er bremste sich selbst und sah Birgitta entschuldigend an.

»Ich besuche sie immer dienstags. Um halb sechs. Aber ich war etwas zu früh dort... sie hatte noch Besuch... doch der ging nach einer Weile, und dann durfte ich rein.«

»Halb sechs also?«

»Etwas früher glaube ich.«

»Wie sind Sie hingekommen?«

»Mit dem Taxi.«

»Wann sind Sie zurückgekommen?«

Wieder zögerte er mit der Antwort.

»Ich bleibe immer die ganze Nacht dort.«

Er sah Birgitta trotzig an.

»Wo wohnt sie?«

»Stampgatan.«

»Wann waren Sie wieder daheim?«

»Gegen zehn. Am nächsten Vormittag. Und dann bin ich ins Büro gegangen.«

Eine Nutte, die Frühstück servierte. Davon hatten beide Polizeibeamten noch nie etwas gehört. Das musste ein sehr außergewöhnliches Arrangement sein. Etwas sagte Andersson, dass Reuter teuer dafür bezahlen musste. Mit viel Mühe versuchte der Börsenmakler aufzustehen. Endlich stand er leicht schwankend auf den Beinen. Er gähnte ungehemmt und sagte:»Nein, jetzt muss ich aber nach Hause. Vielen Dank für Ihre reizende Gesellschaft, meine Schöne. Und vergessen Sie nicht, bei Gelegenheit einmal den Neil Ellis zu probieren. Vielleicht könnten wir ja einmal...?«

Birgitta lächelte freundlich und nahm den Hörer ab, um ein Taxi zu rufen.

»Birgitta, kannst du die Angaben vom Johanneshus überprüfen? Und natürlich unser Hühnchen in der Stampgatan. Guck
nach, ob sie registriert ist«, sagte Andersson.

»Wohl kaum. Das stinkt meilenweit gegen den Wind nach
Edelpuff. Frühstück servieren nach einer ganzen Nacht! Mit
kleinem und vermögendem Stammkundenkreis. Die muss
sich nicht die Beine auf der Straße in den Bauch stehen. Ich
werde versuchen, sie noch am Vormittag zu erwischen, da ist
die Chance am größten, dass sie noch nicht bei der Arbeit ist«,
erklärte Birgitta.

»Es wäre interessant, ob sie Richard von Knecht kannte.
Wer weiß? Vielleicht waren sie ja beide Kunden bei ihr.«

Mit schweren Schritten trat er auf den Flur. Er hatte
zwei Termine zu erledigen. Der erste beim Polizeipräsidenten
Bengt Bergström. Der zweite bei einigen Leuten, die die Aufgabe hatten, die neuen Polizeiuniformen anzupassen. Alle im
Haus waren schon dort gewesen. Außer Birgitta. Hätte Reuter genauso offenherzig geplappert, wenn Birgitta und er in
Uniform vor ihm gesessen hätten? Wohl kaum. Nachdem er
dreißig Jahre ohne Uniform gearbeitet hatte, sollte er nun gezwungen werden, sich für die letzten Dienstjahre noch eine
anpassen zu lassen. Obwohl er nicht im Traum daran dachte,
sie jemals anzuziehen. Aber alle seine Einwände prallten einfach ab. Befehl von höchster Stelle. »Die Allgemeinheit soll
wissen, dass sie mit einem Polizisten spricht«, lautete das
Argument. Seine einzige Möglichkeit, dagegen zu protestieren, war bisher gewesen, den Anproben fernzubleiben. Aber
jetzt gab es kein Pardon mehr. Ausnahmen wurden nicht zugelassen.

KAPITEL 7

Irene Huss schaffte es gerade noch, einmal die Faxe von der Svensk Damtidning durchzusehen. Sie notierte sich einige wichtige Jahreszahlen und Ereignisse auf ihrem Block. Der Rest der Ermittlungsgruppe sollte um fünf einen Bericht über die Vergangenheit der von-Knecht-Familie bekommen.

Es war interessant, alten Klatsch zu lesen, besonders nachdem sie die betreffenden Personen getroffen hatte. Die Ausschnitte und das, was sie selbst im Laufe der Ermittlungen gehört und gesehen hatte, gaben ihr die Möglichkeit, sich ein Bild von Richard von Knecht zu machen.

Nach seiner Militärzeit wurde der junge Richard anscheinend für zwei Jahre nach England geschickt. Bei einer Reportage über ein Studentenfest, auf dem auch die schwedische Prinzessin Birgitta teilgenommen hatte, gab es ein Bild, auf dem Richard und sie im Tanz herumwirbelten. Die Unterschrift lautete. »Prinzessin Birgitta amüsierte sich hervorragend in Gesellschaft des eleganten Richard von Knecht.« In dem kurzen Artikel war zu lesen: »... tanzte mehrere Tänze mit dem jungen Richard von Knecht. Er ist erst kürzlich von seinen ökonomischen Studien in Oxford heimgekehrt. Sein Vater Otto von Knecht, Göteborgs Reedereikönig, freut sich sicher darüber, dass sein Sohn jetzt eine Ausbildung zum Betriebswirt an der Wirtschaftshochschule in Stockholm beginnen will.«

Das Foto bestätigte die Worte. Richard war ungemein elegant. Groß und schlank. Das dunkelblonde Haar war für die damalige Mode wahrscheinlich zu lang. Er trug einen Seitenscheitel, der Pony war in einer dicken Welle leicht über das

130

linke Auge gerutscht. Aber das Schönste an ihm war sein Lächeln. Ein Lächeln, das in den Augen funkelte und seine perfekten Zähne zeigte. Ein schöner Mund. Ein sexy Gesicht, ohne Zweifel. Nicht schmierig, sondern hübsch. Männlich. Wie um alles in der Welt konnte dieser Mann Henriks Vater sein? Alles was auf einem fast vierzig Jahre alten Bild an Richard lebte und pulsierte, war bei seinem Sohn nur als schwacher Abglanz wiederzufinden. Henrik besaß nichts von der Lebensfreude, die man bei Richard feststellen konnte. Hatte er sie jemals besessen?

Fast widerwillig wurde Irene neugierig und blätterte weiter in den Faxpapieren. Es gab mehrere Bilder von Festen und Premieren, bei denen man Richard in der Menge sah. Immer mit einer jungen Dame am Arm. Selten zweimal nacheinander die Gleiche. 1962 war Richard bei einer großen Pfingsthochzeit und wurde mit einem hübschen Mädchen an seiner Seite fotografiert. Irene kannte sie nicht. Darunter stand: »…einer der jungen Männer aus dem Kreis um die Prinzessinnen, Richard von Knecht, unterhält sich mit einer jungen, bezaubernden Dame. Vielleicht erzählt er ihr ja, dass er gerade sein Betriebswirtschaftsdiplom gemacht hat und nach dem Sommer bei Öbergs Börsenmaklerfirma anfangen will? Als unser Reporter ihn fragte, warum er nicht direkt in der Familienreederei in Göteborg anfangen will, antwortete Richard von Knecht: ›Es ist immer nützlich, Erfahrungen in anderen Branchen zu sammeln, bevor man sich in einer einrichtet.‹«

Die folgenden zweieinhalb Jahre war er in erster Linie auf den verschiedensten Festivitäten zu sehen. Aber im Januar 1965 hatte die Zeitschrift einen größeren Artikel mit tiefschwarzer Überschrift: »Otto von Knecht überraschend gestorben!« Aus dem Artikel ging hervor, dass Richards Vater an Silvester eine Hirnblutung erlitten hatte und eine Woche später gestorben war, neunundsechzig Jahre alt. Richard wurde nach Hause beordert, um das Steuer der Knecht-Reederei zu übernehmen. Seine Mutter war auf einigen Bildern zu sehen, eine schlanke, ernste Frau. Aus den Texten konnte man herauslesen, dass sie die Reedereigeschäfte führte. Richard musste dann sehr schnell Sylvia getroffen haben. Auf einem Foto von dem jährlichen Valborgsmesseball war Richard zu sehen, mit einer kleinen, zierlichen blonden Frau tanzend. »Unser neuer Reedereikönig Richard von Knecht tanzte den ganzen Abend mit dem neuen Star des Stora teatern, der Ballerina Sylvia Montgomery, 22 Jahre alt.«

Der hoch gewachsene Richard und die elfenhafte Sylvia waren ein äußerst hübsches Paar. Sie waren ein Traumpaar auf der großartigen Hochzeit, die Waldemar Reuter und seine Leila am Pfingstmontag feierten, einen Monat später. Richard passte der Frack wie angegossen, und Sylvia sah unschuldig sexy aus in einem trägerfreien rosa Seidenkleid. Die Hochzeit fand in Örgrytes alter Kirche statt. Das Brautpaar selbst sah aus, als passte es gar nicht zusammen. Er war einen halben Kopf kleiner als die Braut, kurz und rund. Laut Artikel arbeitete er in der Börsenmaklerfirma der Familie. Sie war dunkel, bemerkenswert hübsch und sah aus, als wäre sie höchstens zwanzig Jahre alt. Auch wenn sie auf dem Foto auf der Kirchentreppe das Blumenbukett vor den Bauch hielt, konnte man sehen, dass sie schwanger war.

Ende August verlobten sie sich. Richards Mutter sagte, sie wäre »überglücklich«. Die Hochzeit sollte am achtzehnten November stattfinden. Hoppla! Das ging aber schnell. Der Grund war natürlich Henrik. Die Fotos von der Hochzeit waren bezaubernd. Sylvia in einem Traum aus heller schwerer Seide. Nichts deutete darauf hin, dass sie schwanger war. Richard war eleganter denn je, und laut Fotounterschriften »hatte er nur Augen für seine schöne Braut«. Es gab drei Fotos, auf denen Richard mit drei verschiedenen Damen tanzte. Und da war etwas, das einem ein komisches Gefühl gab, wenn man die Fotos näher ansah.

Besonders eines, auf dem er eng mit einer flachbauchigen Frau namens Leila Reuter tanzte. Richard hatte das Gesicht dem Fotografen zugewandt. Die Augen geschlossen und den Mund halb geöffnet. Seinen Unterleib presste er fest gegen

132

den seiner Partnerin. Ganz und gar nicht hatte er »nur Augen für seine schöne Braut«! Es war ganz offensichtlich, dass er nicht nur Augenkontakt suchte. Irene lehnte sich auf ihrem Stuhl zurück und lockerte die verkrampften Schultern. Als die Hochzeit stattfand, war Richards unehelicher Sohn in Stockholm fast vier Monate alt. Wusste Sylvia von seiner Existenz? Das war eine wichtige Frage, die sie bei dem bevorstehenden Treffen stellen wollte.

Die Zeitungsausschnitte berichteten vom Elternglück, als Henrik 1966 geboren wurde. Er war ein sehr süßes Baby, wie Babys nun einmal sind. Richard schaute direkt in die Kamera, breit lachend, Sylvia schaute auf das Kind.

Dann wurde es in der Klatschpresse eine Weile still um die von Knechts. Irene nahm zwei Ausschnitte über irgendwelche größeren Feste in die Hand. Richard wurde beide Male mit der gleichen Frau gesehen, und das war nicht Sylvia. Ihr Name wurde nicht genannt. Die Ausschnitte waren von September und Oktober 1967.

Sechs Jahre später, im Juli 1973, starb Richards Mutter Elisabeth von Knecht, im Alter von fünfundsechzig Jahren. »Sie verlor ihren tapferen Kampf gegen den Krebs«, informierte die Zeitschrift. Nur ein Jahr später war der Verkauf der Familienreederei beschlossene Sache. Der Preis blieb geheim, aber dass es sich hierbei um eine ansehnliche Summe handelte, war aus dem Unterton des Artikels zu ersehen. Danach konnte man Richards Karriere zu einem der größten und erfolgreichsten Börsenhändler verfolgen.

Sylvia tauchte nur hier und da in offiziellen Zusammenhängen auf, bei einem königlichen Essen hier und einem Nobelfest dort. Richard war oft auf Bildern von Premieren und bei großen Segelwettkämpfen zu sehen. Immer gab es Frauen um ihn herum. Aber Sylvia war nur selten dabei. Richard hatte eine deutliche Schwäche – eine Schwäche für junge, schöne Frauen. Und er gab sich keine Mühe, das zu verbergen. Es würde nicht einfach sein, im Gespräch mit Sylvia darauf zu kommen. Aber es war wichtig. Vielleicht ein Motiv?

Jetzt gab es schon zwei für Sylvia: Geld und Untreue. Das Problem war nur, dass sie ihn unmöglich ermordet haben konnte. Man kann nicht unten auf der Straße stehen und gleichzeitig eine Person vom Balkon im fünften Stock schubsen. Aus dem gleichen Grund musste Henrik gestrichen werden. Aber hatte er überhaupt ein Motiv? Ja, Geld. Viel Geld.

Sie beeilte sich beim weiteren Durchblättern. So langsam wurde die Zeit knapp. Plötzlich wurde ihre Aufmerksamkeit von einer Überschrift gepackt: »Wird Henrik es schaffen? Die Eltern wachen pausenlos an seiner Seite.« Zu ihrer eigenen Überraschung konnte Irene sich jetzt sogar erinnern. Das war neun Jahre her. Damals war sie Beamtin mit voller Stelle und zwei vierjährigen Kindern gewesen. Es war in die Müllecke der Erinnerungen gestopft worden, wie so vieles andere. Sie breitete die Faxseite auf ihrem Schreibtisch aus und las schnell, dass Henrik und ein Militärkumpel vom Küstenjägerverband eine banale Kinderkrankheit bekommen hatten, die sie in ihrer Kindheit nicht durchgemacht hatten. Jetzt war der Krankheitsverlauf ernst, vor allem bei Henrik. Als Folgekrankheit wurde er von einer Hirnhautentzündung befallen. Als der Artikel geschrieben wurde, lag er bereits zwei Wochen im Koma.

Plötzlich fiel Irene auf, dass etwas nicht stimmte. Im Text stand »die Eltern wachten«, aber auf dem Foto war nur Sylvia zu sehen, die durch die Krankenhaustür ging. Vielleicht wechselten sie sich ja bei der Krankenwache ab? Wenn sich die Gelegenheit bot, wollte sie Sylvia fragen, wie es sich verhalten hatte.

In der folgenden Woche teilte die Zeitschrift mit, dass Henrik aufgewacht war. Ärzte und Eltern schwiegen zu Fragen über seinen Zustand. Richard hatte einem Reporter nur gesagt, dass »Henrik wieder ganz der Alte werden wird!« Danach blieb es still um Henrik in der Presse. Sein Vater wurde wie früher bei den verschiedensten Festen gesehen. Aber auch Sylvia sah man jetzt häufiger. Doch nicht zusammen mit ihrem Mann, sondern in ihrer Eigenschaft als hervorragende

Choreografin. Sie inszenierte einige Balletts im Stora teatern, sie erarbeitete zusammen mit dem Cullbergballett ein Stück, und sie hatte im Frühling 1991 ein Gastspiel als Ballettchefin in Helsinki. Im gleichen Sommer zog sie wieder zurück nach Göteborg. Als Grund gab sie selbst »Heimweh« an, aber zwischen den Zeilen waren »Kommunikationsprobleme« im beruflichen Bereich zu erahnen.

Über Henriks und Charlottes Hochzeit gab es nur eine kleine Notiz ohne Foto. Irene hätte sie fast übersehen, da sie unter der Rubrik: »Leute unserer Stadt« stand. In der Mitte dieser Kolumne stand: »Richard und Sylvia von Knechts einziger Sohn Henrik hat sich mit Charlotte, geb. Croona verheiratet. Am zehnten September fand die einfache Zeremonie im Kopenhagener Rathaus statt. Anwesend waren die Eltern des Brautpaars und die Schwester der Braut.« Irene schaute nach der Jahreszahl oben in der Ecke. Es war etwas mehr als drei Jahre her. Sie blätterte, fand aber nichts mehr über Henrik und Charlotte.

Als Letztes warf sie noch einen schnellen Blick auf den Artikel über Richards Fest zu seinem sechzigsten Geburtstag draußen auf der privaten Halbinsel in Bohuslän. Insgesamt dreihundert Gäste waren dort gewesen, der eine oder andere aus dem königlichen Haus, verschiedene bekannte Leute, der Adel der Finanzwelt und der konventionelle Adel waren auch vertreten gewesen. Irene schaute sich nur schnell die Fotos an, den Text würde sie erst später lesen können. Er sah immer noch gut aus. Das Haar grau meliert, voll und mit dem feschen Seitenpony. Er hatte seit den Hochzeitsfotos ein paar Kilos zugenommen, aber es gab kein Zeichen für Verfettung. Seine Haut erschien braun gebrannt gegen den weißen Smoking. Mit erhobenem Champagnerglas lachte er sein entwaffnendes Lachen direkt in die Kamera. Immer noch war das gleiche Funkeln in seinen Augen. Vitalität, Lebensfreude, Sinnlichkeit, das waren die Worte, die Irene durch den Kopf gingen. Nicht die nahe liegenden: Geld, Macht, Einfluss. Merkwürdig eigentlich. Ein hastiger Blick auf die Uhr sagte ihr, dass ihr nur noch

135

eine Viertelstunde bis zu ihrer Verabredung mit Sylvia blieb. Am besten versuchte sie einigermaßen pünktlich zu sein. Sie schob den Faxstapel in die unterste Schreibtischschublade und stopfte sich einen Notizblock in die Jackentasche.

Sylvia war immer noch über die Unordnung in der Wohnung empört. Sie beschwerte sich bei Irene als Repräsentantin der Polizei im Allgemeinen und offenbar der Techniker im Besonderen. Irene ließ sie schimpfen und folgte ihr stumm in den wunderschönen Saal. Die Gardinen waren auch heute aufgezogen und ließen das graue Tageslicht herein. Irene trat zu einer der hohen Glastüren und schaute hinaus. Um den ganzen Wohnraum herum lief ein schmaler Balkon, höchstens zwei Meter breit. Die Balustrade bestand aus rosafarbenen, vasenförmigen Marmorsäulen mit einem Handlauf aus schwarzem Marmor. Das Geländer sah nicht besonders stabil aus. Und den Glastüren fehlten von außen Türgriffe. Damit konnte Irene ihre Idee von einem an der Fassade entlangkletternden Mörder abschreiben. Es war unmöglich, von draußen durch die Balkontüren hereinzukommen. Und man hätte ihn gesehen, es war ja erst kurz nach fünf gewesen. Nein, das war keine gute Theorie. Ihre Gedanken wurden von Sylvias klagender Stimme unterbrochen.

»Pirjo antwortet auch nicht, nur eines ihrer geistesschwachen Kinder. Ich habe sogar Finnisch mit ihm geredet, aber trotzdem konnte er mir nicht sagen, wo Pirjo ist! Er behauptet, er hätte die Grippe, und ein finnischer Polizist würde heute Nachmittag kommen, um mit ihnen zu reden.«

»Das stimmt. Einer unserer Inspektoren kann Finnisch sprechen. Er soll Kontakt zu Pirjo aufnehmen«, sagte Irene.

»Wozu soll das denn gut sein?«

»Sie und ihre Tochter können am Montag etwas gesehen oder gehört haben, als sie hier sauber gemacht haben. Bringt sie immer ihre Tochter mit?«

»Nein, nur wenn wir ein größeres Fest hatten. Und wenn das Mädchen Zeit hat«, antwortete Sylvia kurz.

Irene schaute sich in dem riesigen Saal um. Jetzt erkannte sie, dass die Pfeiler, die den Boden des oberen Stockwerks trugen, gar nicht aus massivem Marmor waren, wie sie zwei Abende vorher geglaubt hatte. Es waren außerordentlich geschickt marmorierte Holzpfeiler. Sicher wäre echter Marmor zu schwer gewesen. An den Wänden entlang standen antike Sitzgruppen und schöne Schränke. Und was für Bilder! Irene fühlte sich wie bei einer Privatführung in einem Kunstmuseum. An der Wand mit den Balkontüren glänzte ein dunkler Esstisch aus Mahagoni, der längste, den sie je gesehen hatte. Durch ihn bekam sie eine Idee, wie sie das Gespräch mit Sylvia einleiten konnte.

»So ein schöner Tisch. Und so lang! Haben Sie Samstagabend dort gegessen?«

»Ja, natürlich«, erwiderte Sylvia gemessen.

»Wie viele waren Sie?«

»Zwanzig Leute. Wir wollten es nicht zu groß werden lassen, nur die engsten Freunde. Alle waren bei der Hochzeit dabei gewesen. Außer Henrik und Charlotte natürlich.«

Das könnte man auch anders sehen, was Henrik betraf, dachte Irene. Sylvia fuhr fort:

»Richards Schwester und ihr Mann konnten nicht kommen. Sie leben in Florida. Er muss an der Prostata operiert werden oder so. Er ist fünfundsiebzig.«

»Und wie alt ist sie?«

»Siebenundsechzig.«

»Könnten Sie so freundlich sein und mir sagen, wer alles auf dem Fest war?«

»Natürlich. Außer Richard und mir waren da noch Henrik und Charlotte, Sven und Ann-Marie Tosse, Peder und Ulla Wahl. Ja, die wollten sowieso nach Schweden kommen, um ihr Enkelkind Nummer vier zu sehen. Sie waren schon die ganze Woche vor dem Fest hier. Ihre älteste Tochter Ingrid und deren Mann waren auch da. Ingrid war nämlich Blumenmädchen bei unserer Hochzeit. Damals war sie fünf Jahre alt und einfach zu reizend. Aber nicht sie hat jetzt das Kind gekriegt, sondern die mittlere Tochter Kerstin. Sie war erst zwei, als wir heirateten, deshalb war sie nicht bei der Hochzeit dabei. Darum habe ich sie nicht eingeladen. Und die jüngste Tochter auch nicht. Sie ist genauso alt wie Henrik.«

Sie brach ab und schaute sich verwirrt um. Irene war klar, dass sie den Faden verloren hatte und nicht mehr wusste, wen sie schon genannt hatte. Irene selbst hatte die Namen notieren können. Es ist gar nicht schlecht, wenn die Befragten abschweifen, dann kann man in Ruhe seine Notizen machen. Irene erbarmte sich und las ab:

»Sie haben mir gesagt, dass Ihre Familie dabei war, die Tosses und die Familie Wahl. Wie heißt Ingrid mit Nachnamen?«

»Von Hjortz.«

»Danke. Ich werde Sie noch um die Telefonnummern bitten, bevor ich gehe.«

Sylvia nickte und holte tief Luft, bevor sie weiter ihren Rapport ablieferte:

»Meine Mutter, Ritva Montgomery. Sie ist achtundsiebzig Jahre alt. Meine Schwester Arja ist mit ihr zusammen aus Helsinki gekommen. Dann war da Valle Reuter…«

Sie hielt inne. Über ihr Gesicht zog eine Welle unverhohlener Verachtung. Schnell fuhr sie fort:

»Das Schönste war, dass Gustav Ceder und seine Frau, Lady Louise, kommen konnten. Ihr Vater ist fast hundert Jahre alt und liegt im Sterben. Sie sind am Freitag gekommen und am Sonntag gegen Mittag wieder zurück nach London geflogen. Wir haben uns seit ihrer Silberhochzeit vor vier Jahren nicht mehr gesehen. Sie konnten nicht zu Richards sechzigstem Geburtstag kommen, weil es ihrem Vater da plötzlich richtig schlecht ging, aber dann hat er sich wieder erholt…«

Plötzlich schwieg sie wieder verwirrt. Verärgert rief sie dann:

»Meine Güte, was ich herumplappere! Jetzt habe ich schon wieder den Faden verloren!«

Sie schaute Irene herausfordernd an, die ihr den Gefallen tat und sagte:

»Valle Reuter und dann Gustav Ceder mit seiner adligen Frau Louise.«

»Danke. Unser guter Freund Ivan Viktors, der Opernsänger, wissen Sie, war auch da.«

Irene hatte seinen Namen schon einmal gehört, war sich aber nicht sicher, wer er eigentlich war. Offenbar musste man ihn kennen, da doch der Kommissar so begeistert war, als er seinen Namen gehört hatte. Aber der war ja auch ein Opernfan, und das war Irene nicht. Beatles, Rod Stewart und Tina Turner waren eher nach ihrem Geschmack.

»Dann fehlen nur noch Richards beide Cousinen und ihre Männer. Das sind die Töchter von Richards Tante. Sie sind in unserem Alter und waren, wie gesagt, auch auf unserer Hochzeit. Sehr nette Leute, aber wir treffen sie nicht sehr oft. Sie leben beide in Stockholm. Meine Schwiegermutter stammte aus Stockholm. Sie können Namen und Adressen kriegen, wenn Sie wollen«, sagte Sylvia.

Sie drehte sich um und schritt graziös die Stufen zum oberen Stockwerk hinauf. Da sie nichts gesagt hatte, beschloss Irene, ihr zu folgen. Der dicke Teppich dämpfte ihre eiligen Schritte die Treppe hinauf. Oben auf dem Treppenabsatz konnte sie gerade noch sehen, wie Sylvia durch die Tür verschwand, die zu dem Arbeitszimmer führte. Schreibtisch und Computer hatten sie und den Kommissar den falschen Schluss ziehen lassen, dass es Richards Zimmer war. Aber das Ballettplakat bewies eher, dass es Sylvias sein musste. Richard hatte schließlich eine ganze Wohnung als Büro gehabt.

Irene huschte schnell über die weichen Teppiche des Flurs und der Bibliothek. Sylvia hörte sie nicht, sondern sie zuckte zusammen und sprang sogar kurz in die Luft, als sie bemerkte, dass sie nicht allein im Arbeitszimmer war. Irene wunderte sich über diese heftige Reaktion, aber noch mehr über Sylvias Gesichtsausdruck. Sie sah aus, als wäre sie erwischt worden.

Erst im Nachhinein konnte Irene das Bild rekonstruieren, das sich ihr für Sekunden bot: Sylvia, ihre Stirn gegen den Rahmen eines Fotos gelehnt, das neben dem Computer an der

Wand hing. Irene ging zögernd weiter ins Zimmer hinein und betrachtete das Bild. Das Foto war in A4-Format, umrahmt von einem breiten Passepartout mit einem schmalen Silberrahmen.

Das Lachen war das Gleiche. Das Funkeln in den Augen, der Ausdruck von Lebensfreude im ganzen Gesicht. Eine fast greifbare, pulsierende Nähe und Sinnlichkeit. Aber es war nicht Richard, sondern Henrik. Das kurz geschnittene Haar und das Käppi, das nonchalant – aber sicher vorschriftswidrig – schräg auf dem Kopf saß, ließ darauf schließen, dass das Foto gemacht worden war, als er seinen Militärdienst absolvierte. Bei der Küstenwache, wie der Zeitungsartikel berichtet hatte.

Sylvia sah Irene mit einem Blick voller Wut und Hass an. Plötzlich begann sie zu weinen. Mit offenen Augen, ohne zu blinzeln. Sie stand einfach da, die Hände hingen hilflos an den Seiten herab. Nicht ein Ton entschlüpfte ihr, aber die Tränen liefen ihr die Wangen hinunter. Irene befiel das unangenehme Gefühl, etwas äußerst Persönliches mit anzusehen. Diese unangenehme Szene, die sie selbst unbeabsichtigt heraufbeschworen hatte, musste beendet werden. Voller Schuldgefühl sagte sie:

»Entschuldigen Sie bitte, ich habe Sie wahrscheinlich falsch verstanden, aber ich dachte, ich sollte mit heraufkommen und mir die Adressen aufschreiben.«

Sylvia gab keine Antwort, aber ihre glühende Wut verzog sich. Stattdessen begann sie heftig zu zittern. Impulsiv trat Irene zu ihr, legte ihr einen Arm um die Schulter und führte sie zum Schreibtischstuhl. Sylvia von Knecht sank darauf nieder. Immer noch starrte sie vor sich hin. Kaum hörbar flüsterte Sylvia:

»Ich bespreche mich immer mit ihm.«

»Mit Henrik?«

Sylvia nickte. Irene spürte eine leichte Verunsicherung. Natürlich besprachen sie sich. Zum einen wohnten sie nur wenige Kilometer voneinander entfernt, und zum anderen gab es ja wohl genügend Telefone in der Wohnung. Aber sie bekam das diffuse, merkwürdige Gefühl, dass sie in die falsche Richtung dachte. So hatte Sylvia das nicht gemeint. Das hatte etwas mit der kurzen Szene von vorhin zu tun. Anbetung? Zögernd fragte Irene:

»Sie meinen, Sie reden mit Henriks Foto?«

Sylvia blickte immer noch starr vor sich hin, als sie nickte. Die Tränen rannen weiter, aber nicht mehr ganz so heftig. War Sylvia wieder kurz vorm Zusammenbruch? Vielleicht war es doch noch zu früh gewesen, sie aus der Psychiatrie zu entlassen. Lieber ging sie es etwas vorsichtiger an. Ruhig fragte Irene:

»Antwortet er Ihnen?«

Sylvia richtete sich auf und sagte entschieden:

»Dieser Henrik antwortet mir!«

Was meinte sie damit? Irene hatte das Gefühl, sich auf dünnem Eis zu bewegen, das bei jedem Schritt unter ihren Füßen knackte. Schließlich war das die Witwe eines Mordopfers, gerade erst nach einem psychischen Zusammenbruch aus dem Krankenhaus entlassen. Es war wichtig, vorsichtig vorzugehen, da sie immer noch äußerst labil wirkte. Lief Sylvia Gefahr, in eine Psychose zu rutschen? Aber gleichzeitig war es wichtig herauszubekommen, was sie eigentlich mit ihren Worten meinte. Zögernd fragte Irene:

»»Dieser Henrik‹ haben Sie gesagt. Ist das ein anderer als Ihr Sohn Henrik?«

Die Frage war falsch gestellt. Sylvia zuckte verärgert mit den Schultern und fauchte:

»Natürlich ist das Henrik. Aber so, wie er einmal war!«

Da fiel bei Irene endlich der Groschen.

»Sie meinen, bevor er krank wurde? Vor der Hirnhautentzündung?«

Sylvia gab ihr ein stummes, langsames Nicken als Antwort.

»Hat er sich nach der schweren Krankheit sehr verändert?«, fuhr Irene fort.

»Ja. Er war achtzehn Tage lang bewusstlos. Als er wieder

aufwachte, war er vollkommen verändert. Er hatte Schwierigkeiten zu lesen, zu laufen und bekam schnell Kopfschmerzen, sobald es zu laut wurde. Er zog sich von seinen Freunden zurück. War der Meinung, er könne sowieso nicht mit ihnen mithalten. Schließlich ließen sie auch nichts mehr von sich hören. Genau wie Emelie.«

Sylvia verstummte, und ein schmerzlicher Zug lag um ihren Mund. Leise fragte Irene:

»Wer war Emelie?«

»Seine Freundin. Sie hatten sich schon eine Wohnung besorgt und wollten zusammenziehen, wenn er den Militärdienst hinter sich hatte. Viel zu früh meiner Meinung nach. Doch er liebte sie. Aber sie liebte ihn nicht. Das wurde schon in der Zeit deutlich, als Henrik im Krankenhaus lag. Sie verschaffte sich einen neuen Freund, einen alten Kindheitsfreund von beiden. Doppelt betrogen. Ich glaube, das hat ihn letztendlich gebrochen.«

Wieder Hass im Blick. Aber sie redete, und das war die Hauptsache für Irene. Ihr fiel das Foto aus den Zeitschriften ein, die einsame Sylvia, die ins Krankenhaus geht.

»Wie hat Ihr Mann das getragen? Mit Henriks Krankheit?«, fragte sie vorsichtig.

Hass flammte wieder in Sylvias Blick auf. Er war physisch zu spüren, wie ein Schlag ins Gesicht, aber Irene begriff, dass er nicht gegen sie gerichtet war. Sondern gegen Richard. Halb von Tränen ertränkt sagte Sylvia:

»Er weigerte sich, den Tatsachen ins Auge zu sehen! Henrik war nicht krank! Er würde sich schnell von seinen leichten Krämpfen erholen und dann wie früher werden!«

»Aber das wurde er nicht.«

»Nein.«

»Und was geschah dann?«

Sylvias Stimme klang unglaublich müde. Es schien sie alle Kraft der Welt zu kosten, auf diese Frage zu antworten.

»Henrik trainierte und wurde körperlich wieder fit. Aber er war so verändert. Das war nicht mehr unser Henrik. Die Ärzte

142

sagten, er hätte Schäden direkt am Gehirn davongetragen. Es dauerte fast drei Jahre, bis Schwindel und Kopfschmerzen verschwanden. Und während dieser Zeit entfernten Richard und Henrik sich immer weiter voneinander. Früher hatten sie so viel zusammen gemacht. Vor allem war Richard sauer, weil Henrik plötzlich keinerlei Interesse mehr an Aktien und Geschäften hatte. Er wurde rasend, als er hörte, dass Henrik sich an der Universität für Kunstwissenschaft eingeschrieben hatte, mit Schwerpunkt Kunst- und Stilgeschichte. Aber nach einer Weile änderte er seine Meinung. Er war es dann, der Henrik vorschlug, für Privatkunden Antiquitäten einzukaufen. Und Richard wurde mit der Zeit einer seiner besten Kunden. Das brachte sie wieder etwas näher zusammen.«

»Aber es wurde nie wieder wie vor der Hirnhautentzündung?«

»Nein.«

Wieder hatte Sylvia ihren platinblonden Vorhang vors Gesicht fallen lassen, indem sie den Kopf vorbeugte. Irene wusste nicht so recht, was sie machen sollte. Wie konnte sie weiterkommen? Sylvia konnte nach außen hin willensstark und egoistisch wirken, doch intuitiv spürte Irene ihre psychische Anfälligkeit. Die Fragen, die sie stellen wollte, waren unerhört persönlich und intim. Aber sie mussten gestellt werden. Am besten jetzt. Doch dabei war ein vorsichtiger Einstieg sicher nicht schlecht, deshalb begann sie:

»Aber als Henrik vor drei Jahren Charlotte heiratete, da ging es ihm wohl ziemlich gut?«

Nicht einmal ein Zittern in dem gebleichten Vorhang. Überhaupt keine Reaktion. Und die schlimmsten Fragen waren noch gar nicht gestellt worden. Am besten, sich ganz neutral geben. Oder sollte sie es mit etwas Positivem einleiten?

»Ihm scheint es doch jetzt gut zu gehen. Mit ihr. Und in Ihrer großen Trauer haben Sie jedenfalls das Glück, Großmutter zu werden …«

Sylvia sprang sie wie eine Wildkatze an. Biss, trat und kratzte mit aller Kraft. Die ganze Zeit schrie sie:

143

»Das stimmt nicht! Alles gelogen! Nur gelogen!«

Zuerst war Irene so überrascht, dass sie sich gar nicht wehrte und eine tiefe Kratzwunde am Hals abbekam. Aber dann lief alles instinktiv ab. Sanft wehrte sie Sylvias rudernde Arme von innen nach außen ab. Gedan-uchi-uke sitzt einer alten Europameisterin im Blut. Sie packte das schmale Handgelenk und zog Sylvia leicht aus dem Gleichgewicht, drehte ihr den rechten Arm auf den Rücken und drückte ihn leicht, umfasste mit der rechten Hand Sylvias linken Oberarm und drückte dann ihren linken Arm unter Sylvias Kinn. Effektiv ruhig gestellt. Irene presste sie an sich. Ob es nun der Körperkontakt war oder die Umklammerung, das wusste sie nicht, jedenfalls ging Sylvia die Luft aus. Sie fiel in Ohnmacht.

Irene beruhigte sich selbst, indem sie laut sprach:

»Das ist doch nicht möglich! Ich möchte nur wissen, was wohl passiert wäre, wenn ich eine meiner wirklich persönlichen Fragen gestellt hätte?«

Sie hob Sylvias leichten Körper hoch und trug sie ins Schlafzimmer. Die kleine, dünne Gestalt schien fast in den Daunendecken des breiten Doppelbetts zu verschwinden. Natürlich hatte Sylvia nicht die Betten gemacht. Das hätte sicher Pirjo machen sollen, wenn sie gekommen wäre.

Irene hob Sylvias Beine senkrecht hoch und massierte die Waden. Nach ein paar Minuten kam Sylvia wieder zu sich. Sie murmelte etwas Unverständliches und versuchte sich aufzusetzen. Irene drückte sie wieder zurück und sprach beruhigend wie zu einem Kind mit ihr. Sylvia jammerte leise. »Henrik, Henrik soll kommen.«

Vielleicht war das gar keine so schlechte Idee? Wenn Henrik kam, würde Sylvia ruhiger werden. Irene und er konnten ebenso gut ihr verabredetes Gespräch hier im Haus führen.

»Ich werde Henrik anrufen. Wo ist seine Nummer?«

»Drücken Sie auf die Zwei und das Viereck.«

Kurzwahlziffern sind doch praktisch. Irene ging zu dem Tastentelefon, das auf einer kleinen geschwungenen Kommode neben dem Bett stand.

144

Henrik antwortete nach dem zweiten Klingeln. Irene nannte ihren Namen und wusste dann nicht so recht, wie sie es sagen sollte. Bewusst ungenau erklärte sie ihm:

»Ich bin hier bei Ihrer Mutter. Sie... ist zusammengebrochen. Sie möchte gern, dass Sie herkommen.«

»Ja, natürlich komme ich. Meine Mutter ist momentan sehr labil. Wieso ist sie zusammengebrochen?«

Genau diese Frage hätte Irene gern vermieden.

»Ich habe versucht, sie mit etwas Positivem aufzumuntern. Ich habe ihr gratuliert, weil sie doch Großmutter wird... ich dachte, sie wüsste das.«

Eine ganze Weile war es still. Irene überlegte schon, ob Henrik auch umgefallen war. Aber dann fauchte er nur:

»Verdammt!«

Klick! Der Hörer wurde aufgeschmissen. Irene war irritiert. Als ob sie etwas Schlechtes getan hätte! Oder hatte sie das? Mit leicht schlechtem Gewissen dachte sie daran, wie sie die hysterische Sylvia festgehalten hatte. Hätte sie es auf eine andere Art machen können? Wohl kaum.

Als sie sich wieder dem Bett zuwandte, sah sie, dass Sylvia in der linken Hand eine Tablettenhülse hatte und dabei war, die gekrümmte rechte Hand zum Mund zu führen. Die oberste Schublade des Nachtschranks war herausgezogen. Reflexartig beugte Irene sich vor und packte die rechte Hand. Drei kleine weiße Tabletten mit einem Strich in der Mitte lagen auf der hohlen Handfläche. Das war wohl kaum genug für einen Selbstmordversuch. Um Sylvias Vertrauen wiederzugewinnen, fragte sie allzu hilfsbereit:

»Brauchen Sie Wasser, um die Tabletten runterzuschlucken?«

Sylvia nickte, ohne sie anzusehen. Irene löste Sylvias Griff um die Tablettenhülse. Schnell las sie das Etikett: »Tabletten, Stesolid, 5 mg«. Als sie das Röhrchen zurück in die Schublade legen wollte, sah sie, dass dort noch mehr davon lagen. Die Jungs von der Spurensicherung hatten das sicher notiert, also beschloss sie, keine weiteren Fragen zu stellen und sich die anderen Tabletten nicht näher anzusehen. Resolut schob sie die Schublade zu.

Sie ging hinaus in das luxuriöse Bad und ließ Wasser in ein Zahnputzglas laufen, das in einem vergoldeten Ring an der Wand hing. Das Glas selbst war aus geschliffenem Kristall und die Wasserhähne vergoldet. Auf dem Boden lag ein benutztes Frotteebadelaken. Gedankenlos hängte Irene es über das warme Trockenstativ an der Wand. Pirjo würde einiges zu tun haben, wenn sie kam.

Sylvia lag da und starrte an die Decke, als Irene mit dem Wasserglas ans Bett trat. Sie zog sich auf einen Ellbogen hoch, um das Wasser und die Tabletten schlucken zu können. Danach sank sie wieder erschöpft auf die Kissen zurück. Mit geschlossenen Augen flüsterte sie kaum hörbar:

»Ich wollte Sie nicht schlagen. Ich war einfach nur nicht darauf gefasst. Das ist alles zu viel für mich.«

Irene wollte Sylvia nicht so davonkommen lassen. Man konnte schnell Mitleid mit dem kleinen, zerbrechlichen Menschen bekommen, aber Irene hatte das Gefühl, als würde sich noch eine ganze Menge unter dieser Hülle verbergen, das ausgegraben werden musste. Und warum dann nicht die Wahrheit? Sie beschloss, auf diesen unbekannten Gewässern vorsichtiger zu navigieren. Mit einer vor Mitgefühl überschwappenden Stimme sagte sie:

»Sie müssen mir verzeihen. Ich dachte, Sie wüssten, dass Charlotte schwanger ist. Das haben die beiden mir gestern im Präsidium gesagt. Wahrscheinlich haben Sie es Ihnen noch nicht erzählt, weil sie wissen, dass Sie im Augenblick keine größeren Gefühlseindrücke ertragen können.«

Sylvia murmelte zustimmend. Sie hatte immer noch die Augen geschlossen. Das war eine effektive Methode, Irene und ihre unangenehmen Fragen auszuschließen. Irene war verunsichert – wie sollte sie weiterkommen? Aber plötzlich fiel ihr etwas ein.

»Die Telefonliste. Sie haben doch die Adressen und Telefonnummern Ihrer Gäste vom Samstag. Könnte ich die haben?«

Widerstrebend öffnete Sylvia ihre Augenlider. Der Blick war wütend und kalt. Und ebenso feindselig der Ton:

»Ich kann jetzt nicht. Schließlich haben Sie mich dazu gebracht, in Ohnmacht zu fallen. Mir dreht sich alles im Kopf, und mir ist, als hätte ich Watte in den Ohren. O mein Gott, ist mir übel!«

Demonstrativ legte sie ihre dünnen Finger auf die Schläfen und begann zu massieren.

Zu ihrer eigenen Verwunderung spürte Irene eine kräftige Wutwelle aus dem Zwerchfell aufsteigen, den Hals hinauf, um dann im Kopf zu explodieren. Sie versuchte sich selbst zurückzuhalten, aber vergebens. Kalt und neutral sagte sie:

»Jetzt, wo Sie sowieso schon liegen, kann ich eigentlich gleich meine nächste Frage stellen. Ich habe einige alte Zeitungsartikel durchgesehen. Und auf den Fotos ist Richard auffallend oft mit jungen, hübschen Frauen zu sehen. Was haben Sie dazu gesagt?«

Sylvia massierte ihre Schläfen nicht mehr. Ihre Augen loderten vor Wut, aber ihre Stimme verriet nichts, als sie antwortete:

»Diese dummen Gänse waren sein Zeitvertreib. Er hatte starke... Triebe. Aber ich war immer seine Hauptfrau. Er kam immer zu mir zurück, wenn er das Interesse an seiner jüngsten Eroberung verlor. Das dauerte nie lange. Wenn sie ihn unter Druck gesetzt haben und Ansprüche stellen wollten, suchte er wieder Schutz bei mir. Es hätte gar keinen Sinn, das zu leugnen, denn er hat sich nie die Mühe gemacht, es zu verbergen. Ich musste halt damit leben!«

Schließlich kam also, was kommen musste: Verbitterung. Irene fragte versöhnlich:

»Und Sie selbst? Ich habe keine entsprechenden Fotos von Ihnen gesehen.«

Sylvia lachte schrill und höhnisch, bevor sie antwortete:

»Wir gaben uns gegenseitig große Freiheiten. Seine Freiheit, heißt das.«

Demonstrativ schloss sie wieder die Augen und presste die Lippen fest aufeinander. Mit einem Seufzer musste Irene einsehen, dass es an der Zeit war, Thema und Taktik zu ändern. Sie setzte sich auf die Bettkante. Zögernd sagte sie:

»Sylvia, ich versuche den Mord an Ihrem Mann aufzuklären. Wir haben keine Ahnung, was das Motiv und den Mörder betrifft. Sie müssen uns helfen. Wir müssen diese unangenehmen Fragen stellen, weil wir versuchen, die Wahrheit herauszufinden.«

Die blau schimmernden Augenlider zuckten. Aber als Sylvia die Augen aufschlug, waren diese vollkommen ausdruckslos. Sie sah Irene mit leerem Blick an.

»Wem ist denn mit der Wahrheit gedient?«

Irene blieb ihr die Antwort schuldig. Das war, freundlich ausgedrückt, ein äußerst sonderbares Gespräch. Aber sie hatte noch eine Frage, die sie unbedingt stellen musste. Sie holte tief Luft, auf alles gefasst.

»Wir haben Richards persönliche Daten bekommen, das heißt die amtlichen. Früher haben sich die Kirchenämter darum gekümmert. Aber jetzt haben die Finanzämter diese Informationen, und deshalb sind es öffentliche Daten.«

Irene hielt inne, weil sie sich nicht ganz sicher war, ob es auch wirklich stimmte. Aber Sylvia verzog keine Miene. Damit Sylvia gar nicht erst anfing nachzuhaken, sprach Irene schnell weiter:

»Wussten Sie, dass Richard die Vaterschaft für einen Sohn anerkannt hat, bevor Sie heirateten?«

Schnell schlug Sylvia die Augen auf. Ihre Nasenflügel weiteten sich, und sie atmete hörbar aus, als sie tonlos antwortete:

»Diese Nachricht trifft mich nicht völlig unvorbereitet. Denn zu Anfang unserer Ehe gab es einige sonderbare Telefonate. Eine Frau rief an und stritt sich mit Richard. Ich konnte einiges mithören. Ich konnte erkennen, dass es sich um… um ein Kind handelte.«

Es lag die Trauer von Jahrzehnten in dem letzten Satz. Irene spürte einen Stich von Mitleid, aber sie beschloss, noch etwas weiter zu bohren.

»Aber Ihnen hat er nie etwas von dem Kind gesagt?«

»Nein.«

»Weiß Henrik davon?«

»Kein Wort zu Henrik!«

»Er wird es leider so oder so erfahren. Spätestens dann, wenn das Testament eröffnet wird.«

Dann ging alles blitzschnell. Plötzlich hatte Sylvia ihre schlanken Beine über die Bettkante geworfen. Rote Flecken der Wut brannten auf ihren Wangen, ihre Augen funkelten vor Empörung, und der Schleier der Elfe war durch den der Megäre ersetzt worden.

»Was, soll dieser widerliche Bastard auch noch was erben! Niemals! Nur über meine Leiche! Das lasse ich nicht zu! Ich werde sofort Tore anrufen… o ja.«

Sie verstummte. Irene wusste, dass sie Tore Eiderstam meinte. Und wenn man nicht gerade ein Spiritist war, war es unmöglich, mit dem Rechtsanwalt Kontakt aufzunehmen. Aber jemand musste schließlich seine Firma übernommen haben, davon konnte man wohl ausgehen. Das sagte sie Sylvia, die ganz verwirrt aussah.

»Es sind mehrere Anwälte in Tores Kanzlei. Ob ich dort anrufen kann? Oh, verdammt! Richard hat sich immer um alles Finanzielle und Juristische gekümmert«, sagte sie resigniert.

Sie wurde von einem Klingeln an der Tür unterbrochen. Irene ging hinunter und öffnete die Wohnungstür. Henrik sah erschöpft und verkniffen aus. Er nickte ihr kurz zu und lief die Treppe zum oberen Stock hinauf. Irene folgte ihm nachdenklich. Sylvias Reaktionen waren schon sonderbar. Was eigentlich eitel Freude und frohe Worte über das kommende Großmutterglück hervorrufen sollte, verursachte bei ihr die reinste Explosion. Das peinliche Thema der anderen Frauen ihres Mannes hatte sie bereitwillig abgehandelt, wenn auch mit bitteren Worten. Der andere Sohn war ihr nicht vollkommen unbekannt, aber er löste erst eine Reaktion aus, als ihr

149

klar wurde, dass er erbberechtigt war. Vielleicht war es gar keine schlechte Idee, von Knechts Juristen aufzusuchen? Obwohl die sicher nichts sagen würden, bevor nicht das Testament der Familie eröffnet war.

Im Schlafzimmer saßen Mutter und Sohn nebeneinander auf der Bettkante. Sylvia warf ihre blonden Haare mit einem trotzigen Ruck nach hinten und meinte:

»Henrik hat gerade genau das Gleiche wie Sie gesagt. Dass ich mich schonen soll und im Augenblick keine zu heftigen Gemütserregungen ertrage. Ich laufe wohl ziemlich aus dem Ruder, wenn ich so reagiere wie eben.«

Es dauerte eine Weile, bis Irene verstand, dass das nicht nur eine Erklärung, sondern gleichzeitig auch eine Entschuldigung war. Sie nickte und lächelte aufmunternd, bekam aber keine Antwort, weder von Mutter noch von Sohn. Henrik sah aus, als hätte er mehrere Nächte lang nicht geschlafen. Irene war dieses ganze sonderbare Verhalten in dieser Familie so langsam leid. Immer sollte sie nur auf Zehenspitzen herumtrippeln und Rücksicht nehmen – schließlich ging es um einen Mord und ein tödliches Bombenattentat, das hier aufgeklärt werden sollte! Sie beschloss, bei Henrik direkt zur Sache zu kommen. Sachlich sagte sie:

»Henrik, ich habe gerade Ihrer Mutter erzählt... Sylvia, dass wir Informationen darüber haben, dass Ihr Vater einen Sohn aus einer früheren Beziehung hatte.«

Henriks Gesicht blieb weiterhin ausdruckslos. Er zwinkerte ein paar Mal, sagte aber nichts.

»Wussten Sie von der Existenz Ihres Halbbruders?«

Er schüttelte langsam den Kopf, immer noch ohne ein Wort zu sagen. Sylvia sagte gehässig:

»Es sieht so aus, als sollte er etwas von dem Erbe abkriegen! Niemals, habe ich gesagt! Niemals!«

Henrik sah sie müde an:

»Mama, es gibt Gesetze für so etwas. Überlasse das lieber Papas Juristen.«

Es wurde ganz still. Weder Sylvia noch Henrik hatten

irgendwelche Fragen hinsichtlich des neu entdeckten Halbbruders. Wäre es nicht natürlich gewesen zu fragen, wo er
wohnte, wie alt er war? Aber vielleicht fragte man so etwas
auch nicht in einer solchen Situation? Der Schock war möglicherweise zu groß. Das Schweigen wurde langsam peinlich.
Irene räusperte sich und sagte:

»Henrik, was halten Sie von dem Feuer gestern Abend?«

»Das muss nichts mit Papas Tod zu tun haben.«

Es war seiner Stimme anzuhören, dass er das selbst nicht
glaubte. Irene stellte weiter ihre Fragen.

»Von Ihnen hat keiner je das Gefühl gehabt, Richard
könnte bedroht werden?«

Die beiden sahen einander an, dann schauten sie wieder zu
Irene und schüttelten gleichzeitig den Kopf. Irene fragte unbeirrt weiter:

»Er hat nie davon gesprochen, dass jemand ihn hasste oder
Rachegefühle gegen ihn hegte? Vielleicht hinsichtlich irgendwelcher Geschäfte?«

Sylvia schaute uninteressiert zur Seite und schien einen
chinesischen Druck über dem Bettpfosten zu betrachten.
Auch Irene war die schlüpfrige Seidenmalerei schon aufgefal-
len. Sie hatte gedacht, dass es sich eigentlich um Sex mit einer
Dame ohne Unterleib handeln musste, wenn jemand seinen
Unterkörper so verdrehen konnte, wie die Dame auf dem Bild.
Spontan zeigte sie auf das Werk und fragte laut:

»Warum hat er Sexbilder gesammelt?«

Henrik sah sie kühl an und antwortete herablassend:

»Sexbilder? Das ist Schwedens beste Sammlung von Erotica.«

Sylvia sprang vom Bett auf. Sie wedelte mit einem dünnen
kleinen Finger vor Henriks Gesicht herum und schrie:

»O nein! Sie hat vollkommen Recht! Sexbilder, genau das
sind sie. Und die sollen weg! Weg! Ich bin sie so verdammt
leid!«

Sie hielt inne und schaute sich im Zimmer um, sah sich all
die Bilder nackter oder kopulierender Menschen an. Und

wieder liefen ihr still die Tränen über die Wangen. Leise schluchzte sie:

»Er war so stolz auf seine Sammlung. Ich hasse sie! Hasse sie!«

Henrik stand auch auf und fasste seine Mutter bei den Schultern.

»Mama, ich werde den Verkauf regeln. Es gibt einen großen Markt in Europa dafür. Vor allem in England. Ich kann mir denken, dass Christies sehr interessiert sein könnte. Diese Sammlung ist mehrere Millionen wert und das weißt du.«

Sie nickte und schluchzte noch einmal laut auf.

»Ich weiß. Aber ich will sie nicht mehr sehen!«

»Ich werde dir helfen, sie abzuhängen. Wir können sie in mein altes Zimmer stellen. Willst du den Zorn auch nicht mehr haben?«

»Alles soll weg.«

Irene fühlte sich etwas hilflos. Es war nicht einfach, alles in den Griff zu bekommen, was da unter der Oberfläche brodelte. Dass es große Spannungen innerhalb der Familie von Knecht gab, daran konnte kein Zweifel sein. Aber war das der Grund für den Mord an Richard? Für die Bombe in seinem Büro? Da die Zwiste schon alt und vertraut zu sein schienen, konnten sie eigentlich kaum etwas mit den Geschehnissen der letzten Tage zu tun haben. Aber es war sicherlich nützlich, sich alles, was heute hier bei Sylvia gesagt und gemacht worden war, einzuprägen. Wenn man erst einmal anfing, in den alten Sachen zu rühren, kam eine ziemliche Wolke an Sumpfgas hervor. Erst mal war es nur gut, einfach weiterzumachen. Irgendwann würde bestimmt etwas Nützliches dabei herauskommen. Sie ging zu ihrer nächsten Frage über:

»Ich habe nur noch ein paar Kleinigkeiten zu klären, bevor ich gehe. Da wäre einmal die Frage, ob Pirjo einen Schlüssel zur Wohnung hat.«

Sylvia schüttelte den Kopf und antwortete:

»Nein. Ich oder Richard haben sie reingelassen.«

»Wie viele Schlüssel gibt es?«

»Drei Sätze.«

»Also drei Schlüsselbunde?«

»Ja. Neben den Türschlüsseln gibt es noch die Schlüssel zu dem Schließbalken. Die Versicherung besteht darauf. Die haben auch gesagt, dass keine Griffe an den Außenseiten der Balkontüren sein dürfen.«

»Wissen Sie, wo die drei Schlüsselbunde jetzt sind?«

»Ja, natürlich. Meinen Schlüsselbund habe ich selbst in der Handtasche. Die Ersatzschlüssel liegen in meiner Schreibtischschublade. Ich habe sie heute Morgen noch gesehen. Richards Schlüssel liegen sicher noch dort, wo ich sie gestern gesehen habe, auf seinem Nachttisch.«

Sie zeigte auf die andere Seite des Betts. Dort lag ein kleinerer Schlüsselbund, offenbar Auto- und Garagenschlüssel. Daneben lag ein schwarzes Lederetui. Irene knöpfte es auf und zählte sechs Schlüssel. Kurz hatte sie das Bild von sechs glänzenden Lachsen in einer Lachskiste vor sich.

»Wie viele von diesen Schlüsseln gehören zu der Wohnung?«, fragte Irene.

»Zwei. Einer fürs ASSA-Schloss und einer für den Balken.«

»Wofür sind die anderen Schlüssel?«

»Zwei sind fürs Haus auf Kärringnäset, unser Haus in Marstrand. Die anderen beiden müssen für Richards Büro sein.«

»Gibt es noch Ersatzschlüssel fürs Büro?«

»Ja. Die sind an dem Extraschlüsselbund, der in meiner Schreibtischschublade liegt.«

»Und es gibt keine anderen Schlüsselbunde?«

Sylvia schüttelte den Kopf.

»Nein. Aber wo wir gerade von Schlüsseln reden, ich erinnere mich, dass Richard nach seinen Reserveschlüsseln für den Wagen und die Garage gesucht hat. Solche wie die, die da auf seinem Nachtschrank liegen«, sagte sie.

»Wann war das?«

»Das muss mindestens eine Woche her sein.«

»Hat er sie gefunden?«

»Nicht dass ich wüsste.«

Irene machte sich Notizen. Um sicherzugehen, fragte sie noch einmal nach:

»Der Schlüsselbund mit den Wagenschlüsseln hier auf dem Tisch ist also sein Bund? Und nicht der mit den Reserveschlüsseln?«

»Genau.«

Irene schrieb noch mehr auf den Block. Offenbar fehlten die Reserveschlüssel fürs Auto und die Garage immer noch. Sie stellte schnell die nächste Frage:

»Wer hat Richards Büro sauber gemacht?«

»Das hat Pirjo ab und zu getan. Sie hat mit Richard eine Zeit verabredet, und dann hat er ihr dort aufgeschlossen. Meistens dienstags und donnerstags. Dann kommt sie nicht hierher zum Saubermachen. Sie hat ein paar sporadische Putzjobs, soweit ich weiß.«

Ein Gedanke kam Irene. Vielleicht weit hergeholt, aber man durfte keine Möglichkeit außer Acht lassen.

»Wie sieht Pirjo aus?«

»Ziemlich dick, klein. Sie ist nicht viel älter als dreißig, sieht aber aus, als wäre sie über vierzig. Dünne, blonde Haare, meistens in einem Pferdeschwanz zusammengebunden. Sie sieht zwar schlampig aus, ist aber die beste Putzfrau, die ich je gehabt habe. Das sagt Alice, meine Freundin, die sie mir empfohlen hat, auch. Aber sie raucht. Wenn sie damit aufhören würde, hätte sie auch mehr Geld. Denn es ist nicht so, dass ich ihr zu wenig bezahle – sie raucht das alles auf!«

Irene hatte den Verdacht, dass erst vor kurzer Zeit Lohnverhandlungen zwischen Sylvia und Pirjo stattgefunden hatten. Eine schwarz angestellte Putzfrau konnte nicht viel Druck machen, noch dazu, wenn sie wie in diesem Fall ihre Forderungen nur auf Finnisch vertreten konnte. Mit einem Seufzer musste Irene ihren Blitzeinfall wieder fallen lassen. Es spielte sich wohl kaum etwas zwischen Richard und Pirjo ab. So viel wusste sie immerhin über seine Vorlieben, dass eine heruntergekommene, verfettete Putzfrau kaum ein Sexobjekt für ihn darstellte. Vielleicht sah er sie tatsächlich nur als Arbeitskraft?

»Meine nächste Frage geht an Sie, Henrik. Wo kann ich Charlotte heute erreichen?«

»Zu Hause. Warum?«

»Ich muss sie fragen, wo sie am Dienstagabend war, besonders zwischen siebzehn und achtzehn Uhr.«

Henrik nickte und lachte kurz und bitter auf, als er sagte:

»Wenn es jemanden gibt, der ein Alibi hat, dann sie.«

»Und Sie beide hier.«

»Und wir beide. Sie hat ihren neuen Wagen abgeholt. Beim Volkswagen Center am Mölndalsvägen.«

Sylvia zuckte zusammen.

»Wie bitte? Hat sie sich schon wieder ein neues Auto gekauft?«

»Nun beruhige dich, Mama. Ihr alter Golf stand die meiste Zeit in der Werkstatt. Der hatte regelmäßig einen Kurzschluss im Stromkreis.«

»Aber der war doch noch nicht mal zwei Jahre alt!«

»Wir haben ihn in Zahlung gegeben und einen guten Preis bekommen. Jetzt hat sie einen funkelnagelneuen Golf. Sie verkaufen das Jahresmodell jetzt mit fünf Prozent Rabatt.«

Sylvia sah eingeschnappt aus.

»Sie hätte meinen BMW kaufen können. Mir reicht Richards Porsche«, sagte sie.

»Dein BMW ist erst drei Jahre alt und ist dreißigtausend Kilometer gefahren. Für den kriegst du einen guten Preis, wenn du ihn verkaufst.«

»Aber das ist so anstrengend. Man muss eine Anzeige aufgeben. Die Leute kommen und wollen ihn ansehen. Es ist alles so mühsam, wenn man allein ist.«

Henrik seufzte.

»Übergib ihn einem Autohändler«, sagte er geduldig.

»Nein, die bezahlen so schlecht, wenn man kein neues Auto kaufen will. Übrigens, vielleicht sollte ich lieber den Porsche verkaufen und den BMW behalten. Für einen neuen Porsche kriegt man mehr.«

Sylvia hatte sich anscheinend in ihrer Rolle als Alleinstehende schnell eingelebt. Die Probleme, die sie dabei hatte, waren offenbar eher finanzieller oder praktischer Natur. Irene räusperte sich leicht, um daran zu erinnern, dass sie auch noch da war.

»Ich lasse von mir hören, wenn wir mehr Informationen über den Brand in der Berzeliigatan haben. Aber ich kann Ihnen schon jetzt mitteilen, dass es den starken Verdacht gibt, dass das Feuer von einer Bombe ausgelöst wurde. Da die Zeitungen das heute Nachmittag sowieso berichten werden, wollte ich Ihnen das schon mal vorab sagen.«

Sylvia sah zunächst wie versteinert aus. Aber Irene war diesmal auf die folgende Reaktion bereits vorbereitet.

»Eine Bombe! Und das sagen Sie erst jetzt! Da muss ja ein vollkommen verrückter Mörder sein Unwesen treiben. Vielleicht ist er ja hinter uns allen her!«

Henrik wurde so blass, dass seine Gesichtsfarbe ins Wachsgelbe überging. Er sah aus, als würde er im nächsten Moment umfallen. Vielleicht war er ja krank, ganz abgesehen von den Folgen seiner alten Hirnhautentzündung?

»Wir brauchen Polizeischutz! Das fordern wir!«

Sylvia hastete unruhig und ziellos im Raum herum. Irene versuchte so Vertrauen erweckend zu klingen wie nur möglich.

»Natürlich werden wir untersuchen, ob es irgendwelche Drohungen gibt. Aber nichts, was wir bisher erfahren haben, deutet darauf hin, dass Ihr Ehemann von jemandem bedroht wurde. Gibt es sonst jemanden in der Familie, der sich bedroht fühlt?«

Henrik schüttelte leicht den Kopf, während Sylvia heftig gestikulierte.

»Nein! Niemanden! Aber kriegen wir deshalb keinen Polizeischutz, bis unsere ganze Familie ermordet und in die Luft gesprengt wurde?«

Das nennt man Tautologie, erinnerte Irene sich von den Philosophiestunden am Gymnasium. War das die Nähe zum Hvitfeldtschen Gymnasium, die derartige Erinnerungen aus dem Staub des Gedächtnisses hervorsteigen ließ? Offenbar hatte Sylvia ihre Klagen über die Plumpheit und Aufdringlichkeit der Polizei vollkommen vergessen. Jetzt wollte sie unbedingt deren Schutz. Irene fühlte, dass es an der Zeit war, das Gespräch zu beenden, und sagte in freundlichem Ton:

»Wir bleiben in Kontakt. Rufen Sie mich an, sobald etwas ist.«

Irene gab ihnen noch einmal ihre Nummer mit der Durchwahl. Aus Erfahrung wusste sie, dass die Leute derartige Karten immer verloren. Sie brauchte nur sich selbst anzusehen.

Henrik brachte sie unter beiderseitigem Schweigen die Treppe hinunter. Erst als sie an der Wohnungstür standen, fragte Henrik:

»Ist es in Ordnung, wenn wir das Wochenende über nach Marstrand fahren?«

Irene wurde von dieser Frage überrumpelt. Sie versuchte nachzudenken, während sie antwortete:

»So weit wir wissen, gibt es keine Drohungen Ihrer Familie gegenüber. Es war Ihr Vater, der ermordet wurde, und die Bombe befand sich in seinem Büro. Besuchte ihn sonst jemand aus der Familie normalerweise in seinem Büro?«

Henrik zuckte zusammen, verstand dann aber, was Irene mit ihrer Frage meinte.

»Sie meinen, ob die Bombe für jemand anderen als meinen Vater bestimmt sein könnte? Nein, die war auf jeden Fall für ihn gedacht. Das ist... war die absolute Ausnahme, dass eins der anderen Familienmitglieder sein Büro aufsuchte.«

»Brauchte er eigentlich ein Büro? Soweit ich verstanden habe, hatte er doch eine Maklerfirma, die sich um seine Geschäfte kümmerte«, nutzte Irene die Gelegenheit.

Henrik senkte den Kopf und schien vollkommen in das verzwickte Muster des weichen Teppichs vertieft zu sein. Sie dachte schon, er wollte gar nicht antworten, als er doch murmelte:

»Er brauchte einen Platz, um seine Ruhe zu haben. Das war Mamas und Papas alte Wohnung. Dort hatten sie gewohnt, als sie frisch verheiratet waren. Ich war ungefähr zwei Jahre alt, als sie hierher gezogen sind. Die Wohnung haben sie behalten, weil Papa damals ein Büro brauchte. Später hat er dann das Haus hier und das in der Berzeliigatan gekauft. Und noch eine Menge anderer Häuser zusammen mit Peder Wahl. Aber der Immobilienbestand ist inzwischen veräußert.«

»Wie groß war diese Bürowohnung?«

»Vier Zimmer und Küche, Bad und Toilette. Ungefähr einhundertdreißig Quadratmeter.«

»Um auf das mit Marstrand zurückzukommen. Werden Charlotte und Sylvia mit Ihnen dorthin fahren?«

»Charlotte fährt zu ihrer Schwester in Kungsbacka. Aber Mama muss nach ihren Pferden sehen. Sie hat einen Stall dort draußen. Und ich muss mal rauskommen. Am Montagmorgen ganz früh, so gegen vier, werde ich nach Stockholm fahren. Dort beginnt am Vormittag die Novemberauktion von Lilla Bukowski. Ich habe da einige Aufträge zu erledigen.«

»Darf ich fragen, wie das eigentlich vor sich geht? Kaufen Sie bestimmte Dinge und verkaufen sie dann danach an interessierte Käufer?«

»Nein, ich arbeite sozusagen als Agent. Die Interessenten sehen sich den Auktionskatalog an und anschließend nehmen sie Kontakt zu mir auf. Sie sagen mir, an welchem Objekt sie Interesse haben und was es maximal kosten darf. Ich bekomme einen Stundenlohn, und der Kunde bezahlt die Reise und die Unkosten. Oft sind es mehrere, die sich meine Arbeit teilen. Das gilt besonders für Auslandsaufträge. Die Kosten für die Reise und die Unkosten bleiben ja gleich, werden dann aber auf mehrere verteilt.«

»Das klingt nach einer teuren Art, Antiquitäten zu sammeln«, bemerkte Irene.

Henrik zuckte mit den Schultern.

»Meine Kunden haben viel Geld, aber wenig Zeit. Und sie wissen, was sie wollen und was es kosten darf.«

»Dann steigern Sie also nie für eigenes Geld?«

»Nein, nicht, wenn ich im Auftrag meiner Kunden arbeite.

Aber manchmal kaufe ich natürlich auch etwas für mich selbst. Wie das Tang-Pferd.«

Während sie über seinen außergewöhnlichen Beruf sprachen, hatte er fast die normale Gesichtsfarbe wiederbekommen. Irene war klar, dass er es fast nicht als Arbeit ansah. Sein Blick wurde lebhaft, und eine leichte Röte zeigte sich auf seinen Wangen. Ihr fiel seine verzückte Beschreibung der Haupt-Möbel und der Teppiche und was es da noch so gab, ein. Das war wirklich eine Frage der Leidenschaft und Passion. Sicher keine leichte Konkurrenz für die schöne Charlotte. Ihr Wert lag im Jetzt. In fünfzig Jahren würde ihr Sammlerwert bei Null liegen. Der ideale Ehemann hätte ein Archäologe sein sollen. In seinen Augen wurde die Frau immer interessanter, je älter sie wurde. Aber ein Antiquitätensammler, der nur die polierte Oberfläche und den Investitionswert der Zukunft sieht? Dankbar gingen Irenes Gedanken zu Krister über und daran, dass sie beide die meisten ihrer Einrichtungsgegenstände beim lokalen Möbelhändler kauften. Das heißt bei IKEA in Kållered. Aber ehrliche Neugier ließ sie die Frage stellen, die sie schon eine Weile beschäftigte:

»Was um alles in der Welt ist eigentlich ein Tang-Pferd?«

Überraschung zeigte sich auf seinem Gesicht, und sie begriff, dass so etwas doch jeder einigermaßen gebildete Mensch wissen musste.

»Na, das ist ein Keramikpferd aus der Tang-Zeit! Das war eine chinesische Dynastie von Anfang der 600er-Jahre nach Christus bis in die 900er hinein. Das Pferd folgte seinem Besitzer in den Tod. Es handelt sich also um Grabbeigaben. Bei der Beerdigung wurde der Tote mit allem versorgt, was er für seine Existenz auf der anderen Seite brauchte. Man hat Hausgerätschaften gefunden, Schmuck, eine ganze Dienerschar und Kriegsheere. Während der Tang-Periode wurde alles aus Keramik gefertigt, aber früher gab es auch Menschenopfer. Da gibt es deutliche Parallelen zu…«

»Hallo! Warten Sie!«

Irene und Henrik zuckten bei dem unerwarteten Ruf zusammen. Sylvia kam die Treppe aus dem oberen Stockwerk heruntergelaufen. Etwas außer Atem sagte sie:

»Hier sind die Adressen und Telefonnummern der Gäste vom Samstag. Ich habe mein Telefonbuch im Computer eingegeben. Dann muss man alles nur ausdrucken, was man haben will. Äußerst praktisch.«

Auf ihrem Rückweg machte Irene einen Umweg durch die Berzeliigatan. Es war höchste Zeit für die Mittagspause. Der Würstchenstand auf Heden lockte mit dem besten Kartoffelbrei der Stadt. Aber erst wollte sie sich die Reste des abgebrannten Hauses ansehen. Sie entdeckte Tommy Persson, der mit einem der Brandtechniker sprach. Direkt vor der Absperrung gab es einen Parkplatz, auf dem stellte sie ihren Wagen ab. Zwar handelte es sich um einen Behindertenparkplatz, aber es würde eine ganze Weile dauern, bis jemand, der in dem Haus gewohnt hatte, ihn wieder benutzen konnte.

Über dem schwarzen, vom Feuer gezeichneten Hausskelett, aus dem noch beißender Rauchgeruch heraustrat, lag ein Gefühl der Unwirklichkeit. Es passte nicht in die begüterten Innenstadtviertel von Göteborg. Eher nach Tschetschenien oder Sarajevo. Irene ging zu Tommy. Er begrüßte sie und stellte den Brandtechniker als Pelle vor. Dieser nickte und hob die Hand in dem dicken Handschuh zum Gruß. Dann entschuldigte er sich und stiefelte in seiner schweren Schutzausrüstung davon. Tommy sagte mit ernster Miene:

»Sie haben da drinnen einen verkohlten Körper gefunden. Hinter der Eingangstür zu von Knechts Büro. Wahrscheinlich war die Innenseite der Tür aus Stahl, und der hat verhindert, dass der Körper vollkommen zu Asche verbrannt ist. Die Tür ist mit einem Schlag aufgesprengt worden, und der arme Kerl ist wohl hinter die Tür gekrochen, weil er nicht weiter die Treppen hinunterkam. Die Hitze muss schrecklich gewesen sein.«

Beide erschauerten und das lag nicht nur an der Kälte. Eine bleiche Sonne versuchte sich durch die grauen Wolken durch-

160

zudrängen. Es würde ihr wohl gelingen, denn es wurde bereits klarer und kälter. Wahrscheinlich würde das Thermometer nachts unter Null fallen. Dann würde das Wasser in dem verwüsteten Haus frieren und einen Eispanzer bilden. Etwas Traurigeres und Bedrückenderes gibt es wohl kaum, als ein so verwüstetes, eingesargtes Haus zu sehen, zerstört vom Feuer und Wasser. Und wenn man weiß, dass ein Mensch dabei umgekommen ist, wird der Anblick umso grauenvoller. Irene spürte eine leichte Übelkeit aufsteigen, schrieb sie jedoch dem Hunger und dem beißenden Rauchgeruch zu.

Tommy drehte sich um, nickte zur Ecke des Backsteinhauses auf der anderen Seite der Straße und fragte:

»Siehst du den Zigarettenladen auf der anderen Seite?«

Irene sah den kleinen Laden mit einem verwitterten Schild, das direkt an der Ecke des Hauses in die Luft ragte. Sie nickte und murmelte zustimmend.

»Rate mal, wen Fredrik und ich da drinnen angetroffen haben, als wir überall in der Gegend unsere Runde gedreht haben?«

»Keine Ahnung.«

»Lillis Johannesson! Und ihm gehört das Geschäft!«

»Du machst wohl Witze! Ich dachte, der sitzt für alle Zeiten hinter Schloss und Riegel. Und dazu hätten sie auch noch den Schlüssel weggeworfen.«

»Ach, das wäre doch zu schön, um wahr zu sein. Wir haben es überprüft. Er wurde im Sommer freigelassen. Da hatte er sechs von seinen neun Jahren abgesessen.«

Wenn man in Göteborg wohnt, weiß man, dass alle mit dem Spitznamen Lillis oder Lillen mindestens die Körpergröße eines Spitzenspielers beim Basketball haben. Und wenn man in Göteborg wohnt, weiß man auch, wer Lasse »Lillis« Johannesson ist. Auf der Liste der zehn gefährlichsten Verbrecher Schwedens stand er vor einigen Jahren zwischen Lars-Inge Svartenbrandt und Clark Olofsson.

KAPITEL 8

Die Zeit wurde knapp, aber Irene konnte zumindest die wichtigsten Punkte ihres Gesprächs mit Mutter und Sohn von Knecht aufschreiben. Sie versuchte auch noch Charlotte von Knecht anzurufen, erreichte aber niemanden. Das Volkswagen-Center am Mölndalsvägen stand als Nächstes auf ihrer Telefonliste. Nach einigem Suchen und Wühlen fand die Dame in der Rezeption die richtigen Papiere. Ja, es stimmte, Charlotte von Knecht hatte am Dienstag ihren neuen Golf abgeholt, aber um welche Uhrzeit, das wusste sie nicht. Der betreffende Verkäufer hatte donnerstags frei und war erst wieder am Freitagvormittag um zehn Uhr zu erreichen. Erst als Irene etwas von »verantwortlich für die Polizeiermittlungen eines Gewaltverbrechens« murmelte, wurde die Dame etwas zugänglicher. Unter viel Murren gab sie die Privatnummer des Verkäufers preis. Unter dieser Nummer durfte Irene mit einem schnoddrigen Anrufbeantworter kommunizieren, der tönte: »Guten Tag! Du hast die Nummer von Robban gewählt! Aber ich bin gerade nicht da oder mit etwas anderem beschäftigt, sodass ich nicht antworten kann. Hinterlasse doch deinen Namen und deine Nummer nach dem Piepsen, dann werde ich später zurückbimmeln.« Irene hinterließ kurz ihren Namen und die Durchwahlnummer der Abteilung. Sehr deutlich betonte sie ihren Titel.

Die Prozedur mit der Pizzaliste lief automatisch ab und dann konnte die Besprechung anfangen. Der Kommissar ergriff das Wort:

»Das war ein hektischer Tag. Auf der heutigen Pressekonferenz habe ich bekannt gegeben, dass es sich beim Brand in der Berzeliigatan um ein Bombenattentat gehandelt hat. Die Brandtechniker haben die Reste einer Bombe in von Knechts Büro gefunden. Die Mitteilung hatte den gleichen Effekt, als hätte ich selbst eine unter die Journalisten geworfen. Sie haben sich wie die Verrückten verhalten. Natürlich ziehen sie die Verbindungslinien zwischen dem Mord an von Knecht und der Explosion gestern Abend. Alle sind mir seitdem auf den Fersen. Die Zeitungen, der Rundfunk und sämtliche Fernsehsender, die es nur gibt! Die Jungs von der Spurensicherung kommen auch gleich und werden berichten, was sie herausgefunden haben. Svante Malm und der neue Junge, Ljundgren, haben versprochen aufzutauchen.«

Er schaute sich unter seinen sieben Inspektoren um und räusperte sich leise.

»Wir gehen der Reihe nach vor, so wie wir sitzen.«

Er schaute Irene, die rechts von ihm saß, herausfordernd an. Der Bericht über ihre Durchsicht der Artikel aus der Svensk Damtidning dauerte seine Zeit, war aber notwendig. Er gab ein Bild von Richard von Knechts öffentlichem Leben. Zusammen mit dem Referat über ihr Gespräch mit Sylvia und Henrik waren die meisten der Meinung, sich danach ein besseres Bild von den Familienmitgliedern machen zu können. Irene fasste abschließend ihre eigenen Gedanken und Schlussfolgerungen zusammen.

»Es könnte ein Familiendrama sein. Sylvias und Henriks Gefühle Richard gegenüber wirken reichlich unterkühlt. Ganz zu schweigen von den seinen ihnen gegenüber. Das war keine glückliche Familie. Und das Motiv ist klassisch: Geld, Untreue. Was gegen die Theorie eines Mordes innerhalb der Familie spricht, ist natürlich die Bombe. Es besteht die Möglichkeit, dass der Mord und die Bombe nichts miteinander zu tun haben. Aber ich glaube eigentlich, diese Möglichkeit ist reichlich unwahrscheinlich«, sagte sie.

Die anderen nickten zustimmend. Irene schloss mit der In-

formation über Charlottes bis jetzt noch unbestätigtes Auto-
kaufalibi und die Gästeliste vom samstäglichen Fest, die
Sylvia ihr gegeben hatte.

Andersson sah zufrieden aus.

»Ich selbst hatte das große Vergnügen, Birgittas Befragung
von Waldemar alias Valle Reuter beizuwohnen. Erzähl mal,
Birgitta!«

Breit lachend erteilte er ihr das Wort, doch sein Lachen
fand ein jähes Ende, als Birgitta mit den Worten begann:

»Valle Reuter ist ein äußerst bedauernswerter Mann. Er ist
seit vielen Jahren schwer alkoholkrank. Ich habe mit dem ge-
schäftsführenden Direktor seiner Börsenmaklerfirma, Mats
Tengman, gesprochen. Als er verstand, worum es ging, war er
sehr offen und aufrichtig. Valle gehört nur noch dem Namen
nach zur Firma. Er besitzt sie, hat aber keinen Einfluss mehr
auf die Geschäfte. Und das ist niemandem stärker bewusst als
Valle selbst, sagt Tengman. Er hat noch ein Zimmer dort. Da
taucht er manchmal auf, schließt sich ein und lässt mitteilen,
dass er schwer beschäftigt sei. Was meistens bedeutet, dass er
seinen Rausch ausschläft. Aber er darf bleiben. ›Sozialthera-
pie‹ nennt der Direktor es. Valle hat sonst nichts zu tun.
Außer am Dienstag. Da isst er nach altem Brauch zusammen
mit Richard von Knecht zu Mittag. Das ist laut Mats Tengman
für Valle der Höhepunkt der Woche. Und inzwischen wissen
wir ja, dass es an diesem Wochentag noch andere Höhepunkte
für ihn gibt… Valle war ziemlich angetrunken, als er herkam,
und hat uns einiges erzählt. Ich habe im Johanneshus angerufen, wo von Knecht und Reuter am Dienstag speisten. Der
Wirt bestätigt die Zeitangaben. Ankunft zwischen eins und
halb zwei, Abfahrt gegen halb vier. Der Grund, warum Valle
Reuter am Mordabend und in der Mordnacht nicht zu Hause
war: Er hat die Nacht mit seiner so genannten Freundin, Gunnel Forsell verbracht, wie schon seit drei Jahren. Er hat die
Adresse schließlich herausgerückt und ich habe heute Vormittag mit ihr gesprochen. Sie war nicht besonders erfreut
über die Aufmerksamkeit, die ihr zuteil wurde, um es mal vor-

164

sichtig auszudrücken. Zuerst weigerte sie sich, mich zu sehen. Aber ich habe damit gedroht, sie mit dem Peterwagen abholen zu lassen, wenn sie nicht einwilligt. Da wurde sie friedlicher, denn die Nachbarn in dem feinen Mietshaus in der Stampgatan haben wohl kaum eine Ahnung, welcher Nebentätigkeit die kleine Frau Forsell nachgeht. Eine Nebentätigkeit, die ihr doppelt so viel einbringt wie ihr sonstiger Job. Ratet mal, als was sie normalerweise arbeitet?«

Birgitta sah sich unter den Kollegen um, die interessiert ihren Ausführungen gefolgt waren. »Stripperin«, »Kindergärtnerin«, »Krankenschwester« lauteten einige Vorschläge. Birgitta schüttelte lächelnd den Kopf.

»Alles falsch! Sie ist Bibliothekarin!«

Alle um den Tisch sahen verblüfft drein. Etwas so Langweiliges hatte sich keiner vorgestellt. Jonny Blom flüsterte Fredrik Stridh zu: »Ha, stille Wasser, die sind tief!«

Birgitta kümmerte sich nicht um die beiden, sondern fuhr fort:

»Ich bin gegen elf zu ihr gefahren. Es stellte sich heraus, dass sie fünfunddreißig Jahre alt ist und gut aussieht, wenn auch nicht wie ein Fotomodell, wenn ihr versteht.«

Jonny unterbrach sie wieder:

»Nein, ich verstehe nicht. Am besten fahre ich mal hin und überprüfe das!«

Er tat so, als wollte er aufstehen, und grinste Birgitta breit an. Aber diese sah ihn nur kalt an und sagte mit neutraler Stimme:

»Dass du nichts verstehst, ist ja nichts Neues. Aber wir anderen, Normalbegabten, wir machen weiter. Wie gesagt: Gunnel war nicht begeistert, dass ich sie aufsuchte. Doch nach einer Weile kam sie dann doch ins Plaudern. Sie ist seit fünf Jahren geschieden, keine Kinder. Seit zehn Jahren hat sie eine Halbtagsstelle in der Stadtbibliothek. Bei ihrer Scheidung dachte sie nicht, dass es so schwer sein würde, eine volle Stelle zu bekommen. Aber in diesen Zeiten des Sparens kürzen alle Kommunen die Gelder für die Bibliotheken. Und das

Gehalt für die halbe Stelle reichte nicht aus, also bestand die Lösung für sie in vier Herren. Sie sind alle ältere Gentlemen. Valle ist der Einzige, der nicht verheiratet ist, die anderen drei sind es. Sie hat dienstags, donnerstags und an den Wochenenden keinen Dienst in der Bibliothek und dann widmet sie sich den Herren. Sie wollte sich nicht näher über das Arrangement auslassen, aber offenbar haben sie feste Tage und Zeiten. Am Dienstag hat sie zwei Besucher. Herr Nummer eins pflegt gegen zwölf zu erscheinen und geht wieder um zwei. ›Verlängerte Mittagspause‹, wie er es nennt. Valle ist Herr Nummer zwei, er hat eine Sondervereinbarung. Er kommt um halb sechs, sie essen zusammen etwas, unterhalten sich und gucken Fernsehen. Er ist immer ziemlich angeheitert, wenn er kommt, da er ja vorher mit von Knecht gegessen hat. Gegen elf Uhr gehen die beiden dann ins Bett. Meistens schläft er sofort ein, manchmal möchte er aber auch eine ›kleine Massage‹ haben, wie sie sich ausdrückte. Dann schlafen die beiden in ihrem großen Doppelbett. Am nächsten Morgen frühstücken sie zusammen und dann geht sie zur Arbeit und er trottet nach Hause.«

Andersson konnte nicht anders, er musste eine Frage einwerfen:

»Und wie viel bezahlt er dafür?«

Birgitta sah ihn mit ihren klaren braunen Augen an, bis er rot wurde.

»Damit wollte sie nicht rausrücken. Aber man kann es so sagen: Sie wohnt in einer hübschen Dreizimmerwohnung in der Stampgatan. Kunst und Möbel nur vom Feinsten. Sie trug Schmuck, der gut und gerne meine Australienreise finanzieren könnte, und sie war sehr elegant und teuer gekleidet. Als ich gehen wollte, sah ich einen Autoschlüssel auf der Flurgarderobe liegen. Er gehörte zu einem Saab 900, das Modell des letzten Jahres.«

Ein nachdenkliches Schweigen erfüllte das Zimmer. Das war nicht die übliche Sorte von Hure, die sich für ein paar Hunderter auf dem Rücksitz eines Autos verkaufte und das

Geld gleich in Schnaps oder Drogen umsetzte. Alle hatten schon von Callgirls und Edelnutten gehört, aber noch keiner war wirklich schon einmal auf eine gestoßen. Bis jetzt.

Andersson wollte weiterkommen und unterbrach die Stille.

»Und was hat sie über Valles Besuch am Dienstag gesagt?«

Birgitta verzog leicht den Mund, bevor sie antwortete:

»Na, da ist es hoch hergegangen! Deshalb wusste Gunnel auch noch genau über die Zeiten Bescheid. Der dienstägliche Herr Nummer eins tauchte nämlich nicht um zwölf auf wie sonst immer. Sie nahm an, dass er krank oder verhindert war. Aber um halb fünf klingelte er an der Tür und forderte seine Wochenration. Und das bedeutet für Gunnel ja auch einiges Geld. Sie sagte, dass es in Ordnung wäre, wenn er sich beeilt. Und es hätte wohl auch geklappt, wenn nicht Valle ausgerechnet an diesem Dienstag schon kurz vor fünf aufgetaucht wäre. Sie konnte ihn ja nicht grölend im Treppenhaus stehen lassen, also bat sie ihn in ihr Wohnzimmer, stattete ihn mit einem gehörigen Drink aus, während sie Herrn Nummer eins abfertigte. Dann musste sie diesen so hinauslotsen, dass die Herren sich nicht zu Gesicht bekamen. Denn laut Gunnel glauben alle vier, dass sie jeweils ›the one and only‹ für sie seien.«

»Kann Valle Reuter sie bezahlt haben, um ein Alibi zu kriegen?«, überlegte Irene.

»Nein, das glaube ich nicht. Ihre Geschichten passen zusammen. Keiner von beiden hat sie bereitwillig preisgegeben. Nein, das klingt nicht konstruiert. Aber...«

Birgitta verstummte und lächelte geheimnisvoll, bevor sie fortfuhr:

»... gegen das Versprechen, dass wir sie mit ihren ›Herren‹ in Ruhe lassen, hat sie mir den Namen des Dienstagsherren Nummer eins gegeben!«

»Sag bloß!«, rief Andersson beeindruckt aus.

»Ich rief in seinem Büro an und erklärte ihm, worum es ging. Er war zunächst nicht gerade auskunftsfreudig, aber als ich ihm mit einer formalen Vorladung gedroht habe, damit er hier im Haus seine Aussage macht, gab er doch klein bei. Er bestätigte Gunnel Forsells und Valles Geschichte.«

Sie schaute von ihren Notizen auf und streckte den Rücken: »Wenn ich eine Zusammenfassung geben soll, dann läuft sie darauf hinaus, dass Valle Reuter kein Mörder ist. Was ich auch keine Sekunde geglaubt habe.«

Sie warf Andersson einen auffordernden Blick zu und er beeilte sich, ihre Meinung zu bestätigen:

»Nein. Man ermordet nicht seinen besten und einzigen Freund. Er hat kein Motiv und ist kein Mördertyp. Ich habe, wie schon gesagt, Birgittas und Valles Gespräch mit angehört. Apropos Gespräch, dieser Fotograf Bobo Torsson hat mich angerufen. Er wird diese Nacht noch in Stockholm bleiben, nimmt dann morgen den Zug und wird gegen Mittag hier sein. Einer von euch muss mit ihm reden. Ich muss diese bescheuerte Uniform anprobieren.«

Jonny schaute verwirrt drein:

»Aber hast du das nicht heute schon gemacht?«

»Doch, ja, aber es gab nur Hosen in Kindergröße. Übrigens, hast du Ivan Viktors erreicht?«

»Ja, per Telefon. Er hat gegen drei Uhr angerufen und gesagt, er wäre gerade aus Kopenhagen zurückgekommen. Offensichtlich hat er aus den dänischen Fernsehnachrichten erfahren, was hier passiert ist. Man muss sich dieser Tage offensichtlich ständig die Haare waschen und ein neues Hemd anziehen, damit man auch gut auf dem Bildschirm aussieht.«

Er tat so, als spucke er in die Handflächen, und fuhr mit ihnen über das Haar. Birgitta schnaubte hörbar, doch bevor sie einen vernichtenden Kommentar von sich geben konnte, kam ihr Chef ihr zuvor:

»Alle Kontakte mit den Massenmedien übernehme ich. Verweist sie auf mich. Das ist am einfachsten so. Ich habe am wenigsten Haar, das gewaschen werden muss.«

Der Kommissar imitierte Jonnys Geste über seiner eigenen Glatze. Irene musste unwillkürlich kichern.

Jonny schürzte die Lippen und schlug einen sachlichen Ton an:

»Ivan Viktors kommt morgen um zehn hierher.«

»Dann redest du mit ihm. Noch was?«

»Ja, ich habe mir das Haus in Marstrand angeguckt. Ich meine, auf der Karte. Es liegt eigentlich auf einer Halbinsel nördlich von Marstrand, die Kärringnäset heißt. Zum einen umschließt der Besitz die ganze Halbinsel und ragt außerdem noch ein Stück ins Land hinein. Insgesamt handelt es sich um fünfzehn Hektar. Auf der Karte sieht man einen großen Stall und Weiden. Und zum See hin liegen zwei Häuser, jedes ungefähr hundert Quadratmeter groß. Ich konnte sehen, dass die Grundstücksgrenze mit einem kräftigen Zaun oder vielleicht auch einer Mauer markiert ist. Neben dem Stall, direkt an dem Weg zu von Knechts Palast, liegt ein Gebäude, genannt ›das Verwalterhaus‹. Und dann habe ich mir die Telefonnummer der Sommerresidenz herausgesucht und wurde mit dem Verwalter Lennart Svensson verbunden. Er und seine Frau kümmern sich um die Pferde und Häuser. Die Frau macht sicher das große Haus sauber. Er ist siebenundfünfzig und arbeitet seit fünfzehn Jahren für die von Knechts. Vorher war er beim Militär. Er hat erzählt, dass schon von Knechts Eltern das Land besaßen. Nachdem beide gestorben waren, hat Richard von Knecht das alte Haus abgerissen und einen Riesenschuppen gebaut.«

Irene hob die Hand.

»Ach, gut, Jonny, dass du von Marstrand sprichst. Henrik hat mich gefragt, ob es in Ordnung ist, wenn er und Sylvia übers Wochenende dorthin fahren. Ich habe gesagt, dass wohl nichts dagegen spricht.«

Jonny beugte sich über den Tisch vor und fragte verwundert:

»Sylvia? Meinst du nicht Charlotte?«

»Nein, Charlotte will zu ihrer Schwester nach Kungsbacka fahren.«

»Ha! Ihr werdet sehen, Henrik und Sylvia haben ein inzes-

169

tuöses Verhältnis! Sie haben Richard um die Ecke gebracht, und als Nächstes ist die schöne Charlotte dran. Sie braucht eine Leibwache! Ich stelle mich zur Verfügung!«

»Nur schade, dass die beiden sich fünf Stockwerke tiefer befanden, als er runtergeschubst wurde.«

Birgitta nutzte die Gelegenheit, Jonny eine Spitze zu verpassen.

Genau im richtigen Augenblick meldete sich das Haustelefon, und es wurde mitgeteilt, dass die Pizzas zur Abholung in der Zentrale bereitlagen.

»Es wird langsam etwas langweilig mit dieser Pizzadiät. Ich werde mich radikal verändern. Nächstes Mal nehme ich Kebab.«

Tommy Persson keuchte und öffnete seinen obersten Jeansknopf. Er lehnte sich auf seinem Stuhl zurück und trank sein Leichtbier in großen Schlucken. Er war an der Reihe, über die Arbeit des Tages zu berichten. Verstohlen gähnend begann er:

»Von der Nacht in der Berzeliigatan hat Fredrik ja schon berichtet. Die Schäden an den Nachbarhäusern sind beträchtlich. Sämtliche Fenster in den umliegenden Gebäuden wurden eingedrückt. Das Einzige, was heil blieb, ist sonderbarerweise das Schaufenster des Zigarettenladens an der Ecke. Irene weiß schon, wer der Besitzer ist, die anderen noch nicht. Ratet mal!«

Jonny knurrte:

»Das ist ja das reinste Rätselraten heute!«

Tommy kümmerte sich gar nicht um ihn.

»Unser allseits geliebter Lasse ›Lillis‹ Johannesson!«

Darauf wusste selbst Jonny nichts zu sagen.

Die Wangen des Kommissars färbten sich und seine Augen bekamen einen erregten Glanz.

»Der schlimmste Radaumacher gleich um die Ecke! Und das buchstäblich. Da könnte was dran sein. Verflucht noch mal, da muss was dran sein!«

Unbewusst rieb er sich die Hände. Ungeduldig gab er Tommy ein Zeichen weiterzumachen.

»Die Brandtechniker kamen bislang nur bis zum zweiten Stock. Weiter rauf ist zu riskant. Glücklicherweise – nun ja, wie man es nimmt – wurde die Leiche des Burschen hinter der Tür zu von Knechts Büro gefunden. Es ist anzunehmen, dass er hinter die Tür gekrochen ist, um Schutz zu suchen. Er war total verbrannt. Die Pathologen sehen ihn sich an. Armer Teufel«, bemerkte Tommy finster.

Er machte eine kurze Pause. Dann fuhr er fort mit dem Bericht des Klinkenputzens im Nachbarhaus. Niemand hatte etwas Verdächtiges gesehen. Alle hatten den lauten Knall gehört und die Druckwelle gespürt. Die Techniker hatten im Flur zu von Knechts Büro Teile einer hausgemachten Bombe gefunden. Pelle, der Brandtechniker, hatte einige Plastikklumpen am Tatort gefunden. Er meinte, das könnten Reste von Benzinkanistern sein. Derjenige, der die Bombe dort installiert hatte, wollte sichergehen, dass auch wirklich alles verbrennen würde. Morgen würde man mehr wissen.

Andersson war immer noch reichlich rot, als er sagte:

»Tommy, du und Fredrik, ihr kümmert euch weiter um Lasse ›Lillis‹. Fragt mal nach, wann er rausgekommen ist. Hat er nicht in Kumla gebrummt? Und zwar diverse Jahre?«

Keiner konnte sich genau erinnern. Andersson fuhr fort:

»Das kann eine Spur sein. Okay, Hans, hast du jemanden erwischt, der am Dienstagabend etwas im Parkhaus gesehen hat?«

Hans Borg schüttelte den Kopf.

»Ich bin noch mal im Haus rumgegangen. Habe mich auf die Wohnungen zur Kapellgatan konzentriert, aber es hat nichts gebracht. Drei Stunden lang, von zwei bis um fünf, habe ich mit Leuten gesprochen, die ihren Wagen im Parkhaus abholten. Keiner hat etwas gesehen. Ein Lehrer aus dem Ascheberggymnasium hat mir Papier und Stift geliehen. Jetzt hängt ein Zettel am Eingang zur Garage, dass alle, die am Mordabend etwas Auffälliges gesehen haben, Verbindung mit uns aufnehmen sollen.«

»Viel mehr können wir wohl nicht tun. Vielleicht sollten wir dort noch mal um halb sechs Uhr abends unsere Runde drehen. Vielleicht kommt einer, der etwas gesehen hat, immer genau um diese Uhrzeit. Nein, jetzt weiß ich, wie wir es machen. Morgen nehmen wir uns das Parkhaus noch einmal intensiv vor. Wir fangen um sechs Uhr morgens an und bleiben bis sieben Uhr abends. Alle, die im Parkhaus ihren Wagen abstellen, werden befragt. Wenn das nichts bringt, müssen wir diese Spur als erledigt ansehen. Aber dass unser Mörder in dem Sturzregen zu Fuß abgehauen ist, das erscheint mir unwahrscheinlich. Ich glaube immer noch, dass er ein Auto genommen hat. Jonny und Hans, ihr übernehmt das«, sagte Andersson entschlossen.

Keiner der beiden sah besonders begeistert aus, aber sie mussten zugeben, dass in den Überlegungen des Kommissars eine gewisse Logik steckte.

»Ja, dann fehlt nur noch Hannu. Hast du Pirjo aufgespürt?«

»Nein, nur die Kinder. Ich bin heute Nachmittag hingefahren. Sie wohnen am Angeredstorg. Zwei Zimmer und Küche.«

»Nicht besonders groß für fünf Personen.«

»Vier. Göte Larsson ist abgehauen. Die Kinder haben ihn seit zwei Jahren nicht mehr gesehen. Vielleicht fährt er zur See. Er ist Seemann.«

»Aber Pirjo und er sind immer noch verheiratet?«

»Ja. Die kleinen Jungen Juha und Timo sind zu Hause. Sie haben die Grippe. Pirjo hat seit Mittwochnachmittag nichts von sich hören lassen.«

»Aber wer kümmert sich jetzt um die Jungs?«

»Marjatta. Sie ist dreizehn und gewohnt, ihre Brüder zu versorgen.«

»Verschwindet Pirjo denn häufiger?«

»Nein, das ist noch nie vorgekommen. Marjatta sagt, dass es keinen anderen Mann gibt. Ich habe die örtliche Polizeiwache angerufen und alle Unfallstationen. Nichts. Wir müssen nach ihr suchen lassen.«

»Ja, wir müssen eine Fahndung ausschreiben. Bleib dran,

Hannu. Das klingt zweifellos merkwürdig. Warum sollte von Knechts Putzfrau im Zusammenhang mit seinem Mord und der Sprengung seines Büros verschwinden? Sie muss am Montag, als sie dort sauber gemacht hat, etwas gesehen haben. Übrigens, war die Tochter nicht mit?«

»Doch.«

»Dreizehn Jahre, sagtest du?«

»Ja.«

Andersson überlegte. Dann wandte er sich wieder Hannu zu:

»Hat sie am Montag etwas Besonderes gesehen oder gehört?«

»Nein. Aber ihr Finnisch ist schwer zu verstehen.«

»Gibt es denn unterschiedliches Finnisch?«

»O ja, Pirjo und die Kinder kommen aus Nordkarelien. Aus Joensuu. Ich bin von Övertorneå. Verschiedene Dialekte, fast verschiedene Sprachen.«

Er wurde von einem Klopfen an der Tür unterbrochen. Die Brandtechniker trafen ein, und es entstand eine kurze Pause, in der sich alle begrüßten und Stühle herangeholt wurden. Sie hatten bereits gegessen und lehnten dankend die angebotenen Reste von Irenes und Birgittas Pizza ab. Aber Kaffee wollten sie gerne. Als es im Zimmer wieder ruhiger wurde, fuhr Hannu unbeeindruckt fort:

»Pirjo hat keine Zeitung und sie hört keine schwedischen Nachrichten. Sie wusste nicht, dass von Knecht tot war. Sie ist, wie jeden Mittwoch, zu den von Knechts gefahren. Dort hat sie die Leute von der Spurensicherung getroffen, erfuhr vom Mord und ist wieder nach Hause gefahren. Den Jungen zufolge war sie um halb zwölf wieder da. Sie hat kein Auto, sondern fährt immer Bus oder Straßenbahn. Marjatta kam um halb vier aus der Schule. Pirjo hat Mittagessen gekocht. Kurz nach fünf sagte sie, sie müsste noch mal los und außer Plan sauber machen, aber sie hat nicht gesagt, wo. Danach hat niemand mehr etwas von ihr gehört oder gesehen.«

Es war eine Weile still im Zimmer. Es schien, als müssten

sich alle nach dem ungewöhnlich langen Bericht von Hannu erst einmal sammeln. Andersson nahm als Erster den Faden wieder auf. Er fragte:

»Weißt du, wie lange Pirjo und die Kinder schon in Schweden leben?«

»Seit drei Jahren.«

»Und Pirjo ist noch nie vorher verschwunden?«

»Nein.«

Andersson sah aufrichtig besorgt aus. Was bedeutete Pirjos Verschwinden? War es ein Zufall? War sie freiwillig untergetaucht? Wurde sie bedroht? Hier stimmte etwas nicht. Das spürte der Kommissar ganz instinktiv. Resolut schlug er mit der flachen Hand auf den Tisch.

»Hannu, du musst alles mobilisieren. Wir müssen Pirjo finden. Sie kann doch verdammt noch mal nicht so einfach vom Erdboden verschwunden sein, mit drei Kindern, um die sie sich kümmern muss! Sie muss am Montag etwas gesehen haben. Quetsch ihre Tochter noch mal aus.«

Er überlegte eine Weile, gab dann aber auf.

»Jetzt haben wir also einen Mord, ein Bombenattentat und einen Vermisstenfall zu bearbeiten. Und wir wissen nicht einmal, ob es da eine Verbindung gibt oder ob es sich einfach nur um einen Zufall handelt. Aber ich habe so ein Gefühl, dass mehr dahinter steckt«, sagte er mit finsterer Miene.

Er holte tief Luft, stand auf und lief an der Stirnseite des Tischs hin und her. Körperliche Bewegung klärt die Gedanken. Und im Augenblick fühlte sich sein Kopf wie ein einziges Wirrwarr an.

»Um auf den Mord an von Knecht zurückzukommen. Hannu, hast du den unehelichen Sohn und seine Mutter erwischt?«

»Da ich in Angered war, habe ich einen Kurskameraden um Hilfe gebeten. Einen von der Kripo in Stockholm. Er ruft mich morgen zurück.«

»Kann er dich nicht heute Abend zu Hause anrufen?«

»Nein. Ich habe noch kein Telefon.«

»Dann bist du also neu in der Stadt, und nicht nur neu in der Abteilung für allgemeine Fahndung?«

»Ja, stimmt.«

Alle warteten auf weitere erklärende Worte, aber es kam nichts. Andersson fuhr fort:

»Irene, dann redest du also morgen mit diesem Autohändler. Und du kannst sicher das Gespräch aus Stockholm auch noch übernehmen. Dann kann Hannu sich voll und ganz der Suche nach Pirjo widmen.«

Irene warf Hannu einen fragenden Blick zu. Dieser nickte, und der Schatten eines Lächelns huschte über sein Gesicht. Eigentlich sah er ganz gut aus. Und kein Ehering. Aber mitteilsam wie eine Sphinx. Sie warf schnell eine Frage an ihn ein.

»Wie heißt dein Kumpel in Stockholm?«

»Veiko Fors. Kriminalinspektor.«

Andersson hätte fast gefragt, ob es sich da um ein internes finnisches Informationsnetz in der Polizei handelte, aber seine Vernunft siegte. Es ist nicht immer gut, alles zu wissen. Stattdessen wandte er sich an Birgitta.

»Birgitta, du kannst Hannu bei der Suche nach Pirjo helfen. Das Ganze hat oberste Priorität. Haben wir eine genaue Personenbeschreibung?«

Hannu nickte.

»Zirka einhundertfünfundfünfzig Zentimeter groß. Die Tochter weiß nicht, wie viel sie wiegt, sagt aber, dass sie dick ist. Blondes, schulterlanges Haar. Zweiunddreißig Jahre alt. Sie macht halbtags in einem Zeitungsladen sauber. Sie bekommt Sozialhilfe. Ich habe mit dem Sozialamt gesprochen und sie informiert, dass Pirjo verschwunden ist. Die haben zugesichert, ein Auge auf die Kinder zu haben.«

Fredrik hob ordentlich die Hand, weil er gern eine Frage stellen wollte.

»Dann hat sie wohl genug Geld, was? Ich meine, Sozialhilfe und weißer und schwarzer Lohn und das alles?«

Hannu blätterte in seinem Block, fand, was er suchte und las ab:

175

»Halbtagslohn als Putzfrau: viertausenddreihundert, plus Sozialhilfe und Wohn- und Kindergeld. Bleiben nach Abzug der Steuern viertausendeinhundertzehn Kronen, die für die restliche Miete, Essen und Kleidung für vier Personen reichen soll. Das Sozialamt hat alle Zahlen. Sie brauchte die Schwarzarbeit.«

Irene sah nachdenklich aus, sie bat ums Wort.

»Ich möchte wissen, wie viele Stunden in der Woche sie für die von Knechts eigentlich gearbeitet hat? Auch wenn es an drei Tagen war, so hat es sich jedes Mal nur um ein paar Stunden gehandelt. Soll ich mal nachfragen?«

»Ja, ruf deine liebe Freundin Sylvia an und frag mal danach.«

Andersson schmunzelte zufrieden über seinen Scherz. Irene bekam ein schlechtes Gewissen. War so deutlich zu erkennen, welche Probleme sie mit Sylvia hatte? Gleichzeitig verspürte sie aber auch ein gewisses Verständnis und vielleicht sogar so etwas wie Sympathie für sie. Es war bestimmt nicht immer spaßig gewesen, Richard von Knechts Frau zu sein.

Andersson schlug sich mit der flachen Hand aufs Knie.

»Nein, jetzt brauche ich eine Kaffeepause, bevor Malm und Ljundgren uns die noch heißen neuesten technischen Spuren verraten.«

Er stand auf und ging zur Kaffeemaschine. Die dritte Runde Kaffee war gerade fertig. Und der Abend war noch jung.

Svante Malm begann seinen Bericht, sobald er den letzten Schluck Kaffee getrunken und sich ein Stück Kautabak unter die Oberlippe geschoben hatte.

»Heute haben wir angefangen, alle Fingerabdrücke zu sortieren. Insgesamt gab es zweiundzwanzig verschiedene. Dreizehn davon sind identifiziert. Die Kollegen vor Ort helfen uns, die Fingerabdrücke zu nehmen, dann brauchen nicht alle hier nach Göteborg zu kommen. Hannu hat mir die Abdrücke von

Pirjos Tochter besorgt, und er hat sogar Pirjos Abdruck vom Wecker an ihrem Bett abgenommen. In von Knechts Wohnung gibt es keinerlei Abdrücke auf den Lichtschaltern im Flur, in der Küche und Waschküche, im oberen Schlafzimmer, im Bad oder auf der Schalterkonsole unten an der Treppe zur oberen Etage. Die sind alle sorgfältig geputzt worden. Wie auch die Türgriffe der Balkontüren, der Wohnungstür und der Stiel des Fleischerbeils. Auf den anderen Lichtschaltern sind Unmengen von Abdrücken, vor allem von Richard und Sylvia von Knecht. Sowie diverse von Pirjo und ihrer Tochter. Die waren ja am Montag zum Saubermachen da. Sogar die Knöpfe der Waschmaschine waren abgewischt.«

»Merkwürdig. Warum hat er sie abgewischt?«

Andersson, der diese Frage stellte, machte ein verwundertes Gesicht. Irene antwortete kurz:

»Vielleicht gibt es dafür eine ganz einfache Erklärung. Es war nicht von Knecht, der die Wäsche in die Maschine gestopft hat, sondern unser Mörder. Darf ich mal kurz abschweifen und fragen, was für Medikamentenröhrchen Sylvia von Knecht in ihrer Nachttischschublade hat?«

Malm blätterte in seinen Unterlagen.

»Hier. Vier Schachteln Stesolid, fünf Milligramm. Die eine war fast leer, die anderen noch nicht geöffnet. Zwei Schachteln Sobril, fünfzehn Milligramm. Die eine gerade angefangen, die andere ungeöffnet. Ein Glas Rohypnol, ein Milligramm, das fast leer war«, berichtete er.

Fredrik fragte verständnislos:

»Was sind das für Medikamente?«

»Stesolid und Sobril sind Beruhigungsmittel. Rohypnol ist ein Schlafmittel. Die Medikamente waren von drei verschiedenen Ärzten verschrieben worden. Ich bin kein Arzt oder Experte, aber soweit ich es beurteilen kann, haben wir es hier mit einem klassischen Fall von Medikamentenmissbrauch zu tun«, erklärte Svante Malm.

Die weiteren Berichte liefen darauf hinaus, dass man nichts direkt Bemerkenswertes gefunden hatte. Haare und Stoffreste waren katalogisiert worden, aber da die Wohnung äußerst gut geputzt war, hatte man keine größeren Mengen gefunden. Bestimmte Haare konnten bereits als den Samstagsgästen zugehörig identifiziert werden. Malm bat Hannu, ein paar Haare aus Pirjos Haarbürste zu zupfen und Marjatta um ein paar von sich zu bitten. Es war wohl anzunehmen, dass die Haare, die in der Waschküche vor dem Putzschrank gefunden worden waren, Mutter und Tochter Larsson gehörten. Mit den Samstagsgästen aus Stockholm und Helsinki sollte Verbindung aufgenommen werden. Er beschloss seinen Bericht:

»Das Doppelbett im oberen Stock war gemacht. Saubere Handtücher im Bad, nur nicht in der Sauna. Dort haben wir das Handtuch gefunden, das von Knecht benutzt hat.«

Irene überlegte. Schließlich sagte sie laut:

»Ich weiß ja nicht, wie ihr euch verhaltet, wenn ihr wegen einer Erkältung im Haus bleibt. Aber ich weiß, wie mein Mann sich verhält. Er ist fast nie richtig krank, aber wenn er auch nur die kleinste Erkältung hat, dann meint er zu sterben. Taschentücher auf dem Nachttisch. Wasserglas, eine Tasse mit Brühe und Süßigkeiten. Das Papier von Halstabletten, Zeitungen und anderer Lesestoff auf dem Boden. Am schlimmsten ist es, wenn es ihm besser geht. Aber wir haben bei Richard von Knecht nicht die geringste Andeutung von Unordnung gefunden. Klinisch rein. Ich meine, er war bereits vierundzwanzig Stunden, nachdem Pirjo und ihre Tochter sauber gemacht hatten, allein zu Hause und erkältet. Erst dienstags gegen ein Uhr hat er die Wohnung verlassen und ist mit Valle Reuter zum Johanneshus gefahren.«

Eine nachdenkliche Stille legte sich über die Versammlung. Schließlich nickten die meisten zustimmend. Nur Jonny schnaubte.

»So sieht es bei mir nicht aus. Meine Frau passt da schon auf.«

»Ja, genau das. Sie macht deinen Dreck weg. Das ist es ja, was meiner Meinung nach auch bei Richard passiert ist! Er ist nach seinem Essen mit Valle in eine auf Hochglanz polierte

Wohnung zurückgekommen. Bestimmt ist in dem Zimmer, in dem er sich vorher aufgehalten hat, auch Staub gesaugt worden. Die Staubsaugertüte! Svante, hast du was in ihr gefunden?«

»Nein. Frisch gewechselt. Vollkommen leer.«

»Dann kann sie zusammen mit dem Lappen in den Müll unten geworfen worden sein. Falls der Mörder dorthin gegangen ist. Aber bis jetzt hat keiner der anderen Mieter gesagt, er hätte zu diesem Zeitpunkt seinen Müll weggebracht.«

Andersson war gezwungen, sie zu unterbrechen:

»Aber von Knecht muss doch gemerkt haben, dass sauber gemacht worden ist! Es stank ja noch nach Ajax, als wir Stunden später reinkamen!«

»Ja, er muss das gewusst haben. Es vielleicht sogar erwartet haben.«

»Du meinst, der Mörder hat vor dem Mord den Tatort sauber gemacht?«

Andersson schaute skeptisch in die Runde. Irene zuckte leicht mit den Achseln.

»Nicht unbedingt der Mörder. Aber es ist anzunehmen. Jedenfalls wollte jemand alle Spuren von sich in der Wohnung auslöschen. Dieser sorgfältige Hausputz kann unmöglich nach einem Mord stattgefunden haben. Der hat bestimmt ein paar Stunden in Anspruch genommen«, antwortete sie.

Andersson war so aufgebracht, dass seine Ohren glühten. Er explodierte:

»Das kann nicht stimmen! Niemand lässt jemanden in seine Wohnung, damit er alle Beweise vernichtet, dass diese Person in der Wohnung gewesen ist! Und geht dann aus, um ein Riesenmenü zu speisen! Kommt danach wieder zurück zu seiner gemütlichen Sauna und seinem Whisky, um sich in aller Ruhe über den Kopf streicheln zu lassen. Übrigens deutet nichts darauf hin, dass zwei Personen in der Sauna waren und es sich anschließend gemütlich gemacht haben.«

Er verstummte und holte tief Luft. Tommy Persson nutzte die Gelegenheit, einen Einwand loszuwerden:

»Warte mal. Es kann auch so gewesen sein: von Knecht hat Pirjo reingelassen, damit sie die Spuren beseitigt. Aber wovon?«

Jonny strahlte auf:

»Von einer Orgie! Natürlich. Seine Frau war schließlich verreist.«

Birgitta ließ die Gelegenheit nicht ungenutzt:

»Schließ nicht immer gleich von dir auf andere!«

Anderssons Ohren wurden etwas blasser, als er von Tommy zu Irene sah.

»Pirjo? Ja, warum eigentlich nicht? Das eine ist nicht verrückter als das andere. Aber irgendwas stimmt da nicht. Warum sollte sie am Tag nach ihrem Großreinemachen noch einmal kommen? Andererseits würde das erklären, warum von Knecht allein war, als er zurückkam. Sie war bereits gegangen. Hannu und Birgitta, ihr müsst unbedingt Pirjo zu fassen kriegen!«

Hannu machte eine beruhigende Handbewegung. Irene fiel etwas ein, was sie noch fragen wollte.

»Svante, lagen irgendwelche Butterbrote im Kühlschrank? Sylvia sagte, Richard wollte zwei belegte Brote fürs Abendbrot kaufen.«

»Nein, der war fast leer. Ein bisschen Käse und Eier. Etwas Bier und Heringsdosen. Keine frischen Sachen.«

»Aha. Als er am Dienstag mit Sylvia telefonierte, hat er ihr gesagt, er würde Brot kaufen gehen, aber das hat er offenbar vergessen. Die sind sicher im Schnaps- und Eukalyptusnebel verschwunden«, fügte sie noch trocken hinzu.

Malm nickte und fuhr fort:

»Wenn wir jetzt zum Feuer in der Berzeliigatan übergehen können – da steht inzwischen zweifelsfrei fest, dass es sich um eine Brandbombe gehandelt hat. Ich habe mit Pelle Svensson gesprochen, und er sagt, dass es sich um eine große Bombe gehandelt haben muss. Nach allem zu schließen, was er bisher gefunden hat, muss es sich um eine Höllenmaschine handeln, ein kräftiges Metallrohr mit Plastiksprengstoff. Wahrscheinlich waren die Bombe und die Benzinkanister mit einer Pentyllunte verbunden.«

»Wie wurde die Bombe ausgelöst?«

»Pelle hat versprochen, morgen im Laufe des Tages diesbezüglich von sich hören zu lassen. Die Spuren waren noch nicht eindeutig, aber er hat da eine Theorie. Aber mehr will er noch nicht sagen.«

»Und die Leiche, die gefunden wurde?«

»Über die wissen wir auch noch nicht viel. Die Stridner hat versprochen, sie als Erstes morgen früh anzusehen. Sie ist mit einem wissenschaftlichen Symposium der Rechtsmedizin beschäftigt, haben sie uns in der Pathologie gesagt. Und die anderen Pathologen sind auch dort.«

Jetzt war Birgitta an der Reihe mit einer Frage.

»Was ist eine Pentyllunte?«

»Das wissen die meisten, die beim Militär waren. Lass es mich so sagen: Wenn man eine Zündschnur um einen ganz normalen Baumstamm wickelt und die Zündkapsel auslöst, dann explodiert die Zündschnur und der Stamm fällt um. Eine explosive Zündschnur, so kann man es wohl bezeichnen.«

Er setzte sich. Ein allgemeiner Schlagabtausch von Vermutungen und Fragen setzte ein, ohne dass sie das Gefühl hatten, wirklich weiterzukommen. Um neun Uhr blies der Kommissar zum Aufbruch.

»Okay. Wir machen hier Schluss und gehen nach Hause. Morgen ist auch noch ein Tag. Alle wissen, was sie zu tun haben?«

Murmelnd nickten seine Leute.

»Ich bin den ganzen Tag hier im Haus, von sieben bis... so lange es abends notwendig ist. Sobald ihr irgendwas herausfindet, nehmt ihr mit mir Kontakt auf. Wir treffen uns alle wieder um acht Uhr am Montagmorgen. Den Bereitschaftsdienst am Samstag übernimmt Tommy, das Back-up macht... Irene. Sonntagsdienst hat Hans. Back-up macht... mache ich selbst.«

181

Irene musste zugeben, dass ihr das ganz gelegen kam. Dann hätte sie am Sonntag frei. Und am Samstagabend würden Krister und sie sich einen richtig gemütlichen Abend machen. Herrlich. Plötzlich fühlte sie, wie müde sie war.

Abgesehen von Sammies Freudensprüngen und Jubelgebell war es vollkommen still im Haus, obwohl es erst kurz nach zehn Uhr war. Sein Fell wurde schon wieder ziemlich lang, es war Zeit, es schneiden zu lassen. Aber das musste warten, bis die Ermittlungen beendet waren. Oder zumindest bis sich die Lage etwas beruhigt hatte. Sie fühlte einen Stich schlechten Gewissens. Sammie war ein lebhafter Hund, aber keiner hatte mehr richtig Zeit für ihn. Alle schoben zu viel Arbeit, Schule und Freizeitaktivitäten vor. Sicher, er hatte seine Hundefreunde bei der Tagesmutter. Um ihr schlechtes Gewissen zu beruhigen und ihm etwas Gutes zu tun, drehte sie mit ihm noch eine Abendrunde.

Von außen sah sie, dass in Katarinas Zimmer Licht brannte. Wahrscheinlich las sie noch oder sie war mit eingeschalteter Lampe eingeschlafen. Irene würde sie ausschalten, bevor sie selbst schlafen ging.

Eigentlich war Kristers Arbeitsrhythmus nicht schlecht. Er arbeitete donnerstags immer spät, bis Mitternacht. Und dann am Freitag oder Samstag auch. Jedes dritte Wochenende hatte er ganz frei. Als die Zwillinge noch kleiner waren, hatte Irenes Mutter sich zur Verfügung gestellt, wenn sich ihre Dienstpläne und Überstunden überschnitten hatten. Aber jetzt waren die Mädchen groß, und die Oma hatte in den letzten drei Jahren nicht mehr oft kommen müssen. Die Zeit arbeitet für alle Kleinkindeltern.

Sie schmunzelte vor sich hin, in Gedanken und Erinnerungen versunken. Deshalb war sie vollkommen unvorbereitet, als Sammie plötzlich losbellte und einer Gestalt entgegensprang, die sich in den tiefen Schatten der Garagenwand drückte.

KAPITEL 9

Guten Morgen meine Liebe. Du siehst aus, als habe dich gerade ein Zehntonner überfahren.«

»Danke, mein Schatz. Genau solche Kommentare bringen gute Laune für den ganzen Tag!«

Wütend riss Irene ihm das Duschhandtuch aus der Hand, mit dem er sich gerade abtrocknen wollte. Mit einem schnellen Wurf schmiss sie das Handtuch unter die noch laufende Dusche. Auch eine kleine Rache ist eine Rache. Auch wenn es vollkommen kindisch war. Krister lachte verärgert auf.

»Aha. So ein Morgen ist das also. Kriegst du deine Tage?«

Da platzte sie.

»Nein, aber ich habe in den letzten Tagen über fünfzig Stunden gearbeitet! Und Jenny hat mir gestern noch den Rest gegeben!«

»Ach, was?!«

»Ach, geh doch dahin, wo der Pfeffer wächst!«

Wütend lief Irene in die Dusche. Als sie sich umdrehte, sah sie noch, wie Krister ihr Handtuch nahm und pfeifend das Bad verließ. Jetzt hatte sie gar kein Handtuch. Es gab einfach keine Gerechtigkeit auf dieser Welt. »Just one of those days«. Hatte nicht Frank Sinatra das gesungen? Ach, es war ja auch scheißegal, welcher blöde Typ das gewesen war. Das war ein verdorbener Tag, noch bevor er überhaupt angefangen hatte. Nach dem Duschen fühlte sie sich etwas besser, war aber immer noch ausgesprochen streitlustig. Nicht Krister war ihr Hauptgegner, aber er würde sein Fett auch noch abkriegen. Zuerst einmal wollte sie sich Jenny vornehmen.

183

Die Tochter saß nicht beim Frühstück.

»Wo ist Jenny?«, fragte sie.

»Sie sagt, sie ist krank«, erklärte Katarina. Sie saß versunken in die Titelseite der Morgenzeitung. Die Schlagzeile vor der Nase fragte sie:

»Mama, warst du dabei, als sie den verbrannten Typen gefunden haben?«

Krister hatte seinen Rechthaberischen.

»Wenn er verbrannt war, konnten sie ihn ja wohl schlecht finden.«

»Haha. Wie witzig. Korinthenkacker«, lautete der Kommentar der Tochter.

Irene wandte sich Katarina zu.

»Nein, den Mann, der im Feuer umgekommen ist, habe ich nicht gesehen. Zum Glück! Aber was meinst du damit, dass Jenny krank ist?«

»Das musst du sie wohl selbst fragen. Nicht mich. Ich bin nicht krank!«

Katarina guckte sie wütend an. »Just one of those…« Irene seufzte. Und beschloss, ihre Taktik zu ändern. Man kann sich nicht mit der ganzen Welt anlegen. Mit einem müden Seufzer erzählte sie also:

»Das liegt sicher an gestern Abend. Ich bin kurz nach zehn noch einmal mit Sammie rausgegangen. Wir waren wohl so eine halbe Stunde draußen. Als ich um die Garage gebogen bin, sprang Sammie jemanden an, der sich hinter der Ecke versteckt hatte. Ich habe fast einen Herzschlag gekriegt, solche Angst hatte ich! Aber es war Jenny. Hätte ich den Hund nicht dabei gehabt, hätte ich sie gar nicht entdeckt. Aber er hat sie natürlich schon von weitem gewittert.«

Krister wandte sich sofort Katarina zu.

»Was macht sie an einem Wochentag um halb elf da draußen? Katarina!«

Diese starrte unverwandt auf ihre Zeitung und tat so, als hörte sie nichts. Aber zwei Paar bohrende Elternaugen sind nur schwer zu ignorieren. Schließlich musste sie doch antworten.

»Sie war weg. Um zu spielen. Mit der Band.«, erklärte sie schmollend.

Irene seufzte:

»Ja, das hat sie mir auch gesagt. Aber sie hatte einen großen Knutschfleck am Hals. Und sie wollte mir nicht verraten, von wem der stammte.«

Katarina fuhr hoch und warf die Zeitung hin.

»Verdammt noch mal, das ist doch wohl ihre Sache!«

Wütend lief sie aus der Küche.

Kristers gespielter Ärger war wie weggeblasen. Er sah Irene ernst an.

»Entschuldige, aber ich wusste nichts davon. Ihr habt alle geschlafen, als ich gegen Mitternacht nach Hause gekommen bin.«

»Aus Erschöpfung. Schlicht und einfach die pure Erschöpfung.«

»Ich gehe hoch und rede mit Jenny. Iss du in aller Ruhe dein Frühstück.«

Mit einem Kloß im Hals umarmte sie ihn. Sie spürte eine große Dankbarkeit ihrem Schicksal gegenüber oder was das immer auch war, das ihr einen so wunderbaren Mann geschenkt hatte. Sie selbst war doch nur eine mürrische Hausfrau und eine schlechte Mutter, die es nicht schaffte, Job, Mann, Haus und Kinder unter einen Hut zu bringen. Und Hund, wurde sie erinnert, als Sammies zottiger Bart in der Türöffnung auftauchte.

»Hallo! Weiß hier jemand, wo Hannu Rauhala zu finden ist? Hier ist ein Gespräch aus Stockholm für ihn.«

Irene zuckte zusammen. Stockholm! Das musste dieser Inspektor sein, den Hannu kannte. Sie drückte schnell die Taste des Haustelefons.

»Hallo! Hier ist Irene. Stell ihn bitte zu mir durch. Hannu hat mich gebeten, mich drum zu kümmern.«

Das war nicht ganz korrekt, aber sie hatte keine Zeit, die ganze Wahrheit mitzuteilen. Während sie versuchte sich schnell ihre Jacke abzustreifen, begann ihr Telefon bereits herausfordernd zu klingeln. Sie griff atemlos nach dem Hörer, einen Arm immer noch in der Jacke.

»Inspektorin Irene Huss.«

»Hallo, hier ist Veiko Fors, Kripo Stockholm. Ich suche Hannu.«

»Ich weiß. Wir arbeiten gemeinsam an dem Fall. Wir sind zu wenig Leute, deshalb hat Hannu mich gebeten, das Gespräch entgegenzunehmen. Er ist unterwegs und sucht nach einer verschwundenen Hauptzeugin.«

»Wenn Hannu sie sucht, dann habt ihr sie bald.«

Es war keine Spur finnischen Akzents bei Veiko Fors zu hören. Vielmehr klang er wie ein eingeborener Södländer.

»Ja, er ist wirklich eine Hilfe, der von-Knecht-Fall zieht ja immer größere Kreise, wie Sie wahrscheinlich in den Zeitungen gelesen haben«, sagte Irene.

»Ja, anscheinend steckt ihr ziemlich in der Scheiße. Und es lässt sich nicht leugnen, dass es mir ähnlich geht.«

»Wieso?«

»Jonas Söder ist Künstler, er wohnt in der Fjällgatan. Aber wir können ihn nicht erwischen. Ich habe mehrere Male versucht ihn anzurufen, bin sogar gestern auf meinem Heimweg vorbeigefahren und habe geklingelt, aber nichts. Mona Söder ist ebenfalls eine Niete. Ich habe ihre Privatnummer herausgekriegt, und beim fünften Versuch war sie dran. Aber als ich mich vorgestellt habe und ihr erklären wollte, dass wir mit ihr und Jonas wegen des von-Knecht-Mords reden wollten, ist sie vollkommen ausgerastet! Sie hat sich geweigert, mit mir zu reden. Sie sagt, sie würde nur mit jemandem reden, der direkt an den Ermittlungen beteiligt ist. Also muss ich leider den Ball an euch in Göteborg zurückgeben. Sorry!«

Irene notierte sich Jonas und Mona Söders Adressen und Telefonnummern. Veiko hatte außerdem noch Monas Telefonnummer an ihrer Arbeitsstelle. Er erzählte ihr, dass Mona Söders Bezeichnung im Telefonbuch »Personalchef« lautete. Resigniert legte sie den Hörer auf die Gabel. Wie konnte man das lösen? Aber es blieb keine Zeit für Überlegungen, denn das Telefon klingelte gleich wieder.

»Inspektorin Irene Huss.«

»Guten Tag! Hier spricht Robert Skytter!«

Der Name sagte ihr nichts, aber sie erinnerte sich sofort an die Trompetenstimme. Der Autohändler von Volkswagen. Die jugendliche Stimme klang genau wie eine Werbesendung für energiespendende Frühstücksflocken oder ein Ginsengpräparat. Vielleicht sollte sie sich auch eine Packung Ginseng kaufen? Ob es die auch in Fünfkilopackungen gab? Ein neuerlicher Trompetenstoß weckte sie aus ihren Überlegungen.

»Hallo! Ist da jemand?«

»Wie, bitte? Oh, ja. Entschuldigung, ich war gerade mit etwas anderem beschäftigt! Ja, Herr Robert Skytter, ich wollte Sie sprechen, weil doch Charlotte von Knecht am Dienstagabend bei Ihnen im Geschäft war und ihren neuen Wagen abgeholt hat. Stimmt das?«

»Ja, natürlich!«

»Wann ist sie gekommen?«

»Nun, ja, nach vier Uhr, eher gegen halb fünf.«

»Wie spät war es, als sie wieder wegfuhr?«

Einen kurzen Moment blieb es still. Und als er antwortete, war nicht mehr der vollkommene überzeugte Unterton in seiner Stimme zu vernehmen:

»Das weiß ich nicht genau. Kurz nach fünf nehme ich an.«

»Nicht vor fünf Uhr?

»Nein, da bin ich mir sicher. Ich erinnere mich noch daran, dass ich die Fünfuhrnachrichten im Radio gehört habe.«

»Aber Sie haben doch das Auto verkauft? Wie konnten Sie dann die Zeit haben, um Radio zu hören?«

»Ja, also, wir sind eine Runde in Charlottes neuem Wagen gefahren. Sie fühlte sich etwas unsicher. Ich habe ihr einiges gezeigt.«

»Hatte sie nicht vorher auch schon einen Golf?«

»Ja, aber dieser ist sehr viel neuer. Mit viel mehr Raffines-

sen. Denken Sie nur an den stärkeren Motor, einhundertfünf-
zehn PS...«

»Danke, aber ich habe einen Wagen. Übrigens, wie alt sind
Sie eigentlich?«

Jetzt blieb es für eine ganze Weile still.

»Was hat das denn damit zu tun... zweiundzwanzig.«

»Verheiratet oder mit jemandem zusammenlebend?«

»Weder noch. Und Sie selbst? Sind Sie interessiert, oder...?«

Die Reaktion kam für sie selbst überraschend, ließ sich aber
nicht zurückhalten. Das Lachen stieg ihr in den Bauch hoch
und explodierte an der Luft. Sie musste den Hörer hinlegen.
Sie lag halb über dem Schreibtisch, während die Lachtränen
ihre schon fleckige Schreibtischunterlage tränkten. Zum
Schluss bekam sie einen Krampf im Zwerchfell. Mit aller
Kraft sammelte sie sich, wischte sich mit dem Pulloverärmel
über Nase und Augen und nahm den Hörer wieder in die
Hand.

»Hallo, entschuldigen Sie, Robert. Aber das war einfach zu
komisch. Ich könnte fast Ihre Mutter sein. Wenn ich rechtzeitig angefangen hätte.«

»Geil ey. Das ist cool, wenn man jemanden so einfach eine
Freude machen kann. Übrigens, ich steh auf reife Frauen.«

»Auf solche wie Charlotte?«

»Charlotte von Knecht ist wirklich was Besonderes. Und
nett. Und wahnsinnig hübsch.«

»Und Sie sind sicher, dass Sie die Fünfuhrnachrichten
gehört haben, als Sie im Auto saßen?«

»Ja. Obwohl, da habe ich nicht mehr im Auto gesessen. Ich
war gerade ausgestiegen. Charlotte wollte sehen, wie man
den Reservereifen losmacht. Die Wagentür war offen, und da
haben wir die Nachrichten gehört. Charlotte hat etwas in der
Art gesagt: ›Was, ist es schon fünf?‹ Ja, und dann haben wir
überprüft, ob sie auch alle Papiere und so hatte. Und dann ist
sie weggefahren.«

»Da muss es ungefähr zehn nach fünf gewesen sein. Oder
genauer: siebzehn Uhr zehn.«

188

»Ja, das kann hinkommen.«

»Danke, Robert Skytter. Und entschuldigen Sie meinen Lachanfall, aber Sie haben meinen Tag gerettet.«

»Keine Ursache. Und kommen Sie doch vorbei, wenn Sie ein gutes Auto brauchen.«

Ach, wie doch ein schwaches Licht am Horizont einen klaren Tag versprechen konnte. Ein wenig Sonne würde nicht schaden. Sie hatte sich jetzt seit zwei Wochen nicht gezeigt. Irene spürte, wie neue Energie ihren Körper durchfloss. Sprach man nicht von »erlösendem Lachen«? Wozu brauchte sie Ginseng, ein kleiner Flirt am Telefon wirkt bei Damen, die sich den vierzig nähern, doch schon Wunder.

Andersson saß in seinem Zimmer. Als Irene leise an den Türrahmen klopfte, fuhr er auf seinem Stuhl hoch.

»Meine Güte, hast du mich erschreckt!«

»Ach, hast du versucht nachzudenken? Es riecht auch schon ganz angebrannt hier.«

Irene schnüffelte in der Luft. Er warf ihr einen müden Blick zu.

»Wie kannst du so früh am Morgen schon so witzig sein. Aber angebrannt ist das Stichwort. Der Brand in der Berzeliigatan passt nicht zu dem Mord an von Knecht. Und gleichzeitig kommt er verdammt passend. Und dann noch das Verschwinden der Putzfrau.«

»Ich habe mit Hannus Kumpel in Stockholm gesprochen, Veiko Fors.«

»Ja, und wie ist es bei ihm gelaufen?«

»Nicht besonders gut. Er steckt in der Scheiße.«

»Steckt in der Scheiße ... sag mal, spinnst du jetzt ganz und gar?«

Irene lachte und brachte sogar Andersson dazu, die Mundwinkel zu verziehen.

»Genauso hat er sich ausgedrückt. Stockholmer Sprüche, weißt du. Der Scheiß ist, dass Jonas Söder nicht aufzuspüren ist. Er ist offenbar ein Künstler. Und die Mama drehte durch, als Veiko Fors ihr sagte, er wollte mit den beiden über den von-Knecht-Mord reden. Sie besteht drauf, nur mit jemandem von der Polizei zu sprechen, der direkt an den Ermittlungen beteiligt ist.«

Andersson schaute nachdenklich durch sein zugewachsenes Fenster. Die arme Hängelilie in ihrem Makrameegestell hatte schon vor langer Zeit aufgegeben. Er saß eine Weile stumm da. Ohne sie anzusehen, sagte er nachdenklich:

»Im Augenblick sind nur Jonny und du hier im Haus und ich natürlich. Jonny soll mit Ivan Viktors reden. Vielleicht tut er das sogar schon. Und was machst du?«

»Ich wollte Sylvia von Knecht anrufen und sie fragen, wie viele Stunden in der Woche Pirjo eigentlich bei ihnen gearbeitet hat. Außerdem habe ich gerade mit dem Autohändler in Mölndal geredet. Er gibt Charlotte bis etwa zehn Minuten nach fünf ein Alibi.«

»Dann konnte sie es nicht mehr schaffen, ins Zentrum zu fahren und ihren Schwiegervater übers Geländer zu schubsen. Außerdem ist es nicht sehr wahrscheinlich, dass Charlotte sich besonders gut im Bombenbasteln auskennt.«

»Etwas sagt mir, dass sie noch nicht einmal Kartoffeln kochen kann.«

Das war als Scherz gemeint, aber sie selbst hörte den verächtlichen Ton.

Andersson schien den abfälligen Kommentar nicht bemerkt zu haben. Er war mit seinen Gedanken und Planungen beschäftigt.

»Und dann sollen Jonny und Hans das Parkhaus überwachen. Tommy und Fredrik überprüfen die Berzeliigatan. Birgitta soll den Fotograf Bobo Torsson vernehmen und Hannu helfen, nach Pirjo Larsson zu suchen. Und ich muss mit Yvonne Stridner reden. Richard von Knechts pathologische Untersuchung ist abgeschlossen, wie es so schön heißt. Und da war doch noch was? Ja, genau, ich soll Hosen anprobieren.«

Bei dem letzten Satz huschte ein Schatten über sein Gesicht. Er holte tief Luft.

»Also wird es an dir hängen bleiben, Irene, du musst dich um Mutter und Sohn Söder in Stockholm kümmern.«

»Das geht in Ordnung. Ich habe von Veiko Fors die Telefonnummern gekriegt. Aber erst rufe ich Sylvia an.«

Ein Dutzend Mal klingelte das Telefon, bevor Sylvias schläfrige Stimme endlich am anderen Ende der Leitung zu hören war.

»Jetzt hast du aber die Dosis ein wenig zu hoch angesetzt, kleine Sylvia«, dachte Irene. Aber sie sagte nichts. Stattdessen zwitscherte sie mit ihrer sanftesten Stimme drauflos:

»Guten Morgen, Sylvia. Entschuldigen Sie, dass ich Sie wecke. Hier ist Inspektorin Irene Huss.«

Es war ein undeutliches Gemurmel und Gebrumme als Antwort zu vernehmen. Schneller fuhr Irene fort:

»Ich rufe im Auftrag von Kommissar Andersson an. Wir suchen Pirjo Larsson. Sie ist seit Mittwochnachmittag verschwunden. Sie haben immer noch nichts von ihr gehört?«

»Nein. Nichts… weg… ich glaube, sie wohnt in Angered«, murmelte Sylvia.

»Das wissen wir. Aber sie ist seit Mittwoch nicht mehr in ihrer Wohnung und bei ihren Kindern gewesen.«

»Ach… wie merkwürdig.«

Das klang, als würde sie langsam wach werden.

»Und wer soll jetzt hier sauber machen?«

Sie war wach geworden. Irene unterdrückte ein Seufzen und fuhr unerschrocken fort:

»Wir möchten gern wissen, wie viele Stunden in der Woche Pirjo bei Ihnen gearbeitet hat?«

Für eine halbe Ewigkeit blieb es still. Schließlich kam resigniert:

»Fünfzehn Stunden.«

»Verteilt auf drei Tage? Montag, Mittwoch und Freitag? Stimmt das?«

»Ja.«

»Wie hoch ist Pirjos Lohn?«

»Ich sehe keinen Grund, warum Sie das wissen müssten!«
Irene versuchte so überzeugend wie möglich zu klingen.
»Doch, den gibt es. Wir untersuchen nämlich Pirjos finanzielle Situation.«
Das klang gut. Aber beeindruckte Sylvia noch lange nicht.
Sie fauchte nur:
»Na, ihrer Meinung nach sieht die nicht besonders gut aus.«
»Will Pirjo mehr Geld?«
»Ja.«
»Was bekommt sie denn im Monat?«
Neuerliches Schweigen. Schließlich sagte Sylvia resigniert:
»Achtzehnhundert.«
»Und was will sie haben?«
»Zweitausendfünfhundert! Völlig ausgeschlossen!«
»Wie viel kriegt sie nun?«
»Überhaupt keine Lohnerhöhung! Ich war empört!«
Die Wut ließ sie jetzt vollkommen wach klingen. Irene beschloss, das Gespräch etwas neutraler zu beenden.
»Ich habe von Henrik gehört, dass Sie übers Wochenende nach Marstrand fahren wollen.«
»Ja. Ich hoffe nur, dass es da keine Schwierigkeiten gibt.«
Ihr Tonfall machte deutlich, dass sie gar nicht daran dachte, darauf Rücksicht zu nehmen, wenn es sie doch gäbe.
»Nein, nein, ich wollte Ihnen nur sagen, dass Sie uns gern anrufen können, wenn Ihnen etwas einfallen oder auffallen sollte. Die Ermittlungsgruppe ist immer erreichbar.«
»Arbeiten Sie ununterbrochen?«
»Nein, das nun auch wieder nicht. Wir haben unsere Dienstpläne.«
Verhalten wünschten sie einander ein schönes Wochenende und legten auf. Jetzt brauchte Irene erst einmal eine schnelle Tasse Kaffee, bevor sie Mona Söder anrief.

»Swedish Data, guten Tag. Mit wem möchten Sie sprechen?«
Die Stimme klang professionell und freundlich.
»Ich suche die Personalchefin Mona Söder.«

»Einen Augenblick bitte.«

Klick, klick. Dann ein leises Summen, damit man auch wusste, dass das Umschalten geklappt hatte. Eine dunkle, angenehme Frauenstimme meldete sich.

»Ja, hier ist Mona Söder.«

»Guten Morgen. Mein Name ist Irene Huss. Inspektorin in Göteborg. Ich ermittle im Mordfall an Richard von Knecht.«

Mona Söder holte angestrengt Luft.

»Ich will da nicht reingezogen werden! Jetzt nicht… wo es nun einmal so ist, wie es ist. Wir wollen damit nichts zu tun haben. Sind wir denn in irgendeiner Weise verdächtig?«

»Wie Sie sicher wissen, handelt es sich hier um eine Morduntersuchung. Dabei wird allen Hinweisen und Informationen nachgegangen. Und dabei sind wir darauf gestoßen, dass Sie und Richard von Knecht im Juli '65 einen Sohn bekommen haben.«

Im Hörer war leises Schluchzen zu hören. Aber nur für einen Moment, dann hatte Mona Söder ihre Stimme wieder im Griff und fragte scheinbar unbewegt:

»Können wir uns sehen?«

»Uns sehen? Aber Sie wohnen doch in Stockholm!«

»Ja, natürlich. Aber es ist wichtig für die Ermittlungen. Sie müssen herkommen!«

Das klang gleichzeitig wie eine Bitte und ein Befehl.

»Und das können wir nicht am Telefon besprechen?«

»Auf keinen Fall! Es ist äußerst wichtig, dass Sie kommen, denn Sie müssen es mit eigenen Augen sehen.«

»Da muss ich zuerst mit meinem Vorgesetzten reden. Auch die Göteborger Polizei hat ihre Sparmaßnahmen einzuhalten.«

»Rufen Sie wieder an, wenn Sie Genaueres wissen. Bis dann!«

Beeindruckt legte Irene den Hörer auf. Es war zu spüren, dass Mona Söder eine Frau war, die es gewohnt war, den Leuten zu sagen, was sie zu tun hatten.

»Was ist denn das für eine Idee! Nach Stockholm zu fahren! Was gibt's denn, das diese Person nicht am Telefon erzählen kann?«

»Sie hat von irgendwas geredet, was sie mir zeigen will. Ihren Worten nach ist es sehr wichtig für die Ermittlungen.«

»Dir was zeigen? Sehr wichtig...?«

Andersson legte die Hände auf den Rücken, eine Gewohnheit aus seiner Zeit als Streifenpolizist, und wanderte im Zimmer auf und ab. Plötzlich blieb er vor Irene stehen, die sich auf den Besucherstuhl gesetzt hatte. Entschlossen sagte er:

»Du musst hinfahren. Das ist das erste Mal während dieser Ermittlungen, dass jemand sagt, er habe etwas Wichtiges für uns. Und gib mir die Fahrkostenabrechnung, dann sorge ich dafür, dass du nicht zu lange auf das Geld warten musst. Okay?«

»Das geht schon in Ordnung. Aber ich muss vorher noch einige Dinge regeln. Nichts Ernstes, keine Sorge. Krister arbeitet heute lang. Katarina will für ihren Ju-Ju-Wettkampf am Sonntag trainieren. Ich werde meine Mutter anrufen. Hoffentlich hat sie Zeit. Seit ihrer Pensionierung ist sie fast nie zu Hause. Du kennst das sicher, diese lustigen Witwen...«

Letzteres sang sie laut und falsch.

»Ja, ja, danke, aber vergiss nicht, dass ich musikalisch bin. Sieh zu, dass du nach Stockholm kommst, statt mich hier zu nerven«, sagte Andersson.

»Ja, hier ist Mona Söder.«

»Nochmal Inspektorin Irene Huss.«

»Ja, hallo. Wann kommen Sie?«

Irene kam wirklich aus der Fassung, konnte sich aber schnell wieder fangen.

»Ich nehme den X2000 um elf Uhr fünf. Bin dann in Stockholm kurz nach vierzehn Uhr.«

»Das ist gut. Dann sehen wir uns in ›Fem Små Hus‹ um fünfzehn Uhr.«

»Wo liegt ›Fem Små Hus‹? Arbeiten Sie dort?«

Ihr kam der Gedanke an irgendwelche Fertighäuser.

Mona Söder lachte, ein warmes, sympathisches Lachen.

»Nein, nein, ich arbeite bei einer Computerfirma. ›Fem Små Hus‹ ist ein gemütliches Restaurant in der Gamla Stan. Ich lade Sie ein«, erklärte sie.

Als wenn sie gute Freundinnen wären. Zu ihrer Überraschung merkte Irene, dass ihr der Gedanke an ein gemütliches Essen mit Mona Söder gut gefiel. Obwohl die Einladung vielleicht als Beamtenbestechung angesehen werden konnte? Das Risiko bestand, da war es wohl besser selbst zu zahlen.

»Kennen Sie Stockholm?«, fragte Mona Söder.

»Ja, ich habe ein Jahr lang dort gewohnt, während meiner Ausbildung in Ulriksdal. In der Tomtebogatan in der Innenstadt.«

»Dann gehen Sie zur Österlånggatan. Die geradeaus weiter, dann kommen Sie direkt zu dem Restaurant. Es liegt an einer der Querstraßen zum Wasser runter, Nygränd.«

»Das werde ich schon finden.«

Sie versicherten sich gegenseitig, dass es schön sein würde, sich in knapp fünf Stunden zu sehen. Irene warf einen schnellen Blick auf die Uhr. Nur noch eine Stunde bis zur Abfahrt des Zugs. Ihre Mutter hatte versprochen, nachmittags zu Jenny und Katarina zu fahren. Krister wusste Bescheid.

Hatte sie etwas vergessen? Ihr fiel nichts ein. Sie steckte ihren Kopf durch die Tür des Zimmers des Kommissars, um sich zu verabschieden, aber er war nicht da.

Nach der umfangreichen Renovierung vor einigen Jahren konnte sich Göteborgs Hauptbahnhof wirklich sehen lassen. Dunkles, glänzendes Holz für die Wände, Bänke und Pfeiler gaben eine Atmosphäre wie von der Jahrhundertwende. Aber immer noch floss der gleiche Strom von Reisenden, hingen angetörnte Junkies und schlafende Alkoholiker auf den Bänken herum. Und die Schlange vor dem Fahrkartenschalter war die Gleiche, auch wenn sie nunmehr mittels kleiner Wartenummern und digitaler Bildschirme über den einzelnen

Schaltern dirigiert wurde. Eine Glastür trennte die geduldig Wartenden von den Leuten in den Wartesälen und auf den Bahnsteigen.

Irene brauchte fast eine halbe Stunde, bis sie ihre Fahrkarte endlich hatte. Sie musste sich sputen und in voller Fahrt zu dem glänzenden, blau-silbernen Schnellzug sprinten.

Es war das erste Mal, dass sie sich in einem dieser neuen Schnellzüge befand. Noch bevor sie sich gesetzt hatte, musste sie feststellen, dass sie vollkommen fehl am Platze war. Sie hatte weder Kostüm an, noch hochhackige Schuhe, keine Aktentasche oder ein Laptop. In ihren schwarzen Jeans, ihrer wattierten Popelinjacke und ihrem roten Wollpullover fühlte sie sich wie ein Außenseiter. Eine Dame in einem maskulin gehaltenen grauen Kostüm mit dezentem Karomuster, Ton in Ton mit dem frisch geschnittenen Pagenkopf, schaute abweisend über den Rand ihres Lesebrille, als Irene sich ihr gegenüber hinsetzte. Das einzige Gepäck, das Irene dabei hatte, war eine gelbe Plastiktüte vom Zeitschriftenkiosk mit Süßigkeiten und Zeitungen. Da sie gar keine Handtasche besaß und auch nie eine besessen hatte, verstaute sie das meiste, was sie so für ihr tägliches Leben brauchte, in den Jackentaschen. Weshalb diese ziemlich unästhetisch ausbeulten. Sie beschloss, so zu tun, als hätte sie ein Faxgerät in der rechten Tasche und einen tragbaren Computer in der linken.

Sie schenkte der Dame in dem Kostüm ein strahlendes Lächeln und setzte sich. Lächeln ist die effektivste Art, die Leute aus der Fassung zu bringen. Demonstrativ schlug sie ihre GT auf und las über ihre eigenen und die Versuche der übrigen Ermittlungsgruppe, den Fall von Knecht zu lösen. Noch wussten die Zeitungen nichts über das Verschwinden von Pirjo Larsson oder darüber, dass von Knecht noch einen Sohn hatte. Zu dessen Mutter sie auf dem Weg war, fünfhundert Kilometer weit, um mit ihr essen zu gehen.

Nach einer Viertelstunde schlief die Inspektorin hinter ihrer Zeitung ein.

Ihr Mund war ganz trocken. Nicht nur das sagte ihr, dass sie geschnarcht hatte. Die Kostümdame schräg gegenüber grinste schadenfroh. Irene beschloss, dass sie diese Frau nicht ausstehen konnte. Also schoss sie von neuem ein strahlendes Lächeln ab. Die Graugetönte kräuselte ihren Mund und versank wieder in ihren Notizen. Es war fast ein Uhr. Irene hatte Kaffeedurst und Hunger. Sie öffnete ihre frisch gekaufte Dose Coca-Cola und aß ein Daim. Sie musste sich ihren Hunger für das Essen aufbewahren. Es war ein richtig erfrischendes Gefühl, einfach so in die Hauptstadt zu fahren, vollkommen unerwartet. Gleichzeitig musste sie zugeben, dass ihre Neugierde wuchs. Was war es, was Mona Söder ihr zeigen wollte und als so wichtig für die Ermittlungen ansah? Fand sich die Lösung des von-Knecht-Falls vielleicht in Stockholm? Sie hoffte nur, dass sie es noch schaffen würde, mit dem letzten Zug um halb neun Uhr abends zurückzufahren.

Es war kein Problem, mit der T-Bahn in die Gamla Stan zu fahren. Obwohl es bitterkalt wehte, schien eine blasse Wintersonne hier und da durch die Wolken. Nachdem sie durch enge Gassen flaniert war und ein paar kleine Geschäfte aufgesucht hatte, ging sie zielstrebig zur Nygränd und den »Fem Små Hus«, den fünf schmalen Häusern. Lustiger Name für ein Restaurant, von dem ja wohl anzunehmen war, dass es nur in einem Haus lag. Aber wenn man genauer hinsah, dann waren es tatsächlich fünf verschiedene Hausfassaden, dicht nebeneinander. Sie variierten etwas in der Fassadendekoration und waren in unterschiedlichen Farben bemalt.

Im Lokal schlug ihr angenehme Wärme entgegen, als sie durch die schwere alte Holztür trat. Eine Oberkellnerin mittleren Alters nickte ihr freundlich zu. Ganz impulsiv fragte Irene sie, warum das Restaurant »Fem Små Hus« hieß. Die Oberkellnerin schien nicht überrascht von der Frage, wahrscheinlich hatten sie das im Laufe der Jahre schon viele gefragt. Freundlich erklärte sie:

»Das Restaurant erstreckt sich, wie der Name schon sagt,

über fünf kleine Häuser. Es umfasst von allen das Erdgeschoss und den Keller und geht bei einigen auch noch über den ersten Stock. Wie Sie dort hinten sehen, kann man am Gewölbe und den Treppen den jeweiligen Übergang zum nächsten Haus erkennen. Schon seit dem sechzehnten Jahrhundert hat es in diesen Häusern kleine Wirtshäuser gegeben. Auch welche ohne Konzession. Dann wurden die Räume teilweise als Kohlenkeller benutzt. Anfang dieses Jahrhunderts wurden hier kleine Wohnungen eingerichtet. Hier wohnten zum Beispiel viele Schauspieler und Balletttänzerinnen.«

»Wie interessant. Vielen Dank, dass Sie sich die Zeit genommen haben, mir das zu erzählen. Man spürt hier wirklich Bellmans Atem noch im Nacken.«

Die freundliche Oberkellnerin lachte leise.

»Wollen wir lieber hoffen, dass Sie den nicht spüren. Ich könnte mir denken, davon würde Ihnen der Appetit vergehen. Wo möchten Sie sitzen?«

»Ich bin um drei Uhr mit Frau Söder verabredet.«

»Sie ist bereits gekommen. Bitte, folgen Sie mir.«

Sie lotste Irene zwischen Tischen mit strahlend weißen Decken hindurch, Stufen hinunter und durch enge Gewölbe hindurch. Schließlich hatte Irene die Orientierung verloren. Wo sie doch normalerweise einen so guten Ortssinn besaß! Ganz hinten im letzten Raum saß eine Frau allein an einem Tisch. Irenes Augen hatten sich inzwischen an das schwache Licht im Gewölbe gewöhnt, aber sie hatte immer noch Schwierigkeiten, zu erkennen, wie die Frau in der dunklen Ecke aussah. Als Irene herantrat, stand diese langsam auf. Mona Söder war nur wenige Zentimeter kleiner als Irene. Sie war kräftig, aber in keiner Weise dick. Kraft, das war das Wort, das Irene in den Kopf kam, als sie Mona die Hand schüttelte und sich vorstellte. Aber es handelte sich dabei nicht um so eine übersprudelnde Energie, die anderen die Luft zum Atmen nahm. Eher eine ruhige, sichere und autoritäre Stärke. Irene zweifelte keinen Moment daran, dass Mona eine außergewöhnlich gute Chefin war. Mona Söder machte eine einladende Geste zum Stuhl auf der anderen Seite des Tisches hin.

»Setzen Sie sich doch. Ich hoffe, es ist in Ordnung, dass ich schon bestellt habe. Sind Sie einverstanden mit gegrillten Heringen und als Dessert Pflaumenkuchen mit Vanilleeis?«

»Das klingt phantastisch.«

Irene hatte erst einmal diese Spezialität gegessen. Aber da konnte man eher von angebrannten Heringen mit Kartoffelstampfe sprechen.

Mona wandte sich dem Kellner zu, der sich lautlos ihrem Tisch genähert hatte.

»Wir hätten gern zwei große Bier und zwei Aalborg Aquavit«, sagte sie.

Irene zuckte zusammen. Nun reichte es aber mit der Bevormundung.

»Nein, danke. Ich möchte lieber ein großes alkoholfreies Bier und keinen Schnaps für mich«, widersprach sie schnell.

Auf Monas Stirn zwar zwischen den Augenbrauen eine kleine Falte zu sehen, aber sie zuckte nur mit den Schultern und winkte den jungen Mann mit seinen Aufträgen davon. Sie lachte kurz und trocken auf.

»Denken Sie bloß nicht, ich würde mich bei jedem Essen besaufen. Aber manchmal habe ich das Gefühl, als wären ein paar Promille das Einzige, was einen noch aufrecht halten kann. Und heute ist so ein Tag. Sie werden bald verstehen, warum. Aber zunächst wollen wir essen, bevor wir ernsthaft miteinander sprechen.«

Die Heringe waren himmlisch. Irene ertappte sich selbst dabei, dass sie das gute Essen nur so in sich hineinschaufelte. Sie stießen auf die Gamla Stan an, mit Aalborg beziehungsweise Pripps folköl. Mona führte ungezwungen und locker die Konversation. Obwohl es für längere Momente still blieb, war es doch nie peinlich.

Sie hatten den märchenhaften Pflaumenkuchen aufgegessen und tranken jetzt noch eine Tasse Kaffee. Mona hatte sich einen Cognac dazu bestellt, den Irene dankend abgelehnt hatte. Es war Mona nicht anzumerken, dass sie Alkohol getrunken hatte. Vielleicht war die leichte Anspannung in den Schultern geringer geworden, aber an Sprache und Gesten war nichts zu bemerken. Daraus zog Irene den Schluss, das Mona es wohl gewohnt war, eine ganze Menge zu trinken. Mona zog ein Päckchen Zigarillos aus ihrer exklusiven Tasche hervor, die perfekt zu dem hellgrauen Jackett aus weicher Wolle passte. Darunter trug sie eine weiße Seidenbluse und einen schwarzen, geraden Rock. Graue, bequeme Pumps mit einem kräftigen Absatz rundeten das Bild einer Frau mit Stil, Macht und Geld ab. Die schweren Goldketten um den Hals unterstrichen diesen Eindruck noch. Sie trug keine Ringe.

Mona reichte Irene das Zigarillopäckchen, die jedoch dankend abwinkte. Darauf zündete Mona sich ihren Zigarillo bedächtig an und blies lustvoll eine Wolke gegen die Decke. Mit leicht zusammengekniffenen Augen schaute sie sich durch den Rauch um. Die beiden Frauen waren allein im Raum. Aus anderen Räumen waren Stimmen zu hören, aber hier war außer ihnen niemand. Nachdenklich begann sie zu erzählen:

»Wir haben uns im Frühling '64 kennen gelernt, Richard und ich. Er kam wie ein Schneetreiben an einem Aprilabend über mich, wie Strindberg es in ›Die Leute auf Hemsö‹ schreibt. Ich war zweiundzwanzig und er achtundzwanzig. Ich ging seit einem Jahr auf die Hochschule für Sozialwesen und fühlte mich in Stockholm nicht wohl. Wenn man in Härnösand geboren und aufgewachsen ist, bedeutet Stockholm eine enorme Umstellung. Einige blühen auf und kriegen einen richtigen Kick. Andere sehnen sich nur noch zurück. So wie ich.«

Erst jetzt bemerkte Irene die leicht ångermanländische Melodie in Monas Sprache. Anfangs hatte sie nur ein gepflegtes Reichsschwedisch gehört, aber dieser nordländische Hauch lag wie ein angenehmer Unterton hinter den Worten.

»Aber für mich gab es nichts, wohin ich hätte zurückgehen können. Mein Vater starb bei einem Sägewerkunglück, als ich fünfzehn war. Meine Mutter lernte einen anderen Mann kennen. Sie heiratete ihn und zog mit ihm und meinen beiden kleineren Geschwistern nach Umeå. Ich blieb damals in Härnösand zurück, hatte ein Zimmer bei der Cousine meiner Mutter und ihrem Mann, bis ich das Gymnasium beendet hatte. In einem Anfall von Übermut schrieb ich auf eine Annonce: ›sprachbegabte junge Dame fürs Büro gesucht‹. In Stockholm. Ich fiel fast in Ohnmacht, als sie mich anriefen und sagten, ich könnte im August anfangen. Ich fand ein Zimmer zur Untermiete bei einer alte Dame in der Birger Jarlsgatan. Ein trübsinniger kleiner Raum, der auf den Hinterhof hinausging. Aber er war billig und passte zu meinem bescheidenen Lohn.«

Mona unterbrach sich, um zu husten. Sie nahm einen Schluck von dem lauwarmen Kaffee, um die Stimme wieder zu reinigen. Nach einem tiefen, gierigen Zug an dem Zigarillo fuhr sie fort:

»Der Job war schlimm. Nach einem Jahr hatte ich genug und bewarb mich an der Hochschule für Sozialwesen. Alle bewarben sich damals an der Hochschule für Sozialwesen! Aber mit meinen Zensuren war das kein Problem, ich wurde aufgenommen. Schon nach dem ersten Semester war mir klar, dass ich mir nicht vorstellen konnte, in einem Sozialamt zu sitzen. Kaputte Existenzen mit milden Gaben zu beglücken, das sollten lieber andere tun. Ich merkte, dass ich nicht der Typ bin, der sich dafür ausreichend engagieren konnte. Ich hatte genug mit mir selbst zu tun.«

Sie verstummte und trank den Rest ihres Cognacs aus. Irene war fasziniert. Es war schwer, sich diese weltgewandte und selbstsichere Frau, die eine natürliche Autorität ausstrahlte, als einsame und unsichere Studentin in der großen Stadt vorzustellen. Aber sie musste schon damals genau gewusst haben, was sie wollte.

»Meine Studienkollegen waren Kommunisten des äußersten linken Flügels, die die Welt verbessern wollten. Die Sozialdemokraten sahen sie bereits als eine bürgerliche Partei an. Wenn man bedenkt, wie das Pendel immer wieder in die andere Richtung ausschlägt!«

Sie lachte wieder heiser und drückte ihren Zigarillo in dem kleinen Glasaschenbecher aus.

»Ich schlug den Verwaltungszweig ein und habe danach als Beamtin gearbeitet. Zuerst ein paar Jahre in der Kommune von Södertälje. Aber schon Ende der Siebziger bin ich in den privaten Bereich übergewechselt. Die letzten zehn Jahre war ich Personalleiterin in einer EDV-Firma.«

Erneut hustete sie und spülte den Mund mit dem letzten Schluck Kaffee aus.

»Mein Leben. Mehr ist da nicht. Das Einzige, was noch passiert ist, das sind Richard und Jonas. Also, zurück zu Richard.«

Wieder verstummte sie. Ihre Hand zitterte leicht, als sie sich mit den Fingern durch das kurze, sorgfältig gefönte stahlgraue Haar fuhr. Ihr Kellner ließ sich in der Türöffnung blicken, und zu Irenes Verblüffung pfiff Mona ihm leise zu. Als er an ihren Tisch gekommen war, sagte Mona, ohne Irene aus den Augen zu lassen:

»Zwei Cognac.«

Irene versuchte zu protestieren, aber Mona kam ihr zuvor, indem sie ihre Hand auf Irenes legte.

»Richard und ich lernten uns an einem wunderbaren Aprilabend auf dem Mosebacke kennen. Es war Frühlingsduft in der Luft, obwohl es noch gar nicht so warm war. Ich lief ziellos herum und fühlte mich sehr allein. Eine Beziehung mit einem Jungen auf der Hochschule war gerade in die Brüche gegangen. Er und all die anderen Kerle standen mir bis zum Hals. Ich saß auf einer Bank und versuchte an gar nichts zu denken. Plötzlich setzte sich ein Mann neben mich. Ich erschrak fürchterlich und das war natürlich zu sehen. Wir kamen ins Gespräch und die Zeit verging wie im Fluge. Um ihn herum war nichts als … Lebensfreude zu verspüren. Ja, das ist wohl das Wort, das ich mit Richard verbinde. Lebensfreude. Das hat Jonas mit seinem Vater gemeinsam. Nie, niemals habe ich Ähnliches erlebt!«

202

Mona unterbrach sich, um einen neuen Zigarillo anzuzünden.

»Mir war klar, dass er älter war als ich. So weltgewandt! Ich war geblendet und beeindruckt. Sicher, ich sah damals gut aus, aber nie hatte mich jemand so gesehen, wie Richard es tat. Er fand, dass alles, was ich sagte, so intelligent klang. Und alles, was er sagte, klang in meinen Ohren spannend und exotisch. Wir redeten mehrere Stunden miteinander. Dann gingen wir in seine Wohnung in der Fjällgatan. Wir tranken zusammen eine Flasche Wein und liebten uns drei Tage lang. Und ich blieb den restlichen April und den ganzen Mai bei ihm. Mein Zimmer in der Birger Jarlsgatan behielt ich, aber ich war nur selten dort. Im Juni und Juli fuhr er nach Göteborg. Er musste seinem Vater in der Reederei helfen und hatte anschließend Urlaub, wie er sagte. Später erfuhr ich, dass sie Madeleine hieß. Die beiden hatten eine heiße Romanze, doch sie war verheiratet. Aber ich, die weder irgendwelche Zeitschriften las noch Freundinnen hatte, mit denen ich hätte tratschen können, ich hatte keine Ahnung. Es dauerte bis Anfang September, dann endlich ließ er wieder von sich hören. Und ich war glücklich wie eine Idiotin. Fragte nichts, wollte gar nichts wissen. Nur lieben und geliebt werden. Ende November merkte ich, dass ich schwanger war. Ich war nicht überglücklich, ging aber davon aus, dass sich das schon regeln ließe. Richard hatte schließlich einen guten Posten und verdiente reichlich. Ich würde eben für ein Jahr mein Studium unterbrechen. Danach würden wir uns dann ein Kindermädchen besorgen. Und vorher würden wir natürlich heiraten. So dachte ich. Nie hatte Richard mich auch nur ahnen lassen, was er davon hielt, an mich und ein zu erwartendes Kind gefesselt zu sein! An Heirat dachte er überhaupt nicht. Zumindest nicht an eine Heirat mit mir. Doch er sagte nichts, war weiterhin gleich charmant und lieb zu mir wie nie zuvor. Aber er machte mehr Überstunden. Er brauchte das Geld, wenn das Kind käme, erklärte er. Und ich glaubte nur zu gern, dass er die Wahrheit sagte.«

Sie brach ab und warf Irene einen scharfen Blick zu, bevor sie fortfuhr:

»Das klingt für Sie wahrscheinlich vollkommen dumm. Was für eine Gans ich doch gewesen bin! Aber Sie müssen wissen, dass ich über einen anderen Menschen rede, als ich heute bin. Die, von der ich erzähle, die gibt es nicht mehr. Sie ist schon seit vielen Jahren verschwunden, aber sie war ein richtiger, vollständiger Mensch. Mit Lachen, Weinen und Zärtlichkeit. Sie konnte ohne Vorbehalt lieben. Und sie glaubte immer noch, dass die Menschen gut sind. Man wird hart, wenn man um sich schlagen muss und zu viel einsteckt.«

Irene sah, wie sich das Licht der Kerze in Monas Tränen spiegelte. Mehrere Jahre bei der Polizei hatten sie gelehrt, dass der größte Fehler in so einem Augenblick darin besteht, etwas einzuwerfen. Der Vernommene hat das Bedürfnis, von sich zu erzählen. Und als hätte sie Irenes Gedanken gelesen, fuhr Mona in einem geschäftsmäßigeren Ton fort:

»Das, was ich Ihnen jetzt erzähle, habe ich noch nie jemandem außer Jonas erzählt. Es geht niemanden sonst etwas an. Aber nachdem Richard ermordet worden ist, muss alles lückenlos zur Sprache kommen. Ich werde Ihnen erzählen, wie sich alles verhielt und warum weder Jonas noch ich etwas mit dem Mord zu tun haben.«

Sie unterstrich ihre Rede mit einigen heftigen Gesten, ausholenderen als zu Anfang ihrer Mitteilungen. Das war sicher gleichermaßen ihren aufgewühlten Gefühlen wie auch dem Cognac zuzuschreiben.

»Nun gut. Es zog sich so bis Weihnachten hin. Richard sagte, er müsste wieder nach Göteborg fahren. Ich war Mitte Dezember in seine Wohnung gezogen und hatte mein Zimmer in der Birger Jarlsgatan gekündigt. Als mir klar wurde, dass er gar nicht daran dachte, mich mitzunehmen und seiner Familie vorzustellen, machte ich ihm endlich die große Szene, die ich schon lange hätte provozieren sollen. Wir stritten uns mehrere Stunden lang. Genauer gesagt: Ich schimpfte mehrere Stunden lang und machte meinem Herzen Luft. Ich war so jung und hatte den Begriff ›konfliktscheu‹ noch nie gehört, aber nach einer Weile merkte ich, dass er sich gar nicht verteidigte. Ich rückte vor, er wich ohne viel Geschicklichkeit zurück. Er war es schlicht und einfach nicht gewohnt, sich zu streiten! Niemand kam je auf die Idee, sich mit dem reizenden, charmanten, reichen und begabten Richard von Knecht zu streiten! Und so war sein ganzes Leben verlaufen. Konfliktfrei. Wenn es unangenehm wurde, dann ging man einfach diskret seiner Wege. Und falls irgendwelche unappetitlichen Rückstände blieben, dann gab es immer jemanden, den man dafür bezahlen konnte, sie zu beseitigen.«

Mona war nun so aufgewühlt, dass sie nach Irenes noch nicht berührtem Cognac griff. Irene sagte nichts, sie hatte sowieso nicht geplant, ihn zu trinken. Mona brauchte ihn eher.

»Sein Vater bekam passenderweise einen Blutpfropf und Richard erhielt von seiner Börsenfirma die Erlaubnis, bei ihnen aufzuhören, um nach Göteborg zu ziehen und sich um das Familienimperium zu kümmern. Ja, Sie wissen ja, dass sein Vater Reeder war. Er fuhr also Anfang Januar nach Göteborg. Ich war damals im vierten Monat. Abtreibung war nicht erlaubt und ich hatte sie auch nie ernsthaft in Erwägung gezogen. Insgeheim glaubte ich die ganze Zeit, er würde zu mir zurückkommen. Und zu dem Kind. Er konnte doch nicht einfach sein Kind im Stich lassen? Mein Gott, was war ich naiv!«

Die Verbitterung in Monas Stimme war nicht zu überhören. Sie kippte die Hälfte des Cognacs in einem Schluck hinunter.

»Bevor er abhaute, bezahlte er für sechs Monate die Miete. Ich blieb in der Wohnung und ging meinem Studium nach. Während der ganzen Zeit ließ er kein Wort von sich hören. Ich kaufte schließlich ab und zu von meinem mageren Stipendium irgendwelche Illustrierten. Da stand immer etwas über ihn drin: ›Der Kronprinz, der der neue Reedereikönig wird‹, ›Ein begehrter Junggeselle‹. Ich weiß nicht, ob ich das alles gelesen habe. Im Mai sah ich Fotos von einem Ball in Göteborg. Dort hat er Sylvia kennen gelernt.«

Sie hielt wieder inne und trank den Rest des Cognacs.

»Da bin ich endlich aus meinem Koma erwacht. Das Kind in mir strampelte. Ich fühlte meine Verantwortung für das kleine Leben. Und plötzlich sah ich ein, dass ich vollkommen allein war und kämpfen musste. Die neue Mona nahm Gestalt an. Ich fing an ihn anzurufen, zu Hause und in seinem Büro. Ich konnte an seiner Stimme hören, dass er eine Scheißangst hatte. Er wollte nicht, dass seine Mama oder die feine Ballerina von seinen kleinen Eskapaden in Stockholm erfuhren. Plötzlich hatte ich die Oberhand. Und die wollte ich auch ausnutzen. Er bezahlte für weitere sechs Monate die Wohnungsmiete. Um mich zum Schweigen zu bringen natürlich. Ich nahm es ruhig hin und ließ ihn den Sommer über in Frieden. Am dreiundzwanzigsten Juli wurde Jonas geboren. In dem Moment, als er mir in die Arme gelegt wurde, wusste ich, dass ich für ihn kämpfen würde. Er ist das Wunderbarste, was mir je passiert ist.«

Ihre Stimme kippte leicht und sie schwieg. Als sie ihren Bericht wieder fortsetzte, klang sie hart.

»Ich forderte mein Recht. Und Jonas' Recht auf einen Vater. Nach vielen heftigen Streitereien am Telefon versprach Richard, nach Stockholm zu kommen und ›alles zu regeln‹, wie er sich ausdrückte. Aber stattdessen schickte er seinen Anwalt, Tore Eiderstam. Der drohte damit, dass Richard jede Bekanntschaft mit mir leugnen würde. Und auch die Vaterschaft. Aber ich gab nicht nach. Als er merkte, dass ich nicht aufgeben würde, begann er mich zu bedrohen. Ich würde nie einen Job kriegen, dafür würden Richard und Tore schon sorgen. Und dann drohte er damit, meine Geschichte an die Zeitungen weiterzugeben. Das ging mehrere Tage lang so. Aber plötzlich eines Tages schlug Tore eine andere Taktik ein. Er erklärte, dass Richard und er nicht länger mit mir herumstreiten wollten. Sie schlugen mir eine Vereinbarung vor. Richard erkannte die Vaterschaft an. Er überschrieb mir die Wohnung und würde bis zu Jonas' zwanzigstem Lebensjahr die Miete und einen Unterhalt von fünfhundert Kronen im Monat bezahlen. Sie müssen bedenken, dass die Miete damals vierhundert Kronen betrug. Ein neues Auto kostete ungefähr achttausend Kronen. Eine allein stehende Mutter, die noch nicht einmal halb mit ihrem Studium fertig war, hatte gar keine Wahl. Ich nahm das Angebot an. Dafür versprach ich niemandem zu sagen, wer Jonas' Vater war, bis dieser zwanzig war. In der folgenden Woche las ich von Richards und Sylvias Verlobung und ihrer bevorstehenden Hochzeit in der Zeitung. Da verschwand die alte Mona endgültig.«

Mona stützte ihre Stirn in die Hände. Irene flocht vorsichtig eine Frage ein:

»Hatten Sie und Richard in all den Jahren irgendwelchen Kontakt zueinander?«

»Nein, nie. Er hat Jonas nicht einmal ein Päckchen zu Weihnachten oder zum Geburtstag geschickt. Das war das Schlimmste. Die gespannte Erwartung des Jungen vor den Festtagen zu sehen. Und danach seine wortlose Enttäuschung. Zum Schluss machte er sich nichts mehr daraus. An seinem zwanzigsten Geburtstag erzählte ich ihm genau das, was ich jetzt Ihnen erzähle. Da zuckte er nur mit den Schultern und sagte: ›Mein Vater hat sich nie um mich gekümmert, warum sollte ich mich jetzt um ihn kümmern?‹«

Wieder suchte sie in ihrer Handtasche und zog dann ein Papiertaschentuch heraus. Sie versuchte sich zu beherrschen, aber Tränen verschleierten ihre Stimme.

»Er ist immer eine so phantastische Person gewesen, schon seit seiner Kindheit. Immer fröhlich und lieb. Das künstlerische Talent ist ihm angeboren. Er hat gezeichnet und gemalt, noch bevor er reden konnte. Von Anfang an kam nichts anderes als der Künstlerberuf für ihn infrage. Er hat die Wohnung in der Fjällgatan behalten. Ich habe mir eine Eigentumswohnung auf Lidingö gekauft als er neunzehn war und an der Kunstakademie anfing. Wir standen uns immer sehr nahe. Auch nachdem er Chester kennen gelernt hatte. Der ist wie ein zweiter Sohn für mich geworden. Wir haben ihn im Sommer verloren. Und jetzt wird Jonas auch bald von mir gehen!«

Jetzt weinte Mona hemmungslos. Irene konnte in den Augenwinkeln sehen, wie der Kellner nervös an der Türöffnung herumstrich. Sie versuchte Mona zu beruhigen, was ihr nach einer Weile auch gelang. Mona putzte sich herzhaft die Nase und wischte sich die Tränen ab. Sie sah Irene direkt an und ihre Stimme war wieder vollkommen kontrolliert, als sie fortfuhr:

»Die beiden haben Aids bekommen. Wer wen angesteckt hat oder ob beide schon HIV-positiv waren, als sie sich kennen lernten, das wissen wir nicht. Es ist auch nicht wichtig. Aber Chester ist vor einem halben Jahr gestorben und Jonas liegt jetzt im Sterben. Und das sollen Sie sehen. Sie sollen mit Jonas sprechen. Damit Sie keinerlei Verdacht haben können, dass er auch nur das Geringste mit dem Tod seines Vaters zu tun haben könnte!«

Mona wollte unbedingt ihren Audi selbst fahren, aber da blieb Irene unerbittlich. Wenn sie mit zu Jonas kommen würde, dann nicht mit einer Fahrerin, die Gefahr lief, wegen Trunkenheit am Steuer festgesetzt zu werden. Mona gab auf. Sie wusste ja selbst, dass Irene Recht hatte. Sie setzten sich in den Wagen, der noch fabrikneu roch. Der Kilometerzähler sagte, dass der Wagen erst dreihundertzweiundzwanzig Kilometer gefahren war. Irene seufzte verträumt.

»So ein schöner Wagen!«

Mona klang etwas betreten, als sie antwortete:

»Den habe ich letzte Woche abgeholt. Und in diesem Wagen herrscht Rauchverbot! Der alte war erst drei Jahre alt, aber er stank wie eine Teerkocherei. Zu Hause rauche ich nur draußen auf dem Balkon.«

»Wohin soll ich fahren? Ich meine, wo ist Jonas?«

»In seinem privaten Krankenhaus. Wir machen immer unsere Scherze darüber, Jonas und ich. ›Jonas Söder im Södersjukhuset‹.«

Mona verstummte und starrte in die Abenddunkelheit, die eigentlich nicht besonders dunkel war. In einer Großstadt gibt es keine richtige Dunkelheit, nur eine andere Art von Licht. Künstliches. Das harte Kontraste und tiefe, erschreckende Schatten schafft.

»Mein Gott, was bin ich Stockholm leid. Warum bleibe ich nur hier? Ich sehne mich so heim nach Norrland, zu den weichen Schatten und der Nacht. Nach der Stille.«

»Na, Härnösand ist auch nicht mehr besonders ländlich. Und außerdem ist es verdammt kalt in Norrland.«

»Ja, was die Außentemperaturen betrifft. Aber nicht, was die Menschen angeht.«

Irene teilte ihre Meinung zwar nicht, beschloss aber, das Thema nicht weiter zu verfolgen. Ruhig fragte sie:

»Warum ist es eigentlich so wichtig, dass ich Jonas treffe?«

Mona holte tief Luft, bevor sie antwortete.

»Sie sollen sehen, wie krank er ist. Er bekommt jetzt immer ziemlich hohe Morphiumdosen. Sie dürfen ihm nicht sagen, dass Richard ermordet worden ist. Ich habe es ihm nicht erzählt. Er hat seit Wochen keine Nachrichten mehr gehört und keine Tageszeitungen mehr gelesen. Er ist voll mit dem Sterben beschäftigt.«

Sie musste wieder schluchzen, beruhigte sich aber gleich.

»Der Grund, warum es so wichtig war, dass Sie heute Abend herkamen liegt darin, dass heute die gleichen Leute Dienst haben wie am Dienstagabend.«

Mona hatte ihren Kopf gedreht und sah Irene intensiv von der Seite an. Langsam sagte sie:

»Sie können sie fragen, ob ich am Dienstag da gewesen bin. Jonas ist jetzt seit fast drei Wochen dort und ich besuche ihn jeden Abend, direkt nach der Arbeit.«

»Um welche Uhrzeit?«

»So gegen sechs. Ich bleibe dann bis elf bei ihm. Dann ist er meistens eingeschlafen.«

»Und Sie haben keinen einzigen Abend ausgelassen oder sind einmal später gekommen?«

»Nein.«

Mona drehte wieder den Kopf und starrte mit blindem

Blick direkt in die Scheinwerfer der entgegenkommenden Autos.

»Wenn Sie sich davon überzeugt haben, dass ich die Wahrheit sage, möchte ich Sie bitten dafür zu sorgen, dass die Massenmedien nichts über Jonas und mich erfahren. Wir haben nichts mit Richards Leben oder Tod zu tun. Wir möchten einfach nur in Ruhe gelassen werden.«

Der letzte Satz sprach von Trauer und einer großen Resignation. Aber Irene spürte, dass da noch etwas anderes dahinter steckte.

»Ist das der einzige Grund?«

»Nein. Sie sind nicht dumm. Genauso wenig wie die anderen Polizisten, die an der Ermittlung beteiligt sind. Jonas erbt etwas von seinem Vater. Und wenn Jonas stirbt, dann beerbe ich ihn. Deshalb ist es wichtig, Sie von unserer Unschuld zu überzeugen. Sie können das Personal befragen. Es darf kein Zweifel übrig bleiben. Wir brauchen die Ruhe und den Frieden zum Sterben.«

»Aber es gibt doch bestimmt ein Testament? Ist Jonas denn wirklich erbberechtigt?«

»Ein Kind hat immer das Recht auf seinen Pflichtanteil. Und Jonas gilt als leibliches Kind.«

»Sie kennen sich gut aus.«

»Natürlich. Ich habe sofort im ›Recht für jedermann‹ nachgeschlagen, als ich in der Zeitung gelesen habe, dass Richard tot ist. Weder ich noch Jonas brauchen sein Geld. Aber in den Augen der Polizei müssen wir als Verdächtige dastehen. Das wurde mir klar, als die Zeitungen anfingen von Mord zu reden. Wir wollen mit seinem Geld gar nichts zu tun haben. Er hat nie an unserem Leben Anteil genommen, genauso wenig wie wir an seinem. Abgesehen von dem großzügigen Unterhalt. Er hat sich freigekauft. Und was uns betrifft, dann war das wohl das Beste, was uns passieren konnte. Während meines Studiums hatten wir keine finanziellen Sorgen. Und in der Zeit, als Jonas herangewachsen ist, auch nicht. Die Gehälter der Soziologen sind nicht besonders hoch, aber dank Richards

Unterhaltszahlungen wurde mein Studiendarlehen nicht besonders groß. Das habe ich jetzt schon seit langer Zeit abbezahlt. Und ich musste nicht mit Richard zusammenleben. Das war meine beste Rache an Sylvia. Ohne dass ich auch nur einen Finger rühren musste.«

Sie lachte ein kurzes, freudloses Lachen.

»Ich hatte keinen Grund, Richard umzubringen. Abgesehen von Jonas ist er der einzige Mann, den ich je geliebt habe. Aber er ist schon vor dreißig Jahren für mich gestorben. Und Jonas' Erbe von Richard will ich einer Umweltschutzorganisation schenken.«

Den Rest der Fahrt saßen sie still nebeneinander, beide in Gedanken versunken.

Im Aufzug auf dem Weg nach oben informierte Mona Irene über die Abteilung, auf der Jonas lag. Es war eine Spezialabteilung für Aidspatienten. Sie hatte acht Plätze. Jonas ging es inzwischen so schlecht, dass er in einem Einzelzimmer liegen musste. Ohne Gefühlsregungen erklärte sie:

»Wir hatten beschlossen, dass er zu Hause in der Fjällgatan sterben sollte. Aber das klappte nicht. Zeitweise ist er vollkommen inkontinent, kann weder Urin noch Kot halten. Das haben wir zu Hause nicht geschafft. Wir waren beide dankbar, dass er hierher kommen konnte. Zuerst dachten wir natürlich, er bräuchte nur ein paar Tage hier zu bleiben, um wieder genügend Flüssigkeit zu speichern. Aber er kann weder Festes noch Flüssiges mehr bei sich behalten. Er muss die ganze Zeit am Tropf sein. Und ich schaffe es nicht, mich darum zu kümmern. Wir können nur Gott danken, dass das Gesundheitswesen funktioniert, jedenfalls bis jetzt noch!«

Sie traten durch eine Glastür auf den Abteilungsflur. Vor der Tür mit dem Schild »Personal« blieb Mona stehen, lächelte blass und flüsterte:

»Er liegt im ersten Zimmer links, gleich hinter dem Personalzimmer.«

Sie ging schnell weiter und öffnete eine Tür ein paar Meter

weiter. Irene konnte dröhnende Rockmusik durch die Tür auf den Flur strömen hören. Sie ging hinein zu den beiden Krankenpflegern, die beide blaue Klinikkleidung trugen. Der Mann war jung und blond. Als er aufstand, stellte Irene fest, dass er fast zwei Meter lang war. Seine weibliche Kollegin war mittleren Alters und etwas pummelig. Sie sagte freundlich:

»Hallo. Suchen Sie jemanden?«

»Ja. Ich bin eine Freundin von Mona Söder. Wir wollen Jonas besuchen. Aber Mona ist anscheinend noch nicht da... sonst ist sie doch jeden Abend hier, oder etwa nicht?«

Meine Güte! Warum log sie eigentlich? Aber ihr war klar, dass sie Mona helfen wollte, nicht in den von-Knecht-Fall verwickelt zu werden.

Die Schwester nickte lächelnd.

»Jeden Abend. Warum?«

Irene zeigte ein entschuldigendes, hilfloses Lächeln.

»Ich habe versucht sie am Dienstagabend anzurufen. Hier. Aber niemand ist an Jonas' Telefon gegangen. Deshalb dachte ich, dass sie vielleicht Dienstag gar nicht hier war...?«

»Doch, doch, sie war hier. Wir haben am Dienstagabend gearbeitet. Vielleicht hat sie den Stecker rausgezogen, weil Jonas geschlafen hat.«

»Ja, das kann sein. Ich wollte nur sagen, dass Jonas' Telefon vielleicht nicht funktioniert... Aber das tut es dann ja wohl doch. Entschuldigen Sie die Störung.«

Mit einem entschuldigenden Lächeln ging sie wieder auf den Flur. Die Pfleger nickten ihr freundlich zu, wandten sich dann wieder einander zu und setzten ihr unterbrochenes Gespräch fort. Wie einfach das ging. Sie war zweifellos eine geborene Lügnerin. Und wenn es nun mal so gut klappte, brauchte sie ja nur den einmal eingeschlagenen Weg weiterzuverfolgen. Schnell ging sie wieder durch die Glastüren und steuerte eine Telefonzelle an, die sie gesehen hatte, als sie aus dem Fahrstuhl stieg. Sie fütterte den Apparat mit ein paar Münzen und zog den zerknitterten Zettel mit der Telefonnummer von Swedish Data hervor.

»Swedish Data, guten Abend.«

Irene seufzte vor Erleichterung, beeilte sich dann aber, ihren Wunsch zu äußern.

»Guten Abend. Ich möchte gerne Mona Söder sprechen.«

»Sie ist für heute gegangen.«

»Kann ich sie am Montag erreichen?«

»Einen Augenblick... Nein, sie hat drei Wochen Urlaub.«

»Ach, wie ärgerlich. Ich habe bereits versucht sie am Dienstag zu erreichen, habe sie aber nicht erwischt. Hatte sie da auch frei?«

»Frei? Nein, das muss ein Irrtum sein. Sie war den ganzen Dienstag hier. Sie hatte überhaupt nicht frei in dieser Woche. Von wem kann ich denn einen Gruß ausrichten?«

»Birgitta Andersson. Ich rufe sie in drei Wochen wieder an. Es ist nicht so brandeilig. Ein schönes Wochenende!«

Sie öffnete die Tür zu Jonas' Zimmer. Die Lautstärke der Musik war jetzt heruntergedreht. Aber auch den jetzt laufenden Musiker und die Platte kannte sie. Freddie Mercury. »Mr. Bad Guy«. Spontan sagte sie zu Jonas:

»Hallo. Aber das ist wirklich nicht einer seiner besten Titel. Oder sogar Platten.«

Er schien sie nicht zu hören, doch nach einer Weile hob er halb die geschlossenen Augenlider.

»Hallo. Nein, diese Scheibe gehört nicht zu seinen Besten«, antwortete er matt.

Er hustete so heftig, dass der ganze Oberkörper geschüttelt wurde.

Irene hatte die schlimmsten Befürchtungen gehabt, was Jonas' Anblick anging. Sie hatte Angst, er könnte wie ein zitterndes Skelett aussehen, nach den eigenen Exkrementen stinkend, pickelig, glatzköpfig und voller Wunden. Aber er war immer noch ein schöner Mann. Mager, aber zweifellos den Fotos ähnlich, die sie von dem jungen Richard von Knecht gesehen hatte. Das dunkelblonde Haar war kurz geschnitten. Jetzt hatte er seine Augen geöffnet und sie konnte sehen, dass sie intensiv blau waren, trotz des Spinnennetzes des Morphiums über seinem Bewusstsein. Er musterte sie mit seinem Blick und das Lächeln, das er ihr schenkte, war ganz offenbar von dieser Welt.

»Sie sind Irene. Mama hat mir von Ihnen erzählt.«

Ein leichter Hustenanfall unterbrach ihn. Irene nutzte die Gelegenheit, Mona eine fragend hochgezogene Augenbraue zu zeigen. Diese schüttelte den Kopf. Also hatte sie nicht gesagt, dass Irene von der Polizei war. Aber was hatte sie dann gesagt? Mona spürte ihre Frage und sagte mit vollkommen natürlichem Tonfall:

»Ja, das ist wirklich Glück, dass du bei Swedish Data angefangen hast. So habe ich nicht nur eine tüchtige Mitarbeiterin, sondern auch noch eine gute Freundin gewonnen.«

Ganz offensichtlich war hier noch eine geborene Lügnerin. Um ein beruhigendes Signal zu geben, erwiderte Irene:

»Entschuldigt, dass es etwas gedauert hat. Aber ich habe mit dem Personal gesprochen. Offenbar war das Telefon hier doch in Ordnung, als ich Dienstag versucht habe dich hier anzurufen. Wahrscheinlich hast du nur den Stecker von Jonas' Telefon rausgezogen, weil er geschlafen hat?«

Mona sah ungemein erleichtert aus. Aber ihre Stimme verriet nichts, als sie antwortete:

»Das kann schon sein.«

»Aber das ist ja nun nicht mehr wichtig.«

Letzteres sagte Irene an Jonas gerichtet, der aber kein bisschen interessiert wirkte. Er schaute zu dem Tropfgalgen hinauf. Die gelbe Flüssigkeit in der kleinen Flasche war fast zu Ende. Die große Tüte, die daneben hing, war mit einem wasserklaren Inhalt gefüllt. Darauf stand eine ganze Menge Text. Vermutlich enthielt sie unzählige wichtige, nützliche Stoffe. Ohne zu zögern, klemmte Mona den Tropf ab, indem sie das rote Plastikrad an dem Schlauch drehte. Der Schlauch führte zu einem weiteren Tropfventil, das an Jonas' Schlüsselbein befestigt war. Irene überlief ein Schauer als ihr bewusst wurde, dass der Katheter selbst direkt durch die Haut in seinen Hals führte. Die Einstichstelle war von einer dicken Kompresse verdeckt. Jonas sah sie wieder an und fragte:

»Mögen Sie Freddie Mercury?«

»Nicht besonders als Solist. Er war besser bei ›Queen‹.«

Jonas nickte. Er schaute Irene schelmisch an.

»Wir haben viel gemeinsam, Freddie und ich. Wir sind beide schwul. In unseren Totenscheinen wird die Nachwelt die gleiche Todesursache lesen können. Aids. Und wir sind zu jung gestorben.«

Ein heftiger Hustenanfall überfiel ihn. Als er wieder ihren Blick einfangen wollte, sah sie, dass seine Augen wegrutschten. Wahrscheinlich hatte er vor kurzem Morphium bekommen, das sich jetzt bemerkbar machte. Er atmete mühsam und versuchte vorsichtig zu sprechen, um ein Husten zu vermeiden.

»Mama, gib mir den Sauerstoff«, presste er hervor.

Die Sauerstoffmaske hing über dem Bettpfosten. Mona zog sie ihm geschickt und gleichzeitig vorsichtig über den Kopf. Sie sah wie ein durchsichtiges Pferdegeschirr aus. Unter der Nase war eine Verdickung mit zwei Löchern, die Mona direkt unter Jonas' Nasenlöcher platzierte. Ohne zu zögern, drehte sie den Regler an der Wand auf. Der Sauerstoffmesser an der Wand erwachte zum Leben, als es leise in dem Schlauch zu surren begann.

Da sah Irene das Bild. Zwei große gelbe Schmetterlinge mit schwarzer Zeichnung auf den Flügeln flogen über eine atemlose Landschaft, mit einem funkelnden Wasserlauf unten im Tal und blau getönten Bergen in der Ferne. Im Vordergrund waren hübsche Wiesenblumen zu sehen. Die blauen Vergissmeinnicht dominierten, aber es gab auch Tupfer von weißen und rosa Blumen, die Irene zwar kannte, deren Namen sie aber nicht wusste. Sie kamen dem Betrachter so nahe, dass man das Gefühl hatte, man läge auf dem Bauch zwischen den Wiesenblumen und schaute über den Felsrand hinunter in das Tal, auf die beiden prachtvollen Schmetterlinge. Der Himmel war nicht blau, sondern ein silberweißes Gewölbe über den

215

Bergen, das ein kräftiges Licht verbreitete, das an den Rändern in warmrosa Töne überging. Das war weder Sonne noch Mond. Das war das Licht an sich.

»Was schauen Sie?«

Jonas' Frage ließ sie zusammenzucken.

»Das Bild... es ist wunderschön!«

Sie lächelte Jonas an und ihr Blick wurde von seinem aufgesogen. Dort drinnen sah sie den Widerschein. Dunkelheit, Verzweiflung, Angst und Einsamkeit. Aber auch eine große Ruhe. Die Gewissheit, dass alles ein Ganzes bildete. Wenn er nicht diesen Widerschein in sich hätte, wäre es ihm nie möglich gewesen, diesem Licht Ausdruck zu verleihen.

»Das sind Chester und ich. Das Schmetterlingspaar. Ich habe das eine Woche nach seinem Tod gemalt. Damals war ich für einen Tag klar im Kopf, aber dann bin ich zusammengeklappt. Hatte eine Blutvergiftung«, sagte er mit klarer Stimme.

Er sah sie mit weit aufgerissenen Augen an. Der Schleier auf den Pupillen war wie weggeblasen.

»Der obere Schmetterling, das ist Chester. Er befindet sich bereits im Lichttunnel. Am Ufer des Lebensflusses liegt sein eingetrocknetes Blut.«

Erst jetzt sah Irene, dass der Strand einen schwach rosabraunen Ton aufwies. Direkt am Wasser gab es eine schärfere, blutrote Spur. In der linken Ecke wurde die blutrote Farbe wieder aufgenommen, bis die Blumen sie überwucherten.

»In der linken Ecke sehen Sie mein Blut. Es ist dabei auszulaufen. Es läuft aus... aus dem Bild.«

Er hustete wieder und atmete angestrengt.

»Der weiter unten fliegende Schmetterling, das bin ich. Ich bin immer noch mit der Erde verbunden. Das wird durch die Blumen symbolisiert. Aber ich bin auf dem Weg. Nach oben.«

Eine Weile sagte er nichts mehr. Irene war wie verzaubert von dem Gemälde. Es war groß, sicher zwei Quadratmeter. Und obwohl Jonas' Interpretation sie hätte traurig stimmen müssen, vermittelte das Bild ihr keinerlei Gefühl von Trauer.

216

Ganz im Gegenteil, sie fühlte, wie Lebensfreude und Trost sie durchströmten.

»Sie müssen verstehen, Irene, ich warte auf das Sterben. Nicht, damit meine Leiden ein Ende haben, denn ich habe nicht mehr viele Schmerzen. Aber ich habe auch keine Würde mehr. Ich scheiße ins Bett und brauche Katheter und Windeln. Nicht mal mehr einen runterholen kann ich mir. Kriege eine Scheißangst, wenn die Atemnot kommt und weil ich nicht mehr gehen kann. Aber ich will nicht selbst Schluss machen. Das Leben ist ein Geschenk. Bis zu dem Ende, das einem zugewiesen wird.«

Das war eine viel zu lange Rede gewesen. Der Hustenanfall wollte gar kein Ende nehmen. Irene fühlte sich machtlos und unbeholfen, als der magere Körper sich schüttelte. Mona hielt ihn im Arm und stützte ihn. Sie sprach leise und beruhigend auf ihn ein, wie es alle Mütter tun, die ihr krankes Kind trösten. Aber das kranke Kind hier war ein Mann. Der im Sterben lag.

Jonas dämmerte eine Weile vor sich hin. Mona und Irene sahen sich das andere Bild an, das im Zimmer war. Es hing an der Wand gegenüber Jonas' Bett, sodass er es mühelos sehen konnte. Es war das Portrait eines dunkelhäutigen Mannes. Im Hintergrund war ein Saxofon zu sehen, Notenblätter und Notenzeichen. Das ganze Gemälde war in einen Goldton gehaucht, vom Saxofon bis zu einem neblig-goldenen Hauch, der über Mund und Augen des Mannes hing. Irene wandte sich Mona zu.

»Wer ist der Mann auf dem Bild?«

»Chester. Chester Johnson, Jazzmusiker. Er ist im April mein Schwiegersohn geworden. Sie haben zu Hause geheiratet, weil es Chester schon zu schlecht ging, um ins Rathaus zu gehen. Damals hatte Jonas gerade eine etwas bessere Phase. Aber seitdem Chester von uns gegangen ist, konnte er auch nicht mehr. Außer in der Zeit, als er die Schmetterlinge gemalt hat.«

Jonas wachte wieder auf und räusperte sich. Wieder begann er mit schwacher, etwas verwischter Stimme zu sprechen:

»Ich bin neugierig. Das ist eine Reise, die wir alle antreten müssen. Aber nicht allein. Genau wie auf dem Bild wird Chester bei mir sein. Er wird mich führen und meine Hand halten, wenn ich Angst bekomme. Er war in den letzten Tagen schon mehrere Male bei mir. Aber er hat es richtig gemacht. Es ist schöner, im Sommer zu sterben. Dann ist es wärmer und schöner mit all den Blumen. Die Leute frieren sich auf dem Friedhof nicht die Zehen ab. Das werden sie bei meiner Beerdigung tun. Schlechte Planung von mir. Andererseits kann es ja auch viel Schnee geben und das wird dann schön mit den Blumen im Schnee. Aber auch kalt im Grab.«

Seine Brust hob sich deutlich und sein Atem rasselte unheilvoll. Er machte ein paar tiefe Atemzüge und schloss dann die Augen. Seine Kraft war zu Ende und nach kurzer Zeit schlief er ein. Mona machte Irene ein Zeichen, mit ihr auf den Flur zu gehen.

»Es ist fast sieben. Schaffen Sie es noch zum Zug zurück nach Göteborg? Sonst können Sie auch gern bei mir schlafen«, sagte sie.

»Vielen Dank, aber das schaffe ich. Der Zug geht um halb neun.«

»Soll ich Sie hinfahren?«

»Nein, ich nehme ein Taxi.«

Für einen Moment standen beide schweigend da. Dann machten beide gleichzeitig einen Schritt auf ihr Gegenüber zu und umarmten einander mit unsicheren Bewegungen. Verlegen murmelten sie: »Wir hören von einander« und: »Ich rufe an, wenn es etwas Neues gibt«. Schnell eilte Irene danach zum Fahrstuhl. Im Hals hatte sie einen brennenden Kloß und ihr Blick wurde durch Tränen getrübt.

Natürlich war sie wieder da. Genauso grau und korrekt wie auf der Hinfahrt. Sie saß diesmal einige Reihen weiter hinten, mit dem gleichen Ordner auf dem Schoß. Irene hatte kurz die Vision, diese graue Dame könnte ihre Tage im X2000 sitzend verbringen, hin und zurück, hin und zurück, hin und… Irene konnte nicht an sich halten. Noch bevor sie sich setzte, bedachte sie die graue Frau mit einem Filmstarlächeln. Als Antwort bekam sie einen Blick aus weit aufgerissenen Augen, voller nackter Angst. Darin war die Panik zu lesen, mit einer vollkommen Verrückten in einem Schnellzug eingesperrt zu sein, ohne die Möglichkeit, ihr zu entkommen!

Gute Gewohnheiten soll man beibehalten. Nach einer Viertelstunde schlief die Inspektorin einen unruhigen, traumerfüllten Schlaf.

Irgendwo im Dunkel lauerte der Schrecken. Vor sich sah sie Jenny und Katarina. Unbekümmert gingen sie direkt auf die drohende Dunkelheit zu. Irene versuchte zu rufen, um sie zu warnen, bemerkte aber, dass sie stumm war. Da kein Ton heraus kam, wenn sie schreien wollte, versuchte sie stattdessen, sie einzuholen. Aber etwas hielt ihre Füße fest. Hinter den Rücken der Mädchen schloss sich wieder die Dunkelheit und schluckte sie ganz und gar.

Sie wachte mit einem Ruck auf, ängstliches Schluchzen im Brustkorb, nur um festzustellen, dass ihr rechter Fuß sich einfach zwischen den Vordersitzen verkeilt hatte.

KAPITEL 21

Kommissar Andersson kam gerade aus dem Zimmer des Polizeipräsidenten, als er Irene im Fahrstuhl verschwinden sah, auf dem Weg zur Zentrale und weiter nach Stockholm. Ganz spontan wollte er sie schon zurückrufen. Es wäre doch zu schön, an ihrer Stelle fahren zu können. Bengt Bergströms Forderung, »kontinuierlich auf dem Laufenden gehalten zu werden« war einfach lästig. Nein, so eine kurze Reise nach Stockholm, die würde ihm jetzt gut passen. Apropos passen… mit einem Seufzer musste er sich eingestehen, dass Irene ja wohl schlecht die Hose an seiner statt anprobieren konnte.

Um sich wenigstens ein kleines bisschen aufzumuntern, beschloss er, zumindest Ivan Viktors Guten Tag zu sagen. Schließlich trifft man seine Idole nicht jeden Tag bei der Arbeit, das musste man ausnutzen. Er klopfte an und hörte von drinnen Jonnys irritierte Stimme rufen:

»Was ist denn nun schon wieder? Sehen Sie denn nicht, dass ich Be… Ach, Entschuldigung! Das hier ist der Kommissar.«

Den letzten Satz sagte er zu einem Mann mit silbergrauem, distinguiertem Aussehen. Als dieser zur Begrüßung aufstand, sah Andersson, dass er fast einen Kopf größer war als er selbst.

»Kommissar Sven Andersson. Guten Tag.«

»Guten Tag. Ivan Viktors.«

Seine Stimme war tief und wohlklingend. Er lächelte freundlich und, wie es schien, echt. Andersson machte eine entschuldigende Geste.

»Ich wollte nur einmal hereinschauen und die Gelegenheit nutzen, um Sie zu begrüßen.«

Ivan Viktors beugte sich zum Kommissar und sagte mit konspirativer Stimme:

»Inspektor Blom ist dabei, meine geheimnisvollen Aktionen einzukreisen.«

Jonny bekam rote Ohren und las wütend laut aus seinen Notizen vor.

»Sie haben am Sonntag den Nachmittagszug nach Stockholm genommen. Haben dort einen älteren Bruder im Karolinska besucht. Warum liegt er im Krankenhaus?«

»Wegen eines komplizierten Oberschenkelknochenbruchs und einer Gehirnerschütterung. Er ist vor einer Woche operiert worden. Alte Knacker sollen eben nicht mehr über die Straße laufen, wenn die Ampel schon auf Rot umgesprungen ist. Auch wenn sie glauben, sie würden es noch schaffen!«

Viktors versuchte einen spaßhaften Ton anzuschlagen, aber Andersson hörte die Unruhe aus den Worten heraus. Schnell warf er eine Frage ein:

»Ist es was Ernstes?«

»Jetzt nicht mehr. Er hat sich berappelt.«

Jonny schaute wieder in seine Papiere und las weiter laut vor:

»Am Montagmorgen um neun Uhr hatte V. einen Schüler. Sie haben bis sechzehn Uhr geprobt. Nur vom Mittagessen um zwölf unterbrochen.«

»V? Bin ich das?«

Ivan Viktors ließ ein moussierendes Lachen vernehmen, das in Anderssons Ohren wie ein absolut glockenreines A-Dur klang. Jonny wurde sauer und sah den Opernsänger verkniffen an.

»Ich kürze die Namen in meinen Notizen immer ab! Der Name des Schülers ist Claes Winer. Ich habe Telefonnummer und Adresse notiert und werde das später überprüfen.«

Andersson nickte und sah, wie Ivan Viktors schmunzelnd Jonny beobachtete. Nichts am Auftreten des Mannes wirkte in irgendeiner Form angespannt oder unsicher. Ganz im Gegenteil, in seiner selbstsicheren Eleganz erschien er kein bisschen von der trüben Büroatmosphäre des Hauses beeinflusst zu werden, er schien keinerlei Probleme zu haben, sich hier richtig zu verhalten, was er wohl auch sonst nie hatte. Andersson fiel ein, dass routinierte Opernsänger auch gute Schauspieler sind. Viktors wandte sich direkt an Andersson.

»Soweit sind der Inspektor und ich gekommen, bevor der Kommissar hereinkam. Am Dienstagmorgen bin ich direkt von Stockholm nach Kopenhagen geflogen. Dort habe ich ein vorzügliches Essen mit ein paar alten Freunden vom Det Kongelige Teater genossen. Sie hatten mich während der Aufführung von Wagners fliegendem Holländer aufgesucht. Der junge Mann, der meine alte Paraderolle singen sollte, hatte offenbar Probleme, rechtzeitig ins Bett zu finden, wie man so sagt. Und das ist wirklich keine leichte Partitur. Ich kann mich noch erinnern...«

»In welchem Hotel haben Sie gewohnt?«

Dass Inspektor Blom alle fliegenden Holländer der Welt herzlich gleichgültig waren, war seinem Ton deutlich zu entnehmen.

»Hotel? Ach so, ja, im Admiral.«

»Und in Stockholm?«

Für den Bruchteil einer Sekunde verlor Viktors seine weltgewandte Sicherheit. Aber das ging so schnell, dass sich Andersson hinterher gar nicht mehr sicher war, ob er das richtig bemerkt hatte.

»In Stockholm? Natürlich in der Wohnung meines Bruders. Er hat eine wunderbare Wohnung am Strandvägen. Ganz oben.«

Jonny Blom schoss seine Fragen in einem wütenden Stakkato ab:

»Ist er allein stehend?«

»Ja. Und nein. Er ist geschieden, lebt jetzt aber mehr oder weniger mit einer Amtsrichterin vom Sunne Amtsgericht zusammen. Sie ist Wochenendpendlerin. Mein Bruder hat aus seiner Ehe einen Sohn. Dieser hat drei entzückende Kinder, die ich einfach als meine Enkelkinder bezeichne. Leider haben meine Frau und ich nie Kinder bekommen. Und folglich gibt es natürlich auch keine Enkelkinder.«

Das versetzte dem Kommissar einen leichten Stich. Das kannte er selbst. Sonderbarerweise hatte er erst in den letzten Jahren eine gewisse Sehnsucht nach Kindern und Enkelkindern verspürt. Aber er hatte ja die Kinder seiner Nichte als Ersatz. Das klappte ganz gut, da er sie höchstens dreimal im Jahr traf. Ob es Ivan Viktors ähnlich ging?

Jonny sah reichlich sauer aus. Andersson konnte zunächst gar nicht verstehen, warum. Aber nach einer Weile wurde ihm klar, dass es nicht nur Viktors aufreizendes Verhalten war, sondern auch seine eigene Anwesenheit, die störte. Der Kommissar musste sich eingestehen, dass da was dran war. Eigentlich war Jonny mit seiner plumpen, unsensiblen Art genau der Richtige, um Leute zu vernehmen. Vor allem natürlich die härteren Kaliber. Im Augenblick saß der Inspektor Ivan Viktors gegenüber, betrachtete ihn wortlos, während seine grauen Zellen auf Hochtouren arbeiteten. Schließlich entschloss er sich, seinen nächsten Stoß abzugeben. Kurz sagte er:

»Waren Sie allein in der Wohnung?«

Ganz offensichtlich brachte diese Frage Viktors aus der Fassung. Ihm stieg die Röte ins Gesicht. Er sah aus, als stünde er kurz vor einem Blutsturz. Aber schnell sammelte er sich und machte einen tapferen Versuch, empört zu klingen:

»Was meinen Sie damit? Das ist doch wohl selbstverständlich«, sagte er mit lauter Stimme.

Jonny spürte die Lüge. Ihm kam eine Idee und er beugte sich über den Schreibtisch. Seine Stimme war eiskalt und voller Anspielungen, als er fragte:

»Es hat sich nicht zufälligerweise so verhalten, dass die Lebenspartnerin Ihres Bruders auch in der Wohnung übernachtete?«

Peng! Andersson konnte direkt mitverfolgen, wie Viktors

223

seine verlorene Fassung wieder gewann. Sie hatte eine Sekunde lang geschwankt, aber dann war er offenbar wieder auf festem Boden gelandet. Mit bestem herablassendem Theaterton und tief gekränktem Blick sagte er:

»Mein lieber Herr Inspektor! Mein Bruder ist neunundsechzig und seine Lebenspartnerin dreiundsechzig! Sie ist eine äußerst geschätzte Juristin und arbeitet als Richterin. Dass sie pendelt, liegt daran, dass sie in zwei Jahren in Pension gehen wird und es ihr so gut in Sunne gefällt, dass sie dort ihren Arbeitsplatz nicht aufgeben will. Jetzt arbeitet sie von Montag bis Donnerstag. Sie kommt am Donnerstagabend spät nach Hause und fährt am Sonntagabend zurück. Nein, wissen Sie was? Wir haben uns an dem Abend gar nicht gesehen!«

»Haben Sie einen Schlüssel für die Wohnung?«

Viktors holte tief Luft und sein Blick sagte »Dummer Kerl!«

»Natürlich hat mein Bruder mir seinen Schlüssel gegeben. Er liegt immer noch auf der gleichen Abteilung. Sie brauchen nur anzurufen und ihn zu fragen. Bitte schön, hier ist die Nummer.«

Er zog seine Brieftasche aus der Innentasche seines Jacketts und holte daraus einen kleinen gelben Zettel hervor, den er Jonny Blom reichte. Ohne sich zu bedanken oder auch nur einen Blick auf den Zettel zu werfen, fixierte Jonny ihn weiterhin.

»War sonst jemand am Sonntagabend bei Ihnen in der Wohnung?«

»Nein. Und wenn dem so wäre, dann wüsste ich nicht, was Sie das anginge. Sie untersuchen doch hier die Sache mit Richard, nicht wahr? Und nicht, was ich am Sonntagabend in Stockholm gemacht habe. Und da lebte Richard übrigens noch in den glücklichsten Umständen. Schließlich ist er erst am Dienstag umgekommen. Da war ich in Kopenhagen.«

Schmollend schaute Jonny auf seine Unterlagen. Er spürte, dass er etwas verpasst hatte, wusste aber nicht, ob es für die Ermittlungen von Bedeutung sein konnte. Andersson fühlte das Gleiche, konnte aber auch nicht sagen, was da eigentlich

eben passiert war. Es war nur so ein Gefühl. Jonny fuhr uner-
schüttert fort:

»Was haben Sie am Dienstagabend gemacht?«

Wieder ein leichtes Seufzen von Viktors. Sein Blick war fast
als mitleidig zu bezeichnen.

»Um halb sieben habe ich in einem von Kopenhagens besten Restaurants gegessen, im St.-Gertruds-Kloster.«

»Allein?«

»Nein. Wir waren mindestens zehn Leute. Alle aus dem
Theater. Ich gebe Ihnen gern die Namen.«

»Danke, zwei reichen.«

Andersson hatte das Gefühl, dass es höchste Zeit war, sich
einzumischen. Und wenn es nur dazu diente, Jonny vorerst
aus der Schusslinie zu bringen. Viktors schrieb zwei Namen
auf die Rückseite des Zettels mit der Telefonnummer seines
Bruders. Andersson räusperte sich leise und fragte dann:

»Um weiter in die Vergangenheit zu gehen. Wie fanden Sie
von Knechts Fest am Samstag?«

Viktors schaute überrascht von seinem Zettel auf. Er schien
nachzudenken.

»Ja … Was soll ich sagen? Prinzipiell bin ich ja der Meinung,
man solle keine Kriege feiern. Den Dreißigjährigen Krieg,
meine ich. He, he. Aber es ist schön, alte Freunde wieder zu
treffen. Gustav und Louise habe ich wohl seit zehn Jahren
nicht mehr gesehen.«

»War die Stimmung gut?«

»O ja. Spitze, wie man so sagt. Viel gutes Essen und gute
Getränke. Nur die Jugend erschien mir etwas gedämpft.«

»Die Jugend? Meinen Sie damit Henrik und Charlotte von
Knecht?«

»Ja.«

»Aber Richard und die anderen waren wie immer?«

»Ja. Richard, Valle Reuter und Peder Wahl haben sich den
halben Abend lang über Weine unterhalten. Sie sahen aus wie
Druiden, die sich mit den Rezepten ihrer Wunderbrühen gegenseitig übertrumpfen wollten. ›Kostet diesen hier, meine

225

werten Herren! Mit ihm gelangt man in den siebten Himmel!‹ Und dann haben wir noch viele Weinlieder gesungen.«

»Sind Sie denn kein Weinkenner?«

»Ha! Jetzt wird im Verhörprotokoll stehen, dass ›V. kein Weinkenner ist‹! Nein, nicht in der Art wie die drei. Für die ist es fast eine Art Sport. Das nimmt schon nahezu religiöse Formen an. In welchem Land, in welcher Region wuchsen die Trauben? Welche Rebsorte? Welcher Jahrgang? Dafür habe ich einfach nicht die Zeit. Sven Tosse und ich, wir machen immer unsere Scherze darüber und sagen, dass wir zumindest den Unterschied zwischen einem Fünfundvierzig-Kronen-Wein und einem Zweihundert-Kronen-Wein schmecken können. Und dann schüttelt sich Valle jedes Mal vor Abscheu. ›Oh, diese Banausen! Was die lästern können!‹, sagt er.«

Die Imitation des kleinen dicken Valle Reuter war außerordentlich treffend. Andersson ertappte sich dabei, wie er laut lachte. Jonny sah noch mürrischer aus, wenn das überhaupt möglich war, und fragte sauer:

»Und sonst gibt es nichts, was Sie zu dem Mord an Richard von Knecht zu sagen haben?«

Viktors und Andersson hielten jäh in ihrer Fröhlichkeit inne. Viktors warf Jonny einen kühlen Blick zu.

»Nein«, sagte er kurz.

»Sind Sie zu Hause in Särö, falls wir noch Fragen haben?«

»Bis Sonntagabend. Dann fahre ich wieder nach Kopenhagen. Ich komme erst am nächsten Mittwoch zurück.«

Andersson fand Viktors richtig sympathisch, aber er musste zugeben, dass er sich von dem Charme des Mannes einwickeln ließ. Es gab etwas, das ihm wie Quecksilber aus den Fingern rann, sobald er versuchte es zu packen zu kriegen. Ivan Viktors ging zur Tür, drehte sich dort noch einmal um und machte eine tiefe Verbeugung.

»Auf Wiedersehen, meine Herren!«

»Auf Wiedersehen, auf Wiedersehen.«

Als sich die Tür hinter Andersson geschlossen hatte, wandte er sich an Jonny und fragte:

»Du hast es auch gemerkt, nicht wahr?«

»Ja. Der Mistkerl ist davongekommen. Was zum Teufel hat er am Sonntagabend gemacht?«

»Vielleicht stimmt es sogar, was er sagt. Dass es keine Bedeutung für unseren Fall hat. Aber ich glaube es nicht. Vielleicht war er ja auch bei einer Nutte.«

»Gut möglich.«

Plötzlich erstarrte Andersson und bekam einen leicht gläsernen, abwesenden Blick. Jonny blieb still sitzen. Er wusste, dass sein Chef so aussah, wenn er eine Idee hatte. Wer ihn nicht kannte, konnte meinen, er wäre kurz vor einem epileptischen Anfall. Erregt sagte Andersson:

»Er hat sich mit Sylvia von Knecht getroffen! Sie war Sonntagabend auch in Stockholm!«

»Aber nicht allein. Ihre Mutter und ihre Schwester waren auch dort. Sie waren im Theater«, erinnerte Jonny ihn.

»Ja, das hat sie gesagt. Überprüfe das mal mit der Schwester und der Mama. Frag sie, was sie am Sonntagabend in Stockholm gemacht haben. Das ist zwar nur ein Schuss ins Blaue, aber wer weiß?«

Ein resignierter Seufzer verkündete, was Jonny von diesem Vorschlag hielt. Aber da er auch keine bessere Idee hatte, suchte er die Adressen im Computer heraus.

»Wann sollst du Borg am Parkhaus ablösen?«, fragte Andersson.

»Um halb eins. Er macht dann eine Stunde Mittagspause, danach übernimmt er wieder und bleibt bis vier. Dann fahre ich wieder raus und wir bleiben beide bis sieben.«

»Okay. Falls was passiert, könnt ihr mich direkt informieren. Morgen bin ich auch hier. Montagmorgen um acht machen wir eine große Besprechung. Dann wissen wir hoffentlich auch mehr über das Feuer in der Berzeliigatan. Und wie Lillis ins Bild passt. Vielleicht hat er ja auch gar nichts damit zu tun. Aber wenn es irgendeine Schweinerei in Lillis Nähe gibt, dann ist er eigentlich immer dran beteiligt!«

»Obwohl das nicht so ganz sein Metier ist. Drogen, Misshandlung, Schusswaffen, Bankraub, ja. Aber Mord, bestellter Mord, Bomben – das wohl kaum. Das erfordert Planung und Intelligenz und das ist ganz und gar nicht typisch für Lillis«, wandte Jonny ein.

Der Kommissar schürzte missmutig die Lippen und zog die Augenbrauen hoch. Das half ein wenig. Denn er musste Jonny recht geben. Wütend rief er aus:

»Hier stinkt es doch meilenweit zum Himmel! Ich kann es riechen, sehe den Scheißhaufen aber nicht. Aber irgendjemand läuft hier mit Scheiße unter den Schuhen herum, das ist auf jeden Fall klar!«

Ungemein poetisch ausgedrückt, dafür, dass es von Andersson kam. Jonny verstand, was er meinte und war ganz seiner Meinung. Er war schon lange genug bei der Polizei, um zu spüren, wenn etwas faul war. Und dieser ganze Fall stank zum Himmel.

Genau vor zwei Tagen war er schon einmal durch die Türen der Pathologie gegangen. Und auch diesmal wusste Yvonne Stridner nicht, dass er persönlich kommen würde. Sie erwartete, dass er anrufen würde. Aber die bleiche Sonne hatte in ihm den Wunsch geweckt, für eine Weile hinauszukommen. Man kann sich natürlich fragen, warum sich ein Mensch, der sich nach ein wenig Sonne sehnt, in ein Auto setzt, durch Göteborgs Zentrum fährt und dabei eine Unmenge von Abgasen einatmet. Aber die Antwort war klar: Der Mensch wollte einfach einmal den vier Wänden des Polizeipräsidiums entfliehen. Von Zeit zu Zeit hatte er das Gefühl, sie würden ihn erdrücken. Nicht, dass die Wände der Pathologie weniger erdrückend waren, aber zumindest war es ein Ortswechsel.

Yvonne Stridner war nicht in ihrem Zimmer. Wie ungern er es auch tat, er musste in den Obduktionssaal gehen. Mit einem flauen Gefühl im Magen bereute er seinen Ausflug bereits.

Sie stand dort in einem grünen Papierkittel und einer duschhaubenähnlichen Kappe aus dem gleichen Material und sprach mit einem jungen Mann, der ebenfalls Operationskleidung trug. Langsam zog sie sich die Gummihandschuhe aus, während sie kalt den Prüfling beäugte.

»Wenn Sie nicht einmal den Kurs in Gerichtsmedizin schaffen, dann kann ich nicht begreifen, wie Sie die bisherigen Obduktionen bestanden haben. Offensichtlich sind Sie einer dieser typischen Schmarotzer. Andere können die Dreckarbeit machen, während Sie daneben stehen und ›assistieren‹. Das heißt, Sie reichen die Instrumente und gucken woanders hin. Gehen lieber raus, wenn es zu eklig wird. Begreifen Sie denn nicht, dass die Pathologie die Grundlage jeder Medizin ist! Wenn Sie nicht wissen, wie ein Mensch von außen und innen aussieht, der von einer besonderen Krankheit oder einem Trauma befallen war, dann können Sie auch nicht wissen, was überhaupt geschehen ist. In welchem Stadium ist die Krankheit? Wie entwickelt sie sich? Was geschieht mit dem Patienten? Und wenn der Patient tot ist: Was ist passiert, warum ist es passiert? Wenn Sie das nicht interessiert, dann bin ich ernsthaft der Meinung, Sie sollten sich noch einmal gründlich überlegen, ob Sie überhaupt für den Arztberuf taugen! Sie sind durchgefallen!«

Der junge Mann hatte während der ganzen Abfertigung kein Wort gesagt. Ohne ein Wort drehte er sich auf den Hacken um und stürmte hinaus. Offenbar sah er den Kommissar gar nicht, der jedoch in den Augen des Prüflings lesen konnte wie in einem Buch. Ein alter Kriminaler erkennt einen mordlüsternen Blick, wenn er ihn sieht.

Stridner entdeckte ihn und nickte ihm kurz zu. Sie schaute ihn düster an und der Kommissar hatte das deutliche Gefühl, dass auch er nicht bestanden hatte.

»Diese Prüflinge haben ein immer schlechteres Niveau. Es sind Schleimer. Sie glauben, es würde genügen, ein paar Seiten in einem Kompendium zu lesen um durchzukommen! Es ist nicht die geringste Bereitschaft zu erkennen, vielleicht mal etwas zusätzlich zu machen«, fauchte die Professorin.

Sie schnaubte laut verächtlich und fixierte Andersson. Sein

Gefühl, dass das endgültige Urteil gleich gefällt würde, verstärkte sich.

»Und dann ihr von der Polizei! Könnt nicht mal Männlein von Weiblein unterscheiden.«

Verblüfft sah er die wütende rothaarige Pathologin an. Zaghaft stammelte er:

»Das... das können wir eigentlich schon.«

»Aber diesmal nicht.«

Mit entschlossenen Schritten ging sie durch den Saal, auf einen Obduktionstisch zu. Ihm drehte sich der Magen um, als ihm klar wurde, was sie tun wollte. Schnell zog sie das Laken herunter. Der Körper war vollkommen verkohlt. Arme und Beine waren in der typischen Fechterstellung verkrampft, nachdem die intensive Hitze die Muskulatur zusammengezogen hatte. Ein schwacher Geruch von gebratenem Fleisch drängte sich zwischen die übrigen Odeurs des Obduktionssaals.

»Gestern haben sie die Leiche spätnachmittags hergebracht. Eure Jungs haben gesagt, das wäre der Körper eines jungen Mannes, knapp über zwanzig«, sagte Stridner.

»Ja, das stimmt. Mattias Larsson...«

»Das stimmt nicht! Der Körper, den ich heute Morgen hier obduziert habe, gehört einer Frau mittleren Alters. Wahrscheinlich zwischen fünfunddreißig und fünfundvierzig Jahre alt. Größe ungefähr einsfünfundfünfzig. Über das Gewicht ist schwer was zu sagen, aber sie war kräftig. Schlechter Zustand der Zähne. Sie hat Kinder geboren. Eine Europäerin.«

Der Kommissar starrte die schwarz verbrannte Leiche an. Einen Moment lang wurde ihm schwindelig, aber das ging schnell vorbei.

»Finnin«, brachte er heraus.

Andersson hörte selbst, wie heiser seine Stimme klang. Die Stridner warf ihm einen scharfen Blick zu und wiederholte kurz:

»Finnin? Schon möglich. Sucht ihr eine Finnin?«

»Das kann man wohl sagen! Pirjo Larsson, zweiunddreißig

Jahre alt. Die Beschreibung stimmt ansonsten. Sie war von Knechts Putzfrau. Aber was zum Teufel macht sie hier?«

»Ja, hierher ist sie nicht von allein gekommen. Die Frage ist nur, was sie dort gemacht hat!«

Und darauf gab es keine Antwort. Obwohl er sie anstarrte, musste er ihr Recht geben. Was hatte Pirjo in von Knechts Büro gesucht, als die Bombe explodierte?

Yvonne Stridner zog wieder das Laken an Ort und Stelle und sagte:

»Ich wasche mir jetzt die Hände. Sie können schon mal in mein Büro gehen.«

Gehorsam zog er von dannen.

»Um erst einmal den Fall Richard von Knecht hinter uns zu bringen, dazu kann ich sagen, dass die Identifizierung jetzt abgeschlossen ist. Der Gerichtsodontologe hat keine Sekunde gezögert. Die Zähne stimmen überein. Ich habe auch noch die Fraktur der rechten Tibia kontrolliert. Ich habe mir die fünfunddreißig Jahre alten Röntgenbilder nach einem Ski- urlaub in St. Anton besorgen können. Ein unkomplizierter Bruch.«

Sie wedelte mit irgendwelchen größeren Röntgenbildern in der Luft herum. Es war nicht einfach, interessiert zu wirken, wenn die Gedanken die ganze Zeit um eine andere Leiche kreisten. Wie konnte er Hannu erreichen? Er brauchte ein Telefon.

»Entschuldigung bitte. Dürfte ich mal Ihr Telefon benut- zen? Ich habe nämlich zwei Inspektoren in der Stadt herum- laufen, die nach der Frau suchen, die unter dem Laken da hin- ten liegt.«

Sie nickte und machte eine Handbewegung zum Telefon auf dem Tisch hin. Andersson erwischte eine Sekretärin, die ver- sprach, Hannu Rauhala und Birgitta Moberg zu suchen. Sie würde ihnen ausrichten, dass sie unverzüglich ins Haupt- quartier zurückkehren sollten, um sich mit ihm zu bespre- chen.

231

Danach konnte er Stridners weiteren Berichten konzentrierter folgen. Es gab jetzt keinerlei Zweifel mehr, dass es wirklich von Knecht war, der am Dienstagabend auf der Straße aufgeschlagen war. Vor drei Tagen. Andersson hatte das Gefühl, inzwischen um drei Jahre gealtert zu sein. Stridners Vortrag riss ihn aus seinen Gedanken:

»Es gibt außer einer Quetschung im Nacken und dem Hieb auf den Handrücken keine anderen Zeichen von Gewalt. Die übrigen Verletzungen rühren alle von dem hohen Fall her. Ach ja. Und dann habe ich eine eigentlich nicht notwendige Sache gemacht. Einfach um meine Neugier zufrieden zu stellen. Heute kam der von mir gewünschte Bericht vom Labor. Es gibt eine deutliche Verfettung der Leber. Der gute Richard hat in letzter Zeit offenbar reichlich getrunken.«

»Überrascht Sie das?«

»Ja, schon. Er war immer sehr auf sein Aussehen und seine gute Kondition bedacht. Er achtete sehr darauf, wie viel er aß und trank. Ich habe ihn in der Zeit, als wir miteinander verkehrten, niemals auf einem Fest betrunken erlebt oder davon gehört. Aber das ist natürlich auch fünfzehn Jahre her.«

»Und worauf kann das hindeuten?«

Sie sog die Unterlippe ein und schien eine ganze Weile nachzudenken, bevor sie antwortete.

»Schwer zu sagen. Der üblichste Grund, warum Leute zur Flasche greifen, ist, dass sie ein Problem haben, das sie nicht lösen können. Vor allem Männer.«

Mit schlechtem Gewissen dachte Andersson an sein abendliches Bierchen, beschloss aber sogleich, dass er kein Alkoholiker war. In seinem Alter war es angenehm, abends bei einem oder zwei Bier zu entspannen. Vielleicht auch drei. Und man schlief gut danach. Obwohl – gewisse Nebenwirkungen hatte es ja doch. Unbewusst versuchte er den Bauch einzuziehen. Mit finsterem Blick schaute er die Pathologin an und fasste zusammen:

»Wir haben also einen gesunden, frisch aus der Sauna kommenden sechzigjährigen Mann. Physisch in guter Verfassung, aber mit dem Hinweis auf gesteigerten Alkoholkonsum in letzter Zeit. Ein Promillegehalt von 1,1 im Blut. Im Magen liegt ein üppiges Mittagessen. Um halb sechs an einem regnerischen und windigen Novemberabend tritt er auf seinen Balkon, obwohl er unter Höhenangst leidet. Dort wird ihm auf den Hinterkopf geschlagen, auf die Hand gehackt und er wird über die Brüstung gekippt. Und nicht die geringste Spur vom Mörder! Und sonst haben Sie nichts gefunden?«

Der letzte Satz klang wie ein Flehen. Und so war es auch gemeint. Sie schüttelte den Kopf, hielt aber plötzlich inne und blickte nachdenklich. Ein freches Aufblitzen war in ihren Augen zu sehen.

»Doch, vielleicht ja doch. Der kleine Schelm war nicht so erkältet, dass er nicht trotzdem an seinem Todestag noch Sex gehabt hätte. Das ist nicht hundertprozentig sicher, aber eigentlich bin ich ziemlich überzeugt davon, dass dem so ist. Dass er also Geschlechtsverkehr hatte, meine ich.«

Unbewusst rutschte Andersson auf seinem Stuhl weiter vor und beugte sich über den Schreibtisch.

»An dem bewussten Tag? Weiter!«

»Auf der Spitze seines Penis', direkt auf der Eichel, habe ich eine flache Schnittwunde entdeckt, vier Millimeter lang. So etwas habe ich schon mal gesehen. Sie entsteht beim Geschlechtsverkehr, wenn dem Mann ein Haar dazwischen gerät. Das Interessante ist aber, dass diese Wunde maximal vierundzwanzig Stunden alt sein kann. Natürlich kann ein Mann auch ohne Sex ein Haar unter die Vorhaut kriegen, aber dann entstehen selten Wunden. Er spürt das Haar vorher. Aber bei großer Erregung ist das bekanntermaßen anders.«

Andersson nickte und meinte nachdenklich:

»Am Montag oder Dienstag machte er also einen drauf im Ehebett. Aber nicht mit seiner Frau, denn Sylvia befand sich zu der Zeit in Stockholm. Mit jemand anderem. Wer kann das gewesen sein?«

»Jetzt sind wir wieder bei Ihrem Job. Nicht bei meinem«, erwiderte Yvonne Stridner.

Sie lächelte ein wenig und schien zufrieden mit dem Effekt, den ihr Hinweis auf Andersson hatte. Wahrscheinlich zeigte sein rotfleckiges Gesicht, dass sein Blutdruck wieder einmal eine Spur zu hoch stieg.

»Nehmen Sie eigentlich etwas gegen Ihre Hypertonie?«, fragte sie.

»Meine Hyper… Was zum Teufel hat das mit von Knecht und Pirjo Larsson zu tun!«

Zu spät merkte er, dass er die Pathologieprofessorin Yvonne Stridner anschrie! Das war nicht gut. Mit ruhiger, absolut kalter Stimme erwiderte sie:

»Nichts. Außer dass Sie eine Hirnblutung bekommen können und dann niemals den Mord an Richard aufklären werden oder was der Finnin passiert ist. Hieß sie Pirjo?«

»Ja. Pirjo Larsson. Verzeihen Sie, dass ich geschrien habe. Es ist im Augenblick alles zu viel.«

»Ein Grund mehr, den Blutdruck zu überprüfen und Medikamente zu nehmen. Aber jetzt muss ich wieder an die Arbeit.«

Demonstrativ schaltete sie ihren Computer ein und begann auf die Tasten zu schlagen, ohne ihn noch weiter anzusehen. Ausgezählt! Immer kam er sich in Stridners Gegenwart dumm und ausgeknockt vor. Alles lief nur nach ihrer Nase. Ihm ging es wie einem ihrer armen Prüflinge. Er hatte vollstes Mitleid und ungeteilte Sympathie mit ihnen.

»Vielen Dank. Und bis bald«, sagte er tonlos.

Ohne vom Bildschirm aufzusehen, murmelte sie nur ein kurzes »Tschüss«.

Ganz konzentriert auf eine wichtige Arbeit. Er spürte, wie die Wut in ihm aufstieg, als er zum Ausgang ging. Es pochte in seinen Schläfen und ihm fiel voller Schuldbewusstsein ein, dass er am Morgen vergessen hatte, seine Blutdrucktabletten zu nehmen. Vielleicht sollte er auch lieber mal wieder zum Betriebsarzt gehen und die Werte überprüfen lassen? Das letzte Mal war schon eine Weile her. Ach, so ein Quatsch! Wer hatte denn Zeit für sowas? Diese alberne Frau Professorin!

Was wusste sie denn schon von Blutdruck? Zu ihr kamen die Patienten doch erst, wenn es schon zu spät ist. Da interessiert der Blutdruck nicht mehr! Gestärkt durch seine lautlose Schimpfkanonade setzte er sich ins Auto und fuhr zurück zum Polizeipräsidium. Es war Mittagszeit, aber er hatte absolut keinen Hunger. Der Geruch von gebratenem Fleisch stach ihn immer noch in den Nasenflügeln.

Birgitta Moberg war an ihrem Platz. Sie war überrascht, als sie hörte, dass Andersson sie gesucht hatte. Aber das war nicht der Grund, dass sie im Polizeipräsidium war, sie wollte noch zu Mittag essen, bevor sie Bobo Torsson aufsuchte. Ob Andersson mit in die Kantine gehen wollte? Nein, das wollte er nicht.

Er bedeutete ihr, stattdessen in sein Büro zu kommen. Ohne ihn ein einziges Mal zu unterbrechen, folgte sie aufmerksam seinem Bericht darüber, was er bei der Pathologin erfahren hatte. Wobei er die Diskussion über seinen Blutdruck natürlich aussparte. Die ging allein ihn etwas an. Ihre braunen und normalerweise so fröhlichen Augen sahen besorgt aus.

»Das klingt ja tatsächlich, als ob es Pirjo wäre. Die armen Kinder, so ganz allein«, sagte sie.

»Und ihr Stiefvater? Larsson?«

»Hannu hat ihn heute Morgen per Telefon erreicht. Göte Larsson, siebenundvierzig Jahre alt. Er ist in Malmö gemeldet. Offenbar lebt er mit einer Polin in Rosengård zusammen. Er arbeitet im Augenblick für eine polnische Spedition. Er behauptet, er hätte seit zwei Jahren keinen Fuß mehr auf Göteborgs Straßen gesetzt.«

»Hmm. Dann muss das Sozialamt wohl die Verwandten der Kinder in Finnland suchen. Nun gut, jetzt geh du erst mal was essen, ich warte hier auf Hannu. Um ein Uhr habe ich einen Termin, aber wir können uns um halb drei zusammensetzen.«

»In Ordnung. Ich werde versuchen herauszukriegen, wer von Knechts Sexpartnerin gewesen sein kann. Valle Reuters kleine Freundin Gunnel behauptet ja, Richard überhaupt

235

nicht zu kennen. Und ich glaube ihr. Sie hat so offen über ihre Männer gesprochen, wie man es sich nur wünschen kann. Nein, das muss jemand anders gewesen sein. Vielleicht hat er sich ein Callgirl bestellt? Nur ärgerlich, dass er noch in der Sauna und Dusche war.«

Mit einem Winken verschwand sie auf dem Flur in Richtung Kantine. Andersson blieb eine ganze Weile reglos sitzen und starrte nachdenklich vor sich hin. Nicht eine brauchbare Idee kam ihm. Die ganze Zeit sah er das Bild von Pirjos verkohltem Körper vor sich. In seinen Ohren klang Stridners Stimme:

»Frag lieber, was sie da gemacht hat!«

Er legte einen Zettel auf Hannus Schreibtisch. »Eilige und sehr wichtige Information betr. Pirjo L.« schrieb er darauf, um zu unterstreichen, wie wichtig es war, dass sie miteinander sprachen. Nach einer ermüdenden und schweißtreibenden Hosenanprobe kehrte er wieder in sein Zimmer zurück. Hannu saß mit einem Block auf dem Schoß da und schaute aus dem schmutzigen, streifigen Fenster. Fühlte er sich auch von der bleichen, schwach scheinenden Sonne zu einer Tour in die Stadt verlockt? Seine eisblauen Augen verrieten nichts von einer derartigen Sehnsucht oder überhaupt von irgendwelchen Gefühlen. Sie waren ruhig und wach.

Auch Hannu hörte ihm zu, ohne ihn zu unterbrechen. Er nickte nur ein paar Mal. Offensichtlich passten die Teilchen in sein Konzept. Der Kommissar beneidete ihn. Er selbst hatte das Gefühl, er hätte nur ein einziges Chaos, ein Wirrwarr vor sich. Wenn er doch nur den richtigen Faden finden und damit das Durcheinander entwirren könnte. Aber so, wie die Lage war, mussten sie noch eine Weile herumwühlen und dort nachgraben, wo es am meisten nach Scheiße roch. Mit anderen Worten: polizeiliche Routinearbeit. Der Kommissar fragte:

»Was hast du über Pirjo herausgekriegt, abgesehen von dem, was wir schon wissen? Birgitta hat mir erzählt, dass Pirjos Typ sich in Malmö aufhält, den können wir also erst mal streichen. Was wir brauchen, ist eine Erklärung, was sie mit der Bombe in der Berzeliigatan zu tun hat.«

»Ich habe sie im Register gefunden. Sie ist zweimal wegen Bagatelldiebstählen geschnappt worden. Beide Male hat sie Bewährung gekriegt. Beim ersten Mal hat sie einen Schneeanzug bei Obs mitgehen lassen, beim zweiten Mal Fleischwurst und eine Schachtel Makkaroni bei ICA am Angereds torg«, berichtete Hannu.

»Und sonst nichts?«

»Nein.«

»Das klingt nicht direkt nach einer Bombenlegerin. Aber interessant, dass sie überhaupt ein Strafregister hat. Hast du die Kollegen in Helsinki gefragt, ob sie dort auch geführt wird?«

»Ja. Die Antwort soll heute Nachmittag kommen.«

»Von einem Freund von dir bei der Helsinkier Polizei?«

Andersson hätte sich auf die Zunge beißen können. Aber er war gleichzeitig so ungemein neugierig und hätte gern etwas mehr über diesen verschlossenen Mann erfahren. Warum? Weil er eine alte Plaudertasche war, zensierte er sich selbst. Aber die Frage war nun einmal gestellt. Und er bekam die Antwort, die er verdiente:

»Ja.«

Ruhig blätterte Hannu eine Seite seines Blocks um. Ohne aufzusehen, begann er zu lesen:

»Am Montag haben Pirjo und Marjatta von Knechts Wohnung sauber gemacht. In der Nacht wurde Juhu krank, er bekam die Grippe. Pirjo hat im Pressbyrån am Dienstagnachmittag geputzt. Am Mittwochvormittag fuhr Pirjo wieder zu den von Knechts, musste aber unverrichteter Dinge wieder nach Hause gehen. Sie hat den Kindern erzählt, dass von Knecht tot ist. Am Nachmittag hat sie Essen gekocht. Kurz nach fünf hat sie dem Mädchen gesagt, dass sie ›noch mal los müsse und außer der Reihe putzen‹. Danach ist es, als hätte sie sich in Rauch aufgelöst. Buchstäblich.«

Andersson spürte ein leichtes Schaudern im Nacken. Er nickte, um dieses Gefühl zu überspielen, und fragte:

»Was hat sie in der Berzeliigatan gemacht?«

Die eisblauen Augen musterten ihn einen Moment, dann kam die Antwort:

»Geputzt.«

Ihre Blicke trafen sich. Beide schüttelten gleichzeitig den Kopf. Langsam und nachdrücklich und als hätte er Angst, dass ihm der lächerliche kleine Einfall, der ihm gekommen war, gleich wieder aus dem Gedächtnis entgleiten könnte, wenn er ihn nicht in Worte kleidete, sagte Andersson:

»Nein. Sie wusste doch, dass von Knecht tot war. Sie hatte zwei kranke Kinder zu Hause. Es war fast halb sieben, als der Schuppen in die Luft flog. Nein, sie ist nicht dorthin gefahren, um zu putzen, sondern um zu klauen.«

»Könnte sein.«

Wieder blieb es still. Beide sahen den Haken. Es war Hannu, der ihn benannte:

»Die Schlüssel.«

»Laut Irene hat Sylvia von Knecht gesagt, dass alle Schlüssel, die sie kennt, auf ihrem Platz in der Wohnung in der Molinsgatan waren.«

»Die sie kennt«, wiederholte Rauhala.

Als er seine eigene Worte noch einmal hörte, wurde auch Andersson klar, wo die Lösung lag. Erregt sagte er:

»Es muss einen Schlüsselbund gegeben haben, von dem Sylvia nichts wusste! Aber wie hat Pirjo ihn in die Hände gekriegt?«

»Sie hat ihn gestohlen. Oder auf andere Weise bekommen.«

»Gestohlen?«

»Als sie am Montag bei von Knecht geputzt hat. Er kann ihn rausgelegt haben.«

»Kann sein. Und bekommen?«

»Damit sie das Büro sauber macht.«

Der Kommissar begriff. Sylvia hatte Irene erzählt, dass sie jedes Mal, wenn Richard wollte, dass sein Büro geputzt wurde, Pirjo bat, zu kommen. Er nickte.

»Da sagst du was. Dann muss er Pirjo die ›heimlichen‹

Schlüssel gegeben haben. Und das würde erklären, wieso sie einen Schlüssel hatte und warum Sylvia ihn nicht vermisste. Man vermisst nichts, von dem man nichts weiß. Ich glaube, wir haben da was entdeckt!«

Fast hätte er Hannu auf die Schulter geklopft, aber im letzten Moment besann er sich noch. Es gelang ihm, die ausholende Geste der rechten Hand dadurch zu tarnen, dass er sich über die Glatze strich und mit den Fingern durch den schütteren Haarkranz fuhr.

»Hm, ja. Wir werden von Tommy und Fredrik erfahren, was heute bei der brandtechnischen Untersuchung herausgekommen ist. Und wir müssen sicher sein, dass es wirklich Pirjo ist, die da hinten in der Pathologie liegt. Kannst du die Tochter mal fragen, zu welchem Zahnarzt Pirjo ging? Wenn sie überhaupt zu einem ging, heißt das.«

Ihm war eingefallen, was die Stridner über den schlechten Zustand der Zähne des Opfers gesagt hatte. Hannu sah den Kommissar mit ernstem Blick an.

»Ich sage den Kindern nichts, solange wir nicht ganz sicher sind, dass es Pirjo ist.«

Andersson nickte. »Ja, es ist bestimmt besser zu warten, bis wir ganz sicher sind.«

Aber in seinem tiefsten Inneren war er überzeugt davon, dass Pirjo gefunden worden war.

»Dann war sie also Dienstag nicht da.«

»Wieso Dienstag?«

Hannu warf ihm einen ungeduldigen Blick zu. »Also war es nicht Pirjo, die am Dienstag bei von Knechts sauber gemacht hat, während er zu Mittag speiste. Das muss der Mörder gewesen sein. Pirjo hat im Pressbyrån geputzt.«

Andersson ertappte sich dabei, dass er den Mann ihm gegenüber anstarrte. Dieser wettergegerbte Mann mit den Eisaugen und den hellblonden Haaren stieg um einiges in seiner Achtung. Mit einem leichten Schamgefühl fiel ihm ein, dass er ihn fast verdächtigt hätte, die undichte Stelle zur Presse zu sein. Schnell schob er diesen Gedanken zur Seite und sagte:

»Hast du überprüft, ob sie nicht noch woanders war, sondern wirklich nur im Pressbyrån an diesem Dienstagnachmittag?«

»Ja.« Für eine Weile versank der Kommissar ins Grübeln. Dadurch, dass Pirjos Körper am Brandherd gefunden worden war, hatte sich die Lage schlagartig geändert. Also hing doch alles zusammen.

»Du musst versuchen noch mehr über Pirjo herauszukriegen. Vor allem brauchen wir jemanden, der mit den Kindern redet. Kannst du morgen auch kommen? Wir müssen die Spur verfolgen, so lange sie noch heiß ist«, schloss Andersson.

Die Wortwahl war nicht besonders gelungen. Der Geruch nach verbranntem Fleisch stach ihn immer noch in der Nase. Er wusste, dass das nur Einbildung war, aber ihm war klar, dass es mit Mittagessen eine ganze Weile erst mal nichts werden würde. Hannu schlug seinen Block zu und nickte kaum sichtbar.

»Ja, doch.«

Gegen drei Uhr wurde er dann doch hungrig und ging hinunter in die Kantine. Er kaufte Kaffee, zwei vertrocknete Käsebrote in Plastik und eine Makrone. Das war nicht besonders phantasievoll, füllte aber den Magen. Mit einem dampfenden Nachschlag in der Tasse vor sich auf dem Tisch lehnte er sich zurück und versuchte für eine Weile an etwas anderes zu denken. Zivile und uniformierte Kollegen defilierten an seinem Tisch vorbei. Einige grüßten, ein paar blieben stehen und wechselten einige Worte mit ihm. Die meisten gingen einfach vorbei. Plötzlich spürte er, dass jemand schräg hinter ihm stand. Als er sich umdrehte, entdeckte er Birgitta Moberg.

»Hallo, komm, setz dich zu mir«, sagte er.

»Nein, vielen Dank. Ich bin viel zu sauer, um zu sitzen!«

Erst jetzt bemerkte er, dass sie mit in die Hüften gestemmten Armen breitbeinig dastand. Ihre Stimme klang wie ein Schlangenzischen. Auch wenn er laut seiner Exehefrau ein Holzbock war, was die Gefühle von Frauen anging, so begriff er doch, dass hier etwas nicht stimmte. Einige Kollegen an den benachbarten Tischen schauten schon verwundert herüber. Andersson fühlte sich unbehaglich. Wenn sie nun dachten, sie wäre auf ihn so sauer? Und das war sie ja wohl nicht, oder? Unsicher fragte er:

»Wollen wir hoch in die Abteilung gehen und drüber reden?«

»Ja.«

Sie drehte sich auf dem Absatz um und rauschte durch die Tür hinaus. Mit einem enttäuschten Seufzer verzichtete der Kommissar auf seinen Kaffee. »Man soll auf seine Untergebenen hören, wenn sie mit ihren Problemen kommen«, hatten sie bei diesem idiotischen Kurs betont, den er gezwungenermaßen vor ein paar Jahren hatte besuchen müssen.

»Dieses verfluchte Arschloch! So ein… Idiot!«

»Wer? Ich?«

»Nein! Bobo Torsson!«

Die erste Reaktion des Kommissars war Erleichterung, die zweite Überraschung. Vorsichtig fragte er:

»Hat er dich irgendwie gereizt?«

Da explodierte sie. Die Tränen liefen ihr aus den Augen, als sie schrie:

»Gereizt! Er hat mich gegen die Wand gedrückt, mir zwischen die Beine gegriffen und mir in die Brust gebissen! Ich werde ihn anzeigen!«

Andersson fehlten die Worte. Und die Situation entspannte sich nicht gerade, als Jonnys aufreizende Stimme in der Türöffnung zu hören war:

»Oioioi, die kleine Birgitta ist wohl vom großen Modefotografen entdeckt worden! Hast du ihm gezeigt, was du zu bieten hast?«

Er stand entspannt an den Türpfosten gelehnt, ein ironisches Grinsen übers ganze Gesicht. Dieser Kerl mit seiner losen Klappe!, konnte Andersson gerade noch denken. Dann klatschte es. Halb erstickt vor Wut fauchte sie:

»Das hier habe ich zu bieten!«

Birgitta durchquerte blitzschnell das Zimmer. Jonny reagierte zu langsam und sah nicht ihr Knie kommen, das sie ihm mit aller Kraft zwischen die Beine rammte. Mit einem dumpfen Stöhnen sackte er zusammen, beide Hände auf die Genitalien gepresst.

Birgitta sagte triumphierend:

»Persönlicher Rekord! Zwei Kerle mit blauen Klötzen innerhalb von nur dreißig Minuten!«

Mit geradem Rücken und hoch erhobenem Kopf stieg sie über den in sich zusammengesunkenen Jonny, um auf den Flur zu gehen. Erst in dem Augenblick kam wieder Leben in Andersson.

»Birgitta! Du gehst nirgendwo hin! Was zum Teufel treibt ihr hier? Kloppt euch wie die Kinder! Zwei Polizisten!«

Langsam wandte sie ihr rot geweintes Gesicht ihm zu. Es war schwer zu verstehen, was sie sagte, weil ihre Stimme vor Erregung bebte:

»Du hast nichts kapiert. Ich bin noch nie in meinem Leben so gedemütigt worden. Vielleicht schon mal als Frau. Aber nicht als Vertreterin meines Berufsstandes!«

Es begann in Anderssons Kopf zu dröhnen. Jonny auf dem Boden stöhnte, zog sich aber langsam in eine sitzende Position hoch, den Türpfosten als Rückenlehne benutzend. Ein paar Kollegen von der allgemeinen Fahndung blieben neugierig auf dem Flur stehen. Andersson machte ein paar schnelle Schritte und schloss die Tür mit einem Knall.

»So, und jetzt setzt euch! Alle beide! Das kann zu einem Disziplinarverfahren werden, wenn ihr nicht aufpasst!«

Jonny zischte:

»O ja, ich werde sie anzeigen. Verdammte Hure!«

Andersson sah, wie Birgitta ganz blass wurde. Für einen Moment fürchtete er, sie würde in Ohnmacht fallen. Als sie wieder sprechen konnte, bewegten sich ihre Lippen kaum.

»Jetzt reicht es mir. Das war der Tropfen!«

Sie schaute Andersson an. Normalerweise funkelten ihre

braunen Augen fröhlich, aber jetzt sahen sie aus wie geschmolzenes Blei.

»Seit ich hier angefangen habe, muss ich diesen Idioten ertragen. Zuerst wollte er fummeln, und als ich ihm sehr deutlich klar gemacht habe, was ich davon halte, kamen die Sticheleien. Dass ich einen lockeren Lebenswandel führe. Eine leichte Beute sei, die man schnell rumkriegt. Du hast es ja gerade selbst gehört: verdammte Hure. ›Freundschaftliche‹ Klapse auf den Po soll ich doch bitte schön hinnehmen. In meinem internen Eingangskorb liegen ausgeschnittene Bilder aus irgendwelchen Pornozeitschriften. Frauen mit Riesentitten und lesbische Paare. Ich habe die ganze Zeit gewusst, dass Jonny dahinter steckt, habe es aber nie beweisen können«, sagte sie tonlos.

»Warum hast du mir nichts davon gesagt?«, wunderte Andersson sich.

Sie warf ihm ein müdes Lächeln zu.

»Und was hättest du dann getan?«

»Nun ja, ich…«

Er verstummte verwirrt. Was hätte er getan? Die Verunsicherung stieg wieder in ihm auf. Es gab doch immer Probleme, wenn Frauen im Spiel waren. Das war zu Beginn seiner Karriere besser gewesen. Zu der Zeit arbeiteten weibliche Polizisten nur im Innendienst und Büro. Und es waren nur wenige an der Zahl. Da gab es draußen im Feld nur Männer, was sehr praktisch war. Man brauchte keine Rücksicht auf weibliche Empfindlichkeiten zu nehmen, wenn es um derbe Witze und Neckereien ging. Nein, Frauen in der Truppe, das war nicht einfach. Und das Schlimmste dabei war, dass es immer mehr wurden. Wenn sie sich für einen Männerberuf entschieden, dann müssen sie doch wohl auch die Bedingungen und den Jargon akzeptieren! Obwohl, Ausschnitte aus Pornozeitschriften, das war ja wohl eine Nummer zu derb…

Sie stand immer noch mit leblosem Blick da und wartete auf seine Antwort. Andersson bekam das unangenehme Ge-

243

fühl, mitschuldig zu sein, aber woran? Birgitta lieferte ihm die Antwort:

»Sexuelle Nötigung. Das läuft hier ab. Irgendwann reicht es. Frauen müssen sich ja einiges von Kollegen gefallen lassen. Aber verflucht noch mal, ich denke gar nicht daran, mir das auch noch von so einem Dreckskerl wie Torsson gefallen zu lassen!«

Plötzlich fühlte der Kommissar sich alt und müde. Das ging über seine Kräfte. Jonny war aufgestanden und der Blick, den er Birgitta zuwarf, glühte vor Wut.

Mit pochenden Kopfschmerzen stand auch Andersson auf und stellte einen weiteren Stuhl an seinen Schreibtisch.

Sicherheitshalber stellte er die beiden Besucherstühle jeweils an die Schmalseiten. Mit einer müden Geste bedeutete er den beiden Kombattanten, dass sie sich setzen sollten. Widerwillig setzten sie sich einander gegenüber. Keiner schaute den anderen an. Verkniffen stellte Andersson fest:

»So kann das in unserer Abteilung nicht weitergehen. Seid ihr meiner Meinung?«

Keiner der beiden gab ihm eine Antwort. Er fuhr verdrossen fort:

»Jonny, du hörst sofort mit allen dummen Scherzen und Zeitungsausschnitten auf. Und du, Birgitta, du greifst hier nie wieder jemanden tätlich an. Auch wenn es sich nur um einen Mann handelt. Wenn Bobo Torsson dich jetzt anzeigt! Noch so ein Ding und ich sorge dafür, dass du in den Innendienst versetzt wirst. Und das gilt auch für dich, Jonny!«

Das war nicht besonders toll, aber das Beste, was ihm im Augenblick einfiel. Er brauchte mehr Kaffee. Und eine Kopfschmerztablette. Ein Röhrchen mit Treo lag in seiner Schreibtischschublade. Er musste nur erst diesen Streit hier schlichten. Müde wandte er sich Jonny zu.

»Was wolltest du eigentlich, als du hergekommen bist?«

Zuerst sah Jonny aus, als denke er gar nicht daran, auf diese Frage zu antworten. Aber seine Disziplin siegte und er erklärte mit zurückgehaltener Wut in der Stimme:

»Ich habe mit Sylvia von Knechts Mutter und Schwester gesprochen. Sie bestätigen Sylvias Alibi. Sie waren im Theater
und hinterher haben sie etwas gegessen. Mit ihr hat Viktors
also nicht den Sonntagabend verbracht. Und jetzt fahre ich
zum Parkhaus in der Kapellgatan. Und ich habe keine Porno-
bilder in Birgittas Eingangskorb gelegt!«

Mit viel Mühe sammelte er die Reste seiner Würde zusammen und versuchte nicht zu hinken, als er aus der Tür ging.

Die Luft entwich aus Birgitta und sie stützte schwer ihre
Stirn in die Hände. Andersson fürchtete schon, sie könnte an-
fangen zu weinen. Das hatte er noch nie ertragen können.
Etwas zu schnell sagte er:

»Also, jetzt hole ich uns erst mal zwei Tassen Kaffee aus
dem Automaten. Und dann musst du mir genau berichten,
was bei diesem Mistkerl Torsson passiert ist. Nachdem wir
den Kaffee getrunken haben.«

Letzteres fügte er schnell hinzu, als er den Eindruck gewann, ihre Schultern würden zu zittern beginnen.

»Er kam gegen halb drei. Groß, schlank und solariumsge-
bräunt. Mit blondierten Strähnchen im Haar. Armanijacke
und abgewetzte Blue Jeans. Laut seinem Ausweis ist er sieben-
unddreißig, aber er arbeitet schwer daran, zehn Jahre jünger
auszusehen. Als er in mein Büro geführt wurde, tönte er sofort los: ›Ich gestehe alles, wenn Sie mich nicht nur verhören,
sondern auch gleich verführen!‹ Und fing an, wie ein Wahnsinniger zu lachen. Er stank nach Alkohol, aber ich denke, da
steckt noch was anderes dahinter. Ich tippe auf Amphetamine.
Vielleicht Kokain. Er hat sich ein paar Mal mit dem Finger
unter der Nase gerieben, als er bei mir saß und herum-
quatschte. Er hat bestimmt gesnifft, bevor er zu mir gekommen ist. Er war reichlich ausgelassen und gleichzeitig ziemlich
unruhig. Konnte nicht ruhig auf dem Stuhl sitzen, musste die
ganze Zeit in Bewegung bleiben. Gegen Ende des Gesprächs,
ungefähr nach einer halben Stunde, fing er fürchterlich an zu
schwitzen. Da habe ich ihn gefragt, ob es ihm nicht gut ginge.

Und da… da ist er auf mich losgegangen. ›Du wirst schon sehen, wie schlecht es mir geht!‹, hat er geschrien, und als ich aufgestanden bin, hat er mich gepackt, an sich gezogen, und gegen die Wand gedrückt. Hat mir zwischen die Beine gegriffen… und mir in die rechte Brust gebissen.«

Birgitta unterbrach sich und kämpfte darum, nicht wieder in Tränen auszubrechen. Andersson sah sehr besorgt aus, als er sich über den Schreibtisch beugte. Mit teilnahmsvoller Stimme fragte er:

»War das ein kräftiger Biss? Ist davon noch was zu sehen?«

Sie nickte schluchzend.

»Gut! Nun ja, ich meine, natürlich nicht gut, dass er dich gebissen hat. Aber wenn es davon Spuren gibt, dann wollen wir zusehen, dass sie fotografiert werden. Und ein Arzt soll dich untersuchen und eine Bescheinigung ausstellen. Erzähl weiter.«

»Zuerst schien er gar keinen Schmerz zu spüren, als ich ihm einen Kniestoß versetzt habe. Ich musste meine Daumen in seine Augen drücken, damit er endlich loslässt. Und dann fing er wieder an wie ein Wahnsinniger zu lachen. Und dann klappte er zusammen, mit der Hand im Schritt. Eine ganze Weile sagte er gar nichts. Ich war auf einen neuen Angriff gefasst, aber ihm war die Luft ausgegangen. Schließlich stand er auf und flüsterte: ›Ich werde dich kriegen. Ich weiß, wie du heißt. Und nicht einmal deine eigene Mutter wird dich danach wiedererkennen!‹ Und dann ist er abgehauen. Mein Gott! Ich habe nur auf dem Stuhl gesessen und wie Espenlaub gezittert. Und dann bin ich wütend geworden. Ich glaube, eigentlich hatte ich eine Scheißangst, aber die ist in Wut umgeschlagen. Und da habe ich gemerkt, dass ich unbedingt mit jemandem reden muss. Ja, da habe ich dich dann in der Kantine gefunden, und den Rest weißt du.«

Andersson nickte und dachte eine Weile nach. Entschlossen rief er seine Sekretärin an und bat sie, sofort einen Termin beim Arzt für Birgitta zu machen.

Als das erledigt war, wandte er sich erneut seiner Inspektorin zu. Sie schien wieder etwas Mut gefasst zu haben. Sie lächelte ihn vorsichtig an. Aufmunternd sagte er:

»Wir schaffen es bestimmt vorher, einmal durchzugehen, was Torsson dir erzählt hat. Zuerst einmal: Wo wohnt er?«

»Das wirst du mir nicht glauben. Er hat mir erzählt, er würde bei seinem Cousin wohnen. Gegenüber dem abgebrannten Haus in der Berzeliigatan. Der Cousin ist im Augenblick Besitzer eines kleineren Zigarettenladens.«

»Lasse ›Lillis‹ Johannesson! Soll das ein Witz sein?«

»Nein. Bobo Torsson und Lasse ›Lillis‹ sind tatsächlich Cousins. Ihre Mütter sind Schwestern. Leider habe ich das erst zum Schluss erfahren. Ich konnte nicht näher darauf eingehen, denn das hat er mir erst gesagt, kurz bevor er… durchgedreht ist.«

Jetzt konnte Andersson keine Rücksicht mehr darauf nehmen, dass Birgitta im Zimmer war. Er entschuldigte sich, zog die Schublade seines Schreibtisches heraus und holte das Treo-Röhrchen hervor. Er ging hinaus zur Toilette. Dort nahm er einen Plastikbecher aus dem Automaten und löste zwei Tabletten auf. Während er darauf wartete, bis sie sich aufgelöst hatten, betrachtete er sein Gesicht im Spiegel.

Alt. Zum ersten Mal in seinem Leben war er der Meinung, dass er alt aussah. Uralt. Bereit zum Sterben. Nein, das nun doch wieder nicht. Aber kurz davor. Rotbäckig, mit schütterem Haar und mit Augen, die in Falten und Runzeln fast verschwanden. Man konnte ihn eigentlich mit drei Worten bezeichnen: dick, glatzköpfig und hässlich. Es nützte auch nichts, es auf den Lauf der Zeit zu schieben. Er war zum großen Teil selbst daran schuld. Körperliches Training hatte ihn nie interessiert. Ein bisschen Gartenarbeit und hier und da mal Angeln, das hatte ihm an Bewegung genügt. Er kippte den Inhalt des Plastikbechers in sich hinein und warf einen letzten selbstkritischen Blick in den Spiegel. Leider, Treo war kein Jugendelixier. Er sah noch genauso alt und müde aus wie vorher. War es das Gespräch mit Birgitta, das seinen Altersjammer ausgelöst hatte? Dieses muntere Mädchen, das so attraktiv war, dass die Männer sich nicht beherrschen konnten, sondern ihr in die Brust bissen und ihr pornografische Fotos schickten. Er verlangsamte seine Schritte und überlegte, wie es ihr wohl im Augenblick ging. Traurig, gekränkt und wütend. Verängstigt. Wofür es einen guten Grund gab, wenn Lillis mit im Spiel war. Das Pochen in seiner Schläfe war noch nicht weniger geworden, das war auch nicht zu erwarten so kurz nach der Tabletteneinnahme. Und sobald er wieder an Torsson und Lillis, an von Knecht und Pirjo dachte, begannen die Kopfschmerzen umso schlimmer in seinen Gehirnwindungen zu hämmern.

Sie saß noch genauso da, wie er sie verlassen hatte. Alle Kraft schien aus ihr gewichen zu sein und sie sah müde aus. Tonlos fuhr sie dort fort, wo sie vorher aufgehört hatte:

»Torsson ist schon am Freitagabend nach Stockholm gefahren. Er hat den Zug genommen, er sagt, er habe ein bisschen Flugangst. Das Wochenende verbrachte er mit ›zwei alten Kumpeln‹, beides Fotografen. Ich habe ihre Namen und Adressen. Die drei sollen einen großen Auftrag zusammen machen. Einen Katalog mit der kommenden Herbst- und Wintermode. Das soll wohl schon im Januar anfangen. Deshalb haben sie sich getroffen, um ihre Arbeit zu planen. So weit ich es seinem Gebrabbel entnehmen konnte, haben sie das ganze Wochenende gesoffen. Er hat eine ganze Latte von Kneipennamen heruntergeleiert, in denen sie ihre Abende und Nächte verbracht haben. Café Opera, Gino und was weiß ich, wie sie alle heißen. Und dazu dann noch dieses dreckige Lachen.«

»Du bist dir ganz sicher? Er stand deutlich unter Drogen?«

»Da gibt es keinen Zweifel. Er war bis über beide Ohren vollgedröhnt. Komisch war nur, dass er nicht bei einem seiner Kumpel gewohnt hat, sondern die ganze Zeit ein Zimmer im Hotel Lydmar hatte. Nach seinen Worten ist das ein Jazzclub und Stockholms coolstes Hotel. Ich nehme an, da hat er gelogen, denn ein Jazzclub kann doch nicht gleichzeitig ein Hotel sein, oder?«

»Na, in Stockholm ist alles möglich.«

»Kann sein. Ich werde das überprüfen. Offenbar war er aber kaum auf seinem Hotelzimmer, denn er und die anderen Typen haben das ganze Wochenende durchgemacht. Ohne zu schlafen. Deshalb tippe ich auf Amphetamine.«

»Das klingt ziemlich wahrscheinlich.«

»An den Werktagen versuchten sie dann wohl doch zu arbeiten, und laut Torsson hatten sie einige phantastische ›Visionen hinsichtlich der Gestaltung des Jobs. Eine Biennale‹! Ist das nicht so eine Art große Kunstausstellung, die alle zwei Jahre stattfindet? Jedenfalls forderte die Feierei zum Schluss ihren Tribut. Am Mittwochabend haben sie mal wieder irgendwo gegessen, aber danach wollte Torsson nur noch ins Hotel und schlafen. Er nahm sich ein großes Bier mit aufs Zimmer und setzte sich vor den Fernseher, um das Tempo runterzufahren. Und in den Spätnachrichten sieht er dann, wie sein Zuhause und sein Fotoatelier abbrennen! Zuerst hat er mit seinem Handy Lillis angerufen. Offensichtlich war der es auch, der Torsson sagte, er solle uns anrufen, denn er wüsste auch nicht, was passiert sei. Und da habe ich natürlich nachgefragt, in welchem Verhältnis er zu Lillis steht, und da erfuhr ich, dass er jetzt bei ihm wohnt. Und dass sie Cousins sind. Und danach setzte es bei ihm aus … da hat er mich dann angefallen.«

Die Gegensprechanlage schrillte. Die Sekretärin teilte mit, dass Birgitta sich so bald wie möglich beim Arzt einfinden sollte.

»Okay. Dann lauf los. Und fahr danach nach Hause und erhol dich. Wir werden versuchen Bobo Torsson zu fassen zu kriegen und ihn dann wegen Gewalt gegen eine Polizeibeamtin belangen«, erklärte Andersson beruhigend.

Er stand auf und ging zu ihr. Es fehlte nicht viel und er hätte ihr tröstend auf die Schultern geklopft, aber ihr steifer Nacken und ihr starrer Rücken ließen ihn davor zurückschrecken. Unsicher fuhr er fort:

»Diese Sache mit Jonny, die werden wir erst mal vergessen. Ich werde mit ihm reden. Er meint es mit seinen Sprüchen bestimmt nicht böse. Und er begreift sicher, dass du aufgebracht und wütend warst nach dem, was mit Torsson passiert ist…«

Er brach mitten im Satz ab, als sie ihm ihr Gesicht zuwandte. Es war vollkommen leer und ausdruckslos. Die Augen waren wieder nur Pfützen geschmolzenen Bleis. Ihre Stimme klang heiser und zittrig, als sie sagte:

»Du hast überhaupt nichts verstanden.«

Steif und mechanisch erhob sie sich. Ohne ihn anzusehen, verschwand sie auf dem Flur. Er verstand also nichts von Frauen! Jedenfalls soweit es Jonny betraf. Dass sie wütend wurde und Angst kriegte, nachdem Bobo Torsson sie angegriffen hatte, dafür hatte er ja nun vollstes Verständnis. Aber er hatte keine Idee, was er denn sonst noch hätte verstehen sollen.

Was für ein Tag. Und er war noch nicht einmal zu Ende. Das einzige Positive im Augenblick war, dass die Kopfschmerzen nachließen.

250

KAPITEL 11

Das Weinen brannte im Hals. Sie versuchte zu rufen, aber Jenny und Katarina hörten sie nicht. Deren glucksendes Lachen verhallte in der Luft. Sie wirbelten davon, immer höher, dem perlmuttschimmernden Himmel entgegen. Sie versuchte ihnen hinterherzufliegen, aber tausende von Wiesenblumen hielten sie mit ihren weichen, unsichtbaren Händen in der warmen Humuserde zurück. Vergeblich versuchte sie sich mit den Füßen gegen die Erde zu stemmen, um Luft zu kriegen. Aber die Zehen gruben sich nur noch tiefer in den Boden und geschmolzenes Metall lief durch ihre Adern. »Guter Gott, sorg dafür, dass sie nicht in den Tunnel gesogen werden!« Sie betete schluchzend. Bis sie bemerkte, dass es gar keinen Lichttunnel gab, sondern nur einen Spalt zwischen den perlenrosa Wolken, durch die ein freundlicher, hellblauer Sommerhimmel blitzte.

Mit einem Ruck wachte Irene auf und setzte sich im Bett auf. Sammie knurrte verärgert. Er lag so gemütlich mit dem Kopf auf ihrem Schienbein. Kein Wunder, dass ihre Füße eingeschlafen waren und sich bleischwer anfühlten. Er durfte eigentlich nicht ins Bett, kroch aber immer im Morgengrauen hinein. Was zu diesem Zeitpunkt ohne Risiko war, denn niemand hatte dann Lust, mit ihm zu diskutieren. Jetzt war es halb sechs, sie hatte knapp fünf Stunden geschlafen. Und fühlte sich hellwach. Das lag natürlich daran, dass sie mehrere Stunden im Zug vor sich hin gedöst hatte.

Krister schnarchte laut neben ihr. Er musste nicht vor neun mit der Arbeit anfangen. Ein Freudenschauer durchfuhr sie

251

bei dem Gedanken, dass sie sich heute einen richtig gemütlichen Abend machen wollten. Sie würde die Kartoffeln schälen und den Salat waschen. Vielleicht auch noch den Wein öffnen. Er würde etwas Leckeres auf dem Herd zaubern und gnädigst den Applaus entgegennehmen. Applaudieren tat sie gern, wenn sie nur drum herum kam, selber zu kochen. Sie legte sich wieder hin, versuchte den Hund mit den Füßen hinunterzuschubsen, aber der rollte sich nur auf den Rücken, streckte die Pfoten in die Luft und tat, als schliefe er. Was er auch bald wirklich tat. Hund und Herrchen begannen einträchtig im Zweivierteltakt zu schnarchen. Mit einem Seufzer wurde ihr klar, dass sie ebenso gut aufstehen konnte.

Der Traum war glasklar gewesen. Sie konnte alle Einzelheiten vor sich sehen. Man brauchte kein ausgebildeter Traumdeuter zu sein, um seine Bedeutung zu verstehen. War sie wirklich so besorgt, weil die Zwillinge selbstständig wurden? Sie fühlte ein starkes Ohnmachtsgefühl, spürte, dass sie ihre Töchter nicht gegen alle Gefahren schützen konnte. Etwas, das sie gelesen oder gehört hatte, kam ihr in den Sinn: »Du kannst deinen Kindern niemals deine Erfahrungen übermitteln. Als Mutter oder Vater kannst du nur versuchen, deine Angst und Unruhe zu verbergen. Versuche behutsam zu lenken, wenn alles schief geht. Sei als Ansprechpartner präsent.« Es gab ihr einen Stich im Herzen und sie schnitt dem dichten Novemberdunkel vor der Windschutzscheibe eine Fratze. Obwohl es auf der Autobahn fast leer war, fuhr sie, ganz gegen ihre Gewohnheit, nicht einmal die zugelassene Geschwindigkeit. Warum fiel es ihr so schwer, den Traum abzuschütteln? Vielleicht weil sie während ihrer Zeit bei der Polizei so viel Elend gesehen hatte? Jugendliche, die eiskalt aus der Gesellschaft ausgeschlossen wurden, die eines gewaltsamen Todes starben und denen wenige oder niemand nachtrauerte. Sie waren Opfer sozialer Armut, der Arbeits- und Hoffnungslosigkeit, schlechter Freunde und Drogen. Manchmal genügte es schon, dass sie zum falschen Zeitpunkt am falschen Platz waren. Wie

John. Sie erschauerte bei der Erinnerung an eines der Ereignisse, das sie beruflich stark erschüttert hatte.

Tommy und sie waren der Kungälvspolisen ausgeliehen worden, um diese bei der Ermittlung des Mordes an dem vierzehnjährigen John zu unterstützen. Es war in einem August gewesen, bei außergewöhnlich heißem, schönem Wetter. John und ein Freund waren an den Ingetorpssjön gefahren, um dort zu zelten. Abends tauchten vier Glatzköpfe auf. Mindestens zwei von ihnen waren stark berauscht. Nur einer von ihnen kannte John von früher. Das war ein Fünfzehnjähriger, der in die gleiche Schule ging und ihn schon seit längerer Zeit verfolgt und gemobbt hatte. Die anderen drei hatten John noch nie gesehen. Fast zwei Stunden lang spielten die vier Glatzköpfe ein grausames Katz-und-Maus-Spiel. Mal waren sie »nett«, dann misshandelten sie John und seinen Freund wieder. John wurde in den See geworfen, aber als er davonschwimmen wollte, zwangen sie seinen Freund zu rufen: »Bitte, bitte John, komm zurück. Sonst verprügeln sie mich!« Er kehrte um und rettete damit das Leben seines Freunds. Aber er selbst wurde bewusstlos getreten und ins Wasser gerollt. Während er ertrank, drehten die Täter sich eine Zigarette und unterhielten sich am Strand.

Ihr wurde plötzlich bewusst, dass sie die Zähne so fest zusammenbiss, dass ihr der Kiefer wehtat. Ihr harter Griff um das Lenkrad ließ die Finger verkrampfen. Aber die Erinnerung ließ sie nicht so schnell los: die grinsenden Glatzköpfe, die während der Gerichtsverhandlung so taten, als ginge sie das alles nichts an und mit Papier raschelten. Ihre Verteidiger baten um Nachsicht für die jungen Mörder. Sie konnten schließlich für ihr Leben Schaden davontragen. Dass sie bereits ein noch jüngeres Leben ausgelöscht hatten, schien plötzlich nicht mehr so wichtig. Die unbeschreibliche Verzweiflung der Eltern. Das verbitterte Flüstern der Mutter vor dem Gerichtssaal: »Die üben Nachsicht mit den Angeklagten, aber nicht mit dem Opfer. Es gibt keine Moral und keinen Respekt.«

Irene bog auf den Parkplatz des Polizeipräsidiums ein, stellte den Motor ab, blieb aber noch im Auto sitzen. Gegen die dunkle Windschutzscheibe wurden weiter die Erinnerungsbilder projiziert. Die Fotos des Staatsanwalts, der Johns gequälten Körper zeigte. Der Junge hatte am ganzen Körper Wunden. Aber die Täter hatten ganz besonders auf den Kopf gezielt. Das Gesicht war geschwollen, die Augen kaum noch zu sehen und die Lippen geplatzt. Kopf und Hals hatten von den vielen Blutergüssen eine groteske dunkellila Farbe. Es war nicht mehr viel von ihm zu erkennen nach dieser blindwütigen Folter. Viele der Zuhörer ertrugen die Bilder nicht, sie verließen weinend den Gerichtssaal. Der verzweifelte Vater konnte nicht mehr an sich halten. Er stand auf und schrie den vier unbeeindruckten Glatzköpfen zu: »Nun guckt euch das verdammt noch mal an!« Einer hob den Kopf, schaute aber neben die Leinwand. Der Fünfzehnjährige starrte mit ausdruckslosem Blick vor sich hin. Keiner von ihnen verzog eine Miene, als der Staatsanwalt ausführte, wie sie den Mord begangen hatten. Die Eltern waren von einer wachsenden Wut erfüllt gewesen. Es hatte sie nach Rache verlangt. Doch gab es in so einem Fall irgendeine Form von Gerechtigkeit? In all den Jahren hatte sie sich diese Frage oft gestellt, aber nie eine befriedigende Antwort darauf gefunden. Vielleicht gab es sie einfach nicht.

Warum kam ihr diese schmerzhafte Erinnerung gerade jetzt in den Sinn? Wahrscheinlich war die CD daran schuld, auf die sie fast getreten wäre, als sie sich gegen Mitternacht durch die Haustür hineingeschlichen hatte. Die Scheibe war aus Jennys offener Schultasche gefallen. Zuerst hatte Irene sie wieder in die Tasche gestopft, aber ein unbewusstes Signal veranlasste sie, sie doch noch einmal hervorzuziehen. Doch, sie hatte in dem schwachen Schein der Flurlampe richtig gesehen. Es war ein Hakenkreuz auf der Hülle. Und der Name der Gruppe war »Svastika«, das Wort für Hakenkreuz auf Sanskrit. Sie musste ihre gesamte Selbstbeherrschung aufbringen, um den Impuls zu unterdrücken, sofort in Jennys Zimmer zu stürmen

254

und diese zur Rede zu stellen! Stattdessen schaute sie nur durch den Türspalt hinein, wie sie es immer tat, und sah, dass ihr kleines Mädchen friedlich schlief, das goldblonde Haar auf dem Kopfkissen ausgebreitet. Das musste bis zum Abend warten. Oder bis morgen. Denn heute Abend sollte ja der gemütliche Abend stattfinden, das war so geplant.

Ein Blick auf ihr Armaturenbrett sagte ihr, dass es fast sieben war. Zeit um auszusteigen und einen Bericht über den gestrigen Stockholmtrip zu schreiben. Das würde nicht einfach werden.

Der Bericht war so gut wie fertig, als Tommy Persson und Hannu Rauhala eintrafen. Sie holten sich jeder eine Tasse Kaffee und setzten sich, um den gestrigen Tag zu besprechen. Doch noch bevor sie damit anfangen konnten, tauchte der Kommissar auf. Er sah müde und erschöpft aus, mit roten Augen und teigiger Haut. Niemand kommentierte seinen Anblick, alle warteten darauf, bis er mit dem Becher vom Kaffeeautomaten zu ihnen kommen würde. Es wurde eng um Irenes Schreibtisch. Natürlich gab es gleich einen großen Kaffeefleck auf der ersten Seite ihres Berichts, aber sie konnte ihn später noch einmal ausdrucken. Alles war ja auf der Diskette mit dem Namen »von Knecht« gespeichert. Andersson begann, indem er von dem Verdacht der Pathologin erzählte, dass die verkohlte Leiche Pirjo war. Nach einem bedrückten Schweigen fragte Irene:

»Aber was ist dann mit der Leiche dieses jungen Mannes, wo ist die dann?«

Tommy antwortete ihr:

»Wahrscheinlich liegt er noch in einem der oberen Stockwerke. Die Brandtechniker haben sich noch nicht nach dort oben vorgewagt, aber sie wollen es jetzt am Wochenende nachholen. Und Pelle meint, es sei vollkommen sicher, dass es eine Höllenmaschine war. Derjenige, der sie installiert hat, wollte ganze Arbeit leisten. Es gibt kein heiles Teil mehr im ganzen Haus. Abgesehen von Knechts Tresor, der in die Wand gemauert und offenbar nur schwer zugänglich ist. Pelle hat davon geredet, eventuell einen fahrbaren Kran einzusetzen. Übrigens, ich habe das ältere Ehepaar aus dem ersten Stock nicht vernehmen können. Sie sind am Mittwochabend ins Mölndals Krankenhaus gebracht worden, dort über Nacht geblieben und am nächsten Tag zu ihrer Tochter gefahren. Aber am Donnerstagmorgen musste der Mann wieder eingeliefert werden. Herzinfarkt. Er liegt auf der HIA und es geht ihm sehr schlecht. Die Frau ist offenbar auch zusammengeklappt. Die Tochter ist verzweifelt und hat mich gebeten, mit der Befragung ihrer Mutter bis Montag zu warten.«

Hannu warf eine Frage dazwischen.

»HIA?«

»Herzintensivstation. Ich bleibe aber im Kontakt mit dem Pensionärspaar, denn ich habe den Verdacht, sie könnten etwas gesehen oder gehört haben, was mit der Bombe zu tun hat. Um eine so große Bombe zu bauen, braucht man so einiges, und sie muss vor Ort installiert werden. Nicht zuletzt die Benzinkanister müsste doch jemand gesehen haben.«

Andersson räusperte sich.

»Gibt es irgendeinen Zeugen, der in den letzten Tagen etwas Verdächtiges gesehen hat?«

»Nein, und das ist sonderbar. Niemand erinnert sich an eine mysteriöse Person oder daran, dass er etwas Merkwürdiges gehört hat. Ein älterer Mann im Nachbarhaus, Adresse Sten Sturegatan, hat sein Schlafzimmerfenster im ersten Stock zum Hof hin. Vor dem Fenster gibt es einige Privatparkplätze, einer davon gehört von Knechts. Nach Aussagen dieses Mannes kam von Knecht kurz vor eins in der Nacht zum Samstag und parkte seinen Porsche auf seinem Parkplatz.«

»Also Freitagnacht?«

»Ja. Und er ist sich da ganz sicher. Es war der Porsche. Ein Porsche Targa ist ja nun ein Wagen, der auffällt. Ich habe Sylvia von Knecht gestern Nachmittag angerufen und sie gefragt, ob das stimmen könnte. Aber ihrer Meinung nach ist es vollkommen ausgeschlossen. Offenbar hatten sie am Freitagabend schon so eine Art Vorfeier. Bis auf Sylvias alte Mutter ist niemand vor halb zwei Uhr nachts ins Bett gegangen. Und auch wenn sie ihren Schwiegersohn nicht mochte, glaube ich nicht, dass die Alte den Porsche genommen hat und in die Berzeliigatan gefahren ist, um dort eine Bombe zu legen. Und sonst auch keiner aus der Runde. Sylvia wurde stinksauer, als ich sie fragte, ob Richard sich am Freitagabend betrunken hat. Aber zum Schluss kam doch heraus, dass er offenbar reichlich angeschlagen war.«

Andersson fiel ein, was Stridner am gestrigen Tag gesagt hatte. Es schien, als hätte von Knecht gegen Ende seines Lebens einiges getrunken. Er fragte nach:

»Und er war bis halb zwei bei den anderen?«

»Ja.«

Es entstand ein langes Schweigen, währenddessen alle vier versuchten, einen Haken zu finden. Denn irgendwas stimmte hier nicht. Irene eröffnete schließlich wieder die Diskussion.

»Das Auto. Der Porsche. Wieso konnte der nachts in der Berzeliigatan stehen? Wo stand er vorher?«

»Ich habe Sylvia gefragt, wo das Auto jetzt steht. Sie sagte, er stehe in einer abgeschlossenen Garage in der Molinsgatan. Wie auch ihr Wagen, ein BMW«, erklärte Tommy.

»Dann wurde er also nicht gestohlen, sondern wieder in seine Garage gebracht. Ist es sicher, dass es von Knechts Porsche war und kein anderer?«

Tommy zuckte mit den Schultern.

»Der Typ aus der Sten Sturegatan behauptet jedenfalls, dass er es war.«

Wieder verbreitete sich ein nachdenkliches Schweigen.

Schließlich schlug der Kommissar mit der flachen Hand auf den Tisch, sodass sich auf Irenes Bericht ein weiterer Kaffeefleck ausbreitete, und rief aus:

»Hier gibt's wohl irgendwelche Geister, die durch geschlossene Türen gehen und eingeschlossene Autos herausholen. Und sie anschließend wieder zurückstellen! Ohne eine Spur zu hinterlassen. Lösen sich einfach in Luft auf!«

Hannu fing seinen Blick auf.

»Mehrere Schlüssel.«

Andersson verstummte und bekam wieder seinen geistesabwesenden Blick. Auch die Übrigen mussten zugeben, dass das die Lösung war. Irene sagte enthusiastisch:

»Ja natürlich, das ist die Erklärung! Es muss einen Extraschlüssel fürs Auto und für die Garage geben. Übrigens hat Sylvia erzählt, dass Richard in der Woche, bevor er starb, nach seinem Reserveschlüssel für den Porsche suchte. Und an dem Schlüsselbund hing auch ein Schlüssel für die Garage. Es muss noch einen weiteren Schlüssel für die Türen zu von Knechts Haus in der Molinsgatan und das Haus in der Berzeliigatan geben. Aber Sylvia hat mir gegenüber ausgesagt, dass es nur drei Schlüsselsätze für die Wohnungen gibt. Ich habe sie selbst gesehen, sie waren alle drei in ihrer Wohnung.

Andersson schaute Irene nachdenklich an. Dann sagte er:

»Wahrscheinlich wusste Sylvia gar nichts von weiteren Schlüsseln. Er hatte so einige Geheimnisse, der feine Herr von Knecht. Es muss noch einen Schlüsselbund geben. Und mit dem läuft jetzt der Mörder herum. Wie auch mit den Reserveschlüsseln für den Porsche und die Garage.«

Die Worte sackten in Irenes Bewusstsein und sie sagte alarmiert:

»Das bedeutet, dass Sylvia nicht in ihrer Wohnung bleiben sollte, solange das Schloss nicht ausgewechselt ist.«

»Genau.«

Andersson machte eine beruhigende Geste.

»Aber wir können es ruhig angehen lassen. Sie ist ja übers Wochenende mit Henrik in Marstrand. Wenn der Mörder nicht auch dafür einen Schlüssel hat.«

Irene zuckte zusammen und rief aus:

»Da hast du was gesagt! Wir können es nicht ruhig angehen lassen. Denn an dem Bund waren auch die Schlüssel für das Haus in Marstrand. Wir müssen sie warnen.«

Auf Anderssons Stirn zeigte sich eine Sorgenfalte.

»Irene, versuche sie so schnell wie möglich zu erreichen.«

Diese nickte und verspürte in sich eine leichte Unruhe. Vielleicht schwebte Sylvia in Gefahr. Eine logische Frage tauchte auf und wollte beantwortet werden:

»Aber wer kann Zugang zu einem vollständigen Schlüsselsatz zu von Knechts verschiedenen Häusern und zum Auto kriegen?«, überlegte sie.

Alle dachten darüber nach, fanden aber keine Antwort. Schließlich sagte Hannu:

»Richard von Knecht.«

Zuerst wirkte Andersson sichtbar irritiert, aber dann musste er zugeben, dass Hannus Schlussfolgerung nur logisch war.

»Und wem sollte er die Schlüssel gegeben haben?«, wollte er wissen.

Niemand hatte darauf eine brauchbare Antwort und nach einer Weile beendete man die Diskussion.

Irene berichtete über ihren Stockholmausflug. Ihre Kollegen kommentierten emsig ihre Reise: War es wirklich notwendig gewesen, für teures Steuergeld nach Stockholm zu fahren? Hatte sie geerbt? Warum hatte sie das Ganze nicht am Telefon erledigen können? Konnte Mona Söder am Dienstagnachmittag nach Göteborg und am Abend wieder zurückgeflogen sein? Oder war sie vielleicht mit ihrem neuen schnellen Auto gefahren?

Mit einer abwehrenden Geste versuchte Irene die Fragen eine nach der anderen zu beantworten.

»Es war tatsächlich gar nicht so dumm von ihr, darauf zu bestehen, dass ich vorbeikommen und Jonas mit eigenen Augen sehen sollte. Jonas liegt im Sterben und sie ist jeden Abend bei ihm. Jetzt hat sie Urlaub genommen, damit sie den ganzen Tag bei ihm sein kann. Ich habe das beim Krankenhauspersonal überprüft und die haben bestätigt, dass sie am Dienstagabend dort war. Laut Telefonzentrale der Firma, in der sie arbeitet, war sie tagsüber den ganzen Dienstag dort. Der Audi ist erst dreihundertzwanzig Kilometer gefahren. Ich bin voll und ganz von ihrer Unschuld überzeugt. Wir brauchen keine Zeit mehr damit zu verschwenden, sie und Jonas zu überprüfen. Die beiden wollen einfach nur in Ruhe gelassen werden. Und zu deiner Frage, Hannu: Ja, Mona erbt Jonas' Pflichterbteil von Richard von Knecht, so will es das Gesetz. Aber sie braucht das Geld nicht und will nichts mit der Familie von Knecht zu tun haben. Können wir nicht sie und Jonas aus den offiziellen Presseerklärungen raushalten?«

Letzteres fragte sie Andersson mit einem fast flehenden Tonfall. Er sah sie überrascht an, nickte dann aber kurz.

»Wir werden uns erst mal auf deine Intuition verlassen, solange nichts Gegenteiliges auftaucht. Soweit ich verstanden habe, wird Jonas nicht abhauen. Und seine Mutter ja wohl auch nicht«, sagte er grob.

Energisch schlug er erneut mit der Handfläche auf den Tisch, worauf sein Becher umkippte und der letzte Schluck Kaffee über den Bericht floss. Mit einem Seufzer stellte Irene fest, dass sie ihn jetzt vollkommen neu ausdrucken musste. Andersson merkte nichts davon, er wandte sich Tommy zu.

»Tommy, was hast du über Lillis rausgekriegt?«

»Wir haben uns die Sache aufgeteilt, Fredrik und ich. Ich habe mich auf das Haus in der Berzeliigatan konzentriert, Fredrik auf Lillis. Ich habe nicht mal seinen Schatten gesehen. Aber wie ich Fredrik kenne, kommt von ihm noch ein vollständiger Bericht. Und wenn auch erst zur Morgenbesprechung am Montag.«

Andersson setzte plötzlich eine verschmitzte Miene auf und unterbrach Tommy.

»Ich habe da eine interessante Sache, die Birgitta gestern bei ihrem Verhör aus Bobo Torsson herausgekriegt hat.«

Er hielt inne, ihm fiel der gestrige hitzige Schlagabtausch zwischen Jonny und Birgitta ein. Aber er beschloss, nichts davon zu erzählen. Stattdessen schilderte er lebhaft, wie Birgitta Torsson verhört hatte. Nicht zuletzt dessen Angriff auf Birgittas intimere Körperteile empörte die Anwesenden. Aber als der Kommissar seinen letzten Trumpf ausspielte, sahen sie ihn fast ungläubig an. Als ob er sie anlügen würde.

260

»...und zum Schluss kam heraus, dass Torsson im Augenblick bei Lillis wohnt. Er und Lillis sind nämlich Cousins!«

Er konnte mit dem Effekt seiner Worte zufrieden sein. Gleichzeitig musste er zugeben, dass die Tatsache, dass der Modedrogen konsumierende Modefotograf und der berüchtigte Raufbold nahe Verwandte waren, die Sache kaum vereinfachte. Er seufzte aus vollem Herzen und sagte zum tausendsten Mal während der letzten Tage:

»Was für ein Wirrwarr! Hängt hier eigentlich alles zusammen oder rennen wir nur sinnlos herum und jagen Phantomen auf Grund irgendwelcher unbedeutender Hinweise nach?«

»Ich finde, es läuft eigentlich wie meistens bei Mordermittlungen. Neunzig Prozent unserer Zeit sind wir hinter Hinweisen her, die keinen Pups mit dem Fall zu tun haben. Routineüberprüfungen, wir verfolgen jede Menge von Andeutungen, überprüfen Zeugenaussagen, checken Zeitangaben und so weiter. Also, ich finde, es läuft eigentlich wie immer«, meinte Tommy.

Er verdrehte dabei die Augen und die anderen mussten lachen. Alle wussten nur zu gut, dass das hier kein Routinefall war. Andersson wandte sich Hannu zu:

»Was hast du über Pirjo herausgekriegt?«

»Ich habe ihre Röntgenbilder vom Zahnarzt. Sie war vor einem halben Jahr mit Zahnschmerzen beim Notfallarzt in Angered. Der Zahn wurde gezogen, denn sie wollte keine Wurzelbehandlung.«

Andersson beugte sich interessiert zu ihm vor und fragte:

»Und wo sind die Bilder jetzt?«

»In der Pathologie.«

»Prima! Dann werden wir bald erfahren, ob es wirklich Pirjo ist, die da liegt. Aber wir können wahrscheinlich davon ausgehen. Noch was?«

»Ja. Ich habe Nachricht aus Helsinki erhalten. Sie wurde mal wegen auffälligem Benehmen nach zu starkem Alkoholgenuss und Schmuggel gemeinsam mit ihrem früheren Mann festgenommen. Dem Vater der Jungen. Er hat ein Jahr Gefängnis gekriegt. Im Gefängnis wurde er von einem Mitgefangenen wegen Spielschulden niedergestochen und ist daran gestorben. Über Marjatta gibt es nur die Notiz: Vater unbekannt.

»Saß Pirjo auch im Gefängnis?«

»Nein. Sie hat Bewährung gekriegt, wegen der Kinder. Nur ein Jahr danach hat sie Göte Larsson geheiratet und ist nach Schweden gezogen.«

»Dann ist das drei Jahre her?«

»Genau.«

»Und der lebt jetzt in Malmö mit einer Polin zusammen.«

»Stimmt.«

Sie diskutierten noch eine Weile hin und her, ohne wirklich weiterzukommen. Gerade als Andersson aufgestanden war, um in sein Büro zu gehen, ging die Tür auf, und ein uniformierter Polizist steckte seinen Kopf herein. Es war Hans Stefansson von PO1. Er grüßte sie fröhlich:

»Guten Morgen! Andersson, ich soll dir nur sagen, dass wir Bobo Torsson nicht gefunden haben. Lillis hat uns zum Teufel gewünscht, als wir in seiner Wohnung nach Torsson suchen wollten. Sollen wir eine Hausdurchsuchung beantragen?«

Andersson verzog unbewusst sein Gesicht zu einer missbilligenden Fratze. Irene wusste, warum. Dann wäre er nämlich gezwungen, Verbindung mit der zuständigen Staatsanwältin aufzunehmen, Inez Collin. Aber nach einigen inneren Kämpfen gab er klein bei. Er nickte.

»In Ordnung. Warte 'ne Weile, ich werde versuchen das hinzukriegen«, erklärte er.

Tommy sah ihn verwundert an:

»Warum ist die Sache mit Torsson so wichtig?«

»Gewalt gegen Polizeibeamte. Er hat Birgitta ernsthaft bedroht. Ich fühle mich ruhiger, wenn ich den kleinen Bobo im Blick habe. Und wenn er weiß, dass ich das habe. Denk dran, er ist Lillis Cousin. Es besteht das Risiko, dass er einige seiner Freunde schickt. Und es gibt immer irgendwelche Schurken, die so einem einen Gefallen schuldig sind. Warum sich dann nicht das Vergnügen machen und einen Polizeibeamten aufmischen? Und dann noch einen weiblichen!«

Seine Gesichtsfarbe war wieder dunkler geworden, und er sah seine Inspektoren mit ernster Miene an. Nachdenklich fuhr er fort:

»Einer von euch muss die Patrouille begleiten, die Torsson holen will. Auch wenn wir ihn nicht in der Wohnung finden, kann man sich ja zumindest ein Bild von der Lage machen. Tommy, übernimmst du das?«

»In Ordnung.«

»Und denk dran, vorsichtig zu sein. Lillis hat schon früher auf Polizisten geschossen.«

Irene lag eine Frage auf den Lippen.

»Warum um alles in der Welt stellt sich einer der größten Feinde der Gesellschaft in einen kleinen Zigarettenladen?«

»Berechtigte Frage, leider habe ich keine gute Antwort auf sie. Aber denkt an meine Worte: Wenn er sich dort einnistet, dann liegt da etwas im Argen!«

Der Kommissar sah finster und entschlossen drein. Niemand widersprach ihm.

Sobald die anderen ihr Zimmer verlassen hatten, suchte Irene die Telefonnummer von Marstrand heraus. Genau wie Jonny Blom wurde sie mit dem Verwalter verbunden.

Eine weibliche Stimme antwortete: »Svensson.«

»Guten Tag, Inspektorin Irene Huss. Ich suche eigentlich Sylvia von Knecht. Kann ich sie bei Ihnen erreichen?«

»Sie ist mit meinem Mann draußen und bewegt die Pferde. Sie werden frühestens in einer Stunde zurück sein.«

»Könnte ich dann mit Henrik von Knecht sprechen?«

»Leider kann ich das Gespräch nur zum großen Haus durchstellen. Im kleinen Haus gibt es kein Telefon.«

»Haben Sie vielleicht seine Handynummer?«

»Nein, leider nicht.«

Die Verwalterfrau versprach mit freundlicher Stimme, Frau von Knecht von dem Anruf zu unterrichten.

Schlecht gelaunt warf Irene den Hörer hin. Henriks Handynummer stand sonderbarerweise auch nicht im Telefonbuch. In Ermangelung anderer Möglichkeiten nahm sie sich alles vor, was in letzter Zeit liegen geblieben war. Sorgfältig sortierte sie, schrieb Berichte und archivierte diverse Zeugenaussagen. Als das Telefon klingelte, zuckte sie zusammen. Bei einem schnellen Blick auf die Uhr stellte sie fest, dass es fast zwei Stunden her war, seit sie versucht hatte Sylvia zu erreichen.

»Irene Huss.«

»Sylvia von Knecht. Anita Svensson hat mir gesagt, Sie hätten nach mir gefragt. Worum geht es?«

Es war ihrer Stimme anzuhören, dass Irene gern alle Höflichkeitsfloskeln und Einleitungsphrasen überspringen konnte. Irene griff den Ton auf.

»Wir haben Hinweise darauf, dass es einen vierten Satz Schlüssel gibt. Wissen Sie etwas davon?«

»Nein, das habe ich Ihnen doch bereits gesagt! Es gibt keine anderen Schlüsselbunde als die drei, die ich Ihnen gezeigt habe.«

Mit einer gewissen Sorgfalt wählte Irene jedes einzelne Wort, als sie fortfuhr:

»Aber wir glauben, dass es einen gibt. Und dass der Mörder Zugang zu diesen Schlüsseln hat. Sowie zu den Reserveschlüsseln zur Garage und zum Porsche.«

Es entstand eine lange Pause. Irene konnte Sylvias schnellen Atem am anderen Ende der Leitung hören. Schließlich fragte sie, immer noch in abweisendem Ton:

»Und was lässt Sie glauben, dass es noch andere Schlüssel gibt?«

Irene verwies auf die Zeugenaussage, wonach der Porsche in der Freitagnacht in der Berzeliigatan gesehen wurde. Sylvia hatte ja selbst ausgesagt, dass Richard zu diesem Zeitpunkt als Fahrer vollkommen außer Betracht fiel. Also hatte jemand Schlüssel sowohl zur Garage in der Molinsgatan als auch zum Wagen. Und dieser jemand hatte außerdem Zugang zu den

264

Schlüsseln für die verschlossenen Türen, sowohl in der Molinsgatan als auch in der Berzeliigatan. Selbst die Tür zum Müllraum und die Türen zum Hof waren in beiden Häusern verschlossen. Trotzdem hatte der Mörder sich ungehindert durch Türen und Treppenhäuser bewegen können. Demzufolge musste es noch weitere Schlüssel geben. Zum Abschluss sagte Irene:

»Und Sie haben mir doch gesagt, dass an Ihrem eigenen und an Richards Schlüsselbund auch die Schlüssel für Ihr Haus in Marstrand sind. Stimmt das?«

Jetzt klang die Stimme dünn und ängstlich. Sie hatte begriffen, worauf Irene hinaus wollte. Mit zitternder Stimme sagte Sylvia:

»Sie glauben also, der Mörder könnte hierher kommen? Und ins Haus eindringen, da er ja die Schlüssel hat?«

Jetzt war die Panik in ihrer Stimme deutlich herauszuhören. Irene ging zu einem beruhigenden Tonfall über, als sie antwortete:

»Soweit wir es beurteilen können, gibt es ein gewisses Risiko. Das ist nicht auszuschließen. Sind Sie allein in dem großen Haus?«

»Ja. Henrik ist unten in seinem Haus.«

»Könnten Sie ihn bitten, heute Nacht bei Ihnen zu schlafen? Oder dass Sie bei ihm im Haus schlafen?«

Eine ganze Weile war nichts zu hören. Dann erklang Sylvias Stimme mit größerer Kraft und Sicherheit:

»Ich werde mich noch um die Pferde kümmern. Dann fahre ich zu einem Freund. Henrik kann zu sich fahren, denn von dem Haus hat der Mörder ja wohl keine Schlüssel, oder?«

»Höchstwahrscheinlich nicht. Darf ich wissen, wohin Sie fahren?«

»Ich kann keinen Grund sehen, warum Sie das wissen müssten!«

Irene kannte inzwischen das nur zu vertraute Gefühl, das sich früher oder später bei jedem ihrer Gespräch mit Sylvia einstellte. Die Geduld war aufgebraucht und der Adrenalin-

265

spiegel stieg. Langsam und pädagogisch, als hätte sie es mit einem widerspenstigen Kind zu tun, sagte sie:

»Sylvia, wir nehmen an, dass hinter den Ereignissen der letzten Tage ein gefährlicher Mörder steckt. Begreifen Sie doch bitte, dass wir nicht in Ihrem Privatleben herumschnüffeln wollen. Wir versuchen nur Sie zu schützen.«

»Dann nehmt den Mörder fest!«

Klick!

Die Überraschung schlug schnell in Wut um, während sie dumm auf den Hörer guckte. Verdammte Schnepfe, kapierte sie denn nicht...! Irene unterbrach sich selbst. Eine Idee nahm Gestalt an. Sie zog sie hervor, betrachtete sie und beschloss, sie als gut zu klassifizieren. Entschlossen stand sie auf und ging zum Kommissar.

»Das ist eigentlich gar keine dumme Idee. Tu das. Wenn es was bringt, ruf mich an. Ich bleibe bis sechs hier. Danach bin ich den ganzen Abend zu Hause. Morgen will ich versuchen, mal früher nach Hause zu kommen. Ich bin bei meiner Nichte zum Essen eingeladen, bei Marianne, weißt du.«

Irene nickte. Sie kannte Marianne und ihre beiden kleinen Jungs, auch wenn sie sie noch nie getroffen hatte.

»Haben sie inzwischen Torsson erwischt?«

»Nein. Er muss untergetaucht sein, er hat wohl gemerkt, dass er nicht so einfach davonkommen wird. Man beißt eine Polizistin nicht ungestraft in ihre Tit... in die Brust!«

Irene gelang es gerade noch, ihr Grinsen in einen leichten Husten übergehen zu lassen. Es war aber auch zu witzig, wie der Kommissar plötzlich von der Eingebung überfallen worden war, vielleicht doch Rücksicht auf das schöne Geschlecht nehmen zu müssen.

Es war bereits kurz vor zwölf, also war keine Zeit zu verlieren. Das Mittagessen schrumpfte zu einer Wurst unterwegs zusammen.

Die E6 ist fast zehn Kilometer länger, aber auf ihr geht es schneller als auf den kleinen Schleichwegen. Es war windig und graue Wolken zogen ihre feuchten Rocksäume tief über Hissingen hinweg. Der Verkehr war dicht. Wahrscheinlich wollten die Bewohner der Randgemeinden in geordneten Marschreihen Göteborg erobern, um dort einzukaufen, sich die Schaufenster anzusehen und mit den Kindern Hamburger bei McDonald's zu essen. Plötzlich merkte Irene Huss, wie hungrig sie war. Bei der erstbesten Tankstelle mit Imbiss trat sie auf die Bremse. Es war nicht so einfach beim Autofahren eine Wurst zu essen. Der letzte Wurstzipfel rutschte aus dem Brot und landete auf ihrem Schoß. Der Senf war auf den schwarzen Jeans gut zu sehen. Sie lieh sich einige gewichtige Worte aus dem Wortschatz ihres Chefs. Fast hätte sie auch noch die Abfahrt nördlich von Kungälv verpasst, aber im letzten Moment schaffte sie es gerade noch abzubiegen.

Der Weg hinaus nach Marstrand ist wunderschön, und eigentlich genoss sie ihn jedes Mal. Aber an diesem grauen Novembertag war sie nur damit beschäftigt, so schnell wie möglich zu fahren, während sie gleichzeitig Ausschau nach ihren Kollegen von der Verkehrsabteilung hielt.

Die Karte hatte sie vor ihrer Abfahrt in Göteborg studiert. Die Kirche von Holta sauste vorbei. Sie wusste, dass jetzt gleich eine Kreuzung kam und sie nach Tjuvkil abbiegen musste. Danach wurde sie unsicher und musste anhalten und die Karte herausziehen. Gerade als sie wieder losfahren wollte, kam ihr ein Wagen in hoher Geschwindigkeit entgegen. Eine Ahnung oder eher ein Instinkt, ließ sie die Karte vors Gesicht halten und über deren Rand spähen.

Es war ein roter BMW. Und den fuhr Sylvia von Knecht. Sie würdigte den dunkelblauen alten Saab keines Blickes. Dagegen sah Irene sie umso deutlicher. Sylvia saß ganz vorn auf dem Sitz, mit geradem Rücken, den Blick auf die Straße konzentriert. Ruhig legte Irene den Gang ein und machte eine ebenso elegante wie unerlaubte Kehrtwendung. Sie versuchte ein oder zwei Wagen zwischen sich und Sylvia zu lassen. Es war einfach ihr zu folgen, da der Verkehr immer noch sehr dicht war.

Sylvia fuhr die gleiche Strecke zurück nach Göteborg, die Irene gekommen war. Aber bei Olskroksmotoet bog sie zu den westlichen Stadtteilen hin ab. Västerleden. Wollte sie nach Västra Frölunda? Offenbar nicht, denn sie fuhr am Frölunda Torg vorbei und auch an der Abfahrt, die Irene immer nahm, um in ihre Reihenhaussiedlung zu kommen.

Askim, Hovås, Skintebo. Jetzt wusste Irene, wohin die Fahrt ging. Sie ließ den Abstand zwischen sich und dem roten BMW größer werden. Sie fuhren an dem Ausfahrtsschild nach Kullavik vorbei, noch einige Kilometer weiter und bogen nach Särä ab. Ivan Viktors. Bei ihm wollte sie also übernachten. Der Kommissar hatte sich doch nicht geirrt, als er den Verdacht äußerte, dass Sylvia und Viktors den Sonntagabend zusammen verbracht haben konnten. Aber Sylvia war doch den ganzen Abend bei ihrer Mutter und ihrer Schwester gewesen. Und Viktors hatte einen Krankenbesuch gemacht. Wo war der Haken? Die Antwort war so einfach wie logisch. Sie hatten sich auf den falschen Abend eingeschossen. Es war nicht der Sonntagabend, sondern der Montagabend gewesen, den Sylvia und Ivan Viktors gemeinsam verbracht hatten.

Sie war mit ihren eigenen Schlussfolgerungen so beschäftigt gewesen, dass sie fast alles verdorben hätte. Es hätte nicht viel gefehlt, und sie wäre dem BMW direkt hinten draufgefahren, als dieser kurz anhielt, um nach Särö Västerskog abzubiegen. Schnell riss sie das Steuer herum und huschte links an Sylvias Wagen vorbei. Ihr Glück, dass kein Auto entgegenkam. Alles ging so schnell, dass Sylvia wahrscheinlich gar nicht gemerkt hatte, wer ihr da fast hinten draufgefahren wäre. Irene fuhr auf eine Ausweichbucht ein Stück entfernt. Im Rückspiegel konnte sie sehen, wie Sylvia in gemessenem Tempo zu Gustav V. Lieblingstennisplätzen hinunterfuhr. Irene machte erneut ein unerlaubtes Manöver, hatte es aber jetzt nicht mehr eilig, zu der kleinen Ansammlung von Häusern von der Jahrhundertwende zu kommen.

Während der Achtzigerjahre waren auf den Wiesen neben den Naturreservaten große Villen gebaut worden. Aber entlang der schmalen alten Landstraße lagen ein paar prächtige alte Patriziervillen, mit Giebeln und Turm und einem zugewachsenen Garten. Irene fuhr fast bis auf hundert Meter heran, bevor sie ihren Wagen abstellte. Das Kinn in den hochgeschlagenen Kragen geschoben und mit Katarinas schwarzem Baseballkäppi auf dem Kopf war sie sicher nicht so leicht zu erkennen, falls Sylvia durch ein Fenster schaute. Es bestand nur das Risiko, dass sie die Jacke wiedererkannte. Aber höchstwahrscheinlich belastete sie ihr Gedächtnis nicht mit derartigen schäbigen Kleidungsstücken.

Normalerweise gab es immer viele Menschen, die in diesem schönen Naturgebiet spazieren gingen. Im Sommer war ein Bad am Sandstrand sehr beliebt. Doch an einem feuchten Samstagnachmittag Ende November war das Gedränge nicht sonderlich groß. Irene war ganz allein. Sie hielt sich dicht an dem Buschbewuchs am Straßenrand und versuchte eins mit der Natur zu werden. Als sie jedoch die Hecke erreichte, die um den Garten des roten Backsteinhauses wuchs, musste sie sich schnell ducken und so tun, als binde sie ihre Schuhe zu.

Sylvia entlud aus dem Kofferraum ihres BMW Unmengen von Taschen und Koffern und bepackte Ivan Viktors damit. Wollte sie bei ihm einziehen? Nach der Masse an Gepäck sah es ganz so aus. Das war ungefähr so viel, wie Irene selbst brauchte, wenn sie für die gesamte Familie für den dreiwöchigen Urlaub in dem Ferienhaus der Schwiegereltern in Värmland packte. Der Wind war so stark, dass sie nicht hören konnte, was gesprochen wurde. Aber der Gestik nach zu urteilen, war Sylvia sehr aufgebracht. Sie redete und gestikulierte, griff voller Energie nach dem Gepäck und bewegte sich schnell und eckig. Als alles ausgepackt war, ging sie zu Viktors, schlang ihre Arme um seinen Körper und lehnte ihren Kopf an seine breite Sängerbrust. Er sah sich hastig um und für einen Moment hatte Irene den Eindruck, er würde direkt auf ihr Versteck in der Fliederhecke gucken. Aber ganz offensichtlich sah er sie nicht. Mit einer ungeduldigen Bewegung machte er sich aus Sylvias Umarmung frei. Bepackt mit ihrem ganzen Kram ging er zu der soliden Haustür aus Eichenholz. Diese fiel schwer hinter den beiden ins Schloss.

Wieder im Büro zurück stellte Irene Huss fest, dass in der Zwischenzeit nicht viel passiert war. Torsson war wie vom Erdboden verschluckt. Lillis behauptete, er hätte nicht die geringste Ahnung, wo sich sein Cousin befinden könnte. Andersson war hochzufrieden mit Irenes Beschattungstour. In erster Linie war er zufrieden, dass er mit seiner Vermutung hinsichtlich Sylvia und Ivan Viktors Recht gehabt hatte. Er schlug sich auf die Brust und strahlte wie eine Frühlingssonne.

»Männliche Intuition, weißt du! Männliche Intuition!«

Taktvoll vermied sie es, darauf hinzuweisen, wessen Intuition zur Entdeckung geführt hatte.

Andersson fuhr fort:

»Fredrik hat gerade angerufen, kurz bevor du gekommen bist. Er hat gestern von mittags bis Mitternacht Lillis Zigarettenladen beobachtet. Eine Person, die Bobo Torsson gewesen sein kann, ging gestern Nachmittag gegen halb vier Uhr durch die Tür zu dem Treppenaufgang, an dem Lillis' Wohnung liegt. Der gleiche Mann ging ungefähr eine Stunde später wieder raus. In der Hand trug er eine große Tasche. Nach meiner Beschreibung, die ich wiederum von Birgitta Moberg habe, nimmt er an, dass es Torsson war. Ich habe mit Hannu und Fredrik gesprochen. Die werden Lillis das Wochenende über weiter observieren. Nicht dass ich davon ausgehe, dass Torsson so dumm ist, sich wieder in der Berzeliigatan blicken zu lassen, aber man kann ja nie wissen. Außerdem kann es nichts schaden, wenn wir wissen, was Lillis so unternimmt.«

Irene fragte lästernd:

»Männliche Intuition?«

»Nein. Bullenintuition«, entgegnete der Kommissar.

Sie mussten beide lachen. Doch dann wurde Andersson wieder ernst.

»Apropos Bullenintuition. Da Torsson Birgitta gedroht hat, habe ich ihr gesagt, sie solle das Wochenende über lieber nicht in ihrer Wohnung bleiben. Und sie hat wohl selbst auch Angst gekriegt, jedenfalls hat sie meinen Rat befolgt. Sie wohnt für ein paar Tage bei ihrer Mutter in Alingsås.«

»Du fürchtest, Lillis und Torsson könnten unsere Phantome sein?«

»Ja... nein... mir gefällt es jedenfalls nicht, dass sie hier im Dreck herumwühlen. Sie stören!«

Viele Jahre der Zusammenarbeit ließen sie sofort verstehen, was er meinte. Vielleicht hatten Lillis und Bobo Torsson ja nicht das Geringste mit dem von-Knecht-Fall zu tun. Aber sie waren Unruheherde. Und man durfte sie nicht außer Acht lassen. Dafür war Lillis allzu gut bekannt in Polizeikreisen. Ihr kam plötzlich ein Gedanke.

»Soll ich mal nachfragen, ob es etwas Futter hinsichtlich Bobo Torsson gibt?«, fragte sie.

»Da müsste es eigentlich was geben. Birgitta schwört Stein und Bein, dass er ›vollgedröhnt wie eine Haubitze‹ war. Frag mal beim Rauschgiftdezernat nach!«

Als Einzigen bekam sie bei der internationalen Abteilung des Rauschgiftdezernats einen relativ neuen Kollegen zu fassen, den sie nicht kannte. Er murmelte etwas davon, dass sie Unmengen von Arbeit hätten, versprach aber, am Montagmorgen wieder von sich hören zu lassen. Viel mehr gab es im Augenblick nicht zu tun. Sie schrieb ihren Bericht über Sylvias Beschattung und beschloss dann nach Hause zu gehen. Es war schon fast fünf und sie war müde, aber auch zufrieden mit ihrem Tag. Und sie freute sich auf dessen Fortsetzung am Abend.

Das herrliche Gefühl prickelnder Vorfreude auf den Abend summte in ihr, als sie auf ihren Parkplatz einbog. Es hätte nicht viel gefehlt und sie hätte Jenny umgefahren, die gerade aus dem Reihenhausgarten gelaufen kam. Schnell stellte sie den Wagen ab und ging zu ihrer Tochter. Irene umarmte Jenny und bemerkte deren Reserviertheit, beschloss aber so zu tun, als wenn nichts wäre. Fröhlich fragte sie:

»Hallo, mein Schatz! Wo willst du denn hin?«

»Raus.«

»Ja, das sehe ich. Aber wohin?«

Jenny seufzte genervt.

»In den Jugendclub. Wir wollen proben.«

»Die Band? ›White Killers‹?«

»Ja.«

»Willst du denn heute Abend nicht zu Hause bleiben? Wir wollen uns doch einen gemütlichen Abend machen und…«

»Ihr wollt Wein trinken und was spachteln! Was soll denn daran so gemütlich sein? Ich will mich mit meinen Freunden treffen!«

»Und Katarina…«

»Sie ist mit ihrer Ju-Ju-Gruppe nach Uddevalla gefahren.«

»Nach Uddevalla?«

»Hast du vergessen, dass da morgen Wettkämpfe stattfinden? Komm gib's schon zu, du hast es vergessen!«

»Ja, kann schon sein…«

Das hatte sie wirklich, der von-Knecht-Fall hatte diese Woche ihre gesamte Aufmerksamkeit beansprucht. Aber das war trotzdem kein Grund, zu vergessen, dass Katarina bei der Ausscheidung für die Landesmeisterschaften in Jiu-Jitsu mitmachen sollte. Aber Jennys Knutschfleck am Hals hatte sie nicht vergessen. So locker wie möglich fragte sie deshalb:

»Kommt dieser Typ auch… wie heißt er noch…?«

»Markus.«

Reingefallen! Jenny wurde stinkwütend, als sie merkte, dass sie sich verplappert hatte.

»Nun hör aber auf! Ich bin doch nicht einer deiner Ganoven, die du verhören musst, oder?«

Vor Wut wurde sie laut. Irene fürchtete schon, die Nachbarn würden es hören. Besänftigend sagte sie:

»Nein, nein. Sollen wir dich abholen?«

»Nein!«

»Dann bist du aber nicht später als zwölf zu Hause. Pünktlich! Könnt ihr zu mehreren zurückgehen?«

»Ja, ja, ich hole noch Pia ab.«

Das war beruhigend. Pia wohnte ein paar Häuser weiter. Sie war ein nettes, stabiles Mädchen, wie Irene fand. Der Jugendclub lag einen knappen Kilometer entfernt, das war nicht zu weit, um zu Fuß zu gehen. Aber dort wartete Markus. Irene musste sich eingestehen, dass da nichts zu machen war. Aber sie war beunruhigt. Viel zu schnell sagte sie:

»Na, dann viel Spaß. Und wenn was ist, rufst du an, ja?«

»Ja. Tschüss!«

Ungeduldig befreite Jenny sich aus Irenes neuerlichem Versuch, sie zu umarmen. Sie verschwand in der Novemberfinsternis. Das gleiche Ohnmachtsgefühl, das Irene im Traum gehabt hatte, erfüllte sie jetzt ohne jede Vorwarnung. Nur mit größter Selbstbeherrschung widerstand sie dem Impuls, ihrer kleinen Tochter hinterherzulaufen.

Im Haus roch es bereits sehr verlockend. Ihre Laune besserte sich und ihre Lebensgeister wurden sofort bedeutend munterer.

»Hallo, Liebling. Heute Abend haben wir kinderfrei!«

Krister steckte seinen Kopf durch die Küchentür. Sein Kuss schmeckte nach Meer und er roch nach Knoblauch.

»Mh, sag nichts! Hast du gratinierte Krebse gemacht?«, seufzte Irene entzückt.

»Ich muss es doch ausnutzen, dass wir allein sind. Aber ich habe nur einen kleinen Krebs genommen. Es soll ja nur die Vorspeise sein.«

»Und als Hauptgericht gibt es etwas mit Knoblauch.«

»Mmh, ja. Im Ganzen gebratenes Lammfilet, mariniert in Knoblauchöl mit Kartoffelscheiben und Pastinakenpüree. Dazu Tomatensalat mit Zwiebeln und Oliven. Zur Vorspeise trinken wir einen ganz normalen Freixenet und zum Lamm einen Rotwein; Baron de Ley, Reserva 1987. Rioja. Wie klingt das?«

»Du rettest deine Frau vor dem Hungertod! Wann können wir essen?«

»Du kannst vorher noch duschen.«

Frisch geduscht und erholt, in einem sauberen himmelblauen Polohemd, das genau die gleiche Farbe wie ihre Augen hatte, nahm sie das herrliche Essen zu sich. Sie befolgten eine der strengen Regeln, die sie in ihrer Ehe eingeführt hatten: kein Gespräch über die Arbeit beim Essen. Statt eines Desserts tranken sie einen Kaffee mit einem Stückchen Schokolade dazu auf dem Sofa im Wohnzimmer.

Sie bohrte ihre nackten Zehen in den weichen Gabbehteppich und seufzte vor Wohlbehagen. Konnte es was Schöneres geben? Sammie kam unter den Couchtisch gekrochen und versuchte ihre Zehen zu lecken. Am liebsten war es ihm ja, wenn sie warm und verschwitzt waren, aber in Ermangelung anderer nahm er auch mit frisch geduschten vorlieb. Irene lachte:

»Hör auf, Sammie! Na, du willst auch ein bisschen Aufmerksamkeit haben, was? Wann warst du denn das letzte Mal draußen?«

»Ich fürchte, das ist schon eine Weile her. Wir können ja noch eine kleine Runde drehen, wenn das Essen sich gesetzt hat. Es ist ja erst zehn.«

Krister legte den Arm um sie und sie kuschelte sich an ihn. Er schnüffelte an ihrem frisch gewaschenen Haar.

»Du. Der Wirt möchte, dass ich Vollzeit arbeite. Im Glady's wird es im Augenblick verdammt eng. Auch wenn wir uns zu zweit die Schicht teilen, wird es notwendig, dass einer voll arbeitet. Und Sverker ist ja schon dreiundsechzig, er will seine Teilpension natürlich nicht aufgeben. Also bleibt es an mir hängen.«

»Nun ja, wenn du es selbst auch willst...«

»Tja, das wäre ja nicht so schlecht. Seit die Mädchen auf der Welt sind, habe ich immer eine Dreißigstundenwoche gearbeitet. Und langsam wird es Zeit, an die Zusatzrente zu denken. Wenn es da überhaupt noch was zu holen gibt. Obwohl es mit Hinblick auf die unregelmäßigen Arbeitszeiten natürlich ganz schön war, nicht voll zu arbeiten.«

»Ja, sonst hätte das mit uns ja auch überhaupt nicht geklappt. Und mit ein wenig Hilfe von Mama. Aber inzwischen sind die Mädchen groß. Die brauchen uns in dieser Form nicht mehr.«

Der letzte Satz klang in ihren eigenen Ohren falsch und hohl. Aber Krister schien es nicht zu bemerken.

»Stimmt. Sie sind selbstständig. Jenny hat ihre Musik, Katarina ihr Jiu-Jitsu. Und wir haben uns.«

Er drückte sie fest an sich. Sie fühlte sich innerlich ganz warm und vom Leben privilegiert.

Sammie begann an der Tür zu bellen. Noch eine Minute, und er würde nicht mehr darüber nachdenken, wo er seine Pfütze machen sollte!

Draußen war es glatt, kalt und klar. Irene schob ihren Arm unter Kristers. Es war schön rauszukommen, sie fühlte sich vom Essen und dem Wein ganz dösig. Sie gingen den beleuchteten Fußgänger- und Radfahrweg entlag. Er führte ganz bis zum Badestrand hinunter, knapp zwei Kilometer weit. Auf dem Weg würden sie am Jugendclub vorbeikommen, und Irene spürte einen Stich schlechten Gewissens. Wollte sie hinter Jenny herspionieren? Nein, sie schlenderten einfach zufällig mit dem Hund hier vorbei.

Zwei Jugendliche kamen ihnen entgegen. Als sie näher waren, erkannte Irene Pia. Aber die Zweite war nicht Jenny, sondern eine andere aus ihrer Klasse. Irene grüßte Pia:

»Hallo Pia. Ist Jenny noch im Jugendclub?«

»Hallo. Jenny? Sie war doch gar nicht da.«

Die Mädchen gingen weiter. Irene blieb stehen. Sie spürte, dass ihr Griff um Kristers Arm viel zu fest geworden war, aber sie konnte ihn nicht lockern. Sie fühlte ein verzweifeltes Bedürfnis nach Halt. Dieses traumartige Gefühl, schreien zu wollen, es aber nicht zu können, schnürte ihr die Kehle zu. Es gelang ihr nur ein Flüstern:

»Wo ist sie denn? Mein Gott, wo ist sie?«

»Nun mal ruhig, reg dich nicht auf. Sicher ist sie hier irgendwo in der Gegend. Mit diesem Typen zusammen«, sagte Krister.

Er hatte die Absicht gehabt, sie mit den Worten zu beruhigen, aber bei seinem letzten Satz stieg in Irene Panik auf.

»Aber wir wissen ja nicht mal, wie er weiter heißt, dieser Markus!«

Schweigend kehrten sie um. Die ganze herrliche Feierabendstimmung war weg, ersetzt durch eine Angst, so dunkel wie die Novemberdunkelheit um sie herum. Ihre Gruppe von Reihenhäusern kam ins Blickfeld, als Irene sah, dass ihnen zwei Skinheads entgegenkamen. Ohne es zu wollen, musste Irene an die Ereignisse denken, die ihr an diesem Morgen in den Kopf gekommen waren. Es war beruhigend, den Hund dabei zu haben.

Ein paar Meter bevor sie aneinander vorbeigingen, blieb plötzlich einer der Glatzköpfe stehen. Sammie zog an der Leine und bellte. Überrascht stellte Irene fest, dass er nicht wütend klang, sondern eher fröhlich und eifrig. Der Glatzkopf, der so plötzlich stehen geblieben war, machte den Mund auf und sagte mit zitternder Stimme:

»Hallo Mama, hallo Papa.«

KAPITEL 12

Manchmal ist ein bestimmter Montagmorgen noch viel schlimmer als ein gewöhnlicher Montagmorgen. Müde und mit schwerem Kopf traf Irene Huss kurz vor halb acht in ihrem Büro im Polizeipräsidium ein. Die Nacht hatte sie zum größten Teil schlaflos verbracht.

Tommy Persson trat gleichzeitig durch die Tür und zog sich seine alte Lederjacke aus. Schnell grüßte er:

»Hallo, hallo!«

»Ja, hallo«, erwiderte Irene dumpf.

Tommy sah sie forschend an. Er kannte sie seit siebzehn Jahren, aber das wäre gar nicht nötig gewesen, um zu sehen, dass etwas nicht stimmte. Er wedelte abwehrend mit den Händen.

»Sag nichts! Krister ist mit der kleinen süßen blonden Kellnerin abgehauen!«

Irene verzog gegen ihren Willen den Mund und seufzte:

»Nein, aber Jenny hat sich die Haare abrasiert. Sie ist ein Skinhead, aber ›nur weil sie die Musik mag‹. Wir haben geschimpft, argumentiert und sie angefleht, den ganzen Tag lang gestern. Aber sie ist nur umso starrköpfiger geworden. Sie ist ein Skinhead, weil ihr Freund einer ist. Und weil sie zusammen in der gleichen Skinheadband spielen. O Tommy, sie begreift es einfach nicht!«

Irene sank auf ihrem Schreibtischstuhl zusammen und verbarg ihr Gesicht in den Händen. Keiner von beiden sagte etwas. Als sie schließlich die Hände wegnahm, schaute sie zu ihm auf. Noch nie hatte sie ihn so ernst gesehen. Mit eisiger Schärfe in der Stimme sagte er:

277

»Aber sie muss verstehen. Wenn man sich die Haare abrasiert und behauptet, man wäre ein Skinhead, dann muss man auch die Konsequenzen dafür tragen. Man kann nicht nur ein bisschen ein Skinhead sein. Du musst ihr klar machen, wofür die Glatze steht!«

»Wir haben es ja versucht! Aber wenn wir anfangen, von Nazis und Rassismus zu reden, behauptet sie, die Judenvernichtung hätte es nie gegeben. Und nach ihren Worten sind wir die Rassisten. Nun ja, es stimmt schon, dass Krister und ich schon mal über Einwanderer geschimpft haben, die herkommen und von unseren Steuergeldern leben. Und wir bei der Polizei sehen ja zwangsläufig die diversen schweren Verbrechen, die von Einwanderern begangen werden.«

»Aber woher sollen denn diese jungen kriminellen Einwanderer so was wie Solidarität mit der schwedischen Gesellschaft empfinden? Sie werden doch konsequent ins Abseits gestellt! Sie wohnen draußen in den Trabantenghettos, sind Außenseiter in der Schule und beherrschen die Sprache nicht richtig. Viele von ihnen können weder ihre Muttersprache noch Schwedisch richtig sprechen. Und auch auf dem Arbeitsmarkt stehen sie abseits. Wenn der Arbeitgeber sieht, dass der Bewerber einen Namen hat, den er nicht aussprechen kann, wird derjenige nicht mal zum Gespräch eingeladen. Ganz gleich, wie gut seine Ausbildung auch sein mag. Schwarze Putzjobs, das ist das Einzige, wozu sie in Schweden zu taugen scheinen!«

»Wie Pirjo Larsson. Obwohl sie wohl kaum gut ausgebildet war.«

»Wie Pirjo. Die einzige Sicherheit und Bildung ist für viele jugendliche Einwanderer ihre Bande. Und wir haben beide oft genug gesehen, was die Banden so machen. Aber wir sehen nicht die, die nicht kriminell werden, sondern nur die anderen. Eigentlich wundert es mich nicht, was die Jugendlichen so machen. Ich habe nur Angst davor, was für eine Gesellschaft wir eigentlich für unsere Kinder schaffen. Und damit meine ich unsere Kinder! Denn es sind unsere Kinder, die sich

278

die Köpfe rasieren. Es sind unsere Kinder, die Prügeleien mit Einwandererkindern veranstalten. Oft werden sie verletzt, ab und zu stirbt einer. Unsere Kinder kennen auch keine Zugehörigkeit zur schwedischen Gesellschaft, stattdessen bekennen sie sich zu fertigen, schnell gestrickten Scheinlösungen. ›Marschiert mit uns, für eine rein arische Gesellschaft!‹, ›Schmeißt alle Kanacken raus, und Nordeuropa wird ein allzeit glückliches tausendjähriges Reich! Sieg Heil!‹ Und unsere Kinder sind es, die sich die Stiefel anziehen und auf Teufel komm raus marschieren!«

Wortlos starrte sie ihn an. Noch nie hatte sie ihn derart aufgebracht gesehen. Für sie war er immer der ausgeglichene Tommy. Der ruhige, selbstsichere Vater dreier Kinder, und darüber hinaus ihr ältester Freund aus Ausbildungstagen. Er war so aufgewühlt, dass er in ihrem kleinen Arbeitszimmer herumlief, aufstampfte und den Hitlergruß zeigte, um zu unterstreichen, was er meinte.

»Und weil es unsere Kinder sind, müssen wir die Verantwortung übernehmen. Die können wir nicht von uns weisen! Du hast zwei Kinder, ich habe drei. Aber auch die Glatzköpfe, die sich in ein paar Tagen um die Denkmäler von Karl XII., dem letzten König des schwedischen Großreiches, im ganzen Land versammeln werden, sind unsere Kinder!«

Irene war verwirrt und müde, sie wollte protestieren, fand aber in ihrem trägen Kopf nicht die richtigen Formulierungen. Vorsichtig versuchte sie es dennoch:

»Ich finde nicht, dass alle Skinheads meine Kinder sind, nur weil Jenny sich den Kopf rasiert hat.«

»Wenn du das ablehnst, dann lehnst du auch die Gesellschaft ab, die dich eingestellt hat, damit du sie beschützt! Diese Glatzköpfe sind Teil der schwedischen Gesellschaft. Wir alle tragen in irgendeiner Weise Verantwortung. Aber in erster Linie handelt es sich bei den Skinheads um ein Symptom der schwedischen Gesellschaft!«

»Ein Symptom?«

»Ein Symptom für Außenseitertum! Die schwedische Gesellschaft stellt Leute ins Abseits! Und wenn du einmal ausgeschlossen bist, dann wirst du verflucht noch mal nie wieder aufgenommen!«

»Aber warum entscheiden sich dann Jugendliche freiwillig dazu, sich Gruppen anzuschließen, die im Abseits stehen, was meinst du?«

»Das haben Jugendgruppen doch immer so gemacht. Zu unserer Zeit waren es die FNL-Abzeichen und Palästinensertücher, die unsere Solidarität mit der Dritten Welt und alldem zeigen sollten. Viele von uns sind auf der grünen Welle mitgeschwommen. Wir hatten schließlich die richtigen Werte und Ansichten!«

»Aber in den Siebzigern standen doch alle irgendwie links!«

»Die Jugendlichen, ja. Wir gehörten zu der progressiven Jugendgeneration. Wir waren nicht wie die anderen, das heißt, nicht wie unsere Eltern. Nein, wir standen für etwas anderes, etwas Besseres. Für das einzig Richtige: für die Zukunft.«

»Meinst du, dass es mit den Neonazis und Glatzköpfen heute das Gleiche ist, oder wie?«

»So ungefähr. Man hat aufgegeben, sich in der toughen, harten Gesellschaft durchzubeißen, bevor man es überhaupt versucht hat. Es ist doch besser, freiwillig aufzugeben, als rausgeworfen zu werden. Deshalb solidarisiert man sich gleich mit denen, die schon außerhalb stehen. Man sucht Stärke in diesen Gruppen. Da ist es leicht, sich anzupassen und eine Identität zu kriegen – die sehen doch in ihren Stiefeln, ihrer Militärkleidung und mit den kahlen Schädeln alle gleich aus. Schon durch das Auftreten allein jagt man den anderen Leuten einen Schrecken ein. Die Jugendlichen suchen Halt in auswendig gelernten Argumenten. Ihre Anführer machen einen so verdammt selbstsicheren Eindruck, wenn sie ihre Schlagworte rausschreien, zu dröhnender elektrischer Gitarre und schwerer Schlagzeugmusik. Wie schön, wenn man nicht selbst denken muss! Sondern einfach mitmarschieren kann!«

Warum war er so erregt und engagiert? Irene wunderte sich, konnte ihn aber nicht mehr fragen, denn die Gegensprechanlage piepste und rief sie zur morgendlichen Besprechung. Tommy holte tief Luft und schien schnell nachzudenken. Dann sagte er:

»Es ist schon eine Weile her, dass ich Jenny gesehen habe. Was hältst du davon, mich morgen oder übermorgen zu euch nach Hause einzuladen?«

Irene war verwirrt über seinen schnell vorgebrachten Vorschlag, erwiderte aber sofort:

»Aber du bist doch immer bei uns willkommen. Jederzeit! Krister und ich haben überlegt, ein kleines Santa-Lucia-Fest zu machen, und dazu sollen natürlich Agneta und du...«

»Das ist eine gute Idee. Aber darum geht es im Augenblick nicht«, sagte Tommy.

Seine Stimme klang sehr ernst. Auch Irene wurde klar, dass es nicht um einen gemütlichen Abend ging. Stehenden Fußes fasste sie einen Entschluss:

»Dann machen wir den Mittwochabend ab. Da kann Krister was für uns kochen. Ich weiß, dass du nicht so viel von meiner Kochkunst hältst.«

»Sie ist auf gleichem Niveau wie meine. Obwohl meine vielleicht eine Spur besser ist. Mittwoch passt mir gut. Aber sorg bitte dafür, dass Jenny auch da ist.«

Genau in dem Moment, als Irene ins Konferenzzimmer gehen wollte, kam eine Sekretärin und überreichte ihr einen braunen Hauspostumschlag. Mit einem schnellen Blick fand sie den Namen Bo Torsson im Text.

Kommissar Andersson räusperte sich und bat um Ruhe:

»Okay. Dann sind wir ja vollzählig. Die Jungs von der Spurensicherung kommen später. Die kümmern sich noch um eine Autobombe, die heute Morgen hochgegangen ist. Haben alle davon gehört?«

Die Mehrheit der Gruppe schaute verwundert drein und schüttelte den Kopf. Offenbar war die Explosion die Hauptmeldung der Halb-acht-Uhr-Nachrichten gewesen, aber da hatten sich die meisten schon auf die morgendliche Versammlung vorbereitet. Andersson fuhr fort:

281

»Verdammt merkwürdig. Auf dem Parkplatz des Delsjöns-Golfplatzes ist um sechs Uhr heute Morgen ein Auto in die Luft geflogen. Kein Mensch war in der Nähe, abgesehen von dem Fahrer des Autos, der viel zu nahe dran war. Er ist buchstäblich in Atome zerfallen! Die Vermutungen gehen dahin, dass es sich um eine Art Terrorist gehandelt hat, der die Bombe aus Versehen ausgelöst hat. IRA, Hamas, etwas in der Richtung. Oder irgendein alter Mist aus dem früheren Jugoslawien. Ich erinnere nur dran, welche Hölle uns die Ustascha in den Siebzigern bereitet hat... Nun ja, um diese Ermittlungen muss sich jemand anders kümmern. Jetzt gehen wir erst einmal durch, was wir seit Freitag rausgekriegt haben.«

Er fuhr damit fort, die Anwesenden darüber zu informieren, dass die verkohlte Leiche in der Pathologie höchstwahrscheinlich die von Pirjo war. Ganz sicher konnte man erst am Nachmittag sein, wenn der Gerichtsodontologe die Röntgenbilder mit den Zähnen der Leiche verglichen hatte. Das Interesse stieg deutlich, als er die Wunde auf von Knechts Eichel erwähnte. Stridners Annahme, von Knecht hätte am Tag vor seinem Tod Beischlaf gehabt, rief viele Fragen und Spekulationen hervor. Irene berichtete, dass sie Jonas und Mona Söder überprüft hatte. Ohne näher in die Details zu gehen, sagte sie, dass die beiden bis auf weiteres aus den Ermittlungen herausgehalten werden sollten. Ihr Alibi für den Dienstag war niet- und nagelfest. Dann ging sie gleich zu der Überlegung über, dass es einen zusätzlichen Schlüsselbund für die verschiedenen Wohnungen geben müsste, betonte aber gleichzeitig, dass es sich im Augenblick dabei nur um eine reine Vermutung handelte. Richard von Knechts verschwundene Reserveschlüssel für den Porsche und die Garage sah sie als eine wichtige Information an, der man nachgehen musste. Sie erzählte von ihrem samstäglichen Gespräch mit Sylvia und der folgenden Beschattung. Als sie erzählte, dass Ivan Viktors der besagte »Freund« war, konnte Jonny nicht mehr an sich halten. Schadenfroh johlte er: »Hab ich's doch gewusst! Irgendwas hat dieser Strahlepeter verborgen. Mag er noch so berühmt und scheißvornehm sein, jetzt haben wir ihn!«

Irene war an diesem besonders montäglichen Montagmorgen ungewöhnlich schlecht gelaunt. Sie konnte sich einen säuerlichen Kommentar nicht verkneifen:

»Haben ihn – in welcher Hinsicht? Weil er mit Sylvia von Knecht bumst? Das ist nicht strafbar. Beide sind erwachsen. Und zwar schon eine ganze Weile!«

Jonny starrte sie finster an, aber ihm fiel keine passende Replik ein. Stattdessen berichtete er von Viktors Vernehmung am Freitag. Danach erzählte er, was bei seiner und Hans Borgs Überwachung des Parkhauses in der Kapellgatan am Freitag herausgekommen war. Das war schnell geschehen. Das Ergebnis war nämlich null. Andersson zuckte mit den Schultern.

»Okay. Das war also nichts. Dann legen wir das Parkhaus ad acta. Wahrscheinlich ist unser Mörder in dem Mistwetter fluchend zu Fuß herumgelaufen. Birgitta, erzähl doch von unserem reizenden Fotografen.«

Birgitta gab einen Bericht darüber ab, was am Freitagnachmittag vorgefallen war, ohne mit einer Miene ihre eigenen Gefühle dabei zu verraten. Andersson stellte mit Erleichterung fest, dass sie wieder ganz die Alte zu sein schien. Das, was zwischen ihr und Jonny am späten Nachmittag passiert war, konnte man offensichtlich als eine Folge des Schocks ansehen. Damit hatte sich die Sache hoffentlich erledigt. Sie war ja auch zu heikel. Frederik und Hannu konnten nur mitteilen, dass Bobo am Wochenende nicht in der Berzeliigatan aufgetaucht war. Nachdem sie die Personenbeschreibung noch einmal mit Birgittas Angaben zu seinem Aussehen und seiner Kleidung während der Vernehmung überprüft hatten, waren sie sich ganz sicher, dass er es gewesen war, der am Freitagnachmittag eine große Tasche abgeholt hatte. Die Hausdurchsuchung bei Lillis war anscheinend das reine Happening gewesen. Tommy hatte versucht sich im Hintergrund zu halten, um festzustellen, ob es etwas von Interesse in der Woh-

283

nung gab. Es handelte sich dabei um eine große Zweizimmerwohnung, aber so dreckig und staubig, wie man sich eben eine Fixerhöhle vorstellt. Lillis war stinksauer über das Eindringen der Polizisten geworden und hatte sich in seine Wut immer mehr hineingesteigert, bis er sogar anfing, seine eigenen Möbel zu zerschlagen. Er hatte den Polizisten nicht direkt gedroht, aber mit anzusehen, wie sich seine Faust geradewegs durch einen Stuhlsitz arbeitete, das war schon »leicht frustrierend«, wie Tommy sich ausdrückte.

»Eigentlich hätten wir einen Drogenhund dabeihaben sollen. Aber es ging ja nicht in erster Linie um Stoff, sondern um Bobo Torsson. Und der war nicht in der Wohnung. Deshalb mussten wir das Ganze wieder von vorn anfangen. Lillis wusste angeblich nicht, wo Bobo sich aufhielt, erzählte uns aber mehr als einmal, wo wir uns seiner Meinung nach bitte schön aufhalten sollten. Dem möchte ich nicht allein im Dunkeln begegnen.«

Dazu schien auch keiner der anderen Lust zu haben. Alle waren der gleichen Meinung wie der Kommissar, dass Lillis' und Bobos Auftauchen in den Ermittlungen einen Unruhemoment darstellte. Birgitta warf eine Frage ein:

»Wirkte er, als ob er unter Drogen stand?«

»Gut möglich. Aber der Kerl ist ja sowieso bekannt für sein hitziges Temperament, deshalb ist es schwer, das sicher zu sagen«, antwortete Tommy.

»Aber kann es einen Zusammenhang zwischen von Knecht und den beiden Mistkerlen geben? Hing unser feiner Millionär etwa am Stoff?«

Wieder war es Birgitta, die die Frage stellte, die sich alle durch den Kopf gehen ließen. Schließlich antwortete Jonny.

»Darauf deutet nichts von dem hin, was wir bisher gefunden haben. Wie alle dicken Fische hat er natürlich Dreck am Stecken, aber dabei geht es um Unregelmäßigkeiten bei ausländischen Aktiengeschäften. Wohl kaum Bobos und Lillis' Kragenweite. Nein, der einzige Berührungspunkt ist die Berzeliigatan. Dass sie dort dicht beieinander gewohnt haben,

Torsson über von Knechts Wohnung und Lillis auf der anderen Straßenseite.«

Frederik bat ums Wort:

»Wir haben Lillis überprüft. Er ist im August aus Kumla entlassen worden, nachdem er sechs seiner acht Jahre abgesessen hatte. Er war für schwere Drogendelikte, schwere Misshandlung und Mordversuch verurteilt worden. ›Gute soziale Prognose, weil Lars Johannesson die Wohnung und ein kleineres Geschäft von einer älteren Verwandten übernehmen kann‹, steht in den Papieren. Diese ältere Verwandte ist eine unverheiratete Tante von Bobo und Lillis. Sie bekam im Juni dieses Jahres einen Blutpfropfen im Hirn und liegt jetzt gelähmt im Vasa-Krankenhaus. Offenbar geht es ihr inzwischen besser, aber sie würde nicht allein in der Wohnung in der Berzeliigatan zurechtkommen. Die Gute wird einen Platz in einem Pflegeheim bekommen. Laut Kumla war Bobo Torsson derjenige, der alles Praktische hinsichtlich Übernahme der Wohnung und des Ladens geregelt hat. Als Lillis rauskam, war alles fix und fertig.«

Irene fiel der Hauspostumschlag ein, den sie vor der Besprechung in die Hand gedrückt bekommen hatte. Nachdem sie schnell die Papiere überflogen hatte, meldete sie sich:

»Am Samstag habe ich das Rauschgiftdezernat um etwaige Informationen über Bobo Torsson gebeten. Heute Morgen habe ich sie gekriegt. Er ist dreimal wegen Drogenbesitz verurteilt worden. Jedes Mal ist er in verschiedenen Clubs und Diskos in Razzien geraten. Zum ersten Mal 1983, das zweite Mal 1985 und das dritte Mal 1989. Die ersten beiden Male hat er Bewährung gekriegt, da er jeweils nur kleine Mengen bei sich hatte. 1989 ist er zu vier Monaten Gefängnis verurteilt worden. Er ist im gleichen Club geschnappt worden, in dem Lillis unter so dramatischen Umständen festgenommen wurde! Torsson befand sich draußen unter dem Publikum, als die Polizei den Laden gestürmt hat, er hatte zehn Gramm Kokain bei sich. Ein bisschen zu viel für den Eigenbedarf, wie das Gericht fand. Lillis und noch so ein Drogenboss, Tony Larsson, waren im Büro des Clubs und schafften es nicht einmal mehr, den Versuch zu starten, den ganzen Shit zu verstecken, der in einer Tüte auf dem Schreibtisch lag. Sie sind buchstäblich mit den Fingern im Dreck erwischt worden. Beide hatten Kokain gesnifft und waren reichlich angetörnt. Beide waren bewaffnet. Der folgende Schusswechsel war heftig. Tony wurde von einem Kollegen in die Schulter geschossen, was zu großen Diskussionen in den Massenmedien führte«, womit Irene ihr hastiges Resümee abschloss.

Andersson unterbrach das folgende Schweigen.

»Aha, dann war Bobo also damals schon in Lillis' Kreisen. Und dann haben sie natürlich mit dem Stoff weitergemacht, alle beide! Obwohl Lillis eher auffiel. Er ist auch brutaler und hat eine Schwäche für Waffen und peng, peng! Logischerweise ist er deshalb unzählige Male festgenommen worden. Während der gewandte Bobo Torsson sich besser getarnt hat. ›Modefotograf‹, na, vielen Dank! Er hat sich in den richtigen Insiderkreisen bewegt und konnte dort ungestört dealen. Irgendwas sagt mir, dass es an der Zeit ist, das Rauschgiftdezernat mit einzubeziehen.«

Alle nickten zustimmend. Zum einen würde das ihr bereits bis zum Äußersten beanspruchtes Ermittlungsteam entlasten, aber vor allem wussten die Ermittler der Drogenabteilung einfach viel besser Bescheid über die aktuellen Verhältnisse in den Göteborger Drogenkreisen.

Zufrieden mit diesem Beschluss sagte der Kommissar:

»Wir machen zehn Minuten Kaffeepause, während wir auf den Brandtechniker Pelle warten, oder wie immer er auch heißen mag.«

Alle nahmen dankbar die Gelgenheit wahr, die Beine zu strecken, und versuchten mit ein wenig Koffein die müden Gehirnzellen zu puschen. Bestimmte Gifte braucht der Körper in kleinen Dosen, um besser funktionieren zu können, hatte Mona Söder gesagt. Irene fragte sich kurz, ob sie eigentlich schon koffeinsüchtig war. Wenn, dann war es eine alte Sucht, da sie seit mehr als zehn Jahren mindestens zehn Tassen Kaffee am Tag brauchte. Mit leicht zitternder Hand kippte sie stehenden Fußes Tasse Nummer vier und fünf in sich hinein.

Als Andersson aus der Toilette kam, stand Birgitta Moberg ein paar Meter entfernt auf dem Flur. Es war zu sehen, dass sie auf ihn gewartet hatte. Schnell ging sie auf ihn zu.

»Kann ich kurz mit dir reden? Es dauert nicht lange.«

Ihm krampfte sich der Magen zusammen. Würde sie wieder davon anfangen, dass Jonny sie sexuell belästigte? Widerwillig zeigte er auf sein Büro. Sie kam ohne Umschweife zur Sache.

»Was du am Freitag gesagt hast, dass ich das Wochenende lieber bei meiner Mutter bleiben solle, war gar nicht so dumm. Ich wollte das drinnen nicht erzählen, aber anscheinend war Bobo Torsson am Wochenende mehrmals bei mir und hat geklingelt.«

»Bist du dir sicher?«

»Nein, das bin ich nicht! Und deshalb will ich das nicht groß und breit vor den anderen da drinnen ausbreiten. Du weißt, ich habe eine Einzimmerwohnung in Högsbo. Meine direkte Nachbarin auf dem Flur ist eine unheimlich nette alte Dame. Sie ist dreiundachtzig, aber klar im Kopf wie nur was. Es war spät, als ich gestern zurückgekommen bin, fast halb zwölf. Als ich den Schlüssel ins Schloss gesteckt habe, hat meine Nachbarin die Tür geöffnet. Sie hatte auf mich gewartet, weil sie sich Sorgen gemacht hat. Wir haben eine Gegensprechanlage. Wenn man keinen Schlüssel hat, muss man am Eingang klingeln und jemanden bitten, die Tür zu öffnen. Es passiert, dass Kinder Klingelstreiche machen und so, aber was am Samstag und Sonntag vorgefallen ist, das hat wohl das Übliche übertroffen. Jemand stand draußen und hat in rasender Wut auf alle Türklingeln gedrückt. Als meine Nachbarin den Hörer ihres Türtelefons abnahm, bekam sie einen ganzen Schwall an Flüchen und Beschimpfungen zu hören! Dabei hat sie mitgekriegt, wie die Stimme sagte, sie wolle sich ›dieses dreckige Luder, das sich Polizistin nennt‹ schnappen. Woraus sie logischerweise den Schluss gezogen hat, dass ich gemeint war, da ich die einzige Polizistin im Haus bin. Das ist gegen sieben Uhr am Samstagmorgen und gegen neun Uhr am Sonntagabend passiert.«

»Hat jemand ›die Stimme‹ gesehen?«

»Nein, das ist es ja. Er ist mit seinem Auto direkt bis vor die Tür gefahren. Über dem Eingang gibt es ein kleines Vordach, als Schutz gegen Regen und Schneerutsch. Wir wohnen im zweiten Stock. Deshalb hat meine Nachbarin nur kurz sehen können, wie ein Mann in seinen Wagen stieg und mit quietschenden Reifen davongefahren ist. Er war groß und schlank. Das Auto war groß und rot, da ist sie sich sicher.«

»Und jetzt sollen wir überprüfen, ob Torsson ein rotes Auto hat?«

»Ja.«

»Und warum wolltest du das nicht drinnen im Konferenzraum erzählen?«

Sie vermied es, ihm direkt in die Augen zu sehen, und ließ ihren Blick stattdessen im Zimmer schweifen, bevor sie antwortete.

»Weil es jemanden in unserer Abteilung gibt, der groß und schlank ist und einen roten Volvo fährt.«

Er wusste sofort, wen sie meinte, und wünschte sich, er könnte in ein herzliches, aber nachsichtiges Lachen ausbrechen und ihr beruhigend auf die Schulter klopfen. Aber das Lachen erstarb schon im Ansatz, denn er konnte nicht ausschließen, dass ihre Vermutung richtig war.

»Jonny. Du meinst Jonny«, sagte er finster.

»Ja.«

Es entstand ein langes Schweigen. Endlich holte Birgitta tief Luft und sagte beim Ausatmen:

»Deshalb bleibe ich noch bei meiner Mutter wohnen. Aber nur du darfst das wissen. Sonst niemand. Du hast die Adresse.«

Sie drehte sich auf der Stelle um und ging schnell hinaus. Er nickte der bereits geschlossenen Tür zu.

Die Brandtechniker und alle anderen Beamten waren schon an ihren Plätzen, als der Kommissar eintrat. Er kümmerte sich nicht um fragende Blicke, sondern gab Pelle nur ein Zeichen, anzufangen.

Der begann damit, dass die Theorie von einer Bombe untermauert worden war. Danach hatte es sich um eine beträchtliche Ladung von Sprengstoff in einem Eisenrohr gehandelt, um einen Zündkopf, eine Pentyllunte und Benzinkanister, genau wie er es bereits anfangs vermutet hatte. Die Bombe war auf einer Kommode im Eingang zu von Knechts Büro platziert gewesen. Dass man das herausbekommen hatte, war zum Teil Sylvia von Knecht zu verdanken. Bevor sie am Freitagabend nach Marstrand gefahren war, hatte sie Pelle geholfen, eine Skizze der Wohnung zu verfertigen, und angegeben, wie diese ungefähr möbliert war.

Tommy wedelte mit der Hand, um eine Frage stellen zu können:

»So eine Bombe, ist die schwer zu bauen? Dauert das lange?«

»Für den, der weiß, wie man's macht, geht es ziemlich schnell. Höchstens ein paar Stunden. Das Problem ist wahrscheinlich eher, alle Teile dafür zu kriegen. Du kannst ja nicht einfach ins Kaufhaus gehen und Zündhüte, Plastiksprengstoff und Pentyllunten kaufen. Der Rest ist schon einfacher hinzukriegen. Wenn wir uns jetzt weiter ansehen, was am Donnerstagabend passiert ist, muss ich näher auf den Zündmechanismus eingehen. Die Wohnungstür zu dem Büro war eine wirklich solide Sache. Die ging nach außen auf. Zwischen der Türklinke und einem Splint an der Feder des Zündhütchens war ein dünner Stahldraht gespannt. Als die Tür von der Person, von der wir erst annahmen, es wäre ein junger Mann, jetzt aber wissen, es war eine Frau, aufgezogen wurde, wurde der Splint herausgezogen und die Feder schlug ins Zündhütchen. Peng! Das Ergebnis kennen wir. Dass von ihrem Körper überhaupt noch etwas übrig ist, haben wir nur der massiven Wohnungstür zu verdanken. Die Frau wurde nach hinten geschleudert und war wahrscheinlich sofort bewusstlos. Dass sie in einer vorgekippten Seitenlage gefunden wurde, liegt daran, dass sie heruntergerutscht ist, als die Tür zurückglitt. In der Tür steckte das hier.«

Vor den gespannten Blicken seines mucksmäuschenstillen Publikums zog der Brandtechniker eine dicke Plastiktüte aus der Tasche. Darin lag ein rußschwarzer Schlüsselbund.

»Und gestern habe ich das hier gefunden, an dem Platz, wo die Leiche lag.«

Wie ein Zauberer zog er eine weitere Plastiktüte aus seiner Tasche. Auch sie enthielt einen Schlüsselbund, aber er war kleiner, hatte nur drei Schlüssel. Er wedelte mit dem kleineren Bund: »Zwei davon sind Autoschlüssel. Für einen Porsche. Der Dritte ist für das Garagentor der Molinsgatan, wo Familie von Knecht ihre Wagen stehen hat.«

Alle konnten spüren, wie ein Geist den Raum durchquerte. Sein Atem stank nach Tod und Asche, während er sie höhnisch angrinste.

Anderssons Augen traten wie rot-weiße Tischtennisbälle aus den Höhlen hervor. Seine Gesichtsfarbe ging ins Violette über und sein Atem war schwer und keuchend. Niemand bewegte sich. Alle beteten im Stillen, der Kommissar möge keinen Schlaganfall bekommen.

Pelle wurde etwas aus der Fassung gebracht. Er spürte die gespannte Atmosphäre, war sich aber nicht ganz sicher, worauf sie eigentlich beruhte. Also schwieg auch er und wartete auf Anderssons Kommentar zu den Schlüsselfunden. Der fühlte die Verwirrung seiner Mitarbeiter und versuchte sich wirklich zusammenzureißen. Was aber nicht so einfach war, da er selbst merkte, wie all seine wunderschönen Hypothesen und Theorien mit einem Mal einfach verpufften. Schließlich brachte er mit zusammengebissenen Zähnen hervor:

»Da spielt jemand ein teuflisches Spiel mit uns. Habt ihr überprüfen können, für welche Schlösser die Schlüssel aus dem großen Bund passen?«

Er stellte die Frage, obwohl er eigentlich die Antwort schon wusste. Der Brandtechniker nickte.

»Ja. Zwei sind für die Bürotür in der Berzeliigatan. Zwei für von Knechts Wohnung in der Molinsgatan und die letzten beiden für das Ferienhaus in Marstrand. Drei sind für Sicherheitsriegel und drei ganz normale Sicherheitsschlüssel. Alle Türen haben jeweils ein Sicherheitsschloss und einen Riegel.«

»Die ganze Zeit haben wir gesagt, dass es diese beiden Schlüsselbunde geben muss. Und jetzt werden sie an der unmöglichsten Stelle gefunden!«

Andersson sprach aus, was alle anderen dachten. Der Brandtechniker schaute unschlüssig drein, beschloss dann aber, in seinem Bericht fortzufahren. Er blätterte eine Seite seines Blocks um und sprach weiter:

»Im Augenblick besteht das Problem darin, an diesen eingemauerten Safe heranzukommen. Er ist nicht besonders groß, man kommt aber schwer an ihn heran, weil es keinen Boden mehr gibt, auf dem man stehen könnte. Deshalb versuchen wir es jetzt mit einer Kranleiter. Wir werden um den Safe herum in die Wand bohren und ihn dann mit einem Lull herauszuheben versuchen.«

Mehrere am Tisch fragten gleichzeitig:

»Womit?«

»Einem Lull. Am einfachsten könnte man das als einen großen Gabelstapler bezeichnen, bei dem man die Gabel sehr hoch fahren kann. Dabei steht er ›lull‹, also ohne Abstützung, auf dem Boden.«

Alle dachten über die Information nach. Schließlich war es Irene, die das Schweigen brach:

»Dann sieht es also folgendermaßen aus: Pirjo hatte die Schlüssel zu von Knechts verschiedenen Wohnungen und zu seinem Auto. Warum um alles in der Welt sollte er ihr die Schlüssel geben? Sylvia hat mir gesagt, Pirjo hätte keine Schlüssel, sie würde jedes Mal von jemandem aus der Familie in die Wohnung gelassen. Und was den Wagen betrifft, so möchte ich wissen, ob Pirjo überhaupt einen Führerschein hatte. Das müssen wir überprüfen. Einen Wagen hatte sie jedenfalls nicht. Sie ist immer mit Bus und Straßenbahn gefahren. Und dass die Autoschlüssel da lagen, wo Pirjos Leiche gefunden wurde, bedeutet das auch, dass sie die Schlüssel bei sich hatte? Zum Beispiel in der Tasche?«, fragte sie.

»Ja, wahrscheinlich, wenn nicht jemand die Schlüssel vor der Tür hat liegen lassen und damit gerechnet hat, dass sie unter... wie hieß sie noch?... unter Pirjo landen würden, wenn sie von dem Schlag bewusstlos geschlagen wurde. Aber das erscheint nicht sehr wahrscheinlich«, sagte der Techniker.

Dem Kommissar fiel ein, was Hannu ein paar Tage zuvor gesagt hatte, und er warf ein:

»Wie kann sie an die Schlüssel gekommen sein?«

Irene versuchte logische Schlussfolgerungen zu ziehen, als sie darauf antwortete:

»Am Montag war sie zusammen mit ihrer Tochter in der Molinsgatan. Da hat sie sie nehmen können. Aber dann möchte ich wissen, wo sie sie gefunden hat. Sylvia von Knecht hat ja behauptet, es gäbe gar keinen vierten Schlüsselbund. Und dann bleibt die Frage, warum sie bis zum Mittwochabend gewartet hat? Warum war sie nicht am Montag- oder Dienstagabend dort?«

»Ihr Kind wurde krank, kriegte hohes Fieber«, warf Hannu ein.

»Damit kannst du Recht haben. Eine Mutter hat reichlich was zu tun, wenn ein Kind die Grippe hat. Und hier waren es sogar zwei. Aber Marjatta war ja zu Hause und konnte sich um ihre kranken Brüder kümmern, wenn Pirjo für ein paar Stunden weg war. Andererseits ging es ihnen vielleicht so schlecht, dass Pirjo ihre Söhne einem kleinen Einbruch vorzog.«

Keiner fand, dass diese Überlegungen zu dem Bild passten, das sie von Pirjo bekommen hatten. Tommy dachte laut:

»Das ist doch unlogisch. Am Montagabend hätte Pirjo ganz sicher sein können, dass Richard von Knecht nicht in seinem Büro war. Er war erkältet, das hatte sie ja selbst gesehen, als sie an dem Tag bei ihm sauber gemacht hat. Am Dienstagabend konnte sie sich dessen nicht mehr so sicher sein. Nein, nach dem einfachen Menschenverstand hätte sie den Montagabend nehmen müssen. Denkt daran, sie hat erst am Mittwochvormittag erfahren, dass von Knecht tot war!«

Irene nickte zustimmend und fuhr fort:

»Es kann ja sein, dass sie die Schlüssel gestohlen hat, aber dann hat sie der Mut verlassen. Und erst als sie erfuhr, dass von Knecht tot ist, hat sie geglaubt, kein Risiko mehr einzugehen. Sylvia hat mir berichtet, dass Pirjo meinte, ihr Lohn wäre zu niedrig. Vielleicht wollte sie einfach einiges mitgehen lassen und verkaufen, denn Geld brauchte sie. Aber ich zweifle daran, dass Pirjo wusste, wohin sie hätte gehen sollen, um Antiquitäten und Kunst zu verkaufen. Das war ja keine Dutzendware, mit der sich Richard von Knecht da umgeben hat.«

Frederik hatte eine Idee:

»Kann das auf Bestellung gelaufen sein? Jemand, der weiß, dass von Knecht etwas besonders Wertvolles in seiner Wohnung hat, gibt Pirjo den Auftrag, die Schlüssel zu stehlen. Und dann ins Büro zu gehen und dort das Zeug zu holen.«

Nachdem sie sich bisher nicht an den Überlegungen beteiligt hatte, brach Birgitta nun ihr Schweigen:

»Und wenn jemand Pirjo die Schlüssel gegeben hat, damit sie ahnungslos hinging und die Bombe auslöste?«

Irene spürte einen eiskalten Hauch, obwohl die Luft im Raum inzwischen dick und verraucht war. Langsam sagte sie:

»Das wäre ja schrecklich, ganz bewusst die Mutter dreier Kinder in den sicheren Tod zu schicken. Und damit gleichzeitig noch das Leben der anderen Mieter im Haus zu riskieren.«

Andersson konnte sich nicht von den Schlüsseln losreißen, er beharrte weiter auf seinen Fragen:

»Aber was sollen die Autoschlüssel! Kann mir das mal jemand erklären? Warum gibt man einem Mensch die Schlüssel für einen Porsche, wenn dieser ganz offensichtlich gar nicht fahren kann?«

Niemand hatte dafür eine plausible Erklärung, also fuhr er fort:

»Haben wir einen Zeugen, der gesehen hat, wann Pirjo in der Berzeliigatan angekommen ist?«

Tommy rutschte unruhig hin und her, bevor er die Frage beantwortete:

»Nein, wir haben ja nicht gewusst, dass wir danach fragen sollen, ob jemand gesehen hat, dass eine kleine dicke Frau ins Haus gegangen ist. Wir sind die ganze Zeit davon ausgegangen, dass es eine Bombe mit Zeitzünder war, sodass der Bombenleger den Knall in sicherer Entfernung abwarten konnte. Ich werde heute noch die Friseuse treffen, die ihren Salon im Erdgeschoss hat, und die alte Dame, die jetzt bei ihrer Tochter in Mölndal wohnt. Ihren Mann müssen wir wohl auf später verschieben.«

»Okay. Das sind dann deine Aufgaben heute. Hannu, du prüfst nach, ob Pirjo einen Führerschein hatte. Sieh zu, ob du noch mehr aus ihrer Tochter rauskriegen kannst. Bleib in Verbindung mit der Pathologie und sag mir Bescheid, sobald die gerichtszahnärztliche Untersuchung abgeschlossen ist«, sagte Andersson.

Er schaute in die Runde und sein Blick fiel auf Hans Borg, der wie üblich auf seinem Stuhl vor sich hin döste.

»Borg!«

Alle im Zimmer zuckten zusammen, auch Borg.

»Wach auf! Du wirst eine Tour durch die Stadt machen. Geh zu verschiedenen Schlüsseldiensten in der Innenstadt und versuche herauszukriegen, wo und wann die Schlüssel angefertigt wurden. Ich will alles über diese Schlüssel wissen! Und frag auch nach, ob das der einzige Reserveschlüssel für das Auto und die Garage ist.«

Borg nickte und unterdrückte ein Gähnen.

»Fredrik und Jonny. Ihr helft Lillis zu überwachen, auf jeden Fall bis wir Bobo Torsson gefunden haben. Ist im Augenblick jemand in der Berzeliigatan?«

Fredrik nickte.

»Eine Tussi von der allgemeinen Abteilung, Eva Nyström. Hannu hat sie besorgt.«

Irenes erste Reaktion war Überraschung, die aber schnell in Wut umschlug. Eva Nyström und sie waren gleich alt. »Eine Tussi!«

Andersson bedachte Hannu mit einem freundlichen Nicken.

»Fredrik und Jonny, ihr löst Eva Nyström ab und übernehmt die Beschattung. Bis jetzt war es im Zigarettenladen ja ruhig, aber ich habe so das Gefühl, dass da irgendeine Schweinerei passieren könnte. Irene, du hattest doch schon Kontakt mit den Jungs vom Rauschgiftdezernat. Wir beide werden sie jetzt ganz offiziell aufsuchen und sie über unsere lieben Cousins informieren. Oder besser gesagt, ihnen sagen, dass wir Hilfe brauchen, um herauszukriegen, was die da eigentlich aushecken! Birgitta, durchstöbere alle Akten, die wir über Bobo und Lillis haben. Irgendwo muss es doch einen Hinweis darauf geben, wo Torsson sich versteckt haben könnte. Wir kommen morgen früh um halb acht wieder zusammen.«

Zwischen Kommissar Andersson und der stellvertretenden Kommissarin Annika Nilsén vom internationalen Rauschgiftdezernat waren die elektrischen Funken direkt zu spüren. Vergeblich versuchte sie zu erklären, dass sie kein Personal hatte, das dieser Spur hätte nachgehen können, die in ihren Augen gar keine echte Drogenspur war, sondern eigentlich nur Teil der Ermittlungen im Fall von Knecht.

Der Kommissar blies seine Wangen auf und bohrte seinen Blick in sie, um ihr laut und deutlich zu erklären – ohne überhaupt zu versuchen, seine Wut dabei zu verbergen –, dass es sich hier um Mord, Brandstiftung mit Todesfolge und Bedrohung eines Polizeibeamten handelte. Und da sich die Ermittlungen die ganze Zeit um einen bekannten Verbrecher drehten, der bereits in Drogengeschäfte verwickelt war, sowie um seinen Kumpel und Cousin, einen Junkie, so musste das doch bitte schön in ihr Ressort fallen!

Ein Ausdruck unendlicher Geduld und Überheblichkeit huschte über Annika Nilséns müdes Gesicht.

»Wenn alle Verbrechen, in die Junkies und Drogen verwickelt sind, automatisch in unser Ressort fallen würden, dann könnte man das gesamte Göteborger Polizeipräsidium in Rauschgiftdezernat umtaufen«, erklärte sie ruhig.

Das stimmte zwar nicht ganz, aber fast. Andersson wusste das, aber er wurde dennoch so wütend, dass es aussah, als würde er der armen stellvertretenden Kommissarin direkt an die Kehle gehen. Genau in diesem Moment kam der junge Kollege ins Zimmer, der Irene am Wochenende mit den Informationen über Bobo Torsson ausgeholfen hatte.

Mit einem erleichterten Lächeln wandte Irene sich ihm zu.

»Hallo! Und vielen Dank für die Informationen über Torsson«, fügte sie hinzu.

»Ach, don't mention it.«

Sie streckte ihm die Hand entgegen, die er ohne zu zögern ergriff. Ein trockener, warmer Handschlag.

»Irene Huss. Ich glaube, ich habe vergessen, nach deinem Namen zu fragen.«

»Jimmy Olsson. Assistent.«

Mit einem strahlenden Lächeln und funkelnden Augen beugte sich Irene zu Annika Nilsén vor und umgarnte sie mit ihrer charmantesten Art.

»Wahrscheinlich hast du auch schon dran gedacht, dass Jimmy ja bereits ein wenig Einblick gekriegt hat in unseren Fall. Kannst du dir vorstellen, ihn uns für eine Weile auszuleihen?«

Die stellvertretende Kommissarin fuhr sich verwirrt mit ihren kurzen Fingern durch die grau melierte Pagenfrisur.

»Das könnte wohl gehen«, sagte sie zögerlich.

Ein kurzer Blick zu Andersson machte Irene klar, dass er etwas Handfesteres hatte haben wollen. Zwei oder drei Inspektoren, mindestens. Annika Nilsén sah ihre Chance. Sie streckte sich etwas in ihrer unvorteilhaften dunkelblauen Strickjacke und schaute Jimmy Olsson an.

»Warst du schon mal in der Abteilung für Gewaltverbrechen?«, fragte sie.

»Nun ja, in der Ausbildung war ich acht Wochen beim Dezernat. Aber bei der Einbruchsabteilung, nicht bei der Gewalt.«

»Dann ist das ja eine Chance für dich, dein Wissen und deine Kontakte weiter auszubauen. Du hilfst mit im von-Knecht-Fall. Aber hinterher will ich dich wieder haben!«

Bei dem letzten Satz drohte sie ihm scherzhaft mit dem Finger und lächelte Irene vielsagend zu. Das war ihre Art zu sagen, dass Jimmy eine ausgezeichnete Wahl war. Und da konnte ja wohl niemand mehr behaupten, das Rauschgiftdezernat hätte nicht geholfen!

Irene verbrachte einige Stunden damit, Jimmy über alle Informationen im von-Knecht-Fall zu unterrichten. Sie konnte sich nicht über mangelndes Interesse beklagen. Seine Augen hingen an ihren Lippen und er sog alle Details in sich auf. Fast hätte sie ihn wegen seiner welpenartigen Begeisterung für dieses verzwickte Mysterium beneidet. Das Welpenhafte lag sicher an seinem jungen Alter, erst vierundzwanzig war er, aber seine Fragen waren intelligent und begründet. Ihr Instinkt war richtig gewesen. Sie selbst ermüdete inzwischen eher, wenn die Sache zu kompliziert wurde. Aber sie konnte sich noch daran erinnern, wie es in den ersten Jahren gewesen war. Die Spannung, der erwachende Jagdinstinkt und das Gefühl des Triumphs, wenn der Fall gelöst war. Sicher, das gab es immer noch, aber deutlich abgeschwächt. Allzu viele Fälle hatten nicht den großen Siegesrausch, sondern eher einen faden, bitteren Nachgeschmack hinterlassen. Man wird geläutert und zynisch in diesem Geschäft, das dachte sie immer häufiger in einer ihrer finsteren Stunden. Aber sie wollte weder geläutert noch zynisch sein! Man musste weitergehen, die ganze Zeit vorwärts. Nicht stehen bleiben und sich vergraben. Das war kein ungefährlicher Job, den sie sich da ausgesucht hatte. Doch sie hatte nie einen anderen gewollt und er hatte ihr immer gefallen. Aber in den letzten Jahren hatte sie ein schleichendes Gefühl überfallen, das es früher nicht gegeben hatte. Erst in letzter Zeit war es ihr geglückt, es zu identifizieren. Angst. Angst vor der menschlichen Gleichgültigkeit gegenüber der Würde anderer Menschen und vor der immer brutaleren Gewalt. Anscheinend hatte sie laut geseufzt, denn Jimmy Olsson schaute verwundert von den Papieren auf dem Schreibtisch auf. Vor ihm lagen die Skizzen von Marstrand. Nicht, weil sie besonders wichtig waren, sondern weil er sich dafür interessierte. Um ihren Seufzer zu überspielen, sagte sie:

»Also, jetzt ist es aber höchste Zeit, etwas essen zu gehen. Wollen wir mal nachsehen, welche Leckereien die Kantine uns heute zu bieten hat?«

Jimmy verzog vielsagend sein Gesicht. Also beschlossen sie, lieber schnell in die Stadt zu gehen und dort zu versuchen ein zusammengestoppeltes Tagesgericht zu kriegen.

Ihr Weg führte sie an Birgitta Mobergs Zimmer vorbei. Diese saß tief in Papiere und Dateien versunken da, beschloss aber trotzdem, sich ihnen anzuschließen. Es war fast ein Uhr, und der Magen knurrte.

Nach vorn gebeugt eilten sie durch den schneidenden Wind. Der Himmel war wolkenverhangen, Regen lag in der Luft. Der Wind fuhr wütend durch die gerade aufgebauten Weihnachtsdekorationen auf dem Drottningtorget. Richtige Weihnachtsstimmung konnte diese bei den vorübereilenden Passanten nicht erzeugen. Alle krümmten sich und wollten nur schnell unter ein sicheres Dach kommen. Nur drei verrückte Polizisten konnten auf die Idee kommen, bei diesem Wetter mehr als einen Kilometer zurückzulegen, nur um zu Mittag zu essen. Aber Irene und auch Birgitta hatten das Bedürfnis, zwischen sich und das Polizeipräsidium einen gewissen Abstand zu legen. Sie wollten abschalten. Das hatten sie nicht abgesprochen, das war einfach ein gemeinsames Gefühl. Und der Neuling Jimmy war gezwungenermaßen mitgekommen. Auch wenn er so seine Meinung über ihren Mittagsausflug hatte, hütete er sich, sie laut auszusprechen. Lieber schwieg er, denn schließlich war er ein kluger junger Polizeiassistent. Sie eilten am Brunnspark vorbei, den Stora Hamnkanal entlang. Weiße Schaumkronen zeigten sich auf dem Kanal und der Wasserstand war hoch. Das waren normalerweise Anzeichen für einen bevorstehenden Sturm. Mit einem Gefühl, dem Hunger und der Kälte zu entkommen, gingen sie durch die Türen des Golden Days. Eine dunkle, gemütliche englische Pubatmosphäre umschloss sie, mit viel glänzend poliertem Holz und rotem Plüsch. Da erschien es ganz natürlich, sich das Bier in Pints zu bestellen.

Sie räumten das Salatbüfett ab und aßen Pyttipanna in Sahnesoße. Es war schon fast zwei Uhr. Sie waren fast die Einzigen im Restaurant. Erst beim Kaffee sprachen sie über die anstehenden Nachforschungen. Nachdem sie den anderen beiden eine Zigarette angeboten hatte, die diese jedoch dankend ablehnten, zündete Birgitta sich eine an. Irene war überrascht. Sie hatte geglaubt, Birgitta würde schon seit langem nicht mehr rauchen. Offenbar hatte sie wieder angefangen. Nachdem sie genussvoll einen Ring ausgepustet hatte, ergriff Birgitta das Wort:

»Ich habe da vielleicht eine Idee, wo wir nach Bobo Torsson suchen könnten. Als ich Lillis dicke Akte gelesen habe, bin ich auf einen Bericht gestoßen, der davon handelte, wie er mit zwei Kumpanen nach einem bewaffneten Bankraub 1982 in Kungsbacka festgenommen wurde. Sie hatten fast achthunderttausend erbeutet, aber auf der Flucht ging dann alles schief. Der Fahrer war ein nervöser Kerl, gerade achtzehn Jahre, der mit dem gestohlenen Fluchtauto auf eine Verkehrsinsel gefahren ist und dabei ein Schild umgekippt hat. Sie hatten keine Zeit, sich ein neues Auto zu besorgen, mussten weiter mit ihrem kaputten fahren. An der alten nördlichen Einfahrt nach Kungsbacka liegt ein großer Kiosk. Dort sind sie raufgefahren und haben einen Zeitungsboten gezwungen, ihnen seinen Wagen zu geben. Aber das brauchte natürlich seine Zeit. Danach gab es eine klassische Verfolgungsjagd zur Küste hinaus, weil die Kollegen von Kungsbacka inzwischen dem Honda dicht auf den Fersen waren. An der Kirche von Billdal standen dann welche von uns, und damit war die Flucht zu Ende. Aber am Ende des Berichts schreibt der Kollege etwas Interessantes. Er erwähnt, dass Lillis stinksauer auf den armen Achtzehnjährigen war und schrie: ›Verflucht, wie konntest du nur die Abfahrt verpassen?‹ Beim Verhör haben die Kollegen ihn noch mal extra in die Mangel genommen, um zu erfahren, welche Abfahrt sie verpasst hätten. Und zum Schluss wurde er dann weich und erzählte, dass sie auf einen kleinen Feldweg vor Lindås hätten einbiegen sollen. Aber der Fahrer war so in Panik, dass er das Gaspedal die ganze Zeit durchgetreten hatte. Und so an der Abfahrt zu dem geplanten Versteck vorbeigeprescht war: nämlich an dem Häuschen von Lillis' Großeltern, in dem seine und Bobos Mutter aufgewachsen sind. Heute dient es nur noch als Ferienhaus.«

Irene beugte sich eifrig vor und rief aufgeregt:

»Das ist ein Berührungspunkt zwischen Bobo und Lillis! Benutzen ihre Mütter beide das Häuschen als Sommerhaus?«

»Lillis Mutter nicht, sie ist vor fünf Jahren gestorben. Der Vater ist nach den Papieren unbekannt. Über Bobo Torssons Eltern weiß ich ein bisschen mehr, zum Beispiel, dass sie geschieden sind. Die Mutter hat wieder geheiratet und wohnt in Vänersborg. Ich habe die dortigen Kollegen gebeten, mal nachzusehen, ob sich der kleine Bobo nicht vielleicht bei seiner Mama versteckt. Aber sie schien nicht zu wissen, wo er sich aufhält. Sie war reichlich empört, behauptete, das Ganze wäre ein Irrtum, denn ihr Bobo sei der Bravste, den man sich denken kann. Wo der Papa zu finden ist, weiß ich nicht. Er ist ein vorzeitig pensionierter Bühnenbildner, aber ich habe weder Adresse noch Telefonnummer von ihm herauskriegen können.«

Jimmy hob die Augenbrauen und sagte:

»Das scheint dann ja ein Traumversteck zu sein. Bei seinem Daddy, meine ich.«

»Nun ja, der ist dreiundsechzig und vor zehn Jahren auf Grund psychischer Probleme frühzeitig pensioniert worden.

Wegen schweren Alkoholmissbrauchs. Das Einzige, was ich erfahren habe, ist, dass er keinen festen Wohnsitz hat.«

Eine Weile wurde diese Information schweigend bedacht. Dann sagte Irene:

»Ich denke, es wäre den Versuch wert, Billdal einmal unter die Lupe zu nehmen. Das ist ja eigentlich der erste Hinweis, den wir überhaupt gekriegt haben. Jimmy und ich könnten rausfahren und uns das mal ansehen. Du hältst solange die Stellung und suchst weiter nach möglichen Schlupfwinkeln für Torsson.«

»In Ordnung. Ich bin inzwischen schon so in Torssons und Lillis' Akten bewandert, dass es sicher das Beste ist, wenn ich weiter dran bleibe«, stimmte Birgitta zu.

Schnell bezahlten sie und liefen hinaus in den einsetzenden Regen. Die Sterne standen günstig für sie an diesem Tag: Die Siebener-Straßenbahn klapperte genau in dem Moment heran, als sie an der Haltestelle ankamen. Sie fuhren bis zur Lilla Stampgatan mit. Von dort war es noch ein Stück bis zum Polizeipräsidium. Gut durchnässt liefen sie dort ein und hinterließen kleine Wasserpfützen auf ihrem Weg zum Fahrstuhl, die aussahen wie die Spur einer Schnitzeljagd.

Sie holten die Karten von der Gegend hervor, die in dem Bericht über die Festnahme von 1982 angegeben worden war. Es dauerte eine ganze Weile, bis sie die Kate fanden. Den Feldweg, den der Achtzehnjährige schimpflicherweise nicht gefunden hatte, gab es nicht mehr, denn dort, wo er gewesen war, war in der Zwischenzeit eine ansehnliche Reihenhaussiedlung herangewachsen. Alle Straßen waren verändert. Anfangs suchten sie viel zu nahe an der Küste. Aber schließlich gelang es Irene, das kleine Anwesen doch noch zu finden, knapp einen Hektar groß, an der Grenze zum Naturschutzgebiet Sandsjöbacka. Im Bericht wurde das Haus »Solhem« genannt und es war sogar auf der detaillierten Karte vermerkt. Irene rief aus:

»Das hat ja die ideale Lage! Kein einziges Haus in Blickweite. Perfekt, um sich zu verstecken. Dichter Wald zum Naturschutzgebiet hin, Hügel auf der Nordseite und offenes Gelände nach Süden und Westen hin. Und nirgends irgendwelche andere Bauten.«

Sie hielt inne und fuhr weniger begeistert fort:

»Das wird ein Problem. Wie können wir ungesehen ans Haus herankommen?«

Jimmy und Irene beugten ihre Köpfe über die Karte. Schließlich fand Irene eine Möglichkeit.

»Wir fahren über Lindåsmotet und dann über die kleinen Straßen Richtung Sansjöbacka, bis wir nicht mehr weiterkommen. Dort gibt es einige kleinere Häusergruppen, aber wir werden außerhalb ihrer Sichtweite parken. Wir wollen ja nicht, dass sich jemand Sorgen macht und die Polizei anruft. Ich denke, da irgendwo wird es schon gehen. Wir schlagen uns dann in den Wald und gehen am Waldrand Richtung Norden.«

Sie machte mit ihrem Zeigefingernagel ein Kreuz auf der Karte und Jimmy nickte.

»Yes.«

Jimmys Augen folgten aufmerksam den Linien, die Irene mit ihrem Nagel zog. Seine Erregung war deutlich zu spüren, ohne dass ihm das selbst bewusst war. Irene wurde davon angesteckt und fühlte sich wie ein Heerführer vor einem Feldzug. Aber sie wusste, dass es eine Sache war, sich auf einer Karte fortzubewegen, und eine ganz andere, sich in einem unwirtlichen Gelände in Regen und Dunkelheit vorzutasten. Birgitta fragte:

»Habt ihr die Möglichkeit, euch trockene Kleidung anzuziehen, bevor ihr losfahrt? Wenn ihr draußen eine Weile herumstehen und beobachten müsst, seid ihr sonst sofort durchgefroren.«

Sie betrachtete kritisch die nassen Jeans und Schuhe der beiden. Das mit der Kleidung war ein ganz praktisches Problem, das überlegt werden musste. Irene fiel ihre Tüte mit Joggingkleidung im Wagen ein und sie sagte:

»Ich habe meine Trainingssachen im Auto.«

»Du willst doch wohl nicht im Judopyjama durch den Wald hüpfen?«

»Nein, nicht die Ju-Ju-Sachen. Meine Joggingsachen. Tommy und ich wollten Dienstagabend zusammen joggen. Aber wie du weißt, wurde dann Dienstag nichts draus. Jimmy, hast du trockene Sachen?«

»Ach, ich komme schon zurecht. Aber ich hol noch 'ne heiße Sache, die wir gut gebrauchen können.«

Er verschwand auf dem Flur. Irene ging hinunter zu ihrem Wagen. Es wehte heftig und der eiskalte Regen peitschte ihr ins Gesicht. Es war finster wie in der Nacht. Vielleicht war es gar nicht nötig, bei diesem Wetter nach Billdal rauszufahren? Oho, das war das erste Anzeichen von Bequemlichkeit, denn die Sache mit dem Ferienhaus sah wie eine heiße Spur aus. Und heiße Spuren mussten untersucht werden. Und wenn nur mit dem Ergebnis, diese Möglichkeit auszuschließen, damit man bei der Suche anderswo weitermachen konnte.

Oben in Birgittas Zimmer stand Jimmy und führte sein Spielzeug vor. Es sah aus wie das Ergebnis einer Vereinigung zwischen einer Taucherbrille, einem kleinen Fernrohr und einer Gasmaske. Sein ganzes Gesicht strahlte vor Stolz, als er alle Raffinessen vorführte.

»Man sieht so klar wie am helllichten Tag. Wenn Leute in deine Richtung gucken, kannst du dir gar nicht vorstellen, dass sie dich nicht sehen können!«

»Was um alles in der Welt ist das denn?«, wollte Birgitta wissen.

»Ein Nachtsichtgerät, eigentlich ein elektronischer Lichtverstärker. Der kann das vorhandene Licht bis zu zehntausendmal verstärken.«

Es war höchste Zeit, sich auf den Weg zu machen, deshalb unterbrach Irene ihn:

»Ich ziehe mir trockene Strümpfe an und die Jogginghose unter die Jeans. Willst du den Pullover haben?«

Zuerst zögerte er, aber nachdem er noch einmal aufs Fenster geschaut hatte, wo der Regen von dem heftigen Wind gegen die Scheiben gepeitscht wurde, nickte er.

Birgitta wurde energisch und praktisch. Schließlich war es ihr Vorschlag, dem sie jetzt nachkamen.

»Jetzt ist es Viertel nach drei. Wir müssen bei diesem Wetter mit mindestens einer halben Stunde bis Billdal rechnen. Was meint ihr, wie lange werdet ihr durch den Wald brauchen?«, fragte sie.

Irene nahm auf der Karte Maß, bevor sie sagte:

»Ungefähr fünf-, sechshundert Meter. Es ist dunkel, das Gelände uns unbekannt und das Wetter schlecht. Also kannst du noch eine Viertelstunde dazurechnen.«

»Dann seid ihr also frühestens um vier vor Ort. Wann und wie nehmen wir Kontakt auf?«

Irene dachte nach.

»Ich nehme mein Handy mit, stelle es aber ab. Es darf nicht in einem unpassenden Moment klingeln. Lass uns so sagen: Ich rufe dich um Punkt fünf Uhr an. Wenn du eine halbe Stunde danach noch nichts von mir gehört hast, schickst du Verstärkung los.«

Jimmy sah sie verwundert an und fragte:

»Meinst du nicht, dass wir beide mit diesem Typen fertig werden?«

»Doch schon, mit Bobo werden wir fertig, aber es kann sein, dass sich sein Cousin und dessen Spielkameraden im Anmarsch befinden. Und denk dran: Wir sollen das Haus nur überprüfen. Wenn Bobo allein ist, schnappen wir ihn uns. Aber wenn es dort noch mehr Personen gibt, dann ziehen wir uns diskret zurück und warten das Eintreffen der Kavallerie ab. Lillis' Freunde sind immer schwer bewaffnet. Diese Kerle fühlen sich nackt, wenn sie nicht mindestens eine Uzi dabei haben.«

Wenn man seit einer Weile im Drogendezernat ist, dürfte das kaum eine Neuigkeit sein. Jimmy dachte nach. Dann nickte er Irene zu und fragte:

»Sollen wir 'ne Sigge mitnehmen?«

Birgitta hatte nur mit halbem Ohr zugehört, reagierte aber sofort auf den Namen. Verwundert fragte sie:

»In unserem Team gibt es keine Sigge. Meinst du Tommy?«

»Ne, ne, die SIGSauer, üblicherweise Sigge genannt. Unsere Dienstwaffe!«

Sie lachten laut los, was die Spannung etwas lockerte. War es doch der Jagdinstinkt, der da erwachte? Aber in erster Linie war es wohl Jimmys offensichtliche Begeisterung, dass er mitfahren sollte auf Kundschaftstour, die ansteckend wirkte. Und wenn es jetzt eine Niete war? Dann würde er reichlich enttäuscht sein. Irene nickte:

»Ja, wir nehmen unsere Siggis mit.«

Sie machten den Umweg am Waffenschrank vorbei, holten ihre Pistolen und luden sie mit Neunmillimetermunition. Die SIGSauer ist eine schwere Waffe, bei weitem der alten Kugelspritze Walther 7.65 überlegen, mit der Irene einmal das Schießen gelernt hatte. Aber Jimmy hatte nie umlernen müssen. Die Sigge war seine Dienstwaffe, an ihr war er trainiert. Offenbar vertraut und eine Spur nonchalant lud er sie und stopfte sich die Pistole in den Halfter. Irene war den Halfter nicht gewohnt, da sie selten bewaffnet herumlief. Aber wenn sie die Sigge dabeihaben wollte, musste sie sich wie alle anderen das Halfter umschnallen. Die Waffe ist schwer und lässt sich nicht in die Jackentasche stopfen, ebenso wenig wie die Walther. Es ist ein Fernsehmärchen, dass Polizisten und Schurken sich ihre Schusswaffen in die Tasche stopfen oder unter den Gürtel schieben. Gerade Letzteres birgt in bedrängter Situation ein großes Risiko, unfreiwillig kastriert zu werden. Und rein praktisch ist es ein Ding der Unmöglichkeit, die Pistole in der Tasche zu haben. In der Hosentasche ist nicht genug Platz und für die Jackentasche ist sie einfach zu schwer. Ein Beobachter, der mit einer Jacke herumläuft, bei der eine Seitentasche bis zum Knie herunterhängt, kann sich genauso gut gleich ein rotierendes Blaulicht auf den Kopf schnallen. Um das Halfter kommt keiner herum. Im Vergleich zur Walther hat die SIGSauer den Vorteil des gröberen Kalibers und der kräftigeren Wirkung. Die Nachteile sind aber ihr Gewicht und die Trägheit der Feder beim Entsichern. Für diese Pistole ist eine ganze Menge Kraft notwendig, eine schwere Waffe für schwere Jungs. Die Sigge ist schlicht und ergreifend macho. Irene zog die Walther vor. Auch wenn es Tommy zufolge notwendig war, den Lauf nach unten zu führen, wenn man losfeuerte, damit die Kugel überhaupt herauskullern konnte.

Auf den kleinen Straßen holperten sie Sandsjöbacka entgegen. Der Wind packte das Auto und schüttelte es wütend. Der Regen prasselte herab. Es war unmöglich zu erkennen, wo sie eigentlich waren. Sie mussten sich mit Hilfe der Hinweisschilder und Wegweiser orientieren. Irene fuhr und Jimmy las die Karte im flackernden Schein der Taschenlampe. Schließlich faltete er die Karte zusammen und sagte:

»Hier irgendwo müssen wir parken.«

Fast hätte sie den kleinen Waldweg verpasst, trat in die Bremsen und fuhr ein Stück zurück. Den Wagen stellte sie bedrohlich nahe an einem großen Graben ab, in dem das Wasser wild schäumte. Aber das dürfte kein Problem werden, so lange wollten sie ja nicht wegbleiben. Sie würden schon wieder zurück sein, bevor der Graben überschwemmt wurde. Irene nahm die Karte und prägte sich noch ein letztes Mal ihren Weg ein.

»Wir müssen diesem Kiesweg bis ganz ans Ende folgen. Dabei kommen wir an ein paar kleineren Häusern vorbei, ich nehme an, das sind Sommerhäuser. Danach gehen wir in den Wald und folgen dem Waldrand ungefähr vierhundert Meter lang.«

Jimmy nickte und wieder spürte sie seine unterdrückte Erregung.

Sie gingen los, die Lichtkegel der Taschenlampen auf den Boden gerichtet. Hier gab es keine Straßenlampen. Um zu sehen, wohin der Weg führte, und um nicht Gefahr zu laufen, in Kuhlen oder Senken zu treten, mussten sie ihre Lampen leuchten lassen. So konnten sie nur hoffen, dass das herrschende Unwetter und der dichte Wald sie deckten.

306

Am Ende des Wegs lagen zwei kleine Ferienhäuser. In dem einen brannte Licht, aber sie konnten keinen Menschen darin entdecken und nichts hören. Links von sich bemerkte Irene einen großen Holzstapel. Sie beleuchtete ihn und für den Bruchteil einer Sekunde traute sie ihren Augen nicht. Der Lichtstrahl fiel auf ein großes, schwarzes Motorrad, das zur Hälfte hinter dem Holz versteckt war. Eine Harley Davidson, Choppermodell. Hinten war eine große Gepäckbox befestigt, auf der ein Schild informierte: »This bike belongs to a Hell's Angel – If you don't believe it, just try to mess with my bike!« Damit konnte diese Karre selbst in den schlimmsten Slumgegenden unverschlossen abgestellt werden. Die würde niemand klauen. Denn ein bisschen Selbsterhaltungstrieb hatten schließlich die meisten Menschen. Blitzschnell löschte Irene ihre Taschenlampe und Jimmy brauchte nicht viel länger. Sie standen unbeweglich da und lauschten in die Dunkelheit hinein. Aus dem Haus war nichts zu hören. Vorsichtig schlichen sie sich daran vorbei und bewegten sich dabei so leise sie konnten auf den Wald zu. Zum ersten Mal waren sie froh über das heftige Unwetter, das die Baumwipfel schüttelte. Es wurde zu einem Verbündeten, als sie aus Versehen auf heruntergefallene Zweige traten oder über verräterische Wurzeln stolperten und auf glatten Steinen ausrutschten. Endlich sahen sie das Licht des Häuschens nicht mehr und trauten sich wieder, ihre Lampen einzuschalten.

Jimmy sah blass und verbissen aus. Durch den Regen klebte sein kurzes Haar platt am Kopf und Irene war froh, dass sie sich Katarinas Baseballkäppi aufgesetzt hatte, bevor sie das Auto verlassen hatten. Jimmy klang erregt, als er zischte:

»Was hat das zu bedeuten? Ein Hell's-Angels-Nest? Hier draußen im Wald?«

Er war offenbar beunruhigt und das war sie auch, versuchte aber, es nicht so deutlich zu zeigen.

»Wahrscheinlich haben sie den Winter über eine Hütte gemietet«, sagte sie und tat so, als würde sie das gar nicht stören.

Sie drehte sich um und setzte die rutschige Wanderung fort.

Aber sie hatte Probleme, sich auf das zu konzentrieren, was vor ihnen lag. Das, was sie gerade hinter sich gelassen hatten, empfand sie als unerwartete und erschreckende Bedrohung. Auch wenn es kaum etwas mit Lillis' und Bobos Kate zu tun haben konnte, durfte man die Hell's Angels nie ignorieren. Schließlich zwang sie sich, ihre Befürchtungen beiseite zu schieben und ihre ganze Aufmerksamkeit nach vorn zu richten. Ein schwaches Licht blitzte zwischen den Bäumen auf. Jimmy nahm ihren Arm und zeigte ein Stück hinter den Waldrand. Sie waren beide der gleichen Meinung. Ein hoher Steinhaufen erhob sich am Waldrand, die perfekte Tarnung, während sie gleichzeitig von ihm aus einen besseren Überblick kriegen konnten.

Ihre Finger waren steif und angeschwollen von der Kälte. Als sie auf den Steinhaufen klettern wollten, verlor Irene an einem rutschigen Stein den Halt und rutschte hinunter. Ihr Knie bekam einen ordentlichen Stoß ab und ihre Handflächen wurden aufgerissen. Aber die waren von der Kälte so taub, dass sie es kaum merkte. Als sie wieder hoch kletterte, kauerte Jimmy bereits hinter den Steinen und schaute durch das Nachtsichtgerät. Im Stillen schickte Irene ihm ein Dankgebet, dass er es mitgenommen hatte. Ohne dieses Fernglas wären sie gezwungen gewesen, viel näher ans Haus heranzukriechen. Jetzt waren sie ungefähr fünfzig Meter entfernt. Das fühlte sich bedeutend angenehmer an. Sie spähte zu dem Lichtpunkt und sah, dass es eine Außenlampe an einem kleinen, scheunenähnlichen Gebäude war. Ein paar kleine Fenster leuchteten schwach.

Jimmy blieb so lange unbeweglich liegen, dass sie schon unruhig wurde. Sie wollte auch durch dieses lustige Spielzeug gucken. Aber sein angespanntes Flüstern weckte in ihr böse Ahnungen, als er ihr das Gerät gab.

»Du wirst es nicht glauben. Guck mal über den Rand des Lichtkegels der Außenbeleuchtung.«

Der Schirm ihres Käppi störte, also drehte sie ihn resolut nach hinten. Nicht unpraktisch, denn dadurch wurde der eiskalte Regen daran gehindert, ihr in den Nacken zu laufen.

Sie hob das Fernglas an die Augen, band es sich um und sah sofort, was er meinte. Ein großes Motorrad, ein Chopper, stand vor der Scheunenwand. Als sie das Sichtgerät auf eines der kleinen, hellen Fenster richtete, konnte sie einen großen, dicken Mann mit langem, lockigem Haar erkennen. Er redete mit jemandem, der außerhalb ihres Blickwinkels war, und gestikulierte wild. Obwohl sie niemand hören konnte, flüsterte sie:

»Ich kann nur einen Kerl sehen, einen dicken, langhaarigen Typ. Aber das ist nicht Bobo Torsson. Hast du sonst noch einen gesehen?«

»Nein, nur den Dicken. Und die Maschine! Hast du gesehen? Wieder 'ne Harley Davidson!«

»Ist das nicht die Gleiche, die wir hinten bei den Ferienhäusern gesehen haben?«

»Nein, diese hat keine Gepäckbox hinten.«

Das stimmte. Diese hier hatte zwei kleinere Boxen auf den Seiten des Hinterrads. Der langhaarige, dicke Mann lief herum und redete mit seinen unsichtbaren Zuhörern. Für den Bruchteil einer Sekunde meinte Irene den Kopf einer sehr viel kleineren Person sehen zu können, aber es ging so schnell, dass sie sich nicht sicher war. Ohne das Sichtgerät von den Augen zu nehmen, flüsterte sie Jimmy zu:

»Ich glaube, es sind mindestens zwei. Aber was machen die da?«

»Keine Ahnung.«

Eine Bewegung im äußersten rechten Sichtbereich ließ sie das Fernglas dorthin drehen. Aufgeregt flüsterte sie:

»Da kommt jemand aus der Tür vom Haus nebenan! Anscheinend ist das das eigentliche Wohnhaus. Aber das ist auch nicht Bobo Torrson. Auch wieder so ein langhaariger Typ in Leder, aber dieser ist groß und dünn.«

»Komisch, dass er die Außenbeleuchtung anmacht. Ich sehe niemanden.«

»Nein?«

Irene setzte das Sichtgerät ab und schaute zum Haus hinüber. Es war dunkel. Weiterhin war nur das Licht von der

Scheune zu sehen. Der Mann lief im Dunkel herum. Er war für alle ohne Nachtsichtgerät unsichtbar. Sie schob sich das Fernglas wieder vor die Augen, nur um noch mit anzusehen, wie der Dünne hinter der Scheune verschwand. Schnell richtete sie die Gläser wieder auf das Scheunenfenster. Der Dicke hielt in seinen Gesten inne und drehte sich mit dem Rücken zum Fenster. Irene war klar, dass jetzt der andere sprach, denn plötzlich war der massige Kerl vollkommen unbeweglich und schien gespannt zuzuhören. Fast hätte sie vor lauter Schreck das Fernglas fallen lassen, als er sich plötzlich auf der Hacke umdrehte und aus dem Fenster hinausspähte. Aber die Vernunft sagte ihr, dass er sie gar nicht sehen konnte – doch sein Gesichtsausdruck genügte. Die Angst grub ihre steifen Finger in Irenes Körper und sie vermochte sie nicht einmal Jimmy gegenüber zu verbergen. Ihre Stimme trug kaum, als sie mit verfrorenen Lippen flüsterte:

»Jimmy, die wissen, dass wir hier sind!«

»Das ist unmöglich. Wie sollten sie…?«

Der Gedanke kam ihnen gleichzeitig. Die Ferienhäuser. Das Motorrad hinter dem Holzstapel. Sie waren trotz allem entdeckt worden. Irene fragte:

»Wie spät ist es?«

Er schob seinen Jackenärmel hoch und schaute auf das selbstleuchtende Zifferblatt.

»Zehn nach fünf. Zeit, abzuhauen.«

Sie schlängelten sich den Steinberg hinunter. Irene blieb unten stehen und zog ihr Telefon aus der Tasche. Sie drückte drauf, ließ es dann aber schnell wieder in die Tasche rutschen. Ihr Unterbewusstsein hatte ein Geräusch wahrgenommen, aber ihr Bewusstsein registrierte es zu spät. Der Wald um sie herum explodierte in einer tausendstel Sekunde zu einem Sternenregen, um sie danach in unzugängliche Dunkelheit einzuschließen.

Ihr Kopf schaukelte von einer Seite zur anderen, ohne dass sie etwas dagegen machen konnte. Kraftlos versuchte sie sich aufzurichten, um sich zu übergeben, musste aber undeutlich feststellen, dass das unmöglich war. Sie hing mit dem Kopf nach unten. Ein starker Geruch nach Leder und Schweiß stach ihr in die Nasenlöcher und verstärkte noch ihre Übelkeit. Instinktiv ließ sie sich weiterschleppen, während sie verzweifelt gegen den Schwindel anzukämpfen versuchte und sich bemühte, wieder klar im Kopf zu werden. Was war passiert? Nach einer Weile wurde ihr klar, dass sie über der Schulter eines kräftigen, ledergekleideten Mannes hing. Ein Hell's Angel trug ihren hilflosen Körper, wie ein Schlachter ein totes Tier trägt. Seine nassen, langen Haare schlugen ihr gegen das Gesicht. Vorsichtig öffnete sie ihre Augenlider einen Spaltweit. Sie hörte Keuchen und heftige Atemzüge links von sich. Dort waren noch mindestens zwei und sie meinte sehen zu können, dass sie etwas zwischen sich trugen. Jimmy. Lebte er? Lieber Gott, lass ihn am Leben sein! Nie zuvor in ihrem Leben hatte sie eine so klare, unverfälschte Todesangst verspürt. Deshalb brauchte sie gar nicht so zu tun, als wäre sie nicht in der Lage, sich zu bewegen. Sie war vollkommen paralysiert.

Inmitten ihrer Panik vermeinte sie plötzlich eine klare Stimme zu hören. Zu ihrer Überraschung erkannte sie die Stimme ihres alten Jiu-Jitsu-Trainers, der seit fast zehn Jahren tot war. Trotz seiner vierzig Jahre in Schweden hatte er immer noch einen deutlichen amerikanischen Akzent. Mit seiner trockenen, ruhigen Stimme sagte er: »Pass auf, dass sie nicht merken, dass du wach bist. Spiele die Ohnmächtige. Sonomama. Erinnere dich an ukemi-waza. Halte den Kopf, damit du ihn dir nicht verletzt. Mokuso.«

Mokuso? Warum sollte sie ausgerechnet jetzt meditieren, in dieser Lage? Plötzlich begriff sie. Sie musste ihren Körper verlassen, um sich von der lähmenden Angst zu befreien. Und der Körper würde eine Weile allein zurechtkommen, der sollte ja sowieso als ohnmächtig gelten. Sie schaute in ihr sich drehendes Gehirn, fand den richtigen Punkt und wurde sanft ins Yawara und Licht gesogen.

Die eine Gesichtshälfte lag in Lehm und eiskaltem Wasser. Es blubberte aus ihrem einen Nasenloch, wenn sie atmete, aber sie drehte den Kopf nicht. Ihr Körper war in ukemi-waza gekommen und in eine nach vorn gekippte Seitenlage gefallen. Sie bemerkte, dass mehrere Personen um sie herum waren. Es erforderte eine unglaubliche Willensanstrengung, sich auf das zu konzentrieren, was sie sagten, und gleichzeitig weiterhin die Bewusstlose zu spielen.

»Verdammter Scheiß, was machen wir mit denen? Wer sind diese Arschlöcher überhaupt?«

»SIGSauer. Und Fernglas und Telefon. Geile Sachen. Ich glaube, das sind Bullen. Verflucht, warum musstet ihr so hart zuhauen! Zumindest aus der Biene hätten wir einiges rauskriegen können.«

»Die Jungs konnten doch nicht sehen, dass es eine Braut ist! Sie ist reichlich lang und dann hatte sie noch 'ne Käppi auf dem Schädel.«

»Aber nun macht sie doch endlich fertig!«

Die letzte Stimme versetzte Irene einen Schock. Ein junges Mädchen. In einem kurzen Moment der Verwirrung hatte Irene die Vision, es könnte eine ihrer eigenen Töchter sein. Aber das Trugbild verlosch und sie bemühte sich weiterhin stillzuliegen.

»Halt die Fresse, du Hure! Wenn wir jemanden fertig machen, dann dich!«

Irene konnte mindestens drei verschiedene Lachen unterscheiden. Vielleicht sogar vier.

»Sollen wir sie reintragen? Ich bin nass bis auf die Knochen.«

»Schafft sie in den Schuppen.«

Ihr gesamter Wille war notwendig, damit sie sich vollkommen schlaff von zwei Hell's Angels tragen ließ. Sie schleppten sie eher, als dass sie sie trugen, sodass sie mit der Hüfte gegen den Türpfosten schlug. Ihren Kopf ließ sie nach unten hängen und versuchte nicht mit den Augenlidern zu zittern. Sie konnte das Keuchen hören, als sie Jimmy neben ihr herein-

312

schafften. Anscheinend lebte er noch, da sie sich die Mühe machten, auch ihn hereinzuholen. Drinnen war es trocken, aber der Boden war eiskalt. Zu ihrem Entsetzen bemerkte sie, dass es ihr nicht gelang, die Kälteschauer zu verbergen, die ihren Körper durcheilten. Gegen ihren Willen schüttelte sie sich immer wieder, spielte aber weiter die Ohnmächtige.

»Weck sie auf.«

Ein kräftiger Tritt in die Seite. Sie konnte ein Jammern nicht unterdrücken, tarnte es aber mit einem leisen Murmeln. Dumpfe Schläge waren zu hören, als sie Jimmy traten, aber von ihm kam kein Laut. Nach einem weiteren Tritt war ihr klar, dass es an der Zeit war, das Drehbuch zu ändern. Jammernd drehte sie den Kopf und murmelte unzusammenhängende Worte.

»Die Braut kommt zu sich!«

Zucke mit den Augenlidern, sieh verwirrt und dösig aus. Achte darauf, den Überblick zu bekommen. Vier Kerle in Leder und eine kleine blonde Frau, auch sie in Lederkluft. Knapp einen Meter neben ihr lag Jimmy. Er war mit Lehm und Blut verschmiert, nicht wiederzuerkennen, sein Gesicht war angeschwollen. Aber er lebte. Sein Brustkorb hob sich schwer, wenn er atmete.

»Was habt ihr auf unserem Land zu suchen, du und das andere Arschloch?«

Das war der Große, Magere, der sich streitlustig über Irene beugte. Am besten nicht lügen. Jedenfalls nicht zu viel. Sie brauchte den Schwindel gar nicht zu spielen und musste nach den richtigen Worten suchen, gab sich aber viel Mühe, den Eindruck noch zu verstärken. Sie nuschelte:

»Wir haben beobachtet... Drogen... Polizei.«

Sie schloss die Augen und tat, als würde sie wieder in Ohnmacht fallen. Da war ein Telefonsignal zu hören. Durch einen kleinen Spalt unter den Augenlidern sah sie den dicken Anführer, der unschlüssig auf das Telefon guckte, das er in der rechten Hand hatte. Der Magere schnappte es sich und klappte es auf. Alle konnten eine beunruhigte Frauenstimme hören:

313

»Irene? Hier ist Birgitta. Was ist los?«

Zuerst sah er Irene unschlüssig an, aber dann hatte er sich offenbar entschlossen und hob das Telefon an den Mund.

»Fuck you!«, schrie er.

Danach klappte er es wieder zusammen und zeigte ein zufriedenes Grinsen.

»Jetzt hat die Fotze was zum Nachdenken!«, erklärte er fröhlich.

Der Anführer nahm Schwung von der hinteren Wand aus. Sein Faustschlag kam wie ein Eisenhammer und landete gezielt an der Kinnspitze des anderen. Aus Irenes Perspektive sah es so aus, als spränge dieser direkt in die Luft und verschwände. Aber aus dem folgenden Plumpsen zog sie den Schluss, dass er gegen die Tür geflogen war.

Der kräftige Anführer massierte seine Knöchel, während er herumtönte:

»Du Vollidiot! Wenn es in einem Bullentelefon klingelt, dann solltest sogar du kapieren, dass am anderen Ende auch so ein Scheißbulle ist!«

Es freute Irene aus tiefster Seele, dass einer von dem Gesindel ganz eindeutig ausgezählt war. Zumindest für eine Weile.

»O Kacke! Sie hat Drogenfahndung gesagt! Verdammter Scheiß!«

Der Dicke lief hin und her und trat ihr mit einem schweren MC-Stiefel seitlich in den Brustkorb. Es knackte kurz, mindestens eine Rippe war gebrochen. Das Stöhnen, das über ihre Lippen kam, war ganz und gar nicht gespielt.

»Nun red schon, du Scheißfotze! Wie lange wisst ihr schon von dem Versteck hier?«

»Weiß nicht... Hinweis... es war ein Tipp.«

»War es dieses Arschloch Bobo, hat der dir den Tipp gegeben? Antworte!«

Zuerst war sie so überrascht, dass sie fast die Augen aufriss. Das war es also! Zwischen den Hell's Angels und Bobo Torsson gab es eine Verbindung. Aber sie fasste sich schnell und tat so, als könnte sie nicht klar denken:

314

»Weiß nicht… ich hab nicht… gesprochen.«

»Kam der Tipp per Telefon?«

»Ja.«

»Und wann?«

Um Gottes willen! Und wann? Wann war denn logisch? Sie musste auf ihre Intuition vertrauen.

»Heute Morgen.«

Der Anführer schnappte wütend nach Luft, bevor er losschrie:

»Dieses verdammte Arschloch! Er ist mit dem Zaster abgehauen! Und dann hetzt er die Bullen auf uns, während wir hier mit nacktem Arsch herumsitzen. Ich wusste doch, dass man sich auf diesen Motherfucker nicht verlassen kann!«

Er blieb stehen und dachte über die neuen Informationen nach, die Irene ihm geliefert hatte. Offenbar hatte sie ins Schwarze getroffen. Alles schien für ihn zu stimmen. Er blickte finster auf Irene hinunter.

»Du kannst verdammt froh sein, dass wir es saueilig haben. Aber…«

Er wandte sich zu seinen Kumpels um. Auch der Dünne hatte sich in der Zwischenzeit wieder auf seine zitternden Beine erhoben und trat zu den anderen. Ein schadenfrohes Grinsen glitt über sein schlaffes Gesicht, als der Anführer fortfuhr:

»…was macht ein Hell's Angels mit allen Scheißbullen? Na? Ja, genau!«

Alle vier hatten sich in eine Reihe gestellt. Sie machten die Reißverschlüsse ihrer Lederhosen auf, zogen ihre Glieder heraus und fingen an zu pissen, abwechselnd auf Irene und Jimmy. Die kleine Blondine lachte schallend, schlug sich auf die Schenkel und musste sich vor Lachen an die Wand lehnen.

»Das ist nicht gefährlich. Das ist nur Urin. Das ist alles gar nicht wahr! Wir sterben nicht dran. Lieber Gott, lass es bald vorbei sein.« Stumm wiederholte sie die Sätze immer wieder wie eine magische Formel, um die wachsende Hysterie in ihr in Schach zu halten. Der Gestank und der warme Urin auf ihrem Gesicht brachten sie schließlich doch dazu, sich zu übergeben. Und plötzlich war es vorbei. Das Licht wurde ausgemacht und sie verschwanden lachend nach draußen. Bevor er die Tür zuwarf, drehte sich der Anführer noch einmal um und sagte:

»Wag ja nicht, die Tür zu öffnen, wenn du noch ein bisschen leben willst. Außerdem bringt es dir auch gar nichts, denn ich werde den Riegel vorlegen.«

Sie wusste sowieso, dass sie eine ganze Weile lang erst einmal nicht in der Lage sein würde, sich zu bewegen. Sie wollte diese Tür gar nicht öffnen. Das erste Gefühl, das in ihr hochstieg, als die Tür sich hinter der Bande schloss, war nur eine unglaubliche Erleichterung. Sie waren weg. Sie konnte hören, wie sie die schweren Maschinen in dem Lehmmatsch draußen manövrierten und in Position brachten. Die Räder hatten an der Vorderseite des Schuppens gestanden. Deshalb hatten Jimmy und sie sie von ihrem Ausguck auf dem Steinhaufen nicht sehen können.

Plötzlich wurde ihr bewusst, dass es draußen ganz still geworden war. Sie setzte sich auf, alle Sinne bis aufs Äußerste gespannt. Die zertretene Rippe versetzte ihr einen Stich, aber sie spürte ihn kaum. Vorsichtig stand sie auf. So leise wie möglich bewegte sie sich geduckt und halb kriechend aufs Fenster neben der Tür zu. Wachsam schaute sie über den Rand der schmutzigen Scheibe. Am Rand des Lichtkegels der schummrigen Außenlampe an der Hauswand konnte sie die Konturen der vier Motorräder und die Reflexe der Lederoveralls erkennen. Auf ein Kommando hin starteten alle Maschinen gleichzeitig. Drei fuhren los, während die vierte noch zögerte. Irene konnte erkennen, dass der Fahrer eine Wurfbewegung mit dem Arm machte, bevor auch er seine Maschine voll aufdrehte. Er hatte etwas durch die schmutzige Scheibe geworfen und reflexartig fing sie den Ball auf. Mehrere Jahre als Torwart in der Frauenhandball-Mannschaft der Polizei hatten ihre Spuren hinterlassen. Der kleine Ball war überraschend schwer. Da brauchte man sich keinerlei Illusionen zu machen.

Ein Hell's Angel hatte ihn geworfen. Also war es eine Handgranate. Die tiefen Einkerbungen bestätigten, was ihr Gefühl ihr bereits gesagt hatte. Ohne bewusst darüber nachzudenken, warf sie sie wieder durchs Fenster hinaus.

Als die Explosion angerollt kam, brannte die heiße Druckwelle in ihrem Gesicht. Eine magnesiumweiße Lichtwelle setzte die Dunkelheit in Flammen und verbreitete sich in alle Richtungen. Das blendende Licht zog alle Sinneswahrnehmungen an sich und hinterließ sie Sekunden später in einem kalten, dunklen Vakuum. Der Knall hatte sie zunächst taub gemacht. Bald wurde die totale Stille durch einen heftigen Schmerz und einen schrill pfeifenden Ton ersetzt, der ihr in den Ohren hallte. Vor den Augen tanzten Flecken in allen Farben des Spektrums. Das Blickfeld wurde von den Seiten her verengt und eine neue Welle der Übelkeit stieg vom Zwerchfell her in ihr auf. Die Erscheinungen verschwanden, sie wurde blind. Das unkontrollierbare Zittern kam wieder, aber diesmal war nicht die Kälte der Grund. Sie sank zu Boden, mit dem Rücken gegen die Wand. Jammernd begann sie sich langsam in die Richtung zu bewegen, von der sie meinte, dort die Tür zu finden. Schließlich spürte sie die trockenen Bretter der alten Stalltür unter ihren aufgerissenen Fingerkuppen. Sie bekam sie auf, indem sie sich mit ihrem ganzen Körpergewicht verzweifelt gegen die Tür warf und so den morschen Riegel aufsprengte. Sie wankte in den Regen hinaus und sank auf die Knie, setzte sich auf die Hacken, legte die Hände leicht auf die Schenkel und schloss die Augen. Sie trat ins mokuso, während der Regen die Pisse wegspülte. In dieser Haltung fanden sie sie.

KAPITEL 13

Sie hatte seit der Geburt der Zwillinge nicht mehr im Krankenhaus gelegen. Zuerst protestierte sie dagegen, dort eine Nacht zu verbringen, aber eine entschlossene, mütterliche Krankenschwester erklärte ihr ruhig und sachlich:

»Sie haben einen Schlag in den Nacken bekommen, der kann zu Blutungen und Atemlähmung führen. Daran können Sie sterben, bevor Sie ein Krankenhaus erreichen! Und das wollen wir doch nicht. Hier können wir Sie die ganze Nacht überwachen und sofort einschreiten, wenn Komplikationen auftreten. Einverstanden?«

Leicht beunruhigt nickte Irene zustimmend. Gleich zog es im Nacken. Vorsichtig hob sie den Kühlbeutel hoch und befühlte die Schwellung. Von der Größe eines kleinen Hühnereis. Weich. Ihr war schwindlig und leicht übel. Obwohl es allmählich besser wurde. Jetzt war sie eigentlich nur noch müde und wollte eine Weile schlafen. Aber das würde noch dauern. Nach einer warmen Dusche bekam sie ein sauberes Krankenhaushemd gereicht, das so sexy und elegant wie ein Müllbeutel war. Ärzte und Krankenschwestern liefen bei ihr ein und aus. Sie redeten auf sie ein, um sicherzugehen, dass sie nicht in Bewusstlosigkeit abglitt, kontrollierten den Blutdruck und leuchteten ihr mit Taschenlampen in die Augen, um die Größe der Pupillen zu überprüfen. Als sie sich erdreistete, einen pickeligen Jüngling zu fragen, wozu das denn gut sein sollte, antwortete er locker: »Wenn eine Pupille größer ist als die andere, dann ist es gelaufen!«

Geschockt von der Erklärung beschloss Irene, sich ihrem

Schicksal zu überlassen.Wenn man sie doch nur in Ruhe lassen würde! Aber es vergingen mehrere Stunden, bis sie endlich erschöpft in einen leichten, unruhigen Schlummer fiel. Bis dahin wurde sie von Leuten geweckt, die hereinkamen und irgendetwas kontrollierten.

Mittlerweile waren auch Sven Andersson und Tommy Persson bei ihr gewesen und hatten mit ihr gesprochen. Beide konnten weder ihre Unruhe noch gleichzeitig ihre Erleichterung verbergen. Tommy drückte sie fest an sich. Sie schrie auf, erklärte aber gleich entschuldigend:

»Tut mir Leid, Tommy, aber ich bin ein einziger blauer Fleck. Guck nur!«

Wie ein Kind zeigte sie ihm die blau geschlagene Achsel, Hüfte, die aufgeschrammten Hände und Knie. Schließlich sagte sie:

»Die Ärzte meinen, die Rippe ist nicht gebrochen, sondern nur angeknackst. Ich soll es eine Weile etwas ruhiger angehen lassen. Aber wie geht es Jimmy?«

Tommy antwortete mit ernster Miene:

»Er ist aufgewacht, aber er hat einen bedeutend härteren Schlag auf den Schädel gekriegt als du. Wie kommt das? Haben sie gesehen, dass du eine Frau bist, oder was?«

»Nein, das wohl kaum. Ich nehme an, die Baseballkappe hat den Schlag abgefangen. Ich hatte sie falsch herum auf, sodass der Schirm über meinen hochgeschlagenen Jackenkragen ragte. Das konnten sie in der Dunkelheit sicher nicht sehen. Jimmy hat darüber hinaus auch noch einige Tritte gegen den Kopf abgekriegt, als wir im Schuppen lagen«, fügte Irene finster hinzu.

Danach strengte sie sich an, sich an alles, was gesagt und gemacht worden war, zu erinnern. Der Kommissar horchte besonders auf, als sie berichtete, dass Bobos Name gefallen war:

»Erst ist er mit dem Zaster abgehauen. Und dann hetzt er die Bullen auf uns, während wir hier mit nacktem Arsch sitzen.« Etwas in der Richtung hatte der Dicke gesagt.

Sie hatte das Gefühl, Andersson würde gleich vor unterdrückter Mitteilungsfreude platzen, wurde aber von Tommys
strengem Blick gebremst. Nun, wen kümmerte es? Sie würde
schon rechtzeitig alles erfahren. Schlafen. Endlich schlafen
dürfen und nicht mehr an all das denken müssen, was passiert
war. Da stürmten die Zwillinge und Krister durch die Tür
und alles war nur noch ein einziges Küssen, Umarmen und
Heulen. Die mütterliche Krankenschwester, die offenbar ihr
persönlicher Schutzengel war, hatte ihnen zehn Minuten versprochen, obwohl der Arzt von jedem Besuch abgeraten und
vor heftigen Gemütsregungen gewarnt hatte. Irene versuchte
unerschrocken zu wirken.

»Ha! Heftige Gemütsregungen! Nach dem, was ich heute
mitgemacht habe, kann alles unter sieben Komma fünf auf der
Richterskala als friedlich angesehen werden!«

Andersson zwinkerte Krister zu.

»Sie wird wieder ganz die Alte.«

Irene sah, wie Tommys Blick auf Jennys mützenbekleidetem
Kopf ruhte. Als Krister sie vorsichtig umarmte und auf die
Wange küsste, flüsterte sie ihm ins Ohr:

»Am Mittwoch kommt Tommy zu uns zum Essen. Sorg dafür, dass Jenny zu Hause ist.«

Krister sah sie erstaunt an, nickte aber wortlos. Katarina
warf ihren Eltern einen misstrauischen Blick zu.

»Was flüstert ihr da?«, fragte sie.

»Wie glücklich ich bin, dass ich euch drei habe. Und dass
ich morgen nach Hause komme.«

Krister lächelte, aber die Sorgenfalte auf seiner Stirn war
außergewöhnlich tief.

»Die Krankenschwester hat gesagt, dass du wahrscheinlich
morgen entlassen wirst. Ich komm dich dann abholen. Ich hab
morgen den ganzen Tag frei. Hab die Schicht mit Sverker getauscht. Und bis dahin haben sie wohl auch den Wagen aus
dem Graben rausgeholt«, sagte er.

»Graben? Wagen?«

»Der ist in eine Düne gerutscht, neben dem Graben, wo du

ihn abgestellt hast. Aber der Abschleppwagen wird ihn raus-
ziehen. Alles ist unter Kontrolle. Und viele Leckeinheiten von
Sammie. Und von uns auch.«

Erneutes Umarmen und Küssen und dann kam Irenes
Schutzengel und schmiss alle raus. Die Müdigkeit überfiel
Irene und sie wollte sich nur noch fallen lassen, ganz tief, und
ausruhen. Doch ihr Schlaf war leicht und unruhig.

Bevor Irene das Krankenhaus verließ, wollte sie Jimmy Olsson besuchen. Krister hatte saubere Kleider mitgebracht. Zu
ihrer Erleichterung brauchte sie ihren Besuch also nicht in
Krankenhauskleidern abzustatten. Es stellte sich heraus, dass
Jimmy auf der gleichen Abteilung lag. Der Schutzengel zeigte
ihr das Zimmer. Vorsichtig klopfte sie an und spähte durch
den Türspalt. Jimmy sah aus wie eine Karikatur. Aber es war
ernst. Irene spürte, wie sich ihr die Kehle vor Mitleid zu-
schnürte. Sie humpelte ins Zimmer. Er war wach, und das
Auge, das zu sehen war, erstrahlte bei ihrem Anblick. Das
andere war hinter einer Kompresse verborgen. Sein Kopf war
in eine mützenähnliche Gazebinde gewickelt, durch die verschiedene Kompressen zu sehen waren. Die rechte Hand
steckte in einer elastischen Binde, die eine Plastikschiene an
Ort und Stelle hielt. Am linken Arm hing ein Tropf. Was von
seinem Gesicht zu sehen war, war angeschwollen und blau-
rot. Aber seine Stimme klang fröhlich.

»Hallo Irene!«, rief er ihr zu.

»Selber hallo!«

Sie legte ihre Hand auf seine unbeschädigte linke Hand,
und ihr fiel nichts Besseres ein, als diese aufmunternd und
energisch zu klopfen. Ein dicker Kloß saß ihr im Hals und
wollte und wollte nicht verschwinden. Sie versuchte es Jimmy
nicht zu zeigen. Einigermaßen ruhig brachte sie hervor:

»Jetzt weißt du also, wie das ist, mit jemandem von der
Kripo auf Beobachtungstour zu gehen. Von wegen, seine Er-
fahrungen und Kontakte ausweiten! Körperkontakt mit den
Hell's Angels, so sieht's aus!«

321

Er wollte lachen, genau wie sie gehofft hatte, bremste sich aber schnell selbst.

»O Scheiße! Das tut weh, wenn ich lache«, sagte er mit verzogenem Gesicht.

Voller Reue streichelte sie erneut seine Hand und fragte:

»Und wie ist das mit der Gehirnerschütterung!«

»Gar nicht so schlecht, jetzt hab ich endlich eine Entschuldigung, wenn ich zu tranig bin. Aber mal im Ernst, mir geht es nicht besonders gut. Kopfschmerzen. Ich werde wohl ein paar Tage hier bleiben müssen. Weißt du, ob draußen in Billdal irgendwas passiert ist?«

»Nein. Nur, dass sie mein Auto aus dem Graben haben ziehen müssen. Aber das ging alles glatt. Wenn ich es schaffe, soll ich heute Nachmittag ins Präsidium gehen und mir Fotos angucken.«

»Von Mitgliedern der Hell's Angels?«

»Genau. Kann nicht behaupten, dass ich mich drauf freue, diese netten Visagen wieder zu sehen, aber natürlich will ich, dass sie geschnappt werden!«

»Genau! Aber warte auf mich, ich habe mit ihnen auch noch ein Hühnchen zu rupfen.«

Jetzt funkelte eine rote Flamme tief in dem einen sichtbaren Auge. Der Effekt war schaurig gegen die blaurote Schwellung rundherum. Aber sie verstand ihn. Auch sie hatte ein schwarzes Loch in der Seele, aus dem es flüsterte: »Rache! Tod! Abrechnung!« Verbotene und sinnlose Gedanken. Sie riss sich zusammen und zwang sich zu einem Lächeln.

»Ich komme morgen wieder und erzähl dir, wie die Ermittlungen so laufen. Und du, erhol dich erst einmal.«

Daheim gab es wilde Szenen der Wiedersehensfreude mit Sammie, wofür er mit einem kurzen Spaziergang belohnt wurde, solange Krister das Mittagessen machte. Sie hatte sich wünschen dürfen, was sie essen wollte. Also gab es Pasta mit Gorgonzolasoße und Tomaten- und Basilikumsalat. Die ganze Zeit sprachen sie über alles, nur nicht über die Ereignisse des gestrigen Tags. Sie war dazu nicht in der Lage. Das schwarze Loch war zu groß, die Stimmen zu aufdringlich. Krister verstand sie und sprach von etwas anderem:

»Was war das mit Tommy, der morgen bei uns zu Abend isst?«

»Er hat unglaublich heftig reagiert, als ich ihm von Jenny erzählt habe. Er will mit ihr reden. Hat eine Menge von der Verantwortung aller geredet und davon, dass alle Skinheads unsere Kinder sind. Ach bitte, Krister, soll er sich doch um Jenny kümmern! Es kann jedenfalls nichts schaden. Und er ist übrigens der einzige Polizeibeamte, von dem ich weiß, dass er aktiv bei Amnesty mitarbeitet. Er ist unglaublich engagiert. Und das weißt du auch. Schließlich kennst du ihn genauso lange wie ich.«

Er nickte, während er gleichzeitig registrierte, dass sie ungewöhnlich wenig aß. Er beobachtete sie heimlich. Normalerweise sprudelte sie vor Energie nur so über, aber jetzt war sie gedämpft und fuhr auf Sparflamme. Ihre Vitalität und Kraft waren geschwächt. Sie beide kannten sich seit sechzehn Jahren, aber nie zuvor hatte er sie so erlebt. Das war äußerst beunruhigend.

Das Telefon klingelte. Es war Sven Andersson. Er wollte wissen, wie es ihr ging und ob sie in der Lage wäre, ins Präsidium zu kommen.

»Ich fahr dich hin, meine Liebe. Und wenn du nach Hause willst, rufst du einfach an, dann hole ich dich ab«, sagte Krister.

Im Stillen dachte er, dass es gut war, wenn sie auf andere Gedanken kam. Obwohl es sicher nicht gerade die beste Ablenkung war, sich Fotos von den Kerlen anzugucken, die sie vor weniger als vierundzwanzig Stunden misshandelt hatten.

Der Kommissar und Tommy erwarteten sie. Vor ihnen auf dem Tisch lagen die Ordner mit den Fotos der Vorbestraften, aber sie waren nicht aufgeschlagen. Andersson klopfte auf einen der Ordner und sagte:

»Lass uns erst ein wenig miteinander reden. Seit gestern ist eine ganze Menge passiert. Nicht zuletzt auch mit dir. Wie geht es dir?«

»Nun ja, so lala. Ich hatte ja trotz allem wohl Glück. Schlimmer sieht es für Jimmy aus«, antwortete Irene.

»Ich habe vor einer Stunde mit dem Krankenhaus gesprochen. Er erholt sich gut, muss aber noch mindestens einen Tag drinnen bleiben. So, und jetzt lass uns mal über diese so verdammt verzwickte Ermittlung reden. Wie gesagt, es ist eine ganze Menge passiert inzwischen. Beispielsweise ist jetzt das ganze Rauschgiftdezernat bei Billdal mit im Boot. Zuerst kriege ich nur so einen lumpigen Assistenten und jetzt kommt die ganze Mannschaft und übernimmt die Sache!«

»Bitte, Sven. Nenn Jimmy nicht einen lumpigen Assistenten.«

»Hm. Jedenfalls hat sich herausgestellt, dass das internationale Dezernat schon seit Monaten eine MC-Bande in Westgöteborg beobachtet, die unter Verdacht steht, Unmengen von Drogen über Holland und Dänemark einzuführen. Diese Mistkerle sind ein Anhängsel der Hell's Angels. Das scheint die Bande zu sein, auf die Jimmy und du gestoßen seid. Sie nennen sich… ›Ded skwedren no eins‹.«

Sie begriff, dass es um die »Death Squadron No. 1« ging. Ohne zu lachen, meinte sie:

»Möchte wissen, ob die das buchstabieren können. Was hat man denn draußen im Haus in Billdal gefunden?«

Tommy ergriff das Wort:

»Na, eigentlich 'ne ganze Menge. Einen kleineren Krater, verursacht durch die Granatenexplosion, von der du gestern erzählt hast. Die Tür zum Häuschen selbst war aufgebrochen. In der Küche haben wir ein paar Pizzakartons und leere Bierdosen gefunden. In der kleinen Schlafkammer gab es ein Bett, auf dem lag ein nagelneuer Daunenschlafsack. Auf dem Boden fanden wir eine Plastiktüte und eine Quittung von Allsport in der Södra vägen. Die Quittung war am Freitag abgestempelt. Bei einer Überprüfung im Sportgeschäft hat sich herausgestellt, dass Bobo Torsson dort war und ihn gekauft hat.

»Super! Obwohl, entschuldigt die dumme Frage von jemandem, der vor kurzem einen ziemlichen Schlag auf den Kopf gekriegt hat: Was hat das alles zu bedeuten? Von Knecht? Pirjo und die Mordbombe? Lillis, Bobo und Hell's Angels?«

Der Kommissar und Tommy sahen sie eine ganze Weile wortlos an. Dann sagte Tommy:

»Und es wird noch verzwickter! Wir wussten es gestern schon, wollten es dir da aber noch nicht sagen. Du durftest dich ja nicht aufregen. Bobo Torsson ist tot.«

»Der ist tot! Nun red schon weiter, bevor ich umfalle!«

»Erinnerst du dich an die Autobombe auf dem Parkplatz des Delsjöns Golfplatzes gestern am frühen Morgen?«

War das wirklich erst gestern gewesen? Sie hatte das Gefühl, als wäre es schon viele Jahre her, aber sie nickte, um zu zeigen, dass sie seinen Worten folgte. Sie ahnte schon, woher Anderssons unterdrückte Erregung beim gestrigen Krankenbesuch hergerührt hatte. Dramatisch erzählte Tommy:

»Die Spurensuche hat Leichenteile gefunden, unter anderem einen Finger. Und der Fingerabdruck beweist, dass es Bobo Torsson war, der da in die Luft geflogen ist! Außerdem hat sich herausgestellt, dass das Auto ihm gehörte.«

Der Kommissar warf ein: »Ein roter Toyota Corolla.«

»O mein Gott!«, war Irenes einziger, vollkommen spontaner Kommentar.

Andersson ergriff das Wort und nickte zustimmend:

»Ja, das habe ich auch gesagt. So ein Mist, hab ich gesagt. Wie sollen wir das nur auseinander fummeln? Aber jetzt hat das Drogendezernat beschlossen, sich den Ermittlungen anzuschließen. Was, ehrlich gesagt, ein wahres Glück ist, denn so langsam gerät das Ganze außer Kontrolle!«

»Was war das für eine Bombe?«, fragte Irene.

Wieder übernahm Tommy die Aufgabe, sie zu informieren.

»Eine Rohrbombe. Vieles deutet darauf hin, dass sie in einer

Aktentasche gelegen hat und dass sie explodiert ist, als die Tasche geöffnet wurde. Das Metallrohr, in dem der Sprengsatz sich befand, ist vom gleichen Typ wie das in der Berzeliigatan, aber bedeutend kleiner. Svante meint, die Sorte Rohr wäre interessant. Es handelt sich um alte, benutzte Abflussrohre verschiedener Größe. Moderne Rohre sind aus Plastik, die taugen nicht zum Bombenbasteln.«

»Wisst ihr was darüber, was Bobo Torsson mit den Hell's Angels aushecken wollte?«

»Nein. Am Freitag kauft er sich einen Schlafsack und haut ab ins Sommerhaus. Ihm war wohl klar, dass wir uns nach seinem Überfall auf Birgitta mit ihm unterhalten wollten. Wir wissen nicht, was er am Samstag und Sonntag gemacht hat. Aber am Montagmorgen, um Punkt sechs Uhr, wird er von einer Bombe in seinem Wagen zerfetzt!«

Irene sah genauso verwirrt aus, wie sie sich fühlte. Sie fragte:

»Der Dicke hat geglaubt, Bobo wäre mit dem Zaster abgehauen. Welcher Zaster, frage ich mich. Und dann kam er auf die Idee, Bobo hätte gequatscht und uns den Tipp mit Billdal gegeben. Während ›sie mit nacktem Arsch herumsaßen und warteten‹, wie er sich ausdrückte. Was kann er damit gemeint haben?«

Tommy zuckte mit den Achseln.

»Gute Frage. Aber ich habe keine Antwort drauf. Wir wissen, dass die MC-Bande nicht sehr lange in Bobos Ferienhaus gewesen ist. Höchstens ein paar Stunden. Dagegen haben wir in den Ferienhäusern ein paar hundert Meter weiter, von denen du gestern erzählt hast, Unmengen von Spuren gefunden. Offenbar haben sie sich dort seit ein paar Tagen aufgehalten. Die Untersuchungen laufen noch, aber jetzt hat das Drogendezernat übernommen. Eine Sache wissen wir jedenfalls: nämlich, dass sie wussten, dass ihr dort wart und etwas vorhattet.«

»Aber ich möchte wissen, woher!«

»Sie hatten eine Lichtschranke zwischen dem Holzstapel

und dem Haus installiert. Als ihr die durchbrochen habt, ging der Alarm im Haus los.«

»Aber warum haben sie das gemacht?«

»Nach meiner Theorie wollten sie einfach gewarnt sein, falls jemand auftauchte, weil dort Dinge am Laufen waren, die kein Außenstehender zu sehen kriegen sollte. Nun kann ich mir sowieso kaum irgendwelche Aktivitäten der Hell's Angels vorstellen, die für die Öffentlichkeit geeignet wären.«

Es hatte gar nichts genützt, die Lampen auszuschalten und blind im Dunkeln umherzustolpern, aus Angst, entdeckt zu werden. Da war schon lange der Alarm losgegangen. Wieder überfiel sie das Gefühl absoluter Machtlosigkeit. Sie versuchte es zu beherrschen und fragte sachlich:

»Dann hätten sie uns also schon bei den Ferienhäusern zusammenschlagen können. Warum haben sie es nicht gemacht?«

»Wahrscheinlich wollten sie wissen, wer ihr seid. Es ist nicht besonders schlau, auf jemanden aus der Nachbarschaft zu schießen oder ihn zu misshandeln. Das bringt immer reichlich Ärger.«

»Ich glaube, ich brauch erst mal einen Kaffee, bevor ich meinen Hell's Angels in die Augen sehen kann. Auch wenn es nur Fotos sind.«

Gemeinsam mit Tommy holte sie drei Becher Kaffee vom Automaten. Alles nur, um die Konfrontation mit den Bildern hinauszuzögern.

Plötzlich kam ihr ein Gedanke.

»Tommy, habt ihr Lillis hierzu verhört?«

»Und ob! Frag nur Andersson!«

Seine Fröhlichkeit erweckte gewisse Ahnungen in ihr, die vom Kommissar bestätigt wurden:

»Dieser Idiot ist doch nicht recht gescheit! Wir haben ihn gestern Abend einkassiert. Drei Leute von der Drogenfahndung und Fredrik Stridh von uns. Da wussten wir seit drei Stunden, dass es Bobo Torsson war, der im Auto beim Golfplatz in die Luft geflogen ist. Als die Jungs bei Lillis klingelten, riss dieser die Tür auf, als hätte er bereits dahinter gestanden und schon die Klinke in der Hand gehabt. Er schrie was wie: ›Du schwuler Scheißfoto…‹ Als er die Kollegen sah, verstummte er. Zuerst starrte er sie nur an, dann fing der Idiot an, wild um sich zu schlagen! Aber er hatte irgendwas genommen, jedenfalls hat er nur in die Luft geschlagen. Was ja für unsere Jungs ein verdammtes Glück war. Zum Schluss haben sie ihn überwältigt und ihm Handschellen angelegt. Aber es war ein ziemliches Generve, ihn ins Auto zu kriegen! Gleich, nachdem wir vom Krankenbesuch bei dir zurückgekommen sind, habe ich mir diesen ehrenwerten Zigarettenhändler vorgenommen.«

Andersson hielt inne und nahm einen großen Schluck von seinem Kaffee.

»Er verweigerte die Aussage. Starrte nur die ganze Zeit in die Luft. Zum Schluss hab ich versucht, ihn aus seiner Reserve zu locken. ›Sag mal, weißt du eigentlich, dass Bobo tot ist?‹, hab ich ihn gefragt. Keine Reaktion. Nach fast zwei Minuten, nachdem ich mehrere Male wiederholt hatte, dass Bobo tot ist, da ritt ihn der Teufel! Er hat mich angesprungen und versucht zu würgen! Und dabei gebrüllt wie ein angeschossener Gorilla! Zum Glück war Tommy mit im Verhörraum, wie auch Bertil von der Drogenfahndung. Und einige andere kamen gleich angerannt. Das war dann das Ende des Verhörs gestern Abend. Heute Morgen haben wir es noch einmal versucht. Mit einem merkwürdigen Ergebnis.«

»Wieso ›merkwürdiges Ergebnis‹?«, wollte Irene wissen.

»Heute Morgen um zehn sind Tommy und ich zu ihm in den Verhörraum gegangen. Und da sitzt Lillis Johannesson, Schwedens Bürgerschreck Nummer eins, brav und nett, frisch gewaschen und rasiert. Als wir reinkommen, sagt dieser Schurke doch: ›Ich muss mich für gestern entschuldigen, Herr Kommissar. Aber das war so ein Schock für mich, als ich erfahren habe, dass Bobo tot ist. Ich konnte es einfach nicht glauben.‹ Und dabei guckt er mich an mit der ehrlichsten Miene der Welt. Ich war wie gelähmt. Hab dann wohl gesagt:

›Na, gut‹, oder etwas Ähnliches. Und da fragt er: ›Entschuldigung, aber wie ist Bobo gestorben?‹ Und ohne weiter nachzudenken, hab ich ihm von der Bombe in der Tasche und allem erzählt. Danach hat Lillis sein Maul nicht wieder aufgekriegt.«

»Er hat nichts gesagt?«

»Kein einziges Wort! Und wir waren mehrere Stunden an ihm dran. Ohne Ergebnis.«

»Sonderbar.«

»Sonderbar! Das ist der absolute Sch… Mist!«

Er beherrschte sich, da ein kurzes Klopfen zu hören war und gleich darauf die Tür geöffnet wurde. Staatsanwältin Inez Collin trat ein und erfüllte das kleine Zimmer mit ihrer Autorität und einem Hauch von Chloé. Sie war schlank und fast genauso groß wie Irene. Ihr langes, blondes Haar war am Hinterkopf fest zusammengebunden. Die Frisur und die hochhackigen Pumps zu dem dunkelgrauen Kostüm ließen sie noch größer wirken. Ihr Make-up war diskret, aber die hellrote Bluse und ihre wohl geformten Fingernägel hatten die gleiche Farbe. Sie sagte lächelnd:

»Mahlzeit. Entschuldigt, dass ich euch unterbreche, aber es gibt ein kleines Problem mit Lars Johannesson.«

Andersson nickte und erwiderte verbindlich:

»Mahlzeit. Es gibt immer Probleme mit Lars Johannesson.«

»Gewiss. Aber es geht um seine Festnahme. Soweit ich es sehe, gibt es keinen Grund, Untersuchungshaft für Johannesson zu beantragen, oder?«

»Es ist verfl… Es ist nicht so leicht, jemanden in Untersuchungshaft zu nehmen, wenn man nicht weiß, was genau er verbrochen hat. Nur, dass er etwas verbrochen hat!«

»Genau. Aber Sie müssen doch zugeben, dass es problematisch wäre, wenn wir anfangen würden, alle einzusperren, auf die dieses Kriterium zutrifft. Leider konnte ich heute Vormittag nicht dabei sein, als ihr Johannesson verhört habt. Ich war gerade bei ihm und habe versucht mit ihm zu reden. Er hat nicht geantwortet. Das Einzige, was er sagt ist: ›Ihr könnt mich nicht festhalten. Ich habe nichts Ungesetzliches getan.‹ Meine Frage ist nun: Hat er es oder nicht?«

»Aber natürlich hat er!«

»Und was? Haben wir Beweise für ein Verbrechen? Gibt es Gründe für die Untersuchungshaft?«

Andersson begann langsam wieder seine unkleidsame tomatenrote Farbe anzunehmen. Beherrscht erklärte er:

»Er und sein Cousin Bobo Torsson hatten vor, ein Ding zu drehen!«

»Was für ein Ding?«

»Das wissen wir nicht! Irgendwas mit den Hell's Angels draußen in Billdal. Drogengeschäfte!«

Inez Collin zog eine ihrer diskret betonten Augenbrauen hoch und fragte:

»Wisst ihr, ob Johannesson etwas mit der MC-Bande zu tun hat? Habt ihr Beweise?«

»Bobo auf jeden Fall.«

»Aber Sie wissen nicht, ob Johannesson etwas mit ihnen zu schaffen hat? Jedenfalls haben Sie keine Beweise dafür, oder?«

»Er war Mitbesitzer der Kate! Mit Torsson!«

»Das beweist nicht viel. Ich warte mit dem Antrag auf Untersuchungshaft noch ab. Wir versuchen ihn fünf Tage drinnen zu behalten. ›Behinderung der Ermittlungen‹ oder ›Gefahr der Vertuschung von Beweismitteln‹ oder so. Aber wenn ein Anwalt anfängt zu schreien, werde ich Probleme kriegen, das zu begründen. Innerhalb von vier Tagen will ich einen handfesten Verdachtspunkt gegen Lars Johannesson sehen. Sonst müssen wir ihn freilassen. Wir sollten versuchen täglich in Kontakt zu bleiben. Ich bin auch die zuständige Staatsanwältin in dieser Bombensache, die Bo-Ivar Torsson getötet hat. Man meint oben, so sei es am praktischsten. So, und jetzt will ich nicht länger stören. Entschuldigt die Unterbrechung.«

Sie drehte sich um und ging zur Tür. Direkt davor blieb sie noch einmal stehen und wandte sich wieder dem Kommissar zu.

»Ach, apropos Zuständigkeiten. Polizeipräsident Bergström protzte damit, wie gut er über den von-Knecht-Fall informiert sei. Ich habe ein wenig nachgebohrt. Dabei kam heraus, dass er Sie gebeten hat, doch ›so gut zu sein und ihm die vorläufigen internen Berichte zukommen zu lassen‹. Ich habe ihm gesagt, dass ihm ab sofort alle ›internen Berichte‹ über mich zugehen werden, damit die bereits stark unter Arbeitsdruck stehenden Kriminalbeamten nicht so sehr belastet werden. Nur zu Ihrer Information. Also, dann bis später!« Sie rauschte in einer Wolke von Chloé hinaus.

Tommy schnüffelte ihr hinterher und seufzte:

»Oh, was für eine Frau!«

»Ja!«

Der Kommissar stimmte diesem Satz zu, aber Irene ahnte, dass die beiden jeweils etwas anderes damit meinten. Doch das war nun auch gleich, jetzt gab es keinen Aufschub mehr. Widerwillig zog sie den ersten Ordner zu sich heran und begann darin zu blättern. Aber die Bilder verschwammen vor ihren Augen, bis es schließlich aus ihr herausplatzte:

»Wie viel Zeit hat man eigentlich?«

»Was? Zeit? Nimm dir so viel Zeit, wie du brauchst«, erklärte der Kommissar großzügig.

Irene konnte nicht verhindern, dass es wie ein Hilfeschrei klang, als sie protestierte:

»Nein, nicht für die Täteridentifizierung. Wie viel Zeit hat man, wenn der Splint aus der Handgranate gezogen wurde, bis sie explodiert?«

Das folgende Schweigen war tief und ernst. Schließlich sagte Andersson:

»Denk nicht mehr dran. Es ist ja alles gut gegangen.«

»Nein! Es ist nicht alles gut gegangen! Ich bin kaputtgegangen! Meine Seele!«

Andersson schaute sie unsicher an. Stand sie kurz vorm Zusammenbruch? Frauen konnten anscheinend so einen herben Schlag nicht so einfach wegstecken. Aber Irene war eine erprobte Polizeibeamtin, die schon viele brenzlige Situationen erlebt hatte. Eine derartige Reaktion hatte er noch nie bei ihr erlebt. Unschlüssig fragte er:

»Was meinst du damit? Wieso?«

»Wieso? Kennst du das Gefühl, solchen Scheißkerlen vollkommen ausgeliefert zu sein? Diese Machtlosigkeit! Bewusstlos geschlagen und entwaffnet zu werden! Voll gepisst und erniedrigt zu werden! Und wir konnten nichts machen. Doch, etwas habe ich gemacht. Ich habe die Granate durchs Fenster rausgeworfen. Und das saust mir die ganze Zeit im Kopf herum: Was wäre passiert, wenn ich sie nicht aufgefangen hätte? Wenn ich sie nicht sofort gepackt hätte? Wenn sie im Raum erst mal weggerollt wäre? Ich weiß die Antwort auf diese Fragen, aber eine werde ich nicht los: Wie viel Zeit hat man?«

Tommy stand auf und ging zu Irene. Vor Anderssons überraschten Augen beugte er sich zu ihr hinunter und nahm sie in die Arme. Er lehnte seinen Kopf gegen ihren und sagte leise:

»Vier Sekunden. Er hat die Granate sofort geworfen, nachdem er sie entsichert hat. Die Kerle hatten es eilig, er stand sicher unter Druck. Deshalb hast du es geschafft. Der Wurf hat wohl mindestens eine halbe Sekunde gedauert. Die musst du von den ursprünglichen viereinhalb abziehen. Maximal vier Sekunden Zeit hattest du also.«

»Und wenn er sie nicht gleich geworfen hätte, hätte ich es nicht geschafft?«

»Nein, Irene. Dann hättest du es nicht geschafft.«

Tommy hielt sie noch immer im Arm, aber sie spürte weder Trost noch Wärme. Eine Eiseskälte sickerte aus dem schwarzen Loch und die Stimmen hallten in der Tiefe wider: »Dann hättest du es nicht geschafft! Ihr wärt tot. Ihr hättet tot sein müssen! Keiner schafft es unter vier Sekunden. Vier Sekunden!«

Andersson rutschte nervös auf seinem Platz hin und her.

»Aber jetzt denk nicht mehr an das, was hätte passieren können! Halt dich nicht damit auf, wir müssen in den Ermittlungen weiterkommen. Verdammt, Irene, du bist eine Heldin, du hast Jimmy das Leben gerettet! Und deins auch. Für so was kriegt man einen Orden.«

Er stand auf. Tommy hatte seine Arme von ihren Schultern genommen. Der Kommissar platzierte einen wohlwollenden Klaps auf ihrem Schulterblatt. Sie zuckte zusammen, sagte aber nichts.

Tommy schaute nachdenklich seinen Chef an und fragte: »Sven, du warst doch ein Kollege von Olle ›Armstrong‹ Olsson?«

»Ja, natürlich. Wir sind zehn Jahre lang gemeinsam Streife gegangen. Danach habe ich die Inspektorenausbildung gemacht und bin bei der Kripo gelandet, während er Hundeführer geworden ist. Er hat seine Tiere über alles geliebt...«

Er unterbrach sich und schaute Tommy eine ganze Weile stumm an.

»Ich weiß, worauf du hinaus willst«, sagte er kurz.

Er räusperte sich und wandte sich dann Irene zu.

»Irene, was ich dir jetzt erzähle, ist vor zwanzig Jahren passiert. Mein alter Kumpel Armstrong arbeitete damals als Hundeführer. Ein verdammt tüchtiger Kerl. Den Spitznamen Armstrong hat er gekriegt, weil er immer nur Jazz gehört hat. Aber das spielt hier keine Rolle. Olle und sein Hund wurden zu einem Einbruch bei Obs gerufen, hinten in Hisings Backa. Das ist ja ein ziemlich großes Kaufhaus, deshalb ließ Olle den Hund los, wie es üblich ist. Der Hund nahm Witterung auf und rannte los. Ein Schuss war zu hören, und als Olle, ohne weiter nachzudenken, hinterherlief, fand er seinen Hund blutend am Boden liegen. Er spähte herum, seine gezogene Pistole in der Hand. Da fühlte er plötzlich, wie ihm ein Pistolenknauf in den Nacken gedrückt wurde und er bekam die klischeehafte Order: ›Pistole weg!‹ Er tat, wozu er aufgefordert worden war. Es waren zwei Einbrecher, der andere nahm seine Pistole, und dann hauten sie ab.«

Der Kommissar schwieg und bekam einen finsteren Gesichtsausdruck. Die Worte schienen aus weiter Ferne zu kommen, als er fortfuhr:

333

»Mehr passierte nicht. Außer dass der Hund starb und Olle seinen Dienst quittierte.«

Er schwieg und Irene spürte, dass sie gegen ihren Willen mehr wissen wollte. Deshalb fragte sie:

»Er hat seinen Dienst quittiert? Und was hat er dann gemacht?«

»Hat sich scheiden lassen, ist nach Örebro gezogen und wurde dort Autohändler. Nach ein paar Jahren hat er wieder geheiratet.«

»Habt ihr noch Kontakt?«

»Nein. Wir schicken uns nur Weihnachtskarten. Diese Sache ist jetzt bestimmt schon fünfzehn Jahre her.«

Tommy beugte sich eifrig zu ihr hinunter.

»Es macht was kaputt, wenn man entwaffnet wird und den Kerlen ausgeliefert ist. Das geht allen so. Du brauchst deshalb nicht zu glauben, dass du spinnst. Das ist eine ganz natürliche Reaktion.«

Irene sah immer noch Andersson an, als sie fragte:

»Warum habt ihr ihm nicht geholfen?«

»Geholfen? Wie meinst du das?«

»Warum habt ihr ihm nicht geholfen, weiter bei der Polizei bleiben zu können?«

»Aber zum… er hat doch alles hingeworfen! Was sollten wir denn tun? Er selbst wollte doch nicht mehr!«

»Das meine ich ja. Warum habt ihr ihm nicht geholfen, wieder auf die Beine zu kommen?«

»Er wollte keine Hilfe. Und außerdem sind wir doch keine Psychologen!«

»Nein, aber Freunde.«

Andersson war sprachlos und starrte sie nur wütend an. Was war bloß in alle Weiber dieser Abteilung gefahren? Es hatte gar keinen Sinn, diese Diskussion fortzuführen. Er versuchte sich zusammenzunehmen und die Wogen zu glätten:

»Ich wollte damit nur sagen, dass wir verstehen, wie schwierig es ist, so etwas… so etwas durchzumachen, was du durchgemacht hast. Und du hast Freunde und Kollegen um dich herum, die dich stützen. Das weißt du. Aber nun fang endlich an diese verfluchten Mistkerle zu identifizieren, damit wir sie uns schnappen können!«

Er wandte sich Tommy zu und machte eine Handbewegung Richtung Tür.

»Wir werden uns Lillis noch mal vornehmen. Und zwar abwechselnd. Wir versuchen ihn mürbe zu machen. Einer von uns kommt nach einer Weile wieder zu dir, Irene. Hoffentlich hast du bis dahin jemanden wieder erkannt.«

Andersson schlug den ersten Ordner auf und klopfte auffordernd auf die Bilder der ersten Seite. Irene seufzte widerwillig, fing aber dennoch an zu blättern.

Innerhalb einer Stunde hatte sie den Dicken und den Mageren identifiziert.

Wütend und verschwitzt rauschte Andersson in das Zimmer, in dem Irene saß, zwei Fotos in Plastikhüllen vor sich auf dem Schreibtisch. Ihre Arme hingen schwer an den Seiten herunter, ihr Blick war auf die vertrocknete Topfblume am Fenster gerichtet. Aber draußen war es dunkel, da gab es nichts zu sehen. Sie drehte den Kopf in seine Richtung und nickte matt zu den beiden Plastikfolien auf dem Tisch. Ihre Stimme klang müde und tonlos, als sie sagte:

»Die beiden. Der Magere heißt Paul John Svensson, geboren 1964, und der Dicke heißt Glenn ›Hoffa‹ Strömberg, geboren 1959. Hoffa wird er genannt, weil er Vizepräsident der Hell's Angels ist. Paul Svensson hat keinen Posten. Dafür aber ein dickes Vorstrafenregister. Genau wie Hoffa.«

»Nur gut, dass wir wenigstens an einer Front weiterkommen! Dieser verfluchte Lillis macht mich noch wahnsinnig! Das Einzige, was er sagt, ist: ›Ich habe kein Verbrechen begangen. Ihr müsst mich rauslassen.‹ Aber meistens sitzt er nur stumm da und grinst.«

Aufgebracht schlug Andersson seine geballte Faust in die andere Handfläche, dass es im Zimmer hallte. Es hatte offenbar wehgetan, denn er wiederholte es nicht. Etwas abreagiert und beruhigt setzte er sich auf seinen Schreibtischstuhl. Er nahm die beiden Fotos in die Hand und betrachtete sie eingehend. Zufrieden sagte er:

»Hässliche Visagen, die beiden. Die anderen zwei hast du nicht gefunden?«

Sie schüttelte den Kopf.

»Nein. Und wenn ich länger darüber nachdenke, haben sie die ganze Zeit kein Wort gesagt. Merkwürdig. Aber ich bin mir fast sicher, dass es einer von denen war, der die Granate geworfen hat«, erklärte sie nachdenklich.

»Du hast kein Foto gesehen, das ihnen ähnlich sein könnte?«

»Nein. Aber ich kann auch nur schwer sagen, wie sie aussehen. Die Gesichter von dem Dicken und dem Mageren sind mir ins Gehirn geätzt. Paul John, geboren '64. Ob seine Mutter wohl ein Beatles-Fan war?«

Es klopfte leise an der Tür und Birgitta Moberg kam herein. Sie begrüßte Irene, fragte nach ihrem Befinden und verhielt sich insgesamt teilnahmsvoll. Bis ihr Blick auf die Bilder fiel. Schnell nahm sie sie und lachte auf.

»Na so was, taucht Paulchen hier auch wieder auf!«, stellte sie fest.

Die beiden anderen sahen sie verwundert an. Andersson fand zuerst seine Fassung wieder.

»Kennst du diesen Schurken?«

»Nicht persönlich. Aber aus den Akten. Das war der Kerl, der auf die Verkehrsinsel gebrettert ist bei dem missglückten Banküberfall in Kungsbacka.«

»1982? Mit Lillis!«, rief Irene aus.

»Genau. Der die Abzweigung verpasst hat zur…«

Sie warf Irene einen verschwörerischen Blick zu. Beide sagten im Chor:

»…zur Kate in Billdal!«

Schnell schnappte der Kommissar sich die Fotos wieder. Er starrte mit kaltem Blick das eine Bild an, als versuchte er es zu hypnotisieren. Wütend zischte er:

336

»Das stinkt verdammt nach Scheiße hier! Das ist die Verbindung, ein Beweis! Wir müssen die Wahrheit aus Lillis herauskriegen!«

»Konfrontiere ihn doch damit, was wir über die Zusammenhänge wissen. Vielleicht meint er ja, wir könnten ihn nicht in Verbindung mit den Hell's Angels bringen«, schlug Birgitta vor.

»Aber das Schlimmste ist ja, dass wir es auch nicht können! Zumindest bis jetzt nicht. Wir müssen das Rauschgiftdezernat informieren. Die sind draußen in Billdal und befragen die Leute in der Umgebung, um möglicherweise Zeugen zu finden, die Lillis' mit diesen Schweinen von den Hell's Angels gesehen haben. Wenn wir einen finden, kann die Staatsanwaltschaft ihn in Untersuchungshaft nehmen. Und ich will Lillis während dieser verfluchten Ermittlungen unter Aufsicht haben!«

»Aber das hatten wir ja seit Freitag. Laut den Kollegen war er nur im Geschäft und in der Gegend um die Berzeliigatan. Kein Ausflug nach Billdal«, warf Birgitta ein.

»Das stimmt. Aber er kann ja angerufen haben. Er kann telefonischen Kontakt mit ihnen gehabt haben«, versuchte es der Kommissar.

Birgitta konnte nur mit Mühe einen Seufzer unterdrücken, als sie antwortete:

»Das können wir wohl kaum beweisen. Es gibt kein Telefon in der Kate. Nein, wir brauchen Beweise, dass Lillis in die ganze Sache verwickelt ist. Sonst muss er Freitag freigelassen werden.«

Die beiden anderen wussten, dass sie Recht hatte. Plötzlich fühlte Irene, wie schrecklich müde sie war.

»Ich glaube, ich muss Krister anrufen. Es ist schon fast halb sechs und mein armer zusammengeschlagener Körper und mein Gehirn schreien nach einem Bett«, erklärte sie.

KAPITEL 14

Krister kam, Irene abzuholen. Einen kurzen Moment schaffte sie es trotz allem im Auto zu schlafen, aber das war erst einmal alles, was sie an Schlaf kriegen sollte. Denn als sie zu Hause ankamen, bestürmten die Mädchen sie mit Fragen bezüglich der Ereignisse in Billdal. Irenes Antworten waren ausweichend und zensiert. Schließlich entschuldigte sie sich damit, dass sie einfach zu müde sei, nur um endlich das Thema wechseln zu können. Noch vor den Zehnuhrnachrichten ging sie ins Bett. Eigentlich fühlte sie sich überhaupt nicht müde, es war nur eine Flucht, weil sie nicht mehr darüber reden mochte. Krister spürte das und kroch leise eine Stunde später neben sie. Er hielt sie lange einfach nur im Arm und sie spürte seinen warmen Körper neben ihrem. Normalerweise erwachte dadurch in ihr die Lust und das Verlangen, aber heute konnte nicht einmal seine Wärme die Kälte in ihr vertreiben. Als er schließlich in sein Bett hinüberrollte und einschlief, begann sie zu schwitzen. Sie konnte einfach nicht stillliegen. Das Bettlaken lag wie ein feuchtes, drückendes Knäuel unter ihr, und jeder Muskel und jedes Glied ihres Körpers schmerzten. Gegen vier Uhr gab sie die Hoffnung auf, noch einschlafen zu können. Ihr Gehirn spulte unaufhörlich die Szenen aus dem Schuppen ab, sowohl die, welche wirklich abgelaufen waren, als auch die, die hätten eintreffen können. Die höhnischen Stimmen hüllten ihren Kopf in ein graues, undurchdringliches Spinnengewebe ein. Der befreiende Punkt war nicht fassbar, weshalb auch das Licht unerreichbar blieb. Eine undurchdringliche Haut war im Weg und sie wusste um ihre Bestandteile: Furcht und Angst.

Während der sich langsam dahinschleppenden Stunden der Nacht spürte sie immer deutlicher, dass sie sich selbst nicht entfliehen konnte. Das schwarze Loch war dabei, sie ganz und gar zu verschlingen. Sie musste in das Loch hineingehen und die flüsternden Stimmen aus ihren eiskalten, klebrigen, in Nebel gehüllten Verstecken treiben. Sie musste ihren inneren Feind bekämpfen. Sie war ihr eigener *uke*.

In die große dunkelbraune Polizeitasche verstaute Irene eine Thermoskanne mit Kaffee, drei Butterbrote, saubere Unterwäsche und ein sauberes gi. Letzteres war besonders wichtig. Keine alten, unbewussten Gerüche durften ihre Konzentration stören. Der Schweiß ihrer Trainingssachen sollte ihr hinterher sagen, was es sie gekostet hatte, die Dämonen auszutreiben.

Die Uhr an der Tyska kyrkan schlug fünf, als sie vor den Trainingsräumen am Hamnkanal parkte. Es war dunkel und still. Nur wenige Wagen fuhren und das Quietschen einer Straßenbahn war in der Ferne zu hören. Sie suchte den richtigen Schlüssel an ihrem Schlüsselbund und schloss auf.

Der vertraute Geruch nach verschwitzten Trainingssachen und Liniment schlug ihr entgegen und ließ einen leichten Schauder der Freude über ihr Rückgrat laufen. Das konnte als gutes Zeichen angesehen werden. Mit entschlossenen Schritten ging sie in den Umkleideraum und zog sich um. Es war ein gutes Gefühl, sich den rauen Baumwollanzug überzuziehen und den schwarzen Gürtel umzubinden.

Der Dojon lag in tiefer Dunkelheit da. Die hochliegenden Fenster ließen nur einen schwachen Schein der Straßenlampen herein. Sie ließ die Tür zum Umkleideraum offen stehen, um etwas mehr Licht zu haben. Im Dojon selbst machte sie nicht die Deckenbeleuchtung an, sondern ging nur in die Mitte und setzte sich auf die Matte. Sie saß auf den Hacken, die Hände locker auf den Schenkel ruhend, den Blick geradeaus gerichtet. Als sie spürte, dass mokuso näher kam, schloss sie die Augen und blickte nach innen. Da war es leer und dunkel. Die Stimmen flüsterten, aber sie hörte nicht mehr so genau, was sie sagten. Sie näherte sich dem Punkt, als Bruces ruhige Stimme mit seinem amerikanischen Akzent durch das Zischen der Dämonen zu vernehmen war. Seine Stimme floss in sie hinein und sie hörte, wie er aufmunternd sagte: »Okay, Baby. Dein phantastisches kata, als du den schwarzen Gürtel gemacht hast, dritter dan.« Sie spürte Trauer und die Sehnsucht nach ihm und war überrascht, wie stark diese Gefühle waren. Das, von dem sie schon lange geglaubt hatte, es überwunden zu haben, war immer noch da. Mokuso wurde tiefer, und sie suchte weiter nach dem Punkt. Der Geist nahm Kontakt auf und plötzlich fühlte sie, wie sie von einer sprudelnden, warmen Kraft erfüllt wurde. Sie wurde gewichtslos und von der Kraft zum Licht emporgetragen. Die Kraft durchspülte ihre schmerzenden Muskeln und Glieder, wusch ihre Müdigkeit und ihre Schmerzen fort.

Wie in Trance stand sie auf, immer noch mit geschlossenen Augen. Anfangs bewegte sie sich langsam, aber je mehr sie der Rhythmus des katans einnahm, umso schneller und kräftiger wurden ihre Bewegungen. Sie öffnete die Augen und sah uke – eine fast durchsichtige Nebelgestalt mit langem Haar, das auf den Rücken der Lederjacke fiel, mit einem höhnischen Grinsen um die Lippen.

Für einen Außenstehenden sah es wie ein Ballett mit einer unbegreiflichen, anspruchsvollen Choreografie aus. Ein eingeweihter Zuschauer jedoch würde eine wahre Jiu-Jitsu-Meisterin erkennen, die in rasender Geschwindigkeit den Sandankata durchmaß, Kombinationen mit uke, tski und geri-waza. Ein Eingeweihter würde sich wohl auch wundern, warum sie keinen Gegner hatte. Aber sie hatte einen Gegner. Wütend schlug sie gegen uke. Anfangs klang sein Lachen noch höhnisch, aber sie hatte die Kraft und wurde von der Nähe zum Licht erfüllt. Erschöpft sank sie zurück auf die Matte. Der Schweiß lief ihr den ganzen Körper hinunter. Sie spürte den Salzgeschmack im Mund und wie es zwischen den Brüsten und Pobacken rieselte. Der Brustkorb hob und senkte sich und sie spürte ein schwaches Unwohlsein von ihrer angeknacksten Rippe. Aber die Kraft und das Licht flossen durch ihren Körper, und dadurch war der Schmerz leicht zu ertragen.

Langsam verebbte die Kraft in ihr und sie rollte herum und schaute zur Decke. Würde das schwarze Loch sich öffnen und die Stimmen wieder anfangen zu flüstern?

Alles war still. Nur das Licht war noch da, pulsierte im Zwerchfell, und sie fühlte Stille und Frieden. Sie hatte es geschafft.

Irene fand sie im Besprechungszimmer. Es war kurz nach acht, aber sie war nicht die Letzte. Jonny Blom wurde noch vermisst, würde aber jeden Moment auftauchen. Er hatte angerufen und mitgeteilt, dass er vor Åby einen Platten hatte. Kommissar Andersson ergriff das Wort:

»Dann fangen wir ohne Jonny an. Schön, dass du wieder auf den Beinen bist, Irene. Eine Nacht Schlaf ist doch immer noch die beste Medizin!«

»Ich fühle mich besser. Aber immer noch grün und blau geprügelt. Und gut geschlafen habe ich auch nicht gerade. Heute Nachmittag will ich zu Jimmy fahren und ihn besuchen und danach dann nach Hause«, erwiderte sie entschlossen.

Andersson hob kaum merklich eine Augenbraue. Er kommentierte ihre Äußerung nicht, sondern fuhr fort:

»Okay. Zunächst einmal möchte ich euch mitteilen, dass die Leiche des jungen Mannes gefunden wurde, der in der Berzeliigatan verbrannt ist. Er konnte mithilfe eines Kranwagens geborgen werden. Dann möchte das Rauschgiftdezernat morgen um dreizehn Uhr eine Besprechung mit uns machen. Offenbar laufen bei denen eine ganze Menge an Ermittlungen gleichzeitig, aber es scheint, als würden da einige Fäden bei diesem Hell's-Angels-Dreck zusammenlaufen. Hans, du hast bei den Schlüsseln was erreicht.«

Borg nickte und versuchte ohne großen Erfolg ein Gähnen zu unterdrücken, bevor er mit seinem Bericht ansetzte. Mit müder Stimme begann er:

»Mister Minit bei Domus in der Avenyn hat Anfang August dieses Jahres einen kompletten neuen Satz Schlüssel für Richard von Knecht gemacht. Er hat sie selbst bestellt und drauf gewartet, während sie gemacht wurden. Deshalb erinnert sich der Mann, der die Schlüssel gemacht hat, noch so gut dran, dass es von Knecht war. Denn er hat 'ne ganze Weile warten müssen. Außerdem ist er ja... oder war... bekannt in der Stadt. Aber er hat keine Extraschlüssel für die Garage oder das Auto machen lassen. Natürlich hatte er sowieso einen Ersatzschlüssel für den Porsche. Der ist ja noch nicht mal ein Jahr alt. Logischerweise kriegt man einen Ersatzschlüssel für einen Porsche dazu. Wisst ihr, wie viel so einer kostet?«

Andersson seufzte:

»Mehr als du und ich uns jemals leisten können. Wir müssen mehr über diese verdammten Schlüssel rauskriegen. Irene, frage Sylvia von Knecht mal, was Richard von Knecht ihrer Meinung nach wohl für einen Grund hatte, sich einen neuen Satz Schlüssel zuzulegen. Wir wissen, dass er einen Ersatzschlüssel für den Porsche und die Garage hatte. Nach dem hat er in der Woche vor seiner Ermordung gesucht. Vielleicht weiß Henrik von Knecht mehr darüber?«

Irene nickte leicht und antwortete:

»Kann sein. Aber er ist gestern Morgen in aller Frühe nach Stockholm abgereist, um dort Antiquitäten auf verschiedenen Auktionen zu kaufen.«

Andersson lachte hell auf und sagte mit einem Zwinkern:

»Na, dann hoffen wir doch, dass er etwas findet. Er braucht bestimmt ein paar neue Möbel.«

In dem allgemeinen Geschmunzel tauchte Jonny auf. Mit hochrotem Kopf preschte er herein und setzte sich auf einen freien Stuhl. Atemlos schnaufte er:

»Entschuldigt. Ich hatte einen Platten und der verdammte Reservereifen hatte keine Luft. Netterweise hat mich einer zu einer Tankstelle mitgenommen, damit ich ihn da aufpumpen konnte. Und dann hat er mich auch noch zurückgefahren.«

»Überprüfst du den Reservereifen denn nicht ab und zu?

Das mache ich in regelmäßigen Abständen. Ungefähr alle zwei Monate«, sagte Hans Borg.

Autos waren Borgs große Leidenschaft.

Jonny winkte verärgert ab und antwortete:

»Ach was. Das ist doch nur so 'n Ding, was dabei sein muss. Wer interessiert sich denn schon für den Reservereifen?«

Irene zuckte zusammen. Nachdenklich sagte sie:

»Charlotte von Knecht tut das.«

»Was tut sie?«, fragte Jonny.

»Sie interessiert sich für Reservereifen. Der Autoverkäufer Robert Skytter hat erzählt, dass sie als Letztes den Reservereifen an ihrem neuen Golf überprüft hat, bevor sie wegfuhr.«

»Ach so, nun ja. Ist ja toll, wenn sich jemand drum kümmert. Aber ich habe eine ganze Menge andere Dinge im Kopf. Da finde ich es unwichtig nachzugucken, ob noch Luft im Reservereifen ist. Ich gucke ihn erst dann an, wenn ich ihn brauche!«

Das stimmte genau mit Irenes eigenem Verhältnis zu ihrem Reservereifen überein. Und Charlotte machte nicht gerade den Eindruck, als gehörte sie zu der ordentlicheren Sorte von Menschen, die alles im Voraus kontrollieren. Viel eher klimperte sie doch wohl mit ihren göttlichen Wimpern, wenn etwas schief lief. Und schwups kam ein Gentleman herbeigeeilt, der Schönen zu helfen. Waren das etwa Gedanken, die aus dem blanken Neid resultierten? Konnte schon sein, aber das Leben hatte die Inspektorin gelehrt, dass es eben nicht die praktischen Frauen in Wollhosen und Gummistiefeln waren, die die männlichen Beschützerinstinkte weckten. Das waren eher die kleinen, schutzlosen Wesen in hochhackigen Pumps und Chiffonkleidern, für die die Männer ihre Mäntel in die Pfütze warfen. Sie selbst trug nie Hochhackige. Und das einzige Chiffonkleid, das sie je besessen hatte, hatten die Zwillinge konfisziert und sich damit verkleidet.

Andersson fragte:

»Fredrik und Jonny. Ihr habt bei der Beschattung von Lillis

am Wochenende nichts gesehen, was auf einen Kontakt mit Billdal hinweisen könnte?«

Beide schüttelten den Kopf. Enttäuscht zischte der Kommissar:

»Freitag muss ich Inez Collin einen Grund für einen Haftbefehl nennen können! Jonny, du wirst heute versuchen, Lillis zu verhören. Birgitta, hast du noch mehr Interessantes über Bobo oder Lillis herausgefunden?«

»Was Bobo betrifft, ist es ziemlich schwierig. Er, seine Wohnung und sein Fotoatelier sind ja in die Luft geflogen. Ich muss von dem wenigen ausgehen, was es noch gibt. Wir haben nur die drei Festnahmen, von denen ich schon erzählt habe. Daraus ist natürlich zu schließen, dass er seit vielen Jahren mit Drogen zu tun hatte. Wahrscheinlich hat er meistens mit dem Stoff gedealt, aber auch einen Teil selbst genommen. Das konnten wir ja auch aus seinem Auftreten hier schließen«, erklärte Birgitta.

Sie brach ab, ein dunkler Schatten fiel auf ihr Gesicht. Aber schnell verschwand er wieder und sie fuhr fort:

»Heute werde ich nach Vänersborg fahren, um mit Bobos Mutter zu reden. Sie war sehr traurig, als sie erfuhr, dass Bobo tot ist. Aber als ich sie heute noch einmal angerufen habe, um eine Zeit für unser Treffen abzumachen, hat sie mich gefragt, ob ich denke, dass es lange dauern wird, bis sie das Versicherungsgeld kriegt!«

Versicherungsgeld? Wer hatte schon einmal von Versicherungsgeld geredet? Irene war sich nicht sicher, aber sie meinte, es wäre Sylvia gewesen. Kurze Notiz auf ihrem Block:

»S.v.K. Schloss ausgetauscht? Versicherungsgeld?«

Der Kommissar nickte nachdenklich.

»Hat jemand versucht, seinen Vater ausfindig zu machen?«

»Nein. Der ist Alkoholiker, ohne festen Wohnsitz. Ich habe nicht weiter nach ihm gesucht«, informierte Birgitta ihn.

»Hannu, das klingt nach einer Sache für dich.«

Hannu nickte. Andersson fragte ihn:

»Hast du rausgekriegt, ob Pirjo einen Führerschein hatte?«

»Ja. Hat sie nie gehabt.«

»Hast du die Tochter gefragt, ob sie etwas von den Schlüsseln wusste?«

»Ja. Pirjo hatte keine. Richard von Knecht hat ihr seine Schlüssel geliehen, wenn sie in den Müllraum wollte. Denn alle Türen zum Hof sind ja abgeschlossen.«

»Also brauchte man einen Schlüssel, um überhaupt auf den Hof zu kommen?«

»Ja.«

»Das bestärkt mich in meiner Überzeugung, dass der Mörder den zusätzlichen Schlüsselbund hatte. Aber wann hat Pirjo ihn gekriegt?«

»Vielleicht am Mittwoch.«

Andersson betrachtete den exotischen Neuzugang seiner Abteilung. Langsam nickte er.

»Sie ist am Mittwochvormittag zur Wohnung gegangen. Du meinst also, sie kann die Schlüssel in einem unbewachten Moment geklaut haben. Das ist gut möglich! Hans, du hast dich doch bis jetzt um die Schlüssel gekümmert, frag mal die Jungs von der Spurensicherung, ob es eine Möglichkeit gegeben hat, dass Pirjo am Mittwoch in die Wohnung gekommen ist. Und frag auch, ob sie irgendwo einen Schlüsselbund haben herumliegen sehen.«

»Wer war am Mittwochvormittag dort?«

»Ljundgren und Åhlén.«

Borg nickte, machte sich aber keine Notiz auf seinem blütenweißen Block.

Irene hatte eine Frage an Hannu:

»Hannu, wissen Pirjos Kinder eigentlich, dass sie tot ist?«

»Doch, ja. Sie haben es gestern erfahren. Das Jugendamt kümmert sich um sie.«

Seine Stimme klang sehr ernst und Irene begriff, dass er mindestens genauso betroffen war von dem Schicksal der armen Kleinen wie sie selbst.

Birgitta räusperte sich und bekam einen eigensinnigen Blick. Entschlossen sagte sie:

345

»Ich glaube immer noch, dass Pirjo von irgendjemandem überredet worden ist, in die Berzeliigatan zu gehen. Vielleicht unter dem Vorwand, es wäre ja jetzt kein Problem, was zu klauen, nachdem Richard von Knecht tot ist.«

Keiner sagte etwas, aber die meisten nickten zustimmend.

»Aber warum war es so wichtig, dass das Büro in der Berzeliigatan in die Luft flog?«, wollte Irene wissen.

Das war wieder einmal eine Frage, auf die keiner eine Antwort hatte.

Tommy Persson streckte die Hand in die Luft.

»Gestern am späten Abend habe ich endlich die Friseuse aus dem Erdgeschoss des Hauses erwischt. Ihre Kollegin lag zu Hause mit einer Erkältung im Bett, deshalb war sie am Mittwochabend allein im Salon. Sie hat gesehen, wie Pirjo kam! Als ich Pirjos Äußeres beschrieb, war sie total sicher, dass sie sie ein paar Minuten vor dem Knall gesehen hatte.«

Der Kommissar unterbrach ihn:

»Warum hat sie nichts von sich hören lassen und uns das nicht schon lange erzählt?«

»Sie behauptet, dass sie von dem Feuer so geschockt war, dass sie es vergessen hatte. Ansonsten hat sie an dem Mittwoch nichts Außergewöhnliches gesehen oder gehört. Als ich sie aber gefragt habe, ob sie in den Tagen vor dem Brand irgendwelche außergewöhnlichen Besucher gesehen habe, sagte sie etwas, das ich merkwürdig fand: ›Na ja, es gab immer irgendwelche merkwürdigen Typen, die zu diesem Fotografen wollten. Er ist ja ziemlich bekannt, aber ich konnte ihn nicht gut leiden.‹ Man bedenke, dass sie nicht wissen konnte, dass der Tote draußen in Delsjön Bobo Torsson war. Ich habe es ihr auch nicht gesagt. Als ich sie dann fragte, warum sie Torsson nicht leiden konnte, kam heraus, dass er mal bei ihr gewesen ist und versucht hat, ihr eine Zukunft als Fotomodell zu verkaufen, wenn sie nur tat, was er wollte. Er hat ihr das Blaue vom Himmel versprochen. Aber die Lady steht mit beiden Beinen auf dem Boden, sie hat ihn nur gebeten, schleunigst zu verschwinden. Das Interessante dabei ist aber, dass er sowohl sie als auch ihre Kollegin gefragt hat, ob sie nicht Stoff kaufen wollten. Er hat behauptet, er könnte alles beschaffen, was sie sich nur wünschten.«

Tommy machte eine Pause, zerbrach seinen Mariekeks in drei Teile und stopfte einen nach dem anderen in den Mund. Jedes Stück spülte er mit einem kleinen Schluck Kaffee hinunter. Nach abgeschlossenem Ritual fuhr er fort:

»Die Befragung der Frau, die unter von Knechts Büro wohnte, hat viele der Aussagen der Friseuse bestätigt. Es war nur ein kurzes Gespräch. Ihrem Mann geht es auf Grund des Herzinfarktes sehr schlecht. Sie erzählte, dass bei Bobo Torsson immer eine Menge komischer Typen herumliefen. Und sie sprach von ein paar wüsten Festen, die das ganze Haus bis in die Morgenstunden wach hielten. Ich habe besonders nach der Freitagnacht gefragt, ob sie gegen ein Uhr etwas aus von Knechts Wohnung gehört hätte. Zuerst konnte sie sich nicht daran erinnern, aber nach einer Weile ist ihr eingefallen, dass das die Nacht war, in der sie aufgewacht ist, weil jemand die Treppe rauf- und runterlief. Mindestens dreimal, wie sie sagt. Aber sie wusste nicht, ob der Lärm direkt aus von Knechts Wohnung kam.«

Der Kommissar hörte aufmerksam zu. Endlich begann sich hinsichtlich der Berzeliigatan etwas zu bewegen. Eifrig sagte er:

»Das bestätigt nur das, was wir schon wissen. Er hat gedealt. Aber was für ein unvorsichtiger Kerl, die Leute im eigenen Haus zu fragen! Musste das Haus deshalb unbedingt in die Luft fliegen? Was musste da vernichtet werden, was sollten wir nicht zu sehen kriegen? Stoff? Drogenproduktion?«

Eine nachdenkliche Stille folgte der letzten Frage des Kommissars. Hannu richtete sich auf seinem Stuhl auf und bat ums Wort:

»Nein. Drogenherstellung kann man riechen. Wenn man alles zusammenzählt, dann lag die Bombe fast seit vier Tagen geladen da. Das war von Knecht, der in die Luft gesprengt werden sollte.«

347

»Aber am Mittwoch war er doch schon seit vierundzwanzig Stunden tot!«

»Aber nicht Freitagnacht. Da lebte er noch. Als die Bombe installiert wurde.«

Wieder stieg Andersson die Farbe in die Wangen und er glotzte Hannu an.

»Das hieße, dass es sich um zwei Mordversuche an von Knecht handelt!«

»Ja.«

»Würde das auch bedeuten, dass wir es mit zwei Mördern zu tun haben?«

»Kann sein.«

»Dann kam der, der von Knecht über den Balkon gestoßen hat, dem Bombenleger zuvor!«

Irene sah Hannu nachdenklich an. Sinnend sagte sie:

»Da kann was dran sein. Mörder Nummer eins befestigt Freitagnacht die Bombe in der Berzeliigatan und wartet darauf, bis von Knecht kommt und sich selbst in die Luft jagt. Aber da kriegt Richard von Knecht eine Erkältung und lässt sich weder Montag noch Dienstag blicken. Am Dienstag isst er mittags mit Valle Reuter. Und am Dienstagabend wird er von Mörder Nummer zwei ermordet! Ohne seinen Fuß in den letzten Tagen in die Bürowohnung gesetzt zu haben! Aber derjenige, der die Bombe gebaut hat, weiß, dass es sie gibt, zur Explosion bereit, sobald jemand die Tür öffnet. Es gibt keine Hintertreppe zur Wohnung, er kann die Bombe also nicht entschärfen.«

»Wie hat er dann den Stahldraht des Zündmechanismus an der Klinke der Wohnungstür befestigt?«, wollte Birgitta wissen.

»Er muss draußen gestanden haben und den Stahldraht mithilfe eines langen Hakens eingefädelt haben. Das muss ziemlich nervenaufreibend gewesen sein und nicht gerade eine Tätigkeit, die man gerne zweimal macht. Das wäre auch viel zu riskant gewesen. Also, was tut er? Genau, er schickt so eine unbedeutende Person wie eine finnische Putzfrau«, spann Irene weiter ihre Theorie.

»Dann wusste der Bombenleger also nicht, dass Pirjo drei Kinder hat?«

»Oder es war ihm egal.«

Irene lief es eiskalt über den Rücken angesichts dieser berechnenden Bosheit. Sie sah, dass auch Tommy und Birgitta sich unbewusst schüttelten. Da bemerkte sie, dass Jonny ungewöhnlich still dasaß. Sie warf ihm einen Blick zu und stellte fest, dass er in Grübeleien versunken war. Als hätte er ihre Gedanken gehört, bat er ums Wort.

»Ich überlege gerade. Wer und warum? Was wissen wir von Lillis? Er ist ein notorischer Radaubruder, kennt einen oder mehrere von den Hell's Angels und hat mit seinem Cousin Bobo zusammen mit Drogen gehandelt. Und er kann so eine Teufelsbombe mit Sicherheit basteln. Es gib ja bestimmt sogar eine Do-it-yourself-Beschreibung im Internet dafür!«

Der Kommissar griff begeistert den Faden auf:

»Lillis? Ja, das könnte der gemeinsame Nenner sein. Aber warum? Warum hat er von Knecht ermordet?«

»Vielleicht war es ja auch der andere, der von Knecht ermordet hat! Hannu hat doch gesagt, es könnten auch zwei sein!«

»Der andere… zum Teufel auch…! Na gut, warum hat dann also der andere Mörder von Knecht umgebracht, he?«

Das Schweigen war Antwort genug. Andersson seufzte schwer.

»Die verfluchte Wahrheit ist doch, dass wir im von-Knecht-Fall auf der Stelle treten. Wir wissen eine Menge über die Familie, die Verwandten und Freunde, aber wir haben kein Motiv für den Mord. Keine Antwort auf die Frage: Warum. Und wie passt bitte schön Lillis in das Bild um von Knecht? War es Lillis, der seinen Cousin in die Luft hat fliegen lassen? Wohl kaum, da er nichts von dem Mord an Bobo zu wissen schien, als wir ihn fürs Verhör abgeholt haben. Ich glaube, wir verfolgen hier vollkommen falsche Spuren. Hell's Angels, Bobo und Lillis sind ein Fall für sich, und den soll das Rauschgiftdezernat lösen. Im Fall von Knecht selbst müssen wir neue

Schritte machen. Wir müssen noch einmal von vorn anfangen und alle Informationen durchgehen, die wir bis jetzt gesammelt haben. Alle Beobachtungen und Zeugenaussagen noch einmal überprüfen. Wenn es wirklich Lillis war, der von Knecht vom Balkon gestoßen hat, dann muss ihn doch jemand gesehen haben. Der Kerl kann sich doch nicht so einfach in der Menge verstecken!«

Irene fühlte, wie dieses wiederkäuende Gefühl der Leere in ihr wuchs, das immer auftaucht, wenn ein Fall nicht schnell gelöst werden kann. Alle Zeugenaussagen überprüfen und noch einmal überprüfen. Und wieder überprüfen, wenn man nichts Neues gefunden hat. Routine. Aber das ist die Art, wie man Verbrechen aufklärt.

Fredrik machte sich für seinen Vortrag bereit. Er schlug seinen Block auf und hustete leise, bevor er anfing:

»In dem Viertel scheint am Dienstagabend niemand eine Person bemerkt zu haben, die sich verdächtig verhalten hat. Es war zwar regnerisch und dunkel, aber es war ja erst halb sechs. Keiner hat angegeben, er hätte Lillis gesehen. Und er wäre in der Gegend bestimmt aufgefallen. Zwei Meter groß und genauso breit! Außerdem sieht er immer verdächtig aus, ganz gleich, wo er sich befindet. Aber vielleicht sollten wir noch einmal im Haus selbst fragen? Und dabei können wir gleich auch Bobos Beschreibung mitliefern. Er war fast genauso groß, aber mager. Auch ein Anblick, an den die Leute sich erinnern.«

Der Kommissar nickte zerstreut und seufzte:

»Ja, ja, mach das. Obwohl ich fürchte, dass nichts dabei herauskommt. Aber wir müssen es überprüfen. Vielleicht war es Bobo oder Lillis, vielleicht hat ja einer von denen von Knecht runtergeworfen. Aber es gibt nicht den geringsten Beweis dafür, dass Lillis irgendetwas mit Richard von Knecht zu tun hatte oder dass sie sich überhaupt jemals gesehen haben. Und kein noch so vages Gerücht von Drogengeschichten um von Knecht. Und ich kann mir nicht denken, dass Lillis und Bobo angefangen haben, an der Börse zu spekulieren!«

»Da sagst du was, Chef. Aber vielleicht finden wir neue Anhaltspunkte am Freitag. Dann sind sie nämlich endlich mit den Aufräumarbeiten fertig und können versuchen ins Haus zu gehen und von Knechts Safe aus der Wand zu bohren. Die Schwierigkeit dabei ist, dass das Haus einen Keller hat. Den müssen sie erst einmal von unten verstärken. Sonst können sie nicht mit dem Kranlift oder dem Lullen rankommen. Das sind schwere Maschinen. Und sie wollen ja nicht riskieren, in den Keller einzubrechen. Deshalb wird es wohl noch ein oder zwei Tage dauern«, beendete Fredrik seinen Bericht.

»Okay. Tommy, Fredrik und Jonny, ihr macht euch einen Plan und verhört Lillis. Er muss weich gekocht werden! Lasst die von-Knecht-Sache erst mal sausen und konzentriert euch auf Stoff und Hell's Angels. Birgitta, du hast keinen Zusammenhang zwischen Lillis und diesem… diesem Vizepräsidenten gefunden? Oh Scheiße, was für idiotische Titel geben die sich eigentlich?«

»Du meinst den Vizepräsidenten Glenn ›Hoffa‹ Strömberg. Nein, da habe ich nichts rausgekriegt. Titel, ja, von denen gibt's 'ne ganze Menge. Da gibt es einen, der ist der Waffenmeister, einer muss dafür sorgen, dass es immer genug Essen und Schnaps im Clubhaus gibt, und so weiter. Ganz unten in der Hierarchie stehen die Mädchen. Die haben gar nichts zu sagen«, erklärte Birgitta trocken.

Jonny bemerkte grinsend:

»Was für eine gut geregelte Gesellschaft, in der die Bräute immer wissen, wo ihr Platz ist!«

Andersson warf ihm einen finsteren Blick zu, sodass er seine Meinung über die Sozialstruktur der Hell's Angels nicht weiter verkündete. Irgendwo im tiefsten Inneren des Kommissars sagte ihm eine beunruhigende Stimme, dass es ebenso gut Jonnys Volvo gewesen sein konnte wie Bobos Toyota, den die alte Dame in Birgittas Hauseingang gesehen hatte. Entschlossen schob er diesen Gedanken beiseite.

Birgitta presste die Zähne aufeinander, fuhr aber scheinbar ungerührt fort:

»Wir werden morgen mehr von den Drogenleuten erfahren. Aber ich werde zusehen, ob ich nicht mit Lillis und Hoffa weiterkomme.«

Entschlossen schlug Andersson mit der Handfläche auf den Tisch.

»Gut, dann legen wir jetzt los! Wenn ihr auf etwas von Interesse stoßt – ich bin bis heute Abend hier zu erreichen.«

Alle standen auf und machten sich an ihre jeweiligen Aufgaben, Irene nahm schnell noch Tommy zur Seite.

»Du bist um sechs zum Essen willkommen. Jenny ist zu Hause. Und keine Sorge: Krister hat die Küche übernommen.«

Irene war überrascht, dass Sylvia von Knecht zu Hause war und gleich ans Telefon ging. Aber Ivan Viktors hatte ja gesagt, dass er Sonntagabend nach Kopenhagen zurückfahren würde. Sylvia wollte sicher nicht allein da draußen in Särö bleiben. Ohne große Begeisterung stimmte Sylvia Irenes Vorschlag zu, gegen elf Uhr vorbeizukommen, um ihr einige Fragen zu stellen.

Irene versuchte ihren Bericht über die Ereignisse in Billdal anzufangen, aber sie kam nur mühsam in Gang. Sie rief Krister an, und sie machten ab, dass sie ihn nach ihrem Besuch bei Jimmy abholen wollte. Sie trank den Rest Kaffee aus der Thermoskanne und schaute hinaus. Es hatte aufgehört zu regnen und eine blasse Sonne sickerte durch die Wolken hindurch. Sechs Grad plus. Die reinste Wärmewelle, im Vergleich zu den Temperaturen der letzten Wochen. Schnell beschloss sie, zu Fuß zur Molinsgatan zu gehen. Das würde genau die gute halbe Stunde dauern, die noch bis elf Uhr fehlte, wenn sie langsam ging. Sie zog sich ihre Lederjacke über und ging hinaus.

Der Verkehr war dicht und die Luft von Abgasen gesättigt. Hedens großer Fußballplatz lag voller Pfützen verlassen da. Sie überquerte Södra vägen und schlenderte die Kristinelundsgatan hinauf. Ein Blick in die exklusiven Schaufenster der Kleidungsgeschäfte erinnerte sie daran, dass sie sich eine neue Jacke kaufen musste. Die, die in Billdal voll gepisst worden war, hatte sie sofort weggeworfen, ohne überhaupt zu versuchen sie zu waschen. Die Lederjacke, die sie jetzt anhatte, war zu warm. In der Kungsportsavenyn blieb sie stehen und schaute sich die Schaufenster von KappAhl an, während sie sich diskret die Jacke aufknöpfte. Das letzte Stück ging sie durch den Vasapark. Auf der Rückseite der Universität sah sie eine Gruppe Jugendlicher. In der Mitte stand ein großer, farbiger Junge. Vom Kopf standen fettige, zusammengedrehte Rastazöpfe ab. Irenes Herz machte einen Schlag extra. War da irgendeine Form von Misshandlung im Gange? Aber alles sah recht harmonisch aus. Ohne zu zögern oder etwas zu verheimlichen, übergab der Rastatyp kleine Tüten und bekam zerknitterte, verschwitzte Scheine von den anderen zurück. Ecstasy für die Raveparty am nächsten Wochenende wahrscheinlich.

Was war eigentlich der Unterschied zwischen Bobo Torssons Drogengeschäften und denen dieses Rastatypen? Das Milieu. Aber verrauchte Nachtclubs und Treffpunkte, die gerade in sind, ändern nichts an der Tatsache, dass es hier letztendlich nur um Drogen ging, die gehandelt wurden. Und dass die Käufer drogensüchtig sind, wie hartnäckig sie es auch leugnen. Besorgt schaute sie die Jugendlichen an. Einige versuchten es nur aus Neugier, bekamen Angst und hörten gleich wieder auf. Aber viele von ihnen würden sicher an dem Zeug hängen bleiben. Einigen würde es wohl gelingen, sich mit viel Mühe von ihrer Abhängigkeit zu befreien. Aber alle wären gezwungen, mit dem zu leben, was während ihres Drogenmissbrauchs passiert war.

Sie prägte sich das Aussehen des Dealers ein, um davon zu berichten, wenn sie wieder im Präsidium war. Die Streetworker von der Drogenabteilung kannten ihn bestimmt schon.

Sylvia von Knecht sah müde und erschöpft aus. Zum ersten Mal sah sie so alt aus, wie sie wirklich war. Aus irgendeinem Grund lief sie in einem riesigen grauen Wollpullover herum, gestrickt in einem schönen Zopfmuster. Und dazu trug sie Jeans, was Irene wirklich überraschte. Es sah nicht so aus, als wäre sie in der Lage gewesen, nach der Spurensuche aufzuräumen. Alles sah noch genauso aus wie bei Irenes letztem Besuch. Große Blumensträuße waren hier und dort in der Wohnung platziert, mit Kondolenzkarten daran. Der Blumenduft war schwer und gab bereits einen Hinweis auf die bevorstehende Beerdigung. In dem Wohlgeruch war jedoch ein herber Missklang von Blumenwasser zu spüren, das gewechselt werden sollte.

Sie gingen in die helle Bibliothek hinauf und ließen sich auf der hübschen Ledersofagruppe nieder. Sylvia biss auf einem kaputten Fingernagel herum. Sie hob ihr ungeschminktes Gesicht und sah Irene an. Mit dünner Stimme begann sie:

»Können Sie sich das vorstellen? Wie ich ihn vermisse! Jedes Mal, wenn es klingelt oder jemand auf der Straße lacht, dann denke ich, er ist es. Manchmal habe ich die Illusion, er könnte einfach reinkommen und zufrieden darüber lachen, wie er uns alle an der Nase herumgeführt hat. Ich habe mir seinen Pullover angezogen. Er riecht noch nach… ihm.«

Sie schluchzte leise und ließ ihre Haargardine übers Gesicht fallen. Irene wusste nicht so recht, was sie davon halten sollte. Und wie war das nun eigentlich mit Ivan Viktors, bitte schön? Sie entschloss sich, mit den Schlüsseln anzufangen.

»Wir haben den Schlüsselbund gefunden. Und Pirjo«, sagte sie zur Einleitung.

Die Medien würden erst bei der Pressekonferenz am Nachmittag erfahren, dass das Opfer in der Berzeliigatan Pirjo war. Man hatte das aus »ermittlungstechnischen Gründen« bisher nicht veröffentlicht. Sylvia zuckte zusammen und fragte scharf:

»Sie haben die Schlüssel gefunden! Und wer hatte sie?«

»Sie steckten in der Tür in der Berzeliigatan. In der Tür zu den Büroräumen.«

»Das schlägt ja nun dem Fass den Boden aus! Dann habe

ich hier die Schlösser der Wohnung ganz unnötig für mehr als zweitausend Kronen auswechseln lassen! Warum haben Sie mir nicht früher was davon gesagt? Zum Glück habe ich die in Kärringnäset noch nicht austauschen lassen!«

»Wir waren uns nicht ganz sicher, ob es auch die richtigen Schlüssel waren... aus ermittlungstechnischen Gründen.«

»Und Pirjo! Wo hat sich die Schlampe herumgetrieben? Ich will, dass sie so schnell wie möglich herkommt!«

»Tut mir Leid. Sie ist tot. Sie wurde bei der Explosion in der Berzeliigatan vor einer Woche in die Luft gesprengt.«

Das war eine reichlich brutale Vorgehensweise, aber Irene wollte sehen, wie Sylvia es aufnahm.

»Sie... Sie lügen... das kann nicht sein...«

Der Effekt war unschön. Sylvia beugte sich vor und schrumpfte vor Irenes Augen zusammen. Wieder einmal hatte Sylvias giftige und leicht hysterische Art Irene dazu provoziert, sich zu weit auf das dünne Eis zu begeben. Verzweifelt versuchte Irene weiter festen Boden unter den Füßen zu gewinnen. Um abzulenken, fuhr sie fort:

»Die Identifizierung hat mehrere Tage gedauert. Sie war zu sehr verbrannt. Wir brauchten die Röntgenbilder ihrer Zähne, und mit ihnen konnten wir...«

»Was hat sie in der Berzeliigatan gemacht?«

Sylvias Stimme klang hohl und in ihren Augen spiegelte sich deutlich Angst. Sie hatte Angst. Die hatte sie nicht gezeigt, als ihr Mann ermordet worden war. Aber jetzt war sie voller Angst, kurz vor der Panik. Irene versuchte ruhig zu klingen, aber dabei sehr entschieden.

»Wir wissen es nicht. Das ist eine der Fragen, die ich Ihnen stellen wollte. Zuerst einmal möchten wir wissen, wie sie in den Besitz der Schlüssel gekommen ist. Soweit ich Sie verstanden habe, wussten Sie nichts von irgendwelchen Ersatzschlüsseln. Außer denen, die wir hier haben.

Wir haben herausgefunden, dass diese Schlüssel im Spätsommer angefertigt wurden. Richard selbst hat sie bei Mister Minit in der Avenyn machen lassen.«

Sylvias Atem ging heftig. Ihre Augen glänzten. Sie vermied es, Irene anzusehen. Das Gefühl, dass sie irgendetwas wusste oder ahnte, verstärkte sich bei Irene.

»Ich weiß nichts von diesen Schlüsseln«, sagte Sylvia entschlossen.

Die Stimme klang jetzt fester, aber sie musste ihre Hände fest zusammendrücken, damit sie nicht zitterten. Irene spürte, dass sie jetzt nicht locker lassen durfte. Da war etwas. Sie hakte nach und formulierte ihre Frage noch einmal anders:

»Sie haben also keine Ahnung, wofür er diese Schlüssel haben wollte oder ob er sie jemand gegeben hat?«

»Nein.«

Sie log. Sie log! Aber Irene traute sich nicht, sich noch einmal aufs Eis zu begeben. Noch nicht.

»Die Bombe, die das Haus zerstört hat, ist detoniert, als Pirjo die Tür zu den Büroräumen Ihres Mannes geöffnet hat. Sie hat die Tür mit dem Schlüsselbund aufgeschlossen. Wir haben sie hinter der Tür gefunden«, berichtete sie in neutralem Ton.

»Aber in den Zeitungen stand doch, dass ein junger Mann vermisst wurde!«

»Das stimmt auch. Er ist gestern gefunden worden, weiter oben im Haus. Zwei Menschen sind bei dem Brand umgekommen.«

Sylvia erhob sich vom Sofa und ging ziellos im Raum auf und ab.

Dabei rieb sie die ganze Zeit ihre Hände aneinander und seufzte schwer. Sie war äußerst aufgewühlt, das konnte Irene sehen. Aber warum? Wenn sie wüsste, wer die Schlüssel gehabt hatte, dann würde sie es doch wohl sagen? Irene versuchte es noch einmal:

»Sie haben auch keinen Verdacht, wer die Schlüssel eventuell gehabt haben könnte?«

»Nein, das habe ich doch schon gesagt!«

Das Eis knackte und knirschte. Am besten, sie suchte weniger gefährliche Gebiete auf.

»Kennen Sie einen der anderen Mieter in dem Haus in der Berzeliigatan?«

Ein Kopfschütteln war die Antwort.

»Sagt Ihnen der Name Bo-Ivar oder Bobo Torsson etwas?«

Sylvia runzelte die Stirn und schien tatsächlich nachzudenken.

»Das sagt mir was. Warten Sie... das war der Fotograf, der die Räume über Richard gemietet hat. Er ist ein alter Bekannter von Charlotte«, sagte sie.

Irene war so verblüfft, dass sie die Fassung verlor. Aber es gelang ihr, einen einigermaßen neutralen Tonfall an den Tag zu legen, als sie nachfragte:

»Ein alter Bekannter? Was heißt das?«

»Sie hat als Fotomodell für ihn gearbeitet. Nun ja, bei dieser Modellarbeit ist wohl nicht viel rausgekommen. Aber so geht es eigentlich mit allem, was Charlotte anfängt.«

»Hatte Torsson schon sein Fotoatelier in der Berzeliigatan, als Charlotte mit ihm gearbeitet hat?«

»Nein. Sie hat ihn Richard empfohlen. Richard fand es praktisch, den gleichen Mieter für beide Wohnungen zu haben.«

»Wann war das?«

»Keine Ahnung. Das ist vielleicht drei Jahre her.«

Sylvia schlug die Arme um sich und zog die Achseln hoch, als würde sie frieren. Aber sie schien nicht bei der Sache zu sein, während sie über Bobo Torsson sprachen. Ihre Gedanken gingen offensichtlich in eine andere Richtung. Irene nahm noch einmal Anlauf.

»Der Name Lars ›Lillis‹ Johannesson, sagt der Ihnen etwas?«

»Nein.«

»So ein Hüne um die fünfunddreißig.«

»Nein.«

Zerstreut schob Sylvia ein paar heruntergefallene Blütenblätter einer lila Chrysantheme, die auf die staubige Couchtischplatte gefallen waren, zu einem kleinen Haufen zusammen. Verwirrt zerstörte sie den Haufen wieder und schien in der nächsten Sekunde ihn und auch Irene bereits vergessen zu haben. Ihre glänzenden Augen schienen ihre Umwelt gar nicht wahrzunehmen, sondern nur ihre eigenen inneren Abgründe zu betrachten. Irene hätte viel dafür gegeben, zu erfahren, was Sylvia dort sah. Aber ein Blick in Sylvias Gesicht ließ sie wieder zweifeln, ob sie das wirklich wollte. Die Diskussion über den Schlüsselbund hatte Sylvia in sich selbst versinken lassen. Irene musste sie dort wieder herausbekommen. Was konnte sie zum Reden bringen? Eine leichte Ahnung sagte Irene, dass Geld Sylvia immer zum Reden brachte. Hatte Valle Reuter das nicht gesagt?

»Ach ja, Sylvia, diese Versicherung, von der Sie mir mal erzählt haben...«

Sie ließ den Satz bewusst unvollendet, um zu sehen, ob Sylvia anbiss. Zuerst schien sie gar nichts gehört zu haben, aber nach einer Weile drehte sie den Kopf und warf Irene einen überraschend scharfen Blick zu.

»Versicherung? Habe ich Ihnen etwas von einer Versicherung erzählt?«

»Ja, als wir zum ersten Mal am Telefon miteinander geredet haben. Als Sie noch in der Psychiatrie waren.«

»Daran kann ich mich nicht erinnern. Aber vielleicht habe ich das ja. Ich habe da einiges an Medikamenten gekriegt und nur noch eine sehr schwache Erinnerung an die ersten Tage.«

Sie holte tief Luft und sank zu Irenes Erleichterung in der einen Ecke des Ecksofas nieder. Sie schüttelte ihre Birkenstocksandalen ab und zog die Beine unter den Körper. Wieder kaute sie an ihrem kaputten Nagel. In normalem Ton sagte sie:

»Die Versicherung. Das ist wohl das Einzige von allem, was Richard jemals gemacht hat, das Henrik und mir zugute kommt. Es sei so eine Art Rentenversicherung, hat er mir erklärt. Nachdem er sechzig geworden ist, konnte er an jedem beliebigen Tag in Pension gehen und würde dann zehn Jahre lang ein Jahreseinkommen von einer Million Kronen haben. Und gleichzeitig ist es eine Lebensversicherung. Wenn Richard stirbt, sollten Henrik und ich uns zehn Jahre lang diese Summe teilen.«

»Dann fällt also die Versicherung den Hinterbliebenen zu?«

»Wie bei den meisten Altersversicherungen.«

Henrik und Sylvia würden also die kommenden zehn Jahre jedes Jahr eine halbe Million kriegen. Leute sind schon für weniger zum Mörder geworden. Nimmt man dazu noch den Rest des Vermögens, hätte Valle Reuter möglicherweise auf der richtigen Spur sein können. Wenn sich Mutter und Sohn nicht unten auf der Straße befunden hätten, umgeben von Zeugen, als Richard fiel. Irene beschloss, auf Strumpfsocken weiterzugehen.

»Und den Rest des Vermögens und der Einkünfte Ihres Mannes, wer erbt das?«

Jetzt war Sylvia vollkommen ruhig und gefasst. Vergleichbar mit einer kleinen siamesischen Katze, die gerade einen Goldfisch verschluckt hatte.

»Ich. Aber das ist ziemlich nervig. Die Anwälte sind dabei, das alles auseinander zu dividieren. Das wird eine ganze Weile dauern, sagen sie. Nur das Versicherungsgeld wird schon nächsten Monat ausbezahlt und das rückwirkend für diesen Monat.«

Es war sicher eine Illusion, aber Irene meinte ein schnurrendes Geräusch zu hören. Der Schlüsselbund war verbotenes Terrain, aber mit dem Geld und Bobo Torsson war es gut gegangen. Sollte sie mit Bobo weitermachen?

»Bobo Torsson ist auch tot. Vielleicht haben Sie ja in der Zeitung gelesen, dass er am frühen Montagmorgen ermordet worden ist? Er ist mit seinem Auto in die Luft gesprengt worden.«

Sylvia warf ihr einen uninteressierten Blick zu.

»Gesprengt? Nein. Ich lese momentan keine Zeitungen. Ich bin nicht in der Lage dazu. Ich habe genug mit mir selbst zu tun und dem, was passiert ist.«

»Wissen Sie, ob Bobo und Charlotte immer noch Kontakt miteinander hatten?«

»Keine Ahnung. Charlotte geht gern aus und genießt den Trubel.«

»Begleitet Henrik sie normalerweise, wenn sie ausgeht?«

O je, das knackte im Eis. Sylvia stellte ihre Füße auf den Boden und warf Irene einen abschätzigen Blick zu. Höhnisch sagte sie:

»Henrik interessiert sich nicht für Vergnügungen. Nicht mehr seit seiner Krankheit, von der ich Ihnen erzählt habe.«

Plötzlich hatte Irene eine Idee:

»Das war doch eine Hirnhautentzündung, was Henrik als Folgekrankheit bekommen hat, nicht wahr?«

»Ja.«

»Als Folgekrankheit wovon?«

»Von einer Kinderkrankheit.«

»Welcher Kinderkrankheit?«

»Mumps.«

Nichts war mehr von der kleinen, zufriedenen Powerfrau übrig, es saß nur noch eine traurige Mutter in der Sofaecke. Eine Klappe fiel bei Irene. Sie hatte einen männlichen Ausbildungskollegen in der Polizeischule gehabt, der während ihrer Ausbildungszeit Mumps bekommen hatte. Beide Hoden waren befallen gewesen und so grotesk angeschwollen, dass er nicht gehen konnte. Er hieß Carl Meier und wurde danach nur noch »Meier-Straußen-Eier« genannt. Auf einem späteren Fest hatte er Irene und Tommy anvertraut, dass er möglicherweise zeugungsunfähig geworden war. Offenbar war das eine nicht seltene Komplikation bei erwachsenen Männern, die an Mumps erkrankten. Traf das auch auf Henrik zu? Es war zwar ein Schuss ins Blaue, aber sie beschloss, es einfach zu versuchen.

»Es passiert ja oft, dass erwachsene Männer unfruchtbar werden, wenn sie Mumps haben. Waren Henriks Hoden auch betroffen?«

Sylvias Augen waren vor Schreck weit aufgerissen. Mit einem hässlichen Krachen zerbrach das Eis und sie fiel hinein. Sie schlug sich die Hände vors Gesicht und begann hysterisch zu weinen.

Es dauerte zwanzig Minuten, bis sie sich so weit beruhigt hatte, dass Irene sie als einigermaßen stabil einstufte. Aber Sylvia weigerte sich, weitere Fragen zu beantworten, und wiederholte immer nur hartnäckig:

»Gehen Sie! Sofort! Um ein Uhr muss ich zur Schneiderin und das Kleid für die Beerdigung anprobieren. Gehen Sie! Gehen Sie!«

Irene hatte einiges, über das sie nachdenken musste, als sie in einer zweitklassigen Pizzeria ein paar Häuser weiter saß und auf dem Tagesgericht herumkaute. Das bestand aus einer zähen Lasagne mit ein paar schüchternen Weißkohlstreifen in Essig. Das Eiswasser war lauwarm und der Kaffee sah aus wie Sammies Badewasser. Den kriegte nicht einmal sie runter. Aber das störte sie kaum, denn in ihrem Kopf wirbelten die Fragen und Informationen durcheinander.

Sylvia hatte Angst gekriegt, als die Ersatzschlüssel zur Sprache kamen. Sie wusste oder ahnte, wer sie in den Händen hätte haben können. Oder hatte jemand sie schon gehabt? Warum wollte Sylvia nicht darüber reden? Charlotte von Knecht und Bobo Torsson waren alte Bekannte und hatten zusammen gearbeitet. Charlotte hatte den Kontakt zwischen Torsson und ihrem Schwiegervater vermittelt, worauf Torsson die beiden Wohnungen mieten konnte. Trafen sie sich immer noch? Hatte das irgendeine Bedeutung für die Ermittlungen? War das der Berührungspunkt, den sie gesucht hatten? Daran mochte auch Irene kaum glauben. Nicht in ihrer wildesten Phantasie konnte sie sich vorstellen, dass Bobo Torsson Richard von Knecht niederschlug und ihn vom Balkon warf, die Höllenmaschine in der Berzeliigatan anbrachte und sich schließlich selbst ins Jenseits sprengte. Obwohl Letzteres vielleicht einfach ein Missgeschick gewesen war. Aber es war nicht logisch, beantwortete es doch nicht die vorher gestellten Fragen.

Warum sollte Bobo Richard von Knecht ermorden? Warum sollte er seine Wohnung und sein Atelier in die Luft jagen?

361

Ganz zu schweigen von sich selbst? Und sich Charlotte in einer dieser Rollen vorzustellen, das war wohl noch schwieriger. Eine Bombenbastlerin war sie ja wohl kaum. Aber die Bekanntschaft zwischen Bobo und Charlotte war interessant. Waren sie immer noch Freunde gewesen? Mehr als Freunde? Es war wohl höchste Zeit für ein Gespräch mit der jungen Frau von Knecht. Henrik von Knecht hatte als Erwachsener Mumps gehabt, mit anschließender Hirnhautentzündung als Folgeerscheinung. Hatte der Mumps auch die Hoden befallen? War er also zeugungsunfähig? Wenn man von diesen Überlegungen ausging, erschienen einige von Sylvias sonderbaren Reaktionen in den letzten Tagen viel verständlicher. Wenn man weiß, dass der eigene Sohn zeugungsunfähig ist, wird man sich kaum darüber freuen, wenn die Schwiegertochter schwanger ist! Das war ein interessanter Gedanke. Und die anschließende Frage war wohl noch interessanter: Wer war in diesem Fall der Vater von Charlottes Kind? Warum hatte Henrik so reagiert? Er war doch nach eigener Aussage bereit, seine angeknackste Ehe weiterzuführen, »dem Kind und dem Weiterbestehen der Familie zuliebe«. Das stimmte nicht. Entweder glaubte er, dass er selbst Vater des Kindes war, oder es interessierte ihn nicht. Aber er musste zumindest davon wissen, jedenfalls, wenn er zeugungsunfähig war! Und wenn es ihn nicht interessierte, würde er dann bereit sein, weiter für die Beziehung zu Charlotte zu kämpfen?

Eine Stimme neben ihrem Ohr schreckte sie aus ihren Überlegungen.

»'tschuldigung. Noch Kaffee die Dame?«

Ein kleiner dunkler Kellner lächelte sie freundlich an und hielt ihr die Glaskaffeekanne hin. Zu ihrer Bestürzung musste sie feststellen, dass sie ganz in Gedanken die Kaffeebrühe in sich hineingekippt hatte.

Jimmy strahlte vor Freude, als sie mit einer Tüte Süßigkeiten und einem Stapel Zeitungen hereinkam. Er sah fast genauso aus wie am Tag zuvor, nur das Lila war noch dunkler geworden. Der Tropf war fort und er saß in einem hochlehnigen Plastiksessel am Fenster. Es gab noch Platz für einen zweiten Patienten, aber das Bett war immer noch leer.

»Hallo Jimmy! Du siehst aus wie eine LSD-Halluzination«, begrüßte Irene ihn aufmunternd.

»Thank you. Genau diese Worte brauche ich, damit es mir besser geht.«

Er lachte und sie unterhielten sich über dies und das. Irene übermittelte ihm dann das Neueste von der Beobachterfront. Besonders die Informationen über Spuren von Drogenresten in den Ferienhäusern interessierten ihn.

»Wir beobachten schon lange einen Teil der MC-Gang. Besonders ›Death Squadron No. 1‹ ist höchst interessant. Sie sind seit ein paar Jahren vollwertige Mitglieder der Hell's Angels. Die Gang fährt überall in Europa herum und besucht sich gegenseitig. Und es gehört einiges dazu, bevor zwei kleine Zöllner unten in Helsingborg anfangen, die Boxen von zwanzig Hell's Angels zu durchsuchen, nachdem diese ihre Brüder in Dänemark oder Holland besucht haben. Und wir wissen auch, dass sie noch auf andere Weise Drogen schmuggeln«, berichtete er.

»Warum treiben sie überhaupt Drogengeschäfte?«

»Big Business. Kaum einer von ihnen hat Arbeit. Und man braucht reichlich Geld fürs daily living, neue Maschinen und Reserveteile, Clubhäuser und Waffen. Die haben genügend Waffen für eine Revolution! Außerdem nehmen viele von ihnen selbst Drogen. Also auch Stoff für den eigenen Gebrauch. Sie sagen von sich selbst, dass sie zu dem letzten Prozent gehören – den Soziopathen, für die keine Gesetze gelten.«

Er schwieg und beide hatten den gleichen Gedanken. Jimmy sprach ihn aus:

»Immer wieder muss ich dran denken, dass sie alles mit mir hätten machen können. Ich war vollkommen hilflos. Und dann noch ein hilfloser Bulle! Da wundert es mich richtig, dass sie uns nicht erledigt haben!«

Vor Irenes Augen öffnete sich eine blendende Explosionswolke und sie fühlte wieder die heiße Druckwelle im Gesicht. Sie konnte nur flüstern:

»Sie wollten schon. Sie haben es versucht.«

Vorsichtig begann sie zu erzählen, so sachlich wie möglich. Immer wieder musste sie unterbrechen, um sich die Tränen abzuwischen, aber sie wollte, dass er erfuhr, was genau passiert war. Er war der Einzige, der möglicherweise ihre Gefühle verstand, da er ja dabei gewesen war. Während sie erzählte, fühlte sie, wie sich die letzten Gefühlsknoten in ihr lösten und eine Ruhe in ihr aufstieg. Ein beunruhigender Gedanke kam ihr – hatte sie jetzt etwa ihre Angst auf Jimmy übertragen? Kein einziges Mal unterbrach er sie in ihrem Bericht. Sein sichtbares Auge wich nicht vor ihrem Gesicht. Aber sein Kommentar, nachdem sie fertig erzählt hatte, beruhigte sie:

»Was für ein Glück, dass du bei Bewusstsein warst und nicht ich! Denn ich war eine Niete beim Ballwerfen. Ich war immer am besten in Hochsprung und auf hundert Meter. Und das hätte uns nicht viel genutzt!«

Er lachte herzhaft und bot ihr aus der Bonbontüte an. Psychisch schien er unbeschadet zu sein, aber schlimmer war es mit dem Äußeren.

»Ein Riss in einem der Unterarmknochen. Weißt du, wie das heißt? Nein? Radiusfissur. Fraktur, das ist, wenn es gebrochen ist. Fissur, dann ist es gerissen. Man lernt eine Menge nützlicher Dinge, wenn man im Krankenhaus liegt. Aber man sollte eigentlich gesund sein, um das alles mitzukriegen. Heute musste ich zwei Stunden lang unten beim Röntgen liegen und auf eine Hirnuntersuchung warten. Die wollten prüfen, ob sich nicht irgendwo Blutungen zwischen den Hirnhäuten gebildet haben. Dann kriegt man nämlich ein… wie hieß das noch? Warte, ich habe es aufgeschrieben.«

Er stand auf und schlurfte zu seinem Nachttisch. Erschrocken musste Irene feststellen, dass er viel schlimmer verletzt war, als sie gedacht hatte.

»Jimmy, was ist denn mit deinem Bein passiert?«

Er wandte sich zu ihr um und verzog das Gesicht.

»Ein kräftiger Schlag oder Tritt gegen die Steißwirbel. Die sollen morgen geröntgt werden. Sie haben den Verdacht, dass einer der Steißbeinknochen gebrochen ist. Es tut verdammt weh beim Gehen oder Sitzen. Und deshalb lege ich mich jetzt auch hin. Du musst also herkommen. Hier ist der Zettel!«

Triumphierend winkte er mit einem kleinen Zettel, von einem Notizblock abgerissen.

»Computertomographie. Nein, so heißt die Untersuchung. Ein Apparat, in den sie einen reinschieben. Aber man spürt nichts. Das, wovor sie Angst haben, dass ich das kriegen könnte, das heißt Subduralhämatom. Das kann mehrere Tage später auftreten, sagen die Ärzte. Und deshalb darf ich nicht vor Freitag nach Hause. Au, verdammt!«

Letzteres sagte er, als er seine Beine ins Bett heben musste. Mit einem Seufzer fuhr er fort:

»Danach werde ich sicher noch eine Weile krankgeschrieben. Aber ich werde versuchen eine Hauspflege zu kriegen.«

Das sagte er mit einem Zwinkern und einem vielsagenden Blick zur Tür. Eine junge Schwester mit einem taillenlangen blonden Zopf kam herein. Sie nickte Irene zu und schenkte Jimmy ein strahlendes Lächeln. Eine leichte Röte auf den Wangen und ihr Augenaufschlag ließen vermuten, dass es nicht schwer sein würde, sie zu überreden. Sie zwitscherte munter zu Jimmy:

»Röntgenvorbereitungen. Nur ein kleiner Einlauf. Ich kann nachher kommen und ihnen dabei helfen, wenn Sie wollen.«

»Now you're talking, baby. Nein, Spaß beiseite. Natürlich schaffe ich das allein.«

Sie lachte und legte eine kleine gelbe Plastiktube mit einem langen Schnabel auf den Nachttisch. Mit einem letzten Blinzeln verschwand sie auf dem Flur.

Irene stand auf und sagte:

»So, dann lasse ich dich lieber mit deinen analen Orgien

allein. Wenn ich es morgen nicht schaffe reinzugucken, rufe ich an.«

»Es reicht, wenn du anrufst. Obwohl es natürlich schöner ist, wenn du kommst.«

Er winkte ihr zum Abschied mit seiner gesunden Hand.

KAPITEL 15

Um Punkt sechs Uhr klingelte Tommy Persson an der Tür der Familie Huss. Sammie war der Erste in der Begrüßungsreihe. Da Tommy zu seinen Lieblingsgästen gehörte, dauerte es eine Weile, bis alle Sprünge und Begrüßungsküsse abgeliefert waren. Konspirativ flüsterte Irene:

»Die Zwillinge sind auf ihren Zimmern. Ich habe ihnen erzählt, dass du heute Strohwitwer bist und ich dich deshalb zum Essen eingeladen habe. Das haben sie ohne Nachfragen geschluckt.«

»Gut. Wie geht es Jimmy Olsson?«

Tommy bekam eine detaillierte Beschreibung des Gesundheitszustands des jungen Assistenten und war der Meinung, dass sich das gar nicht gut anhörte. Wenn man mit einer Krankenschwester verheiratet ist, lernt man eine ganze Menge über Krankheiten und ihre Behandlung.

Da sie bei gegenseitigen Familienbesuchen nie über ihre Arbeit sprachen, wollte Irene noch schnell das Neueste aus dem Präsidium hören, bevor sie zu Tisch gingen.

»Wie ist das Verhör mit Lillis heute gelaufen?«

Tommy zögerte etwas mit der Antwort.

»Nicht besonders gut. Aber Jonny hat es zumindest geschafft, ihn so zu ärgern, dass er in seiner Wut etwas Interessantes gesagt hat. Jonny wurde immer saurer über Lillis Schweigen. Und zum Schluss ist er herausgeplatzt und hat ihn angeschrien: ›Kapierst du denn nicht, dass wir dich der Teilnahme an allem, was passiert ist, verdächtigen, solange du nichts sagst? Schließlich suchen wir auch die Mörder deines

367

Cousins!‹ Und da hat Lillis sich zu ihm vorgebeugt und gefaucht: ›Den brauche ich nicht mehr zu suchen. Und dieses Arschloch wird kriegen, was er verdient hat!‹ Und dann zog er wieder die Schweigenummer ab. Wir haben ihn mehrere Stunden lang bearbeitet. Aber er kennt das, das stört ihn überhaupt nicht. Nicht eine Silbe haben wir aus ihm rausgekriegt. Andersson und Jonny wollen ihn sich heute Abend noch mal vornehmen.«

»Interessant. Lillis weiß also offenbar, wer Bobo ermordet hat. Ich habe auch eine heiße Sache erfahren. Bobo und Charlotte von Knecht sind alte Bekannte. Sie hat als Fotomodell für ihn gearbeitet. Und sie hat dafür gesorgt, dass er vor ungefähr drei Jahren die Räume in der Berzeliigatan gekriegt hat.«

»Sag bloß! Obwohl – das ist eine Verbindung zu Bobo, nicht zu Lillis. Ich kann mir kaum vorstellen, dass sie Lillis kennt.«

»Man kann nie wissen. Ich denke, ich werde morgen Vormittag mal unangemeldet bei der Dame vorbeischauen und sie etwas näher dazu befragen. Kommst du mit?«

»Das ist mir lieber, als mich an Lillis abzuarbeiten. Den können Jonny und Andersson übernehmen.«

Ein magensaftstimulierender Duft von gebratenen Zwiebeln kroch in den Flur. Krister steckte seinen Kopf durch die offene Küchentür und drohte scherzhaft mit der Bratpfanne.

»Worüber tuschelt ihr da?«

»Berufsgeheimnisse, alles nur Berufsgeheimnisse. Zum Beispiel, wie man mit dem Gummiknüppel zuschlagen kann, ohne dass es blaue Flecken gibt«, antwortete seine Frau naseweis.

»Geiles Gesprächsthema. Widmet euch lieber den Frikadellen.«

Irene rief die Zwillinge. Aus dem ersten Stock dröhnten schwere Rockrhythmen. Die Mädchen schienen ihre Mutter nicht gehört zu haben, also ging sie hinauf und öffnete die Tür zu Jennys Zimmer.

Beide saßen zusammengekauert auf Jennys Bett. Jenny wiegte ihren kahl geschorenen Schädel im Takt der Musik, Katarina sah distanzierter drein. Als Jenny die Anwesenheit ihrer Mutter bemerkte, sprang sie schnell auf und stellte den CD-Player ab. Aber Irene hatte die letzte Textzeile noch gehört: »Wir machen das Land sauber und rein und schmeißen die Judenschweine ins Meer hinein. Sauber! Sauber!« Gesungen von heiseren Rockstimmen, mit schweren Gitarrenrhythmen und dröhnenden Trommeln.

Jenny verlor die Fassung, fing sich aber wieder und nahm eine offensive Verteidigungshaltung ein. Schroff erklärte sie:

»Das sind nicht die Texte, die ich mag, das ist die Musik!«

Irene schaute ihre Tochter mit dem rasierten Kopf und den vor Wut geballten Fäusten an. Ein Gefühl der Ohnmacht legte sich wie eine lähmende Decke über ihre Gedanken, und ihr fiel kein passender Kommentar ein. Stattdessen sagte sie nur ausgleichend:

»Kommt zum Essen. Es gibt eins deiner Lieblingsgerichte, Jenny, Frikadellen mit Zwiebeln.«

»Hat Papa auch Gurkensalat gemacht?«

»Natürlich! Und weil Tommy da ist, gibt es auch mitten in der Woche ein Dessert.«

»Was denn?«

»Apfelkuchen mit Vanilleeis.«

Ohne größere Begeisterung zuckte Jenny nur leicht die Schultern.

»In Ordnung.«

Noch vor einem Jahr wäre sie die Erste auf der Treppe nach unten gewesen und hätte schon am Tisch gesessen, bevor die anderen überhaupt im Raum gewesen wären. Jetzt schlurfte sie hinter Irene und Katarina her und nahm als Letzte Platz. Tommy begrüßte beide fröhlich und ließ dabei seinen Blick so lange auf Jennys Glatze ruhen, bis es ihr unangenehm wurde. Aber er kommentierte ihren plötzlichen Haarverlust nicht.

Das Essen fand bei fröhlicher, harmonischer Unterhaltung statt. Kein Wort über Mord, Bomben, MC-Banden, Drogen oder unergiebige Verhöre von Profigaunern. Irene fühlte sich sicher und entspannt im Kreis ihrer Familie und ihres besten Freundes. Als es Zeit für den Kaffee wurde, schlug Tommy vor, sie sollten sich doch ins Wohnzimmer setzen. Er lächelte die Zwillinge an:

»Ich möchte euch nämlich eine wahre Geschichte aus dem Leben erzählen.«

Sie setzten sich aufs Sofa und auf die Sessel um den Couchtisch. Durch die Glasscheibe konnten sie den Gabbehteppich mit seinen warmen Farbtönen sehen und Irene fand wieder einmal, dass er ausgezeichnet zu dem gerahmten Miródruck an der Wand passte. Auf Tommys Vorschlag hin schalteten sie alle Lampen aus und zündeten ganz viele Kerzen an.

Die Stimmung war gemütlich und erwartungsvoll, als Tommy mit seiner Erzählung begann:

»Was ich zu erzählen habe, ist eine spannende und sehr traurige Geschichte. Sie beginnt 1932 in Berlin. Die Nationalsozialisten sind gerade dabei, unter Führung des großen Agitators Adolf Hitler, ganz Deutschland zu erobern. Das Volk ist begeistert und sieht in Hitler den großen Befreier aus Arbeitslosigkeit, Armut und sozialer Ungerechtigkeit. Ganz zu schweigen von seinem Geschick, mit den Gefühlen der Menschen angesichts eines ungerechten Friedensvertrags nach dem Ersten Weltkrieg zu spielen. Die nationalsozialistischen Ideen fielen im Deutschland der Dreißiger auf fruchtbaren Boden. Nach 1933 waren die Nationalsozialisten die einzige zugelassene Partei. Und wer ruft denn nach Demokratie, wenn sich ein ganzes Volk erhebt und im Gleichschritt marschiert! Bücher, die als schädlich für den Nationalstaat angesehen wurden, verbrannte man, und ihre Autoren wurden verbannt. Nur noch die vom Staat gutgeheißene Musik durfte gespielt werden. Filme und Radiosendungen wurden zensiert, bevor sie veröffentlicht werden durften. Die Schulen nahmen die faschistische Ideologie in ihre Lehrpläne mit auf, und Lehrer, die sich dem nicht fügten, wurden entfernt. Auch die Juden wurden entfernt. Sie seien Teil einer weltweiten

Verschwörung, die die ganze Welt bedrohte, so lautete die Erklärung. Alle Juden mussten einen Stern auf ihrer Kleidung tragen. Und zum Schluss wurde gewissenhaft dafür gesorgt, dass sie in große Vernichtungslager gebracht wurden, zusammen mit Zigeunern, Homosexuellen, Kommunisten, Dänen, Norwegern, Russen, Polen, Engländern...«

»Es hat nie Konzentrationslager gegeben. Das ist alles reine Propaganda!«

Jenny war knallrot vor Wut, das war sogar in dem schwachen Licht der Kerzen zu sehen.

»Ach, ja? Und wer verbreitet dann bitte schön diese Propaganda?«

»Das machen die... die Kommunisten!«

»Wo sitzen denn heute diese Kommunisten, die so eigensinnig an diesen Lügen festhalten?«

»Die sind in... in der Sowjetunion!«

»Es gibt keinen Staat mehr, der Sowjetunion heißt. Nein, weißt du, es sind die Leute, die in diesen Lagern saßen, die davon berichten können. Heute sind nicht mehr viele von ihnen am Leben, aber es gibt sie, und sie können bezeugen, dass es keine Lüge ist. Sie sprechen für Millionen von Menschen, die niemals lebend aus den Konzentrationslagern herausgekommen sind. Aber leider gibt es in allen Ländern heute Gruppen, die nicht wahrhaben wollen, was damals passiert ist. Es muss bitter für die norwegischen und dänischen Widerstandskämpfer sein, die heute über siebzig Jahre alt sind, wenn sie hören müssen, wie junge Neonazis ihre schrecklichen Erlebnisse und den Tod ihrer Kameraden als Lüge bezeichnen.«

Tommy trank einen Schluck Kaffee, bevor er weitersprach:

»Aber das alles erblühte erst in einem späteren Stadium der Entwicklung von Nazideutschland. Zurück nach Berlin 1932. Die Nationalsozialisten wurden schnell mächtig. Die Hitlerjugend wurde bereits Ende der Zwanziger gegründet, in ihr sollten Kinder und Jugendliche ab zehn Jahren zu zuverlässigen Kämpfern für das Reich und die Partei herangezogen werden. An einem dunklen Januarabend war eine Bande von fünf

371

älteren Hitlerjungen auf dem Weg zu einer Zusammenkunft. Sie kamen an einer Schule vorbei und gerade in dem Moment trat ein Mädchen durch das Schultor auf die Straße. Sie war dreizehn Jahre alt und hieß Rachel. Die Jungs wussten, dass sie Jüdin war und ihr Vater Buchhändler. Sie drängten sie wieder zurück auf den Schulhof. Dort vergewaltigten die Jungs sie einer nach dem anderen. Vier hielten sie fest, der Fünfte verging sich an ihr. Damit machten sie so lange weiter, bis sie stark zu bluten anfing. Da bekamen sie Angst und ließen von ihr ab. Ihr Vater fand sie ein paar Stunden später. Sie lag immer noch so da, wie die Jungs sie zurückgelassen hatten. Ihre Augen starrten hinauf zu dem schwarzen Nachthimmel, und sie reagierte nicht auf Ansprache. Rachel würde nie wieder auf Ansprache reagieren.«

Tommy verstummte und schaute seine Zuhörer an. Irene wusste, was seine Absicht war, und unterdrückte den Impuls, ihn zu bitten, mit der Schilderung aufzuhören. Katarina sah aus, als müsste sie sich gleich übergeben. Jenny hatte einen harten Gesichtsausdruck aufgesetzt, aber Irene kannte ihre Tochter und konnte an den nervös herumzupfenden Fingern sehen, dass sie äußerst aufgewühlt war. Tommy holte tief Luft und fuhr fort:

»Man könnte denken, weil Rachel so stark geblutet hat, konnte sie nicht schwanger werden. Aber sie wurde es. Ihr Vater war verzweifelt. Er hieß Jacob Uhr. Er war schon früh Witwer geworden und aus Polen nach Berlin gezogen, als Rachel noch klein war, um sich und seiner Tochter eine Zukunft aufbauen zu können. Er arbeitete für seinen unverheirateten Bruder in dessen Buchhandlung. Als dieser nach ein paar Jahren starb, hatte er das Geschäft testamentarisch Jacob vermacht. Die Geschäfte gingen nicht strahlend, aber Jacob und seine Tochter kamen zurecht. Bis das mit der Vergewaltigung passierte. Ärzte kamen und gingen. Rachel lag im Koma, eine Folge des Schocks, und musste wie ein Kleinkind versorgt werden. Zum Schluss hatte Jacob nicht mehr die Mittel, die Rechnungen der Ärzte zu bezahlen, er musste Rachel so gut es ging selbst versorgen. Da wusste er bereits, dass sie schwanger war. Eine jüdische Nachbarin versprach ihm, bei der Geburt zu helfen.«

Katarina war so erschüttert, dass ihre Stimme umkippte, als sie fragte:

»Aber warum hat der Vater denn die Täter nicht angezeigt?«

Tommy erklärte ihr im gleichen ruhigen Tonfall wie vorher:

»Das hat er gemacht, gleich nach der Vergewaltigung. Aber die Polizisten grinsten nur und zwinkerten sich verschwörerisch zu. Und danach ist nichts mehr passiert. Niemand hatte ein Interesse daran, nach fünf reinrassigen arischen Jungen zu suchen, die ein unter ihnen stehendes jüdisches Mädchen vergewaltigt hatten. Ja, Jacob Uhr konnte fast dankbar sein, dass seiner minderwertigen Rasse ein wenig edles arisches Blut zugeführt worden war.«

Jetzt war Jenny leichenblass und ihre Augen in dem haarlosen Kopf sahen unnatürlich groß aus. Sie wandte ihren Blick nicht von Tommy.

»Rachel wurde vierzehn Jahre alt. Zwei Wochen später setzten die Wehen ein. Fast drei Tage lang lag das kleine, magere Mädchen in den Wehen und versuchte das Kind aus sich herauszuquetschen. Jacob stand nur die Nachbarin zur Seite, die Erfahrung mit Geburtshilfe hatte. Sie war es auch, die merkte, dass Rachel im Sterben lag. Jacob weigerte sich zunächst, das wahrzuhaben, aber sie schrie: ›Jetzt geht es um Sekunden!‹ Sie griff mit ihrem Arm in Rachels Unterleib und mit dem Blutschwall, der herausströmte, zog sie das kleine Kind mit heraus. Jacob wollte zunächst nicht das Wunder sehen, das ihn das Leben seiner einzigen Tochter gekostet hatte. Aber die Hebamme war eine resolute Frau. Sie badete das schreiende kleine Wesen, wickelte es und legte es Jacob auf den Schoß. Dann sage sie: ›Jacob Uhr. Dieses kleine Kind ist ohne jede Schuld. Deine Tochter starb an dem Abend auf dem Schulhof, sie ist nie wieder zu uns zurückgekommen. Aber das Kind lebt und ist gesund. Das hast du als eine Gabe

Gottes bekommen, für Rachel, die er von uns genommen hat. Und dieses kleine Mädchen soll Sonya heißen, nach mir!‹ Da schaute Jacob in die dunklen, saphirblauen Augen des Kindes. Das Kleine war still geworden und schien seinen Großvater direkt anzusehen. Und in seinem Herzen wurde ein Licht für das kleine Leben entzündet und er flüsterte ganz leise, sodass nur das Mädchen es hören konnte: ›Du musst leben. Und du sollst ein besseres Leben haben!‹«

»O Scheiße, was für bescheuerte Geschichten denkst du dir eigentlich aus!«

Jenny war von ihrem Platz aufgesprungen und ihre Augen glänzten von Tränen und vor Wut. Tommy sah sie nur ruhig an. Ohne ein Wort zog er ein dünnes, abgegriffenes Buch mit braunem Ledereinband aus der Tasche seiner Strickjacke. Irene fand, es sah vom Format her wie ein alter Taschenkalender aus. Als Tommy es in den schwachen Lichtschein hielt, war ganz unten in der rechten Ecke ein zierliches Monogramm zu erkennen. Das Gold war abgeblättert, aber man konnte immer noch die Buchstaben J. U. erkennen. Ruhig sagte er:

»Du kannst es selbst nachlesen. Das hier ist Jacob Uhrs Tagebuch.«

Er reichte es Jenny. Schnell legte sie ihre Hände auf den Rücken. Sie sah das kleine Buch an, als handle es sich dabei um eine angriffsbereite Kobra. Tommy ließ sie nicht aus den Augen, als er weitersprach:

»Um eine lange Geschichte kurz zu machen: Mithilfe der Hebamme Sonya überlebte die kleine Sonya und wuchs heran. Im darauf folgenden Jahr gelang es Jacob, aus Deutschland herauszukommen. Er fand eine Anstellung in einem Buchladen hier in Göteborg, der auch einem Juden gehörte. Aber als er sich mit einer schwedischen Frau – Britta, einer stattlichen Fischerswitwe aus Hönö – verheiratete, fiel er bei seinem Arbeitgeber in Ungnade.«

»Aus Hönö? Da ist doch euer Ferienhaus! Hast du da die Geschichte gehört?«

Katarina erschien ungemein erleichtert, dass sie endlich einer Erklärung all des Schrecklichen näher kam, das sie an diesem Abend gehört hatte. Tommy lächelte leicht und fuhr fort:

»Zum Teil. Jacob und diese Frau, sie waren beide über vierzig, als sie sich kennen lernten. Sie hatte einen Sohn gehabt, doch der war bei einem Schiffsunglück ertrunken, zusammen mit dem Vater, bei einem Sturm auf der Nordsee. Also wurde die kleine Sonya wie eine Tochter für Jacob und seine Frau. Aber Jacob wurde aus der Gemeinschaft der Juden in Göteborg ausgeschlossen. Er war nie ein besonders gläubiger Jude gewesen, deshalb konvertierte er zum Christentum. Die kleine Sonya wurde in der Svenska kyrkan konfirmiert. Sie hatte blaue Augen und wunderschön glänzendes rotes Haar. Deshalb wurde sie manchmal geärgert, aber nicht, weil sie Jüdin war. Das wusste nämlich niemand, am allerwenigsten sie selbst. Sie wusste nichts über ihre Herkunft, dachte, sie wäre Jacobs und Brittas Kind. Jacob hatte ihr nur erzählt, dass er aus Polen stammte, nicht aber, dass er Jude war. Die Zeit in Deutschland und was dort geschehen war, erwähnte er nie. Britta wusste es natürlich, aber auch sie sagte Sonya nichts. Sie erfuhr erst davon, als Jacob und Britta im Abstand von nur wenigen Monaten nacheinander starben, vor fünfzehn Jahren.«

Irene konnte einen Ausruf des Erstaunens nicht unterdrücken. Plötzlich fügte sich ein Teil ins andere und sie verstand, wie alles zusammenhing. Tommy nickte ihr lächelnd zu:

»Du hast es verstanden. Aber Jenny und Katarina können es nicht wissen, weil sie damals noch nicht geboren waren. Sonya ist meine Mutter. Jacob und Britta, die ich immer Opa und Oma genannt habe, sind also eigentlich mein Urgroßvater und seine Frau!«

Nur Sammies leises Schnarchen unter dem Couchtisch störte die vollkommene Stille, die sich über das Zimmer senkte. Irene wusste nicht, was sie hätte sagen sollen. Das hatte Tommy ihr nie erzählt. Aber warum hätte er auch? Als hätte er ihre Gedanken gelesen, fuhr Tommy fort:

»Das war ein Schock für meine Mama. Sie, die konfirmiert und getraut worden war in der christlichen schwedischen Kirche, erfuhr plötzlich, dass sie eine Halbjüdin und das Resultat einer Gruppenvergewaltigung war!«

Wieder schwieg Tommy und schaute durch die Tischplatte auf Sammie hinunter. Als er fortfuhr, war seine Stimme leise und todernst:

»Jenny, wenn du willst, leihe ich dir Jacobs Tagebuch. Denn es ist wichtig, dass du verstehst, warum du und ich keine Freunde mehr sein können.«

Jennys Augen waren vor lauter Wut weit aufgerissen, ihr Mund stand halb offen, aber sie brachte keinen Ton heraus. Irenes Mutterherz wand sich vor Mitleid, aber sie sah ein, dass es sich hier um eine Sache zwischen Jenny und Tommy handelte. Der sprach in neutralem Ton weiter:

»Du und Katarina, ihr wart bei der Taufe meiner Kinder dabei. Wir haben den Urlaub und die Wochenenden zusammen verbracht. Aber wenn du dich als Skinhead bezeichnest, Nazimusik spielst und das vertrittst, was die da behaupten, dann bist du meine Feindin und die meiner Kinder. Sogar ein Todfeind, und zwar im wahrsten Sinne des Wortes! Denn wenn die Verfolgungen einsetzen, dann genügt ein Tropfen Judenblut in den Adern, damit man getötet wird. Und ich bin zu einem Viertel ein Jude, meine Kinder sind es zu einem Achtel. Wir haben keine Chance. Wir werden umgebracht.«

Jenny versuchte sich aufzuplustern und schrie ihn an:

»So ein Blödsinn! Wir wollen euch doch nicht umbringen!«

»O doch, Jenny. Was singen sie da in den Liedern, die du so gern hörst? Wenn dir die Musik so gut gefällt, musst du auch zu den Texten stehen: ›Tod den Niggern und Juden! Wir kämpfen für ein sauberes, arisches Schweden!‹ Erkennst du die Schlagworte wieder? Und um noch deutlicher zu zeigen, auf welcher Seite du stehst, hast du dir auch noch den Kopf rasiert«, stellte er eiskalt fest.

»Das habe ich doch nur für die Band gemacht! Markus meinte, es wäre total geil, wenn ich mich auch trauen würde, mir die Haare zu ra... ra... rasieren!«

Das Letzte kam nur noch in einem langen Schluchzer. Sie sprang auf, rannte die Treppe hinauf und schlug die Tür hinter sich zu. Sie konnten hören, wie sie laut weinte. Sammie war aufgewacht, als sie davongestürmt war, und schaute sich verwirrt um. Er spürte, dass die Atmosphäre geladen war, überhaupt nicht mehr so gemütlich wie zu dem Zeitpunkt, als er eingeschlafen war. Krister beugte sich vor, stützte den Kopf in die Hände und stöhnte:

»Mein Gott, das ist mit das Schlimmste, was ich je mitgemacht habe. Am liebsten wäre ich dazwischengegangen und hätte dich angeschrien, dass du aufhören solltest. Aber jetzt hast du die Entscheidung Jenny in die Hände gelegt.«

»Es ist nicht Jennys Fehler, es liegt an der Vergesslichkeit der Menschheit. Wir vergessen das, was wir vergessen wollen, mit der Folge, dass wir geschichtslos werden und nichts aus der Geschichte lernen. Das ist ein ewiger Kreislauf und alles wiederholt sich«, erklärte Tommy resigniert.

Irene hatte einen ganz trockenen Mund, als sie fragte:

»Ist diese Geschichte denn wirklich wahr?«

»Jedes einzelne Wort. Willst du dir Jacobs Tagebuch ausleihen?«

Zögernd streckte sie die Hand aus und nahm das kleine Buch mit dem rauen Ledereinband entgegen. Aber sie öffnete es nicht. Unsicher sagte sie:

»Mein Schuldeutsch ist nicht mehr so gut. Ich werde wohl kaum verstehen, was er geschrieben hat.«

Tommy lachte laut und warf ihr einen verschmitzten Blick zu.

»Nein, das wirst du sicher nicht. Denn Jacob hat sein Tagebuch in seiner Muttersprache geschrieben. Auf Polnisch.«

Jimmy Olsson wurde um zwei Uhr in dieser Nacht einer Notoperation unterzogen. Tagsüber hatte man bei einer Untersuchung eine kleine Blutung zwischen den Hirnhäuten entdeckt. Die war am Abend seiner Aufnahme noch nicht da gewesen. In der Nacht verschlechterte sich Jimmys Zustand rapide, nachdem er mit heftigen Kopfschmerzen aufgewacht war und danach Zeichen abnehmenden Bewusstseins gezeigt hatte. Seine Sprache war undeutlich geworden, und er hatte immer mehr dahingedämmert.

Sven Andersson machte einen ernsten Eindruck, als er von Jimmy Olssons plötzlicher Verschlechterung und der Operation berichtete. Außer ihm waren noch Tommy, Irene, Birgitta und Jonny im Zimmer. Der Kommissar sagte voller Mitleid:

»Armer Kerl, offensichtlich hat ein Blutgefäß zwischen den Hirnhäuten Schaden genommen.«

Irene erschauerte. Tommy sagte wütend:

»Das passiert, wenn jemand in der Wirklichkeit einen harten Schlag auf den Kopf kriegt. In den Filmen schütteln die Helden nur ihren Kopf, wenn sie einen Wolkenkratzer auf den Schädel gekriegt haben, stehen auf und bahnen sich elegant mit ihrem Maschinengewehr den Weg, während sie zwanzig Gangster umlegen!«

Jonny schnaubte:

»Sag es doch lieber so: Das passiert, wenn man mit einem Frauenzimmer auf Erkundungstour geht. Es ist doch immer der Mann, der am meisten abkriegt, wenn es dazu kommt!«

Irene war vollkommen sprachlos, brauchte aber gar nichts zu erwidern. Überraschenderweise kam ihr der Kommissar zu Hilfe:

»Wenn Irene nicht gewesen wäre, wäre Jimmy Olsson jetzt tot!«

»Dafür herzlichen Dank. Sie hat ihn schließlich erst in diese Lage gebracht! Keiner hat sie gebeten, nach Billdal rauszufahren. Die beiden Weiber haben Jimmy doch überredet, mitzumachen.«

»Die Weiber«, das waren Birgitta und sie. Irene wusste, dass der Vorwurf grundlos war, aber trotzdem versetzte es ihr einen Stich. Sie war die Älteste, die mit der größten Erfahrung. Jimmy hatte nur zu gehorchen und mitzumachen. War sie schuld an dem, was Jimmy zugestoßen war?

Andersson war knallrot, als er aufstand, mit der Handfläche auf den Tisch schlug und schrie:

»Jetzt halt aber die Schnauze! Irene hat ihre Arbeit gemacht und verdächtige Spuren überprüft, die zu Bobo Torssons Versteck führen konnten! Keiner in dieser Abteilung muss jedes Mal zu mir rennen, sobald irgendwas Neues auftaucht, was untersucht werden muss. Das wäre doch überhaupt nicht machbar! Schließlich seid ihr Profis!«

Peng! Er schlug wieder mit der Handfläche auf die Tischplatte, um seine Worte zu unterstreichen. Jonny hatte den Ausbruch seines Chefs offenbar nicht erwartet, denn er sagte nichts. Andersson holte ein paar Mal tief Luft, um seinen Puls wieder unter Kontrolle zu kriegen. Etwas ruhiger sagte er:

»Niemand konnte davon ausgehen, dass diese Kerle eine Alarmanlage in einem Holzstapel versteckt hatten! Und es gab keinerlei Anzeichen dafür, dass es in Bobos und Lillis Kate irgendwelche Hell's Angels geben könnte. Das war eine verdammt unangenehme Überraschung, die Jimmy und Irene da erwartete.«

Andersson setzte sich wieder, aber seine verkniffene Miene behielt er bei. Er sah Jonny lange kritisch an und Irene konnte sehen, wie es Jonny peinlich wurde. Irene hatte das Gefühl, dass hinter der heftigen Reaktion des Kommissars noch mehr stecken müsste, aber sie hatte nicht die geringste Ahnung, was das wohl sein könnte. Andersson fuhr fort:

»Ich will solchen Mist hier in der Abteilung nicht hören. Wir haben keine Zeit, uns gegenseitig zu piesacken, wir sollten uns lieber um unsere Arbeit kümmern. Versprühe deine Galle lieber bei Lillis und sieh zu, dass er den Mund aufmacht! Wir haben nur noch heute Zeit. Morgen müssen wir ihn freilassen. Bis jetzt haben wir nicht den geringsten Beweis, dass er etwas Ungesetzliches getan hat. Obwohl dieser Satan wahrscheinlich nie was anderes gemacht hat!«

»Aber jetzt agiert er ja als ehrbarer Zigarettenhändler.«
Irene versuchte mit einer ironischen Bemerkung die Stimmung zu lockern.

»Ehrbarer Zigaretten…! Der verscheuert doch Stoff und sonst nichts!«

»Aber wir haben keine Beweise.«

»Nein. Alles weist nur auf Bobo Torsson hin. Gegen Lillis haben wir nichts in der Hand.«

»Tommy und ich haben uns vorgenommen, der jungen Frau von Knecht einen Morgenbesuch abzustatten. Sylvia hat gestern erzählt, dass Bobo und Charlotte alte Bekannte sind. Wir wollen mal nachfragen, ob sie vielleicht auch mit Lillis bekannt ist.«

Ein Funkeln erschien in den Augen des Kommissars.

»Das sind ja interessante Neuigkeiten. Das hätte wohl keiner gedacht, dass sie den Dealer Torsson kennt. Ein reizendes Mädchen, diese Charlotte. Müsst ihr zu zweit zu ihr fahren?«

»Vier Augen sehen mehr als zwei. Während der eine redet, kann der andere sich etwas umsehen«, erklärte Irene.

»Hast du konkrete Verdachtsmomente gegen sie?«

Irene zögerte eine Weile mit der Antwort. Dann sagte sie:

»Es ist eher so ein Gefühl, das ich bekam, als ich gestern mit Sylvia gesprochen habe. Sie ahnt oder weiß, wer den zusätzlichen Schlüsselbund von Richard von Knecht hatte. Aber sie will nicht drüber reden. Und ich bin fest davon überzeugt, dass es jemand aus der Familie ist. Charlotte oder Henrik. Sylvia hat mir auch erzählt, dass Henrik vor der Hirnhautentzündung an Mumps erkrankt war. Und als ich sie gefragt habe, ob er als Folge des Mumps zeugungsunfähig geworden ist, brach sie zusammen. Es kann also sein, dass Henrik zeugungsunfähig ist. Wer ist dann aber der Vater von Charlottes Kind? Ich möchte den beiden in dieser Frage mal näher auf den Zahn fühlen.«

Irene und Tommy fuhren langsam nach Långåsliden hinauf. Die großen, modernen Villen dominierten, aber dazwischen war auch das eine oder andere ältere Haus zu sehen. Obwohl Örgryte und Skår inzwischen zu den zentralen und exklusivsten Teilen von Göteborg gehörten, konnten sie sehen, dass die Häuser in prächtigen, weit gestreckten Gärten lagen, die nicht selten mangelnde Pflege verrieten. Was sicher an der fehlenden Zeit der Hausbesitzer lag. Man musste gewiss reichlich schuften, um es sich leisten zu können, in dieser angesagten Gegend hier zu wohnen.

Henriks und Charlottes Haus gehörte nicht zu den größten in dieser Gegend. Aber der Garten gehörte zweifellos zu den verwildertsten. Es war ein gelb verputztes zweigeschossiges Haus mit einem gewölbten Giebel neben dem Balkon. Das Haus hätte hübsch ausgesehen, wenn nicht große Putzflecken abgeblättert gewesen wären. Es war zehn Uhr vormittags. Im ersten Stock waren die Rollos zur Straße hin heruntergelassen. Die Gardinen vor den großen Panoramafenstern zur Terrasse hin waren zugezogen. Vor dem Garagentor stand ein neuer roter Golf.

Tommy rutschte fast auf den feuchten Blättern aus, die auf den glatten Gehwegplatten aus Schiefer lagen. Man musste schon aufpassen, wohin man trat, denn die Frosteinbrüche vieler Jahre hatten die Platten aufgesprengt. Der Weg zum Haus erinnerte fast an eine Miniaturausgabe einer Autobahn in San Francisco nach dem letzten Erdbeben. Tommy nickte zum Haus hin.

»Das sieht aus wie ausgestorben. Ich glaube nicht, dass sie zu Hause ist.«

Irene sah ihn leicht schelmisch an. Sie deutete auf das glänzende kleine rote Auto.

»Und was lässt dich auf den Gedanken kommen, dass die Dame zu dieser unchristlichen Zeit bereits wach ist? Jedenfalls ist sie nicht mit ihrem neuen Auto weggefahren«, stellte sie fest.

Sie stolperten zu der einstmals so schönen Teakhaustür. Mehrere Jahre ohne Pflege und Öl hatten sie grau und rissig werden lassen. Sie klingelte mehrere Male. Nach mehr als zwei Minuten hörten sie jemanden eine Treppe herunterkommen. Eine müde Stimme schrie von innen:

»Ja, ja! Was ist denn los? Wer ist da?«

Irene erkannte Charlotte von Knechts Stimme. Aber sie war bei weitem nicht so wohlmoduliert wie bei ihrem letzten Treffen. Sie wartete mit einer Antwort, bis sie hörte, dass Charlotte an die Tür herangekommen war. Dann sagte sie mit lauter Stimme:

»Hier ist Inspektorin Huss.«

Für einen Moment blieb es ganz still, dann begann das Schloss zu klappern. Die Tür wurde einen Spalt geöffnet und Charlotte fauchte:

»Ist es notwendig, hier so rumzuschreien? Denken Sie doch an die Nachbarn!«

Etwas war mit ihren Augen geschehen. Die strahlenden Türkise hatten sich in zwei ganz normale Granitstückchen verwandelt. Eilig trat sie ein paar Schritte zurück, um die beiden Polizeibeamten in den überraschend engen Flur einzulassen. Fast wäre sie aus dem Gleichgewicht geraten, als sie sich schnell umdrehte und den schweren zartrosa Morgenmantel fester um sich zog. Halb erstickt sagte sie:

»Ich wusste nicht, dass Sie zu zweit sind. Warten Sie hier, ich muss eben nach oben!«

Bevor die beiden noch etwas sagen konnten, war sie die Treppen zum ersten Stock hinaufgeeilt. Aber Irene hatte den Geruch nach Schnaps und Kater gewittert. Und nach Sex. Charlotte roch nach Sex. Pheromon ist ein potenter Duftstoff. Nur der Bruchteil eines Nanogramms genügt, dass die Hormone Amok laufen. Schnell warf Irene einen Blick auf die Kleider, die im Flur hingen. Und sie fand, was sie suchte. Eine hellbraune Jacke in weichem Wildleder mit Fransen an den Schultern. Ein Paar Boots mit aufragender Spitze, hohen Cowboyabsätzen und glänzenden Schnallen an den Fersen, Größe 42. Henrik von Knecht war zwar mager, aber groß. Er würde in dieser Jacke wie verkleidet aussehen. Außerdem lag sein Kleidergeschmack eher in Richtung Kaschmirwolle. Drei

Paar Herrenschuhe bester Qualität und edelsten Designs in Größe 44 standen ordentlich auf dem Schuhregal: Irene machte Tommy auf ihren Fund aufmerksam, und er nickte zustimmend. Natürlich hatte er auch schon Witterung aufgenommen.

In der oberen Etage war das Rauschen einer Dusche zu hören. Schnell ging Irene ein paar Schritte weiter in den Flur hinein. Sie entschied sich für die linke Tür. Aus den Augenwinkeln sah sie, dass Tommy in die Rechte hineinhuschte. Die Linke führte zu einer kleinen Küche. Die Kücheneinrichtung war neu und sauber. Die Klappe der Geschirrspülmaschine war heruntergeklappt und ließ eine volle Maschine sehen. Neben dem Spülbecken standen Teller und Weingläser. Zwei Bestecke. Zwei Teller. Zwei Weingläser. Zwei geschliffene, gerade Gläser. Er war noch im Haus und es war nicht Henrik von Knecht. So leise sie konnte, eilte sie zurück auf den Flur. Die Tür, an der sie vorbeigegangen waren, als sie hereinkamen, führte in eine kleine Toilette. Die Dusche oben war verstummt und sie konnten jetzt von oben Bewegungen hören. Tommy kam zurück und flüsterte leise:

»Wohnzimmer, Esszimmer und ein Arbeitszimmer.«

Die Charlotte, die nun die Treppe herunterkam, war eine ganz andere als die, die ihnen vor zehn Minuten die Tür geöffnet hatte. Diese hier hatte glänzend gebürstetes Haar, duftete nach Cartier und warf ihnen einen strahlenden, türkis schimmernden Blick zu. Jetzt begriff Irene. Kein Mensch hat diese sagenhafte Augenfarbe. Wir leben im Zeitalter gefärbter Linsen. Charlotte trug eine schwarze Samthose und einen kurzärmligen Angorapullover mit tiefem Ausschnitt, der in der gleichen Farbe gehalten war wie die fantastischen Augen.

Mit einer ausholenden Geste, wenn auch mit einem gewissen Mangel an Enthusiasmus, bat Charlotte die beiden Beamten, ins Wohnzimmer zu gehen. Das war von Henriks Leben und Leidenschaft geprägt. Bilder und Antiquitäten standen dicht an dicht in dem normal großen Zimmer. Sie zwängten sich zwischen Urnen und geschwungenen Stühlen vorbei zu einem hellbeigen Seidensofa, das sich als überraschend bequem herausstellte. Charlotte drapierte sich genießerisch in einem protzigen Samtsessel mit dunklen Mahagoniteilen. Sittsam schlug sie die Beine übereinander und warf den beiden Polizisten einen überraschend ruhigen Blick zu. Das sparsame Tageslicht sickerte durch einen Spalt zwischen den vorgezogenen schweren Gardinen und fiel auf ihr Gesicht. Sie hatte es eilig gehabt, denn unter ihrem rechten Auge war die Make-up-Creme nicht ganz verteilt, dort lief ein kleiner brauner Strich die Wange hinunter. Irene beschloss dreist vorzugehen und sagte in einem verlockend freundlichen Ton:

»Charlotte, wir haben inzwischen einige neue Informationen bekommen. Wir würden uns freuen, wenn Sie uns helfen könnten, sie zu überprüfen.«

Vollkommen ruhig, ohne das geringste Zittern in der Stimme, antwortete Charlotte:

»Ich will es versuchen.«

»Zuerst jedoch eine ganz andere Frage. Wann kommt Ihr Mann nach Hause?«

»Samstagabend.«

»Spät?«

»Ja. So gegen zehn. Wahrscheinlich wird er direkt nach Marstrand fahren. Ich gehe zu einem Geburtstagsfest bei einem Freund, der dreißig wird.«

»Kommt Henrik nicht dorthin?«

Sie zögerte, bevor sie antwortete.

»Nein, er mag keine großen Feste. Mit vielen Leuten und so«, sagte sie in den Raum hinein.

»Aber Ihnen gefällt das.«

Irenes Feststellung schien sie zu verwundern.

»Ja, natürlich gefällt mir das.«

»Gehen Sie oft allein aus?«

Jetzt flackerte der Blick wieder.

»Meistens. Henrik will nicht. Aber was hat das mit Richards Tod zu tun?«

»Nun ja, wir wissen, dass Sie oft mit Bobo Torsson gesehen

wurden. Dass Sie eine gute Freundin von ihm waren und dass Sie mit ihm zusammengearbeitet haben. Wir wissen außerdem, dass Sie mit Ihrem Schwiegervater geredet haben, damit Bobo die Räume in der Berzeliigatan mieten kann.«

»Das stimmt. Aber Bobo hat eine Tante, der gehört der Zigarettenladen gegenüber auf der Straße. Sie gab Bobo den Tipp, dass Richard die Wohnungen in seinem Haus renovierte. Danach hat er mich gebeten, doch Richard mal zu fragen, ob es eine Möglichkeit gab, dort was zu mieten.«

»Wissen Sie, dass Bobo tot ist?«

Jetzt wurden die Augen feucht und Charlotte schluckte schwer, bevor sie antwortete.

»Ich habe es in den Nachrichten gehört. Wie schrecklich!«

»Wissen Sie, ob Bobo in irgendeine Sache verwickelt war, die jemanden dazu bringen konnte, ihn zu ermorden?«

Es flackerte hinter dem Türkisblau. Unruhe und Wachsamkeit.

»Nein. Absolut nicht!«

Sie kreuzte die Beine noch fester und begann die nackten Unterarme zu massieren, als fröre sie.

»Hat Bobo Ihnen Drogen verkauft?«

Es war wie bei Lots Weib. Charlotte verwandelte sich in eine Salzsäule. Es dauerte eine ganze Weile, bis sie entschuldigend, aber gleichzeitig mit einem Unterton von Aggressivität antwortete:

»Heutzutage nehmen doch alle mal was. Das tun doch alle. Da ist nichts Besonderes dabei. Das ist wie Alkohol trinken!«

»Nun ja. Aber es fällt unter andere Gesetze. Hat er viel verkauft?«

Jetzt hatte sie sich wieder gefangen und zeigte eine härtere Miene. Sie machte den tapferen Versuch, hochmütig zu klingen:

»Überhaupt nicht! Er war ein hervorragender Fotograf. Das bisschen, was er verkaufte, das war nur für Freunde und private Gelegenheiten.«

Es gelang ihr nicht ganz, aber fast. Da sie noch eine ganze

Reihe anderer brisanter Fragen zu stellen hatte, beschloss Irene, fürs Erste das Thema zu verlassen. Stattdessen fragte sie:

»Kennen Sie einen Mann namens Lars ›Lillis‹ Johannesson?«

Charlotte zuckte zusammen, sah aber nicht ängstlich aus. Sie verzog den Mund und sagte:

»Das ist Bobos Cousin. Aber ich habe ihn nie kennen gelernt.«

»Sie kennen ihn also überhaupt nicht?«

»Nein.«

Offenbar kam sie an dieser Stelle nicht weiter. Zeit, die Spur zu wechseln. Irene fuhr ruhig fort:

»Wir haben außerdem Hinweise, dass Sie im Sommer von Richard von Knecht einen Ersatzschlüsselbund bekommen haben. Warum hat er ihn Ihnen gegeben?«

Ihre Überraschung war nicht gespielt. Oder aber sie war eine bessere Schauspielerin, als Irene gedacht hatte.

»Ersatzschlüssel? Ich habe keine Ersatzschlüssel von Richard gekriegt…«

»Ihr Schwiegervater hat Ihnen keine Schlüssel gegeben?«

»Nein.«

»Dann hat Henrik sie also gekriegt?«

Jetzt flackerte ihr Blick wieder, als sie antwortete:

»Das glaube ich nicht.«

»Das heißt, Sie wissen nicht, ob Henrik Ersatzschlüssel von seinem Vater gekriegt hat?«

»Nein.«

»Aber Sie wissen, dass es einen Bund mit Ersatzschlüsseln gab, nicht wahr?«

»Nein, das sage ich doch! Nein!«

Ein neuer Geruch drang durch das schwere Cartierparfüm. Angst.

»Dann müssen wir Henrik fragen, wenn er zurückkommt«, sagte Irene.

Sie tat so, als sähe sie auf ihren Block. Aus den Augenwinkeln heraus beobachtete sie, wie Charlotte sich entspannte und ein wenig in den Sessel zurückfiel. Offenbar glaubte sie, die Gefahr wäre vorbei. Nachdenklich meinte Irene:

»Ach ja, Sylvia hat mir gestern gesagt, dass Henrik Mumps hatte, als er beim Militär war. Wahrscheinlich ist er dadurch zeugungsunfähig geworden, weil auch die Hoden befallen waren. Aber das scheint mir sonderbar, im Hinblick auf Ihre Schwangerschaft?«

Die Frage blieb über ihren Köpfen in der Luft hängen. Charlotte sah aus, als hinge das Fallbeil der Guillotine über ihr. Sie wurde kreideweiß unter der Schminke und verlor die Fassung.

»Was meinen Sie damit? Mir geht es nicht gut!«

Sie sprang auf und lief in den Flur. Im Vorbeilaufen stieß sie eine große chinesische Bodenvase um. Die zerschellte auf dem Marmorboden vor dem offenen Kamin. Sie konnten hören, wie die Tür zur Toilette im Flur aufgerissen und wieder zugeworfen wurde. Tommy deutete mit dem Zeigefinger zum ersten Stock. Irene nickte, sie hatte es auch gehört. Ein leiser Bums, wie ein aufgeprallter Ball. Es gab jemanden im ersten Stock, und der hatte etwas auf den Boden fallen lassen.

Nach fast fünf Minuten kam Charlotte zurück. Sie war gefasst, schien aber geweint zu haben. Ihre Stimme war eiskalt, als sie sagte:

»Es ist Henriks Kind. Ich stelle mich gern für einen Test zur Verfügung. So einen, um die Vaterschaft festzustellen.«

»Ein DNA-Test.«

»Genau. Aber damit müssen Sie bis Mai warten. Und ich möchte, dass Sie jetzt gehen. Die Schwangerschaft setzt mir zu. Und das wird durch Ihre schrecklichen Fragen nicht besser. Als wäre ich in irgendeiner Weise verdächtig!«

Als sie aufstanden, sah Tommy sie lächelnd an. Automatisch erwiderte sie das Lächeln, doch es erlosch, als er mit freundlicher Stimme sagte:

»Das sind Sie auch.«

Die Wut glühte hinter ihren Linsen. Irene fürchtete fast, sie könnten platzen. Diese kleine Person log, dass es nur so krachte, aber im Augenblick kamen sie bei ihr nicht weiter. Charlotte ging voraus in den Flur. Demonstrativ riss sie die Haustür weit auf, um sie nach draußen zu lassen. Tommy blieb stehen und schaute sich die protzigen Cowboyboots an, ohne ein Wort zu sagen. Er fing ihren Blick auf und lächelte vielsagend. Das war mehr, als sie ertrug. Ihre Hände zitterten, als sie Tommys Jacke packte und ihn hinausschob. Aufreizend sagte er:

»Oho, das kann als Gewalt gegen Beamte gesehen werden.«

»Das ist mir scheißegal. Ich werde Sie anzeigen! Familie von Knecht ist nicht irgendjemand! Sie werden Ihren Job verlieren!« Mit aller ihr zur Verfügung stehenden Kraft schlug sie die Tür zu.

Erst als sie im Auto saßen, schaute Tommy Irene an und sagte:

»Wir haben sie ganz schön scharf angepackt. Und wenn sie nun eine Fehlgeburt hat?«

»Dann liegt das bestimmt eher am Alkohol und Gott weiß was noch, das sie sich reingekippt hat. Und sie wird keinen Anwalt anrufen. Der brennt der Boden unter den kleinen Füßchen! Apropos Füßchen: die Cowboystiefel. Und die Jacke. Wir müssen herauskriegen, wer bei ihr ist«, sagte Irene.

Sie ließ den Wagen an, machte eine Kehrtwendung von 180 Grad und rollte die Straße hinunter. Als sie außer Sichtweite des Hauses gekommen waren, hielt sie den Wagen an und fragte:

»Wer fängt an: du oder ich?«

»Ich. Wenn was passiert, rufe ich dich an. Sonst kommst du nach dem Treffen mit den Drogenleuten mich ablösen.«

»Willst du denn nicht dabei sein?«

»Es ist besser, du bist dabei. Schließlich warst du draußen in Billdal.«

»O ja, und wie. Okay, dann machen wir es so. Ich bin in ungefähr einer halben Stunde im Präsidium. Das hängt ein wenig von den Straßenbahnen und Bussen ab.«

Sie stieg aus dem Wagen und ging zum Sankt Sigfrieds plan.

Birgitta war die Erste, die ihr in der Abteilung über den Weg lief. Sie strahlte und winkte Irene in ihr Zimmer. In ihrer Stimme schwang unterdrückte Erregung.

»Ich habe schon nach dir gesucht. Du hast doch gesagt, du wolltest Charlotte etwas näher befragen. Und da hat sich ganz hinten in meinem Kopf was gerührt. Ich bin das wenige, was ich über Bobo Torsson habe, noch mal durchgegangen. Und habe das hier gefunden!«

Triumphierend zeigte sie auf eine Liste mit Namen. Der Zeigefinger blieb bei dem Namen Charlotte Croona stehen. Eifrig fuhr sie fort.

»Als ich den Namen das erste Mal gesehen habe, habe ich gestutzt. Es hat aber nicht geklingelt. Als du jetzt aber gesagt hast, dass Bobo und Charlotte näher miteinander bekannt waren, hat es Klick gemacht. Das hier ist die Liste derjenigen, die 1989 bei der Razzia aufgegriffen wurden, als Lillis eingebuchtet wurde!«

»Das darf ja wohl nicht wahr sein! Hat Jonny Lillis gefragt, ob er Charlotte kennt?«

»Ja. Aber der behauptet, er hätte nicht die geringste Ahnung, wer das sein könnte. Was jedoch interessant ist: Charlotte ist damals festgenommen worden, weil sie ein halbes Gramm Kokain bei sich hatte. Sie ist mit Bewährung davongekommen, weil vorher noch nie etwas bei ihr gefunden wurde. Ich habe nachgeguckt, aber nach '89 nichts mehr über sie gefunden. Sie ist vollkommen sauber.«

Irene setzte sich und versuchte nachzudenken. Sie erzählte Birgitta, dass Tommy auf Beobachtungsposten geblieben war, um herauszukriegen, wer Charlottes Herrenbesuch war. Birgitta überlegte:

»Kann das der Kindsvater sein? Das heißt, wenn du Recht damit hast, dass Henrik nach seiner Krankheit wirklich unfruchtbar geworden ist. Können wir irgendwie rauskriegen, ob das sicher ist?«

389

»Nein. Wir haben keine Chance, derartige Unterlagen zu kriegen. Mein Verdacht basiert auf Sylvias Reaktion, als ich diese Möglichkeit erwähnt habe. Und auf ›Meier-Straußen-Eier‹.«

»Worauf?«

Nachdem sie von dem Schicksal ihres Kollegen berichtet hatte, stimmte Birgitta ihr zu, dass es eine Möglichkeit war. Ihr kam eine Idee:

»Und wenn jetzt Bobo Torsson der Vater von Charlottes Kind ist! Vielleicht hatten die beiden die ganze Zeit ein Verhältnis miteinander!«

»Schon möglich. Irgendwie müssen wir das rauskriegen. Schaffen wir es noch, vor der Besprechung was zu essen?«

»Wenn wir uns beeilen, ja.«

Die stellvertretende Kommissarin Annika Nilsén und zwei Inspektoren vom Rauschgiftdezernat waren bereits zur Stelle. Irene stutzte, als sie die beiden sah, und glaubte einen verwirrenden Augenblick lang, es handle sich bei ihnen um zwei verdächtige Dealer, die Nilsén da mitgebracht hatte. Aber sie wusste natürlich, dass man so aussehen musste, wenn man für das Rauschgiftdezernat in der Fahndung arbeitete, um nicht aufzufallen. Aber wie groß war das Risiko, dass man zu sehr mit den Geschäften in Kontakt kam, die man eigentlich aufdecken sollte? Nach dem Aussehen der beiden Fahnder zu urteilen, mussten sie bereits ein vertrauter Teil von Göteborgs Drogenszene sein. Was natürlich beabsichtigt war. Vom Morddezernat waren Kommissar Andersson, Irene Huss, Birgitta Moberg und Hans Borg anwesend.

Letzterer sah aus, als würde er sich am liebsten hinlegen und sein Essen verdauen. Er hatte seinen Stuhl ganz in eine Ecke geschoben und saß nun dort, den Kopf nach hinten gelehnt, mit halb geschlossenen Augen.

Andersson eröffnete das Treffen, indem er alle Anwesenden kurz vorstellte. Die beiden von den Drogen hießen Stig Bertilsson und Daniel Svensson. Hätte Irene raten dürfen, hätte sie ihnen die Spitznamen Bonzo und Ragge gegeben, nach den halbstarken Fernsehserientypen.

Andersson begann mit dem Bericht darüber, was sein Dezernat auf die Spur nach Billdal gebracht hatte. Er redete lange über Verdachtsmomente und Beweise für Bobo Torssons Teilnahme am Drogenhandel. Danach ging er dazu über, von Bobos Tod auf dem Parkplatz des Delsjön-Golfplatzes zu berichten.

»Die Spurensuche hat ergeben, dass die Bombe in der Berzeliigatan und die Bombe, die Bobo getötet hat, beide nach dem gleichen Prinzip gebaut waren. Beide Male handelte es sich um eine Bombe, die mithilfe eines kräftigen Eisenrohrs konstruiert wurde. Das Interessante dabei ist, dass es sich um den gleichen Typ Eisenrohr zu handeln scheint, aber in unterschiedlicher Größe. Es sind altmodische, kompakte Abflussrohre. Und dazu haben wir einen interessanten Hinweis von einer Frau gekriegt, die in dem Haus gewohnt hat, aber nicht da war, als es knallte. Sie kam kurz danach, brach zusammen und wurde ins Krankenhaus gebracht. Aber jetzt ist sie wieder okay. Gestern hat Fredrik sie rein zufällig in der Berzeliigatan getroffen. Sie sah zu, wie die Männer dort gruben und in den Hausresten herumwühlten. Da fragte sie, wie die Bombe konstruiert war, Fredrik hat es ihr erklärt, und da hat sie etwas verdammt Interessantes gesagt. Sie hatte sich nämlich schon mehrfach darüber beschwert, dass unten im Keller eine Menge alter Eisenrohre lagen, noch von der Renovierung vor mehreren Jahren. Damals haben sie nämlich das ganze Abwassersystem ausgewechselt. Aber nichts ist passiert. Die Rohre blieben liegen und sie hat sie erst vor zwei Wochen noch dort liegen gesehen!«

Irene hob die Hand.

»Es muss doch möglich sein, sich in den Keller zu graben und diese Rohre herauszuholen. Und die Dame, die die Rohre gesehen hat, wird doch wahrscheinlich wissen, wo man ungefähr graben muss.«

Andersson nickte und rieb sich die Hände.

»Stimmt. Das ist auch schon beschlossen. Aber zuerst müssen sie von Knechts Safe rauskriegen. Wie weit sind sie damit, Borg?«

Hans Borg zuckte zusammen, als er merkte, dass er direkt angesprochen worden war. Und das hatte zur Folge, dass der Stuhl unter ihm wegrutschte, da er ihn gegen die Wand gekippt hatte. Mit einem Knall fiel er auf den Boden und Hans Borg stieß sich den Kopf an der Wand. Bonzo und Ragge sahen sich vielsagend an.

Borg rieb seinen schmerzenden Hinterkopf und versuchte seine angeschlagene Würde zu sammeln. Abgesehen von diesen beiden Dingen schien er keinen Schaden erlitten zu haben. Er stellte den Stuhl hin und setzte sich wieder. Verlegen sagte er:

»Entschuldigt. Die Jungs rechnen damit, dass sie den Safe heute Nachmittag rauskriegen, wenn alles planmäßig verläuft. Danach fangen sie dann an, nach den Rohren im Keller zu graben. Ihr könnt euch vorstellen, wie die schimpfen! Zuerst müssen sie den Keller verstärken, damit der Lull ins Haus kann. Und dann müssen sie alles wieder wegmachen und sich in den Keller runterarbeiten. Das dauert seine Zeit.«

Andersson warf ein:

»Wie lange? Wann können sie im Keller sein?«

»Frühestens morgen Nachmittag. Wenn sie wissen, wo genau sie suchen sollen.«

»Okay. Sieh zu, dass die Frau zur Stelle ist und es ihnen zeigt, damit wir keine Zeit verlieren, indem wir an der falschen Stelle graben. Hast du noch mehr zu berichten?«

»Ja. Heute Morgen rief mich dieser Lehrer vom Aschebergsgymnasium an. Der mir im Parkhaus Papier und Bleistift gegeben hat, als ich einen Zettel hinhängen wollte, dass wir Hinweise bzw. Zeugen suchen. Er hat angerufen und gesagt, dass ihm was eingefallen ist. Er ist nicht fest an der Schule angestellt und hat deshalb keinen Parkplatz direkt an der Schule. Deshalb hat er einen Platz im Parkhaus gekriegt, das ungefähr hundert Meter weiter liegt. Am Dienstagabend hat er bis viertel nach fünf gearbeitet. Als er nach Hause wollte, ist er schnell zum Parkhaus gelaufen. Da hat er einen hellen Wagen auf dem einen Lehrerparkplatz gesehen, den er noch nie dort gesehen hatte. Aber da es ja schon nach der Schulzeit war, beschloss er, sich nicht weiter drum zu kümmern. Aber nachdem in den Zeitungen gefragt wurde, ob jemand etwas Ungewöhnliches zu dieser Zeit gesehen hat, ist ihm das eingefallen. Und das ist ungewöhnlich! Denn nur die Lehrer dürfen diese Plätze bis achtzehn Uhr abends belegen. Und er sagt, dass keiner der Lehrer, die sonst dort parken, so ein Auto hat. Ein helles Auto. Er ist sich nicht ganz sicher, welche Farbe es hatte.«

»Und welche Marke?«

»Das weiß er nicht. Er hatte es in dem Sturzregen natürlich eilig.«

Irene konnte sehen, dass Andersson das interessant fand. Aber die drei von den Drogen sahen so offensichtlich gelangweilt aus, dass es wohl das Beste war, zu ihrem Bereich überzugehen. Andersson machte sich Notizen und beendete das Thema:

»Du untersuchst das weiter, Hans. Du kennst dich schließlich mit Autos aus. Und damit kommen wir zu Billdal.«

Annika Nilsén nickte und gab sofort Stig Bertilsson das Wort. Der begann damit, von der langjährigen Arbeit des Dezernats zu berichten, bei der sie versuchten, die Rolle der MC-Gangs im Drogenhandel aufzudecken. Es hatte sich herausgestellt, dass diese einen überraschend großen Anteil daran hatten. Die kleinen Banden dealten nicht. Aber die Banden, die den Bandidos oder Hell's Angels angegliedert waren. Und die waren vollwertige Mitglieder der Hell's Angels »Death Squadron No. 1«, einer Bande, die man im Augenblick am intensivsten beobachtete. Durch sie kamen alle Arten von Drogen aus Dänemark oder Holland ins Land.

Das war interessant und ließ bei Irene die vage Idee einer Verbindung zu Bobo Torsson und Lillis keimen. Sie unterbrach mit der Frage:

»Wie bringt die Gang den Stoff unter die Leute?«

»Meistens über Hehler. Für einen dicken Typen in Leder auf einer großen HD ist es nicht so leicht, herumzufahren und Stoff an Teenager zu verkaufen. Er ist zu leicht wieder zu erkennen, und damit ist das Risiko einer Festnahme zu groß. Nein, man kauft große Partien auf und verkauft dann an Zwischenhändler, die das Zeug dann wiederum auf den Markt bringen.«

Irene meinte mit einem Nicken:

»Das klingt nach Bobo Torsson. Wir wissen, dass er gedealt hat. Und Lillis, aber gegen ihn liegt nichts vor, seit er aus dem Knast ist. Wisst ihr, ob er mit dieser Bande irgendwelche Kontakte hatte?«

Bertilsson schüttelte den Kopf. Andersson stöhnte laut und alle konnten hören, wie er vor sich hin murmelte:

»Ich muss diesen Mistkerl freilassen!«

Birgitta tätschelte ihm den Arm und sagte tröstend:

»Ich werde weiter in den Akten nach Bobo, Lillis und diesen MC-Typen suchen, die Irene identifiziert hat. Das mache ich heute Nachmittag. Wenn es einen Zusammenhang gibt, dann muss er da zu finden sein.«

»Ja, ja. Such du nur weiter«, seufzte ihr Chef.

Irene beugte sich vor und tätschelte Andersson auf den unteren Arm. Sie warf ihm ein aufmunterndes Lächeln zu und sagte:

»Du kannst Lillis mal fragen, ob Bobo und Charlotte ein Verhältnis miteinander hatten. Wahrscheinlich wird er nicht darauf antworten, aber vielleicht ist irgendwas aus seiner Reaktion zu sehen.«

»Du meinst ein sexuelles Verhältnis?«

»Ja.«

Andersson zog die Augenbrauen hoch und nickte schließlich. Er wandte sich den Kollegen von den Drogen zu und erklärte:

»Das ist nämlich der einzige Berührungspunkt zwischen Bobo und der Familie von Knecht, den wir bisher gefunden haben. Habt ihr auch nur das geringste Anzeichen dafür, dass

Richard von Knecht oder sonst jemand aus der Familie von Knecht in Drogengeschäfte verwickelt ist?«

Annika Nilsén räusperte sich und sagte mit ihrer farblosen Stimme:

»Nein. Der Name ist nie bei uns aufgetaucht, so viel ich weiß. Seid ihr jemals darauf gestoßen?«

Sie wandte sich den beiden Fahndern zu, die beide den Kopf schüttelten. Birgitta ergriff eifrig das Wort:

»Aber wir haben Charlottes Namen auf der Liste einer Razzia von 1989 gefunden. Sie war damals noch nicht verheiratet und hieß Croona. Das war die Sache, durch die Lillis in den Knast kam. Bobo wurde mit zehn Gramm Kokain geschnappt, und da er schon vorher Dreck am Stecken hatte, ist er für ein paar Monate in den Knast gewandert. Charlotte hatte ein halbes Gramm Kokain bei sich, kam aber mit einer Bewährungsstrafe davon, da es das erste Mal war.«

Stig Bertilsson sah verblüfft drein.

»Aber bei der Razzia war ich sogar dabei! Charlotte Croona! Sie hatte auf dem Tisch einen Strip hingelegt, da war nicht mehr viel übrig für eine Leibesvisitation. Da sonst nichts da war, habe ich mir ihren Kettenanhänger näher angeguckt, einen kleinen, geschnitzten Zylinder. Und als ich den aufgeschraubt habe, lag Schnee drin. Freebase, nicht sauber. Deshalb kam sie mit Bewährung davon. Als wir ins Präsidium kamen, schlug sie um sich. Halluzinierte.«

Er schwieg und verzog bei der Erinnerung an die Bilder das Gesicht. Dann sprach er weiter:

»Später habe ich erfahren, dass sie ein ziemlich bekanntes Fotomodell war. Aber danach stand nichts mehr über sie in den Zeitungen. Doch ihr könnt mir glauben: Keiner, der dabei war, hat Charlotte Croona vergessen!«

Anderssons Gesichtsfarbe wurde wieder dunkler.

»Und Bobo und Lillis waren auch da! Bobo und Charlotte, das muss der Berührungspunkt sein!«

Die anderen stimmten ihm zu. Vieles deutete darauf hin. Irene seufzte resigniert.

»Aber wir brauchen Beweise! Bis jetzt haben wir nur Annahmen und begründete Vermutungen.«

Andersson warf ihr einen nachsichtigen Blick zu:

»Na, so ist es doch wohl meistens bei Ermittlungen. Jetzt kommt es nur noch darauf an, einen Beweis zu finden, der hieb- und stichfest ist. Was habt ihr bei den Untersuchungen in Billdal rausgekriegt?«

Die Frage richtete sich an Bertilsson. Dieser zuckte mit den Schultern und antwortete:

»Nicht besonders viel. Laut Zeugenaussagen der Nachbarn waren die MC-Typen seit drei Tagen zu sehen. Aber niemand hat mehr als zwei gleichzeitig gesehen. Und niemand hatte einen Verdacht, dass sie in den beiden Ferienhäusern hausten. Die Bande war dort eingebrochen. Die einzige Spur von Drogen sind ein Paar Portionstüten, die Amphetamine enthalten haben. Keine Spritzen, aber reichlich Haushaltspapier mit Blutflecken. Die haben ziemlich herumgesaut, wir haben Unmengen von Fingerabdrücken gefunden. Zwei Paar sind identifiziert, sie gehören Glenn ›Hoffa‹ Strömberg und Paul Svensson. Drei Paar sind nicht im Register. Eins davon gehört offensichtlich dem Mädchen. Sie haben wir nicht identifizieren können. Die anderen zwei Sätze haben wir via Interpol rausgeschickt. Wir haben den Verdacht, dass die Polizei in Holland die Abdrücke vielleicht in ihrem Register hat. ›Death Squadron‹ hatte nämlich das ganze Wochenende und noch Anfang der Woche Besuch von einem Club aus Amsterdam. Die sind Donnerstag über Malmö gekommen. Zwölf Stück sind die Hallandsküste hoch gedonnert. Wir haben sie beobachtet. Oder es zumindest versucht. Denn sie haben sich aufgeteilt und bei verschiedenen Bandenmitgliedern gewohnt. Gestern sind sie wieder zurück nach Holland gefahren.«

Er machte eine resignierte Handbewegung. Andersson hatte eine Sorgenfalte auf der Stirn, als er fragte:

»Aber wie kann Bobo und wahrscheinlich auch Lillis, Kontakt mit den Hell's Angels aufgenommen haben? Lillis leugnet hartnäckig, dass er Hoffa kennt.«

396

Keiner der Drogenfahnder wusste eine Antwort, alle zuckten nur mit den Achseln.

Nach einigem Geplänkel beschloss man aufzubrechen.

Irene wurde von einem Streifenwagen mitgenommen und in der Sankt Sigfridsgatan rausgelassen. Für Tommy hatte sie ein Sandwich und ein Leichtbier in der Cafeteria gekauft. Er hatte den Wagen ein Stück weiter gefahren, aber sie sah ihn gleich. Schnell ging sie zu ihm, öffnete die Tür und stieg ein.

»Hallo. Ich habe was zu essen mitgebracht. Ist was passiert?«, fragte sie.

»Überhaupt nichts. Vor einer Stunde war ich mal weg, zum Pinkeln. Ich war höchstens zehn Minuten weg. Aber während der Zeit ist nichts passiert. Der Golf steht noch da, die Rollos sind heruntergelassen. O Scheiße, es ist langweilig zu observieren!« Er wickelte das Brot aus der Plastikfolie und öffnete das Bier. Es war bereits dunkel, und langsam wurde es kalt im Auto. Irene schaute sich um.

»Du, vielleicht sollten wir uns ein bisschen bewegen. Die Frau da in dem Haus gegenüber hat schon mehrere Male hinter den Gardinen gestanden. Die glaubt bestimmt, dass wir was Schlimmes im Schilde führen. Komm, tauschen wir die Plätze, dann kannst du was essen.«

Sie stieg aus dem Auto, um sich auf den Fahrersitz zu setzen. Tommy rutschte rüber auf den Beifahrersitz. Plötzlich wurde das Licht hinter den herabgelassenen Rollos im ersten Stock von Charlottes Haus eingeschaltet. Ein paar Minuten später wurde eine Lampe im Erdgeschoss angeknipst. Wahrscheinlich war es die Flurlampe, denn hinter den Gardinen im gewölbten Erker des Wohnzimmers blieb es dunkel. Sie warteten gespannt, aber nichts weiter passierte. Es war wirklich an der Zeit den Wagen wegzufahren, denn die Nachbarin schien inzwischen wirklich misstrauisch geworden zu sein.

Irene startete den Wagen und sagte:

»Wenn wir noch länger hier stehen, ruft sie bestimmt die Polizei.«

Sie fuhren ein Stück und parkten bei Förtroligheten. Irene hakte sich bei Tommy unter, und langsam spazierten sie den Långåsliden wieder hinauf. Sie unterhielten sich leise. Tommy fragte:

»Will Jenny heute Abend zu den Karl-XII.-Demonstrationen gehen? Oder im schlimmsten Fall zu den Krawallen?«

»Nein, sie hat nie gesagt, dass sie das will. Aber nach deiner Schilderung gestern hat sie was zu denken. Sie hatte einfach nicht begriffen, dass sie, wenn sie sich an eine Gruppe wie diese ranhängt, auch Sachen mitmachen muss, die sie vielleicht gar nicht mag oder will.«

»Und wenn ihr Typ nun fordert, dass sie mitkommt?«

Irene zögerte ein wenig mit der Antwort:

»Ich weiß es nicht. Ehrlich, ich weiß es einfach nicht. Aber Krister meint, wir sollten auf ihren Verstand trauen. Sie ist ein kluges Mädchen, wenn auch ein bisschen verloren, und außerdem hat sie immer Schwierigkeiten gehabt, eine richtig gute Freundin zu finden. Sie hat natürlich Katarina, aber die beiden streiten sich oft. Nur nicht, wenn Krister oder ich ihnen etwas sagen. Dann halten sie zusammen wie Pech und Schwefel.«

Sie näherten sich dem gelben Haus. Immer noch war Licht im ersten Stock. Deshalb waren sie vollkommen überrascht, als die Haustür plötzlich aufgestoßen wurde und eine Gestalt hastig über den unebenen Gartenweg stolperte. Schnell wurde die Tür wieder von innen geschlossen. Offenbar wollte Charlotte nicht gesehen werden. Glück gehabt, sie hätte sie sonst wieder erkennen können.

Irene brauchte viel Selbstüberwindung, um an Tommys Seite einfach weiterzugehen, als wenn nichts passiert wäre. Die beiden unterhielten sich, während sie diskret den jungen Mann beobachteten, der um den Golf herumging. Er war blond, von mittlerer Größe, ungefähr zwanzig und trug die weiche Wildlederjacke und die Cowboystiefel. Das Licht der Straßenlaterne fiel für einen kurzen Moment auf sein Gesicht, bevor er ihnen den Rücken zukehrte, um ihn aufzuschließen.

Er hatte ein überraschend junges Gesicht mit regelmäßigen Zügen, aber er sah sehr verkniffen aus. War er wütend? Hatten die beiden gestritten? Mit einer ungeduldigen Geste strich er sich den Pony aus der Stirn. Irene ertappte sich bei dem Gedanken, dass er richtig niedlich aussah. Charlotte hatte sich ein Spielzeug zugelegt. Obwohl er nach seiner Ausstaffierung zu urteilen sicher lieber als Cowboy bezeichnet werden wollte. Er setzte sich ins Auto und fummelte in den Jackentaschen. Offenbar wollte er eine Zigarette anzünden. Tommy und Irene waren am Golf vorbei und beschleunigten jetzt möglichst unbemerkt ihre Schritte. So schnell sie es wagten, eilten sie zu dem Saab. Als sie die Wagentüren öffneten, drehte Irene den Kopf und sah, wie der Golf auf die Straße einbog. Sie ließ ihn vorbeifahren, sprang ins Auto und machte mal wieder eine ihrer üblichen, nicht erlaubten U-Kehren.

Er fuhr zur Skårs Allé hinunter und bog nach Süden auf die Sankt Sigfridsgatan ein. Ziemlich schnell fuhr er zum Kungsbackaleden hinauf. Tommy stöhnte, halb im Scherz, aber doch mit einem ernsten Unterton:

»Nun sag bloß nicht, dass wir wieder nach Billdal raus sollen!«

Aber dem war nicht so. Bei Mölndal bog der rote Golf ab und fuhr auf die Bifrostgatan. Er fuhr noch ein Stück weiter und parkte schließlich vor einem niedrigen Mietshaus. Irene bog schnell in eine Seitengasse ein. Sie sprangen aus dem Wagen und sahen, wie der Mann gemächlich zu einem Hauseingang ging und darin verschwand. Schnell liefen sie zum Eingang und öffneten ihn, so vorsichtig sie konnten. Sie hörten, wie eine Etage höher eine Tür geschlossen wurde. Die Informationen über die Mieter waren unten im Eingang angeschlagen. Irene fand den Namen sofort und musste kichern. Leise sagte sie:

»R. Skytter. Robert Skytter. Sie bumst mit einem Autohändler. Und der hat ihr auch das Alibi für den Mordabend verschafft!«

Sie warteten fünf Minuten, dann gingen sie hoch. Tommy klingelte an der Tür mit dem Schild »R. Skytter«. Sie hörten Schritte und die Tür wurde geöffnet. Aber vor ihnen stand nicht der Cowboy. Der Mann, der öffnete, war rothaarig und größer, aber ungefähr im gleichen Alter.

»Guten Tag, wir sind von der Polizei. Inspektorin Irene Huss und Inspektor Tommy Persson. Wir suchen Robert Skytter.«

Die Augen des Rothaarigen verengten sich und er sagte mit gespielter Nonchalance:

»Können Sie sich ausweisen?«

Irene und Tommy holten gleichzeitig ihre in Plastik eingeschweißten Ausweise heraus und hielten sie ihm hin. Er konnte seine Enttäuschung nicht verbergen. Befriedigt fragte er:

»Das kann nicht stimmen! Das müssen doch solche größeren Messingplaketten sein.«

Irene stöhnte laut auf.

»In den USA. Sie haben zu viele Krimis gesehen. Sind Sie Robert oder ist es der Mann, der vor fünf Minuten gekommen ist?«

Der Rothaarige sah aus, als überlege er, was er antworten sollte. Noch bevor er dazu kam, tauchte hinter ihm der blonde junge Mann auf. Fröhlich begrüßte er die Beamten:

»Guten Tag! Worum geht es?«

Das war Robert. Sie erkannte seine Stimme wieder.

»Hallo Robert. Inspektorin Irene Huss. Wir haben Ende letzter Woche miteinander telefoniert. Dürfen wir hereinkommen?«

Unwillig trat der Rothaarige beiseite. Tommy wandte sich ihm zu und fragte:

»Und wer sind Sie?«

»Daniel Skytter«, antwortete der Rothaarige mürrisch.

Da sah Irene die Ähnlichkeit. Die beiden waren Brüder. Freundlich sagte sie:

»Wohnen Sie auch hier?«

»Ja. Im Augenblick.«

»Im Augenblick?«

Daniel Skytter zeigte deutliche Zeichen von Unruhe und begann auf der Stelle zu treten.

»Ich bin letzte Woche hergezogen, nachdem mein Mädchen mich rausgeworfen hat. Es war ihre Wohnung«, erklärte er schmollend.

»Und deshalb wohnen Sie jetzt hier. Was arbeiten Sie?«

»Ich gehe stempeln. Ich bin arbeitsloser Maler.«

»Ja, also, Daniel. Wir möchten gern mit Robert unter vier Augen reden. Hätten Sie was gegen einen kleinen Spaziergang?«

Daniel zuckte zusammen und richtete sich kerzengerade auf. Seine Augen wurden zu Schlitzen, als er fauchte:

»Ne, ne! Nur keine Zeugen, was! Damit Sie ihn bearbeiten können und dazu bringen, alles Mögliche zu gestehen, wie!«

Irene und Tommy stöhnten gleichzeitig. Übertrieben pädagogisch sagte Tommy:

»Lieber, guter Daniel. Sie sollten wirklich nicht mehr so viele amerikanische Krimis sehen. Wir wollen nur mit Ihrem Bruder reden. Er ist ein wichtiger Zeuge bei einem äußerst brutalen Verbrechen, das wir untersuchen.«

Ein Funke von Neugier erschien in Daniels misstrauischen grauen Augen. Offenbar war er sich nicht sicher, worum es eigentlich ging. Tommy fuhr fort:

»Die Alternative ist, dass wir ihn mit aufs Präsidium nehmen und dort verhören.«

»Das dürft ihr nicht!«

»O doch.«

Unsicher schauten sich die Brüder an. Robert nickte und machte mit dem Kopf ein Zeichen zur Tür hin. Daniel gab auf. Er schnappte sich seine Jacke von der Garderobe, drückte sich eine Kappe auf den Kopf, stopfte die Füße in derbe Joggingschuhe und ging zur Tür. Der Blick, den er den Zurückbleibenden über die Schulter zuwarf, war randvoll mit Misstrauen.

Irene wandte sich Robert Skytter zu.

»Wie alt ist Ihr Bruder?«

»Achtzehn.«

»Achtzehn! Und wohnt schon mit einer Frau zusammen?«

»Das hat nicht mal zwei Monate gehalten.«

»Warum ist er denn nicht wieder zurück zur Mama gezogen?«

»Er kommt nicht gut mit Mutters neuem Mann aus. Deshalb ist er letzte Woche lieber zu mir gezogen. Aber ich werde versuchen ihm irgendwo eine kleine Wohnung zu besorgen. Obwohl, die kann er sich wahrscheinlich kaum leisten.«

»Dann war er also der Grund, dass Charlotte und Sie sich bei ihr zu Hause getroffen haben?«

Roberts Blick flackerte, er wandte sich von den beiden ab. Er ging durch den engen Flur vor und führte sie in ein kleines Wohnzimmer, möbliert mit dem Sofa Balder, dem Couchtisch Runar und dem Bücherregal Diplomat. Oder wie immer sie auch hießen. Irene kannte sie von ihren Studien hinsichtlich Wohnungseinrichtungen: IKEA-Katalog '96. Robert wies ihnen einen Platz auf dem Sofa an. Er selbst setzte sich auf den Sessel Tobbe. Aber gleich sprang er wieder auf und fragte nervös:

»Möchten Sie etwas zu trinken? Eine Selters? Ein Leichtbier? Ein richtiges Bier?«

»Eine Selters bitte.«

»Ein Leichtbier bitte.«

Er verschwand im Flur und weiter in der Küche. Sie konnten hören, wie er mit Flaschen und Gläsern klirrte. Durch eine halb offene Tür konnte Irene ein ungemachtes Bett sehen. Zwei Zimmer und Küche. Und der kleine Bruder. Das war momentan Robert Skytters Wohnsituation. Nicht viel, was er seiner verheirateten Geliebten aus Örgryte bieten konnte. Wieder tauchte das allzu vertraute *Warum* vor ihren Augen auf. Warum brauchte Charlotte dieses kleine süße Spielzeug? Das Objekt ihrer Frage tauchte mit Flaschen und Gläsern in einem beängstigend lockeren Griff auf. Robert stellte seine

Last auf dem Tisch ab, um dann unsicher und zögernd zu fragen:

»Dann waren Sie es also, die heute am frühen Morgen bei Charlotte waren?«

Irene nickte.

»Es war schon nach zehn. Ja, das waren wir.«

»Ja, es stimmt, was Sie sagen. Hier ist es zu eng und dann noch mit Daniel... und so.«

»Wollte Charlotte, dass Sie zu ihr hinauskommen?«

Er schaute auf die Tischplatte und nickte schließlich.

»Wie lange sind Sie und Charlotte schon zusammen?«

Er schaute auf und schien aufrichtig überrascht zu sein.

»Wir sind nicht zusammen! Nun ja, manchmal schon. Letzte Nacht.«

»Sie haben vorher noch nie zusammen geschlafen?«

Jetzt zitterten seine Hände und er zupfte nervös am Bieretikett. Tommy wiederholte die Frage. Schließich kam reichlich unwillig:

»Ich habe schon erzählt, was letzte Woche passiert ist, als sie den Wagen abgeholt hat. Was werfen Sie mir eigentlich vor?«

»Wir werfen Ihnen gar nichts vor. Sie sind höchstens verdächtig, falsche Angaben gemacht zu haben in Bezug auf den Mord an Richard von Knecht. Wir wissen noch nicht genau, ob dem so ist. Und das versuchen wir herauszukriegen«, erklärte Tommy im besten Polizistentonfall.

Irene beschloss, das anzubringen, was die ganze Zeit in ihrem Unterbewusstsein bohrte, seit sie zum ersten Mal davon gehört hatte. Jonnys Plattfuß hatte es ihr bewusst gemacht. Unerschütterlich fragte sie:

»Robert, niemand kümmert sich darum, den Ersatzreifen zu überprüfen. Niemand! Und am allerwenigsten Charlotte. Was ist damals wirklich vorgefallen?«

Tommy schaute sehr ernst drein und sah Robert unverwandt in die Augen, während er nachhakte:

»Robert, wenn Sie uns angelogen haben über das, was am

Dienstagabend passiert ist, dann sind Sie mitschuldig an einem Verbrechen. Das kann zu einer mehrjährigen Gefängnisstrafe führen. Ist sie das wert?«

Robert zuckte zusammen. Er zupfte immer noch an dem Bieretikett und schien ganz vertieft in dessen kunstvolle Formen zu sein. Er schluckte ein paar Mal, bevor er antwortete:

»Sie ist so schön. Aber sie schluckt Tabletten, zusammen mit Wein. Sie hat ein paar Mal gefragt, ob ich auch welche will… aber so einen Mist rühre ich nicht an. Was rauchen, das habe ich schon mal versucht. Aber das hier ist mir zu heavy. Zum Schluss habe ich mich gar nicht mehr getraut, überhaupt was zu trinken. Wenn sie nun irgendwas in den Wein gekippt hat.«

»Dann wussten Sie vorher nicht, dass Charlotte Drogen nimmt?«

Er schüttelte energisch den Kopf. Dann rief er aus:

»Ich kenne sie doch gar nicht! Das war wie so ein verrückter Sextraum! Sie war nackt darunter! Und ich… ich konnte einfach nicht widerstehen.«

Schwer stützte er seinen Kopf in die Hände. Da er anscheinend nicht weiterreden wollte, unternahm Irene den Versuch, ihn etwas zu beruhigen, damit er weitersprach. Mit leicht spöttischem Ton sagte sie:

»Aber Robert, Sie sind doch wohl alt genug, um zu wissen, dass alle Frauen unter ihren Kleidern nackt sind?«

Er lachte auf und warf ihr einen verzweifelten Blick zu.

»Aber nicht direkt unter dem Mantel!«

Irene gab Tommy ein Zeichen. Das sah ganz nach einem Männergespräch aus. Er begriff sofort und wandte sich mit einer Miene größten Verständnisses an den jungen Mann. Behutsam fragte er:

»Robert, reden Sie jetzt von dem Dienstagabend letzte Woche, als Charlotte kam, um ihr neues Auto abzuholen?«

»Ja.«

»Wann haben Sie Charlotte zum ersten Mal gesehen?«

»Drei oder vier Wochen vorher. Wagen mit einer Sonderlackierung haben immer eine gewisse Lieferzeit.«

»Hatte Charlottes Wagen eine Sonderlackierung?«

»Ja. Hellgelb. Ein sanftes Zitronengelb. Verdammt schöne Farbe.«

»Und was passierte dann, als Sie ihr den Wagen übergeben sollten?«

»Ich habe den ganzen Freitag und Samstag versucht sie anzurufen, weil wir den Bescheid gekriegt hatten, dass der Wagen nach dem Wochenende kommen sollte, am Montagvormittag. Sie ging erst kurz vor Feierabend ans Telefon. Da haben wir abgemacht, dass sie am Montagnachmittag kommen sollte. Aber sie kam nicht. Am Dienstag habe ich dann vormittags bei ihr zu Hause angerufen, aber sie war nicht da. Dann rief sie von sich aus gegen drei Uhr nachmittags an und sagte, dass sie in einer Stunde kommen würde, um den Wagen zu holen. Und sie sagte, dass sie wollte, dass ich ihr ihn zeigte. Und ich… wollte das natürlich gern.«

Er verstummte und schaute auf seine nervösen Finger. Fast das ganze Etikett war von der Flasche abgekratzt. Tommy beugte sich vor und fragte leise:

»Wann kam sie?«

»Kurz nach vier. Sie trug so einen Druckknopfregenmantel, mit einem Gürtel fest in der Taille zusammengeschnürt, und hochhackige Schuhe. Als wir ihren alten Wagen durchgingen, den sie in Zahlung gab, rutschten die Mantelteile ein bisschen auseinander, und ich konnte sehen, dass sie solche Perlonstrümpfe trug, die von allein am Bein sitzen. Und sonst nichts. Als sie sich über den Sitz beugte… da konnte ich es sehen… nackt. Sie war nackt. Abgesehen von den Strümpfen.«

Er verstummte und bekam rote Wangen. Er warf Irene einen verstohlenen Blick zu. Sie erwiderte ihn mit gespieltem Desinteresse. Aber in ihr tobten die Gefühle! Das war mit das Ausgekochteste an Verführungstaktik, von dem sie je gehört hatte.

Tommy schien sich nicht um ihre Anwesenheit zu kümmern, er sprach weiter, als ob nur die beiden Männer im Zimmer wären:

»Sie hat dich scharf gemacht.«

»Ja, was denken Sie denn? Man ist doch auch nur ein Mann.«

»Und dann habt ihr beschlossen, zusammen zu bumsen?«

Robert wurde feuerrot, aber er zeigte eine satyrartige Miene, als er antwortete:

»Das kann man wohl sagen! Wir haben uns in ihren neuen Wagen gesetzt und sind auf die Rückseite des Gebäudes gefahren. Da steht ein alter Ford Transit, den wir bis zum Frühling etwas aufpeppen wollen. Dann gehen solche Wagen weg wie warme Semmeln. Die Leute kaufen die als Urlaubsautos. Wir sind in den Transit rein. Sie hatte eine Decke und eine Reisetasche aus ihrem alten Wagen mitgenommen. Wir haben uns auf die Decke gelegt.«

»Du warst geil, das ist klar. Dann hat es wohl nicht besonders lange gedauert, bis ihr fertig wart?«

Zu Irenes Zufriedenheit verwischte das selbstzufriedene Grinsen in Roberts Gesicht ein wenig.

»Nun ja, ja, ja. Das durfte ja auch nicht so lange dauern. Sonst hätten die mich ja im Geschäft vermisst und so. Aber da hat sie gesagt, sie würde mich gern bald wieder sehen. Wenn ich wollte.«

»Und das wollten Sie natürlich.«

»Ja, logo! Das war ja so eine Geschichte, von der alle Männer träumen, sie sollte ihnen zumindest einmal im Leben zustoßen!«

»Wann haben Sie wieder von ihr gehört?«

»Mittwochabend. Am nächsten Tag also. Sie sagte, wir müssten eine Weile warten, bevor wir uns sehen könnten. Ihr Schwiegervater war ja ermordet worden und so. Sie hat mir auch gesagt, dass die Polizei mich bestimmt sprechen wollte. Und dass sie ihr gesagt hat, wie es war. Dass sie den Wagen abgeholt hat. Aber nicht das andere. Wir verabredeten, dass wir sagen würden, wir hätten uns den neuen Wagen besonders gründlich angeguckt. Und es gibt übrigens tatsächlich eine Menge tolle, neue Details bei dem Modell. Zum Beispiel das neue…«

406

»Aber das habt ihr nicht gemacht. Ich meine, ihr seid nicht die Details durchgegangen. Wie war das noch mit den Zeitangaben? Sie haben gesagt, ihr hättet die Nachrichten im Radio gehört und da hätte sie etwas gesagt wie ›O je, schon die Fünfuhrnachrichten! Da muss ich mich aber beeilen!‹ Und dann hat sie die Papiere für den neuen Wagen gekriegt und ist losgefahren.«

Sein ganzes junges Gesicht erstrahlte vor Offenheit:

»Aber das stimmt alles wirklich! Als wir… als wir fertig waren… da hat sie die Kleidung angezogen, die sie in der Tasche dabei hatte. Und als sie sich dann ins Auto gesetzt hat, hat sie das Radio angestellt. Da haben wir die Nachrichten gehört. Und da hat sie das von den Fünfuhrnachrichten gesagt.«

Beide Polizeibeamten konnten sehen, dass er die Wahrheit sagte.

Sie standen auf, bedankten sich für die Getränke, und Tommy klopfte Robert leicht auf die Schulter, als er sagte:

»Wahrscheinlich ist Ihnen selbst klar, dass sie Sie benutzt hat. Ehrlich gesagt: Es war einfach zu schön, um wahr zu sein, was?«

Robert ließ den Kopf hängen, nickte aber zustimmend.

»Wenn der Stoff nicht gewesen wäre, dann hätte ich wohl mitgemacht. Aber sie musste die ganze Zeit dieses Zeug schlucken. Als ich heute Nachmittag weggegangen bin, habe ich ihr das gesagt. Dass das gefährlich ist, meine ich. Ich mag das nicht. Sie wurde stinksauer und hat mir gesagt, ich könnte mich zum Teufel scheren. Da war ich fast erleichtert. Ehrlich!«

Zum Glück gehörte er zu den Menschen, die zögern, alles an Drogen auszuprobieren. Charlotte hatte ihn falsch eingeschätzt, während Irene Recht gehabt hatte. Schon bei ihrem ersten Telefongespräch hatte sie ihn gemocht. Er hatte ihren grauen Freitag gerettet. Den Freitag, den sie dann in Stockholm zugebracht hatte. Bei dem Gedanken beschloss sie, bei der nächsten Gelegenheit Mona Söder anzurufen.

Sie machten einen Umweg über Örgryte, aber das Haus sah vollkommen verlassen aus. Die Garagentür stand offen und als sie hineinschauten, stellten sie fest, dass die Garage leer war. Es stand kein gelber Golf drin. In einer Ecke hinter der Tür stießen sie auf zwei leere Plastikkanister mit der Aufschrift »Aqua dest«.

In der Abteilung herrschte immer noch fieberhaftes Treiben, obwohl es schon nach sechs war. Andersson war nicht in seinem Büro. Sie gingen zu Birgitta Moberg. Diese saß vor ihrem Computer, tief versunken in ihre Arbeit. Auf dem Schreibtisch lagen Stapel an Zetteln und Ordnern. Sie beschlossen, in die Pizzeria um die Ecke zu gehen.

Bevor sie losmarschierten, rief Irene zu Hause an. Ihre Mutter nahm das Telefon ab. Doch, ja, beide Zwillinge seien zu Hause. Sie hätten sich einen Videofilm ausgeliehen, den sie jetzt anguckten. Die Mädchen hatten was gegessen und gleich wollten sie den Rest des Films sehen. Zum Schluss meinte ihre Mutter noch:

»Und pass auf, wenn du raus gehst, in der Stadt soll es Jugendkrawalle geben, das haben sie in den Nachrichten gesagt. Nur gut, dass du nicht mit so gefährlichen Dingen befasst bist. Wann kommst du nach Hause?«

Der Lärm vom Stadtzentrum war deutlich zu hören. Sie gingen genau in die entgegengesetzte Richtung und schlüpften bei der Pizzeria rein, deren Besitzer sein Geld mit den Göteborger Polizeibeamten verdiente. Neben Pizza servierte er andere spezielle Gerichte. Sie bestellten Gulasch und jeder ein großes Leichtbier. Während sie auf das Essen warteten, bekamen sie Brot und Salat. Damit beschäftigt, den Salat mit der Gabel aufzuspießen, erzählte Birgitta:

»Ich habe heute Nachmittag etwas wirklich Interessantes herausgefunden. Bobo Torsson und Hoffa Strömberg saßen im gleichen Knast. Gleichzeitig, meine ich. Da ist also die Verbindung zwischen Bobo und den Hell's Angels.«

»Was meint Lillis dazu?«

»Er hat natürlich keinen blassen Schimmer davon, zumindest nach seinen eigenen Aussagen. Schließlich hat er ja selbst mehrere Jahre gesessen. Und außerdem in einem anderen Knast.«

»Weswegen hat Hoffa gesessen?«

»Schwere Misshandlung. Das Opfer wird nie wieder ein richtiger Mensch sein. Es ging um einen Streit zwischen rivalisierenden MC-Banden. Wir haben keine Beweise gegen Lillis. Er muss morgen freigelassen werden. Andersson tobt.«

Irene und Tommy berichteten über die Ergebnisse ihres Nachmittags. Birgitta unterbrach die Schilderung kein einziges Mal. Ihre Augen hingen an Irenes und Tommys Lippen, als hätte sie Angst, auch nur eine Silbe zu versäumen. Ihre Augen hatten einen starken Glanz, als sie sich über das dampfende Gulasch beugte und ruhig sagte:

»Diese schönen Leute und ihr Glamourleben. Es ist schön, prickelnd und beneidenswert, wenn man es aus der Entfernung sieht. Aber wenn man ein bisschen an der Oberfläche kratzt, dann verwandelt sich das Gold schnell in Sand.«

Gegen neun Uhr rief Irene bei Mona Söder an und sprach auf ihren Anrufbeantworter.

»Hallo, Mona. Hier ist Irene Huss aus Göteborg. Ich möchte Ihnen noch einmal dafür danken, dass Sie mir alles erzählt haben und dass ich Jonas kennen lernen durfte. Das hilft uns bei unseren Ermittlungen, zu wissen, dass wir Sie nicht weiter überprüfen müssen. Sie und Jonas sind von der Liste der Verdächtigen gestrichen worden. Ich... ich habe an Sie und Jonas gedacht. Grüßen Sie ihn ganz herzlich von mir. Und sagen Sie ihm, dass das Bild mit den Schmetterlingen das Herrlichste ist, das ich je gesehen habe. Wir hören voneinander, Mona.

Ja... bis bald.«

Schnell legte sie den Hörer auf. Anschließend fuhr sie nach Hause.

KAPITEL 16

Bei dem morgendlichen Treffen roch es nach Kaffee und Pfefferkuchen. Alle waren schon da, außer Hans Borg und Kommissar Andersson. Die Sekretärin hatte einen Adventskranz hingestellt und die erste Kerze brannte. Im Fenster stand die elektrische Weihnachtsdekoration und verbreitete einen warmen Lichtschein. Irene war schon bei der vierten Tasse Kaffee, als endlich die Schritte des Chefs auf dem Flur zu hören waren. Sie klangen sicher und entschlossen. Alle hatten bereits böse Vorahnungen, als die Tür aufgerissen wurde und Anderssons knallrotes Gesicht in der Türöffnung erschien. Wütend brüllte er:

»Verdammt noch mal, ist das hier dunkel! Macht doch mal das Licht an!«

Er trat ein und goss sich einen Kaffee ein. Er schaute in den dampfenden Becher und holte tief Luft.

»Entschuldigt die Begrüßung. Einen schönen Advent, oder wie man so sagt. Aber es geht auch alles schief! Lillis muss heute Morgen freigelassen werden. Und dann ist dieser blöde Lull auch noch in den Keller gestürzt!«

Borg tauchte in der Türöffnung auf und bekam gerade noch die Worte des Chefs mit. Er nickte und erklärte:

»Das stimmt. Sie haben mich angerufen, nachdem der Lull durchgebrochen ist. Er soll heute geborgen werden. Aber dann haben wir beschlossen, dass sie lieber erst einmal nach diesen Röhren im Keller graben sollen. Wenn jetzt sowieso schon ein Durchbruch da ist. Dann können sie übers Wochenende die Verstärkungsarbeiten machen. Und Montag ganz früh am Morgen wollen wir einen neuen Versuch starten, den Safe zu bergen.«

Jonny Blom schaute missmutig drein und schlug energisch vor:

»Warum reißen wir nicht einfach die Wände mit so einer Abrissbirne ein? Kurz und schmerzlos?«

Borg winkte ab.

»Das ist zu grob. Das ganze Haus kann dabei einstürzen, und dann wird es schwer, den Safe zu finden. Außerdem wissen wir ja nicht, was drin ist.«

»Und wie soll er dann geöffnet werden?«

»Wir haben uns den Safe schon mal mit einem Fernglas angeguckt. Es ist ein schwedisches Modell mit Kombinationsschloss. Da kommt dann einer von Rosengrens und hilft uns. Wahrscheinlich wird es keine Bombe im Safe geben, aber wir müssen trotzdem alle Sicherheitsvorkehrungen treffen, wenn er geöffnet wird.«

Andersson schaute sich finster in der Versammlung um und stellte fest:

»Wir kommen einfach nicht weiter. Das geht alles zu langsam. Verdammter Scheiß!«

Letzteres wurde als allgemeine Einschätzung der Lage angesehen. Keiner der Anwesenden widersprach.

Irene berichtete von dem Verhör von Charlotte von Knecht und dem Gespräch mit deren jungen Liebhaber. Tommy übernahm und erzählte von Robert Skytters Enthüllungen. Als Irene noch Bonzos Beschreibung von der Razzia '89 hinzufügte, bot sich allen ein anderes Bild der wunderschönen Charlotte von Knecht, geborene Croona.

Anderssons kräftige Gesichtsfarbe normalisierte sich allmählich, aber seine Stimme klang weiterhin eifrig:

»Diese Dame hat doch Dreck am Stecken. Oder besser gesagt, Schnee in der Tasche, haha! Hm. Wie nannte der Typ vom Drogendezernat das, was in ihrem Kettenanhänger war?«

Birgitta kam ihm zu Hilfe und erklärte:

»Freebase. Kokain, gemischt mit Bikarbonat. So wird es auf der Straße verkauft. Reines Kokain ist zu stark und zu gefährlich. Und wer kann schon überprüfen, wie viel Bikarbonat beigemischt ist?«

Da sie schon einmal das Wort hatte, erzählte sie außerdem von ihrem Besuch bei Bobos Mutter in Vänersborg. Dabei war nichts herausgekommen. Mutter und Sohn schienen in den letzten Jahren nicht viel Kontakt miteinander gehabt zu haben. Es war jetzt fast zwei Jahre her, seit sie sich das letzte Mal gesehen hatten. Aber die Mutter hatte wieder die Frage nach der Auszahlung der Versicherung im Todesfall angesprochen. Birgitta hatte sie an die allgemeine Versicherungskasse und die betreffende Versicherungsgesellschaft verwiesen. Bobos Vater hatte die Mutter seit mehr als zwanzig Jahren nicht mehr gesehen, sie wusste nur, dass er sozial vollkommen heruntergekommen war. Sie selbst hatte sich raufgeheiratet, wohnte in einem Haus außerhalb von Vänersborg und arbeitete in einem Süßigkeitenladen. Birgittas Schlusstrumpf war ihre Entdeckung, dass Bobo Torsson und Glenn »Hoffa« Strömberg im gleichen Gefängnis gesessen hatten. Einen Zusammenhang zwischen Lillis und den beiden Hell's-Angels-Mitgliedern hatte sie jedoch nicht gefunden, abgesehen von Lillis' und Paul Svenssons misslungener Zusammenarbeit bei dem Bankraub in Kungsbacka Anfang der Achtziger.

Andersson seufzte laut:

»Und heute müssen wir den Mistkerl laufen lassen. Jonny und ich haben ihn uns reichlich vorgenommen, aber es ist nichts dabei herausgekommen. Außer dass wir den Verdacht haben, dass er weiß, wer Bobo umgebracht hat. Deshalb will ich ihn weiter beobachten lassen. Jonny? Hans? Fredrik? Birgitta?«

Alle Angesprochenen nickten. Aber nur Fredrik sah begeistert aus. Andersson fuhr fort:

»Und wie ist es mit Bobos versoffenem Vater gelaufen? Hast du ihn aufspüren können, Hannu?«

»Ja. Im Lillhagen.«

»Heißt das, dass er im Krankenhaus von Lillhagen liegt?«

»Ja. Er kann weder laufen noch sprechen. Er ist bettlägerig und liegt im Sterben. Leberkrebs.«

»Aber Lillhagen ist doch ein psychiatrisches Krankenhaus. Wenn er Leberkrebs hat, sollte er doch nicht da liegen?«

»Niemand wollte ihn haben. Er ist im letzten Sommer eingeliefert worden. Ist bewusstlos in einem Treppenaufgang in Nordstan gefunden worden.«

Es entstand eine kurze Pause, als alle sich frischen Kaffee einschenkten und sich mit Pfefferkuchen aus der Plastikdose versorgten. Andersson stapelte drei Pfefferkuchen übereinander und biss von ihnen gleichzeitig ab. Das Ergebnis war ein leiser Krümelregen auf den Tisch. Mit dem Mund voller Pfefferkuchen fragte er:

»Fredrik, hast du gestern was Neues rausgekriegt?«

Fredrik strahlte und begann emsig in seinem vollgekritzelten Block zu blättern.

»Ja, tatsächlich. Zwei interessante neue Aussagen aus der Molinsgatan. Ich war gestern noch einmal bei den Mietern und habe sie gefragt, ob sie am Freitag vor einer Woche gegen Mitternacht etwas gehört oder gesehen haben. Speziell, ob sie einen Porsche gesehen oder gehört haben. Das ist ja nun keine Kiste, die man versteckt. Ein Mann, der ein Kleinkind mit Bauchschmerzen hat, war zu der Zeit mit dem Kind auf. Sein Wohnzimmerfenster geht auf die Molinsgatan raus, zwei Etagen über von Knechts Garage. Ihm ist eingefallen, dass er ein Auto gehört hat, das scharf vor der Garage bremste. Dann gab es wohl Schwierigkeiten mit den Türen. Die sind alt und schwergängig, quietschen wie verrückt. Danach hat er gehört, wie ein Auto angelassen und aus der Garage gefahren wurde. Nach einer Weile wurde wieder ein Wagen angelassen und in die Garage gefahren. Da ist der Mann neugierig geworden, ans Fenster getreten und hat rausgeguckt. Da stand der Porsche draußen auf der Straße. Er hat fast eine Viertelstunde mit seinem Kind am Fenster gestanden. Dann ist das Kleine eingeschlafen, und er hat es ins Bett gebracht. Er selbst ist aufs

Klo gegangen, und als er zurückkam, hat er gehört, wie der Porsche losfuhr. Als er am Fenster war und rausguckte, war er schon weg.«

»Verdammt noch mal! Hat er jemanden gesehen?«

»Nein.«

»Weiß er genau, wie spät es war?«

»Nein. Aber er glaubt, dass der Porsche irgendwann zwischen halb eins und Viertel vor eins weggefahren ist.«

Andersson rieb sich aufgeregt die Nase, sodass sie hinterher rosa glänzte. Ohne es zu wollen, fiel Irene ein gewisser Rudolf mit einer roten Nase ein. Aber sie wusste, dass ihr Chef derartigen kindlichen Humor nicht zu schätzen wusste, deshalb behielt sie ihre Assoziationen lieber für sich. Nachdenklich sagte der Kommissar:

»Jemand fährt seinen Wagen heran. Jemand öffnet die Garagentür. Jemand fährt den Porsche heraus. Jemand fährt sein eigenes Auto in die Garage. Jemand fährt mit dem Porsche weg.«

Alle nickten, um zu zeigen, dass sie mitdachten.

»Und dann kommt jemand in den Morgenstunden zurück und fährt sein eigenes Auto heraus und stellt den Porsche zurück. Am Samstagmorgen stand er nicht mehr in der Berzeliigatan, denn dann hätte der Mann mit dem Schlafzimmerfenster ihn ja gesehen. Und dann sind da noch diese Scheißschlüssel fürs Auto und die Garage!«

Hannu warf mit einem Nicken ein:

»Die Pirjo hatte.«

Allen fiel der rußige Schlüsselbund ein, den der Feuerwehrtechniker Pelle ihnen in der Plastiktüte gezeigt hatte. Andersson rieb erneut seine Nase:

»Wozu hatte Pirjo diese beiden Schlüsselbunde? Sie konnte kein Auto fahren. Sie hatte keinen eigenen Wagen. Sie hat nie einen eigenen Schlüssel zu von Knechts Wohnung gekriegt.«

Fredrik unterbrach ihn erregt:

»Ich glaube, Birgitta hatte Recht, als sie letztens meinte, jemand hätte Pirjo überredet, in die Berzeliigatan zu gehen.

Die Techniker sagen, Pirjo sei am Mittwochmorgen nicht über die Türschwelle der Wohnung in der Molinsgatan gekommen. Zuerst hat sie nicht verstanden, als sie versucht haben, ihr zu erklären, dass Richard von Knecht tot war. Sie verstand offensichtlich sehr schlecht Schwedisch. Doch als sie alles begriffen hat, war sie reichlich verstört. Aber sie wurde nicht reingelassen, weil die Techniker gerade dabei waren, die untere Etage zu untersuchen. Außerdem habe ich etwas Interessantes von dem Typen erfahren, der diesen schicken Kleiderladen an der Ecke hat. Er heißt… wartet mal…«

Fredrik blätterte in seinen Papieren.

Jonny verdrehte die Augen und winkte lässig mit der Hand, während er in falschem Falsett zwitscherte:

»Er heißt Carl-Johan Quist. Q-u-i-s-t. Ich hatte das Vergnügen, ihn am Mittwoch nach von Knechts Sturzflug zu vernehmen. Da wusste er gar nichts. Er hatte nur gehört, wie jemand vor dem Laden schrie, und dann ›huch… oh, oh, wie schrecklich… da lag der arme Teufel in einem einzigen ekligen Haufen! Das kann ich nicht mit ansehen, deshalb habe ich sofort die Polizei gerufen‹! Ich kann schon verstehen, dass er sich dir gegenüber interessant machen wollte. Du hast bestimmt Chancen bei ihm!«

Fredrik sagte gar nichts. Eine brennende Röte schoss ihm in die Wangen, und der Blick, den er Jonny zuwarf, war vernichtend. Nur gut, dass Fredrik nicht der Spiderman war, dann wäre von Jonny nur noch ein Aschenhaufen übrig geblieben. Was Irene betraf, so hätte sie sich gern zur Verfügung gestellt, diesen zusammenzufegen und aus dem Fenster zu kippen. Und alle anderen im Raum würden nur verständnislos schauen, wenn nach dem Kriminalinspektor Jonny Blom geforscht würde. Wieder zurück in der Wirklichkeit konnte sie feststellen, dass er immer noch auf seinem Platz saß und sich über Fredriks Rotfärbung amüsierte. Aber der fasste sich schnell und erwiderte mit zurückgehaltener Wut:

»Im Gegensatz zu dir kann ich mit Leuten reden, ohne sie gleich niederzumachen. Und deshalb kommt bei meinen Be-

415

fragungen auch was heraus! Du stolzierst doch nur davon und findest dich ganz toll, weil du jemanden fertig gemacht hast! Aber in Wirklichkeit hast du nur dein schwaches Selbstbewusstsein damit gestärkt.«

Da geschah es: Vor den Augen der überraschten Kollegen ging Birgitta zu Fredrik und gab ihm einen Kuss, direkt auf den Mund. Seine Rotfärbung verstärkte sich und die Ohren leuchteten fast schon von allein. Was man von Jonny nicht sagen konnte.

Andersson merkte, dass ihm die Situation vollkommen aus den Händen geglitten war. In einem Versuch, erneut die Initiative zu ergreifen, rief er aus:

»Verdammt, was treibt ihr hier eigentlich! Hört auf, euch gegenseitig zu ärgern und… zu knutschen! Das hier ist kein Kindergarten, sondern eine Mordermittlung. Liebe Kollegen, meine Damen… hört auf damit!«

Nach diesem etwas verwirrten Versuch, Ordnung zu schaffen, machte die Versammlung wirklich den Versuch, sich zu konzentrieren. Fredrik strich seine Papiere glatt. Die waren bei dem Gefühlssturm zerknittert worden. Als wenn nichts gewesen wäre, fuhr er fort:

»Hier habe ich seinen Namen. Carl-Johan Quist. Er erkannte Pirjo sofort wieder und wusste, dass sie bei den von Knechts sauber machte. Sie kam immer zu dem Zeitpunkt, wenn er sein Geschäft öffnete. Deshalb reagierte er auch, als er sie am Mittwochmorgen sah. Er ist sicher überhaupt nicht auf die Idee gekommen, dass sie nicht mitbekommen haben könnte, dass Richard von Knecht tot war! Deshalb hat er sie eine Weile beobachtet. Pirjo trat ungefähr nach einer Viertelstunde wieder aus dem Haus. Genau in dem Moment kamen zwei Journalisten in seinen Laden. Nicht, um Kleider zu kaufen, sondern um einen Augenzeugen von von Knechts Sturz zu interviewen. Quist sagte ihnen, dass er nicht viel mehr gesehen habe, als dass von Knecht fast direkt auf seine Türschwelle gestürzt sei. Als er den Papierhengsten zeigen sollte, wo genau von Knecht gelandet war, schaute er zufällig zur

Straßenbahnhaltestelle. Und da hat er gesehen, wie Pirjo neben einem großen hellen Wagen stand und sich zu dem heruntergekurbelten Seitenfenster beugte. Sie hat mit jemandem im Auto geredet. Quist sagt, das Auto wäre wie auf seine Netzhaut geätzt, denn er hätte sich in seiner wildesten Phantasie nicht vorstellen können, dass jemand diese kleine fette Person aufreißen könnte! Und das Bild kam ihm sofort wieder ins Gedächtnis, als er las, dass Pirjo bei dem Brand in der Berzeliigatan umgekommen ist.«

Aufgeregt beugte Andersson sich zu Fredrik vor und fragte:
»Was für eine Automarke war es?«

Fredrik schüttelte bedauernd den Kopf.

»Leider hat Quist überhaupt keine Ahnung von Automarken. Er weiß es nicht. Er hat keinen Führerschein und nie ein Auto besessen. Aber er meint, es müsste ein BMW oder ein Mercedes gewesen sein. Auf jeden Fall schließe ich mich Birgittas Theorie an: Jemand hat Pirjo die Schlüssel gegeben, damit sie hingeht und die Bombe zündet. Und diese Person saß in diesem Auto.«

Die Schlüssel. Die Schlüssel glänzten… was war da nur mit diesen Schlüsseln? Irene versuchte das vage Erinnerungsbild zu fassen, aber es zerrann ihr zwischen den Fingern. Als hätte er ihre Gedanken gelesen, sinnierte auch Andersson:

»Die Schlüssel. Immer wieder diese Schlüssel! Dass der Mörder ihr die Schlüssel gegeben hat, damit sie die Bombe auslöst, das verstehe ich ja noch. Aber warum die Garagen- und Autoschlüssel?«

Hannu spähte unter seinen Augenlidern hervor und sagte langsam:

»Um sie loszuwerden.«

»Die Autoschlüssel? Um sie loszuwerden?«

Andersson unterbrach sich selbst und schaute mit wachsender Achtung seinen Abteilungszuwachs an.

»Natürlich! Um den Beweis loszuwerden, hat er Pirjo die Schlüssel gegeben! Vielleicht auch, um uns auf den Holzweg zu schicken. Und das ist ihm ja auch gelungen. Aber jetzt nicht mehr! Jetzt wissen wir, wie es gelaufen ist. Auf jeden Fall haben wir eine Theorie.«

Birgitta zischte wütend zwischen zusammengebissenen Zähnen hervor:

»Was für ein widerwärtiger Mensch! Schickt die Mutter dreier Kinder in den sicheren Tod! Ich kann richtig hören, wie das Monster sagt: ›Ach bitte, liebe Pirjo, sei ein Engel und mach Richard von Knechts Büroräume sauber. Er braucht sie zwar nicht mehr, aber es soll ja sauber aussehen, wenn die Leute sich die Zimmer angucken. Und übrigens, wenn du schon einmal da bist, dann sei doch so gut und lege diese Schlüssel dort zurück. Du kriegst auch doppelten Stundenlohn, wenn du mir den Gefallen tust.‹ Und dann fährt der Mörder mit dem sicheren Wissen weg, dass er diesen doppelten Lohn nie wird bezahlen müssen.«

Eine Weile herrschte Schweigen, während sich alle die gedachte Szene vorstellten. Es war sehr wahrscheinlich, dass es sich genauso abgespielt hatte.

Irene bat ums Wort:

»Wenn der Mörder so vorgegangen ist, dann wissen wir drei Dinge. Zum Ersten: Der Mörder hatte Zugang zu den beiden Schlüsselbunden, die bei Pirjo nach dem Brand gefunden wurden. Zum Zweiten: Pirjo kannte den Mörder und vertraute ihm. Oder ihr. Und zum Dritten: Der Mörder hatte Zugang zu einem hellen Auto. Einem ziemlich großen, laut Quist. Der Lehrer vom Aschebergsgymnasium hat am Mordabend ja auch einen hellen Wagen gesehen. Sylvias BMW ist rot. Der Porsche auch. An hellen Wagen, die wir kennen, gibt es jedenfalls Henrik von Knechts Mercedes und Charlottes hellgelben Golf. Obwohl ein Golf nicht besonders groß ist. Und hätte der Lehrer nicht gesehen, dass er gelb ist?«

»Nicht unbedingt. Er ist hellgelb. Und der Lehrer ist zum Parkhaus gelaufen. Denk dran, es war dunkel, hat in Strömen geregnet, und er hat das Auto nur aus der Entfernung gesehen«, sagte Birgitta.

Andersson warf Fredrik einen auffordernden Blick zu:

»Du musst unbedingt Quist noch mal verhören. Schließlich arbeitet er mit Kleidung, dann muss er doch verdammt noch mal was über die Farbe sagen können. Und versuch mal, ob er nicht doch sagen kann, welche Automarke es war.«

»Wird gemacht. Aber da fällt mir was ein. Lillis hat einen Ford Mondeo. Funkelnagelneu, mit getönten Scheiben. Richtig geil«, sagte Fredrik.

»Ja gut, es ist sicher nicht schlecht, seinen Wagen auch gleich mit zu überprüfen. Obwohl Quist wohl den Unterschied zwischen einem Golf und einem Mondeo erkennen kann. Übrigens, er hat nicht zufällig gesehen, wer in dem Wagen saß?«

»Nein. Aber er hat gesehen, dass die Fensterscheiben getönt waren.«

Irene fiel etwas ein.

»Das sind die von Henriks Mercedes auch.«

Andersson runzelte die Stirn und dachte eine Weile nach.

»Okay. Fredrik, du quetschst diesen kleinen Schw... Ladenbesitzer weiter aus. Jonny, Hans und Birgitta hängen sich an Lillis' Fersen, wenn er nach dem Mittagessen rausgelassen wird. Wie die Blutegel! Wenn wir Glück haben, führt er uns zum Mörder. Jedenfalls zu Bobos Mörder. Und ihr vier habt auch Wochenendbereitschaftsdienst. Die anderen, die letztes Wochenende Bereitschaftsdienst hatten, haben frei. Aber heute werden wir noch einmal alles doppelt und dreifach überprüfen, was wir bis jetzt herausgefunden haben. Irene und Tommy, ihr könnt in die Molinsgatan fahren und euch umhören, ob noch jemand gesehen hat, wie Pirjo mit dem Fahrer in diesem hellen Golf-Mercedes, oder was für eine Karre es nun war, geredet hat. Apropos Karre; fragt gleich mal nach, ob nicht jemand Freitagnacht Autos vor der Garage in der Molinsgatan gesehen hat. Es wäre vor allem interessant zu wissen, was für ein Auto für den Porsche in die Garage gefahren wurde! Hannu, nimm dir Pirjos Tochter noch mal vor. Ich habe das Gefühl, sie könnte einiges verbergen. Um den Ruf ihrer Mutter zu schützen oder so. Das klingt doch äußerst merkwürdig, dass sie nicht darüber geredet haben, wo sie sauber machen wollte.«

Hannu nickte, aber Irene sah gleichzeitig, dass er leicht mit den Schultern zuckte. Offenbar glaubte er nicht, dass man bei Marjatta viel weiter kommen würde. Der Kommissar beendete die Besprechung:

»Ich selbst bin den ganzen Tag hier im Haus und wahrscheinlich auch am Wochenende. Sonst erreicht ihr mich zu Hause.«

Alle standen auf. Birgitta und Fredrik huschten als Erste auf den Flur hinaus, und der Kommissar konnte ihr Lachen wie ein warmes, viel versprechendes Lüftchen in den Raum wehen hören. Das versetzte ihm einen Stich. Sie würde doch wohl nichts mit Fredrik anfangen? Was würde dann aus ihrer Australienreise werden? Und das ganze Gerede von Unabhängigkeit und Freiheit? Bloß keine Männer, die Forderungen stellten? Nun ja, es hieß zwar, das Bier in Australien wäre gut. Aber er würde sicher niemals dorthin fahren.

Die Temperaturen waren leicht unter null und es herrschte Glatteis. Die Fußgänger trippelten mit kleinen Mäuseschritten auf den Gehwegen. Die Krankenwagen eilten im Pendelverkehr mit gebrochenen Armen und Beinen zu den verschiedenen Unfallaufnahmen.

Fredrik fuhr mit Irene und Tommy im Auto mit. In einer Tasche auf dem Boden hatte er einige Fotos verschiedener Autotypen. Carl-Johan Quist hatte sich kategorisch geweigert, ins Präsidium zu kommen, um sie dort anzusehen. Er war allein im Laden und jetzt begann das Weihnachtsgeschäft. Frühestens am Samstagnachmittag nach drei Uhr konnte er wegkommen. Und dann hatte er grenzenlos Zeit, wenn es dem Inspektor helfen würde! Darauf beschloss Fredrik, dass dann eben der Berg zum Propheten kommen musste. Er redete sich selbst ein, dass der Hauptgrund dafür der Zeitfaktor war. Es musste so schnell wie möglich klar sein, nach welcher Automarke gesucht wurde. Irgendwo im Hinterkopf tönte außer-

420

dem Jonnys höhnischer Kommentar bei der morgendlichen Besprechung. Aber dann erinnerte er sich gleich an Birgittas Reaktion auf den Wortwechsel mit Jonny, und sofort fühlte er sich äußerst zufrieden mit der Entwicklung der Dinge.

Irene fand glücklicherweise einen Parkplatz auf der anderen Seite der Schebergsgatan. Sie beschlossen, sich um Punkt ein Uhr wieder beim Auto zu treffen. Wer innerhalb einer Viertelstunde nicht eingetroffen war, musste mit der Straßenbahn zurückfahren. Fredrik schlidderte zum Bekleidungsladen, seine Fotos in der dunkelblauen Tasche. Irene und Tommy schauten ihm nach und sahen, wie er ausrutschte und sich fast mitten auf einen Zebrastreifen setzte.

Irene musste grinsen.

»Er hat heute wohl nicht so die rechte Bodenhaftung. Birgittas Kuss lässt ihn immer noch schweben.«

»Bestimmt! Wer würde das nicht?«

»Du auch?«

»Tja… so ein bisschen… vielleicht…«

Sie lachten und das wärmte trotz der Kälte. Sie beschlossen sich aufzuteilen. Tommy wollte sich nach Autos vor der Garage in der Freitagnacht erkundigen. Irene wollte sich um Pirjo und den hellen Wagen kümmern.

Die Haltestelle, an der Pirjo gewartet hatte, lag ungefähr vierzig Meter von Quists Boutique entfernt. Da standen immer Leute und warteten, denn zwei Straßenbahnlinien und drei Buslinien hielten hier. Aber es wäre sicher keine gute Idee, diejenigen zu fragen, die jetzt dort standen. Besser war es, sich an die Läden und Geschäfte rundherum zu wenden.

Direkt neben Irene befand sich eine große Kunstgalerie. »Galleri Uno« stand mit verschnörkelten Buchstaben auf dem Schaufenster und an der Tür. Als sie die Tür öffnen wollte, stieß sie auf Widerstand. Ein briefmarkengroßer Zettel war mit Klebeband in Augenhöhe befestigt. »Montag–Dienstag geschlossen. Mittwoch–Samstag 12–17 Uhr. Sonntag 12–16 Uhr.« Ach so, dann müsste Uno also bis zum Schluss warten. Der nächste Anlaufpunkt war Unos Nachbar, ein klei-

421

ner Laden für Fußpflege. Die Dame hinter dem Tresen trug einen Perlonkittel, der früher sicher einmal weiß gewesen war. Aber jetzt war das Einzige, das weiß leuchtete, ihr Haar. Irene wurde unsicher. War das ein richtiges Geschäft? In Schweden werden die Leute normalerweise mit fünfundsechzig pensioniert, aber diese Dame war sicher zwanzig Jahre älter. Doch ihre Stimme klang kräftig und klar:

»Guten Tag. Womit kann ich dienen?«

»Guten Tag. Mein Name ist Irene Huss, Inspektorin. Ich ermittle im Mordfall Richard von Knecht.«

Die alte Dame beugte sich eifrig über den Tresen und zischte so aufgeregt, dass sich ihr Gebiss löste:

»Oh, wie spannend, und auch noch direkt hier um die Ecke! Ich habe alles im Fernsehen und in den Zeitungen verfolgt.«

»Dann haben Sie vielleicht auch in den Zeitungen gelesen, dass es möglicherweise einen Zusammenhang mit der Bombe in der Berzeliigatan gibt?«

»Aber das ist doch klar, dass das was miteinander zu tun hat! Und dann diese kleine Putzfrau, die verbrannt ist! Schließlich hat sie doch bei von Knecht geputzt, da ist es ja wohl klar, dass sie was mit dem Feuer in der Berzeliigatan zu tun hatte, oder?«

Sie verschränkte die Arme vor der Brust und warf Irene einen herausfordernden Blick zu.

»Ja, gerade um die kleine Putzfrau geht es. Wir versuchen herauszukriegen, mit wem sie Kontakt hatte am letzten Tag ihres Lebens. Am Mittwoch letzter Woche. Wir haben einige Zeugenaussagen, nach denen sie so gegen zehn Uhr hier draußen an der Straßenbahnhaltestelle gestanden hat…«

»Ja, das stimmt. Ich habe sie gesehen. Seit ein paar Jahren habe ich sie dreimal in der Woche mit der Straßenbahn kommen sehen. Sie ist immer so gegen drei Uhr nachmittags zurückgefahren. Aber am Mittwoch ist sie gegen zehn Uhr schon weggefahren«, lispelte die Frau.

»Haben Sie gesehen, ob ein Wagen angehalten hat, zu dem sie dann gegangen ist?«

»Ja, das stimmt, das habe ich gesehen. Aber die haben nur ganz kurz miteinander geredet. Das Auto ist fast sofort wieder weitergefahren.«

»Welche Marke war es?«

Zum ersten Mal sah die Verkäuferin im hohen Pensionsalter verunsichert aus.

»Welche Marke?«

»Ja, die Automarke. Was für ein Typ von Auto war es?«

»Ick kenne mich bei Automarken nicht so gut aus.«

Innerlich seufzte Irene, aber sie versuchte es zu verbergen.

»War es ein großes oder ein kleines Auto?«

»Ich weiß nicht. Ziemlich groß. Glaube ich«, sagte sie und saugte nachdenklich an ihren schlecht sitzenden Zahnprothesen.

»Erinnern Sie sich noch, welche Farbe das Auto hatte?«

»Nein. Vielleicht braun. Oder heller… Aber die kleine Putzfrau - übrigens war sie nicht eigentlich klein – ja, kurz – gewachsen, aber nicht klein. Ziemlich dick war sie. Sie trug einen weißen Schal und eine dunkelgrüne Jacke. Und dann hatte sie eine große rote Tasche in der Hand.«

Das stimmte mit Marjattas Beschreibung von Pirjos Bekleidung überein. Irene beschloss, das Auto erst einmal beiseite zu lassen.

»Können Sie mir erzählen, was geschah, als Pirjo zum Auto ging?«

»Sie ist hingegangen. Hat sich runtergebeugt und mit jemandem im Auto geredet.«

»Auf welcher Seite vom Auto stand sie?«

»Sie ist auf dem Bürgersteig stehen geblieben. Der Fahrer im Auto hat die Fensterscheibe auf der Beifahrerseite runtergekurbelt. Aber ich habe nicht viel sehen können, weil der Wagen ja vor der Putzfrau stand.«

»Dann saß der Fahrer mit dem Rücken zu Ihnen?«

»Ja. Aber die Autoscheiben waren so dunkel, dass ich nicht viel erkennen konnte. Ich glaube jedoch, dass der Fahrer eine helle Jacke oder einen hellen Mantel anhatte.«

»War es ein Mann oder eine Frau?«

»Das weiß ich nicht, aber ich denke schon, dass es ein Mann war.«

»Wieso?«

»Der Fahrer war ziemlich groß. Und als der Wagen losfuhr, hat die Putzfrau ihm hinterhergewunken. So ungefähr.«

Die alte Dame demonstrierte ein verstohlenes Winken. Das bestärkte Irenes Annahme, dass Pirjo denjenigen gekannt haben musste, der ihr die Schlüssel gab. Voller Hoffnung fragte sie:

»Und fällt Ihnen noch etwas ein?«

Die Dame gab sich wirklich Mühe, aber da war nichts mehr. Irene bat um Namen, Adresse, Telefonnummer und Personendaten. Sie hieß Ester Pettersson und war zweiundachtzig Jahre alt. In Irene erwachte wieder einmal die Neugier.

»Es ist ja nicht üblich, dass Menschen in Ihrem Alter noch arbeiten. Ist das nur ein Zufall?«

»O nein, ich stehe hier in meinem Geschäft seit einundsechzig Jahren! Vorher gehörte es meinem Vater, aber der bekam Tbc und ist gestorben. Meine Mutter war kränklich. Also musste ich den Laden übernehmen.«

»Und Sie haben nie an Pensionierung gedacht?«

»Niemals! Was um Himmels willen sollte ich dann anfangen?«

Irene lehnte dankend das Angebot zu einer Tasse Kaffee ab, versprach aber, noch einmal vorbeizuschauen. Als die Tür ins Schloss fiel und eine Duftsymphonie aus Fußpuder, Warzenmittel und Liniment für müde Füße hinter sich zurückließ, klingelte eine kleine Glocke.

Um ein Uhr waren alle drei wieder am Wagen. Tommy hatte keine neuen Informationen hinsichtlich des nächtlichen Wagentauschs. Irene hatte auch nichts Neues, außer der alten Dame in dem Fußpflegegeschäft. Fredrik war mit Quist so weit gekommen, dass dieser meinte, sicher zu sein, dass Pirjo sich zu einem größeren Modell einer Limousine runtergebeugt habe. Hell lackiert. Wahrscheinlich weiß oder beige. Mit dunkel getönten Scheiben. Und anschließend hatte er Fredrik zum Essen eingeladen, was dieser aber so höflich und entschieden wie möglich dankend abgelehnt hatte. Er hatte sich damit entschuldigt, dass er schon mit seiner Freundin zum Essen verabredet wäre. Nicht, dass er im Augenblick wirklich eine feste Freundin hatte, doch vielleicht gab es ja Möglichkeiten, das zu ändern. Aber er dachte nicht im Traum daran, Irene und Tommy etwas von der Essenseinladung zu erzählen. Die waren zwar zweifellos beide nett, und nicht mit Jonny zu vergleichen, aber so eine Geschichte würde er bestimmt bis ans Ende seines Lebens zu hören bekommen! Natürlich nur unter dem Deckmantel höchsten kameradschaftlichen Wohlwollens.

Tommy betrachtete nachdenklich die stattliche Jugendstilfassade auf der anderen Seite der Aschebergsgatan. Er schaute zu der Marmorbalustrade im obersten Stock hinauf und zu dem inzwischen berühmten kleinen turmförmigen Balkon. Nachdenklich sagte er:

»Ob Sylvia von Knecht wohl zu Hause ist? Ich würde gern noch mal in die Garage gucken.«

Irene schloss das Auto auf und zupfte die Karte mit Sylvias Telefonnummer aus der Jackentasche. Sie setzte sich in den Wagen und tippte die Nummer in ihr Handy ein.

»Bei Sylvia von Knecht.«

Eine Frauenstimme antwortete in singendem Finnlandschwedisch.

»Guten Tag, mein Name ist Inspektorin Irene Huss. Ich möchte gern Sylvia von Knecht sprechen.«

»Die ist nach Marstrand gefahren. Eines der Pferde ist krank geworden.«

»Wann erwarten Sie sie zurück?«

»Heute abend.«

»Um welche Uhrzeit?«

»Das weiß ich nicht.«

»Das weiß ich nicht«, hatte sie geantwortet. Es war eine

425

kühle, aber keineswegs unfreundliche Stimme. Irene beschloss, es einfach zu versuchen.

»Sind Sie Sylvia von Knechts Schwester? Arja Montgomery?«

»Ja.«

»Dürften wir einen Augenblick zu Ihnen raufkommen? Wir sind unten vor der Tür, in der Aschebergsgatan.«

Nach einer kurzen Pause kam es zögernd:

»Ich weiß nicht… Sylvia ist nicht begeistert davon, dass die Polizei überall herumschnüffelt.«

»Ja, ich weiß. Sie ist nach allem, was passiert ist, etwas empfindlich. Aber sie hat uns die ganze Zeit bei unseren Ermittlungen zur Verfügung gestanden. Unser jetziges Problem ist mit Ihrer Hilfe auch ganz leicht zu lösen. Wir müssten noch einmal in die Garage in der Molinsgatan. Die Schlüssel sind an Richards Autoschlüsselbund. Der liegt auf seinem Nachttisch, neben dem Etui mit den Türschlüsseln.«

Wieder entstand eine zögerliche Pause. Dann sagte Arja resigniert:

»Ich werde nachsehen, ob ich sie finde.«

Es raschelte leicht, als sie den Hörer auflegte. Nach ein paar Minuten kam sie zurück.

»Ich habe sie gefunden. Aber ich muss runterkommen, um Ihnen die Schlüssel zu geben. Das ist zwar etwas peinlich, aber ich kenne den Code für die Tür nicht.«

»Das ist in Ordnung. Wir warten.«

Arja war deutlich jünger als Sylvia. Zu ihrer Überraschung musste Irene feststellen, dass Arja fast im gleichen Alter wie sie selbst war. Es war schwer, eine Ähnlichkeit mit der älteren Schwester festzustellen. Fast zehn Zentimeter größer als die Schwester, mit einer kräftigen, leicht untersetzten Figur, war Arja auf eine typisch finnische Weise schön. Sie hatte dickes, hellblondes, schulterlanges Haar, hohe Wangenknochen, große, strahlend blaue Augen und einen breiten Mund mit ebenmäßigen, schönen Zähnen. Diese zeigte sie, während sie entschuldigend lächelte. Sie deutete auf das schmutzige Herrenhemd und die dreckigen Jeans, die sie trug, und erklärte:

»Entschuldigen Sie, aber ich helfe Sylvia beim Saubermachen. Die Beerdigung ist Donnerstag, bis dahin will sie alles in Ordnung haben.«

Was hatte Sylvia einmal gesagt? »Nur Finninnen können richtig sauber machen.« Es sah so aus, als würde sie bei dieser These bleiben. Arja zog den Schlüsselbund aus ihrer Jeanstasche und fragte:

»Sind das die richtigen Schlüssel?«

»Ja, das sind sie. Und hier sind unsere Ausweise. Es ist wichtig, dass Sie wissen, wem Sie die Schlüssel gegeben haben.«

Irene zückte ihren Polizeiausweis. Tommy und Fredrik folgten verwundert ihrem Beispiel. Arja warf einen flüchtigen Blick auf die Karte mit der Metallmünze und nickte. Irene erklärte lächelnd:

»Schließlich kenne ich Sylvia, da wir schon einige Male miteinander zu tun hatten. Sie wird sonst mit Ihnen schimpfen, dass Sie nicht nachgefragt haben, wem Sie eigentlich die Schlüssel gegeben haben. Aber jetzt haben Sie unsere Legitimation gesehen und wissen auf jeden Fall, dass wir von der Polizei sind.«

Zunächst schaute Arja ganz verwundert drein, aber dann begannen ihre saphirblauen Augen frech zu funkeln, und ein warmes Lächeln zeigte sich.

»Ich sehe, Sie kennen meine liebe Schwester wirklich. Oder besser gesagt: meine Halbschwester«, sagte sie.

Das erklärte die fehlende Ähnlichkeit. Irenes übliche Neugier forderte ihr Recht und sie musste einfach fragen:

»Haben Sie die gleiche Mutter oder den gleichen Vater?«

»Die gleiche Mutter. Sylvias Vater starb bei der finnisch-deutschen Offensive gegen Russland im Juni einundvierzig. Sylvia wurde knapp sieben Monate später geboren. Unsere Mutter hat dann einen Cousin ihres toten Mannes geheiratet, also meinen Vater.«

»Hatte das den Grund, dass ein Familiengut in der Familie bleiben sollte oder Ähnliches?«

»Nein, nein. Die Familienbesitztümer lagen im Regierungsbezirk von Viborg, das an Russland abgetreten wurde. Wir hatten nach dem Krieg gar nichts mehr.«

»Lebt Ihr Vater noch?«

»Nein. Er ist vor zehn Jahren an Lungenkrebs gestorben. Er war Kettenraucher.«

»Und Ihre Mutter?«

Irene machte eine Kopfbewegung zur Wohnung hinauf. Arja lachte:

»Sie ist putzmunter. Achtundsiebzig Jahre alt. Hört nur, was sie will, aber sonst fehlt ihr nichts. Sie backt gerade Kuchen für die Begräbnisfeier.«

»Für die Begräbnisfeier? Soll es denn nicht ein großes Begräbnis werden, mit allem Pomp und großem Essen?«

Das war keine Ermittlungsfrage, sondern kam spontan aus Irenes Herzen. Arja verzog viel sagend den Mund.

»Wenn Sie meine Schwester so gut kennen, dann wissen Sie auch, dass sie sehr ökonomisch denkt. Das ist wohl noch ein Überrest aus unserer ärmlichen Kindheit. Immer den Schein wahren, aber es darf nichts kosten! Sylvia meint, eine Kaffeegesellschaft für die nächsten Hinterbliebenen reicht. Und raten Sie mal, wer die Butterbrote schmiert!«

Sie zeigte wieder ihr warmes Lächeln, verabschiedete sich von den Polizeibeamten und schloss die schöne Tür hinter sich.

Es handelte sich um eine große Doppelgarage. Der rote BMW war nicht da, aber der Porsche stand an seinem Platz. Sie zogen das Garagentor hinter sich zu und schalteten die Deckenbeleuchtung ein. Der Zeuge zwei Etagen höher hatte Recht. Das Tor quietschte und kreischte schrecklich, als es geöffnet und wieder geschlossen wurde. Es war eine große, breite Garage. Die Wagen hatten reichlich Platz im vorderen Teil. Der hintere Teil wurde offensichtlich als Abstellraum benutzt.

Die gesamte Rückwand war mit Regalen versehen. Auf ihnen standen Kartons, Leitern, Winterreifen, ein Wasserschlauch, Slalomskier, zwei Rennräder in Grünmetallic mit gebogenem Lenker und eine ganze Menge anderer Sachen, Kisten und Kästen. Irene schaute sich nachdenklich um und fragte:

»Haben die Techniker eigentlich die Garage ordentlich untersucht?«

Tommy schüttelte den Kopf.

»Nein, nur den Wagen. Und bei dem war das einzige Auffällige, dass es Spuren von Erde oder Sand und Öl im Kofferraum und auf dem Wagenboden gab. Sowohl vor dem Rücksitz als auch auf dem Boden vor dem Beifahrersitz.«

Sie gingen zu dem Auto und öffneten den kleinen Kofferraum. Auf dem Boden waren deutlich einige dunkle Ölflecken zu sehen, in der Größe einer Geldmünze. Ein bisschen Schmutz und Sand war daran kleben geblieben. Im Wagen fanden sie ähnliche Flecken auf den Bodenmatten. Der Wagen war wirklich schön anzusehen. Und bestimmt noch schöner zu fahren. Der schwarze Lederbezug verlieh dem Wagen einen maskulinen Duft. Das kleine, lederbespannte Lenkrad und das hochwertige Armaturenbrett vermittelten den Eindruck, als säße man in einem Cockpit. Was natürlich auch beabsichtigt war. Irene spürte ein leichtes Ziehen im Zwerchfell, als sie sich auf den Fahrersitz setzte.

»Entschuldige Irene, aber bist du jetzt total abgehoben?«

Tommys Stimme holte sie brutal wieder in die Wirklichkeit zurück. Träumerisch sagte sie:

»Es hat schon was, in so einem Auto zu sitzen.«

»Dann genieße es nur. Wahrscheinlich kommt es nicht so oft vor, dass du die Gelegenheit hast, in einem Porsche zu sitzen. Aber ich habe da hinten was gefunden. Komm mal.«

Mit einem Seufzer schälte sie sich aus dem wunderbaren Ledersitz und folgte ihm weiter in die Garage hinein. In einer Ecke, eingezwängt zwischen das Ende des Regals und der Wand, stand ein großer Benzinkanister aus grünem Blech.

429

Tommy versuchte ihn herauszuziehen, was ihm schließlich auch gelang. Er schüttelte ihn und stellte fest:

»Leer. Ist nur noch eine Pfütze drin.«

»Wie viel passt in so einen Kanister?«

»Fünfundzwanzig, dreißig Liter. Aber es ist verboten, Benzin in der Garage und ähnlichen Räumen aufzubewahren.«

»Aber der ist doch leer.«

»Stimmt. Aber es war Benzin drin.«

Tommy drehte den Deckel ab und schnupperte an der Öffnung.

»Der kann doch schon geleert gewesen sein, als er hierher gestellt wurde.«

»Möglich.«

Er schien nicht überzeugt zu sein, und Irene musste ihm Recht geben. Sie betrachtete den Kanister und fragte:

»Kann es sich hier um das Benzin handeln, das für die Höllenmaschine in der Berzeliigatan benutzt wurde?«

»Genau darüber denke ich nach. Aber da hat es sich bestimmt um mehr Benzin als das hier gehandelt.«

Sie liefen herum und schauten sich das Gerümpel auf den Regalbrettern an. Plötzlich entdeckte Irene etwas. Eine gelbe, schwarz gemusterte Schlange, die sich unter dem untersten Regalbrett zu verstecken versuchte. Ein abgeschnittenes Stück Wasserschlauch. Sie zog das Schlauchstück hervor. Es war ungefähr eineinhalb Meter lang. Triumphierend rief sie:

»Guckt mal! Ihr meint wohl, ich habe hier nur ein Stück von einem Wasserschlauch. Aber weit gefehlt!«

Fredrik und Tommy sahen sie verwundert an. Sie guckten dumm das Stück Schlauch an, doch plötzlich ging Tommy ein Licht auf.

»Stimmt! Du hast Recht. Das ist es«, sagte er.

Fredrik seufzte.

»Ich finde ja immer noch, dass es einfach ein Stück von dem langen Schlauch ist.«

Irene und Tommy schüttelten beide den Kopf und sagten gleichzeitig:

»Damit ist umgefüllt worden!«

Irene holte den zusammengerollten Schlauch hervor. Von ihm stammte das abgeschnittene Stück. Die frischen Schnittspuren passten perfekt zusammen, als sie sie aneinander hielt. Ihr Herz pochte heftig vor Erregung, die bekannte Reaktion, wenn sich ein Rätsel seiner Auflösung näherte.

»Da haben wir's! Darum hat es hier drinnen in der Garage so lange gedauert. Unser Bombenleger hat ein Stück vom Schlauch abgeschnitten und es benutzt, um das Benzin von dem Blechkanister in einen Plastikkanister umzufüllen. Oder vielmehr in mehrere Plastikkanister.«

Tommy nickte zustimmend und sagte:

»Stimmt. Aber er brauchte noch mehr Benzin. Meint ihr, er hat es aus den Autotanks geholt?«

Sie guckten sich den Porsche an. Der BMW hatte auch hier drinnen gestanden. Das zusammen ergab eine ganze Menge Benzin. Irene schaute eine ganze Weile den Porsche an. Schließlich sagte sie:

»Ich glaube, ich weiß, warum er den Porsche genommen hat und nicht seinen eigenen Wagen.«

Sie nahm die Wagenschlüssel und setzte sich auf den weichen Fahrersitz. Sie schaltete die Zündung ein, der Wagen startete sofort. Wieder begann ihr Herz zu klopfen, als sie auf das Armaturenbrett zeigte.

»Hier, seht. Der Tank ist fast leer.«

»Mach lieber aus, damit wir nicht an einer Kohlendioxidvergiftung sterben!«

Hustend öffnete Tommy die Garagentür. Es war zwar anzuzweifeln, ob die Luft da draußen so viel besser war, aber zumindest waren die Schadstoffe in ihr nicht so konzentriert. Mit einem leichten Gefühl der Wehmut stellte Irene den Motor wieder ab. Er hatte wie ein Leopard geschnurrt. Sie entwarf ein Bild des Geschehens, wie sie es sich dachte.

»Der Bombenbastler kommt nach Mitternacht hierher. Er weiß, dass in dem Kanister und in den Autos Benzin ist. Er selbst hat sein Auto gerade voll getankt. Glücklich hier ange-

431

kommen, stellt er fest, dass der Porsche fast kein Benzin mehr im Tank hat. Es reicht nur noch für zwanzig, fünfzig Kilometer. Also fährt er den Porsche auf die Straße und sein eigenes Auto rein, um ungestört das Benzin in die Plastikkanister umzufüllen. Aber er lässt noch so viel in seinem eigenen Auto, dass er nicht Gefahr läuft, auf dem Heimweg liegen zu bleiben. Die Ölflecke im Porsche sind wahrscheinlich entstanden, weil er die Plastikkanister vorher auf dem Boden hier hat stehen lassen, und da sind sie ölig von unten geworden.«

Fredrik unterbrach sie:

»Warum hat er dann nicht sein eigenes Auto benutzt, um in die Berzeliigatan zu fahren?«

»Weil er nicht wollte, dass sein eigenes Auto genau zu diesem Zeitpunkt in der Gegend gesehen wurde. Es ist nicht so einfach zu erklären, was man mitten in der Nacht da zu suchen hat – von Knechts eigenes Auto erweckt eine gewisse Verwunderung, aber nicht das gleiche Aufsehen«, antwortete Irene.

Das klang logisch. Tommy nickte und nahm das Schlauchstück in die Hand.

»Das nehmen wir für die Techniker mit, die können untersuchen, ob wirklich Benzin durchgeflossen ist. Aber man braucht eigentlich nur dran zu riechen. Das ist für Benzin benutzt worden. Wir werden die Techniker bitten, noch mal herzukommen und Proben von den Ölflecken hier auf dem Boden zu nehmen – wenn sie es nicht schon gemacht haben – und sie mit denen im Auto zu vergleichen«, erklärte er entschlossen.

Sie gingen hinaus und schlossen die quietschende Tür hinter sich. Tommy betrachtete gedankenvoll die solide, grau gestrichene Tür.

»Wenn wir doch nur einen Zeugen hätten, der gesehen hat, wie die Benzinkanister in den Porsche gebracht wurden! Aber niemand hat sich gemeldet. Es muss passiert sein, als der Zeuge im zweiten Stock sein Kind ins Bett gebracht hat und danach auf der Toilette war«, seufzte er.

Irene klopfte ihm leicht auf den Arm.

»Du, Tommy, wir haben doch bei jemandem Plastikkanister gesehen. Gerade erst. In Henriks und Charlottes Garage. Lass uns da vorbeifahren und noch mal näher nachsehen. Die Schlüssel behalten wir und geben sie den Technikern. Ich habe das Gefühl, es ist mal wieder an der Zeit für ein Gespräch mit Sylvia von Knecht. Obwohl ich bestimmt der letzte Mensch bin, den sie gern sehen möchte. Irgendwie läuft es immer aus dem Ruder, wenn ich sie befrage.«

Tommy grinste.

»Vielleicht ist es ja an der Zeit, männliche Kompetenz dazuzuholen? Damit meine ich natürlich mich.«

»Wahrscheinlich gar keine schlechte Idee.«

Zu dritt fuhren sie nach Örgryte hinaus und gingen in Henrik von Knechts immer noch unverschlossene Garage. Dort standen die beiden Plastikkanister mit der Aufschrift »Aqua dest« immer noch in der Ecke. Irene schraubte den Deckel ab und schnupperte, konnte aber nur abgestandenes Wasser riechen. Tommy schaute sie sich auch an und meinte:

»Zehnliterkanister. Ideal für diese Zwecke. Gut zu tragen. Fünf, sechs davon reichen für die Höllenbombe. Wir sollten den jungen Herrn von Knecht einmal näher dazu befragen. Denn die Gnädigste ist sicher immer noch fort?«

Alles deutete darauf hin. Niemand öffnete, als sie an der Tür schellten. Sie gingen ums Haus und versuchten durch die Fenster hineinzusehen. Als sie sich auf den Rand einer verwilderten Rabatte auf der Rückseite des Hauses stellte, konnte Irene direkt in die Küche gucken. Das schmutzige Geschirr stand nicht mehr da. Alles sah sauber und ordentlich aus. Henrik würde nicht auf die Idee kommen, dass seine Frau Besuch von einem Cowboy gehabt hatte. Andererseits wollte er laut Charlotte ja sowieso direkt nach Marstrand fahren. Und sie selbst auf ein Fest bei einem Freund… Sie wurde von einer schroffen Stimme in ihren Gedanken unterbrochen:

»Stehen bleiben oder ich schieße! Die Polizei ist bereits

433

alarmiert, sie kommt sofort!« Erschrocken drehte sie sich in die Richtung, aus der die Stimme gekommen war und starrte direkt in die Mündung eines Gewehrs. Welches bedrohlich in den Händen eines dicken, glatzköpfigen älteren Herrn zitterte.

Den drei Kriminalinspektoren war es fast gelungen, den bewaffneten Mann davon zu überzeugen, dass sie wirklich Kriminalbeamte waren, als der Streifenwagen anrückte. Die beiden Polizisten kamen mit gezogener Pistole um die Hausecke gelaufen. Zum Glück war einer von ihnen Hans Stefansson. Vielleicht war es aber auch eher ein Unglück, da war sich Irene gar nicht so sicher. Aber eines wusste sie ganz genau. Die Geschichte, wie ein misstrauischer Nachbar drei Kriminalbeamte mit einem Elchgewehr in Schach hielt, während er auf den Streifenwagen wartete, die würde noch am gleichen Abend in der ganzen PO1 herum sein.

Dem armen älteren Mann war es sichtlich peinlich, als er seinen Irrtum eingestehen musste. Er verteidigte sich mit beleidigter Stimme:

»Aber heutzutage kann man ja nicht vorsichtig genug sein. Meine Frau hat verdächtige Personen gesehen, die sich hier herumtrieben oder in Autos rumspionierten. Und da habe ich natürlich gedacht, das wären Einbrecher!«

Irene nahm an, dass seine Frau die Dame hinter der Gardine gewesen war, die Tommy und sie am Tag zuvor beobachtet hatte. Aber es ist immer besser, diese Leute auf seiner Seite zu haben. Ein braver Bürger, der glaubt, er genieße das Vertrauen der Polizei, erzählt alles Mögliche. Das heißt, so lange es um andere Leute geht. In einem vertraulichen Tonfall fragte sie deshalb den korpulenten Nachbarn:

»Wir haben versucht, Henrik von Knecht zu erreichen, was uns aber nicht gelungen ist. Wissen Sie vielleicht, wo er ist?«

Das war völlig ungefährlich, da sie ja wusste, dass er in Stockholm war. Aber offenbar hatte der Nachbar keine Ahnung. Er schüttelte seinen kugelförmigen Kopf und erklärte gleichgültig:

»Henrik von Knecht? Der ist doch fast nie zu Hause. Eine Zeit lang haben meine Frau und ich schon gedacht, die beiden hätten sich getrennt. Aber letzte Woche haben wir ihn dann wieder gesehen.«

»Wir haben gestern mit Charlotte von Knecht gesprochen, aber wir müssten sie noch einmal sehen. Sie wissen... alles muss doppelt und dreifach überprüft werden bei einer Morduntersuchung.«

Der Nachbar nickte eifrig zustimmend. Aber als er nachdachte, fand er eine wunderbare Gelegenheit, sich zu beschweren, und verkündete in jammerndem Ton:

»Na, die Frau sehen wir auch nicht so oft. Ich meine... sie ist ja so gut wie nie draußen im Garten. Was doch wohl dringend notwendig wäre. Die Hecke zu uns hin müssen wir immer in Schuss halten. Die kümmern sich nie um ihre Seite. Immer bin ich es, der die Hecke schneidet. Jedes Jahr!«

»Gibt es denn keinen Gärtner, der den anderen Teil übernehmen könnte?«

»O nein. Man könnte ja annehmen, dass sie es sich leisten könnten! Aber nein, die verlassen sich darauf, dass ich ihre Arbeit auch noch mache!«

Irene schnalzte mitfühlend mit der Zunge und beschloss, direkter auf das eigentliche Ziel zuzusteuern. Verhalten fragte sie:

»Wenn der Mann so oft verreist ist, dann kommen wohl oft Freunde und Verwandte zu Charlotte von Knecht zu Besuch?«

Die Antwort kam kurz und knapp.

»Nein.«

Aber da steckte mehr dahinter. Am besten, sie legte noch ein paar Köder aus. Sie nahm noch einmal Anlauf:

»Aber gibt sie nicht ab und zu mal ein Fest? Sonst wäre es doch für sie gar zu einsam in dem Haus?«

Der Nachbar sah verunsichert aus, und Irene meinte eine gewisse Reserviertheit herauszuhören, als er antwortete:

»Nein, im letzten Jahr hat es bestimmt kein einziges Fest hier im Haus gegeben. Meistens steht es sowieso leer. Aber manchmal hat sie schon... Besuch gehabt.«

»Herrenbesuch?«

Eine leichte Röte überzog seine Wangen und stieg hoch bis zur Glatze. Kein Zweifel, wer da hinter der Gardine gestanden und empört diese Besuche registriert hatte. Diese Glückspilze, die die schöne Frau von Knecht besuchen durften. Was ihn anging, so war das natürlich aus vielerlei Gründen ausgeschlossen. Aber man durfte ja wohl träumen. Und eifersüchtig überwachen, wer denn Zugang zu der Schönen bekam. Irene verdeutlichte ihre Frage noch einmal:

»Waren es verschiedene Herren oder vielleicht ein ganz spezieller Herr?«

Der unbedarfte Nachbar bekam langsam den Verdacht, dass er einem regelrechten Verhör unterzogen wurde, aber nun war es zu spät, den Rückzug anzutreten. Wenn man einmal A gesagt hat, muss man auch B sagen. Betreten stand er da, hackte mit den Zehen in seinen ausgetretenen Slippern in den weichen Rasen und murmelte undeutlich etwas vor sich hin. Sofort legte Irene nach:

»Entschuldigung, ich habe Sie nicht verstanden?«

Er holte resigniert tief Luft:

»Früher wurde sie immer von verschiedenen Autos abgeholt. Manchmal sind die Männer auch über Nacht geblieben. Aber nicht so oft.«

»Wie oft?«

»Nun ja, vielleicht so zehnmal.«

Wenn er zehnmal sagte, dann war es auch zehnmal. Er rechnete genau mit.

»Früher, haben Sie gesagt. War es denn in letzter Zeit anders?«

Er wand peinlich berührt seinen umfangreichen Leib, bevor er antwortete:

»Doch, ja. Im Frühherbst kam ein roter Porsche und hat sie abgeholt. Zuerst haben wir uns nicht so viel dabei gedacht, denn es war ja ihr Schwiegervater, der sie abholte. Man kennt ihn ja aus den Zeitungen und so. Aber eine Nacht, ja, da… da hat er hier übernachtet.«

»Wann war das?«

»Ende August, vielleicht auch Anfang September. Das muss natürlich nichts... nichts Ungehöriges bedeuten. Wir haben gesehen, dass er es war, der Richard von Knecht, und er ist schließlich ihr Schwiegervater. Aber man wundert sich ja trotzdem... Er ist immer gekommen, wenn der Sohn, Henrik, nicht zu Hause war. Was er ja sowieso nur selten ist. Und die Schwiegermutter haben wir nie gesehen.«

Bumm! Bumm! Irenes Herz schlug wild vor Erregung. Sie hatte das Gefühl, alle müssten es hören. Aber offenbar wurde das Geräusch bei den anderen vom Rauschen des eigenen Blutkreislaufs übertönt, denn alle fünf hörten äußerst konzentriert dem älteren Mann zu. Begriff er, was er da sagte? Offenbar. Es war herauszuhören, dass er darüber gegrübelt hatte, was es zu bedeuten hatte, und schließlich die logische Schlussfolgerung daraus hatte ziehen müssen. Es war etwas »Ungehöriges.«

Sie bedankten sich für seine wertvollen Informationen und sagten, sie würden wieder von sich hören lassen, um alles noch einmal gründlicher durchzugehen. Bevor er wieder zu seinem Haus zurückging, legte er plötzlich seine rundliche Hand auf Irenes Arm. Betreten sagte er:

»Ja... und entschuldigen Sie, dass ich Sie mit dem Gewehr bedroht habe... aber es ist nicht geladen. Ich habe die Munition nicht gefunden. Aber das wollte ich gar nicht sagen. – Müssen Sie Frau von Knecht sagen, dass ich es war, der Ihnen das alles erzählt hat?«

Trotz der Temperaturen um null Grad war seine Stirn von einem dünnen Schweißfilm bedeckt. Irene klopfte mit beruhigenden kleinen Bewegungen auf seine Hand, von denen sie hoffte, sie würden ihren Zweck erfüllen, und sagte in ihrer schönsten offiziellen Polizeisprache:

»Nicht, wenn es sich nicht herausstellen sollte, dass es eine entscheidende Rolle für die Aufklärung des Falles spielt. Und bis jetzt ist es nur eine Spur unter vielen. Wenn es notwendig sein sollte, werden Sie bei einer eventuellen Gerichtsverhandlung als Zeuge bestellt. Aber nichts spricht im Augenblick dafür, dass es so weit kommen könnte. Und wenn doch, werden Sie rechtzeitig von uns hören.«

Äußerungen von Polizeibeamten, die ganz offiziell klingen, wirken auf die Mitbürger immer äußerst beruhigend. Sie verbreiten das Gefühl, als hätten die Beamten alles unter Kontrolle. Was momentan bei den drei Inspektoren ganz und gar nicht der Fall war. All ihre Schlussfolgerungen waren auf den Kopf gestellt worden!

Als der Nachbar zu sich hinübergeschlurft war, den Gewehrlauf durch das Gras hinter sich herschleifend, wandte sich Irene an die Streifenpolizisten und sagte:

»Stefansson, du und ich, wir kennen uns doch ganz gut, oder?«

Hans Stefansson nickte, schaute sie dabei aber verwundert an.

»Du und dein Kollege dürfen unter keinen Umständen, ich wiederhole: unter keinen Umständen über das sprechen, was dieser Nachbar gerade erzählt hat! Ihr könnt genau protokollieren, was hier draußen passiert ist, aber kein Wort über das Gespräch! Ehrenwort?«

Sie streckte die Hand aus und gab beiden einen festen Handdruck. Stefanssons Kollege war ein junger Assistent und schien gar nicht zu begreifen, worum sich das Ganze überhaupt drehte. Aber er guckte feierlich und ernst, als er Irenes Hand ergriff.

Die beiden Kollegen fuhren mit ihrem Wagen davon, und die drei Inspektoren blieben allein in dem verwilderten Garten zurück. Sie sahen einander an, konnten aber auf Grund der zunehmenden Dämmerung keinen richtigen Augenkontakt aufnehmen. Schließlich brach Tommy das Schweigen.

»Darüber müssen wir reden. Und was essen! Es ist schon fast halb vier.«

»›China House‹ am Södra vägen?«

»Perfekt.«

Als wäre es abgesprochen, redeten sie während der zehnminütigen Autofahrt kein Wort miteinander.

KAPITEL 17

Sie waren die einzigen Gäste in dem chinesischen Restaurant, suchten sich aber trotzdem eine Nische ganz hinten im Lokal. Es wurden »vier kleine Gerichte« und für jeden ein großes Leichtbier bestellt. Nach nur wenigen Minuten stand das Essen auf dem Tisch. Erst als der Boden ihrer Schalen zu sehen war, begannen sie zu reden. Irene fing an:

»Es ist nicht Sylvia, mit der wir als Erstes reden müssen, sondern Henrik und Charlotte. Aber das wird nicht leicht werden, wenn wir uns nur auf Gerüchte berufen können.«

Fredrik warf ein:

»Ich bin fest davon überzeugt, dass Henrik Dreck am Stecken hat. Ich wette, er ist der Bombenleger! Er kann sich locker die Schlüssel für die Garage und den Porsche besorgt haben, und er besitzt einen großen, hellen Wagen mit dunklen Scheiben. Und dann sind da noch die Plastikkanister in seiner Garage.«

Tommy nickte zustimmend.

»Ich bin ganz deiner Meinung. Viel spricht dafür, dass Henrik der Bombenleger ist. Aber warum? Warum hat er versucht, seinen eigenen Vater in die Luft zu sprengen? Warum hat er Pirjo losgeschickt, um die Bombe zur Explosion zu bringen? Und warum wurde Bobo Torsson in die Luft gesprengt?«

Irene ruderte eifrig mit den Händen, um ihre Ansichten zu unterstreichen.

»Ich glaube, am einfachsten ist die Frage zu beantworten, warum er Pirjo in die Berzeliigatan geschickt hat. Es hat sich

439

nämlich alles um ihn zusammengezogen. Wenn er der Bombenleger ist, natürlich nur«, sagte sie.

»Zusammengezogen?«

»Ja. Denk dran, dass die Bombe schon fast vier Tage vor Richards Ermordung angebracht wurde. Wäre er nicht erkältet gewesen, wäre er am Montag in sein Büro gegangen. So hat er das aber nicht gemacht. Und am Dienstag auch nicht. Am Dienstagabend ist er ermordet worden. Von dem Mord können wir mit Sicherheit sagen, dass Henrik ihn nicht hat ausführen können, weil er und Sylvia unten auf der Straße waren, als es passiert ist. Aber Henrik weiß, dass in der Berzeliigatan eine tödliche Bombe wartet. Die die Person umbringt, die als Erste die Tür öffnen will. Und wer wird das aller Voraussicht nach sein?«

Sie sah ihre beiden Kollegen an. Beide boten ein Bild vollkommener Konzentration. Tommy antwortete nach einer Weile:

»Sylvia von Knecht. Natürlich muss es Sylvia sein, die inspizieren will, was es in den Büroräumen zu erben gibt.«

»Genau! Und Sylvia von Knecht ist wohl die letzte Person auf dieser Erde, die Henrik umbringen will. Und wie ich schon mal gesagt habe, ist es ein Jammer, dass es keinen Hintereingang zur Wohnung gibt. Dann hätte er durch den Hintereingang reingehen und die Bombe entschärfen können. Aber wahrscheinlich traute er sich nicht, die Tür einen Spalt zu öffnen, um den Stahldraht vom Zündhütchen zu lösen. Deshalb entscheidet er sich stattdessen lieber dafür, eine unbedeutende graue Maus wie Pirjo zu opfern.«

Fredrik beugte sich eifrig über den Tisch vor, ohne zu merken, dass dabei sein Ärmel in einer Schale mit den Resten der süßsauren Soße landete. Aufgeregt sagte er:

»Das passt zusammen mit dem, was wir heute rausgekriegt haben! Henrik von Knecht kennt Pirjos Arbeitszeiten und weiß, dass sie vom Spurensicherungsteam nicht reingelassen wird. Also fängt er sie ab, als sie auf die Straßenbahn wartet. Aber wartet mal…«

Er unterbrach sich, um mit verärgerter Miene die Soße vom Ärmel abzuwischen. Nachdenklich verrieb er sie in seinem gestrickten Pullover. Es fehlte nicht viel, und Irene hätte ihm gesagt, er solle doch zur Toilette gehen und den Fleck ordentlich auswaschen. Aber sie konnte sich zum Glück gerade noch zurückhalten. Den Blick weit ins Lokal gerichtet, fuhr Fredrik fort:

»Woher konnte Henrik von Knecht wissen, dass Pirjo in der Molinsgatan war? Die ganze Stadt wusste, dass der Alte tot war! Es wäre doch nur logisch gewesen, wenn sie auch davon erfahren hätte, dass er vom Balkon gestürzt worden war? Und dann hätte sie doch zu Hause bleiben müssen.«

Irene und Tommy nickten. Irene erklärte entschlossen:

»Wir müssen ins Präsidium und mit dem Kommissar reden. Es ist offensichtlich Henrik von Knecht, den wir überwachen müssen und nicht Lillis. Vielleicht kann ja auch das Rauschgiftdezernat dessen Überwachung übernehmen.«

Den letzten Satz äußerte sie ohne große Hoffnungen, aber man konnte ja zumindest einmal fragen. Sie fuhr fort, an Fredrik gewandt:

»Habt ihr einen Überwachungsplan für Lillis?«

»Ja. Im Augenblick macht Birgitta es, bis sechs Uhr. Dann übernimmt Hans Borg, und gegen Mitternacht bin ich dran. Jonny ist am Samstagmorgen und -vormittag an der Reihe. Und dann geht's wieder von vorne los.«

»Es dürfte doch keine Probleme bereiten, diesen ganzen Überwachungsplan auf Marstrand zu übertragen? Laut Charlotte kommt Henrik sowieso erst morgen Abend gegen zehn Uhr zurück.«

Tommy nippte an seinem heißen Kaffee. Nachdenklich meinte er:

»Glaubst du, eine Überwachung von Henrik von Knecht bringt was? Er kommt nach Hause, müde und erschöpft von seinen Auktionsgeschäften. Sicher wird er sich dann hinsetzen und an irgendeiner Kostbarkeit herumfummeln. Und danach geht er ins Bett. So denke ich mir das.«

Irene versuchte ihn zu überzeugen:

»Aber das ist eine konkrete Spur, der wir jetzt nachgehen! Wir sind doch nicht einmal sicher, ob Lillis überhaupt etwas mit dem Fall zu tun hat. Ich schlage vor, wir besprechen das mit dem Kommissar. Was haltet ihr übrigens von der Zeugenaussage des bewaffneten Nachbarn? Hatten Charlotte und Richard eine sexuelle Beziehung?«

Alle drei dachten darüber nach.

»Es scheint so.«

»Vieles deutet darauf hin. Nicht zuletzt die Übernachtungen.«

»Zu Beginn unserer Ermittlungen hätte ich eine derartige Zeugenaussage für vollkommen unmöglich gehalten. Aber nach unseren Informationen über Richards und Charlottes Persönlichkeiten, die wir inzwischen gesammelt haben, würde ich sagen, dass es absolut nicht ausgeschlossen ist!«, stellte Irene fest.

Fredrik zeigte wieder Zeichen einer gewissen Erregung, sodass Irene über den Tisch griff und die Soßenschüssel wegschob. In seinen Augen leuchtete es vor Begeisterung, als er sich über den Tisch beugte.

»Damit hat dieser Henrik ein Motiv. Eifersucht! Sein eigener Papa bumst mit seiner Frau! Verdammt, wenn das kein ausreichendes Motiv ist!«

Etwas regte sich ganz tief unten in Irenes Gedächtnis, und es gelang ihr, es ins Bewusstsein zu holen:

»Ich bin mir gar nicht so sicher, ob Henrik wirklich in der Lage ist, größere Eifersucht zu empfinden. Oder Gefühle überhaupt. Ihn interessiert doch kaum etwas außer seinen Antiquitäten. Aber es gibt noch ein anderes, sehr starkes Motiv. Das häufigste, nämlich Geld.«

Tommy schaute sie überrascht an und fragte:

»Aber ist es denn nicht Sylvia von Knecht, die ihren Mann beerbt?«

»Doch, schon. Abgesehen von einer Versicherung. Sylvia hat mir selbst davon erzählt. Sie und Henrik kriegen nach

Richards Tod zehn Jahre lang jeder eine halbe Million Kronen.«

Fredrik stieß einen leisen Pfiff aus. Nach einer Weile fragte er nach:

»Wenn ich dich richtig verstanden habe, dann konnten Henrik und Richard von Knecht sich nicht besonders gut leiden?«

»Sie waren nicht gerade verfeindet. Aber Sylvia hat erzählt, dass Richard nie hat akzeptieren können, dass sich Henriks Persönlichkeit nach seiner Hirnhautentzündung so verändert hat.«

Irene schaute auf die Uhr. Es war kurz nach halb fünf. Entschlossen sagte sie:

»Jetzt rufen wir im Präsidium an, um festzustellen, ob Andersson noch da ist. Wir müssen sowieso hin und erzählen, was wir heute herausgekriegt haben. Er soll dann entscheiden, wie wir weiter vorgehen.«

Sie bezahlten und standen auf.

Sie stiegen ins Auto. Irene fuhr, Fredrik saß neben ihr und Tommy auf der Rückbank. Nachdem es ihnen gelungen war, sich in den Stoßverkehr auf der Södra vägen einzufädeln, schaltete Fredrik das Radio an. Der Sven-Ingvars-Schlager über die einzige Blondine der Stadt erfüllte das Wageninnere. Laut und falsch sangen alle drei beim Refrain mit. Sie kicherten, als die Musik verklang. Eine angenehme Männerstimme verkündete sogleich:

»Und damit ist unser Melodienkarussell für heute beendet. Hier ist P3. Zeit für ›Das Echo des Tages um Viertel vor fünf‹.«

Ohne nachzudenken bremste Irene, sodass ihr fast ein Taxi hintendrauf gefahren wäre. Ihre beiden männlichen Kollegen schrien gleichzeitig:

»Was machst du denn!« – und »Pass auf, das Taxi!«

Diszipliniert betätigte sie daraufhin den Blinker und bog in die Burgårdsgatan ein. Die Götter schienen eine ihrer Opfer-

443

gaben gnädig aufgenommen zu haben, denn es gelang ihr, einen freien Parkplatz zu finden. Sie stellte den Motor ab, drehte das Radio lauter und starrte wie verhext auf die kleinen leuchtenden roten und grünen Punkte des Autoradios, die verkündeten, dass es eingeschaltet war. Fasziniert flüsterte sie:

»Hört doch, Jungs, hört doch!«

»…keine ernsthaften Zwischenfälle bei den gestrigen Demonstrationen im Zusammenhang mit der Feier des Todestags von Karl XII. Die Polizei…«

Fredrik sah sie verwirrt und wütend an, was wohl in erster Linie eine Reaktion auf den Schreck war.

»Und? Was soll das? Du hättest einen Unfall verursachen können! Dann hätten sie morgen im Echo sagen können: ›Drei Bullen waren am gestrigen Tag in einen schweren Verkehrsunfall während der Rushhour verwickelt, verursacht durch den Blackout einer Fahrerin!‹«

Tommy fing an zu lachen, aber Irene winkte nur mit der Hand ab und starrte weiterhin unverwandt auf das Radio. Dramatisch sagte sie:

»Habt ihr nicht gehört, was da gerade passiert ist?«

Fredrik und Tommy sahen einander an, voller männlichen Einverständnisses. Fredriks kreisender Zeigefinger um den Kopf sagte alles. Irene sah es auch und musste mitlachen.

»Gerade ist Charlottes Alibi geplatzt! Es gibt keine Fünfuhrnachrichten im Radio! Sie heißen ›Echo des Tages um Viertel vor fünf‹, weil sie eben um Viertel vor fünf anfangen!«

Den beiden Kollegen wurde klar, worauf sie hinauswollte. Dadurch hatte Charlotte eine Viertelstunde gewonnen, und die reichte problemlos, um vom Möndalsvägen bis zur Molinsgatan zu kommen.

Tommy fand als Erster die Sprache wieder.

»Gibt es wirklich keine Fünfuhrnachrichten?«

»Nein, nicht bei den großen Rundfunksendern. Und da Charlottes Golf ganz neu war, als er am Dienstagabend die Verkaufsfiliale von Volkswagen verließ, nehme ich nicht an, dass sie schon einen der kleinen Lokalsender eingestellt hatte, die Nachrichten bringen.«

Tommy beugte sich zwischen den Vordersitzen vor und sagte:

»Ich glaube, du hast Recht, Irene. Wir müssen Henrik und Charlotte überwachen. Aber eins ist auch klar: Sie haben ihre Tat schon ausgeführt. Jetzt heißt es für sie, nur nicht auffallen. Wenn wir doch nur einen stichhaltigen Beweis hätten! Jemanden, der Charlotte am Mordabend in der Molinsgatan gesehen hat. Ein Zeuge, der beobachtet hat, wie Henrik die Benzinkanister in den Porsche geladen hat. Aber nichts da! Die haben ein verfluchtes Glück gehabt. Alles nur Indizien und Spekulationen!«

Irene war seiner Meinung. Sie startete den Wagen und gab sich dann äußerste Mühe, mustergültig zu fahren. Sie wollte die Nerven ihrer armen Kollegen nicht zu vielen Erschütterungen aussetzen.

Kommissar Sven Andersson putzte sich die Nase in einem Stück Toilettenpapier. Er hatte Kopfschmerzen, Augen und Nase liefen. Gerade hatte er beschlossen, nach Hause zu fahren, sich einen heißen Grog zu machen und ins Bett zu gehen, als die drei Inspektoren ihn anriefen und äußerst interessante Informationen im von-Knecht-Fall versprachen. Friedlich vor sich hin schniefend hatte er dann ihren Berichten über die Zeugenaussagen und neuen Spuren, die sie im Laufe des Tages gesammelt hatten, zugehört. Danach saß er eine ganze Weile schweigend da und dachte über das Gehörte nach. Schließlich sagte er:

»Das ist ja kaum zu glauben! Charlotte und Richard von Knecht! Das ist ja wohl die logische Schlussfolgerung, die man aus den Aussagen des Nachbarn ziehen kann. Aber wir brauchen Beweise! Es dürfte wohl kaum etwas bringen, Henrik oder Charlotte jetzt zu überwachen. Es ist nicht so interessant, womit sie sich im Augenblick beschäftigen, es ist sehr viel interessanter, was sie vorher angestellt haben. Wir müs-

445

sen verflucht noch mal weitere und möglichst schlagende Beweise finden. Kann es sein, dass sie gemeinsam geplant haben, Richard von Knecht umzubringen?«

Tommy schüttelte den Kopf, während er antwortete:

»Das haben wir auch diskutiert, aber wir glauben nicht daran. Vieles deutet darauf hin, dass das Bombenattentat von einer Person geplant und ausgeführt wurde und der Mord selbst von einer anderen. Wenn Charlotte gewusst hätte, dass Henrik eine Bombe in der Berzeliigatan installiert hat, dann hätte sie das Risiko ja gar nicht mehr eingehen müssen, ihren Schwiegervater selbst umzubringen! Sie hätte nur in aller Ruhe Richards nächsten Besuch in seinem Büro abwarten können.«

Andersson sah ihn mit roten Augen an, trocknete sich seine kupferfarbene Nase und meinte nachdenklich.

»Dann glaubst du also, dass Charlotte in den Mord verwickelt ist?«

Tommy nickte und deutete auf Irene.

»Wir haben noch kein richtiges Motiv für sie finden können, aber Charlotte ist die Einzige, die kein hieb- und stichfestes Alibi hat. Jedenfalls jetzt nicht mehr, nachdem Irene auf den Trick mit dem ›Echo des Tages um Viertel vor fünf‹ gekommen ist. Sie ist also bei dem Volkswagenhändler vor fünf Uhr losgefahren. Und das scheint genau geplant gewesen zu sein, wenn man an die Verführung des kleinen Autohändlers Skytter denkt. Außerdem hatte sie mehrmals die Gelegenheit, an die Schlüssel zu kommen«, stellte er fest.

Die Schlüssel. Wieder rührte sich etwas in Irenes Unterbewusstsein. Aber es drang nicht an die Oberfläche. Genervt versuchte sie sich auf das zu konzentrieren, was der Kommissar gerade berichtete:

»Hannu hat heute noch einmal mit Pirjos Kindern gesprochen. Und einem der kleinen Jungs ist plötzlich eingefallen, dass am Mittwochmorgen ein Mann angerufen und nach Pirjo gefragt hat. Aber Pirjo war gerade losgegangen, um bei den Knechts sauber zu machen. Das hat der Junge dem Mann erzählt. Die Tochter wusste gar nichts von diesem Telefongespräch, denn sie war zu dem Zeitpunkt in der Schule. Es war verdammtes Glück, dass Hannu die Jungs noch mal befragt hat.«

Fredrik rutschte aufgeregt auf seinem Stuhl hin und her und rief aus:

»Das habe ich doch gesagt! Woher konnte er wissen, dass Pirjo keine Ahnung hatte, dass der Alte tot war, und dass sie an diesem Mittwochvormittag wie üblich kommen würde, um sauber zu machen? Jetzt wissen wir es, er hat angerufen und nachgefragt, wo sie war!«

Er brach ab, schaute auf seine Armbanduhr und erklärte dann kurz:

»Entschuldigt mich, aber ich muss Birgitta ablösen.«

Die übrigen drei grinsten übers ganze Gesicht, sagten aber kein Wort. Alle im Raum wussten, dass Birgitta ihren Posten um sechs Uhr, also jetzt, verließ und dass Fredriks Schicht erst um Mitternacht anfing. Seine Gesichtsfarbe begann sich der Rötung der Kommissarnase anzugleichen, als er bemüht locker sagte:

»Also tschüss dann. Und ein schönes Wochenende all denen, die frei haben.«

Tommys Antwort kam prompt:

»Danke, gleichfalls. Auch denen, die nicht frei haben.«

Fredrik tat so, als hätte er den Kommentar nicht mehr gehört, sondern verschwand nur noch schnell durch die Tür.

Tommy bemerkte lachend:

»Den lieben Fredrik können wir dieses Jahr fürs Lucia-Fest benutzen. Wenn jemand die ganze Zeit hinter ihm hergeht und ihm ›Birgitta, Birgitta‹ zuflüstert. Dann werden seine Ohren leuchten, dass wir auf die Lucia-Lichterkrone verzichten können!«

Irene drohte ihm in aller Freundschaft.

»Wir sollten die beiden nicht ärgern. Ich finde sie richtig süß«, erklärte sie mahnend.

Andersson riss seine Augenbrauen bis zum Haaransatz hoch. Er erklärte verärgert:

447

»Süß! Wir reden hier von zwei Polizeibeamten! Die sollen nicht rumlaufen und süß sein, die sollen ihre Arbeit tun! Das bringt doch nichts! Immer nur Ärger mit... hatschi!«

Nur ein Glück, dass er niesen musste. So brauchte Irene seine letzten Worte... »den Weibern« nicht zu hören. Aber sie konnte sie sich denken. Mit einem unbewusst mütterlichen Tonfall wandte sie sich ihm zu:

»Du solltest lieber nach Hause gehen und deine Erkältung auskurieren.«

Er sah sie scharf an. Dieses Verhätscheln konnte er auf den Tod nicht ausstehen.

»Ja, Mama.«

Das war sarkastisch gemeint, klang aber eher erschöpft. Er war wirklich müde. Vielleicht hatte er ja sogar Fieber! Was wollte er eigentlich noch sagen? Da fiel es ihm wieder ein.

»Da ist noch eine Sache, die Hannu heute herausgekriegt hat. Nachdem Richard von Knecht und Valle Reuter zu Mittag gegessen hatten, war Richard bei der Bank und hat zehntausend Kronen abgehoben. So um vier Uhr rum.«

Die beiden Inspektoren sahen ihn überrascht an.

»Warum hat Valle Reuter denn nichts davon gesagt?«

»Gute Frage. Kannst du das rauskriegen, Irene? Er hat eine Schwäche für weibliche Polizeibeamte. Hannu hat mir diese Information vor einer halben Stunde telefonisch durchgegeben. Er wollte dort am Markt noch weitere Befragungen durchführen.«

»Bei welcher Bank war das?«

»Bei der SE-Bank am Kapellplatsen. Die Frage ist, was er mit dem Geld gemacht hat?«

Das Klingeln des Telefons unterbrach ihn. Er meldete sich schroff:

»Andersson. Ja... Das gibt's ja wohl nicht! Du kannst Irene und Tommy vor der Haustür in der Molinsgatan treffen. Die beiden sind in einer Viertelstunde da.«

Energisch legte er den Hörer auf.

»Das war Hannu. Er war in der Bäckerei am Marktplatz

448

und hat noch mit der Verkäuferin reden können, kurz bevor sie den Laden zugemacht hat. Richard von Knecht war am Dienstagnachmittag dort und hat zwei fertig belegte Brote gekauft. So gegen vier Uhr. Höchstens eineinhalb Stunden, bevor er umgebracht wurde!«

Sie hatten Glück, Valle Reuter war zu Hause. Irene wollte gerade auflegen, als er nach langem Klingeln endlich an den Apparat ging. Sie stellte sich als Inspektorin Huss vor. Ob es in Ordnung wäre, wenn sie noch einmal vorbeikäme, um einige neue Informationen zu überprüfen, die sie erst jetzt bekommen hätten? O ja, von ganzem Herzen freute er sich, wenn sie käme. Ob sie schon einmal »Neil Ellis« probiert hätte? Irene kam ganz aus der Fassung, murmelte dann etwas, das sowohl Ja als auch Nein bedeuten konnte. Ach, wie bescheiden sie doch sei! Aber er hatte jedenfalls einige Flaschen auf Lager. Das würde ein richtig schöner Abend werden!

Etwas verwundert legte Irene den Hörer auf. Aber sie hatte schon so eine Ahnung, was los war.

»Er glaubt, ich wäre die zauberhafte Birgitta. Ich – oder besser gesagt Birgitta – bin zu einer Weinprobe heute Abend eingeladen«, sagte sie mit leichtem Schmunzeln.

Tommy lachte laut auf.

»Dann wäre es doch zu schade, eure traute Zweisamkeit zu stören. Was hältst du davon, wenn ich einmal bei Sylvia von Knecht reinschaue? Wenn ich Glück habe, ist sie noch in Marstrand. Und die kleine Arja will ja auch unterhalten werden. Mit ihr zu reden dürfte nicht schwer sein.«

»Und so hässlich ist sie ja nun auch wieder nicht.«

»Stimmt. Jedenfalls ziehe ich ihr Gesicht dem von Valle Reuter vor.«

Tommy rief über sein Handy bei Sylvia von Knecht an. Aus seiner enttäuschten Miene schloss Irene, dass Sylvia selbst antwortete. Nur zögernd erklärte sie sich zu einem kurzen Gespräch bereit.

»Aber nicht so lange! Meine alte Mutter ist bei mir.«

Irene hörte Sylvias beißende Stimme, obwohl Tommy das Telefon an sein Ohr hielt. Sie schnaubte, als er das Gespräch abgeschlossen hatte.

»Die alte Mutter, die nicht zu klapprig ist, die Kuchen für die Beerdigung zu backen! Obwohl es eine ganz vorzügliche Bäckerei gleich in der Nähe gibt. Das weiß ich genau. Ich habe nämlich das gesamte Sortiment probieren müssen.«

Mit einem Schaudern erinnerte sie sich an die Kuchenschlacht bei der kleinen alten Dackelbesitzerin.

Tommy fragte:

»Ist das die gleiche Konditorei, in der Richard von Knecht seine Brote gekauft hat?«

»Ja.«

Sie fuhr langsamer und blinkte. Ein freier Parkplatz nur fünfzig Meter von dem Haus entfernt, in das sie wollten. Es brachte sicher nichts, auf einen näheren zu hoffen.

Sie parkten und gingen auf die schöne Haustür zu. Ein Gedanke kam Irene noch:

»Vergiss nicht, Sylvia nach diesen Broten zu fragen. Mir hat sie gesagt, dass es keine Brote im Kühlschrank gab, als sie am Donnerstag nach Hause gekommen ist. Aber Richard hat ihr bei ihrem letzten Telefonat gesagt, er würde welche besorgen wollen.«

Tommy begann vor sich hin zu kichern.

»Stell dir vor, wenn die Techniker sie gegessen haben. Damit sie nicht vertrocknen. Sylvia sollte ja erst später wiederkommen, sie war ja noch in der Psychiatrie«, erklärte er verschmitzt.

Irene blieb abrupt stehen.

»Meine Güte, das ist nicht unmöglich! Wir müssen sie fragen. Erinnere mich daran«, sagte sie nur.

Sie waren vor der Tür angekommen. Lautlos tauchte Hannu neben ihnen auf.

»Hallo.«

»Mein Gott, hast du mich erschreckt. Hallo.«

450

»'n Abend. Am besten kommst du mit mir hoch zu den Damen. Du kannst ja Finnisch, falls das gebraucht wird«, sagte Tommy.

Sylvia hatte ihnen äußerst unwillig den Türcode gesagt, und jetzt tippten sie sich hinein. Mit einem weichen Surren verkündete die Tür, dass sie offen war. Sie drückten sie auf und schalteten die Treppenbeleuchtung an.

Obwohl sie wusste, dass die Malereien da waren, war sie auch diesmal wieder von ihnen beeindruckt. Der Frühling schwebte ihr in seinem Blumenwagen entgegen, und auf der anderen Wand strich der Spielmann seine Geige, dass der Schweiß spritzte. Schnell lief sie zur Treppe, um den graziösen Schwan auf dem Boden sehen zu können. Sie schielte zu Hannu hinüber, konnte aber keinerlei Anzeichen dafür entdecken, dass er in irgendeiner Weise berührt war. Zielbewusst ging er zum Fahrstuhl und öffnete die Tür. Irene fand es zwar albern, eine Etage hochzufahren, tat es aber trotzdem.

Valle Reuter riss die Tür mit einem breiten Willkommenslächeln auf. Das sofort erstarb, als er Irene entdeckte. Enttäuscht fragte er:

»Wer sind Sie denn? Und wo ist meine süße kleine Polizistin?«

»Ich bin Inspektorin Irene Huss. Wie ich schon am Telefon sagte. Anscheinend verwechseln Sie mich mit Inspektorin Birgitta Moberg. Mit ihr haben Sie letzte Woche im Präsidium gesprochen. Sie ist im Augenblick mit den Ermittlungen eines der größten Drogenverbrechen Schwedens beschäftigt.«

Sie konnte nicht anders. Es rutschte ihr einfach so raus, bevor sie noch darüber nachdenken konnte. Das war die Rache für die »süße kleine Polizistin«. Valle Reuter sah wirklich beeindruckt aus. Er zog die Augenbrauen hoch und fragte:

»Lassen Sie es wirklich zu, dass die kleine Birgitta sich um solche gefährlichen Dinge kümmert?«

Dann bewegte er seinen unförmigen Leib und machte eine einladende Geste zum Flur hin. Der war nicht so groß wie bei den von Knechts. Aber die schön geschnitzten Garderobentüren gab es auch hier, ebenso wie den protzigen Spiegel. Irene trat ein und hängte ihre Lederjacke auf einen verschnörkelten Messinggarderobenhaken. Zuerst bemerkte sie es nicht, aber dann bekam sie plötzlich so ein sonderbares Déjà-vu-Erlebnis. Ein deutlicher Geruch nach Ajax und Zigarren hing in der Luft. Ohne es zu wollen, schüttelte sie sich. Als sie das letzte Mal in diesem Haus war und von dieser Geruchsmischung umgeben wurde, handelte es sich um einen hässlichen, jähen Tod. Laut sagte sie:

»Das riecht hier richtig sauber. Ist der Weihnachtsputz schon gemacht?«

Er lachte nur und zwinkerte ihr zu:

»So kann man es auch nennen. Ich habe eine Reinigungsfirma engagiert. Gestern waren drei Personen den ganzen Tag über in der Wohnung zugange. Unglaublich tüchtige Leute. Die haben die ganze Wohnung geputzt und auch noch überall neue Gardinen aufgehängt. Ich wollte, dass es hier schön aussieht, wenn meine Freundin zum ersten Mal herkommt«, erklärte Valle.

Er lächelte zufrieden und schob sich vor ihr in das große Wohnzimmer. Es war zwar kleiner als der Saal oben bei den von Knechts, maß aber immer noch um die hundert Quadratmeter. Mit einer stolzen Geste forderte er sie auf, doch in einem wuchtigen Ledersessel Platz zu nehmen. Der Geruch von neuem Leder stach ihr scharf in die Nase. Es waren schwere, glänzende und offenbar ganz neue Ledermöbel. Zwei Sofas und vier Sessel. Der Glastisch war der größte, den Irene je gesehen hatte, er erinnerte sie an einen achteckigen Swimmingpool. In dem großen offenen Kamin aus grünlichem Marmor und schwarzem Schiefer knisterte ein Feuer. Zu beiden Seiten des Kamins ragte ein hoher Schrank mit glänzenden Glastüren hoch. Hinter den Scheiben waren Silbergegenstände zu erkennen. Große Bilder in schweren Goldrahmen erinnerten deutlich an die Kunst oben bei den von Knechts. Er besaß sogar ein ähnliches farbenprächtiges Monster wie das, welches bei den von Knechts in der Bibliothek an der Wand hing. Nur war das bei den von Knechts grün und dieses hier blau. Am anderen Ende des Raumes thronte ein großer Esstisch mit zwölf Stühlen. Darüber hing ein schwerer Kronleuchter. Der Widerschein von tausenden von Prismen streute sich über das ganze Zimmer.

Valle Reuter ging zur Wand und drehte an einem kleinen runden Knopf. Langsam erlosch die Beleuchtung, und mit einer schnellen Drehung in die entgegengesetzte Richtung war der Raum wieder in Licht gebadet.

»Das haben sie heute angebracht. Dimmer heißt das.«

Mit einem Ausdruck höchster Zufriedenheit regulierte er das Licht wieder auf ein angenehmes Niveau.

»Ihrer Freundin wird die Wohnung bestimmt gefallen, davon bin ich fest überzeugt.«

Irene sagte das voller ehrlicher Überzeugung, denn es war wirklich sehr gemütlich hier im Raum.

»Das glaube ich auch. Alles ist neu! Ist alles heute erst geliefert worden.«

»Alles?«

»Ja, außer den Gemälden und Teppichen. Die Dinge hat Henrik für mich eingekauft. Investitionen. Der Kronleuchter ist auch alt, sehr alt, aber gut renoviert. Die Möbel sind neu. Sie sind die Erste, die auf ihnen sitzt.«

»Und das haben Sie alles nur gekauft, weil Ihre Freundin zum ersten Mal herkommt?«

Er warf ihr einen langen Blick zu und nickte ein paar Mal feierlich, bevor er antwortete:

»Sie hat am Dienstag meinen Antrag angenommen. Ich habe mich so gefreut! Denn es sah doch alles nur noch rabenschwarz aus. Es waren schlimme Jahre ... einsam ... und dann das mit Richard. Als Gunnel jetzt Ja gesagt hat, da hatte ich das Gefühl, als würde auch für mich wieder ein Licht leuchten. Ich traue mich kaum, es zu glauben. Und jetzt habe ich beschlossen, ein neues Leben anzufangen. Weg mit all den alten hässlichen Möbeln, die Leila einmal ausgesucht hat. Und im Putzen bin ich nicht so besonders gut... es war schon etwas schmutzig hier. Aber das Problem hat die Reinigungsfirma gelöst. Obwohl, ich musste das Doppelte bezahlen, weil es so schnell gehen musste. Aber das war es auch wert. Und vorgestern war ich in dieser Möbelgalerie in der Östra Hamngatan. Ich habe mir ausgesucht, was ich haben wollte. Einiges hatten sie nicht auf Lager, aber da habe ich die Schaufenstermodelle genommen. Den Esstisch und eins der Sofas. ›Die müssen spätestens am Freitagabend bei mir sein‹, habe ich denen erklärt. Das hat eine ganze Stange Geld gekostet, dieses ganze Zeug. Aber es ist auch jede einzelne Öre wert! Und die alten Möbel habe ich der Inneren Mission geschenkt. Die haben alles gestern abgeholt. Darf ich Ihnen ein Gläschen anbieten? Nein, na, dann nicht.«

Er sah enttäuscht aus, fast wie ein Mops, der eine Leckerei erwartete, und nun keine bekam.

»Wir dürfen keinen Alkohol im Dienst trinken«, sagte Irene.

»Aber es ist doch sieben Uhr an einem Freitagabend!«

»Und ich bin im Dienst.«

»Oh.«

»Und deshalb bin ich ja auch hier. Aber ich möchte Ihnen wirklich zu den neuen Möbeln gratulieren. Und Ihnen viel Glück für Ihr neues Leben wünschen, zusammen mit Gunnel.«

Valle begann wieder zu strahlen.

»Oh, vielen Dank! Sie sind die Erste, die davon erfährt. Sonst weiß es noch niemand. Sylvia war ja bei mir und hat gefragt, ob ich ausziehen will, aber die habe ich abblitzen lassen. Was die sich erlaubt! Und meinen Sohn interessiert das sowieso nicht. Gunnel und ich werden uns hier morgen Abend heimlich verloben. Das ist wohl am besten so, nach der Sache mit Richard. Und zu Ostern wollen wir heiraten!«

Die ganze runde Gestalt strahlte vor Glück. Irene beschloss, dass es langsam an der Zeit war, auf ihr eigentliches Anliegen zu sprechen zu kommen. Sie räusperte sich leicht und sagte dann:

»Ich würde gern noch einige zusätzliche Fragen zu dem Dienstag stellen. Wir haben erfahren, dass Richard von Knecht und Sie, als sie vom Essen im Johanneshus nach Hause gefahren sind, nicht den direkten Weg genommen haben. Richard von Knecht war gegen vier Uhr in der SE-Bank am Kapellplatsen und hat eine größere Geldsumme abgehoben.«

Valle hob die Augenbrauen.

»Wirklich?«

Er blinzelte ihr freundlich zu und schien auf eine Fortsetzung zu waren.

»Erinnern Sie sich nicht daran, dass er in die Bank gegangen ist?«

Da begann Valle zu prusten und keuchen wie eine Dampfmaschine. Ihr wurde klar, dass es sich dabei um Lachen handeln musste.

»Ob ich mich erinnere? Ich schlafe doch immer im Taxi auf dem Heimweg. Immer! Richard weckt mich, wenn wir vor der Haustür angekommen sind. Oder er hat mich geweckt…«

Das fröhliche Prusten verklang, und Wehmut tauchte in seiner Stimme auf. Irene wiederholte seine Aussage noch einmal:

»Dann haben Sie an dem betreffenden Dienstagnachmittag also die ganze Zeit im Auto geschlafen, bis es Zeit war auszusteigen?«

»Ja. Ich muss fast sofort eingeschlafen sein. Aufgewacht bin ich davon, dass Richard mich geweckt hat. Wie immer.«

»Können Sie sich dran erinnern, ob er etwas in den Händen hatte?«

Valle gab sich wirklich alle Mühe. Auch Irene fiel auf, wie sehr er doch einem traurigen Seehund ähnelte. Er kniff die Augen zusammen und konzentrierte sich.

»Doch, das hatte er tatsächlich. Eine kleine weiße Tüte hatte er in einer Hand. Eine Papiertüte. Hat er das Geld in eine Papiertüte gepackt?«

»Nein. Er war in der Konditorei neben der Bank und hat dort zwei belegte Brote gekauft.«

455

»Das kann sein. Sylvia und er haben das öfters dienstags gemacht. Sie haben abends nur eine Scheibe Brot gegessen. Wir haben bei unserem Mittagessen nie gespart, so konnte Richard Sylvias Hungerkuren besser ertragen. Schließlich wollte sie immer ballerinenschlank bleiben. Der arme Richard ist dabei ja fast verhungert!«

So weit Irene sich erinnern konnte, stand im Obduktionsbericht keineswegs etwas von schwerer Unterernährung, aber sie beschloss, dieses Thema nicht weiter auszuwalzen.

»Hat er Ihnen etwas über das Geld gesagt? Es war eine ziemlich große Summe, zehntausend Kronen.«

»Wahrscheinlich wollte er etwas einkaufen. Vielleicht etwas anzuziehen.«

Valle klang uninteressiert. Offenbar war er nicht der Meinung, dass es sich um eine größere Summe handelte. Irene hatte den Verdacht, dass man für diesen Betrag nicht einmal einen Sessel bekommen würde.

»Hat er immer Geld abgehoben, wenn er etwas einkaufen wollte?«

Valle dachte nach, mit neu gewecktem Interesse.

»Nein, er hat immer mit der Karte bezahlt. Er wollte kein Geld bei sich haben. Das ist nicht gut, falls man mal überfallen wird. Heutzutage kann man ja nie wissen bei all den Glatzen und Drogenabhängigen.«

Für eine Sekunde tauchte der kahle Kopf ihrer Tochter vor Irenes Augen auf, aber sie schob das Bild schnell zur Seite. Sie deutete auf das Monsterbild und fragte:

»Und Henrik hat Ihnen also dabei geholfen, all diese schönen Bilder einzukaufen?«

»Ja. Ein guter Junge. Tüchtig und fleißig. Die Teppiche hat er auch eingekauft. Und den Kronleuchter.«

Er deutete auf das Bild mit dem blauköpfigen Monster und fuhr fort:

»Er hat den Kontakt zu Bengt Lindström vermittelt, einem bekannten schwedischen Künstler in Paris. Das ist sein Portrait von mir. Ich habe ihn auch eins von Richard machen lassen – nach einem Foto – und ihm zum sechzigsten Geburtstag geschenkt. Richard war total begeistert. Es war sein Lieblingsgeschenk. Aber das fand Sylvia natürlich nicht. Sie meinte, sie hätten schon genug von Bengt Lindström. Sie war sauer, weil er sich so über das Bild gefreut hat.«

Zu ihrer eigenen Überraschung sah Irene plötzlich, dass es tatsächlich Valle Reuter auf dem Bild war. Der Ausdruck eines gutmütigen Seehunds war auf den Punkt getroffen. Der blaue Seehund hatte ein karmesinrotes Feld im linken Auge, das ganz deutlich sagte: »Pass nur auf, dass du mich nicht unterschätzt!« Nachdem sie schon so zwanglos auf Henrik zu sprechen gekommen waren, beschloss Irene in dieser Hinsicht weiterzubohren, um aus Valle so viele Informationen wie möglich herauszukriegen. Mit freundlichem Interesse fragte sie:

»Was meinte denn Richard zur Berufswahl seines Sohns?«

»Nun ja, er war sehr enttäuscht, damals nach Henriks Krankheit. Er war wohl davon ausgegangen, dass sein Sohn seine Geschäfte weiterführen würde. Wie ich es auch von meinem Sohn gehofft hatte. Oder besser gesagt, von Leilas Sohn.«

Er murmelte vor sich hin, und Irene vermutete ein Trauma, in das sie ihn jetzt lieber nicht gleiten lassen wollte. Schnell sagte sie:

»Aber wie wir wissen, hat Henrik ja seinen eigenen Weg gefunden. So weit ich gehört habe, hält er sich die meiste Zeit draußen in Marstrand auf?«

»Ja, dieses Haus hat ihn wieder ins Leben zurückgeholt. Nach der Krankheit war er apathisch und deprimiert. Er musste wirklich kämpfen, um wieder einigermaßen auf die Beine zu kommen. Und er war schwermütig. Aber als Richard beschloss, auf seinem Grundstück am Wasser ein Gästehaus zu bauen, fragte Henrik, ob er nicht auch ein eigenes Haus haben könnte. Er wollte seine Ruhe haben, nehme ich an. Die beiden Häuser wurden gleichzeitig gebaut. Henrik war Feuer und Flamme. Er war von der ersten Sprengung bis zum letzten Dachziegel bei den Bauarbeiten dabei. Das hat ihm physisch und psychisch gut getan. Körperliche Arbeit.

»Sprengungen?«

»Ja, natürlich, die mussten einiges aus den Felsen raussprengen. Für den Baugrund. Und Henrik fand das spannend. Er ist ja bei den Küstenjägern gewesen. Da lernen sie auch einiges übers Sprengen. Meine Güte, von dem vielen Reden habe ich ja einen ganz trockenen Hals gekriegt. Wollen wir uns nicht ein ganz kleines Glas gönnen?«

Sie lehnte freundlich, aber entschieden ab, während ihr Gehirn auf Hochtouren arbeitete. Henrik hatte Zugang zu Sprengstoff und wusste, wie man damit umging. Sie mussten nach Marstrand und dort nach Sprengstoff und Zündkapseln suchen. Und nach dieser Lunte, der Pentyllunte. Beweise! Das wären endlich handfeste Beweise. Aber vielleicht war ja auch nichts mehr zu finden. Vielleicht war alles für die Höllenmaschine und Bobos Aktentasche draufgegangen. Plötzlich wurde ihr bewusst, dass Valle schon weitersprach.

»… sehr schön da draußen. Aber Charlotte gefällt es nicht. Sie findet es dort zu einsam. Anfangs ist sie noch öfters mit rausgefahren. Aber in letzter Zeit nicht mehr.«

»Wie war Richards Verhältnis zu Charlotte?«

»Gut. Er hat nicht viel von ihr gesprochen. Aber natürlich fand er es schade, dass die beiden keine Kinder kriegen konnten.«

Peng! Da platzte etwas in Irenes Kopf. Zumindest mental. Ohne ihre innere Erregung zu verraten, fragte sie ganz neutral:

»Kann sie keine Kinder kriegen?«

»Doch, doch, es liegt an Henrik. Er kann seit seiner Krankheit keine mehr zeugen. Er ist mehrere Male untersucht worden, aber er hat keine lebensfähigen Spermien. Richard hat mir erzählt, dass der Junge absolut unfruchtbar ist.«

»Wusste Charlotte das, als sie ihn geheiratet hat?«

»Ja. Aber ich glaube, das hat sie nicht gestört. Sie wollte sowieso keine Kinder haben, wollte sich nicht die Figur verder-

458

ben. Wenn man Fotomodell ist, dann muss man schließlich an sein Aussehen denken. Und sie ist ja wirklich ein sehr hübsches Mädchen.«

»Fand Richard sie auch hübsch? Ich meine, hat er etwas in der Richtung gesagt?«

Valle sah sie verwundert an.

»Na, das sieht doch wohl jeder. Jedenfalls finden die meisten normal veranlagten Männer Charlotte ungemein anziehend«, erklärte er mit Nachdruck.

»Hat er jemals mit Ihnen darüber geredet, wie seine Beziehung zu seiner Schwiegertochter war?«

Jetzt sah Valle sie irritiert an.

»Da er selten über sie geredet hat, war sie bestimmt gut. Was hat denn Charlotte mit dem Mord an Richard zu tun?«

Valle und Richard standen sich nahe, da sie sich schon so lange kannten. Aber ganz offensichtlich hatte Richard Valle nie etwas über sein Verhältnis zu Charlotte erzählt. Irene beschloss, das Thema zu wechseln.

»Sie wissen nicht zufällig, mit welchem Taxiunternehmen Sie vom Johanneshus nach Hause gefahren sind?«

»Doch, natürlich weiß ich das. Wir nehmen immer das Gleiche, Richard und ich. Der einzige Taxibetrieb in der Stadt, der nur Mercedes-Modelle hat. Ein kleiner Betrieb, steht aber rund um die Uhr zur Verfügung. Warten Sie, ich hole die Nummer.«

Er schlurfte zu einer Tür, die in ein Arbeitszimmer führte. Eine Wandlampe mit blumenförmigem Glasschirm warf ihr Licht auf einen großen, leeren Schreibtisch aus dunklem, glänzend poliertem Holz. Valle schaltete eine Schreibtischlampe mit marmoriertem Glasschirm ein. Das Licht spiegelte sich in den Glastüren und dem glänzenden Leder. Die Lesesessel waren denen in von Knechts Bibliothek ähnlich. Irene verspürte kurz die Sehnsucht, sich ein Buch aus dem Regal zu nehmen und sich in einen der Sessel sinken zu lassen. Sich einfach nur von diesem weichen Lederschoß aufnehmen zu lassen.

»Hier ist sie!«

Valle winkte mit einem Zettel. Er schrieb die Nummer auf einen anderen Zettel und kam zurück ins Wohnzimmer.

»Ich habe auch immer einen Zettel in meiner Brieftasche. Es ist immer gut, die Nummer dabeizuhaben. Das sind alles richtig gute Fahrer. Hilfsbereit und freundlich.«

Irene hatte den Verdacht, dass Valle mit seinen Trinkgeldern sicher großzügig war, wenn er betrunken war, was die Hilfsbereitschaft gewiss erhöhte. Aber diese Überlegung behielt sie für sich. Sie stand auf und bedankte sich bei Valle für seine Hilfe.

»Ach, das war doch selbstverständlich! Wenn ich dabei helfen kann, dass der Mörder meines Freundes gefasst wird, dann stehe ich jederzeit zur Verfügung«, erklärte er ernst.

Hätten doch andere in den Fall Verwickelte ein bisschen von dieser Einstellung, dann wäre der Fall wahrscheinlich schon gelöst! Worauf ihre Gedanken zu dem Gespräch weiter oben mit Sylvia ging.

»Sie wurde stinkwütend, als ich sie nach den Broten gefragt habe. Sie hat uns angeschrien, wir sollten aufhören, sie zu schikanieren. Erst als Hannu ihr zum Schluss irgendwas auf Finnisch gesagt hat, ist sie verstummt. Was hast du gesagt?«

Hannu verzog leicht die Mundwinkel und fauchte dumpf:

»Hier geht es um Mordermittlungen!«

Tommy wandte sich lachend an Irene, die wieder fuhr.

»Ansonsten hat das Gespräch mit Sylvia nicht viel gebracht. Und sie ließ uns nicht mit ihrer Schwester und Mutter reden. Sie hat uns erzählt, dass sie heute draußen in Marstrand war. Ein Pferd hatte eine Bronchitis bekommen und hustete. Aber der Tierarzt hat ihm Penicillin gegeben, also wird es schon wieder. Das war alles an Informationen, was wir gekriegt haben. Ansonsten hat sie nur herumgemeckert. Aber am Anfang hat sie etwas auf Finnisch zu Arja gesagt. Hast du gehört, was das war, Hannu?«

»Ja. Kein Wort über das Fest.«

»Kein Wort über das Fest. Bist du dir sicher?«

»Ja.«

»Welches Fest? Sie kann doch nicht die Beerdigung damit gemeint haben?«

Irene hatte eine Idee, während sie auf den Parkplatz des Präsidiums einbog. Sie sagte:

»Kann die Feier zu ihrem Hochzeitstag gemeint sein? Oder zum dreißigjährigen Krieg, wie sie schon mehrere genannt haben?«

Tommy überlegte laut, während Irene einparkte.

»Keiner von denen, die dabei gewesen sind, hat gesagt, dass etwas Besonderes passiert ist. Alle waren sich einig, dass es ein schönes Fest war. Nur Charlotte und Henrik schienen bedrückt, wie mehrere betonten.«

»Kein Wunder! Sie bumst mit jemand anderem als ihrem Mann herum. Vielleicht sogar mit ihrem Schwiegervater. Und Henrik hat gerade eine Bombe installiert, die seinen Papa ins Himmelreich befördern soll! Wen wundert es da, wenn sie bedrückt sind?«

Hannu mischte sich ein.

»Angespannt. Nicht bedrückt. Angespannt.«

Irene brauchte einen Moment, bis sie verstand. Der Motor war abgestellt, aber sie blieben noch im Auto sitzen. Sie nickte:

»Nicht bedrückt. Angespannt. Genau. Henrik war nervös, weil er Angst hatte, dass es mit der Bombe nicht klappen könnte. Und Charlotte hatte andere Dinge zu bedenken. Vielleicht Pläne, wie sie ihren Schwiegervater, ihren Geliebten, den Vater ihres Kindes umbringen konnte? Wie stand er wirklich zu ihr?«

Tommy seufzte und breitete resigniert die Hände aus:

»Indizien! Wir brauchen Beweise! Beweise!«

Der Kommissar war nach Hause gefahren, glühend vor Fieber. Die drei Inspektoren setzten sich zusammen und gingen noch einmal durch, was der heutige Tag ihnen gebracht hatte.

461

Und das war eine ganze Menge. Auf Anderssons Schreibtisch lag ein Fax von der Spurensuche. Die Männer teilten mit, dass sie die Röhren im Keller der Berzeliigatan gefunden hatten und dass sie »mit großer Wahrscheinlichkeit mit den Röhren übereinstimmen, die für den Bau der betreffenden Bomben benutzt wurden. Die Untersuchungen sind noch nicht abgeschlossen.« Sie riefen bei der Spurensicherung an, um nach den Broten in von Knechts Kühlschrank zu fragen, aber es ging niemand ans Telefon. Also schickten sie ihnen auch ein Fax:

»Nach sicheren Informationen wissen wir, dass Richard von Knecht eineinhalb Stunden vor seinem Tod zwei belegte Brote gekauft hat. Habt ihr die Brote im Kühlschrank gesehen? Und falls ja: Ist einer von euch hungrig gewesen?«

Irene rief das Taxiunternehmen an. Nach vielen Erklärungen und Hin und Her erfuhr sie, dass der Fahrer, den sie suchten, übers Wochenende frei hatte. Wahrscheinlich war er in seinem Ferienhaus in Bengtsfors. Nein, dort gab es kein Telefon. Aber sie konnte die Nummer seiner Wohnung hier in der Stadt kriegen. Irene bedankte sich und legte auf. Wie erwartet, ging bei der Privatnummer des Fahrers niemand ans Telefon. Sie wandte sich ihren beiden Kollegen zu.

»So, jetzt gehen wir nach Hause. Ich versuche im Laufe des Wochenendes, den Taxifahrer zu erwischen. Aber morgen Vormittag bin ich mit den Zwillingen in der Stadt. Das ist schon Tradition. Wir wollen uns die Weihnachtsschaufenster angucken. Ich hab ihnen versprochen mitzukommen. Eigentlich hatte ich ja gedacht, sie wären inzwischen zu groß, um noch mit ihrer alten Mutter loszuziehen. Aber sie haben mich gefragt, ob ich nicht mitkommen könnte.«

Und wenn sie ehrlich war, dann hatte sie sich darüber riesig gefreut und war richtig geschmeichelt gewesen.

KAPITEL 18

Irene Huss wachte mit einem Ruck auf. Sie meinte leises Weinen zu hören. War Jenny aufgewacht und hatte sie wieder angefangen zu weinen? Vorsichtig schlich sie auf den Flur und lauschte an der Tür ihrer Tochter. Alles war still. Als sie durch den Türspalt spähte, konnte sie ruhige Atemzüge und ein Schnaufen hören. Das Schnaufen kam von Sammie. Er lümmelte sich auf dem Rücken in Jennys Bett, die Pfoten in die Luft gereckt. Sein Frauchen lag bedrohlich weit am Rand, aber Irene war nicht beunruhigt, nur gerührt. Es tat Jenny gut, die Nähe ihres Hunds zu spüren. Es war ein anstrengender Freitag für sie gewesen.

Irene war gegen zehn Uhr nach Hause gekommen. Am liebsten hätte sie sich nur eine große Tasse Tee und eine Scheibe Brot gemacht und wäre danach ins Bett gekrochen. Aber daraus wurde nichts. Zumindest nicht gleich.

Sammie hatte sie bestürmt, aber er war nicht so fröhlich wie sonst gewesen. Sein Schwanz hing traurig nach unten, und er winselte und jammerte, statt wie sonst zu bellen. Ging es ihm nicht gut oder war er krank? Sie beugte sich zu ihm und begann ihn zu kraulen, während ihre Hände über seinen Körper strichen, um herauszufinden, ob es ihm irgendwo wehtat. Da hörte sie Schluchzen und Katarinas Stimme aus dem Wohnzimmer.

»Die Alte sieht doch aus wie eine widerliche Pop-Tussi!«

Eine Pop-Tussi. Was um alles in der Welt hatte das zu bedeuten? Und wer sah so aus? Irene erhob sich, warf im Vor-

463

beigehen ihre Lederjacke auf den Garderobenhaken und ging zur Wohnzimmertür. Katarina hockte vorgebeugt auf dem äußersten Rand des Sessels und redete auf Jenny ein, die bäuchlings auf dem Sofa lag und vor Schluchzen zitterte. Ihren kahlen Kopf hatte sie unter einem Kissen versteckt, das sie umklammerte. Katarina hatte nicht bemerkt, dass Irene nach Hause gekommen war, und auch nicht, dass sie jetzt ins Zimmer trat. Sie war voll und ganz damit beschäftigt, ihre Schwester zu trösten.

»Mensch, es gibt doch tausend andere Kerle, und zwar viel geilere und tollere! Und tausend andere Bands. Die bessere Musik machen. Und wenn du keine Skinheadmusik spielen willst, kannst du dir doch die Haare wieder wachsen lassen. In zwei Monaten hast du so lange Haare wie Marie Fredriksson von Roxette! Und wir können sie bleichen. Das ist doch supergeil! Blond gefärbte Stoppeln! Und solange die Haare noch wachsen, können wir einfach sagen, dass du Krebs hast. Die Haare sind dir wegen der Zellgifte und irgendeiner Strahlenbehandlung ausgefallen... Au! Sag mal, spinnst du?«

Mit einem Schrei sprang Jenny hoch und warf Katarina das Kissen mitten ins Gesicht. Sie war stinkwütend. Die Tränen liefen ihr aus den weit aufgerissenen Augen. Aber der Orkan war inzwischen am Abflauen, denn sie beendete ihre Attacke nicht. Als sie Irene erblickte, sprang sie auf sie zu und warf sich mit aller Kraft in ihre Arme. Und weinte. Weinte hemmungslos, wortlos. Weinte ihre erste verschmähte Liebe aus sich heraus, die ersten enttäuschten Hoffnungen. Als Jenny ihr in die Arme sprang, meldete sich Irenes angeknackste Rippe, aber sie zeigte den Schmerz nicht, sondern begann stattdessen, wortlos ihre Tochter in den Armen zu wiegen und ihr dabei sanft über den kahlen Kopf zu streichen.

Etwas später saßen die drei um den Küchentisch, tranken Tee und aßen Eierbrote mit Kaviarpaste. Stück für Stück kam die ganze Geschichte heraus. Jenny hatte Marcus gesagt, dass sie bei den Demonstrationen zum Todestag von Karl XII. nicht mitmachen wollte. Sie wollte keine Schlagworte rufen, zu denen sie nicht stand. Aber sie wollte bei der Band weiter mitmachen. Darauf war Marcus stinksauer geworden und hatte gesagt:

»Wenn du bei dem einen nicht mitmachst, dann kannst du auch nicht bei dem anderen mitmachen. Du musst schon zeigen, wo du stehst!«

Dann hatte er sich auf den Hacken umgedreht und war gegangen. Jenny war natürlich traurig, schließlich war sie in ihn verliebt, glaubte das zumindest. Er war ja der erste Junge, der sie so geküsst hatte, dass ihr die Knie weich wurden. Als Katarina das erzählte, brauste Jenny wieder auf, beruhigte sich aber gleich wieder. Genauso hatte sie es empfunden.

Es war Katarinas Idee, dass sie doch für den Abend »Schindlers Liste« ausleihen sollten. Die Oma wollte ja kommen, und die würde sich bestimmt freuen, einen Film zu gucken, der während ihrer eigenen Kindheit spielte. Der Film handelte von einem Mann, der so tat, als würde er mit den Nazis zusammenarbeiten, aber während der Zeit eine Menge Juden vor den Vernichtungslagern rettete.

Nach dem Film hatte Irenes Mutter erzählt, wie sie als Siebzehnjährige das Kriegsende miterlebt hatte. Von den weißen Rotkreuzbussen, die ihre Ladung halbtoter Menschen abluden. In ihrer Schule waren Duschräume zur Verfügung gestellt worden. Die Schwestern hatten die klapprigen Gerippe aus ihren schmutzigen Lumpen geschält. Sie wurden mit Läusemittel gepudert und mit heißem Wasser und Wurzelbürsten geschrubbt. Ein armer alter Jude bekam solche Angst, als er gegen Läuse gepudert werden sollte, dass er einen Herzinfarkt bekam und daran starb! Er dachte, es wäre Gift. So ein Gift, wie es die Nazis benutzt hatten. Aber sie haben es ja mit Gas gemacht, hatte die Oma erzählt. Sie selbst hatte saubere Kleidung verteilt und denen geholfen, die es nicht schafften, sich allein anzuziehen. Sonderbarerweise hatte sie kein Wort zu Jennys rasiertem Kopf gesagt. Es schien, als sähe sie den gar nicht.

Jenny meinte inzwischen, ihre Schwester hätte nun lange genug geredet. Schließlich ging es doch in erster Linie um sie! Eifrig unterbrach sie deren Schilderung:

»Als Oma fertig erzählt hatte, habe ich sie gefragt, ob sie wirklich diese Menschen gesehen hat, die im Konzentrationslager gewesen sind. Und sie hat Ja gesagt. Da habe ich sie gefragt, ob es denn stimmt, dass es Vernichtungslager gegeben hat. Und da hat sie wieder Ja gesagt. Ich habe sie gefragt, warum sie es zugelassen haben. Warum haben die Schweden nicht dagegen protestiert, dass Millionen von Menschen in solchen Lagern umgebracht wurden? Aber darauf konnte sie mir keine Antwort geben. Und dann hat sie gesagt, dass sie in Schweden während des Kriegs nichts davon gewusst haben. Erst als der Krieg vorbei war und Hitler tot, da wurden die Lager geöffnet, und die Leute haben davon erfahren. Ich finde, das klingt einfach unglaublich! Ich meine... dann ist es ja wohl nicht so verwunderlich, wenn man nicht so recht glauben mag, dass es diese Lager gegeben hat, oder? Wenn während des Krieges niemand was dagegen gemacht hat. Sondern einfach alles hat passieren lassen?«

Sie verstummte, und Irene konnte einen leicht entschuldigenden Ton aus ihren letzten Sätzen heraushören. Jenny saß da und kratzte mit ihrem Fingernagel an der Tischkante. Das war ein Zeichen, dass sie über etwas brütete, was ihr schwer fiel zu sagen. Schließlich holte sie tief Luft und sagte:

»Du kannst Tommy sagen, dass ich keine Rassistin bin. Er braucht die Freundschaft mit mir nicht zu kündigen. Ich will das nicht! Sag ihm das. Ich bin keine Rassistin, wirklich nicht. Die Texte sind rassistisch. Ich habe sie mir jetzt angehört. Richtig. Und dann habe ich Marcus seine Platten zurückgegeben. Von mir aus kann er sie Marie geben!«

»Ist das diejenige, die eine ›verdammte Pop-Tussi ist‹?«

»Ja, genau! Sie ist wirklich eine Pop-Tussi!«

Es war nicht mehr nötig, um eine Erklärung des Wortes zu bitten. Der Tonfall sagte schon alles. Vorsichtig fragte Irene:

»Was ist denn mit Marcus?«

Jenny bekam ganz kleine Augen, aber noch bevor Katarina wieder für sie sprechen konnte, sagte sie mit tränenbelegter Stimme:

»Marcus und Marie sind seit gestern zusammen. Sie geht in die Achte.«

»Ist sie auch ein Skinhead?«

»Ne, sie hat pinkfarbenes Haar. Manchmal mit lila Strähnen. Und außerdem hat sie Piercingschmuck. Sie hat einen Ring in der Augenbraue, einen in der Oberlippe und einen in der Nase. Richtig eklig!«

Beide Mädchen waren sich einig, dass das einfach widerlich war, und Irene war nur froh darüber.

Als Krister gegen ein Uhr nach Hause kam, schliefen die Mädchen, nur Irene war noch wach. Nachdem sie von Jennys Sorgen erzählt hatte und von dem anscheinend bevorstehenden Ende ihrer Skinheadperiode, versuchte sie ihren Mann zu verführen. Aber er war zu müde und überhaupt nicht bei der Sache. Der Weihnachtsstress in den Restaurants der Stadt hatte eingesetzt. Er nahm nur ihre Hand und schlief fast auf der Stelle ein. Noch lange lag Irene wach, ihre Gedanken drehten sich um Skinheads, Millionäre, Bomben, Mörder, MC-Gangster, sexuelle Beziehungen zwischen Leuten, die solche eigentlich nicht haben sollten, und sexuelle Beziehungen zwischen Leuten, die solche haben sollten.

Aus reiner Erschöpfung schlief sie ein, bis das Weinen sie weckte. Aber sie hatte wohl geträumt. Niemand im Haus weinte.

In der ganzen Stadt war kein freier Parkplatz zu finden. Schließlich fuhr Irene also zum Präsidium und stellte den Wagen auf dem Parkplatz ab. Jenny und Katarina waren ganz aufgeregt und voller Erwartungen. Es fiel ihnen nicht leicht, ihre ganze Teenagerwürde aufrechtzuerhalten, wo doch das kleine Kind in ihnen darauf drängte, an die Oberfläche zu kommen. Jenny hatte sich eine knallrote Schornsteinfegerkappe über die Ohren gezogen. Nicht nur, um ihren kahlen Kopf zu verbergen, sondern auch, weil es wirklich kalt war. Zwar nur einige Minusgrade, aber es wehte ein kalter Wind. Und dann wird Göteborg zur Antarktis. Irene und die Zwillinge eilten auf die Geschäftsviertel der Innenstadt zu, um ihren Kreislauf in Gang zu halten.

Über der Fußgängerzone hingen Girlanden mit Lampen und Sternen. Die großen Bäume im Brunnspark und entlang der Östra Hamngatan funkelten von hunderten von kleinen Lämpchen, die um die blattlosen Zweige gewickelt waren. Aber nur wenige Menschen schauten zu den Baumkronen hoch. Die meisten drückten ihr Kinn in den Kragen und duckten sich gegen den Wind. Alle wollten so schnell wie möglich in die angenehme Wärme, und die Geschäftsleute rieben sich die Hände. Genau das wollten sie schließlich auch.

Die Mädchen sprangen in eine Kleiderboutique nach der anderen. Irene schaute sich einige Jacken an, aber allein der Blick auf die Preisschilder ließ sie den Beschluss fassen, doch lieber bis zum Frühling zu warten. Jetzt würde sie sowieso die nächsten Monate nur ihre Winterjacke tragen. Frühlings- und Herbstjacke konnten warten. Aber sie vermisste ihre Popelinejacke.

»Guck mal, Mama. Ist das nicht geil?«

Katarinas begeisterte Stimme, als sie wie ein Mannequin aus der Ankleidekabine trat, in einem knallorangen Pullover, der über dem Bauchnabel aufhörte und einer moosgrünen Hose mit ausgestellten Beinen, weckte Irene aus ihren Gedanken. Zuerst starrte sie ihre Tochter nur an, aber dann konnte sie nicht anders, sie brach in schallendes Lachen aus. Katarina wurde wütend und zischte:

»Was lachst du so dumm? Das ist modern! Versuch lieber mal, mehr auf dem Laufenden zu sein, he!«

Jenny war ganz ihrer Meinung und schaute herablassend auf ihre fossile Mutter:

»Das ist die neueste Mode, du.«

Irene versuchte sich zu beruhigen.

»Entschuldigt mich, aber ich musste nur so lachen, weil ich mich selbst wieder erkannt habe. Genauso sah ich aus, als ich in eurem Alter war.«

Beide Töchter betrachteten sie ungläubig und warfen sich einen genervten Blick zu. Es war schließlich schon schwer genug zu glauben, dass ihre Mutter jemals in ihrem Alter gewesen war. Wie alle Weihnachtsflaneure und Geschenkekäufer landeten sie zum Schluss im NK. Irene war müde und wollte eine Tasse Kaffee trinken, aber die Mädchen bestanden darauf, zuerst im Kaufhaus herumzuschauen. Seufzend und unter schwachem Protest gab Irene nach. Wenn die Mädchen sich einig waren, war sie in der Minderheit. Das ganze Licht und der Glitzer sogen ihr langsam die Kraft aus den Knochen. Und die vielen Weihnachtsmänner. Wohin man auch schaute, stand ein Weihnachtsmann. Kleine Weihnachtsmänner, Riesenweihnachtsmänner, künstliche Weihnachtsmänner und lebendige Weihnachtsmänner. Einer erschreckte sie fast zu Tode, als er sich plötzlich vorbeugte, ihren Arm berührte und sie fragte, ob sie nicht für ihren »lieben Schatz daheim« einen neuen Rasierapparat kaufen wollte.

Müde und erschöpft fuhr Irene auf der Rolltreppe zum zweiten Stock hoch. Über ihren Köpfen schwebten sich langsam drehende Tannenbäume. Die Halogenlampen ließen sie funkeln und glitzern. Einer war ganz mit Silberrosetten verziert, ein anderer mit Goldherzen, ein dritter mit silbernen Tannenzapfen, ein vierter mit Goldkugeln… Gold und Silber glänzte und stach ihr unbarmherzig in die Augen. Gold und Silber. Silber. Wie glänzende Sardinen in der Büchse. Wie glänzende…

»Mama! Nimm die Füße hoch!«

Der Ruf kam von Katarina. Die Mächen standen hinter ihr und sahen das Unglück kommen. Aber es war zu spät. Am Ende der Rolltreppe angekommen, fiel sie auf die Nase. Die Tüte mit den gerade erstandenen Hosen und Strümpfen kippte ihren Inhalt aus, aber Jenny sammelte schnell alles wieder auf. Katarina war das Ganze schrecklich peinlich, am liebsten wäre

469

sie im Erdboden versunken. Musste ihre Mutter sich so danebenbenehmen? Alle Müdigkeit war wie weggeblasen. Schnell stand Irene auf, sammelte ihre Kinder, ihre sieben Sachen und ihre ganze Würde wieder zusammen. Eifrig rief sie:

»Schnell! Ich muss telefonieren!«

»Hast du dir wehgetan? Brauchst du einen Krankenwagen, oder was ist los?«

»Nein, nein. Aber mir ist etwas eingefallen.«

»Hast du denn dein Handy nicht mit?«

»Nein, das habe ich nicht dabei.«

Sie machten eine Kehrtwendung und nahmen die Rolltreppe nach unten. Im Erdgeschoss fand Irene eine nette Cafeteria und einen Telefonautomaten. Die Mädchen wurden an einem Tisch geparkt, jede mit Kakao und Schlagsahne und Lucia-Kuchen versehen.

Irene wühlte in ihren Taschen nach dem Zettel mit der Telefonnummer, fand ihn schließlich und tippte die Nummer ein.

»Sylvia von Knecht.«

»Guten Tag, entschuldigen Sie, dass ich störe. Hier ist Inspektorin Irene Huss.«

»Was wollen Sie denn nun schon wieder!«

Es wäre gelogen zu behaupten, dass eine gewisse Wärme durch die Leitung strömte. Aber das war auch nicht notwendig. Jetzt ging es nur darum, Sylvia nicht in schlechte Laune zu versetzen. Wozu Irene leider eine unglückselige Tendenz besaß. Aber in dem freundlichsten Tonfall, den sie anschlagen konnte, sagte Irene:

»Es hat sich etwas herausgestellt, was ich überprüfen müsste. Es dauert aber noch fünf Minuten.«

»Na, dann überprüfen Sie doch!«

Irene verlor die Fassung, begriff dann aber, was Sylvia meinte.

»Nein, nein, das geht nicht per Telefon. Ich müsste noch einmal zu Ihnen kommen und mit Ihnen persönlich sprechen. Es ist äußerst wichtig, falls sich herausstellen sollte, dass es stimmt«, sagte sie beharrlich.

Eine ganze Weile kam keine Antwort.

»Wann wollten Sie denn kommen?«

»Passt es um drei?«

»Ja.«

Klick. Überredet, wie immer. Und falls ihre Idee sich wirklich als der Knackpunkt herausstellen sollte, der wie ein Licht im schwarzen Nichts aufleuchtete? Dann würden es jedenfalls anstrengende fünf Minuten für Sylvia werden.

Kurz vor drei waren sie zurück am Auto. Allen dreien taten die Füße weh, aber sie waren zufrieden mit ihren Einkäufen und dem Tag. Es gab wieder einmal keinen Zweifel mehr: Auch dieses Jahr sollte es Weihnachten werden. Irene startete den Wagen, und erst danach erzählte sie den Mädchen, dass sie noch bei jemandem vorbeischauen musste. Aber es war direkt auf dem Heimweg. Die Mädchen protestierten, versprachen aber schließlich, im Auto zu warten. Irene stellte den Wagen am Kapellplats ab, damit sie dort in die Schaufenster gucken konnten. Doch es machte ihnen keinen Spaß mehr, weil die Geschäfte jetzt geschlossen waren, außer dem Konsum und der Konditorei. Und nach NK waren alle anderen Weihnachtsschaufenster nur noch eine Enttäuschung.

Arja öffnete ihr die Tür. Sie lächelte ihr warmes Lächeln, das aber schnell verebbte, als die scharfe Stimme ihrer Schwester aus der Wohnung zu hören war.

»Ist das diese Frau von der Polizei?«

Bevor Arja antworten konnte, rief Irene zurück:

»Hier ist Inspektorin Irene Huss von der Mordkommission.«

Eine Unverschämtheit, sie als »diese Frau von der Polizei« zu bezeichnen! Zwar gab es nichts, was sich »Mordkommission« nannte, aber das wusste Sylvia von Knecht schließlich nicht. Es klang zumindest gut. Arja war jedenfalls beeindruckt, sie trat zur Seite, um Irene hereinzulassen. Ihre Hochachtung waren von ihrem leicht gerundeten Mund und ihren

Augen abzulesen. Sylvia kam mit einem beleidigten Zug um den Mund aus der Küche. Sie musste sich verirrt haben, denn die Küche gehörte wohl kaum zu den Orten, an denen sie sich üblicherweise aufhielt. Irene musste an die jungfräulichen Küchengeräte über dem Herd denken. Und dabei an den leeren Haken, an dem ein Küchenbeil fehlte. Sie versuchte zu lächeln und einen freundlichen Eindruck zu machen.

»Danke, dass ich noch mal kommen und Sie stören durfte. Ich muss etwas überprüfen. Und zwar geht es um die Schlüssel«, erklärte sie.

»Ja?«

»Können wir nach oben gehen?«

Sylvia zuckte mit den Schultern und schritt die Treppe hinauf, die in den ersten Stock führte. Irene nahm an, dass sie sich ihr an die Fersen heften sollte.

Im oberen Stockwerk blieb Sylvia stehen und drehte sich um. Sie hob mit kühlem Blick eine Augenbraue und fragte:

»Die Schlüssel?«

»Ob Sie so gut wären und mir die Ersatzschlüssel holen? Sie haben doch gesagt, dass Sie sie in Ihrer Schreibtischschublade in Ihrem Arbeitszimmer aufbewahren. Und ich werde das Schlüsseletui Ihres Mannes holen. Das heißt, wenn es immer noch auf seinem Nachttisch liegt.«

Sylvia schnaubte leise, bevor sie antwortete:

»In der Schublade seines Nachttischs. Und die Polizei geht in meinem Haus ja sowieso aus und ein, wie sie will. Ich kann Sie wohl nicht daran hindern. Seine Autoschlüssel haben Sie sich ja schon geholt, ohne sie wieder zurückzubringen.«

Sie drehte sich schroff um und verschwand in ihrem Arbeitszimmer. Irene schluckte, was sie schon auf der Zunge hatte, lieber wieder hinunter. Nicht wütend werden, nicht wütend werden...

Das Zimmer hatte sich verändert. Es dauerte nicht lange, bis Irene merkte, dass die Bilder weg waren. Das eine und andere hing noch an den leeren Wänden, aber keines der »Sexbilder« mehr, wie Irene sie in ihrer Unkenntnis genannt

472

hatte – »eine Sammlung von Erotica« hatte Henrik von Knecht sie korrigiert. Was man nicht alles Nützliches bei so einer Untersuchung lernte! Die noch an den Wänden hingen, waren ganz normale Bilder. Modern und merkwürdig, aber keine Nacktstudien mehr. Eine Prise Sympathie für Sylvia durchfuhr Irene. Schnell ging sie zu dem riesigen Seidenbett und öffnete die Schublade von Richards Nachttisch. Darin lagen Papiertaschentücher, einige eisblaue Halstabletten in einer durchsichtigen Hülle und der schwarze Schlüsselbund aus Glattleder. Jetzt sollte sich herausstellen, ob sie Recht hatte. Überrascht musste sie feststellen, dass ihre Hände leicht zitterten, als sie das Etui aufknöpfte. Heraus fielen sechs Schlüssel, jeder in seiner Öse hängend. Alle glänzten makellos. Alle waren aus genau dem gleichen Metall. Alle waren ohne Nummer oder Markierungen. Und ohne jede Abnutzung. Das war der neu angefertigte Schlüsselbund, den Richard von Knecht vor nicht einmal einem halben Jahr bei Mister Minit hatte machen lassen. Ein Seufzer der Erleichterung durchfuhr Irene.

»Haben Sie etwas Interessantes gefunden?«

Sylvias Stimme war hinter ihrem Rücken zu vernehmen. Man hätte Glas damit schneiden können. Ruhig drehte Irene sich um, ging auf die steife, dünne Gestalt zu und sagte:

»Haben Sie sich Richards Schlüsselbund nach seinem Tod einmal angesehen?«

Sylvia riss die Augen vor Verwunderung auf, nahm aber schnell wieder ihre feindliche Haltung ein.

»Warum sollte ich? Ich habe doch meinen eigenen!«

»Sie haben also seine Schlüssel nicht in der Hand gehabt?«

»Nein, das habe ich doch gerade gesagt! Ich habe den Bund nur in die Schublade gelegt.«

»Sehen Sie mal. Vergleichen Sie Ihren Schlüsselbund mit den Schlüsseln aus Richards Etui. So, ja, nehmen Sie sie ruhig in die Hand«, sagte Irene freundlich überredend.

Zögernd machte Sylvia, wozu sie aufgefordert worden war. Als sie die Schlüssel nebeneinander hielt, konnte sie es auch

473

erkennen. Richards neue, glänzende funkelten wie Tannen-baumschmuck, während Sylvias Schlüssel sich in Alter, Ab-nutzung und Oxidation unterschieden. Außerdem waren sie mit unterschiedlichen Ziffern und Buchstaben versehen.

Mit starren Lippen flüsterte Sylvia:

»Mein Gott!«

Sie war von den Schlüsseln wie verhext, konnte ihren Blick nicht von ihnen wenden. Langsam sagte Irene:

»Jemand hat sich Richards Schlüssel im Sommer ausgelie-hen oder gestohlen. Er hat sie nicht zurückbekommen, son-dern einen neuen Satz machen lassen. Warum? Warum hat er nicht gesagt, dass die Schlüssel weg waren? Warum hat er nicht die Schlösser austauschen lassen? Warum hat er Ihnen nichts davon gesagt?«

Sylvia starrte weiterhin die Schlüssel in Irenes Hand an. Ihre Augen sahen unnatürlich groß aus in dem schmalen, durchscheinenden Gesicht. Ein Jammern stieg aus ihrer Kehle nach oben, und sie fing an, den Kopf von einer Seite zur an-deren zu werfen. Zuerst kaum merkbar, dann in immer hefti-geren Bewegungen. Das Jammern wurde zum Schrei, und Sylvia zitterte nunmehr am ganzen Körper. Verdammt, wieder war es ihr passiert! Warum, warum konnte sie nur nicht mit Sylvia umgehen?

Sie hastete zur Schlafzimmertür und rief nach Arja. Dann ging sie mit erzwungener Ruhe zurück zu Sylvia und ver-suchte diese zu beruhigen. Aber das war zwecklos. Sylvia hatte sich in einen Zustand der Hysterie hineingesteigert und schrie wie eine Sirene. Als Irene versuchte, ihr eine Hand auf den Arm zu legen, heulte sie laut auf. Und fiel in Ohnmacht. Diese Frau konnte wirklich elegant in Ohnmacht fallen! Wie eine herabsinkende Schwanenfeder sank sie in einer grazilen Bewegung in sich zusammen. Der eine Arm lag in einem Bogen über dem Kopf, während der andere etwas über dem Zwerchfell ruhte. Dieses Bild bot sich Arja, als sie durch die Tür trat.

»Ach herrje, ist sie schon wieder in Ohnmacht gefallen«,

bemerkte diese nur ruhig. Ohne Hast kam sie zu ihrer Schwester. Geschickt hob sie Sylvias Beine hoch und begann die Waden zu massieren. Dabei schaute sie Irene an, die glaubte, man könne ihr ihr schlechtes Gewissen ansehen. Ruhig fragte Arja:

»Was hat sie denn so aufgeregt?«

»Aufgeregt? Die Schlüssel«, erklärte Irene vage.

»Sylvia ist schon immer in Ohnmacht gefallen, wenn sie sich aufgeregt hat. Ihr ganzes Leben lang! Halt eine empfindliche Künstlerseele, wissen Sie.«

Arja zeigte ein offenes, freundliches Lächeln, und Irene fühlte sich langsam wieder etwas wohler in ihrer Haut. Sie beschloss, Arja die Wahrheit zu sagen.

»Es ist passiert, als ich Sylvia gezeigt habe, dass Richards Schlüsselbund neu gemacht wurde. Also waren die Schlüssel, die wir in der Tür in der Berzeliigatan gefunden haben, Richards alte. Sie sind ihm im Spätsommer abhanden gekommen und er hat Sylvia nichts davon gesagt.«

Arja warf ihr einen Blick zu. Mit Nachdruck sagte sie:

»Es gab eine ganze Menge, was Richard Sylvia nicht gesagt hat.«

Jetzt oder nie! Irene schaute auf Sylvia hinunter, die schwache Lebenszeichen zu zeigen begann. Leise sagte sie zwischen den Zähnen zu Arja:

»Erzählen Sie mir vom Fest!«

Arja zuckte zusammen und schaute schnell auf Sylvias blasses Gesicht. Sie legte einen Zeigefinger auf den Mund und machte eine Geste zu ihrer Schwester hin.

»Vielleicht sollten wir sie besser aufs Bett legen?«

Gemeinsam hoben sie den federleichten Körper hoch. Sylvia murmelte leise etwas und ihre Lider zuckten.

»Ich hole unsere Mutter«, sagte Arja.

Aber sie hatte den Satz noch nicht beendet, da glitt schon eine kleine dünne Schattengestalt durch die Tür. Irene fehlten die Worte. Genauso würde Sylvia in fünfundzwanzig Jahren aussehen. Die kleine Dame kümmerte sich gar nicht um die anderen zwei, sie trippelte zielsicher aufs Bett zu. Mit ihren

475

dünnen Händchen, auf denen die blauen Adern auf der weißen Haut zu liegen schienen, umfasste sie die ebenso bleichen und blutleeren Hände ihrer Tochter. Vorsichtig streichelte sie Sylvia, wobei sie leise tröstende Worte murmelte. In Irenes Ohren klangen sie wie Beschwörungsformeln, aber nach einer Weile wurde ihr klar, dass die alte Dame Finnisch redete.

Arja stieß sie verstohlen in die Seite und machte mit dem Kopf eine Bewegung zur Tür hin. Leise schlüpften sie hinaus und die breite Treppe hinunter. Sie gingen weiter in den Flur, und Arja nahm einen Schlüssel, der auf der verzierten Marmorplatte der Flurgarderobe lag. Sie öffnete die Wohnungstür und gab Irene ein Zeichen, ihr zu folgen. Schnell lief sie die Treppe zur Wohnung ein Stockwerk tiefer hinunter. Mit wachsender Verwunderung bemerkte Irene, dass sie auf dem Weg in die Wohnung unter der von Knechts waren. Energisch schloss Arja auf. Sie bedeutete Irene hineinzugehen. Leise schloss sie die Tür und drückte auf den Lichtschalter an der Wand. Eine nackte Glühbirne hing von der Decke und verbreitete ein grelles Licht. Es roch nach Farbe und Tapetenkleister. Arja breitete die Arme aus und erklärte:

»Ivan Viktors wird morgen hier einziehen. Die Möbelwagen kommen ganz früh.«

»Wissen Sie, dass Sylvia und Ivan Viktors ein Verhältnis miteinander haben?«

Arja erstarrte und warf ihr einen prüfenden Blick zu:

»Das wissen Sie auch? Ja, natürlich weiß ich das. Und das ist Sylvia nur zu gönnen. Es war nicht immer lustig, Richards Frau zu sein. Er war ein ziemlicher Drecksack!«

»Ssack«, sprach sie es aus. Und es klang richtig nett. Irene beschloss, direkt zur Sache zu kommen und nicht um den heißen Brei herumzureden, um Zeit zu sparen. Mit einer Spur von Lächeln in der Stimme fragte sie:

»Hat er versucht, Sie auch zu verführen?«

Arja schürzte die Lippen, und dann zeigte sie ein freches, weiches Lächeln.

»Vor fast zwanzig Jahren. Aber bei mir kommt sein Charme nicht an. Ich will es gleich offen sagen, ich bin lesbisch.«

Irene zuckte zusammen. Das hatte sie nicht erwartet. Arja sagte trocken:

»Ich lebe seit vielen Jahren in einer festen Beziehung. Aber weder Mama noch Sylvia wollen Siirka akzeptieren. Sie darf nicht zu Familienfesten mitkommen. Wie Hochzeitstage oder Beerdigungen. Aber sie kann meistens auch gar nicht. Denn sie ist Lehrerin und kann sich nur schwer freimachen.«

Kurz flogen Irenes Gedanken zu Mona und Jonas Söder in Stockholm. Wie es ihnen wohl ging?

Irene konzentrierte sich wieder und versuchte die richtigen Fragen zu stellen.

»Sie sind Journalistin?«

»Ja. Freie. Ich bin selbstständig.«

»Können Sie mir von dem Fest erzählen? Von dem Sylvia nicht wollte, dass Sie etwas davon sagen.«

Arja holte tief Luft, und eine unruhige Sekunde lang befürchtete Irene, dass Arja ihre Offenheit bereute. Aber dann begann sie doch zu erzählen:

»Es geht um Richards sechzigsten Geburtstag im Sommer. Zu dem Fest hatte er viele Leute eingeladen. Es war warm und schönes Wetter, bis tief in die Nacht. Aber gegen zwei Uhr wurde ich müde und wollte mich ins Bett schleichen. Mutter und ich hatten jeweils ein Zimmer in dem Gästehaus. Mutter war gut drauf und tanzte die ganze Zeit. Sie hatte sich tagsüber eine Stunde hingelegt. Sie geht schrecklich gern auf Feste! Aber ich konnte die Augen nicht mehr offen halten. Zu viel Wein und Champagner. Die Gäste sollten zu den verschiedenen Hotels in Göteborg gefahren werden, Wagen waren bestellt, aber sie sollten erst gegen drei Uhr kommen. Niemand würde mich vermissen, wenn ich mich davonschlich. Auf dem Weg zum Gästehaus stieß ich auf Sylvia. Sie war betrunken wie alle anderen, aber gleichzeitig nervös. Mehrere Leute hatten schon nach Richard gefragt und sie konnte ihn nirgends finden. Ich schlug ihr vor, doch mit mir ins Gästehaus

477

zu gehen, dann könnten wir in meinem Zimmer noch ein Glas Brombeerlikör trinken, den ich auf der Fähre gekauft hatte. Sylvia liebt Brombeerlikör. Und da fanden wir Richard.«

Arja verstummte und strich sich müde über die Augen, als wolle sie ein Bild aus dem Gedächtnis streichen. Oder es im Gegenteil deutlicher hervortreten lassen. Ein bitterer Ton schlich sich in ihre Stimme, als sie weitersprach:

»Und wir fanden nicht nur Richard. Charlotte war auch da. Wir sahen die beiden, aber sie haben uns nicht gesehen. Auf dem Boden des Wohnzimmers waren sie mit ihren Schweinereien beschäftigt.«

Irene war überrascht über die Wortwahl. Oder meinte eine lesbische Frau, dass ein heterosexueller Beischlaf eine Schweinerei war?

Arja nahm die Hände von den Augen und sah Irene direkt an. Tonlos sagte sie:

»Sie leckten einander und …«

Sie schaute weg, rote Flammen schossen ihr den Hals empor.

»Es war einfach eklig! Wir sind schnell wieder rausgegangen. Sie haben nichts bemerkt. Natürlich fiel Sylvia wieder in Ohnmacht, aber sie kam schnell wieder zu sich. Und ich musste ihr versprechen, keinem zu erzählen, was wir gesehen hatten. Keiner Menschenseele.«

Sie verstummte und spielte mit den Schlüsseln zur Wohnung. Leise sagte sie:

»Aber jetzt breche ich mein Versprechen. Denn ich glaube, dass es etwas mit Richards Tod zu tun hat.«

»Warum glauben Sie das?«

»Wegen der Schlüssel. Ich weiß, dass Charlotte sie genommen hat.«

»Erzählen Sie.«

»Am folgenden Tag war die Stimmung natürlich etwas abgeflaut. Richard hatte unten auf einem Sofa im Wohnzimmer geschlafen. Er lag noch schnarchend da, als ich ins große

478

Haus kam. Mutter hatte irgendwo ihr Reisedöschen mit ihren Herztabletten verloren. Wir fanden es später im Gästehaus, aber nicht an diesem Morgen. Mutter war sich todsicher, dass sie es in Sylvias Schlafraum vergessen hatte, wo sie am Tag zuvor eine kleine Siesta gehalten hatte. So leise ich konnte, schlich ich mich also ins Haus. Sylvia und Richard haben in Marstrand getrennte Schlafzimmer. Ich schlich mich in Sylvias, weckte sie aber natürlich trotzdem auf. Sie hat so einen leichten Schlaf. Sie hatte Mutters Pillendöschen nicht gesehen, und ich konnte es auch nicht finden. Als ich Sylvias Schlafzimmer wieder verließ, stieß ich fast mit Charlotte zusammen, die aus Richards kam! Wir zuckten beide zusammen und da sagte sie zu mir: ›Ach, hallo, ich hatte meine Schlüssel verloren. Aber jetzt habe ich sie wieder gefunden.‹ Und damit stopfte sie das Schlüsseletui, das sie in der Hand hielt, in die Tasche ihres Morgenmantels. Ich war müde und hatte einen leichten Kater, deshalb dachte ich nicht weiter darüber nach. Aber hinterher habe ich oft darüber gegrübelt. Wieso konnte Charlotte ihre Schlüssel in Richards Schlafzimmer verlieren?«

»Haben Sie Sylvia von Ihrem Zusammentreffen mit Charlotte erzählt?«

»Nein. Ich wollte Charlotte so wenig wie möglich in ihrer Gegenwart erwähnen.«

»Glauben Sie, dass Henrik wusste, was da zwischen Richard und Charlotte vor sich ging?«

Arja dachte nach. Sie schüttelte den Kopf.

»Nein. Das glaube ich nicht. Aber seit dem sechzigsten Geburtstag ist Charlotte nie wieder in Marstrand gewesen, das weiß ich.«

»Aber Henrik ist dort, so oft er kann?«

»Ja. Er liebt sein Haus dort.«

»Wissen Sie, dass Henrik zeugungsunfähig ist?«

»Ja. Sylvia hat es mir erzählt.«

»Und wissen Sie auch, dass Charlotte schwanger ist, schon fast im vierten Monat?«

Arja nickte und sagte mit einem Seufzer:

»Ja. Sylvia hat es mir erzählt.«

Noch einmal holte sie ganz tief Luft und schaute Irene dabei offen in die Augen.

»Das alles habe ich Ihnen erzählt, damit der Mord an meinem Mistkerl von Schwager aufgeklärt wird. Sylvia braucht Ruhe. Der Fall muss geklärt werden. Aber ich werde das niemals vor Gericht bezeugen. Das bleibt vertraulich zwischen Ihnen und mir«, erklärte sie mit fester Stimme.

»Auch nicht, dass Sie Charlotte aus Richards Zimmer haben kommen sehen, mit einem Schlüsseletui in der Hand?«

Arja dachte nach.

»Doch, das könnte ich bezeugen. Aber alles andere nicht. Kein Wort davon! Sylvia würde sonst das Vertrauen zu mir verlieren. Und das mit vollem Recht. Aber ich glaube, ich musste es tun. Der Mord muss aufgeklärt werden, nichts darf unter den Teppich gekehrt werden.«

Als sie zum Wagen zurückkam, waren dort keine Zwillinge, sondern nur ein Zettel auf dem Beifahrersitz: »Wir sind zu Glady's gegangen. Haben einen Mordshunger! Küsschen K & J.« Dazu gab es nicht viel zu sagen. Irene war über eine Stunde weggewesen und es war kalt im Auto. Mit einem Seufzer startete sie den Motor, fuhr auf die Aschebergsgatan und bog auf die Avenyn.

Sie parkte auf dem Personalparkplatz auf dem Hinterhof von Glady's Corner und ging durch den Kücheneingang hinein. In der großen Restaurantküche herrschte fieberhaftes Treiben, und es dampfte aus den großen Töpfen. Leute liefen hin und her und riefen ihre diversen Bestellungen. Aber alles funktionierte ohne Probleme, der große Abendbetrieb hatte noch nicht eingesetzt. Von den Mädchen war kein Schimmer zu sehen. Aber Krister entdeckte Irene. Er hob eingerollte Fischfilets mit einem Schaumlöffel aus einem riesigen Topf. Er tat seine Arbeit konzentriert und bemerkte sie erst, als sie direkt neben ihm stand. Sie zwitscherte ihm ins Ohr:

»Hallo, mein Schatz. Hast du unsere Kinder gesehen?«

Er zuckte zusammen, und das zarte Fischstück fiel mit einem Plumps in den Topf zurück.

»O Scheiße, jetzt ist es kaputt gegangen! Hallo. Unsere Kinder habe ich zu McDonald's geschickt«, erklärte er genervt.

»Zu McDonald's?«

»Ja. Das Essen hier passte den Damen nicht. Und sie haben hier nur herumgewuselt und gestört. Also habe ich sie auf die andere Straßenseite geschickt. Ein BigMac ist doch immer ein kulinarischer Hochgenuss für unsere Töchter. Das müssen deine Gene sein, die da durchkommen.«

Er gab ihr einen schnellen Kuss auf die Nase und begann dann, wieder nach seinem Filet zu fischen. Um zu retten, was noch zu retten war.

Es geschah ganz unbewusst, aber sie bemerkte es selbst. Ihr Schritt verlangsamte sich, als sie die glänzenden Motorräder sah, die in einer Reihe vor dem Hamburger-Restaurant standen. Ein äußerst unangenehmes Gefühl begann sich in der Magengegend bemerkbar zu machen. Vielleicht sollte sie doch mit einem Hirnverdreher über ihre beginnende – oder bereits manifeste – Phobie gegenüber Motorrädern reden? Vielleicht war sie mit einigen Dosen Porsche zu heilen? Aber natürlich musste sie damit allein fertig werden. Sie gab sich selbst geistig einen Tritt in den Hintern und ging entschlossen zur Eingangstür. Die Mädchen saßen am Fenster und winkten ihr freudig zu, als sie sie entdeckten. Gerade als sie die Tür aufdrücken wollte, sah sie ihn. Er saß mit dem Rücken zur Tür, aber sie konnte dennoch sein Gesicht schräg von hinten erkennen, weil er mit einem Mann auf dem Stuhl neben sich sprach. Das fettige Haar kringelte sich den Rücken hinunter, und seine Schultern unter der wattierten Lederjacke zuckten nervös. Das war der Magere, alias Paul John Svensson.

Zuerst wurde sie ganz einfach stinkwütend. Was für eine

Arroganz! Sich offen in der Avenyn hinzusetzen und Hamburger zu kauen, während er doch damit rechnen musste, gesucht zu werden! Sekunden später kam die Angst. Sie konnte nicht hineingehen. Er würde sie wieder erkennen. Ihre Töchter saßen da drinnen mit einem Wahnsinnigen in einem Raum. Außerdem war er bestimmt bis unter die Halskrause voll mit Stoff. Und sicher bewaffnet.

Sie drehte sich schnell um und versuchte den Eindruck zu erwecken, als hätte sie etwas vergessen. Hastig lief sie über die Straße und wurde fast noch von einer Straßenbahn überfahren. Ruhig, sie musste versuchen, Ruhe zu bewahren. Sicher auf dem gegenüberliegenden Bürgersteig angekommen, eilte sie ins Glady's. Sie vergeudete keine Zeit damit, bis zum rückwärtigen Eingang zu laufen, ging einfach durch den Haupteingang hinein. Der Oberkellner war neu und kannte sie noch nicht. Kostbare Sekunden verlor sie, während sie mit ihm diskutieren musste. Schließlich wedelte sie mit ihrem Polizeiausweis, da die Frau des Küchenchefs ganz offensichtlich nicht einfach überall hineinmarschieren durfte. Ihr war klar, dass es ihre Jeans und die abgetragene Lederjacke waren, die ihr im Wege standen, aber gerade jetzt hatte sie keine Zeit, mit ihm zu diskutieren. Mit autoritärer Stimme verkündete sie:

»Es geht um eine Polizeiangelegenheit. Ich muss sofort ein Telefon haben!«

Mit viel sagender Miene führte der Oberkellner sie ins Büro. Jedenfalls hielt er sich nicht die Nase zu. Der Restaurantbesitzer war ein alter Bekannter von ihr, aber auch er schaute verwundert auf, als sie sich ohne weitere Erklärung aufs Telefon auf seinem Schreibtisch stürzte. Während sie die Gelben Seiten unter »Restaurants« durchblätterte, sagte sie nur schnell:

»Polizeiangelegenheit. Ich erkläre alles später. Da!«

Sie hatte die Nummer von McDonald's, Avenyn, gefunden. Mit zitternden Händen vertippte sie sich beim ersten Mal und musste es noch einmal versuchen... zehn, elf, zwölf.

Beim dreizehnten Signal antwortete eine äußerst junge Stimme:

»McDonald's, Tina.«

»Hallo, Tina. Bist du so lieb und holst Jenny und Katarina ans Telefon? Es ist sehr wichtig. Es gab einen Unfall, weißt du. Ich bin ihre Mutter. Aber sage den Mädchen bitte nichts. Es ist alles unter Kontrolle.«

»O ja, natürlich, mache ich.«

Es raschelte, als sie den Hörer hinlegte, und es verging eine halbe Ewigkeit, bis Katarinas verwunderte Stimme im Telefon erklang.

»Hallo?«

»Hallo, mein Schatz, hier ist Mama. Sei still, sag nichts, sondern höre mir nur zu. Ich möchte, dass du und Jenny sofort das Lokal verlassen!«

»Aber wir haben unser Eis noch nicht aufgegessen!«

»Das ist jetzt scheißegal! Tut, was ich sage! Bitte, Katarina, es ist ganz, ganz wichtig!«

»Okay. Aber Jenny wird bestimmt sauer sein.«

»Schaff sie raus. Kommt rüber ins Glady's!«

Katarina musste die Panik in der Stimme ihrer Mutter gehört haben. Etwas, was sie noch nie zuvor bei ihr erlebt hatte.

»Ja, gut. Wir kommen sofort«, sagte sie kurz.

Irenes Hände zitterten so stark, dass sie kaum den Hörer auflegen konnte. Sie achtete nicht auf den fragenden Blick des Wirts. Die Durchwahl zur Abteilung war frei, aber niemand ging ans Telefon. Halb sechs am Samstagabend, kein Wunder. Also rief sie in der Zentrale an. Schnell wurde sie durchgestellt. Eine ruhige Stimme antwortete:

»Einsatzzentrale, Inspektor Rolandsson.«

»Hallo, hier ist Irene Huss, Inspektorin bei der Kripo. Ich habe jemanden gesehen, nach dem gefahndet wird. Er sitzt bei McDonald's in der Avenyn. Er ist gefährlich. Gehört zu den Hell's Angels. Steht wahrscheinlich unter Drogen und ist sicher bewaffnet. Sein Name: Paul John Svensson.«

483

Rolandsson schwieg einen Moment, bevor er sagte:

»Verstanden. Wir schicken ein Einsatzkommando und einen Funkwagen. Bewaffnet, hast du gesagt?«

»Ja, dieser Schurke hat wahrscheinlich meine oder Jimmy Olssons SIGSauer!«

»Ach, dann ist das einer der Kerle von dem Krawall in Billdal. Wir wissen, wie er aussieht. Die Streife hat sein Foto. Kannst du dort bleiben, und uns so die Festnahme erleichtern?«

»Ja. Ich stehe auf der anderen Seite der Straßenecke, in der Engelbrektsgatan. Vorm Schaufenster von KappAhl.«

Als sie den Hörer aufgelegt hatte, begann sie am ganzen Körper zu zittern. Die Neugier stand dem Wirt auf die Stirn geschrieben, aber sie winkte ihm nur kurz zu und versprach, ihm später alles zu erklären. Schnell in die Küche – dort standen ihre Töchter. Krister sah aus wie ein einziges Fragezeichen. Irene verzichtete aber auf jede Erklärung, umarmte nur ihre Töchter und sagte erleichtert:

»Oh, ihr seid wirklich prima! Gott sei Dank! Jetzt dauert es nicht mehr lange, dann können wir nach Hause zu dem armen Sammie. Dann können andere die Sache übernehmen!«

Krister sah noch verwirrter aus und fragte:

»Was sollen andere übernehmen?«

»Die Schurken und Banditen! Mein Gott, was bin ich das alles leid!«

Er warf Irene einen verwunderten Blick zu und stellte fest:

»Das ist das erste Mal, dass ich dich so etwas sagen höre.«

Sie sah ihn lange an. Er erschrak, als er sah, dass ihr die Tränen in den Augen standen, als sie antwortete:

»Es ist ja auch das erste Mal, dass meine Familie durch meinen Job direkt in Gefahr ist!«

Wie eine Henne ihre Flügel über ihrer Brut ausbreitet, nahm sie die Mädchen in ihre Arme und ermahnte sie:

»Ihr bleibt jetzt hier bei Papa. Geht auf keinen Fall vor die Tür, bis ich wieder zurück bin!«

Schnell gab sie ihnen einen Kuss auf die Stirn und huschte

dann zum Hinterhof hinaus. Aus der anderen Richtung kam der Wirt in die Küche. Er entdeckte Krister und warf ihm einen fragenden Blick zu. Der Küchenchef breitete seine Arme in einer sehr französischen, sprechenden Geste aus. Ja, ja, diese Frauen!

Die Funkstreife hielt gerade an, als sie an dem verabredeten Treffpunkt ankam. Nur wenige Minuten danach kam das Einsatzkommando. Zu Irenes Erleichterung war Håkan Lund Leiter des Einsatzkommandos. Bei ihm nutzte es wenig, dass die neue Uniformjacke schlank machende weiße Streifen hatte. Ein Doppelzentner lässt sich schwer verstecken. Er begrüßte sie freudig:

»Hallo! Du hast also Paul Svensson aufgespürt, wie ich gehört habe. Diesen Widerling werden wir uns schnappen. Der Plan ist folgendermaßen: Hier hast du ein Funksprechgerät. Geh am McDonald's vorbei und guck, wo er sitzt, dieser Svensson. Aber pass auf, dass er dich nicht entdeckt. Wir schlagen sofort zu, wenn du uns seine Position mitgeteilt hast.«

Er drückte ihr ein kleines Funksprechgerät in die Hand und schickte sie los. Irene ging am äußersten Rand des Bürgersteigs entlang. Direkt vor dem Hamburger-Restaurant trat sie auf die Straße, um durch die parkenden Autos und Motorräder gedeckt zu sein.

Irene sah ihn sofort. Er saß immer noch dort und unterhielt sich mit seinen Kumpels. Sie hob das Funkgerät an den Mund und drückte drauf. Genau in dem Moment stand Paul Svensson von seinem Stuhl auf. Seine klapprigen Glieder schwankten im Lokal hin und her, bis er sich endlich entschieden hatte. Er steuerte eine Tür an, auf der das international bekannte Strichmännchen klebte. Irene flüsterte in den Apparat:

»Hier ist Irene. Er ist ins Herrenklo gegangen.«

»Ausgezeichnet! Wir gehen rein.«

Zwanzig Sekunden später kamen die Polizisten mit gezogenen Waffen von hinten herein. Sie umringten Paul Svenssons Kumpane. Vier Polizisten gingen von vorn hinein, und zwei stellten sich auf beide Seiten der WC-Tür. Als der Magere herauskam, drückten sich sofort zwei Pistolenläufe in seinen Rücken. Auch wenn er riesengroß war, sah er sofort ein, dass das Spiel aus war. Gehorsam hob er die Hände hoch. Schnell und gründlich wurde die Leibesvisitation durchgeführt. Irene sah, wie Håkan Lund eine schwere Pistole aus einem Halfter zog, das Paul Svensson unter der Jacke trug. Eine SIGSauer. Ihre oder Jimmys? Plötzlich war ihr alles gleich. Sie wollte nur noch nach Hause.

Sammie war überglücklich, als sie kamen. Nirgends war eine Pfütze auf dem Boden, obwohl er mehr als sieben Stunden allein gewesen war. Glücklich vor der Tür, schaffte er es nur noch bis zu den Rosen vor dem Küchenfenster. Er seufzte vor Wohlbehagen.

Irene versuchte ihren Töchtern zu erklären, was dort bei McDonald's eigentlich passiert war, und warum es so wichtig gewesen war, dass sie das Lokal verließen. Sie saßen um den Küchentisch und tranken heißen O'boy. Katarina erklärte aufgeregt:

»Das ist ja wahnsinnig spannend! Warum durften wir denn nicht dableiben und zugucken, wie er geschnappt wurde?«

»Weil das weder Fernsehen noch Kino war! Dieser Kerl ist ein Mörder. Er war mit einer Pistole bewaffnet und vielleicht noch mit anderen Waffen. Und er hätte nicht gezögert, euch zwei als Geiseln zu nehmen, wenn er gewusst hätte, dass ihr die Töchter einer Polizistin seid. Meine Töchter.«

Jenny kratzte wieder einmal mit dem Fingernagel am Tischrand.

»Aber ich fand die ganz in Ordnung. Nach den paar Worten, die ich mit ihnen gewechselt hab«, sagte sie störrisch.

»In Ordnung! Ja, bestimmt, weil sie voll gedröhnt waren mit Amphetaminen und noch anderem Mist!«

»Glaubst du, er hätte uns umbringen können? Das glaube

ich nicht. Jedenfalls sahen die Typen nicht schlimmer aus als andere Junkies«, beharrte Jenny.

Trotzig warf sie den Kopf in den Nacken, auf dem man im Gegenlicht der Küchenlampe bereits die ersten Stoppeln erahnen konnte. Irene zwang sich, ruhig zu bleiben, und versuchte ihre Worte besonders sorgfältig zu wählen.

»Jenny, erinnerst du dich daran, wie du mich mit Katarina im Krankenhaus besucht hast am Montag? Weißt du noch, wie ich da aussah? Erinnerst du dich daran, dass ein junger Kollege, der bei mir war, so schwer misshandelt wurde, dass er immer noch im Krankenhaus liegt?«

Jenny nickte schmollend. Irene sprach unbeeindruckt weiter:

»Erinnerst du dich, dass ich von der Handgranate erzählt habe, die ins Haus geworfen wurde, in das sie mich und meinen Kollegen eingesperrt hatten? Erinnerst du dich daran?«

»Ja, ja, nerv doch nicht so damit. Natürlich erinnere ich mich daran!«

»Wenn du dich daran erinnerst, wie kannst du dann nur einen Moment daran zweifeln, dass der Typ dich und Katarina hätte umbringen können? Wenn die Verhältnisse nur günstig gewesen wären – oder aus unserem Blickwinkel äußerst unglücklich –, dann hätte ihn nichts daran gehindert! Er war doch dabei, als sie versucht haben, Jimmy und mich umzubringen!«

Schließlich konnte sie sich nicht mehr beherrschen. Der letzte Satz wurde zu einem Schrei. Aber sie schaffte es. Jennys Augen wurden groß und feucht. Sie stand auf, ging zu ihrer Mutter und nahm diese in die Arme. Sie sagten nichts, spürten aber beide, dass sich etwas zwischen ihnen verändert hatte. Es würde seine Zeit dauern, aber es würde heilen.

Sie zuckten zusammen, als das Telefon klingelte. Katarina war als Erste am Apparat und nahm ab.

»Einen Moment. Mama, das ist für dich.«

»Irene Huss.«

»Oh, hallo, Irene. Hier ist Mona Söder. Störe ich? Nein? Ich

wollte Ihnen nur sagen, dass Jonas… Jonas ist heute Nacht gestorben… gegen zwei Uhr.«

Die Stimme hatte fest geklungen, aber jetzt brach sie doch.
Gegen zwei. Da hatte Irene gemeint, sie hätte jemanden im
Haus weinen gehört.

KAPITEL 19

Am Sonntagmorgen war es zu spüren. Irene erwachte mit dem unangenehmen Gefühl eines leichten Katers. Was vollkommen ungerechtfertigt war, hatte sie am Abend zuvor doch nicht einmal ein Leichtbier getrunken. Krister schnarchte lautstark neben ihr im Bett. Er war gegen zwei Uhr nachts nach Hause gekommen. Jetzt hatte er sie hinter sich, die Extraschicht, die er mit Sverker getauscht hatte, um sich nach den Vorfällen in Billdal um Irene zu kümmern. Eine Welle der Zärtlichkeit schlug in ihr hoch, und sie schlich so leise sie konnte hinaus, um ihn nicht zu wecken. Es war kurz nach acht. Die Zwillinge würden noch mindestens zwei Stunden lang schlafen. Und sicher auch ihr Vater. Es galt also, diese nutzlosen Stunden so gut wie möglich auszunutzen.

Sie zog Unterwäsche und Jogginganzug an. Sammie schlief ebenfalls noch. Er war der größte Morgenmuffel in der Familie. Gegen eine Pinkelrunde hatte er nichts einzuwenden, aber doch bitte kein Herumlaufen und Hüpfen am frühen Morgen. Sie klapperte leise mit der Leine. Seine Bedürfnisse meldeten sich und langsam kam er in den Flur. Er gähnte ausgiebig und streckte seinen schlaftrunkenen Körper.

Es wurde nur eine kurze Runde. Schnell wollte Sammie zurück. Er wusste, dass ein noch warmes Bett auf ihn wartete. Es war dunkel und kalt, aber die Luft war klar und frostig. Irene lief zum Bootshafen von Fiskebäck, ohne einer Menschenseele zu begegnen. Der salzige Wind blies ihr den Geruch nach Tang in die weit aufgesperrten Nasenflügel und fegte das Gefühl der Schwere von der Stirn. Das schiefergraue

Meer schlug seine Wellen gegen die Stege und Polder. Die Vertäuungen knarrten und die Wanten der großen Segelboote, die noch im Wasser lagen, zitterten. Obwohl sie bereits fast zwei Kilometer gelaufen war, war sie noch nicht außer Atem. Am äußersten Ende der Felsen kehrte sie um und lief ein Stück zurück, bog dann ab zu den Flundregatorna und joggte die kleinen Gassen zum Skärvallsberget hoch. Erst als sie den hintersten, innersten Teil der Hinsholmskilen erreicht hatte, kehrte sie um.

Sie gönnte sich eine lange, heiße Dusche, die mit einer kurzen eiskalten beendet wurde. Der perfekte Abschluss einer zehn Kilometer langen Joggingtour. Weg war das morgendliche Gefühl von Dumpfheit. Energie erfüllte sie. Das Frühstück für die Familie, einschließlich Hund, war in Null Komma nichts fertig. Schwieriger war es, die müden Familienmitglieder aus ihren warmen Betten zu locken. Einschließlich Hund.

Irene musste noch einmal berichten, was am Tag zuvor alles passiert war. Krister entschuldigte sich, dass er nicht gleich den Ernst der Situation verstanden hatte. Irene winkte ab und meinte, sie wäre daran auch nicht ganz schuldlos gewesen. Sie war zu aufgeregt gewesen und hatte deshalb nicht erklären können, was eigentlich los war. Taktvoll erzählte ihr netter Gatte ihr lieber nicht, was sein Chef gesagt hatte. »Überanstrengt« und »vielleicht von ihrem Beruf etwas zu sehr gefordert« waren wohl kaum Kommentare, die seine Frau gerne gehört hätte.

Nach dem Frühstück legte sich der Energieschub langsam. Sie sah ihr Heim bei Tageslicht. Berge von Schmutzwäsche in der Waschküche. Staubmäuse, Sand und Kies, den Sammies langes Fell hereingeschleppt hatte. Sie hatte fast das Gefühl, als sähe sie ihr Zuhause wie durch einen Weichzeichner. Der Staubfilm wischte alle Konturen aus.

Unter einer Menge Seufzern und Protesten machten sich die Zwillinge ans Staubsaugen und Staubwischen. Krister musste mit Sammie rausgehen, weil dieser eine Höllenangst vor dem Staubsauger hatte. Während seiner gesamten drei Hundejahre hatte er versucht, seine geliebte Familie darauf aufmerksam zu machen, dass ein kleiner Hund in diesem schrecklichen Staubsauger eingesperrt war. Schließlich hörte er, wie er jaulte! Und nichts wurde besser, nachdem Krister in einem Anfall falsch verstandenen Humors Sammies Schnauze mit dem Staubsaugerkopf angesaugt hatte. Da hatte der arme Hund seine Bestätigung. Der Staubsauger war lebensgefährlich und hinterhältig. Er fraß kleine Hunde.

Irene selbst übernahm das Badezimmer, die Toiletten und die Waschküche. Alle Betten sollten neu bezogen werden, alle Handtücher ausgewechselt. Es war zwei Wochen her seit letztem Mal. Krister machte sich zum Großeinkauf bereit, nachdem er mit Sammie zurück war. Das Staubsaugen war beendet, aber sicherheitshalber kroch Sammie unter Jennys Bett. Man konnte nie wissen, solange es überall im Haus polterte und rumpelte und so stark nach Putzmitteln roch.

Fast zwei Stunden waren sie beschäftigt. Zweimal im Monat wurde diese Prozedur veranstaltet. Das ganze Jahr lang. Weihnachtsputz, Herbst- oder Frühjahrsputz, so etwas gab es nicht. Die Gardinen wusch ihre Mutter. Hätte sie es nicht gemacht, dann wären sie wohl nie gewaschen worden. Nun ja, vielleicht hätte Krister sich drum gekümmert, wenn er zweimal im Jahr die Fenster putzte. Irene selbst interessierte sich nicht so sehr für die Gardinen. Sie wusste selbst nur zu gut, dass sie damit den Ansprüchen der Nachbarsfrauen ganz und gar nicht gerecht wurde. Einige von ihnen wuschen die Gardinen mehrmals im Jahr.

Krister kochte ein wunderbares Adventsessen. Altmodischer Sauerbraten, mit Gemüse, schwarzem Johannisbeergelee, gekochten Kartoffeln und einer himmlischen Soße standen auf dem Menü. Irenes Mutter wollte gegen vier kommen. Katarina war es gelungen, den roten Keramikleuchter zu finden. Wer hatte ihn nur da oben auf den Sicherungskasten gestellt? Krister hatte daran gedacht, vier Kerzen aus echtem Bienenwachs zu kaufen. Aber sie mussten ohne Kerzenmanschetten zurechtkommen, denn keiner wusste, wo sie waren. Jenny deckte das gute Service auf und faltete die Servietten in einem komplizierten Muster. Das war die einzige Form des Serviettenfaltens, die sie kannte, aber es sah sehr beeindruckend aus. Damit konnte man ausgezeichnet die Leute beeindrucken. Und ihre Oma war jedes Mal von neuem überrascht über ihre Geschicklichkeit. Sie lobte sie, ohne auch nur verstohlen zu dem kahlen Kopf zu lugen.

Katarina hatte sich ebenfalls selbst übertroffen, denn zum Dessert hatte sie einen herrlich klebrigen Schokoladenkuchen gebacken. Locker geschlagene eiskalte Schlagsahne wurde dazu serviert und eine Tasse frisch gebrühter Kaffee. Sie saßen im Wohnzimmer und aßen Schokoladentorte und tranken Kaffee. Die Adventskerzen brannten, alle waren satt und zufrieden, und eine gemütliche Feiertagsstimmung erfüllte das Zimmer. Die Zwillinge berichteten ihrer Oma aufgeregt von den spannenden Geschehnissen am Tag zuvor bei McDonald's. Irenes Mutter warf ihr einen scharfen Blick zu.

»Ich habe heute Morgen von der Festnahme in der Zeitung gelesen. Das war ja ein richtiger gefährlicher Gangster! Also, Irene, war es wirklich nötig, die Mädchen in deine Banditenjagd mit reinzuziehen?«

Bevor Irene den Mund zu ihrer Verteidigung öffnen konnte, klingelte das Telefon. Instinktiv schaute sie auf die Uhr. Fast halb sechs. Sie stand auf und nahm das Telefon im Hausflur ab.

»Irene Huss.«

»Hallo, Irene. Hier ist Birgitta. Ich rufe von meinem Handy aus an. Ich hänge hinter Lillis' Auto. Dem weißen Mondeo. Wir sind auf der E6 Richtung Norden, gerade an Kärra vorbei. Er ist bei Charlottes und Henriks Haus in Örgryte vorbeigefahren und ungefähr eine Viertelstunde drin geblieben. Ich habe das Gefühl, dass wir auf dem Weg nach Marstrand sind.«

Es knisterte und knackte in der Leitung, aber trotzdem war Birgitta gut zu verstehen. Irene versuchte ihr essensmüdes Gehirn anzutreiben und fragte:

»Hast du noch andere erreicht?«

»Ja und nein. Nur Fredrik. Er fährt im Präsidium vorbei und holt seine Pistole. Ich habe meine bei mir. Die anderen habe ich nicht erwischen können.«

Fredrik wohnte nur ein paar Minuten vom Präsidium entfernt. Für ihn war es kein größerer Umweg. Aber Irene beschloss, keine Zeit zu verlieren. Am besten, sie fuhr gleich auf die große Ausfallstraße und nicht erst ins Zentrum. Zwei SIG-Sauer mussten reichen. Also sagte sie kurz:

»Okay, ich komme.«

Schnell legte sie auf. Ihr kam ein Gedanke. Sie ging die wenigen Schritte zur Garderobe und begann in ihren Jackentaschen zu suchen. In der Innentasche fand sie ihr kleines Notizbuch. Sie schlug die letzten Seiten auf, die überschrieben waren mit »R. v. K.« – Richard von Knecht. Der Mord an diesem Mann hatte das ganze Karussell zum Laufen gebracht. Irene schüttelte kurz den Kopf, während sie nach der Telefonnummer des Verwalters Lennart Svensson suchte. Dann fand sie sie. Zehnmal erklang das Freizeichen, ohne dass jemand abhob. Offensichtlich war niemand zu Hause.

Sie ging zu ihrer Familie ins Wohnzimmer. In einem betont lockeren Ton sagte sie:

»Ihr müsst mich entschuldigen, aber ich muss noch mal los. Es passiert da einiges im Fall von Knecht.«

Krister verzog unbewusst den Mund und fragte:

»Und dann musst du natürlich dabei sein? Obwohl du doch frei hast. Schaffen die eigentlich nichts ohne dich?«

Auch ihre Mutter und die Zwillinge sahen enttäuscht aus. Irene spürte einen Stich des so häufig auftretenden schlechten Gewissens, streckte sich dann jedoch. Etwas entschiedener sagte sie:

»Wir kommen der Auflösung näher. Glaube ich jedenfalls. Und Birgitta Moberg sitzt in der Patsche. Ich muss ihr helfen.

Sie hat die anderen nicht erreicht. Also, tschüss dann und vielen Dank für das köstliche Essen.«

Sie drehte sich auf den Hacken um und machte einen Blitzstart auf den Flur hinaus. Schon viel zu viel Zeit war vertan worden. Die Jacke und die derben Joggingschuhe schnappte sie sich im Vorbeilaufen, auf dem Weg zur Garage.

Das Schild »Holta kyrkan« schoss vorbei und sie ging vom Gas. Jetzt ging es darum, die Abfahrt nicht zu verpassen. Da! Tjuvkil. Sie bog auf den Kiesweg ein. Hier gab es keine Straßenbeleuchtung. Die Dunkelheit war kompakt. Ein kleiner gelber Pfeil mit schwarzem Text. Kärringnäset. Dort musste sie einbiegen. Der Weg war schmal. Die Zweige von den Büschen und Bäumen am Straßengrabenrand schlugen gegen die Wagenseiten.

Nur ein Glück, dass Birgitta so geistesgegenwärtig war, schnell die Rücklichter anzutippen, sonst wäre Irene ihr sicher hinten draufgekracht. Wie üblich fuhr sie ziemlich schnell. Birgitta hatten ihren dunkelblauen Volvo 740 mitten auf dem Weg geparkt. Es gab keine andere Möglichkeit, ihn abzustellen. Sie machte das Rücklicht wieder aus, sprang aus dem Wagen und lief zu Irene.

»'n Abend. Schön, dass du kommst. Und da ist auch schon Fredrik«, fügte sie hinzu.

Jetzt blinkte Irene mit den Rücklichtern. Das ankommende Auto bremste, und Fredrik war draußen, noch bevor der Motor verstummt war. Eifrig sagte er:

»Es hat ein wenig länger gedauert, aber ich war noch im Rauschgiftdezernat und habe mir das hier ausgeliehen. Habe an dich und Jimmy gedacht. Leider konnten sie uns keinen Kollegen zur Verfügung stellen. Also bleibt es bei uns drei. Oder hast du Jonny oder Hans noch erreicht?«

Birgitta schüttelte den Kopf und streckte die Hand aus, um im Licht der Taschenlampe das viel gepriesene Nachtsichtgerät näher anzusehen. Irene antwortete an ihrer Stelle:

»Borg macht sicher seinen Verdauungsschlaf. Und um

Tommy brauchen wir uns gar nicht erst zu bemühen. Er ist in Borås bei Agnetas Eltern.«

Sie gingen zu dem zwei Meter hohen Tor aus solidem Eisen, das gekrönt war von unwirtlichen spitzen Pfeilen. Fredrik rüttelte prüfend an den kräftigen Eisenstangen, aber das Tor war verschlossen. Die Mauer war genauso hoch, und auf ihrer Krone war zwischen hohen Eisenstangen Stacheldraht gespannt. Birgitta dachte nach:

»Irene, du hast doch die Karte der Gegend hier besser als wir studiert. Wie weit ist es von hier noch bis zum Haus?«

»Fast einen Kilometer. Hinter der Mauer sind die Weiden für Sylvias Pferde. Ein paar hundert Meter weiter den Weg entlang – ich würde sagen, so fünfhundert Meter – liegt das Haus des Verwalters.«

Birgitta schaute sich nachdenklich um und meinte:

»So weit ich sehen kann, ist Lillis Auto hier nirgends abgestellt.«

»Und du bist dir sicher, dass er hierher gefahren ist?«

»Ja. Ich bin ihm von Holta kyrkan gefolgt. Er ist nach Tjuvkil abgebogen, und deshalb bin ich noch ein Stück weiter geradeaus gefahren. Dann habe ich gewendet und bin ihm den gleichen Weg gefolgt. Ich habe seine Scheinwerfer vor mir sehen können. Da habe ich meine ausgeschaltet. Er ist hier Richtung Kärringsnäset eingebogen. Ich habe mich nicht getraut, zu nah aufzuschließen. Wenn er angehalten hätte, hätte er meinen Motor hören können. Deshalb habe ich fünf Minuten gewartet, gleich bei der Abbiegung. Und als ich dann hergekommen bin, habe ich keine Spur von dem Mondeo gefunden. Er muss einen Schlüssel fürs Tor haben.«

»Du hast doch gesagt, er hätte in Örgryte was erledigt?«

»Ja. Ich hatte meinen Posten vor der Berzeliigatan bezogen. Kurz nach fünf kam sein Wagen in voller Fahrt herangebraust. Ich bin in meinen Wagen gesprungen, na, genauer in den der Abteilung. Mein eigenes Auto ist zu klapprig, um jemandem auf den Fersen zu bleiben. Das kommt nicht mal mit 'nem frisierten Moped mit! Er ist geradewegs nach Långåsliden rausgefahren, dort aus dem Wagen gesprungen und hat geklingelt. Charlotte hat ihm geöffnet. Ich habe sie in der Türöffnung gesehen. Sie hat ihn reingelassen. Nach dreizehn Minuten ist er wieder rausgekommen. Ich habe auf die Uhr gesehen.«

Irene meinte trocken:

»Na, dann haben sie's wohl kaum geschafft, zusammen zu bumsen. Er muss sich die Schlüssel geholt haben!«

Fredrik trampelte ungeduldig auf der Stelle und unterbrach die Frauen:

»Wir haben jetzt keine Zeit zum Reden. Wir müssen was tun! Wie kommen wir über die Mauer?«

Alle drei versuchten, eine Lösung zu finden. Allen voran Irene. Sie ging zurück zu ihrem Saab und öffnete den Kofferraum. Nach einigem Klirren und Rascheln fand sie, was sie gesucht hatte. Triumphierend kehrte sie zu ihren Kollegen zurück.

»Hier gibt's doch alles Mögliche! Mein Abschleppseil etwa. Fredrik, du und ich, wir hieven Birgitta auf die Mauer. Wir werfen das Seil hoch, dann kann sie es an einer der Eisenstangen festbinden. Und damit können wir uns hochziehen. Danach werfen wir das Seil einfach auf die andere Seite.«

Fredrik und Irene stellten sich dicht nebeneinander, und Birgitta musste über ihre Knie und Hände auf ihre Schultern klettern. Sie warf das Abschleppseil und befestigte es gewissenhaft, als würde sie eine Segeljacht der Millionenklasse vertäuen. Die beiden anderen kletterten schnell zu ihr rauf, überstiegen vorsichtig den Stacheldraht, warfen das Seil auf der anderen Mauerseite wieder runter und glitten dann zu Boden. Birgitta fragte:

»Können wir die Taschenlampen einschalten?«

»Ja. Aber halte sie auf den Boden gerichtet. Übrigens, gibst du mir mal das Sichtgerät, Fredrik?«

Irene setzte sich das Nachtsichtgerät auf. Sie konnte das Haus des Verwalters erkennen und ein Stück weiter entfernt ein lang gestrecktes, flaches Stallgebäude. Im Haus regte sich nichts. Auf die Entfernung konnte sie nur erkennen, dass die Stallfenster erleuchtet waren.

»Alles ruhig. Wir folgen dem Weg. Hier ist es leichter zu gehen«, entschied Irene.

Sie liefen, so schnell sie konnten. Mit einer gewissen Zufriedenheit stellte Irene fest, dass ihre beiden jüngeren Kollegen schnauften, als sie am Verwalterhaus vorbeikamen. Sicherheitshalber löschten sie die Taschenlampen. Aber es war kein Lebenszeichen zu sehen, nur die Außenlampe brannte. Ein eisig kalter Nordwind fegte über das Land, doch ihr schnelles Tempo hielt sie warm. Der Geruch nach Salz und Tang stach ihnen deutlich in die Nase, mischte sich aber mit dem von Pferdedung. Das Brausen des Meeres und das Heulen des Windes war alles, was sie hörten. Sie hielten an, um Atem zu schöpfen, und sich eine Strategie zurechtzulegen. Vor ihnen türmte sich etwas auf, das wie ein massiver Fels aussah. Irene wusste aber, dass es von Knechts Sommerresidenz war, entworfen von einem berühmten finnischen Architekten. Jonny hatte ihr diese Information gesteckt. Er hatte sogar den Namen des Architekten gewusst, aber der war ihr wieder entfallen. Unwichtig. Leise sagte sie:

»Ungefähr hundert Meter in gerader Linie vor uns liegt von Knechts kleines Sommerhäuschen. Um zu Henriks Haus zu gelangen, müssen wir dem Weg nach links folgen, um das große Haus herum. Rechts endet der Weg an einem kleineren Steilhang. Das Meer bildet dort unten eine kleine Bucht. Wir gehen also nach links. Macht ruhig eure Taschenlampen an, denn hier ist es rabenschwarz, aber achtet drauf, nur auf den Boden zu strahlen. Geht nicht auf dem Weg, sondern lieber auf dem Gras und benutzt die Büsche als Sichtschutz. Wir wissen ja nicht, ob Lillis ins große Haus gegangen ist oder wo er sich nun befindet. Übrigens, war er allein im Auto?«

Birgitta zögerte mit der Antwort.

»Ehrlich gesagt, weiß ich das nicht. Seine Autoscheiben sind total getönt. Man kann fast gar nicht reingucken«, sagte sie schließlich.

497

»Dann müssen wir berücksichtigen, dass er vielleicht noch jemanden dabeihatte. Bis zu Henriks Haus sind es noch etwa hundert Meter. Es gibt dort zwei gleiche Häuser, mit ca. dreißig Meter Abstand dazwischen. Welches jetzt Henriks ist, da bin ich mir nicht sicher, aber ich glaube, Jonny hat auf das rechte gezeigt. Das den Anlegern am nächsten liegt. Mein Vorschlag: Wir teilen uns auf und nähern uns dem Haus aus drei Richtungen. Ich habe keine Waffe. Jemand mit Waffe muss das Fenster und die Tür an der Vorderseite übernehmen. Es ist wichtig, dass wir schnell vorgehen.«

Wie sie erwartet hatte, sagte Fredrik schnell:

»Das mache ich.«

»Gut. Birgitta, du übernimmst den Giebel zum großen Haus hin und die Rückseite. Ich übernehme die Giebelseite zum Meer hin. Aber zuerst einmal müssen wir feststellen, was überhaupt los ist. Wenn wir am großen Haus vorbei sind, machen wir einen kurzen Halt. Dann schaue ich mich mit dem Fernglas um, ob es um Henriks Haus etwas Verdächtiges gibt. Ab jetzt reden wir so leise, wie wir nur können. Und wenn wir uns Henriks Haus nähern, dann ist absolutes Stillschweigen angesagt.«

Sie ahnte eher, als dass sie sah, dass ihre Kollegen in der Dunkelheit nickten. Der Lichtkegel ihrer Lampen war auf den Boden gerichtet. Alle drei gingen auf das dunkle Haus los, und einer nach dem anderen verließ den Weg. Irene spürte, wie ihre Schuhe von dem feuchten Grasboden festgehalten wurden, sodass es mühsam war, vorwärts zu kommen. Aber die Geräusche ihrer Schritte wurde vom mürrischen Schlagen der Wellen gegen die Felsen übertönt. Der Wind war hier draußen auf der Halbinsel deutlich stärker und dröhnte ohrenbetäubend. Er biss in den Ohrläppchen und brachte die Augen zum Tränen.

Irene ging mit schnellem Schritt um das große Haus herum, blieb dann aber abrupt stehen. Birgitta wäre ihr fast in den Rücken gesprungen. Überrascht fragte sie:

»Huch! Was ist denn?«

Irene zeigte wortlos nach vorn. Nur ein paar Meter vor ihnen stand ein großes weißes Auto. Kein Zweifel, das war Lillis' Ford Mondeo. Irene trat schnell einen Schritt zurück hinter die Hausecke und zog Birgitta mit sich.

Sie flüsterte ihr ins Ohr:

»Es kann jemand im Auto sitzen. Warte, ich will sehen, ob ich etwas mit dem Sichtgerät erkenne.«

Aber alles sah ruhig aus, keine Bewegung war zu erkennen. Von hinten schlichen sie sich geduckt an den Wagen. Birgitta riss eine der hinteren Türen auf und zielte mit ihrer Pistole ins Innere, während Irene ihre Lampe einschaltete und von der anderen Seite durch die Scheiben hineinleuchtete. Leer. Ein gemeinsamer Seufzer der Erleichterung entfuhr den beiden.

Irene konnte Fredrik ein Stück entfernt ahnen. Sie nahm das Fernglas und sah, wie er sich durch die niedrigen Büsche schlich. Er war nicht zu dem großen Haus gegangen, sondern hatte einen Kreis beschritten, um direkt auf Henriks Haus zuzukommen. Ein guter Plan, so wurde er weiterhin von Bäumen und Büschen verdeckt. Das ermöglichte es ihm auch, die Taschenlampe zu benutzen. Aber den Mondeo hatte er nicht gesehen. Man kann eben nicht alles allein entdecken – noch ein Grund, warum es besser war, wenn mehrere ans Werk gingen.

Irene richtete das Sichtgerät auf Henriks Haus. Ein schwaches Licht war im Fenster zu sehen. Von ihrem Standort aus konnte sie nur in das Fenster im Giebel blicken. Dahinter befand sich wahrscheinlich die Küche. Kein Mensch war zu sehen. Sie beschloss, eine andere Position einzunehmen, von der aus sie einen größeren Blickwinkel hatte. Es war sehr schwierig, sich in der Dunkelheit vorwärts zu bewegen. Man sah die Hand vor Augen nicht, und das Risiko zu stolpern oder hinzufallen, war allgegenwärtig. Bald ging sie in Fredriks Fußspuren. Er blinkte ihr kurz zu, als sie seine Position kreuzte. Diese lag strategisch richtig hinter einem großen Felsblock, ungefähr zehn Meter von dem erleuchteten Fenster links von der Haustür entfernt. Sie blieb stehen und warf einen Blick aufs Fenster. Aber es saß zu hoch, sie konnte nichts sehen.

Ihr Herz klopfte jetzt schneller. Es war kein Lebenszeichen aus dem Haus zu vernehmen, doch sie wusste, dass Lillis dort war. Ihre Nasenflügel weiteten sich, und alle Sinne waren aufs Äußerste gespannt. Sie nahm die Witterung auf. Ein leichter Metallgeschmack in ihrem Mund bestärkte sie in dem Gefühl, dass sie Recht hatte. Die Jagd hatte begonnen.

Vorsichtig begab sie sich auf die glatten Felsen und schaute auf den Balkon hinauf. Zum Meer hin waren die Balkonpfeiler fast drei Meter hoch. Aber das war der Weg, den sie gehen musste. Es führte keine Treppe zu den Felsen hinunter, man konnte nur durch das Haus auf den großen Balkon gelangen.

Die Stützpfeiler waren aus Granitblöcken gehauen, die mit dünnen Fugen zusammengemauert waren. Die Fugen waren nicht breit genug, um den Fingern oder Zehen einen Halt zu bieten, sodass man an ihnen hätte hochklettern können. Unter dem Balkon lag ein kleines Ruderboot, für den Winter umgedreht. Auch wenn es klein war, wog es dennoch eine ganze Menge. Irene stöhnte, als sie es langsam in Position brachte. Sie machte eine Pause. War etwas aus dem Haus zu hören gewesen? Nein, nur das Meer und das Brausen des Windes waren zu hören, und sie war dankbar für diese Geräuschkulisse. Jetzt war es an der Zeit auszuprobieren, ob ihre Idee funktionierte. Das Boot stand hochkant, mit dem Boden gegen den Stützpfeiler gelehnt. Der Bug zeigte nach oben und das Heck hatte zwischen den schweren Steinen Halt. Es dürfte eigentlich nicht wegrutschen. Sie kletterte auf die Achterplanken und weiter auf die Ruderbank. Der letzte Teil war am schwierigsten. Sie stellte ihren rechten Fuß auf die Bugspitze, bekam die Trallen der Balkonumrandung zu fassen und wollte sich gerade mit Schwung hochziehen, als eine Stimme sie innehalten ließ: »Guck hoch!« Sie erstarrte. War es nur der Wind gewesen, der in ihren Ohren sauste? Natürlich gehorchte sie der Stimme. Auf einem Fuß balancierend spähte sie durch die Trallen zu der großen Balkonglastür. Die ganze Wand zu dem Sonnendeck hin bestand aus gläsernen Schiebetüren. Sie konnte weiter hinten im Haus ein schwaches Licht erkennen, aber das Zimmer zum Balkon hin war dunkel. Eine ganz, ganz schwache Bewegung konnte sie in der einen Seitengardine erahnen. Oder waren es ihre überspannten Nerven, die ihr da einen Streich spielten? Der Wind schlug kalt um ihre Beine, und der Fuß, mit dem sie das Gleichgewicht hielt, begann einzuschlafen. Der kalte Schweiß brach ihr auf dem ganzen Körper aus. Ungemein vorsichtig versuchte sie, sich das Sichtgerät vor die Augen zu schieben. Die Atmung setzte aus und das Dröhnen von Meer und Wind verschwanden. Er kann dich nicht sehen! Er kann dich nicht sehen! Du siehst ihn durch das Fernglas, aber er kann dich nicht sehen! Nur ein Glück, dass das Gerät an einem Riemen um ihren Hals hing, sonst hätte sie es auf die Felsen unter sich fallen lassen. Das gelockte Haar über den Schultern. Die glänzende Lederjacke mit all den Nieten und der gewaltige, massive Körper. Und dazu das teuflische Grinsen auf den Lippen. Hoffa Strömberg stand neben dem Vorhang und schaute in der Dunkelheit auf den Balkon und das Meer hinaus.

Nur ihr Gesicht ragte über den Balkonboden hinaus. Sie hatte das Fernglas zwischen die Trallen geschoben. Er konnte sie nicht gesehen haben. Trotzdem spürte sie, wie die Panik von Billdal aus dem schwarzen Loch in ihrem Inneren hervorquoll. Das schwarze Loch, von dem sie geglaubt hatte, es für alle Zeiten gestopft zu haben.

Zitternd von dem Schock und vor Erschöpfung kletterte sie wieder hinunter und sank auf den kalten Felsen zusammen. Sie durfte ihrer Angst nicht nachgeben. Nicht in Panik geraten! Sie holte ein paar Mal tief Luft, schloss die Augen und versuchte nach innen zu schauen und sich zu konzentrieren, als etwas herausfordernd an ihrem Bewusstsein zu zerren begann. Zuerst versuchte sie es auszusperren, aber plötzlich war sie wieder in dem kalten Wind an Ort und Stelle. Sie öffnete die Augen und schaute in die Dunkelheit. Der eiskalte Wind trieb ihr die Tränen in die Augen. Ein verzweifelter Schrei war leise aus dem Hausinneren zu hören gewesen.

Schnell sprang sie wieder auf das Ruderboot. Mit einem Fuß stellte sie sich auf den Bug und schaute mit dem Fernglas durch die Trallen. Hoffa hatte jetzt den Rücken zum Balkon gedreht. Er lauschte ins Haus hinein. Aber sein folgendes Manöver war reichlich merkwürdig. Zu Irenes Überraschung glitt er hinter den Vorhang, immer noch mit dem Rücken zum Balkon. Unbeweglich blieb er dort stehen. Irene nahm Bewegungen im Haus wahr. Ohne viel darüber nachzudenken, zog sie sich hoch und schwang schnell über das Balkongeländer. Mucksmäuschenstill hockte sie sich hin. Nach ein paar Sekunden nahm sie vorsichtig das Sichtgerät hoch und schaute zu dem Punkt, an dem Hoffa stand. Er hatte sich nicht bewegt. Vorsichtig stand sie auf und blickte direkt ins Haus hinein. Das Licht kam von der Deckenlampe im Flur, die deutlich die Szene beleuchtete. Im Profil konnte sie Fredrik mitten im Flur stehen sehen, die Pistole mit gestreckten Armen in beiden Händen haltend. Er zielte auf jemanden, der sich vor ihm befand, für Irene außer Sichtweite.

Unendlich vorsichtig begann sie zu Hoffa hinzugehen. Nicht, weil sie genau wusste, was sie machen sollte, sondern eher von einem Instinkt getrieben, der ihr sagte, dass sie ihn nicht aus den Augen lassen durfte. Als ihr Fuß gegen etwas Hartes stieß, war sie vollkommen unvorbereitet und hätte fast aufgeschrien. Es tat ernsthaft weh, aber es war nur ein Schlag gegen massiven Zement gewesen. Sie war gegen einen schweren Fuß für einen Sonnenschirm getreten. Ein paar endlose Sekunden lang stand sie unbeweglich da und wartete ab. Jetzt war sie so nah, dass sie den Mann hinter dem Vorhang sehen konnte. Höchstens zwei Meter trennten die beiden noch. Hoffa war ganz und gar auf das konzentriert, was sich im Haus abspielte. Sie nahm eine weitere Bewegung im Flur wahr. Birgitta kam durch die Tür, auch sie mit gezogener Waffe. Während Fredrik in seiner Position verharrte, begann Birgitta auf das Zimmer mit dem Balkon zuzugehen. Sie blieb in der

Türöffnung stehen, suchte am Türrahmen und fand den Lichtschalter. Das Zimmer wurde von einem schönen Kronleuchter über dem Esstisch erleuchtet. Hoffa bildete plötzlich ein scharfes Relief vor dem weißen Vorhang. Aber der Stoff war kräftig, was sicher notwendig war, um die starke Sonne im Sommer abzuhalten. Birgitta schaute sich um, ohne den Mann hinter dem Vorhang zu entdecken. Nur Irene sah ihn. Sie sah, wie er ganz langsam ein Messer aus einem Futteral herauszog, das um die Wade geschnallt war. Ein Lichtschein tanzte auf der langen, breiten Schneide. Ein Jagdmesser für Großwild.

Woher sie die Kräfte nahm, konnte sie hinterher nicht sagen. Ohne Zeit für Überlegungen zu vergeuden, beugte sie sich vor und umfasste den Sonnenschirmfuß. Sie zog ihn sich vor die Brust, mühte sich damit ein paar Schritte nach vorn und warf ihn dann mit aller Kraft durch die Glaswand auf Hoffa. Mit einem ohrenbetäubenden Knall explodierte die Scheibe. Ob es an der starken Spannung im Glas oder an der Wucht ihres Wurfs lag, war nicht zu sagen. Birgitta schrie im Falsett auf, beruhigte sich aber sofort wieder, als Irene durch das Loch schrie:

»Nicht schießen! Ich bin es!«

Birgitta lief schnell zur Tür, fand den Schlüssel, der an der Innenseite hing, und schloss sie mit zitternden Händen auf. Hoffa lag in einer großen Blutlache. Die beunruhigend schnell immer größer wurde. Eine große Glasscherbe stach aus einem Schnitt in seinem Nacken heraus. Aus der Wunde pumpte dunkles Blut.

»Fredrik! Bist du okay? Hast du alles unter Kontrolle?«

Irene schrie zum Flur hin, ohne den Blick von dem Mann in der Blutlache abzuwenden. Ihr Dämon war dabei zu sterben. Die Rache nahm Gestalt an. Warum spürte sie dennoch keinen Triumph?

»Alles ist unter Kontrolle. Ich habe Lillis im Visier. Aber Henrik von Knecht braucht einen Arzt. Und zwar schnell.«

Das brauchte Hoffa auch. Mechanisch riss sie den Vorhang auf der anderen Seite der Balkontür herunter und ging zu ihm.

503

Er jammerte leise, als sie vorsichtig seinen Kopf hob. Sie schob den Vorhang unter seinen Hals und versuchte ihn festzuzerren. Das wurde ein ziemlich plumper Druckverband, aber mehr konnte sie im Augenblick nicht tun. Fredrik stand weiterhin in schussbereiter Haltung. Sie ging zu ihm, stellte sich neben ihn, drehte den Kopf um ein Viertel, und so bot sich ihr das gleiche Bild wie ihm.

Mitten im Raum stand Lillis, beide Hände hochgestreckt, die Handflächen den Betrachtern zugewandt. Sie trieften vor Blut. Sein Gesicht war vollkommen ausdruckslos, und der Blick, den er Irene zuwarf, ganz und gar uninteressiert. Nur sein Unterkiefer mahlte, wie beim langsamen Kaugummikauen. Quer über dem Doppelbett lag Henrik von Knecht. Oder besser gesagt, sie nahm an, dass es Henrik von Knecht sein musste. Der Überwurf, der wohl einmal weiß gewesen war, war jetzt so von Blut durchtränkt, dass man es für ein rotes Batikmuster halten konnte. Henriks Gesicht war vollkommen zugeschwollen. Bei jedem Atemzug blubberten hellrote Blutblasen aus seinem Mund, und der nackte Körper war gezeichnet von Schlägen und Tritten.

Irene hatte schon einiges im Laufe ihrer Dienstzeit gesehen, aber das hier gehörte mit zum Schlimmsten. Eine Wahnsinnsfolter, fast schon ein Schlachten. Mit einem Schaudern erinnerte sie sich daran, wie der vierzehnjährige John nach der unmenschlichen Tortur der Skinheads ausgesehen hatte. In der Welt der Filme und Videos schütteln die Helden mörderische Schläge einfach nur ab, stehen auf und schlagen zurück. Aber in der Wirklichkeit steht das Opfer oftmals nicht wieder auf. Es stirbt. Und jeder konnte sehen, dass Henrik von Knecht im Sterben lag.

Irene und Fredrik gingen zu Lillis. Ohne zu zeigen, wie es in ihrem Inneren aussah, sagte Irene kühl:

»Dreh dich um! Stirn an die Wand, Beine breit auseinander und die Hände auf den Rücken! Wenn du nicht tust, was ich sage, wird es uns ein Vergnügen sein, dir die Eier abzuschießen!«

Ausdruckslos drehte er sich um und gehorchte ihren Befehlen. Das war nicht das erste Mal, er wusste, wann es an der Zeit war klein beizugeben. Diese Bullen hier würden nicht zögern. Und seine Eier wollte er gern noch eine Weile behalten.

Irene legte ihm Handschellen an und befahl ihm, in dieser Haltung stehen zu bleiben. Kurz gab sie die Order:

»Birgitta. Fordere den Polizeihubschrauber an. Der Krankenwagen braucht zu lange. Und außerdem haben wir die Einfahrt mit unseren Autos versperrt. Also brauchen wir den Hubschrauber. Er kann auf dem Rasen vor dem großen Haus landen.«

Birgitta zog das Telefon aus der Tasche und tat, worum Irene sie gebeten hatte. Es dauerte etwas, bis die Einsatzzentrale begriff, was passiert war und wer darin verwickelt war. Die Konstellation Lillis Johannesson, Hoffa Strömberg und der Millionärssohn Henrik von Knecht riefen eine leise Verwunderung hervor und den Verdacht, dass es sich um einen Scherz handele. Erst als Irene das Telefon ergriffen und wie ihr Kommissar geflucht und gewettert hatte, begriffen sie, dass es eilte. Es würde höchstens eine Viertelstunde dauern, bis der Hubschrauber an Ort und Stelle wäre. Mit verbitterter Miene gab Irene das Telefon wieder ab. Es war äußerst zweifelhaft, ob einer der beiden Verwundeten so lange überleben würde.

Sie schaute sich im Zimmer um. Überall war Blut. Auf dem Boden lagen Glassplitter, und Keramikscherben knackten unter ihren Füßen, als sie zum Bett ging. Henrik von Knecht war fast nicht wieder zu erkennen. Sein ganzes Gesicht war zu Hackfleisch geprügelt worden. Sein Atem ging jetzt kurz und stoßweise. Die Blutblasen kamen schubweise. Irene beugte sich zu ihm hinunter und sagte beruhigend:

»Henrik. Hier ist Inspektorin Huss. Es ist vorbei. Er kann Ihnen nichts mehr tun. Alles ist jetzt vorbei.«

Seine Augenlider zuckten schwach, und es gelang ihm, die Augen zu schmalen Schlitzen zu öffnen. Rasselnd flüsterte er:

»Das Pferd.«

Das Pferd? Irene fiel ein, dass Tommy etwas von Sylvia von Knechts krankem Pferd erzählt hatte. Machte Henrik sich deshalb Sorgen? Wahrscheinlich. Mit aller Ruhe, die sie aufbringen konnte, sagte sie deshalb langsam und mit sanfter Stimme:

»Keine Sorge. Der Tierarzt war da und hat ihm eine Penizillinspritze gegeben. Es wird bald wieder gesund.«

Wieder kämpfte er darum, die Augen zu öffnen, diesmal aber vergebens. Ein Hustenanfall erstickte ihn fast. Er japste nach Atem und röchelte:

»Schwachsinn! Das kaputte Tang-Pferd!«

Dann versank er in Bewusstlosigkeit. Das kaputte Tang-Pferd? Plötzlich wurde Irene sich bewusst, dass sie in Unmengen von Scherben stand. Sie schaute auf den Boden und entdeckte einen Pferdekopf aus Terrakotta. Vorsichtig hob sie ihn hoch. Das eine Ohr war abgeschlagen, ansonsten war er unbeschadet. Es war ein edel geformter Pferdekopf, der genau in ihre Handfläche passte. Die Nüstern waren gebläht und das Maul zu einem Kampfeswiehern geöffnet. Die angespannten Muskeln am Hals vibrierten vor Leben, Kraft und Stärke. Aber den Körper gab es nicht mehr. Er war zerschlagen und lag zwischen den anderen Scherben auf dem Boden.

KAPITEL 20

Die Stimmung im Raum war dicht und angespannt. Nur die Staatsanwältin Inez Collin sah in ihrem dunkelblauen Kostüm und der weißen Seidenbluse kühl und unberührt aus. Selbst Kommissar Andersson war erhitzt, auch wenn er kein Fieber mehr hatte. Das hatte er am Sonntagabend vertrieben. Doch die Erkältung hing mit dickem Schnupfen und Bluesstimme noch immer an ihm. Er war froh, nicht so viel reden zu müssen. Das konnten die drei Inspektoren übernehmen. Fredrik war derjenige, der am meisten und am lebhaftesten berichtete. Seine Augen glänzten und die Haare standen ihm zu Berge. Er war seit vierundzwanzig Stunden nicht aus seinen Kleidern gekommen, genau wie Birgitta und Irene. Sie hatten sich ein Zimmer im Präsidium geben lassen und kaum drei Stunden dort geschlafen. Was Irene betraf, hatte sie nicht einmal das geschafft. Die Sorge, Hoffa könnte sterben, nagte an ihr. In den USA waren Polizeibeamte, die Hell's-Angels-Mitglieder verletzt hatten oder in tödliche Schusswechsel mit ihnen verwickelt waren, selbst ermordet worden. Es wäre nicht klug, ihren Namen zu sehr ins Spiel zu bringen und möglicherweise die Erste im Norden zu werden. Deshalb hatte sie beschlossen, eine gereinigte Fassung der Ereignisse von sich zu geben. Nur die drei wussten, wie es eigentlich zugegangen war. Sonst sollte niemand, weder auf unterer noch auf höherer Ebene, jemals die ganze Wahrheit erfahren. Sie schauten sich nicht einmal gegenseitig an, als Irene ohne das geringste Zögern in der Stimme berichtete, wie Hoffa seinem Schicksal begegnet war.

»Ich war unbewaffnet, als ich auf den Balkon geklettert bin.

507

Das Nachtsichtgerät hatte ich dabei. Damit konnte ich sehen, wie sich der mit dem Messer bewaffnete Hoffa von hinten an Birgitta heranschlich. Diese stand mit dem Rücken zu dem dunklen Zimmer und dem Balkon. Wir waren ja davon ausgegangen, dass Lillis allein war! Ich musste etwas tun, und genau in dem Moment stieß ich mir den Zeh an dem Sonnenschirmfuß. Irgendwie gelang es mir, ihn durch die Glasscheibe zu werfen. Das ergab eine richtiggehende Explosion, und Hoffa und Birgitta zuckten zusammen. Sie drehte sich um, erblickte Hoffa und zielte mit der Pistole auf ihn. Er machte ein paar Schritte rückwärts mit gezogenem Messer, und plötzlich rutschte er auf den Glasscherben aus. Er fiel Hals über Kopf nach hinten und... hatte Pech. Eine große Glasscherbe bohrte sich ihm tief seitlich in den Nacken.«

Sie verstummte, und Tommy fuhr fort:

»So weit ich den Berichten heute Morgen entnehmen konnte, durchtrennte sie eine der Hauptschlagadern. Der Blutverlust war gewaltig. Er liegt im Koma, die Ärzte wissen nicht, wie seine Zukunftsaussichten aussehen. Aber es steht schon fest, dass er irreparable Hirnschäden davontragen wird.«

»Wie schön! Dann kann er ja weiterhin Vizepräsident der Hell's Angels bleiben!«

Natürlich war es Jonny, der mit dieser Bemerkung die Aufmerksamkeit auf sich ziehen wollte. Mürrisch hatte er erklären müssen, warum er am Sonntagnachmittag nicht erreichbar gewesen war. Er hatte sich mit seinen beiden jüngeren Kindern »Pocahontas« angesehen.

Hans Borg hatte sich den ganzen Sonntagabend den Kopf zerbrochen, wo denn alle geblieben waren. Als er Birgitta vor Lillis Haus um sechs Uhr ablösen wollte, war sie nicht dort gewesen. Und als er angerufen hatte, war auch niemand in der Abteilung anzutreffen gewesen. Dann hatte er auch noch zu Hause bei Birgitta und Fredrik angerufen. Was er denn gemacht hätte, als Birgitta versucht hatte, ihn um Viertel nach fünf zu erreichen? Nun ja,... da hatte es eine Oldtimerausstellung in der Svenska Mässan gegeben, und da hatte er mal reingeschaut, bevor er seinen Beobachtungsposten einnehmen wollte...

Andersson seufzte laut und vernehmlich. Es ist schon irritierend, wenn die Leute bereits zehn Jahre vor dem eigentlichen Zeitpunkt mental in Pension gehen, aber weiterhin zur Arbeit erscheinen. Um nicht zu zeigen, was er dachte, sagte er mit rauer Stimme:

»Ja, ja. Ich selbst habe mit Erkältung im Bett gelegen. Dann wissen wir also, was alle gestern gemacht haben. Nur von dir haben wir noch nichts gehört, Hannu. Wie war denn dein Sonntag?«

»Gut.«

Was hatten sie denn erwartet? Eine lyrische Abhandlung über den phantastischen Tangoabend in den Räumen des Finnischen Vereins, oder wo auch immer dieser Mann sich wohl aufgehalten hatte?

Ein erneutes Räuspern sollte die Verlegenheit des Kommissars kaschieren, bevor er zur Zusammenfassung ansetzte:

»Also, die Lage ist wie folgt: Henrik von Knecht ist gestorben, noch bevor der Hubschrauber kam. Er hatte starke innere Blutungen, und beide Lungenflügel waren von eingetretenen Rippen punktiert. Lillis Johannesson ist angeklagt wegen Mordes an ihm. Wie üblich sagt er nichts, außer: ›Dieser Scheißkerl hat gekriegt, was er verdient hat.‹ Hoffa liegt im Koma, der Ausgang ist ungewiss. Den anderen MC-Kerl, Paul Svensson, haben wir wegen Mordversuchs an Irene und Jimmy Olsson festgenommen. Sowie wegen Verstoßes gegen die Rauschgiftgesetze, da er eine ganze Menge Stoff bei seiner Festnahme dabeihatte. Übrigens kann ich euch mitteilen, dass es Jimmy gut geht. Ich habe diese stellvertretende Kommissarin bei den Drogenheinis getroffen, diese Nilsson.«

»Nilsén. Annika Nilsén.«

Irene korrigierte ihn. Sie war müde bis zur Erschöpfung und merkte selbst, dass ihre Toleranzgrenze sehr niedrig lag. Nur gut, dass sie heute nur noch Berichte schreiben musste.

Sie würde versuchen, so früh wie möglich nach Hause und ins Bett zu kommen.

Andersson tat, als hätte er sie gar nicht gehört und fuhr fort:

»Also, dieser Paul Svensson taut langsam ein wenig auf. Er ist bald auf kaltem Entzug. Dieser Sch... Mistkerl hat seit zwei Tagen keinen Stoff mehr gekriegt und fängt an gesprächiger zu werden. Vielleicht verplappert er sich ja, sodass wir etwas gegen Lillis in die Hand bekommen.«

Irene machte eine müde Handbewegung und bat ums Wort.

»Ich glaube, das ist genau die richtige Strategie, um diesen Fall hier zu lösen. Wir müssen einen gegen den anderen ausspielen. Paul Svensson soll ruhig glauben, dass Lillis geredet hat und umgekehrt. Schwierig wird es nur sein, Sylvia von Knecht zum Reden zu bringen...«

Birgitta unterbrach sie vorsichtig:

»Entschuldige, aber Sylvia von Knecht ist heute Nacht in die Psychiatrie eingeliefert worden. Als der Pfarrer ihr mitgeteilt hat, was mit Henrik passiert ist, brach sie vollkommen zusammen. Diesmal ernsthaft. Sylvias Schwester Arja hat vor einer Weile angerufen.«

Ein Eiskristall glitzerte in Irenes Augen, als sie trocken feststellte:

»Es gibt da aber noch eine Person, die nicht so schnell zusammenbricht, nämlich Charlotte von Knecht. Vielleicht können wir sie überzeugen, dass es besser für sie wäre, wenn sie den Mund aufmacht.«

Fredrik warf voller Eifer ein:

»Der Schlüssel an der Haustür hing doch an einem Schlüsselbund, an dem ihr Name eingraviert war! Und außerdem hing ein Schlüssel für das Tor und einer für Henriks Zimmer dran. Das ist doch wohl ein Beweis? Ich meine, schließlich stand ihr Name drauf!«

Irene schüttelte den Kopf und sagte müde:

»Solche fertig gravierten Namensschilder kann man in fast jedem Laden oder an jeder Tankstelle kaufen. Außerdem kann sie behaupten, dass er sich heimlich die Schlüssel genommen hat. Nein, wir müssen diese feine Dame festnageln. Und zwar richtig!«

Andersson sah sie aus seinen geröteten Augen an und fragte ruhig:

»Du glaubst also, sie war es?«

»Ja. Ich glaube, dass sie direkt in den Mord an Richard von Knecht verwickelt war. Und bei dem Mord an ihrem Mann behilflich war«, antwortete Irene.

Sie schloss die Augen und presste die Fingerspitzen leicht gegen die Schläfen, um den Kopfschmerz zu unterdrücken. Noch nie in ihrem ganzen Leben hatte sie sich so müde gefühlt.

»Aber du hast keinen Beweis.«

»Nein.«

Inez Collin meinte nachdenklich:

»Vielleicht können wir Charlotte dazu bringen, dass sie glaubt, die anderen beiden hätten sie verpfiffen?«

Irene zuckte mit den Schultern.

»Schon möglich. Aber die Frage ist, ob sie überhaupt wissen, dass Charlotte etwas mit dem Mord an Richard von Knecht zu tun hat! Vielleicht hat sie die Tat ganz allein geplant und durchgeführt. Wir müssen ein Motiv finden und einen Beweis, dass sie mit dem Mord zu tun hat!«

Inez Collin überlegte kurz und sagte dann:

»Könnten wir nicht einen Haftbefehl ausstellen wegen Beihilfe zum Mord an Bobo Torsson und an der Brandstiftung in der Berzeliigatan?«

Die anderen sahen sie überrascht an. Sie fuhr fort:

»Ihr habt doch solche Dynamitteile... wie heißen sie noch... Dynamex, ja, danke... und solche Zündhütchen in einer verschlossenen Kiste in Henriks und Charlottes Schlafzimmer draußen in Marstrand gefunden. Und ihr gegenüber argumentieren wir dann folgendermaßen: Wir glauben einfach nicht, dass du als Frau des Hauses nichts davon gewusst haben willst, dass dein Mann beträchtliche Mengen an Sprengstoff in eurem gemeinsamen Schlafzimmer verwahrte.

511

Und warum hast du uns nichts davon erzählt, weder als die Wohnung noch als Bobo Torsson in die Luft flogen? Warum? Das heißt doch wohl, dass du daran beteiligt warst. Und schon ein Verbrechen zu decken heißt, daran beteiligt zu sein.«

»Aber sie war doch so gut wie nie da draußen.«

Inez drehte sich um und lächelte Fredrik an, der diesen Einwand gebracht hatte:

»Das wissen wir nicht. Jedenfalls nicht offiziell. Wir halten uns allein an die Fakten. Der Sprengstoff wurde in ihrem gemeinsamen Schlafzimmer aufbewahrt.«

Ein Funken von Respekt war in Anderssons Augen zu sehen. Nachdenklich sagte er:

»Das ist vielleicht gar nicht so dumm. Sie für etwas festzusetzen, womit sie gar nichts zu tun hat. Und sie dadurch möglicherweise zum Reden zu bringen. Noch jemand, den man gegen die anderen ausspielen kann. Verflucht, das ist bestimmt am besten so! Tommy, Jonny und Hans, ihr observiert die Dame, bis es an der Zeit ist, sie einzufangen. Obwohl – der Teufel mag wissen, ob sie wirklich eine Dame ist. Aber wir müssen uns warm anziehen, sie wird sofort nach einem Anwalt schreien!«

Hans Borg spürte, dass es langsam an der Zeit war, sich in irgendeiner Form informiert zu zeigen und zu beweisen, dass er den Ermittlungen folgte. Er bat murmelnd ums Wort.

»Ich bin heute Morgen auf dem Weg hierher in der Berzeliigatan vorbeigefahren. Die Jungs waren schon an der Arbeit. Der Lullen macht heute Vormittag einen neuen Versuch, den Safe rauszuholen. Wenn alles klappt, sind wir heute Nachmittag schlauer.«

»Okay. Dann hoffen wir nur, dass die Maschine nicht noch einmal in den Keller saust. Wir treffen uns wieder um vier. Ach, hat übrigens jemand eine Ahnung, was die Techniker mit diesem Fax meinen, das heute Morgen auf meinem Schreibtisch lag: ›Nein! Wir begehen keinen Mundraub!?‹«

Von allen sich dahinschleppenden Vormittagen zog dieser sich am allerlängsten hin. Irene versuchte mit Hilfe ihres Schwamms von Gehirn einen Bericht zu Stande zu bringen, kam damit aber nur sehr langsam voran. In der Mittagspause ging sie mit Birgitta essen. Hinterher konnte sie sich nicht mehr daran erinnern, was sie gegessen hatten. Eigentlich hätte sie nach Hause gehen sollen. Aber gleichzeitig spürte sie, dass die Lösung des Falls von Knecht kurz bevorstand.

Der Lullen hatte den Safe spielend einfach herausholen können und ihn auf einen Kastenwagen geladen. Im Triumphzug wurde er auf den Hof des Präsidiums gebracht. Dort durfte er erst einmal stehen bleiben und auf den Experten von der Safeherstellerfirma warten.

Nach dem Mittagessen klingelte das Telefon, und Irene unterbrach dankbar ihr Berichteschreiben. Es trompetete in den Hörer:

»Hello! Hier ist Jimmy.«

Die Freude und Überraschung, seine Stimme zu hören, ließ sie zunächst kein vernünftiges Wort hervorbringen. Es kam nur ein lahmes:

»Oh hallo! Wie geht es dir?«

»Viel besser. Und du hast sie beide erwischt! Ich habe laut losgeschrien, als ich das heute Morgen erfahren habe!«

Verdammt! Da war wieder dieser Kloß im Hals. Jimmy wusste und verstand ziemlich viel. Er hatte offenbar sehr deutlich ein Gefühl der Befriedigung. Warum erging es ihr nicht so? Warum fühlte sie sich einfach nur leer? Nicht froh, nicht traurig, nur müde und leer. Sie schluckte und brachte heraus:

»Geht es dir schon so gut, dass du die Zeitung lesen kannst?«

Er zögerte mit der Antwort:

»Nein, noch nicht ganz. Erinnerst du dich an die blonde Schwester mit den Zopf, die reinkam, als du mich das letzte Mal besucht hast? Sie heißt Annelie. Sie liest mir vor. Und außerdem höre ich natürlich Radio.«

513

»Und wie geht es den Steißwirbeln?«

Er seufzte:

»Ich fürchte, die kommen als Nächstes dran. Ich habe etwas Probleme mit dem Pinkeln. Ich kann nicht pinkeln, wenn ich sollte. Und die Schmerzen im Bein sind auch schlimmer geworden. Vor einer Weile war schon eine ganze Horde von Orthopäden hier. In ein paar Tagen soll ich zu denen überwiesen werden. Und die meinten, dass es wohl operiert werden müsste. Aber es wird schon alles werden. Und jetzt geht es mir schon viel besser. Nachdem du die Monster gefasst hast!«

Es war, als würde er intuitiv spüren, dass sie es war, die ein bisschen Aufmunterung brauchte und nicht er. Und es gelang ihr, ein wenig fröhlicher zu klingen, als sie das Gespräch abschloss:

»Pass gut auf dich auf. Ich komme morgen, um dich zu besuchen.«

»Klasse! Aber bitte keine Weintrauben. Lieber Süßigkeiten für zwanzig Piepen.«

»Das klingt ganz, als wärst du auf dem Weg der Besserung.«

Für die nächste Unterbrechung sorgte Birgitta, die ihren Kopf in die Tür steckte und fragte, ob Irene nicht dabei sein wollte, wenn sie den Safe öffneten. Irene lächelte säuerlich:

»Nur wenn es nicht knallt. Aber Henrik wird es ja wohl kaum geschafft haben, in den Safe einzudringen«, meinte sie trocken.

Es war erst kurz vor halb drei und schon dunkel. Kleine, feste Schneeflocken segelten vereinzelt durch die Luft. Die Hintertür des Kastenwagens wurde geöffnet, und der Mann von Rosengrens kletterte hinein. Mit einem Klick befestigte er eine magnetische Platte an dem Safe. Sie war mit kleinen Lämpchen versehen und mit einer Box verbunden, die wie ein gewöhnlicher Voltmesser aussah. Der Experte drehte an den Knöpfchen, die Lampen blinkten, und plötzlich klickte es in der Safetür. In dem Moment erstarrte der kalte Atemhauch

514

vor den Mündern sämtlicher Anwesender. Vorsichtig öffnete der Experte die Tür, ohne dass eine Explosion folgte. Der Seufzer der Erleichterung erklang unisono.

Der Innenraum des Safes war klein, ungefähr fünfzig mal fünfzig Zentimeter. Birgitta hatte einen Karton mitgebracht, in den sie die Mappen, Schachteln und Umschläge packten. Sie gingen mit dem Karton direkt ins Besprechungszimmer. Der Tisch dort war am besten geeignet, alles auszupacken und zu sortieren.

Mit andächtiger Miene betrachtete Andersson seine fünf anwesenden Inspektoren. Hannu Rauhala und Hans Borg fehlten. Mit schlecht kaschierter Erwartung rieb er sich die Hände und sagte:

»Endlich! Jetzt wollen wir mal sehen, ob es hier etwas Brauchbares zu finden gibt. Wir teilen die Sachen unter uns auf, und dann gehen wir sie sorgfältig durch. Alles, was noch mal näher angesehen werden sollte, legen wir in die Mitte vom Tisch. Wenn ihr unsicher seid, dann legt es auch in die Mitte!«

Schnell stellte er sechs Stapel zusammen, die er an die Anwesenden verteilte. Irene bekam ein festes Lederetui, das, wie sich herausstellte, eine Pistole enthielt. Sie sagte beeindruckt:

»Wow! Das ist was Reelles. Eine Baretta 92S.«

Andersson schaute verwundert auf.

»Wie zum Teufel ist er denn an die gekommen? Ist die geladen? Überprüf mal, ob er einen Waffenschein hatte«, erklärte er mürrisch.

»Fünfzehn Schuss im Magazin. Aber mehr Munition gibt's hier nicht, so weit ich sehen kann.«

Alle sahen ihre Dinge durch, ohne weitere Munition finden zu können. Stattdessen stießen sie auf ein paar Medaillen aus verschiedenen Sportarten. Sowie auf eine alte goldene Taschenuhr. Allem Anschein nach hatte sie Richard von Knechts Vater gehört. Auf dem Deckel der alten Uhr waren in zierlicher Schrift die Initialien O.v.K. eingraviert. Otto von Knecht. Irene bewunderte noch die schöne Uhr, als sie den Kommissar aufkeuchen hörte. Seine Gesichtsfarbe wurde wieder dunkler, die Augen kugelrund, und er starrte auf die Fotos, die er aus einem braunen A4-Umschlag gezogen hatte. Langsam stand er auf und warf die Fotos mitten auf den Tisch.

Es handelte sich um zehn Farbfotos ungefähr im gleichen Format wie der Umschlag. Alle aus dem gleichen Winkel fotografiert. Alle mit dem gleichen Motiv. Ein Geschlechtsverkehr, bei dem der Mann die Frau im Stehen von hinten nimmt. Die Frau steht genussvoll nach vorne gebeugt, die Unterarme auf der Rückenlehne eines Ledersessels aufgestützt. Im Hintergrund an der Wand sind große Wandgemälde zu sehen und in einer Ecke ein Kronleuchter. Der Kamerawinkel ist seitlich. Der Mann trägt nur eine Lederkappe. Diese geht über sein Gesicht und lässt nur die Augen frei. Die Frau trägt wadenlange Stiefel mit Pfennigabsätzen und hat die Beine leicht gespreizt. Sonst hat sie nichts an. Auf einigen der Bilder schaut sie direkt in die Kamera, mit einem Lächeln, das die feuchten Lippen auseinander gleiten lässt. Auf einem der Bilder spitzt sie ein wenig den Mund, als würde sie dem Fotografen ein Küsschen zuwerfen. Die Augen sind wolllüstig halb geschlossen.

Alle Polizisten im Raum nahmen sich ein Bild und betrachteten es eingehend. Anderssons Gesichtsfarbe war knallrot, als er fauchte:

»So, mein schönes Hühnchen! Jetzt haben wir dich!«

Irene konnte es kaum fassen. Endlich gab es etwas Handfestes, einen Beweis gegen Charlotte von Knecht. Jonny stöhnte halb erstickt:

»Mein Gott, was für einen tollen Körper die hat! Du meine Fresse, ich kann schon verstehen, dass es dem Schwiegerväterchen schwer gefallen ist, seine Finger davon zu lassen.«

Niemand kicherte, aber es widersprach ihm auch niemand. Fredrik schaute noch einmal eingehend auf sein Bild und fragte nach einer Weile:

»Ist es denn wirklich sicher, dass es Richard von Knecht ist, der da mit ihr zugange ist? Ich meine, könnte es nicht auch Henrik sein? Oder jemand ganz anderer?«

Irene sah sich ihr Foto noch einmal genauer an. Alle Müdigkeit war wie weggeblasen, und sie spürte, wie der Puls in ihr raste. Die Spur war wieder heiß und es roch stark nach Pheromon.

Nachdenklich fragte Birgitta:

»Wo sind die Fotos gemacht worden? Kennt jemand das Zimmer?«

Wieder beugten sich alle Köpfe über die Fotos. Dann allgemeines Kopfschütteln, niemand kannte die Möbel. Aber Irenes Augenmerk fiel auf den Hintergrund. Die Bilder. Eines der Bilder.

Wütend schlug der Kommissar mit der flachen Hand auf die Fotos auf dem Tisch und schimpfte:

»Was ist das auch für eine blödsinnige Idee, sich eine Lederhaube über den Kopf zu ziehen. Es wird schwierig werden zu beweisen, dass es sich bei dem Mann hier auf den Bildern um Richard von Knecht handelt. Ganz zu schweigen davon, zu beweisen, wo sie geschossen wurden.«

Mit einem Mal fühlte Irene sich ganz klar im Kopf und wusste es. Sie begann laut zu lachen. Jonny flüsterte theatralisch Andersson zu:

»Jetzt ist sie vollkommen durchgeknallt!«

Ohne sich darum zu kümmern, sagte sie triumphierend:

»Ich weiß wo, von wem und wie die Fotos gemacht worden sind. Und ich weiß, dass es Richard von Knecht auf den Bildern ist. Sein Gesicht ist nämlich doch mit drauf!«

Jonny tippte sich mit dem Zeigefinger an die Schläfe und schüttelte den Kopf. Irene ignorierte ihn und wandte sich Andersson zu:

»Lass Charlotte heute den ganzen Tag überwachen, genau wie du gesagt hast. Und morgen früh um sieben schnappen wir sie uns und klagen sie der Mitwisserschaft und der Mittäterschaft an Henriks Bombenattentat an. Dann müsst ihr sie in die Mangel nehmen und dazu bringen, dass sie sich verplappert. Genau wie Inez Collin es gesagt hat. Nach ein oder zwei Stunden komme ich dann rein und werde sie des Mordes an Richard von Knecht anklagen!«

517

Andersson stöhnte laut auf:

»Würdest du vielleicht so freundlich sein und uns, deinen etwas weniger begabten Kollegen, erklären, wie du es zum Teufel fertig bringen willst, die Lederhaube wegzuretuschieren und sein Gesicht hervorzuzaubern?«

Nachdem sie das getan hatte, worum sie gebeten worden war, sahen die Kollegen sie mit Blicken voller Respekt an. Selbst in Jonnys Augen spiegelte sich widerwillige Bewunderung.

Der Rest des Nachmittags verlief hektisch, aber als sie kurz vor sechs nach Hause fuhr, war alles unter Dach und Fach. Es hatte alles geklappt. Die Leute, die sie hatte sprechen wollen, waren erreichbar gewesen, und die Leute, von denen sie Hilfe haben wollte, waren hilfsbereit gewesen. Sie war zufrieden. Und müde.

KAPITEL 21

Paul Svensson lag zusammengekauert in Fötusstellung auf dem Bett, das Gesicht zur Wand gedreht. Durch die Luke in der geschlossenen Zellentür konnte Kommissar Andersson sehen, wie ein starkes Zittern die magere Gestalt schüttelte. Ein leises Jammern und Schluchzen war noch auf dem Korridor zu hören. Von dem starken Hell's-Angels-Kerl war nicht mehr viel übrig. Es waren nur noch die Reste eines Junkies zu besichtigen, der unter schweren Entzugssymptomen litt.

Der Wachtmann öffnete die Tür, und Andersson trat ein. Es roch streng nach Angstschweiß und ungewaschenem Mann in der Untersuchungszelle. Paul Svensson schien gar nicht zu bemerken, dass er Besuch hatte. Aber vielleicht doch, jedenfalls nahm sein Jammern an Lautstärke zu.

Andersson schlug einen lockeren Ton an:

»Hallo Paul. Es ist mal wieder an der Zeit, dass wir uns unterhalten.«

Paul Svensson wandte sein schweißnasses Gesicht dem Kommissar zu. Er hatte Probleme, seinen Blick zu lenken. Die Augen rollten in ihren Höhlen herum wie die panischer Aale. Seine Zunge fuhr pausenlos über die zusammengepressten, trockenen Lippen. Es gelang ihm nur mit Mühe und Not, zu krächzen:

»Einen Arzt! Ich brauche einen Arzt. Ich sterbe! Ich sterbe! Kapiert ihr das nicht?«

Andersson hatte schon zu viele paranoide Drogensüchtige im Laufe seiner Dienstjahre verhört, um sich davon beeindrucken zu lassen. Im Gegenteil, er schätzte die Situation als

519

äußerst vorteilhaft ein. Der magere Kerl dürfte reif sein und zum Pflücken bereit.

»Wenn du mir bei ein paar Sachen hilfst, dann kann ich vielleicht aus reiner Herzensgüte dafür sorgen, dass ein Arzt herkommt. Aber dann brauche ich wirklich deine Hilfe!«, erklärte der Kommissar in seinem freundlichsten Ton.

»Ach, fahr zur Hölle!«

»Nun gut, wenn du es so willst, aber dann kannst du lange drauf warten, dass wir einen Arzt holen. Das wird eine sehr, sehr lange Wartezeit… für dich.«

Paul John Svenssons klapprige Glieder zogen sich in einem spastischen Krampf zusammen. Er konnte nur noch stöhnen. Angst und Schmerzen beherrschten die Zelle. Als der Krampf vorbei war, flüsterte er:

»Wo… worum geht's?«

Nichts an Andersson verriet, wie genau geplant sein erster Satz war. Nonchalant sagte er:

»Neue Informationen deuten darauf hin, dass Hoffa und du an dem Bombenattentat in der Berzeliigatan beteiligt waren und natürlich auch an der Bombe, die Bobo Torsson getötet hat. Du wirst also nicht nur wegen der Granate und wegen Mordversuchs an den beiden Inspektoren in Billdal angeklagt. O Scheiße Svensson, das bedeutet mindestens den Kumlabunker für dich!«

Die Angst sprang regelrecht aus Paul Svenssons aufgerissenen Augen, als er schrie: »Aber das war doch dieser Oberklassenheini Henrik von Knäck! Er hat die verfluchte Beutelratte Bobo Torsson in die Luft gehen lassen!«

»Warum?«

Dies eine Wort stoppte Svensson, er versuchte sich selbst zu bremsen, aber die Angst vor dem erwiesenermaßen unwirtlichen Kumlabunker – der Hölle auf Erden für einen Junkie – siegte. Er antwortete kurz mit nervöser Stimme:

»Dieser Torsson wollte Kohle von diesem von Knäck. Aber stattdessen hat er ihm eine Höllenmaschine in die Tasche gepackt!«

»Weshalb wollte Torsson Kohle von Henrik von Knecht?«

»Hoffa... ich weiß nicht.«

Die Angst vor dem Vizepräsidenten der Hell's Angels war offenbar stärker als die Angst vor dem Kumlabunker. Aber Andersson dachte gar nicht daran lockerzulassen. Es roch jetzt mehr als deutlich nach Scheiße, und er konnte schon die Konturen des Geruchsherds ahnen. Deshalb sagte er kurz und hart:

»Einen Arzt wirst du nicht vor morgen früh zu Gesicht kriegen.«

»O Scheiße! Ich weiß, dass Torsson aus diesem Kerl von Knäck Geld rauspressen wollte. Aber das ist schief gegangen. Hoffa war stinksauer, weil die Typen aus Amsterdam mit der Ware kommen wollten. Und es gab auch noch andere, die daran interessiert waren.«

»Der Kerl von Knecht? Meinst du Henriks Papa, Richard von Knecht?«

»Ja, das hab ich doch gesagt, Mensch! Aber das Aas hat nicht bezahlt. Nach ein paar Tagen hat Bobo wieder angerufen und gesagt, es würde mit der Kohle doch noch klappen. Henrik von Knäck sollte sie stattdessen ausspucken. Das klang schon komisch, aber Hoffa sagte, es wäre ihm scheißegal, wer bezahlte. Hauptsache, er kriegte seinen Kies.«

»Um wie viel Geld ging es denn?«

»Eine halbe Mille.«

»Fünfhunderttausend?«

»Ist das so schwer zu kapieren? Habe ich doch grade gesagt!«

»Was wollte Bobo Torsson denn mit einer halben Mille? Und warum sollte er sie Hoffa geben?«

Wieder begann der Blick zu flackern, aber Paul Svensson wusste, dass er schon zu weit gegangen war. Jetzt konnte er auch noch weiter gehen und sich damit einen Arzt verdienen. Im Augenblick war ihm alles, was Hell's Angels hieß, scheißegal. Er war kurz vorm Sterben und brauchte eine Spritze, ganz gleich, was für eine das auch war. Und die möglichst bald. Resigniert sagte er:

»Stoff. Für eine halbe Mille. Torsson wollte Großdealer werden.«

»Zusammen mit Lillis?«

Paul Svensson zuckte mit seinen mageren Schultern und murmelte:

»Keine Ahnung.«

Offenbar wusste er wirklich nichts über Lillis eventuelle Beteiligung. Das war ärgerlich, aber was er gesagt hatte, war auf jeden Fall interessant genug.

Um halb acht trat Irene in Anderssons Büro. Mit seiner erkälteten Stimme schrie dieser gerade in die Gegensprechanlage:

»Sag ihnen, dass die Pressekonferenz um eins stattfindet! Und vorher kein Sterbenswörtchen!«

Er war blass und müde, und zum ersten Mal fand Irene, dass er wirklich uralt aussah. Ein paar Tage im Bett hätten ihm sicher nicht geschadet. Aber natürlich spürte auch er, dass sich der von-Knecht-Fall seiner Auflösung näherte und wollte um alles in der Welt diesen Moment nicht verpassen.

Mit roten Augen schaute er sie an, während er rasselte:

»Guten Morgen. Charlotte von Knecht wird jeden Moment hier sein. Ich hoffe, dass unser Plan hinhaut und dass sie den Köder schluckt. Ich habe Jonny und Tommy auf sie angesetzt. Die beiden holen sie gerade.«

»Dann bleibe ich so lange außer Sichtweite. Irgendwelche Neuigkeiten von Lillis und Paul Svensson?«

Andersson hustete und schob sich eine Halstablette in den Mund.

»Ja, sogar mal gute Neuigkeiten! Paul Svensson hat angefangen zu reden.«

Er berichtete ihr von dem gestrigen Verhör mit Paul Svensson. Irene kommentierte lachend:

»Das kann ich mir denken, dass er angefangen hat zu reden. Wenn du ihm mit dem Kumlabunker drohst!«

»Gemein, aber effektiv!«

»Um wie viel Geld geht es?«

»Nach Paul Svensson um fünfhunderttausend Kronen.«

»Fünfhunderttausend! So groß war ja nicht mal Henriks Vermögen.«

»Genau. Das wissen wir, weil wir uns erkundigt haben. Aber Bobo wusste es nicht. Und wie Henrik das Problem löste, das wissen wir, wie gesagt, jetzt. Aber viel mehr konnte Paul uns nicht bieten. Letzte Nacht ist es ihm schlechter gegangen, der Arzt war regelmäßig bei ihm. Er hat eine Spritze gekriegt und ist eingeschlafen. Er hatte nicht mehr geschlafen, seit wir ihn Samstag festgenommen haben. Wollen wir uns nicht erst mal eine Tasse Kaffee holen, bevor wir weitermachen?«

»Weitermachen? Gibt es noch mehr?«

»O ja. Es gibt noch mehr.«

Es blieb aber beim Automatenkaffee. Doch da sie beide koffeinabhängig waren, spielte der Geschmack keine so große Rolle. Man gewöhnt sich an das meiste. Andersson ging noch schnell zur Toilette. Noch auf dem Flur war zu hören, wie er sich die Nase putzte.

Wieder im Büro zurück zog er die oberste Schublade auf und holte ein kleines Tonbandgerät hervor. Zufrieden lächelte er:

»Das gestrige Verhör mit Lillis. Ich bin direkt nach meinem Gespräch mit Paul Svensson zu ihm gegangen. Die Strategie war die Gleiche. Sie gegeneinander auszuspielen und wütend zu machen. Und ich habe einen Umschlag mitgenommen, mit einem der Fotos aus dem Safe.«

Er begann an den winzigen Knöpfen des Tonbandgeräts zu fummeln. Sein zufriedenes Lächeln verwandelte sich in eine wütende Grimasse. Unterdrückte Flüche und Stöhnen hingen in der Luft bis ihm endlich gelang, den richtigen Knopf zu drücken. Die Stimme des Kommissars war aus dem kleinen Ding zu vernehmen:

»…jetzt eine ganze Menge. Paul Svensson hat geredet. Wir wissen, dass du und Bobo geplant hatten, Henrik von Knecht um fünfhunderttausend Kronen zu erpressen, mit denen ihr Drogen von den Hell's Angels kaufen wolltet. Wir wissen, dass in der Tasche statt des Geldes eine Bombe lag. Wir wissen, dass du deshalb am Sonntag Henrik totgeprügelt hast, als Rache dafür, dass er Bobo umgebracht hat.«

Schweigen. Nach einer Weile war ein dumpfes Murmeln zu hören:

»Tüchtiger Idiot.«

»Svensson leugnet, dass er oder sonst jemand von den Hell's Angels etwas mit Richard von Knecht zu tun hatte. Und auch nicht mit der Bombe in der Berzeliigatan. Er glaubt, Bobo und du, ihr hättet den Job übernommen.«

Wieder Schweigen. Danach dröhnte ein Schwall von Flüchen aus dem winzigen Apparat. Wenn die Hälfte der Drohungen erfüllt würden, konnte sich Paul Svensson schon mal nach einer schönen Grabstätte umsehen. Lillis' Wortschwall wurde von Anderssons Stimme unterbrochen:

»Warum sollten wir denn nicht glauben, was Paul Svensson uns gesagt hat?«

»Wir haben nicht einen Funken mit diesen Bomben oder dem Mord an dem Papa von Knecht zu tun! Wir brauchen den Kies, um Geschäfte zu machen. Und sonst war da nichts.«

»Und da war so ein Bildchen, das euch die fünfhunderttausend einbringen sollte, oder?«

Ein leises Rascheln war zu vernehmen. Und dann konnte man deutlich hören, wie Lillis tief nach Luft schnappte, bevor er fauchte:

»Woher zum Teufel habt ihr das? Dieses Arschloch hat doch gesagt, er würde sie verbrennen!«

»Wie es aussieht, hat er das wohl nicht. Warum hat Richard von Knecht nicht bezahlt?«

Das Murmeln verstummte. Dann ertönte es laut und deutlich: »Weil seine verfluchte Schweinefratze nicht zu sehen war. Wir konnten nicht beweisen, dass er es war.«

»Und deshalb habt ihr versucht, stattdessen Henrik von Knecht zu erpressen?«

»Eine saublöde Idee. Aber wir waren unter Zeitdruck. Wir hätten lieber eine Bank ausrauben sollen!«

Da stellte Andersson das Band ab. Irene meinte vor sich hin lachend:

»Ich kann mir die Diskussion zwischen den Cousins lebhaft vorstellen.«

»Ich auch. Ich habe noch gefragt, wann sie an Henrik von Knecht herangetreten sind. Lillis war sich da nicht ganz sicher, weil Bobo den Part übernommen hatte. Aber wahrscheinlich an einem Donnerstag. Das muss zwei Tage vor dem Fest von Sylvia und Richard gewesen sein, ihrer Feier des dreißigjährigen Krieges. Und am Freitag hat Henrik die Bombe installiert, wenn alles so ablief, wie wir es uns denken.«

»Eigentlich genial. Wenn er Glück gehabt hätte, wären sein Vater und Bobo Torsson gleichzeitig in die Luft geflogen! Daraus wurde ja nun nichts, aber man kann nachvollziehen, wie Henrik dachte. Er wusste, dass er seinen Erpressern nicht die geforderte Summe zahlen konnte. Und durch die Bilder erfuhr er gleichzeitig von dem Verhältnis zwischen Richard und Charlotte. Wenn die Bombe von Richard ausgelöst worden wäre, hätte Henrik mindestens eines seiner Probleme gelöst gehabt. Und im besten Fall sogar zwei.«

»Warum wollte Henrik überhaupt bezahlen? Seine Rache hätte auch darin bestehen können, alle Welt die Bilder sehen zu lassen, auf denen seine untreue Frau und sein sexgeiler Vater zu sehen waren.«

»Wahrscheinlich sorgte er sich um den Ruf der Familie. Und Sylvia wäre zusammengebrochen!«

»Bleibt noch der Mord an Richard von Knecht.«

»Damit fängt alles an und damit hört alles auf. Und diese letzte Nuss werden wir auch noch knacken.«

»Noch was. Jonny hat Charlottes Telefon am Sonntag abgehört. Nach Lillis Besuch hat sie einmal telefoniert. Sie hat einen Tisch in der Brasseri Lipp bestellt.«

Andersson beugte sich nach unten und zog die unterste Schreibtischschublade auf. Gedämpft sagte er:

»Hier sind die Fotos von der Pathologie, die du haben wolltest. Grauslich. Er ist zwar ein Mörder und Brandschatzer, aber trotzdem bleibt die Frage, ob er das verdient hat. Er hatte ja keinen heilen Knochen mehr im Leib. Man hätte ihn zum Chopsuey-Tagesgericht beim nächsten Chinesen verwenden können. O Scheiße!«

Irene nahm die Bilder und schob sie in einen Hauspostumschlag, zusammen mit den anderen Bildern, die sie morgens vom Labor bekommen hatte.

Um halb neun ging Irene in den Verhörraum, in dem Jonny mit Charlotte saß. Jonny liebte die ganze Inszenierung. Er konnte seine Paraderolle spielen, den ekligen Polizisten. Da es eine Sünde wäre, einen begnadeten Schauspieler bei seinem Auftritt zu stören, setzte Irene sich zunächst passiv in die Ecke und machte sich unsichtbar. Es würde schon der Zeitpunkt für ihren Auftritt kommen. Die Entwicklung des Verhörs würde ihn bestimmen. Nichts durfte schief gehen. Charlotte war zwar nicht übermäßig intelligent, aber sie war gerissen und nur auf sich selbst bezogen. Das waren gefährliche Eigenschaften in einem schönen Körper. Sie ignorierte Irenes Ankunft im Zimmer und konzentrierte sich voll und ganz auf Jonny. Die Türkise schimmerten feucht, und sie fuhr sich mit der Zunge über die Lippen. Vorsichtig, um nicht den Lippenstift wegzuwischen. Verärgert stellte Irene fest, dass sie es geschafft hatte, die Kontaktlinsen einzusetzen und Make-up aufzulegen. Es duftete schwer nach Cartier im Zimmer. Charlotte legte den Kopf schräg und zwinkerte Jonny türkis zu.

»Bitte, mein Lieber, ich möchte meinen Anwalt, und außerdem brauche ich auch gar nicht auf diese widerlichen Fragen zu antworten. Ich weiß sowieso nichts! Und ich brauche ein Frühstück. Ich bin schwanger«, fügte sie erklärend hinzu.

Jonny zeigte seine Zähne und grinste gefährlich:

»Immer ruhig, gute Frau, dazu kommen wir auch noch, immer eins nach dem anderen. Natürlich können Sie einen Anwalt haben. Haben Sie denn einen eigenen?«

»Nun ja… eigentlich nicht… aber mein Schwiegervater hatte ja…«

»Aber Sie und Henrik, Sie hatten keinen Familienanwalt?«
»Nein.«

»Und wieso glauben Sie, dass die Anwälte von der Kanzlei ›Eiderstams Nachfolger‹ oder wie immer sie auch heißen mag, überhaupt Lust haben, Ihre Verteidigung zu übernehmen? Sie sind schlicht und ergreifend der Beihilfe an der Brandstiftung in der Berzeliigatan und an dem Bombenattentat an Bobo Torsson angeklagt. Sowie der Anstiftung zum Mord an Ihrem eigenen Mann, Henrik von Knecht! Taten, die indirekt gegen einen ihrer größten Klienten, Richard von Knecht gerichtet waren. Der auch ermordet wurde. Aber darauf werden wir noch zurückkommen. Wenn ich Ihnen einen Rat geben darf, dann bitten Sie um einen Pflichtverteidiger.«

Charlottes Lippen begannen zu zittern, und einen Moment lang glaubte Irene, sie würde anfangen zu weinen. Aber stattdessen kreuzte sie energisch die Hände vor der Brust und achtete gleichzeitig darauf, diese etwas hochzuschieben, während sie überlegte. Nach nur wenigen Minuten war die Strategie klar. Mit gesenkten Augenlidern und leiser Stimme gurrte sie:

»Ich werde Ihrem Rat folgen. Sie wissen es sicher am besten. Ich möchte einen Pflichtverteidiger haben.«

»Das werden wir regeln. Aber vorher müssen Sie mir ein paar Fragen beantworten. Wenn Sie das nicht tun, gehe ich davon aus, dass Sie etwas zu verbergen haben. Und dann wird es zu einem knallharten Verhör kommen!«

Ihre Augen öffneten sich ein wenig mehr, und die Spur eines zufriedenen Lächelns umspielte die Mundwinkel.

»Ach, dann ist das hier gar kein Verhör?«

»Nein. Ich möchte Sie nur bitten, mir ein paar Fragen zu beantworten.«

Fiel sie darauf rein? Glaubte sie wirklich, dass es sich hier nicht um ein offizielles Verhör handelte? Zumindest konnte sie sich dann in Sicherheit wiegen. Man würde sehen.

»Fangen wir mit der Bombe in der Berzeliigatan an. Warum haben Sie uns nie erzählt, dass Henrik eine beträchtliche

Menge Sprengstoff in einer Kiste in Ihrem Schlafzimmer in Marstrand aufbewahrte?«

Sie verdrehte die Augen, dass die Türkise Funken schlugen und achtete darauf, dass sich die Büste in einem tiefen Seufzer elegant hob:

»Ich wusste nicht, dass Henrik Sprengstoff in der Kiste hatte! Sie war immer verschlossen.«

»Haben Sie nie nachgefragt, was in der Kiste war?«

»Nein.«

»Warum nicht?«

»Warum sollte ich?«

»Ich stelle hier die Fragen! Warum haben Sie nie gefragt, was in der Kiste war?«

Zum ersten Mal warf sie ihm einen unsicheren Blick zu, als sie antwortete.

»Es hat mich nicht interessiert. Er hatte ja so viel Zeugs und Gerümpel überall.«

»Also haben Sie sich nie darum gekümmert zu erfahren, was da in der Kiste war?«

»Nein.«

»Dann werden Sie sicher verstehen, dass die Staatsanwaltschaft Sie logischerweise der Mittäterschaft an den Bombenattentaten verdächtigen wird. Ein Ehepaar kann doch nicht jahrelang zusammenleben, ohne dass die Frau weiß, dass im Schlafzimmer Sprengstoff aufbewahrt wird!«

»Aber verdammt noch mal, ich bin doch so gut wie nie da!«

»So gut wie nie da! In dem Haus in Marstrand?«

»Ja.«

»Aber Sie haben Schlüssel dafür? Für das Tor und das Haus?«

Deutlich war jetzt eine Spur von Angst zu sehen, die hinter den Türkisen aufblitzte.

»Jaaa…«

»Wo sind die?«

Jetzt begriff sie, dass es ernst war. Der Geruch der Angst durchbrach den Parfumduft.

»Das weiß ich nicht. Ich habe nicht nachgeguckt.«

»Nein, natürlich nicht. Lillis hatte sie gestern. Er hat gesagt, Sie hätten ihm die Schlüssel gegeben.«

»Er lügt! Er muss sie gestohlen haben!«

»Und wann?«

»Ich weiß es nicht.«

»Aber wir wissen das eine und das andere. Wir wissen, dass Lillis am Sonntagabend bei Ihnen in Lindåsliden vorbeigekommen ist, knapp eine Viertelstunde geblieben ist und dann direkt nach Marstrand fuhr, wo er Ihren Mann totgeschlagen hat!«

»Woher wissen Sie…?«

Sie unterbrach sich selbst und senkte schnell den Kopf. Die Haare schoben sich wieder einmal wie ein Vorhang vor das Gesicht. Ein Trick, den sie von ihrer Schwiegermutter übernommen hatte. Irene erkannte ihn wieder. Nach einer Weile hob Charlotte wieder den Kopf und sagte leise:

»Er ist vorbeigekommen, um mich zu fragen, ob ich wohl nächste Woche zu Bobos Beerdigung gehe.«

»Merkwürdig. Das hat er uns nicht gesagt.«

Eigentlich hatte Lillis ja gar nichts gesagt, als sie nach dem Mord an Henrik gefragt hatten, aber das konnte Charlotte nicht wissen. Mit einem hörbaren Zittern in der Stimme fragte sie:

»Und was sagt er?«

»Dass Sie ihm die Schlüssel und eine Wegbeschreibung gegeben haben.«

Das war ein Schuss ins Blaue, aber Irene konnte sehen, dass er getroffen hatte.

»Das behauptet er? Er lügt!«

»Warum sollte er? Er sitzt sowieso für den Mord an Ihrem Mann, und alles, was er damit gewinnt, ist doch nur, dass auch Sie dran sind. Sie werden der Anstiftung zum Mord angeklagt und er dafür, dass er Ihren Auftrag ausgeführt hat. Damit springt für ihn eine mildere Strafe heraus.«

Eine juristisch bewanderte Person wäre ihm nicht auf den

Leim gegangen. Aber Charlotte war sowohl unkundig als auch voller Angst.

»Dieser Idiot! Er hat mich bedroht! Er wollte sich Henrik schnappen und hat mich gezwungen, ihm zu sagen, wo er ist. Wenn ich ihm nicht die Schlüssel gegeben hätte, hätte er mich umgebracht!«

»Warum haben Sie Henrik nicht über sein Handy gewarnt?«

»Mir ist die Nummer nicht eingefallen. Das Handy hat er erst vor kurzem bekommen.«

»Und warum haben Sie dann nicht den Verwalter angerufen und ihn gebeten, Henrik zu warnen? Oder die Polizei?«

Wieder schwappten Wellen der Angst durch den Raum, stießen wie gejagte, zu Tode erschrockene Tiere an die Wand.

»Das habe ich doch! Aber der Verwalter war nicht da.«

»Wir haben Ihr Telefon am Sonntagabend abgehört. Es ging kein Gespräch nach Marstrand oder zur Polizei. Aber zur Brasseri Lipp, wo Sie einen Tisch reserviert haben. Und dort sind Sie dann später am Abend auch hingefahren. Wir haben das überprüft. Sie waren eine fröhliche, ausgelassene Gruppe, wenn ich den Wirt richtig verstanden habe. Aber er würde gern den Typen sprechen, der die Lampe runtergeschmissen hat, denn die kostet fünftausend Kronen. Also, noch einmal. Warum haben Sie Henrik nicht gewarnt? Oder die Polizei gerufen?«

»Ich habe mich nicht getraut! Lillis sagte, er würde mir das Kind aus dem Bauch schneiden, wenn ich jemanden anrufen würde!«

»Aber Sie waren nicht so beunruhigt, dass sie nicht ausgehen und sich mit Ihren Freunden treffen konnten!«

Darauf hatte sie keine Antwort. Sie blickte auf die Tischplatte, unter der sie ihre zitternden Hände verbarg. Weder sie noch Lillis hatten den Verdacht gehabt, sie könnten überwacht werden. Das war ihr großer Fehler gewesen. Hätte die Polizei ihn nicht observiert, hätten sie nichts von seiner kur-

530

zen Stippvisite in Örgryte gewusst. Und sie hätte ein wunderbares Alibi gehabt. In der Kneipe mit Freunden und vielen anderen Menschen drum herum. Schlau, aber nicht intelligent. Schlauheit, gepaart mit Mut, bis an die Grenze zur Dummdreistigkeit. Alle diese Zutaten, die notwendig waren, damit der Mord an Richard von Knecht gelingen konnte. Noch eine Prise Intelligenz dazu, und der Mord wäre noch schwerer aufzuklären gewesen. Vielleicht sogar unmöglich.

Jonny setzte ihr noch fast eine halbe Stunde wegen der Bombe in der Berzeliigatan zu. Als sie beteuerte, davon nicht gewusst zu haben, bedrängte Jonny sie umso mehr. Nach einer Weile war Charlotte kreideweiß im Gesicht, und Irene beschloss, dass es nun an der Zeit war, dass die liebe Polizistin die Bühne betrat. Mit einem sanft ermahnenden Tonfall unterbrach sie das Verhör.

»Aber Jonny, jetzt musst du mal eine Pause machen. Siehst du nicht, dass Charlotte von Knecht vollkommen erschöpft ist? Möchten Sie ein kleines Frühstück haben, Charlotte?«

»O ja, gern. Tee und eine Scheibe Brot bitte. Außerdem muss ich einmal zur Toilette.«

»Okay. Aber nicht mehr als zehn Minuten!«

Jonny war in seinem Element als Ekelpaket. Birgitta würde sagen, er habe ein gewisses natürliches Talent für diese Rolle, aber Irene war der Meinung, er machte sich ausgezeichnet. Wenn er studiert hätte, wäre er bestimmt ein knallharter, gefürchteter Staatsanwalt geworden.

Nach dem Toilettenbesuch und dem Frühstück schien es, als hätte Charlotte sich wieder gefangen. Aber auch Jonny und Irene hatten die Pause gut genutzt. Die Taktik war besprochen worden, und Jonny hatte die Fotos von dem zusammengeschlagenen Henrik bekommen.

Charlotte sagte kurz:

»Jetzt möchte ich einen Anwalt haben. Vorher sage ich nichts mehr.«

»Gute Idee. Aber solange müssen Sie hier warten. In der

Zwischenzeit können Sie ja mal einen Blick auf diese Fotos werfen.«

Jonny schickte die Fotos mit einem Fingerschnipsen über die Tischplatte. Reflexhaft fing Charlotte sie auf und schaute sie an. Ihre Augen weiteten sich und ihre Atmung wurde heftiger. Es schien ihr unmöglich, den Blick von den Bildern wieder abzuwenden. Jonny fragte leise:

»War er wirklich so ein Schwein, dass er das verdient hat?«

Charlotte schien die Frage gar nicht zu hören. Fest schlug Jonny mit der Faust auf den Tisch und schrie:

»Antworte! Hat er das verdient? War er so ein Schwein?«

Sie schien aufzuwachen und sah ihn verwirrt an. Ihr Blick wurde schärfer, und sie musste sich räuspern, bevor sie antworten konnte:

»Kein Schwein. Ein… ein Schlappschwanz. Ein verfluchter Schlappschwanz war er.«

»Und jetzt sind Sie ihn los. Ist das ein schönes Gefühl? Sehen Sie sich die Fotos an! Ist das ein schönes Gefühl?«

Keine Antwort. Jetzt starrte sie geradeaus, an die Wand. Aber Irene konnte sehen, wie sie unter dem Tisch die Hände rang. Gleich, gleich…

Jonny war unbarmherzig. Während der folgenden halben Stunde nahm er sich wieder die Ereignisse des gesamten Sonntagabends und der Nacht vor. Er enthielt ihr nicht vor, welche Meinung die Polizei von ihrer Rolle bei dem Mord hatte. Sie hatte keine Erklärung dafür, warum Lillis sie vor dem Mord besucht hatte, keine Erklärung dafür, wie die Schlüssel in seine Hände kamen, keine Erklärung dafür, warum sie in die Kneipe ging, statt Henrik zu warnen. Charlotte saß reichlich in der Tinte, das musste sie selbst einsehen. Sie versuchte zaghaft, sich zu verteidigen, aber sie fand keine neuen Lügen, die sie hätte vorbringen können. Die Zeit war reif. Irene stand auf und ging zu den beiden. In wortloser Übereinstimmung drehte Jonny sich zur Seite und verließ das Zimmer. Birgitta schlüpfte herein und übernahm die Zuhörerrolle. Irene begann:

»Charlotte. Ich ermittle in den Morden an Richard von Knecht und Bobo Torsson, den beiden Opfern des Feuers in der Berzeliigatan und jetzt auch in Sachen Henriks Tod. Vieles ist im Laufe der Untersuchungen ans Tageslicht gekommen, merkwürdige Kontakte und Beziehungen. Wie Sie wohl wissen, haben wir sowohl Lillis als auch einen von den Hell's Angels festgenommen. Und die nehmen kein Blatt vor den Mund! Alle beide nicht!«

Charlotte zuckte zusammen, die Angst tanzte in ihrem Blick. Irene rechnete eiskalt damit, dass Charlotte Lillis wohl nicht näher kannte und folglich auch nichts von seinem Ruf wusste. Woher sollte sie wissen, dass er schwieg wie ein Grab? Paul Svensson hatte sie wahrscheinlich nie getroffen. Die Hell's Angels, das war Bobos Sache. Sie kannte sicher auch nicht Hoffas Schicksal, da sie es nicht mehr geschafft hatte, die Morgenzeitung zu lesen oder Nachrichten zu hören. Falls sie das überhaupt tat. Immer noch in freundlichem Ton begann Irene der vor Schreck erstarrten Charlotte die Fakten aufzulisten:

»Wir wissen, dass Bobo und Lillis einen größeren Drogenkauf geplant hatten, über Bobos alten Kumpel Glenn Hoffa Strömberg, den Vizepräsidenten der Hell's Angels Göteborg. Ihre Kumpel aus Holland sollten das Zeug liefern. Alles war bestellt und klar, als Bobo Probleme mit der Geldbeschaffung bekam. Wir wissen auch, wieso. Richard weigerte sich zu bezahlen.«

Charlotte war grau unter ihrer Schminke, ließ Irene aber nicht aus den Augen. Langsam und mit Nachdruck fuhr Irene fort:

»Fünfhunderttausend. Eine halbe Million. Für Fotos, auf denen Richards Gesicht nicht zu sehen ist. Kein Wunder, dass er sich geweigert hat zu zahlen!«

Bei diesen Worten zog Irene die Pornofotos heraus, bei denen zumindest kein Zweifel bestand, wer den weiblichen Part einnahm. Für einen Moment sah es so aus, als würde Charlotte in Ohnmacht fallen. Irene stellte abschließend fest:

»Wir wissen, dass es Richard ist, mit dem Sie auf diesem Foto Geschlechtsverkehr ausüben.«

»Nein! Das ist… das ist jemand anders.«

»Wer?«

»Ich weiß nicht mehr.«

»Ach, Sie wissen nicht mehr. Üben Sie häufiger Geschlechtsverkehr mit Männern aus, deren Namen Ihnen hinterher dann nicht mehr einfällt?«

Charlotte warf trotzig den Kopf nach hinten.

»Das kommt schon vor!«

»Und dieser Mann hier ist nicht Richard?«

»Nein.«

»Dann muss ich Ihnen aber leider mitteilen, dass sich das Gesicht des Mannes durchaus auf dem Foto befindet. Und dass es Richard ist.«

»Nein. Sein Gesicht ist doch überhaupt nicht zu sehen…!«

»O doch. Sehen Sie das große Bild im Hintergrund? Genau das, ja. Es ist einer von Bengt Lindströms berühmten ›Monsterköpfen‹. Unsere Techniker haben es aus dem Foto heraus vergrößert. Und dann bin ich gestern Abend zu Valle Reuter damit gefahren. Er hat das Bild als das Porträt von Richard von Knecht identifiziert, das er Richard zu dessen sechzigstem Geburtstag geschenkt hat! Und da Sylvia meinte, sie hätten schon genügend Bengt-Lindström-Bilder an den Wänden hängen, hat Richard das Bild in seinem Büro aufgehängt. Was sagt uns das? Genau. Das Foto stammt also aus Richard von Knechts Büroräumen, geschossen mit einem Teleobjektiv. Von wo? Von der anderen Straßenseite aus. Wer wohnt da? Genau, Lillis Johannesson, der Cousin Ihres Freundes Bobo Torsson! Wer hat die Fotos gemacht? Natürlich Bobo! Und nun versuchen Sie nicht, uns weismachen zu wollen, dass Sie da mit einem anderen als Richard von Knecht bumsen!«

Ein Blick auf Charlotte genügte. Ihr Gesicht war eine Tonmaske, es war unbegreiflich, wie es jemals als schön angesehen werden konnte. Die Gesichtszüge waren verzerrt vor Ekel. Halb erstickt sagte sie:

»Man hat mich gezwungen mitzumachen! Ich hatte gar keine andere Wahl! Ich habe Bobo Geld geschuldet. Viel Geld.«

»Drogenschulden?«

»Ja. Ich hatte gehofft, ich könnte durch den Autokauf etwas Geld abzweigen. Aber Henrik hat alles auf sein Konto gepackt. Ich war vollkommen verzweifelt! Ich hatte nicht eine Öre!«

»Hat Henrik Ihnen kein Geld gegeben? Ich meine, für den Haushalt?«

»Doch. Zehntausend im Monat. Aber das hat nicht gereicht. Am Anfang hatte ich noch mein eigenes Geld, aus meiner Fotomodellzeit. Aber das war dann zu Ende. Und Henrik hat sich um alle Rechnungen für das Haus, die Wagen und so gekümmert.«

»Wie viel haben Sie Bobo geschuldet?«

»Fünfundachtzigtausend.«

»Kokain und Amphetamin nehme ich an.«

Charlotte nickte.

»Wie hat Bobo von dem Verhältnis zwischen Richard und Ihnen erfahren?«

»Er hat mich ein paar Mal im Treppenhaus getroffen, wenn ich auf dem Weg zu Richards Räumen war oder von dort kam. Und bei einer Fotomodellfeier im September hat er mich direkt ausgefragt. Und ich war so dumm und habe ihm alles erzählt. Ich hatte schon einiges genommen und habe einfach losgeplappert.«

»Und da kam er auf die phantastische Idee, Richard zu erpressen, indem er Fotos von euch machte.«

»Ich wollte nicht! Er hat mich gezwungen! Aber ich habe ihm ja so viel Geld geschuldet...«

»Aber Sie haben jedenfalls mitgemacht. Erzählen Sie.«

»Ich mochte Richard wirklich. Jedenfalls anfangs. Er war witzig und hatte Spaß am Sex. Im Gegenteil zu Henrik. Im letzten Jahr haben wir uns kaum angefasst. Er ist... war unnormal, finde ich. Und langweilig. Verdammt langweilig im Bett.«

»Und das war Richard ganz und gar nicht?«

»Nein.«

»Wie und wann hat das Verhältnis zwischen Richard und Ihnen angefangen?«

»Im Sommer. Ende Juli. Sylvia war nach Finnland gefahren, um ihre Mutter und ihre Schwester zu besuchen. Henrik war natürlich in Marstrand. Richard rief mich an und lud mich zum Essen ein. Das war ja nichts Außergewöhnliches. Aber dann wurde mehr draus. Wir passten irgendwie zusammen.«

»Wie haben Sie sich verhalten, als die Fotos gemacht wurden?«

»Meistens trafen wir uns in Richards Büroräumen. Aber normalerweise bumsten wir dort im Schlafzimmer. Das eignete sich ausgezeichnet… dafür. Einmal habe ich ihn jedoch überreden können, ins Wohnzimmer zu kommen, und da muss er ausgerechnet diese blöde Kappe aufsetzen! ›Den Römerhelm‹, wie er sie genannt hat. ›Der römische Heerführer‹ hat er sich immer genannt, wenn er sie aufhatte. Ha!«

»Und dank dieser Kappe hat er sich geweigert zu zahlen, als er die Fotos gesehen hat?«

»Ja. Er hat behauptet, Bobo könnte niemals beweisen, wer der Mann auf dem Bild sei. Er hat ihm direkt ins Gesicht gelacht. Telefonisch meine ich natürlich.«

»Und dann sind Sie beide auf die glorreiche Idee gekommen, statt dessen Ihren Mann zu erpressen?«

»Davon hatte ich keine Ahnung! Das hat Bobo sich ganz allein ausgedacht! Und er hat mir auch nichts davon gesagt!«

»Wann haben Sie erfahren, dass Henrik die Fotos gesehen hat?«

Sie schlug die Hände vors Gesicht und wimmerte. Als sie sie wieder herunternahm, waren keine Tränen zu sehen. Tonlos sagte sie:

»Am Donnerstag vor Richards und Sylvias Fest zum Hochzeitstag. Zum ›Dreißigjährigen Krieg‹, Sie wissen ja. So nannten es alle Kerle bei ihren Tischreden. Das war das Schlimmste, was ich je durchgemacht habe! Henrik wusste, dass

Richard und ich… und dann dabeizusitzen und so zu tun, als wenn nichts wäre!«

»Was ist an dem Freitag passiert?«

»Henrik ist nach Marstrand gefahren. Vormittags.«

»Und Sie sind zum Gynäkologen gefahren, um eine Bestätigung für Ihre Schwangerschaft zu erhalten?«

»Nein. Ich wusste schon seit zwei Wochen, dass ich schwanger war. Aber ich wusste nicht so recht, was ich machen sollte.«

»Ob Sie das Kind behalten sollten?«

»Ja, genau.«

»Kehren wir zu Henrik und dem Freitag zurück. Wann haben Sie ihn wieder gesehen?«

»Am Samstagnachmittag. Wir sollten ja an dem Abend aufs Fest gehen.«

»Hat er Ihnen am Freitag die Schlüssel weggenommen?«

»Welche Schlüssel?«

»Die Schlüssel, die Sie Richard geklaut haben, nach dem Fest zum sechzigsten Geburtstag in Marstrand. Arja kann bezeugen, dass sie gesehen hat, wie Sie aus Richards Schlafzimmer kamen, seinen Schlüsselbund in der Hand.«

»Diese alte Lesbe!«

Charlotte sank auf ihrem Stuhl zusammen und sagte resigniert:

»Richard wollte mir keine eigenen Schlüssel geben, aber ich habe sie an dem Morgen auf seinem Tisch liegen sehen. Und da dachte ich, es wäre nicht schlecht, wenn ich sie hätte.«

»Hat Henrik die Schlüssel am Freitag an sich genommen?«

»Ja, jedenfalls habe ich am Freitag gemerkt, dass sie weg waren. Ich habe sie immer in meiner Handtasche, aber am Freitagabend waren sie nicht da. Ich hatte sofort den Verdacht, dass Henrik sie genommen hat. Am Sonntag habe ich sie wieder gefunden.«

»In der Tasche?«

537

»Ja, er hatte sie zurückgelegt.«

»Wann haben Sie erfahren, dass es so abgelaufen ist? Oder glauben Sie es nur?«

»Nein, ich weiß es. Er wollte sie am Mittwochmorgen wiederhaben, an dem Tag, nachdem Richard gestorben war. Er hat sie einfach aus meiner Handtasche genommen, mit ihnen in der Luft gewedelt und dann etwas gesagt, wie ›Du hast diese Schlüssel hier nie gesehen, kapiert?‹. Und dann ist er weggegangen.«

»Wissen Sie, was er dann mit ihnen gemacht hat?«

Sie nickte:

»Ja. Er hat sie dieser Putzfrau gegeben. Dieser Finnin. Das ist mir erst klar geworden, nachdem auch Bobo in die Luft geflogen war. Aber ich habe nichts mit diesen Bomben zu tun! Das war Henrik! Er war eifersüchtig auf Richard. Er wollte sich an ihm rächen! Und er wollte nicht für die Fotos bezahlen.«

»Ihr Kind, Charlotte. Wer ist der Vater?«

»Henrik.«

»Nein. Wir wissen, dass er seit einer Mumpserkrankung zeugungsunfähig ist. Und vergessen Sie nicht, dass er bei uns in der Pathologie liegt. Wir haben bereits den Obduzenten gebeten, zu untersuchen, ob er wirklich zeugungsunfähig war.«

Sie hatte bisher mit allen Kräften gekämpft, aber jetzt schaffte sie es nicht mehr. Sie sank über dem Tisch zusammen und begrub den Kopf in den Armen. Eine ganze Weile saß sie so da, ohne sich zu bewegen. Wieder stellte Irene fest, dass keine Spur von Tränen festzustellen war, als Charlotte ihr erneut das Gesicht zuwandte. Schroff erklärte sie:

»Es ist von Richard. Das Kind ist ein echter von Knecht!«

»Und deshalb hat Henrik lieber seinen Vater und nicht seine Frau umgebracht? Stimmt's? Das war seine Chance, Vater zu werden, biologisch so nahe, wie es nur geht. Der Vater zu seinem eigenen Halbbruder oder seiner Halbschwester! Der Fortbestand der Familie war damit gesichert. Aber er wollte Rache.«

»Ja.«

Die Antwort kam nur als Flüstern. Leise und mit neutralem Ton fragte Irene:

»Sie wussten nichts von der Bombe in der Berzeliigatan?«

»Nein.«

»Und deshalb haben Sie beschlossen, Richard selbst umzubringen. Stimmt das?«

»Nein! Das ist nicht wahr! Ich habe ein Alibi! Schließlich habe ich da gerade mein Auto abgeholt!«

»Ihr Alibi ist geplatzt. Ihr kleiner Cowboy aus Mölndal, Robert Skytter, hat uns genau erzählt, was abgelaufen ist. Dass Sie zum verabredeten Termin am Montag nicht erschienen sind. Und dann plötzlich am Dienstag anriefen und darauf bestanden, dass unbedingt er Ihnen den neuen Wagen übergeben sollte. Dann die sorgfältig geplante Verführung, nackt unter dem Mantel, nur in Strümpfen und hochhackigen Schuhen. Nicht gerade ein neuer Trick, höchstens für einen so jungen Mann wie Robert.«

»Aber der Zeitpunkt! Ich hätte es doch niemals in zwanzig, maximal fünfundzwanzig Minuten schaffen können!«

»Nein. Aber in vierzig oder fünfundvierzig. Sie haben eine Viertelstunde gewonnen mit Ihrem Kommentar ›Oh, schon die Fünfuhrnachrichten! Da muss ich mich aber beeilen!‹ Und der kleine Robby war sicher noch so durcheinander nach dem Schnellfick im Ford, dass er gar nicht reagieren konnte. Schlau. Aber Sie haben einen Fehler gemacht.«

Irene verstummte. Wieder hingen Charlottes Augen an ihren Lippen, sie konnte einfach den Blick nicht abwenden. Ein kaum hörbares Flüstern:

»Was für einen Fehler?«

»Es gibt keine Fünfuhrnachrichten im Radio. Es heißt ›Echo des Tages um Viertel vor fünf‹. Und was meinen sie, warum?«

Charlottes Stimme trug nicht mehr, als sie antwortete:

»Es kommt um Viertel vor fünf.«

Sie saß kerzengerade auf ihrem Stuhl, die Arme hingen an

den Seiten herunter, ihr Blick war fest auf Irenes Gesicht gerichtet. Ihr war klar, dass das Spiel aus war.

Irene versuchte unbeteiligt dreinzuschauen, obwohl es in ihrem Inneren wie bei einem Vulkanausbruch brodelte.

»Warum, Charlotte? Warum? Sagen Sie es mir.«

»Richard… zwei Wochen bevor er… starb… Ich habe ihm erzählt, dass ich schwanger bin und dass er der Vater ist. Zuerst hat er versucht, sich rauszureden. Dass er doch nicht wissen könne, mit wem ich es alles treibe und so. Aber ich war seit Juli mit niemandem sonst zusammen. Deshalb war ich mir sicher, und dann hatte ich etwas über die Bestimmung der Vaterschaft gelesen mit… DNA. Als ich sagte, dass ich auf so einem Test bestehen würde, gab er nach. Er versprach mir jeden Monat Geld zu geben. Das fand ich nur gerecht. Aber dann kam das mit diesen Fotos… die da auf dem Tisch liegen. Er fragte mich, ob ich was davon wüsste, und ich sagte Nein. Wissen Sie, er hatte ja keine Ahnung, dass Bobo die geschossen hatte. Bobo hat anonym den Kontakt zu ihm aufgenommen, übers Telefon. Aber ich glaube, Richard war misstrauisch. Er wollte mich nicht wieder sehen.«

Die Hände umklammerten immer fester die Knie, ohne dass Charlotte es selbst bemerkte. Irene saß still da und wartete auf die Fortsetzung. Sie wusste, dass sie kommen würde.

»Und dann passierte es, dass Henrik die Bilder kriegte. Er hat sie mir gezeigt und… getobt! Er hat Richard und mich wieder erkannt. Ich habe ihm erzählt, wie es gelaufen war. Alles. Er hat nichts gesagt. Ist schweigend herumgelaufen, bis er am Freitagnachmittag dann nach Marstrand gefahren ist. Ich war nur froh, dass er weg war. Aber kurz danach habe ich entdeckt, dass Richards Schlüssel aus meiner Handtasche verschwunden waren. Am Samstag, so gegen drei, kam er zurück. Er hat wieder kein Wort gesagt, sich nur für die Feier vorbereitet. Und dann sind wir da hingegangen. Es war schrecklich! Aber Henrik hat die Fassung bewahrt. Und all die anderen Totenköpfe dort auch!«

Sie hustete und sah wütend aus. Ein dünner Schweißfilm

zeigte sich auf ihrer Haut. Ihr Blick hing weiterhin an Irene, aber es war zweifelhaft, ob sie diese überhaupt sah. Charlottes Stimme klang hektischer, als sie weitersprach:

»Am Sonntag wollte Henrik nach London fliegen. Kurz bevor er losfahren musste, rief Richard wegen irgend so eines Auktionskatalogs an. Henrik hatte wohl vergessen, ihn ihm zu geben. Und da sagte Henrik zu mir: ›Na, du kannst ihn ja morgen Richard bringen, schließlich hast du den Schlüssel!‹ Und dann war er weg. Und das habe ich dann auch getan. Ich hatte das Gefühl, ich müsste noch mal mit Richard reden. Aber als ich am Montag dort ankam, waren die Putzfrau und ihre Tochter da. Richard war ein bisschen erkältet, er war zu Hause geblieben und begrüßte mich ganz ruhig. Aber als ich ihm den Katalog gab, flüsterte er mir zu, ich solle doch später noch mal wiederkommen, so gegen sieben. Und das habe ich dann auch gemacht. Und bin über Nacht geblieben.«

»Waren Sie vorher in der Wohnung in der Molinsgatan schon häufiger zusammen?«

»Nein. Noch nie. Und am Dienstagmorgen, als wir zusammen gefrühstückt haben, da sagt doch dieser Scheißkerl: ›Jetzt haben wir so viel Schönes miteinander erlebt, da denke ich, es ist das Beste, wenn wir uns damit zufrieden geben. Wir werden uns nicht wieder in dieser Form treffen, sondern nur noch als Schwiegertochter und Schwiegervater. Und du wirst das Kind als mein Enkelkind aufziehen. Haha!‹ Er hat mich ausgelacht! Dieser Sadist hat mir direkt ins Gesicht gelacht! Mich einfach wie so eine hergelaufene Nutte rausgeschmissen. Aber ich habe mir nichts anmerken lassen, und ihn nur gefragt, wie er sich das denn mit dem Geld gedacht hat. Fünftausend im Monat sollte ich kriegen! Fünftausend! Das reicht doch nicht mal für das Nötigste! Ich wurde stinksauer und habe ihm meine Meinung gesagt. Und er lachte mich weiter aus, aber zum Schluss sagte er dann...«

Sie brach ab, reckte sich und schlug einen hochmütigen Tonfall an, als sie Richard von Knecht imitierte:

»Ich kann ja verstehen, dass du im Augenblick etwas emp-

541

findlich bist. Pass auf, wir machen es folgendermaßen: Ich werde mit Valle heute wie jeden Dienstag essen gehen. Wenn du die ganze Wohnung sauber machst, sodass Sylvia auch nicht das mindeste Anzeichen dafür finden kann, dass du hier gewesen bist, werde ich dir heute Nachmittag zehntausend Kronen geben. Aber das ist alles, was du während der Schwangerschaft kriegst. Die fünftausend pro Monat kriegst du erst nach Lieferung. Wir werden so gegen vier Uhr zurück sein. Sieh zu, dass du rechtzeitig fertig wirst, denn Sylvia wird zwischen halb sechs und sechs kommen.«

Charlotte sank wieder zusammen und fauchte höhnisch: »Lieferung! Als wäre ich eine Zuchtsau! Und ich habe kapiert, dass er mir auf keinen Fall mehr Geld geben würde. Er hat mich einfach wie ein Stück Scheiße behandelt. Da habe ich beschlossen, dass dieser Kerl sterben muss! Es würde viel einfacher werden, aus Henrik Geld rauszukriegen. Jetzt, wo ich ein Kind kriege… Ziemlich sorgfältig habe ich dann die Zimmer geputzt, in denen wir waren. Sicherheitshalber habe ich sogar die Lichtschalter abgewischt und Bettzeug und Handtücher gewechselt. Den ganzen Kram! Und dann habe ich es genauso gemacht, wie Sie gesagt haben. Ich habe Robby angerufen und… den Wagen geholt.«

Sie schwieg, und ihr Atem ging jetzt schwerer. Ihre Augen starrten blicklos vor sich hin, und ihre Stimme schien von irgendwo weit entfernt zu kommen, als sie weiter erzählte: »Ich bin absichtlich zu spät zu Richard gekommen. Er soll nervös werden, habe ich mir gedacht. Schlau. Ich war schlau. Ich habe den Wagen am Aschebergsgymnasium geparkt. Und da die Türschlüssel für alle vier Türen des Komplexes passen, bin ich durch die Kapellgatan reingegangen. Quer über den Hof und durch die Hoftür. Dann habe ich den Fahrstuhl genommen und die Wohnung aufgeschlossen. Ich hatte keine Handschuhe an. Deshalb habe ich hinterher noch mit einem Lappen sauber gemacht, als ich gegangen bin… später… hinterher… Und den Lappen und den Staubsaugerbeutel habe ich in eine Tonne im Müllraum geschmissen. Schließlich habe ich ja oft genug Fernsehen gesehen. Daher weiß ich, wie wichtig es ist, keine Spuren zu hinterlassen. Ich bin den gleichen Weg zurückgegangen, über den Hof. Und ihr habt keine einzige Spur gefunden!«

Der Triumph leuchtete türkis aus ihren Augen. Eifrig, als wolle sie zeigen, wie tüchtig sie gewesen war, mit Worten, die einander überschlugen, fuhr sie in ihrem Bericht fort:

»Er hat nicht gehört, wie ich die Wohnungstür aufgeschlossen habe. Ich bin in die Küche geschlüpft und habe da ein kleines Beil geholt, das über dem Herd hing. Das habe ich mir unter den Trenchcoat geschoben. Dann bin ich die Treppe hochgegangen, und da lag Richard und ruhte nach einem Saunagang aus. Er war schon angetrunken. Er sprang auf und wurde scheißnervös! Und dann lief er, um einen Umschlag mit dem Geld zu holen. Als er zurückkam und ihn mir gab, habe ich gesagt: ›Komm, du musst dir mein neues Auto angucken! Es steht direkt vor der Tür! Es ist gut im Licht von dem Schaufenster drüben zu sehen.‹ Zuerst wollte er nicht. Aber gleichzeitig wollte er, dass ich verschwinde, bevor Sylvia kam. Also ging er schließlich mit mir auf den Balkon. Er beugte sich über das Geländer, um den Wagen sehen zu können. Ich schlug ihn mit all meiner Kraft ins Genick und schubste ihn übers Geländer!«

Nicht eine Spur von Reue war auf ihrem Gesicht zu finden. Nur reiner Triumph. Vorsichtig fragte Irene:

»Er hatte eine Wunde auf dem Handrücken. Woher hatte er die?«

»Ach, dieser Feigling hatte doch Höhenangst. Er hat sich mit der einen Hand festgehalten. Deshalb musste ich zuhauen, damit er loslässt. Und das hat er dann ja auch gemacht!«

Sie begann zu lachen. Ein hysterisches Kichern, das sich zu schallendem Gelächter steigerte.

»Charlotte, nur noch eine Sache. Die Brote im Kühlschrank. Haben Sie sie genommen?«

»Ja. Ich hatte hinterher so einen Wahnsinnshunger. Das war

ein richtiger Kick! Deshalb habe ich sie mitgenommen und zu Hause aufgegessen. Man wird verdammt hungrig, wenn man schwanger ist!«

EPILOG

Mama! Wo ist die Lucia-Krone? Rate mal, wen sie zur Lucia in unserer Klasse gewählt haben? Mich! Die fanden das saustark mit einer glatzköpfigen Lucia! Weißt du nicht, wo wir letztes Jahr die Lucia-Krone hingelegt haben?«

»War da nicht ein Kurzschluss drin?«

»Nein, nein. Das war in Katarinas Fensterleuchter. Was meinst du, sollte ich den Kopf noch mal rasieren? Ich meine, der Witz ist ja dabei, dass ich glatzköpfig bin!«

»Nein. Bitte, liebe Jenny, nicht!«

»O Mann, was bist du immer so meckrig, wenn du von der Arbeit kommst. Dauernd müde und schlecht gelaunt!«

Sauer warf Jenny hinter sich die Tür zu ihrem Zimmer zu. Resigniert schaute Irene zu der geschlossenen Tür im ersten Stock. Jenny hatte ja Recht. Immer war sie müde und schlecht gelaunt, wenn sie nach Hause kam. Frisch und energisch musste sie oft genug bei ihrer Arbeit sein. Da gab es keine Reserven mehr, wenn sie bei ihrer Familie war.

Jenny machte die Tür wieder auf.

»Vielleicht wird deine Laune ja besser, wenn du das Paket im Wohnzimmer aufmachst. Es ist schon vor einer Weile mit einem Kurier gekommen. Und außerdem hättest du mir wenigstens gratulieren können! Nicht einmal Katarina hat es jemals geschafft, die Lucia in der Klasse zu werden!«

»Herzlichen Glückwunsch, mein Schätzchen.«

Das sagte sie schon wieder zu einer geschlossenen Tür. Mit einem Seufzer ging sie ins Wohnzimmer. Sofort kam ihr der Gedanke: eine Bombe. Sie hatte sich gewiss genügend

Schwierigkeiten mit den Hell's Angels eingehandelt und war sich durchaus bewusst, wozu diese in der Lage sein konnten, wenn sie die Wahrheit erfuhren.

Das Paket war groß und flach. Absender Mona Söder, Stockholm.

Sie nahm den fertig gerahmten Miró-Druck von der Wand.

Zwei große gelbe Schmetterlinge mit schwarzer Zeichnung auf den Flügeln flogen über eine atemlose Landschaft, mit einem funkelnden Wasserlauf unten im Tal und blau getönten Bergen in der Ferne. Im Vordergrund waren hübsche Wiesenblumen zu sehen. Die blauen Vergissmeinnicht dominierten, aber es gab auch Tupfer von weißen und rosa Blumen, die sie zwar kannte, aber deren Namen sie nicht wusste. Sie kamen dem Betrachter so nahe, dass man das Gefühl hatte, man läge auf dem Bauch zwischen den Wiesenblumen und schaute über den Felsrand hinunter in das Tal, auf die beiden prachtvollen Schmetterlinge. Der Himmel war nicht blau, sondern ein silberweißes Gewölbe über den Bergen, das ein kräftiges Licht verbreitete, das an den Rändern in warmrosa Töne überging. Das waren weder Sonne noch Mond. Das war das Licht an sich.

Der zweite Mord

Aus dem Schwedischen
von Holger Wolandt

PROLOG

Sie sind sich also ganz sicher, dass es die Krankenschwester auf diesem Bild hier war, die Sie heute Nacht gesehen haben?«

Kriminalkommissar Sven Andersson sah die magere Frau vor seinem Schreibtisch skeptisch an. Sie presste die Lippen zusammen und schien in ihrer Strickjacke aus dicker Wolle versinken zu wollen.

»Ja!«

Langsam und mit einem resignierten Seufzer ging der Kommissar auf den Gang. Zwischen Daumen und Zeigefinger der rechten Hand hielt er das vergilbte Schwarzweißfoto.

Bei jedem der Fenster zögerte er etwas. Schließlich blieb er vor einem stehen. Abwechselnd schaute er auf das Foto, das er in der Hand hielt, und durch das Fenster. Im Licht des neblig grauen Februarmorgens erschienen alle Konturen verschwommen, aber zweifellos war die Aufnahme einmal durch dieses Fenster gemacht worden.

Neben den drei Personen auf dem Bild war links eine junge Birke zu sehen. Als er den Blick hob und durch das Sprossenfenster schaute, hatte er eine riesige Baumkrone vor sich.

Mit zögernden Schritten ging er zu der Frau im Schwesternzimmer zurück. In der Tür hielt er inne und räusperte sich verlegen.

»Also, Schwester Siv. Sie können mein Zögern sicher verstehen.«

Sie wandte ihm ihr mageres, aschfahles Gesicht zu.

»Ich hab sie aber gesehen.«

»Aber zum…«

Er verschluckte das letzte Wort, ehe er fortfuhr:

»Die Frau auf dem Bild ist schon seit fünfzig Jahren tot!«

»Ich weiß. Aber sie war es.«

KAPITEL 1

Die Nachtschwester Siv Persson war gerade auf den Gang getreten, als das Licht erlosch. Die Straßenlaternen warfen einen so schwachen Schein durch die hohen Fenster, dass man sich nur mit Mühe zurechtfinden konnte. Es schien nur im Krankenhaus dunkel geworden zu sein.

Die Schwester blieb wie angewurzelt stehen und sagte in das Dunkel hinein:

»Meine Taschenlampe.«

Sie tastete sich zurück ins Schwesternzimmer. Mithilfe des spärlichen Lichts der Straßenbeleuchtung kam sie bis zum Schreibtisch und ließ sich auf den Stuhl sinken.

Als auf der kleinen Intensivstation der Alarm des Beatmungsgeräts zu schrillen begann, schreckte sie auf. Das Geräusch wurde von der geschlossenen Flügeltür am Ende des Korridors gedämpft, die zwischen Station und Intensivstation lag. Trotz der stabilen Türen war der Alarm in der Stille ohrenbetäubend.

Von ihrem Platz im Schwesternzimmer konnte die Nachtschwester die Tür sehen, die vom Treppenhaus auf die Station führte. Gewohnheitsmäßig warf sie einen Blick über den Korridor. Dann schrie sie auf.

Auf der anderen Seite der Glastür war ein dunkler Schatten aufgetaucht. Dann wurde die Tür aufgerissen.

»Ich bin's nur!«

Die Stimme des Arztes brachte sie zum Verstummen. Sie stand auf.

Wortlos rannte der Arzt durch den Korridor weiter auf die Tür der Intensivstation zu. Die Schwester folgte ihm und orientierte sich im Dunkeln an seinem wehenden weißen Kittel.

Auf der Intensivstation war der Alarm unerträglich schrill.

»Schwester Marianne! Stellen Sie den Alarm ab!«, schrie der Arzt.

Die Nachtschwester auf der Intensivstation antwortete nicht.

»Schwester Siv! Holen Sie eine Lampe!«

Mit schwacher Stimme sagte Schwester Siv:

»Ich … ich habe vorhin meine Taschenlampe hier vergessen, als ich Schwester Marianne dabei geholfen habe, Herrn Peterzén zu betten. Sie liegt auf dem Wäschewagen…«

»Dann holen Sie sie!«

Stolpernd ging sie ein paar Meter auf die Tür zu. Nachdem sie ein paar Sekunden im Dunkeln herumgetastet hatte, stießen ihre Finger auf eine harte Plastikoberfläche. Sie griff sich den schweren Koffer und ging mit ihm auf den Arzt zu.

»Bin… bin ich jetzt in Ihrer Nähe?«

Eine Hand auf ihrem Arm ließ sie zusammenzucken. Er riss den Koffer an sich.

»Was ist das? Der Notfallkoffer! Was sollen wir denn damit? Es ist ja pechschwarz!«

»Im Deckel sind der Ambu-Beutel und das Laryngoskop. Das Laryngoskop ist aufgeladen. Damit können Sie leuchten.«

Murrend riss der Arzt den Notfallkoffer auf. Nach einigem Suchen fand er die Lampe, mit deren Hilfe betäubten oder bewusstlosen Patienten der Beatmungstubus in die Luftröhre eingesetzt wurde. Er klappte sie mit einem Klick auf und richtete den schmalen, intensiven Lichtstrahl auf den Mann im Bett.

Jetzt konnte er sich leichter im Zimmer orientieren. Schwester Siv ging langsam auf das Beatmungsgerät neben dem Bett zu und fand den Abstellknopf für den Alarm. Die Stille war ohrenbetäubend, nur die Atemzüge des Arztes und der Schwester waren zu hören.

»Herzstillstand! Wo ist Schwester Marianne? Marianne!«, schrie der Arzt.

Er drückte dem Patienten die Maske des Beatmungsbeutels über Mund und Nase.

»Sie kümmern sich um die Beatmung, ich mache die Herzmassage«, zischte er verbissen.

Die Schwester begann Luft in die reglosen Lungen zu pumpen. Mit den Handballen massierte der Arzt rhythmisch das Brustbein. Während des Wiederbelebungsversuchs wechselten sie kein Wort. Obwohl der Arzt direkt in den Herzmuskel Adrenalin spritzte, gelang es ihnen nicht, das Herz wieder zum Schlagen zu bringen. Schließlich gaben sie auf.

»Es hat keinen Sinn! Verdammt! Wo ist nur Schwester Marianne? Und wieso ist das Notstromaggregat nicht angesprungen?«

Der Arzt nahm das Laryngoskop vom Nachttisch und leuchtete mit seinem dünnen Lichtstrahl in dem kleinen Zimmer der Intensivstation herum. Plötzlich sah Schwester Siv den Wäschewagen. Vorsichtig ging sie, die beiden Hände in Hüfthöhe vor sich ausgestreckt, darauf zu. Mit der rechten Hand stieß sie gegen einen Stapel Laken. Sie ertastete Plastikhandschuhe und Nierenschalen. Schließlich bekam sie ihre Taschenlampe zu fassen und knipste sie an.

Das Licht traf den Arzt direkt in die Augen. Er unterdrückte einen Fluch und hob die Hände.

»Entschuldigung... ich wusste nicht, wo Sie stehen«, stotterte Schwester Siv.

»Ja, ja. Schon in Ordnung. Gut, dass Sie endlich eine richtige Taschenlampe gefunden haben. Leuchten Sie mal, ob Schwester Marianne irgendwo auf dem Boden liegt. Vielleicht ist sie ohnmächtig geworden.«

Aber die Schwester der Intensivstation war nirgends zu sehen.

Im Licht der Taschenlampe entdeckte der Arzt ein Telefon. Er ging darauf zu und nahm den Hörer ab.

9

»Tot. Funktioniert nicht.«

Nachdem er eine Weile lang nachgedacht hatte, sagte er:
»Mein Handy liegt oben im Zimmer des Dienst habenden Arztes. Ich nehme die Taschenlampe und rufe von dort aus den Rettungsdienst an. Dann mache ich mich auf die Suche nach Marianne. Haben Sie sie weggehen sehen?«

»Nein. Seit wir zusammen Herrn Peterzén frisch gebettet haben, habe ich sie nicht mehr gesehen.«

»Sie muss also durch die Hintertür verschwunden sein. Ich nehme denselben Weg und laufe eben durch den OP-Trakt nach oben. Das geht am schnellsten.«

Der Arzt leuchtete auf die Tür, hinter der die Treppe und der Aufzug zum OP im nächsten Stockwerk lagen. Fuhr man mit dem Aufzug in das Stockwerk darunter, kam man dort im Erdgeschoss zur Aufnahme, chirurgischen Ambulanz und Krankengymnastik. Im Keller lagen die Röntgenabteilung, Umkleideräume für das Personal und Maschinenräume, große Flächen, die durchkämmt werden mussten. Aber wenn jemand geeignet war, die Löwander-Klinik zu durchsuchen, dann der Oberarzt der Chirurgie Sverker Löwander.

Er ließ die Schwester im Dunkeln allein. Diese tastete sich zur Tür. Mit zitternden Knien ging sie durch den Flur. Ehe sie ins Schwesternzimmer trat, schaute sie gewohnheitsmäßig durch die Glastür auf die Station.

Das schwache Licht der Straßenlaternen wurde vom bleichen Schein des Vollmonds noch verstärkt. Das kalte Licht strahlte durch die großen Fenster des Treppenhauses herein. Und in diesem Licht bewegte sich eine Frau mit dem Rücken zur Tür. Sie ging die Treppe hinunter. Ihr weißer Kragen hob sich hell vom dunklen Stoff ihres wadenlangen Kleides ab. Auf dem straff zurückgekämmten Haar trug sie eine weiße, gestärkte Haube.

10

KAPITEL 2

Dr. Sverker Löwander blieb vor der Tür der Intensivstation stehen und ließ den Lichtkegel über die Treppen streichen. Nichts. Rasch stieg er die Stufen zum Obergeschoss hinauf. Auf der letzten blieb er stehen und bewegte den Lichtstrahl langsam über den Treppenabsatz vor den Operationssälen. Alles war wie immer. Zwei Liegen standen links vor der Tür zum Lager. Neben der Treppe lag der Aufzugsschacht. Er ging darauf zu, leuchtete durch das kleine Fenster der Tür und stellte fest, dass sich der Aufzug nicht in diesem Stockwerk befand. Dann machte der Arzt eine halbe Kehrtwende und richtete den Strahl auf die Tür, die zu den Operationssälen führte. Sein Schlüsselbund klapperte, bis er endlich den Generalschlüssel gefunden hatte.

Hinter der Tür zum Operationstrakt war alles still. Der Geruch von Desinfektionsmitteln kitzelte ihn in der Nase. Er schaute hastig in die zwei Vorräume der Operationssäle. Auch dort war alles wie immer.

Eilig ging er durch den OP-Trakt, öffnete die Tür am entgegengesetzten Ende des Korridors und befand sich jetzt im kleineren Treppenhaus. Er blieb stehen und leuchtete durch das Fenster des zweiten Aufzugs. Wenn er die Taschenlampe nach unten hielt, konnte er das Aufzugdach sehen.

Auf der anderen Seite des Treppenhauses lag der Verwaltungsflur. Er rüttelte an den Türen der Oberschwester, der Sekretärin und seines eigenen Büros. Alle waren verschlossen.

Die letzte Tür führte zu einer kleinen Wohnung für den Arzt, der Bereitschaft hatte.

Er trat ein und suchte in seiner Aktentasche nach seinem Handy. Mit leicht zitternden Händen wählte er 112.

Die Notrufzentrale versprach ihm, so schnell wie möglich einen Streifenwagen zu schicken. Sie wollten auch dem Notdienst der Stadtwerke Bescheid geben, es war jedoch nicht sicher, wann der Elektriker kommen würde.

Sverker Löwander langte nach dem Telefonbuch, das erfreulicherweise auf dem Schreibtisch lag. Mit der Taschenlampe zwischen den Zähnen, ging er die unzähligen Bengtssons Göteborgs durch. Zum Schluss glückte es ihm, Folke Bengtsson, Hausmeister, Solrosgatan 45, zu finden. Es dauerte eine Weile, bis es ihm gelang, die Situation zu erklären, erst der schlaftrunkenen Frau Bengtsson und dann Folke Bengtsson selbst. Dieser verstand schnell, wie ernst die Lage war, und versprach, sich sofort hinters Steuer zu setzen.

Als Sverker Löwander das Telefon weglegte, merkte er, dass ihm der Schweiß herunterlief. Er holte ein paar Mal tief Luft, ehe er die Tür öffnete und wieder auf den Gang trat. So schnell er es wagte, ging er die Treppe hinunter. Vor dem Stationstrakt blieb er stehen. Vorsichtig öffnete er die Tür der im Dunkel liegenden Station. Schwester Siv saß vor dem Schwesternzimmer auf dem Fußboden und schluchzte. Sie hatte die Knie eng an die Brust gezogen und wiegte sich hin und her. Als sie den Arzt sah, wurde aus dem Schluchzen ein lautes Heulen.

»Sie … sie! Ich habe sie gesehen!«

»Wen?«, fragte der Arzt etwas schärfer als beabsichtigt.

»Das Gespenst! Schwester Tekla!«

Sprachlos sah Sverker Löwander auf die tränenüberströmte Krankenschwester hinab. Ein paar Sekunden lang stand er reglos da und dachte nach.

»Hier! Nehmen Sie die Taschenlampe und gehen Sie ins Schwesternzimmer.« Willenlos trottete sie hinter ihm her und ließ sich auf den Schreibtischstuhl drücken.

Sverker Löwander stürmte durch die Tür der Station die Treppe hinunter ins Erdgeschoss. Der helle Mondschein erleichterte sein Vorwärtskommen. In der großen Eingangshalle sah er sich gezwungen, seine Schritte zu verlangsamen. Hier zwischen den Pfeilern des Jugendstilgewölbes war das Dunkel undurchdringlich. Als er sich zur Eingangstür vorgetastet hatte und diese gerade öffnen wollte, lief es ihm eiskalt den Rücken herunter. Er wurde beobachtet. Er hatte das Gefühl, jemand stehe zwischen den Pfeilern und sehe ihn an. Er tastete sich zum Schloss vor. Als sich die schwere Tür endlich öffnete, hätte er beinahe vor Erleichterung geschrien. Die frische Nachtluft kühlte seine feuchte Stirn, und er holte tief Luft.

»Ich habe das gesamte Obergeschoss durchsucht. Nirgends auch nur eine Spur von Schwester Marianne. Sie scheint auch nicht im Zwischengeschoss zu sein. Wahrscheinlich ist sie im Untergeschoss oder im Keller. Wenn sie nicht in den Park gegangen ist.«

Dr. Löwander versuchte die Polizisten schnell auf den letzten Stand zu bringen, was seine Suche nach Marianne Svärd anging. Bengtsson, der Hausmeister, hatte seine eigene Taschenlampe dabeigehabt, und war bereits im Keller, um nachzusehen, was mit der Stromversorgung und dem Notstromaggregat los war.

Auch die beiden Polizisten hatten starke Taschenlampen. Die drei Männer standen in der großen dunklen Eingangshalle und sprachen miteinander. Der ältere der beiden Polizisten hatte sich als Polizeihauptmeister Kent Karlsson vorgestellt. Er ließ den Lichtkegel über die Wände der großen Eingangshalle gleiten. Dr. Löwander konnte sich mit einer gewissen verärgerten Erleichterung davon überzeugen, dass sich niemand zwischen den Pfeilern verbarg.

»Wenn Sie uns die Schlüssel geben, drehen Jonsson und ich hier oben auf dem Stockwerk eine Runde und ...«

»Hallo! Hilfe! Da ist sie!«

Ein Ruf aus der Unterwelt unterbrach den Polizeihauptmeister. Ein schwankendes Licht wurde auf der Kellertreppe sichtbar, stolpernde Schritte waren zu hören. Die Taschenlampe des Hausmeisters kam über der letzten Treppenstufe zum Vorschein, sie blendete sie so, dass sie ihn im Gegenlicht nicht sehen konnten. Umso deutlicher war seine aufgeregte Stimme zu hören:

»Hier ist Schwester Marianne!«

»Wo?«, fragte Dr. Löwander scharf.

»In der Elektrozentrale... Ich glaube... ich glaube, sie ist... tot.«

Bei den letzten Worten versagte Bengtssons Stimme, nur ein heiseres Keuchen war zu hören. »To... ot!«, flüsterte das Echo zwischen den Pfeilern.

Sie lag über dem Notstromaggregat vornübergebeugt. Die Männer in der Tür sahen nur ihre Beine und ihren Hintern. Sie trug lange Hosen. Kopf und Arme hingen über die andere Seite. Ihre kurze Kittelbluse legte einen Teil des Rückens frei. Dr. Löwander sah, dass ihr ein Schuh fehlte. Vorsichtig ging er um das Aggregat herum. Er beugte sich vor und fühlte pflichtschuldigst nach dem Puls der Halsschlagader. Aber die Totenstarre hatte bereits eingesetzt. Ihr dicker, dunkler Zopf schleifte auf dem Boden. Ein scharfer, rotblauer Streifen lief um ihren Hals herum.

»Sie ist tot«, sagte er tonlos.

Polizeihauptmeister Karlsson übernahm das Kommando.

»Wir verlassen jetzt diesen Raum. Fassen Sie nichts an. Ich lasse Verstärkung kommen.«

Dr. Löwander nickte und trottete gehorsam hinter den anderen her.

»Wir müssen zu Schwester Siv auf die Station. Sie ist da oben ganz allein«, sagte er.

Polizeihauptmeister Karlsson sah ihn erstaunt an.

»Nachtschwestern sind es doch wohl gewöhnt, nachts allein zu sein?«

»Natürlich. Aber sie hat einen Schock erlitten.«

»Warum das?«

Dr. Löwander zögerte.

»Sie glaubt, dass sie ein Gespenst gesehen hat.«

Er sagte das unbeschwert, in der Hoffnung, dass die Polizisten dem nicht allzu viel Bedeutung beimessen würden. Hastig drehte er sich zu Bengtsson um und meinte:

»Begleiten Sie mich doch bitte nach oben zu Schwester Siv.«

Er streckte die Hand nach Bengtssons Taschenlampe aus und eilte auf die Treppe zu. Folke Bengtsson ging dankbar hinter ihm her.

Bereits gegen sieben Uhr morgens trafen Kommissar Sven Andersson und Inspektorin Irene Huss in der Löwander-Klinik ein.

Die beiden Kriminalbeamten stiegen aus dem blauen Volvo, den der Kommissar direkt vor dem großen Eingang der Klinik geparkt hatte. Beide blieben stehen und betrachteten eingehend das imposante Gebäude. Das Krankenhaus war aus braunroten Ziegeln erbaut. Das protzige Entree führte in ein Treppenhaus, das in einer halbrunden Ausbuchtung in der Mitte des Bauwerks lag. Portal und Fenster waren von aufwendigen Stuckaturen umgeben. Auf beiden Seiten des geschnitzten Portals wachten griechische Götter. Beide waren aus Marmor.

Sie stießen das schwere Portal auf. Inspektor Fredrik Stridh saß auf einem Stuhl im Entree und erwartete sie bereits. Er saß nicht einfach nur da, um seine müden Beine auszuruhen, sondern weil er etwas auf einem Block notierte. Als er seine Kollegen sah, sprang er schnell auf und kam ihnen entgegen.

»Hallo. Guten Morgen«, sagte Kommissar Andersson zu seinem jüngsten Inspektor.

Energisch begann Stridh Bericht zu erstatten:

»Morgen! Der Tatort ist von der Streife gesichert. Der Mann von der Spurensicherung war bereits bei der Arbeit, als ich gegen halb vier ankam. Malm sagt, es wirke so, als sei die Frau erwürgt worden.«

Der Kommissar nickte.

»Warum warst du erst um halb vier hier?«, fragte er.

»Ich war noch auf einen Sprung in Hammarkullen und habe mir einen Burschen angeschaut, der kurz vor Mitternacht aus dem achten Stock gefallen ist. Es waren mehrere Personen in der Wohnung, und das Fest war noch in vollem Gange. Entweder haben sie ihn alle aus dem Fenster geworfen, oder er ist selbst gesprungen. Mal abwarten, was die Gerichtsmedizin dazu sagt. Apropos Gerichtsmediziner, da kommt gerade einer.«

Sie sahen durch die dicke Glasscheibe der Außentür. Ein weißer Ford Escort sauste durch die Einfahrt und blieb mit quietschenden Reifen hinter dem Wagen des Kommissars stehen. Die Fahrertür öffnete sich, und eine feuerrote Mähne kam über dem Autodach zum Vorschein.

»Yvonne Stridner!«, stöhnte Kommissar Andersson.

Inspektorin Irene Huss war irritiert, als sie den Tonfall ihres Chefs hörte. Sie hoffte nur, dass er sein Temperament zügeln konnte, sodass sie auch wirklich alle Auskünfte von Yvonne Stridner erhalten würden. Sie war unerhört tüchtig und wusste das auch. Vermutlich war sich der Kommissar darüber ebenfalls im Klaren, denn er trottete vor und hielt Frau Professor Yvonne Stridner die Tür auf. Diese nickte gnädig.

»Guten Morgen. Jaha, Herr Andersson, die Mordkommission ist also auch schon hier.«

Der Kommissar murmelte etwas vor sich hin.

»Wo ist die Leiche?«, fragte Frau Professor Stridner geschäftsmäßig.

Fredrik Stridh führte sie die Treppe hinunter in den Keller.

»Das Opfer wurde als die Krankenschwester Marianne Svärd identifiziert, achtundzwanzig Jahre alt, mittelgroß, graziler Körperbau. Liegt auf dem Bauch quer auf einem Motor... aha... dem Notstromaggregat der Klinik. Die Kleider sind in Ord-

16

nung. Ihr fehlt der Schuh am rechten Fuß. Der Rigor mortis lässt darauf schließen, dass sie schon seit mindestens sechs Stunden tot ist. Wahrscheinlich etwas länger. Der Livores mortis der am weitesten unten liegenden Körperteile spricht ebenfalls dafür. Ich messe die Körpertemperatur gleich vor Ort. Die Zimmertemperatur ist laut Thermometer an der Wand neunzehn Grad.«

Yvonne Stridner schaltete ihr Taschendiktiergerät ab und begann, den toten Körper zu untersuchen. Der Polizeitechniker Svante Malm versuchte, ihr dabei nicht im Weg zu stehen. Kommissar Andersson zog seine beiden Untergebenen nach draußen in den Korridor und zischte:

»Mit Malm da drinnen geht es ja noch, aber mit der Stridner bekomme ich keine Luft mehr. Was hast du rausgekriegt?«

Die Frage war an Fredrik Stridh gerichtet. Dieser nahm seinen Block aus der Tasche, leckte sich am Daumen und fing an zu blättern.

»Alarm bei der Notrufzentrale um null Uhr siebenundvierzig. Dr. Sverker Löwander ruft auf dem Handy an und meldet, dass es in der Löwander-Klinik einen Stromausfall gebe. Das Notstromaggregat sei ausgefallen. Gleichzeitig werde eine Schwester vermisst. Die Streife war um zehn nach eins bei der Klinik. Dr. Löwander empfing sie im Eingang. Gleichzeitig kam der Hausmeister der Klinik Folke Bengtsson. Da Bengtsson eine Taschenlampe dabeihatte, bat ihn Dr. Löwander, gleich runterzugehen und nachzuschauen, was mit dem Notstromaggregat nicht in Ordnung sei. Die Schwester wurde also vom Hausmeister in dem Kellerraum gefunden, in dem sich die Elektrozentrale und das Notstromaggregat befinden.«

Hier sah sich Fredrik Stridh gezwungen, Atem zu holen. Der Kommissar warf rasch eine Frage ein:

»Was war mit dem Licht nicht in Ordnung? Jetzt sind doch alle Lampen an?«

Er deutete mit der Hand auf eine der Leuchtstoffröhren an der Decke.

»Bengtsson entdeckte den Fehler. Er leuchtete auf den Sicherungskasten und sah, dass jemand den Hauptschalter umgelegt hatte. Er schaltete den Strom einfach wieder ein.«

»Und was war mit dem Notstromaggregat?«

»Jemand hatte alle Kabel abgeknipst. Da war nichts zu machen.«

Andersson zog die Augenbrauen bis zum nicht vorhandenen Haaransatz hoch.

»Noch mehr von Interesse?«

»Der fehlende Schuh des Opfers wurde im Aufzug gefunden. Von mir. Eine stabile Sandale, Marke Scholl.«

»Das Opfer. Was weißt du über sie?«

»Dr. Löwander hat sie als Marianne Svärd identifiziert. Eine der Nachtschwestern der Löwander-Klinik.«

»Hast du mit ihm gesprochen?«

»Ja. Offenbar war er über Nacht in der Klinik geblieben, weil einer der Patienten beatmet werden musste. Ein alter Mann, der am Vormittag operiert worden war. Er starb übrigens infolge des Stromausfalls.«

Der Kommissar holte tief Luft.

»Noch eine Leiche!«

Inspektor Stridh verlor den Faden und sagte etwas verwirrt:

»Nun... also... das Beatmungsgerät hörte auf zu funktionieren. Er bekam keine Luft mehr. Er lag auf der Intensivstation. Dr. Löwander und die alte Schwester, die nachts auf der Station Dienst tut, haben versucht, ihn zu reanimieren. Vergeblich. Dabei haben sie auch bemerkt, dass das Opfer... Schwester Marianne... nirgendwo zu finden war.«

Inspektorin Irene Huss sah ihren Kollegen nachdenklich an.

»Das deutet darauf hin, dass sie schon vor dem Stromausfall nicht mehr an ihrem Platz war«, stellte sie fest.

Fredrik Stridh zuckte mit den Achseln und meinte:

»Offenbar. Es hat ganz den Anschein.«

Kommissar Andersson sah grimmig aus.

18

»Es sind hier in der Klinik heute Nacht also zwei Menschen gestorben.«

»Was hatte die andere Schwester zu sagen?«, fragte Irene.

Fredrik Stridh schnaubte, unüberhörbar:

»Als ich kam, wirkte sie noch ziemlich gesammelt. Aber als ich sie nach den Ereignissen der Nacht befragte, begann sie laut zu heulen. Die Dame heißt übrigens Siv Persson. Sie behauptet, dass hier heute Nacht ein Gespenst umgegangen sei und Schwester Marianne ermordet habe! Sie hat sogar ein Foto geholt, das in irgendeinem Schrank lag, und hat es mir gezeigt. Eine der Personen auf dem Foto ist ihr offenbar erschienen.«

Fredrik Stridh wurde von der Pathologin unterbrochen, die auf den Korridor trat.

»Jetzt können Sie sie abtransportieren lassen. Der Techniker ist gleich mit der Spurensicherung fertig«, sagte Professorin Stridner.

Irene sah, wie Svante Malm breite Klebestreifen auf Marianne Svärd befestigte. Weder sollten wichtige Spuren versehentlich verloren gehen noch neue hinzukommen.

Die Pathologin sah Andersson scharf an, dieser duckte sich unbewusst.

»Ein außerordentlicher Fall, Herr Andersson. Deswegen wollte ich mir den Tatort auch ansehen. Manchmal sagt einem der eine ganze Menge.«

»Und was sagt uns dieser? Wie ist sie gestorben?«, erdreistete sich Irene zu fragen.

Yvonne Stridner sah sie erstaunt an, als würde sie erst jetzt bemerken, dass sie mit dem Kommissar nicht allein in dem Kellergang stand. Dann antwortete sie mit hochgezogenen Brauen:

»Sie wurde erdrosselt. Mit einer Schlinge. Der Raum, in dem sie gefunden wurde, ist wahrscheinlich nicht der Tatort. Der Schmutz auf den Fersen lässt darauf schließen, dass sie hergeschleift wurde. Wahrscheinlich hat der Mörder nur die

Tür geöffnet und sie in den Raum gestoßen. Deswegen ist sie auch auf dem Notstromaggregat gelandet. Sie ist irgendwann um Mitternacht gestorben.«

Es wurde still im Kellerkorridor. Nach einer Weile fragte Irene:

»Liegt die Schlinge noch um ihren Hals?«

»Nein. Aber sie hat einen tiefen Abdruck hinterlassen. Der Mörder hat kräftige Finger. Ich fahre jetzt in die Pathologie. Ich obduziere sie heute Nachmittag.«

Der Kommissar versuchte es mit seiner üblichen aussichtslosen Charmeoffensive:

»Sie können nicht schon mal am Vormittag einen Blick auf sie werfen?«

»Nein. Bis zum Mittagessen obduziere ich mit meinen Doktoranden.«

Die Gerichtsmedizinerin eilte mit klappernden Absätzen die Kellertreppe hinauf und ließ eine Wolke teuren Parfüms zurück.

Irene fragte sich, was der Kommissar wohl sagen würde, wenn sie ihn darüber aufklärte, dass das Parfüm von Frau Professor Stridner Joy hieß...

Bei dem Polizistentrio machte sich nachdenkliches Schweigen breit. Schließlich wurde es von Andersson gebrochen:

»Außer Marianne Swärd haben heute Nacht offenbar nur noch zwei Personen in der ganzen Klinik Dienst gehabt. Dr. Löwander und die Krankenschwester... Siv Persson. Stimmt das, Fredrik?«

»Ja. Aber sie waren nicht allein. Auf der Station liegen sechs Patienten. Plus der Alte am Beatmungsgerät.«

»Irene und ich reden mit dem Doktor und Schwester Siv. Fredrik, du fährst ins Präsidium und schickst zwei, drei von unseren Leuten hierher. Sie sollen sich in der Gegend umhören und außerdem die übrigen Patienten vernehmen. Dann kannst du nach Hause fahren und dich hinlegen.«

»Aber ich bin nicht müde.«

20

»Kein Aber. Die Anweisung von oben ist mehr als klar. Weniger teure Überstunden!«

Der Kommissar wedelte Stridh mit dem Zeigefinger vor der Nase herum. Der Inspektor widersprach nicht und zog ab.

Dr. Sverker Löwander sah erschöpft aus. Der Schlafmangel hatte tiefe Furchen um seine Augen hinterlassen. Er schien unter seinem Arztkittel nichts anzuhaben, außerdem war er falsch zugeknöpft. Mit geschlossenen Augen saß er tief im Sessel der Bereitschaftswohnung und hatte den Kopf gegen die hohe Lehne gestützt. Die Muskeln in seinem Gesicht zuckten, und er bewegte unruhig den Kopf hin und her. Offenbar hatte er Mühe, eine entspannte Stellung zu finden. Schweigend standen Kommissar Andersson und Inspektorin Huss in der Tür und betrachteten ihn. Schließlich räusperte sich der Kommissar laut und trat ins Zimmer. Der Arzt zuckte zusammen und schlug die Augen auf. Hastig fuhr er sich mit den Fingern durchs volle Haar. Was nicht viel half. Er sah immer noch gleich verschlafen aus.

»Entschuldigen Sie, wenn ich Sie geweckt habe. Ich bin Kriminalkommissar Sven Andersson. Das hier ist Inspektorin Irene Huss.«

»Natürlich... wie spät ist es?«

Der Kommissar schaute auf seine Armbanduhr. Es war eine Digitaluhr, ein Geschenk von der Tankstelle, bei der er Stammkunde war.

»Viertel nach acht.«

»Danke. In einer Viertelstunde kommt mein erster Patient.«

»Wollen Sie sich heute Morgen wirklich in den Operationssaal stellen?«

»Ja. Ich muss. Ich muss an die Patienten denken. Gott sei Dank sind für heute keine größeren Sachen geplant.«

»Schaffen Sie das? Nach so einer Nacht?«

Sverker Löwander warf ihm einen müden Blick zu und rieb sich das eine Auge.

»Ich muss. Die Patienten kommen zuerst. Viele haben sich extra freigenommen. Sie würden es nicht verstehen.«

Eine Weile betrachteten die beiden Beamten den Arzt schweigend. Schließlich zog der Kommissar einen zerknitterten Block aus der Manteltasche und begann erfolglos alle anderen Taschen zu durchwühlen. Sverker Löwander verstand, was das bedeutete und reichte ihm einen Stift aus seiner Brusttasche, einen Reklamekuli aus dunkelblauem Plastik mit einer goldenen Aufschrift: »Löwander-Klinik – für erfolgreiche Behandlung!«

»Geht das, dass ich Ihnen ein paar Fragen stelle?«

»Ja. Natürlich. Wenn es nicht so lange dauert. Wir können für heute Nachmittag einen Termin ausmachen. Da habe ich mehr Zeit. Nach halb fünf wäre optimal.«

»Okay. Dann lassen Sie mich jetzt nur eine kurze Frage stellen. Warum haben Sie unter Ihrem Kittel nichts an?«

Sverker Löwander zuckte zusammen und sah bestürzt auf seinen falsch geknöpften Baumwollkittel.

»Danke, dass Sie mich darauf hinweisen! Das hatte ich vollkommen vergessen. Ich muss etwas anziehen, ehe ich gehe…«

Er war bereits halb aus dem Sessel, als er wieder zurücksackte. Langsam fuhr er fort:

»Ich hatte geduscht und dann habe ich noch im Bett gelesen. Gestern war wirklich ein anstrengender Tag mit vielen Operationen. Gar nicht zu reden von der Komplikation bei Nils Peterzén. Gerade als ich das Licht ausmachen wollte, fiel der Strom aus. Mein erster Gedanke war natürlich das Beatmungsgerät. Auch wenn ich mir keine allzu großen Sorgen gemacht habe. Schwester Marianne ist… war eine sehr tüchtige Intensivschwester.«

Er unterbrach sich und seufzte laut. Der Kommissar schob eine Frage ein:

»Haben Sie in Kleidern auf dem Bett gelegen?«

»Nein. Ich hatte tatsächlich die Absicht zu schlafen. Peterzéns Zustand war stabil. Wo war ich? Ach so. Der Strom fiel

22

aus. Ich lag da und wartete darauf, dass das Notstromaggregat ansprengen würde. Aber das tat es nicht. Und als ich hörte, dass der Alarm des Beatmungsgeräts losschrillte, sprang ich aus dem Bett. In aller Eile zog ich Hosen und Kittel an. Seitdem habe ich keine ruhige Minute mehr gehabt. Ich hatte keine Zeit, darüber nachzudenken, wie ich aussehe.«

Löwander stand auf und kniete sich gleich wieder hin. Er spähte unter das Sitzmöbel und unter das Bett und entdeckte, was er suchte. Das T-Shirt war unter das Bett geraten.

»Entschuldigen Sie. Ich muss mich beeilen. Um halb fünf können wir uns weiterunterhalten.«

Der Arzt hielt den Polizisten die Tür auf.

Irene setzte sich auf einen Holzstuhl neben der Tür, um bei der ersten Vernehmung der Nachtschwester Siv Persson dabei zu sein.

»Schwester Siv, Sie verstehen vermutlich, wie schwer es uns fällt, an ein Gespenst als Mörder zu glauben«, begann Andersson vorsichtig.

Siv Persson presste die Lippen zusammen, ohne zu antworten. Der Kommissar sah nachdenklich auf die Fotografie, die er immer noch in der Hand hielt.

»Wie würden Sie sie beschreiben, Schwester Siv?«, fuhr der Kommissar fort.

»Sie brauchen mich nicht mit Schwester anzureden, Herr Kommissar. Sie können auch Frau Persson sagen.«

»Gut.«

Er sah wieder auf das alte Foto.

»Sah sie so aus wie auf diesem Bild?«

»Ja, genauso.«

Das Bild war von oben und aus großer Entfernung aufgenommen. Der Kommissar wusste sogar, von welchem Fenster des Korridors aus es gemacht worden war. Das hatte er gerade erst überprüft. Ganz rechts war ein großer schwarzer Wagen zu sehen. Ein kräftiger Mann hielt einer bedeutend kleineren

23

Frau die Beifahrertür auf. Ihr Gesicht war nicht zu sehen, da sie ihren Hut fest hielt. Offensichtlich ging ein starker Wind. Die Hand und der Mantelärmel verdeckten ihr Gesicht. Dass es sehr stark windete, war auch daran zu erkennen, dass der helle Mantel des Mannes flatterte und die Äste der kleinen Birke ganz links im Bild zur Seite gedrückt wurden. Zwischen dem Baum und den beiden am Auto stand die Krankenschwester.

Sie wendete dem Betrachter das Profil zu. Obwohl das Bild von oben aufgenommen worden war, konnte man sehen, dass sie eine große Frau war. Sie trug eine Schwesterntracht: weiße Haube mit gekräuselter Borte und einem schwarzen Band, weißer Kragen, weiße Manschetten, wadenlanges schwarzes Kleid und schwarze Schuhe mit kräftigem Absatz. Es war zu erkennen, dass das hoch gesteckte Haar unter der Haube blond war. In beiden Händen trug sie eine Reisetasche.

Langsam drehte der Kommissar die Karte um und las das Datum in schwarzer Tinte und zierlicher Handschrift. »2. Mai 1946.« Das war alles.

»Wo haben Sie dieses Bild her?«, fragte Andersson.

»Das existiert, seit ich hier auf der Station arbeite. Schwester Gertrud hat es mir gezeigt.«

»Arbeitet sie immer noch hier auf der Station?«

»Nein, sie ist letztes Jahr gestorben. Sie wurde exakt neunzig.«

Schwester Siv sah dem Kommissar direkt in die Augen, die von den dicken Gläsern eines unmodernen Brillengestells unnatürlich vergrößert wurden. Zögernd fuhr sie fort:

»Schwester Gertrud fing im Herbst '46 in der Löwander-Klinik an. Sie übernahm den Dienst der Stations- und Oberschwester von Schwester Tekla. Gertrud ist Schwester Tekla nie im Leben begegnet. Nur als Toter.«

Siv Persson machte eine Pause und streckte die Hand nach dem Foto aus. Der Kommissar reichte es ihr. Nachdenklich betrachtete sie es.

»Gertrud fing natürlich den Klatsch auf und erzählte ihn mir weiter. Schwester Tekla war eine elegante Frau.«

Schwester Siv verstummte. Als sie fortfuhr, klang ihre Stimme eindeutig verlegen.

»Das hier habe ich nur aus zweiter Hand ... aber Dr. Löwander und Schwester Tekla sollen eine Affäre gehabt haben.«

Kommissar Andersson zuckte zusammen.

»Augenblick! Mit Dr. Löwander habe ich doch eben erst geredet. Er kann noch kaum auf der Welt gewesen sein, als Schwester Tekla hier gearbeitet hat!«

Siv Persson schüttelte den Kopf.

»Ich meine natürlich den alten Doktor, Hilding Löwander, den Vater von Sverker Löwander.«

Natürlich. Liegt doch nahe, dachte Irene. Kommissar Andersson kam sich sicher genauso dumm vor, wie er jetzt aussah. Schließlich hieß das Krankenhaus Löwander-Klinik.

»Offenbar bekam seine Frau Wind von der Affäre und verlangte, dass Schwester Tekla das Krankenhaus umgehend verlassen sollte. Das Krankenhaus gehörte nämlich Frau Löwander. Sie hatte es von ihren Eltern geerbt.«

»Die Mutter von Sverker Löwander war also sehr reich?«

»Ja.«

»Und wie war sein Vater ... Hilding?«

»An Hilding Löwander kann ich mich noch sehr gut erinnern. Er war einer der Ärzte der alten Schule. Niemand wagte ihm zu widersprechen. Er operierte noch mit fast fünfundsiebzig Jahren.«

»Und was wurde aus Schwester Tekla?«

»Gertrud sagte, dass Hilding Löwander etwas mit Schwester Tekla gehabt hätte. Sie war etwas über dreißig, und er war fast zwanzig Jahre älter. Das Merkwürdige ist, dass sich Frau Löwander zunächst nicht weiter darum kümmerte, das sagt jedenfalls der Klatsch. Die drei fuhren sogar übers Wochenende weg und machten zusammen Ferien. Laut Gertrud wurde dieses Bild heimlich bei einer solchen Gelegenheit aufgenommen.«

Andersson nahm das Bild wieder in Empfang und schaute es sich mit erneutem Interesse an. Siv Persson fuhr fort:

»Löwanders waren schon viele Jahre verheiratet, als die Frau plötzlich schwanger wurde. Sie war bestimmt schon über vierzig. Damals verlangte sie auch, dass Schwester Tekla das Feld räumen sollte. Irgendwie gelang es Schwester Tekla, eine Arbeit in Stockholm zu finden. Im Herbst '46 zog sie um. Danach hörte niemand mehr etwas von ihr, bis März '47. Da wurde sie erhängt hier auf dem Dachboden gefunden. Sie hatte Selbstmord begangen.«

In dem kleinen Zimmer wurde es still. Irene merkte, dass der Kommissar nicht recht wusste, wie er mit der Schwester und ihrer Geschichte umgehen sollte. Offenbar glaubte sie wirklich, die tote Schwester Tekla in der Nacht gesehen zu haben. Mehr um das Schweigen zu brechen, fragte Irene:

»Wie sind Sie an dieses Foto gekommen?«

»Gertrud hat es gefunden, als der alte Medizinschrank umfunktioniert werden sollte. Sie und eine Kollegin räumten die ganzen alten Medikamente aus. Da fand sie dieses Bild unten im Schrank unter einem Reservebrett. Sie wussten nicht, was sie damit anfangen sollten, daher legten sie es einfach zurück. Seither ist es gewissermaßen Geheimgut der Schwestern. Das Bild hat dort all die Jahre gelegen, und allen neu anfangenden Schwestern wurde es gezeigt. Allen hat man natürlich vom Krankenhausgespenst erzählt. Und dann hat man immer dieses Bild hervorgesucht.«

»Um zu zeigen, dass die Geschichte wahr ist?«

»Das ist sie auch! Gertrud hat selbst dabei geholfen, Schwester Tekla abzuschneiden. Sie hatte einige Tage oben auf dem Speicher gehangen, und schließlich war jemand... der Geruch aufgefallen.«

»Und Sie glauben wirklich, dass sie hier umgeht?«

»Viele haben sie in all den Jahren gesehen. Ich selbst habe sie nur gehört... heute Nacht habe ich sie zum ersten Mal gesehen.«

Sie verstummte und sah den Kommissar aus den Augenwinkeln an. Irene beeilte sich zu fragen:

»Was meinen Sie damit, dass Sie sie gehört haben?«

Schwester Siv antwortete nur zögernd:

»Die Steckbecken klappern im Spülraum, ohne dass jemand dort ist. Kittel rascheln in den Korridoren. Einmal habe ich selbst einen eiskalten Luftzug neben mir gespürt. Niemand vom Personal ist zwischen zwölf und eins gern auf den Gängen.«

»Verstehe. Was machen Sie in dieser Zeit?«

»Normalerweise trinken wir Kaffee. Im Schwesternzimmer der Station.«

»Sie und die Schwester der Intensivstation?«

»Ja.«

»Sind Sie dann allein hier?«

»Ja.«

»Aber nach zwölf bekommen Sie Verstärkung von der guten Tekla?«

»Zwischen zwölf und eins. Sie zeigt sich nie nach eins.«

»Ein klassisches Gespenst, das sich an die Geisterstunde hält. Was passiert, wenn Sommerzeit ist? Kommt sie dann zwischen eins und zwei?«, warf Andersson ein.

Schwester Siv war sich bewusst, dass er sich über sie lustig machte. Missbilligend verzog sie den Mund.

Um von den Gespenstern abzulenken, fragte Irene:

»Wie lange hat Marianne Svärd hier gearbeitet?«

Erst hatte es den Anschein, als wolle Siv Persson nicht antworten. Nach einer Weile putzte sie sich mit einem Papiertaschentuch die Nase und sagte:

»Fast zwei Jahre.«

»Was hatten Sie für ein Verhältnis zu ihr?«

Schwester Siv dachte lange nach, ehe sie antwortete:

»Sie war eine sehr tüchtige Krankenschwester. Sie konnte mit all diesen neumodischen Apparaten umgehen. Ich gehe bald in Rente und kann das nicht.«

27

»Wie war sie als Mensch?«

»Sie war freundlich und nett. Hilfsbereit.«

»Kannten Sie sich gut?«

Die Schwester schüttelte den Kopf.

»Nein. Man konnte sich gut mit ihr unterhalten, aber wenn wir anfingen, über Familie und solche Dinge zu reden, war sie ausweichend.«

»War sie verheiratet?«

»Nein. Geschieden.«

»Hatte sie Kinder?«

»Nein.«

Irene fielen keine weiteren Fragen mehr ein. Die kleine, graue Schwester schien noch weiter in ihrer Wolljacke zu versinken. Ihr Gesicht war müde und mitgenommen. Das sah sogar der Kommissar und sie schien ihm Leid zu tun.

»Soll ich jemanden bitten, Sie nach Hause zu fahren?«, fragte er mit seiner freundlichsten Stimme.

»Nein, danke. Ich wohne nur einen Steinwurf von hier entfernt.«

KAPITEL 3

Irene stellte bald fest, dass keiner der stationären Patienten etwas zur Ermittlung beitragen konnte.

Alle vier Patientinnen waren vom Alarm des Beatmungsgeräts geweckt worden. Benommen von Schmerz- und Schlafmitteln waren sie aber bald wieder eingeschlafen. Zwei Frauen hatten bandagierte Brüste, die anderen beiden hatten gewaltige Verbände um den Kopf. Aus den Verbänden hingen Wunddrainagen, die mit Blut gefüllt waren.

Die beiden männlichen Patienten der Station waren überhaupt nicht aufgewacht.

Die Schwester, die tagsüber Dienst hatte, Ellen Karlsson, war eine robuste Frau mittleren Alters. Mit ihrem grau melierten Pagenkopf und ihren braunen Augen machte sie einen freundlichen Eindruck.

»Wie schrecklich! Die kleine, süße Marianne... nicht zu fassen! Wer konnte sie nur ermorden wollen?«, rief sie und schluchzte auf.

Irene Huss hakte schnell nach.

»Das ist genau die Frage, die wir uns auch stellen. Sie haben keine Vorstellung?«

»Nein. Sie wirkte immer so umgänglich. Aber ich kannte sie kaum, da sie nur nachts arbeitete. Ich bin tagsüber hier. Außerdem waren wir auf verschiedenen Stationen. Sie können natürlich Anna-Karin fragen. Sie arbeitet tagsüber auf der Intensiv. Sie kennen sich... kannten sich etwas besser.«

29

Gemeinsam gingen sie aus dem Schwesternzimmer. Irene fiel die Ruhe auf dem Klinikkorridor auf. In allen Krankenhäusern, in denen sie bisher gewesen war, war das anders gewesen. Um überhaupt etwas zu sagen, fragte sie:

»Warum gibt es hier so wenige stationäre Patienten?«

»Die meisten Operationen werden heute ambulant durchgeführt. Hauptsächlich aus Kostengründen sowohl für die Patienten als auch für uns. Wie Sie sicher wissen, ist die Klinik ganz privat. Als ich vor dreiundzwanzig Jahren hier angefangen habe, gab es noch zwei Stationen. Vier Chirurgen arbeiteten Vollzeit. Damals waren die Stationen und die Intensivstation immer belegt. Wir haben natürlich auch an den Wochenenden gearbeitet. Jetzt ist die Klinik am Wochenende geschlossen, und wir sind nur noch vier Schwestern, zwei am Tag und zwei in der Nacht, eine für die Station und die andere für die Intensiv. Auch im OP und am Empfang hat man das Personal halbiert.«

»Warum dieser rigorose Personalabbau?«, fragte Irene.

»Sparmaßnahmen. Die großen OPs machen wir Anfang der Woche, Mittwoch und Donnerstag nur ambulant. Am Freitag ist nur Konsultation und Wiedervorstellung.«

»Wie viele Betten haben Sie?«

»Zwanzig auf der Station und zwei auf der Intensiv. Zehn Betten auf der Station befinden sich allerdings im Aufwachraum. Wir haben einen der größeren Säle neben der Intensivstation zur Wachstation für ambulante Operationen umgewandelt. Um diese Patienten kümmert sich die Intensivschwester.«

»Dort liegen die Patienten also einige Stunden und kommen zu sich, ehe sie nach Hause gehen?«

»Genau.«

»Was machen Sie, wenn es Komplikationen gibt und ein Patient nicht übers Wochenende nach Hause kann?«

»Wir haben einen Vertrag mit einer größeren Privatklinik in der Stadt. Sie kennen doch sicher die Källberg-Klinik. Dorthin schicken wir die Patienten, die noch nicht nach Hause entlassen werden können.«

»Die Löwander-Klinik ist also nie am Wochenende geöffnet?«

»Nein.«

Sie standen vor der großen Doppeltür zwischen Station und Intensivstation.

Schwester Ellen öffnete den einen Türflügel, und sie traten ein.

In der Mitte von zwei Betten stand ein winziger Tisch. In einem der Betten lag die Leiche von Herrn Peterzén. Auf seinem Nachttisch brannte eine Kerze, deren stille Flamme ein mildes Licht auf sein friedliches Gesicht warf. Er hatte die Hände auf der Brust gefaltet, und das Kinn war mit einer elastischen Binde hoch gebunden. Neben dem Bett stand eine Frau mittleren Alters und betrachtete den Toten. Als Irene und Schwester Ellen eintraten, zuckte sie zusammen.

»Entschuldigung… wir wussten nicht… wir suchen Schwester Anna-Karin«, stotterte Schwester Ellen verwirrt.

»Sie kommt gleich. Sie musste irgendwelche Papiere ausfüllen.«

Die Frau am Bett kam auf sie zu. Sie hatte offenbar geweint, wirkte aber gesammelt.

»Mein Beileid. Ich bin Kriminalinspektorin Irene Huss.«

Die Frau zuckte erneut zusammen.

»Kriminalinspektorin? Was machen Sie hier?«

»Haben Sie nicht gehört, dass… hier in der Klinik heute Nacht einige Dinge vorgefallen sind?«

Verwundert zog die Frau die Brauen hoch. Sie sah wirklich sehr überrascht aus.

»Einige Dinge? Dass Nils gestorben ist?«, fragte sie.

Sie war offenbar weder vom Stromausfall noch vom Mord an der Krankenschwester informiert worden. Da davon bald eh in den Abendzeitungen zu lesen sein würde, beschloss Irene, fortzufahren.

»Dass Nils Peterzén starb, war leider eine direkte Folge dieser Ereignisse. Darf ich nach ihrem Namen fragen?«

»Doris Peterzén. Nils ist mein Mann.«

Nur ein leichtes Beben der Stimme verriet ihre Gefühle.

Irene schaute die beherrschte Frau an. Sie waren fast gleich groß. Das bedeutete, dass die Frau vor ihr fast ein Meter achtzig war. Für ihr Alter war sie ungewöhnlich groß und ungewöhnlich elegant. Obwohl sie ungeschminkt war und geweint hatte, war sie zweifellos eine schöne Frau. Das Haar war in einem ausgesuchten Platinblond ergraut, wahrscheinlich mit diskreter Hilfe eines geschickten Friseurs. Die Haut war glatt und makellos. Die großen grau-blauen Augen wurden von langen Wimpern umrahmt, und die Gesichtszüge waren perfekt. Irene kannte sie, wusste aber nicht, woher. Aus der Nähe sah sie, dass die Frau um die fünfzig war, aus der Entfernung hätte sie sie für bedeutend jünger gehalten. Sie trug einen dunkelblauen Wollmantel mit schwarzem Pelzkragen und einen passenden Hut.

»Ihr Mann musste gestern nach der Operation beatmet werden«, fing Irene an.

»Das weiß ich. Dr. Löwander hat mich gestern persönlich angerufen, um es mir zu erzählen. Aber Nils wusste selbst, dass er schlechte Lungen hat. Er hat über fünfzig Jahre lang geraucht, aber vor zehn Jahren aufgehört. Wir… Dr. Löwander glaubte, dass die Operation gut gehen würde. Sie war nötig. Der Bruch war sehr groß.«

»Wie alt war Ihr Mann?«

»Er ist dreiundachtzig.«

Sie drehte sich langsam um und ging wieder zum Bett. Mit gesenktem Kopf stand sie am Fußende und schniefte.

Die Tür zur Treppe und zum Bettenaufzug wurde aufgerissen. Eine junge Schwester mit blondem, ultrakurzem Haar platzte herein. Auf den Wangen hatte sie hektische rote Flecken.

»Sind sie schon da?«, sagte sie gehetzt zu Schwester Ellen.

Die ältere Schwester runzelte die Stirn und antwortete schroff:

»Nein.«

Irene fragte sich verwirrt, wer da wohl erwartet wurde, und

erhielt schon im nächsten Moment die Antwort. In der Türöffnung hinter der blonden Schwester tauchten zwei Männer in diskreten dunklen Anzügen auf. Zwischen sich hatten sie eine Liege auf Rollen, auf der ein dunkelgrauer Sack mit einem Reißverschluss lag.

Schwester Ellen trat an Doris Peterzén heran und sagte leise: »Das sind die Herren vom Bestattungsdienst.«

Doris Peterzén zuckte zusammen. Als sie die Männer mit der Bahre sah, wurde ihr Schluchzen lauter. Schwester Ellen legte ihr einen Arm um die Schultern und führte sie durch die Flügeltür nach draußen. Wahrscheinlich nimmt sie die junge Witwe ins Schwesternzimmer mit, dachte Irene. Sie selbst wollte noch etwas bleiben und mit der jungen Intensivschwester sprechen.

Die Leiche von Nils Peterzén wurde auf die Bahre gehoben und in den Sack gelegt. Der Reißverschluss wurde geschlossen, und die Männer verschwanden, wie sie gekommen waren.

Irene ging zu einem der beiden Fenster. Sie führten beide auf den großen Park an der Rückseite der Klinik hinaus. Irene lehnte die Stirn gegen die kalte Scheibe. Sie sah, wie die Trage durch die Hintertür gerollt wurde und im dunkelgrauen Kombi des Bestattungsdienstes verschwand. Er hatte ein erhöhtes Dach und getönte Scheiben. Das Ganze dauerte weniger als eine Minute. Weder das Personal noch die Patienten der Klinik hatten vermutlich etwas bemerkt.

Irene öffnete die Tür, durch die die Männer des Bestattungsdienstes verschwunden waren. Über der Tür leuchtete ein Schild mit der Aufschrift »Notausgang«. Die Tür war aus Stahl und sehr schwer. Auf beiden Seiten gab es jedoch einen automatischen Türöffner. Irene sah hinaus ins Treppenhaus und stellte fest, dass es sich um einen späteren Anbau handeln musste. Die Jugendstilornamente, die das übrige Krankenhaus auszeichneten, fehlten hier. Die Treppenstufen waren breit und aus Stein. An der cremegelben Wand war ein schlichter Handlauf aus Eisen. Die Treppe wand sich um einen Aufzug.

33

Dieser hatte graue Metalltüren mit kleinen Fenstern und der Aufschrift »Bettenaufzug« in schwarzen Lettern.

Irene schloss die Tür und wandte sich an Schwester Anna-Karin, auf deren Wangen immer noch hektische rote Flecken glühten. Kraftvoll und frenetisch riss sie die Laken aus dem Bett, in dem Nils Peterzén bis vor drei Minuten gelegen hatte. Die Bettwäsche stopfte sie in einen weißen Wäschesack.

Irene räusperte sich und sagte:

»Schwester Anna-Karin, ich würde gerne einige Minuten mit Ihnen sprechen. Mein Name ist Irene Huss, und ich bin von der Kriminalpolizei. Es geht um den Mord an Ihrer Kollegin Marianne Svärd.«

Die Schwester hielt inne und drehte sich blitzschnell zu Irene um.

»Ich habe keine Zeit! Die ersten Ambulanten kommen gleich!«

»Ambulante… was sind das?«

»Untersuchungen, die ambulant durchgeführt werden. Zwei Koloskopien und eine Gastro. Kommen jede Minute. Und dann haben wir eine Rhinoplastik. Wahnsinn, eine Rhino an so einem Tag.«

Diese junge Dame ist eindeutig nicht mehr Herr ihrer Sinne, dachte Irene. Fahrig und gestresst wirkte sie außerdem. Das war vielleicht nicht weiter erstaunlich, wenn man bedachte, dass ihre Kollegin in der vergangenen Nacht ermordet worden war. Irene sah ein, dass es nicht nur der gewöhnliche Stress war, sondern auch der Schock, der Anna-Karin so hin und her rennen ließ. Sie trat an die Krankenschwester heran und legte ihr behutsam eine Hand auf den Arm.

»Ich muss mich einen Augenblick mit Ihnen unterhalten. Wegen Marianne«, sagte sie ruhig.

Schwester Anna-Karin hielt inne. Sie ließ die Schultern sinken und nickte resigniert.

»Okay. Wir können uns im Empfang hinsetzen.«

Mit einer hastigen Geste zeigte sie Irene, dass sie sich auf den Schreibtischstuhl setzen sollte. Sie selbst nahm auf einem Hocker aus rostfreiem Stahl Platz.

»Ich weiß, dass Sie Anna-Karin heißen, weiß aber weder Ihren Nachnamen noch Ihr Alter«, begann Irene.

»Anna-Karin Arvidsson. Ich bin fünfundzwanzig.«

»Wie lange arbeiten Sie schon in der Löwander-Klinik?«

»Seit anderthalb Jahren.«

»Sie sind fast ebenso alt wie Marianne Svärd und haben auch fast ebenso lange hier gearbeitet. Hatten Sie auch privat viel miteinander zu tun?«

Anna-Karin sah aufrichtig erstaunt aus.

»Überhaupt nicht.«

»Nie?«

»Nein. Doch. Einmal waren wir zusammen unterwegs, zum Tanzen. Marianne, Linda und ich.«

»Wann war das?«

»Vielleicht vor einem Jahr.«

»Und dann sind Sie nie mehr zusammen weggegangen?«

»Nein. Abgesehen von der Weihnachtsfeier. Das ist das Betriebsfest, zu dem wir eingeladen werden, ehe die Klinik über die Feiertage schließt.«

»Kannten Sie Marianne gut?«

»Nein.«

»Was hielten Sie von ihr?«

»Freundlich. Zurückhaltend.«

»Wissen Sie etwas über ihr Privatleben?«

Anna-Karin schien sich mit dem Nachdenken wirklich Mühe zu geben.

»Nur, dass sie geschieden war. Sie ließ sich scheiden, ehe sie bei uns anfing.«

»Wissen Sie etwas über ihren Ex-Mann?«

»Nein. Doch. Er ist Rechtsanwalt.«

»Hat sie Kinder?«

»Nein.«

»Wo hat sie vorher gearbeitet?«

35

»Im Krankenhaus-Ost. Ebenfalls auf der Intensiv.«

»Wissen Sie, warum sie nach der Scheidung den Arbeitsplatz wechselte?«

Anna-Karin Arvidsson dachte nach und fuhr sich mehrmals mit den Fingern durch ihre hellen Stoppeln.

»Sie hat nie etwas gesagt… Aber ich hatte das Gefühl, dass sie einem Mann aus dem Weg gehen wollte.«

»Wem?«

»Keine Ahnung. Aber das eine Mal, als wir zusammen aus waren, haben wir uns erst zu Hause bei mir getroffen. Wir aßen eine Kleinigkeit und tranken Wein. Ich fragte Marianne, warum sie im Östra aufgehört hätte, und sie antwortete: ›Ich brachte es einfach nicht fertig, ihm jeden Tag zu begegnen und so zu tun, als sei nichts.‹ Aber dann wollte sie nicht weiter darüber reden.«

»Hatten Marianne und diese andere Schwester, Linda, mehr Kontakt zu ihr als Sie und Marianne?«

»Nein. Mit Linda bin ich öfters zusammen.«

»Arbeitet Linda auch hier auf der Intensiv?«

»Nein. Auf der normalen Station.«

»Aber nicht im Moment?«

»Nein. Jetzt arbeitet Ellen vormittags.«

»Wissen Sie, wann Linda das nächste Mal zur Arbeit kommt?«

»Ihre Schicht beginnt nachmittags um zwei.«

Sie wurden dadurch unterbrochen, dass sich die Tür des Bettenaufzugs öffnete und eine Liege mit einem betäubten Patienten herausgerollt wurde. Eine grün gekleidete OP-Schwester mit Papiermütze und Mundschutz sagte gestresst:

»Erste Koloskopie. Die Gastro kommt auch gleich.«

Schwester Anna-Karin sprang von ihrem Hocker hoch. Die beiden Schwestern raschelten mit Papier und standen flüsternd über den schlummernden Patienten gebeugt.

Irene beschloss, nach Schwester Ellen und Doris Peterzén zu suchen.

Die frisch gebackene Witwe saß im Schwesternzimmer kerzengerade auf einem Stuhl und hatte die Hände auf den Knien gefaltet. Den Hut hatte sie abgenommen und auf den Schreibtisch gelegt. Ihren eleganten Mantel trug sie immer noch.

Irene blieb auf der Schwelle zum Schwesternzimmer stehen, unsicher, wie sie die Vernehmung von Doris Peterzén beginnen sollte. Immerhin war ihr Mann gerade gestorben. Andererseits hatte sie noch nicht die Gelegenheit gehabt, mit ihr über die Vorfälle jener Nacht zu sprechen.

Die Betroffene wandte ihr ihr makelloses Profil zu und sagte müde:

»Schwester Ellen wollte einen Patienten nach Hause entlassen oder was auch immer. Sie kommt gleich.«

»Gut. Ich muss mit ihr sprechen. Aber inzwischen kann ich Ihnen vielleicht erzählen, was hier in der Klinik heute Nacht vorgefallen ist?«

Irene wählte ihre Worte mit Bedacht und versuchte behutsam zu sein. Aber Doris Peterzén geriet vollkommen außer sich, als sie vom Mord an Marianne Svärd erfuhr. Sie begann wieder zu weinen, und Irene wusste nicht so recht, was sie machen sollte. Um die anderen Patienten nicht zu beunruhigen, zog sie die Tür zu und setzte sich neben die weinende Frau. Vorsichtig legte sie ihr die Hand auf die Schulter, ohne dass dies eine sichtbar beruhigende Wirkung gehabt hätte.

Schwester Ellen trat ein. Sie warf einen Blick auf Frau Peterzén und sagte:

»Es ist wohl das Beste, wenn ich ein Taxi rufe.«

Irene nickte. Sie beugte sich zu der Frau vor und fragte:

»Soll ich irgendwelche Angehörigen verständigen? Haben Sie Kinder?«

Doris Peterzén schluchzte, aber schließlich gelang es ihr zu antworten:

»Gö… ran. Er ist in… nicht zu Hause. London… er ist in London.«

KAPITEL 4

Den Rest des Vormittags verbrachte die Polizei damit, mit dem Personal zu sprechen, das tagsüber arbeitete. Als alle vernommen waren, beschlossen sie, zum Mittagessen zu gehen. Die Spätschicht würde ohnehin erst um zwei Uhr nachmittags anfangen.

Kommissar Andersson und Irene entdeckten einen Pizzabäcker auf der Virginsgatan. Im Laden stand ein kleiner Tisch, und sie setzten sich, dankbar dafür, dass sie nicht im Auto essen mussten.

Sie bestellten beide Pizza und jeweils ein Leichtbier. Leise sprachen sie darüber, was die Vernehmungen des Vormittags ergeben hatten. Irene fand die Geschichte von Schwester Siv über das Krankenhausgespenst äußerst merkwürdig. Sie hatte keine brauchbare Hypothese, wen oder was die Schwester gesehen haben könnte, meinte jedoch, es sei nicht auszuschließen, dass es sich dabei wirklich um den Mörder gehandelt hatte. Aufgewühlt hatte die alte Schwester in ihrer überdrehten Phantasie die Gestalt mit der alten Gespenstergeschichte in Verbindung gebracht. Das sei am wahrscheinlichsten, meinte Irene.

Ihr Chef nickte und murmelte eine Antwort, den Mund voll von Calzone. Mit Wonne ging er auf seine Pizza los, woraufhin seine Plastikgabel abbrach. Als er sich zur Seite drehte, um den Pizzabäcker hinter dem Tresen um eine neue zu bitten, musste er feststellen, dass ihnen dieser ungeniert zuhörte. Der Kommissar konnte sich gerade noch bremsen, seinem Ärger Luft zu machen. Es war ihre eigene Schuld, die Pizzabäckerei war für solche Diskussionen nicht geeignet. Hochrot stand er auf und starrte den freundlich lächelnden Pizzabäcker finster an.

»Komm!«, sagte er zu Irene, ohne seinen wütenden Blick vom Mann hinter der Theke zu wenden.

Auf dem Weg nach draußen hielt er kurz inne, ging zum Tisch zurück und klaubte das Pizzastück, das übrig geblieben war vom Teller.

Sie fuhren zum Harlanda Tjärn. Irene hatte das Gefühl, dass eine Dosis frische Luft ihre Gedanken klären könnte. Ein Spaziergang würde ihr hoffentlich dabei helfen, die Pizza zu verdauen.

Sie stellten ihren Wagen ab und gingen in die von Raureif bedeckte Natur. Irene stampfte versuchsweise mit dem Fuß auf die steinharte Erde und sagte:

»Das ist wirklich ein Problem mit dieser Kälte. Heute Nacht waren es minus fünfzehn Grad. Die Erde um die Klinik herum ist gefroren, da werden keine Spuren zu finden sein. Und Schnee liegt noch keiner.«

»Das ist wahr. Ich frage mich, ob Malm drinnen irgendwelche Spuren gesichert hat. Er hat versprochen, morgen früh bei der Lagebesprechung aufzutauchen.«

»Vielleicht stößt die Stridner heute Nachmittag bei der Obduktion auf was.«

Anderssons Miene verfinsterte sich, als der Name der Professorin fiel.

»Ich ruf sie an, obwohl ich mir Schöneres vorstellen kann«, seufzte er.

Schweigend gingen sie den zugefrorenen See entlang. Die Sonne schien schwach durch einen dünnen Wolkenschleier, und die Eisdecke des Sees glitzerte. Die Kälte schmerzte an Nase und Wangen. Irene holte tief Luft. Eine Weile lang glückte es ihr tatsächlich, sich vorzustellen, dass die frische und schneidende Luft, die sie in die Lungen bekam, vollkommen sauber war. Fast wie die beim Sommerhaus ihrer Schwiegereltern tief in den Wäldern von Värmland. Doch dann riss sie die Stimme des Kommissars aus ihren Naturträumen.

»Lass uns zurückfahren. Die Spätschicht müsste bald da sein.«

Nur auf der Station und auf der Intensiv gab es eine Spätschicht. Diese arbeitete bis halb zehn, dann übernahmen die Nachtschwestern.

»Arbeitet Siv Persson heute Nacht auch?«, begann der Kommissar.

»Nein. Sie hat sich krankschreiben lassen, ehe sie heute Morgen nach Hause gegangen ist. Wir haben eine Vertretung besorgt. Aber es sieht so aus, als käme meine Ablösung ebenfalls nicht«, sagte Schwester Ellen.

Ihre Stimme klang müde und bekümmert.

»Linda?«, warf Irene ein.

»Ja. Sie hätte um zwei hier sein sollen. Jetzt ist es fast halb drei. Ich habe gerade bei ihr zu Hause angerufen. Da nimmt niemand ab.«

»Wie heißt sie mit Nachnamen?«, wollte Irene wissen.

»Svensson.«

»Hat sie Familie?«

»Ja. Einen Freund. Aber der ist auch nicht zu Hause. Wenn sie nur keinen Unfall hatte. Sie fährt immer Fahrrad.«

»Auch bei minus fünfzehn Grad?«

»Ja.«

»Aha. Dann müssen wir wohl auf Schwester Linda warten. Wir können so lange auf die Intensiv gehen und dort mit der Ablösung sprechen«, schlug Irene ihrem Chef vor.

Schnell sagte der Kommissar:

»Tu du das, dann warte ich auf Schwester Linda. Ich würde gerne einen Moment mit Schwester Ellen sprechen. Ist das in Ordnung?«

»Ja... doch... wenn Linda kommt, dann ist das kein Problem. Aber jetzt bin ich allein auf der Station, und es muss einiges getan werden...«

»Gibt es mehrere Ärzte hier, oder ist Dr. Löwander allein?«

Schwester Ellen war aufgestanden und hatte den Medizinschrank aufgeschlossen. Sie zog eine Spritze auf, schlug mit dem Zeigefinger dagegen, um alle Luftblasen zu entfernen, und antwortete:

»Wir haben auch eine Internistin. Sie arbeitet nur einen Tag in der Woche. Wir haben hier in der Klinik schließlich nie stationäre internistische Patienten. Es ist mehr eine Dienstleistung für unsere Patienten, die lieber hierher als in eine Kassenarztpraxis kommen. Sie berät uns natürlich auch vor größeren Operationen in internistischen Fragen. Dann gibt es noch einen Anästhesisten, der fest angestellt ist, also einen Narkosearzt. Er heißt Konrad Henriksson. Und dann ist da natürlich noch Dr. Bünzler. Er ist unser begabter plastischer Chirurg.«

»Ist Dr. Löwander nicht auch plastischer Chirurg?«

Schwester Ellen sah den Kommissar mit ihren wachen braunen Augen an. Irene merkte, dass Andersson leicht errötete.

»Nein. Er ist Chirurg. Aber da es auf diesem Gebiet nicht mehr so viel zu tun gibt, hat er ebenfalls begonnen, kleinere plastische Eingriffe vorzunehmen.«

Sie kontrollierte noch einmal, dass in der Spritze keine Luftbläschen mehr waren, indem sie sie gegen die Deckenlampe hielt und den Inhalt genau betrachtete.

Irene, die ihre Heiterkeit kaum unterdrücken konnte, meinte amüsiert:

»Dann macht er also keine Rhinoplastiken?«

Schwester Ellen warf ihr einen Blick zu und sagte lächelnd:

»Nein. Entschuldigen Sie mich.«

Die Schwester rauschte, die Spritze hoch erhoben, aus dem Zimmer. Der Kommissar runzelte die Stirn.

»Was erzählst du da für Dummheiten? Rinn... Rinn... Zum Teufel!«, meinte er.

»Rhinoplastik«, sagte Irene noch einmal.

»Was ist das?«

»Keine Ahnung! Etwas, was man an einem solchen Tag nicht machen sollte. Das meinte jedenfalls Schwester Anna-Karin von der Intensivstation.«

Andersson holte tief Luft und sagte:

»Ich dachte, du bist schon auf dem Weg dorthin!«

Irene salutierte im Scherz.

»Ertappt! Aber erst muss ich noch etwas nachsehen.«

Sie ging zum Bücherbord, das über dem Schreibtisch hing. Ein Buch mit dem Titel »Medizinische Terminologie« in verblichenen Goldbuchstaben auf einem grünen Leinenrücken hatte ihre Aufmerksamkeit erregt. Irene schlug es auf, fuhr mit dem Zeigefinger die Buchstabenkombination »RH« entlang und fand schließlich, was sie gesucht hatte. »Rhinoplastik, plastischer Eingriff an der Nase.« Mit einem Knall schlug sie das Buch wieder zu. Sie drehte sich auf dem Absatz um und marschierte durch die Tür des Schwesternzimmers. Mit einem Seufzer sah der Kommissar auf seine geschenkte Uhr. Sie zeigte 14.47 Uhr. Zeit, dass Schwester Linda endlich auftauchte.

Auf der Intensivstation herrschte Chaos. Schwester Anna-Karin telefonierte und versuchte die Person am anderen Ende davon zu überzeugen, dass ihr Anliegen äußerst wichtig sei.

»Wenn A-negativ zu Ende ist, dann müssen Sie eben 0-negativ schicken! Der Patient blutet! Der letzte Hb war dreiundachtzig!«

Eine hektische Rötung breitete sich von ihrem Hals über ihre Wangen aus. Das kurze Haar stand in alle Richtungen. Dass sie sich die ganze Zeit mit den Fingern durch ihre nicht vorhandene Frisur fuhr, machte die Sache nicht besser.

»Gut! Schicken Sie es mit einem Taxi!«

Die Schwester knallte den Hörer auf die Gabel. Irene konnte ihre kurzen Atemzüge hören. Anna-Karin hob den Kopf und bemerkte Irene. Eilig hob sie eine Hand und sagte:

»Stopp! Wir haben keine Zeit für Fragen! Es gibt Probleme bei der Rhinoplastik.«

Irene sah auf das Bett, in dem noch vor sieben Stunden die Leiche von Nils Peterzén gelegen hatte. Ein Mann in OP-Grün und eine Schwester mittleren Alters standen über das Bett gebeugt. Irene sah, dass es sich um einen Arzt handelte, jedoch nicht um Dr. Löwander. Vorsichtig trat Irene auf Anna-Karin zu und sagte leise:

»Schwester Linda ist nicht zur Spätschicht gekommen. Haben Sie eine Vorstellung, wo sie sein könnte?«

Es dauerte eine Weile, bis Anna-Karin verstanden hatte, was die Inspektorin eigentlich gesagt hatte. Als es ihr endlich dämmerte, sah sie aufrichtig verwundert aus.

»Nicht?«

»Nein. Es nimmt auch niemand das Telefon bei ihr zu Hause ab.«

Die Verwunderung der Schwester ging in Unruhe über.

»Merkwürdig. Linda ist immer pünktlich. Hat sie vielleicht einen Fahrradunfall gehabt? Ist sie verletzt?«

»So weit wir wissen, nicht. Aber wir sollten dem vielleicht nachgehen. Wissen Sie, wo wir ihren Freund erreichen können?«

Anna-Karin erstarrte und presste die Lippen aufeinander. Eine ideale Zeugin, dachte Irene. Man kann ihr alles vom Gesicht ablesen. Da sie offensichtlich nicht antworten wollte, wurde Irene beharrlicher:

»Es würde Zeit sparen, wenn Sie gleich jetzt mit der Sprache herausrücken würden. Früher oder später bringen wir es auch so in Erfahrung. Aber es könnte einen seltsamen Eindruck machen, wenn Sie keine Auskunft geben. Besonders im Hinblick darauf, was hier heute Nacht vorgefallen ist.«

Die Schwester zuckte leicht mit den Schultern und murmelte:

»Sie haben Schluss gemacht. Er ist letzten Samstag ausgezogen.«

43

»Sie haben sich getrennt?«

»Ja.«

Dass eine Krankenschwester weniger als vierundzwanzig Stunden, nachdem ihre Kollegin ermordet worden war, nicht zur Arbeit erschien, war beunruhigend, fand Irene.

»Wie heißt ihr Exfreund und wo wohnt er jetzt?«

»Pontus... Pontus Olofsson. Ich weiß nicht, wo er jetzt wohnt. Es ging alles so schnell... Ich hatte keine Zeit, mich mit Linda darüber zu unterhalten.«

»Anna-Karin! Mehr Cyklokapron! Dieselbe Dosis.«

Die herrische Stimme des Arztes unterbrach sie abrupt. Anna-Karin eilte zum Medizinschrank. Gleichzeitig sah die ältere Schwester neben dem Bett von ihrer Arbeit auf und gab einen Gegenbefehl:

»Ruf im OP an und sag, dass Bünzler nach unten kommen soll!«

Unmöglich, sich jetzt mit Anna-Karin zu unterhalten. Irene beschloss später wiederzukommen.

Im Schwesternzimmer der Station war die Unruhe spürbar. Schwester Ellen brachte zum Ausdruck, was alle dachten:

»Wenn gestern Nacht nicht diese Dinge passiert wären, wäre ich nicht so beunruhigt. Aber Linda ist noch nie zu spät gekommen. Natürlich muss es dafür eine Erklärung geben.«

Dabei ist mir wirklich nicht wohl, dachte Irene. Sie mussten Linda Svensson einfach aufspüren.

»Wo wohnt Linda?«, fragte sie.

»Warten Sie... Kärralundsgatan. Die Hausnummer steht im Adressbuch der Station.«

Die Schwester ging zum Schreibtisch und zog die oberste Schublade heraus. Sie hob verschiedene Papiere hoch, ehe sie fand, was sie suchte. Nach etwas Blätterei in dem kleinen schwarzen Buch stieß sie auf Lindas Adresse und schrieb sie auf ein Blatt Papier.

»Fahren Sie sofort? Ich meine … sie liegt vielleicht in ihrer Wohnung und ist krank.«

Irene nickte. Andersson räusperte sich.

»Fahr du mal hin. Ich bleibe hier, falls sie doch noch auftaucht. Wir sollten vielleicht auch bei den Notaufnahmen der Krankenhäuser anrufen.«

Schwester Ellen lächelte den Kommissar hold an und sagte: »Ich hoffe, dass Sie das selbst machen können. Ich habe noch sehr viel zu tun. Gar nicht zu reden von allen Entlassungspapieren, die noch auszufüllen sind.«

Sie rauschte aus dem Schwesternzimmer, ehe Andersson noch etwas sagen konnte. Irene verzog den Mund zu einem viel sagenden Lächeln, hob die Hand zum Abschied und verschwand ebenfalls durch die Tür.

KAPITEL 5

Niemand öffnete. Irene Huss hatte das auch nicht erwartet. Trostlos hallte die Klingel unzählige Male in der Wohnung wider. Sie bückte sich und sah durch den Briefkastenschlitz. Ihr Blick traf auf ein Paar weit aufgerissener türkisblauer Augen, gleichzeitig hörte sie ein lautes Fauchen. Irene prallte förmlich zurück, sodass die Klappe des Briefkastens zuknallte.

»Miau!«, erklang es beleidigt hinter der geschlossenen Tür.

Irene musste lachen und drehte sich sicherheitshalber auf dem Treppenabsatz um. Niemand hatte sie gesehen. Dass eine Vertreterin der Ordnungsmacht fast einen Herzschlag bekam, wenn sie eine Siamkatze sah, war nicht besonders Vertrauen erweckend.

Die Katze brachte sie auf eine Idee. Auf dieser Etage waren zwei weitere Wohnungstüren. Niemand öffnete, als sie rechts von Linda Svensson klingelte. Resolut drückte Irene auf die Klingel der Tür zur Linken. Auf dem Namensschild stand »R. Berg«. Von innen ließen sich schlurfende Schritte vernehmen, und eine ältere Frau rief mit dünner Stimme:

»Wer da?«

Irene tat ihr Bestes, so freundlich wie möglich zu klingen:

»Ich bin von der Polizei. Inspektorin Irene Huss.«

Sie hielt ihren Ausweis vor den Spion. Offenbar glaubte ihr die Dame, denn Schlösser und Sicherheitsketten begannen zu klappern und zu rasseln, und die Tür wurde vorsichtig einen

Spalt weit geöffnet. Irene beugte sich vor und versuchte, ungefährlich auszusehen.

»Guten Tag, Frau Berg...«

»Fräulein. Fräulein Berg.«

»Entschuldigung. Fräulein Berg also. Jemand hat Anzeige erstattet, dass eine Katze hier in der Nachbarwohnung ganz erbärmlich schreit.«

Die Tür wurde ganz geöffnet, und die Wohnungsinhaberin war jetzt vollständig zu sehen, viel war das nicht. Sie war nicht einmal ein Meter fünfzig groß. Das dünne, weiße Haar trug sie in einem Pferdeschwanz. Sie war gebeugt und mager. Ihre ganze Gestalt wirkte irgendwie durchsichtig. Eine dünne Hand mit blauen Adern ruhte zitternd auf der Türklinke. Dasselbe schwache Zittern setzte sich in ihrem Körper fort.

»Ich habe nicht angerufen. Aber natürlich habe ich die Katze gehört. Die maunzt schon seit heute früh. Aber das stört mich nicht. Ich kann schon seit langem nicht mehr schlafen.«

Die Stimme war erstaunlich klar und fest.

»Sie haben die Besitzerin der Katze nicht gesehen oder gehört?«, fragte Irene.

»Nein. Fräulein Svensson ist Krankenschwester in der Löwander-Klinik und hat unregelmäßige Arbeitszeiten«, informierte sie die Dame.

»So ist das also. Wann war sie zuletzt zu Hause?«

Das kleine zerfurchte Gesicht legte sich in noch tiefere Falten, so konzentriert dachte sie nach. Nach einigen Sekunden breitete sich auf ihm ein so großes Lächeln aus, dass der obere Rand der Zahnprothese zum Vorschein kam.

»Das war gestern Abend.«

Fräulein Berg machte eine kurze Pause, um den Plastikgaumen wieder in Position zu bringen. Dann fuhr sie fort:

»Gestern war sie zu Hause. Spätabends. Sie hört immer sehr laut Musik. Ich habe mit ihnen geschimpft, der junge Mann ist gerade ausgezogen, aber davor habe ich auch mit ihm ge-

47

schimpft. Wir haben eine Abmachung. Nach zehn drehen sie leiser. Meist halten sie sich dran.«

»Und das tat Linda Svensson gestern Abend auch?«

»Ja. Sie drehte zwei Minuten nach zehn leiser. Später machte sie die Musik dann ganz aus und ging weg.«

»Um welche Zeit war das?«

»Etwa gegen halb zwölf.«

Irene spürte wieder diese innere Unruhe. Sie versuchte ihre Besorgnis zu verbergen und lotste die Frau vorsichtig weiter:

»Geht Linda oft so spätabends noch allein weg?«

»Manchmal geht sie mit Belker raus.«

»Belker?«

»Die Katze.«

Natürlich. Die Katze.

»Sie hat ein Halsband und eine Leine für sie«, erklärte Fräulein Berg.

»Kam sie denn gestern Nacht wieder nach Hause?«

»Ich habe nicht gehört, dass sie überhaupt wieder nach Hause gekommen ist. Wenn sie durch die Tür tritt, legt sie als Erstes eine Platte auf. Die Tageszeit spielt keine Rolle. Manchmal ist auch der Fernseher an. Gleichzeitig!«

Fräulein Berg schüttelte den Kopf, um zu zeigen, was sie von dieser Lärmbelästigung hielt. Da Irenes Zwillinge, zwei Mädchen, vierzehn waren, reagierte sie nicht weiter auf diese letzte Information.

Die alte Dame fuhr fort:

»Seit Fräulein Svensson letzte Nacht ausgegangen ist, habe ich aus ihrer Wohnung keine Musik mehr gehört noch irgendein anderes Geräusch. Ich habe sie auch nicht zurückkommen hören. Das kriege ich sonst immer mit.«

Daran zweifelte Irene keinen Augenblick. Ihr Gefühl, dass etwas nicht in Ordnung sein könnte, verwandelte sich in Gewissheit.

»Aus der Nachbarwohnung war also überhaupt nichts zu hören?«

»Nein. Das einzige Geräusch war das Maunzen der Katze. Er ist vermutlich hungrig. Der Ärmste.«

Irene versuchte, die Worte richtig zu wählen, um der alten Dame die Situation zu erklären:

»Es ist beunruhigend, dass Linda nicht wieder nach Hause gekommen ist. Ich muss wohl den Schlüsseldienst bestellen. Die sollen die Tür öffnen. Wir müssen schließlich dem armen... Belker helfen.«

Fräulein Berg nickte eifrig.

»Tun Sie das. Wirklich eine süße Katze. Etwas eigen, wie alle Siamkatzen.«

Irene wählte die Nummer der Einsatzzentrale.

»Einsatzzentrale. Inspektor Rolandsson.«

»Hallo. Irene Huss. Kripo. Wir haben eine Anzeige von einer Nachbarin erhalten wegen einer Katze, die schon den ganzen Tag schreit. Offensichtlich ist sie allein. Laut Nachbarin ist die Besitzerin der Katze seit gestern Nacht nicht mehr in der Wohnung gewesen. Sie ist auch nicht bei ihrer Arbeit erschienen. Ich muss in ihrer Wohnung nachsehen. Dazu brauche ich den Schlüsseldienst.«

»Okay. Wer hat die Anzeige erstattet?«

Irene nahm den Hörer vom Ohr und zischte Fräulein Berg zu:

»Wie heißen Sie mit Vornamen?«

»Rut«, erwiderte Fräulein Berg konsterniert.

»Rut Berg«, sagte Irene in den Telefonhörer.

Sie gab Rolandsson die Adresse und beendete das Gespräch.

»Ich habe aber keine Anzeige erstattet!«

Rut Berg sah tief gekränkt aus.

»Ich weiß. Ich habe das gesagt, damit es schneller geht. Wegen Belker«, sagte Irene.

Die alte Dame war etwas besänftigt, als der Name der Katze fiel.

»Na gut. Meinetwegen. Aber ich sage nicht als Zeugin aus oder so was!«

49

Irene versicherte, dass das nicht nötig sein würde. Mit dem Daumen wies sie auf die dritte Tür neben der von Linda Svensson.

»Wer wohnt da?«, fragte sie.

Rut Berg schnaubte.

»Im Augenblick niemand. Dort wohnte ein älterer Herr, und der kam irgendwie nicht mehr so richtig allein zurecht. Der war unsauber. Machte hier und dort Sachen, die man nur auf der Toilette machen soll. Er kam nach Weihnachten in ein Altersheim. Jetzt soll die Wohnung renoviert werden, ehe sie wieder vermietet wird.«

Irene sah sich gezwungen, endlich die Frage zu stellen, die sie während des gesamten Gesprächs beschäftigt hatte:

»Liebes Fräulein Berg, nehmen Sie es mir nicht übel, aber darf ich Sie fragen, wie alt Sie sind?«

Erst hatte es den Anschein, als wollte sie darauf nicht antworten, aber schließlich zuckte sie resigniert mit den Schultern und seufzte.

»In einem Monat werde ich einundneunzig. Aber niemand kommt, um mit mir zu feiern. Ich bin allein übrig geblieben. Alle anderen sind schon heimgegangen. Manchmal glaube ich, unser Herrgott hat mich vergessen.«

Sie schwieg einen Augenblick, dann fuhr sie fort:

»Jetzt habe ich nicht mehr die Kraft, noch länger zu stehen. Wenn Sie noch was wollen, müssen Sie klingeln.«

Sie schloss die Tür, und Schlösser und Ketten rasselten erneut.

Irene hatte noch genug Zeit, um in der Löwander-Klinik anzurufen und mit dem Kommissar zu sprechen. Linda Svensson war nicht auf der Station aufgetaucht. Sie befand sich auch nicht via Notaufnahme in stationärer Behandlung in irgendeinem Krankenhaus. Andersson hatte persönlich herumtelefoniert und das überprüft. Als Irene erzählte, Linda hätte am Vorabend um halb zwölf ihre Wohnung verlassen, war ihr Chef besorgt.

50

»Sag bloß nicht, dass noch einer Krankenschwester etwas zugestoßen ist!«

Der Schlüsseldienst öffnete das Sicherheitsschloss ohne größere Probleme. Irene betrat die Wohnung und zog die Tür zu, da sie an Belker dachte. In der winzigen Diele machte sie die Deckenlampe an. Von der Katze war nichts zu sehen. Rechts lag ein kleines Badezimmer, geradeaus eine Miniküche. Rechts von der Küche führte eine Tür in ein großes Wohnzimmer mit Schlafnische. Alles war aufgeräumt und frisch geputzt. Die Möblierung schien aus IKEA's Standardsortiment zu bestehen. An den Wänden hingen gerahmt spektakuläre Kino- und Theaterplakate. Alles wirkte jung, frisch und funktionell.

Aber von Linda keine Spur. Irene rief Kommissar Andersson an und teilte ihm dies mit. Seine einzige Antwort bestand aus einem tiefen Seufzer.

In der Dusche stand Belkers Katzenklo. Hier stank es wirklich nach Katze. Irene hatte keine Ahnung davon, wie man mit Katzen umging, da sie immer Hundebesitzerin gewesen war, aber sie sah, dass der Sand gewechselt werden musste. Außerdem brauchte die Katze etwas zu essen.

Energisch ging sie in die Küche und begann, in den Schränken zu suchen. Endlich fand sie eine Büchse Katzenfutter. Auf dem Boden standen zwei kleine gelbe Keramikschalen. Nachdem sie sie ausgespült hatte, füllte sie sie mit Wasser und Futter. Jetzt fehlte nur noch der Essensgast.

»Maunzmaunz. Komm, es gibt was zu fressen. Belker! Komm, es gibt was zu fressen«, lockte sie.

Bei Sammie funktionierte das immer. Noch bevor sie das letzte Wort gesagt hatte, war er schon beim Fressnapf. In der Diele waren anschließend die Teppiche verschoben, weil er es so eilig gehabt hatte.

Offenbar war das bei Katzen anders. Oder vielleicht waren sich Siamkatzen zu fein dafür. Irene beschloss sich genauer in der Wohnung umzusehen, teils um die Katze zu finden, teils

51

um eventuell auf etwas zu stoßen, was Lindas Verschwinden erklären könnte.

Die kleine Küche war schnell durchsucht. Entweder war Linda Svensson Anorektikerin oder sie aß nie zu Hause. Die einzigen Esswaren waren ein fast leeres Paket Müsli, ein ungeöffneter Becher Jogurt und eine Tube Kalles Kaviarcreme. Gewürze, ein Pfund Kaffee und ein paar Teebeutel standen und lagen auf einem Bord über dem Herd. Im Gefrierfach gab es nur ein geöffnetes Paket Fischstäbchen. Dagegen fand Irene vier weitere ungeöffnete Dosen Katzenfutter. Zumindest war für Belker gesorgt, auch wenn das Biest nicht klug genug war, sich das Futter zu holen, wenn es ihm serviert wurde.

Das kleine Badezimmer barg keine Geheimnisse, genauso wenig der Schrank in der Diele. In dem großen Zimmer durchsuchte Irene das Regal und den kleinen Kiefernschreibtisch vorm Fenster. Sie setzte sich auf den Drehstuhl und begann, systematisch die Schubladen durchzugehen.

Auch die Schreibtischschubladen verrieten Ordnungssinn. Die ordentlichen Bündel Rechnungen, Ansichtskarten, Briefe und Überweisungsformulare erinnerten in nichts an Irenes eigene Ordnung. Bei ihr zu Hause herrschte das Prinzip, dass das, was zuoberst lag, zuerst erledigt werden musste.

Leider fand sich nirgendwo ein Anhaltspunkt für das Verschwinden von Linda – auch ihr Pass war noch da. Plötzlich wusste Irene auch, warum. Es gab kein Telefonverzeichnis oder Adressbuch und auch keinen Terminkalender. Sie durchsuchte das ganze Zimmer und fand nichts dergleichen. Schlüssel und Portmonee waren ebenfalls nicht zu finden. Und Belker.

Plötzlich stieß Irene mit dem Fuß gegen etwas. Sie bückte sich und schaute unter den Schreibtisch. Ein gelber Telefonnummernanzeiger. »Telia Anita 20« stand mit schwarzen Buchstaben über der Nummernanzeige. Die Buchstaben wiesen tiefe Klauenspuren auf. Ein graues Kabel, das von der Anzeige zum Telefon führte, war herausgerissen. Offenbar hatte Telia Anita dem gelangweilten Belker als Spielzeug gedient.

52

Irene steckte das Kabel wieder ein, aber das Gerät war hinüber. Wahrscheinlich war es kaputtgegangen, als es zu Boden fiel. Sie gab auf. Das führte zu nichts. Irene machte das Licht im großen Zimmer aus und ging in die Diele. Als sie die Hand hob, um das Licht auszuschalten, fragte sie sich noch beiläufig, wo Belker sich eigentlich versteckt haben könnte. Im nächsten Moment wusste sie die Antwort. Nach einem Tigersprung von der Hutablage saß er wie eine wütend fauchende Baskenmütze auf ihrem Kopf. Mit der ganzen Kraft, die eine enttäuschte kleine Siamkatze in ihre winzigen Pfoten legen kann, verkrallte sie sich unter ihrem Kinn. Das tat fürchterlich weh, und Irene fasste instinktiv nach den Vorderbeinen der Katze. Ein glühender Schmerz fuhr durch ihr rechtes Ohr, als Belker seine messerscharfen Zähne darin vergrub.

»Meine Güte. Das sieht wirklich nicht schön aus.«

Schwester Ellen schüttelte teilnahmsvoll den Kopf, während sie damit fortfuhr, Irenes Wunden zu reinigen. Im linken Oberarm pochte es nach der Tetanusspritze, aber das merkte sie kaum vor Schmerzen am Ohr und unterm Kinn. Dr. Löwander trat ein und versuchte sie aufzumuntern.

»Das verheilt ohne Narben. Aber Sie müssen Penicillin nehmen. Ich schreibe Ihnen ein Rezept aus. Die Apotheken haben jetzt allerdings schon geschlossen. Wir geben Ihnen ein paar Tabletten aus dem Medizinschrank mit.«

Er ließ sich auf den Stuhl hinter dem Schreibtisch sinken und fischte einen Rezeptblock aus der Schublade. Ehe er zu schreiben begann, rieb er sich müde die Augen und lächelte Irene entschuldigend an.

»Ich bin jetzt schon seit sechsunddreißig Stunden auf den Beinen. Und dann die Sache mit Schwester Marianne. Und dass Linda verschwunden ist... Ich bin todmüde.«

Irene fand ihn äußerst attraktiv, obwohl die Müdigkeit tiefe Falten um Augen und Mund gegraben hatte. Die Jahre hatten in seinem dunklen Haar ein paar charmante silberne Strähnen an den Schläfen und über der Stirn hinterlassen. Wie ungerecht, dachte Irene, Frauen werden grau und Männer distinguiert. Sie hatte den entschiedenen Eindruck, dass ihre eigene Haarfarbe inzwischen mehr an Stahlwolle erinnerte. Noch ein Jahr, dann war sie vierzig. Es war wirklich höchste Zeit, dass sie mehr an ihr Aussehen dachte. Sie nahm sich vor, bereits am nächsten Tag bei ihrer Friseuse anzurufen, um sich einen Termin zum Haareschneiden und Tönen geben zu lassen.

Sverker Löwander schrieb ein paar Krakel auf den Rezeptblock und riss dann das Blatt ab. Lächelnd überreichte er es Irene. Seine Augen waren müde und blutunterlaufen, aber die Pupillen erstrahlten in einem wunderbaren Meeresgrün. Spontan sagte Irene:

»Ich kann Sie nach Hause fahren. Für mich ist es auch höchste Zeit! Sie werden ja nicht wollen, dass ich überall in der Stadt herumlaufe und erzähle, dass ich direkt aus der Löwander-Klinik komme...«

Sie deutete auf ihr Gesicht, auf dem einige Kompressen klebten. Vor allen Dingen ihr rechtes Ohr sah komisch aus. Es schaute ordentlich in eine Kompresse verpackt und zugepflastert zwischen ihren Haaren hervor.

»Das wird alles sehr gut verheilen. Und es wäre mir sehr recht, wenn Sie mich fahren könnten«, sagte er.

Kommissar Andersson kam gemächlich durch die Tür geschlendert, als Sverker Löwander sich gerade fertig machen wollte.

»Zeit zum Nachhausegehen?«, fragte der Kommissar.

Löwander nickte. Ehe er durch die Tür verschwand, drehte er sich zu Irene um und sagte:

»Sie können hier warten. Ich ziehe mich nur eben um.«

Der Kommissar hob viel sagend die Augenbrauen, als der Arzt verschwunden war.

»So so. Machst du mit dem Doktor einen Ausflug?«, sagte er.

Verdammt, warum wurde sie nur rot? Sie riss sich zusammen und hoffte nur, dass die Kompressen die roten Flecken auf den Wangen verbergen würden.

»Ich dachte, dass ich die Gelegenheit dazu nutzen könnte, um mich mit ihm zu unterhalten. Er ist schließlich der Chef und muss sein Personal kennen.«

Andersson nickte.

»Ich habe mich mit ihm heute Nachmittag bereits unterhalten. Er sagt, dass er Marianne Svärd nicht näher kannte. Zum einen arbeitete sie nachts, zum anderen war sie wohl nicht der zwanglose Typ. Freundlich und tüchtig. Gewissenhaft, was die Arbeit angeht. Mehr hatte er nicht über sie zu sagen. Dagegen schien er wegen Linda Svensson sehr besorgt zu sein. Das ist vermutlich verständlich, wenn man bedenkt, was Marianne Svärd zugestoßen ist. Er hat Linda als fröhlich und tüchtig beschrieben. Sie kennt er besser, da sie tagsüber arbeitet. Aber ich glaube nicht, dass der Mord an Marianne und das Verschwinden von Linda etwas miteinander zu tun haben. Der Mord ist hier im Krankenhaus verübt worden. Linda hatte frei und ist aus ihrer Wohnung verschwunden. Deswegen glaube ich, dass wir diesen Ex-Freund von ihr suchen sollten. Ich habe Birgitta Moberg telefonisch gebeten, ihn ausfindig zu machen.«

Er ließ sich auf den Schreibtischstuhl sinken, der mit einem Knirschen gegen sein Gewicht protestierte, und sah auf den Rücken von Schwester Ellen. Diese verteilte Pillen in kleine rote Plastikbecher. Vorsichtig meinte Irene:

»Entschuldigen Sie, aber ich muss Sie noch etwas fragen.«

Ellen Karlsson drehte sich um und nickte.

»Ja?«

»Ich habe hier heute mit verschiedenen Schwestern gesprochen. Etwas ist mir aufgefallen. Entweder sind die Schwestern sehr jung, oder sie sind über fünfzig. Wo sind alle Dreißig- und Vierzigjährigen?«

Schwester Ellen seufzte tief, ehe sie antwortete:

»Die verschwanden Ende der achtziger, als sie zwischen zwanzig und dreißig waren. Eine ganze Station hat damals zu-

55

gemacht. Nur wir älteren blieben. Obwohl wir damals natürlich auch zehn Jahre jünger waren als heute.«

»Warum wurden Marianne Svärd, Linda Svensson und Anna-Karin auf der Intensiv angestellt?«, wollte Irene wissen.

»Drei ältere Schwestern gingen innerhalb von sechs Monaten in Rente. Deswegen kamen Marianne, Linda und Anna-Karin fast gleichzeitig.«

»Gibt es noch andere Schwestern, die jetzt bald in Rente gehen?«

»Dieses Jahr sind es noch drei. Siv Persson, Greta unten von der Aufnahme und Margot Bergman von der Intensiv.«

»Ich habe sowohl mit Margot Bergman als auch mit Greta gesprochen... mal überlegen... wie hieß sie noch mit Nachnamen...«

»Norén«, ergänzte Ellen Karlsson.

»Genau. Danke. Keine der beiden schien Marianne und Linda näher zu kennen. Schwester Margot fand Marianne angenehm und tüchtig. Das war alles.«

Ellen Karlsson warf Irene einen langen Blick zu, ehe sie sagte:

»Der Altersunterschied ist zu groß. Man sieht sich nicht privat, nur in der Arbeit.«

Die Einzige, die Marianne und Linda auch in der Freizeit getroffen hatte, war Anna-Karin. Irene hatte das Gefühl, dass der Mord an Marianne und das Verschwinden von Linda zusammenhingen, auch wenn der Kommissar nicht daran glaubte. Sie würde die junge Dame auf der Intensiv noch einmal befragen müssen. Bei all ihrer Gereiztheit wusste sie vielleicht etwas, was Licht auf die Ereignisse der letzten vierundzwanzig Stunden werfen konnte. Oder gab es zwischen den beiden Vorfällen keinen logischen Zusammenhang? Noch deutete nichts darauf hin, dass Linda Svensson Opfer irgendeines Verbrechens geworden war. Irene wünschte innerlich, dass es für ihr Verschwinden eine natürliche Erklärung geben würde.

Irene hatte umsonst darauf gehofft, weitere Informationen aus Sverker Löwander herauszuholen, während sie ihn nach Hause fuhr. Zum einen schlief er sofort ein, nachdem er sich in den Beifahrersitz hatte sinken lassen, zum anderen wohnte er auf der Drakenbergsgatan, nur knapp zwei Kilometer von der Löwander-Klinik entfernt.

Als Irene in die Auffahrt von Löwanders Einfamilienhaus einbog, stieß sie fast mit einem dunklen BMW zusammen, der rückwärts aus der Garage schoss. Es war eines der größeren Modelle und, so weit Irene beurteilen konnte, eines der neuesten. Mit quietschenden Reifen kamen beide Wagen zum Stehen. Die Fahrertür des BMW wurde aufgerissen und eine Frau warf sich aus dem Fahrzeug, ehe dieses noch richtig zum Stillstand gekommen war. Mit drei langen Schritten war sie bei Irenes Volvo.

»Was fällt Ihnen eigentlich ein, hier so reinzufahren!«, schrie sie.

Sverker Löwander war vom heftigen Bremsen aufgewacht. Die Frau beugte ihr wütendes Gesicht vor, um Irene näher in Augenschein zu nehmen. Diese hatte damit begonnen, das Fenster herunterzukurbeln. Ehe sie noch antworten konnte, hörte sie Sverker Löwanders müde Stimme:

»Das hier ist Kriminalinspektorin Huss. Sie hatte die Freundlichkeit, mich nach einem der schlimmsten Tage meines Lebens nach Hause zu fahren. Du hast dich schließlich dazu nicht herablassen können.«

Irene war vollkommen perplex, wie schnell sich das Gesicht der Frau knapp einen Meter vor ihr verwandelte. Die wutverzerrte Miene verschwand, und in dem schönen Gesicht regierten jetzt reine und kühle Linien. Das Ganze ging so schnell, dass Irene fast meinte, sich das wutentbrannte Aussehen der Frau nur eingebildet zu haben.

Sie war geringfügig kleiner als Irene. Ihr Haar war dick, blond und an den Schultern gerade abgeschnitten. In der Beleuchtung der Garagenauffahrt sah Irene, dass sie stark sonnengebräunt war. Da es noch kaum Mitte Februar war, musste sie davon ausgehen, dass es sich um Solariumbräune handelte.

»Du weißt doch, dass ich dich dienstags nicht abholen kann. Ich höre um fünf auf, und das Studio fängt schon um halb sieben an. Warum hast du nicht den Mazda genommen?«

Sie hatte eine weiche und angenehme Stimme, möglicherweise mit einem fast unmerklichen metallischen Unterton. Oder bildete sich Irene das nur ein, weil diese Frau jünger und schöner war als sie selbst?

»Ich bin zu Fuß zur Arbeit gegangen. Gestern früh«, sagte Löwander seufzend.

Er stieg aus dem Wagen und ging durch das offene Garagentor. Irene hörte, wie er in der Garage eine Tür öffnete und wieder schloss. Sie stieg ebenfalls aus dem Volvo, streckte der Frau die Hand hin und stellte sich vor:

»Kriminalinspektorin Irene Huss.«

Die Frau gab ihr eine kühle Hand und drückte die ihre überraschend fest.

»Carina Löwander.«

»Haben Sie gehört, was in der Löwander-Klinik passiert ist?«

»Ja. Mein Mann hat mich heute Morgen in der Arbeit angerufen. Aber wir konnten uns noch nicht ausführlicher unterhalten.«

Sie hielt inne und schaute ausgiebig und demonstrativ auf ihre schöne Armbanduhr mit gewölbtem Glas und metallicblauem Zifferblatt.

»Entschuldigen Sie, aber das Training beginnt in einer Viertelstunde. Und ich leite es«, sagte sie mit einem Lächeln.

Sie drehte sich auf ihren hohen Absätzen um, zog ihre Pelzjacke zurecht und ließ sich dann graziös in den BMW gleiten. Irene blieb nichts anderes übrig, als dasselbe zu tun. Aber mit Curlingstiefeln, verschlissener Lederjacke und einem alten rostigen Volvo 240 ergab das nicht dasselbe Bild. Außerdem konnte ein Flickenteppich aus Kompressen auf einem müden

58

Gesicht ohnehin nicht mit perfekter Haut und frischer Sonnenbräune konkurrieren.

Die Kommentare der Familie fielen genauso aus, wie sie sich das gedacht hatte:

»Was hast du nur angestellt?«

»Wie sieht der aus, der das mit dir gemacht hat?«

»Nur weil du bei den Schönheitschirurgen bist, musst du dich doch nicht gleich unters Messer werfen?«

Letzteres hatte Krister witzig gemeint, aber Irene war nicht zum Scherzen aufgelegt. Die Kommentare ihrer Töchter erwiderte sie kurz mit:

»Legt euch nie 'ne Katze zu!«

Sammie kam angerast und bezeugte Irene seine Anteilnahme. Als sie sich zu ihm hinunterbeugte, um seinen weichen weizenfarbenen Pelz zu streicheln, schnupperte er misstrauisch an ihren Kompressen.

Natürlich war sie gezwungen, der ganzen Familie zu erzählen, was vorgefallen war. Sie erstattete jedoch nur in Auszügen über die dramatischen Vorfälle des Tages Bericht. Gleichzeitig rollte sie Spaghetti auf ihre Gabel. Die ganze Familie aß an diesem Tag spät. Irene und Krister, weil sie spät von der Arbeit gekommen waren, Katarina, weil sie direkt nach der Schule zum Jiu-Jitsu-Training gegangen war, und Jenny, weil ihr Gitarrenunterricht erst um halb sieben zu Ende war. In letzter Zeit war die Familie nur noch selten vollständig um den Esstisch versammelt. Irene fand es gemütlich, alle um sich zu haben. Plötzlich fiel ihr auf, dass Jenny sich keine Hackfleischsauce zu ihren Nudeln genommen hatte. Die Schüssel stand neben ihr, und sie reichte sie ihrer Tochter. Diese sah auf die braunrote, tomatenduftende Sauce und schüttelte dann entschieden den Kopf.

»Ich esse kein Fleisch mehr«, sagte sie.

»Kein Fleisch? Warum?«, wollte Irene wissen.

»Ich will keine toten Tiere essen. Die haben dasselbe Recht zu leben wie wir. Alle Tierhaltung ist Folter.«

»Hast du deswegen auch aufgehört, Milch zu trinken?«

»Ja.«

»Warum?«

»Die Milch der Kühe ist für die Kälber da, nicht für uns Menschen.«

Kristers Stimme klang wütend, als er aufbrauste:

»Was sind das für Dummheiten? Bist du jetzt auch so eine verdammte Vegetarierin geworden?«

Jenny sah ihm lange direkt in die Augen, ehe sie antwortete:

»Ja.«

Um den Esstisch herum wurde es still. Katarina unterbrach das Schweigen.

»Sie sagt, dass ich meine neuen Stiefel nicht tragen darf«, sagte sie sauer.

»Die sind aus Leder! Es gibt wärmere und bessere aus Textilmaterial!«

»Und dann durfte ich heute Morgen keinen Honig in den Tee tun!«

»Nee! Denn der gehört den Bienen!«

Die beiden Mädchen schauten sich wütend an. Krister blickte grimmig. Er war gelernter Koch und bereitete alle möglichen Gerichte meisterhaft zu. Mit verräterisch sanfter Stimme fragte er:

»Und was gedenkst du dann zu essen?«

»Es gibt eine Menge prima Essen, das nicht von ermordeten oder gequälten Tieren stammt. Gemüse, auch Wurzelgemüse, Obst, Beeren, Getreide, Nüsse und Hülsenfrüchte. Außerdem gibt es Pflanzenfett.«

Es klang auswendig gelernt, als Jenny ihre Essensliste herunterbetete. Das war es sicher auch. Wo hatte sie das nur her?

Die nette, gemeinsame Mahlzeit hatte eine beunruhigende Wendung genommen. Krister war ein friedliebender und freundlicher Mensch, aber Essen war seine große Leidenschaft, sowohl beruflich als auch in der Freizeit. Das sah man seinem Bauch auch langsam an. Das ist wohl Berufsrisiko, dachte Irene zärtlich. In ein paar Jahren würde er fünfzig werden. Er sollte vielleicht etwas mit seinem Gewicht aufpassen. Sie selbst verabscheute es, zu kochen. Das hatte sie stets dankbar Krister überlassen.

Sein Tonfall war hart und kurz, als er sagte:

»In diesem Fall kannst du dir dein Kaninchenfutter selber zubereiten! Wir anderen gedenken weiterhin so zu essen wie bisher.«

Um den Tisch wurde es still.

KAPITEL 6

Du solltest langsam mal die Rasierklinge wechseln.«

»Es stimmt also, dass wilde Katzen auch nicht immer unge-schoren davonkommen!«

»Warst du so wild darauf, dich liften zu lassen?«

Die frechen Kommentare hagelten um Irenes eingepacktes Ohr herum. Sie war diesen Jargon gewöhnt und nahm ihn nicht weiter krumm. Er war das wohl bekannte Indiz für die Nervosität, die sich immer zu Beginn einer Ermittlung ein-stellte, besonders dann, wenn es um einen komplizierteren Fall ging. Die Scherze und Sticheleien nahmen etwas von der Span-nung, die alle empfanden.

Irene blickte in die Runde. Sechs Inspektoren, der Kommis-sar und der Polizeitechniker Svante Malm waren zugegen. Der Kommissar sah müde und überarbeitet aus. Fredrik Stridh neben ihm wirkte alles andere als das. Er war der jüngste von ihnen allen, aber das war nicht der einzige Grund. Seine ganze Gestalt pulsierte von gezügelter Energie. Irene seufzte innerlich. Es war erfreulich, dass Leute wach und aufmerksam wurden, aber Morde ließen sich nicht durch jugendlichen Enthusiasmus lösen. Morde wurden durch langweilige Routinearbeit gelöst, Überprüfungen, nochmalige Überprüfungen, Verhöre und er-neute Verhöre. Ein routinemäßiges Durchkämmen. Am Schluss hatte man hoffentlich ein Bild des Mörders oder wusste, wie er vorgegangen war.

Birgitta Moberg war die zweite Inspektorin in der Gruppe.

Sie und Fredrik Stridh hatten im vergangenen Jahr eine kurze Affäre gehabt. Sie war im Sand verlaufen, als Birgitta für zwei Monate nach Australien gefahren war und Fredrik sie nicht begleiten durfte. Mehrere Wochen lang war er sauer und verdrossen gewesen, hatte dann aber wieder zu seinem alten Ich zurückgefunden. Sie hieß Sandra, hatte sich Irene sagen lassen. Mit ihrem blonden Haar und ihren funkelnden braunen Augen war Birgitta eine schöne Frau. Sie sah jünger aus als ihre dreißig.

Inspektor Jonny Blom hatte schon ein paar Jahre mehr als Irene bei der Mordkommission auf dem Buckel. Er war verheiratet und hatte vier Kinder. Seine giftigen Kommentare und rohen Scherze bereiteten Irene Mühe, sie musste jedoch zugeben, dass er ein sehr guter Polizist war. Vor allem war er ein tüchtiger und geschickter Verhörleiter.

Tommy Persson saß auf der anderen Seite von Irene. Er war nicht nur derjenige, mit dem sie am engsten zusammenarbeitete, sondern auch ihr bester Freund. Anfangs hatten ihre Kollegen ihr Verhältnis kommentiert, aber mittlerweile hatten sie sich daran gewöhnt. Irene und Tommy hatten zusammen die Polizeischule besucht und waren seitdem gute Freunde.

Schließlich schaute Irene auf den ältesten der Inspektoren. Hans Borg war vierundfünfzig und damit zwei Jahre jünger als der Kommissar. Aber verglichen mit Hans Borg war dieser ein Phänomen an Gewandtheit. Borg hatte sein eigenes soziales Schutznetz erfunden: Er war Frührentner mit Arbeitsplatz und ohne Lohneinbuße.

»Da wären wir also vollzählig. Ich beginne mit einer Zusammenfassung der Ereignisse des gestrigen Tages.«

Andersson referierte die Umstände des Mordes an der Nachtschwester Marianne Svärd. Die Verdunkelung des Krankenhauses und die Sabotage des Notstromaggregates schienen vom Mörder genauestens geplant worden zu sein, die Aussage von Siv Persson über das Krankenhausgespenst Tekla war jedoch merkwürdig.

»Aber irgendwas muss die Gute doch schließlich gesehen haben? Oder hatte sie Halluzinationen?«, wollte Fredrik Stridh wissen.

Andersson nickte: »Irgendetwas hat sie sicher gesehen. Die Frage ist nur, was? Oder wen?«

»Ach was! Eine hysterische Alte, die Angst im Dunkeln hat. Darum brauchen wir uns doch wohl nicht zu kümmern!«, meinte Jonny Blom höhnisch.

»Hättest du das auch gesagt, wenn ein älterer Mann diese Aussage gemacht hätte?«, warf Birgitta Moberg ein.

Jonny Blom tat so, als hätte er sie nicht gehört.

Tommy Persson räusperte sich leicht, ehe er seine Ansicht kundtat. »Ich glaube, dass sie jemanden gesehen hat. Nämlich die Person, die das Notstromaggregat lahm legte und Marianne Svärd ermordete.«

Irene nickte zustimmend.

»Im ganzen Krankenhaus war es dunkel, und nach dem Tod von Nils Peterzén und dem Verschwinden von Marianne war sie verständlicherweise außer sich. Sie hat jemanden gesehen. Wahrscheinlich den Mörder.«

Andersson sah Irene nachdenklich an, ehe er antwortete:

»Sie hatte sicherlich Angst. Aber sie behauptete mit Bestimmtheit, dass sie die Gestalt sehr deutlich gesehen hat. Es war kalt und sternenklar. Der fast volle Mond schien durch das Dielenfenster und beleuchtete die Gestalt. Laut Siv Persson trug sie eine altmodische Schwesterntracht. Langes, schwarzes Kleid und weiße Haube.«

Jonny brach das Schweigen, das nach der letzten Bemerkung des Kommissars entstanden war.

»Sag bloß nicht, dass wir jetzt auch noch anfangen sollen, Gespenster zu jagen!«, rief er.

Andersson warf ihm einen irritierten Blick zu.

»Nein. Aber die Frage ist, was wir jagen sollen«, sagte er kurz.

Er wandte sich an Svante Malm und meinte hoffnungsvoll:

»Vielleicht hast du irgendwelche Anhaltspunkte?«

»Wir wissen nicht viel, außer, dass wir es mit einem Mörder zu tun haben. Einem Mörder mit guten Ortskenntnissen und Schlüsseln«, sagte Malm.

»Schlüsseln?«

»Ja. Nirgendwo sind die Schlösser aufgebrochen oder beschädigt worden – weder bei der Außentür noch bei den Türen innerhalb des Hauses. Die Haupttür vorne wird jeden Tag um 17 Uhr abgeschlossen. Die Hintertür ist immer abgeschlossen. Rund um die Uhr.«

»Aber bis 17 Uhr kann also jeder, der will, ins Haus schleichen und sich dort verstecken? Beispielsweise im Keller?«, sagte Irene.

»Ja. Theoretisch geht das. Aber in der Eingangshalle befinden sich die Telefonvermittlung und der Empfang. Dort sitzt immer jemand, bis abgeschlossen wird. Das heißt, bis 17 Uhr.«

Andersson seufzte und sagte:

»Das ist immer so eine Sache mit den Schlüsseln und den Schließzeiten. Der große Vorteil dabei ist nur, dass es die Zahl der Verdächtigen eingrenzt.«

Alle nickten zustimmend. Malm fuhr fort.

»Der eine Schuh von Marianne Svärd wurde im Fahrstuhl gefunden. Wahrscheinlich wurde sie darin in den Keller transportiert. Der Mörder verwendete gepuderte Gummihandschuhe. Ihre Strümpfe waren an den Fersen schwarz und sie hatte weiße Puderflecken unter den Unterarmen. Das deutet darauf hin, dass sie im Feuerwehrgriff weggeschleift wurde. Wahrscheinlich war sie bereits tot, als sie im Aufzug in den Keller gebracht wurde.«

»Als der Mörder die Tür zur Elektrozentrale öffnete, musste er Mariannes Leiche auf den Boden legen. Oder?«, fragte Birgitta.

»Ja. Auch diese Tür ist immer abgeschlossen.«

»Als er die Tür geöffnet hatte, brachte der Mörder Marianne wieder in eine aufrechte Stellung und stieß sie in den Raum.

65

Sie landete auf dem Notstromaggregat, aber das war dem Mörder egal. Für ihn ging es hauptsächlich darum, Mariannes Leiche zu verstecken«, stellte Birgitta fest.

»Warte. Das stimmt nicht. Wenn es ihm hauptsächlich darum gegangen wäre, Mariannes Leiche zu verstecken, hätte er dazu wohl nicht das ganze Krankenhaus verdunkeln müssen. In der Elektrozentrale sucht man den Fehler doch zuerst«, wandte Irene ein.

Svante Malm nickte zustimmend.

»Es wurde kein Versuch unternommen, die Leiche zu verstecken. Auch die Sabotage des Notstromaggregats war nicht weiter ausgefeilt. Sämtliche Kabel wurden durchgeknipst. Es muss passiert sein, ehe der Hauptschalter umgelegt wurde.«

»Wie willst du das wissen?«, fragte Fredrik.

»Wenn es hinterher gemacht worden wäre, dann hätte das Aggregat auf den Spannungsabfall reagiert und wäre angesprungen. Außerdem hätte der Saboteur in der Dunkelheit nichts gesehen. Die Sabotage wurde vor dem Stromabbruch durchgeführt.«

Tommy Persson sagte nachdenklich:

»Also wurde Marianne Svärd mit hundertprozentiger Sicherheit ermordet, ehe der Strom abgestellt wurde. Anders hätte man sie gar nicht im Aufzug transportieren können. Der Mörder hätte auch sonst im Keller und in der Elektrozentrale seinen Weg nicht gefunden.«

»Das liegt auf der Hand. Wir haben den Seitenschneider nicht gefunden, mit dem der Mörder die Kabel des Aggregats abgeknipst hat, aber es muss ein ziemliches Ding gewesen sein.«

»Hast du die Schlinge gefunden?«, wollte Andersson wissen.

»Nein.«

»Ich habe die Stridner gestern Abend angerufen, aber sie war mit der Obduktion noch nicht ganz fertig. Heute Mittag wissen wir mehr. Vielleicht gehe ich ja selbst in die Pathologie und versuche etwas herauszufinden. Das geht schneller, als zu warten, bis sie sich bequemt, hier anzurufen.«

»Wirklich ein richtiger Drachen in den Wechseljahren!«, meinte Jonny voll Überzeugung. Er war sich bewusst, dass seinem Chef dieser Kommentar gefallen würde.

Andersson widersprach nicht, aber murmelte der Ordnung halber, dass sie eine begabte Pathologin sei.

Malm räusperte sich, um die Aufmerksamkeit wieder auf sich zu lenken.

»Wir haben die Kleider von Marianne Svärd gestern abgesaugt. Auf der Rückseite ihrer Kittelbluse waren mit bloßem Auge dunkle Fasern zu erkennen. Wir haben damit angefangen, sie uns näher anzuschauen. Es scheint sich um dünne Wollfasern zu handeln.«

»Gib mir Kraft und Stärke! Schon wieder das Gespenst. Das Gespenst trug eine schwarze Schwesterntracht«, sagte Irene.

»Aber wissen wir, dass diese aus Wolle war? Oder ob sie dunkelblau, dunkelgrau oder dunkelgrün war? Es ist schwer, im Dunkeln Farben zu unterscheiden«, meinte Birgitta.

»Gespenster haben Kleider aus Ektoplasma«, sagte Jonny bissig.

Andersson hatte begonnen rot anzulaufen. Er zischte:

»Genau! Wisst ihr, wie ihr euch anhört? ›Das Gespenst hatte ein schwarzes Kleid. Oder war es grau?‹ Polizisten jagen keine Gespenster und das aus dem einfachen Grund, weil es keine Gespenster gibt! Wir jagen leibhaftige Verbrecher. Dieser hier war äußerst leibhaftig. Er hat Marianne ermordet und dann alle Kabel zum Aggregat abgeknipst. Dafür gesorgt, dass das ganze Krankenhaus im Dunkeln lag. So etwas tun Gespenster nicht. Aus dem einfachen Grund, weil es sie nicht gibt. Und wenn es sie gäbe, würden sie auf jeden Fall nicht das tun, was dieser Mörder in der Löwander-Klinik getan hat!«

Der Kommissar musste Luft holen. Niemand wies ihn darauf hin, dass der Schluss seiner Argumentation unlogisch war. Natürlich hatte er bis zu einem bestimmten Punkt Recht, Siv

Perssons Zeugenaussage konnten sie deswegen nicht einfach ignorieren. Was immer sie nun gesehen hatte.

Malm ergriff erneut das Wort:

»Eines ist merkwürdig. In Mariannes Kittelbluse lag das hier.«

Er hielt vor der Versammlung eine Plastiktüte hoch. In dieser lag ein Kalender mit einem dicken Einband. Einer der beliebten Marke Filofax.

»Ich habe mir den angeschaut. Das scheint nicht Marianne Svärds Kalender gewesen zu sein. Innen auf dem Deckel steht der Name Linda Svensson.«

Ein verblüfftes Schweigen machte sich im Raum breit. Irene war die Erste, die wieder etwas sagte:

»Warum hatte Marianne Svärd Linda Svenssons Kalender in der Tasche?«

Keiner hatte eine plausible Erklärung dafür. Vielleicht gab es einen einfachen Grund dafür, aber Irene spürte, wie es ihr eiskalt den Rücken herunterlief. Das war nicht gut, es war tatsächlich alles andere als gut.

Da sie mit dem Mord an Marianne nicht weiterkamen, wandte sich Andersson dem Verschwinden von Linda Svensson zu. Irene erzählte davon, wie sie die Wohnung durchsucht hatte. Sie erwähnte, dass sie weder ein Telefon- noch ein Adressbuch gefunden hatte. Außerdem erwähnte sie das kaputte Display. Auf ihre Rauferei mit Belker ging sie nicht näher ein.

Andersson fuhr fort:

»Wir haben gestern überall nach Linda Svensson fahnden lassen. Wir haben mit ihren Eltern in Kungsbacka gesprochen. Dort hat sie sich nicht blicken oder von sich hören lassen. Die neue Adresse ihres Exfreundes hatten die Eltern auch nicht.«

»Aber die habe ich! Da ich seinen Namen und seine alte Adresse hatte, habe ich einfach bei der Post gefragt, ob er einen Nachsendeauftrag gestellt hat«, sagte Birgitta triumphierend.

»Gut. Dann kannst du ja heute versuchen, ihn ausfindig zu machen. Zur Vernehmung kannst du anschließend Tommy oder sonst jemanden mitnehmen. Irene?«

»Ich denke gerade über etwas nach, was Anna-Karin gestern gesagt hat. Sie arbeitet auf derselben Station wie Marianne. Tagsüber. Sie ist nur wenig jünger, und sie kannten sich auch privat. Sie meinte, sie hätte das Gefühl gehabt, Marianne hätte ihre Stelle am Krankenhaus-Ost gekündigt, weil sie einen bestimmten Typen nicht mehr jeden Tag treffen wollte. Vielleicht wäre es interessant, herauszufinden, wer dieser Mann ist.«

»Aber das ist doch schon zwei Jahre her. Nun ja, warum nicht. Du kannst ja mal im Östra Erkundigungen einziehen und auch versuchen, ihren Exmann zu treffen. Ich habe seine Adresse ...«

Der Kommissar begann wie besessen in dem Papierberg auf dem Tisch vor sich zu wühlen. Nach langem Suchen fand er das Gewünschte und wedelte mit einem zerknitterten Zettel.

»Hier!«

Irene nahm ihn und las unkonzentriert.

Andreas Svärd, Privatadresse, Majorsgatan, und Büroadresse, eine Anwaltskanzlei auf der Avenyn. Alles offensichtlich ziemlich edel.

Andersson fuhr fort:

»Fredrik und Hans, ihr könnt bei den Häusern rund um die Löwander-Klinik weiter an den Türen klopfen. Wir interessieren uns hauptsächlich für die Zeit um Mitternacht zwischen Montag und Dienstag. Wir sollten vielleicht auch fragen, ob jemand Linda Svensson gesehen hat. Diese Frau ist wie vom Erdboden verschluckt! Vielleicht haben sich Linda und Marianne am Abend getroffen, wenn man an den Taschenkalender in Mariannes Tasche denkt.«

Irene schauderte es bei seinen letzten Worten. Wieder begannen ihre inneren Warnlichter zu leuchten.

»Jonny. Du kannst dich um das Verschwinden von Linda Svensson kümmern. Das hier ist ihr Passbild. Es ist vor knapp einem Jahr aufgenommen worden.«

»Schöne Frau«, meinte Jonny und betrachtete eingehend das Foto.

69

Irene streckte die Hand aus und bat, es sehen zu dürfen. Am Vorabend hatte sie nicht die Zeit gehabt, den Pass eingehend zu betrachten.

Größe ein Meter achtundfünfzig, stand im Pass. Selbst Irene fiel auf, das Linda süß war. Das lange, goldblonde Haar fiel ihr weich und voll über die Schultern. Ihr Lächeln war reizend, mit deutlichen Grübchen in den Wangen. Die Augen waren blau und funkelten in die Kamera.

Auf dem Tisch lag ebenfalls ein Passbild von Marianne Svärd, das vor vier Jahren aufgenommen worden war. Ihre Größe war mit ein Meter sechzig angegeben. Auch sie sah gut aus, aber auf eine alltäglichere Art als Linda. Das Haar war sehr dunkel, dicht und lang. Die Augen waren groß und braun und hatten einen ernsten Ausdruck, der sich um den Mund herum fortsetzte. Marianne Svärd hatte nicht den Esprit, der sich auf dem Foto von Linda erahnen ließ. Aber sie hatten trotzdem einiges gemeinsam. Sie arbeiteten beide als Krankenschwestern in derselben Klinik und waren in etwa gleich alt. Innerhalb desselben Zeitraums war ihnen beiden etwas Dramatisches zugestoßen. Irene hoffte inständig, dass Linda nicht auch tot war. Aber was war ihr zugestoßen? Und wo war sie?

»Ich werde selbst mit den Eltern von Marianne Svärd sprechen. Danach fahre ich vielleicht noch zur Pathologie. Um 15 Uhr ist Pressekonferenz. Es wäre gut, wenn ihr mich verständigen könntet, falls ihr etwas herausfindet. Andernfalls sehen wir uns hier um 17 Uhr wieder«, schloss Andersson.

Irene begann damit, es unter der Privatnummer von Anwalt Svärd zu versuchen. Niemand hob den Hörer ab, und sie versuchte es unter seiner Büronummer. Ein Anrufbeantworter setzte sie davon in Kenntnis, dass die Kanzlei erst um neun Uhr öffnete. Bis dahin war es noch eine halbe Stunde, und diese Zeit nutzte sie, um Informationen über Andreas Leonhard Svärd einzuholen. Beide Eltern waren noch am Leben und wohnten in Stenungsund, wo Andreas vor dreiunddreißig

Jahren zur Welt gekommen war. Aus einer Eingebung heraus ging Irene ins Zimmer von Kommissar Andersson und erkundigte sich nach der Adresse der Eltern von Marianne Svärd. Die Eltern von Marianne und Andreas waren Nachbarn. Das war vielleicht unwichtig, aber Irene beschloss, irgendwann auch die Eltern des Anwalts zu befragen.

Ehe sie wieder die Nummer der Anwaltskanzlei wählte, rief sie bei ihrer Friseuse an und ließ sich einen Termin zum Haareschneiden und Tönen geben. Sie bekam einen in genau einer Woche am Spätnachmittag, was ihr sehr gelegen kam.

Zufrieden mit sich, wählte sie die Nummer von Svärds Büro. Eine angenehme Frauenstimme meldete sich:

»Anwaltskanzlei Svärd. Lena Bergman.«

»Guten Morgen. Hier ist Kriminalinspektorin Irene Huss. Ich würde gerne mit Andreas Svärd sprechen.«

Die Sekretärin holte hörbar Luft, ehe sie antwortete:

»Er ist heute nicht hier. Er ist auf einer Konferenz in Kopenhagen und kommt erst heute Abend wieder zurück. Ich nehme an, es geht um diese schreckliche Sache mit Marianne?«

Irene fuhr zusammen. Am Morgen hatte noch nichts über den Mord in den Zeitungen gestanden. Das würde jedoch bei den Abendzeitungen anders aussehen. Am Morgen hatte die Presse nur eine kurze erste Meldung erhalten.

»Woher wissen Sie, was Marianne Svärd zugestoßen ist?«, fragte sie scharf.

»Mariannes Mutter hat vor einer Weile angerufen und wollte ebenfalls mit Andreas … Rechtsanwalt Svärd reden. Sie war vollkommen verzweifelt und hat am Telefon geweint. Als ich sie gefragt habe, was los ist, hat sie von dem Mord erzählt. Furchtbar!«

»Ein Mord ist immer furchtbar. Haben Sie Marianne gekannt?«

»Nein. Ich arbeite hier erst seit zwei Jahren. Sie waren bereits geschieden, als ich hier angefangen habe.«

Irene dachte kurz nach. Zwei Jahre. Ebenso lange wie Ma-

71

rianne in der Löwander-Klinik gearbeitet hatte. War das ein Zufall?

»Kannten Sie Anwalt Svärd bereits, ehe Sie in der Kanzlei angefangen haben?«, fragte sie deswegen.

»Nein. Ich habe mich genau wie alle anderen auf eine Anzeige beworben.«

Lena Bergman klang sowohl erstaunt als auch beleidigt. Irene beschloss, bei Gelegenheit noch einmal auf die Sekretärin zurückzukommen. Sie verabschiedeten sich voneinander und legten auf. Irene brauchte jetzt so schnell wie möglich drei Tassen Kaffee, um richtig in Gang zu kommen. Dann wollte sie sich zum Krankenhaus-Ost begeben und versuchen, herauszufinden, wer der Mann war, dessen Anblick Marianne Svärd nicht mehr hatte ertragen können.

Die drei riesigen Blöcke aus gelbem Ziegel erhoben sich in den kalten, kristallblauen Februarhimmel. Irene parkte vor dem größten Block, dem so genannten Zentralkomplex. Sie ging davon aus, dass Marianne Svärd dort gearbeitet hatte. In den beiden anderen Hochhäusern waren die Kinderklinik und die Frauenklinik untergebracht. Ihre Zwillinge waren hier auf der Entbindungsstation zur Welt gekommen, da sie und Krister damals noch in der Smörslottsgatan gewohnt hatten.

Die riesigen Ventilatoren der Klimaanlage brausten, die Glastüren öffneten sich automatisch vor ihr, und sie trat in das große Entree. Sie blieb stehen und betrachtete einen großen Gobelin an der Wand, ehe sie sich nach Wegweisern umsah. Diese zeigten in Richtung der Aufzüge weiter hinten. Auf dem Weg dorthin kam sie an einer großen Cafeteria, einem Friseursalon und einem Laden vorbei. Der Ladeninhaber stellte gerade den ersten Aushänger von einer der Abendzeitungen auf: »Krankenschwester ermordet!«, schrie es ihr entgegen. Da stand noch mehr, aber Irene las nicht weiter. Sie wusste, worum es ging.

Sie nahm den Aufzug zur Intensivstation. Die Tür war verschlossen, und auf dem Schild wurde gebeten zu klingeln. Irene tat es und eine Schwester mit Mundschutz öffnete.

»Ja?«, fragte sie gehetzt.

»Guten Morgen. Ich bin Inspektorin Irene Huss. Ich suche den Chef der Intensivstation.«

»Dr. Alm ist im OP.«

»Kann ich dann vielleicht mit jemand anderem sprechen? Es geht um eine Krankenschwester, die hier früher einmal gearbeitet hat, Marianne Svärd.«

Die Schwester zog den Mundschutz unter das Kinn und sah Irene verwundert an.

»Marianne? Was kann die Polizei nur über sie wissen wollen?«

»Kennen Sie sie?«

»Ja. Wir haben zusammen hier gearbeitet.«

»Hat Schwester Marianne damals tagsüber oder nachts gearbeitet?«

»Tagsüber. Wieso fragen Sie das?«

«Sie ist das Opfer eines Verbrechens geworden. Wie lange haben Sie mit ihr zusammengearbeitet?«

»Zwei Jahre. Dann hat sie in der Löwander-Klinik angefangen.«

»Warum das?«

Die Schwester antwortete nicht, sondern biss sich auf die Unterlippe. Schließlich lächelte sie und meinte:

»Auch wenn Sie ziemlich verpflastert sind, glaube ich nicht, dass sie auf der Intensiv richtig sind.«

Wirklich erstaunlich, was für Reaktionen ein paar winzige Kompressen hervorriefen, aber dieses Mal ließ sich Irene nicht ablenken. Es war vollkommen offensichtlich, dass die Schwester ihre Frage nicht beantworten wollte. Ungerührt sagte sie:

»Ich benötige auch nicht die Hilfe einer Intensivstation, sondern nur ein paar Auskünfte über Marianne Svärd. Deswegen stelle ich meine Frage noch einmal. Warum hat Marianne Svärd hier auf der Station aufgehört?«

73

Die Schwester zog den Mundschutz wieder hoch.

»Sie… ich gehe den Stationspfleger holen«, murmelte sie.

Eilig schloss sie die Tür. Die Sekunden wurden zu Minuten, und Irene spürte, wie ihr Ärger wuchs. Schließlich hörte sie, wie sich Schritte näherten, und die Tür wurde kraftvoll von einem Adonis geöffnet. Das war jedenfalls Irenes erster Gedanke, als sie den Mann in der Tür sah.

Das war jetzt innerhalb von vierundzwanzig Stunden bereits die zweite Person, die Mitte Februar stark sonnengebräunt war. Der Mann war ebenso groß wie Irene, gelenkig und muskulös. Das dicke, honiggelbe Haar hatte helle Strähnen und war im Nacken zu einem Pferdeschwanz zusammengebunden. Die hellen, bernsteinfarbenen Augen hatten dunkle Pünktchen. Die Gesichtszüge waren von klassischer Schönheit. Als er ein blendend weißes Lächeln aufsetzte, war die Wirkung fast betäubend.

»Hallo. Sie sind von der Polizei?«

»Guten Morgen. Ja. Kriminalinspektorin Irene Huss.«

»Niklas Alexandersson. Stationspfleger.«

Er streckte seine trockene Hand aus und drückte ihr kraftvoll die ihre. Irene bemerkte, dass er in beiden Ohren mehrere Goldringe trug. Er war älter, als sie zuerst geglaubt hatte, eher dreißig als zwanzig.

Es hatte keinen Sinn, noch mehr kostbare Zeit zu vergeuden, deshalb kam Irene direkt zur Sache:

»Ich muss mit jemandem reden, der mir Auskünfte über Marianne Svärd geben kann. Haben Sie mit ihr hier gearbeitet?«

Es war, als hätte sie den Strom abgestellt. Das strahlende Lächeln erlosch. Er stand schweigend eine längere Zeit da. Nach einer Weile sagte er:

»Lassen Sie uns ins Konferenzzimmer gehen.«

Er schloss die Tür zur Intensivstation und ging auf eine andere am Korridor zu, die er erst aufschließen musste. Er machte eine einladende Handbewegung.

Das Zimmer war mit einem ovalen Konferenztisch aus Holz

möbliert, mit Stühlen aus demselben Holz und mit dem obligatorischen Overhead-Projektor. Niklas Alexandersson ging zu einer Gegensprechanlage, wählte und sagte in das Mikrofon:

»Hier ist Niklas. Ich bin im Konferenzzimmer, falls etwas sein sollte. Am liebsten würde ich aber nicht gestört werden.«

»Okay«, antwortete eine Frauenstimme.

Langsam drehte er sich zu Irene um und fragte:

»Warum brauchen Sie Auskünfte über Marianne? Und was für Auskünfte sollen das sein?«

»Ich will so viel wie möglich über Marianne wissen. Was hielten Sie von ihr?«

Der Stationspfleger warf Irene einen scharfen Blick zu, ehe er ein schnelles Lächeln abfeuerte. Dieses Lächeln war nicht blendend, sondern bösartig.

»Harmlos und freundlich.«

Er hatte sie nicht gemocht, das war offenbar.

»Waren Sie mit ihr nicht zufrieden?«

»Nein. Sie war tüchtig und gewissenhaft.«

»Sie hat keine Fehler bei der Arbeit gemacht? Kunstfehler oder so etwas?«

Niklas Alexandersson sah aufrichtig erstaunt aus, als er fragte:

»Nein. Wieso?«

»Nach Aussage ihrer Arbeitskollegen in der Löwander-Klinik hat sie hier vor zwei Jahren abrupt mit dem Arbeiten aufgehört. Haben Sie eine Vorstellung, warum?«

»Selbst wenn ich das wüsste, sehe ich nicht, was das die Polizei angeht.«

Irene fing den Blick seiner göttlichen bernsteinfarbenen Augen auf. Ohne diesem auszuweichen, sagte sie langsam:

»Marianne Svärd ist heute Nacht ermordet worden.«

Die Farbe verschwand aus seinem Gesicht, und die Sonnenbräune wich einem kränklichen gelbgrauen Farbton. Offenbar war er kurz davor, ohnmächtig zu werden. Er tastete nach einem Stuhl, bekam einen zu fassen und ließ sich schwer darauf niedersinken. Erbarmungslos fuhr Irene fort:

»Deswegen geht das die Polizei was an. Ich wiederhole meine Frage. Warum hat sie hier aufgehört?«

Niklas stützte die Ellbogen auf den Tisch und bedeckte sein Gesicht mit den Händen. Nach einer Weile nahm er die Hände wieder weg und rieb sich die Augen. Mit angestrengter Stimme antwortete er:

»Sie sagte, dass sie etwas anderes ausprobieren will.«

»Das sagen ihre Kollegen von der Löwander-Klinik aber nicht.«

Er erstarrte, schwieg aber. Irene fuhr fort:

»Sie soll gesagt haben, dass sie es nicht ertragen könnte, täglich einem gewissen Mann hier auf der Station zu begegnen.«

Immer noch saß er unbeweglich da und antwortete nicht. Irene beschloss, etwas zu riskieren.

»Wenn Sie nicht antworten wollen, sollte ich vielleicht ein paar Worte mit Dr. Alm wechseln.«

Er machte eine müde Handbewegung.

»Das ist nicht nötig. Alle wissen das. Ich war es, dem sie nicht länger begegnen wollte.«

Irene war erstaunt. Sie schienen nicht gerade zueinander zu passen.

»Warum?«

Eine schwache Andeutung seines bösartigen Lächelns war wieder in seinen Mundwinkeln zu entdecken.

»Ich habe ihr Andreas weggenommen.«

Irene geriet einen kurzen Augenblick aus der Fassung.

»Meinen Sie… dass Sie und Andreas Svärd…?«

»Ja. Er hat sie meinetwegen verlassen. Schockiert?«

Bei der letzten Frage hob er spöttisch die eine Augenbraue und sah ihr direkt in die Augen. Allmählich kehrte seine normale Hautfarbe zurück.

»Nein. Sind Sie immer noch mit ihm zusammen?«

»Ja. Wir wohnen zusammen.«

»Wie hat Marianne die Sache aufgenommen?«

Niklas schnaubte höhnisch.

»Sie ließ nicht so schnell locker. Sie war penetranter als ich gedacht hätte. Das war mühsam für Andreas. Und mich.«

»Inwiefern war das für Andreas mühsam?«

»Sie wollte es nicht einsehen. Er wollte ihr nicht wehtun. Dann wollte seine Familie unser Verhältnis nicht akzeptieren. Sie redete ihnen die ganze Zeit ein, dass die Sache nur vorübergehend sei. Andreas kommt bald zurück. Ich verzeihe ihm alles!«

Er imitierte Marianne mit der Stimme im Falsett. Es klang wirklich verblüffend, wie eine tiefe Frauenstimme. Er machte eine flatternde Bewegung und breitete die eine Hand in einer sehr femininen Geste aus. Im nächsten Augenblick war jede Andeutung von Weiblichkeit aus seiner Körpersprache verschwunden.

Die Gegensprechanlage summte.

»Niklas?«

»Ja?«

»Das Röntgen hat wegen des ZVK angerufen. Es ist ein Pneumotorax. Es geht ihm richtig schlecht, und die Blutgase haben sich auch verschlechtert.«

»Au. Das ist nicht gut. Hast du mit Alm geredet?«

»Nein. Er ist im OP.«

»Ich weiß. Ruf dort an und sieh zu, dass er schnell herkommt.«

»Okay.«

Niklas stand auf und versuchte bedauernd auszusehen.

»Wie Sie gehört haben, muss ich wieder an die Arbeit.«

Es war wirklich ermüdend, sich als Teil einer Krankenhaus-Soap-Opera zu fühlen und kein Wort von dem zu verstehen, worüber die Leute redeten. War es wirklich notwendig, dass Niklas zurückging, oder war es nur ein Vorwand?

»Ist es etwas sehr Ernstes?«, fragte Irene.

Niklas blieb stehen.

»Eine punktierte Lunge kann bei einem so kranken Patienten wie diesem direkt lebensbedrohend sein. Sie müssen mich entschuldigen …«

Irene dachte nicht daran, ihn so leicht davonkommen zu lassen.

»Wann sind Sie heute Abend zu Hause?«

Er schien zu überlegen. Sollte er die Wahrheit sagen oder nicht? Schließlich zuckte er mit den Schultern und sagte:

»Sicher nicht vor sechs.«

»Ist Andreas Svärd um diese Zeit auch zu Hause?«

»Ja. Er kommt heute Nachmittag von einer Konferenz zurück.«

Irene dachte schnell nach.

»Wir machen das so. Sie essen in Ruhe zu Abend, und dann komme ich gegen halb acht.«

»Ist das notwendig?«

»Ja. Wir suchen einen Mörder.«

Bei dem letzten Satz zuckte er zusammen, sagte aber nichts. Er schaute Irene kritisch an, während er ihr die Tür aufhielt. Manieren eines Gentleman, dachte sie. Sah man nicht oft heutzutage.

Unten im großen Entree wurde an kleinen Tischen Kaffee getrunken. Irene machte eine Runde durch die Cafeteria und entdeckte einen freien Tisch. Ein belegtes Brot und eine Tasse Kaffee wären jetzt nicht zu verachten. Sie hängte ihre Jacke über einen der Stühle und ging auf die Selbstbedienungstheke zu. Ihr Blick fiel auf die Aushänge der Zeitungen vor dem Laden nebenan.

Erst glaubte sie, es wäre ein Witz. Aber als sie den Aushang mehrere Male gelesen hatte, begriff sie, dass dem nicht so war. Auf dem Aushang der Göteborgs-Tidningen stand: »ZEUGIN sah GESPENST, das die Nachtschwester ERMORDETE!«

KAPITEL 7

Kommissar Andersson verabscheute es, in die Pathologie zu fahren. Am wenigsten gefiel es ihm, die Rechtsmedizinische Abteilung aufzusuchen, um mit der Pathologieprofessorin Yvonne Stridner zu sprechen. Er empfand einen intensiven Widerwillen dagegen, den Obduktionssaal zu betreten. Aber nur so konnte er die Untersuchungsergebnisse schnell in Erfahrung bringen.

Als Andersson nach der Professorin fragte, hob der Pförtner seinen Bodybuilderarm und deutete die Treppe hinauf. Der Kommissar sah erleichtert aus. Wie schön, dass die Professorin in ihrem Büro war und nicht obduzierte. Er klopfte leicht an die geschlossene Tür mit dem Namensschild »Prof. Stridner«.

Summ! Eine rote Lampe leuchtete neben dem Schild »Besetzt« auf. Neben dem Wort »Warten« war eine gelbe Lampe, neben »Herein« eine grüne. Da er schon den ganzen Weg gekommen war, beschloss Andersson die rote Lampe als gelb zu deuten. Also setzte er sich auf einen unbequemen Holzstuhl, der an der Wand stand. In der Stille des Korridors konnte er deutlich die wütende Stimme der Stridner hören: »... die schlechteste mündliche Prüfung, die mir je untergekommen ist. Man muss auch für mündliche Prüfungen lernen! Das lässt wirklich auf eine unglaubliche Einfalt schließen, zu glauben, dass man schon damit durchkommt, wenn man einfach nur herumschwätzt. Man muss auch wissen, wovon man spricht! Sie haben sich offenbar überhaupt nicht vorbereitet! Oder Sie be-

79

greifen gar nicht, was Sie lesen! Letzteres wäre natürlich das Schlimmste. Gegen das Erste kann man etwas unternehmen. Gehen Sie nach Hause und lernen Sie weiter! In drei Wochen wiederhole ich die Prüfung noch einmal mit allen, die durchgefallen sind. Schriftlich!«

Die Tür wurde geöffnet, und ein Mädchen mit kurzem, schwarzem Haar lief schniefend auf die Treppe zu. Der Kommissar blieb unschlüssig sitzen. Sein Zögern wurde von Entsetzen abgelöst, als er die Stimme der Professorin hörte.

»Sie sitzen wohl da und wissen nichts mit sich anzufangen, Herr Andersson?«

Andersson sah wie ein Student aus, der beim Abschreiben erwischt worden ist.

»Ja…«, gab er lahm zu.

»Was wollen Sie?«

»Marianne Svärd… ist sie schon obduziert?«

»Klar. Natürlich. Kommen Sie rein.«

Stridner ging vor ihm ins Zimmer und setzte sich auf den bequemen Schreibtischstuhl vor dem Computer. Auf der anderen Seite des Schreibtisches stand ein Besucherstuhl mit einem verschlissenen Plastikbezug. Er war hart und unbequem. Das war sicher auch beabsichtigt. Man sollte es sich bei Frau Professor nicht zu gemütlich machen.

Als er sich schwer atmend auf den Stuhl sinken ließ, warf ihm die Stridner einen durchdringenden Blick zu.

»Gibt es bei der Polizei keinen Betriebsarzt, der so etwas wie die Weight Watchers organisieren könnte? Information über gesunde Ernährung? Sport für Übergewichtige. Das würde für Ihren Blutdruck Wunder wirken.«

Aber Andersson ließ sich von der herablassenden Art der Stridner nicht provozieren. Mit größter Selbstüberwindung antwortete er mit neutraler Stimme:

»Gegen meinen Bluthochdruck nehme ich Medikamente. Alles unter Kontrolle. Aber ich würde gerne erfahren, was sich bei der Obduktion von Marianne Svärd ergeben hat.«

Er zwang sich zu einem freundlichen Lächeln. Die Stridner presste die Lippen zusammen und sah alles andere als überzeugt aus, was die Frage anging, wie sich der Kommissar um seinen Blutdruck zu kümmern vorgab. Zu Anderssons Erleichterung beschloss sie jedoch, das Thema zu wechseln.

Sie setzte eine grüne Lesebrille auf, die zu ihrem feuerroten Haar passte.

»Die Todesursache ist Erdrosseln. Die Schlinge hat sich tief in den Hals eingeschnitten und kräftige Blutergüsse verursacht sowie Muskulatur und Knorpel beschädigt. Neben dem Abdruck der Schlinge sind Kratzwunden vorhanden, die sich das Opfer selbst zugefügt hat, als es versuchte, sich gegen die Schlinge zu wehren. Dem Abdruck dieser Schlinge kann ich ansehen, dass der Mörder hinter dem Opfer stand. Man sieht deutlich, dass die Schlinge im Nacken geknotet war. Ich kann ebenfalls sagen, dass der Mörder größer war als sein Opfer, sofern dieses nicht gesessen hat, als es erwürgt wurde.«

»Um was für einen Typ von Schlinge handelt es sich?«

»Um ein dünnes, elastisches und starkes Seil. Ich habe in der Wunde ein paar Fasern gefunden, die ich zum Analysieren geschickt habe. Wahrscheinlich handelt es sich um ein dünnes Baumwollseil, das mit einem synthetischen und elastischen Material verstärkt worden ist. Möglicherweise ist das Seil auch ganz aus Kunstfasern.«

Die Stridner runzelte die Stirn und schien nachzudenken. Dann leuchtete ihr Gesicht auf, und sie rief:

»Apropos Fasern! Ich habe auch welche unter den Fingernägeln des Opfers gefunden. Sowohl unter denen der rechten als auch denen der linken Hand. Dunkle, dünne Textilfasern.«

»Wolle«, stöhnte der Kommissar.

Die Stridner sah ihn verwundert an.

»Wolle? Gut möglich. Wahrscheinlich hat das Opfer nach den Armen des Mörders gegriffen und versucht, diesen dazu zu bringen, seinen Griff um die Schlinge zu lockern. Aber sie erwischte nur den Stoff der Jackenärmel.«

81

»Der Ärmel des Kleides«, sagte Andersson düster.

»Ärmel des Kleides…?«

Andersson seufzte.

»Wir haben eine Zeugin. Eine ältere Nachtschwester, die aussagt, sie habe das Krankenhausgespenst zur Mordzeit gesehen. Das Gespenst ist eine Krankenschwester, die vor fünfzig Jahren Selbstmord beging. Sie soll in eine altmodische Schwesterntracht gekleidet umgehen.«

Die Stridner holte tief Luft.

»Unsinn! Diese Zeugin können Sie abschreiben! Ich kann sagen, dass wir es hier mit einem Mord durch Erdrosseln zu tun haben, den ein höchst lebendiger Mörder mit kräftigen Armen verübt hat!«

Die Professorin runzelte entschieden die Stirn. Ihre Miene duldete keine Widerrede. Nicht dass der Kommissar eine abweichende Ansicht gehabt hätte. Im Gegenteil; ausnahmsweise waren sie einer Meinung.

»Ich weiß. Aber sie ist sehr überzeugt von ihrer Sache«, sagte er resigniert.

Die Stridner schnaubte lautstark.

»Gespenster! Ein Gespenst haut doch wohl nicht ab und schleppt dabei sein Opfer hinter sich her, sodass die Hacken über den Fußboden schleifen? So ein Unsinn!«

Lahm versuchte der Kommissar sich damit zu verteidigen, dass er überhaupt nicht glaube, dass es ein Gespenst sei, dass… Aber die Stridner hörte ihm gar nicht mehr zu, sondern fuhr eilig fort:

»Ich habe in einer Stunde eine Vorlesung, und vorher muss ich noch etwas essen. Wir müssen das hier etwas beschleunigen. Marianne Svärd war weder schwanger noch hatte sie jemals ein Kind geboren. Im Magen befanden sich die Reste einer kleineren Mahlzeit, die sie ca. vier Stunden, ehe sie starb, zu sich genommen hat. Die Nahrungsmittelreste waren mit einem Schaum vermischt, den ich als Antacida deute.«

»Was ist das?«

»Antacida? Neutralisiert die Magensäure. Maaloxan und Ähnliches. Die Schleimhaut des Magens ist in Richtung des Pylorus kräftig gerötet, aber ich habe kein Anzeichen eines aktiven Ulkus entdeckt... also eines Magengeschwürs. Dagegen habe ich ein verheiltes am Zwölffingerdarm entdeckt. Aber das war alt. Abgesehen davon schien Marianne Svärd vollkommen gesund zu sein. Sie hatte keine äußerlichen Verletzungen außer dem Würgemal und den Kratzwunden am Hals. Auf den Unterarmen habe ich Spuren von Talkum gefunden.«

Andersson sah das Bild vor sich. Die in eine altmodische Tracht gehüllte Schwester ging hinter der nichts ahnenden Nachtschwester her. Mit einer schnellen Bewegung zog das Gespenst der Nachtschwester die Schlinge über den Kopf und zog an. Die junge Frau griff sich panisch an den Hals und den Nacken, um ihres Mörders habhaft zu werden. Sie bekam jedoch nur dessen Ärmelstoff zu fassen... Nein, das stimmte nicht. So liefen keine Morde ab. Morde wurden von Menschen aus Fleisch und Blut begangen. Aber wenn die Person in der alten Schwesterntracht nun aus Fleisch und Blut gewesen war!

Andersson war von seiner Erkenntnis vollkommen erfüllt. Deswegen hatte er nicht gehört, was die Stridner gesagt hatte. Sie sah ihn bekümmert an.

»Geht es Ihnen nicht gut? Ist Ihnen schwindlig? Sie haben nicht etwa kurz mal einen epileptischen Anfall oder was Ähnliches gehabt?«

»Nein. Aber mir ist etwas aufgegangen...«

Die Stridner warf einen demonstrativen Blick auf ihre exklusive Armbanduhr.

»Ihre Zeit ist um. Ich schicke den Obduktionsbericht in ein paar Tagen.«

Sie stand auf und öffnete die Tür auf den düsteren Korridor. Dem Kommissar blieb nichts anderes übrig, als sich zu verdrücken. Er murmelte ein paar Worte zum Abschied, was unnötig war. Die Tür hinter ihm war bereits geschlossen.

Irene hatte eine GT aus dem Zeitungsständer gerissen und zusammen mit ihrem Kaffee bezahlt. Sie ließ sich auf den Stuhl sinken und begann zu lesen: »Nachtschwester von Gespenst ermordet?«, lautete die Überschrift. Der Artikel war von Kurt Höök, dem Kriminalreporter der Göteborg-Tidningen.

Über die Zeitungsseite lief ein Bild von der Fassade der Löwander-Klinik. Das ließ darauf schließen, dass sie kaum Material für einen Artikel gehabt hatten. Die Bildunterschrift lautete: »Welche Ungeheuerlichkeiten spielten sich hinter der Fassade des alten Krankenhauses in der Nacht auf Dienstag ab? Der Chef der Klinik weigert sich, die Angaben zu kommentieren.« Ein Bild des zerzausten Dr. Sverker Löwander war in die linke untere Ecke des Fotos montiert. Die Fakten in dem Artikel waren Irene jedoch vollkommen neu.

»Eine Anwohnerin erzählt, dass sie das alte Krankenhausgespenst in der Mordnacht bei der Löwander-Klinik gesehen habe. Die alte Geschichte von der Krankenschwester, die um die Jahrhundertwende Selbstmord beging, ist allen vertraut, die in der Löwander-Klinik arbeiten oder in ihrer Nähe wohnen. Laut Legende soll die Schwester zurückkommen, um sich an denen zu rächen, die sie in den Tod getrieben haben. Die Zeugin, die anonym bleiben will, sah gegen Mitternacht eine altertümlich gekleidete Krankenschwester beim Krankenhaus. Die Zeugin war bis gegen drei Uhr wach und ist sich sicher, dass sonst niemand das Krankenhaus verlassen oder betreten hat.«

Darauf folgte ein langes Referat über die Geschichte des Krankenhauses. Typisches Archivmaterial. Die anonyme Zeugin wurde in dem Artikel nicht mehr erwähnt.

Irene war fassungslos. Wo hatte Kurt Höök die Geschichte von dem Gespenst her? Obwohl sie nicht ganz korrekt war. Schwester Tekla hatte sich in den Vierzigerjahren erhängt und nicht um die Jahrhundertwende. Also konnten seine Informationen kaum von jemandem aus der Löwander-Klinik stammen.

Sie saß lange da und grübelte, ohne dass ihr eine mögliche Informantin eingefallen wäre. Schließlich gab sie es auf, trank den inzwischen kalten Kaffee und aß ihr Käsebrötchen.

Sie schaute auf die Uhr. Es war Viertel nach zwölf. Ihr Entschluss war gefasst. Kurt Höök würde Besuch in der Redaktion bekommen.

Der Verkehr auf der E 6 war dicht. Abgesehen von einem kleinen Stau im Tingstad-Tunnel gab es jedoch keine größeren Stockungen.

Der große grauweiße GT-Komplex ragte neben der Autobahn auf. Eine Lichtreklame informierte die Vorbeifahrenden, dass die Außentemperatur −8° C betrug und dass es 12.38 Uhr war. Außerdem wurde dazu aufgefordert, die Göteborgs-Tidningen zu kaufen.

Irene stellte ihren alten Volvo auf einem Besucherparkplatz ab und schloss die Fahrertür ab.

Sie trat durch die Tür des dreieckigen Entrees aus Glas. Eine gut geschminkte und gepflegte Dame mittleren Alters betrachtete sie aufmerksam vom Empfang aus und fragte freundlich:

»Guten Tag. Wen suchen Sie?«

»Ich suche Kurt Höök. Ich bin Kriminalinspektorin Irene Huss.«

Irene kramte umständlich ihren Ausweis hervor, und die Empfangsdame ließ sich reichlich Zeit damit, ihn zu betrachten. Mit der Andeutung eines Lächelns reichte sie ihn zurück und sagte:

»Einen Augenblick, ich frage nach, ob Kurt Höök zu sprechen ist.«

Sie begann leise mit jemandem zu telefonieren. Offenbar verlief das Gespräch zu Irenes Gunsten. Die Empfangsdame nickte und deutete auf eine Glastür.

»Sie können hochfahren. Der Aufzug ist da drüben. Fahren Sie in den zweiten Stock. Bei der Zentralredaktion kommt Ihnen jemand entgegen und begleitet Sie zu Herrn Höök.«

Irene schlenderte auf die Glastür und den gläsernen Aufzug gegenüber der Spitze des Dreiecks zu. Sie kam an der Skulptur eines Bootsrumpfes aus farbigem Glas vorbei, die auf einen schwarzen Granitsockel montiert war. Auch die Kunst an den Wänden ließ darauf schließen, dass mit Lokalnachrichten richtig viel Geld zu verdienen war.

Eine gestresste Frau mit blau getöntem Haar und einer Lesebrille auf der Nasenspitze begleitete sie zu Kurt Hööks Platz. Keiner der Journalisten sah auf, als sie zwischen den Tischen entlanggingen.

Der Stuhl war leer. Der Bildschirm des Computers war jedoch an und zeigte den Artikel, den Irene gerade gelesen hatte. Offenbar war Höök noch nicht weitergekommen. Kommissar Andersson würde um drei Uhr seine Pressekonferenz abhalten, und erst dann würde der Name des Opfers bekannt gegeben werden. Irene begann vorsichtig, sich die Zettel anzusehen, die auf dem Tisch lagen. Sie hoffte, dass diese ihr einen Anhaltspunkt dafür liefern würden, wer die geheimnisvolle Zeugin war.

Sie hielt ein Auge auf ihre Umgebung gerichtet und sah daher, als Kurt Höök sich seinem Schreibtisch näherte. Er blieb vor ihr stehen und lächelte charmant.

»Hallo. Jetzt erkenne ich Sie. Sie sind vor einiger Zeit von den Hell's Angels draußen in Billdal verprügelt worden! Das war offenbar nicht das letzte Mal.«

Das war nicht ganz die Begrüßung, die sie sich vorgestellt hatte, aber sie schluckte alle giftigen Kommentare hinunter und versuchte, freundlich zu sein. Es spannte unter den Kompressen, als sie sich anstrengte, sich nichts anmerken zu lassen.

»Das stimmt. Kriminalinspektorin Irene Huss.«

»Richtig. Und ich ahne schon, was mir diese Ehre verschafft. Die Antwort ist leider nein.«

Der bedauernde Tonfall stand im Widerspruch zu dem frechen Funkeln seiner Augen.

»Was heißt hier nein?«

»Nein. Ich gebe nie Quellen preis.«

Höök sah sehr selbstzufrieden aus, versuchte es aber zu verbergen. Es war irritierend, wie gut aussehend er war. Irene hatte das Gefühl, dass die Kompressen in ihrem Gesicht die Größe von ausgebreiteten Badelaken annahmen.

»Das verstehe ich nicht. Aber wie Sie sicher begreifen, ist eine Zeugin, die in der Mordnacht etwas bei der Löwander-Klinik beobachtet hat, sehr wichtig für uns.«

»Natürlich. Aber die Antwort lautet immer noch nein.«

Irene legte den Kopf zur Seite und lächelte schwach.

»Wir könnten vielleicht zu einer Einigung kommen?«, sagte sie leise.

Einige Sekunden lang sah Höök unsicher aus, schwieg aber weiter. Irene fuhr fort:

»Wenn ich so viel wie möglich über ihre anonyme Zeugin erfahre, dann bekommen Sie Informationen, zu denen garantiert kein anderer Journalist Zugang hat.«

Mit nur schlecht verborgener Erregung fragte Höök:

»Und die betreffen die Ereignisse in der Löwander-Klinik?«

»Ja.«

Der Journalist kaute auf seiner Unterlippe, während er nachdachte. Schließlich sagte er:

»Sie sind sich sicher bewusst, dass Sie gegen das Gesetz verstoßen, wenn Sie mich bitten, die Identität einer Informantin preiszugeben. Und ich weiß nicht, was Sie mir zu bieten haben.«

Dass er sich nicht in seine Karten schauen lassen wollte, ehe er wusste, was Irene für einen Trumpf in der Hand hielt, konnte man ihm nicht zum Vorwurf machen. Deswegen versuchte sie, ihm die Sache schmackhafter zu gestalten.

»Ich weiß, dass Sie die Identität Ihres Informanten nicht direkt preisgeben dürfen. Aber Sie könnten mir ein paar Anhaltspunkte geben. Von mir erfahren Sie Folgendes ... es betrifft eine ganz andere Krankenschwester, die auch in der Löwander-Klinik arbeitet. Etwas ist ihr zugestoßen. In derselben Nacht, in

87

der die Schwester ermordet wurde. Selbstverständlich bekommen Sie auch den Namen der ermordeten Krankenschwester.«

Die Versuchung war zu groß und der Journalisteninstinkt gewann die Oberhand.

»Okay. Das mit dem Gespenst ist Schnee von gestern. Die Schlagzeile war ein Knaller. Aber aus der Zeugin ist weiter nichts herauszuholen.«

Irene sagte nichts, weil sie begriff, dass er mit sich selbst haderte. Wiederholte Male strich er sich mit den Fingern durchs Haar, bis er schließlich aussah, als hätte er sich mithilfe eines Schneebesens frisiert. Er hielt inne und schaute Irene misstrauisch an.

»Aber diese Zeugin ist verdammt … speziell.«

Irene hatte das Tonbandgerät bemerkt, das auf dem Tisch stand. Jetzt sah sie, dass er gerade die Hand danach ausstrecken wollte. Doch dann hielt er mitten in der Bewegung inne und sah sie an.

»Es ist vermutlich besser, wenn ich Ihnen die Vorgeschichte erzähle, ehe Sie das Band hören. Das Ganze ist in der Tat ziemlich unbegreiflich. Kommen Sie.«

Er stand auf und nahm das Tonbandgerät mit. Sie gingen auf eine geschlossene Tür zu. Höök öffnete sie einen Spalt und schaute in das Zimmer. Es war leer. Er bedeutete Irene einzutreten. Sorgsam schloss er die Tür hinter ihnen.

Zögernd begann er:

»Diese … Zeugin … ist wie gesagt speziell. Ich weiß nämlich nicht einmal ihren Namen. Ich weiß auch nicht, wo sie wohnt.«

Er schwieg einen Augenblick, ehe er fortfuhr:

»Es begann damit, dass ein Typ, der mich ab und zu mit Tipps versorgt, mich gestern Nachmittag auf meinem Handy anrief. Offenbar hatte er zufällig die Unterhaltung zweier Polizisten belauscht. Da ich ohnehin in der Gegend war, dachte ich, dass ich genauso gut eine Pizza essen gehen könnte. Wollen Sie einen Kaffee?«

»Ja, danke«, sagte Irene, ohne nachzudenken.

Anschließend hätte sie sich die Zunge abbeißen können. Was sollte sie mit einem Kaffee, gerade als Höök von der Zeugin erzählen wollte? Aber ihre langjährige Koffeinabhängigkeit hatte die Oberhand gewonnen. Der Reporter verschwand nach draußen, war aber gleich wieder mit zwei dampfenden Plastikbechern zurück. Der Kaffee war stark und gut. Irene war froh, dass sie Ja gesagt hatte.

»Wo war ich stehen geblieben? Mein Informant hatte eben zu erzählen begonnen, als die Tür zur Straße geöffnet wurde.«

Kurt Höök unterbrach sich, schaute in seinen Becher und nahm dann einen Schluck, ehe er fortfuhr:

»Es war der Geruch... der Geruch veranlasste mich dazu, mich umzudrehen und sie anzuschauen. Sie bekam eine Plastiktüte mit altem Brot und setzte sich auf einen Stuhl. Wir beachteten sie nicht weiter, und mein Informant begann aufgeregt zu erzählen, dass einer der beiden Polizisten von einer Krankenschwester, die in der Löwander-Klinik umgehe, als möglicher Mörderin gesprochen habe! Das klang wirklich verdammt merkwürdig. Aber er war sich vollkommen sicher, dass die Polizisten dass gesagt hatten. Da öffnete der Berg Lumpen... die Dame... den Mund und sagte ungefähr das Folgende: ›Ich habe Schwester Tekla gesehen. Sie geht um. Sie will sich an denen rächen, die sie in den Tod getrieben haben!‹ Erst kümmerten wir uns nicht weiter um sie. Aber sie plapperte immer weiter, dass sie das Gespenst gesehen habe und so. Plötzlich sagte sie: ›Ich habe gesehen, wie sie gekommen ist. Ich habe gesehen, wie sie gegangen ist. Das Blut tropfte von ihren Händen.‹ Es war unheimlich.«

Irene unterbrach ihn:

»Hat sie wirklich Schwester Tekla gesagt?«

»Ja. Überzeugen Sie sich selbst, ich habe sie auf Band. Aber ich werde dabei das Zimmer verlassen. Papier und Stifte liegen auf dem Tisch, falls Sie sich etwas aufschreiben wollen. Aber Sie dürfen keinesfalls publik machen, dass ich Ihnen diese Informationen zugänglich gemacht habe!«

»Ich verspreche, dass ich mit dem Material vorsichtig umgehen werde.«

Er machte das Tonband an und ein bemerkenswerter Dialog war zu hören:

»Ich heiße Kurt Höök. Wie soll ich Sie anreden?«

»Mama Vogel. So nennen mich alle meine Freunde. Meine Lieblinge. Meine Kinder. Alle kleinen Kinder der Mama Vogel.«

»Haben Sie viele Freunde und Kinder?«

»Abermillionen! Meine Lieblinge. Meine Kindermeinekindermeinekinder… alle meinekinder…«

»Schon gut. Eben haben Sie doch gesagt, dass Sie ein Gespenst im Park der Löwander-Klinik gesehen haben?«

»Schwester Tekla! Ich habe solche Angst vor ihr. Angstwirklichangst! Ich muss meine Lieblinge beschützen. Sie wird töten! Alleallealle… töten«

»Und diese Schwester Tekla haben Sie heute Nacht im Park gesehen?«

»Jajajajaja. Ich wohne da. Meine Lieblinge schlafen und ich muss wachen. Ich schlafe nicht. Ich sah. Mit blutigen Händen ging sie, um zu tötentötentöten… tötentöten…«

»Wer ist sie?«

Mama Vogel antwortete nicht, sondern summte ein Kinderlied.

»Sie müssen sich schon etwas zusammennehmen, wenn ich Sie zu einer Pizza einladen soll!«

»Ich will ein Bier und eine Pizza. Das Brot bekommen meine Lieblinge. Meine Kinder…«

»Na gut. Wissen Sie noch mehr über diese Schwester Tekla?«

»Sie starb vor… hundert Jahren. Starbstarbstarbstarb…«

»Sie haben Sie also im Park gesehen?«

»Jajajaja.«

»Was hat sie gemacht?«

Eine Weile war es still, ehe Mama Vogels heisere Stimme erneut zu vernehmen war.

»Sie ging ins Krankenhaus.«

»Wie?«

»Wiewiewiewie…«

»Wie kam sie in die Löwander-Klinik?«

»Durch die Tür.«

»Passierte etwas, während sie im Krankenhaus war?«

»Gott löschte das Licht. Sie wollte eine dunkle Tat begehen. Die Stunde war gekommen, alles sollte ausgelöscht werden. Aber ich wachtewachtewachte…«

»Haben Sie sie wieder nach draußen kommen sehen?«

»Jajajajaja…«

»Was tat sie, als sie wieder aus dem Krankenhaus kam?«

»Sie hob die Hände zum Himmel und dankte Gott für ihre Rache! Racherache Racherache!«

»Und was tat sie dann?«

Wieder folgte ein langes Schweigen, ehe die Antwort kam.

»Sie nahm das Fahrrad. Gott bestraft Diebstahl!«

»Das Fahrrad? Welches Fahrrad?«

»Das der anderen. Aber jetzt ist sie tot. Alle gehen ihrem Tod entgegen. Zittert! Wachet und betet! Tottottottottot…«

»Schwester Tekla hat also ein Fahrrad genommen und ist fröhlich davongeradelt?«

Als Antwort brach Mama Vogel in einen Gesang aus, der wie der Joik eines Samen klang.

»Radelradelradelradel…«

Da hatte Höök das Band abgestellt. Irene spulte es zurück und hörte sich das Ganze noch einmal von vorne an. Danach spulte sie es noch einmal zurück und schrieb den eigentümlichen Dialog mit.

Sie war gerade damit fertig, da tauchte Höök wieder auf.

»Und damit haben Sie Ihren Artikel bestritten?«, meinte Irene, ohne ihr Erstaunen zu verbergen.

»Ja. Wäre nicht die Unterhaltung der beiden Polizisten gewesen, von der mir mein Informant erzählt hatte, hätte ich mich nie darum gekümmert. Aber jetzt gab es doch einige Übereinstimmungen, und zwar verdammt gute! Wenn man bedenkt, was die Polizei sagt, dann muss es einen Zeugen im Krankenhaus geben, der das Krankenhausgespenst ebenfalls gesehen hat. Oder nicht?«

»Irgendjemand hat diese alte Geschichte erwähnt... aber ich erinnere mich nicht mehr genau, wer das war oder warum«, antwortete Irene ausweichend.

Schnell wechselte sie das Thema:

»Wie sah diese Mama Vogel aus?«

Höök dachte eine Weile nach, ehe er antwortete:

»Ich habe bereits genug gesagt. Sie wissen bereits zu viel.«

Er hatte natürlich Recht. Aber es würde nicht leicht werden, die alte Frau aufzutreiben.

»Jetzt haben Sie erfahren, was Sie wissen wollten, jetzt bin ich an der Reihe«, sagte er auffordernd.

Irene erzählte ihm alles über Linda Svenssons geheimnisvolles Verschwinden und nannte auch den Namen des Opfers: Marianne Svärd. Höök schrieb wie besessen mit und schien anschließend sehr zufrieden zu sein.

»Vielen Dank. Aber jetzt muss ich gehen. Um drei ist Pressekonferenz. Wird das Verschwinden von Linda Svensson auf der Pressekonferenz bekannt gegeben?«, fragte er misstrauisch.

Irene versuchte, unschuldig dreinzuschauen. Zum ersten Mal war sie froh über ihre Kompressen, darüber, dass sie den größten Teil ihres Gesichts verdeckten.

»Keine Ahnung. Darum kümmert sich Kommissar Andersson. Heute Morgen hieß es jedenfalls, dass wir darüber den Medien gegenüber Stillschweigen bewahren sollten. Also, vielen Dank und Auf Wiedersehen.«

Sie riss ihre Mitschrift aus dem Spiralblock, stand eilig auf und verschwand in Richtung des gläsernen Aufzugs.

Auf dem Präsidium waren die Aktivitäten vor der Pressekonferenz in vollem Gang. Irene eilte zum Fahrstuhl und fuhr hoch in ihr Büro. Sie hatte vor, dort zu bleiben, um eine er-neute Begegnung mit Kurt Höök zu vermeiden. Er war nach der Pressekonferenz sicher nicht mehr sonderlich guter Dinge.

In ihrem Zimmer standen zwei Schreibtische, da sie es mit Tommy Persson teilte. Sein Tisch war wie der ihre vollkommen leer. Sie nahm einen kleinen Kassettenrekorder aus der Schreibtischschublade und sprach den Dialog von Mama Vogel mit Kurt Höök auf Band. Er klang sehr geschraubt, als sie ihn das erste Mal sprach. Sie war gezwungen, sich mehrere Male zu wiederholen, ehe sie einigermaßen zufrieden war.

Anschließend saß sie lange tief in Gedanken versunken da. Mama Vogel war sicher vollkommen verrückt, aber was sie gesagt hatte, bewies, dass sie tatsächlich etwas wusste. Aber was? Wen hatte sie gesehen? Wie konnte sie die Geschichte von Schwester Tekla erfahren haben? Wo hatte sie gestanden, als sie die besagte Person bei der Löwander-Klinik gesehen hatte? Und das Wichtigste von allem: Wer war Mama Vogel?

Die Pressekonferenz verlief, wie solche Pressekonferenzen immer zu verlaufen pflegen, in einem gemäßigten Tumult. Andersson bestätigte, dass die Nachtschwester Marianne Svärd in der Nacht auf Dienstag, den 11. Februar, von einem unbekannten Mörder erdrosselt worden war. Auf die Frage, was an den Gerüchten von einem Gespenst dran sei, schnaubte der Kommissar so laut, dass es in den Lautsprechern schepperte.

Schnell ging Anderson zum Verschwinden von Linda Svensson über. Die Journalisten witterten Blut und warfen sich über diesen unerwarteten Köder, der ihnen da hingeworfen wurde. Alle notierten sich ihre Personenbeschreibung und dass sie bei ihrem Verschwinden wahrscheinlich eine rote Daunenjacke und braune Lederstiefel mit kräftiger Sohle getragen hatte. Da ihr Fahrrad ebenfalls verschwunden war, war sie mit aller Wahrscheinlichkeit mit diesem unterwegs gewesen.

»Bei dem Fahrrad handelt es sich um ein hellgrünes so genanntes Citybike mit Metalliclackierung«, beendete der Kommissar sein Referat. Leider hielt er sein Gesicht zu nahe am Mikrofon, deswegen konnten alle im Saal hören, wie er murmelte:

»Was, zum Teufel, ist ein Citybike?«

Die Fragen der versammelten Journalisten überschlugen sich jetzt förmlich, aber Andersson hatte nicht mehr viel hinzuzufügen. Stattdessen versprach er, einen Tag später um dieselbe Zeit eine weitere Pressekonferenz abzuhalten.

Es war genau vier Uhr. In einer Stunde sollte die Ermittlungsgruppe wieder zusammenkommen. Irene rief zu Hause an, um mit ihren Töchtern zu sprechen, die Ferien hatten. Jenny erzählte begeistert, ihre Cousinen aus Säffle hätten angerufen. Jenny und Katarina wollten am nächsten Morgen zu ihnen fahren. Von dort sollten die Mädchen dann zum Sommerhaus bei Sunne gebracht werden. Sie wollten in Finnfallet Snowboard fahren, auf dem Sundsberget langlaufen und … Irene erlaubte ihnen, zu fahren, obwohl sie fand, dass diese Reise etwas überstürzt kam.

Dann setzte sie sich hin und schrieb einen Bericht darüber, was der Tag ergeben hatte. Das war in der Tat einiges. Sie war gerade fertig, da war es schon Zeit, sich ins Konferenzzimmer zu begeben. Sie nahm das Tonband und einen neuen Spiralblock mit. Vorne auf den Spiralblock schrieb sie mit schwarzem Filzstift »Löwander-Klinik«. Sie schlug die erste Seite auf und gab ihr die ordentliche Überschrift »Pizza«.

Alle hatten die gewünschte Pizza auf die Liste geschrieben, und der Pizzaservice war verständigt.

»Alle da? Ach so. Jonny fehlt. Er kommt sicher gleich. Wir fangen schon einmal an«, begann Andersson.

Mit dem nächsten Atemzug erzählte er von dem Telefongespräch mit den Eltern von Marianne Svärd, das er am Morgen geführt hatte. Beide waren erschüttert und schockiert. Der Kommissar war der Meinung, dass sie noch ein paar Tage warten mussten, bis sie sie vernehmen konnten. Beide hatten gesagt, dass Marianne weder bedroht noch irgendwie verfolgt worden sei. Sie habe sich in letzter Zeit auch nicht anders als sonst benommen. Sie hatten sie zuletzt am vergangenen Wochenende gesehen, also weniger als zwei Tage, bevor sie ermordet worden war.

Anschließend referierte er das Gespräch mit Yvonne Stridner von der Pathologie. Als er damit fast fertig war, tauchte Jonny Blom in der Tür auf. Neben dem einen Auge saß eine große Kompresse, die die ganze Schläfe bedeckte. Die rechte Hand war von einem leuchtend weißen Verband bedeckt.

»Hallo. Hast du Belker gefüttert?«, zwitscherte Irene mit ihrer mildesten Stimme.

»Der braucht kein Fressen! Das Biest muss eine Spritze bekommen!«

Jonnys hochrotes Gesicht hob sich effektvoll gegen die blendend weiße Kompresse ab. Er ließ sich auf einen leeren Stuhl am Konferenztisch sinken und sagte:

»Das Katzenvieh hat mich von der Hutablage aus angesprungen. Es hat mir das Gesicht zerkratzt und mir in die Hand gebissen! Ich war in Mölndal im Krankenhaus und habe mich verbinden lassen. Plus Tetanusspritze! Während ich mich noch geprügelt habe, kam so ein alter Drachen in die Wohnung. Wisst ihr, was sie gesagt hat?«

Er räusperte sich und sagte dann im Falsett:

»Belker, mein Kleiner. Waren sie nicht nett zu dir?«

Die Kollegen am Tisch lachten und sahen abwechselnd auf Irenes und Jonnys Kompressen.

»Sie hat den Tiger einfach hochgehoben, und das Biest hat sich in ihren Armen zusammengerollt und zu schnurren begonnen! Dann hat sie mich gebeten, die Futterschalen dieses Miststücks in ihre Wohnung zu tragen. Sie würde sich jetzt um die arme Mieze kümmern!«

Irene war froh, als sie das hörte. Einerseits bekamen Rut Berg und Belker dadurch beide Gesellschaft, andererseits hatte die Polizei mehr Ruhe in Mariannes Wohnung.

»Hast du noch etwas über Linda Svensson in Erfahrung gebracht?«, fragte Andersson.

»Ich war in Kungsbacka und habe mit ihren Eltern gesprochen. Sie ist Einzelkind. Sie sind vollkommen außer sich vor Unruhe. Ich habe sie gefragt, ob sie dieser Ex-Freund jemals geschlagen hätte, aber das glaubten sie nicht. Er sei nicht der gewalttätige Typ. Sonst ergab die Untersuchung ihrer Wohnung nichts Neues. Ich habe auf den umliegenden Straßen nach dem Fahrrad gesucht, aber nichts gefunden. Der Hausmeister hat mir seinen Generalschlüssel geliehen. Ich habe im Keller, in der Waschküche und im Müllraum nachgesehen. Das Haus hat zwei Treppenaufgänge mit je neun Wohnungen. Keiner der anderen Mieter hat zum Zeitpunkt von Lindas Verschwinden etwas gehört oder gesehen. Außer dem alten Klappergestell, das sich um den Menschenfresser kümmert. Sie sagt, dass sie gehört hat, wie Linda am Abend des zehnten Februar um 23.30 Uhr ihre Wohnung verlassen hat. Danach verlieren sich alle Spuren. Sowohl Linda als auch ihr Fahrrad sind fort.«

Andersson sah bekümmert aus. Er dachte lange nach. Schließlich sagte er:

»Jonny. Du setzt die Suche nach Linda fort. Fredrik soll auch daran arbeiten. Ich habe das Gefühl, dass uns die Zeit davonläuft. Birgitta, hast du ihren Ex-Freund aufgetrieben?«

»Ja. Aber nur telefonisch. Er ist auf Fortbildung in Borås und kommt erst am späten Abend wieder nach Hause. Offenbar arbeitet er bei irgendeiner Computerfirma.«

»Dann kannst du dich morgen mit diesem jungen Mann unterhalten. Nimm Jonny mit. Ihr könnt ihn etwas unter Druck setzen. Mal sehen, was er weiß.«

»Okay«, sagte Birgitta.

Irene fiel auf, dass Birgitta Jonny nicht ansah, als sie nickte. Nach außen hin legte sie keine Feindseligkeit an den Tag, sondern wirkte, als würde sie den Auftrag zum Verhör von Pontus Olofsson akzeptieren. Aber Irene fragte sich, wieso das

Verhältnis der beiden so angespannt zu sein schien. Jonny ging einem mit seinen Zweideutigkeiten zwar auf die Nerven, aber Birgitta kam ihr manchmal fast überempfindlich vor, was ihn betraf. Irene war nicht umsonst schon seit siebzehn Jahren Polizistin. Ihr Instinkt sagte ihr, dass sich hinter dieser Spannung mehr verbarg.

»Ich frage mich, ob wir nicht die Gespräche von Lindas Telefon zurückverfolgen lassen sollten«, fuhr Birgitta fort.

»Zurückverfolgen?«, wiederholte der Kommissar fragend.

»Linda hatte einen Display an ihrem Telefon, der die Nummern der Anrufer anzeigt. Leider hat die Katze Kleinholz aus ihm gemacht. Aber diese Sachen werden doch gespeichert. Wir sollten Telia bitten, herauszufinden, wer bei ihr am Abend des zehnten Februar angerufen hat.«

»Geht das?«, fragte Andersson erstaunt.

»Ja. Aber es ist sauteuer. Wir müssen dafür außerdem einen Gerichtsbeschluss erwirken.«

»Das heißt Inez Collin«, stellte Andersson düster fest.

»Genau.«

Andersson seufzte.

»Okay. Ich werde mit der Gnädigsten sprechen und das veranlassen. Das klingt, als könnte es dauern.«

Irene bat darum, das Wort ergreifen zu dürfen.

»Ich muss nach sieben Uhr weg. Es waren nämlich noch mehr auf Fortbildung. In Kopenhagen.«

Sie referierte schnell die Vernehmung von Niklas Alexandersson, die Erkenntnis, dass dieser mit Andreas Svärd zusammenlebte, und ihren Plan, die beiden in ihrer häuslichen Umgebung um halb acht zu verhören.

»So etwas verstehe ich überhaupt nicht. Zwei Kerle, die zusammen wohnen! Und der eine war außerdem noch mit einem hübschen Mädchen verheiratet«, sagte Andersson und schüttelte den Kopf.

»Ein hübsches Mädchen, das jetzt ermordet worden ist«, ergänzte Jonny.

»Genau.«

Der Kommissar dachte einen Augenblick nach. Dann fragte er:

»Tommy. Kannst du Irene begleiten? Es ist wohl kein Fehler, zu zweit zu sein.«

»Kein Problem.«

»Gut. Dann kümmert ihr euch um diese Schwuchteln. Haha. Hm.«

Der Kommissar mäßigte sich, als ihm klar wurde, dass nur Jonny über seinen Scherz lachte. Rasch drehte er sich wieder zu Irene um.

»War das alles?«

»Nein. Ich war im GT-Haus und habe mit Kurt Höök gesprochen.«

Sie gab das Gespräch wieder, das sie mit dem Journalisten geführt hatte. Alle im Raum hatten den Artikel gelesen. Es hatte zu ziemlich viel Unruhe und Kopfzerbrechen geführt. Jetzt erhielten sie die Erklärung. Zum Schluss spielte ihnen Irene das Band vor. Als sie es abstellte, sagte Jonny:

»Auch wenn du verheerend vorliest, so zeigt das Band doch deutlich, dass die Alte vollkommen meschugge ist! Darum brauchen wir uns wohl nicht zu kümmern!«

Irene nickte und beachtete seine Kritik, was ihr schauspielerisches Talent anging, nicht weiter.

»Ganz klar ist sie geisteskrank. Aber hört mal genau hin, was sie da zwischen dem ganzen Gebrabbel eigentlich sagt. Sie weiß von Schwester Tekla und kennt die Geschichte des Krankenhausgespenstes. Gewiss, sie irrt sich, was den Zeitpunkt von Teklas Tod angeht, aber sie weiß, dass es Selbstmord war! Und dann spricht sie davon, dass es im ganzen Haus dunkel wurde. Sie muss in der Nähe des Krankenhauses gewesen sein, als der Strom abgestellt und der Mord begangen wurde!«

Aufgeregt rutschte Andersson auf die Stuhlkante und beugte sich über den Tisch. Eine leichte Röte hatte sich bis zu den Ohren auf seinen runden Wangen ausgebreitet.

»Ich glaube, dass du Recht hast! Wir müssen diese... Mama Vogel finden. Du und Tommy müsst morgen alles daransetzen!«

»Jawohl!«

Irene salutierte im Scherz vor ihrem Chef, was dieser jedoch nicht einmal bemerkte. Er hatte sich bereits an Tommy gewandt.

»Was hast du heute gemacht?«

»Ich sollte doch Birgitta dabei helfen, Pontus zu verhören. Da er in Borås war, habe ich mich zu Hans und Fredrik gesellt. Wir haben die Mietshäuser und Einfamilienhäuser rund um die Löwander-Klinik abgegrast. Niemand hat an diesem unglücksseligen Abend beziehungsweise in dieser Nacht etwas gesehen. Der Einzige ist ein Hundebesitzer, der sich daran erinnert, dass sich sein Köter etwas sonderbar aufführte, als sie hinter dem Park der Löwander-Klinik vorbeikamen. Das war etwa um halb zwölf Uhr nachts. Der Hund ist ein großer Schäferhund. Der Park, der zum Krankenhaus gehört, fällt nach Süden zu einem breiten Bach hin ab und wird nach Westen von einem kleinen Wäldchen begrenzt. Der Hundebesitzer hat seinen Hund am Rand des Wäldchens ausgeführt. Plötzlich begann der Hund zu knurren und schnupperte in Richtung Wäldchen. In der Dunkelheit war jedoch nichts zu sehen. Dem Hundebesitzer war das Ganze unheimlich, und er ging weg.«

Wenn der Mörder in dem Wäldchen gestanden und Mama Vogel sich in der Nähe befunden hatte... Sie mussten sie ausfindig machen! Aber wo sollten sie suchen? Sie hatte auf dem Band gesagt, dass sie im Park wohnte...

Irene wurde bei ihren Überlegungen gestört. Die Gegensprechanlage summte.

»Holt endlich eure Pizzen!«, ließ sich einer der Männer aus der Zentrale vernehmen.

Irene und Tommy standen auf, um sie zu holen. Im Aufzug sagte Irene:

»Heute Abend reden wir mit Andreas Svärd und Niklas

Alexandersson. Morgen früh versuchen wir dann als Erstes, Mama Vogel zu finden. Wir müssen zur Löwander-Klinik fahren und nachsehen, ob es in dem Wäldchen irgendwelche Spuren gibt. Auf dem Band behauptet sie auch, dass sie im Park wohnt. Höök sprach davon, dass sie schlecht roch... Ob sie wohl eine Pennerin ist?«

Tommy nickte zustimmend.

»Gut möglich.«

»Ich habe das Gefühl, dass wir bei dieser Sache in Zeitnot sind. Ich denke an das Verschwinden von Linda Svensson«, sagte Irene.

»Das hängt mit dem Tod von Marianne Svärd zusammen. Irgendwie. Marianne hatte schließlich Lindas Taschenkalender in der Tasche. Merkwürdig.« Tommy lachte laut.

Und beunruhigend, dachte Irene. Sehr beunruhigend. Und warum hatte die Nachtschwester Marianne einen Kalender statt einer Taschenlampe in der Kitteltasche?

Sie hatten ihre Pizzen gegessen und die Aufgaben für den nächsten Tag verteilt. Irene und Tommy standen auf, um zum Verhör von Marianne Svärds Exmann zu fahren.

Nach einigem Suchen fanden sie die Adresse. Eines dieser neuen Häuser, die auf alt gemacht waren. In den Achtzigerjahren mussten viele der alten Mietshäuser in der Gegend der Linnégatan abgerissen werden, da der Grundwasserspiegel gesunken war und das Pfahlwerk unter den Fundamenten anfing zu verrotten. Die Architekten hatten versucht, die Gründerzeitatmosphäre des Stadtteils zu neuem Leben zu erwecken, aber das Resultat war nicht immer sonderlich geglückt. Die Vielfalt gemütlicher Lokale und kleiner Läden sowie die Nähe zum Slottsskogen, einem großen Park, trugen sicher dazu bei, dass das Viertel sehr beliebt war. Mieten und Wohnungspreise waren Schwindel erregend.

A. Svärd und N. Alexandersson waren beide auf der Mieterliste im Eingang verzeichnet. Irene klingelte, und Niklas' säuerliche Stimme ließ sich in der Gegensprechanlage vernehmen.

»Es ist auf«, sagte er.

Der Türöffner summte und die Polizisten traten in das großzügige Treppenhaus. Der hellgraue Marmorfußboden sowie die blassgelben Wände, die oben mit einer schönen blauen Blumenborte abgesetzt waren, waren sehr ansprechend. Die Türen des Aufzugs waren ebenfalls blassgelb lackiert und fügten sich harmonisch in das Gesamtbild ein.

Leise sauste der Fahrstuhl zum obersten Stockwerk. Als Irene gerade klingeln wollte, wurde die Tür von Niklas Alexandersson geöffnet. Der griesgrämige Zug um den Mund verdarb den Gesamteindruck seines schönen Gesichts. Heftig sagte er:

»Ist das wirklich nötig?«

Irene erwiderte milde:

»Ihnen ebenfalls einen guten Abend. Es ist bedeutend einfacher, abends mit Ihnen beiden zu sprechen. Sie sind schließlich beide viel beschäftigt. Unser Anliegen ist wichtig. Marianne wurde ermordet.«

Bei dem letzten Satz zuckte Niklas zusammen, sagte aber nichts weiter. Er öffnete die Tür ganz und trat beiseite. Irene hörte nichts, was nach einem »Treten Sie doch ein« geklungen hätte. Seine Laune hatte sich nicht gebessert. Er ging über den dicken Dielenteppich vor ihnen her und bedeutete ihnen mit der Hand, in das Zimmer vor ihnen einzutreten.

Es handelte sich um ein großes Wohnzimmer, das gemütlich und mit Sorgfalt eingerichtet war. Die Möbel und die Bilder an den Wänden verliehen dem Raum eine exklusive Atmosphäre. Auf dem silbergrauen Ledersofa saß ein Mann. Er stand auf und ging mit ausgestreckter Hand auf die Polizisten zu.

»Guten Abend. Andreas Svärd.«

»Guten Abend. Irene Huss, Kriminalinspektorin.«

»Tommy Persson. Ebenfalls Kriminalinspektor.«

»Es freut mich, dass Sie kommen konnten. Setzen Sie sich doch bitte.«

Andreas Svärd gab ihnen zur Begrüßung die Hand. Niklas Alexandersson hatte sich keine Mühe gegeben, seine Abneigung gegen die Polizei zu verbergen. Bei Andreas Svärd war das vollkommen anders. Bei ihm kamen sich die Polizisten regelrecht willkommen vor. Irene setzte sich in einen der Sessel. Als sie schließlich ganz in das Lederpolster gesunken war, sah sie sich den Rechtsanwalt genauer an.

Er war etwa ein Meter achtzig groß und schlank und hatte volles blondes Haar und ein ziemlich alltägliches Gesicht. Irene wusste, dass er dreiunddreißig Jahre alt war, aber er sah jünger aus. Ein hellgraues Seidenhemd, etwas dunklere Hosen und ein weinroter, ärmelloser Pullover aus Lammwolle machten den Eindruck, bequem und überdies sehr teuer zu sein. Irene war erstaunt, dass er geweint hatte. Seine Augen waren rot gerändert, aber er wirkte gefasst.

»Mir ist klar, warum Sie hier sind. Das ist ein fürchterlicher Schock für mich… das, was Marianne passiert ist. Wir… trotz allem, was war… waren wir uns in der Tat immer noch sehr nahe.«

Andreas Svärd wandte das Gesicht ab. Irene schaute auf Niklas Alexandersson. Seine Miene hatte sich noch mehr verdüstert. Andreas schien betrübt, aber Niklas wirkte wütend, was Irene einigermaßen verwunderte. Sie räusperte sich und begann:

»Wann haben Sie Marianne zuletzt gesehen?«

Andreas warf Niklas einen hastigen Blick von der Seite zu und antwortete dann:

»Wir haben vor zwei Wochen zusammen Mittag gegessen.«

Falls das überhaupt möglich war, sah Niklas jetzt noch verbitterter aus. Kurz fragte sie ihn:

»Und Sie?«

»Ich habe sie seit Weihnachten nicht mehr gesehen«, antwortete er mürrisch.

»Bei was für einem Anlass war das?«

»Sie war hier zum Abendessen.«

Mit aller wünschenswerten Deutlichkeit machte er klar,

102

dass nicht er sie eingeladen hatte. Erneut wandte sich Irene an Andreas.

»Haben Sie sich oft gesehen?«

»Nein. Nicht so oft.«

»Wie oft?«

Andreas sah nervös in Richtung von Niklas, schien aber fest entschlossen zu sein, die Wahrheit zu sagen.

»Ungefähr einmal im Monat.«

»Warum haben Sie sich getroffen?«

Der Anwalt war über diese Frage aufrichtig erstaunt.

»Wir haben uns unser ganzes Leben lang gekannt. Wir sind zusammen in derselben Straße aufgewachsen. Im letzten Jahr haben wir manchmal zusammen Mittag gegessen.«

»In welchem Restaurant waren Sie zuletzt?«

»Im Fiskekrogen.«

Niklas konnte sich nicht länger beherrschen. Mit einem halblauten Fluch drehte er sich auf dem Absatz um und verließ das Zimmer. Andreas sah ihm nachdenklich hinterher, sagte aber nichts. Irene dachte ebenfalls nach. Es hatte tatsächlich den Anschein, als wollte der Anwalt die Wahrheit sagen, obwohl er sich damit Niklas' Zorn zuzog. Trotzdem würde es wahrscheinlich einfacher sein, sich mit ihm unter vier Augen zu unterhalten.

»Haben Sie eine Möglichkeit, morgen Nachmittag aufs Präsidium zu kommen?«, fragte Irene.

»Natürlich. Aber nicht vor vier.«

»Das passt mir ausgezeichnet.«

Die Polizisten standen auf und gaben Andreas Svärd die Hand. Irene bemerkte, dass er ungewöhnlich kleine und schöne Hände hatte.

In der Diele war von Niklas keine Spur zu entdecken. Irene sprach ins Leere hinein:

»Niklas. Ich muss mit Ihnen sprechen.«

Langsam wurde eine Tür geöffnet und Niklas erschien.

»Was wollen Sie?«, fragte er mürrisch.

103

»Wir müssen noch einmal miteinander reden. Ich würde gerne mit Ihnen auf dem Polizeipräsidium sprechen. Wann passt es Ihnen morgen Nachmittag?«

»Ich arbeite bis halb fünf. Nicht vor fünf also. Eher um halb sechs.«

Tommy betrachtete die Bilder an den Wänden. Plötzlich deutete er auf ein großes gerahmtes Plakat und fragte:

»Sind Sie das?«

Irene drehte sich um und betrachtete das Plakat.

»Dragshow Fever« war darauf in zierlicher Frakturschrift zu lesen. Eine Frau mit schlanken Beinen in schwarzen Netzstrümpfen ging in Schuhen mit irrsinnig hohen Absätzen eine Treppe hinauf. Ein schwarzer Tangaslip schnitt zwischen den wohlgeformten Hinterbacken ein. Der Rücken des Oberteils, das ganz aus Pailletten bestand, war tief ausgeschnitten, und ihr langes Haar fiel in Locken über die Schultern. Der Kopf war etwas zur Seite gewandt. Obwohl die falschen Wimpern und das Make-up die Gesichtszüge etwas verbargen, erkannte Irene Niklas Alexanderssons Bernsteinblick wieder. Verwundert wandte sie sich an Niklas und rief:

»Das sind Sie!«

Er lächelte amüsiert und bösartig.

»Schon wieder schockiert?«

»Auch diesmal nicht. Was hat dieses Plakat zu bedeuten?«

»Es bedeutet, dass ich früher bei Dragshows aufgetreten bin. Als armer Krankenpflegeschüler muss man schließlich seine Einkünfte aufbessern.«

»Tanzen Sie immer noch?«

»Nein.«

Niklas hielt ihnen die Wohnungstür auf.

KAPITEL 8

Sie begannen ihren Arbeitstag um halb acht im Wäldchen im hinteren Teil des Parks bei der Löwander-Klinik. Irene Huss hatte Kommissar Andersson von ihrem Autotelefon aus angerufen. Die Suche nach Linda Svensson hatte nichts Neues ergeben. Der Kommissar teilte ihr mit, dass er zur Löwander-Klinik fahren wolle, um ein weiteres Mal mit dem Personal zu sprechen.

Es war immer noch nicht ganz hell, deswegen beschlossen sie, mit dem Wäldchen noch eine halbe Stunde zu warten. Schon allein für den Park würden sie eine Weile brauchen. Er war groß und ungepflegt. Dass Bäume und Büsche kein Laub trugen, erleichterte ihnen die Suche. In der Nacht war es wärmer geworden, und die Temperatur betrug nur noch ziemlich genau null Grad. Der Himmel war grau bedeckt, was sowohl auf Schnee als auch auf überfrierenden Regen hindeuten konnte.

Sie begannen am Rand des kleinen Tannenwäldchens. In der gefrorenen Erde gab es eine Menge Fußspuren, aber auch die Spuren von Pfoten in verschiedener Größe. Offensichtlich führte man hier seine Hunde aus. Wo das Tannenwäldchen aufhörte, begannen Laubbäume. Die meisten waren wahrscheinlich schon vor über hundert Jahren gepflanzt worden, als der Park angelegt worden war. Direkt hinter dem Krankenhaus wuchsen Goldregen und Flieder. Als sie sich das Gebüsch genauer ansahen, stellten sie fest, dass es sich dabei einmal um eine Fliederlaube gehandelt haben musste. Nach jahrzehntelanger Vernachlässigung erinnerte das Ganze allerdings mehr an einen Urwald. Zwischen den Ästen war ein Schuppen auszumachen.

Und dann entdeckten Irene und Tommy den ehemaligen Eingang der Laube. Stand man in der fast gänzlich zugewachsenen Öffnung, konnte man deutlich den rückwärtigen Personaleingang der Löwander-Klinik erkennen.

In der Mitte des Gebüschs befand sich ein Rondell. Die Fliederbüsche darum herum waren mehrere Meter hoch und versteckten fast ganz den kleinen grün gestrichenen Schuppen. Er sah relativ neu aus. Zur Tür führte eine Rampe. Tommy ging auf die breite Tür zu und rüttelte an der Türklinke. Mit einem verärgerten Quietschen schwang die Tür auf. Tommy trat ein, trat aber schnell wieder den Rückzug an.

»Pfui Teufel! Da haben wir ihre Behausung!«

Irene schaute ins Innere. Gestank schlug ihr entgegen. Er erhielt schnell seine Erklärung. Neben der Tür stand ein Plastikeimer, der zur Hälfte mit Urin und Exkrementen gefüllt war. Offenbar war der Schuppen für Gartengeräte bestimmt. Spaten, Harken und anderes hingen ordentlich an der Wand. In der Mitte des Schuppens stand ein Rasentraktor, der fast den gesamten Platz einnahm. Hier hatte Mama Vogel sich ihr Zuhause eingerichtet.

Ganz hinten lagen ein Haufen Zeitungen und zusammengefaltete Pappkartons und auf diesen ein angeschimmelter Schlafsack. Als Kopfkissen verwendete sie eine Plastiktüte, die mit Zeitungen und Lumpen gefüllt war. Irene bekam einen Kloß im Hals, als sie sah, dass Mama Vogel tatsächlich so etwas wie eine Tagesdecke auf ihr Bett gelegt hatte. Über den unteren Teil des Schlafsacks hatte sie eine ölige Kinderdecke gebreitet. Vor langer Zeit waren die herumtollenden Lämmer vermutlich einmal rosa gewesen. Am Kopfende des Lagers stand eine große Plastiktüte. Irene schaute hinein.

»Hier sind Reste von dem Brot, das sie von dem Pizzabäcker bekommen hat«, stellte sie fest.

Die Behausung von Mama Vogel war schnell durchsucht, und sie traten in die bedeutend angenehmere Morgenluft vor dem Schuppen.

»Sieht nicht so aus, als hätte sie heute Nacht hier geschlafen. Das Brot hat sie vorgestern bekommen. Es ist noch nicht alles aufgebraucht, also hat sie wohl vor, wieder herzukommen«, meinte Irene.

»Glaubst du, dass sie noch einen anderen Unterschlupf hat?«

»Möglich. Ich frage mich, ob das Klinikpersonal weiß, dass Mama Vogel sich hier häuslich eingerichtet hat.«

»Keine Ahnung. Wir fragen nachher. Aber erst suchen wir noch das Wäldchen ab.«

Obwohl es jetzt bedeutend heller war, mussten sie im Dunkel der Tannen ihre Taschenlampen zu Hilfe nehmen. Die Bäume standen sehr dicht, und es war mühsam, sich zwischen ihnen einen Weg zu bahnen. Sie fanden reichlich Hundedreck, Kondome und leere Verpackungen, Bierdosen, Zigarettenschachteln, Schokoladenpapier und Chipstüten. Das Zutrauen der Stadtmenschen in die Natur, mit Abfall fertig zu werden, war offenbar unermesslich.

Nach einer halben Stunde hatten sie die Gruppe von Tannen durchkämmt. Irene war verschwitzt und enttäuscht. Tommy zog ihr ein paar Tannennadeln aus dem Haar.

Er deutete auf seine Stirn:

»Sieh mal. Ich bin in einen Ast gelaufen, weil ich die Augen immer auf den Boden gerichtet hatte.«

Irene sah ihn nachdenklich an.

»Wenn wir schon Mühe haben, wohin wir unsere Füße setzen sollen, wie war es dann für jemanden, der hier im Stockfinstern gestanden hat!«

»Wer hier im Dunkeln gestanden hat, brauchte aber auch nicht besonders weit zwischen die Bäume zu gehen, um sich zu verstecken.«

»Wir hätten uns bei der Suche etwas schlauer anstellen können. Wir hätten uns auf die Krankenhausseite konzentrieren

107

sollen und gar nicht so weit in das Wäldchen zu gehen brauchen. Wir sollten uns mal die Äste genauer anschauen. Wenn der Mörder hier gestanden hat, dann hat sich vielleicht ein Haar oder eine Kleiderfaser darin verfangen.«

Sie drehten erneut eine Runde durch das Wäldchen. Nach ein paar Minuten rief Tommy:

»Irene. Hierher!«

Sie bahnte sich einen Weg zu ihm. Er deutete stumm auf einen kräftigen Ast etwa einen halben Meter über der Erde. An seinem äußeren Ende hingen ein paar dunkle Fäden und Fussel.

Tommy zog eine Plastiktüte aus der Tasche und stülpte sie sich über die Hand. Dann brach er den Ast ab und steckte ihn zusammen mit dem Textilfragment in die Tüte, die er zuknotete und vorsichtig in seiner Jackentasche verstaute. Sie untersuchten den Boden, konnten aber nur feststellen, dass hier mehrere Personen und Hunde auf und ab gegangen waren. Die anderen Äste um den Fundplatz herum ergaben nichts von Interesse. Vielleicht würden die Männer von der Spurensicherung ein paar Abdrücke zu Stande bringen, aber wahrscheinlich kamen sie zu spät. Ein eiskalter Regen hatte eingesetzt, als sie den Boden untersucht hatten.

»Das war's dann. Lass uns nach drinnen gehen und das Personal befragen, ob jemand weiß, dass Mama Vogel hier nistet«, sagte Tommy.

Irene sah ebenfalls ein, dass es hoffnungslos war, im Wäldchen nach weiteren Spuren zu suchen. Der Regen hatte zugenommen, und der Gedanke, ins Warme zu kommen, war richtig herzerwärmend. Sie stapften durch die Pfützen um das Krankenhaus herum und bogen gerade rechtzeitig um die Ecke des Gebäudes, um Kommissar Andersson durch das protzige Portal verschwinden zu sehen.

Die Dame am Empfang hob den Blick von der Tastatur ihres Computers. Irene stieß Tommy in die Seite, was bedeutete, dass er das Reden übernehmen sollte. Normalerweise fraßen ihm Damen mittleren Alters aus der Hand.

»Guten Morgen. Dürfen wir einen Augenblick stören?«, fragte er freundlich.

Mit seinen treuen braunen Hundeaugen sah er sie innig an. Die schon etwas verbrauchte Blondine rückte ihre Brille zurecht und deutete mit ihren stark bemalten Lippen ein Lächeln an.

»Doch, doch. Aber ich habe sehr viel zu tun.«

»Ich frage mich, ob Sie in letzter Zeit in der Nähe der Löwander-Klinik eine ältere Frau gesehen haben. Vermutlich eine Stadtstreicherin.«

»Eine Stadtstreicherin! Hier bei der Löwander-Klinik! Nein. Was sollte die hier? Die sind doch eher im Brunnsparken.«

»Sie haben also nichts von einer Stadtstreicherin gehört?«

»Nein.«

»Könnte sonst jemand etwas darüber wissen?«

»Folke Bengtsson, unser Hausmeister, weiß eigentlich immer am besten, was hier so alles passiert.«

»Wo finden wir ihn?«

»Ein Stockwerk tiefer. Er hat sein Zimmer ganz links, wenn Sie die Treppe hinunterkommen.«

Das Telefon am Empfang klingelte. Sie nahm den Hörer ab und sagte mit geschäftsmäßiger Wärme:

»Löwander-Klinik. Womit kann ich Ihnen dienen?«

Sie begaben sich eine Treppe tiefer in das Reich von Folke Bengtsson. Der Hausmeister war nicht in seinem Zimmer, aber die Tür war nicht verschlossen. Sie traten ein. Das Zimmer war ziemlich groß und hatte ein Kellerfenster weit oben an der Wand. Wenn Irene sich auf die Zehenspitzen stellte, konnte sie die Spitzen der Fliederbüsche sehen, die die alte Laube umgaben. In stillem Einvernehmen begannen sie, sich etwas näher in dem Kellerraum umzusehen.

An den Wänden hingen mehrere Plakate von der Leichtathletikweltmeisterschaft. Tommy deutete auf eine große Werkzeugtasche, die auf einem Bord direkt hinter der Tür stand. Bei schneller Durchsicht konnten sie keinen Seitenschneider entdecken. Auf den großen Kellerregalen hatte dicht gedrängt alles Mögliche Platz gefunden. Kartons mit Glühbirnen, ein Stahldraht zum Reinigen von Abflüssen, Drahtrollen und ein Karton mit der Aufschrift »Flaggen«. Auf dem Schreibtisch standen eine alte braune Bürolampe und eine Kaffeemaschine. Irene zog die Schreibtischschubladen heraus, fand aber nur eine Dose Schnupftabak, einige Rechnungen und Bestellungen, Stifte und zwei alte zerlesene Sportzeitschriften. Die oberste Schublade war verschlossen und ließ sich mit keinem einfachen Trick öffnen. Irene wollte gerade einen neuen Versuch wagen, da gab Tommy ihr ein Zeichen. Schwere Schritte waren auf der Kellertreppe zu hören. Irene machte einen Schritt vom Schreibtisch weg, wandte ihm den Rücken zu und tat so, als würde sie durch das Kellerfenster schauen. Laut sagte sie:

»Man sieht gerade noch die Baumwipfel im Park.«

»Man wird nicht gerade von der Aussicht verwöhnt«, ließ sich eine Bassstimme von der Tür her vernehmen.

Irene drehte sich halb um und tat überrascht.

»Guten Tag. Nach Ihnen suchen wir.«

Sie lächelte und streckte die Hand aus.

»Irene Huss, Kriminalinspektorin. Wir haben uns Dienstag früh bereits gesehen, aber noch nicht miteinander gesprochen.«

»Folke Bengtsson. Dafür haben eine ganze Menge andere Polizisten mit mir geredet.«

Sie schüttelten sich die Hand. Tommy Persson und Folke Bengtsson stellten sich ebenfalls vor. Ohne zu fragen, ob sie auch wollten, nahm Bengtsson die Glaskanne der Kaffeemaschine und verschwand auf dem Korridor. Sie hörten, wie auf der anderen Seite der Wand Wasser lief. Der Hausmeister war einen Augenblick später zurück und füllte mit einem Kaffeemaß duftendes Kaffeepulver in einen Papierfilter. Ohne sich

110

dessen bewusst zu sein, gewann Folke Bengtsson dadurch Pluspunkte. Jemand, der ungefragt Kaffee aufsetzte, musste einfach okay sein. Dieser Meinung war zumindest Irene. Ihr Kaffeedurst war bereits wieder beträchtlich.

Folke Bengtsson war fast sechzig, kahlköpfig und untersetzt. Er erinnerte an einen kräftigen Baumstumpf. Irene, die selbst viel trainierte, war sich sicher, dass er immer noch Sport trieb. Deswegen meinte sie einleitend:

»Die Plakate von der Leichtathletik-WM sind wirklich sehr schön. Dummerweise habe ich selbst keine aufgehoben.«

»Ich habe damals Urlaub genommen und mir die meisten der Wettkämpfe angesehen«, erwiderte Bengtsson zufrieden.

»Treiben Sie selber noch Sport?«

»Nicht mehr. Aber ich bin viele Jahre Ringer gewesen und habe die Jungs teilweise auch selbst trainiert. Jetzt begnüge ich mich mit Gewichtheben.«

Nach den Bizepsen unter dem blau karierten Flanellhemd zu urteilen schien er das ziemlich oft zu tun. Er gab Irene und Tommy weiße Plastikbecher. Er selbst hatte eine große Porzellantasse mit Aufschrift »I'm the boss«. Mit einem Schlüssel von dem großen Schlüsselbund, den er am Gürtel hängen hatte, öffnete er die oberste Schreibtischschublade. Irene beugte sich etwas vor und sah hinein. Hier lagen eine Rolle Kekse und eine Menge Schlüssel. Bengtsson nahm die Kekse heraus und schloss die Schublade wieder.

»Entschuldigen Sie, Herr Bengtsson. Die Sache mit den Schlüsseln brennt uns natürlich auf den Nägeln«, sagte Irene.

Sie nahm dankend einen Keks und atmete genüsslich das herrlich Kaffeearoma ein. Dann fuhr sie fort:

»Wie Sie wissen, hat es den Anschein, als hätte Marianne Svärds Mörder Schlüssel zum Krankenhaus besessen. Nirgendwo wurden die Schlösser beschädigt. Ich frage mich, ob es für das Krankenhaus einen Generalschlüssel gibt?«

»Ja. Zwei Stück. Ich habe einen und Dr. Löwander den anderen.«

»Was hat das übrige Personal für Schlüssel?«

»Einen für die Außentüren. Derselbe Schlüssel passt für das Hauptportal, den Personaleingang sowie für den Umkleideraum im Keller. Dann haben sie noch einen Schlüssel für die Station, auf der sie arbeiten.«

»Das Personal auf der Pflegestation hat also einen Schlüssel für diese, die OP-Schwestern haben einen für die Operationssäle und so weiter?«

»Genau.«

»Aber in der Schublade gibt es Reserveschlüssel für sämtliche Stationen?«

»Ja. Aber nur ich habe einen Schlüssel für diesen Keller. Und ich schließe immer ab, bevor ich nach Hause gehe. Diese Schreibtischschublade ist immer verschlossen, und nur ich habe den Schlüssel.«

Bengtsson schien über seine uneingeschränkte Macht an der Schlüsselfront sehr zufrieden zu sein.

»Aber als wir jetzt gekommen sind, war nicht abgeschlossen.«

»Nein. Tagsüber, wenn ich hier bin, schließe ich nie ab.«

»Aber die obere Schreibtischschublade ist immer verschlossen?«

»Ja.«

»Wo haben Sie den Generalschlüssel?«

»Hier. Und da ist auch der Schlüssel für die Schreibtischschublade.«

Der Hausmeister zog erneut den Schlüsselbund aus der Hosentasche.

Hier kam sie nicht weiter. Irene beschloss, stattdessen über Mama Vogel zu sprechen.

»Wissen Sie, dass jemand im Geräteschuppen wohnt?«

Bengtsson erstarrte. Er schaute in seine dampfende Kaffeetasse und murmelte:

»Ach so? Ist das so?«

Er war wirklich ein lausiger Lügner.

112

»Haben Sie gestern die GT in der Hand gehabt? Haben Sie das mit der Frau gelesen, die angeblich gesehen hat, wie die gute alte Tekla in der Mordnacht herumgespukt hat?«

»Doch… ja… das habe ich…«

»Der Journalist, der das geschrieben hat, hatte mit Mama Vogel gesprochen.«

Bengtsson sah überrascht von seiner Tasse auf.

»Die lässt sich doch nicht interviewen!«

»Sie kennen sie also?«

Der Hausmeister seufzte schicksalsergeben.

»Jaja. Ich kenne sie. Oder ich weiß von ihr. Ich habe sie vor Weihnachten gefunden.«

»Gefunden?«

»Ja. Sie hatte sich in einen Müllsack aus Plastik eingewickelt und sich vor die Kellerventilation gelegt. Vor die Abluft, die bei der Elektrozentrale durch die Wand kommt. Erst hab ich gedacht, da hat jemand einen Sack mit Müll hingeschmissen, und bin wütend geworden. Ich gehe hin, um ihn in den Müllraum zu schleppen, und da sehe ich, dass da ein Mensch liegt!«

»Haben Sie sie mit ins Haus genommen?«

»Nein. Sie stank, dass es einem übel wurde! Und sie war vollkommen wirr im Kopf. Es war unmöglich, etwas Vernünftiges aus ihr herauszubringen.«

»Sie haben also den Schuppen mit den Gartengeräten für sie geöffnet?«

Bengtsson nickte resigniert.

»Ja. Was hätte ich sonst tun sollen? Das Krankenhaus war schließlich über Weihnachten geschlossen. Sie hatte ganz offenbar kein Zuhause. Ich habe ihr den Schuppen aufgemacht. Es hatte den Anschein, als sei sie froh darüber. Ab und zu habe ich ihr dann eine Plastiktüte mit Butterbroten an die Klinke gehängt, die am Tag darauf immer verschwunden war. Obwohl ich an einem Morgen gesehen habe, wie sie die Brote zerkrümelt und damit die Vögel gefüttert hat!«

»Wo haben Sie das gesehen?«

113

»Hier im Park.«

»Weiß sonst noch jemand etwas von Mama Vogels Existenz?«

Folke Bengtsson zuckte mit seinen riesigen Schultern.

»Weiß nicht. Möglich.«

»Sie wissen auch nicht ihren richtigen Namen?«

»Keine Ahnung. Sie plapperte etwas davon, dass sie Mama Vogel heißt. Aber seit diesem ersten Morgen habe ich kaum mehr mit ihr gesprochen. Nur ab und zu eine Tüte mit Butterbroten an die Türklinke gehängt.«

»Hält sie sich auch tagsüber in dem Schuppen auf?«

»Nein. Morgens ist sie immer fort. Ich komme um halb sieben. Nach diesem Zeitpunkt ist sie nie auf der Bildfläche erschienen.«

»Haben Sie bemerkt, wie es im Schuppen aussieht?«

Der Hausmeister schluckte und nickte.

»Doch. Das ist wirklich übel… aber sie soll meinetwegen den Winter über dort bleiben. Dann schmeiße ich sie raus und schließe die Tür ab. Der ganze Schuppen wird dann saniert. Ich werde ihn innen anstreichen. Niemand braucht zu erfahren, dass sie dort ist.«

Das Letzte sagte er in einem deutlich flehenden Tonfall. Die obdachlose Frau tat ihm Leid.

»Haben Sie eine Vorstellung, wo wir diese Mama Vogel tagsüber finden können?«

»Keine Ahnung. Obwohl…«

Er unterbrach sich und dachte nach. Zögernd fuhr er fort:

»Vor einigen Wochen habe ich sie an einem Samstagmorgen auf dem Drottningtorget gesehen. Sie kam mit zwei großen Plastiktüten aus dem Einkaufszentrum Nordstan. Sie sang beim Gehen vor sich hin.«

»Haben Sie gehört, was sie gesungen hat?«

Bengtsson sah erstaunt aus.

»Nein. Ich hielt mich auf Abstand.«

»Hat sie Sie gesehen?«

»Nein. Sie ging in Richtung vom Hotel Eggers, stellte sich genau davor und begann, ihre Tüten auszupacken. Dann hat sie Brote zerrupft und um sich herum Haferflocken verstreut! Zum Schluss war sie ganz von Tauben bedeckt. Pfui Teufel!«

Der eigentümliche Geruch der sonderbaren Dame fand damit seine Erklärung.

»Wann haben Sie sie zum letzten Mal gesehen?«, fragte sie.

»Tja ... man begegnet ihr nicht so oft. Das war wohl dieses eine Mal auf dem Drottningtorget. Sie kommt spätabends zum Schuppen und verschwindet frühmorgens wieder. Montagabend habe ich eine Tüte an die Tür gehängt, und die war Dienstagmorgen verschwunden.«

Was darauf hindeutete, dass sich Mama Vogel in der Mordnacht wirklich in dem Schuppen aufgehalten hatte. Irene hatte das Gefühl, dass es immer wichtiger wurde, sie ausfindig zu machen.

»Wie ist Mama Vogel gekleidet und wie sieht sie aus?«

Bengtsson dachte lange nach, ehe er antwortete:

»Tja ... es ist schwer, etwas über ihr Alter zu sagen. Vielleicht ist sie einige Jahre jünger als ich. Klein und mager. Obwohl es schwer auszumachen ist, wie sie eigentlich aussieht. Sie trägt einen zu großen Herrenmantel. Auf dem Kopf hat sie eine gestrickte Mütze ... Ich glaube, die ist rosa. Sie zieht sie über die Ohren und in die Augen. Vom Gesicht ist nicht viel zu sehen.«

»Welche Farbe hat der Mantel?«

»Weiß nicht. Dunkel. Braun oder grau. Sie hat ihn mit einer Schnur zusammengebunden. An den Füßen hat sie riesige Turnschuhe, in die sie eine Menge Zeitungspapier gestopft hat.«

»Sonst nichts?«

»Nein ... doch ... sie hat fast keine Zähne mehr.«

Tommy und Irene dankten für den Kaffee und erhoben sich. Als sie auf den Kellerkorridor traten, blieb Irene vor der Tür stehen, auf der »Elektrozentrale« stand.

»Haben die Männer von der Spurensicherung den ganzen Keller durchsucht?«, fragte sie.

»Ja. Aber man hat nichts weiter gefunden. Den Aufzug haben sie ebenfalls unter die Lupe genommen. Malm glaubt, dass sie auf der Intensivstation getötet worden ist, auch wenn keine entsprechenden Spuren gefunden wurden. Sie muss dem Mörder die Tür geöffnet haben, da nur innen eine Klinke ist. Das bedeutet, dass sie den Mörder gekannt hat.«

»Wenn der Mörder nicht einen Schlüssel hatte.«

»Das ist eine Möglichkeit. Als der Strom ausfiel, haben Dr. Löwander und die alte Nachtschwester offenbar für so viel Unordnung gesorgt, dass keine verwertbaren Spuren mehr vorhanden sind. Sie haben sogar Sachen umgeworfen und so. Die junge Intensivschwester hat das schlimmste Durcheinander am nächsten Morgen wieder aufgeräumt.«

»Anna-Karin. Die Schwester, die Marianne kannte und mit Linda befreundet ist.«

Wieder hatte Irene das Gefühl, dass Anna-Karin mehr wusste, als sie gesagt hatte. Aber das war nur so ein Gefühl und nichts, womit sich die junge Krankenschwester unter Druck setzen lassen würde. Außerdem war Irene mit der älteren verabredet. Sie wandte sich an Tommy und sagte:

»Ich gehe rauf auf die Station. Schwester Ellen hat versprochen, sich meine Kratzwunden anzuschauen.«

»Okay. Ich sehe mich im Gelände um und erkundige mich nach Mama Vogel.«

Irene ging die Treppen hinauf zur Station. Im Schwesternzimmer traf sie ihren Chef in gemütlicher Runde mit Ellen Karlsson an. Sie lachten beide über einen Witz. Schon lange hatte sie den Kommissar nicht mehr so herzhaft lachen hören. Als er seine Inspektorin in der Tür stehen sah, verstummte er abrupt. Er verfärbte sich etwas und wirkte ertappt. Wie ein kleiner Junge, der etwas Unerlaubtes getan hat, dachte Irene. Aber so war es ja auch, oder nicht?

Schwester Ellen folgte Anderssons Blick. Sie drehte sich auf dem Schreibtischstuhl um.

»Hallo! Wie geht es mit den Kratzwunden?«

»Danke, gut. Solange ich nicht lachen muss.«

»Ich schaue sie mir an. Kommen Sie mit ins Untersuchungs-zimmer.«

Sie ging durch die Tür voraus. Irene folgte ihr. Ehe sie ver-schwand, warf sie ihrem Chef noch einen Blick zu, den dieser erstaunlicherweise äußerst schlecht gelaunt erwiderte. Also doch erwischt.

Die Schwester suchte alles hervor, was sie brauchte, um Irenes Blessuren neu zu verbinden. Sie legte sterile Koch-salzlösung, Kompressen, hautschonendes Pflaster und eine Pinzette auf einen Wagen, während sie Belanglosigkeiten er-zählte.

»Heute ist es ziemlich ruhig. Dr. Bünzler ist mit seinen Kin-dern und Enkeln auf seine Hütte in Sälen gefahren. Und der Anästhesist Dr. Henriksson ist ebenfalls in die Skiferien abge-dampft. Nur Dr. Löwander operiert. Aber einzig kleine ambu-lante Sachen mit Lokalanästhesie. Dann ist hier auch nicht so ein Durcheinander.«

Sie verstummte und sagte dann mit besorgter Stimme:

»Sie haben nichts Neues über Linda herausgefunden?«

»Nein. Sie ist immer noch spurlos verschwunden.«

»Das ist unfassbar! Erst wird Marianne ermordet und dann verschwindet Linda!«

»Ja, das ist merkwürdig. Haben Sie gestern den Artikel in der Zeitung gelesen über die Frau, die Schwester Tekla gese-hen hat?«

»Ja. Wer war das?«

»Es scheint sich um eine Obdachlose zu handeln, die hier in der Gegend unterwegs ist. Sie wissen nichts über eine Stadt-streicherin?«

Vorsichtig begann Schwester Ellen die Pflaster von Irenes Gesicht zu ziehen. Obwohl sie geschickt war, tat es weh. Als sie alle alten Kompressen entfernt hatte, nahm sie sich etwas Zeit, um darüber nachzudenken, was Irene gesagt hatte.

117

»Eine Stadtstreicherin? Davon kann es doch nicht so viele geben. Nein. Davon weiß ich nichts… Wie sieht sie aus?«

»Klein und dünn. Sie trägt eine gestrickte rosa Mütze und einen großen Herrenmantel.«

»Möglicherweise habe ich sie beim Brända Tomten gesehen.«

»Brända Tomten?«

»So nennen wir diesen Platz im Scherz. Vor elf Jahren gab es hier beim Krankenhaus eine große Chefarztvilla. Irgendwann brannte sie ab, und jetzt haben wir an dieser Stelle den Personalparkplatz.«

»Ach so. Warum wurde die Villa nicht wieder aufgebaut?«

Schwester Ellen unterbrach ihre Beschäftigung. Sie biss sich auf die Unterlippe, und zum ersten Mal während ihres Gesprächs hatte Irene das Gefühl, dass sie zögerte, die Wahrheit zu sagen. Schließlich meinte die Krankenschwester:

»Frau Löwander geriet vollkommen außer sich und behauptete, dass Carina das Feuer gelegt habe.«

»Ist nicht Carina Löwander identisch mit Frau Löwander?«

»Sie ist Frau Löwander Nummer zwei. Dr. Löwander war vorher mit Barbro verheiratet. Mir ihr zog er ein Jahr nach dem Tod des alten Dr. Löwander in die Chefarztvilla. Gerade als sie eingezogen waren, reichte Dr. Löwander die Scheidung ein! Sie war am Boden zerstört.«

»Haben sie Kinder?«

»Ja. John und Julia. John wohnt in den USA, und Julia ist im Augenblick ebenfalls dort. Sie ist Austauschschülerin.«

»Barbro Löwander wohnte also allein in der Chefarztvilla.«

»Nein. Sie zog aus. Sverker blieb dort wohnen.«

»Warum sollte Carina das Haus anstecken, in dem sie zusammen mit Sverker wohnen konnte?«

»Weil sie in dem unmodernen Haus nicht wohnen wollte. Laut Barbro.«

»Und deswegen wäre sie also hingegangen und hätte es niedergebrannt? Klingt weit hergeholt.«

»Ja. Das fanden wir auch alle. Barbro war wie gesagt in dieser Zeit sehr aus dem Gleichgewicht. Keiner kümmerte sich groß um das, was sie sagte.«

»Brannte das Haus vollkommen ab?«

»Ja. Es wurden nur ein paar alte Sachen durch eine Kellertür gerettet. Ich kann mich noch erinnern, dass Carina sich weigerte, diese alten Sachen in ihrem neuen Haus unterzubringen. Dr. Löwander stellte sie hier auf den Speicher.«

»Stehen die Sachen immer noch dort?«

»Wahrscheinlich. Voriges Jahr habe ich sie noch gesehen, als ich wegen der Adventsdekoration auf dem Speicher war. Dieser Teil des alten Speichers ist nie umgebaut worden und wird nur als Lager genutzt.«

»Hat sich Schwester Tekla dort erhängt?«

Ellen Karlsson erstarrte und antwortete dann kurz:

»Ja.«

Irene beschloss das Thema zu wechseln und kam wieder auf Mama Vogel zu sprechen:

»Sie haben gesagt, dass sie diese Frau eventuell beim Brända Tomten gesehen haben?«

Ellen Karlsson entspannte sich wieder.

»Ja. Vor etwa zwei Wochen. Es war kurz vor sechs Uhr am Morgen. Ich war besonders früh dran, weil mir am Abend vorher einiges liegen geblieben war. Ich habe sie nur einen kurzen Augenblick unter einer Laterne gesehen. Dann verschwand sie im Park.«

»Sie haben sie dann nicht noch einmal gesehen?«

»Nein.«

Die Schwester legte den Kopf auf die Seite und begutachtete Irenes frischen Schorf.

»Das verheilt gut. Sie brauchen jetzt nur noch eine Kompresse. Für den Rest reichen Pflaster. Sie nehmen doch noch immer das Penicillin?«

Irene nickte gehorsam.

»Kennen Sie Barbro, die erste Frau von Sverker Löwander?«

119

»Ja. Sie war hier bei uns Sprechstundenhilfe. Aber nach der Scheidung bekam sie eine Stelle am Sahlgrenska. Sie wollte nicht hier bleiben, weil Carina damals noch hier gearbeitet hat.«

»Als was?«

»Krankengymnastin. Sverker Löwander und Carina haben sich hier im Krankenhaus kennen gelernt.«

»Aber sie arbeitet ebenfalls nicht mehr hier?«

»Nein. Vor einigen Jahren hat sie auf vorbeugende Medizin umgesattelt. Sie leitet das Bewegungsprojekt des Betriebsärzteverbundes. Das passt ihr sicher ausgezeichnet. Da kann sie mit den Leuten machen, was sie will.«

Ihr Ton hatte ganz deutlich an Schärfe zugenommen, aber bevor Irene noch darauf eingehen konnte, klopfte es an der Tür. Gleichzeitig wurde die Tür aufgerissen und die Intensivschwester Anna-Karin streckte ihren Kopf herein.

»Hallo. Sie haben gerade angerufen und gesagt, dass die Nachtschwester Grippe hat. Siv Persson ist immer noch krankgeschrieben. Was machen wir?«

Schwester Ellens rundes, freundliches Gesicht sah auf einmal ganz müde aus. Die Erschöpfung war auch aus ihrer Stimme herauszuhören.

»Verdammt! Ich weiß nicht. Ich weiß nur, dass ich bald nicht mehr kann. Ich habe diese Woche bereits die zwei Schichten von Linda übernommen.«

Anna-Karin dachte schnell nach.

»Ich kann beim Källbergska anrufen und fragen, ob die jemanden im Pool haben, der einspringen kann.«

Vor Irenes innerem Auge tauchte plötzlich ein Schwimmbassin mit Krankenschwestern auf. Am Beckenrand standen die verzweifelten Angestellten der Personalabteilungen und abgearbeitete Pflegekräfte und fischten verzweifelt nach Leuten. Schwester Ellens gestresste Stimme holte sie jedoch schnell in die Wirklichkeit zurück.

»Entschuldigen Sie, Frau Huss. Ich muss los. Die letzten Pflaster können Sie sich selbst am Sonntag entfernen. Tschüss!«

Im nächsten Augenblick war Irene allein in dem kleinen Zimmer. Sie stand von der Pritsche auf, auf der sie gesessen hatte, und trat zum Fenster. Es ging auf den Park. Direkt unter ihr lag das Gebüsch mit dem Schuppen. Obwohl der Flieder vollkommen entlaubt war, konnte man nur das schwarze Dach aus Teerpappe erkennen. Das Nest von Mama Vogel war gut versteckt. Wahrscheinlich ging sie immer durch den Park dorthin. Irene schaute auf das Tannenwäldchen, das sie so gründlich durchsucht hatten. Dahinter lag ein Mietshaus, das drei Stockwerke hoch war. Sie konnte einige Autos sehen, die auf der Straße unterhalb davon vorbeifuhren. Sie führte über eine kleine Brücke über den Bach. Auf der anderen Seite der Brücke lag die Haltestelle der Straßenbahn. Wahrscheinlich nahm Mama Vogel allabendlich diesen Weg. Sie fuhr mit der Straßenbahn und stieg an dieser Haltestelle aus. Dann ging sie über die Brücke und quer durch den Park. Genau auf ihr Nest zu.

Sollten sie beim Schuppen Wache halten und sie abfangen? Wenn sie sie tagsüber nicht zu fassen bekamen, dann konnten sie vielleicht so mit ihr Kontakt aufnehmen. Aber das würde Zeit und Geld kosten, und die Dame hatte offenbar noch andere Stellen zum Unterkriechen. Und wenn sie jetzt mehrere Nächte hintereinander nicht auftauchen würde? Das mussten sie mit dem Kommissar besprechen, falls sie sie nicht anderswo fanden.

Tommy Persson war es geglückt, das Zimmer einer Sekretärin hinter dem Empfang in Beschlag zu nehmen. Hier fand ihn Irene. Er telefonierte und hatte vor sich einen voll gekritzelten Block liegen.

»Verlosen? Wie soll das gehen?«

Er lauschte der Stimme am anderen Ende der Leitung und sah gleichzeitig Irene an und verdrehte die Augen.

»Ach so? Und wie geht das, wenn sie keine Adresse haben? Ach nee. Mehr können Sie also nicht tun. Vielen Dank.«

Er knallte den Hörer auf die Gabel und seufzte resigniert.

»Das kann nicht wahr sein! Es gibt tatsächlich Menschen in unserer Gesellschaft, die es nicht gibt, weil sie ins Nichts wegverwaltet worden sind!«

»Wie das?«

»Ich habe bei verschiedenen Sozialämtern hier in der Stadt angerufen und gefragt, ob sie eine Mama Vogel kennen. Alle waren sehr hilfsbereit, bis es um ihren richtigen Namen, ihre Personenkennziffer oder Adresse ging. Da ich keine Einzige von diesen Fragen beantworten konnte, können sie mir auch nicht helfen. Wenn ich sage, dass sie wahrscheinlich obdachlos ist, wird der Ton sofort kühler. Obdachlos? Das ist schwieriger. Tut uns Leid. Und dann murmeln sie noch ein paar Floskeln und legen auf. Den Letzten, mit dem ich geredet habe, habe ich dann etwas genauer ausgehorcht, was sie mit Personen ohne festen Wohnsitz machen. Weißt du, was das Sozialamt mit ihnen tut?«

»Nein.«

»Sie werden unter den verschiedenen Stadtteilen verlost!«

»Verlost?«

»Genau. Mama Vogel kann beispielsweise an das Sozialamt in Torslanda verlost werden. Dann müssen sich die um ihr Wohlergehen kümmern. Aber wie soll sie das erfahren? Man kann ihr diese Mitteilung schließlich schlecht an irgendeine Adresse schicken. Ihre Adresse ist ein Schuppen im Park der Löwander-Klinik. Eigentlich genial. Man verlost die Verantwortung an eine Person, die den betreffenden Wohnsitzlosen nie getroffen hat. Diese Person ist nun auf dem Papier der Sachbearbeiter des Obdachlosen. Die Gesellschaft hat sich ihrer Verantwortung gestellt und dem Obdachlosen sogar einen eigenen Sachbearbeiter zugeteilt! Nur treffen sich die beiden nie.«

Tommy schaute bitter und anklagend auf das Telefon, als würde es das Sozialamt repräsentieren.

»Das Sozialamt können wir also vergessen«, stellte Irene fest.

Er nickte achselzuckend.

»Scheint so. Wir werden natürlich bei allen Verwaltungsbe-
zirken nachfragen. Aber darauf gebe ich nicht viel.«

»Was machen wir dann?«

»Heilsarmee oder Stadtmission.«

»Sollten wir nicht erst etwas essen gehen?«

»Yes.«

Es war fast drei Uhr, als sie ihren Wagen vor dem Polizeipräsidium abstellten. Tommy wollte weiter wegen Mama Vogel
herumtelefonieren. Er lieh sich Birgittas und Fredriks Zimmer,
da Irene Besuch bekommen würde. Irene wollte versuchen,
noch einen Bericht zusammenzustellen, ehe Andreas Svärd
auftauchte.

Punkt vier klopfte es an der Tür. Er war wie am Vorabend
elegant gekleidet. Sein dunkelblauer Mantel, seine schwarze
Hose und seine schwarzen Schuhe unterstrichen noch, wie
bleich er war. Als er den Mantel auszog, sah Irene, dass er ein
schwarzes Jackett, einen dunkelblauen Schlips und ein weißes
Hemd darunter anhatte. Offenbar trug Andreas Svärd Trauer.
Diese spiegelte sich auch in seinen Gesichtszügen wider. Seine
Augen waren immer noch rot unterlaufen. Irene fragte sich, ob
er wegen seiner heimlichen Mittagessen mit seiner Exfrau
Streit mit Niklas bekommen hatte.

»Haben Sie etwas über den Mörder herausgefunden?«, begann Andreas Svärd ohne Umschweife.

»Nein. Wir haben aber einen Tipp bekommen. Es gibt eine
Zeugin.«

»Die, von der gestern in der Zeitung stand?«

»Ja. Unter anderem.«

Irene war bewusst vage. Andreas Svärd schien der Mord zwar
offenbar ziemlich mitgenommen zu haben, aber das konnte
auch die Angst sein, dass die Polizei etwas herausfinden würde.
Sie beschloss dem Anwalt gegenüber vorsichtig zu sein.

»Wie wurde aus Niklas und Ihnen ein Paar?«

»Hat das irgendeine Bedeutung für die Ermittlungen?«

123

»Absolut. Es war offenbar der Grund, warum Marianne im Östra aufhörte und in der Löwander-Klinik anfing.«

Er seufzte resigniert.

»Es war auf einer House-Warming-Party bei Marianne und mir. Wir hatten ein Haus in Hovas gekauft, und sie war… so froh.«

Seine Stimme brach und wurde undeutlich.

»Wir hatten keinen großen Bekanntschaftskreis und veranstalteten nie große Feste. Aber da wir jetzt Platz hatten, fand Marianne, dass wir ausnahmsweise einmal eine Riesenparty veranstalten sollten. Wir luden alle Freunde und Arbeitskollegen ein. Natürlich lud Marianne auch Niklas ein. So… lernten wir uns kennen.«

»Hatten Sie schon vorher einmal ein homosexuelles Verhältnis?«, fragte Irene vorsichtig.

Andreas Svärd zuckte zusammen.

»Nein.«

»Wann hat Marianne davon erfahren?«

»Nach einem halben Jahr. Es war wie immer. Alle wussten davon. Außer ihr. Ich versuchte mehrere Male, mit Niklas zu brechen, aber ich schaffte es nicht. Und Marianne…«

Er verstummte und schluckte.

»Wie nahm sie es auf?«

»Fürchterlich hart.«

Sie saßen eine Weile schweigend da, ehe er fortfuhr.

»Sie hielt es nicht aus, Niklas jeden Tag bei der Arbeit zu sehen. Deswegen hat sie in der Löwander-Klinik angefangen.«

»Wann haben Sie dann angefangen, sich wieder zu verabreden?«

»Wir haben uns die ganze Zeit regelmäßig getroffen. Außer dem ersten halben Jahr nach der Scheidung. Als mein Vater sechzig wurde, waren auch Marianne und ihre Eltern eingeladen. Unsere Eltern sind seit vielen Jahren befreundet. Sie sind Nachbarn. Wir haben angefangen, uns zu unterhalten, und sie war so… gut. Machte mir überhaupt keine Vorwürfe.«

»War Niklas ebenfalls auf diesem sechzigsten Geburtstag?«

»Nein.«

»Wie hat Niklas es aufgenommen, dass er nicht eingeladen war?«

Andreas seufzte tief.

»Er ist sehr impulsiv. Jedes Mal ist es gleich mühsam.«

»Ihre Familie hat ihn noch nicht kennen gelernt?«

»Nein.«

»Wie haben sich Marianne und Niklas verstanden?«

Andreas lächelte müde.

»Natürlich überhaupt nicht. Marianne versuchte vermutlich, sich neutral zu verhalten... aber Niklas... er wird immer gleich so wütend.«

»Warum haben Sie angefangen, sich mit Marianne zum Mittagessen zu treffen?«

Er schloss die Augen und schwieg lange.

»Wir hatten beide das Gefühl, dass wir uns sehen müssten. Es gab viel zwischen uns, was sich nicht einfach ausradieren ließ.«

»Trafen Sie sich zum Mittagessen immer im Restaurant? Waren Sie nie zu Hause bei Marianne?«

Er verstand sofort, worauf sie hinauswollte.

»Natürlich unterhielten wir uns nur und aßen zusammen«, erwiderte er scharf.

Irene versuchte, ihre Frage deutlicher zu formulieren.

»Es war Marianne nie anzumerken, dass sie sich eventuell auch wieder ein sexuelles Verhältnis mit Ihnen vorstellen könnte?«

»Nein.«

Die Antwort kam kurz und schroff, aber er sah Irene nicht in die Augen. Er bewegte seine Finger nervös über den dunklen Stoff seiner Hose hin und her, als suche er dort nach Flusen oder Haaren, die nicht zu finden waren.

Irene beschloss weiterzubohren.

»Sie hat nie davon gesprochen, dass sie einen neuen Mann getroffen hat?«

Er sah sie überrascht an. Offenbar kam ihm dieser Gedanke vollkommen absurd vor.

»Nein. Nie.«

»Können Sie sich an das genaue Datum erinnern, wann Sie sie das letzte Mal gesehen haben?«

Er beugte sich hastig vor und öffnete seine winzige Aktentasche aus weichem, braunem Leder.

»Ich habe heute Morgen in meinem Kalender nachgesehen. Das war am Dienstag, dem 28. Januar.«

»Und da haben Sie im Fiskekrogen gegessen?«

»Ja.«

»Niklas wusste offenbar nicht, dass Sie sich so häufig trafen?«

»Nein. Ich sagte nur, dass wir uns ab und zu sehen würden.«

»Aber nicht, wie oft.«

»Nein.«

Hier war etwas, was sie nicht so recht formulieren konnte. Irene wusste nicht recht, wie sie diesen Gedanken weiterverfolgen sollte. Eine ordentliche Dreiecksgeschichte mit einer Exfrau, einem neuen Liebhaber und einem Mann, den beide haben wollten. War Andreas Svärd selbst nicht so ganz eindeutig gewesen? Dem sollte sie nachgehen. Mit neutraler Stimme fragte sie:

»Wie hätten Sie sich verhalten, wenn Marianne wirklich einen neuen Mann kennen gelernt hätte? Wenn Sie nicht mehr bereit gewesen wäre, sich so oft mit Ihnen zum Mittagessen zu treffen?«

»Ich habe es mir eigentlich für sie gewünscht. Aber gleichzeitig… brauchte ich sie.«

»Warum?«

»Zusammen empfanden wir ein tiefes Gefühl der Zusammengehörigkeit… von Frieden.«

»Das haben Sie zusammen mit Niklas nicht?«

»Das ist etwas ganz anderes. Leidenschaft.«

»Ohne die Sie ebenfalls nicht leben können.«

Das war keine Frage, sondern eine Feststellung. Andreas Svärd schüttelte zur Antwort nur andeutungsweise den Kopf.

»Haben Sie eine Vorstellung, was in der Nacht passiert ist, in der Marianne ermordet wurde?«, fragte Irene.

Er schüttelte den Kopf.

»Sie waren in Kopenhagen. Ihr Alibi haben wir überprüft. Wissen Sie, wo Niklas war?«

»Niklas? Natürlich war er zu Hause und schlief. Er fängt jeden morgen früh auf der Intensivstation an.«

Irene beschloss, es für dieses Mal dabei bewenden zu lassen. Andreas Svärd wirkte so, als würde er jeden Augenblick zusammenbrechen.

Sie verabschiedeten sich, und Irene versicherte ihm, von sich hören zu lassen, falls es etwas Neues gäbe. Andreas Svärd zog seinen eleganten Mantel wieder an und ging auf den Korridor.

Lautlos schloss er die Tür.

Irene saß lange da und betrachtete das ramponierte Furnier der geschlossenen Tür. In ihrem müden Kopf ging es drunter und drüber, ohne dass ein brauchbarer Gedanke aufgetaucht wäre. Sie sehnte sich plötzlich nach zu Hause, obwohl kein gutes Abendessen auf dem Tisch auf sie warten würde. Donnerstags arbeitete Krister immer bis Mitternacht. Die Zwillinge waren in den Ferien in Värmland. Heute Abend war sie mit Sammie allein.

Sammie! Niemand hatte ihn bei seinem Ersatzfrauchen abgeholt! Sie setzte sich kerzengerade auf und warf sich über den Schreibtisch zum Telefon.

Die Stimme der Frau, die den Hund tagsüber betreute, war sehr unterkühlt. Nachdem Irene ihr den doppelten Stundenlohn versprochen hatte, ließ sie sich gnädig dazu herab, den Hund bis um sieben bei sich zu behalten. Aber keine Minute länger, denn dann wollte sie mit einer Nachbarin zum Bingospielen. Irene versprach, pünktlich zu sein.

127

Gerade als sie den Hörer aufgelegt hatte, klopfte es laut. Ehe Irene noch etwas sagen konnte, wurde bereits geöffnet und das sonnengebräunte Gesicht von Niklas Alexandersson tauchte im Türspalt auf.

»Hallo. Ich bin etwas früher dran, als gestern angekündigt.« Er lächelte ein blendendes Lächeln und sah sie mit seinen Bernsteinaugen an.

»Hallo. Kommen Sie rein und setzen Sie sich«, sagte Irene und zeigte einladend auf ihren Besucherstuhl.

Niklas Alexandersson ließ sich auf den Stuhl fallen. Er trug ein honiggelbes Hemd aus kräftigem Baumwollstoff und ein paar nougatbraune Hosen. Weiter würde er wohl nicht gehen, was Trauerkleidung für Marianne betraf. Seine ganze Erscheinung wirkte wie vergoldet. Er sah Irene ruhig an und wartete ihre erste Frage ab.

»Mir fiel gestern auf, als wir uns im Östra unterhalten haben, dass Sie etwas verärgert über Marianne waren.«

Als Antwort zog er theatralisch die Brauen hoch und schaute zur Decke. Irene sagte scharf:

»Oder habe ich das falsch verstanden?«

Niklas brach die Pantomime ab und sagte kurz:

»Ja.«

»Ach so?«

»Sie haben Unrecht. Ich war nicht etwas verärgert über Marianne, ich war *sehr* verärgert!«

»Warum das?«

»Sie war einfach eine sehr ärgerliche Person! Sie lief Andreas und seiner Familie in Kungälv hinterher. Die kleine geduldige und verständnisvolle Marianne!«

»Was meinen Sie damit, dass sie ihnen hinterherlief?«

»Sie konnte sich nie damit abfinden, dass ihre Ehe vorbei war. Und sie benutzte ihre eigenen Eltern und die von Andreas. Die haben sich ebenfalls nie mit unserem Verhältnis abgefunden. Sie wollte ihn zurück.«

»Was wollte er selbst?«

Niklas zögerte mit seiner Antwort.

»Er wollte mit mir zusammenleben. Auch wenn ich sehr verärgert über Marianne war, wusste ich doch immer, dass das Verhältnis von Andreas und mir etwas ganz Besonderes ist«, sagte er schließlich.

Genauso hatte Andreas vor knapp einer Stunde sein Verhältnis zu Marianne beschrieben. Es war vermutlich klug, Niklas gegenüber diesen Umstand nicht zu erwähnen.

»Sie wussten nicht, dass sich Andreas und Marianne so oft sahen?«

Seine Miene verdüsterte sich.

»Nein.«

»Wie haben Sie sich verhalten, als Sie davon erfuhren?«

»Ich habe doch erst gestern davon gehört. Und jetzt spielt es eh keine Rolle mehr.«

Er lächelte ein unschönes Lächeln, das Irene eine Sekunde lang an Belker erinnerte. Wie Belker ausgesehen haben musste, als er seine Krallen freudig in ihre Haut gestoßen hatte. Das Lächeln verschwand schnell wieder. Er beugte sich über den Schreibtisch und fing ihren Blick auf.

»Ich weiß, was Sie glauben. Sie glauben, ich habe Marianne ermordet, weil ich Angst hatte, dass Andreas zu ihr zurückgeht. Aber ich kann Ihnen versichern, dass ich sie nicht ermordet habe. Meine Trauer hält sich allerdings in Grenzen. Aber dass sie sterben soll… Nein. Dafür gab es keinen Grund.«

»Was meinen Sie damit?«

»Andreas verlässt mich nie.«

»Wo waren Sie um Mitternacht zwischen dem zehnten und elften Januar?«

Niklas antwortete amüsiert:

»Ich habe ein Alibi. Wirklich. Ich war den ganzen Abend über mit drei Kumpels in einem Pub. Sie können ihre Namen und Adressen bekommen.«

Er zog ein ordentlich gefaltetes, kariertes Blatt Papier aus der Tasche, das er offenbar aus einem Spiralheft gerissen hatte,

129

und legte es vor Irene hin. Sie sah es nicht an, sondern fixierte stattdessen ihn.

»Dann will ich mir Ihr Alibi mal anhören.«

Niklas lehnte sich auf dem Stuhl zurück und betrachtete sie mit halb geschlossenen Augen. Schließlich sagte er:

»Ich hoffe, dass Andreas das nicht zu erfahren braucht. Er weiß nämlich nichts davon.«

»Wovon weiß er nichts?«

»Dass ich diese Kumpels getroffen habe. Das sind meine alten Kumpane, niemand, den er kennt.«

»Um was für einen Zeitraum geht es und welcher Pub war es? Denken Sie daran, dass wir bei der Bedienung nachfragen.«

»Natürlich. Ich trainiere jeden Montag um eine bestimmte Zeit in einem Studio. Und zwar direkt nach der Arbeit. Die Adresse habe ich unten auf das Papier geschrieben, das ich Ihnen gegeben habe. Anschließend war ich in der Sauna und im Solarium. Etwa um halb acht war ich mit allem fertig. Dann bin ich auf direktem Weg nach Hause zu Johan, dessen Adresse ebenfalls auf dem Zettel steht. Da warteten die beiden anderen bereits auf mich. Wir aßen etwas Gutes zu Abend und dann gingen wir aus.«

»Wann haben Sie die Wohnung verlassen?«

»Etwa um elf. Wir wollten in den Gomorra Club, und dort waren wir den Rest des Abends.«

»Wann waren Sie zu Hause?«

»Um halb drei. Allein. Ich musste schließlich aufstehen und arbeiten. Am Morgen war es etwas mühsam, aber es ging. So etwas passiert jetzt nicht mehr so oft. Man wird schließlich älter und gesetzter.«

Er lächelte ironisch.

»Und die ganze Zeit waren Sie mit Ihren Kumpels zusammen?«

»Ja. Die ganze Zeit.«

Seine Selbstsicherheit umgab ihn wie eine Aura. Natürlich

mussten sie es nachprüfen, aber Irene hatte das Gefühl, dass er die Wahrheit sagte.

»Und Sie wollen nicht, dass Andreas davon erfährt«, stellte sie sachlich fest.

»Am liebsten nicht.«

Er ließ außer einer gewissen Unruhe in der Stimme keine Nervosität erkennen.

KAPITEL 9

Morgen. Bevor wir anfangen, möchte ich einen alten Bekannten willkommen heißen. Hannu Rauhala vom Kommissariat für Allgemeine Fahndung hat schon früher mit uns
zusammengearbeitet«, begann Kommissar Andersson die
morgendliche Besprechung.

Inspektor Hannu Rauhala nickte und hob die Hand zum
Gruß. Alle, die zur Ermittlungsgruppe gehörten, kannten ihn,
seit er vor ein paar Jahren an der Lösung eines schwierigen Falles beteiligt gewesen war. Der Kommissar fuhr fort:

»Wie ihr seht, ist Jonny nicht hier. Hannu ist seine Vertretung. Jonnys ganze Familie hat es am Magen, er hat mich gestern am späten Abend noch angerufen. Am frühen Morgen bin
ich ins Kommissariat für Allgemeine Fahndung rübergegan-
gen, habe mit dem zuständigen Chef gesprochen und Hannu
loseisen können. Da Jonny nicht hier ist, kannst vielleicht du,
Birgitta, die Vernehmung von Lindas Exfreund Pontus referie-
ren.«

Es war Zufall, dass Irene in die Richtung von Hans Borg
blickte. Vielleicht lag es auch daran, dass dieser plötzlich tief
Luft geholt hatte. Richtig stutzig wurde sie erst, als sie seinen
Gesichtsausdruck bemerkte. Er hatte die Augen weit aufge-
sperrt und sah verängstigt aus. Merkwürdigerweise starrte er
Birgitta Moberg an. Dieser fiel seine Reaktion ebenfalls auf,
und sie starrte zurück. Eilig schaute er auf seinen leeren Block.
Aber Irene fiel auf, dass er hochrot geworden war.

Birgitta nickte, warf aber Hans Borg einen verwunderten Blick zu, ehe sie begann:

»Ich bin mit Jonny zum Axel Dahlström Torg gefahren und habe dort Pontus Olofsson getroffen. Er hat von einem Freund eine Wohnung im zehnten Stock eines Hochhauses gemietet. Dort ist er offenbar letzte Woche eingezogen. Die letzten Sachen hat er letzten Samstag aus Lindas Wohnung geholt.«

»Das war Samstag, der achte«, warf der Kommissar ein.

»Genau. Pontus machte kein Hehl daraus, dass ihn die Trennung sehr mitgenommen hat. Offenbar waren sie vor fast genau einem Jahr zusammengezogen. Laut Pontus war bis Anfang Januar alles Spitze gewesen. Dann hatte Linda ihm plötzlich gesagt, dass sie sich von ihm trennen wollte. Es kam für Pontus wie ein Blitz aus heiterem Himmel. Er begriff überhaupt nichts. Aber sie hat nicht klein beigegeben. Etwa um diese Zeit wollte ein Kumpel von ihnen für ein Jahr in die USA. Pontus konnte seine Wohnung mieten.«

»Pontus war also nicht begeistert über die Trennung«, stellte Andersson fest.

»Nein. Überhaupt nicht. Er sagte, er hätte keine Ahnung, warum Linda nicht mehr mit ihm zusammen sein wollte. Er hat sie mehrere Male gefragt, ob sie einen anderen hätte, aber das hat sie abgestritten. Sie sagte nur, dass sie ihn nicht mehr liebe. Er packte also seine Siebensachen und zog nach Högsbo.«

»Wie sieht sein Alibi aus?«

Fredrik Stridh räusperte sich, bevor er fortfuhr.

»Das habe ich überprüft. Wasserdicht. Er nahm an einer Mitarbeiterschulung von Databasics in Borås teil. Von Montagmorgen bis Mittwochnachmittag. Er teilte das Zimmer mit einem Arbeitskollegen. In der Nacht von Montag auf Dienstag saß Pontus mit diesem Kumpan in der Bar des Hotels und trank ein Bier nach dem anderen. Erst um zwei waren sie im Bett.«

»Okay. Scheint unbedenklich zu sein. Hatte er eine Theorie, was Linda zugestoßen sein könnte?«

»Nein, aber er ist sehr besorgt«, antwortete Birgitta.

133

»Nirgendwo das geringste Lebenszeichen von ihr?«

»Nein. Aber ich habe Pontus nach Lindas Taschenkalender gefragt. Er sagt, dass sie ihn immer und überall dabeihat. Wenn sie Fahrrad fährt, hat sie einen Minirucksack aus hellbraunem Leder dabei. Es werden also das Fahrrad, der Rucksack und Linda vermisst.«

»Aber den Taschenkalender haben wir, und den bekomme ich heute im Laufe des Tages von der Spurensicherung zurück. Ich werde ihn selbst durchgehen. Hannu hilft mir bei der Suche nach Linda. Hans, hast du bei deinen Erkundigungen rund um die Löwander-Klinik etwas in Erfahrung gebracht?«, wollte Andersson wissen.

Hans Borg war wieder so träge wie immer, aber Irene bemerkte, dass er nervös mit seinem Kugelschreiber spielte.

»Nichts Neues. Keiner von den Mietern oder Hausbesitzern in der Gegend des Krankenhauses hat etwas gesehen. Gestern habe ich auch gezielt nach Linda gefragt, aber niemand hat sie Montagnacht bei der Löwander-Klinik gesehen.«

»Es hat den Anschein, als habe sie sich in Luft aufgelöst!«, stellte Andersson düster fest.

Die anderen im Zimmer konnten ihm da nur zustimmen. Der Kommissar seufzte tief und wandte sich an Irene.

»Was hast du über Andreas Svärd und seinen Freund herausgefunden?«

Irene erstattete Bericht über die Verhöre von Mariannes Exmann und seinem Partner. Sie einigte sich mit Hannu Rauhala, dass dieser das Alibi von Niklas Alexandersson überprüfen würde.

Anschließend kam Irene auf Mama Vogel zu sprechen. Sie erzählte vom Gespräch mit Folke Bengtsson und von der Durchsuchung von Mama Vogels Nachtasyl im Gartengeräteschuppen.

Andersson sah erstaunt aus und sagte:

»Aber das Sozialamt kümmert sich doch wohl um solche Leute?«

134

Tommy raschelte mit seinem Block und blätterte, ehe er antwortete:

»Ich habe gestern Nachmittag viel Zeit am Telefon verbracht und kann nur feststellen, dass es in unserer Gesellschaft Menschen gibt, die wir und unsere Behörden zur Unsichtbarkeit verdammt haben. Die Behörden schieben sie so lange hin und her, bis es sie zum Schluss nicht mehr gibt.«

»Aber Obdachlose haben wir doch schon alle einmal gesehen«, protestierte der Kommissar.

»Bei den Obdachlosen handelt es sich nicht um eine homogene Gruppe. Die meisten sind Männer mit Alkohol- oder Drogenproblemen, solche Probleme haben natürlich auch Frauen. Aber ich spreche von den psychisch Kranken. Absonderliche Menschen, die keine Chance haben, allein fertig zu werden. Weder innerhalb noch außerhalb der Gesellschaft.«

Tommy machte eine Pause und trank noch den letzten Schluck aus seinem Kaffeebecher. Dann fuhr er fort:

»Wohnungslose Menschen lassen sich nicht über das Sozialamt aufspüren, wenn man nicht ihren Namen, ihre Personenkennziffer oder ihre Adresse hat. Von Mama Vogel kennen wir nur den Spitznamen. Dann wissen wir noch, dass sie auf dem Drottningtorget anzutreffen ist, dort Tauben füttert, und dass sie über Weihnachten im Geräteschuppen der Löwander-Klinik untergekrochen ist. Dann haben wir noch Irenes Rekonstruktion von der Tonbandaufnahme, die Kurt Höök gemacht hat. Diese zeigt ganz deutlich, dass sie psychisch krank ist. Ich habe mich mit den Leuten von der Stadtmission und der Heilsarmee unterhalten. Die sagen, dass die Situation für psychisch Kranke anders ist als für Fixer und Alkoholiker. Für die gibt es in der Tat zwei Einrichtungen. Für Obdachlose und psychisch schwer kranke Menschen gibt es überhaupt nichts.«

»Das kann ich kaum glauben!«, widersprach Birgitta.

»Die Reform zur Schließung der psychiatrischen Anstalten, durch die die psychisch Kranken wieder in die Gesellschaft integriert werden sollten, hat für die gut funktioniert, die Hilfe

135

von Angehörigen und vom Sozialamt bekommen. Aber eine Gruppe wurde vergessen. Diejenigen, die nicht einmal auf der Station eines Krankenhauses zurechtkommen, sollen plötzlich mit ihrer persönlichen Hygiene, ihrer Wohnung, ihren Mahlzeiten und ihren Finanzen fertig werden. Viele von ihnen haben keine Kontakte zu Angehörigen oder Freunden. Eine große Zahl von ihnen hat Selbstmord begangen.«

»Wie viele?«, fragte Birgitta aufgebracht.

»Das weiß niemand. Es gibt keine Statistik. Wer will das schon wissen?«

»Wo, zum Teufel, sind diese Menschen?«, fragte Andersson.

»Sie tauchen oft bei Kaffeekränzchen auf, die von Kirchengemeinden, der Stadtmission und der Heilsarmee veranstaltet werden. Die Stadtmission fährt abends und nachts mit einem Kleinbus herum, und dann kriechen sie aus ihren Löchern und werden mit Butterbroten und Kaffee versorgt.«

»Sie müssen also sehen, wie sie zurechtkommen?«, sagte Birgitta aufgebracht.

»Ja. Die Stadtmission und die Heilsarmee kümmern sich nur um Leute, die bei ihnen Hilfe suchen. Als ich darüber gestern mit meiner Frau sprach, meinte sie: ›Als alte Krankenschwester kann ich nur feststellen, dass unsere Regierenden erfolgreich den Dorftrottel und die Klippe wieder eingeführt haben, von der sich nutzlose Alte stürzen sollen.‹ Das sind zwar harte Worte, aber irgendwo hat sie Recht.«

»Aber viele haben es doch, wie du selbst gesagt hast, jetzt besser«, wandte Irene ein.

»Gewiss. Aber die hätten vielleicht ohnehin nicht permanent in psychiatrische Anstalten eingewiesen werden sollen. Für die ist die Reform natürlich eine Befreiung. Aber die Gruppe, von der ich spreche, ist einfach durch jede Masche des sozialen Netzes gerutscht. Und niemand kümmert sich darum.«

»Warum nicht?«, fragte Irene.

»Diese Gruppe ist sehr aufwendig in der Pflege. Es würde

den Staat viel Geld kosten, sich um sie zu kümmern. So kostet es überhaupt nichts. Hervorragend in diesen Zeiten der allgemeinen Sparmaßnahmen. Man könnte so etwas auch Endlösung nennen.«

Er machte eine kurze Pause, aber niemand sagte etwas.

»Heute will ich mit den Kollegen in der Nordstan Kontakt aufnehmen. Vielleicht wissen die, wo wir Mama Vogel finden können. Wenn wir sie heute tagsüber nicht finden, dann müssen wir heute Nacht ihren Schuppen bewachen und hoffen, dass sie dorthin zum Schlafen kommt«, sagte er.

»Das leuchtet ein. Tommy und Irene sollen sich um die Suche nach dieser Vogeltante kümmern«, meinte Andersson.

Irene bemerkte, dass Hans Borg auf seinem Stuhl hin und her rutschte. Offenbar hatte er es eilig, wegzukommen, und das sah ihm gar nicht ähnlich. Der Kommissar sah ebenfalls in seine Richtung und sagte:

»Hans soll sich intensiv um die Suche nach dem Fahrrad kümmern. Es ist vielleicht gestohlen worden und auf einem der Reviere in den Vororten wieder aufgetaucht. Wir haben schließlich die Marke und die Rahmennummer. Finden wir das Fahrrad, dann ist Linda möglicherweise auch nicht weit.«

Irene fand, dass das unheilvoll klang, obwohl es sicher nicht so gemeint war. Sie sah, wie Hans Borg nickte und sich gleichzeitig von seinem Stuhl erhob. Er schien es eilig zu haben, aus dem Zimmer zu kommen. Irene wunderte sich, dass sich Birgitta ebenfalls erhob und vorsichtig hinter Hans auf den Korridor ging. Halb instinktiv stand Irene ebenfalls auf und folgte den beiden.

Sie sah, wie Birgitta einige Meter vor ihr um eine Ecke bog. Lautlos folgte sie ihr. Gerade als sie um die Ecke schaute, hörte sie Birgittas wütende Stimme:

»Lass los! Das gehört mir!«

Irene sah, wie sie versuchte, Hans Borg einen braunen Hauspostumschlag aus der Hand zu reißen, den dieser offenbar aus dem Fach neben der Tür zu ihrem Zimmer genommen hatte.

137

Borg antwortete nicht, aber seiner Miene nach zu urteilen, dachte er nicht daran, loszulassen. Da trat ihm Birgitta fest vors Schienbein. Er schrie auf und Birgitta riss den Umschlag an sich. Hans senkte den Kopf und gab leicht in den Knien nach. Irene wusste, was er vorhatte. Im selben Augenblick, in dem er sich auf Birgitta warf, war sie bei den beiden. Sie fing Borgs erhobene Hand mit dem Unterarm ab, drückte ihn mit dem linken Arm zur Seite und warf ihn mit einem o-soto-otoshi rückwärts zu Boden. Das war einfach, weil er nicht mehr Kraft und Schnelligkeit besaß als ein Schlafwandler. Mit Hilfe eines gnadenlosen Polizeigriffs drückte sie ihn zu Boden. Dass er jammerte, sie tue ihm weh, war ihr egal. Hätte er sich vorher überlegen müssen, eine Kollegin in Anwesenheit einer Jiu-Jitsu-Meisterin mit schwarzem Gürtel und drittem Dan-Grad anzugreifen.

Andersson und Fredrik Stridh kamen um die Ecke des Korridors gelaufen. Irene ließ nicht locker, Hans Borg stöhnte, und Birgitta stand mit dem Hauspostumschlag an die Brust gedrückt da. Birgitta sah Andersson an und sagte mit einem leichten Zittern in der Stimme:

»Sven. Wir beide müssen uns wohl mal mit Hans unterhalten.«

Andersson sah auf den braunen Umschlag und wurde bleich.

»Verdammt noch mal! Musste das wirklich sein…«

Seine Blässe verschwand und machte einer aufgeregten Röte Platz, die am Hals begann und sich auf die Wangen ausbreitete. Seine Kollegen wussten aus Erfahrung, dass das sehr Unheil verkündend war.

»Irene. Nimm Hans mit in mein Büro.«

Fredrik Stridh sah aus wie ein lebendiges Fragezeichen. Da er nicht ins Büro des Kommissars mitkommen sollte, verzog er sich in sein eigenes. Auch Irene war erstaunt und hatte nicht den blassesten Schimmer, was das alles zu bedeuten hatte. Aber offenbar wussten es Birgitta und Andersson. Und Hans.

Ohne seinen Arm loszulassen, half sie ihm vom Boden auf. Als er vor ihr stand, trat sie hinter ihn und flüsterte ihm ins Ohr:

»Ich bin direkt hinter dir.«

Er antwortete nicht.

Andersson bedeutete Borg mit einer Handbewegung, sich ihm gegenüberzusetzen. Willenlos ließ dieser sich auf den Stuhl sinken. Andersson sah ihn grimmig an und schüttelte leicht den Kopf.

»Warum, Hans? Warum?«

Borg antwortete nicht.

»Antworte. Sonst geht das direkt weiter an die interne Ermittlung! Ich habe die Bilder gesehen, und sie sind wirklich übel!«

Irene nahm Birgitta den Umschlag aus der Hand. Sie öffnete ihn und nahm die Bilder heraus. Ein Blick genügte. Es handelte sich nicht nur um softe Pornografie.

»Sie ... sie ist hier herumgelaufen und hat geglaubt, dass sie so verdammt gut ist und ... clever. Kennt sich mit Computern aus und weiß immer das Neueste. Einfach nur den Busen schwenken, und schon kommt die nächste Beförderung, schon warten neue Vergünstigungen. Quotenfrauen! Flirten und allen schöne Augen machen! Aber ich habe sie durchschaut.«

Er sah zu Birgitta hoch, als die Anklagen aus ihm heraussprudelten. Obwohl diese durch nichts gerechtfertigt waren, sah Irene, wie Birgitta die Tränen in die Augen traten. Irene wusste, dass das alles nur Lügen waren. Birgitta war wirklich clever und geschickt im Umgang mit Computern, aber sie hatte nie mit Kollegen geflirtet. Die Ausnahme war Fredrik, aber in ihn war sie immerhin verliebt gewesen.

Andersson wurde hochrot, sagte aber nichts, sondern strich sich nur wiederholte Male mit der rechten Hand über die Glatze und das spärliche Haar im Nacken. Schließlich beugte er sich über den Schreibtisch und sah Hans durchdringend in die Augen. Mit nur mühsam unterdrückter Wut in der Stimme sagte er:

»Du erzählst Scheiße! Birgitta ist gut. Aber du hast offenbar ein Problem. Jetzt gehst du nach Hause und lässt dich ein paar Tage krankschreiben. Ich muss das hier mit einer höheren Instanz abklären. Das ist dir doch klar.«

Hans saß unbeweglich da und antwortete nicht. Birgitta wollte erst etwas sagen, presste dann aber die Lippen zusammen.

»Du kannst jetzt gehen. Ich lasse heute am Spätnachmittag telefonisch von mir hören«, fuhr Andersson fort.

Mit einem letzten hasserfüllten Blick auf Birgitta stand Hans auf und trottete aus dem Zimmer. Der Kommissar seufzte schwer und sah Irene müde an.

»Das hier ist eine alte Geschichte. Vor fast anderthalb Jahren erzählte mir Birgitta, dass ihr jemand mit der Hauspost Bilder aus pornografischen Zeitschriften schickt. Es war darüber hinaus noch etwas vorgefallen... und sie beschuldigte Jonny. Jonny bestritt, dass er hinter der Sache steckte.«

Birgitta konnte sich nicht mehr zurückhalten:

»Das war wohl nicht so verwunderlich! So wie der mich immer begrabscht hat, seit ich hier im Dezernat angefangen habe! Und diese ganzen Witze über Sex, die er dauernd erzählt, und diese ständigen Zweideutigkeiten!«

Sie unterbrach sich und versuchte sich zu beruhigen, ehe sie fortfuhr:

»Das Ganze fing vor fast vier Jahren an. Im Abstand von einigen Wochen tauchte ein Hauspostumschlag mit pornografischen Bildern nach dem anderen auf. Es wurde etwas besser, als ich letztes Frühjahr mit Fredrik zusammen war. Jetzt hat es wieder angefangen, seit ich im Oktober aus Australien zurückgekommen bin. Aber jetzt habe ich die Umschläge immer Sven gegeben.«

Der Kommissar nickte.

»Ich habe fünf Stück bei mir im Schrank weggeschlossen. Wir haben die Bilder auf Fingerabdrücke überprüft, aber keine gefunden. Auf den beiden letzten Umschlägen stand mit grünem Filzstift Birgittas Name. Heute Morgen sah Birgitta, dass ein Umschlag, der mit demselben grünen Stift beschriftet war, in ihrem Fach lag. Genau da kam ich dazu. Ich hatte mich gerade vorher darum gekümmert, dass Hannu Rauhala zu uns stößt. Es konnte also nicht Jonny sein, weil dieser gestern Abend krank geworden war. Nur ich wusste, dass er heute nicht kommen würde, da er mich ziemlich spät noch angerufen hatte. Birgitta und ich beschlossen, den Umschlag liegen zu lassen und zu sehen, ob etwas passieren würde. Und so war es dann auch.«

Er versank eine Weile in Schweigen. Geistesabwesend strich er sich über den kahlen Kopf. Er sah plötzlich alt und verbraucht aus. Zu Birgitta und Irene gewandt, sagte er:

»Geht zurück an eure Aufgaben, dann kümmere ich mich um diese Sache mit Borg.«

Schweigend traten Irene und Birgitta auf den Gang. Vor Birgittas Zimmer blieben sie stehen.

»Ich weiß nicht, was ich sagen soll. Das hier ist … unglaublich!«, rief Irene.

Birgitta nickte düster.

»Aber leider wahr. Anfänglich habe ich versucht, die Bilder zu ignorieren. Ich habe vermutlich geglaubt, dass es schon vorbeigehen würde. Aber … das tat es nicht.«

Irene legte ihr rasch eine Hand auf den Arm und sagte:

»Wir gehen Kaffee trinken. Ich brauche nach dieser Sache erst einmal einen Eimer Kaffee.«

Birgitta lächelte.

»Du und deine Universalmedizin Kaffee.«

Tommy war bereits dabei, telefonisch Termine auszumachen.

»Erst fahren wir zur Nordstan und sehen nach, ob Mama Vogel dort ist. Die Streifenwagen sind alarmiert und halten nach ihr Ausschau. Eine Streife wird auch in regelmäßigen Abständen den Schuppen bei der Löwander-Klinik kontrollieren, falls sie dorthin kommen sollte. Ich denke, dass wir auch heute Nacht so verfahren können. Dann müssen wir niemanden im Park postieren. Das Wetter ist verdammt beschissen, und laut

Wetterbericht soll es auch am Wochenende nicht besser werden.«

Irene schaute aus dem Fenster. Bei diesem Wetter verließ man wirklich nur ungern das Haus. Aber sie konnte, wenn sie wollte, in der warmen Stube sitzen bleiben. Das konnten die Leute, die Tommy und sie im Laufe des Tages treffen wollten, nicht.

»Dann habe ich mich mit einem Sozialarbeiter der Stadtmission für halb vier verabredet, falls wir Mama Vogel nicht schon vorher gefunden haben sollten. Er will bei seinen Kollegen nachfragen, ob jemand weiß, wer Mama Vogel ist und wo wir sie finden können. Ich habe ihm die Nummer von meinem Handy gegeben.«

»Aber erst unterhalten wir uns mit den Kollegen in der Nordstan?«

»Genau.«

Polizeiinspektor Stefansson war gerade zum Gruppenleiter der relativ neu gebauten Wache bei der Nordstan befördert worden. Sowohl Irene als auch Tommy kannten ihn von früher. Er saß hinter einem funkelnagelneuen Schreibtisch, dessen leere Platte ihn zu blenden schien. Schreibarbeiten waren nicht seine Stärke, gingen mit der Beförderung jedoch Hand in Hand. Er sah nachdenklich auf die beiden Kriminaler, ehe er sagte:

»Ich glaube, ich weiß, wer sie ist. Eine kleine verhutzelte Frau, die Vögel füttert... das muss sie sein.«

Irene wunderte sich, dass er anfing zu kichern. Stefansson bemerkte die hochgezogenen Brauen seiner Kollegen und rief sich wieder zur Ordnung.

»Mit ihr haben wir immer wieder zu tun. Mehrmals die Woche ruft jemand aus einem der Lebensmittelgeschäfte in der Nordstan an und schreit in den Hörer: ›Jetzt ist sie schon wieder hier!‹«

»Was macht sie?«, fragte Tommy.

»Sie stiehlt. Aber nur Brot und Sachen, mit denen man Vögel füttern kann. Sie nimmt sich ganz einfach einen Einkaufswagen und lädt ein, was sie haben will. Dann schiebt sie ihn ganz ruhig an den Kassen vorbei. Ohne zu zahlen. Dann gibt es meist Ärger.«

»Streiten sie mit ihr, weil sie nicht bezahlen will?«

»Sie streitet mit ihnen, weil sie bezahlt haben wollen! Es ist schon vorgekommen, dass sie Leuten die Brote an den Kopf geworfen und sie angespuckt hat.«

»Wissen Sie, wie sie richtig heißt?«

»Nein.«

Stefansson schüttelte bedauernd den Kopf.

»Wo findet man sie am wahrscheinlichsten?«

»Da es in Strömen regnet, glaube ich, dass sie sich im Einkaufszentrum herumtreibt, vielleicht in einem der Läden, vielleicht im Parkhaus. Ich kann bei den Streifenpolizisten nachfragen, ob sie heute schon jemand gesehen hat.«

Er fragte bei den beiden Fußstreifen, die im Einkaufszentrum unterwegs waren, über Funk nach, aber beide hatten die Vogeldame schon seit geraumer Zeit nicht mehr gesehen. Mit einem bedauernden Achselzucken sagte er zu den Kriminalbeamten:

»Da müssen Sie sich wohl selber auf die Suche machen. Jedenfalls sitzt sie nicht in einer unserer Ausnüchterungszellen.«

Nachdem sie fast drei Stunden in Treppenaufgängen und Parkhäusern gesucht hatten, gingen sie zu McDonald's, um sich einen Big Mac zu genehmigen.

»Wo kann sie bloß sein? Sie ist nicht hier und im Schuppen ist sie auch nicht«, seufzte Irene.

»Wir müssen Kent Olsson von der Stadtmission anrufen.«

Tommy zog sein Handy aus der Tasche und fand schließlich in der Tasche seiner Jeans einen verknickten Zettel mit der Telefonnummer des Sozialarbeiters. Es handelte sich ebenfalls um eine Handynummer.

143

»Hallo. Tommy Persson von der Kripo. Wir haben von dieser Dame hier in der Nordstan keine Spur gefunden. Hatten Sie mehr Glück?«

Er schwieg und Irene sah, wie sein Gesicht aufleuchtete.

»Wirklich? Das klingt viel versprechend. Wir kommen, so schnell wir können.«

Er unterbrach die Verbindung.

»Kent hat eine Frau aufgetrieben, die Mama Vogel offenbar kennt. Er hat ihr versprochen, dass wir sie zu einem Halv Special, einer Bockwurst im Brot mit Kartoffelbrei einladen, wenn sie wartet, bis wir kommen.«

»Endlich einmal ein Lichtblick im Hinblick auf diese Vogeltante!«

Sie hatten das Glück, einen freien Parkplatz am Almänna Vägen zu finden. Obwohl es dort nicht weit bis zum Café der Stadtmission war, waren sie tropfnass, als sie durch die Tür traten. Kent Olsson erwartete sie bereits. Er war relativ klein und noch jünger. Rötliches Haar und ein imposanter Schifferbart umrahmten ein paar freundliche graublaue Augen. Nachdem sie sich vorgestellt hatten, sagte er mit leiser Stimme:

»Mimmi, die Sie gleich treffen werden, hat in einem der Nachbarhäusern eine kleine Wohnung. Sie kommt jeden Tag hier ins Café, um jemanden zu haben, mit dem sie sich unterhalten kann. Vor fünf Jahren ist ihre Schwester gestorben, und sie hat ihre Wohnung geerbt. Das bedeutete für sie die Wiedereingliederung in die Gesellschaft.«

»Wie alt ist sie?«, wollte Irene wissen.

»Um die sechzig. Aber sie kommt gut zurecht. Mit etwas Hilfe von der mobilen Altenpflege. Darauf ist sie sehr stolz. Leider ist sie sehr einsam. Ihre Schwester und sie waren die Letzten ihrer Familie. Seit die Schwester starb, ist sie ganz allein. Aber schließlich hat sie uns.«

»Sehen Sie hier viele psychisch Kranke?«, fragte Tommy.

Kent Olsson nickte betrübt.

»Ja. Leider. Viele von ihnen tauchen hier auf. Aber die meisten treffen wir, wenn wir mit dem Kleinbus der Diakonie unterwegs sind.«

Sie waren zu einer Glastür gekommen, auf der Café stand. Kent Olsson hielt sie auf. Der Geruch von ungewaschenen Menschen schlug ihnen entgegen. Es saßen aber nicht viele Leute an den Tischen, was in Anbetracht des Wetters verwunderlich war.

»Das sind nicht viele«, stellte Irene fest.

»Nein. Die meisten sind schon weg, um einen Schlafplatz aufzutreiben«, erwiderte Kent Olsson.

Hinten am Fenster hockte eine kleine, etwas rundliche Frau mit rotem Stirnband und einem löchrigen Helly-Hansen-Pullover, der zu Anbeginn der Zeiten wohl einmal orange gewesen war. Sie lächelte sie zahnlos an, erhob sich mit Mühe vom Stuhl und streckte ihnen ihre dicken Finger entgegen. Irene nahm sie vorsichtig und versuchte den scharfen Uringeruch zu ignorieren.

»Guten Abend. Irene Huss, Inspektorin von der Kriminalpolizei.«

»Guten Abend. Ich heiße Mimmi.«

Die Stimme war gellend und rau. Sie räusperte sich mehrmals und fuhr sich mit der Zunge über die Lippen. Das hatte nicht viel Sinn, da die belegte Zunge ebenso trocken zu sein schien wie diese.

»Guten Abend, Mimmi. Ich heiße Tommy Persson.«

Irene sah aus den Augenwinkeln, dass an den Nachbartischen gelauscht wurde. Einer nach dem anderen verschwand durch die Tür.

Irene kam sofort zum Thema.

»Kent hier sagt, dass Sie möglicherweise den Namen der Frau wissen, nach der wir suchen. Sie nennt sich Mama Vo …«

»Vogel. Gunnela hat einen Vogel!«, kicherte Mimmi.

»Gunnela. Heißt sie Gunnela?«

Mimmi nickte eifrig.

»Kennen Sie auch Ihren Nachnamen?«

»Hägg.«

Irene sah, dass Tommy mitschrieb und fuhr deshalb fort:

»Wo haben Sie Gunnela kennen gelernt?«

»Wir waren auf derselben Station.«

»In Lillhagen?«

Mimmi nickte erneut und leckte sich über ihre gesprungenen Lippen.

»Wie lange kennen Sie sich?«

»Schon immer.«

»Was meinen Sie damit? Alle die Jahre, die Sie in Lillhagen waren?«

»Nein. Alle Jahre, die sie dort war.«

»Wie viele Jahre war sie dort?«

»Weiß nicht.«

Mimmi sah desinteressiert aus und versuchte ihre zitternde linke Hand ruhig zu halten, indem sie ihre Rechte darauf legte. Das Ergebnis war, dass jetzt beide Hände zitterten.

»Wie viele Jahre waren Sie in Lillhagen?«

Ohne von ihren vibrierenden Händen aufzuschauen, antwortete Mimmi:

»Zweiunddreißig Jahre, fünf Monate und sechzehn Tage.«

»Wie alt sind Sie?«

»Sechsundfünfzig.«

Irene rechnete schnell nach, dass Mimmi etwa vierundzwanzig gewesen sein musste, als sie in die psychiatrische Anstalt eingewiesen worden war. Mimmi schaute wieder zu Irene hoch.

»Ich durfte versuchen, außerhalb von Lillis zu wohnen. Aber das ging nicht. Jetzt geht es gut. Ich bekomme nur eine Spritze im Monat.«

Sie lächelte und sah zufrieden aus.

»Mehr Medikamente brauchen Sie nicht?«

Wieder nur ein Nicken zur Antwort. Wenn die Wirkung einen ganzen Monat anhielt, mussten das wirklich ganz schöne Hämmer sein. Kein Wunder, dass sie so zitterte.

»Wie alt ist Gunnela?«, fuhr Irene fort.

Mimmi zuckte mit den Schultern.

»Ist sie älter als Sie?«

»Sie ist jünger. Viel jünger.«

Irene war überrascht. Das hatte sie nicht erwartet. Möglicherweise gleichaltrig, aber nicht jünger.

»Wissen Sie ungefähr, wie viel?«

Zur Antwort zuckte Mimmi erneut mit den Schultern.

»Hat sie auch schon Vögel gefüttert, als Sie mit ihr auf der Station waren?«

»Immer, wenn wir Ausgang hatten, hat sie sie gefüttert. Sie konnte mit den Vögeln sprechen. Sagte sie.«

»Hatten Sie viel mit Gunnela zu tun?«

»Nein. Sie war jünger.«

»Wissen Sie, wo Gunnela wohnt?«

Die kleine Frau schaute sie verwundert an.

»Im Lillis natürlich!«

»Wissen Sie, wo sie hingezogen ist, als sie dort ausgezogen ist?«

»Sie blieb im Lillis wohnen«, sagte Mimmi überzeugt.

Daraus konnte man den nahe liegenden Schluss ziehen, das Gunnela Hägg noch eine Weile auf der Station geblieben war, nachdem Mimmi entlassen worden war. Aber jetzt kannten sie den Namen der Vogelfrau und konnten sie über Lillhagens psychiatrische Anstalt ausfindig machen.

»Mimmi, wissen Sie etwas über Gunnelas Angehörige?«

Mimmi konzentrierte sich und schüttelte schließlich den Kopf.

»Nein. Sie bekam nie Besuch. Aber ich.«

Irene erinnerte sich an das Versprechen, sie zu einem Halv Special einzuladen. Das Beste war, Mimmi zur nächsten Wurstbude mitzunehmen und es hinter sich zu bringen.

Tommy rief im Dezernat an und erwischte Hannu Rauhala. Er bat ihn, in Lillhagen anzurufen und so viel wie möglich über

Gunnela Hägg in Erfahrung zu bringen. Sowohl Irene als auch Tommy wussten von früher, was für ein phänomenales Talent Hannu hatte, solche Dinge herauszufinden. Ehe sie das Gespräch beendeten, sagte ihm Hannu, dass Niklas Alexanderssons drei Kumpane sowie mehrere Angestellte des Gomorra Clubs sein Alibi bestätigt hätten. Er wusste auch, dass sich in Bezug auf Linda Svensson nicht Neues ergeben hatte. Nach ihr wurde jetzt landesweit gefahndet.

Tommy unterbrach die Verbindung und starrte düster aus dem Fenster. Vom Himmel goss es in Strömen, und die Welt löste sich in Sturzbächen aus Lichtreflexen auf. Resolut ließ Irene den Motor an.

»Jetzt ist es fast fünf. Ich muss Sammie abholen. Das Ersatzfrauchen kriegt einen Anfall, wenn ich heute schon wieder zu spät komme!«

Tommy nickte.

»Hm. Gibt es hier in der Nähe ein Blumengeschäft?«

»Blumengeschäft? Was hast du dir jetzt wieder einfallen lassen?«

Tommy lachte.

»Nichts. Ich muss mich nur um meine Beziehung kümmern. Heute ist Valentinstag.«

Daran hatte Irene überhaupt nicht gedacht. Schnell sagte sie: »Genau. Ich wollte für Krister auch einen Blumenstrauß kaufen. Er hört heute früh auf. Wir wollen zum Valentinstag etwas besonders Gutes essen.«

Plötzlich sehnte sie sich wahnsinnig danach, nach Hause zu kommen.

Irene drehte mit Sammie im Platzregen eine Runde. Anschließend stellte sie den Tulpenstrauß in eine Vase auf den Küchentisch und deckte das gute Porzellan auf. Sie hatte keine Ahnung, was Krister kochen wollte, aber wahrscheinlich würde er auf dem Heimweg einkaufen, denn der Kühlschrank war leer. Sie musste einen Einkaufszettel schreiben und am nächsten Tag zu

Billhälls gehen, denn Krister würde das ganze Wochenende arbeiten. Er fing jedoch erst am Spätnachmittag an. Jetzt wollten sie es sich gemütlich machen. Eine erwartungsvolle Wärme breitete sich in ihrem Unterleib und zwischen ihren Schenkeln aus, und sie fand, dass man am Abend eines kinderfreien Valentinstags viele schöne Dinge tun konnte.

Als es auf neun zuging, rief sie im Glady's Corner an.

Der Oberkellner kam ans Telefon und sagte, Krister sei noch in der Küche. Sie bat darum, mit ihm sprechen zu dürfen. Nachdem sie eine Ewigkeit gewartet hatte, kam er an den Apparat.

»Hallo, Liebes. Ich hatte keine Zeit, dich anzurufen. Hier geht es drunter und drüber, und Svante ist krank geworden.«

»Wann kommst du?«

»Frühestens um halb elf.«

»Oh.«

Irene konnte ihre Enttäuschung nicht unterdrücken. Gleichzeitig spürte sie, dass sie einen Mordshunger hatte. Vorsichtig fragte sie:

»Was machen wir mit unserem ... Valentinstagsessen?«

»Valentinstag ... ist das heute? Dann müssen wir morgen eben einen Valentinsvormittag feiern. Ich arbeite doch erst wieder am Nachmittag. Heute Abend bin ich vermutlich tot. Ich habe heute früh schon um neun angefangen.«

Sie gaben sich einen Kuss durch den Telefonhörer. Als sie aufgelegt hatte, kam sich Irene vollkommen allein gelassen vor. Und etwas zu essen gab es auch nicht im Haus!

Sie machte sich ein Spiegelei und legte es auf ein Stück Knäckebrot, das schon ein paar Tage im Brotkorb verbracht hatte. Nach beharrlichem Suchen fand sie eine Dose Tomatensuppe und wärmte sie auf. Nicht einmal alkoholarmes Bier gab es. Der Mahlzeit gelang es nicht, sie in sonderliche Feststimmung zu versetzen.

Sie ließ sich eine Weile vor dem Fernseher nieder und sah sich einen amerikanischen Kriminalfilm an. Die Kollegen im Film töteten im Verlauf einer halben Stunde sechs Menschen,

149

ohne dass das irgendwelche Konsequenzen gehabt hätte. Diese Verherrlichung ihres Berufes und des Tötens verursachte ihr Übelkeit. Vielleicht lag es auch daran, dass sie müde war. Allmählich war es Zeit, zu Bett zu gehen.

Sie lag da und dachte eine Weile nach, bevor sie einschlief. Zu Hause funktionierte nichts mehr so gut wie früher. Als Krister nur dreißig Stunden in der Woche gearbeitet hatte, war alles viel besser gewesen. Damals war der Kühlschrank nie leer gewesen, und er hatte immer gekocht. Er hatte ebenfalls meistens eingekauft und geputzt. Jetzt hatte er wieder angefangen vierzig Stunden zu arbeiten und sogar mehr als das und hatte deswegen keine Zeit mehr, wie früher zu planen. Jenny und Katarina waren vermutlich etwas verwöhnt. Keine der beiden kaufte ein, kochte oder machte sauber. Sie hatten natürlich die Schule und ihre Hobbys.

Irene fragte sich, was eine Putzfrau in der Stunde kostete, obwohl das eigentlich verpönt war. Sie würden sich das nicht leisten können. Herrlich wäre es aber schon, in ein aufgeräumtes Haus zu kommen. Da hätte sie dann vielleicht auch noch genug Kraft zum Einkaufen, Kochen und dazu, sich ihrer Familie zu widmen. Und für den Hund, erinnerte sich Irene, als Sammie sich im Schlaf umdrehte und auf ihre Füße rollte.

Auch der Sex litt. Von wegen leiden! Zeitweilig war er einfach nicht vorhanden. Es war jetzt fast zwei Wochen her, dass sie miteinander geschlafen hatten. Krister war meist zu müde. Und um ehrlich zu sein, hatte auch sie in der Arbeit viel um die Ohren gehabt. Aber so war das schließlich immer gewesen. Ohne dass sie es wollte, tauchten ein Paar mutwillig funkelnde blaue Augen unter einer goldblonden Mähne vor ihrem inneren Auge auf. Er war wirklich unerträglich charmant, dieser Reporter. In der Tat war er Krister ziemlich ähnlich, nur zehn Jahre jünger. Mit der Energie, die Höök ausstrahlte, wäre er sicher nicht zu müde…

Als sie das letzte Mal auf den Wecker schaute, war es 23.10 Uhr. Krister war noch immer nicht nach Hause gekommen.

KAPITEL 10

Das Schnarchen hallte zwischen den Wänden des Schlafzimmers wider. Auf dem Wecker war es 6.34 Uhr, und Irene wurde sich bewusst, dass sie nicht mehr würde einschlafen können. Krister lag auf dem Rücken, den rechten Arm über dem Kopf. Sammie hatte sich, alle Viere von sich gestreckt, am Fußende des Bettes zusammengerollt und schnarchte ebenfalls, aber bedeutend diskreter als sein Herrchen. Als Irene aufstand und ihren Jogginganzug überzog, aalte er sich in die warme Kuhle, die sie zurückgelassen hatte. Sie würde es doch nicht übers Herz bringen, schlafende Hunde zu wecken? Aber dann sah sie, wie seine Augen unter halb geschlossenen Lidern auf ihr ruhten.

Draußen regnete es noch immer, obwohl es nicht mehr ganz so schüttete wie am Vortag. Sie zog einen dünnen Regenanzug aus Nylon über ihre Joggingkleider. Joggen war bei diesem Wetter vielleicht nicht der ideale Sport, aber direkt am Morgen ging es am schnellsten und einfachsten. An einem regnerischen Samstag vor sieben in der Früh war sie auf dem Fahrradweg zur Fiskebäck Marina auch garantiert allein.

Anfangs störte sie noch ihre alte Knieverletzung am rechten Bein, aber während sie lief, wurden die Muskeln warm, und der Schmerz verlor sich. Sie war hellwach, jede Müdigkeit war verschwunden. Ihre Muskeln arbeiteten mit voller Kraft, und ihr Herz pumpte rhythmisch das sauerstoffreiche Blut in ihre Glieder. Unten am Meer machte sie kehrt und lief die schmalen Straßen zwischen den Sommerhäusern entlang. Anschließend setzte sie ihren Weg zwischen den eleganten Einfamilienhäusern fort und kam auf den Stora Fiskebäcksvägen. Sie lief an Vierteln mit Reihenhäusern vorbei, in denen die meisten noch schliefen. Hinter der einen oder anderen Wohnzimmergardine flimmerte ein Fernsehapparat. Davor saßen die kleinen Kinder und schauten sich Videos an, damit ihre Eltern ausschlafen konnten. Nachdem sie Björnekulla passiert hatte, joggte sie nach Berga weiter, machte dort aber kehrt. Eine Morgenrunde von zehn Kilometern musste reichen.

Sie zwang den widerstrebenden Sammie zum Pinkeln auf eine kurze Runde ins Freie, ehe sie sich unter die Dusche stellte. Die warmen Wasserstrahlen waren die Belohnung für die morgendliche Anstrengung draußen im Regen. Ein Handtuch um den Kopf gewickelt ging sie nackt und warm ins Schlafzimmer. Krister war wach und schaute sie mit zusammengekniffenen Augen an. Das Licht fiel durch das Dachfenster draußen in der offenen Diele. Wie die meisten Nachbarn nutzten sie die große Diele als Fernsehzimmer. Irene hob die Arme und trocknete langsam ihr nasses Haar mit dem Handtuch. Die Bewegung wirkte Wunder, was die Konturen ihrer Brüste betraf. Man könnte sie auch als eine Low-Budget-Korrektur der Büste bezeichnen. Nichts, was der plastische Chirurg der Löwander-Klinik empfehlen würde. In diesem Augenblick hatte es jedoch den gewünschten Effekt auf ihren Mann. Als sie sich neben ihn legte, konnte sie an seiner Körpersprache erkennen, dass er sie für die attraktivste Frau der Welt hielt.

Sie machten den Großeinkauf zusammen. Als sie wieder nach Hause kamen, kochte Krister ein wunderbares Mittagessen. Das Krabbengericht, das nach Knoblauch duftete und zu dem er Wildreis und Tomatensalat servierte, konnte als vollwertiger Ersatz für das ausgefallene Souper am Vorabend gelten. Ein kleines Stück Schokolade und starker Kaffee rundeten die Mahlzeit ab. Satt und zufrieden saß Irene mit angezogenen

Knien in der Sofaecke und sah den Mann an, mit dem sie jetzt schon seit fünfzehn Jahren verheiratet war.

Er hatte sich ihr gegenüber in den Sessel sinken lassen. Sein Kopf lag gegen die Lehne, und er hatte die Augen geschlossen. Sein rotblondes Haar war vorne gelichtet und die Stirn wurde immer höher. Um die Augen hatte er Falten, die von der Müdigkeit kamen. Die hatte er früher nicht gehabt. Er hatte immer gerne gelacht. Vielleicht handelte es sich ja auch um Lachfalten. In drei Jahren wurde er fünfzig, einer der großen Meilensteine des Lebens.

Seinem wunderbaren Lächeln hatte sie damals nicht widerstehen können. Er hatte es immer noch, es war gleichzeitig herzenswarm und spöttisch. Er war zehn Zentimeter größer als sie. Er fand sich selbst ziemlich durchtrainiert, da er jahrelang mit schweren Restaurantutensilien jongliert hatte, aber er hätte lieber auch noch etwas in einem Fitnessstudio trainieren sollen. Sein Bauchumfang hatte in den letzten Jahren beachtlich zugenommen. Er hatte sicher um mindestens zwanzig Kilo zugenommen. Plötzlich überkam sie ein Gefühl großer Liebe zu ihm. Sie stand auf und trat auf ihn zu. Dann küsste sie ihn zärtlich auf die Stirn und setzte sich auf seinen Schoß. Glücklicherweise hatte sie ihr Gewicht weitgehend gehalten, seit sie die Zwillinge bekommen hatte. Mit den Lippen an seiner Wange sagte sie leise:

»Was denkst du?«

Er seufzte und schlug die Augen auf.

»Ich denke über den Sinn des Lebens nach. Darf das wirklich sein, dass man so verdammt müde ist, wenn man von der Arbeit nach Hause kommt? Heutzutage gibt es unendlich viele Arbeitslose, die sich nichts sehnlicher wünschen, als arbeiten zu dürfen. Und die, die Arbeit haben, bringt der Stress um!«

»Das finde ich auch. Die armen Krankenschwestern in der Löwander-Klinik wissen kaum noch, wo ihnen der Kopf steht. Und trotzdem bauen sie in den Krankenhäusern immer noch Personal ab. Die, die bleiben, werden immer älter und müder.

Die Jungen wünschen sich einen Beruf in den Medien, was Freies oder was mit Musik. Der Traumjob ist Moderator beim ZTV. Oder möglicherweise Schauspieler in einer Vorabendserie!«

Krister lachte:

»Es hat den Anschein, als hätten die Politiker einen groben Fehler gemacht.«

»Was glaubst du, was die Zwillinge einmal werden wollen?«

Krister dachte eine Weile nach.

»Katarina wird wohl Sportlehrerin. Oder Trainerin in Jiu-Jitsu, wenn man davon leben kann. Vielleicht macht sie auch was mit Sprachen. Jenny wird sich wohl auf die Musik verlegen. Oder sie wird Tierärztin, aber dafür reicht ihr Schnitt vermutlich nicht. Da muss man sehr gute Noten haben. Sie kann schließlich auch Gemüse anbauen, dann hat sie in Zukunft was zu essen.«

Beim letzten Satz verdüsterte sich seine Miene.

»Du findest das anstrengend, dass sie Vegetarierin ist?«

»Verdammte Moden! Wir haben hier in der Familie immer gut und abwechslungsreich gegessen. Ich bin schließlich Profi, was das angeht!«

Irene merkte, dass die Sache Kristers Selbstbewusstsein in Mitleidenschaft gezogen hatte. Tröstend sagte sie:

»Das geht vorbei.«

»Wollen wir's hoffen«, meinte Krister verdrossen.

Später an diesem Nachmittag fuhr Krister ins Restaurant. Sammie gab zu verstehen, dass er nach draußen musste. Es blieb ihr also nichts anderes übrig, als sich in den Regen zu begeben. Als sie wieder ins Haus kamen, war der Hund tropfnass, und Irene fand es am sinnvollsten, ihn sofort zu baden. Das letzte Mal war jetzt schon eine Weile her, und er fing langsam an, zu sehr nach Hund zu riechen. Nach dem üblichen Kampf stand das Badezimmer unter Wasser. Da konnte sie auch gleich putzen, wenn sie schon einmal angefangen hatte. Der Küchenfußboden musste einmal aufgewischt werden, aber vorher war es vielleicht am besten, im ganzen Haus Staub zu saugen. Es kam nicht sehr oft vor, dass sie Lust zum Putzen hatte, aber diese Lust erwachte jetzt, als sie durch die Küche ging und Krümel und Sand unter ihren Fußsohlen knirschten. Die Wäscheberge waren in den letzten Wochen ebenfalls nicht kleiner geworden. Im Gegenteil. Sie hatte keine Schwierigkeiten, sich vorzustellen, wie sie morgen aussehen würden, wenn die Zwillinge nach den Skiferien ihr Gepäck ausgepackt hatten.

Der Berg Bügelwäsche hatte gigantische Ausmaße angenommen. Aber irgendwo war die Grenze erreicht. Irene fand, dass sie hier verlief. Wer was Gebügeltes brauchte, konnte es sich aus dem Berg hervorsuchen und selbst Hand anlegen.

Jenny und Katarina machten ihre Zimmer selber sauber. Das war Teil ihrer Taschengeldvereinbarung. Irene beschloss, die größten Staubflocken trotzdem wegzusaugen. In Katarinas Zimmer fuhr sie mit dem Staubsauger nicht unter das Bett, denn dort lag Sammie und zitterte. In ihrem Sommerhaus in Värmland prügelte er sich mit Lust und Liebe mit Katzen und Maulwürfen, aber vor einem Staubsauger hatte er eine Heidenangst. Solange er an war, versteckte er sich unter einem Bett und weigerte sich hervorzukommen.

In Jennys Zimmer saugte sie jedoch unter dem Bett. Sie spürte, wie sie gegen etwas stieß, und eine große graue Papprolle kam zum Vorschein. Neugierig schielte Irene in die Rolle. Es ließen sich einige mit Filzstift geschriebene Buchstaben erkennen: »Schlachten = Folter« stand da in Rot. Sie schüttelte den Inhalt der Rolle auf den Fußboden. Es handelte sich um vier handgeschriebene Plakate mit verschiedenen Parolen: »Boykottiere an Tieren getestete Medikamente und Kosmetik«, »Lackiere alle Pelzmäntel«, »Fleisch essen = Leichenteile essen« und »Schlachten = Folter«.

Irene ließ sich auf Jennys Bett sinken und breitete die Plakate vor sich auf dem Fußboden aus. Beim näheren Hinsehen entdeckte sie einen Aufkleber mit der Abkürzung ALF. Wie die

155

meisten anderen bei der Polizei war sie darüber unterrichtet worden, was diese Abkürzung bedeutete: Animal Liberation Front – Befreiungsfront für Tiere. Jenny war nicht nur Vegetarierin und weigerte sich nicht nur, Lebensmittel, die tierischen Ursprungs waren, zu essen, sie war ebenfalls Tierschutzaktivistin. Irene dachte an das Pelzgeschäft im Zentrum von Göteborg, wo sie Scheiben eingeschlagen und die Pelze mit Sprayfarben zerstört hatten. War Jenny an dieser Aktion beteiligt gewesen?

»Gib mir Kraft und Stärke! Was soll ich tun?«, sagte sie laut.

Als sie noch einmal in die Papprolle hineinschaute, sah sie, dass darin noch ein kleineres Papier lag. Sie zog es hervor und strich es glatt.

Offenbar handelte es sich um eine Kartenskizze. Oben drüber stand: »Befreiung Zoo FT.« Irene saß lange da und studierte die Karte. Allmählich begriff sie, was die Striche darstellen sollten, und plötzlich wusste sie, worum es ging, um die Tierhandlung im Einkaufszentrum Frölunda Torg. Entschlossen stand sie auf und ging zum Telefon in der Diele.

Sie rief bei verschiedenen Kollegen im westlichen Polizeidistrikt an und hatte schließlich ein klares Bild vor Augen.

Am Morgen des 27. Januars 1997 war wegen Diebstahls in der Tierhandlung im Einkaufszentrum Frölunda Torg Anzeige erstattet worden. Der Inhaber hatte gerade geöffnet gehabt und war ins Lager gegangen, um Futter für die Tiere zu holen. Als er wieder in den Laden kam, sah er, wie ein junger Mann in schwarzer Kapuzenjacke, durch die Ladentür rannte. Er lief ihm hinterher, hatte aber keine Chance, ihn einzuholen. Der junge Mann verschwand durch die automatischen Glastüren des Einkaufszentrums. Ein schrottreifer VW-Bus erwartete ihn. Die Nummernschilder waren verschmutzt und der Motor lief. Mit quietschenden Reifen verschwand das Fahrzeug in Richtung Tynnered. Die Polizei fand weder Täter, VW-Bus noch Putte. Putte war ein Zwergkaninchen und das Einzige, was gestohlen worden war.

Das war in der letzten Januarwoche gewesen. Jenny konnte also kaum an dieser »Befreiung« beteiligt gewesen sein. Erst zwei Wochen später hatte sie erklärt, sie sei Vegetarierin. So weit Irene sich erinnern konnte, hatte Jenny zum Zeitpunkt von Puttes Befreiung noch zufrieden Wurst und Huhn gegessen. Aber wie kam es, dass Jenny diese Plakate und diese Karte unterm Bett liegen hatte? Morgen würde sie sich ernsthaft mit ihrer Tochter unterhalten müssen, so viel war klar.

Anschließend putzte Irene nur noch sehr halbherzig. Sie hatte ihre Gedanken woanders.

Irene saß vor dem Fernseher und sah Nachrichten, als das Telefon klingelte. Sie stellte den Teller mit den Resten des Krabbengerichts weg, die sie sich in der Mikrowelle aufgewärmt hatte. Sie ahnte, wer es war, und hatte leichte Gewissensbisse. Ihre Ahnungen bewahrheiteten sich.

»Hallo, Irene. Ich bin es, Mama. Es ist eine Weile her, dass ich von dir gehört habe.«

Irene kam mit den üblichen Ausreden, »Job«, »viel um die Ohren« und »wollte dich gerade selber anrufen«. Ihre Mutter war bald siebzig, aber gut beieinander. Einen neuen Mann hatte sie nicht aufgetan, seit ihr Ehemann vor zehn Jahren gestorben war. Sie einigten sich darauf, dass Irene bei ihr am Sonntag zu Mittag essen würde. Das passte gut, denn dann konnte sie von ihr aus direkt zum Hauptbahnhof fahren und die Zwillinge kurz nach half fünf vom Zug abholen.

Irene kehrte zu ihren inzwischen schon ziemlich kalten Resten zurück und war fast fertig, als das Telefon erneut klingelte.

»Hallo, Huss! Hier ist Lund.«

Noch nie hatte sie ihr alter Freund und Kollege Lund, der inzwischen Kommissar bei der Einsatzzentrale war, zu Hause angerufen. Es gelang ihr, ihre Verwunderung zu verbergen und zu sagen:

»Hallo! Welche Freude, deine Stimme zu hören.«

»Die Freude ist ganz meinerseits. Aber ich rufe nicht des-

157

wegen an. Es ist gerade ein Alarm eingegangen. Es brennt bei der Löwander-Klinik. Offenbar ein Gartengeräteschuppen. Ich habe euren Dienst habenden… mal sehen, Hans Borg… nicht erreicht. Da ihr euch um den Mord an der Krankenschwester da draußen kümmert, dachte ich, dass du das vielleicht wissen willst.«

Andersson hatte offenbar vergessen, dass Borg am Wochenende eigentlich Dienst hatte. Jetzt, wo Jonny ebenfalls ausgefallen war, hatte der Kommissar wohl den Überblick verloren. Irene überlegte.

»Danke für deinen Anruf, Håkan. Ich fahre raus«, sagte sie.

»Okay. Ich hoffe, es lohnt sich.«

Der Brand war gelöscht, als Irene eintraf. Der Feuerwehrwagen stand vor der Löwander-Klinik, und der Schlauch lief um den Giebel herum. Die Feuerwehrleute waren gerade dabei, ihn aufzurollen. Irene erwischte noch in letzter Sekunde den Brandmeister, bevor dieser wegfahren wollte. Durch den Nieselregen lief sie auf seinen roten Volvo zu und klopfte ans Seitenfenster. Der Wagen hielt, und das Fenster glitt nach unten.

»Was gibt's?«

Die Stimme war tief und warm und hatte eine angenehme Dialektfärbung aus Schonen.

»Hallo. Ich bin Kriminalinspektorin Irene Huss. Ich ermittle in einem Mord an einer Nachtschwester. Der ist hier im Krankenhaus Anfangs der Woche verübt worden.«

»Richtig. Davon habe ich gelesen.«

»Was ist passiert? Ist jemand verletzt worden?«

»Nein. Niemand. Im Schuppen war niemand, als das Feuer ausbrach. Wir waren schnell dort, es ist aber den Burschen im Streifenwagen zu verdanken, dass er nicht vollständig niedergebrannt ist.«

»Haben die Sie alarmiert?«

»Ja. Offenbar sollten sie nach jemandem Ausschau halten. Als sie auf den Schuppen zukamen, sahen sie das Feuer. Einer der beiden lief zum Wagen zurück und alarmierte uns. Er nahm den kleinen Handfeuerlöscher aus dem Streifenwagen mit. Der ist zwar nicht viel wert, aber besser als nichts.«

»Und Sie sind sich sicher, dass niemand im Schuppen war?«

»Ja. Es lag nur ein Haufen Lumpen herum, der brannte.«

»War es Brandstiftung?«

»Schwer zu sagen, aber sehr wahrscheinlich. Darauf wird uns die brandtechnische Ermittlung Antwort geben. Die Männer von der Spurensicherung kommen am frühen Morgen. Jetzt kann man da noch nicht reingehen. Zu dunkel und zu heiß.«

Irene dankte. Mit ohrenbetäubendem Lärm wurde der Motor des Feuerwehrwagens angelassen, und beide Fahrzeuge verschwanden durch das Tor. Es wurde sehr still, als sie davongefahren waren. Irene nahm ihre Taschenlampe und ging in den Park hinter der Klinik. Das große, dunkle Gebäude machte einen unheimlichen Eindruck. Ein Krankenhaus hatte von Leben erfüllt zu sein und sollte nicht schwarz und still dastehen. Obwohl Schwester Tekla vermutlich ihre nächtliche Visite macht, dachte Irene und verzog im Dunkeln das Gesicht.

Als sie um die Ecke bog, wurde der Rauchgeruch durchdringend, und sie hatte Mühe beim Atmen. Sie machte die Taschenlampe an und ging auf das Gebäude zu. In der Öffnung zwischen dem verwilderten Flieder drehte sie sich um.

Wenn Mama Vogel genau hier gestanden hatte, dann hatte sie deutlich gesehen, wie die Person in Schwesterntracht zum Krankenhaus kam. Aber wie hatte sie gesehen, dass diese auch wieder ging? Da war es doch stockfinster gewesen, der Strom war ja abgestellt worden. Plötzlich fiel es Irene wie Schuppen von den Augen: Der Mond. In jener Nacht hatte der Mond sehr hell geschienen. Im Mondschein hatte die Nachtschwester Siv Persson eine Person gesehen, von der sie schwor, dass es Schwester Tekla gewesen sei. Irene lief es kalt den Rücken herunter. Dieses Gerede von Gespenstern ging ihr langsam auf die Nerven. Sie drehte sich um und richtete den Strahl der Taschenlampe auf die Mitte der Laube.

159

Der Schuppen stand noch, wirkte jedoch vollkommen ausgebrannt. Irene versuchte hineinzuschauen, aber vergeblich. Alles war schwarz verrußt. Die Männer von der Spurensicherung sollten sich die Reste am Morgen ansehen. Jetzt konnte sie nichts tun. Sie verließ die Laube wieder. Ihre Gummistiefel sogen sich am Rasen fest, als sie mit Mühe zu ihrem Wagen zurückstapfte.

Sie zog die lehmigen Stiefel aus und ihre Joggingschuhe an, die sie im Kofferraum liegen hatte. Wenn dieses Wetter anhielt, dann würde eine Zeit kommen, in der es fast unmöglich sein würde, zu joggen. Dann musste sie wieder mehr in den vier Wänden trainieren. Morgen wollte sie mit der Frauengruppe üben. Das machte ihr Spaß. Seit einem Jahr brachte sie acht Polizistinnen Jiu-Jitsu bei. Der Vorschlag, eine Frauengruppe zu bilden, war vor einem Jahr aufgebracht worden, und es war nahe liegend gewesen, dass Irene sie trainieren sollte. In Schweden war sie die einzige Frau, die einen schwarzen Gürtel, dritter Dan, besaß. Das sollte man ausnützen, meinten alle. Ohne nachzudenken, willigte Irene ein. Manchmal hatte sie Katarina zur Unterstützung dabei. Ihre Schülerinnen waren mittlerweile schon richtig gut und konnten es mit jedem Mann aufnehmen.

Sie griff zum Autotelefon und wählte die Nummer von Kommissar Andersson. Es klingelte zehnmal, ohne dass dieser abhob. Dann rief sie bei der Einsatzzentrale an. Håkan Lund war am Apparat. Ihr blieb nichts anderes übrig, als selbst den Bereitschaftsdienst zu übernehmen. Am Sonntag stand Birgitta Moberg auf der Liste. Dann war alles wieder unter Kontrolle.

Das Telefon klingelte um 2.25 Uhr. Irene war sofort hellwach und schlüpfte in ihre Kleider. Krister schlief tief und fest. Er war erst vor einer Stunde nach Hause gekommen und befand sich im Tiefschlaf.

Der Fall war unangenehm, aber nicht ungewöhnlich. Ein

Mann hatte seine Lebensgefährtin in der gemeinsamen Wohnung in Guldheden zu Tode gequält.

Als Irene zum Tatort kam, hatte man den Mann bereits ins Untersuchungsgefängnis gebracht. Die Frau lag in einer großen Blutlache im Badezimmer. Das Gesicht war von der Misshandlung vollkommen entstellt. Der Mann von der Spurensicherung war bereits bei der Arbeit. Irene kannte ihn nicht und beschloss deswegen, mit ihren Fragen zu warten, bis er fertig war.

Sie machte einen schnellen Rundgang durch die Wohnung. Sie bestand aus fünf Zimmern und einer Küche. Alles war ordentlich. Im größten Schlafzimmer stand ein großes, ungemachtes Doppelbett mit rosa Seidenlaken. Auch hier war ziemlich viel Blut. Offenbar hatte die Sache hier begonnen und im Badezimmer ihren Höhepunkt erreicht. Auf einer Kommode stand ein Bild der Frau. Sie lächelte den Fotografen an und war offenbar jung und schön gewesen.

Der junge Polizeitechniker ließ erkennen, dass er fertig war. Er stand auf und streifte mit einer müden Bewegung die Handschuhe ab. Irene ging auf ihn zu und nickte freundlich.

»Hallo. Ich heiße Irene Huss. Ich bin Inspektorin beim Dezernat für Gewaltverbrechen.«

Der junge Mann starrte sie düster durch eine dunkle Sonnenbrille an. Vielleicht war es sein dünnes, dunkles Haar mit dem ordentlichen Scheitel, das sie an einen Vampir denken ließ. Außerdem war er ungewöhnlich groß und mager und hatte eine gelblichbleiche Haut.

»Hallo. Ich heiße Erik Larsson. Ich bin die Vertretung für Åhlén.«

»Haben Sie eine Vorstellung, wie das Ganze abgelaufen sein könnte?«

»Ja. Kräftige Misshandlung der Haupthalsregion. Hinterkopf eingeschlagen. Möglicherweise gegen die Waschbeckenkante. Das Opfer stinkt nach Alkohol. Das tut der Täter im Übrigen auch.«

»Wo sind die Burschen aus dem Streifenwagen?«

»Sie wurden zu einem Einsatz gerufen. Ich habe gesagt, dass sie gehen können. Die Dame und ich mussten in der Zwischenzeit allein miteinander zurechtkommen.«

Er hatte das vielleicht scherzhaft gemeint, aber Irene lief es kalt den Rücken herunter. Wo hatte Svante Malm nur diese Kreatur aufgetrieben? In irgendeiner Krypta, hatte es den Anschein.

Die Männer vom Bestattungsdienst trafen ein. Sie packten die Leiche ein und fuhren sie in die Pathologie.

Irene ließ den Mann von der Spurensicherung in der Wohnung zurück. Als sie durch die Wohnungstür trat, steckte eine rothaarige Frau den Kopf aus der Tür der Nachbarwohnung. Ohne auch nur zu versuchen, ihre Neugierde zu kaschieren, sagte sie:

»Hat er sie dieses Mal totgeschlagen?«

Sie trug eine Trainingshose und einen ausgeleierten Baumwollpullover, obwohl es fast halb fünf Uhr morgens war. Ihr Haar war fettig, und sie hatte es zu einem dünnen Pferdeschwanz zusammengebunden. Obwohl sie nicht ganz so groß war wie Irene, machte sie einen riesigen Eindruck. Sie wog sicher um die hundert Kilo. Irene war eine erfahrene Ermittlerin und wusste, wann sie eine Zeugin vor sich hatte, die sich ihr um jeden Preis anvertrauen wollte. Irene zog ihren Ausweis aus der Tasche und wedelte damit in bester Hollywoodmanier.

»Guten Morgen. Ich bin Kriminalinspektorin Irene Huss. Darf ich einen Augenblick reinkommen und mich mit Ihnen unterhalten? Sie sind ohnehin schon wach.«

»Natürlich!«

Die Frau konnte ihr Entzücken nicht verbergen und trat bereitwillig einen Schritt zurück, um Irene in die Wohnung zu lassen. Automatisch sah sich Irene überall um.

Eines war klar, offensichtlich brauchte hier noch jemand eine Putzhilfe. Die Garderobe in der Diele quoll über, und darunter stapelten sich die Schuhe. Als sie durch die Diele schritt, knirschten Schmutz und Sand unter ihren Sohlen. Geradeaus vor ihr lag eine winzige Küche. Das dreckige Geschirr stapelte sich in der Spüle. Darauf war vermutlich auch der seltsame Geruch in der Wohnung zurückzuführen. Als Irene ins Wohnzimmer kam, stieß sie dort jedoch auf die Erklärung. Hier war sicher seit gut einem Jahr nicht mehr sauber gemacht worden, und überall im Raum räkelten sich Katzen. Irene zählte neun Stück. Unbewusst griff sie sich an das Pflaster unter ihrem Kinn.

»Bitte, setzten sie sich doch«, sagte die Frau und deutete auf einen durchgesessenen Sessel in einem unbestimmbaren Grauton.

Irene sah, dass das Sitzpolster vollkommen verfleckt war, und warf der Katzengang einen misstrauischen Blick zu.

»Nein, danke. Ich bleibe nicht lange. Entschuldigen Sie, aber ich habe Ihren Namen nicht richtig verstanden?«

»Den habe ich vermutlich nicht gesagt. Johanna Storm.«

»Wie alt sind Sie?«

»Fünfundzwanzig.«

»Beruf?«

»Ich studiere Psychologie. Mir fehlt noch ein Jahr bis zum Examen.«

Pro forma schrieb Irene die Angaben auf ihren Block.

»Was meinten Sie, als Sie gefragt haben, ob er sie dieses Mal totgeschlagen hat?«

»Was ich gesagt habe.«

»Er hat sie also geschlagen?«

»Ja.«

»Wie oft?«

»Seit Weihnachten so gut wie jedes Wochenende. Maria… also sie… kommt aus Polen und kann kein Schwedisch.«

»Wie ist sie nach Schweden gekommen?«

Johanna Storm antwortete, ohne zu zögern.

»Weiß nicht. Ich hatte das Gefühl, dass die direkt aus Polen kam. Letzten Sommer ist sie mit Schölenhielm zusammengezogen, obwohl sie kaum halb so alt war wie er. Er ist ein richtiger Schmierlapp!«

»Haben Sie die Polizei gerufen?«

»Ja. Ich hörte, dass es schlimmer ist als sonst. Die Polizei ist bereits früher einige Male hier gewesen. Vermutlich fünf- oder sechsmal. Sie stieß einen schrecklichen... lang gezogenen... Schrei aus, und dann war alles still. Meine Katzen wurden fürchterlich unruhig, und da verstand ich, dass etwas Schreckliches passiert war.«

»Und da war es kurz vor zwei?«

»Ja.«

Johanna Storm wusste von dem Paar in der Nachbarwohnung sonst nur, dass Maria tagsüber zu Hause war und dass Schölenhielm mit Gebrauchtwagen handelte.

»Wollen Sie eine Tasse Tee?«, wollte Johanna Storm wissen.

Irene lehnte höflich ab. Obwohl sie gerade erst gegen Wundstarrkrampf geimpft worden war, zweifelte sie daran, ob sie mit Tee aus einer von Johanna Storms Tassen fertig werden würde.

Es ging auf acht zu, als Birgitta Moberg ihren Kopf durch die Tür von Irenes Büro steckte.

»Hallo! Was machst du hier?«

Irene erklärte das Durcheinander mit der Bereitschaftsliste. Als der Name von Hans Borg fiel, verfinsterte sich Birgittas Miene.

»Andersson will ihn davonkommen lassen! Er rief mich gestern an und sagte, er hätte sich mit Bergström darauf geeinigt, dass Hannu Rauhala und Borg den Dienst tauschen sollten. Auf dem Papier bleibt alles beim Alten, Hans Borg hier bei uns und Rauhala beim Dezernat für Allgemeine Fahndung. Aber im Prinzip ist der Tausch schon beschlossene Sache.«

»Dann gibt es keine interne Ermittlung?«

»Nein. Die Chefs sagen, dass dann nur wieder jede Menge in den Zeitungen geschrieben wird. Das wäre nach dieser Geschichte mit der Hundeführerin in Stockholm nicht gut.«

»Aber wir wissen doch beide, dass es schon ähnliche Fälle gegeben hat, ohne dass die Presse Wind davon bekommen hätte.«

»Genau das habe ich Andersson auch gesagt. Ich fürchte, dass ich mich wahnsinnig aufgeregt habe. Ich habe wohl das eine oder andere gesagt, was nicht sonderlich durchdacht war. Aber ich war so wütend und enttäuscht. Darauf hat er gemeint, dass ich aufpassen solle. Würde es Ärger geben, dann würde man mich möglicherweise ebenfalls versetzen.«

Irene sah ihre Kollegin nachdenklich an, ehe sie fragte:

»Du willst dich also an Hans Borg rächen?«

»Ja. Er hat mir mehrere Jahre lang mein Leben verpestet!«

»Willst du dich in ein anderes Dezernat versetzen lassen?«

Birgitta erstarrte.

»Nein.«

»Hör genau zu. Schlag dir das mit der Rache aus dem Kopf. Was Borg getan ist, ist abscheulich. Aber wenn Chefs sich in die Ecke gedrängt fühlen, dann lassen sie das an dir aus. Wenn du auf einer Verfolgung dieser Angelegenheit bestehst, dann versetzen sie dich. Mangelnde Teamfähigkeit steht dann in deinen Papieren. Sie lassen dich auf irgendeinem bedeutungslosen Posten im Ermittlungsapparat versauern, und du hast keine Chance mehr, Karriere zu machen oder jemals wieder hierher zurückzukehren.«

Birgitta antwortete nicht.

Ruhig fuhr Irene fort:

»Du hast dir die ganze Zeit nichts anmerken lassen. Warte ab. Zeig ihnen nicht, wie gekränkt du bist.«

»Sonst machen sie mich endgültig fertig! Meinst du das?«

»Etwas in dieser Richtung.«

Die Stimmung war gespannt. Schließlich brach Birgitta das Schweigen.

»Du kannst mir berichten, was in Guldheden los war, dann übernehme ich«, sagte sie tonlos.

»Ich habe das Verhör mit der Nachbarin Johanna Storm ins Reine geschrieben. Hier ist auch mein Bericht vom Tatort.«

Irene nahm die Diskette aus ihrem Computer und gab sie Birgitta. Die nahm sie, wich aber Irenes Blick aus.

»Danke«, sagte sie nur kurz und verschwand auf dem Korridor.

Das Haus war leer und still. Krister war mit Sammie draußen. Wie graue Schleier hing der Regen zwischen den Bäumen. Um zehn Uhr morgens noch einmal unter die Decke zu kriechen, kam ihr da ganz natürlich vor. Ehe sie einschlief, stellte Irene den Wecker auf zwei Stunden später.

Als Irene aufwachte, hatte Krister sich bereits ins Glady's aufgemacht. Sammie lag, die Pfoten in die Luft gestreckt, neben ihr und war nach dem nassen Spaziergang jetzt fast trocken. Dafür musste sie Kristers Laken jetzt aufhängen, damit es bis zum Abend überhaupt noch trocken wurde. Irene fühlte sich irgendwie verkatert. So war das immer, wenn sie tagsüber schlief. Sie duschte lange abwechselnd warm und kalt und fühlte sich anschließend etwas wacher. Da das Mittagessen bei ihrer Mutter immer sehr reichhaltig auszufallen pflegte, begnügte sie sich mit einer Tasse Tee und einem Knäckebrot, ehe sie zum Training mit der Frauengruppe ging. Sammie kam mit und wartete in der Zwischenzeit im Auto. Er war überglücklich, mitfahren zu dürfen, und hatte kaum Zeit, gegen die Büsche vor der Garage zu pinkeln. Das Auto gehörte nämlich ihm. Herrchen und Frauchen durften es nur fahren. In diesem Glauben lebte er froh und glücklich, seit er ein Welpe gewesen war, und nichts hatte diesen Glauben erschüttern können.

Irenes Mutter wohnte immer noch in der Wohnung, die sich ihre Eltern gekauft hatten, als Irene zur Welt gekommen war. Zwischen den dreistöckigen Ziegelhäusern, die die stark abschüssige Doktor Bex Gata säumten, hatte Irene ihre Kindheit verbracht. Damals waren Freunde und Verwandte der Ansicht gewesen, die kleine Familie sei in die Vororte gezogen. Inzwischen lag der Stadtteil Guldheden jedoch stark zentral.

Hier oben war es windig und der Regen hatte zugenommen. Nicht einmal Sammie schien Lust auf einen Spaziergang zu haben, sondern hatte es eilig, ins Treppenhaus zu kommen.

»Hallo. Meine Güte, wie spät du wieder dran bist. Ich habe schon bei dir angerufen, aber als niemand abhob, dachte ich, dass du schon auf dem Weg bist. Aber als du dann immer noch nicht aufgetaucht bist, dachte ich schon, dass vielleicht etwas passiert ist und…«

»Hallo, Mama. Hast du ein Handtuch für Sammie? Ich habe vergessen eins mitzunehmen.«

Irene sagte das mehr, um den Redefluss ihrer Mutter zu unterbrechen. So war es immer. Vielleicht war sie zu viel allein? Nein, beruhigte Irene ihr Gewissen, ihre Mutter hatte eine Begabung dafür, sich aufzuregen.

Das Mittagessen bestand aus einem guten Schollengratin mit Unmengen frischen Krabben, und beim Essen kamen sie richtig gut miteinander aus. Sie waren beim obligatorischen Kaffee danach angelangt, als ihre Mutter plötzlich sagte:

»In zwei Wochen fahre ich auf die Kanarischen Inseln.«

Irene war vollkommen überrumpelt, es gelang ihr jedoch zu stammeln:

»Wie… wie nett.«

So weit sie wusste, war ihre Mutter nie weiter als bis nach Dänemark gekommen. Mama Gerd holte tief Luft und sah ihrer einzigen Tochter in die Augen.

»Wir fahren zusammen. Sture und ich.«

»Sture? Wer ist das?«

»Ein Mann, den ich beim Tanztee kennen gelernt habe. Ich gehe da doch jeden Donnerstag hin.«

»Wie… wie lange seid ihr schon…?«

»Wie lange wir uns schon kennen? Ein halbes Jahr. Im Herbst ist er zum ersten Mal beim Tanztee aufgetaucht. Seine

Frau ist vor zwei Jahren gestorben. Das erste Jahr ging es ihm nicht gut, aber dann hatte er das Gefühl, dass es allmählich an der Zeit wäre, neue Menschen kennen zu lernen. Dann sind wir uns begegnet und… nun, dann sind wir uns begegnet.«

»Aber warum hast du nichts gesagt? Weihnachten hätte er doch…«

»Weihnachten war er bei seiner Tochter in Örebro, und ich war bei dir. Neujahr war er dann bei seinem Sohn hier in Göteborg. Aber den Dreikönigstag haben wir zusammen gefeiert.«

Bei diesem letzten Satz errötete ihre Mutter leicht. Es war ein seltsames Gefühl, ihrer frisch verliebten, bald siebzigjährigen Mutter gegenüberzusitzen.

»Wie alt ist er?«, fragte Irene vorsichtig.

»Zweiundsiebzig. Gut dabei. Bisschen Asthma.«

»Wie heißt er mit Nachnamen?«

»Hagman. Sture Hagman. Pensionierter Postamtsleiter. Er wohnt in der Syster Emmas Gata. Er hat sein Haus verkauft, als er Witwer wurde.«

Es war langsam an der Zeit, zum Bahnhof zu fahren und die Zwillinge zu holen. Irene umarmte ihre Mutter und wünschte ihr viel Glück mit Sture.

Sie hatte Mühe, einen Parkplatz zu finden. Eine Weile fuhr sie im Kreis, bis sie endlich Glück hatte. In der protzigen Halle des Hauptbahnhofes geriet Sammie wegen der vielen Menschen ganz außer sich. Das war mehr, als sein kleines Terrierhirn verkraften konnte. Als sie auf den Bahnsteig kamen, wurde es auch nicht besser. Irene schimpfte mit ihm und versuchte ihn zu beruhigen.

Da glitt der Zug aus Karlstadt in den Bahnhof. Als Erste stiegen Katarina und Jenny aus. Sammie geriet außer sich vor Freude, und alle Ermahnungen seines Frauchens, nicht verrückt zu spielen, gingen ins Leere.

Die Mädchen sahen munter und erholt aus. Nachdem sie sich umarmt und geküsst hatten, begannen sie wie immer gleichzeitig von den Ferien zu erzählen. Irene hörte nur mit halbem Ohr zu. Ihr waren die Schlagzeilen vor dem Pressecenter ins Auge gefallen.

»Warum wurde Schwester Marianne ermordet?«, fragte Aftonbladet. »Wo ist Schwester Linda?«, konterte GT, und in kleineren Buchstaben: »Ihre Zeit läuft ab.«

Irene stellte sich einige weitere Schlagzeilen vor: »Wo ist Mama Vogel, alias Gunnela Hägg?« Und: »Warum brannte der Schuppen im Krankenhauspark?« Eine dritte Möglichkeit schoss ihr durch den Kopf: »Warum hatte Schwester Marianne den Taschenkalender von Schwester Linda in der Kitteltasche?« Einen Augenblick lang hatte Irene das Gefühl, dass sie die Antworten lieber nicht wissen wollte. Aber natürlich wollte sie das doch. Sie war schließlich Polizistin.

KAPITEL 11

Der Regen hatte im Verlauf der Nacht aufgehört. Auf den Straßen war es spiegelglatt. Die Temperatur war knapp unter null, und in Göteborg herrschte das übliche Winterchaos.

Zur Morgenbesprechung kam Irene verspätet, alle anderen aber auch. Svante Malm trat als Letzter durch die Tür. Der Kommissar sah zufrieden aus, als er den Mann von der Spurensicherung sah. Einige der labortechnischen Untersuchungen mussten inzwischen abgeschlossen sein, sodass sie Antworten auf einige ihrer Fragen erhalten würden.

»Morgen zusammen!«

Andersson begann gut gelaunt. Irene verstand das als einen Versuch, einige seiner Untergebenen fröhlich zu stimmen. Aber sowohl Birgitta als auch Jonny brauchten vermutlich etwas mehr als eine gut gelaunte Begrüßung. Jonny war immer noch so bleich wegen seiner üblen Magenverstimmung. Dass Birgitta so eine schlechte Farbe hatte und so verbissen wirkte, konnte an der Müdigkeit nach dem Bereitschaftsdienst am Wochenende liegen. Irene hatte jedoch den Verdacht, dass es mehr mit ihrer Wut zu tun hatte.

Immer noch gut gelaunt fuhr der Kommissar fort:

»Hans Borg hat darum gebeten, eine Weile entlastet zu werden. Er wechselt zum Dezernat für Allgemeine Fahndung. Hannu übernimmt seine Stelle.«

Irene, Birgitta und Hannu waren darüber als Einzige nicht erstaunt. Andersson tat so, als würde er das Gemurmel und die

170

Kommentare rund um ihn herum, nicht bemerken, und fuhr fort:

»Irgendwas Neues in der Sache Linda Svensson?«

Fredrik und Birgitta schüttelten gleichzeitig den Kopf.

»Anscheinend hat sie niemand gesehen, seit sie vor einer Woche ihren Arbeitsplatz verließ. Wir haben nur die Aussage der alten Nachbarin, dass sie nachts um halb zwölf ihre Wohnung verlassen hat. Seltsame Zeit, um an einem Montagabend auszugehen. Da ist doch nirgendwo was los«, meinte Fredrik.

»Sie war auch nicht zum Ausgehen gekleidet. Laut Pontus fehlen ihre rote Daunenjacke und ein Paar Stretchjeans. Außerdem ein hellblauer Rollkragenpullover aus Angorawolle. Ihr Lieblingspullover. Den trug sie aber nie zum Ausgehen. Sie hatte Angst, er könnte nach Rauch stinken«, warf Birgitta ein.

»Angorapullover und Belker... sie ist wirklich ein Katzenmensch«, stellte Irene ohne Zusammenhang fest.

»Das ist wichtig. Sie liebt Belker und würde ihn nie ohne Futter allein lassen. In der Wohnung haben wir ihren Pass gefunden. Sie ist also nicht im Ausland. Wenn sie sich freiwillig versteckt hält, dann hätte sie jemanden aufgetrieben, der sich um Belker kümmert. Das hat Pontus Olofsson mehrfach betont. Und ich glaube, dass er damit Recht hat«, meinte Birgitta abschließend.

Andersson sah sie eine Weile lang an, ehe er tief Luft holte und sagte:

»Du glaubst also nicht, dass sie freiwillig verschwunden ist?«

»Nein.«

Schweigen senkte sich über die Gruppe. Alle waren erstaunt, dass Hannu Rauhala dieses Schweigen brach.

»Ich habe mich am Wochenende umgehört. Niemand hat sie gesehen.«

Irene hätte fast gefragt, ob Hannu es mit dem geheimen finnischen Kontaktnetz versucht hätte, beherrschte sich aber gerade noch rechtzeitig. Hannu hatte phantastische Quellen und war Gold wert. Irene erinnerte sich an ihre letzte Zusammenarbeit. Hannu hatte Sachen herausgefunden, an die niemand anders herangekommen wäre. Ob es dabei immer mit rechten Dingen zugegangen war, wusste sie nicht. Sie hätte ihn das schrecklich gerne gefragt, sah aber ein, dass es manchmal besser war, nicht zu viel zu wissen.

»Ich habe Niklas Alexandersson überprüft. Was er sagt, stimmt. Drei Kumpel und die Kellnerin im Gomorra Club geben ihm bis zwei Uhr nachts ein Alibi«, fuhr Hannu fort.

»So was Dummes. Er wäre perfekt gewesen. In Schwesterntracht im Krankenhaus herumschleichen und die Rivalin ermorden«, murmelte der Kommissar.

Irene musste ihrem Chef Recht geben. Gleichzeitig wusste sie, dass Faune Menschen verführen und zerstören, aber sie morden nicht. Höchstens indirekt.

»Hat Lindas Taschenkalender was ergeben?«, fragte Birgitta.

Andersson schüttelte den Kopf.

»Nein. Ich habe nichts gefunden. Aber ich will dich bitten, ihn noch einmal durchzugehen. Eine Frau sieht vielleicht was, woran ein Mann nicht denkt.«

Der Taschenkalender lag vor ihm auf dem Tisch, und er reichte ihn Birgitta. Sie nahm ihn, ohne ihn anzusehen.

»Ich habe eine Frage. Wo ist Mariannes Taschenlampe?«, meldete sich Irene zu Wort.

Die anderen sahen sie verwundert an.

»Darüber habe ich ziemlich viel nachgedacht. Marianne war schließlich Nachtschwester. Alle Nachtschwestern haben eine Taschenlampe bei sich. Marianne aber nicht. Sie hatte nur Lindas Filofax in der Kitteltasche.«

»Lag die Taschenlampe nicht auf der Intensivstation?«, fragte Birgitta.

»Nein. Ich habe gefragt, als ich mir das letzte Mal meine Kratzwunden habe neu verbinden lassen. Niemand hat Mariannes Taschenlampe gesehen.«

»Merkwürdig. Ganz zu schweigen von Lindas Taschenkalender. Linda ließ ihn vielleicht liegen und Marianne fand ihn«, überlegte Birgitta.

»Linda ist möglicherweise zum Krankenhaus geradelt, um ihren Taschenkalender zu holen«, schlug Fredrik vor.

»Unwahrscheinlich. Nicht mitten in der Nacht. Sie hätte anrufen und Marianne darum bitten können, ihn irgendwo zu deponieren. Linda hatte schließlich am nächsten Tag wieder Spätschicht«, wandte Irene ein.

»Vielleicht stand im Taschenkalender etwas ganz Wichtiges, und sie brauchte ihn sofort.«

Es war Birgitta anzuhören, dass sie selbst nicht ganz an ihren Vorschlag glaubte. Er war aber nicht schlechter als jeder andere.

Der Kommissar mischte sich ein.

»Wenn sie nun nicht versteckt wird und sich nicht freiwillig versteckt, dann müssen wir davon ausgehen, dass sie tot ist. Wo ist sie in diesem Fall?«

»Da sie von niemandem gesehen worden ist, muss sie in der Nähe ihrer Wohnung sein. Sie ist sicher nicht weit gekommen«, sagte Jonny.

»Das glaube ich auch. Je weiter sie geradelt wäre, desto größer die Wahrscheinlichkeit, dass sie jemand gesehen hätte«, meinte Fredrik.

»Aber es war doch spät. Fast Mitternacht. Und außerdem waren es fünfzehn Grad unter null. Da waren sicher nicht viele Leute unterwegs«, wandte Irene ein.

»Okay. Im Fall Linda kommen wir nicht vom Fleck. Hannu, Birgitta, Fredrik und Jonny, ihr arbeitet weiter daran, sie ausfindig zu machen.«

Andersson knallte die Handfläche auf den Schreibtisch, sein Kaffeebecher machte einen Satz und der Kaffee schwappte auf die Schreibunterlage. Was nicht weiter schlimm war. Sie war bereits von vorher marmoriert.

»Irene und Tommy, wie steht's mit der Vogeldame?«

Tommy referierte, was sie über Mama Vogel herausgefunden hatten. Anschließend meldete sich Hannu erneut zu Wort.

»Ich habe Lillhagen kontaktiert. Gunnela Hägg wurde dort seit '68 betreut. Damals starb ihre trunksüchtige Mutter. Der Tod der Mutter löste eine Psychose aus. Schizophrenie.«

»Wie alt war Gunnela da?«, warf Irene ein.

»Achtzehn.«

Das würde bedeuten, dass Gunnela heute siebenundvierzig ist, dachte Irene erstaunt. Die meisten Zeugen, mit denen sie gesprochen hatte, hatten ihr Alter auf fast sechzig geschätzt. Das Leben war mit der kleinen Mama Vogel eher unsanft umgegangen.

»Ende der Siebzigerjahre und in den gesamten Achtzigern wurden mehrere Versuche gemacht, sie wieder in die Gesellschaft zu integrieren. Aber das gelang nicht. Sie war zu krank.«

»Null Unterstützung von der Familie?«, fragte Irene.

»Nein. Der Vater und ein Bruder sind tot. Der jüngere Bruder ist Geschäftsführer eines Ladens in Trollhättan. Er will nichts von seiner Schwester wissen. Ich habe ihn angerufen, was ihn nur wütend machte. Seine Familie weiß nichts von Gunnela.« Hannus ruhiges Gesicht mit den hohen Wangenknochen, eisblauen Augen und dem weißblonden Haar verriet keinerlei Gefühl. Zuletzt war sein Ton jedoch etwas schärfer geworden, was darauf schließen ließ, dass er mit der armen, verleugneten Mama Vogel vielleicht doch ein gewisses Mitgefühl hatte.

»Wann wurde sie endgültig aus Lillhagen entlassen?«, fragte Tommy.

»Sie bekam im Herbst '95 eine Wohnung in der Siriusgatan. Nach einer Weile hatten sich dort Junkies breit gemacht, und sie wurde auf die Straße gesetzt.«

»Wo hat sie dann gewohnt?«, wollte Irene wissen.

Als Antwort zuckte Hannu nur mit den Schultern.

»Aha. Aber wir wissen, dass sie seit Weihnachten im Gartengeräteschuppen der Löwander-Klinik untergekommen ist.

Dort war sie seit vergangenen Dienstag nicht mehr, also seit knapp einer Woche. Wo ist sie? War sie es, die Samstagabend im Schuppen Feuer gelegt hat?«

Irene wandte sich auffordernd an Svante Malm. Auf seinem sommersprossigen Pferdegesicht breitete sich ein Lächeln aus.

»Ich weiß auch nicht, wo sie ist. Darum müsst schon ihr euch kümmern. Die Ermittler der Feuerwehr haben den Schuppen gestern untersucht. Glücklicherweise kam der Streifenwagen, ehe sich das Feuer richtig ausbreiten konnte. Sonst wäre der Schuppen wohl ganz abgebrannt. Das Feuer wurde mit Sicherheit gelegt. Es nahm in einem Kleiderstapel in der einen Ecke seinen Anfang. Die Spurensicherung fand einen stark verkohlten Kerzenhalter aus Holz. Offenbar hat der, der das Feuer gelegt hat, in dem Kerzenhalter eine Kerze angezündet und ihn auf etwas Brennbares gestellt, beispielsweise Papier. Er hat damit gerechnet, dass die Kleider schon von sich aus Feuer fangen würden.«

»Keine Spuren von Benzin?«

»Nein. Zuunterst lag ein alter Schlafsack. Darüber haben wir eine Schicht gefunden, bei der es sich offenbar um die Reste einer Baumwolldecke handeln muss. Zuoberst lag eine stark verkohlte Schicht aus dünner Wolle. Und das hier.«

Aus der Tasche seines Jacketts zog er eine dicke Plastiktüte. Darin befand sich etwas, was aus Entfernung einer schwarzen Blume mit vier angedeuteten Blütenblättern glich. Er drehte die Tüte um. Auf der anderen Seite war der Ruß entfernt. Das Silber hob sich deutlich gegen den Ruß ab.

»Das ist eine Schwesternbrosche.«

Andersson holte hörbar Luft. Beunruhigend schnell wurde er hochrot. Ohne es zu bemerken, fuhr Malm fort:

»Ich habe bei der Schwesternschule nachgefragt. Das ist eine Brosche vom Sophiahemmet in Stockholm.«

Malms stolzes Lächeln verschwand von seinen Lippen, als er den seltsamen Gesichtsausdruck der anderen bemerkte. Andersson wirkte, als habe ihn der Schlag getroffen. Er holte ein paar Mal tief Luft, der vergebliche Versuch, Puls und Blutdruck zu senken. Malm saß schweigend da und wartete darauf, dass sein seltsamer Anfall vorübergehen würde. Andersson starrte auf die Schreibtischplatte und sagte mit beherrschter Stimme:

»Entschuldige, Svante. Diese verdammte Krankenschwester spukt hier schon die ganze Zeit herum.«

Malm war schon zu lange im Geschäft, um irgendwelche Fragen zu stellen. Er nickte nur und fuhr fort:

»Dieser Wollstoff, der zuoberst auf dem Kleiderstapel lag, ist interessant. Ich habe ihm gestern den gesamten Nachmittag gewidmet. Die Fasern auf Marianne Svärds Kittelbluse sowie die Fäden, die du, Tommy, an einem Ast gefunden hast, scheinen mit größter Wahrscheinlichkeit von demselben Wollstoff zu stammen. Wahrscheinlich hat es sich um ein Kleid gehandelt. Wir haben auch Knöpfe und etwas, was mutmaßlich ein Gürtel aus demselben Stoff war, gefunden.«

Falls Malm sich eingebildet hatte, dass seine Entdeckung die Polizisten erleichtern würde, hatte er sich getäuscht. Diejenigen, die um den Tisch herum saßen, legten unterschiedliche Grade der Resignation an den Tag. Irene sah den Mann von der Spurensicherung eine Weile lang an.

»Das ist merkwürdig. Plötzlich sind wir wieder da, wo wir angefangen haben. Bei der Löwander-Klinik und bei dieser Schwester Tekla, die spukt.«

»Als Verantwortlicher für die Spurensicherung will ich nur darauf hinweisen, dass meine Ergebnisse auf einen höchst lebendigen Mörder hindeuten. Das Talkumpuder an den Unterarmen des Opfers deutet daraufhin, dass der Mörder Gummihandschuhe benutzt hat. Fäden und Stoffreste beweisen das Vorhandensein eines höchst wirklichen Wollkleides, das der Mörder getragen hat. Die Brosche ist ebenfalls wirklich. Ganz zu schweigen vom Mord an Marianne«, sagte Malm.

»Danke für diese Worte«, sagte der Kommissar scharf.

Er warf Irene einen viel sagenden Blick zu. Das Gerede von Gespenstern hatte hiermit ein Ende zu haben. Irene hatte allerdings nie gemeint, dass es sich wirklich um ein Gespenst handeln könnte, ließ aber die Sache auf sich beruhen. Stattdessen sagte sie:

»Ich habe das Gefühl, dass es bei der ganzen Angelegenheit irgendwie um die Löwander-Klinik geht. Der Mord an Marianne. Gunnela Häggs und Linda Svenssons Verschwinden. Der Brand... alles hat, glaube ich, irgendwie mit diesem Krankenhaus zu tun.«

»Dann finde ich, dass du heute zur Löwander-Klinik fahren und dich dort umsehen solltest. Tommy kann weiter nach dieser Vogelfrau suchen. Der Himmel weiß, ob sie wirklich so wichtig ist«, sagte der Kommissar säuerlich.

Irene glaubte, dass Gunnela Hägg sehr wichtig war, ohne richtig erklären zu können, warum.

Irene saß eine Weile am Schreibtisch und starrte dumpf auf den Bildschirm ihres Computers. Geistesabwesend trank sie in keinen Schlucken den vierten Becher Kaffee des Morgens. Das Koffein hatte den gewünschten Effekt. Ihre Gedanken klärten sich allmählich, und plötzlich erkannte sie, welches offene Ende sie noch nicht entwirrt hatten. Nicht nur Marianne Svärd war vor knapp einer Woche gestorben, sondern auch Nils Peterzén. Dieser war sehr wohlhabend gewesen. Es bestand die Möglichkeit, dass der alte Bankier das vorgesehene Opfer gewesen war. Marianne Svärd war dem Mörder nur in die Quere geraten.

Irene ließ sich diese Idee durch den Kopf gehen. Sie betrachtete sie von allen Seiten und hielt sie schließlich für stichhaltig. An ihrem Computer fragte sie Doris Peterzéns Adresse und Telefonnummer ab. Resolut streckte sie die Hand nach dem Telefonhörer aus und wählte. Bereits nach dem zweiten Klingeln wurde am anderen Ende abgehoben.

»Doris Peterzén.«

»Guten Morgen, Frau Peterzén. Hier ist Kriminalinspektorin Irene Huss. Wir sind uns nach dem tragischen Vorfall mit ihrem Mann im Krankenhaus begegnet.«

»Guten Morgen. Natürlich erinnere ich mich an Sie. Es tut mir Leid, dass ich damals die Fassung verloren habe … aber es war einfach zu viel. Alles.«

»Das verstehe ich. Ich frage mich, ob sie heute Zeit für ein kurzes Gespräch hätten?«

»Doch … Göran und ich sind heute um eins zum Mittagessen eingeladen. Aber vorher ist es kein Problem.«

»Kommt Göran nach Hause zu Ihnen?«

»Er kommt zu mir und dann fahren wir zusammen weg. Vor der Beerdigung ist noch viel zu tun. Vielleicht ist das ja ein Segen. So kommt man nicht zum Nachdenken. Aber es holt einen irgendwann ja doch ein.«

Irene sah auf die Uhr.

»Ich kann in einer halben Stunde bei Ihnen sein. Passt Ihnen elf Uhr?«

»Das geht.«

Sie verabschiedeten sich und legten auf. Irene stellte sich erneut das Szenario vor: Der Mörder schleicht sich als Krankenhausgespenst verkleidet in die Löwander-Klinik. Er will gerade Nils Peterzén töten, als ihn Marianne Svärd zufällig zu Gesicht bekommt. Der Mörder sieht sich daraufhin gezwungen, die Nachtschwester ebenfalls umzubringen, weil sie ihn wieder erkennen und bei einer Gegenüberstellung identifizieren könnte.

Vielleicht hatte sie ihn auch sofort erkannt! Im Fall des Bankiers ging es immerhin um sehr viel Geld. In vielen Mordfällen war das das einzige Motiv.

Das Haus war eines der größten und ältesten der Gegend. Es war weiß und nüchtern gestrichen und hatte ein Dach aus schwarzen Ziegeln. Es lag ganz oben auf einer Anhöhe und bot eine wunderbare Aussicht übers Meer. Eine bleiche Sonne versuchte ihr Bestes, Göteborg von seiner Eiskruste zu befreien. Auf jeden Fall war es ihr geglückt, die Temperaturen in den Plusbereich zu bringen.

Irene meldete sich durchdringend mit dem Türklopfer aus

Bronze, der wie ein Löwenkopf aussah, und Doris Peterzén öffnete das schwere Eichenportal.

Sie sah phantastisch aus. Das volle silberblonde Haar war nach innen gekämmt. Eine dünne, diamantenbesetzte Halskette schimmerte im perfekt geschnittenen Dekolletee. Das taubengraue Kleid aus Rohseide hatte dieselbe Farbe wie ihre Augen.

Plötzlich wusste Irene, wo sie Doris Peterzén schon einmal gesehen hatte.

»Guten Tag. Zu freundlich, dass Sie sich die Zeit nehmen, mit mir zu sprechen.«

»Guten Tag. Das ist alles andere als freundlich. Ich bin wütend! Ich will wissen, ob dieses Gespenst aus der Zeitung wirklich den Strom abgestellt hat, sodass Nils' Beatmungsgerät ausgefallen ist!«

Sie trat beiseite, und Irene ging ins Haus. Ohne eine Miene zu verziehen, hängte Doris Peterzén Irenes abgenutzte Lederjacke neben einen beigen Nerzmantel. Verstohlen streifte Irene ihre braunen Curling-Stiefel ab. Sie hatten noch nie so abgetreten und schäbig ausgesehen wie neben Doris Peterzéns eleganten Stiefeletten.

Ihre Gastgeberin ging vor ihr durch das luftige Entree in ein riesiges repräsentatives Wohnzimmer. Die gesamte westliche Wand Richtung Meer war verglast. In einer Ecke stand ein langer Esstisch mit unzähligen Stühlen. Die Aussicht war phantastisch. Irene verschlug es fast den Atem, so schön schillerte die bleiche Februarsonne auf den blaugrauen Wellen des Meeres.

Doris Peterzén schien diese Aussicht gewöhnt zu sein. Ohne einen Blick aufs Meer zu werfen, forderte sie Irene auf, Platz zu nehmen. Sie ließen sich auf einer ochsenblutfarbenen Sitzgruppe in englischem Design nieder, die mehr etwas fürs Auge war.

»Wollen Sie rauchen?«, begann Doris Peterzén.

»Nein, danke.«

»Wissen Sie inzwischen, wer für den Stromausfall verantwortlich ist?«

»Nein. Wir haben eine Zeugin, von der wir wissen, dass sie etwas gesehen hat. Es ist uns aber bisher nicht geglückt, diese Zeugin ausfindig zu machen.«

»Um wen handelt es sich?«

»Das darf ich aus ermittlungstechnischen Gründen nicht sagen.«

Doris Peterzén nahm eine lange Zigarette aus einer goldenen Schachtel. Sie musste beide Hände benutzen, um das schwere Tischfeuerzeug aus Bleikristall überhaupt anheben zu können. Sie inhalierte genüsslich und atmete den Rauch langsam wieder aus.

»Bei unserer ersten Begegnung wusste ich bereits, dass ich Sie schon einmal irgendwo gesehen habe. Heute fiel mir ein, wo. In der Zeitung. Sie waren Fotomodell. Ich kenne Sie aus den Illustrierten meiner Mutter«, sagte Irene.

Doris Peterzén lächelte schwach.

»Das ist einige Jahre her. In den Sechzigerjahren war ich ein gefragtes Modell und Mannequin. In den Siebzigern wurde es schwieriger. In dieser Branche altert man schnell.«

»Wie lange waren Sie verheiratet?«

»Neunzehn Jahre. Wir haben uns auf einem Seglerball kennen gelernt.«

»War er geschieden?«

»Nein. Witwer. Seine Frau war ein Jahr zuvor an Krebs gestorben.«

»Zwischen Ihnen bestand ein recht großer Altersunterschied...«

Doris Peterzén drückte ihre halb gerauchte Zigarette in einem Aschenbecher aus, der offenbar aus derselben Kollektion stammte wie das Tischfeuerzeug.

»Darüber wurde viel geredet. Sechsundzwanzig Jahre. Sie heiratet ihn doch nur des Geldes wegen. Die üblichen Kommentare. Aber ich habe Nils wirklich geliebt. Er gab mir... Gelassenheit und Ruhe. Liebe. Ich habe Nils hier im Leben für alles zu danken.«

»Wieso haben Sie für die Operation Ihres Mannes die Löwander-Klinik gewählt?«

Das hübsche Gesicht zeigte echtes Erstaunen, was Irenes
unvermittelten Themenwechsel anging. Nach einem Augenblick antwortete Doris Peterzén:

»Die Familie Peterzén hat für chirurgische Eingriffe immer
die Löwander-Klinik in Anspruch genommen. Kurt Bünzler,
der plastische Chirurg der Löwander-Klinik, ist sowohl unser
Nachbar als auch unser guter Freund. Er hat auch mir einige
Male geholfen.«

Unbewusst fasste sie sich mit den Fingerspitzen hinter die
Ohren. Irene hatte bereits begriffen, dass die glatte Haut und
die festen Gesichtszüge das Werk eines fähigen Chirurgen waren. Jetzt wusste sie, wessen. Verstohlen schielte sie auf die
perfekte Büste der Witwe und stellte fest, dass sich Bünzler
wahrscheinlich auch dort zu schaffen gemacht hatte.

»Aber Kurt Bünzler hat Ihren Mann nicht operiert.«

»Nein. Es war eine Bruchoperation. Dr. Löwander macht
die normalen Operationen an der Löwander-Klinik. Aber die
Operation dauerte länger als vorgesehen. Nils... blutete ziemlich stark. Er hatte offenbar Verwachsungen, mit denen niemand gerechnet hatte. Seine Lunge wurde mit der langen
Narkose nicht fertig. Emphysem... Sie waren gezwungen, ihn
künstlich zu beatmen.«

Doris schluchzte. Ihre Trauer wirkte tief und echt, aber
Irene hatte in all den Jahren bei der Polizei viele gut gespielte
Vorstellungen erlebt. Sie wechselte das Thema.

»Und Göran ist wieder zu Hause. Wann ist er zurückgekommen?«

Doris Peterzén putzte sich diskret mit einem Papiertaschen-
tuch die Nase, das sie aus dem Nichts hervorgezaubert hatte.
Sie riss sich zusammen, sowohl ihre Gesichtszüge als auch ihre
Stimme wurden straffer.

»Letzten Donnerstag. Ich habe ihm am Dienstag ein Fax
direkt in sein Hotel geschickt.«

Ein metallisches Pochen an der Tür unterbrach sie. Doris stand auf und entfernte sich würdevoll. Die Verkörperlichung des Attributs königlich, dachte Irene.

Irene nutzte die Gelegenheit, aufzustehen und sich die Beine zu vertreten. Das Meer schimmerte in einem flaschengrünen Farbton, und die Wellenkämme reflektierten silberweiß das Licht.

Irene wurde von der angenehmen Stimme Doris Peterzéns aus ihrer Versunkenheit gerissen:

»Inspektorin Irene Huss. Göran.«

Irene drehte sich um und schaute in ein Paar freundliche blaue Augen.

»Göran Peterzén«, sagte er und streckte die Hand aus.

Er war groß und kräftig. Einen Augenblick lang gab es in Irenes Kopf einen Kurzschluss. Der Sohn war älter als die Mutter. Es dauerte einige Sekunden, bis Irene verstand, dass Göran Nils Peterzéns Sohn aus erster Ehe sein musste. Ihr Blick fiel auf das große Porträt in Öl, das an der Wand hinter Göran hing. Die Ähnlichkeit mit dem Vater war frappierend. Aber Nils Peterzén hatte einen entschlosseneren Zug um den Mund. Der Blick war geschärft und hart. Das Gesicht des Sohnes war jovial und wirkte fröhlich und sorglos. Sein eleganter dunkelgrauer Anzug spannte am Rücken und Gesäß, verriet aber einen teuren englischen Schneider.

Irene schüttelte die Hand, die er ihr hinhielt. Der Händedruck war trocken und warm. Göran Peterzén schlug die Hände zusammen und sah mit gespieltem Entsetzen auf seine Stiefmutter.

»Aber Doris, meine Liebe! Wir lassen die Inspektorin ja verdursten! Einen kleinen Aperitif sollten wir uns schon genehmigen, ehe wir losfahren.«

Das Letzte sagte er leichthin, in scherzhaftem, fast neckischem Ton. Aber Doris ließ sich weder bezaubern noch beeinflussen.

»Nein. Du musst fahren. Ich nehme immer noch Schlaftabletten, und die wirken bis zum Nachmittag. Vermutlich ist es an der Zeit, damit aufzuhören.«

Irene hatte nicht bemerkt, dass Doris unter dem Einfluss von irgendwelchen Tabletten stand. Aber sie selbst wusste es wohl am besten.

Auf Görans breitem Gesicht machte sich der Ausdruck von Enttäuschung breit. Aber er nahm sich zusammen und deutete auf die zweite Sitzgruppe des Zimmers. Sie war aus weißem Leder und sah bedeutend einladender aus als die ochsenblutfarbene.

»Bitte setzten Sie sich doch«, sagte er.

Irene ließ sich auf einem der Sessel nieder. Er war genauso bequem, wie er aussah. Doris holte ihre Zigarettenschachtel. Als sie zurückkam, drapierte sie sich in der einen Sofaecke und zündete sich eine ihrer langen Zigaretten an. Göran wählte den zweiten Sessel. Er schlug seine kräftigen Schenkel übereinander, sodass es in den Nähten krachte.

Ohne Irene aus den Augen zu lassen und ohne Doris anzusehen, streckte er die Hand aus und nahm ihre brennende Zigarette. Schnell zündete sie sich eine neue an. Gierig inhalierte er den Rauch und ließ ihn langsam durch die Nasenlöcher entweichen. Als er zu sprechen begann, kamen die ganze Zeit kleine Rauchwölkchen aus Nase und Mund.

»Warum wollten Sie mit Doris und mir sprechen?«

»Wie Sie sicher gehört und in den Zeitungen gelesen haben, wurde in der Nacht, in der Ihr Vater starb, ein Mord in der Löwander-Klinik begangen. Der Mörder sabotierte die Stromversorgung, und das Beatmungsgerät Ihres Vaters fiel aus. Wir verfolgen eine Menge unterschiedlicher Hinweise. Was wir näher untersuchen müssen, ist, ob der Sabotageakt möglicherweise Ihrem Vater galt.«

Sämtliche Rauchentwicklung im Raum hörte auf. Sowohl Doris als auch Göran schienen die Luft anzuhalten. Ehe sich einer der beiden noch besinnen konnte, fuhr Irene fort:

»Es ist nicht so, dass das unser erster Verdacht wäre, aber

alle Eventualitäten müssen wie gesagt ausgeschlossen werden. Gab es jemanden, der gegen Nils Peterzén einen ausreichenden Groll hegte, um ihn zu ermorden?«

Göran pustete eine gewaltige Rauchwolke in die Luft und schüttelte gleichzeitig kräftig den Kopf.

»Ich höre, was Sie sagen, aber ich traue meinen Ohren nicht! Ob jemand Papa ermorden wollte? Niemals! Er war zu alt, um noch Feinde zu haben. Die meisten seiner Feinde sind bereits tot oder zu gebrechlich. Doris und er haben sich die letzten Jahre angenehm gestaltet. Sie sind gereist und haben Golf gespielt… nicht wahr, Doris?«

Doris richtete sich kerzengerade auf, und sah Irene fest in die Augen.

»Doch. Wir hatten es wunderbar. Göran hat die Geschäfte vor einigen Jahren übernommen. Obwohl Nils sich immer noch im Hintergrund engagiert hat. Er hatte Mühe, sich ganz aufs Altenteil zurückzuziehen.«

»Weiß Gott! Geschäfte waren sein Leben. Es wird nicht einfach sein, ohne ihn zurechtzukommen. Er war wirklich ein alter Fuchs. Konnte sehr viel und hatte unersetzliche Kontakte.«

Das war ganz offensichtlich ein Problem, das Göran beunruhigte. Hart drückte er seine Zigarette im Aschenbecher aus und sah Doris anschließend an.

»Nun, Doris. Jetzt müssen wir wirklich fahren, sonst kommen wir noch zu spät.«

Alle drei standen auf und gingen zur Tür. Vollendeter Kavalier, der er war, nahm Göran die abgetragene Lederjacke von ihrem Bügel und hielt sie Irene hin, sodass sie hineinschlüpfen konnte. Irene zog die Reißverschlüsse ihrer alten Stiefel hoch und merkte, wie ihr Glamourfaktor auf den absoluten Nullpunkt sank.

KAPITEL 12

In der Mikrowelle aufgewärmte Reste eines Krabbengerichts waren nicht das Schlechteste, was sie sich zum Mittagessen vorstellen konnte. Es kam nur selten vor, dass Irene daheim zu Mittag essen konnte, wenn sie arbeitete. Heute hatte sie es nach Hause geschafft, da es von Hovås nach Fiskebäck nicht weit war. Ein Keramikbecher mit Kaffeewasser wurde eilig in die Mikrowelle geschoben, danach ging sie die Post holen. Reklame für ein wunderwirkendes Diätmittel und Rabatte auf Fitnessstudios kündigten die sommerliche Bikinisaison an.

Geistesabwesend schaufelte Irene drei gehäufte Löffel Pulverkaffee in das heiße Wasser. Während der Kaffee abkühlte, ging sie zum Spiegel in der Diele und betrachtete kritisch ihr Spiegelbild.

Ihr Haar war in Ordnung. Rotbraun und halblang, voll und mit vereinzelten grauen Strähnen. Es war viel zu lang, aber morgen wollte sie ja zum Friseur. Sie hatte ein ovales Gesicht und einen breiten Mund mit hübschen Zähnen. Aber unter den Augenbrauen war die Haut etwas schlaff. Versuchsweise zog sie mit den Fingerspitzen die Stirn glatt. Die Brauen wanderten nach oben, und die schlaffe Haut verschwand und wurde von einem Ausdruck echten Erstaunens abgelöst. Kein gutes Aussehen für eine Kriminalinspektorin. Sie konnte schließlich an Tatorten und bei Verhören nicht mit einem Gesichtsausdruck herumlaufen, der besagte: »Ach was? Ist das wahr?« Dieser Gedanke war angenehmer als der, dass ihr die zwanzigtausend Kronen fehlten, um sich liften zu lassen. Mit einem Seufzer ließ sie ihre Stirn los und sah auf die Uhr. Es war höchste Zeit, zur Löwander-Klinik zu fahren.

In der Nähe der Klinikeinfahrt sah Irene ein paar Jungen auf der Brücke stehen. Sie fuhr langsamer und sah, dass aus dem Bach nach den Wolkenbrüchen des Wochenendes ein breiter Fluss geworden war. Spontan hielt sie an und parkte am Straßenrand. Ohne Eile schlenderte sie auf die Jungen zu, die alle Schüler der Mittelstufe zu sein schienen. Ein kräftiger Junge in lehmverschmutzter Snowboardjacke hing halsbrecherisch an der Außenseite des Brückengeländers, während er mit dem anderen Arm in den Hohlraum unter der Brücke stieß. In der Hand hielt er den Stamm eines Weihnachtsbaums ohne Äste.

Einer der kleineren Jungen entdeckte Irene und sagte entschuldigend:

»Er versucht nur das wegzukriegen, was den Durchlass verstopft.«

Jetzt sah Irene, dass der Bach nur auf der Zuflussseite angeschwollen war. Auf der anderen Seite der Brücke sah er aus wie vorher: Ein breiter Bach, der in den Mölndalsån münden würde.

Der Junge mit der Tanne stöhnte vor Anstrengung.

»Da ist… was. Das spüre ich… Verdammt! Das sitzt fest! Nein, jetzt löst…!«

Fast verlor er den Halt am Brückengeländer, als sich der Stamm mit einem Ruck löste. Es dauerte einige Sekunden, bis Irenes Hirn fasste, was ihre Augen da sahen. Vorne am Stamm baumelte eine durchnässte rosa Mütze mit Bommel.

Die Taucher der Feuerwehr halfen bei der Bergung. Irene hatte auch Kommissar Andersson und Tommy Persson kommen lassen. Die drei Kriminalbeamten starrten düster auf die mitgenommene Leiche von Gunnela Hägg. Das Leben war gewiss nicht gerade schonend mit Mama Vogel umgegangen, aber auch ihr Tod war nicht besonders barmherzig gewesen. Kleine

Tiere hatten an ihrer Nase und ihren Lippen genagt. Während sie auf den Gerichtsmediziner warteten, zogen sie eine graue Plane über die Leiche. Der Körper war dünn und ausgemergelt. Unter dem kräftigen Plastik waren kaum Konturen zu erkennen. Bedrückt gingen sie zum anderen Fund der Feuerwehrleute hinüber.

Linda Svenssons Fahrrad lag am Rande des Baches. Es hatte sich im Durchlass unter der Brücke verkeilt und die Leiche von Gunnela Hägg im reißenden Strom des Schmelzwassers festgehalten. Kommissar Andersson sah grimmig auf das Fahrrad, ehe er so leise, dass nur seine Inspektoren ihn hören konnten, murmelte:

»So sieht also ein Citybike aus.«

Dann riss er sich zusammen und wandte sich an den Brandmeister.

»Ich hätte gerne, dass ihre Leute das Gebiet um die Brücke und ein Stück stromabwärts absuchen. Vielleicht hat uns der Mörder dort noch mehr Sachen hinterlassen.«

Ein weißer Ford Escort fuhr rasant auf die Brücke, und Yvonne Stridners rote Mähne wurde hinter den Scheiben sichtbar. Irene war unerhört erleichtert, im Gegensatz zu ihrem Chef. Sie fand es gut, jemanden mit Stridners Fähigkeiten am Mordplatz zu haben.

»Das Fahrrad ist hier. Aber wo ist Linda?«, wollte der Kommissar wissen.

»Linda? Heißt das Opfer so?«, war Stridners Stimme zu vernehmen.

Sie hatte die Gruppe der Polizisten erreicht und schaute prüfend auf die graue Plane.

»Nein. Linda ist die verschwundene Krankenschwester. Ihr Fahrrad liegt da drüben. Das Opfer heißt Gunnela Hägg und ist Stadtstreicherin«, sagte Andersson.

»Ach so. Heute Nacht hat sie jedenfalls ein Dach über dem Kopf. Heute Nachmittag komme ich nicht mehr dazu, sie zu obduzieren, aber morgen früh mache ich es gleich als Erstes.«

Manche müssen für ein Dach über den Kopf erst einmal sterben, dachte Irene. Bei Stridners barschem Kommando zuckte sie zusammen:

»Umdrehen!«

Die Aufforderung war an zwei Feuerwehrleute gerichtet, die ihrem Wunsch sofort nachkamen. Einer lief danach sofort ans Bachufer und kotzte ins Wasser. Die Stridner kommentierte das nicht, aber der Blick, den sie dem Feuerwehrmann zuwarf, sagte alles. Sie zog Gummihandschuhe über und einen Kittel und begann die Leiche zu untersuchen.

Schweigend sahen ihr die Polizisten zu. Die Schäbigkeit des Todes schien die drei plötzlich zu beklemmen.

Eine eiskalte Gewissheit machte sich in Irenes Bewusstsein breit. Fast wollten ihr die Lippen nicht gehorchen, die folgenden Worte auszusprechen:

»Sie ist hier.«

Andersson wurde aus seinen Gedanken gerissen.

»Wer? Gunnela Hägg?«

»Nein. Linda.«

Tommy und der Kommissar sahen sie an. Beide nickten gleichzeitig.

»Sie ist um Mitternacht losgeradelt. Das Fahrrad ist hier. Also muss Linda ebenfalls hier sein«, sagte Tommy.

Sie begannen sich umzusehen. Längs des Einschnitts, durch den der Bach floss, wuchsen Büsche und ausladende Tannen, deren Äste herabhingen. Linda konnte unter den dichten Ästen liegen. Das Wäldchen hinter dem Klinikpark hatten sie bereits durchkämmt, und dort war sie nicht.

»Wir müssen einen Hund kommen lassen«, sagte der Kommissar.

Das schien ein vernünftiger Vorschlag zu sein. Irene zog ihr Handy aus der Jackentasche und forderte einen Hundeführer an.

Die Sonne war bereits hinter den Häusern untergegangen, und die Schatten unter den Bäumen wurden tiefer. Keiner der

Polizisten hatte Lust, sich zu unterhalten. Sie standen tief in Gedanken versunken da und warteten auf das Ergebnis der ersten Untersuchung der Pathologin.

Schließlich erhob sich Yvonne Stridner. Sie vollführte eine majestätische Geste mit der Hand und gab den Männern vom Bestattungsdienst damit zu verstehen, dass sie die Leiche in die Pathologie schaffen konnten. Dann riss sie sich die Schutzkleidung herunter und stopfte sie in eine Plastiktüte. Erst als sie auf die Kriminalbeamten zuging, fiel Irene auf, dass sie Gummistiefel trug. Das war für die Pathologieprofessorin ungewöhnlich. Sonst war sie nicht so zurückhaltend.

»Große, tiefe Wunde am Hinterkopf von einem oder mehreren Schlägen an der Schädelbasis. Wir haben es wiederum mit einem starken Mörder zu tun. Vermutlich ist sie bereits seit mehreren Tagen tot. Dazu kann ich Ihnen morgen mehr sagen. Bis Donnerstagabend war es schließlich sehr kalt. Das beeinflusst den Verwesungsprozess.«

»Obwohl sie auf dem Eis gelegen haben muss. Der Bach war bis Donnerstag noch gefroren«, meinte Tommy.

Professorin Stridner nickte.

»Das muss ich bei der Obduktion im Hinterkopf behalten. Im Wasser hat sie nicht so furchtbar lange gelegen. Morgen Nachmittag lasse ich von mir hören.«

Der Lehm quietschte, als sich die Professorin auf den Absätzen ihrer Gummistiefel umdrehte und Kurs auf ihren Wagen nahm.

Andersson starrte ihr wütend nach.

»Warum hat sie es so eilig, wieder zu ihrer Arbeit zu kommen? Es ist nicht zu befürchten, dass ihr die Patienten weglaufen«, sagte er bissig.

Gunnelas Häggs Leiche wurde in dem diskreten grauen Kombi fortgeschafft. Die Männer von der Spurensicherung trafen ein und entschieden, das Fahrrad direkt ins Labor zu bringen. Sie wollten es gerade in dieselbe Plane wickeln, unter der eben noch Gunnela Häggs gelegen hatte, da stieß einer der

Taucher einen Ruf aus. Triumphierend winkte er mit einem lehmigen Werkzeug. Irene trat näher und stellte fest, dass es sich um eine kräftige Zange handelte. Sie zweifelte keinen Augenblick daran, dass es ein Seitenschneider war. Einer der Männer von der Spurensicherung stülpte eine große Plastiktüte darüber.

Andersson sah plötzlich ungeheuer müde aus.

»Ich weiß nicht, wie es euch geht, aber ich brauche einen Kaffee«, sagte Irene, »am liebsten intravenös.«

Der Kommissar sah sie dankbar an und nickte. In der Bachsenke wurde es allmählich dunkel. Der Hundeführer traf ein. Zwei eifrige Schäferhunde sprangen aus der offenen Heckklappe eines Volvo Kombis. Zur Erleichterung des Kommissars waren sie angeleint. Er hatte nichts für Hunde übrig. Eigentlich für überhaupt keine Tiere. Er nickte erneut und murmelte:

»Irene will Kaffee haben, also fahren wir ins Präsidium und besorgen ihr einen.«

Die gesamte Gruppe hatte sich im Konferenzzimmer versammelt. Der Kommissar erzählte denen, die nicht dabei gewesen waren, was am Nachmittag vorgefallen war.

»Auch wenn Gunnela Hägg verrückt und vollkommen harmlos war, stellte sie für den Mörder eine Bedrohung dar. Als er Kurt Hööks Reportage in der Zeitung las, muss er das eingesehen haben«, sagte Tommy.

Irene nickte und sagte:

»Das muss bedeuten, dass er von der Existenz von Mama Vogel wusste. Dass er wusste, wer sie war und wo sie lebte.«

Sie dachte nach und fuhr fort:

»Als ich das Personal im Krankenhaus befragte, hatte ich das Gefühl, dass nur ganz wenige wussten, dass sie in dem Schuppen untergekrochen war. Gunnela kam immer spätabends und ging frühmorgens.«

»Der Mörder muss sie abgepasst haben. Sie ging sicher am

Tannenwäldchen vorbei und über den Bach. Auf der anderen Seite der Brücke liegt übrigens eine Straßenbahnhaltestelle. Von der Nordstan zur Löwander-Klinik ist es weit«, sagte Tommy.

»Schwester Ellen hat sie einmal morgens um kurz nach sechs gesehen. Nur ganz flüchtig beim Personalparkplatz. Der wird übrigens Brända Tomten genannt«, sagte Irene.

»Warum das?«, wollte Birgitta wissen.

»Dort stand früher die Chefarztvilla. Offenbar ist die vor elf oder zwölf Jahren abgebrannt. Laut Schwester Ellen hat Sverker Löwanders Exfrau Barbro Carina Löwander beschuldigt, das Feuer gelegt zu haben.«

»Warum hätte sie den Kasten in Brand stecken sollen?«

»Weil sie in dem Haus nicht wohnen wollte.«

»Wirkt weit hergeholt, finde...«

»Zum Teufel mit diesem Geschwätz! Wir sollten uns lieber darum kümmern, was in der letzten Woche bei der Löwander-Klinik passiert ist!«, unterbrach sie Andersson.

Der Kommissar holte tief Luft und versuchte anschließend, die Diskussion wieder in die richtige Richtung zu lenken.

»Und Lindas Fahrrad. Wie lässt sich das erklären? Die Hundeführer haben gerade angerufen. Sie haben die Suche für heute abgebrochen. Sie haben nichts gefunden, gehen aber morgen bei Tageslicht noch einmal eine Runde.«

Hannu ließ erkennen, dass er etwas sagen wollte.

»Das Fahrrad lag ganz vorne.«

Die anderen sahen erstaunt aus. Nach einer Weile begriff Irene, was er meinte.

»Es lag vor Gunnela Hägg und hielt ihre Leiche im Durchlass fest. Also muss das Fahrrad zuerst dort gelegen haben. Das kann stimmen«, sagte sie.

»Hätte man das Fahrrad nicht aus der anderen Richtung in den Durchlass schieben können?«, wandte Fredrik ein.

»Natürlich. Aber am logischsten ist, dass das Fahrrad zuerst in den Durchlass gelegt wurde, und zwar als in diesem noch Eis war. Außerdem war es leichter, Gunnelas Leiche in den

Durchlass zu schieben, solange der Bach noch gefroren war. Dort hätte sie eine ganze Weile unentdeckt liegen können, wenn das Wetter nicht umgeschlagen wäre. Pech für den Mörder. Glück für uns«, meinte Irene.

»Pech für Gunnela Hägg, dass sie Kurt Höök begegnet ist«, sagte Tommy düster.

Jonny wandte sich an Irene.

»Dieses Tonband, das du dir anhören durftest … sagte nicht Gunnela Hägg, dass die Schwester von der Klinik weggeradelt sei?«

»Doch. Soll ich das Band holen? Auch wenn ihr darauf nur meine Stimme hört?«

»Ja. Tu das«, sagte der Kommissar nickend.

Während Irene das Band holte, gab Birgitta die Pizzabestellung des Abends auf. Sie sollte zur Einsatzzentrale geliefert werden.

Konzentriert hörten alle das Band an, auf dem Kurt Höök Mama Vogel fragte, wie sich die Krankenschwester nach ausgeführter Rache von der Löwander-Klinik entfernt habe. Irene hörte ihre eigene Stimme, die sehr deutlich antwortete: »Sie nahm das Fahrrad. Gott bestraft Diebstahl!«

»Meine Güte! Das ist die einzige Stelle auf dem Band, an der Gunnela eine Frage ganz klar beantwortet! Aber meinte sie wirklich, dass die verkleidete Person in einer alten Schwesterntracht davonradelte?«, sagte Irene, Zweifel in der Stimme.

»Sie kam jedenfalls nicht so furchtbar weit. Das Fahrrad lag unter der Brücke. Unser Mörder kann sich dort auch der Schwesterntracht entledigt haben«, antwortete Tommy.

»Aber warum hat er dann Samstagabend in dem Gartengeräteschuppen die Kleider angezündet?«, fragte Irene weiter.

»Vielleicht wollte der Mörder einfach Beweismaterial beseitigen. Kein Gartengeräteschuppen – kein Beweis dafür, dass Gunnela jemals dort gewohnt hatte. Keine Schwesterntracht – kein Beweis, dass in der Löwander-Klinik sich jemand als Gespenst verkleidet hatte«, sagte Tommy.

Jonny schaute nachdenklich auf das Tonbandgerät und sagte:
»Gunnela sagt, dass die Krankenschwester das Fahrrad genommen hat. Also Lindas Fahrrad. Könnte es Linda gewesen sein, die sich verkleidet hat und im Krankenhaus umgegangen ist? Sie hat ihre Wohnung rechtzeitig verlassen, um pünktlich zu einer Gespenstershow in der Löwander-Klinik kommen zu können. Hat in diesem Fall sie Marianne Svärd ermordet?«

Irene nickte.

»Gar nicht so dumm. Aber da stimmt zu viel nicht. Zum einen war die Nachtschwester, die sie in der Nacht gesehen hat, sicher, dass es Schwester Tekla war. Ich habe mir eine Fotografie von Tekla angesehen. Sie war groß und kräftig. Fast so groß wie ich, aber mit einem großen Busen und blond. Linda Svensson ist klein und zierlich. Sie hat sehr langes und dickes Haar, das sich keinesfalls unter einer Schwesternhaube verbergen lässt. Linda könnte nie Schwester Tekla spielen. Aber ich habe eine Dame getroffen, die das durchaus könnte.«

»Wen?«, fragten die Kollegen gleichzeitig.

»Doris Peterzén.«

»Doris Pet... warum, zum Teufel, sollte sie Marianne Svärd ermorden?«, brummte der Kommissar argwöhnisch.

»Geld. Millionen. Das häufigste Mordmotiv überhaupt. Sie erbt ein Vermögen! Ihr hättet euch diese Bude in Hovås mal ansehen sollen.«

»Aber sie gewinnt doch nichts dadurch, dass sie Marianne Svärd ermordet!«, explodierte Andersson.

»Doch. Wenn geplant war, dass das Beatmungsgerät stehen bleiben und Nils Peterzén auf Grund von unglücklichen Umständen eines natürlichen Todes sterben soll. Der Haken war die Nachtschwester auf der Intensivstation. Sie hätte Peterzén künstlich beatmen können, bis der Strom wiedergekommen wäre. Marianne musste außer Gefecht gesetzt werden.«

»Aber Mord? War das nötig?«, wandte Tommy ein.

»Vielleicht ging die Sache schief. Vielleicht war sie stärker, als sie aussah«, meinte Irene versuchsweise.

Birgitta schüttelte den Kopf.

»Nein. Wenn das Ziel gewesen wäre, sie bewusstlos zu schlagen, hätte man Spuren eines Schlags auf den Hinterkopf gefunden. Da war jedoch nichts. Sie wurde mit einer Schlinge erdrosselt. Sie sollte von Anfang an ermordet werden.«

»Du hast Recht. Aufrichtig gesagt scheint das nicht Doris Peterzéns Stil zu sein. Dass sie das Beatmungsgerät abgestellt und einen unblutigen Mord verübt hätte, liegt noch im Bereich des Möglichen. Aber eine unschuldige Krankenschwester zu erdrosseln… nein. Das, finde ich, passt nur sehr schlecht zu Doris Peterzéns Persönlichkeit«, gab Irene zu.

Sie verfiel einen Augenblick in Gedanken, ehe ihr Gesicht aufs Neue aufleuchtete:

»Aber wir haben doch Göran!«

Diese Behauptung stieß auf ein fragendes und höfliches Schweigen der Kollegen. Sie waren es gewohnt, dass Irene eine Argumentation von zehn Sätzen einfach hinter sich ließ und nur den elften Satz vortrug.

»Welcher Göran?«, sagte Andersson seufzend.

»Göran Peterzén. Nils Peterzéns Sohn aus erster Ehe. Er ist vermutlich fast sechzig. Scheint sein ganzes Leben lang unter dem Pantoffel seines Vaters gestanden zu haben. Er sagte, es sei schwer, die Geschäfte ohne den Vater weiterzuführen. Wirkt merkwürdig, finde ich. Ein Mann, der bald im Rentenalter ist und die Bankgeschäfte nicht ohne Papa abwickeln kann! Und er erbt natürlich ebenfalls eine ganze Menge!«

Vor Aufregung war Irene etwas rosig auf den Wangen geworden, so gut gefiel ihr ihr Einfall. Jonnys ironische Stimme brachte sie schnell wieder auf den Boden der Tatsachen zurück.

»Und dieser Göran passt perfekt zu einer großbusigen Walküre in antiker Schwesterntracht?«

Irene sah Peterzén jun. vor ihrem inneren Auge und musste zugeben, dass das wenig wahrscheinlich war.

»Nein. Er ist fast ein Meter neunzig groß und wiegt nicht weniger als einhundertzwanzig Kilo«, sagte sie kleinlaut.

»Und Doris Peterzén soll in Krankenschwestermontur zur Löwander-Klinik gefahren sein, um den Strom des Beatmungsgeräts abzustellen. Gleichzeitig hat sie Marianne Svärd erdrosselt. Danach soll sie dann in Schwesterntracht auf Linda Svenssons Fahrrad vom Krankenhaus weggefahren sein und dieses Rad in den Durchlass geschoben haben. Schockiert liest sie am nächsten Tag von der Zeugin und versteht auf irgendeine mystische Art und Weise, dass es sich bei dieser um Gunnela Hägg handelt. Vielleicht hat sie ja die Gabe eines Mediums? Dann erschlägt sie Gunnela. Samstagabend kehrt sie zurück und zündet die Schwesterntracht und den Geräteschuppen an. Und wie passt Linda in diese Story? Nein, Irene. Das hier war bislang wirklich eine deiner schlechtesten Theorien!«, meinte Jonny spöttisch.

Irene war sauer und fragte sich, wie schnell sich manche Leute von ihren Magenverstimmungen erholten. Das Schlimmste war, dass sie ihm Recht geben musste. Lindas Verschwinden passte überhaupt nicht zu ihrer Theorie. Und Linda war ganz klar in die Sache verwickelt. Ihr Taschenkalender hatte in Mariannes Kitteltasche gesteckt und ihr Fahrrad im Durchlass unter der Brücke. Sie selbst war seit dem Mord an Marianne wie vom Erdboden verschluckt.

Die Gegensprechanlage summte, und eine Stimme verkündete, dass die Pizzen eingetroffen seien. Irene und Tommy meldeten sich freiwillig, sie holen zu gehen. Im Aufzug sagte Tommy ernst:

»Wir müssen Linda finden. Lebend oder tot. Vorher werden wir wohl kaum darauf kommen, wie die Morde an Marianne und Gunnela Hägg zusammenhängen.«

»Du glaubst auch, dass es sich um denselben Mörder handelt?«

»Yes.«

Der Kommissar sieht müde und alt aus, dachte Irene. Diese Geschichte hatte ihn mitgenommen. Keiner war sich deutlicher bewusst als Andersson, dass sie auf der Stelle traten. Was den Mord an Marianne Svärd anging, waren sie nicht weiter als vor einer Woche. Die Zeitungen wussten noch nichts vom Mord an Gunnela Hägg. Wenn sie Lunte rochen, war klar, über wen sie herfallen würden, da gab er sich keinen Illusionen hin. Andersson stöhnte unbewusst auf. Taktvoll taten die anderen so, als hätten sie es nicht mitbekommen. In seinem Alter hatte man ein Recht auf seine Eigenheiten. Und außerdem war er immer noch der Chef.

»Ich will mir das Band noch einmal anhören«, sagte Tommy plötzlich.

In Ermangelung einer besseren Idee ließ Irene das Band wieder von vorne laufen. Tommy beugte sich vor und hörte sich gespannt den Schluss an. »Sie nahm das Fahrrad. Gott bestraft Diebstahl!«, war Irenes Stimme zu vernehmen, die versuchte, Gunnelas heisere Stimme nachzuahmen.

»Yes! Das ist genau, was sie sagt!«

Er strahlte seine Kollegen triumphierend an. Alle taten ihr Bestes, so zu tun, als könnten sie ihm folgen. Aber keinem von ihnen gelang es.

»Hört ihr denn nicht, was sie sagt? Sie *nahm* das Fahrrad. Gott *bestraft* Diebstahl!«

Er sah sich in der Runde um, aber begegnete nur höflich interessierten Blicken.

»Wenn jemand ein Fahrrad *nimmt* und für *Diebstahl* bestraft werden soll, muss das doch bedeuten, dass der Betreffende ein Fahrrad *gestohlen* hat! Das Fahrrad gehörte also nicht ›Schwester Tekla‹, aber sie war es, die es nahm und damit losradelte!«

Tommy machte in der Luft Anführungszeichen, als er den Namen des Krankenhausgespenstes nannte.

»Du meinst also, dass Gunnela Hägg sah, wie Linda eintraf und das Fahrrad vor dem Krankenhaus abstellte. Aber es war nicht Linda, die wegradelte, sondern die verkleidete Schwester Tekla«, sagte Irene.

»Yes.«

»Wenn es sich bei beiden nicht doch um Linda gehandelt hat«, warf Jonny ein.

»Warum sollte Linda ihr Rad unter der Brücke verstecken und sich dann vollständig in Luft auflösen?«, konterte Irene.

Er blickte sie säuerlich an, sah aber ein, dass er ihr Recht geben musste.

Sie hörten sich das Band ein weiteres Mal an, ergebnislos. Langsam sagte Irene:

»Wenn Tommy Recht hat, sah Gunnela Hägg, wie Linda ihr Fahrrad im Klinikpark abstellte. Man kann sich fragen, warum Linda mitten in der Nacht den Hintereingang benutzt hat. Ich finde, dass das ziemlich unheimlich gewesen sein muss. Der Personalschlüssel passt schließlich auch für das Hauptportal. Dort ist es heller.«

Sie verstummte einen Augenblick, ehe sie ihren Gedankengang fortsetzte.

»Sah Gunnela sie in die Klinik gehen? Das wissen wir nicht. Nehmen wir es mal an.«

»Okay. Wir nehmen das an. Und?«, murrte Jonny.

Irene beachtete ihn nicht weiter.

»Gunnela sah nur Schwester Tekla wieder ins Freie treten. Diese nahm Lindas Rad und fuhr davon.«

Sie machte eine Pause, um zu sehen, ob ihre Kollegen ihr folgen konnten. Es hatte den Anschein, selbst Jonny sagte nichts.

»Gunnela sagt nichts davon, dass Linda wieder aus der Klinik gekommen wäre.«

Sie verstummte und sah den Kommissar direkt an.

»Das bedeutet, dass Linda noch in der Klinik sein muss.«

Andersson starrte sie misstrauisch an.

»In der Klinik? Unmöglich!«

Er verstummte und dachte nach, ehe er fortfuhr:

»Andererseits deutet nichts darauf hin, dass sie sie jemals verlassen hätte.«

KAPITEL 13

Sie fingen um Punkt sieben an. Alle von der Ermittlungsgruppe waren vor Ort. Einer der Hundeführer war ebenfalls
erschienen, um das Gebäude von oben bis unten zu durchkämmen. Die andere Hundestreife sollte die Suche in der Bachsenke fortsetzten.

Der Kommissar hatte die gesamte Gruppe im Keller vor der
Aufzugstür zusammengerufen.

»Ich habe gestern Abend noch mit den Leuten von der Spurensicherung gesprochen. Sie haben den ganzen Keller durchsucht, den Aufzug, das Treppenhaus zur Intensivstation sowie
die Intensivstation. Wir überprüfen diese Räume ein weiteres
Mal und außerdem jeden Winkel im übrigen Gebäude, in dem
sich eine Leiche verstauen lässt!«

Andersson verstummte und betrachtete seine Untergebenen. Obwohl sie an den Tod gewohnt waren, rief er doch
immer noch Trauer und eine gedrückte Stimmung hervor. Er
holte Luft und fuhr fort:

»Wir haben einen Generalschlüssel vom Hausmeister. Der
Einfachheit halber hat er die anderen Schlüssel nach Stock-
werken sortiert. Fredrik und Jonny nehmen die für das Kellergeschoss. Der Hund beginnt ebenfalls hier unten und arbeitet
sich nach oben vor. Birgitta und Hannu suchen das Stockwerk
mit der Ambulanz und mit dem Entree ab. Ich kümmere mich
um die Station und die Intensivstation. Es ist am unwahr-
scheinlichsten, dass sie sich in diesem Stockwerk befindet.

Wenn sie überhaupt hier ist. Irene und Tommy können sich um die Operationssäle und die anderen Räume im Obergeschoss kümmern.«

Die Teams nahmen die entsprechenden Schlüssel entgegen und verteilten sich im Klinikgebäude.

Irene und Tommy ließen Andersson im Stockwerk mit der Station aus dem Aufzug und fuhren eine Etage höher.

Vor den Operationssälen war eine junge Schwester damit beschäftigt, einen Wagen mit einer Trage durch die Tür zu bugsieren. Tommy machte einen schnellen Schritt vor und hielt sie ihr höflich auf.

»Vielen Dank. Die Automatik ist kaputt. Diese alten Stromleitungen und Sicherungen geben in regelmäßigen Abständen ihren Geist auf«, sagte sie und lächelte Tommy ausgesprochen munter an.

Als sie den Wagen durch die Tür geschoben hatte, drehte sie sich noch einmal um und fragte:

»Was machen Sie denn hier schon so früh?«

Tommy verbeugte sich leicht und sagte:

»Wir durchsuchen die Klinik. Haben Sie heute Morgen die Zeitung gelesen?«

Verwundert schüttelte die Schwester den Kopf.

»Da steht, dass wir gestern noch eine Frau ermordet aufgefunden haben. Sie lag unter der Brücke hinter dem Klinikpark.«

»Wie grässlich! Ist es … war es … Linda?«

»Nein. Eine Stadtstreicherin. Wir wissen, dass sie manchmal in dem Geräteschuppen im Park schlief. Haben Sie davon gewusst?«

»Nein. Ich hatte nicht einmal eine Ahnung davon, dass es im Park einen Geräteschuppen gibt, jedenfalls nicht vor dem Brand.«

»Wer hat Ihnen von dem Brand erzählt?«

»Folke Bengtsson. Er weiß alles, was hier in der Klinik vorgeht.«

»Und von der Frau hatten Sie noch nie gehört?«

»Der Stadtstreicherin? Nein.«

Ihr Tonfall war etwas zerstreut. Routiniert schob sie die Trage auf Rollen gegen die Wand vor dem Operationssaal. Mit Mühe kam man jetzt noch mit einer anderen Trage vorbei, aber es wurde eng. Der Korridor war sehr schmal. Auf der linken Seite lagen die beiden Operationssäle und gegenüber ein Büro und ein Lagerraum. Der Gesamteindruck war der einer großen Enge. Die Räumlichkeiten wurden kaum ihrem Zweck gerecht.

»Wenn sie sich die Operationssäle ansehen wollen, müssen Sie sich umziehen. Wenn Sie nur in den Korridor gehen, reicht ein Plastikschutz über den Schuhen«, sagte die Schwester. »Jetzt passt es am besten, denn in einer Stunde ist die erste OP.«

Die Kriminalbeamten schauten durch die offenen Türen in einen der Operationssäle und konnten feststellen, dass es dort keine Möglichkeit gab, eine Leiche zu verstecken. Hier gab es kahle Wände, einen OP-Tisch, eine Operationslampe an der Decke, einen Narkoseapparat mit vielen Schläuchen und einige rostfreie Tischchen auf Rädern und diverse rostfreie Hocker. Die einzige Chance, hier eine Leiche loszuwerden, war, sie zu zerstückeln und mit dem übrigen Operationsabfall verschwinden zu lassen.

Es war ebenfalls unmöglich, eine Leiche oder Teile einer Leiche in den übrigen Bereichen des OP-Trakts zu verbergen. Alles war eng und zugestellt.

Sie gingen auf geradem Weg durch den OP-Trakt und in die Diele davor. Rasch rissen sie sich den blauen Plastikschutz von den Schuhen und legten ihn ordentlich in einen dafür vorgesehen Mülleimer.

Vor ihnen lag der Korridor der Verwaltung. Irene schaute in den Aufzug, der sich zufällig auf ihrer Etage befand. Ein Personenaufzug für maximal vier Personen. Für eine Trage oder ein Bett war nicht genug Platz. Alle Bettentransporte mussten also über den Fahrstuhl im Anbau an der Rückseite der Klinik erfolgen.

Tommy öffnete die erste Tür mit dem Schild »Sekretariat«. In dem kleinen Zimmer gab es zwei Schreibtische, die gegeneinander geschoben waren. Auf jedem stand ein Computer umgeben von Papierbergen. Die eine Wand war ganz mit Aktenordnern bedeckt, die Rücken in unterschiedlichen Farben.

An der Tür zum nächsten Zimmer hing ein protziges Schild mit der Aufschrift »Ärztezimmer«. Der Raum war jedoch nicht größer als der von Irene und Tommy im Präsidium, wahrscheinlich sogar kleiner. Auch hier standen zwei Schreibtische und zwei Computer sowie ein Regal mit Ordnern und Büchern. In der einen Ecke gab es einen niedrigen Sessel, und daneben kauerte eine kleine Stehlampe.

Die Toilette daneben war winzig. Entweder musste man sie rückwärts betreten oder sich dazu entschlossen haben, im Stehen zu pinkeln, ehe man sie betrat. Die Besenkammer war nicht abgeschlossen, und eine Sekunde lang beschleunigte sich Irenes Puls. Dort hätte man eine Leiche verbergen können. Aber das enge Kabuff war voll gestopft mit Sachen zum Putzen.

»Bleibt nur noch die Bereitschaftswohnung«, sagte Tommy ohne größere Hoffnung.

Sie schlossen auf und traten ein. Irene wollte gerade das Licht anmachen, als sie zögerte. Lautes Schnarchen vibrierte in der Luft. Schnell lokalisierte sie die Geräuschquelle. Die Laute kamen aus dem Schlaf- und Arbeitszimmer. Sie gab Tommy ein Zeichen, ihr zu folgen, und begann zur offenen Tür zu schleichen. Vorsichtig griff sie nach innen und machte die Deckenlampe an.

Abrupt hörte das Schnarchen auf. Mit einem unartikulierten Geräusch setzte sich jemand im Bett auf. Verschlafen blinzelte Sverker Löwander die beiden Polizisten an.

»Wer... wer sind Sie? Ach so, Polizei... Herrgott! Wie spät ist es denn?«

Der Mann im Bett sah genauso verwirrt aus, wie er sich anhörte. Das Haar stand ungewaschen in alle Richtungen.

201

»Viertel vor acht«, sagte Irene.

»In einer Viertelstunde muss ich im OP sein!«

Hastig stand er auf. Verwundert registrierte Irene, dass er in Jeans und Strümpfen geschlafen hatte. Der Oberkörper war nackt und die Brust muskulös und weder zu viel noch zu wenig behaart. Für sein Alter war er gut trainiert, er hatte kein Gramm Fett zu viel und war ausgesprochen gut aussehend. Obwohl er geschlafen hatte, als sie eingetreten waren, sah er alles andere als ausgeruht aus. Tatsächlich wirkte er, als hätte er seit mehreren Tagen überhaupt nicht mehr geschlafen. Irene hoffte, dass keine größeren Operation vorgesehen waren. Im Interesse der Patienten.

Tommy räusperte sich.

»Wie kommt es, dass Sie hier geschlafen haben? Hatten Sie heute Nacht wieder Bereitschaft?«

Sverker Löwander war bereits halb in ein weißes T-Shirt geschlüpft. Jetzt ließ er die Arme sinken und sah Tommy an.

»Nein. Ich hatte keine Bereitschaft. Es wirkt vielleicht etwas sonderbar... Aber ich saß gestern Abend hier und habe verschiedene Kostenvoranschläge durchgerechnet, und plötzlich war es vier Uhr morgens, und da wurde ich so müde, dass ich das Gefühl hatte, gleich wegzukippen. Ich erinnere mich nicht einmal mehr, wie ich es ins Bett geschafft habe. Aber irgendwie muss ich es hingekriegt haben.«

Jetzt sahen die Polizisten, dass Papiere und Spiralblöcke den Schreibtisch übersäten. Mitten auf der Tischplatte stand eine altmodische Rechenmaschine. Lange Papierstreifen mit Zahlenkolonnen schlängelten sich über den Tisch und auf den Fußboden.

»Die Rechnung geht nicht auf«, stellte Tommy trocken fest.

»Nein. Wie ich die Sache auch drehe und wende, es wird zu teuer. Aber ich habe es eilig. Können wir uns nicht nach dem Mittagessen unterhalten? Da habe ich keine Operation mehr.«

»Das passt uns ausgezeichnet. Wie wäre es mit ein Uhr?«

202

»Ja«, war Löwanders Stimme aus dem Korridor zu vernehmen. Er rannte bereits in Richtung der Operationssäle.

Sowohl Irene als auch Tommy gingen auf den Schreibtisch zu und hoben vorsichtig die Papiere hoch. Das meiste waren Kostenvoranschläge von verschiedenen Handwerkern. Es ging um ein neues Dach, eine Drainage und neue Rohre.

Tommy deutete auf das Durcheinander.

»Offenbar ist es an der Zeit, dass wieder einmal in die alte Löwander-Klinik investiert wird. Ich frage mich, ob Sverker Löwander wirklich das Zeug dazu hat. Vielleicht hat das Ganze aber auch ein System, das wir nicht durchschauen.«

Kritisch betrachtete Irene das Chaos.

»Wenig wahrscheinlich.«

Sie ließen den unordentlichen Schreibtisch hinter sich und traten aus der Wohnung. In der Tür drehte sich Irene noch einmal um und sagte leise:

»Glaubst du, dass Löwander überhaupt noch zu Hause schläft?«

»Sieht nicht danach aus. Wir treffen ihn hier schließlich meist schlafend an.«

»Wir sollten Andersson suchen und fragen, ob die anderen auf was gestoßen sind«, sagte Tommy.

Sie standen vor der Tür des kleinen Personalaufzugs, der gerade auf dem Weg nach oben war. Plötzlich wurde die Tür zum OP-Trakt aufgerissen, und die junge Schwester, der sie bereits begegnet waren, trat auf sie zu.

»Der mit dem Hund will, dass Sie kommen«, sagte sie.

Sie folgten der Schwester durch den OP-Trakt. Jetzt eilten mehrere Schwestern zwischen den Betten im Korridor hin und her. Schuldbewusst fiel Irene ein, dass weder sie noch Tommy daran gedacht hatten, einen Plastikschutz über die Schuhe zu ziehen. Die Schwestern sahen sie missbilligend an. Irene beschleunigte ihre Schritte.

Vor der Tür am anderen Ende des Korridors stand der Hundeführer mit seinem Schäferhund. Der Hund schaute nicht zur Seite, als Irene und Tommy ins Treppenhaus traten. Er hielt den Blick fest auf eine unscheinbare Tür direkt neben dem Aufzug gerichtet. Ein Knurren war tief aus seiner Kehle zu vernehmen.

Irene wandte sich an die Schwester.

»Wohin führt diese Tür?«

»Sie führt auf einen alten Speicher«, antwortete die Schwester mit unsicherer Stimme.

Sie schluckte, ehe sie weitersprach:

»Er dient als Abstellraum. Sachen, von denen man nicht so recht weiß, was man mit ihnen machen soll. Christbaumschmuck und so.«

Sie sah vom Hund auf die Tür.

»Herrgott! So was… das ist Schwester Teklas Speicher. Ich meine… der Speicher, auf dem sie sich das Leben genommen hat.«

Es hatte den Anschein, als würde sie knien. Ihre Leiche hing etwas vornübergebeugt in der Schlinge, ihre Knie und Schienbeine schleiften auf dem Fußboden.

Unter dem Fenster stand ein Küchenstuhl, der umgestoßen war, und daneben lag die rote Daunenjacke. Das Licht der nackten Glühlampe unter den Dachbalken wurde von ihrem langen Haar reflektiert, das ins Gesicht gefallen war und dieses fast ganz verdeckte.

Starke Scheinwerfer beleuchteten die Leiche von Linda Svensson. Sie hing immer noch am Dachbalken. Der deutliche Leichengeruch auf dem Speicher legte nahe, dass es mit dem Herunterschneiden keine Eile hatte. Die Männer von der Spurensicherung fotografierten die Tote von allen Seiten.

Polizisten standen vor dem Speicher und betrachteten das Bild durch die offene Tür. Die Stimmung war gedrückt, und niemand sagte ein Wort.

Der Bettenaufzug surrte. Er blieb stehen, und die Türen wurden mit Schwung geöffnet.

»Bald kann ich hier in der Löwander-Klinik eine Filiale der Gerichtsmedizin eröffnen!«, verkündete Yvonne Stridner.

Es war möglich, dass sie tatsächlich zu scherzen versuchte, aber keiner der Polizisten fand es witzig. Ungerührt trat sie in den Speicherraum und betrachtete eingehend die hängende Leiche. Sie stand nachdenklich da und sah den Männern von der Spurensicherung zu, die gerade ihre Arbeit beendeten. Dann ging sie zu der Gruppe der Polizisten zurück. Ihre Miene war sehr ernst.

»Unser starker Mörder hat wieder zugeschlagen. Es ist schwer, eine Leiche hochzuziehen, auch wenn die Tote in diesem Fall nicht ganz ausgestreckt hängt. Was mich erschreckt, wenn ich an diese drei Opfer denke, ist die ungewöhnliche Kälte, die diese Morde prägt. Roh und ohne zu zögern hat der Mörder seine Taten verübt.«

»Meinen Sie auch den Mord an der Stadtstreicherin?«, wollte Andersson erstaunt wissen.

»Ja. Schon der erste Schlag war perfekt. Er tötete augenblicklich. Das Opfer konnte keinen Laut mehr von sich geben. Anschließend wurde die Leiche in den Durchlass unter der Brücke geschleift und dort versteckt. Das nenne ich kaltblütig! Stellen Sie sich vor, es wäre jemand gekommen!«

»Und der Mord an Marianne?«

»Dasselbe. Kräftig erdrosselt mit schneller Todesfolge. Die Leiche wird an einer Stelle versteckt, die der Mörder ohnehin aufsuchen wollte, um den Strom lahm zu legen. Eiskalt!«

Ausnahmsweise schien der Kommissar mit der Stridner einer Meinung zu sein. Er nickte düster in Richtung des hängenden Leichnams. »Wie lange ist sie schon tot?«

»Der Dachboden ist nicht geheizt, aber die Temperatur hier war sicher nicht unter null. Ich schätze etwa eine Woche.«

»Sie starb also zum selben Zeitpunkt wie Marianne«, stellte Andersson fest.

»Möglich. Ich obduziere sie heute Nachmittag.«

Mit einem Nicken in Richtung der versammelten Polizisten verschwand die Pathologin die Treppe hinunter und ließ einen Duft von Joy de Patou zurück.

Andersson holte tief Luft und bekam einen Hustenanfall. Das Parfüm kitzelte ihn in den Bronchien. Nachdem er sich erholt hatte, nahm er erneut Anlauf und sagte:

»Wir sperren die ganze Klinik ab und lassen sie gründlich durchsuchen. Jeden Quadratmillimeter! Alle Operationen müssen abgebrochen und das gesamte Personal muss verhört werden! Auch die, die heute frei haben. Alle! Die Leute von der Spurensicherung sollen sich heute auf den Speicher konzentrieren. Den Rest der Klinik übernehmen wir.«

»Tommy und ich haben uns mit Sverker Löwander unterhalten, unmittelbar bevor Linda entdeckt wurde. Vielleicht wäre es eine gute Idee, wenn wir mit ihm weitermachten?«, sagte Irene.

»Ja, tut das. Birgitta, Fredrik und Hannu, ihr könnt mit den OP-Schwestern sprechen. Ich gehe mit Jonny auf die Station. Danach ist das Erdgeschoss dran. Im Keller sitzt wohl nur der Hausmeister.«

»Den übernehme ich mit Tommy auch noch. Wir haben bereits einmal mit ihm gesprochen«, sagte Irene.

»Gut. Dann ist das entschieden«, meinte Andersson abschließend.

Sie trafen Sverker Löwander wiederum in der Bereitschaftswohnung an. Er saß zusammengesunken im Sessel und hatte die Hände vors Gesicht gelegt. Die Seufzer, die er ausstieß, erinnerten verdächtig an tiefe Schluchzer. Als Irene und Tommy ins Zimmer traten, wussten sie erst einmal nicht, was sie sagen sollten. Der Arzt brach schließlich das Schweigen.

»Was ist das für ein Verrückter, der hier in der Klinik sein Unwesen treibt und Menschen ermordet? Was geht in meiner Klinik vor?«

Der letzte Satz klang wie ein Notruf, und darum handelte es sich wohl auch. Irene sah, dass Sverker Löwanders Hände zitterten, als er sich verzweifelt durch sein strubbeliges Haar fuhr. Er war so außer sich, dass er den beiden Polizisten richtig Leid tat.

Irene nahm den Schreibtischstuhl und drehte ihn in Richtung Sessel. Leise setzte sie sich, während es sich Tommy auf dem ungemachten Bett bequem machte. Er räusperte sich, ehe er sagte:

»Ehrlich gesagt, wissen wir das nicht. Aber wir sind sehr bekümmert über das, was hier in letzter Zeit vorgefallen ist. Deswegen müssen wir jetzt auch dafür sorgen, dass der gesamte Betrieb eingestellt wird. Wir müssen jetzt alle unsere Mittel einsetzen, um diese ... Ereignisse aufzuklären. Wir wären dankbar, wenn sie einige unserer Fragen bereits jetzt beantworten könnten. Oder wollen Sie bis später warten?«

Sverker Löwander schüttelte den Kopf.

»Nein! Ich will, dass die Morde schnell aufgeklärt werden! Außerdem können wir uns mehrere Tage Stillstand nicht leisten, wir brauchen die Einkünfte.«

Tommy sah ihn nachdenklich an, ehe er leise sagte:

»Vielleicht sollten wir damit anfangen. Wenn ich die Sache recht verstehe, dann hat die Löwander-Klinik finanzielle Schwierigkeiten. Wie ernst sind die?«

Sverker Löwander seufzte schwer.

»Sehr ernst. Die Klinik ist bald hundertzwanzig Jahre alt, und große Investitionen sind nötig. Beispielsweise müssen wir einen Brunnen bohren lassen. Das kostet mehrere hunderttausend Kronen. Dem Gesetz nach müssen alle Krankenpflegeeinrichtungen über eine eigene Wasserversorgung verfügen, falls die kommunale Wasserversorgung zusammenbricht. Außerdem müssen wir neue Entwässerungsrohre um das Gebäude herumlegen und alle alten Wasserleitungen austauschen lassen. Die Versicherung hat die alten nicht mehr abgenommen. Das Dach ist undicht und muss erneuert werden, und

Kupferdächer kosten ein Vermögen! Die Behörde hat uns sechs Monate Aufschub gewährt, was das Auswechseln der Ventilation im OP-Trakt angeht. Die jetzige erfüllt nicht mal die Mindestanforderungen. Während der Renovierung muss ein Teil des Betriebs eingestellt werden. Das führt zu einem großen Einkommensausfall, und trotzdem müssen die Löhne weitergezahlt werden. Zusammen kostet das mindestens fünf Millionen! Dieses Geld ist nicht vorhanden.«

Tommy sah den bekümmerten Arzt erstaunt an.

»Aber warum kommt das alles auf einmal?«, wollte er wissen.

Sverker Löwander stand auf, entschuldigte sich und verschwand in der Toilette. Die beiden Polizisten hörten, wie er sich die Nase putzte und Wasser laufen ließ. Als er wieder ins Zimmer kam, sah Irene, dass er sich das Gesicht mit kaltem Wasser gewaschen und das Haar nass gekämmt hatte. Das Resultat war nicht besonders geglückt. Aber seine Augen... Einen Augenblick lang begegnete sich ihr Blick, und Irene stürzte in das Meergrün seiner Augen. Der Mann war lebensgefährlich!

Im nächsten Augenblick war es vorbei, und der zusammengesunkene Mann, der vor dem Schreibtisch Platz genommen hatte, sah nicht mehr im Geringsten aus wie ein Herzensbrecher. Irene schämte sich fast ihrer Gedanken und ermahnte sich. Das waren Groschenromanphantasien, nichts anderes. Es war langsam Zeit, dass sie sich zu einer professionelleren Einstellung zu diesem Mann durchrang. Ehe sie sich noch sammeln und eine einigermaßen intelligente Frage stellen konnte, kam ihr Löwander zuvor.

»Um alle Investitionen und Renovierungen hat sich Papa gekümmert. Seine größte Maßnahme war der Bau des Treppenhauses. Das war nötig, weil wir einen richtigen Bettenaufzug benötigten. Der OP-Trakt wurde damals ins Obergeschoss verlegt und die kleine Intensivstation neu gebaut«, sagte er.

»Wann war das?«, fragte Irene aus bloßer Neugierde.

»Ende der Fünfzigerjahre. Papa hat sich bis zu seinem Tod vor bald vierzehn Jahren um die Finanzen der Klinik gekümmert.«

Irenes Neugier war geweckt.

»Warum kommt die Källberg-Klinik besser zurecht als die Löwander-Klinik?«

»Die haben ganz andere Mittel. Dort gibt es Spezialisten auf allen Gebieten. Die haben die großen Investitionen vor der Krise im Gesundheitswesen abgewickelt. Heute ist die Källberg-Klinik eines der modernsten Krankenhäuser in Göteborg.«

»Und die Löwander-Klinik...?«

»Die Löwander-Klinik ist am Ende!«

Es entstand ein langes Schweigen. Irene sagte als Erste wieder etwas.

»Was haben Sie für Pläne für die Klinik?«

»Ich weiß nicht. Niemand will das Gebäude als Pflegeeinrichtung kaufen.«

Er verstummte und lachte kurz und trocken.

»Carina will hier ein Fitnesscenter eröffnen.«

»Was halten Sie davon?«, fragte Irene.

»Im Augenblick ist es mir egal, was mit dem Gebäude passiert!«

Irene sah entsetzt, dass er die Hände vors Gesicht schlug. Sie wechselte über den gebeugten Rücken Löwanders hinweg mit Tommy einen Blick. Mit dem beruhigendsten Tonfall, dessen sie fähig war, sagte Irene:

»Uns ist klar, dass sie sich seit längerer Zeit ziemlich unter Druck befinden. Erst die Sorge um die Zukunft der Löwander-Klinik und nun die Morde... Wenn Sie wollen, machen wir heute Nachmittag weiter.«

Dr. Löwander nickte. Mit gesenktem Kopf verschwand er erneut in der Toilette.

Als er wieder ins Zimmer trat, sah er aus, als sei er vollkommen am Ende.

»Wollen Sie, dass wir Sie nach Hause fahren?«, fragte Irene. Langsam schüttelte er den Kopf.

»Nein… danke. Ich bleibe hier. Ich will versuchen, wieder einen klaren Kopf zu bekommen.«

»Ist es in Ordnung, wenn wir gegen drei wieder hier sind?«

»Ja… danke.«

Auf dem Treppenabsatz vor der Station blieb Irene stehen und sah Tommy an. Nachdenklich meinte sie:

»Löwander steht kurz vor einem Zusammenbruch.«

»Sieht so aus.«

»Glaubst du, dass Privatkliniken besser sind?«

»Nein. Aber wenn die städtischen Krankenhäuser die Versorgung nicht gewährleisten können, auf die wir ein Recht haben, dann muss es die Möglichkeit geben, anderweitig Hilfe zu suchen. Auch in einer Privatklinik. Zu sterben, weil man auf eine Operation warten muss, und das aus ideologischen Gründen, fände ich wahnsinnig.«

Schweigend gingen sie die Treppe hinunter in das Reich von Folke Bengtsson.

Die Tür stand weit offen, doch das Hausmeisterzimmer war leer. Alles war wie beim ersten Mal, außer dass jetzt ein großer Karton mit der Aufschrift »Flaggen« mitten auf dem Schreibtisch stand. Irene trat darauf zu und wollte ihn gerade öffnen und hineinschauen, da hörten sie Bengtssons schwere Schritte auf der Treppe. Er hatte es offenbar eilig. Irene machte einen großen Schritt zurück und drehte sich Richtung Tür. Im nächsten Augenblick tauchte Bengtsson auf. Er war außer Atem und wirkte erregt.

»Gut! Endlich ein paar Bu… Polizisten, die zuhören wollen!«, rief er.

Er steuerte auf den Schreibtisch zu und öffnete den Karton. Triumphierend zog er eine Rolle weiße Leine hervor.

»Schauen Sie! Was habe ich gesagt!«

»Entschuldigen Sie, Folke, aber was hatten Sie gesagt?«

Unsicher schaute Bengtsson abwechselnd auf Irene und Tommy.

»Aber ... ich habe geglaubt, man hätte Sie hierher geschickt, um nachzusehen!«

Geduldig sagte Irene:

»Was nachzusehen?«

»Die Leine! Die Flaggenleine!«, explodierte Bengtsson.

»Was ist mit der Flaggenleine?«

»Jemand hat ein ordentliches Stück von der Leine abgeschnitten! Ich wollte deswegen auf den Speicher und nachsehen. Die Bu... Polizisten wollten mich aber... nicht zu ihr lassen. Ich habe gesagt, dass ich da rein muss. Aber sie ließen mich nicht.«

»Aber wieso wollten Sie Linda sehen?«

»Nicht Linda! Die Leine! Die Leine, an der sie hängt! Ich glaube, dass sie an einem Stück von dieser hier hängt.«

Er hielt Irene die Rolle hin und diese nahm sie erstaunt entgegen. Die Leine war stabil, aber gleichzeitig weich und elastisch. Perfekt, um jemanden zu erdrosseln.

»Sie könnten Recht haben. Wir gehen hoch und kontrollieren das«, sagte sie.

»Ich kann nach oben gehen und die Leine überprüfen, dann könnt ihr euch unterhalten«, sagte Tommy.

Er nahm die Rolle und verschwand durch die Tür.

Bengtsson trocknete sich mit einem gebrauchten Taschentuch die Stirn, das er aus einer der unzähligen Taschen seines Blaumanns fischte. Er nutzte die Gelegenheit, sich die Nase zu putzen, wo er es jetzt schon einmal hervorgezogen hatte, und lächelte Irene dann an.

»Tasse Kaffee?«

»Danke, gerne.«

Gott segne diesen Mann! Es war wirklich höchste Zeit für einen Kaffee.

»Setzen Sie sich.«

Er deutete auf den wackligen Küchenstuhl und verschwand, um Wasser in die Kaffeekanne zu füllen.

Während das Wasser langsam durch den Filter lief und sich ein wunderbarer Kaffeeduft in dem Kellerraum verbreitete, suchte Bengtsson Becher und Kekse hervor. Er strahlte eine Rastlosigkeit aus, die sie bisher noch nicht an ihm bemerkt hatte. Irene sah, dass er seinen weißen Becher mit der Aufschrift »I'm the boss« auf den Tisch gestellt hatte. Schließlich ließ er sich erneut auf den Schreibtischstuhl sinken, zog das Taschentuch hervor und trocknete sich wieder einmal die Stirn.

»Sie müssen verstehen… heute Morgen kam ein Polizist mit dem Seitenschneider, den sie im Bach gefunden hatten. Neben der toten… Mama Vogel. Wer, zum Teufel, kann nur auf die Idee kommen, die Ärmste umzubringen?«

Er trocknete sich mit dem Taschentuch die Stirn.

»Der Seitenschneider gehört der Klinik. Ich bin mir ganz sicher. Und ich habe noch hier unten nach einer Zange gesucht, die der Mörder benutzt haben könnte, um das Notstromaggregat lahm zu legen. Aber da konnte ich den Seitenschneider nicht finden. Er fehlte im Werkzeugkasten.«

Entrüstet deutete Bengtsson auf den Werkzeugkasten, der in einem Regal stand.

»Der war also seit dem Mord an Marianne verschwunden«, stellte Irene fest.

»Ja.«

Bengtsson stand auf, um den Kaffee einzugießen.

»Heute Nacht konnte ich nicht schlafen. Es ging mir so viel durch den Kopf. Wissen Sie, erst der Mord an Marianne, dann der an dieser armen Vogelfrau. Ich fand es gemein, dass der Mörder hier in mein Zimmer gekommen ist, um sich seine Mordwaffe zu holen.«

Er unterbrach sich, als vor der Tür Schritte zu hören waren. Tommy kam zurück.

»Sie hatten Recht. Es ist dieselbe Leine«, sagte er ernst.

Bengtsson nickte schwer, als hätte er das die ganze Zeit gewusst. Er goss Tommy ebenfalls Kaffee in einen Becher und setzte seinen Bericht fort.

»Heute Morgen hatte ich ausnahmsweise verschlafen. Als ich ins Haus kam, sprang mich als Erstes ein großer Schäferhund im Korridor an! Er war zwar angeleint, aber trotzdem! Ich habe gefragt, was los ist, und da sagte der Polizist mit dem Köter, dass sie nach Linda suchen würden. Ich habe wohl einen Schock bekommen. Dass sie hier im Haus sein sollte … Ich bin nach unten gegangen und … habe wohl nichts Vernünftiges getan. Nach einer Weile ging ich hoch und habe gehört, dass im OP-Trakt irgendwas los ist. Da hatten Sie sie gefunden … Linda.«

»Haben Sie Linda gut gekannt?«

»Ich kenne alle hier. Wir haben ab und zu ein paar Worte gewechselt. Sie war immer so munter und gut gelaunt. Ich verstehe nicht, wie ihr jemand so etwas antun kann … oder den beiden anderen. Unfassbar!«

Er schüttelte den Kopf und sah traurig aus.

»Wieso haben Sie an die Flaggenleine gedacht?«

»Als ich oben im OP-Trakt war, hörte ich, dass sie … dort in dem Speicherraum hängt. Eine der OP-Schwestern erzählte es. Da fiel mir etwas ein.«

Er verstummte und sagte dann jedes Wort betonend:

»Ich dachte, wenn dieses Schwein schon mal seine Mordwaffe hier aus meinem Zimmer gestohlen hat, dann hat er es vielleicht wieder getan. Ich habe mich an die Rolle Flaggenleine erinnert, die ich letzten Herbst gekauft habe.«

Er schwieg erneut.

»Ich ging wieder nach unten und nahm die Leine hervor. Ich habe damals zwanzig Meter gekauft. Jetzt ist sie nur noch knapp vierzehn Meter lang. Ich habe sie mit dem Zollstock nachgemessen«, fuhr er fort.

»Es fehlen also sechs Meter«, sagte Tommy

»Ja.«

Sie tranken ihren Kaffee, ohne noch etwas zu sagen.

»Allmählich wird es Zeit zum Mittagessen. Anschließend habe ich eine Idee, was wir machen können, bis wir uns um drei mit Löwander treffen«, sagte Irene.

»Ich habe die Erfahrung gemacht, dass deine kleinen Ideen auszuufern pflegen«, sagte Tommy seufzend.

»Gar nicht. Die hier nicht. Ich dachte, dass wir zu dieser alten Nachtschwester gehen könnten, die in der Nacht gearbeitet hat, in der Marianne ermordet wurde.«

»Die Alte, die das Gespenst gesehen hat? Siv irgendwas?«

»Siv Persson. Die Brosche, die im Schuppen gefunden wurde, war laut Malm eine Sophiabrosche. In dem Moment habe ich nicht daran gedacht, aber jetzt ist es mir wieder eingefallen. Siv Persson trug eine solche Brosche, als ich sie am Morgen nach dem Mord an Marianne gesehen habe.«

Siv Persson wohnte in einem dreistöckigen Mietshaus aus rotem Backstein. Es lag ein paar Straßen von der Löwander-Klinik entfernt und ließ sich bequem zu Fuß erreichen. Irene hatte vom Chinarestaurant aus angerufen, um sich zu versichern, dass die Nachtschwester auch zu Hause sein würde. Hier hatten sie das Tagesgericht, Beefsteak mit Bambussprossen, gegessen.

Siv Persson schien nichts gegen einen Besuch von der Polizei einzuwenden zu haben. Offenbar hatte sie vom Mord an Gunnela Hägg gehört. Sie bekundete ihre Sorge darüber, dass Linda immer noch verschwunden war. Irene erzählte ihr nicht, dass sie Linda inzwischen gefunden hatten. Es war besser, sich das für später aufzuheben.

Siv Persson wohnte im zweiten Stockwerk. Fahrstuhl gab es keinen. Irene drückte auf den Klingelknopf neben der Teakholztür. Es dauerte eine Weile, bis von innen Schritte und Geräusche zu hören waren. Irene versuchte freundlich auszusehen, da sie keinen Augenblick daran zweifelte, dass sie gerade durch den Spion in der Tür kritisch gemustert wurden. Als die Tür schließlich einen Spalt weit geöffnet wurde, musste Irene an eine kleine Maus denken, die ihre Nase aus ihrem Bau steckt. Die Schwester trug die selbe unscheinbare graue Wolljacke wie bei ihrer ersten Begegnung. Ihr Haar schien aus der Restwolle zu bestehen. Unter der Jacke trug sie ein beigebraunes Kleid, von dem man beim besten Willen nicht behaupten konnte, dass es ihren Teint besser zur Geltung brachte. Der einzige Farbtupfer war das hellblaue Brillengestell, aber auch dieses wirkte verblasst.

»Guten Tag, Schwester Siv. Wir haben gerade miteinander telefoniert. Inspektorin Irene Huss, und das hier ist mein Kollege Inspektor Tommy Persson.«

»Guten Tag.«

Sie öffnete die Tür und bat sie einzutreten.

Die Diele war so winzig, dass man sich in ihr kaum umdrehen konnte. Siv Persson musste einen Schritt rückwärts in die Küche gehen, damit Irene und Tommy sich ihre Jacken ausziehen konnten. Von der kleinen Küche aus sagte Siv Persson:

»An Sie, Frau Huss, kann ich mich noch von diesem entsetzlichen Morgen nach dem ... Mord erinnern. Aber Herrn Persson bin ich damals, glaube ich, nicht begegnet. Es war ja ein ziemliches Durcheinander. Wollen Sie einen Kaffee?«

»Danke, gern. Aber nur, wenn Sie sich ohnehin gerade einen machen«, sagte Irene schnell.

Siv Persson lächelte und stellte die Kaffeemaschine an. Offenbar hatte sie schon alles für ein Kaffeekränzchen vorbereitet. Im Wohnzimmer war der polierte Couchtisch ordentlich mit Kaffeetassen und einer Schale Schokoladenkekse gedeckt.

»Ich habe leider kein anderes Gebäck, und um noch etwas einzukaufen, war nicht mehr genug Zeit.«

»Das ist ganz wunderbar. Wir sind nicht verwöhnt«, sagte Tommy und lächelte. Siv Persson wirkte beglückt und trippelte in die Küche, aus der sie Sahnekännchen und Zucker holte.

Das moosgrüne Sofa und die hellen graubeigen Sessel mit ihren geraden Linien und lackierten Armlehnen aus Eiche erinnerten Irene an das Wohnzimmer ihrer Kindheit. Der niedrige ellipsenförmige Couchtisch war aus demselben Holz wie die Armlehnen der Sitzmöbel. Der geknüpfte Teppich war rot und grün gemustert. Das Bücherregal aus hellem Teakholz hatte Unterschränke mit Schubladen. Das gesamte kleine Wohnzimmer war im Stil der Fünfzigerjahre eingerichtet. Es wäre nicht im Mindesten erstaunlich gewesen, wenn plötzlich Bill Haleys »Rock Around the Clock« aus den Lautsprechern der Stereoanlage ertönt wäre.

Von der einheitlichen Einrichtung stachen der Fernseher und die Kunst an den Wänden ab.

Die Gemälde waren quadratmetergroß. Alle stammten offenbar von demselben Künstler. Die Farben leuchteten. Es handelte sich um schöne Landschaften mit blauen Bergen oder fruchtbaren Tälern.

Der Fernseher stand gegenüber der Sitzgruppe und war riesengroß. So einen großen Bildschirm hatte Irene noch nie gesehen. Auf beiden Seiten waren große Lautsprecher angebracht. Wenn Fernsehen geschaut wurde, war ganz eindeutig Hi-Fi angesagt.

»Mein Bruder hat die Bilder gemalt«, sagte Siv Persson.

Sie nickte in Richtung von einem der Gemälde und sah sehr stolz aus.

»Sie sind wunderbar. Hat er sie im Ausland gemalt?«

»Ja. Er hat die letzten zwanzig Jahre seines Lebens in der Provence verbracht. Vor zehn Jahren ist er gestorben.«

Verbarg sich hinter dem grauen Äußeren von Siv Persson vielleicht eine schillernde Persönlichkeit? Als sich die dünne Gestalt in den graubeigen Sessel sinken ließ, hatte es einen Augenblick lang den Anschein, als würde sie mit ihm verschmelzen und verschwinden. Das Einzige, was in der Luft hängen blieb, war ihre hellblaue Brille. Irene wehrte sich gegen diese optische Täuschung und beschloss, es sei an der Zeit, konkreter zu werden.

»Wie Sie sicher verstehen, sind wir hier, weil wir etwas genauere Angaben darüber benötigen, was Sie in der Mordnacht gesehen haben«, begann sie.

»Das habe ich bereits mehrere Male erzählt«, sagte Siv Persson. Aus ihrer Stimme war eine deutliche Unruhe herauszuhören.

»Das ist richtig. Aber jetzt ist eine Woche vergangen. Gewisse Dinge sind jetzt möglicherweise klarer, und neue Details könnten aus der Erinnerung aufgetaucht sein?«

Die Schwester presste die Lippen zusammen und schüttelte fast unmerklich den Kopf. Irene ließ sich davon nicht entmutigen.

»Haben Sie von der Brandstiftung im Geräteschuppen gehört?«

»Ja. Das stand in der Zeitung … Aber das kann doch wohl nichts mit dem Mord an Marianne zu tun haben? Oder mit dem Verschwinden von Linda? Ich wusste nicht mal, dass da ein Geräteschuppen steht.«

»Ich nehme an, dass Sie vom Mord an der Stadtstreicherin gehört haben?«

»Ja. Darüber stand ebenfalls etwas in der Zeitung. Was ist eigentlich los in der Löwander-Klinik?«

»Dem versuchen wir gerade auf den Grund zu gehen. Und dazu brauchen wir Ihre Hilfe.«

Irene ließ der älteren Frau Zeit, das zu verarbeiten. Mit Nachdruck sagte sie:

»Die ermordete Stadtstreicherin wohnte in diesem Geräteschuppen.«

Siv Persson runzelte die Stirn, und ihre Miene spiegelte ein ganzes Register von Mienen, angefangen von Ungläubigkeit bis hin zu Erstaunen, wider.

»Das kann doch nicht wahr sein? Mitten im Winter in einem Schuppen für Gartengeräte zu wohnen!«

»Sie war vermutlich dankbar, dass sie überhaupt ein Dach über dem Kopf hatte. Sie haben sie nie in der Nähe der Klinik gesehen?«

»Wie sah sie aus?«

»Klein und mager. Sie trug einen großen Herrenmantel, der von einer Schnur zusammengehalten wurde. Rosa Strickmütze.«

»Nein. Ich habe nie jemanden gesehen, der so aussah«, sagte Siv Persson mit Bestimmtheit.

»Nun zum Brand vom Samstagabend. Der wurde gelegt. Die Pennerin hatte sich aus verschiedenen Decken und einem Schlafsack ein Lager bereitet. Der Brandstifter zündete diesen Haufen an. Obendrauf legte er eine schwarze Schwesterntracht aus Wollstoff. In der Asche fanden wir auch die Brosche einer Sophiaschwester. Ich erinnere mich, dass Sie ebenfalls eine solche Brosche tragen.«

Wortlos stand Siv Persson auf und verschwand durch eine Tür, die bis dahin geschlossen gewesen war. Irene vermutete, dass sie ins Schlafzimmer führte. Tommy und Irene warfen sich einen fragenden Blick zu, sagten aber nichts. Sie hörten, wie die Schwester im Nebenzimmer herumwirtschaftete. Nach ein paar Minuten wurde die Tür erneut geöffnet, und Siv Persson trat wieder ins Wohnzimmer. Völlig verändert. Sie hatte ihre Unscheinbarkeit verloren und war plötzlich Mittelpunkt des Zimmers geworden. Sie strahlte Autorität aus. Ihre Gestalt besaß eine Erhabenheit, die vorher nicht zu ahnen gewesen war. Bis in die Fingerspitzen hinein war sie jetzt wirklich Krankenschwester.

Auf dem Kopf trug sie eine weiße Haube mit einem breiten schwarzen Band, dessen Kante gefältelt war. Der blendend weiße Kragen des Kleides wurde am Hals von der silbrig glänzenden Brosche zusammengehalten. Das Kleid hatte Puffärmel, deren engen Unterarme bis hin zu den Ellbogen mit Knöpfen versehen waren. Das Bruststück war abgesetzt und die enge, geknöpfte Taille nach unten bis zur Gürtellinie, die ebenfalls abgesetzt war, leicht gefältelt. Der Gürtel bestand aus demselben Stoff wie das Kleid. Die Rockpartie des Kleides hatte Falten und endete auf halber Wadenhöhe. Dazu trug Siv

Persson schwarze Strümpfe und Schuhe. Über einen Arm hatte sie eine ordentlich gefaltete Schürze gelegt.

»So war sie gekleidet«, stellte die Krankenschwester fest.

Sie drehte sich langsam um sich selbst, damit die Polizisten die Uniform von allen Seiten bewundern konnten.

»Sie war aushäusig«, fuhr sie ebenso sachlich fort.

»Aushäusig?«, sagten die Polizisten wie aus einem Mund.

»Ja. Aushäusig: Sie trug keine Schürze. Die sieht so aus.«

Siv Persson faltete die knisternde, gestärkte Schürze auf, damit sie sie betrachten konnten. Sie war vergilbt, was darauf schließen ließ, dass sie seit langem nicht mehr getragen worden war.

»Daheim trägt man immer Schürze«, fuhr sie ebenso sachlich fort.

»Daheim?«

»Wenn man auf der Station arbeitet, auf die man gehört. Da hat man die Schürze und keinen Gürtel.«

»Und ohne Schürze mit Gürtel ist man aushäusig? Da arbeitet man nicht auf Station. Habe ich das richtig verstanden?«, fragte Irene.

»Ja.«

Tommy und Irene standen beide auf, um die Schwesterntracht genauer zu betrachten.

»Das ist kein Schwarz. Das ist ganz dunkles Dunkelblau«, stellte Tommy fest.

»Ja. Dunkelblauer Cheviot«, erklärte Siv Persson.

»Aber war es nicht unpraktisch, in einem Wollkleid zu arbeiten? Schwer zu waschen und außerdem warm…«

Schwester Siv unterbrach Irenes Überlegungen durch ein lautes Lachen.

»Wir haben nicht in diesem Kleid gearbeitet! Das ist das Festkleid. Die normale Uniform ist aus heller, graublauer Baumwolle. Die hat weder Puffärmel noch unzählige Knöpfe.«

»Und genauso, wie Sie jetzt gekleidet sind, war diese Person in der Mordnacht gekleidet?«

»Ja. Schwester Tekla war ebenfalls Sophiaschwester. Seit Beginn des Jahrhunderts hatte es Tradition, dass die Schwestern der Löwander-Klinik im Sophiahemmet ausgebildet wurden.«

»Aber liegt das nicht in Stockholm?«

»Doch. Aber man hielt es für etwas feiner, Sophiaschwester zu sein. Viele Mädchen aus Göteborg und Umgebung ließen sich im Sophiahemmet ausbilden. Wie ich. Ein Teil von ihnen wollte dann zurück nach Göteborg. Die Löwander-Klinik hat sie gerne angestellt. Damals war es noch was, in der Löwander-Klinik zu arbeiten. Die Mutter von Dr. Löwander war übrigens auch Sophiaschwester.«

»Die Mutter von Dr. Sverker Löwander?«

»Ja.«

»Sind alle Schwestern der Löwander-Klinik immer noch Sophiaschwestern?«

»Nein. Jetzt sind nur noch Ellen und ich übrig. Die meisten anderen sind hier in Göteborg auf die Schwesternschule gegangen. Margot war in Karlstad.«

Irene holte tief Luft und versuchte so unbekümmert wie möglich zu klingen, als sie fragte:

»Sie sind sich absolut sicher, dass Sie... Schwester Tekla in dieser Nacht gesehen haben?«

Die Krankenschwester seufzte und ließ den Kopf hängen.

»Ich weiß, dass das unglaublich klingt. Aber der Mond stand hell am Himmel. Es war fast taghell, als die Wolkendecke aufriss. Genau als ich ins Schwesternzimmer gehen wollte. Ich warf einen Blick durch die Glastüren. Deutlicher hätte ich sie nicht sehen können!«

»Wie schaute sie aus? Haben Sie ihr Gesicht gesehen?«

»Nein. Ich sah sie schräg von hinten. Aber sie war groß und... imposant. Sie hatte das Haar genau nach Vorschrift hoch gesteckt. Der Kragen soll vollständig zu sehen sein.«

»Haben Sie die Haarfarbe gesehen?«

»Blond. Der Mondschein spiegelte sich in den blonden Haaren. Sie sah genauso aus wie auf dem Bild, das ich Kommissar Andersson gezeigt habe.«

»Aber sie war ›aushäusig‹. Keine Schürze.«

»Genau.«

Tommy hatte bisher geschwiegen, aber jetzt warf er eine Frage ein:

»Wie war Schwester Tekla gekleidet, als sie erhängt auf dem Speicher gefunden wurde?«

Siv Persson sah ihn missbilligend an.

»Sie trug die Alltagsuniform.«

»Mit Haube und Schürze?«

»Ja.«

»Woher wissen Sie das?«

»Das hat mir Gertrud erzählt. Sie half, Tekla herunterzuschneiden. Gertrud übernahm Teklas Dienst, nachdem diese aufgehört hatte. Sie sind sich sozusagen nie im Leben begegnet.«

Tommy nickte nachdenklich. Schließlich sagte er:

»Warum geht sie in ihrem Festkleid um, wenn sie sich in ihrer Alltagsuniform erhängt hat?«

Siv Persson presste die Lippen zusammen.

»Ich muss mich wieder umziehen«, sagte sie.

Es ist an der Zeit, an den Mord an Gunnela Hägg anzuknüpfen, dachte Irene. Eine Aussage auf dem Band hatte sie die ganze Zeit irritiert. Sie hatte den Verdacht, dass Siv Persson die rechte Person war, Licht in dieses Geheimnis zu bringen.

Deswegen befleißigte sich Irene freundlich auszusehen, als die Krankenschwester wieder das Zimmer betrat. Sie war wiederum in ihre staubfarbene Tarnkleidung gehüllt. Irene lächelte und sagte:

»Ich glaube, dass Sie uns möglicherweise bei einer Sache behilflich sein können, die den anderen Mord betrifft, den an der Stadtstreicherin. Sie hieß übrigens Gunnela Hägg. Sagt ihnen dieser Name etwas?«

Siv Persson legte einen Augenblick die Stirn in Falten und schüttelte dann bedauernd den Kopf.

»Erst dachte ich ... aber ... nein. Ich kenne den Namen nicht.«

»Es gibt ein Verhör dieser Gunnela, das unmittelbar nach dem Mord an Marianne auf Tonband aufgezeichnet wurde. Da sagt sie deutlich, dass sie die Geschichte von Schwester Teklas Selbstmord kennt. Sie nennt sogar ihren Namen.«

Siv Persson sah ungeheuer erstaunt aus.

»Merkwürdig. Kann sie bei uns gearbeitet haben?«

»Kaum. Sie war über fünfundzwanzig Jahre im Lillhagen-Krankenhaus und ...«

»Deswegen!«

Eifrig stand Siv Persson aus ihrem Sessel auf. Eine leichte, aufgeregte Röte überzog ihre bleichen Wangen.

»War sie ... lassen Sie mich nachdenken ... vor dreizehn Jahren in Lillhagen?«

»Ja.«

»Dann kann sie zu einer Gruppe von zehn Patienten gehört haben, die wir von Lillhagen übernahmen, als dort den Sommer über geschlossen war. Auf diese Art und Weise wollte die Löwander-Klinik die Finanzen aufbessern. Wir schlossen einen Vertrag mit der Krankenpflegeverwaltung ab und übernahmen Patienten von unterschiedlichen inneren Stationen. Gleichzeitig bekamen wir zehn Patienten aus der Psychiatrie.«

Sie verstummte und schien nachzudenken.

»Die folgenden Sommer bekamen wir glücklicherweise keine Patienten mehr aus der Psychiatrie! Die Löwander-Klinik eignet sich nur schlecht für Pflegefälle. Patienten aus der Psychiatrie sind hier jedoch vollkommen fehl am Platz. Das war der schlimmste Sommer meines Lebens! Jedenfalls was die Arbeit betrifft.«

»Das müsste sich schnell überprüfen lassen. Wir bitten Hannu, sich darum zu kümmern.«

Die letzte Bemerkung war an Tommy gerichtet, der sofort in die Diele ging und sein Handy aus der Jackentasche fischte. Er hatte Glück und erwischte Hannu bereits beim ersten Versuch.

Irene stand ebenfalls auf, gab Siv Persson die Hand und

dankte für den Kaffee und für die unschätzbare Hilfe, die sie ihnen geleistet hatte. Während sie sich die Jacke anzog, fragte Irene, mehr um das Schweigen zu überbrücken:

»Wann fangen Sie wieder an zu arbeiten?«

Siv Persson verschränkte die Arme, als sei es in Ihrer Wohnung auf einmal kalt geworden.

»Erst nach der Operation und die ist in zwei Wochen.«

»Müssen Sie sich operieren lassen? Hoffentlich nichts Ernstes?«

»Nein. Eine Staroperation. Das eine Auge.«

Irene zögerte. Vor zwei Jahren war ihre Mutter am grauen Star operiert worden. Sie erinnerte sich daran, wie sie darüber geklagt hatte, dass alles verschwamm und dass es ihr schwer fiel, bei schlechtem und sehr hellem Licht etwas zu erkennen. Ohne ihre Aufregung zu zeigen, fragte sie:

»Handelt es sich um den grünen oder grauen Star?«

»Glücklicherweise um den grauen.«

»Bereitet Ihnen das viele Unannehmlichkeiten?«

Tommy hob fragend eine Augenbraue. Irene verstand seine Skepsis, was ihr plötzliches Interesse an Krankheiten und Operationen anging. Aber die Sache war vielleicht wichtig.

»O ja! Am schlimmsten ist es beim Lesen. Die Buchstaben verschwimmen, wenn...«

Die Krankenschwester verstummte und sah Irene scharf an.

»Ich weiß, worauf sie hinauswollen. Aber ich habe sie deutlich gesehen! Die Wolken teilten sich, und das Licht des Mondes fiel durchs Fenster. Ich habe sie gesehen!«

Sorgsam wählte Irene ihre Worte und sagte mit großem Ernst:

»Ich zweifle nicht daran, dass Sie sie gesehen haben. Aber das war kein Gespenst. Sie haben einen verkleideten Mörder gesehen. Denken Sie einmal nicht an ein Gespenst, sondern überlegen Sie sich, wer es gewesen sein könnte!«

Siv Persson antwortete nicht. Sie verschränkte die Arme noch fester und presste die Lippen aufeinander. Tommy ging auf sie zu und legte ihr leicht eine Hand auf die Schulter. Sie zuckte zusammen, schüttelte die Hand aber nicht ab.

»Wir wollen Sie nicht erschrecken, aber wir glauben, dass die Stadtstreicherin Gunnela Hägg ermordet wurde, weil sie den Mörder gesehen hat. Ihre Zeugenaussage lässt darauf schließen.«

Tommy machte eine Pause, damit Siv Persson das Gesagte verdauen konnte, dann fuhr er fort:

»Sie sind die einzige noch lebende Zeugin. Der Mörder ist lebensgefährlich, und zwar buchstäblich. Öffnen Sie nicht die Tür, wenn es klingelt und Sie nicht wissen, wer es ist. Und auch wenn Sie wissen, wer vor der Tür steht, sollten Sie es sich genau überlegen, damit es nicht zufällig eine Person ist, die sich als Schwester Tekla verkleidet hat.«

»Pfui! Sie versuchen wirklich, mir Angst einzujagen!«

»Dafür habe ich gute Gründe. Wir haben heute Vormittag Linda gefunden. Tot.«

Siv Persson schwankte, als hätte ihr jemand einen kräftigen Schlag versetzt. Irene nahm die Krankenschwester beim Arm und führte sie zum Sessel im Wohnzimmer. Sie sank in sich zusammen und starrte vor sich hin. Kaum hörbar flüsterte sie:

»Wie?«

»Wie sie gestorben ist?«, fragte Irene zurück.

Siv Persson nickte wortlos.

»Sie wurde erhängt an derselben Stelle gefunden, an der sich Schwester Tekla das Leben genommen hat. Sie hing von einem der Dachbalken auf dem Speicher. Die Pathologin glaubt, dass sie seit ungefähr einer Woche tot ist.«

»Dann ist sie in derselben Nacht wie Marianne gestorben«, sagte Siv Persson tonlos.

»Das ist wahrscheinlich. Aber wir wissen es nicht sicher.«

»War es… Selbstmord?

»Das wissen wir nicht. Wir müssen die Obduktion abwarten. Aber in Hinsicht darauf, was Marianne und Gunnela Hägg zugestoßen ist, muss ich meinem Kollegen zustimmen. Seien

224

Sie vorsichtig. Sie sollten den Gedanken aufgeben, dass es sich um ein Gespenst gehandelt haben könnte! Gespenster ermorden niemanden. Das tun nur Menschen.«

Das Gesicht der Krankenschwester sah aus wie eine Totenmaske. Es war vollkommen leblos. Sie nickte jedoch, um zu verstehen zu geben, dass sie gehört hatte, was Irene gesagt hatte.

»Kommen Sie zurecht? Wollen Sie, dass ich jemanden anrufe?«

Mit Mühe schüttelte die Krankenschwester den Kopf.

»Ich bin es gewohnt, allein zurechtzukommen. Aber... wie kann jemand nur so grausam sein! Einfach junge Mädchen zu ermorden! Und diese arme Stadtstreicherin... Furchtbar!«

Beide Polizisten nickten zustimmend. Unbegreifliche Grausamkeiten spielten sich in der alten Klinik ab.

»Schwester Siv hat Recht. Das Ganze ist unbegreiflich, weil wir kein Motiv haben. Hätten wir ein Motiv, dann wäre es viel einfacher, dem Mörder auf die Spur zu kommen«, seufzte Irene.

Tommy nickte. Sie saßen im Auto und fuhren die kurze Strecke zur Löwander-Klinik. Es war gegen drei, und sie wollten das Gespräch mit Sverker Löwander fortsetzen.

Da klingelte das Autotelefon. Tommy nahm ab. Er sagte nicht viel und hörte fast nur zu. Daraus schloss Irene, dass der Kommissar am anderen Ende war. Sie beendeten das Gespräch. Ernst und verbissen sagte Tommy:

»Das war Andersson. Die Stridner hat ihn gerade von der Pathologie aus angerufen. Linda wurde ermordet. Erst wurde sie mit einem Stück Flaggenleine erdrosselt und dann mit der restlichen Flaggenleine aufgehängt. Für die Schlinge hatte der Mörder die Leine doppelt genommen. Deswegen fehlte auch ein so langes Stück.«

»Die Schlinge, mit der sie erdrosselt wurde, und die Schlinge, an der sie hing, sind also zusammen sechs Meter lang?«

»Yes.«

Schweigend fuhren sie den Rest der Strecke.

Sverker Löwander war leichenblass. Er sah aus, als sei er vollkommen am Ende. Irene fragte sich, ob er an einer lebensbedrohlichen Krankheit litt. Seine Haare hatte er immer noch nicht gewaschen, und nach seinem Schweißgeruch zu urteilen, hätte ihm eine Dusche auch nicht geschadet. Er wirkte wie ein Mann, um den herum die Welt in Trümmer geht. Und so ist es auch, dachte Irene.

»Setzen Sie sich.«

Der Arzt sparte sich alle Höflichkeitsfloskeln.

Vornübergebeugt saß er wie schon am Morgen auf dem Sessel der Bereitschaftswohnung. Tommy setzte sich auf das ungemachte Bett, und Irene zog sich den Schreibtischstuhl heran. Es fiel ihr auf, dass sie jetzt genauso saßen wie schon bei ihrer ersten Unterredung. Während der vergangenen Stunden hat sich nichts verändert, dachte sie, berichtigte sich aber sofort. Eine wichtige Veränderung war eingetreten. Jetzt wussten sie, dass auch Linda Svensson ermordet worden war.

»Ich würde Ihnen gerne ein paar Fragen über Linda stellen«, begann Irene.

Löwanders Hautfarbe veränderte sich ins Grüngrau, er sah aus, als müsse er sich gleich übergeben. Nachdem er ein paar Mal tief Luft geholt hatte, sagte er:

»Entschuldigen Sie. Aber das alles… nimmt mich ziemlich mit.«

»Das verstehe ich. Erst die finanziellen Sorgen und dann noch die Morde. Wohl kaum die Reklame, die sich eine Privatklinik wünschen kann«, sagte Irene.

»Wohl kaum die Reklame, die sich irgendein Krankenhaus der Welt wünschen kann«, sagte Löwander seufzend.

»Um auf Linda zurückzukommen. Wann haben Sie sie zuletzt gesehen?«

»Am Montag, am zehnten. Sie hatte Frühschicht. Wir haben uns kurz nach der Morgenbesprechung gesehen. Ich war kurz im Schwesternzimmer, um nach einigen Papieren zu suchen, die auf Abwege geraten waren. Sie hätten eigentlich oben im OP liegen sollen.«

»Was waren das für Papiere?«

»Spielt das eine Rolle...? Nils Peterzéns internistische Daten. Sein Herz und seine Lunge waren ziemlich schwach. Es blieb kaum genug Zeit, noch alles vor der Operation durchzugehen...«

»Wie wirkte Linda bei Ihrer Begegnung?«

»Wie sie wirkte? Wie immer an einem Montagmorgen, wenn viel operiert wurde. Gestresst. Aber auch nicht mehr als gewöhnlich. Sie war ganz einfach so wie immer.«

»Was hat sie gesagt?«

Löwander legte seine vor Müdigkeit in Falten liegende Stirn in noch tiefere Falten. Einen Moment lang sah er aus wie fünfzig.

»Wir sagten hallo und irgendwas über die Kälte... und ich fragte, wo die Papiere seien, und sie half mir beim Suchen. Dann fiel ihr ein, dass sie wahrscheinlich unten bei der Sekretärin liegen.«

»Sie haben sie dann im Verlauf des Tages nicht mehr gesehen?«

Löwander schüttelte den Kopf.

»Ich verbrachte den Nachmittag und Abend auf der Intensivstation, weil es Peterzén sehr schlecht ging. Vielleicht habe ich sie gegen fünf auf dem Korridor gesehen, als sie sich auf den Heimweg machte. Aber ich bin mir da nicht sicher, ob das an diesem Montag war oder eine Woche zuvor... Ich bin unglaublich müde, vollkommen fertig!«

Er verstummte und legte den Kopf in die Hände.

»Was hatten Sie für eine Meinung von Linda?«, fragte Tommy.

»Fröhlich, angenehm. Tüchtige Krankenschwester.«

»Sie haben nie bemerkt, dass sie irgendein Problem gehabt haben könnte?«

»Was für ein Problem?«

»Ich denke da am ehesten noch an irgendein Drogenproblem.«

Der Arzt schüttelte nachdrücklich den Kopf.

»Nein. Absolut nicht! Genauso wenig wie Marianne Svärd. Marianne kannte ich nicht so gut, weil sie nachts gearbeitet hat. Aber ich bin mir sicher, dass keine der beiden Drogenprobleme hatte.«

»Wir haben heute Nachmittag Bescheid von der Pathologie bekommen. Linda Svensson hat keinen Selbstmord begangen. Sie wurde ebenfalls ermordet.«

Da übergab sich Sverker Löwander. Es ging so schnell, dass er sich nur noch nach vorne werfen und auf den Teppich kotzen konnte. Er erbrach keine größere Menge, da er offenbar nichts im Magen hatte. Ein saurer Geruch verbreitete sich im Zimmer.

»Entschuldigen Sie«, murmelte er.

Auf unsicheren Beinen stand er auf und ging auf die Dusche zu. Sie hörten, dass Wasser lief, und anschließend kam er mit Toilettenpapier in der Hand zurück. Eilig wischte er das Erbrochene auf und verschwand erneut in der Toilette.

Als er zurückkam, öffnete er als Erstes das Fenster. Dafür war Irene dankbar. Der durchdringende Geruch war in dem kleinen Zimmer allmählich unangenehm geworden. Er setzte sich wieder auf den Sessel, fiel aber dieses Mal nicht wieder so hoffnungslos in sich zusammen. Er hielt den Rücken gerade und strahlte plötzlich eine Wachsamkeit aus, die er vorher nicht an den Tag gelegt hatte.

Sehr förmlich sagte Sverker Löwander:

»Entschuldigen Sie mein Auftreten.«

Tommy lächelte freundlich:

»Wir haben größtes Verständnis dafür, dass es Ihnen nicht gut geht.«

»Unser Spezialist für die plastische Chirurgie hat mir vorige Woche, ehe er in die Skiferien fuhr, mitgeteilt, dass er sich im Juni pensionieren lassen will. Und heute hat der Anästhesist

Konrad Henriksson gekündigt. Er hat bereits eine neue Stelle an der Källberg-Klinik.«

»Die werben offenbar ab, wen sie nur können.«

»Ja.«

»Ist es schwer, für diese beiden Ärzte Ersatz zu finden?«

»Es ist unmöglich! Wer interessiert sich schon für ein sinkendes Schiff?«

»Ist es ebenso schwer, Krankenschwestern zu rekrutieren?«

»Ja. Das ist schon seit etwa zwei Jahren ein Problem. Wir hatten trotzdem Glück, weil wir immer gute Schwestern bekommen haben. Auch wenn sie jung waren, als sie hier angefangen haben.«

»Sie meinen Linda, Marianne und Anna-Karin?«

»Ja.«

Von diesen dreien war nur noch eine am Leben. Irene beschloss, so schnell wie möglich mit Anna-Karin zu sprechen.

»Was machen Sie, wenn Sie keinen Ersatz finden?«

Löwander seufzte.

»Ich habe heute Nachmittag einen Entschluss gefasst. Ich werde die Löwander-Klinik nach Mittsommer schließen.«

»Sie geben auf?«

Er nickte müde.

Irene räusperte sich.

»Ich habe eine praktische Frage. Wie viele Generalschlüssel gibt es für die Klinik? Die Tür zu dem Speicherraum, in dem Linda gefunden wurde, war verschlossen, und niemand hatte das Schloss oder die Tür beschädigt. Genau wie beim Mord an Marianne.«

»Der Hausmeister hat einen Generalschlüssel und ich habe einen.«

»Sonst hat niemand einen Generalschlüssel?«

»Nein.«

»Haben Sie Ihren da?«

»Ja.«

Der Arzt steckte die Hand in die Hosentasche und zog ein

Schlüsseletui hervor. Er knöpfte es auf, betrachtete die Schlüssel und nahm einen.

»Hier. Das ist der Generalschlüssel.«

Er reichte Irene das Etui mit den Schlüsseln.

»Haben Sie die Schlüssel immer bei sich?«

»Ja, immer.«

Das war wirklich problematisch. Bengtsson lief ebenfalls immer mit seinem Schlüsselbund in der Tasche herum. Wenn weder Bengtsson noch Sverker Löwander hinter den Morden steckten, wer dann? Nur Gespenster konnten durch verschlossene Türen gehen.

Irene gab die Schlüssel zurück. Aus einer Eingebung heraus fragte sie:

»Was wollen Sie machen, nachdem Sie die Klinik geschlossen haben?«

»Ich habe weiter mein Auskommen. Ich nehme meine Patienten mit und miete mich in einer Privatklinik ein. Wenn alles gut geht in der Källberg-Klinik. Aber das weiß ich noch nicht. Das regelt sich.«

»Aber das übrige Personal wird entlassen«, stellte Irene fest.

»Ja. Leider.«

»Was wird aus dem Klinikgebäude?«

»Keine Ahnung. Ich verkaufe es vermutlich so, wie es ist.«

Es war ihm anzumerken, dass ihm das vollkommen gleichgültig war. Irene und Tommy warfen sich einen Blick zu. Sie waren sich einig, dass sie von ihm nichts Wesentliches mehr erfahren würden. Gerade als sie aufstehen und gehen wollten, klingelte Irenes Handy. Sie nahm es aus der Tasche und sagte:

»Irene Huss.«

»Hallo, Mama. Deine Friseuse hat gerade angerufen und war stinksauer. Du hast den Termin verpasst. Sie hat gesagt, dass du trotzdem zahlen musst«, ließ sich Jennys Stimme vernehmen.

»Verdammt!«

Kommissar Andersson sah verdrossen aus. Die Anhörung des gesamten Personals hatte für die Ermittlungen nichts Neues ergeben. Niemand hatte in letzter Zeit im Verhalten von Marianne oder Linda eine Veränderung bemerkt. Beide waren wie immer gewesen. Schwester Ellen war krank, mit ihr hatten sie nicht sprechen können. Andersson seufzte und strich sich mit der Hand über die Glatze.

Sein Ermittlungsteam traf allmählich ein. Als Erste betraten Birgitta und Hannu das Zimmer. Sie begrüßten ihren Chef, und Birgitta sagte:

»Ich habe dieses Schwein Schölenhielm dreimal verhört. Er ist nicht ganz bei Trost!«

Andersson runzelte die Stirn und versuchte nachzudenken. Wer von den Angestellten der Löwander-Klinik hieß wieder Schölenhielm? Vielleicht der Hausmeister? Nein, der hieß Bengtsson... Er gab auf und seufzte:

»Wer ist Schölenhielm?«

»Der Mann, der letzten Samstag seine polnische Lebensgefährtin erschlagen hat. Maria Jacobinski.«

»Warte. Warum verhörst du diesen Gebrauchtwagenhändler? Du sollst dich um die Morde in der Löwander-Klinik kümmern!«

»Wer soll es sonst machen? Irene hat schließlich Samstagnacht die Bereitschaft für Hans Borg übernommen. Darum hattest du dich nicht gekümmert.«

Die letzte Bemerkung kam möglicherweise etwas schärfer heraus als beabsichtigt, denn als sie sah, dass der Kommissar rot wurde, beeilte sie sich, fortzufahren:

»Ich habe am Sonntag die Ermittlung übernommen. Ziemlich eindeutig, das Ganze. Die Gerichtsmedizin hat gestern einen vorläufigen Bericht gefaxt. Sie hatte sämtliche Knochen gebrochen, und zahlreiche Spuren weisen auf frühere Misshandlungen hin. Zwei Finger waren gebrochen und offenbar ohne Behandlung wieder zusammengewachsen. Der Schädelknochen war im Nacken zertrümmert. Diese Verletzung war

231

tödlich. Bei meinem ersten Verhör mit dem Gebrauchtwagenhändler hat er behauptet, an totalem Gedächtnisverlust zu leiden. Ich hätte das wohl eher einen ordentlichen Kater genannt. Gestern hielt er immer noch an seinem Gedächtnisverlust fest, aber heute kam er mit einer vollkommen anderen Version.«

Gegen seinen Willen fand Andersson die Sache interessant, und obwohl die meisten der Ermittlungsgruppe mittlerweile gekommen waren, sagte er kurz:

»Und die wäre?«

»Also. Die polnische Mafia sei im Laufe des Abends in die Wohnung eingedrungen. Mit vorgehaltener Pistole zwangen die Schurken Schölenhielm eine ganze Flasche Grant's zu trinken und erschlugen anschließend seine Lebensgefährtin. Er konnte nichts tun, da er sturzbetrunken war. Hilflos saß er da und sah, wie sie ermordet wurde.«

Jonny meinte höhnisch:

»Diese Variante ist neu. Was hat er außerdem für einen absurden Namen?«

»Sten Schölenhielm? Vor dreiundzwanzig Jahren angenommen. Er wurde als Sten Svensson geboren. Ein Name, der fast adlig klingt, ist bei Gebrauchtwagengeschäften sicher nicht fehl am Platz.«

»Jetzt wollen wir uns nicht weiter um den Gebrauchtwagenhändler und sein polnisches Flittchen kümmern. Birgitta, du sorgst dafür, dass jemand anderes diese Ermittlung übernimmt. Vielleicht Thomas Molander ... Was ist denn?«

Birgitta war vollkommen erstarrt und sah Andersson durchdringend an. Eiskalt sagte sie mit leiser Stimme:

»Wie willst du das wissen?«

»Wie? Was?«

»Wie willst du wissen, dass sie ein Flittchen war?«

Andersson sah Birgitta verwundert an.

»Das wissen doch alle, wie sich diese Mädchen aufführen!«, zischte er.

»Wie denn?«, fuhr Birgitta mit Unheil verkündender Stimme fort.

»Hängen in Bars rum und reißen Touristen auf. Dann erwischen sie einen reichen Ausländer und sehen ihre Chance, von der Straße und ihrem grauen Leben wegzukommen.«

»Und alle sind so?«

»Vielleicht nicht alle, aber die meisten.«

»Und du weißt, dass Maria Jacobinski ein Flittchen war?«

»Jaa … Nein. Aber das weiß man doch …«

Birgitta und Andersson starrten sich an wie zwei Kampfhähne. Jeden Augenblick konnte einer der beiden explodieren. Irene wusste, was hinter dieser Auseinandersetzung steckte. Eigentlich hatte der Streit nichts mit Anderssons gedankenloser Äußerung über Maria Jacobinski zu tun. Birgitta fühlte sich immer noch gekränkt und fand, dass Andersson Hans Borg nicht ausreichend bestraft hatte. Sie wollte Borgs Kopf auf einem Teller serviert sehen. Aber Andersson verstand Birgittas unter der Oberfläche brodelnde Rachegelüste nicht. Er war der Ansicht, die Sache elegant gelöst zu haben, indem er Borg durch Hannu Rauhala ersetzt hatte. Kein Gerede und keine Artikel in den Zeitungen über Mobbing bei der Polizei.

Irene begriff, dass Birgitta nichts erreichen würde. Sie konnte nicht gewinnen. Vielleicht sah Birgitta das auch selbst ein, denn sie beendete, wenn auch noch tiefernst, das Ganze mit folgenden Worten:

»Die meisten kommen her, weil man ihnen die Ehe versprochen hat, nur um sich als Sexsklavinnen in einem fremden Land wieder zu finden. Die Schmach der Rückkehr ist zu groß. Und wenn sie zurückkehren, dann bleibt ihnen meist nur die Prostitution. Auch wenn Maria Jacobinski in Polen Prostituierte gewesen ist, finde ich, dass sie einen Anspruch auf Gerechtigkeit hat.«

»Von etwas anderem war auch nie die Rede!«, explodierte Andersson.

Er warf ihr einen ziemlich ungnädigen Blick zu, um ihr zu verstehen zu geben, dass sie zu weit gegangen war.

»Zum Teufel mit Thomas Molander. Du setzt die Ermittlungen selbst fort«, sagte er schroff.

Birgitta sah ihn verständnislos an.

»Du kannst gehen und in der Sache des Gebrauchtwagenhändlers und der Polin weiterermitteln«, verdeutlichte Andersson und nickte in Richtung Tür.

Schweigend und verbittert stand Birgitta auf und raffte ihre Papiere zusammen. Ohne einen Blick zurück, ging sie kerzengerade aus dem Zimmer.

Betretenes Schweigen breitete sich im Raum aus.

Schließlich wurde es von Jonny gebrochen:

»Die hat wirklich Haare auf den Zähnen!«

Er tauschte mit Andersson einen Blick männlicher Eintracht. Irene musste sich in die Wange beißen, um nicht herauszuplatzen. Wie gesagt, dieser Kampf war nicht zu gewinnen.

»Jetzt machen wir mit der Löwander-Klinik weiter. Wir haben noch kein Obduktionsergebnis. Weder von der Vogeldame noch von Linda. Ich habe mit der Stridner geredet, und sie hat mir versprochen, dass ich beide Berichte morgen sehr früh auf dem Schreibtisch liegen habe. Wir sprechen darüber dann als Erstes bei der Morgenbesprechung.«

Alle nickten zustimmend und der Kommissar fuhr fort:

»So viel konnte die Stridner sagen, dass auch Linda ermordet worden ist. Erst erdrosselt und dann mit einer doppelten Flaggenleine an einem Dachbalken aufgeknüpft.«

»Warum ist sie aufgehängt worden?«, wollte Hannu wissen.

»Vielleicht damit es wie ein Selbstmord aussieht?«, schlug Jonny vor.

»Nein. Sie hatte noch die Schlinge, mit der sie erdrosselt worden war, um den Hals«, wandte Hannu ein.

Die Gruppe dachte über Hannus Äußerung nach. Schließlich meinte Irene:

»Ich glaube, das ist ein wichtiger Punkt, auf den Hannu da hinweist. Die Absicht war nicht, es wie einen Selbstmord aussehen zu lassen. Der Mörder versucht etwas anderes zu sagen. Wenn er Linda nur hätte ermorden wollen, dann hätte es gereicht, sie zu erdrosseln und sie in den verschlossenen Speicherraum zu werfen.«

»Wie er das mit Marianne gemacht hat. Er hat sie einfach in den Kellerraum geworfen«, meinte Fredrik Stridh.

»Das ist ein seltsames Detail, wenn es nicht mehr ist. Warum ist er mit Mariannes Leiche im Aufzug in den Keller gefahren und hat sie in die Elektrozentrale geschleppt, wenn es viel einfacher gewesen wäre, sie in den Speicherraum zu werfen? Das hat ihn vermutlich sehr viel Zeit gekostet«, überlegte Irene.

»Zeit«, sagte Hannu.

Alle anderen erinnerten sich von ihrer letzten Zusammenarbeit an Rauhalas kurz angebundene Art und wussten, dass es keinen Sinn hatte, ihn zu drängen. Was er sagen wollte, sagte er. Alle hatten sich nach seinem Tempo zu richten. Für die sich immer in Eile befindenden Ermittler war das, um es milde zu sagen, aufreibend. Was er sagte, war jedoch immer wesentlich. Andersson hatte vor dem Scharfsinn des Finnen großen Respekt, war aber nach seinem Disput mit Birgitta immer noch aus dem Gleichgewicht. Deswegen sagte er, schärfer als beabsichtigt:

»Was für Zeit?«

Unbeirrt fuhr Hannu fort:

»Der Mörder braucht Zeit. Deswegen legt er die Stromversorgung lahm. Das Beatmungsgerät fällt aus. Der Arzt und die Krankenschwester müssen sich um den Patienten kümmern. Der Mörder kann so in den Speicherraum zurückkehren und dort damit weitermachen, Linda aufzuhängen.«

Im Konferenzzimmer wurde es vollkommen still.

»Sprich weiter«, sagte Andersson schließlich.

»Der Mörder musste auf jeden Fall in den Keller, um den

235

Strom lahm zu legen. Er nimmt die Leiche von Marianne mit. Er weiß, dass sie gefunden werden wird, sobald jemand dort nach dem Fehler sucht. Das will er. Er will die Entdeckung von Linda hinauszögern.«

»Und das ist traurigerweise genau das, was passiert ist! Eine ganze Woche!«

Der Kommissar schaute seine Zuarbeiter düster und vorwurfsvoll an. Niemand fühlte sich getroffen, denn wenn die Sache so zugegangen war, wie Hannu sie skizziert hatte, dann war sie eiskalt geplant gewesen. Und sie waren dem Mörder alle auf den Leim gegangen.

»Dass die Morde an den Krankenschwestern irgendwie zusammenhängen, ist inzwischen wohl ziemlich klar. Aber der Mord an dieser verrückten Vogeldame ist vielleicht von einer ganz anderen Person verübt worden«, meinte Jonny versuchsweise.

Tommy schüttelte den Kopf.

»Nein. Die Stridner glaubt, dass es sich um denselben Mörder handelt. Brutal und mit kräftigen Armen, sagt sie. Und das wahrscheinliche Mordwerkzeug ist der Seitenschneider, der benutzt wurde, um in der Nacht, in der Marianne und Linda ermordet wurden, das Notstromaggregat außer Gefecht zu setzen. Und der hat sich am Ufer des Bachs ganz in der Nähe von Gunnela Häggs Leiche gefunden.«

»Und alle sagen, dass sowohl Marianne als auch Linda in der Zeit vor den Morden so wie immer waren«, stellte Andersson fest.

»Eine Sache an Lindas Verhalten war nicht so wie immer. Sie bat ihren Lebensgefährten, auszuziehen, weil sie ihn nicht mehr lieben würde. Liebte sie einen anderen, obwohl sie das leugnete? Man sollte sich vielleicht mehr um diese Trennung kümmern. Aber die betrifft natürlich nur Linda und ihren Lebensgefährten und erklärt nicht, wie der Mord an Marianne ins Bild kommt. Ganz zu schweigen vom Mord an Gunnela Hägg«, sagte Irene.

»Es geht um die Klinik«, war Hannus ruhige Stimme zu vernehmen.

Irene zuckte zusammen. Sie hatte ebenfalls mehrere Male genau dieses Gefühl gehabt.

»Ich bin da deiner Meinung. Die ganze Zeit verweisen die Spuren auf die Löwander-Klinik zurück. Auf das, was vor vielen Jahren passiert ist ...«

»Komm uns jetzt nicht schon wieder mit deinem verdammten Gespenst!«, sagte der Kommissar.

»Nein. Kein Gespenst. Wir jagen keine Hirngespinste, sondern einen Mörder. Aber diese Geschichte mit Schwester Tekla, die hat mit der Sache zu tun. Denkt nur daran, dass der Mörder Linda an derselben Stelle aufgehängt hat, an der sich die Krankenschwester vor fünfzig Jahren das Leben genommen hat. Das muss etwas bedeuten.«

»Und was?«

»Keine Ahnung. Wir müssen die Geschichte der Löwander-Klinik näher untersuchen. Vielleicht führen uns die Toten zum Mörder.«

»Du bist wohl total plemplem! Wir sollten nicht im Dreck von gestern wühlen, wenn wir bis zu den Knien in dem von heute stecken!«, brauste Jonny auf.

Andersson saß schweigend da und schaute sie nacheinander an. Es gab offenbar zwei Lager, die einen hielten zu Irene, die anderen zu Jonny. Der Kommissar war eher auf einer Linie mit Jonny, aber irgendwas war da an Irenes Sicht der Dinge. Resolut ergriff er das Wort:

»Hannu, Irene und Tommy, ihr grabt in der Geschichte der Löwander-Klinik. Fredrik, Jonny und Bir ... ich selbst machen mit den Lebenden weiter.«

»Wo fangen wir an?«, fragte Hannu.

Die drei »Ghostbusters«, wie Jonny sie sofort getauft hatte, saßen in Irenes und Tommys Zimmer.

»Ich versuche, mich mit Sverker Löwanders erster Frau Barbro zu treffen. Sie kannte Sverkers Eltern und kennt sicher einige der Geschichten über die Klinik. Dann sind da noch ihre gegen Carina gerichteten Vorwürfe, was den Brand der Chefarztvilla angeht. Es ist sicher interessant, auch darüber mehr zu erfahren«, sagte Irene.

Tommy nickte.

»Ich werde noch einmal etwas ausführlicher mit Siv Persson sprechen. Ich würde gerne eventuelle Verwandte von Schwester Tekla ausfindig machen. Falls von denen noch welche am Leben sind. Und dann will ich wissen, wo genau in dem Speicher sie sich aufgehängt hat. Hat Lindas Mörder sie wirklich an derselben Stelle aufgehängt? Daraus ergibt sich dann automatisch die Folgefrage, warum?«

»Und woher kannte er die genaue Stelle?«, fuhr Hannu fort.

Irene war sich sicher, dass es wichtig war, dieser Spur zurück in die Vergangenheit zu folgen. Der Mörder hatte sich ebenfalls wie selbstverständlich in diesem Kontext bewegt. Natürlich war es schlau, sich zu verkleiden, aber genau das konnte ihm auch zum Verhängnis werden. Der Ort, an dem Linda aufgehängt worden war, ließ eindeutig auf Vertrautheit mit der Geschichte der Löwander-Klinik schließen. Das begrenzte den Kreis der Verdächtigen.

»Ich versuche immer noch herauszufinden, welche Patienten im Sommer 1983 oder 1984 in der Löwander-Klinik waren«, sagte Hannu.

Irene nickte und unterdrückte ein Gähnen. Es war ein langer Tag gewesen, und der nächste Tag würde kaum kürzer werden.

Sie musste daran denken, sich von der Friseuse einen neuen Termin geben zu lassen.

KAPITEL 14

Barbro Löwander arbeitete als Sprechstundenhilfe im Sahl-grenska-Krankenhaus. Irene hatte sie früh am Morgen zu Hause angerufen. Erst wollte sie nicht mit der Polizei spre-chen, da sie auf keinen Fall etwas mit der Löwander-Klinik zu tun haben wollte. Irene war jedoch unerbittlich, und nach der Drohung, sie ins Präsidium zu einem regelrechten Verhör zu bestellen, ließ sich Barbro Löwander auf ein Gespräch ein. Sie einigten sich darauf, sich um elf am Haupteingang des Sahl-grenska zu treffen.

Das passte Irene ausgezeichnet. Dann würde sie noch die Morgenbesprechung beim Kommissar mitbekommen und sich um einige Schreibarbeiten kümmern können, die liegen geblie-ben waren. Außerdem konnte sie einen neuen Termin beim Friseur vereinbaren.

»Wir fangen mit Gunnela Hägg an. War jemand bei der Ob-duktion dabei?«

Alle im Raum schüttelten die Köpfe.

Andersson raschelte mit zwei Faxen und setzte die Lese-brille auf. Er räusperte sich.

»Gunnela Hägg. Geboren 19. Januar 1950. Laut Polizeibe-richt tot im Durchlass unter einer Brücke aufgefunden. Bei der Leiche lag ein Seitenschneider, an dem Blut sowie einzelne Haare klebten. Am Hinterkopf hatte sie über der Schädelba-sis eine Quetschung. Kräftige Fraktur des Schädelknochens.

Reichliche Blutung im Gehirn. Der Befund weist darauf hin, dass sie an den Kopfverletzungen gestorben ist. Das Gesamtbild spricht dafür, dass sie ermordet wurde. Eine vollständige toxikologische Untersuchung steht noch aus. Proben für die kriminaltechnische Untersuchung sind entnommen.«

Der Kommissar beendete den Vortrag und sah über den Rand seiner Brille. Es handelte sich um eines dieser billigen, rechteckigen Modelle, die man in Warenhäusern und an Tankstellen kaufen kann. Langsam klappte er die Bügel zusammen. Dann ergriff er wieder das Wort:

»Ich habe Frau Professor Stridner gerade eben ans Telefon bekommen. Sie sagt, dass der Mörder Rechtshänder und sehr stark ist. Das Vorderteil des Seitenschneiders passt zu den Wunden. Ihrer Theorie nach schlug der Mörder wiederholt mit dem Seitenschneider auf Gunnela Hägg ein. Er brauchte mehr Kraft, als nötig gewesen wäre, um die winzige Alte zu töten.«

Die »Alte« war dreizehn Jahre jünger gewesen als der Kommissar, aber Irene ließ es ihm durchgehen.

»Der Mörder fühlte sich bedroht«, meinte Jonny nickend.

»Er wusste von ihrer Existenz«, warf Hannu ein.

»Sicher wurde ihr der Zeitungsartikel zum Verhängnis«, meinte Tommy.

Irene fuhr fort:

»Er wusste, dass ihm etwas, was Gunnela in der Mordnacht gesehen hatte, gefährlich werden konnte. War es die Tatsache, dass er auf Lindas Fahrrad davongefahren war und es unter der Brücke versteckt hatte?«

»Yes. Davon bin ich überzeugt. Ich glaube auch, dass sich der Mörder hinter der Brücke die Schwesterntracht ausgezogen hat. Dann ging er hoch auf die Straße und verschwand. Vielleicht mit einem Auto«, sagte Tommy.

»Das klingt wahrscheinlich«, pflichtete ihm Irene bei.

»Kann man irgendwo an dieser Ausfallstraße parken?«, wollte der Kommissar wissen.

»Nein. Nicht direkt an der Straße. Aber ganz in der Nähe

240

des Mordplatzes gibt es einen ausgezeichneten Parkplatz. Knapp dreißig Meter entfernt.«

»Wo?«

»Am Klinikpark, hinter dem Tannenwäldchen. Hier befindet sich ein Besucherparkplatz für die Bewohner der Mietshäuser. Von der Brücke bis zum Parkplatz sind es nicht einmal dreißig Meter.«

Die anderen dachten über Irenes Schlussfolgerung nach und nickten nach einer Weile zustimmend. Ermuntert fuhr diese fort:

»Ein perfekter Platz für den Mörder, um seinen Wagen abzustellen. Als er sich zur Klinik schlich, stand Gunnela Hägg in der Laube und beobachtete ihn. Sie kannte die Geschichte von Schwester Tekla und glaubte natürlich, ein Gespenst vor sich zu haben!«

Irene sah sich in der Runde um. Die meisten schienen ihr folgen zu können.

»Entscheidend ist, dass Gunnela Hägg dort stehen blieb. Sie sah, wie Linda zur Klinik kam, und sie sah, wie die Person in der Schwesterntracht wieder ins Freie trat, das Fahrrad nahm und wegfuhr. Auf dem Tonband sagt Gunnela: ›Sie nahm das Fahrrad. Gott bestraft Diebstahl!‹«

»Wie wollen wir wissen, dass nicht Linda zurückkam und ihr Fahrrad nahm?«, warf Jonny ein.

»Weil Kurt Höök sie fragte: ›Welches Fahrrad?‹, und weil sie darauf antwortete: ›Das der anderen, die lebte.‹ In ihrer verdrehten Welt hatte sie schließlich ein Gespenst gesehen. Nämlich Schwester Tekla. Und Gespenster müssen erst sterben, ehe sie überhaupt Gespenster werden. ›Die andere, die lebte‹, bezieht sich wahrscheinlich auf Linda. Sie war kein Gespenst, sie lebte.«

Andersson schlug erregt mit der flachen Hand auf den Tisch. Sein Pappbecher fiel um, und Kaffee lief über die Faxe. Eilig und noch ehe sie vollkommen durchnässt waren, hob er sie hoch und trocknete sie leidlich mit seinem Pulloverärmel

241

ab. Irene seufzte und ging auf den Korridor, um von der Toilette Papierhandtücher zu holen. Auf dem Rückweg sah sie Birgitta am anderen Ende des Ganges, aber diese schien sie nicht zu bemerken. Jedenfalls winkte sie nicht zurück.

Als sie wieder in den Raum trat, hörte sie Anderssons erregte Stimme:

»Jonny und Fredrik sollen noch einmal in den Mietshäusern die Runde machen und fragen, ob jemand in der Mordnacht ein fremdes Auto auf dem Besucherparkplatz gesehen hat. Gegen Mitternacht. Wenn wir nur eine Automarke hätten, dann könnten wir diesem Kerl endlich das Handwerk legen!«

Er atmete hörbar. Irene machte sich wieder einmal Sorgen um den Blutdruck ihres Chefs. Aber das war ein heikles Thema, und sie hütete sich, es zur Sprache zu bringen.

Der Kommissar nahm das andere Fax und wedelte mit ihm in der Luft, damit es trockener wurde. Dann sagte er:

»Wer war bei dieser Obduktion dabei?«

Fredrik Stridh hob die Hand und beugte sich vor, um das feuchte Fax entgegenzunehmen. Er überflog hastig den Text, ehe er anfing, vorzulesen:

»Linda Svensson. Geboren den 23. Januar 1973. Laut Polizeibericht in kniender Stellung in einem Dachstuhl erhängt aufgefunden. Der Oberkörper hing an einer doppelten Flaggenleine. Die Leiche weist an der linken und rechten Vorderseite des Kopfes Verfärbungen auf. An der rechten Seite des Halses sind Hautschäden. Auf der Haut des Halses ist der Abdruck einer Schlinge sichtbar. In diesem steckt noch eine dünne Leine. Darunter ist es zu reichlichen Blutungen ins Gewebe und die Muskulatur gekommen. Schildknorpel und Zungenbein sind gebrochen. Außerdem sind punktförmige Blutungen in den Augen zu erkennen und in der Schleimhaut des Mundes. Die Funde sprechen dafür, dass der Tod durch Erdrosseln eingetreten ist. Geht man davon aus, dass der Tod um Mitternacht zwischen dem zehnten und elften Februar eingetreten ist, dann stimmen die Veränderungen, die die Leiche aufweist, damit überein. Eine vollständige toxikologische Untersuchung ist angeordnet. Proben für die kriminaltechnische Untersuchung sind entnommen.«

Fredrik sah vom Fax hoch und warf es voller Abscheu auf den Tisch.

»Einfach krank! Das wäre schon der Mord an sich, aber sie dann auch noch so aufzuhängen. Sie war bereits tot. Das Aufhängen gleicht mehr einem Ritual. Und auch noch schlampig gemacht. Die Schlinge saß unterm Kinn, und der Knoten war in Scheitelhöhe.«

»Ja. Wirklich krank. Und mit seinem kranken Hirn will der Mörder uns damit etwas sagen«, meinte Irene.

»Sucht in der Vergangenheit, Ghostbusters!«, trompetete Jonny.

Irene konnte sich nicht aufraffen, ihm zu antworten. Er wusste vermutlich nicht einmal, wie Recht er hatte. Sie mussten wirklich in der Vergangenheit wühlen. In dem Durcheinander aus Gespenstergeschichten und Lügen würden sie hoffentlich der Wahrheit über die Löwander-Klinik-Morde auf die Spur kommen. Aber gerade jetzt war die Sache wirklich wie verhext, das musste auch sie sich eingestehen. Das hätte sie Jonny gegenüber jedoch nie zugegeben.

»Wir sehen uns heute Nachmittag gegen fünf wieder. Svante Malm kommt auch und hat dann wohl einen Teil der Laborergebnisse«, schloss Andersson.

Das Sahlgrenska-Krankenhaus erweckte den Eindruck, als hätte es ein schizophrener Architekt gebaut. Alle Baustile, angefangen mit dem späten 19. Jahrhundert, waren vertreten, ein Durcheinander von Ziegelbauten in Jugendstil, Hochhäusern und verglasten Verbindungsgängen aus den letzten Jahrzehnten, das Ganze weder schön noch funktional.

Irene ging zum Haupteingang des Zentralkomplexes. Noch ehe sie das Entree betrat, wusste sie, dass Barbro Löwander draußen auf sie wartete. Die Frau, die neben dem Haupteingang vor dem starken Wind Schutz suchte, musste Sverker Löwanders Exfrau sein. Sie war blond und fast ebenso groß wie Carina Löwander. Die beiden Frauen ähnelten sich, obwohl Barbro den Informationen nach, die Irene über sie hatte, elf Jahre älter war. Sie trug ihr Haar in einem langen Pagenschnitt, genau wie Carina, aber es war nicht so blond, sondern hatte einen matten Grauschimmer. Noch eine, die sich einen Termin zum Tönen geben lassen sollte, dachte Irene. Die Haut von Barbro Löwander war blass. Irene fielen nur selten solche Details auf, aber diese Frau sollte sich wirklich von der Kosmetikindustrie helfen lassen. Eine braun getönte Tagescreme, Wimperntusche und ein hübscher Lippenstift würden bei diesem farblosen Gesicht Wunder wirken. Um alles noch schlimmer zu machen stand Barbro zusammengesunken da und in einen beigen Daunenmantel gehüllt. Versuchte sie sich bewusst unscheinbar zu machen? Dieser Gedanke schoss Irene durch den Kopf, als sie sich lächelnd an die Frau wandte und fragte:

»Entschuldigen Sie. Sind Sie Barbro Löwander?«

»Ja.«

»Hallo. Ich bin Kriminalinspektorin Irene Huss. Können wir uns irgendwo unterhalten?«

Barbro Löwander nickte und ging auf die automatischen Glastüren des Entrees zu. Beide Türhälften glitten zur Seite, und sie konnten das Entree des Zentralkomplexes betreten.

Es war offenbar, dass das Sahlgrenska-Krankenhaus nie den Preis für das einladendste und schönste Entree gewinnen würde. Obwohl man eine rauschende Brunnenskulptur neben das Fenster gestellt hatte, um die Stimmung zu heben. Der Eindruck dieser Skulptur wurde jedoch durch schwimmende Kippen und anderen Müll verdorben.

Sie marschierten durch das breite Entree, das durch das gesamte Erdgeschoss führte. Sie wechselten kein Wort, als sie an der Cafeteria vorbeigingen und das Gebäude durch rückwärtige Glastüren verließen. Barbro Löwander senkte gegen den schneidenden Wind die Schultern und nahm Kurs auf ein älteres Gebäude aus dunklen Ziegeln. Über ihren Köpfen verband ein verglaster Gang den Zentralkomplex mit dem alten Hauptgebäude. In diesem Gang waren eilige, weiß gekleidete Personen zu sehen, geschützt von Wind und Wetter. Irene hatte das sichere Gefühl, dass sie es bei diesem Verhör nicht leicht haben würde.

Im Haus angekommen, sauste Barbro eine abgetretene Treppe hinauf, ohne auf die Kriminalinspektorin zu achten oder das Wort an sie zu richten. Irene rannte verbissen hinterher. Im zweiten Stock blieb Barbro stehen, und Irene hörte das Rasseln eines Schlüsselbundes. Barbro Löwander schloss auf und sagte tonlos:

»Treten Sie ein. Ich habe das Büro von jemand leihen dürfen, der in Urlaub ist.«

Das Zimmer war großzügig. Zwei hohe Fenster gingen auf den hinteren Teil des botanischen Gartens. Mitte Februar war das allerdings auch keine berauschende Aussicht, aber man konnte sich leicht vorstellen, wie es sein würde, wenn im Frühling alles zu knospen begann und grün wurde.

»Sind in diesem Gebäude nur Büros?«, fragte Irene.

»Weitgehend«, entgegnete Barbro.

Sie hängte ihren Mantel an einen Haken an der Wand, und Irene hängte ihre Lederjacke daneben.

»Waren hier früher Stationen?« fuhr Irene fort.

»Nein, die Krankenpflegeschule.«

Keine Kosmetikmarke der Welt hätte vermocht, aus Barbro Löwander eine Schönheit zu machen, dachte Irene plötzlich. Der griesgrämige und bittere Zug ließ sich auch von der dicksten Schminke nicht verdecken. Sie nahm einen Stoß Papier von einem Stuhl und setzte sich. Gleichzeitig versuchte sie, sich von Sverker Löwanders Exfrau ein Bild zu machen.

Barbro ließ sich auf einen Bürostuhl vor einem riesigen Computer sinken. Sie zog ein Paket starker Filterzigaretten aus der Tasche und schüttelte ungeduldig eine heraus. Offenbar herrschte im Krankenhaus Rauchverbot, denn sie zündete sie nicht an, sondern hielt sie nur nervös zwischen den Fingern.

»Ich verstehe nicht, warum ich mich in etwas hineinziehen lassen soll, was in der Löwander-Klinik passiert ist!«, rief sie.

Zu ihrer Verwunderung sah Irene, wie ihr Tränen in die Augen traten. Vorsichtig fragte sie:

»Kannten Sie die ermordeten Krankenschwestern?«

»Nein. Ich habe die Klinik seit elf Jahren nicht mehr betreten! Ganz zu schweigen davon, dass ich mit dem Personal Umgang gepflegt hätte. Ich habe mit allem gebrochen... damals.«

»Bei der Scheidung?«, ergänzte Irene.

Barbro nickte nur. Irene schaute in ihre graublauen Augen und sah in ihnen einen großen Schmerz. Das erstaunte sie in Anbetracht der Tatsache, dass die Scheidung schon so lange zurücklag. Vielleicht handelte es sich bei dieser Trennung immer noch um eine klaffende Wunde, die man besser nicht berührte. Irene beschloss, die Sache vollkommen anders anzugehen.

»Ich wollte mit Ihnen nicht über die Scheidung, sondern über die Morde reden. In dieser Sache brauchen wir Ihre Hilfe.«

Irene ließ ihrem Gegenüber Zeit, das Gesagte zu verdauen. Barbro saß jetzt nicht mehr so verspannt da, aber ihre Stimme klang immer noch misstrauisch, als sie fragte:

»Meine Hilfe?«

»Ja. Sie haben doch einige Jahre in der Löwander-Klinik gearbeitet und waren mit Sverker verheiratet... wie lange?«

»Wir waren dreizehn Jahre lang verheiratet. Und ich habe sechs Jahre in der Löwander-Klinik gearbeitet. Ich habe nach Julias Geburt angefangen, nur noch halbtags zu arbeiten...«

Sie verstummte und presste die Lippen zusammen. Offenbar fand sie, dass sie zu mitteilsam war. Diese Ansicht konnte Irene nicht teilen. Sie versuchte es mit einer neuen Frage.

»Wie waren Ihre Schwiegereltern?«

Barbro konnte ihre Verwunderung nicht unterdrücken. Schließlich zuckte sie mit den Achseln und sagte:

»Ich sehe nicht, was das mit den Morden in der Löwander-Klinik zu haben sollte. Genauso wenig wie ich verstehe, was mich das alles angeht.«

Sie verstummte und schien nachzudenken.

»Sverkers Mutter starb, als er neun Jahre alt war. Mein ehemaliger Schwiegervater Hilding starb in dem Jahr, bevor Sverker und ich geschieden wurden. Er wurde neunundachtzig Jahre alt. Er war bis in sein letztes Lebensjahr hinein ein echter Kraftmensch. Dann erlitt er einen Gehirnschlag und dann... ging es nur noch bergab. Es machte ihn verrückt!«

Um ihre Mundwinkel spielte ein schwaches Lächeln. Irene war verwundert, hatte aber gleichzeitig das Gefühl, dass Barbro ihren Schwiegervater wirklich gemocht hatte.

»Was machte ihn verrückt?«, fragte Irene.

»Er sah sich gezwungen, die Aufsicht über die Löwander-Klinik abzugeben. Die Klinik war sein Leben. Er hatte schon etliche Jahre zuvor aufgehört zu operieren, kümmerte sich aber immer noch um die gesamte Verwaltung und den laufenden Unterhalt.«

»Wie gefiel Sverker das?«

Barbro erstarrte und warf Irene einen eiskalten, verächtlichen Blick zu.

»Er fand das angenehm. So hatte er Zeit, Carina hinterherzulaufen!«

»Er interessierte sich also nicht sonderlich für die Leitung der Klinik.«

»Nein.«

»Hat Hilding ein zweites Mal geheiratet?«

»Nein.«

»Wissen Sie, ob Geschichten über ihn im Umlauf waren... über andere Frauen...«

Irene sprach den Satz absichtlich nicht zu Ende, um zu sehen, ob Barbro anbeißen würde. Sie schluckte den Köder mit einer bitteren Grimasse.

»Ich habe in der Abendzeitung den Artikel über Schwester Tekla gelesen. Natürlich kenne ich diese Geschichte. Wie die meisten, die in der Löwander-Klinik gearbeitet haben. Aber ich glaube kein Wort davon. Alter Klatsch. Dummes Gerede!«

»Es hat nicht den Anschein, als wüsste Sverker, dass Hilding und Schwester Tekla ein Verhältnis gehabt haben.«

»Nein. Das ist möglich. Ich weiß, dass sich eine Schwester auf dem Speicher erhängt hat und dass sie angeblich umgeht … aber er hat nie etwas davon gesagt, dass sie ein Verhältnis mit Hilding gehabt haben soll. Wahrscheinlich hat nie jemand gewagt, Sverker diesen Klatsch zu hintertragen.«

»Es hat nie eine andere Frau in Hildings Leben gegeben, solange Sie ihn gekannt haben?«

»Nein. Aber er war schließlich schon zweiundsiebzig, als ich Sverker kennen lernte.«

»Offenbar waren die Eltern recht alt, als Sverker zur Welt kam.«

»Ja. Hilding war fünfzig und Lovisa muss … fast fünfundvierzig gewesen sein! Oh! Daran habe ich tatsächlich nie gedacht, dass sie schon so alt war. Sie war schon lange tot, als wir heirateten, und Sverker sprach fast nie von ihr. Aber es gab eine Menge, worüber er in all den Jahren nie geredet hat!«

Jetzt war Barbro wieder bei der Scheidung angekommen. Wie eine Zungenspitze, die ständig um ein Loch in einem Zahn kreist. Man weiß, dass es einem bei jeder Berührung durch und durch geht, aber man kann es trotzdem nicht lassen.

»Hat er Ihnen nicht erzählt, dass er ein Verhältnis mit Carina hatte?«

»Natürlich nicht! Wie üblich habe ich es als Letzte erfahren! Ich wurde vor vollendete Tatsachen gestellt. Carina war schwanger und er wollte sich scheiden lassen. Wegen des Kindes. Daran dachte er nicht, dass er bereits zwei hatte! An die verschwendete er keinen Gedanken, als dieses Biest alles tat, um ihn zu bezirzen! Er ging bereitwillig in die Falle!«

Offenbar war Barbro der Meinung, Sverker sei ein willenloses Opfer von Carinas Verführungskünsten gewesen. But it takes two to tango, dachte Irene. Sie behielt diesen Gedanken jedoch für sich und fragte stattdessen vorsichtig weiter:

»Wie lange ging ihr Verhältnis schon?«

»Etwa ein halbes Jahr. Aber das Schlimmste war, dass er mich belog und alles hinter meinem Rücken ablief! Sie trafen sich heimlich, aber trotzdem praktisch vor meinen Augen! Noch nie in meinem Leben hat man mich so gedemütigt!«

Endlich bekamen Barbros Wangen etwas Farbe und ihre Augen wurden wacher. Das kleidete sie ebenfalls nicht sonderlich. Hass und Bitterkeit stachen zu deutlich hervor.

Irene hatte das Gefühl, es sei höchste Zeit, die wichtigste Frage von allen zu stellen.

»Ich hörte jemanden von der Klinik sagen, Sie hätten Carina im Verdacht gehabt, das Feuer in der Chefarztvilla gelegt zu haben...«

Eine Weile saß Barbro vollkommen regungslos da und starrte geradeaus. Schließlich bewegten sich ihre Lippen und sie sagte:

»Niemand wollte mir zuhören. Niemand glaubte mir! Aber ich habe sie gesehen.«

»Wo haben Sie sie gesehen?«

»Vor dem Haus. Sie drückte sich vor dem Haus herum. Ich sah, wie sie die Klinke der Kellertür drückte. Aber die war abgeschlossen. Dann machte sie ein paar Schritte zurück und schaute hoch zum Obergeschoss. So stand sie ziemlich lange da. Plötzlich hörte ich, wie sie leise lachte, und dann ballte sie die eine Hand zur Faust und schüttelte sie in Richtung Haus. So!«

Barbro legte den Kopf zurück und lachte zischend. Sie schüttelte ihre Faust in Richtung Decke.

»Wohnten Sie zu diesem Zeitpunkt noch dort?«

»Nein. Ich war mit den Kindern ausgezogen.«

»Was machten Sie dann bei der Chefarztvilla?«

Jetzt sah Barbro vollkommen verbittert aus, aber sie hatte sich offenbar entschlossen, alles zu erzählen.

»Es gab eine polizeiliche Ermittlung, da viel darauf hindeutete, dass das Feuer gelegt worden war. Da fragten die Polizisten auch, warum ich vor dem Haus gestanden hätte. Ich gebe Ihnen dieselbe Antwort, die ich damals gegeben habe. Ich wollte wissen, was Sverker und Carina taten.«

»Sie standen vor dem Haus und haben ihnen hinterherspioniert?«

»Ja.«

»Wohnte Carina bei Sverker in der Chefarztvilla?«

»Nein. Sie mochte das Haus nicht und wollte dort nicht einziehen. Deswegen hat sie das Feuer gelegt. Sverker und sie haben das im Verhör bestritten und gesagt, ich sei krankhaft eifersüchtig.«

Wieder war der tiefe Schmerz in ihren Augen zu sehen, und sie presste die Lippen aufeinander. Irene sah ein, dass sie nicht viel weiter kommen würde. Sie dankte Barbro Löwander, nahm ihre Lederjacke vom Haken und verließ das Büro.

Den Rest des Nachmittags bis zur Besprechung um fünf widmete Irene den Akten, die sich auf ihrem Schreibtisch angesammelt hatten. Den Bericht über das Verhör von Barbro Löwander las sie mehrere Male, ohne klüger zu werden. Es war unangenehm, auf so viel unverarbeiteten Hass und Schmerz zu stoßen. Sie hatte den Eindruck, dass Barbro die Kränkungen, die sie erlitten hatte, pflegte, sowohl die wirklichen als auch die eingebildeten. Auf die Dauer hatte sie wohl selbst am meisten darunter gelitten. Sie wirkte sehr labil. Hatten ihre Anklagen Carina gegenüber irgendeine Berechtigung? Es war wirklich höchste Zeit, sich mit Carina Löwander zu treffen.

Ihre Kollegen hatten sich bereits im Konferenzzimmer eingefunden. Irene wunderte sich darüber, dass Birgitta wieder an ihrem Platz saß. Sie nickte nur kurz, als sie Irene mit einem Hallo begrüßte. Der Kommissar kommentierte das Auftauchen von Birgitta nicht weiter, sondern erteilte sofort Svante Malm von der Spurensicherung das Wort.

»Ich kann damit beginnen, dass wir dieselben dunklen Textilfasern auf den Kleidern von Linda Svensson gefunden haben, die wir bereits auf der Leiche von Marianne Svärd angetroffen haben. Die Fasern sind identisch und stammen vom selben Kleidungsstück, nämlich von der Schwesterntracht, die Samstagabend im Geräteschuppen in Brand gesetzt wurde. Von dieser Tracht war genug übrig, um das mit absoluter Sicherheit feststellen zu können.«

»Auf der Leiche von Gunnela Hägg gab es keine solchen Fasern?«, warf Tommy ein.

»Nein. Dagegen hatte sie sehr viel Talkum auf den Kleidern, vor allem auf dem Oberteil ihres Mantels. Wir haben sogar einen verwischten Handabdruck gefunden. Der Mörder hat Handschuhgröße siebeneinhalb.«

»Groß für eine Frau und zierlich für einen Mann«, stellte Irene fest.

Sie hatte selbst acht und Schuhgröße einundvierzig. Sie war aber auch ein Meter achtzig groß.

»Handschuhtalkum haben wir auch auf den beiden Krankenschwestern gefunden. Der Mörder trug bei allen drei Morgen OP-Handschuhe. Bei den Morden an Linda und Marianne außerdem die Schwesterntracht. Wahrscheinlich trat er beim Mord an Gunnela Hägg nicht im Kleid in Erscheinung. Wir haben übrigens auf dem Seitenschneider Blut und Haare sichern können und konnten heute nachweisen, dass sie von Gunnela stammen. Wir glauben auch, dass wir die Mordwaffe gefunden haben, mit der Marianne Svärd getötet wurde.«

Er verstummte und blätterte ein Blatt seines Spiralblocks um. Im Zimmer war es vollkommen still.

»Wie ihr wisst, hatte Linda noch die Schlinge um den Hals, obwohl sie anschließend aufgehängt wurde. Sie saß tief in der

Muskulatur vergraben. Der Mörder hat sich nicht die Mühe gemacht, sie zu entfernen. Marianne wurde ebenfalls mit einer Schlinge erdrosselt. Aber diese lag nicht mehr um ihren Hals. Wir haben uns gefragt, warum und jetzt wissen wir es. Der Mörder brauchte die Schlinge.«

Er verstummte und beugte sich zu einer Stofftasche hinab, die neben seinem Stuhl auf dem Fußboden stand. Er zog eine große Plastiktüte mit einer dünnen weißen Leine darin hervor. Ehe er die Hand in die Tüte steckte, streifte er ein Paar dünne Plastikhandschuhe über.

»Das hier ist die Flaggenleine, die von der Rolle des Hausmeisters gestohlen wurde. Fast sechs Meter. Ein Meter war abgeschnitten und wurde verwendet, um Linda zu erdrosseln. Das ist dieses Stück.«

Malm hob ein meterlanges Stück der Leine hoch. In der Mitte war es stark verfärbt.

»Das Seltsame war, dass es bei der Leine, mit der Linda aufgehängt wurde, ebenfalls ein stark verfärbtes Stück gab. Wir sahen, dass es sich um Blut handeln könnte, und analysierten es natürlich. Es war Blut. Aber nicht von Linda, sondern von Marianne Svärd.«

Der Kommissar atmete schwer und fuchtelte mit den Händen.

»Nun mal langsam! Das klingt doch vollkommen absurd! Erst erdrosselt er Marianne mit der langen Leine, und dann macht er diese los, weil er sie braucht, um Linda damit aufzuhängen. Und sie hatte ihr Stück der Leine immer noch um den Hals! Das ergibt doch alles keinen Sinn…«

Alle staunten, dass Hannu den Chef unterbrach.

»Erst Linda. Dann Marianne.«

Andersson glotzte den Exoten des Dezernats an.

»Erklär«, sagte er kurz.

»Erst erdrosselte er Linda mit der Einmeterleine. Dann erdrosselte er Marianne mit der langen Leine. Diese nahm er wieder mit. Er brauchte sie, um Linda damit aufzuhängen.«

Das klang plausibel, war aber keine Erklärung dafür, warum Linda aufgehängt werden musste. Andersson wandte sich an Irene und wollte wissen, was das Verhör von Barbro Löwander ergeben hatte.

Nach Irenes Referat des Verhörs von Sverker Löwanders Exfrau, war Tommy an der Reihe.

»Ich habe heute erneut mit Siv Persson Kontakt aufgenommen. Sie war sich fast vollkommen sicher, dass die alte Schwester, die dabei gewesen war, als man Tekla damals abgeschnitten hat, behauptet hat, dass sich Schwester Tekla am Dachbalken vor dem Fenster erhängt hat.«

»Hat das irgendeine Bedeutung?«, wollte Jonny wissen.

»Nun ja. Offenbar war es wichtig, sie im selben Raum aufzuhängen, in dem sich Tekla erhängt hat. Aber genauer hat es der Mörder nicht genommen.«

»Worauf lässt das schließen?«, fragte Irene.

»Dass der Mörder nicht die ganze Geschichte kannte«, sagte Hannu.

Bei Irene machte es klick. Das hier war wichtig, aber sie wusste noch nicht, warum. Sie nickte Hannu zu und sagte:

»Der Mörder kannte nicht die ganze Geschichte von Schwester Tekla. Gunnela Hägg kannte sie ebenfalls nicht vollständig. Sie wusste eine Menge, kannte aber nicht sämtliche Details. Hast du übrigens rausgekriegt, ob sie in der Löwander-Klinik war?«

»Ja. Eine Gruppe Patienten aus Lillhagen hat im Sommer 1983 einen Monat in der Löwander-Klinik verbracht, darunter Gunnela.«

Endlich ließ sich das Puzzle zumindest teilweise zu einem Bild zusammensetzen. Irene sah Hannu konzentriert an, merkte dann aber plötzlich, dass Tommy neben ihr leise vor sich hin lachte. Verwundert drehte sie sich zu ihm um. Er meldete sich zu Wort:

»Hannu hat diese Angaben bereits heute Mittag bekommen, und da habe ich Siv Persson erneut angerufen. Ich habe sie ge-

253

fragt, wie es sein könnte, dass die Patienten aus der Psychiatrie die Geschichte von Schwester Tekla kannten. Erst wurde sie wütend und behauptete, sie hätte nicht den blassesten Schimmer, aber zum Schluss rückte sie doch mit der Sprache raus. Sie hat ihnen die Geschichte selbst erzählt!«

»Warum, in aller Welt, hat sie den Patienten von Schwester Tekla erzählt?«, fragte Irene.

»Damit sie in ihren Zimmern bleiben und nicht nachts verschwinden würden. Sie machte ihnen mit dem Gespenst Angst«, erklärte Tommy.

»Das ist wirklich die Höhe!«

Hier hatten sie endlich die Erklärung dafür, warum Gunnela Hägg die Gespenstergeschichte der Löwander-Klinik gekannt hatte. Letztlich hatte es den Tod der Ärmsten verursacht.

Svante Malm ergriff wieder das Wort:

»In dem Speicherraum standen zwei große Reisetaschen und eine ältere, kleinere Ledertasche. Die werden wir uns genauer ansehen, da sie interessant zu sein scheinen. Sie sind vor kürzerer Zeit aufgebrochen und anschließend sorgsam mit einem Lappen abgewischt worden. Was mir auffiel, war, dass sie vollkommen staubfrei waren.

Wir haben alle drei Taschen in unser Labor gebracht. Morgen Nachmittag sind wir mit ihnen fertig. Sollen wir sie dann hierher bringen lassen?«

Ohne nachzudenken sagte Irene:

»Ja, danke.«

Svante Malm nickte und notierte sich etwas auf seinem Block.

»Frühestens morgen Nachmittag«, sagte er.

Im Übrigen hatten sie nichts über irgendwelche fremden Fahrzeuge auf dem Besucherparkplatz hinter dem Tannenwäldchen des Klinikparks in Erfahrung bringen können. Der Tag hatte überhaupt keine neuen Zeugenaussagen von Bedeutung ergeben. Die Einzigen, die weitergekommen waren, war die Ghost-irgendwas-Gruppe, und daher beschloss Andersson auch, ihnen weiterhin freie Hand zu lassen.

Der Kommissar wünschte seinen Leuten viel Glück bei den Ermittlungen des nächsten Tages, setzte für halb acht eine kurze Morgenbesprechung an und bat sie zum Schluss, ihre leeren Pizzaschachteln in die große Plastiktüte neben der Tür zu werfen.

KAPITEL 15

Die enthäuteten Kadaver hingen dicht an dicht, und sie hatte
Mühe, sich zu bewegen. Vorsichtig tastete sie sich vorwärts
und versuchte es zu vermeiden, mit ihnen zusammenzupral-
len. Auf dem Fußboden war eine dicke Schmiere, die ihre Füße
festhielt. In der Ferne hörte sie Jenny schwach um Hilfe rufen.
Aber sie wusste, dass es unmöglich war, sich mit Gewalt einen
Weg zu bahnen. Dann würden die schweren Kadaver nur von
ihren Haken gleiten und auf sie herabfallen. Die zähe Masse
um ihre Füße stieg immer höher, und sie begriff, dass sie bald
zwischen den Kadavern gefangen sein würde. Jennys verzweifelte Stimme war aus immer größerer Ferne zu hören. Bald
würde ihr nicht mehr zu helfen sein.

Schweißgebadet setzte sich Irene im Bett auf. Verdammt, sie
hatte auch heute keine Zeit gefunden, Jenny nach den Plaka-
ten unter ihrem Bett zu fragen. Am Sonntag war zu viel los gewesen. Die Mädchen hatten so viel vom Skifahren zu erzählen
gehabt, und außerdem hatten die Taschen ausgepackt werden
müssen. An den darauf folgenden Abenden war ebenfalls
keine Zeit gewesen. Irene legte sich wieder hin und versuchte
sich zu beruhigen. Vorsichtig drehte sie den Kopf zur Seite und
betrachtete Krister. Er schlief mit dem rechten Arm über dem
Kopf auf dem Rücken und schnarchte laut. Irene stieß ihn an.
Ohne aufzuwachen, drehte er sich brummend zur Seite. Das
Schnarchen ging in ein leises Schnaufen über.

256

Auch mit ihm hatte sie nicht darüber gesprochen. Sie war ganz einfach zu feige gewesen. Aber sie wusste wirklich nicht, wie er reagieren würde, wenn sie ihm erzählte, dass Jenny ein Protestplakat der Befreiungsfront für Tiere unter dem Bett liegen hatte! Es hatte ihn nicht erbaut, dass sie begonnen hatte, sich vegetarisch zu ernähren, und das war dagegen harmlos.

Es hatte keinen Sinn dazuliegen und ins Dunkel zu starren. Sie musste einen Beschluss fassen, wie sie mit dieser Sache umgehen wollte. Es gab nur eines, was sie sinnvollerweise tun konnte. Heute Abend musste sie mit Jenny reden.

Trotzdem dauerte es eine Weile, bis sie wieder einschlafen konnte. Und als der Wecker klingelte, hatte sie das Gefühl, gerade eben eingenickt zu sein.

Irene war erstaunt, dass Stig Malm wieder bei der Morgenbesprechung erschienen war.

»Morgen zusammen. Svante muss gleich weiter, aber er wollte noch etwas Wichtiges sagen. Bitte«, begann Andersson.

»Ja. Gestern vergaß ich zu sagen, dass wir im Staub auf dem Fußboden Spuren gesichert haben. Und zwar hinter der Tür auf dem Boden. Wir haben dort eine Menge Haare von Linda gefunden. Außerdem ist deutlich zu sehen, dass sie von dort zu dem Platz geschleift wurde, an dem sie aufgehängt wurde. An ihren Kleider war auch eine Menge Staub vom Fußboden. Daraus ziehen wir den Schluss, dass die Leiche eine Weile hinter der Tür lag, ehe sie zum Dachstuhl geschleift wurde.«

»Dann stimmt also unsere Vermutung von gestern. Erst Linda, dann Marianne«, sagte Irene.

Sie nickte Hannu zu. Er nickte kaum merkbar zurück und ließ seinen ruhigen Blick auf dem Mann von der Spurensicherung ruhen.

»Im Staub war auch ein Fußabdruck. Es gab da einige, aber einer war richtig deutlich. Ein stabiler Damenschuh mit Absatz, Größe neununddreißigeinhalb oder vierzig.«

Svante Malm hob die Hand zum Abschied und zog eilig von

dannen. Danach war es eine Weile still. Der Kommissar starrte düster auf die Tür und sagte dann mit fester Stimme:

»Gespenster hinterlassen keine Fußabdrücke.«

Niemand war anderer Meinung.

Irene, Tommy und Hannu berieten, wie sie weiter vorgehen sollten.

»Ich will versuchen, mit Carina Löwander zu sprechen. Will einer von euch mitkommen?«, fragte Irene.

»Mach du das«, sagte Hannu und nickte Tommy zu.

Selbst sagte er nicht, was er vorhatte, und aus irgendeinem Grund wollten ihn seine Kollegen auch nicht danach fragen.

Sie einigten sich darauf, um drei Uhr wieder zusammenzukommen.

Manchmal hat man Glück, dachte Irene, als Carina Löwander zu Hause ans Telefon ging.

»Guten Morgen. Hier ist Irene Huss von der Kripo. Ich frage mich, ob sie heute kurz Zeit für mich hätten?«

»Ja, das geht«, entgegnete Carina rasch.

»Könnten wir jetzt sofort kommen?«

»Natürlich.«

Sie klang munter und ausgeruht. Wahrscheinlich hatte sie schon das erste Training des Tages und ihr Frühstück bestehend aus biodynamischer Weizenkleie und sonnengereifter Grapefruit hinter sich. Danach hatte sie vermutlich eiskalt geduscht, ein unauffälliges Make-up aufgelegt und eine Armani-Jacke oder ein anderes bezauberndes Markenkleidungsstück übergezogen.

Irene fand diese Überlegungen selber überflüssig. Sie war ganz einfach eifersüchtig auf Carina Löwander. Hübsch, fit und ein BMW. Und außerdem war sie mit Sverker verheiratet.

Irene parkte den Dienstwagen, einen fast neuen Ford Fiesta, im Hellblau der schwedischen Flagge, auf der asphaltierten

Auffahrt vor dem Garagentor. Das große Haus in den klaren Linien der Dreißigerjahre war in einem warmen Apricot verputzt. Fensterrahmen und Türen waren passend in einem rotbraunen Ziegelton gestrichen.

Carina Löwander öffnete die Haustür fast im selben Augenblick, in dem die beiden Polizisten klingelten. Sie sah genauso unverschämt fit aus, wie Irene es sich vorgestellt hatte.

»Hallo. Kommen Sie doch rein. Ich habe Kaffee aufgesetzt. Nehmen Sie eine Tasse?«

»Ja, danke«, erwiderten sie wie aus einem Mund.

Carina ging durch die Diele voran und deutete ins Wohnzimmer, das Irene sofort ›Weißes Meer‹ taufte.

Das Zimmer war groß und luftig. Das Licht fiel durch zwei riesige Kippfenster herein, die von dünnen weißen Seidengardinen umrahmt wurden. Die Wände waren blendend weiß, ebenso die Sitzgruppe aus Leder und die weißen Felder des abstrakt gemusterten schwarzweißen Wollteppichs. Dieser Teppich ist sicher gut zehn Quadratmeter groß, dachte Irene. Zu schwer, um sich noch zum Klopfen nach draußen tragen zu lassen. Es sollte doch eine elfjährige Tochter im Haus geben? Irene erinnerte sich, wie es bei ihnen ausgesehen hatte, als die Zwillinge in diesem Alter gewesen waren, Krümel von Butterbroten und Chips überall auf den Teppichen. Aber diesen Teppich musste man vielleicht gar nicht ausklopfen, da sich nirgends erkennen ließ, dass sich jemals Erwachsene oder Kinder in diesem Zimmer aufhielten. Alles war klinisch weiß und rein. Kalt und perfekt.

An den Wänden hingen drei riesige Gemälde. Alle drei hatten eine unterschiedliche Farbgebung, jedoch dasselbe Motiv – große Wellen auf dem Meer. Auf einem der Gemälde brach sich das Sonnenlicht tief in einer Woge, in einem glühend-türkisgrünen Schimmer.

Carina tauchte mit einer Kaffeekanne in der einen Hand und drei weißen Steingutbechern in der anderen in der Türöffnung auf. Die Becher hielt sie alle drei in einem festen Griff um die Henkel.

»Milch und Zucker?«

Sowohl Irene als auch Tommy lehnte ab. Nachdem sie den Kaffee in die Becher gefüllt hatte, ließ sich Carina in einen der Sessel sinken. Sie trug schwarze Stretchhosen, ein schwarzes Seidentop und eine leuchtend blaue Jacke aus Wildleder in der Farbe ihrer Augen. Die Haut war sonnengebräunt und makellos. Ihr Gesicht hätte das eines Fotomodells sein können. Aus der Nähe sah man, dass sie an die Dreißig war, aber niemand wäre auf die Idee gekommen, dass sie bereits ihren sechsunddreißigsten Geburtstag hinter sich hatte. Irene fiel es zwar schwer, aber sie musste zugeben, dass Carina Löwander eine sehr schöne Frau war.

»Sie hatten Glück, dass Sie an einem Donnerstag angerufen haben. Mittwoch und Donnerstag fange ich erst um zwölf an. Aber dafür arbeite ich dann bis zehn Uhr abends. Am schlimmsten ist es dienstags: Da bin ich den ganzen Tag bei den Betriebsärzten und am Abend im Fitnessstudio«, sagte Carina.

»Klingt anstrengend. Wir haben einige Angaben, die wir überprüfen müssen. Reine Routine. Ich hoffe, Sie haben nichts dagegen?«, sagte Tommy.

»Natürlich nicht. Kein Problem.«

»Können Sie uns etwas genauer erzählen, was für einer Arbeit Sie nachgehen?«

»Ich habe zwei. Zum einen bin ich verantwortlich für eine Reha-Gruppe bei den Betriebsärzten. Die restliche Zeit kümmere ich mich um das Training und das Aerobicprogramm in einem Fitnessstudio. Das macht mir am meisten Spaß. Aber bei den Betriebsärzten kann ich meine Ausbildung besser einbringen.«

»Ich habe gehört, dass Sie Krankengymnastin sind.«

»Ja. Aber nach einigen Jahren hatte ich das Bedürfnis, mich auch mal mit gesunden Menschen zu befassen. So sollte man arbeiten. Vorbeugend. Wenn alle regelmäßig trainieren würden, dann würden viele nie in einer Reha-Gruppe landen.«

»Haben Sie als Krankengymnastin in einer Löwander-Klinik gearbeitet?«, fragte Irene, obwohl sie das bereits wusste.

»Ja. Die Löwander-Klinik war meine erste Stelle.«

»Dann haben Sie Ihren Mann dort kennen gelernt?«

Irene versuchte unschuldig und ahnungslos auszusehen. Carina warf ihr trotzdem einen misstrauischen Blick zu.

»Ja. Ich bin davon ausgegangen, dass Sie das bereits wissen. In der Löwander-Klinik wird doch nur getratscht!«

»Haben Sie deswegen dort aufgehört?«

»Zum Teil. Viele dort kannten Barbro gut und fanden, dass Sverker und ich ihr ... das Herz gebrochen hätten. Das war alles furchtbar. Barbro hatte zeitweilig bereits an Depressionen gelitten, bevor Sverker und ich zusammenkamen. Vermutlich kann man sagen, dass sie psychisch labil war. Sverker und ich hatten eine richtig leidenschaftliche Affäre. Als wir merkten, dass es etwas Ernstes ist, machten wir uns wegen Barbro Sorgen. Wir wollten ihr nicht wehtun. Aber als ich erfuhr, dass ich schwanger bin, spitzte sich die Sache zu. Wir wussten nicht so recht, was wir tun sollten. Da rief eines von diesen Klatschweibern an der Löwander-Klinik bei Barbro an und erzählte ihr alles! Das war ... grausam. Sie erlitt einen totalen Zusammenbruch!«

»Wissen Sie, wer da geredet hat?«, warf Irene ein.

»Nein. Es gelang mir nie, herauszufinden, wer bei Barbro angerufen hatte.«

»Haben Sie jemanden im Verdacht?«

»Nun ... ein paar der älteren Schwestern und Sprechstundenhilfen behandelten mich offen feindselig. Sie wollten nie akzeptieren, dass Sverker und Barbro sich hatten scheiden lassen und dass ich der Anlass gewesen war. Eine von ihnen war es sicher, aber ich weiß nicht, wer.«

»Was wurde aus Barbro direkt nach der Scheidung?«

»Wie schon gesagt erlitt sie einen Zusammenbruch, als sie von unserer Beziehung erfuhr. Sie wurde einige Male in die Psychiatrie eingewiesen, und manchmal glaube ich, dass sie immer noch eine Menge Tabletten nimmt. Ich bin mir nicht sicher, aber manchmal wirkt sie sehr... seltsam.«

»Sehen Sie sie oft?«

Carina warf Irene einen erstaunten Blick zu.

»Nein. Nie. Sie hat sich geweigert, mich zu treffen, seit die Scheidung ein Faktum war. Manchmal telefonieren wir. Aber jetzt sind John und Julia erwachsen. Deswegen haben Barbro und ich nur noch selten miteinander zu tun.«

»Finden Sie es anstrengend, sich mit ihr zu treffen?«

»Nein. Eigentlich nicht. Aber sie wird damit nicht fertig, mich zu sehen. Um der Kinder willen finde ich, dass wir Erwachsenen versuchen sollten, uns zusammenzureißen und unsere Animositäten zu verbergen. Aber sie weigert sich. Das Schlimmste ist, dass sie die Kinder gegen Sverker und mich aufgehetzt hat. Gott weiß, was sie ihnen eingeredet hat, aber das Verhältnis zwischen Sverker und seinen Kindern aus erster Ehe war nie gut.«

Langsam fand Irene, es sei jetzt an der Zeit, zum Wesentlichen zu kommen. Ruhig sagte sie:

»Wir sind hier, um Ihre Version zu hören, was den Brand der Chefarztvilla betrifft. Wir wissen, dass Barbro Sie beschuldigt hat, das Feuer gelegt zu haben. In dieser Sache wurde damals ermittelt.«

Unversehens sah Carina sehr zornig aus, wirkte aber einen Augenblick später schon wieder gelassen. Aus ihrer Stimme war nicht die geringste Verärgerung herauszuhören, nur ein tiefes Bedauern.

»Leider passierte das zu einer Zeit, in der es Barbro am schlechtesten ging. Natürlich konnte sie einem Leid tun. Die Eifersucht nahm bei ihr Züge von Verfolgungswahn an... das Ganze geriet aus der Bahn. Sie wollte mich für den Brand ins Gefängnis bringen und behauptete sogar, Sverker hätte mitgeholfen, um an das Geld von der Versicherung zu kommen!«

»Welche Gründe nannte sie dafür, dass Sie das Haus angezündet haben sollen?«

»Sie sagte, ich hätte die Chefarztvilla angezündet, weil ich nicht darin wohnen wollte. Sverker hätte das Geld von der Versicherung gebraucht, um dieses Haus für uns zu kaufen.«

»War das vollkommen aus der Luft gegriffen?«

»Ja! Sverker hatte gerade das Erbe von seinem Vater angetreten. Fast drei Millionen. Er brauchte kein Geld von irgendeiner Versicherung. Es wäre lohnender gewesen, die Villa zu verkaufen. Das hätte mehr gebracht als die Versicherung.«

»Und dass Sie nicht in der Chefarztvilla wohnen wollten?«

Carinas Wangen waren vor Entrüstung gerötet. Das verstärkte noch das intensive Blau ihrer Augen.

»Ich war damals erst vierundzwanzig und fand die Villa riesig und abstoßend. Barbro und Sverker hatten angefangen, sie zu renovieren, aber das war kostspielig und aufwendig. Das Haus war vollkommen heruntergekommen. Es war kaum etwas daran gemacht worden, seit es Ende des 19. Jahrhunderts gebaut worden war. Aber hauptsächlich war es wohl, weil Barbro dort gewohnt und dem Ganzen ihren Stempel aufgedrückt hatte. Das machte es mir schwer. Sie hat keinen Geschmack. Aber ich hatte mich damit abgefunden, dort zu wohnen, wenn ich nur mit Sverker zusammen sein konnte.«

»Die Anklage von Barbro entbehrte also jeder Grundlage«, stellte Irene nüchtern fest.

»Ja. Wenn ich dort nicht hätte einziehen wollen, dann hätte ich mich ganz einfach weigern können.«

»Aber sie waren doch schwanger«, sagte Tommy.

»Das ändert nichts. Ich wollte mit Sverker zusammen sein und wäre in die Villa eingezogen, wenn er das gewollt hätte. Aber er war sich ebenfalls nicht sicher, ob wir gerade in diesem Haus wohnen sollten. Ehe wir noch einen Entschluss fassen konnten, brannte es ab.«

»War jemand zu Hause, als es anfing zu brennen?«, fragte Tommy.

»Nein. Es fing vormittags an zu brennen. Sowohl Sverker als

auch ich waren bei der Arbeit. Die liegt zwar nur einen Steinwurf weit entfernt, aber niemand von uns war zu Hause.«

Irene dachte einen Augenblick nach, ehe sie fragte:

»Kann Barbro das Feuer gelegt haben?«

Carina seufzte erneut.

»Das wurde vermutlich untersucht. Aber es war nicht zu beweisen, dass das Feuer wirklich gelegt worden war. Letztendlich hieß es, dass es sich um einen Kurzschluss gehandelt haben müsste. Die Sicherungen stammten alle noch aus der Steinzeit.«

Die Polizisten tranken ihren Kaffee aus, erhoben sich und bedankten sich, dass sie hatten stören dürfen.

Carina stand in der offenen Haustür und winkte ihnen nach. Reflexmäßig winkte Irene zurück.

»Die ist nett und sieht super aus!«, sagte Tommy.

Irene konnte sich nicht rechtzeitig bremsen, sondern hörte sich zu ihrem eigenen Entsetzen murmeln:

»Und zu allem Überfluss ist das dumme Stück auch noch schlank!«

Tommy lachte laut und erleichtert begriff Irene, dass er ihren Kommentar für einen Scherz gehalten hatte.

Mit einem frechen Seitenblick auf Irene sagte er:

»Und ihr Mann sieht auch nicht schlecht aus. Ein wenig wie Pierce Brosnan. Du weißt doch, dieser James-Bond-Schauspieler.«

Irene fand das auch. Sie versuchte aber so zu tun, als ginge sie das alles nichts an. Tommy fuhr fort:

»Apropos Dr. Löwander, es ist wohl an der Zeit, sich wieder einmal mit ihm zu unterhalten. Findest du nicht auch?«

An der Löwander-Klinik waren alle Operationen eingestellt worden. Im Ärztezimmer stießen sie auf Sverker Löwander. Er blätterte unkonzentriert in einem Stapel Papiere. Mittlerweile hatte er sich frisch gemacht und den weißen Kittel ausgezogen.

In seiner Kleidung, einem dünnen, dunkelbraunen Rollkragenpullover mit Zopfmuster und Jeans, wirkte er lässig und entspannt. Der müde Zug in seinem Gesicht sprach allerdings eine andere Sprache.

»Entschuldigung. Dürfen wir einen Augenblick stören?«, sagte Tommy.

»Natürlich. Bitte. Einer von ihnen kann da drüben sitzen und einer auf dem Sessel.«

Irene ging auf den kleinen Sessel zu und setzte sich. Das Möbelstück war erstaunlich bequem. Tommy kam sofort zur Sache:

»Wir sind einigen Gerüchten nachgegangen, die vor elf Jahren aufkamen, als die alte Chefarztvilla abbrannte.«

Sverker Löwander erwiderte scharf:

»Wieso das?«

»Ehrlich gesagt, sind wir uns da nicht so sicher. In diesem Fall tauchen die ganze Zeit Spuren auf, die in die Vergangenheit weisen. Da wir nicht den blassesten Schimmer haben, wer der Mörder sein könnte, müssen wir sämtliche Anhaltspunkte verfolgen und sehen, wo sie uns hinführen. Es ist nicht auszuschließen, dass wir dadurch in die Irre gehen. Das ist jedoch Teil der normalen Ermittlungsroutine.«

Der Arzt sah nicht sehr überzeugt aus, zuckte schließlich aber mit den Achseln.

»Was wollen Sie wissen?«

»Ihre erste Frau Barbro hat Carina beschuldigt, das Feuer gelegt zu haben. Warum tat sie das?«

Löwander ließ mit seiner Antwort auf sich warten.

»Sie war psychisch labil. Unsere Trennung nahm sie sehr mit.«

»Hatte sie schon früher psychische Probleme gehabt?«

»Nun ja… Ehe Julia zur Welt kam, bekam Barbro eine Toxoplasmose und anschließend nach der Entbindung eine Depression. Aber die Depression ging nach ein paar Wochen vorbei.«

265

»Keine anderen Anzeichen für eine Depression vor der Scheidung?«

Löwander sah erstaunt und verärgert aus, als er antwortete:

»Nein. Was hat das alles mit den Morden an Linda und Marianne zu tun?«

»Die Fragen haben ermittlungstechnische Gründe.«

Anschließend ging Tommy zum Verlauf des Brandes über und zur Zeugenaussage, die Barbro Löwander abgegeben hatte. Sverker sagte genau das, was auch schon Carina und Barbro gesagt hatten. Schließlich fragte Tommy:

»Kann Barbro das Feuer gelegt haben, um sich an Ihnen und Carina zu rächen?«

Der Arzt rieb sich müde die Augen, ehe er mit großem Nachdruck entgegnete:

»Diese Frage tauchte damals schon auf. Ich bin mir ganz sicher, das die Antwort Nein lautet. Barbro liebte die alte Villa, und zwar mehr als ich, obwohl ich meine Kindheit in ihr verbracht hatte.«

»Ein paar alte Taschen wurden offenbar vor dem Feuer gerettet und stehen jetzt auf dem Speicher der Klinik. Wissen Sie darüber etwas?«

Löwanders Erstaunen war absolut echt.

»Taschen? Ich hatte keine Ahnung, dass überhaupt etwas gerettet wurde! Das wäre…«

Er unterbrach sich und starrte wie in weite Ferne.

»Doch. Jetzt erinnere ich mich… Ich hatte am Wochenende vor dem Brand den Keller aufgeräumt und ein paar alte Reisetaschen, die weggeworfen werden sollten, neben die Kellertür gestellt. Wurden die gerettet?«

»Weiß nicht. Wahrscheinlich. Was war drin?«

»Plunder, Sachen, die Mama und Papa gehört hatten. Papiere und alte Kleider… nichts von Interesse.«

»Wer entschied, dass sie auf den Speicher der Klinik kamen?«

»Das könnte ich gewesen sein… es war alles so ein Durch-

266

einander. Ich erinnere mich nicht. Und ich bin nie auf dem Speicher gewesen. Als ich klein war, war dort immer abgeschlossen, und später hatte ich dort nie etwas zu tun.«

Irene fand, dass es jetzt langsam an der Zeit für ihren Auftritt war.

»Ein anderes Gerücht ist uns ebenfalls zu Ohren gekommen. Es scheint für die Ermittlung ebenfalls nicht von Bedeutung zu sein. Aber da der Mörder als Schwester Tekla verkleidet war, müssen wir auch dem nachgehen. Was wissen Sie über Schwester Tekla?«

Sverker hob etwas die Brauen, und die Andeutung eines Lächelns ließ sich auf seinen Zügen ausmachen.

»Das war wirklich ein abrupter Übergang. Natürlich habe ich vom Klinikgespenst gehört. Entweder wurde sie gefeuert oder sie kündigte selbst. Offenbar ging sie nach Stockholm, um dort zu arbeiten. Aus irgendeinem Grund kam sie aber zurück und hängte sich hier auf dem Speicher auf. Ich habe Papa tatsächlich einmal danach gefragt, warum sie sich unseren Speicher ausgesucht und sich nicht in Stockholm aufgehängt hätte. Er antwortete, sie sei psychisch krank gewesen.«

»War das das einzige Mal, dass Sie sich über Schwester Tekla unterhalten haben?«

»Ja. Er hatte keine große Lust, darüber zu reden. Mein Vater war ein sehr praktischer, erdverbundener Mann. Für Gespenster und Aberglauben hatte er nichts übrig.«

»Es gibt ein altes Gerücht, wonach Ihr Vater und Schwester Tekla ein Verhältnis hatten. Haben Sie davon gehört?«

»Also wissen Sie! Das ist wirklich…! Papa und diese alte Schwester!«

»Sie war fünfunddreißig und Ihr Vater fünfzig«, konterte Irene ruhig.

»Nein. Das stimmt nicht. Sie hat sich im Frühjahr '47 erhängt. Da war ich erst ein paar Monate alt. Mama und Papa hatten die Hoffnung, Kinder zu bekommen, bereits aufge-

267

geben. Ich war also das größte Wunder der Natur. Mama war schließlich schon recht alt und stand während der Schwangerschaft unter der Aufsicht von Spezialisten. Sollte Papa damals... das glaube ich keine Sekunde!«

Aufgebracht betrachtete Löwander Irene. Diese beschloss, das Thema zu wechseln.

»Ihre Mutter starb offenbar, als sie noch ziemlich klein waren?«

»Ja. Als ich neun war, erlitt sie eine Gehirnblutung. Was, zum Teufel, hat das mit den Morden zu tun?«

»Das wissen wir nicht recht. Es gibt uns selbst Rätsel auf, aber viele Spuren weisen in die Vergangenheit.«

»Verdammt merkwürdig.«

»Genau das finden wir auch. Deshalb lassen wir die Vergangenheit so lange nicht auf sich beruhen, bis wir nicht sicher wissen, dass sie uns nicht in der Gegenwart auf die richtige Spur führen kann. Im Augenblick haben wir nur wenige konkrete Anhaltspunkte. Die Einzigen, die den Mörder gesehen haben, sind Siv Persson und die ermordete Gunnela Hägg. Von Letzterer wussten sie ja nichts?«

»Nein. Das habe ich doch bereits gesagt.«

Es wurde still.

Tommy nickte in Richtung des Papierstapels und brach das Schweigen:

»Gibt es irgendeine Lösung für die Probleme der Klinik?«

»Nein. Ich habe beschlossen, die Klinik im Sommer zu schließen. Das Personal wird nächste Woche informiert.«

Irene empfand Mitleid mit ihm, hatte aber das deutliche Gefühl, dass er selbst bis zu einem gewissen Grad für den Verlauf der Ereignisse verantwortlich war. Es ging nicht, alles auf die Umstände zu schieben. Er war sicher ein guter Arzt, aber als Klinikchef war er zu schwach und unentschlossen. Schön und schwach, dachte sie sarkastisch und betrachtete die vornübergebeugte Gestalt.

Nachdem sie eilig einen Teller Suppe in der Personalkantine gegessen hatten, gingen Tommy und Irene hoch aufs Dezernat. Sie hatten begonnen, die Verhöre der Eheleute Löwander auszuwerten, als Hannu Rauhala bei ihnen auftauchte. In der Hand hielt er eine große altmodische Reisetasche aus braunem Leder.

Er stellte die Tasche auf den Fußboden und zog einen dicken Umschlag aus dem Bund seiner Jeans. Irene war sich sicher, dass dieser Mann ein Hellseher war. Ohne dass Tommy oder sie etwas gesagt hatten, hatte er die damaligen Ermittlungsakten zum Brand in der Chefarztvilla herausgesucht. Da sie das Ergebnis bereits kannten, konnte der Umschlag warten. Die Reisetasche war interessanter.

»Ist das die Tasche vom Speicher?«, fragte sie.

»Ja. Die Spurensicherung ist mit ihr fertig. Die anderen beiden bekommen wir morgen. Offenbar haben sie was gefunden«, antwortete Hannu.

»Was?«

»Keine Ahnung.«

Resolut ging Irene auf die Tasche zu, ergriff die Henkel und wuchtete sie auf den Schreibtisch.

»Wem gehört sie?«

»Lovisa Löwander. Steht innen.«

Die Tasche war nicht abgeschlossen, aber die Schnallen gingen etwas schwer auf, da sie angerostet waren. Schließlich gelang es Irene, die Tasche zu öffnen.

Ganz oben lag ein dunkelblaues Festtagskleid, wie es die Sophiaschwestern früher getragen hatten. Zwischen den vergilbten Kragenspitzen war die blumenähnliche Silberbrosche mit den vier Spitzen ordentlich befestigt.

Irene traute kaum ihren Augen. Als sie sich von ihrer ersten Überraschung erholt hatte, hob sie das Kleid vorsichtig hoch.

Es war genauso ein Kleid, wie es ihnen Siv Persson vorgeführt hatte. Aber dieses hier hatte Kindergröße.

»Noch eine Schwesterntracht! Ich erinnere mich, dass Siv

Persson gesagt hat, dass Sverker Löwanders Mama Sophiaschwester war.«

»Extrem kurz«, stellte Hannu fest.

»Sie muss noch bedeutend kleiner als ein Meter fünfzig gewesen sein. Eher ein Meter vierzig. Ungewöhnlich klein und dünn.«

Unter dem Kleid lagen eine Schwesternhaube und eine Schürze. Auch diese waren so klein, dass sie offenbar der Besitzerin des Kleides gehört hatten. Vorsichtig hoben sie den Inhalt der Tasche heraus und stapelten ihn ordentlich auf dem Schreibtisch. Unter der Tracht kamen ein Paar schwarze Pumps zum Vorschein, ein stabiles Modell, außer der Tracht die einzigen Kleidungsstücke. Die Schuhgröße konnte nach Irenes Schätzung nicht mehr als vierunddreißig betragen.

Unter den Kleidern lagen ein paar gerahmte Fotografien, die in vergilbtes Seidenpapier eingeschlagen waren. Die erste, die sie auswickelte, zeigte offenbar die Hochzeit von Hilding und Lovisa Löwander. In der linken unteren Ecke fand sich der Stempel des Fotoateliers. Die Jahreszahl 1936 war mit schwarzer Tinte in zierlicher Schrift festgehalten.

Das Brautpaar stellte in vielerlei Hinsicht einen bemerkenswerten Anblick dar. Hilding stand kerzengerade, die rechte Hand hinter seinen Frackschößen und die linke auf der rechten Schulter der Braut. Er war wirklich ein Mann, der einen Frack tragen konnte. Groß, elegant und selbstbewusst sah er geradewegs in die Kamera. Seine Haltung, seine Züge und das kräftige Haar verrieten eine deutliche Ähnlichkeit mit seinem Sohn. Irene betrachtete das Foto genauer. Ob Sverker seine meergrünen Augen ebenfalls vom Vater geerbt hatte? Das schien nicht der Fall zu sein. Die Fotografie war zwar nachträglich koloriert, aber Hildings Augen schienen von einem unbestimmten Graublau zu sein.

Jetzt richtete sich ihre Aufmerksamkeit auf Lovisa. Die Braut reichte ihrem Zukünftigen kaum bis an die Brust. Sie schaute ebenfalls direkt in die Kameralinse, umklammerte aber gleichzeitig ein überdimensionales Brautbukett aus Rosen und Kornblumen. Wahrscheinlich war die Braut zu klein, nicht der Strauß zu groß. Auf dem Kopf trug sie einen Schleier, und das Kleid aus schwerer weißer Seide war hoch geschlossen mit langen Ärmeln.

Die drei Polizisten standen lange da und betrachteten das Bild, ohne etwas zu sagen. Schließlich meinte Tommy:

»Sie war nicht mal ein Meter vierzig.«

»Sie sieht aus wie ein kleines Mädchen«, sagte Hannu.

Irene rechnete schnell nach, ehe sie sagte:

»Lovisa war zweiunddreißig, als sie Hilding heiratete. Sie waren elf Jahre verheiratet, als Sverker zur Welt kam.«

»Es kann ihr nicht leicht gefallen sein, ein Kind zur Welt zu bringen«, stellte Tommy fest.

Das klang so, als würde er sich damit auskennen. War man bei der Geburt der eigenen drei Kinder dabei gewesen, dann hatte man einen gewissen Einblick.

Erstaunt bemerkte Irene, dass Sverker seine Augen ebenfalls nicht von der Mutter geerbt hatte. Lovisas Augen waren braun. Ihr Gesicht war süß, aber eher alltäglicher Natur. Unter dem Schleier war dunkles, gelocktes Haar auszumachen. Sverker schien ganz und gar nach seinem Vater zu schlagen.

Die beiden anderen Fotografien zeigten Sverker als Kind. Einmal als Neugeborener, einmal im Alter von etwa drei Jahren. Letztere war im Atelier aufgenommen worden. Er hielt einen Teddy gegen die Brust gepresst und lachte den Fotografen an. Die großen, blaugrünen Augen funkelten vor Freude.

Im letzten Seidenpapier steckte Lovisas Zeugnis vom Sophiahemmet. Die besten Note in Bettenmachen und Pharmakologie, die zweitbeste in den anderen Fächern. Lovisa war eine gute Schwesternschülerin gewesen. Irene musste über den Kommentar unten auf dem Zeugnis lachen: »Trotz ihrer geringen Größe trägt Lovisa ihre Tracht sehr schön.« Hoffentlich hatte Lovisa das ebenfalls als Kompliment aufgefasst.

Ganz unten lagen ein paar Bücher, offenbar alte Lehrbücher von der Schwesternschule. Dann war die Tasche leer.

»Wie kam es, dass sie dir gerade diese Tasche mitgegeben haben?«, wollte Irene wissen.

»Sie war aufgebrochen, die Sachen waren jedoch unberührt.«

»Die beiden anderen Taschen waren also durchsucht worden?«

Hannu zuckte leicht mit den Schultern.

»Offenbar.«

Vorsichtig legten sie alles wieder in die Tasche. Irene betrachtete ihre männlichen Kollegen und sagte:

»Ich finde, wir sollten das Ergebnis der Spurensicherung abwarten, ehe wir diese Tasche hier Sverker Löwander zurückgeben.«

Hannu nickte zustimmend.

Den Rest des Nachmittags verbrachte Irene damit, einen Bericht zu schreiben und die Ermittlungsakten über den Brand der Chefarztvilla zu lesen.

Der Brand hatte sich sehr schnell ausgebreitet, und das Gebäude war bis auf die Grundmauern niedergebrannt. Falls das Feuer gelegt worden war, hatte der Brandstifter wirklich Glück gehabt.

KAPITEL 16

Ausnahmsweise war Irene vor den Zwillingen zu Hause. Donnerstags kamen sie immer erst nach sechs, da sie direkt nach der Schule mit der Schulmannschaft in Basketball trainierten. Im Kühlschrank stand ein wunderbares, nach Kräutern duftendes Gericht mit Huhn, das Krister am Vorabend zubereitet hatte. Irene musste nur noch den Reis aufsetzen.

Aber erst wollte sie noch etwas nachsehen, ehe die Mädchen nach Hause kamen. Mit wenigen Schritten war sie im Obergeschoss und in Jennys Zimmer. Ein Blick unters Bett genügte: Die Papprolle lag immer noch dort. Das erleichterte ihr zwar nichts, aber sie war ein guter Aufhänger für eine Diskussion mit Jenny.

Vielleicht wäre es auch so gekommen, wenn Jenny und Katarina nicht gleichzeitig nach Hause gekommen wären. Später, als Irene sich alles noch einmal durch den Kopf gehen ließ, begriff sie, dass es Jennys Bemerkung in der Diele gewesen war, die sie so hatte handeln lassen.

»Da ist wirklich was los. Sie nennen sich Aktion direkt. Supertypen, echt. Die wissen, was sie wollen! Kein lahmes Zögern! Und außerdem sind sie Feministen! Finden, Mädchen sind genauso viel wert und so.«

Irene saß noch oben in Jennys Zimmer, als sie deren Stimme unten im Flur hörte. Ohne richtig zu wissen, warum, schlich sie sich eiligst aus dem Zimmer ihrer Tochter und in ihr Schlafzimmer. Sammie begrüßte seine beiden kleinen Frauchen auf-

273

geregt und übertönte so alle möglichen Geräusche. Leise zog Irene die Tür hinter sich zu, ließ sie aber einen Spalt weit offen, um etwas sehen und hören zu können.

»Ach so. Wirklich saunett von denen! Und wenn wir nicht genauso viel wert wären, dann würde für uns nicht mal der Tierschutz gelten oder was? Dann wären wir nicht mal so viel wert wie ein Hamster!«

Katarinas Stimme klang wütend und sarkastisch.

»Verdammt, was bist du mies! Das ist doch gut, dass die auf unserer Seite sind!«

»Auf unserer Seite! Das sind die doch nur so lange, wie wir uns nach ihnen richten! Versuch mal, eine eigene Meinung zu haben, dann wirst du schon sehen! Dann lassen die dich nicht mehr mitspielen!«

»Darf ich aber doch! Wir sind noch mehr Mädchen in der Gruppe, und wir dürfen sagen und denken, was wir wollen! Außerdem ist das kein Problem. Meist sind wir einer Meinung.«

Wütende Schritte auf der Treppe verkündeten, dass Jenny auf dem Weg in ihr Zimmer war. Irene hörte, wie sie eine Weile nach etwas suchte und dann mit lauten Schritten wieder nach unten ging. Ein wohl bekanntes Quietschen verriet ihr, dass Jenny gerade die Kühlschranktür öffnete.

»Du hast den ganzen Apfelsaft getrunken!«, kreischte sie.

»Es war nur noch ein winziger Schluck übrig.«

»Verdammt nett von dir! Du weißt doch, dass ich keine Milch trinke, du Arsch!«

»Verzeih, Gnädigste!«

Der Ton ihrer Töchter ließ wirklich zu wünschen übrig. Irene überlegte sich schon, ob sie eingreifen sollte. Da hörte sie, wie Jenny sagte:

»Du bist doch nur sauer, dass ich endlich was Vernünftiges mache! Heute Abend wollen wir ...«

Da brach ihre Tochter mitten im Satz ab. Jeder Gedanke daran, sich zu erkennen zu geben, war bei Irene wie weggeblasen.

274

»Was wollt ihr?«, fragte Katarina höhnisch.

»Aktion direkt!«

Eine Weile lang herrschte im Erdgeschoss eisiges Schweigen. Schließlich wurde es von Katarina gebrochen:

»Was hast du in der Rolle?«

»Geht dich nichts an!«

»Blöde Kuh!«

Irene sah vorsichtig aus dem Obergeschoss nach unten und beobachtete, wie Katarina wütend auf die Toilettentür zu marschierte. Sie knallte sie mit Nachdruck zu und schloss ab. Jenny stand noch in ihrer Winterjacke vor der Spüle und trank ein Glas Wasser. Sie hatte die Papprolle unter den linken Arm geklemmt und hielt in der rechten Hand ein Tomatenbrot. Dann ging sie eiligen Schrittes auf die Haustür zu, öffnete sie und trat ins Freie.

Als die Haustür hinter Jenny zufiel, war Irene bereits im Erdgeschoss. Lautlos ging sie hinter ihrer Tochter her.

Draußen war es dunkel und einige Grade unter null. Irene sah Jenny im Schein einer Straßenlaterne und vermutete, dass sie auf dem Weg zur Bushaltestelle war. Hastig machte sie kehrt. Sie lief zur Garage, fuhr ihren Wagen ins Freie und dann im Schritttempo Richtung Bushaltestelle. Im Halbdunkel zwischen zwei Straßenlaternen und in gehörigem Abstand blieb sie stehen. Als sie den Motor abstellte, tauchte Jenny neben dem Wartehäuschen auf. Einige Minuten später kam der Bus und Jenny stieg ein. Irene fuhr in gebührendem Abstand hinterher.

Jenny fuhr zum Frölunda Torg. Dort stieg sie aus und ging auf eines der Hochhäuser zu. Irene musste ihren Wagen abstellen und einen Parkschein lösen. Dabei verlor sie Jenny aus den Augen. Sie wusste, in welches Haus ihre Tochter gegangen war, aber nicht in welchen Treppenaufgang.

Irene verfluchte ihre eigene Dummheit. Was hätte das schon für eine Rolle gespielt, wenn sie einen Strafzettel wegen Falschparkens bekommen hätte? Jetzt war es jedoch zu spät. Jetzt konnte sie sich nur noch in ihr Auto setzen und auf Jenny warten. Beim Warten zog sie ihr Handy aus der Tasche und rief zu Hause bei Katarina an.

»Hallo, Liebes. Ich komme heute später. Im Kühlschrank steht Huhn. Du brauchst nur noch Reis und Salat zu machen… schon ein Brot gegessen. Ach so. Aber vielleicht willst du noch was essen, wenn ich nachher nach Hause komme… Okay. Ich verstehe. Aber du kannst wenigstens Sammie sein Fressen geben und mit ihm draußen eine Runde drehen, ehe du zu Anna gehst. Gut. Danke. Sei um zehn zu Hause. Morgen ist Schule. Tschüss.«

Irene unterbrach die Verbindung und richtete sich darauf ein, zu warten, bis Jenny kommen würde. Sie musste lange warten.

Im Wagen war es eiskalt, und es war fast neun Uhr, als sie wieder einen Blick auf ihre Tochter erhaschte. Jenny war nicht allein. Sie ging inmitten einer Gruppe von sechs Personen. Es war unmöglich zu erkennen, ob es sich um Mädchen oder Jungen handelte. Alle außer Jenny trugen dunkle Kapuzenjacken und die Kapuzen über die Köpfe gezogen. Die Jugendlichen gingen auf einen alten Volvo 240 undefinierbarer Farbe zu. Unterschiedliche Rosttöne überwogen. Der Wagen war unglaublich klapprig. Einer der größeren aus der Gruppe, den Irene für einen jungen Mann hielt, öffnete den Kofferraum. Nach einigem Suchen fand er das Gewünschte und reichte es Jenny. In der Kälte zog sie sich ihre Jacke aus und das Kleidungsstück, das er ihr gegeben hatte, über den Kopf. Irene wurde es mulmig, als sie sah, dass es sich dabei um eine Kapuzenjacke handelte. Rasch setzte Jenny die Kapuze auf und zog sie um das Gesicht zusammen. Jetzt sah sie aus wie die anderen.

Alle sprangen in den Wagen. Stotternd und in eine schwarze Wolke Auspuffgase gehüllt fuhr die Rostlaube zum Schluss an. Irene folgte ihnen langsam.

Der Wagen bog in den Radiovägen ein und fuhr Richtung

Mölndal. Irene hatte keine Probleme dranzubleiben, da der Volvo auch unter größten Mühen das Tachometer nicht über siebzig pressen konnte. Bei dieser Schwindel erregenden Geschwindigkeit klang der Motor wie eine alte Nähmaschine, die auf einen hackenden Zickzackstich eingestellt ist.

Sie kamen am Radiosender vorbei und fuhren noch ein Stück weiter, ehe Irene erstaunt bemerkte, dass sie links abbiegen wollten. Sie fuhren die Viktor Hasselblads Gata hinauf. Irene vergrößerte ihren Abstand, da um diese Zeit in dem Industriegebiet kaum noch Verkehr war. Die Klapperkiste vor ihr wurde noch langsamer und kroch schließlich im Schneckentempo die Straße entlang. Was hatten sie nur vor? Irenes schlimmste Ahnungen bewahrheiteten sich, als der Volvo mit einigen Fehlzündungen in eine Querstraße einbog. Irene gab Gas und fuhr vorbei. Aus den Augenwinkeln sah sie eine Neonreklame mit dem Text: »Nisses Fleischwaren und Delikatessen.«

Irene schaltete die Scheinwerfer aus und bog dann ebenfalls in eine Querstraße ein. Lautlos stieg sie aus und schloss äußerst vorsichtig die Tür. Sie wollte versuchen, über die Seitenstraßen auf die Rückseite der Betriebe an der Viktor Hasselblads Gata zu kommen. Es wäre viel leichter gewesen, zurück auf die große Straße zu marschieren, aber dort hatte die Gang sicher eine Wache platziert.

Es war nicht leicht, sich in den vielen Seitenstraßen zurechtzufinden. Nach einer Weile entdeckte sie die Rückseite der Neonreklame. Sie kam zu einem hohen Zaun, der einen großen Parkplatz hinter dem Gebäude umgab. In der Ecke des Zauns standen ein paar dichte Büsche, die einen guten Sichtschutz boten.

Irene spähte durch die Zweige. Sie sah nur drei Kühllaster, die rückwärts an der Laderampe des Gebäudes geparkt waren. Sie wurden von Wandlampen in grelles Licht getaucht. Ihren eigenen Abstand zu den Lastwagen schätzte Irene auf zwanzig Meter ein. Alles war still bis auf ein schnappendes, metallisches Geräusch, das in regelmäßigen Abständen wiederkehrte. Irene identifizierte es als Geräusch eines Seitenschneiders, der Maschendraht durchtrennt. Plötzlich sah sie wie sich dunkle Silhouetten auf die Lastwagen zubewegten. Sie zählte fünf. Sie hatte Recht gehabt: Einer schob auf der Straße Wache.

Lautlos ging sie am Maschendrahtzaun entlang. Sie hatte eine ungefähre Vorstellung davon, wo das Loch sein musste. Vorsichtig fuhr sie mit den Fingern am Draht entlang und fand die Stelle. Langsam trat sie ein paar Schritte zurück, um im Dunkeln der Hauswand hinter sich Schutz zu suchen.

Die Gruppe der Schattengestalten hatte sich am Rand des Lichtscheins versammelt. Sie waren hinter der Frontpartie des Lastwagens verborgen, der ihr am nächsten stand. Der größte von ihnen hob seinen Arm über den Kopf und teilte mit dem kräftigen Seitenschneider einen Schlag aus. Vor Irenes innerem Auge tauchte blitzartig das Bild eines anderen zum Schlag erhobenen Seitenschneiders auf.

Irene fischte ihr Handy aus der Tasche und wählte in dem Augenblick, in dem sie das splitternde Glas hörte, bereits 112. In der Zeit, bis der Molotowcocktail Feuer gefangen hatte, hatte ihr die Notrufzentrale bereits geantwortet, und sie zischte ins Telefon:

»Molotowcocktail auf Kühllaster. Militante Veganer. Högsbo Industriegebiet. Viktor Hasselblads Gata. Nisses Fleischwaren und Delikatessen. Die Täter fahren einen schrottreifen Volvo 240. Rostfarben. Kennzeichen N…«

Sie hörte nicht, dass jemand hinter ihrem Rücken angeschlichen kam, da sie sich vollkommen auf das um sich greifende Feuer und das Telefongespräch konzentrierte. Plötzlich wurde es um sie herum dunkel. Ehe sie in dem schwarzen Strudel verschwand, meinte sie noch, Jennys verzweifelten Schrei zu hören.

»Mama!«

Nach wenigen Minuten kam Irene wieder zu sich. Schnelle Schritte waren auf dem Asphalt zu hören. Autotüren wurden zugeschlagen. Obwohl Irene benommen darum betete, das Gegenteil möge geschehen, sprang der Volvo nach einer Weile an. In ihrem Kopf klopfte es gewaltig, und ihr war fürchterlich übel. Mit Mühe versuchte sie das Kinn zu heben und sich umzusehen. Alle Feuer der Hölle tanzten vor ihren Augen einen rasenden Flamenco, und die Hitze wärmte ihr Gesicht. Als sich endlich nicht mehr alles drehte, begriff sie, dass vor ihr der Kühllaster brannte. Irene ertappte sich dabei, wie sie wie hypnotisiert in die Flammen starrte. Deshalb dauerte es eine Weile, bis sie das Schluchzen hörte. Langsam wandte sie den Kopf zur Seite. Sie musste sich fast ganz umdrehen, bis sie die zusammengesunkene Gestalt sah.

Instinktiv wusste sie, dass es Jenny war, und begann auf ihre Tochter zuzukriechen. Sie wagte nicht, aufzustehen, das Risiko einer Ohnmacht war zu groß.

Jenny lag auf dem Bauch, schien aber nicht verletzt zu sein. Schluchzer schüttelten sie. Vielleicht war es aber auch die Kälte. Zu ihrem Erstaunen bemerkte Irene, dass ihre Tochter keine Jacke trug. Auch keine Kapuzenjacke, stellte sie erleichtert fest. Die wäre jetzt vermutlich ganz brauchbar gewesen. Doch Jenny hatte nur noch ein T-Shirt an. Mit zitternder Hand strich ihr Irene zärtlich über den eiskalten Arm und sagte:

»So, so, Liebes. Jetzt verschwinden wir hier aber so schnell wie möglich, ehe meine Kollegen kommen.«

Jenny schniefte und nickte. Zitternd stand sie auf und versuchte ihre Mutter auf die Beine zu ziehen. Vergeblich.

»Ich krieche«, entschied Irene.

So schnell sie konnte, kroch sie auf den Maschendrahtzaun zu. Im starken Licht des Feuers konnte sie sich leicht orientieren. Irene stützte sich am Zaun ab und stand auf. Unendlich langsam bewegte sie sich auf das dichte Gebüsch an der Ecke zu. Die Sirenen der Polizeiwagen kamen näher. In dem Augenblick, in dem das erste Blaulicht neben der Einfahrt auftauchte, ließ sich Irene hinter den Büschen fallen und zog

Jenny mit sich. Sie legte ihre Arme um ihre Tochter, um sie zu wärmen und zu beruhigen. Vollkommen reglos saßen sie da.

Eine Autotür wurde zugeschlagen, und sie hörten Schritte auf dem Asphalt.

»Verdammt! Abgeschlossen. Wir müssen... Ist das Auto da hinten von der Wachgesellschaft? Hallo, Kameraden! Gut, dass ihr da seid. Die Feuerwehr kommt jede Minute. Da hinten sind sie. Macht schon das Tor auf!«

Jetzt oder nie. Der Tumult am Tor lenkte die Polizisten und die Feuerwehrleute genügend ab, damit sie sich davonschleichen konnten. Irene legte Jenny nachdrücklich einen Arm um die Schultern. Zusammen standen sie auf und stahlen sich auf die schmale Nebenstraße.

Schritt um Schritt näherten sie sich schwankend dem Auto. Irene hatte das Gefühl, mehrere Kilometer weit gegangen zu sein, obwohl es sich in Wirklichkeit nur um knapp hundert Meter handelte.

Der Schwindel war vorüber, aber Irene fühlte sich matt und zittrig. Die Kleider klebten ihr schweißnass auf der Haut.

Ehe sie die Autotür öffnete, zog sie ihr Handy aus der Tasche und wischte es an ihrem Pullover ab. Mit all der Kraft, über die sie noch verfügte, schleuderte sie es in ein paar dichte Rhododendronbüsche vor einer Hauswand. Dort würde man es, hatte sie Glück, bis zum Sommer nicht finden.

Mit Mühe gelang es ihr, die Autotür zu öffnen. Sie ließ sich auf den Fahrersitz sinken. Dann öffnete sie Jenny, der die Zähne vor Kälte klapperten, die Beifahrertür. Irene zog ihre Lederjacke aus und gab sie ihrer Tochter. Diese begann wieder zu schniefen, riss sich aber zusammen. Mit zitternder Stimme sagte sie:

»Mama... ich habe geglaubt... dass wir... Plakate... ankleben würden. Nicht... dass wir Laster anzünden. Und er... er hat dir mit einem dicken Stock auf den Kopf geschlagen! Ich habe das gesehen und... geschrien...«

Jetzt konnte sie ihre Tränen nicht mehr zurückhalten, sondern begann laut zu heulen. Irene ließ den Motor an und fuhr vorsichtig rückwärts aus der Parklücke. Viel langsamer als die erlaubte Höchstgeschwindigkeit fuhr sie davon und weg von dem Lastwagenbrand.

Jenny zog die Nase hoch und trocknete sich mit dem Lappen aus dem Handschuhfach, mit dem Irene immer die beschlagenen Scheiben abwischte, das Gesicht. Der Lappen war so schmutzig, dass sie anschließend aussah, als hätte sie Tarnschminke aufgelegt. Irene kommentierte das nicht weiter, sondern fragte nur:

»Was ist passiert?«

Jenny putzte sich mit dem Lumpen die Nase und versuchte, ihre Stimme unter Kontrolle zu bringen.

»Als Tobi... einer der Jungen begriff, dass du meine Mama bist... nannte er mich... Polizeispitzel. Er gab mir eine Ohrfeige und wollte die... Kapuzenjacke zurückhaben.«

Ein Seitenblick verriet Irene, dass das rot verquollene Gesicht ihrer Tochter nicht nur von den Tränen kam. Über dem Wangenknochen war eine kräftige Rötung zu erkennen, die sich sicher wunderbar blau verfärben würde.

Irene bog auf das Marconikreuz ein und fuhr dann auf den Frölunda Torg zu. Als sie auf den Platz kamen, stellte sie zufrieden fest, dass ein Streifen- und ein Mannschaftswagen mit eingeschalteten Blaulichtern neben einem schrottreifen Volvo 240 standen.

Um genau zehn Uhr öffneten sie die Tür des Reihenhauses. Irene war erleichtert, dass Katarina noch nicht zu Hause war. In ihrem benebelten Kopf hatten sich die Schleier allmählich gehoben, und ein Plan hatte Gestalt angenommen. Energisch drehte sie sich zu der steif gefrorenen und gedemütigten Jenny um und sagte:

»Schnell nach oben und unter die Dusche. Ganz heißes Wasser! Direkt ins Bett, und dann tust du so, als würdest du schlafen. Sprich nicht mit Katarina. Ich komme dann mit ein paar Butterbroten hoch.«

Jenny nickte und verschwand die Treppe hinauf. Irene warf sich selbst unter die Dusche im Erdgeschoss. Die Kleider, die sie getragen hatte, wanderten direkt in die Waschküche. Anschließend rief sie bei den Kollegen in Frölunda an und zeigte an, dass ihr Handy gestohlen worden sei. Wahrscheinlich im Einkaufszentrum Frölunda Torg, wo sie um sechs Uhr eingekauft hätte. Das sagte sie, ohne auch nur eine Spur Unsicherheit zu verraten. Der Kollege am anderen Ende versprach, ihre Nummer sperren zu lassen.

Eine Viertelstunde später ging sie mit ein paar belegten Broten und einem Becher mit heißem Tee zu Jenny hoch. Sie kam gerade aus dem Badezimmer. Nachdem Jenny ihren dicksten Flanellschlafanzug angezogen hatte, den sie für die Winterferien in der Hütte in Värmland gekauft hatte, schlüpfte sie zwischen die Laken.

Irene setzte sich auf die Bettkante und sagte:

»Über diese Sache bewahren wir Stillschweigen. Kein Wort, nicht mal zu Katarina und zu Papa. Zu niemandem!«

Jennys Augen waren rot und verquollen, und der Fleck auf dem Wangenknochen nahm bereits eine Purpurfärbung an. Stumm nickte sie.

»Wir sagen, du seist mit der Jackentasche an einem Treppengeländer hängen geblieben. Dabei sei die Jacke zerrissen. Der Riss war so groß, dass er sich nicht nähen ließ. Ich habe die Jacke weggeworfen. Die Schwellung auf der Backe kommt daher, dass du mit dem Gesicht aufs Treppengeländer geknallt bist.«

Irene unterbrach sich, weil ihr etwas einfiel.

»Deine Jacke ist im Kofferraum des Volvos liegen geblieben. Hattest du etwas in den Taschen, was man zu dir zurückverfolgen kann?«

Jenny dachte nach und schüttelte dann den Kopf.

»Nein. Mein Portmonee hatte ich in der Jeans. Die Schlüssel auch. Und außerdem war das meine alte Jacke. Sie war gerade frisch gewaschen, es steckte also nichts in den Taschen. Sie... sie haben gesagt, dass wir dunkle Kleider tragen sollen, damit man uns nicht sieht. Meine neue ist doch hellgrau, deswegen habe ich die schwarze angezogen. Ich habe geglaubt, dass wir... dass wir Plakate ankleben gehen...«

»Ich weiß, Liebes. Aber jetzt ist alles wieder gut. Du musst mir versprechen, dass du dich nicht wieder mit ihnen triffst. Besteht das Risiko, dass sie deinen Namen angeben?«

»Nein. Wir sagen nie etwas zu den Bullen! Nie!«

Die Bullenmama lächelte und strich ihrer militanten Tochter über die Wange, die sich langsam blau verfärbte.

Irene lag im Bett, als sie hörte, wie Katarina durch die Haustür schlich. Verzweifelt versuchte sie, Sammie zu beruhigen, der begeistert an ihr hochsprang. Irene hörte, wie sie zischte:

»Pst, Sammie. Du weckst noch alle! Hör auf...«

Vorsichtige Schritte waren auf der Treppe zu hören. Irene schloss die Augen und stellte sich schlafend, als ihre Tochter durch die halb offene Schlafzimmertür schaute. Offenbar war sie überzeugend, denn Katarina zog leise die Tür hinter sich zu und tappte ins Badezimmer. Irene schaute auf die leuchtenden Ziffern des Weckers. Er zeigte 23.08 Uhr.

Kaum hörbar ließ Katarina das Wasser laufen und betätigte die Wasserspülung. Sie tat ihr Bestes, um über den Fußboden des Fernsehzimmers und in ihr Zimmer zu schweben.

Irene lag lange da und starrte ins Dunkel. Es war kein angenehmer Gedanke, Geheimnisse innerhalb der Familie zu haben. Aber Krister hatte unglaublich viel Stress auf der Arbeit. Ihm konnte sie das hier wirklich ersparen. Hoffentlich war Jennys Begeisterung für die Tierbefreiungsfront vorbei. Vegan würde sie wahrscheinlich weiterhin bleiben, und das würde schon genug Meinungsverschiedenheiten mit ihrem Vater verursachen. Nein, es war das Beste, ihn aus dieser Sache herauszuhalten.

Nach einer Weile ergriff sie erneut Unruhe. Wo war Katarina nur so lange gewesen? Die Mädchen gingen zwar inzwischen in die achte Klasse und waren in einem Monat fünfzehn, aber für einen Wochentag war elf Uhr zu spät zum Nachhausekommen. Vielleicht hatte sie den Abend gar nicht dort verbracht, wo sie hatte sein wollen? Was tat sie eigentlich in letzter Zeit? Hatte sie einen neuen Freund? Irene war mit einem Mal hellwach und begann sich immer schlimmere Szenarios auszumalen. Hatte sie den Mädchen auch gründlich genug erklärt, wie wichtig es war, ein Kondom zu verwenden? Aids. Geschlechtskrankheiten. Sie musste sich wirklich darum kümmern, welche Verhütungsmittel für junge Mädchen am besten waren. Schließlich beruhigte sie sich wieder. Sie sollte ihren Töchtern einfach vertrauen. Wahrscheinlich wussten sie mehr als sie selbst. Aber mit ihnen sprechen sollte sie wohl doch einmal.

Im Übrigen war es vielleicht nur gut, dass Katarina so spät nach Hause gekommen war. Sie würde kein größeres Interesse haben, ein Wort über diesen Abend zu verlieren. Alle hatten sie ihre kleinen Geheimnisse.

Der Film im Kanal 5 war zu Ende. Siv Persson war guter Dinge und in der Tat sogar etwas müde. Sie hatte sich eine Liebesgeschichte angesehen und keinen Krimi mit Mord und Todschlag. Alles, was sie an die Ereignisse der vergangenen Woche erinnern konnte, versuchte sie konsequent zu vermeiden. Und das war ihr richtig gut gelungen, fand sie. Ihre Angst war nicht mehr so groß, und es vergingen ganze Stunden, in denen sie nicht an die Löwander-Klinik denken musste. Jetzt wollte sie versuchen, sich die letzten Tage bis zur Staroperation ein bisschen zu erholen.

Sie hatte die Bilder der Mordnacht immer noch deutlich vor Augen. Besonders vor dem Einschlafen. Dann waren sie genauso deutlich wie das Bild ihres übergroßen Fernsehers.

Das kalte Mondlicht fiel auf die große blonde Frau in der

Schwesterntracht. Sie hatte das Gesicht abgewandt. Aber als Siv aufschrie, drehte sie etwas den Kopf. Eine weitere leichte Drehung, und Siv würde sie wieder erkennen ... In diesem Augenblick versagte jedoch immer ihre Erinnerung.

Siv Persson stand auf, um in die Küche zu gehen. Es war fast elf, und sie wollte ihre Nachtmedizin vorbereiten. Sie legte die Tabletten immer in einen Eierbecher und stellte diesen zusammen mit einem Glas Wasser auf den Nachttisch. Seit sie vor dem Einschlafen nicht mehr lesen konnte, lag sie immer noch eine Weile wach und hörte im Radio klassische Musik. Wenn es dann auf Mitternacht zuging, nahm sie ihre Tablette. Mit ihrer Hilfe konnte sie dann bis etwa acht Uhr schlafen.

Siv Persson hatte gerade die kleine Tablette in den Porzellaneierbecher gelegt, als es leise an der Wohnungstür klopfte. Erst war sie sich nicht sicher, wirklich richtig gehört zu haben, sondern blieb nur wie angewurzelt mit dem geöffneten Tablettenröhrchen in der Hand neben dem Küchentisch stehen. Nach einer Weile wurde wieder geklopft, ebenso leise. Ihr Herz schlug schneller, und sie spürte, wie ihre Angst an Intensität zunahm. Sie erinnerte sich an die Worte des Polizisten: »Es gibt nur zwei Zeugen, die den Mörder in der Mordnacht gesehen haben. Die Stadtstreicherin ist tot. Nur Sie sind noch am Leben. Seien Sie vorsichtig.«

Warum klopfte jemand bei ihr um diese Tageszeit an? Sie erwartete wirklich keinen Besuch.

Ihr Mund war vollkommen trocken, ihre Zunge klebte am Gaumen, und sie bekam fast keine Luft mehr. Es hatte keinen Sinn zu schreien, und selbst wenn sie es versucht hätte, hätte sie keinen Ton herausgebracht. Wen sollte sie anrufen? Wer konnte ihr helfen? Die Nachbarn kannte sie kaum. Sie grüßten sich auf der Treppe, aber das war schon alles. Die Polizei? Die glaubten ohnehin schon, dass sie verrückt war. Vorsichtig schlich sie sich zur Tür und schaute durch den Spion.

Es war niemand. Niemand stand vor der Tür. Beinahe hätte sie vor Erleichterung laut gelacht. Aber das Lachen blieb ihr

285

im Hals stecken. Sie sah zwar schlecht, hatte aber ein ausgezeichnetes Gehör. Das Geräusch war fast nicht zu hören. Es konnte nur von jemandem wahrgenommen werden, der alle seine Sinne angespannt hatte. Kleider raschelten. Jemand stand draußen an die Wand neben ihrer Tür gedrückt. Jemand wartete darauf, dass sie die Tür öffnen würde.

Ihr Herz fing an zu rasen und es sauste ihr in den Ohren. Nein, nur jetzt nicht ohnmächtig werden! Nicht ohnmächtig werden! Sie holte ein paar Mal tief Luft und versuchte sich zu beruhigen. Die Tür war solide und mit einem ausgezeichneten Sicherheitsschloss versehen. Sie hatte von innen abgeschlossen, was man eigentlich nicht tun sollte, da das bei einem eventuellen Brand sehr gefährlich werden konnte. Aber Siv hatte das seit dem Mord an Marianne Svärd immer getan.

Ihr Puls hatte sich wieder verlangsamt, als sie plötzlich bemerkte, das die Klappe des Briefeinwurfs einen Spalt weit geöffnet wurde. Das knarrte ganz leise. Entsetzt wurde sich Siv bewusst, dass der Mörder ihre Füße sehen konnte. Schnell trat sie einen Schritt zurück. Langsam wurde die Klappe wieder geschlossen. Eilige Schritte waren auf dem Steinfußboden des Treppenabsatzes Richtung Treppe zu hören. Erst war Siv Persson wie gelähmt, aber als sie die Schritte auf der Treppe hörte, lief sie eilig zum Spion.

Sie sah gerade noch einen dunklen Hut mit abwärts gebogener Krempe nach unten verschwinden. Unter der Krempe schimmerte blondes Haar.

KAPITEL 17

Kalter Regen fiel von einem dunkelgrauen Himmel. Es würde einer dieser Tage werden, an dem man überhaupt keine Lust hatte, die Rollos zu öffnen.

Irene starrte düster in den ersten Becher Kaffee des Tages. Die Wunde vom Schlag auf den Hinterkopf tat immer noch weh. Sie hatte trotzdem bis halb sieben schlafen können.

Als sie aufgewacht war, hatte sie sich krank gefühlt. Ihr Hinterkopf schmerzte, die Augen waren verklebt, und sie hatte einen Geschmack im Mund, als hätte dort ein Maulwurf das Zeitliche gesegnet. Nach ihrem Mundgeruch zu urteilen war er bereits stark verwest. Das hatte sie davon, dass sie vergessen hatte, sich vorm Zubettgehen die Zähne zu putzen.

Krister neben ihr schlief tief. Er merkte nicht, dass sie aufstand. Nach einer schnellen Dusche und einem hastigen Makeup ging sie nach unten und machte das Frühstück. Die Zwillinge kamen gegen sieben angetrödelt. Katarina schluckte die Geschichte von Jennys Malheur auf der Treppe. Wie Irene vermutet hatte, ging Katarina schnell dazu über, über etwas anderes zu reden.

Göteborgs-Posten warb mit der Schlagzeile: »Militante Veganer setzen Lastwagen in Brand.« Darunter stand in etwas kleineren Buchstaben: »Die Polizei glaubt, die Täter gefasst zu haben.« Jenny faltete die Zeitung eilig so zusammen, dass die Vorderseite nach innen kam.

Im Präsidium war die Stimmung gedämpft. Die Ermittlungsgruppe begnügte sich mit einer kurzen Morgenbesprechung. Kommissar Andersson konnte nur mitteilen, dass die Spurensicherung ein paar neue Anhaltspunkte gefunden hätte. In der einen Reisetasche hatten ein paar lange blonde Haare gelegen. Die Haare waren neueren Datums, nicht dauergewellt, gefärbt und etwa zwanzig Zentimeter lang. Möglich, dass sie von einer Perücke stammten. Haarproben von sämtlichen Damen, die im Zusammenhang mit der Ermittlung interessant waren, sollten eingesammelt werden. Fingerabdrücke ebenfalls, da sie auf der Innenseite des Verschlusses der einen Reisetasche einen Satz frische und deutliche Abdrücke gesichert hatten. Fredrik Stridh erhielt die Aufgabe, sich darum zu kümmern.

Die »Ghostbusters« konnten den Inhalt der Taschen im Labor abholen, falls sie das wollten. Sie wollten.

Hannu, Tommy und Irene bekamen vier Papiertüten ausgehändigt. Irene nutzte die Gelegenheit, beide Taschen genauer in Augenschein zu nehmen, ehe sie gingen. Sie waren größer als die von Lovisa Löwander. Die eine war aus dickem Leder mit gediegenen Beschlägen an den Ecken. Am Rand der Tasche war das Monogramm »H. L.« Offenbar hatte sie Hilding Löwander gehört.

Die andere war aus stabiler gelbgrauer Pappe. Sie wurde von zwei breiten Lederriemen umschlossen. Ein Adressenanhänger mit einem vergilbten Zelluloidfenster war am Handgriff befestigt. Der Name Tekla Olsson ließ sich erkennen. Er war in zierlicher Handschrift in schwarzer Tinte geschrieben, die über die Jahre braun geworden war.

»Mit wem fangen wir an?«, fragte Tommy.

Er hatte die vier Tüten auf seinen Schreibtisch gestellt.

»Tekla«, entgegneten Irene und Hannu gleichzeitig.

Die beiden Tüten mit der Aufschrift H. L. landeten erst einmal auf dem Fußboden.

Methodisch begann Tommy Tekla Olssons Hinterlassenschaft auf den Tisch zu legen.

Ganz oben befand sich eine Strickjacke aus dünner, schwarzer Wolle. Die Motten hatten sie aus verständlichen Gründen verschmäht: Ein durchdringender Geruch von Mottenkugeln verbreitete sich im Zimmer. Anschließend zog Tommy ein paar robuste Laufschuhe aus braunem Leder und mit einem niedrigen, kräftigen Absatz hervor, ein paar größere Unterhosen aus weißer Baumwolle, ein langes weißes Nachthemd mit Stickerei am Hals, ein dünnes, ärmelloses Nachthemd aus Baumwollsatin und ein paar dicke schwarze Strümpfe.

Irene hielt die Kleidungsstücke vor sich hin.

»Sie war fast genauso groß wie ich und hatte dieselbe Figur«, stellte sie fest.

Die nächste Tüte wurde auf den Stuhl gestellt. Sie wirkte interessanter, da sie einige Umschläge und Papiere enthielt. Ganz unten lagen ein paar dünne Bücher.

»Wir teilen die Papiere unter uns auf«, schlug Tommy vor.

Schnell verteilten sie den Inhalt der Tüte auf drei Stapel.

»Ich gehe in mein Zimmer«, sagte Hannu.

Er nickte und verschwand mit seinem Packen unterm Arm.

Es dauerte fast eine Stunde, bis Hannu wieder auftauchte. Irene war mit ihrem Stapel fertig, und Tommy hatte nur noch einen einzigen Umschlag übrig.

»Der kann warten. Ich habe reingeschaut. Irgendwelche Mietquittungen«, meinte Tommy.

Er legte den Umschlag ganz oben auf seinen Stapel.

»Wer fängt an?«, fragte er.

»Ich kann anfangen«, sagte Irene.

Sie begann ihre Papiere in der Reihenfolge durchzugehen, in der sie sie hingelegt hatte.

»Ich habe hier eine Personenstandsurkunde von 1942. Sie ist auf Tekla Viola Olsson ausgestellt, geboren am 8. Oktober 1911. Als Grund für die Ausstellung ist ›Neuanstellung‹ angekreuzt. Vielleicht wurde sie 1942 von der Löwander-Klinik angestellt?«

»Stimmt. Ich habe ihren Arbeitsvertrag«, sagte Hannu.

»Weiterhin habe ich hier mehrere Briefe einer Freundin. Laut Absender heißt sie Anna Siwér. Die Adresse lautet Rörstrandsgatan in Stockholm. Sie schreibt meist über ihren Mann und ihr kleines Kind. Im letzten Brief vom Oktober '46 hat sie offenbar ein weiteres Kind bekommen. Ein Mädchen. Das erste war ein Junge.«

»Ich habe auch drei Briefe von Anna Siwér. Im ersten vom April '43 schreibt sie: ›Mutters schwere Lungenentzündung ist deutlich besser geworden. Sie wird es auch dieses Mal wieder schaffen.‹«

Tommy legte den Brief, aus dem er gerade vorgelesen hatte, wieder hin und nahm den nächsten.

»Das Nächste ist eine Briefkarte. Da steht: ›Mutter schlechter. Sie fragt nach Dir. Du musst nach Hause kommen.‹«

Tommy nahm den dritten Brief zur Hand. Er las nicht vor, sondern sah seine Kollegen direkt an.

»Das hier ist ein langer Brief vom 1. Juni '43. Die Mutter ist gestorben und Anna schreibt über ihre tiefe Trauer. Die ganze Zeit schreibt sie Sachen wie: ›Wir werden mit dieser Trauer schon zusammen fertig werden.‹ Und: ›Es ist schwer zu begreifen, dass wir nun keine Eltern mehr haben.‹ Ich habe das Gefühl, dass Anna Teklas Schwester war.«

»Sie hatte keine Verwandten«, erinnerte ihn Hannu ruhig.

Das stimmte. So weit nicht Anna Siwér und ihre Familie ausgelöscht worden waren, ehe Tekla starb. Das wirkte wenig wahrscheinlich.

»Ich erinnere mich, dass Siv Persson sagte, sie hätte eine Cousine gehabt. Diese Cousine hätte nach Göteborg kommen sollen, um die Tasche zu holen, tauchte aber offenbar nie auf. Kann Anna Teklas Cousine gewesen sein?«, schlug Irene vor.

»In diesem Fall scheinen sie sich ungewöhnlich nahe gestan-

290

den zu sein. In dem Brief klingt das so, als sei Annas Mama auch Teklas Mama gewesen«, sagte Tommy.

»Ich habe die Sterbeurkunden von Teklas Eltern«, meinte Hannu.

Er suchte nach einem Umschlag und zog zwei Papiere daraus hervor. Die vergilbten Blätter lagen nebeneinander auf dem Tisch. Aus der einen Urkunde ging hervor, dass Teklas Mutter drei Tage nach Teklas Geburt gestorben war. Tekla war das einzige Kind gewesen. Der Vater starb knapp zwei Jahre später. Er war fast zwanzig Jahre älter als die Mutter gewesen.

»Zwei Jahre und Vollwaise. Die Ärmste«, sagte Tommy.

»Glaubt ihr, dass sie in ein Kinderheim kam?«, fragte Irene.

»Ich werde Anna Siwér und ihre Verwandten ausfindig machen«, entschied Hannu.

Irene und Tommy waren dankbar für diesen Bescheid. Die überlebenden Angehörigen der Familie Siwér waren damit so gut wie aufgefunden.

»Tekla hatte gute Noten vom Sophiahemmet. Nicht ganz so strahlende wie Lovisa, aber fast. Sie legte 1934 die Prüfung zur Krankenschwester ab.«

»Haben sie die Krankenpflegeschule des Sophiahemmet gleichzeitig besucht?«, wollte Tommy wissen.

»Nein. Tekla war sieben oder acht Jahre jünger als Lovisa. Da Lovisa direkt nach ihrem Examen wieder nach Göteborg ging und begann, im Krankenhaus ihres Vaters zu arbeiten, können sie sich kaum begegnet sein, ehe Tekla in der Löwander-Klinik anfing.«

»Und da waren Hilding und Lovisa bereits verheiratet«, sagte Tommy nachdenklich.

»Ja. Und zwar seit sechs Jahren.«

Irene deutete auf den Rest ihres Stapels und sagte:

»Der Rest sind überwiegend Weihnachtskarten und Urlaubsgrüße von Freundinnen. Wahrscheinlich Mitschülerinnen von der Schwesternschule.«

Tommy nickte zustimmend.

»Bei mir auch, aber ich habe tatsächlich auch zwei Briefe von einem Mann. Liebesbriefe. Beide sind vom Juli '42. Er verzichtet auf einen Absender und unterschreibt mit Erik.«

»Ich habe Eriks letzten Brief«, sagte Hannu.

Er zog einen dünnen Umschlag aus seinem Stapel.

»Er hat mit ihr Schluss gemacht. Traf eine andere.«

»Welches Datum steht auf dem Arbeitsvertrag mit der Löwander-Klinik?«, fragte Irene eifrig.

»Erster November '42.«

»Deswegen kam sie nach Göteborg. Die alte Leier. Eine unglückliche Liebschaft«, stellte Irene fest.

Tommy sah aus, als würde er nachdenken. Dann fragte er keinen der beiden im Besonderen:

»Ich frage mich, wo sie in Göteborg gewohnt hat?«

»Im Krankenhaus«, sagte Hannu.

Erneut blätterte er in den Papieren vor sich, ehe er fand, was er suchte.

»Anlage zum Arbeitsvertrag. Das Krankenhaus stellt ein Zimmer. Küche und Toilette sind mit drei anderen Schwestern zu teilen. Aber hier gibt es noch einen weiteren Arbeitsvertrag.«

Er zog einen dicken, weißen Umschlag ganz unten aus seinem Stapel.

»Der ist von '44. Schwester Tekla wurde Oberschwester. Und bekam eine eigene Wohnung.«

Er blätterte in dem dicken Bündel Papiere und zog eines hervor.

»Neue Anlage. Das Krankenhaus stellt jetzt ein Zimmer mit Küche und eigener Toilette und Dusche.«

»Das klingt nach der Bereitschaftswohnung«, sagte Irene erstaunt.

»Wir müssen wieder mit deinem Doktor reden«, sagte Tommy.

»Er ist nicht mein Doktor.«

Zu ihrem Ärger bemerkte sie, dass sie rot wurde. Vielleicht

litt sie ja auch unter Bluthochdruck wie Kommissar Andersson?

Tommy warf ihr einen frechen Blick zu, wechselte dann aber das Thema.

»Dann haben wir noch eine Sammlung von Gedichtbänden. Die können wir wohl beiseite legen und festhalten, dass Tekla ein Faible für Lyrik hatte. Sollen wir etwas essen, ehe wir die Tüten von Hilding durchgehen, oder erst anschließend?«

»Die Durchsicht von Teklas Sachen hat fast zwei Stunden gedauert. Ich plädiere dafür, dass wir zuerst etwas essen«, sagte Irene.

Hannu nickte.

Sie aßen ein mäßiges Bauernfrühstück in der Kantine. Die Rote Bete erinnerte eher an die unappetitlicheren Fälle des Dezernats für Gewaltverbrechen, und außerdem waren nur noch zwei beidseits gebratene Spiegeleier übrig.

Sie schaufelten das Essen in sich hinein und beschlossen, den Kaffee in ihrem Büro zu sich zu nehmen.

Alle drei setzten sich an den Schreibtisch und versuchten einen freien Fleck für ihre Kaffeebecher zu finden, was sich als ein Ding der Unmöglichkeit erwies.

»Wir müssen Teklas Sachen wieder in die Tüten tun, ehe wir uns an Hildings machen«, sagte Irene.

Nachdem sie den Kaffee ausgetrunken hatten, räumten sie den Schreibtisch ab.

»Nett, die Tischplatte wieder einmal zu sehen. Das letzte Mal war vor einigen Wochen«, sagte Tommy.

Er wuchtete eine von Hildings Tüten hoch und wollte gerade anfangen, auszupacken, als Hannu sagte:

»Könnt ihr euch die Tüten allein ansehen?«

Tommy sah ihn erstaunt an.

»Natürlich. Was hast du vor?«

»Nach Anna Siwér suchen. Oder ihren Verwandten. Und nach Teklas Totenschein.«

293

Hannu war bereits durch die Tür. Tommy zog viel sagend die Augenbrauen hoch. Weder er noch Irene sagten jedoch ein Wort. Man widersprach Hannu einfach nicht.

In den Tüten waren keine Kleider, sondern nur Bücher, Umschläge und Ordner. Bei den Büchern handelte es sich um Fachliteratur mit Titeln wie »Organische Chemie«, »Allgemeine Anatomie« und »Dictionnaire étymologique de la langue greque«, alle mit brüchigen, braunen Lederrücken.

»Ich weigere mich, diese Bücher zu lesen. Warum auch? Wir sollten uns lieber auf die Umschläge und die Mappen konzentrieren«, verfügte Irene. Wie schon bei Teklas Sachen teilten sie den restlichen Inhalt der Tüten auf zwei Stapel auf. Sie setzten sich an ihre Schreibtische und begannen zu lesen.

Irene lehnte sich im Stuhl zurück. Sie reckte ihre Arme, und in ihren steifen Gelenken knackte es. Anschließend betrachtete sie nachdenklich ihren Stapel Umschläge und Ordner. Sie war dabei, eine Theorie zu entwickeln.

Tommy schlug begeistert mit dem Handrücken auf eine der Mappen und rief:

»Das ist unglaublich! Ich glaube tatsächlich, dass ich etwas vollkommen …«

»Ich auch. Aber lass es uns systematisch angehen. Von Anfang an.«

»Okay. Ich habe sein Zeugnis von der Universität. Beste Noten. Aber da hieß er noch Hilding Svensson. Ein Allerweltsname. Danach hat er den Namen in Löwander ändern lassen. Das klang fescher.«

»Vielleicht. Auf der Heiratsurkunde steht, dass das Brautpaar den Nachnamen der Braut annimmt. Das war zu dieser Zeit sicher ungewöhnlich.«

»Ich habe hier den Brief eines Kommilitonen oder ehemaligen Kollegen. Darin wird Hilding zur Hochzeit gratuliert, gleichzeitig spricht der Briefschreiber zum Tod des Schwiegervaters sein Beileid aus.«

»Lovisa erbte das Krankenhaus. Aber de facto hat Hilding den Betrieb übernommen.«

Irene dachte an das Hochzeitsfoto von 1936, an den langen, eleganten Hilding Löwander, geborener Svensson, und an die puppengleiche Lovisa. In den Dreißigerjahren hatten in Schweden Depression und schwere Zeiten geherrscht. Aber Hilding war durch die Hochzeit zu Geld gekommen, zu Stellung und Status. Er erhielt von seiner Prinzessin zwar kein Schloss, aber immerhin ein eigenes Krankenhaus. Das war vermutlich für einen ehrgeizigen Arzt ohne Vermögen eine gute Partie.

»Drei meiner Ordner beziehen sich auf den Umbau der Löwander-Klinik. Es handelt sich um Skizzen des Rohrleitungsnetzes, der Aufzüge und der OP-Traktes, von allem Drum und Dran! Hilding war ordentlich. Er hob alles auf.«

»In welchem Jahr erfolgte der große Umbau?«

»Die Zeichnungen und Angebote sind aus der Mitte der Fünfzigerjahre, von '55 und '56.«

»Dann sind die Arbeiten also vermutlich '58 oder '59 ausgeführt worden.«

»Yes.«

Tommy zog eine Mappe aus dünnem blauem Karton hervor und fächelte mit ihr in der Luft herum.

»Hier sind ganz andere Sachen drin. Private Rechnungen. Interessant. Schau dir mal den Index an.«

Tommy schlug die erste Seite des Ordners auf und hielt ihn Irene hin. Mit großer Schrift hatte jemand unter A »Allgemein« geschrieben, unter B stand »Beiträge«, das Vorsatzblatt mit F trug den Vermerk »Freimaurer«. Hinter jedem Vorsatzblatt waren die Quittungen über geleistete Zahlungen ordentlich abgeheftet.

Auf das Vorsatzblatt mit T hatte Hilding »Tekla« geschrieben.

Tommy blätterte bei T um und zeigte Irene triumphierend ein Bündel Quittungen.

»Den gesamten Herbst '46 bezahlte Hilding Löwander die Arztrechnungen für Tekla! Hier sind sieben Quittungen. Außerdem hat er ihr einen Krankenhausaufenthalt vom 1. bis zum 15. Januar '47 bezahlt.«

»Das bestätigt meinen Verdacht!«

Irene suchte einen Ordner hervor. Der Leinenrücken trug die Aufschrift »Privat«. Er knirschte, als sie den Ordner aufschlug.

Ehe sie Tommy ihren Fund zeigte, dachte sie nach. Nach einer Weile sagte sie:

»Wir wissen, dass Lovisa Löwander den Gerüchten nach verlangt hat, dass Schwester Tekla die Klinik verlässt. Das war etwa zu der Zeit, zu der sie schwanger wurde. Meine Theorie ist, dass Tekla eine schwere Depression erlitt. Hilding bezahlte ihre Arztbesuche im Herbst und den Krankenhausaufenthalt im Januar. Die Depressionen erreichten, wie wir wissen, mit dem Selbstmord zwei Monate später ihren Höhepunkt.«

Irene blätterte in ihrem Ordner, ehe sie fand, was sie suchte. Sie nickte und fuhr dann fort:

»Ich glaube, dass Lovisa und Hilding davon ausgingen, dass sie keine Kinder bekommen könnten. Schließlich passierte mehrere Jahre lang nichts. Wahrscheinlich fühlte sie sich deswegen wertlos und hatte nicht die Kraft, zu fordern, dass Hilding und Tekla ihre Affäre beendeten. Die Schwangerschaft änderte alles. Danach konnte sie sich behaupten. Hier ist ein Papier, das auf den 5. März '46 datiert ist.«

»Lies vor.«

»Es handelt sich um ein ärztliches Attest. Von einem Dr. Ruben Goldblum. Er schreibt: ›Dass Frau Lovisa Löwander an dem Turner-Syndrom leidet, könnte ein schwer wiegender Grund für eine Adoption sein. Ich bin seit vielen Jahren mit den Eheleuten Löwander persönlich bekannt und kann ihren bezeugt guten Lebenswandel und Ruf bestätigen. Von der Tatsache, dass Frau Lovisa Löwander über vierzig Jahre alt ist, kann man absehen, da sie eine ungewöhnlich kluge, fleißige und gesunde Frau ist. Dr. Hilding Löwander ist ein anerkannt tüchtiger Arzt und ein guter Mensch. Die beiden würden sicher die besten Eltern.‹«

»Ah. Sie wollten also adoptieren.«

»Ja.«

»Was für ein Arzt war Goldblum?«

Irene hielt das Papier gegen das Licht, um zu versuchen, den undeutlichen Stempel zu entziffern.

»Dr. gyn. steht hier. Ein Frauenarzt.«

»Ja. Aber was ist ein Turner-Syndrom?«

»Keine Ahnung.«

»Hast du sonst noch was?«

»Ja. Einen Mietvertrag für eine Einzimmerwohnung in Stockholm. An der Drottninggatan. Die Mieterin ist Lovisa Löwander, und die Vertragsdauer beträgt vier Monate, vom November '46 bis zum Februar '47.«

»Hat sie Sverker in Stockholm zur Welt gebracht?«

»Offenbar. Ich erinnere mich, dass er gesagt hat, sie sei während der gesamten Schwangerschaft von Experten behandelt worden. Die Schwangerschaft sei sehr kompliziert gewesen.«

Irene blätterte weiter in dem Ordner, bis sie die Stelle mit den schmalen und dünnen Papieren fand.

»Hier. Quittungen von Bankeinzahlungen. Am Ende jeden Monats zahlte Hilding Löwander zweihundert Kronen auf ein Konto ein. Die Einzahlungen beginnen Ende August '46 und enden Ende Februar '47. Um die Einzahlung im März kam er herum, da sich Tekla noch vor Ende März aufhängte.«

»Du glaubst, dass das Geld für Tekla bestimmt war?«

»Ja. Der Zeitraum stimmt. Er versuchte wohl sein schlechtes Gewissen zu beruhigen.«

»Bekam sie keine neue Arbeit?«

»Keine Ahnung. Sie war vielleicht zu deprimiert, um arbeiten zu können.«

Gründlich dachten beide über die neuen Erkenntnisse nach. Schließlich sagte Tommy resolut:

»Ich muss rauskriegen, was das Turner-Syndrom ist. Ich rufe eben mal Agneta an.«

Er nahm den Telefonhörer und wählte die Nummer seiner Frau, die Stationsschwester am Städtischen Krankenhaus von Alingsås war. Nach einer Weile hatte er sie am Apparat.

»Hallo, Liebling. Kannst du mir helfen und mir erklären, was für eine Krankheit das Turner-Syndrom ist?«

Er verstummte und begann etwas auf seinen Block zu kritzeln. Zweimal zog er erstaunt die Augenbrauen hoch und schaute Irene an, sagte aber nichts, sondern schrieb einfach weiter mit. Als er umblätterte, fragte sich Irene schon, ob er vorhatte, eine medizinische Abhandlung zu verfassen.

Nachdem er lange mitgeschrieben hatte, hörte er auf, sich Notizen zu machen. Er legte seinen Stift weg, dankte seiner Frau für die Hilfe und gab ihr einen Kuss durchs Telefon. Als er aufgelegt hatte, sah er Irene an und sagte:

»Halt dich fest. Es bestand keine Möglichkeit, dass Lovisa Löwander Kinder bekommen konnte. Sie hatte nämlich keine funktionierenden Eierstöcke!«

Er schaute auf seinen Block und begann vorzulesen.

»Turner-Syndrom ist eine Chromosomenstörung, die nur Mädchen befällt. Normalerweise haben Jungen die Geschlechtschromosomen XY und Mädchen XX. Mädchen, die mit dem Turner-Syndrom zur Welt kommen, haben nur ein Geschlechtschromosom. Ihr Geschlechtschromosom wird als XO bezeichnet. Sie sind kleinwüchsig und kommen nicht in die Pubertät. Man kann ihnen weibliche Hormone verabreichen, um eine Entwicklung der Brüste und so zu bewirken. Obwohl ich meine Zweifel habe, ob man das in den Zwanzigerjahren, als Lovisa jung war, bereits konnte. Sie bekam vermutlich keine Hormone. Aber Mädchen mit Turner-Syndrom sind trotzdem immer steril.«

»Steril! Aber…«

Sie wurde unterbrochen. Hannu klopfte an die Tür und trat ein. Er hatte einen Stoß Faxe in der Hand.

»Hallo. Wie bist zu zurechtgekommen?«, sagte Tommy.

»Gut. Anna Siwér ist tot. Ich habe mit Jacob Siwér, dem Sohn, gesprochen. Er wohnt immer noch in Stockholm.«

»Waren Anna und Tekla verwandt?«, wollte Irene wissen.

»Ja. Anna und Tekla waren Cousinen. Teklas Mutter starb bei ihrer Geburt. Annas Eltern nahmen Tekla zu sich. Ihr Vater fing nach der Geburt seiner Frau an zu trinken und kümmerte sich nicht um seine Tochter. Er starb zwei Jahre später. Hinterließ Tekla eine größere Geldsumme.«

»Kann sich Jacob Siwér noch an Tekla erinnern?«

»Schlecht. Er war sechs Jahre alt, als sie starb. Er sagt, dass er sich an eine Frau erinnern kann, die einmal Weihnachten bei ihnen war und die ganze Zeit geweint hat. Er glaubt, dass das Tekla war. Aber er hatte einige Briefe von Tekla, die seine Mutter aufgehoben hatte, und hat sie mir gefaxt. Und ich habe in einem Umschlag eine Fotografie von Tekla gefunden.«

Er reichte Irene die Papiere. Obenauf lag mit dem Bild nach unten eine Fotografie. In ordentlicher Schrift stand auf der Rückseite: »Tekla Olsson. Schwesternexamen Juni 1934.« Irene drehte das Bild um.

Obwohl das Foto in all den Jahren vergilbt war, sah sie es sofort. Die Einsicht machte sie ganz benommen, und sie ertappte sich dabei, wie sie die Luft anhielt. Sie zwang sich dazu, tief durchzuatmen, ehe sie sagte:

»Tekla ist Sverkers Mutter.«

Erstaunt sahen sie ihre beiden Kollegen an.

»Wie kannst du das behaupten?«, fragte Tommy.

»Die Augen. Es sind ihre Augen.«

Tommy riss das Bild an sich und betrachtete es eingehend.

Die weiße Haube mit dem schwarzen Band saß tadellos auf dem stramm hoch gesteckten blonden Haar. Die Gesichtszüge waren regelmäßig und die Zähne in dem lachenden Mund fehlerfrei. Tekla Olsson war eine Schönheit gewesen. Obwohl das Foto nur schwarzweiß und außerdem vergilbt war, hegte Irene keine Zweifel, was die Augenfarbe betraf. Grünblau wie klares Meerwasser.

»Gib mir Kraft und Stärke! Davon hatte Sverker Löwander sicher keine Ahnung! Wir haben gerade herausgefunden, dass Lovisa Löwander steril war und unmöglich Kinder bekommen konnte.«

Hannu sah sie nachdenklich an.

»Das müsste er wissen. Beide Eltern sind schließlich tot. Ob es sich um leibliche oder adoptierte Kinder handelt, steht auf dem Totenschein. Und die Totenscheine seiner Eltern müsste er gesehen haben.«

Sowohl Tommy als auch Irene sahen Hannu an. Schließlich war es Tommy, der die Frage stellte:

»Glaubst du, dass du diese beiden Totenscheine besorgen kannst...?«

Hannu nickte und verschwand durch die Tür.

Irene fing an wie wild in dem Ordner mit der Aufschrift »Persönlich« zu suchen. Da war etwas, was ihr hinter einem der Vorsatzblätter aufgefallen war. Da! Sie öffnete den Ordner ganz und nahm das Papier heraus.

Ganz oben auf dem vergilbten Blatt stand »Entbindungsprotokoll.«

»Seht her! Für Frau Lovisa Löwander gibt es ein Entbindungsprotokoll! Die Entbindung soll am 2. Januar 1947 im Sabbatsbergs-Krankenhaus in Stockholm stattgefunden haben. Hier stehen eine Menge seltsamer... Nullpara... Pelvimetrie ausgeführt... zeigt Anzeichen von... Hier! Der Knabe kommt ohne Komplikationen um 16.35 Uhr zur Welt. Geburtsgewicht 3340 Gramm.«

Irene schaut von dem Blatt aus der Krankenakte auf und sah Tommy an.

»Was bedeutet das? Wir wissen, dass Lovisa Löwander keine Kinder bekommen konnte. Mit größter Wahrscheinlichkeit sind Tekla Olsson und Hilding Löwander die Eltern von Sverker. Wie kann es da ein Entbindungsprotokoll für Lovisa geben?«

»Wer hat das Protokoll geführt?«

»Mal sehen ... ach nee! Unser Freund, der Gynäkologe von der Adoptionsbescheinigung taucht hier wieder auf! Ruben Goldblum!«

»Der gute alte Freund der Eheleute Löwander.«

»Er muss ihnen geholfen haben, das Entbindungsprotokoll zu fälschen.«

»Warum?«

»Keine Ahnung. Vielleicht war es ihnen lieber, Sverker als leibliches Kind laufen zu lassen.«

»Vielleicht. Und denk daran, dass sie das Eignungsattest für die Adoption nie abschickten. Es steckt noch immer im Ordner.«

Beide grübelten einen Augenblick.

»Wenn Hilding Sverkers leiblicher Vater war, dann hätte er seinen eigenen Sohn nicht zu adoptieren brauchen. Aber Sverker kann nicht Lovisas Sohn gewesen sein. Das wissen wir. Also musste sie ihn adoptieren. Nicht wahr?«, sagte Tommy.

Irene dachte nach.

»Doch. So muss es sein.«

»Weißt du, was ich glaube. Dieses ganze Arrangement mit dem gefälschten Entbindungsprotokoll und dem Gerede, dass Lovisa während der Schwangerschaft und bei der Entbindung von Spezialisten behandelt worden sei, war nur der Versuch, einen Skandal zu vertuschen. Den Skandal, dass Hilding eine andere Frau geschwängert hatte.«

»Es kann sich auch um den innerlichen Wunsch von Lovisa gehandelt haben, ein Kind zu bekommen. Egal wie. Eine andere Möglichkeit gab es für sie zu dieser Zeit nicht. Ich vermute, dass man heute einer sterilen Frau befruchtete Eier in die Gebärmutter implantieren kann.«

»Sicherlich. Ich glaube, dass das bereits gemacht wird.«

»Aber vor fünfzig Jahren ging das nicht.«

»Nein.«

Hannu steckte seinen Kopf durch die offene Tür und sagte:

»Auf dem Totenschein wird Sverker als leiblicher Sohn von Lovisa Löwander geführt.«

»Hannu. Komm und sieh dir das an.«

Tommy hielt ihm Lovisas gefälschtes Entbindungsprotokoll hin. Hannu las es, ohne eine Miene zu verziehen.

»Das hat man wahrscheinlich zu dieser Zeit noch machen können. Es gab keine zentralen Register. Eine unverheiratete Mutter konnte ihr Kind bei der Geburt zur Adoption freigeben. Die Adoptiveltern konnten das Kind dann direkt abholen. So wurde es beispielsweise in Stockholm gehandhabt. Wenn die Adoptivmutter bei ihrer Ankunft in Göteborg eine Bescheinigung hatte, das Kind selbst zur Welt gebracht zu haben, war die Chance sehr groß, dass das Meldeamt daran nichts auszusetzen hatte«, sagte er.

»Besonders wenn die Eltern angesehen waren und als integer galten. Hier ist man wirklich sehr weit gegangen! Lovisa hatte sich sicher ein Kissen vor den Bauch gebunden, ehe sie drei Monate vor der Entbindung aus Göteborg verschwand«, sagte Irene.

»Warte mal! Tekla! Die Quittungen für die Miete!«

Tommy begann in den Papieren zu wühlen, die vor ihm lagen, bis er den Umschlag gefunden hatte. Eilig nahm er die Quittungen heraus. »Hier. Sieben Quittungen über eingezahlte Miete, jeweils hundertzehn Kronen. Ausgestellt auf Tekla Olsson. Leider steht da keine Adresse.«

»Wir müssen uns die Ordner noch einmal ansehen. Vielleicht finden wir irgendwo den Mietvertrag«, sagte Irene.

Sie hatte gerade noch Zeit, die erste Seite mit dem Index aufzuschlagen, als das Telefon klingelte.

»Inspektorin Irene Huss.«

»Also... hier ist Siv Persson. Ich muss Ihnen etwas erzählen...«

»Was ist passiert?«

»Der Mörder! Die Blondine. Gestern Abend... vor meiner Tür«, stotterte Siv Persson.

»Wir kommen sofort zu Ihnen. Machen Sie niemandem auf.
Auch wenn es jemand ist, den Sie kennen.«
»Das verspreche ich. Danke ... dass Sie kommen.«
Irene legte auf und erzählte ihren Kollegen von dem kurzen Gespräch. Sie fanden es unnötig, zu dritt zu fahren. Hannu und Tommy kümmerten sich um Siv Persson, und Irene blieb, um weiter in den Papieren und Briefen zu stöbern.
Doch da war keine Spur von einem Mietvertrag. Irene ging dazu über, sich die bedeutend interessanteren Briefe vorzunehmen, insgesamt neun Stück. Sie legte sie in chronologischer Reihenfolge vor sich hin.
Der erste Brief war vom 19. Juli 1945. Er wurde von einem Gedicht eingeleitet, und dann stand da:

Liebste Anna!
Ich habe die letzte Juli- und die erste Augustwoche Ferien. Am 26. Juli könnte ich auf dem Hauptbahnhof von Stockholm eintreffen. Von mir aus können wir dann direkt nach Ingarö weiterfahren. Das klingt so wunderbar, dass es euch wirklich gelungen ist, ein Haus dort draußen zu mieten! Ich habe das Gefühl, dass ich wirklich Erholung nötig habe. Es war ein arbeitsreiches Jahr. Es ist weitaus anstrengender, Wirtschaftsleiterin und Oberschwester zu sein, als ich mir das vorgestellt habe! Meine Wohnung ist wirklich gemütlich. Ein beachtlicher Unterschied zu dem kleinen Zimmer, das ich vorher hatte! Da mussten wir uns schließlich auch Küche und Toilette teilen ...

Irene überflog rasch den Rest des Briefes. Von Hilding oder Lovisa Löwander kein Wort. Hastig las sie auch die anderen Briefe. Wieder war das Resultat negativ. Kein Wort von Liebe oder überhaupt von Gefühlen, nur Belanglosigkeiten über Sachen, die privat oder in der Arbeit passiert waren.
Der letzte Brief unterschied sich jedoch von den übrigen. Auch dieser wurde von einem Gedicht eingeleitet, aber danach

kamen nur noch ein paar kurze Zeilen. Irene zuckte zusammen, als sie das Datum las. Der Brief war auf den 21. März 1947 datiert. Er musste am Tage oder einige Tage, bevor Tekla sich aufgehängt hatte, geschrieben worden sein.

Irene lehnte sich auf ihrem Stuhl zurück und versuchte nachzudenken. Warum hatte Anna gerade diese Briefe aufgehoben? Enthielten sie eine versteckte Botschaft? Tekla und Anna waren wie Schwestern aufgewachsen. Hatten sie eine Chiffre?

Es hatte keinen Sinn, dazusitzen und sich das Gehirn zu zermartern, wenn dort nur Blutleere herrschte. Da konnte sie genauso gut zum Kaffeeautomaten gehen und mit etwas Kaffee ihren Kreislauf wieder in Schwung bringen.

Sie hatte gerade die erforderlichen zwei Kronen in den Automaten geworfen, als sie eine wohl bekannte Stimme vernahm:

»Ach so. Hier sind Sie. Haben Sie irgendeine Sensation auf Lager?«

Kurt Hööks Stimme klang nicht böse, nur ironisch. In der Tat sehr ironisch, musste Irene feststellen, vielleicht zu Recht...

Mit einem unschuldigen Lächeln auf den Lippen drehte sie sich um.

»Hallo! Darf dieses Mal ich Sie auf einen Kaffee einladen? Er ist zwar nicht so gut wie bei der GT, aber besser als nichts.«

Höök zuckte mit den Schultern und murmelte etwas, was Irene als ein Okay deutete. Sie warf noch zwei Münzen ein und gab ihm den dampfenden Becher. Ohne sich viel dabei zu denken, lotste sie Höök in ihr Büro. Erstaunt blieb er auf der Schwelle stehen:

»Sind Sie gerade eingezogen, oder wollen Sie ausziehen?«

Irene lachte, verstand aber seine Verwunderung. Überall lagen Ordner und Papiere herum, und auf dem Fußboden standen Tüten mit Hildings und Teklas Büchern und Kleidern.

»Sie werden es nicht glauben. Das hier ist die Hinterlassenschaft des Klinikgespenstes. Sie findet in zwei großen Papiertüten Platz.«

»Jemand hat Sie reingelegt. Als Schwester Tekla starb, gab
es noch keine Papiertüten. Vor allen Dingen keine, auf denen
Konsum stand!«

Erstaunlich scharfsinnig. Jetzt fehlte nur noch, dass er nach
den Taschen fragte.

»Wo sind die Originaltaschen? Und ist das alles, was in den
Taschen war?«, wollte Höök wissen.

Irene konnte aus seiner Stimme die Neugier des Journalisten heraushören. Sie wollte gerade den Mund öffnen, um ihm
eine ausweichende Antwort zu geben, da ging ihr auf, welcher
Schluss sich aus seiner letzten Frage ziehen ließ.

Die Taschen waren gewaltsam geöffnet worden, als man sie
gefunden hatte. Was fehlte?

Sie wurde von Hööks Stimme in ihren Überlegungen gestört:

»Wo haben Sie diese Sachen gefunden? Warum verschwenden Sie Ihre Zeit damit, diesen alten Plunder durchzuwüh-
len?«

Irene machte eine abwehrende Handbewegung und bat ihn,
sich hinzusetzen. Sie dachte fieberhaft nach, um sich eine
glaubwürdige Geschichte auszudenken, die nicht allzu weit
von der Wahrheit entfernt war. Zögernd begann sie:

»Wie Sie wissen, haben wir Linda Svensson erhängt auf dem
Klinikspeicher gefunden. Fast an derselben Stelle, an der sich
Schwester Tekla damals erhängt hat. Dieser Speicherraum ist
lange Jahre nicht mehr benutzt worden. Und wenn, dann nur
als Lagerplatz.«

Irene unterbrach sich und nahm einen ordentlichen Schluck
Kaffee. Schließlich fuhr sie fort:

»In einer Ecke des Speichers fanden wir drei Reisetaschen.
Sie waren erst vor kürzerer Zeit aufgebrochen worden. Eine
hatte Tekla Olsson gehört, die anderen beiden den Eheleuten

305

Löwander, also den Eltern von Sverker Löwander. Ich sitze hier und überlege mir, ob das vielleicht wichtig ist. Also die Tatsache, dass sie aufgebrochen waren. In diesem Fall will man schließlich wissen, was den Täter interessiert hat.«

»Das, was in den Taschen fehlt, natürlich«, erklärte Höök.

Er beugte sich, lang wie er war, über den Schreibtisch und ergriff die Faxe mit Teklas Briefen. Irene hatte keine Zeit zu reagieren.

»Was ist das hier?«

»Das sind alte Briefe, die Tekla Olsson an ihre Cousine in Stockholm geschrieben hat, mit der sie zusammen aufgewachsen ist.«

»Warum, um Gottes willen, interessieren Sie sich für so was?«

Irene gefielen sein forschender Blick und seine direkten Fragen nicht sonderlich. Warum hatte sie nur einen der penetrantesten Journalisten Göteborgs in ihr Zimmer gebeten?

»Wir haben versucht, diese Cousine, diese Beinaheschwester, ausfindig zu machen, aber sie ist bereits verstorben. Dafür haben wir ihren Sohn aufgetrieben, und der hat uns diese Briefe gefaxt.«

»Warum sollen die von Interesse sein?«

»Das weiß ich nicht.«

Irene hörte selbst, wie dumm das klang, versuchte aber, sich nichts anmerken zu lassen. Sie sah, wie Kurt Höök in den Faxen blätterte. Ziemlich bald tat er dasselbe wie zuvor schon sie selbst und legte sie in chronologischer Ordnung vor sich hin. Nachdenklich las er sie durch und brummte dabei ab und zu vor sich hin. Schließlich konnte sich Irene nicht länger beherrschen, sondern fragte vorsichtig:

»Glauben Sie, dass sie sich irgendeines Geheimcodes bedient haben?«

Höök sah sie scharf an.

»Was glauben Sie denn, zwischen den Zeilen lesen zu können?«

306

Irene beschloss, ihm etwas lückenhaft die Wahrheit zu sagen.

»Andeutungen über eine Liebesgeschichte. Wir wissen, dass wahrscheinlich eine unglückliche Liebesgeschichte hinter Teklas Selbstmord steckte.«

Höök sah mit erneutem Interesse auf den Stapel Papiere. Ohne mit dem Lesen innezuhalten, sagte er wie beiläufig:

»Und wieso ist der Grund für einen alten Selbstmord von Interesse?«

»Ehrlich gesagt wissen wir das nicht. Aber wir glauben, dass Sie in Ihrem Artikel gar nicht so danebengelegen haben. Der Mörder war in eine alte Schwesterntracht gekleidet, damit man ihn für Schwester Tekla hielt. Wir glauben, dass Mama Vogel ihn in der Mordnacht gesehen hat. Wir glauben, dass der Mörder bereits vor den Morden von Gunnelas Existenz wusste, da er so schnell darauf kam, dass sie die ›Zeugin, die anonym bleiben will‹, sein musste.«

Hööks Miene verdunkelte sich. Er sah schuldbewusst aus.

»Es ist gar nicht sicher, dass mein Artikel den Tod dieser Vogelfrau verursacht hat.«

»Nein. Das werden wir wohl nie mit Sicherheit herausfinden. Das sind alles nur Hypothesen.«

Schweigend fuhr er fort, die Briefe ein weiteres Mal durchzulesen. Schließlich schüttelte Höök den Kopf und sagte:

»Nein. Die Briefe geben keine Anhaltspunkte. Es müssen die Gedichte sein.«

»Die Gedichte?«

»Jeder Brief beginnt mit einem Gedicht. Vielleicht war das der Trick, den Tekla und Anna verwendeten, um Dinge nicht direkt sagen zu müssen.«

»Vielleicht. Aber Anna hat in den Briefen, die Tekla aufgehoben hat, keine Gedichte geschrieben.«

»Aber Tekla in denen, die Anna aufgehoben hat«, meinte Kurt Höök.

Das war Irene gar nicht aufgefallen. Sie überflog rasch die

307

kurzen Gedichte, ohne dass ihr das weitergeholfen hätte. Als sie sie ein weiteres Mal langsam las, schienen einige von ihnen plötzlich zeitlich zu passen, da Irene einiges von dem wusste, was Tekla in dieser Zeit zugestoßen war.

Das Gedicht im ersten Brief vom 19. Juli 1945 war ein fröhliches Sommergedicht und enthielt, so weit Irene sehen konnte, keine versteckte Botschaft. Dagegen wirkte der zweite Brief, der auf den 25. August 1945 datiert war, eindeutig verdächtig:

So wie freundliche Abendsterne leuchten
und ihren Schimmer in die Täler senden,
hat er auf seine Dienerin geschaut,
siehe, er sah sie an wie ein Liebender.

Versuchte Tekla zu erzählen, dass ihr Hilding seine Liebe erklärt hatte? »Seine Dienerin« wirkte ziemlich unterwürfig, aber vielleicht erlebte Tekla ihr Verhältnis zu dem bedeutend älteren Oberarzt ja auf diese Weise.

Die folgenden Gedichte schienen ebenfalls nicht auf eine Liebesbeziehung anzuspielen, aber das Gedicht im vierten Brief, das auf den 10. Oktober 1945 datiert war, machte Irene stutzig:

Nimm mich. – Halte mich. – Liebkose mich langsam.
Umarme mich vorsichtig eine Weile.
Weine ein wenig – um diese traurigen Umstände.
Schau mich zärtlich an, wie ich schlummere.
Verlass mich nicht. – Du wirst doch bleiben,
bleiben, bis ich selbst gehen muss.
Leg deine geliebte Hand auf meine Stirn.
Noch eine kleine Weile sind wir zwei.

»Das hier klingt nicht wie ein Liebesgedicht. Das ist … so leidvoll und traurig«, sagte Irene.

Höök nickte.

»Es war ganz klar eine unglückliche Liebe. Schließlich hat sie sich das Leben genommen.«

Ihre Liebe hatte Tekla sicher großes Leiden verursacht. Die Liebe zu einem Mann, den sie nicht bekommen konnte, und die unerträgliche Trauer, das Kind, das sie geboren hatte, nicht behalten zu dürfen. Aber das kam erst viel später. Es war also offenbar das Verhältnis mit Hilding, das Tekla mit diesen Gedichten beschrieb. Irene musste sich eingestehen, dass Höök Intuition besaß. Das war bei einem Journalisten sicher eine unschätzbare Eigenschaft.

Die Gedichte in den Briefen von Januar bis April 1946 schienen, so weit Irene das erkennen konnte, nicht auf irgendein Liebesverhältnis hinzuweisen. Dagegen hätte das Gedicht vom 7. Juni 1946 nicht eindeutiger sein können:

Er kam wie ein Wind.
Was kümmert sich der Wind um Verbote?
Er küsste meine Wange,
er küsste alles Blut von meiner Haut.
Dabei hätte es bleiben sollen:
er gehörte ja einer anderen, war nur geliehen,
einen Abend in der Zeit des Flieders
und in dem Monat des Goldregens.

»Das ist ja allerhand! Das kenne ich! Das ist von Hjalmar Gullberg. Deutlicher kann sie doch wohl nicht werden? Sie fängt an, ihr Verhältnis zu bereuen, aber schiebt alles darauf, dass sie ihm nicht hätte widerstehen können. ›Er kam wie ein Wind...‹, und sie wurde einfach umgeweht!«, sagte Kurt Höök und lachte.

»Hjalmar Gullberg. Einer der Lyrikbände war von ihm, wenn ich mich recht erinnere.«

Irene ging zu dem kleinen Bücherstapel hinüber. Ganz oben lag ein Band Gedichte von Hjalmar Gullberg. Irene blätterte darin herum, bis sie das Gedicht gefunden hatte. Es dauerte einen Augenblick, bis sie merkte, dass der Text nicht ganz übereinstimmte.

»Warten Sie. Tekla schreibt: ›*Er* gehörte ja einer anderen, war nur geliehen…‹ Aber im Buch steht: ›*Du* gehörtest ja einer anderen…!‹, aber im Gedicht steht: ›Er küsste *deine* Wange…!‹«

»Da haben Sie Ihre Chiffre«, stellte Kurt Höök gelassen fest.

Gespannt warf sich Irene über das nächste Gedicht. Der Brief war vom 30. November 1946:

Wir Frauen, wir sind der braunen Erde so nahe.
Wir fragen den Kuckuck, was er vom Frühling erwartet,
wir legen unsere Arme um die kahle Kiefer,
wir suchen im Sonnenuntergang nach Zeichen und Rat.

Ich liebte einmal einen Mann, er glaubte an nichts…
Er kam an einem kalten Tag mit leeren Augen,
er ging an einem schweren Tag, über der Stirn
das Vergessen.
Wenn mein Kind nicht lebt, ist das sein…

Das Gedicht war unheimlich. Man hatte das Gefühl, als sei es von schweren Anklagen gegen den gefühlskalten Kindsvater erfüllt. Sicher zu Recht.

Das letzte Gedicht hatte sie kurz vor ihrem Selbstmord abgeschrieben. Auf den ersten Blick schien es nicht von irgendetwas Tragischem zu handeln. Aber Irene lief es kalt den Rücken herunter, als sie die wenigen Zeilen las und sie mit Teklas Tod in Verbindung brachte:

Ich denke daran, mich auf eine lange Reise zu begeben,
wahrscheinlich wird es etwas dauern, bis wir uns
wieder sehen.
Das ist kein übereilter Beschluss, ich habe mich lange
mit diesem Plan getragen,
obwohl ich das offen nicht eher sagen konnte.

Mit diesem Gedicht sprach sie über ihren Selbstmordplan. Und sie hatte sich tatsächlich auf eine Reise begeben, wenn auch nur bis Göteborg.

Kurt Höök stand auf und reckte seine langen Glieder.

»Was halten Sie von einem Bier nach der Arbeit, am Freitag?«, fragte er.

Beinahe hätte sie Ja gesagt, aber im nächsten Augenblick kamen Hannu und Tommy über die Schwelle. Sie sahen Irene und Kurt Höök fragend an.

»Wir drehen uns immer noch im Kreis. Aber dank Ihrer Hilfe scheint das Geheimnis der Briefe jetzt zumindest gelöst zu sein«, sagte Irene unbeschwert.

Kurt Höök nickte, wünschte ihnen allen ein schönes Wochenende und verschwand auf den Korridor.

Tommy zog ironisch eine Braue hoch und äffte ihn nach: »›Was halten Sie von einem Bier nach der Arbeit, am Freitag?‹ Seit wann lädt der einen zum Bier ein? Hüte dich vor der dritten Macht im Staate, Irene. Die Massenmedien machen mit einer armen kleinen Polizistin, was sie wollen.«

Verärgert bemerkte Irene, dass sie rot wurde. Es war wirklich wie verhext. Tommy mit seinen andauernden ironischen Bemerkungen! Er glaubt, dass ich in der Midlifecrisis stecke, dachte Irene und musste lachen. Da steckte sie doch wohl nicht?

»Er hat mir geholfen, Teklas Chiffre in den Briefen zu lösen. Wie ging es mit Siv Persson?«

»Wir haben sie zum Flughafen gefahren und zugesehen, dass sie mit der Abendmaschine nach London mitkommt. Dort wohnt ihr Sohn. Ich habe ihn angerufen, und wir haben uns darauf geeinigt. Sie war ziemlich erleichtert. Die letzten vierundzwanzig Stunden waren keine Freude für sie.«

Tommy berichtete von Siv Perssons spätabendlichem Erlebnis mit dem ungebetenen Gast. Sie hätte nicht sagen können, ob es sich um eine Frau oder um einen verkleideten Mann gehandelt hätte. Sowohl Hannu als auch Tommy waren sich einig, dass sie vollkommen glaubwürdig war.

»Wir müssen davon ausgehen, dass der Mörder dazu fähig ist, jederzeit wieder zu morden. Und Siv Persson ist die letzte lebende Zeugin, die ihn gesehen hat«, schloss Tommy.

Irene zeigte die Gedichte und erklärte ihre versteckte Botschaft.

Hannu nickte und sagte:

»Sie hat das Gerücht einer Liebesgeschichte bestätigt. Aus dem Jenseits.«

Bereits in der Diele roch es verführerisch. Nur Sammie merkte, dass Irene durch die Haustür kam. Er begrüßte sie wie immer voller Freude und Begeisterung. Sie hörte eine fröhliche Unterhaltung und das Klappern von Küchengeräten. Beide Mädchen waren offenbar zu Hause und leisteten ihrem Vater beim Kochen Gesellschaft. Das klang nett. Ihr lief bei den guten Düften, die ihr entgegenschlugen, das Wasser im Mund zusammen. Erwartungsvoll trat sie in die Küche.

»Hallo, Liebling! Das Essen ist gleich fertig. Setz dich und trink erst mal ein Bier«, sagte Krister fröhlich.

Er beugte sich vor und nahm ein brutzelndes Gratin aus dem Ofen.

»Wir haben zusammen gekocht. Papa will abnehmen«, sagte Jenny strahlend.

»Was habt ihr euch Leckeres einfallen lassen?«

»Endiviengratin mit Cheddarkäse, dazu Erbsen und Tomatensalat«, antwortete ihre Tochter stolz.

»Und?«

»Und was?«

»Und was gibt es als Hauptgericht?«

Ihre gesamte Familie sah sie erstaunt an. Die Antwort kam wie aus einem Mund:

»Das ist das Hauptgericht!«

Irene stellte düster fest, dass magere Zeiten bei Familie Huss anbrachen.

KAPITEL 18

Der Samstag verging wie im Fluge, nachdem sie sich einer Kette nicht abreißender Pflichten widmete, die sie vernachlässigt hatte. Sammie zu scheren stand ganz oben auf der Liste. Es war allerhöchste Zeit. Sein Pelz wucherte wie wild. Das Schneiden verabscheute er von Herzen, aber anschließend stolzierte er herum und präsentierte sich allen.

Dann machte sie sich ans Putzen, Waschen, Bügeln und Einkaufen für die kommende Woche.

Zum warmen Abendessen, der Hauptmahlzeit, gab es zu Irenes Erleichterung wieder Fleisch. Ein Gericht mit Schweinefilet, das die letzten Pfifferlinge aus dem Gefrierschrank enthielt, und Preißelbeeren. Dazu hatte Krister einen Chianti gekauft, der schwach nach schwarzen Johannisbeeren duftete. Jenny machte sich die Reste des vegetarischen Gerichts vom Vorabend in der Mikrowelle warm. Katarina hielt sich ans Schweinefilet. Beide Mädchen tranken Cola.

Krister hob sein Glas, räusperte sich und sagte:

»Skål, meine Mädchen. Auf mein neues Leben.«

Irene sah vollkommen entgeistert aus, sie verstand nur Bahnhof, hob aber trotzdem ihr Glas und prostete den anderen zu.

»Ich habe mich gestern mit Jenny unterhalten. Vegetarisches Essen liegt im Trend, und außerdem haben einige Gäste bereits im Restaurant nach einem vegetarischen Gericht gefragt. Noch dazu muss ich abnehmen. Mindestens zwanzig Kilo.«

313

Im Scherz fasste sich Krister unter den Bauch und hob ihn hoch. Er hatte die letzten Jahre wirklich ordentlich zugenommen. Jetzt wandte er sich an Irene und fragte:

»Mein Liebes, hast du gemerkt, dass das Essen anders schmeckt als sonst?«

»Nein. Es war sehr gut.«

Krister sah sehr zufrieden aus.

»Gut. Die Schlagsahne habe ich mit Milch verdünnt. Das habe ich zum ersten Mal gemacht. ›Man soll nie an den Zutaten sparen. Richtige Butter und richtige Sahne, Jungs!‹, hat mein früherer Küchenchef immer gesagt. Aber das hat seine Nebenwirkungen.«

Wieder fasste er sich unter den Bauch. Vorsichtig meinte Irene:

»Vielleicht solltest du auch mit dem Joggen anfangen?«

»Immer mit der Ruhe! Soll ich mir einen Herzinfarkt holen? Joggen ist nichts für mich. Aber ich habe mir vorgenommen, jeden Tag eine Dreikilometerrunde mit Sammie zu drehen, egal wie das Wetter ist. Und dann werde ich jeden Sonntagmorgen in Frölunda einen halben Kilometer schwimmen.«

Irene konnte kaum ihren Ohren trauen. Sie hatten in all den Jahren nie das Bedürfnis gehabt, gemeinsam Sport zu treiben. Jiu-Jitsu und Joggen hatten nur Irene interessiert, Handball und Krafttraining ebenfalls. Mit dem Handball hatte sie jedoch nach der Geburt der Zwillinge aufgehört. Da war nicht mehr genug Zeit dafür gewesen. Krafttraining war Teil des Fitnessprogramms der Polizei. Das machte sie in der Arbeitszeit.

»Jenny und ich haben uns überlegt, dass wir dreimal die Woche vegetarisch essen. An den anderen Tagen stehen Fisch und Fleisch auf dem Programm. Was meint ihr?«

Irene sah Katarina an, die skeptisch wirkte. Schließlich fragte diese:

»Nimmt man davon ab?«

»Ja. Wenn man es mit vegetarischen Ölen zubereitet und

sparsam mit der Sahne ist. Außerdem isst Jenny keine Sahne, ihr Essen ist also noch fettärmer.«

»Man darf aber Sonnenblumenkerne und Nüsse essen, damit man ausreichend Energie hat«, warf Jenny ein.

Katarina zuckte mit den Achseln und sagte:

»Na dann, meinetwegen.«

Erneut musste Irene feststellen, dass für alle, die sich normal ernähren wollten, schwere Zeiten anbrachen.

Am Sonntagmorgen erwachte sie mit dem Gefühl, unruhig geschlafen zu haben. Es war kurz nach acht. Eigentlich hätte sie fit sein müssen. Aber Kurt Hööks Frage war ständig in ihrem Unterbewusstsein herumgegeistert: Was war aus Hildings und Teklas Taschen herausgenommen worden?

Sie nahm Sammie auf eine Runde mit, damit dieser pinkeln konnte, ehe sie allein joggen ging, heute die kurze Strecke. Diese betrug nur fünf Kilometer, aber das musste an diesem Tag reichen. Vielleicht sollte sie Krister auf seinem Spaziergang mit Sammie am Nachmittag Gesellschaft leisten? Vorher wollte sie aber noch versuchen, die Frage zu klären, die ihr keine Ruhe ließ.

Zurück im Reihenhaus duschte sie und machte Frühstück. Krister kam nach unten, und sie tranken Kaffee und einigten sich, wer welchen Teil der Zeitung bekommen würde. Als sie mit dem Frühstück fertig waren, sagte sie:

»Ich fahre eine Stunde rüber ins Büro. Wir sind Freitagabend nicht ganz fertig geworden, und da ist etwas, was ich gerne bis morgen noch erledigt hätte.«

Krister nickte und sagte:

»Tu das. Ich gehe in einer halben Stunde schwimmen. Du kannst mich bis nach Frölunda mitnehmen. Ich fahre dann mit dem Bus nach Hause.«

Die Sachen lagen immer noch auf dem Schreibtisch, genauso, wie sie sie zurückgelassen hatte. Sorgfältig begann Irene damit, Teklas Hinterlassenschaft wieder in die Tüten zu packen. Gleichzeitig versuchte sie, darauf zu kommen, was wohl in ihrem Gepäck fehlen könnte.

Als Erstes legte sie die Lyrikbände und Papiere in die Tüten, dann die Kleider. Die braunen Schuhe, die Jacke, die Unterwäsche, das Nachthemd... Was fehlte? Was müsste noch dabei sein?

Irene setzte sich auf ihren Stuhl und dachte nach. Plötzlich fiel es ihr wie Schuppen von den Augen. Sie wusste jetzt, was bei Teklas Siebensachen fehlte.

Als Tekla auf dem Speicher gefunden worden war, hatte sie laut Siv Persson ihre Wochentagstracht getragen, das helle graublaue Kleid, die Haube und die Schürze. Also hätte ihre Schwesterntracht für Festtage immer noch in der Tasche liegen müssen. Das war jedoch nicht der Fall, da der Mörder sie herausgenommen und in der Mordnacht getragen hatte. In der Tasche hatte sicher auch die feinere Haube gelegen. Und schwarze Schuhe. Das hatte der Mörder also aus Teklas Tasche herausgenommen.

Die Morgenbesprechung hatte einen deutlichen Montagscharakter. Die meisten saßen da, konnten nur mit Mühe die Augen offen halten und versuchten, ihre Gehirnzellen mit Kaffee zu aktivieren. Wie immer sah nur Fredrik Stridh ausgeschlafen und wie aus dem Ei gepellt aus. Er wirkte wie eine Reklame für einen vitaminreichen Energietrunk, fand jedenfalls Irene in ihrer morgendlichen Übellaunigkeit. Sie selbst war ziemlich ausgeschlafen, obwohl es spät geworden war. Krister hatte nach der ganzen Bewegung ziemlich viel überschüssige Energie gehabt und den ersten Tag seines neuen Lebens damit gekrönt, dass er sich mit seiner Frau leidenschaftlicher und wollüstiger Liebe hingegeben hatte. Es hätte Irene nicht verwundert, wenn er sich jetzt ein paar Tage krankschreiben lassen musste. Aber es war wirklich herrlich gewesen...

Sie wurde von Fredriks munterer Stimme in die Gegenwart zurückgerissen:

»…niemand hatte irgendwelche Einwände. Ich bekam Fingerabdrücke und Haare sowohl von Doris Peterzén als auch von Barbro Löwander. Carina Löwander habe ich erst Freitagabend angetroffen. Sie fragte, wozu ich Proben von ihrem Haar und ihre Fingerabdrücke bräuchte. Ich sagte, wie es ist, dass wir Spuren am Tatort gesichert hätten. ›Welchem Tatort? Meinen Sie die Reisetaschen auf dem Speicher?‹, wollte sie wissen. Ich fragte, ob sie etwas von den Reisetaschen wüsste. ›Natürlich. Die Schlüssel waren weg, also habe ich sie aufgebrochen‹, antwortete sie da. Angeblich hat sie nach Plänen des Krankenhauses gesucht. Sie plant irgendeinen Umbau.«

»Zum Fitnesscenter«, warf Irene ein.

»Klingt wie ein Bordell«, meinte Jonny grinsend.

»Wann hat sie die Taschen aufgebrochen?«, wollte Irene wissen.

»Weihnachten.«

»Hat sie die Pläne gefunden?«

Fredrik machte ein langes Gesicht, als er erwiderte:

»Ich habe nicht daran gedacht, ihr diese Frage zu stellen.«

Irene überlegte. Jetzt wussten sie, wer die Taschen aufgebrochen hatte. Sie wussten auch, was in Hildings Tasche fehlte. Irgendwelche Pläne der Klinik hatten sie nicht gefunden. Hatte Carina auch Teklas Kleider genommen? Nicht notwendigerweise, aber sie hatten jetzt wirklich allen Grund, sich erneut mit Carina Löwander zu unterhalten.

Als hätte er ihre Gedanken gelesen, sagte Kommissar Andersson:

»Diese Carina sollten wir einmal näher unter die Lupe nehmen. Obwohl ich kaum glauben kann, dass eine Frau drei andere Frauen ermordet. Erdrosseln ist nicht gerade eine weibliche Mordmethode.«

»Wie sehen weibliche Mordmethoden denn aus?«, wollte Birgitta wissen.

»Tja… Gift oder kleinkalibrige Schusswaffen«, versuchte es Andersson.

Irene hätte mindestens zehn Morde in den letzten Jahren aufzählen können, die von Frauen mit Messern und schweren Gegenständen verübt worden waren. Aber sie sagte nichts. Diese Diskussion hätte zu nichts geführt. Dagegen war sie fest entschlossen, so bald wie möglich Carina Löwander zu überprüfen.

»Aber warum hätte Carina Löwander sie ermorden sollen? Eine Nachtschwester, eine Krankenschwester und eine Pennerin. Warum? Auch wenn sie ein Fitnesscenter eröffnen will, gibt es keinen Grund, gerade diese drei zu ermorden! Keine der drei hätte ihre Pläne für die Klinik verhindern können«, sagte Tommy.

Die schöne Carina hatte ganz offenbar Eindruck auf ihn gemacht, so schnell wie er zu ihrer Verteidigung eilte. Vielleicht befindet er sich ebenfalls in der Midlifecrisis, dachte Irene schadenfroh.

Aber sein Einwand hatte einiges für sich.

Eine Sekretärin klopfte und schaute ins Zimmer.

»Telefon für Irene Huss. Ein Kommissar Danielsson aus Frölunda.«

Irene nickte und stand auf. Sie ahnte, worum es ging. Ruhig nahm sie den Hörer.

»Irene Huss.«

»Hallo. Hier ist Danielsson aus Frölunda. Sie haben doch Ihr Handy Donnerstagabend als gestohlen gemeldet, oder?«

»Ja. Das stimmt.«

»Wir ermitteln den Anschlag auf einen Kühllaster draußen im Industriegebiet von Högsbo am selben Abend. Sie haben sicher davon gehört.«

»Ja, das habe ich in der Zeitung gelesen.«

»Die Notrufzentrale bekam einen Tipp direkt vor dem Anschlag. Wir haben den Anruf zurückverfolgt. Er kam von Ihrem Handy.«

Irene versuchte sehr überrascht zu klingen:

»Wirklich? Was Sie nicht sagen? Das ist… Können Sie

sehen, ob mit dem Telefon noch mehr telefoniert worden ist?«

»Nein. Es hat nicht den Anschein.«

»Haben Sie das Telefon gefunden?«

»Auch das nicht. Sie haben niemanden in Verdacht?«

»Nein. Es wurde aus meiner Tasche entwendet, als ich am Frölunda Torg einkaufen war. Ich habe das erst am späteren Abend bemerkt. Und hab es dann umgehend sperren lassen.«

»Ja, ja. Offenbar hatte jemand wirklich Verwendung dafür.«

In unbeschwertem Tonfall meinte er dann noch:

»Übrigens ... Sie haben nicht zufällig Kinder, die Vegetarier sind?«

»Nein. Mein Mann ist Küchenchef und würde wahnsinnig, wenn jemand in der Familie Vegetarier würde.«

Ihre Stimme war ruhig und sie lachte etwas am Schluss. Aber ihr Herz setzte einen Schlag aus, und sie schien einen Augenblick keine Luft mehr zu bekommen.

»Tja ... das war auch nur so eine Idee. Vielen Dank. Auf Wiederhören.«

»Auf Wiederhören. Und vielen Dank.«

Ihre Hand zitterte leicht, als sie den Hörer auf die Gabel legte.

Wieder zurück bei den Kollegen im Konferenzzimmer, fragte sie als Erstes:

»Sind die Telefonanrufe an Linda Svensson inzwischen überprüft worden?«

»Ja. Ein Gespräch von ihrer Mutter und eines von der jungen Schwester auf der Intensiv. Die mit dem kurzen blonden Haar ... Anna-Karin irgendwas ... Anna-Karin Arvidsson.«

Jonnys Gesicht leuchtete, als er sich wieder an den Namen der Schwester erinnerte.

Jetzt spukte da wieder diese Anna-Karin herum. Irene hatte keine Zeit gehabt, sie gründlicher zu befragen, obwohl sie sich zu Beginn der Ermittlungen etwas anderes vorgenommen hatte. Anna-Karin hatte nicht erwähnt, dass sie mit Linda an diesem Abend telefoniert hatte. Sie bekam auf der Prioritätenliste die Nummer zwei. Carina hatte immer noch Nummer eins.

Jonny fuhr fort:

»Dann stießen wir auf eine Handynummer. Dieses Gespräch kam bereits um halb sieben. Und zwar vom Handy von Sverker Löwander. Erst konnte er sich nicht daran erinnern, bei ihr angerufen zu haben, dann kam er darauf, dass irgendwelche Papiere in irgendeiner Krankenakte gefehlt hätten. Er hätte bei Linda angerufen, um zu fragen, wo sie seien. Sie hätte es jedoch nicht gewusst. Löwander fand sie am späten Abend selbst.«

Das war interessant. Auch Sverker Löwander hatte nichts davon erzählt, dass er mit Linda noch Stunden vor dem Mord telefoniert hatte. Erst als man das Gespräch zu ihm zurückverfolgen konnte, rückte er mit der Sprache heraus. Und seine Handynummer hatte in Lindas Taschenkalender gestanden. Er bekam auf Irenes Liste die Nummer drei.

»Das müssen wir genauer überprüfen. Wir müssen von der Hypothese ausgehen, dass sie zur Löwander-Klinik gelockt wurde. Wobei ich keine Ahnung habe, was so wichtig gewesen sein könnte, dass sie sich mitten in der Nacht auf den Weg machte«, sagte der Kommissar.

»Und Mariannes Taschenlampe haben wir auch nicht gefunden. Die muss der Mörder mitgenommen haben«, stellte Irene fest.

»Warum war es so wichtig, diese arme Vogeltante Gunnela Hägg auch noch umzubringen? Niemand kümmerte es doch groß, was sie vor sich hin plapperte«, meinte Fredrik.

»Es gibt wirklich eine Menge Fragen. Es ist Zeit, dass wir Antworten bekommen«, sagte der Kommissar.

»Tommy und ich können mit Carina und Sverker Löwander sprechen. Wir haben uns schon früher einige Male mit den beiden unterhalten«, sagte Irene.

Es zeigte sich, dass die Eheleute Löwander nicht antreffbar waren. Sverker hatte an der Källberg-Klinik eine große Operation. »Es war eine eilige Operation, die Dr. Löwander glücklicherweise verlegen konnte, jetzt wo die Löwander-Klinik geschlossen ist«, hatte die Schwester zu Irene gesagt.

Carina Löwander halte gerade einen Vortrag über Ergonomie für Sekretärinnen, teilte man Irene bei den Betriebsärzten mit. Der Kurs würde den ganzen Tag dauern.

Irene und Tommy beschlossen, die beiden gegen Abend zu Hause aufzusuchen.

Tommy lehnte sich in seinem Stuhl zurück, faltete die Hände im Nacken und sah Irene forschend an.

»Du hast eine Theorie vorgetragen, dass der Mörder Teklas Festkleid aus der Tasche genommen hat, und außerdem, dass es Briefe gibt, die das Gerücht bestätigen, dass Tekla Olsson ein Verhältnis mit Hilding Löwander hatte. Aber du hast nie gesagt, dass Tekla Sverkers Mutter ist.«

Irene seufzte, ehe sie antwortete:

»Ich weiß nicht recht, wie ich mich verhalten soll, was diese Sache angeht. Das hat nichts mit den Morden zu tun. Und Sverker Löwander weiß nichts von Hildings und Lovisas Betrug. Er glaubt, dass sie seine Eltern sind. Wie reagiert wohl ein fünfzigjähriger Mann, wenn er erfährt, dass das Klinikgespenst seine richtige Mutter ist ...?«

»Ich verstehe, was du meinst. Dem süßen, empfindsamen Sverker sollen allzu heftige Gefühlsstürme erspart bleiben. Besonders jetzt, wo er so große Probleme mit den Finanzen hat und mit diesen unerfreulichen Morden!«

Es sah Tommy gar nicht ähnlich, so ironisch und sarkastisch zu sein. Erst war Irene erstaunt, aber dann wurde sie wütend.

»Das ist überhaupt nicht so!«

»Ach? Wie ist es denn dann?«

Irene öffnete den Mund, um zu antworten, schloss ihn aber schnell wieder. Wie war es? Eigentlich? Sie schluckte ihren Ärger hinunter und sagte:

»Es ist nur... als würde man einem Menschen etwas nehmen. Seine Identität. Er fühlt sich als Lovisas und Hildings Sohn.«

»Es ist eine Lüge. Eine Lebenslüge.«

Irene fiel keine Antwort ein. Tommy hatte Recht. Aber sie hatte keine Lust darauf, diejenige zu sein, die Sverker Löwander über seine richtige Abstammung unterrichtete.

Um das Thema zu wechseln, sagte sie:

»Ich würde gerne mit Anna-Karin Arvidsson sprechen. Der Operationsbetrieb in der Löwander-Klinik ist für ein paar Tage eingestellt, da kann sie sich nicht hinter ihrer stressigen Arbeit verstecken. Jetzt muss sie mit uns reden. Sie hat das Telefongespräch mit Linda nie erwähnt. Danach würde ich sie gern fragen und nach so manchem anderen auch.«

Anna-Karin machte gerade den Medizinschrank sauber, als die Polizisten auf die kleine Intensivstation kamen. Erst merkte sie nicht, dass sie durch die offene Tür beobachtet wurde, und fuhr unverdrossen mit ihrer Arbeit fort. Der Lappen, der mit einem streng riechenden Reinigungsmittel getränkt war, fuhr schnell über die Schrankböden und einmal um jedes Gefäß. Die Jagd auf die Bazillen war im vollen Gange. Irene hätte alles auf Anna-Karin gewettet: Die Bazillen hatten keine Chance. Bei jeder Verpackung wurde das Haltbarkeitsdatum kontrolliert, und alles, was zu alt war, landete in einem Karton mit der Aufschrift »Zurück an Apotheke«. Das war an sich keine anstrengende Arbeit, aber Anna-Karin hatte trotzdem vor Aufregung rote Flecken auf den Wangen.

Tommy räusperte sich, um sich bemerkbar zu machen, worauf die Krankenschwester zusammenzuckte.

»Gott! Was Sie mich erschreckt haben!«, rief sie.

Sie hielt mit dem feuchten Lappen in der Hand inne.

»Entschuldigen Sie. Das wollten wir nicht. Wir würden uns gern einen Augenblick mit Ihnen unterhalten«, sagte Tommy.

Er lächelte und sah sie freundlich aus seinen braunen Cockerspanielaugen an. Irene hatte einige Male dieselbe Taktik ausprobiert. Mit niederschmetterndem Ergebnis. Ob sie traurig sei, hatte man meist gefragt. Sie hatte es also sehr schnell wieder gelassen.

»Ich habe keine Zeit... ich muss die Zeit nutzen und hier aufräumen«, antwortete Anna-Karin unsicher.

»Die Bazillen laufen Ihnen schon nicht weg. Die Staubflocken auch nicht«, sagte Irene.

Tommy sah sie verärgert an, aber das konnte sie jetzt auch nicht ändern. Diese kleine Zicke versteckte sich hinter all ihren Pflichten! Jetzt würde sie endlich reden und damit basta!

Anna-Karin presste die Lippen zusammen. Ihre Wangenmuskeln zeichneten sich unter der Haut ab, aber sie antwortete nicht. Schließlich knallte sie den Lappen auf den Schreibtisch.

»Okay. Aber ich habe schon alles gesagt.«

»Nein. Das haben Sie nicht«, erwiderte Irene.

Die Wirkung auf die Krankenschwester war augenblicklich. Alle Farbe verschwand aus ihrem Gesicht, und sie riss ihre veilchenblauen Augen auf.

Anna-Karin ruderte mit der rechten Hand und bekam schließlich den Schreibtischstuhl zu fassen. Unbeholfen zog sie ihn heran und ließ sich schwer darauf fallen. Ihr eben noch bleiches Gesicht wurde von einer flammenden Röte überzogen. Noch immer sagte sie nichts.

Diese heftige Reaktion überraschte Irene. Alle ihre Polizeiinstinkte erwachten. Ihr intuitiver Lügendetektor war in höchster Alarmbereitschaft. Es hatte den Anschein, als hätte Anna-Karin ein schlechtes Gewissen. Oder hatte sie vor allem Angst?

»Wir würden gerne etwas genauer erfahren, was Sie über die Trennung Lindas von ihrem Freund wissen«, begann Tommy.

Anna-Karin entspannte sich etwas und entgegnete ruhig:

»Wir hatten nie mehr Gelegenheit, uns darüber zu unterhalten. Es ging alles so schnell. Eines Tages sagte sie einfach, dass Pontus am nächsten Wochenende ausziehen würde.«

»Das muss um den 1. Februar herum gewesen sein. Stimmt das?«

»Doch. Das könnte hinkommen.«

»Vorher hatte sie nie erzählt, dass es Probleme gibt?«

»Nein. Diese Fragen habe ich bereits beantwortet…«

»Das wissen wir. Aber wir wollen es noch einmal hören«, unterbrach sie Irene.

»Sie hatten also keine Gelegenheit mehr, darüber zu sprechen, warum sie Schluss gemacht hatte, wenn ich Sie recht verstehe?«, fuhr Tommy fort.

»Nein. Hier ist es immer so stressig«, flüsterte Anna-Karin.

»Sie haben sich nach dieser Trennung kein einziges Mal mehr mit ihr privat getroffen?«

»Nein. Sie half Pontus dabei, seine Sachen zu packen, und… wir hatten keine Zeit mehr dazu.«

»Aber Sie haben doch wohl miteinander telefoniert?«

Anna-Karin erhob die Stimme zu einem klaren und festen »Nein«.

Mit einem dumpfen Geräusch schnappte die Falle zu. Jetzt saß Anna-Karin fest. Sie wusste es noch nicht, würde es aber sehr bald erfahren.

»Wir wissen, dass Sie lügen. Mittlerweile ist es sehr einfach, Telefongespräche zurückzuverfolgen. Wir wissen, dass Sie Linda am Abend ihres Todes angerufen haben. Sie haben von sich zu Hause angerufen und das Gespräch ist registriert.«

Ein weiteres Mal machte Anna-Karin den wenig kleidsamen weißroten Farbwechsel durch.

»Ja… ich vergaß… das. War das an diesem Montagabend? Ich dachte… das sei am Wochenende gewesen.«

»Worüber haben Sie gesprochen?«

»Linda wollte am folgenden Wochenende ein kleines Fest

veranstalten. Sie wollte mein Waffeleisen ausleihen. Wir wollten Erbsensuppe essen und anschließend Waffeln mit Multebeer... konfitüre.«

Bei den letzten Worten brach ihre Stimme, und sie begann zu weinen.

Tommy und Irene warfen sich einen Blick zu, sagten aber nichts. Ruhig warteten sie ab, bis Anna-Karins Weinkrampf vorüber war.

Schniefend nahm Anna-Karin den Lappen und putzte sich die Nase. Sofort wurde diese flammend rot. Das Reinigungsmittel hatte es in sich.

»Das ist alles so schrecklich! All das mit Marianne und Linda. Und ich habe immer Sonderschichten schieben müssen. Siv Persson ist schließlich auch krankgeschrieben. Es ist alles einfach zu viel. Ich bin vollkommen durcheinander und kann schon nicht mehr klar denken. Ich habe wirklich geglaubt, dass ich mich am Sonntagabend mit Linda unterhalten habe. Ein kurzes Gespräch. Über das Waffeleisen«, sagte Anna-Karin abschließend.

Wieder presste sie die Lippen zusammen. Es war ganz offenbar, dass sie an der Geschichte mit dem Waffeleisen festzuhalten gedachte. Ruhig sagte Irene:

»Wir müssen Sie bitten, aufs Präsidium mitzukommen.«

»Warum das?«, wollte Anna-Karin erschrocken wissen.

»Wir müssen ein richtiges Verhör mit Ihnen durchführen. Wir sind der Meinung, dass Linda mitten in der Nacht in die Löwander-Klinik gelockt wurde. Wahrscheinlich durch einen Telefonanruf. Warum sonst hätte sie bei der Eiseskälte mitten in der Nacht das Haus verlassen sollen? Und Sie haben bei ihr in der Mordnacht angerufen. Sie hat nicht bei Ihnen angerufen, weil sie das Waffeleisen borgen wollte. Sie haben bei ihr angerufen.«

Das Entsetzen der Krankenschwester war spürbar. Anna-Karins Antwort klang fast wie ein Schrei:

»Wir hatten schon vorher darüber geredet! Ich wusste nicht,

325

ob mein Waffeleisen noch funktioniert. Deswegen kontrollierte ich das, ehe ich bei Linda anrief und ihr sagte, dass alles okay sei. Das ist die Wahrheit!«

Vielleicht war es tatsächlich so gewesen, aber Irenes sämtliche Detektoren signalisierten »Lüge«!

»Also das Waffeleisen«, stellte sie fest.

»Ja.«

»Wir werden kontrollieren, ob Linda ein Waffeleisen hatte und ob Sie eines haben.«

Anna-Karin antwortete nicht. Sie hob das Kinn und sah Irene trotzig in die Augen. Sie schaute jedoch auch als Erste wieder weg.

»Wir hätten sie vielleicht doch direkt ins Präsidium mitnehmen sollen?«, meinte Tommy nachdenklich.

Sie saßen im Auto und waren auf dem Weg in ein Chinarestaurant zum Mittagessen.

»Nein. Sie ist schon jetzt ein Nervenbündel. Sie soll ruhig noch einen Tag schmoren. Heute Nacht wird sie wohl kaum eine ruhige Minute finden. Offenbar weiß sie etwas, womit sie nicht rausrücken will. Morgen ist sie sicher weich geklopft«, meinte Irene.

»Glaubst du? Sie wirkt, als wolle sie an ihrer Story festhalten.«

»Wir werden sehen. Mit der Dame bin ich jedenfalls noch nicht fertig.«

Irene parkte elegant vor dem China Garden ein.

Sie aßen frittiertes Schweinefilet süßsauer. Anschließend gab es Kaffee und Glücksplätzchen, und alles zusammen kostete nur fünfzig Kronen.

Auf dem Zettel in Irenes Plätzchen stand: »Starre nicht so lange in den Nebel. Du wirst sonst noch blind. Ruhe aus, sammle deine Kräfte und warte, bis sich der Nebel hebt.« Sie lachte, fand aber, dass das gar nicht so abwegig klang.

Birgitta Moberg war in ihrem Büro und übernahm den Auftrag, nachzuprüfen, ob Linda ein Waffeleisen besaß. Ehe sie verschwand, sagte sie noch:

»Das Labor hat angerufen. Sowohl die Haare als auch die Fingerabdrücke auf den Taschen stammen von Carina Löwander. Im Übrigen nehmen Jonny und Fredrik die Wohnung von Marianne Svärd noch einmal genau unter die Lupe. Letztes Mal haben wir nichts gefunden, was darauf hingedeutet hätte, dass es einen neuen Mann in ihrem Leben gab.«

»Andreas war wohl der Mann ihres Lebens«, sagte Irene.

»Offenbar. Gewisse Leute sind monogam veranlagt.«

Mit diesen Worten verschwand Birgitta auf dem Korridor. Ihre letzten Worte brachten etwas in Irene zum Schwingen, was sie bisher nicht beachtet hatte. Hannu löste Birgitta in der offenen Tür ab. Er hatte vermutlich ebenfalls ihren letzten Satz gehört. Irene sah, dass er Birgitta einen hastigen Blick hinterherwarf. Den Bruchteil einer Sekunde ließ sich ein amüsiertes Blitzen in seinen Augen ausmachen. Als er seinen eisblauen Blick auf Irene und Tommy richtete, war da allerdings nichts mehr, nur seine übliche unerschütterliche Ruhe.

»Der Totenschein von Tekla Viola Olsson. Ein Sohn ist dort verzeichnet. Vater unbekannt.«

Hannu reichte ihnen das Papier.

Tekla Viola Olsson war am 8. Oktober 1911 in der Katarina Kirchengemeinde in Stockholm geboren worden. Tod durch Selbstmord am 23. März 1947. Der Knabe hatte am 2. Januar 1947 in der Kirchengemeinde Bromma bei Stockholm das Licht der Welt erblickt.

Tommy nahm seinen Tischkalender und blätterte ein Blatt zurück.

»Am 2. Januar hat Sverker Namenstag.«

»Tekla ist in Stockholm begraben«, teilte Hannu mit.

»Möge sie dort endlich Frieden finden«, sagte Tommy und seufzte.

Schleudernd und mit quietschenden Reifen bog Irene in die asphaltierte Auffahrt ein.

»Ist das ein Notfall?«, fragte Tommy leise.

Sie antwortete nicht, fand aber auch, dass sie vielleicht etwas übertrieben hatte.

Sie klingelten und mussten lange warten, bis die Tür geöffnet wurde. Als ein kleines, dickliches Mädchen die Tür öffnete, fragte sich Irene schon, ob sie vielleicht das falsche Haus erwischt hätten. Das Mädchen zog einen Flunsch und schaute sie unter einem dicken, blonden Pony an, ohne etwas zu sagen.

»Hallo. Sind vielleicht deine Mama oder dein Papa zu Hause?«, fragte Tommy freundlich.

»Mama«, antwortete sie kurz.

Sie richtete ihren Blick auf Irene. Das Mädchen, das Sverkers und Carinas Tochter sein musste, hatte die Augen ihres Vaters und ihrer Großmutter geerbt. Im Übrigen glich sie ihren Eltern überhaupt nicht. Irene erinnerte sich daran, dass sie Emma heißen und elf Jahre alt sein musste. Emma drehte den Kopf nach hinten und rief ins Haus:

»Mama!«

Sie mussten eine geschlagene Minute warten, bis Carina Löwander erschien. Irene hörte, wie Tommy nach Luft schnappte. Sie musste ebenfalls zugeben, dass Carina sehr hübsch war.

Das blonde Haar war weit oben zu einem Pferdeschwanz zusammengebunden. Sie trug einen eisblauen, tief ausgeschnittenen Aerobicdress. Um ihre schmale Taille noch zu unterstreichen, hatte sie einen schwarzen Gürtel angezogen. Der String darunter war ebenfalls schwarz. Auf ihrer sonnengebräunten Haut standen die Schweißperlen. Vielleicht hatte sie sich auch mit einem Öl eingerieben, denn sie duftete nach Kokos. Irene stellte verärgert fest, dass sie überhaupt nicht nach Schweiß roch.

»Hallo. Entschuldigen Sie diesen Aufzug. An den Tagen, an

denen ich nicht im Fitnessstudio arbeite, sehe ich zu, dass ich hier zu Hause trainiere. Aber treten Sie doch ein.«

Carina lächelte freundlich und ließ sie in die Diele. Sie durften ihre Jacken an einer nüchtern schwarz lackierten Garderobe aufhängen.

Tommy räusperte sich:

»Wir würden Sie gerne fragen, was Sie in den Reisetaschen gefunden haben.«

»Das verstehe ich. Wirklich dumm von mir, dass ich davon nichts gesagt habe. Aber schließlich ist es schon eine Weile her. Ich dachte nie daran, dass jemand zwischen dem und dem... was der armen Linda zugestoßen ist, eine Verbindung herstellen könnte.«

Sie drehte sich um und ging voran.

Irene sah, dass Tommy auf den schwarzen String starrte, der zwischen Carinas festen Pobacken verschwand. Sie bewegte sich elastisch und schön. Kein Gramm Fett. Nur Muskeln!, dachte Irene neidisch. Sie selbst war zwar durchtrainiert, aber dieses eiserne Training jedes einzelnen Muskels hatte sie nie praktiziert. Sie hatte auch nie den Sinn davon verstanden. »Fitnesscenter«. Ausnahmsweise musste sie Jonny Recht geben. Das klang wirklich nach Bordell.

Carina ging vor ihnen her und eine Kellertreppe hinunter. Dort unten war vermutlich einmal ein großer Partykeller gewesen, aber Carina hatte ihn in ein Fitnessstudio umgewandelt. So weit Irene das beurteilen konnte, war alles vorhanden, um professionell trainieren zu können. Nicht einmal die Spiegel an den Wänden fehlten.

Carina ging durch den Trainingsraum und öffnete eine Tür am anderen Ende. Sie deutete hinein.

»Hier habe ich mein Arbeitszimmer. Und hier sehen Sie auch, was ich aus Hildings Tasche genommen habe.«

Irene und Tommy traten in das überraschend geräumige Zimmer. Unter den großen Kellerfenstern stand an der einen Wand ein Schreibtisch mit Computer, Fax und Telefon. Die Längswand füllten drei Lagerregale von IKEA. An den restlichen Wänden hingen Poster von männlichen und weiblichen Bodybuildern. In der Mitte des Raums lagen auf einem großen Küchentisch Papierrollen. Carina machte die Lampe an, die darüber hing. Sie ging auf den Tisch zu und suchte unter den Rollen eine bestimmte, schließlich hatte sie die gesuchte gefunden.

»Hier! Ein Originalplan der Löwander-Klinik.«

Sie rollte den Grundriss auf dem Tisch aus und trat anschließend beiseite, damit die Polizisten besser sehen konnten.

Die Linien waren vom Alter verblichen. In der rechten unteren Ecke stand die Jahreszahl 1884. Es konnte kein Zweifel daran bestehen, dass es sich hier wirklich um die Originalpläne der Löwander-Klinik handelte.

Im Dachgeschoss konnte Irene den Speicherraum ausmachen, auf dem Tekla und Linda tot aufgefunden worden waren. Er war als »Speicherraum« ausgewiesen. Wo heute der OP-Trakt lag, hatte es früher vier Zimmer mit der Bezeichnung »Schwesternwohnung« gegeben. Zu dieser hatten direkt bei der Treppe eine gemeinsame Küche sowie eine Toilette mit Waschraum gehört.

Auf der anderen Seite der Treppe hatten ein Bereitschaftszimmer für die Ärzte, ein Ärztezimmer, ein Zimmer für die Oberschwester und die Bereitschaftswohnung gelegen. Auf dem Plan hieß diese noch »Wohnung der Oberschwester«.

Vor ihrem inneren Auge sah Irene, wie Hilding Löwander vorsichtig die Tür des Bereitschaftszimmers der Ärzte öffnete, sich vergewisserte, dass die Luft rein war, und hastig in Teklas Wohnung schlüpfte.

Der Grundriss der Station war unverändert. An beiden Enden des Korridors lag ein kleiner Operationssaal. Im Obergeschoss war der eine Operationssaal heute zur Intensivstation umgebaut.

Das Treppenhaus mit dem Bettenaufzug gab es natürlich noch nicht. Es war erst fünfundsiebzig Jahre später gebaut worden.

Im Keller hatten die Krankenhausküche sowie die üblichen Lagerräume gelegen. Daran hatte Irene noch gar nicht gedacht: Woher kam das Essen für die stationären Patienten? Vielleicht hatten sie eine Abmachung mit einem Restaurant? Vielleicht waren sämtliche Patienten aber auch auf Diät, um nach dem kostspieligen Liften hier und dort besonders schlank und jugendlich auszusehen.

»Aha. Und was hatten Sie mit diesen alten Plänen vor?«, fragte Irene.

Ohne zu antworten, zog Carina eine neue Papierrolle hervor, rollte sie auf und legte sie über den alten Plan.

Sie hatte die Umrisse der Klinik durchgepaust und das Treppenhaus an der Rückseite ergänzt. Sehr ordentlich hatte sie alle tragenden Wände markiert. Aber da hörten auch schon alle Ähnlichkeiten zwischen der Löwander-Klinik von gestern und der von heute auf.

Im Dachgeschoss, wo sich jetzt der OP-Trakt befand, stand »Massage und Relaxing«. Bei der Bereitschaftswohnung und den beiden Zimmern der Verwaltung fand sich der Vermerk »Personal«. Das dritte Büro der Verwaltung und der Speicherraum hießen einfach »Lager«.

Die Etage mit der Station hatte sich in einen großen Gymnastiksaal verwandelt. Carina hatte jedoch »Aerobicsaal« auf ihre Zeichnung geschrieben. Die Intensivstation und das benachbarte Patientenzimmer waren jetzt ein »Krafttrainingsraum«. Im Erdgeschoss befanden sich der Empfang, eine Cafeteria, ein Schönheitssalon und ein Friseur.

Der Keller war weitgehend unverändert. Hier lagen die Umkleideräume für das Personal, der Heizkeller, die Elektrozentrale und andere unspektakuläre Kellerräume. Irene sah, dass das Hausmeisterzimmer nicht mehr als solches diente, sondern jetzt »Umkleide, Herren« genannt wurde. In diese waren Duschen, ein Whirlpool und eine Sauna eingezeichnet. Etwas weiter den Kellerkorridor entlang gab es einen ähnlichen Raum für Damen.

Tommy hob seinen Blick von der Zeichnung und sah Carina an.

»Wann haben Sie die Pläne aus Hildings Tasche genommen?«

Sie runzelte leicht die Stirn und dachte nach.

»Das muss einige Tage nach Weihnachten gewesen sein. Ich hatte zwischen den Jahren und bis Mitte Januar frei.«

»Woher wussten Sie, dass die Pläne in der Tasche liegen?«, fuhr er fort.

Ungeduldig zuckte sie mit den Achseln und sagte:

»Das wusste ich nicht. Das war eine Vermutung, die sich bestätigte.«

Carina ging auf den Schreibtischstuhl zu und setzte sich. Ehe sie wieder zu sprechen begann, heftete sie den Blick auf ein ölglänzendes, weibliches Muskelpaket.

»Die Sache war folgendermaßen. Den ganzen Herbst hatte Sverker gejammert, dass er mit den Finanzproblemen der Löwander-Klinik nicht klarkommt. Es geht da um all die Investitionen, die nötig sind, damit in dem Klinikgebäude weiterhin Krankenpflege betrieben werden darf. Dach, Entwässerung, was weiß ich. Er will den Kasten einfach loswerden. Da hatte ich die Idee, dort ein großes Fitnesscenter einzurichten. Ruhige, ländliche Lage und doch mitten in der Stadt! Perfekt für gehetzte Großstadtmenschen, die nicht die Zeit haben, mehrere Stunden zu fahren, um zu trainieren und sich zu entspannen. Ich glaube an meine Idee. Das liegt im Trend. Alle sehen immer mehr ein, wie wichtig es ist, sich um seinen Körper zu kümmern. Wenn mehr Leute das täten, dann bräuchten wir nicht so viele Krankenhäuser.

»Und was meint Ihr Mann dazu?«

Sie zögerte einen Augenblick, ehe sie antwortete:

»Er hat sich noch nicht entschieden. Aber es spricht einiges für mein Projekt.«

»Erzählen Sie uns, warum Sie die Reisetaschen auf dem Speicher aufgebrochen haben«, sagte Irene.

»Ich habe den ganzen Dezember lang über diese Idee nachgedacht. Heiligabend habe ich dann Sverker meinen Vorschlag für die Zukunft der Löwander-Klinik unterbreitet. Da habe ich ihn dann auch gefragt, ob er irgendwelche Pläne des Krankenhauses besitzt. Die hatte er nicht. Er sagte, dass sie wahrscheinlich verbrannt seien. Aber dann fiel ihm ein, dass sie irgendwo in der Klinik liegen könnten. Ich lieh mir seinen Schlüssel und durchsuchte die Klinik in aller Ruhe, da über Weihnachten und Neujahr ohnehin geschlossen war.«

»Wann haben Sie dort gesucht und wann haben Sie die Taschen gefunden?«, fragte Irene.

»Am Tag nach dem zweiten Weihnachtstag fing ich an und fand die Taschen einen Tag später. Leider gab es keine Schlüssel. Deswegen musste ich die Schlösser aufbrechen.«

»Womit haben Sie die Schlösser aufgebrochen?«

»Mit einem Schraubenzieher.«

»Wo hatten Sie den her?«

»Den hatte ich bei mir.«

»Von zu Hause?«

»Jein. Aus der Werkzeugtasche in meinem Wagen.«

»Haben Sie in einer der anderen Taschen eine Schwesterntracht gesehen?«

Carina dachte lange nach, ehe sie antwortete.

»In der größeren Tasche lagen einige alte Kleider. Vielleicht war dabei auch eine Schwesterntracht. Ich erinnere mich nicht. Schließlich war das nicht das, wonach ich suchte.«

»Nein. Sie haben nach den Plänen gesucht und die haben Sie gefunden.«

»Genau.«

»Was haben Sie mit den Taschen gemacht, nachdem Sie die Pläne gefunden hatten?«

Carina sah erstaunt aus.

»Nichts. Ich ließ sie dort stehen, wo ich sie gefunden hatte.«

»Sie haben die Taschen oder Schlösser nicht zufällig abgewischt?«

»Nein. Warum sollte ich? Ich tat schließlich nichts Ungesetzliches. Die Taschen gehören der Familie meines Mannes.«

Was sie sagte, klang richtig. Wenn sie die Taschen nicht abgewischt hatte, dann musste es jemand anderes getan haben. Wahrscheinlich der Mörder, als er sich die Schwesterntracht für die Maskerade in der Mordnacht holte.

Wieso eigentlich er? Warum sprachen sie immer von einem Er? Irene dachte daran, was Kommissar Andersson gesagt hatte, dass Erdrosseln eine wenig feminine Mordmethode sei. Es konnte sich um eine Frau handeln. Irene sah nachdenklich auf Carinas glänzende Muskeln. Doch, sie war ausreichend stark und durchtrainiert, um eine kleine grazile Frau zu erdrosseln. Alle drei Mordopfer waren klein und zierlich gewesen. Aber sie hatte kein Motiv. Ihre Pläne für das Fitnesscenter waren weit fortgeschritten, und sie schien ihren Willen durchsetzen zu können. Sie hatte keine Veranlassung, Marianne Svärd, Gunnela Hägg und Linda Svensson zu ermorden. Ganz im Gegenteil hatte sie allen Grund, zu vermeiden, dass die Löwander-Klinik mit fürchterlichen Morden in Verbindung gebracht wurde, wenn sie dort wirklich ein exklusives Fitnesscenter eröffnen wollte.

»Jetzt sehen wir schon etwas klarer. Wo finden wir Ihren Mann?«

»Er rief an, gerade als Sie kamen. Er wollte mit Konrad Henriksson Squash in der Landalahalle spielen. Sie spielen dort schon seit mehreren Jahren immer am selben Tag.«

»Wann kommt er nach Hause?«

Carina sah bedauernd aus.

»Wohl nicht vor neun. Sie gehen anschließend immer noch in die Sauna und trinken dann ein Bier. Sverker muss wieder auf andere Gedanken kommen. Das alles ist nicht leicht für ihn.«

»Können Sie ihm ausrichten, dass wir ihn morgen früh um acht in der Klinik treffen wollen? Wenn es ihm lieber ist, mit uns hier zu sprechen, kann er mich oder meinen Kollegen vor halb acht anrufen.«

Irene reichte ihr eine Visitenkarte mit ihrer Durchwahl. Carina legte sie auf den Schreibtisch, ohne einen Blick darauf zu werfen. Geschmeidig stand sie auf und führte sie durch den Trainingsraum, die Treppe hinauf und in die Diele.

Kurz bevor die Tür hinter ihnen geschlossen wurde, hörte Irene, wie Carina im Innern des Hauses rief:

»Emma! Komm doch mit mir nach unten und trainiere ein bisschen? Das könnte dir nicht schaden.«

Als Antwort hörte Irene nur, wie die Musik der Backstreet Boys aufgedreht wurde.

»Wenn du findest, dass Sverker Löwander aussieht wie Pierce Brosnan, dann finde ich, dass Carina eine zweite Sharon Stone ist«, sagte Irene.

Tommy nickte.

»Da ist was dran. Schade, dass die kleine Emma keinem ihrer schönen Eltern ähnlich sieht.«

»Mit diesen Augen wird sie im Leben schon zurechtkommen«, stellte Irene fest.

Tommy lächelte nur.

Daheim im Reihenhaus duftete es nach frisch gebackenem Brot. Irene atmete den Geruch mit Wohlbehagen ein. Sammie kam schwanzwedelnd auf sie zu, um ihr auf diese Weise mitzuteilen, dass schon seit Stunden niemand mehr mit ihm draußen gewesen war. Seine nassen Pfoten verrieten jedoch das Gegenteil.

»Du musst bis nach dem Essen warten«, sagte Irene und kraulte seine kalte Schnauze und seinen weichen Pelz.

Erwartungsvoll ging sie in die Küche.

Jenny lief mit geröteten Wangen hin und her und trug Bleche mit Brötchen.

»Hallo. Ich backe Grahambrötchen«, sagte sie fröhlich.

Krister stand am Herd und rührte in einem Topf. Auf der Arbeitsplatte lagen, so weit Irene das erkennen konnte, keine Koteletts oder fertige Fleischbällchen. Mit bösen Ahnungen ging sie auf ihren Mann zu und gab ihm einen Kuss in den Nacken, ehe sie fragte:

»Was gibt es zum Mittagessen?«

Mit einem breiten Lächeln drehte er sich um und sah sie an.

»Borschtsch. Ich habe dazu echt russische saure Sahne gemacht.«

Irene versuchte sich damit zu trösten, dass man von Grahambrötchen sicher auch satt werden konnte.

KAPITEL 19

Sverker Löwander fühlte sich nach seinem gestrigen Squash-abend wieder etwas ausgeglichener, sah aber nicht viel ausge-ruhter aus. Es war genau acht Uhr, und er saß im Ärztezimmer der Löwander-Klinik.

»Carina hat mir von Ihrem Besuch gestern erzählt. Ich war leider nicht zu Hause, weil ich wieder angefangen habe, Squash zu spielen. Ich habe das Gefühl, dass ich das brau-che. Das Leben muss wieder in seinen alten Bahnen verlau-fen…«

Er verstummte und starrte auf seine Hände, die gefaltet auf dem Schreibtisch lagen.

»Wir müssen noch ein paar Fragen stellen«, begann Tommy.

»Das ist okay.«

Tommy versuchte so unschuldig wie möglich auszusehen, was Irene signalisierte, dass er direkt zur Sache kommen wollte.

»Wie kommt es, dass Linda Ihre Handynummer in ihrem Taschenkalender stehen hatte?«

Die Frage traf Löwander unvorbereitet. Er tat aber sein Bes-tes, das zu verbergen.

»Das habe ich doch bereits erklärt.«

»Es wäre schön, wenn Sie es noch einmal tun könnten«, sagte Tommy freundlich, aber unerbittlich.

»Das war irgendwann, früher. Vergangenen Herbst. Ich wollte im Hotel Gothia auf eine Fortbildung. Einem Patienten ging es schlecht, und ich gab Linda meine Handynummer, weil sie gerade Dienst hatte.«

»Wäre es nicht logischer gewesen, die Nummer in das Telefonverzeichnis der Station zu schreiben?«, wandte Tommy ein.

Löwander zuckte mit den Achseln.

»Vielleicht. Aber offenbar hat sie das nicht getan.«

»Sie waren nicht dabei, als sie sich diese Nummer aufgeschrieben hat.«

»Nein.«

»Wir haben einen Telefonanruf zurückverfolgt. Von Ihrem Handy wurde am Abend des zehnten Februars bei Linda Svensson angerufen. Um 18.35 Uhr.«

Sverker Löwander rieb sich die Augen, ehe er antwortete:

»Das hatte ich total vergessen. Alles ging so durcheinander, als Marianne gefunden wurde. Und dann, als auch noch Linda ... da habe ich das total vergessen.«

Er holte tief Luft, ehe er weitersprach.

»Es ging um dieses unglücksselige internistische Gutachten über Nils Peterzén. Das fehlte an dem Morgen, an dem er operiert werden sollte. Nachdem ich vergeblich danach gesucht hatte, fragte ich bei Linda auf der Station nach. Es lag unten bei der Sekretärin. Ich konnte es gerade noch im Aufzug auf dem Weg nach oben in den OP-Trakt überfliegen. Natürlich hätte ich es genauer lesen sollen. Nils Peterzén Werte waren miserabel. Er hätte von einem Pulmologen noch genauer untersucht werden müssen, ehe wir ihn operierten. Die Werte für seine Blutgase und seine Lungenfunktion standen nicht in seiner Krankenakte ...«

Er seufzte. Danach richtete er seine Augen mit dem Meeresschimmer auf Irene und sagte flehentlich:

»Nils Peterzén schien wirklich in ganz passabler Verfassung zu sein. Er war ausgezeichneter Laune, scherzte, war zuversichtlich. Er wollte die Operation selber nicht aufschieben.«

Wieder verstummte er und sah die Polizisten traurig an.

»Am Abend, als es ihm dann so schlecht ging, bekamen wir

neue Werte für seine Blutgase. Natürlich waren sie sehr, sehr schlecht. Da wurde ich unruhig und wollte wissen, wie die ersten Werte ausgesehen hatten. Aber ich konnte sie nirgends finden. Schwester Ellen hatte Spätschicht, kannte sich aber mit dieser Krankenakte nicht aus. Deswegen rief ich bei Schwester Linda an. Aber sie hatte die Blutwerte von Peterzén auch nicht gesehen.«

»Sie war also zu Hause, als Sie bei ihr anriefen«, sagte Tommy.

»Ja.«

»Was für einen Eindruck machte sie?«

»Was meinen Sie?«

»Fröhlich? Angespannt? Unruhig?«

Sverker zögerte. Er dachte nach.

»Mir ist nichts Ungewöhnliches aufgefallen. Sie war vermutlich wie immer. Ich hatte meinen Kopf schließlich woanders.«

»Sie machen sich Gedanken, dass Nils Peterzén wegen einer Unachtsamkeit Ihrerseits gestorben sein könnte?«, sagte Tommy leise.

Löwander sank auf seinem Stuhl zusammen und nickte langsam, ohne zu antworten.

»Erinnern Sie sich, wann Ihre Frau mit Ihnen zum ersten Mal über ihre Pläne für ein Fitnesscenter gesprochen hat?«, fragte Tommy.

Sverker sah erstaunt aus.

»Ja. Weihnachten. Wieso?«

»Haben Sie ihr Ihren Generalschlüssel gegeben, damit sie nach den Plänen suchen konnte?«

»Ja.«

»Wann haben Sie ihn zurückbekommen?«

Der Arzt runzelte die Stirn und dachte nach.

»Weiß nicht so recht. Ich glaube vor Neujahr. Ich war hier und habe nach dem Rechten gesehen, bevor wir nach Thailand fuhren. Wir haben meinen fünfzigsten Geburtstag in Phuket gefeiert.«

»Wann sind Sie gefahren?«

»Am Silvesterabend. Am 13. Januar sind wir zurückgekommen.«

»Haben Sie sich vor einem Fest mit allen Freunden und Bekannten drücken wollen?«, fragte Irene.

Sverker lächelte schwach.

»Nein. Die kamen alle am darauf folgenden Wochenende. Man entgeht ihnen nicht.«

»Waren Sie auf dem Dachboden, als Sie vor der Reise noch einmal in der Klinik nach dem Rechten gesehen haben?«, fragte Tommy.

»Nein. Es gab nie einen Grund, dort hinaufzugehen.«

»Und nichts deutete darauf hin, dass in der Zwischenzeit jemand in der Klinik gewesen war?«

»Nein. Niemand außer Carina. Aber das wusste ich schließlich.«

Im Augenblick schienen sie mit Sverker Löwander nicht weiterzukommen. Die Polizisten erhoben sich und dankten, dass sie seine Zeit hatten in Anspruch nehmen dürfen.

Irene kam plötzlich eine Idee. Sie fragte:

»Weiß Ihre Exfrau, dass die Löwander-Klinik geschlossen werden soll?«

Sverker sah sie verwundert an.

»Nein. Wie sollte sie das wissen? Seit sowohl John als auch Julia in den USA sind, haben wir keinen Kontakt mehr.«

»Haben Sie Kontakt zu ihnen?«

»Natürlich«, antwortete er stramm.

»Es besteht keine Möglichkeit, dass sie von Carinas Idee, hier ein Fitnesscenter zu eröffnen, erfahren haben könnte?«

Zum ersten Mal während ihrer Unterhaltung sah Sverker irritiert aus.

»Nein. Sie reden nicht miteinander. Warum stellen Sie diese Fragen?«

»War nur so ein Gedanke. Barbro hat Carina und Sie schon einmal beschuldigt. Ich denke an den Brand der Chefarztvilla.«

340

»Da war nichts weiter. Niemand glaubte ihr. Sie war ganz offenbar aus dem Gleichgewicht geraten. Barbro würde keiner Fliege etwas zu Leide tun.«

Kommt darauf an, dachte Irene, wie stark ihre Rachegelüste sind.

Irene und Tommy entschlossen sich, auf der Intensivstation vorbeizuschauen, um mit Schwester Anna-Karin zu sprechen.

»Ich habe das Gefühl, dass Sverker uns etwas verschweigt«, sagte Tommy.

»Wie kommst du darauf?«, wollte Irene wissen.

»Erfahrung und Intuition.«

Sie einigten sich darauf, dass sie Anna-Karin aufs Präsidium mitnehmen würden, falls sie nicht freiwillig mit dem herausrücken würde, was sie wusste.

Sie gingen die Treppe hinunter und drückten auf den Türöffner der Intensivstation. Nichts geschah. Die Tür blieb geschlossen. Tommy klopfte laut und sie hörten, wie sich Schritte näherten.

»Wer ist da?«, ließ sich eine Stimme vernehmen.

Das war nicht Anna-Karin, sondern eine ältere Frau.

»Inspektorin Huss und Inspektor Persson«, sagte Tommy nachdrücklich.

Die Tür wurde vorsichtig geöffnet. In dem Spalt tauchte die ältere Schwester auf, die Margot hieß.

»Hallo. Wir suchen Anna-Karin Arvidsson«, sagte Tommy mit freundlicherer Stimme.

»Anna-Karin ist nicht hier. Heute sind keine Operationen, und sie hat sich freigenommen.«

Das machte ihnen einen Strich durch die Rechnung.

»Haben Sie eine Vorstellung, wo wir sie antreffen können?«

Schwester Margot lächelte geheimnisvoll und senkte die Stimme.

»Sie hat sich einen Freund zugelegt. Das ist das Neueste. Ich

341

darf das niemandem erzählen, aber da Sie von der Polizei sind ... ich weiß, dass er in Varberg wohnt.«

»Varberg? Sie wissen nicht zufällig, wo in Varberg?«

»Nein. Aber ich glaube, dass er Lehrer ist oder irgendwas an einer Schule. Vielleicht Rektor? Nein. Ich erinnere mich nicht. Warum haben Sie es so eilig, mit Anna-Karin zu sprechen? Es ist doch wohl nicht schon wieder irgendwas ... Schreckliches passiert?«

»Nein. Mit Anna-Karin hat es keine Eile. Wir können auch morgen mit ihr sprechen«, sagte Tommy.

Irene kam eine Idee.

»Wenn sie nicht nach Varberg gefahren ist, dann ist sie vielleicht zu Hause. Können Sie uns ihre Adresse geben?«, fragte sie.

»Natürlich. Ich habe sie hier.«

Schwester Margot ging zum Schreibtisch und zog die unterste Schublade heraus. Aus dieser nahm sie ein kleines schwarzes Adressbuch, das dem ähnelte, das auf dem Sekretariat der Station lag.

»In dieser Wohnung in der Munkebäcksgatan ist sie nicht Hauptmieterin, das weiß ich. Hier ist auch ihre Telefonnummer«, sagte Schwester Margot.

Sie reichte Irene einen Zettel, und diese bat sofort darum, kurz das Telefon benutzen zu dürfen. Sie wählte die Nummer auf dem Zettel und ließ es einige Male ergebnislos klingeln. Das Gesicht der älteren Schwester verriet ganz deutlich Unruhe.

»Vielleicht ist sie einkaufen oder in Varberg«, sagte Irene und lächelte Margot beruhigend zu.

Als die schwere Tür der Intensivstation hinter ihnen zufiel, wandte sich Irene an Tommy und sagte leise:

»Direkt zur Munkebäcksgatan.«

Das dreistöckige Mietshaus aus rotem Backstein sah friedlich aus. Das Schloss der Haustür war defekt, und man kam ungehindert ins Treppenhaus. In der ersten Etage hatte Anna-Karin ihren Namen auf einen Pflasterstreifen über der Klingel geschrieben. Sie drückten wiederholte Male auf den abgegriffenen Klingelknopf, aber niemand machte auf. Das Klingeln hallte trostlos in der Wohnung wider. Irene öffnete den Briefkastenschlitz einen Spalt weit und sah Reklame auf dem Fußboden der Diele liegen.

»Sie ist nicht zu Hause«, stellte sie fest.

»Löwander war überraschend mitteilsam, was seine Fehleinschätzung des Gesundheitszustands von Nils Peterzén angeht, aber über Linda und seine Exfrau wollte er nicht sprechen«, sagte Tommy.

Sie saßen in ihrem Wagen und waren auf dem Weg ins Präsidium.

»Findest du? Es ist sicher so, dass ihm die Sache mit Nils Peterzén zu schaffen macht. Er muss einfach mit jemandem reden.«

»In diesem Fall hat er nicht die Polizei zu fürchten, sondern die Gesundheitsbehörde. Damit hast du Recht. Aber du solltest dir einmal selber zuhören. Du versuchst Löwander den Rücken freizuhalten und sein Verhalten zu erklären. Sieht so aus, als ob Frauen diesen Mann einfach immer in Schutz nehmen.«

»Wenn du meinst«, sagte Irene vage.

Sie dachte daran, was Birgitta gesagt hatte, dass gewisse Menschen monogam sind. Dann ließ sie sich noch mal Tommys Kommentar durch den Kopf gehen. Sie hatte so eine Ahnung.

Der Nachmittag verging mit Büroarbeiten. Sowohl Tommy als auch Irene saßen vor ihren Computern.

»Ich glaube, dass es für diese drei Morde ein gemeinsames Motiv gibt, nur sehen wir es nicht«, sagte Irene und seufzte.

Sie machte eine Pause beim Schreiben und sah Tommy an.

Er war ganz in seinen Zeigefingerwalzer auf der Tastatur vertieft und antwortete nur:

»Hm.«

Irene gab es auf und kehrte zu ihrem eigenen Bericht zurück.

Daheim im Reihenhaus gab es knusprig gebratenen Ostseehering mit Kartoffelbrei. Jenny aß zufrieden einen Linseneintopf und einen Berg Möhrensalat. Krister nahm einen Löffel von Jennys Linsen und probierte vorsichtig.

»Tja. Immerhin essbar. Allerdings gewöhnungsbedürftig«, lautete sein Urteil.

»Niemand muss sein Leben lassen, nur damit ich etwas auf dem Teller habe. Nicht einmal ein Hering«, sagte Jenny verächtlich.

»Hast du gehört, dass das Gemüse schreit, wenn man es erntet?«, wollte Katarina mit einem unschuldigen Lächeln wissen.

»Das ist nicht wahr«, entgegnete Jenny mürrisch.

»Doch! Das haben russische Forscher herausgefunden. Sie haben gemessen…«

»Jetzt hörst du mit diesen Dummheiten auf, Katarina!«, sagte Krister.

Beide Töchter verstummten und sahen ihren Vater verwundert an. Er wurde nur selten böse, aber wenn es passierte, dann nahm man sich besser in Acht.

Irene war ihrem Mann dankbar, dass er dem Wortwechsel Einhalt geboten hatte. Sie hatte keinerlei Illusionen, was ihre Tochter anging. Wenn sich Jenny erst einmal in den Kopf setzte, dass einem auch das Gemüse Leid tun konnte, dann würde sie vermutlich auch aufhören, Gemüse zu essen. Es gab Grenzen für das, womit Eltern fertig werden konnten.

KAPITEL 20

Der Brand wurde von einem Nachbarn kurz vor Mitternacht entdeckt. Das Feuer war gelegt worden. Der Ermittler... also dieser Svensson... rief mich vom Tatort aus an. Er ist sich sicher, dass das Feuer in der Diele seinen Ausgang nahm. Sie ist vollständig ausgebrannt. Der Rest der Wohnung ist nicht so sehr in Mitleidenschaft gezogen. Wahrscheinlich hat der Brandstifter eine leicht entzündliche Flüssigkeit durch den Briefkastenschlitz gegossen und dann einen brennenden Lappen oder etwas anderes hinterhergeworfen.«

Kommissar Andersson sah seine Ermittlungsgruppe finster an. Niemand kommentierte seine Ausführungen, aber alle sahen plötzlich ungewöhnlich wach aus, obwohl es noch sehr früh war.

»Der Ermittler sagte auch, dass sich niemand in der Wohnung befunden hätte.«

Der Kommissar legte sein gedunsenes Gesicht in tiefe, bekümmerte Falten und meinte düster:

»Jetzt brennt es schon wieder und wir tappen immer noch im Dunkeln.«

Dem konnte niemand widersprechen. Seine Aussage gab jedoch Irenes dunkler Ahnung neue Nahrung.

»Hat Anna-Karin von sich hören lassen?«, fragte sie.

»Nein. Es sind erst knapp acht Stunden her, seit der Brand ausgebrochen ist. Es ist nicht sicher, ob es überhaupt schon in der Zeitung steht. Wenn ja, hören wir wahrscheinlich von ihr.«

Tommy sagte nachdenklich:

»Wir wissen von einer der Schwestern auf der Intensivstation, dass sie bei ihrem Freund in Varberg sein könnte.«

»Hat sie gesagt, wie er heißt?«

»Nein. Sie weiß nicht, wie er heißt, nur, dass er an einer Schule arbeitet.«

Die Stirnfalten des Kommissars wurden noch tiefer. Er ähnelte mehr und mehr einer nachdenklichen Bulldogge. Nach einer Weile glättete sich seine Stirn, und er ergriff erneut das Wort: »Wir machen das folgendermaßen. Ruft Radio Halland und Radio Göteborg an, Sveriges Radio auch. Wir suchen Anna-Karin Arvidsson. Sie soll sich umgehend mit uns in Verbindung setzen.«

»Das darf man doch nur, wenn es um einen Todesfall geht«, wandte Jonny ein.

»Darum geht es ja auch. Sie ist das nächste Opfer unseres Mörders.«

Es dauerte zwei Stunden, bis eine verschüchterte Anna-Karin Arvidsson direkt bei Kommissar Andersson anrief. Er erklärte, es seien dramatische Dinge vorgefallen, sagte aber nicht, welche, und meinte, er müsse umgehend mit ihr sprechen. Dann schickte er einen Streifenwagen, der sie direkt zum Polizeipräsidium in Göteborg bringen sollte.

Für Irene und Tommy war es eine lange Stunde des Wartens. Irene saß tief in Gedanken versunken da.

Gewisse Menschen sind monogam. Und jetzt brannte es wieder.

Anna-Karin war leichenblass und sah zu Tode erschrocken aus. Wie sie so zwischen den beiden Streifenpolizisten den Korridor entlangkam, wirkte sie, als sei sie auf dem Weg zu ihrer eigenen Hinrichtung. Sie tat Irene Leid, andererseits hatte sie sich das Ganze selbst zuzuschreiben. Sie hätte früher mit der Sprache herausrücken sollen.

Irene hielt Anna-Karin die Tür zu ihrem Zimmer auf und dankte den Kollegen aus Varberg für ihre Hilfe. Tommy bot der nervösen Krankenschwester einen Stuhl an und fing erst einmal an, mit ihr über Nebensächlichkeiten zu reden.

»Ich gehe Kaffee holen«, zwitscherte Irene und verschwand wieder auf dem Korridor. Die Krankenschwester konnte einen Augenblick der Entspannung gut gebrauchen, ehe sie über sie herfiel.

Anna-Karin weinte hemmungslos, als Irene wieder ins Büro zurückkam. Tommy saß neben ihr auf einem Stuhl, tätschelte tröstend ihre Hand und murmelte ein paar beruhigende Worte. So etwas konnte er wirklich. Er sah auf und warf Irene einen Blick zu, der besagte: Wir geben ihr noch ein paar Minuten.

»Ich habe ihr vom Brand in ihrer Wohnung erzählt und auch gesagt, dass das Feuer gelegt war«, sagte er.

Irene nickte nur und stellte die Becher auf den Tisch. Ruhig begann sie ihren Kaffee zu trinken und wartete darauf, dass der Weinkrampf der Schwester vorübergehen würde. Was nach einigen Minuten auch tatsächlich der Fall war. Irene hatte schon fast die Hoffnung aufgegeben.

Anna-Karin putzte sich mit einem Papiertaschentuch, das Tommy für sie herbeigezaubert hatte, die Nase. Mit zitternder Stimme fragte sie:

»Wer kann das nur getan haben? Warum sollte mir jemand...?«

Fast etwas zu ruhig entgegnete Irene:

»Die Frage nach dem Wer können wir nicht beantworten, und auf die Frage nach dem Warum haben nur Sie die Antwort.«

»Warum ich?«

»Ja, Sie. Linda und Sie teilten ein Geheimnis. Möglicherweise hatte auch die arme Gunnella Hägg etwas gesehen, was sie nicht hätte sehen sollen. Sowohl Linda als auch Gunnela sind tot.«

Irene machte eine Pause, um ihre Worte richtig zur Geltung zu bringen. Dann fuhr sie fort:

»Vor einigen Tagen bekam Siv Persson spätabends Besuch. Jemand klopfte an ihrer Tür und schaute durch den Briefkastenschlitz. Aber Siv war wach, und der Mörder konnte ihre Füße durch den Spalt sehen. Sonst wäre vielleicht auch bei Siv Persson ein Feuer ausgebrochen. Wer weiß.«

»Warum... warum Siv?«

»Sie sah den Mörder in der Mordnacht. Die andere Zeugin war Gunnela Hägg. Und die ist, wie gesagt, tot.«

»Wie geht es Siv?«

»Wir haben sie an einen sicheren Ort gebracht, wo der Mörder sie nicht finden wird. Aber nun fiel sein Blick stattdessen auf Sie. Warum?«

Obwohl sie sich mehrmals räusperte, gelang es Anna-Karin nicht, ihrer Stimme Festigkeit zu verleihen.

»Das... weiß ich nicht.«

»Doch. Das wissen Sie. Oder Sie ahnen es. Aber ihre Solidarität mit Linda ist verfehlt. Sie ist bereits tot. Und Sie sind als Nächste an der Reihe.«

Anna-Karin begann am ganzen Körper zu zittern und zu schluchzen.

»Das ist unmöglich... da besteht kein Zusammenhang.«

Vorsichtig mischte sich Tommy in die Unterhaltung ein und sagte leise:

»Das zu beurteilen, müssen Sie schon uns überlassen. Vielleicht handelt es sich nur um das winzige Teil eines Puzzles, aber es kann ungeheuer wichtig sein. So wichtig, dass der Mörder dafür ein weiteres Mal töten würde.«

Er verstummte und legte vorsichtig seine Hand auf die ihre.

»Sie schützen jemanden, und zwar nicht Linda. Jemanden, der noch am Leben ist. Nicht wahr? Ich ahne, wer es ist, will aber, dass sie mir den Namen sagen. Seinen Namen.«

Anna-Karin zog hastig ihre Hand an sich und starrte Tommy mit weit aufgerissenen Augen an. Er schaute sie ruhig und voller Mitgefühl an.

Um die Nase herum wurde sie bleich. Mehrmals öffnete sie

den Mund, als müsse sie nach Luft schnappen. Irene fürchtete schon, sie würde ohnmächtig werden, aber das wurde sie nicht. Stattdessen schien sie vollkommen entkräftet. Tränen liefen ihr die Wangen hinunter, mit halb erstickter Stimme schluchzte sie:

»Sverker … Sverker Löwander.«

Sie bekam ein neues Taschentuch und putzte sich ein weiteres Mal die Nase. Es war, als hätte sie die Nennung des Namens ruhiger gemacht.

»Sverker und Linda … waren zusammen. Sie waren so verliebt. Linda sagte, dass sie heiraten wollten, sobald er sich von Carina hätte scheiden lassen.«

Irene hatte ihre Ahnungen gehabt, war jedoch trotzdem vollkommen fassungslos, als sie diese bestätigt sah. Sverker und Linda! Er war doch doppelt so alt wie sie! Aber dann ermahnte sie sich und dachte daran, welche Wirkung dieser Mann auf sie gehabt hatte. Er hatte das gewisse Etwas, wie man früher zu sagen pflegte. Die Zwillinge würden sicher sagen, er sei ein Supertyp. Einige hatten es, andere nicht. Und einige sind monogam, andere nicht. Sverker Löwander hatte schon früher unter Beweis gestellt, dass er es nicht war. Damals war es das Verhältnis mit Carina gewesen. Dieses Mal handelte es sich um eine Affäre mit einer noch jüngeren Frau. Warum hatte er nichts gesagt?

»Wissen Sie, seit wann Linda und Sverker Löwander ein Verhältnis miteinander hatten?«

Anna-Karin nickte und schluckte.

»Seit der Weihnachtsfeier. Seitdem waren sie zusammen.«

»Das wissen Sie sicher?«

»Ja. Linda hat mir selber erzählt, wie es dazu kam. Ich habe ihr versprochen, es niemandem zu erzählen … aber … ich weiß nicht … Wahrscheinlich ist es so, wie Sie sagen. Es muss sich um dieses Geheimnis handeln. Obwohl ich nicht verstehe, warum. Sverker liebte Linda. Er hätte nie jemandem wehgetan. Er ist so lieb.«

Sie verstummte, suchte nach einer trockenen Ecke ihres Taschentuchs und putzte sich die Nase.

»Was hat Linda Ihnen erzählt? Wie wurde aus Sverker und Linda ein Paar?«

»Es war bei der Weihnachtsfeier für das Personal. Die findet immer am Abend statt, bevor die Löwander-Klinik über Weihnachten schließt. Wir waren im Valand. Früher haben sie offenbar immer in der Klinik gefeiert. Aber das habe ich nie erlebt. Jedenfalls gab es erst ein Buffet, und dann wurde getanzt. Die älteren Schwestern gingen ziemlich früh nach Hause, aber wir jüngeren blieben noch. Sverker Löwander blieb auch. Er tanzte mit uns allen. Er ist wirklich ein guter Tänzer, er kann alle Tänze.«

Er ist alt genug, um alle Tänze kennen gelernt zu haben, als sie noch neu waren, dachte Irene.

Anna-Karin verstummte und dachte nach, ehe sie fortfuhr:

»Wir hingen alle etwas in den Seilen. Wir hatten schließlich Glögg getrunken und Bier und Schnaps. Linda erzählte mir später, dass es auf der Tanzfläche zwischen ihr und Sverker gefunkt habe. Offenbar sind sie mit dem Taxi weggefahren, ohne dass es jemand bemerkt hat.«

»Wohin?«

»Zur Löwander-Klinik. Sie konnten schließlich weder zu ihm noch zu ihr. Bei ihr war schließlich Pontus, und er hatte Carina. Sie sind also in die Bereitschaftswohnung gefahren.«

Irene wurde unbehaglich zu Mute. Die Geschichte kam ihr bekannt vor.

»Wissen Sie, ob sie sich noch öfters in der Wohnung getroffen haben?«

Anna-Karin nickte.

»Ja. Meist an den Wochenenden, wenn niemand in der Klinik war. Aber Linda machte Schluss mit Pontus. Wahrscheinlich hätten sie sich jetzt zu Hause bei ihr treffen können. Aber da ist man natürlich nicht vor dem Klatsch der Nachbarn sicher…«

»Aber Linda hat gesagt, dass sie heiraten wollten?«

»Ja.«

»Wann hat sie Ihnen das erzählt?«

Anna-Karin schluckte mehrere Male, bevor sie flüsterte:

»Am Wochenende, bevor sie... starb. Sie kam abends zu mir. Ich war allein, mein Freund war beim Arbeiten. Wir tranken eine Flasche Wein. Da erzählte sie mir alles. Niemand sonst wusste was. Aber sie wollte sich jemandem anvertrauen.«

»Entschuldigen Sie die Frage, aber wie heißt Ihr Freund und warum arbeitet er am Wochenende? Wir dachten, dass er an der Schule ist. Lehrer arbeiten doch nicht an Wochenenden?«

Ein Lächeln huschte über Anna-Karins gequältes Gesicht.

»Er heißt Ola Pettersson und ist Ratgeber für die Mittelstufe in Varberg. Er führte an diesem Wochenende bei einer Schuldisko die Aufsicht. Deswegen haben wir uns nicht gesehen.«

Irene kam wieder zum Thema zurück:

»In dieser kurzen Zeit war also Lindas und Sverkers Romanze so weit gediehen, dass Sverker Löwander ihr bereits die Ehe versprochen hatte?«

»Ja. Das sagte sie jedenfalls.«

»Hat sie sonst noch was gesagt? Fühlte sie sich bedroht?«

»Nein. Absolut nicht. Sie wirkte nur wahnsinnig glücklich.«

Irene dachte über das Gesagte nach. Plötzlich gab es eine Erklärung dafür, warum Linda um Mitternacht in der Löwander-Klinik gewesen war. Vorsichtig fragte Irene:

»Glauben Sie, dass Linda Sverker in der Nacht in der Klinik treffen wollte, in der sie und Marianne ermordet wurden?«

Anna-Karin nickte und sagte mit zitternder Stimme:

»Ja. Das ist eben das, woraus ich nicht schlau werde. Ich habe ständig darüber nachgedacht. Außer mir wusste niemand, dass sie zusammen waren und sich immer in der Klinik trafen. Niemand! Aber warum sollten sie sich mitten in der Nacht treffen? Warum wurden Marianne und Linda ermordet? Und von wem? Sverker kann es nicht gewesen sein. Das weiß ich. Er liebte Linda.«

»Wie wollen Sie das wissen?«

»Das hat Linda gesagt. Und Sie haben ja auch Augen im Kopf. Er ist krank vor Kummer. Ich versichere Ihnen, er ist in diesen Wochen, seit Linda verschwunden ist ... und gefunden wurde, um zehn Jahre gealtert.«

Anna-Karin hatte ihr Papiertaschentuch ganz fest zusammengeknüllt und fing jetzt an, nervös Fetzen davon abzureißen. Irene seufzte und griff nach dem Papierkorb unter ihrem Schreibtisch. Sie reichte ihn Anna-Karin und sagte freundlich:

»Sie können Ihr Taschentuch hier reinwerfen.«

Zum ersten Mal während ihres Gesprächs wich die Blässe der Krankenschwester einer verlegenen Röte. So sah sie wirklich viel gesünder aus. Irene fuhr fort:

»Wo wollen Sie jetzt wohnen? In Ihre Wohnung können Sie nicht.«

Anna-Karin zuckte zusammen.

»Darüber habe ich noch gar nicht nachgedacht. Ich muss wohl wieder bei meiner Mutter einziehen. Sie wohnt in Kungälv. Es ist kein Problem, von dort mit dem Bus zur Arbeit zu kommen.«

»Gut. Aber Sie müssen uns ihre Adresse und Telefonnummer geben. Halten Sie sich von der Klinik fern, bis wir den Mörder gefasst haben. Und geben Sie keinem Ihre neue Adresse. Das ist zu gefährlich. Verhalten Sie sich in Kungälv unauffällig.«

»Kann ich nach Varberg fahren und Ola besuchen?«

»Telefonieren Sie die nächsten Tage nur mit ihm. Wir sind sicher, dass wir den Mörder in den nächsten Tagen fassen werden.«

Irene klang zuversichtlicher, als sie es eigentlich war, aber Anna-Karin schienen die Worte der Inspektorin gut zu tun.

Sie rief bei ihrer Mutter an und kündigte ihr Kommen an. Die Erwähnung des Brandes löste an beiden Enden der Leitung Tränenströme aus. Als sie auflegte, schien sie jedoch in bedeutend besserer Verfassung zu sein. Tommy sorgte dafür, dass sie von der Polizei nach Kungälv gebracht wurde.

Als sich die Tür hinter Anna-Karins Rücken schloss, streckte Irene die Hand aus und wählte die Nummer der Löwander-Klinik.

»Ja. Ich hatte ein … Verhältnis mit Linda.«

Hatte Sverker Löwander bisher immer gerädert und übermüdet ausgesehen, so schien er jetzt vollkommen in sich zusammenzufallen. Seine Augen waren fast ganz in ihren Höhlen verschwunden. Sein Haar war ungewaschen, und in den letzten Wochen hatte er mehrere Kilo abgenommen. Seine Hände zitterten sichtbar. Offenbar isst und schläft er nicht ordentlich, dachte Irene.

»Seit wann ging diese Beziehung?«, fragte Tommy.

»Unmittelbar vor Weihnachten. Da begannen wir …«

Sverker verstummte und starrte geistesabwesend auf Irenes und Tommys unordentliches Bücherregal. Irene hatte sich auf den Stuhl neben der Tür gesetzt. Ohne groß darüber zu sprechen, hatten sie sich stillschweigend geeinigt, dass Tommy das Verhör leiten sollte.

»Wo trafen Sie sich?«

»In der Bereitschaftswohnung.«

»Können Sie uns von der Nacht erzählen, in der sie verschwand?«

Löwander wandte seinen Blick nicht vom Bücherregal, als er zögernd zu sprechen begann.

»Wir hatten uns am Wochenende nicht getroffen.«

Erneut verstummte er. Ruhig fragte Tommy:

»Warum nicht?«

»Meine Tochter Emma war mit der Familie einer Freundin ins Fjäll gefahren, und ich war mit Carina Samstag auf ein großes Fest eingeladen. Am Sonntag hatte Linda keine Zeit. Sie und Pontus wollten noch die letzten seiner Sachen packen.«

»Deswegen entschieden Sie, sich in der Klinik zu treffen?«

»Ja.«

»Warum sollte sie so spät am Abend dorthin kommen?«

Sverker Löwander stützte seine Stirn schwer in seine Hände und murmelte leise:

»Geisterstunde. Da ist niemand vom Personal unterwegs. Kein Risiko, dass jemand sie sehen würde. Wir hätten eine ganze Stunde gehabt ...«

»War sie pünktlich?«

Ohne die Stirn zu heben, schüttelte der Arzt den Kopf und antwortete, Trauer in der Stimme:

»Nein. Sie tauchte um Mitternacht einfach nicht auf. Ich habe sie nie mehr lebend wieder gesehen.«

»Haben Sie sie geliebt?«, fragte Tommy weiter.

Erst hatte es nicht den Anschein, als hätte Sverker die Frage gehört, aber nach einer Weile nahm er die Hände vom Gesicht und nickte.

»Ja. Sehr.«

»So sehr, dass Sie bereits vom Heiraten gesprochen hatten?«

Jetzt zuckte der Arzt zusammen und sah Tommy zum ersten Mal direkt an.

»Heiraten? Wer hat das gesagt?«

»Das hatten Sie also nicht getan?«

Sverker wirkte geniert und strich sich wiederholte Male mit zitternden Händen durch sein schmutziges Haar. Schließlich antwortete er:

»Also ... Ich sagte zu Linda, dass Carina und ich eine schlechte Ehe führen, dass ich mir denken könnte, mit Carina über eine Scheidung zu sprechen.«

»Haben Sie das getan?«

»Nein.«

»Warum nicht?«

»Ich kam nicht mehr dazu, ehe ... das alles hier passierte.«

»Aber Linda hat es offenbar so verstanden, dass Sie ihr versprochen haben, sie zu heiraten.«

»So? Doch. Es wäre wohl so gekommen. So… allmählich.«

»Um wieder auf die Mordnacht zurückzukommen. Erzählen Sie uns, was geschah, als sie auf Linda warteten.«

»Ich war um halb zwölf auf meinem Zimmer. Ich zog mich aus und legte mich ins Bett. Versuchte zu lesen. Dann wurde es zwölf und nach zwölf.«

»Wurden Sie unruhig?«

»Nicht wirklich. Ich dachte, ihr sei vielleicht etwas dazwischengekommen, und sie hätte sich verspätet. Aber die Minuten vergingen. Sie kam nicht.«

Er sah auf seine zitternden Hände und holte tief Luft, ehe er fortfuhr:

»Als es Punkt Viertel nach zwölf war, fiel der Strom aus. Ich sah gerade auf die Uhr. Erst war ich nur verärgert. Aber dann hörte ich den Alarm des Beatmungsgeräts und stand hastig auf. Eilig zog ich ein paar Kleider über und lief nach unten. Den Rest wissen Sie. Aber die ganze Zeit fragte ich mich, wo wohl Linda steckt. Ich befürchtete das Schlimmste.«

»Schwester Siv hat erzählt, dass Sie mit ihrer Taschenlampe durch den Hinterausgang der Intensivstation in den OP-Trakt gegangen seien. Haben Sie dort etwas von Linda oder Marianne gesehen?«

»Nein. Natürlich habe ich nach beiden gesucht. Aber ich sah überhaupt niemanden. Ich fühlte mich jedoch beobachtet. Unten in der Eingangshalle… als ich auf die Polizei wartete, um aufzumachen. Ich weiß, dass das wahnsinnig klingt, aber es war ein sehr starkes Gefühl. Und ich bin nicht abergläubisch.«

»Sie glauben nicht, dass es das Klinikgespenst war?«

»Nein. Alle älteren Krankenhäuser mit Selbstachtung haben ein Krankenhausgespenst. Unseres heißt Tekla. Hätte sich diese Schwester nicht auf dem Speicher erhängt, hätte jemand sicher ein anderes Gespenst erfunden.«

»Wenn es kein Gespenst war, dann muss es mit anderen Worten ein Mensch gewesen sein.«

»Ja.«

»Sie haben keine Ahnung, wer?«

Einen Augenblick lang hatte Irene den Eindruck, Sverker würde zögern. Etwas glomm in seinen Augen, was sich nur sehr schwer deuten ließ. Er schaute nach unten, ehe er antwortete.

»Nein.«

»Nun zu etwas anderem. Was haben Sie gestern Abend gegen zwölf gemacht?«

»Gestern Abend? Geschlafen. Ich habe tatsächlich zum ersten Mal geschlafen, seit... es passiert ist. Sechs Stunden am Stück. Ich bin wohl schon gegen halb elf eingeschlafen. Das war wohl der Wein.«

»Der Wein?«

»Carina hatte am Abend zuvor eine Flasche geöffnet, und es war noch die Hälfte übrig. Sie hatte zum Abendessen ein Fleischgericht gemacht und den Wein auf den Tisch gestellt. Rotwein passte gut, und ich trank zwei Gläser. Das genügte offenbar.«

»Waren Carina und Emma zu Hause?«

»Emma schlief bereits, als ich mich hinlegte. Carina arbeitet an Dienstagen immer spät. Sie kommt nie vor halb elf nach Hause.«

»Haben Sie sie nach Hause kommen hören?«

»Ja. Ich hörte sie, ehe ich einschlief. Warum fragen Sie?«

»Aber Sie haben gestern nicht mehr miteinander gesprochen?«

»Nein. Ich schlief ein, ehe sie ins Schlafzimmer kam.«

Tommy berichtete ihm vom Brandanschlag auf Anna-Karin Arvidsson. Er sagte auch, dass sie erst wieder zur Arbeit kommen könne, wenn die Bedrohung gegen sie ausgeräumt sei, mit anderen Worten: wenn der Mörder gefasst sei.

Während Tommy sprach, sah Irene, wie sich Sverker wieder in sich zurückzog. Er starrte wieder blind auf das Bücherregal, und es war zu bezweifeln, ob er überhaupt zuhörte.

356

»Er ahnt etwas. Oder er weiß etwas«, sagte Irene.

»Warum glaubst du das?«, fragte Tommy.

»Da war etwas, als du von dem Brand bei Anna-Karin erzählt hast... Ich hatte das deutliche Gefühl, dass er nur mit halbem Ohr zuhörte. Er hatte seine Gedanken woanders.«

»Ja, aber schließlich ist er vollkommen am Ende. Er hatte vielleicht einfach nicht mehr die Kraft, sich noch mehr Scheußlichkeiten anzuhören.«

»Vielleicht nicht.«

Irene war nicht überzeugt, konnte aber ihre Behauptung auch nicht an etwas Konkreterem festmachen. Vorerst musste sie das auf sich beruhen lassen. Sie kam auf etwas anderes zu sprechen:

»Jetzt brennt es schon wieder in diesem Fall.«

»Brennt? Meinst du den Brand von Mama Vogels Geräteschuppen?«

»Ja. Und den Brand der Chefarztvilla vor zwölf Jahren. Und den gestern Abend. Dreimal hat es jetzt gebrannt. Ich glaube, wir sollten zum Brand der Villa zurückkehren. Wer war in den verwickelt?«

»Barbro Löwander und Carina. Und Sverker.«

»Und wer von den dreien kann die beiden späteren Brände gelegt haben?«

Tommy überlegte sich das gründlich. Schließlich sagte er:

»Im Prinzip alle drei.«

»Genau. Barbro lebt, seit die Kinder in den USA sind, allein. Sie kann ohne größere Probleme kommen und gehen, wann sie will.«

»Was hätte sie für ein Motiv?«

»Rache. Hass auf Sverker und Carina.«

»Vielleicht. Für Sverker oder Carina wäre es nicht so einfach. Sie leben schließlich zusammen und merken, wenn der andere verschwindet.«

»Glaubst du? Ich finde, dass die beiden sehr getrennte Wege gehen. Was den Brand im Geräteschuppen betrifft, könnten sie ihn beide gelegt haben. Sie sahen sich erst wieder, als es Zeit war, auf dieses Fest zu gehen. Vorher könnten sie beide die Kerze auf den Lumpenhaufen gestellt haben. Beide haben sie kein Alibi. Ihre Tochter Emma war in den Skiferien. An die brauchten sie nicht zu denken. Sverker sagte, dass er Kostenvoranschläge durchgerechnet hätte. Wohlbemerkt hielt er sich in der Klinik auf. Knapp zwei Stunden, nachdem er die Klinik verlassen hatte, brach der Brand aus. Carina hatte in ihrem privaten Fitnessraum trainiert und joggte dann noch eine Runde. Sie kam ein paar Minuten nach Sverker nach Hause. Bemerkenswert übrigens, dass sie nach allem, was in der Klinik vorgefallen war, den Nerv hatten, auf ein Fest zu gehen.«

»Linda und Gunnela Hägg waren noch nicht gefunden worden, als es im Geräteschuppen brannte.«

»Das ist richtig. Aber Linda war verschwunden.«

»Sverker musste Carina gegenüber so tun, als sei nichts, um ihr nicht zu zeigen, wie unruhig er war.«

»Genau. Und Carina hat während dieser ganzen Geschichte keinen sonderlich besorgten Eindruck gemacht. Sie ist wirklich cool.«

»Ja. Zielbewusst. Hat sie einmal den Entschluss gefasst, dass aus der alten Löwander-Klinik ein Fitnesscenter wird, dann setzt sie ihren Willen auch durch.«

Eine Weile lang wurde es in ihrem kleinen Zimmer still. Schließlich fragte Irene:

»Wer von den dreien ist es deiner Meinung nach?«

»Keinesfalls Barbro. Sie gewinnt nichts dadurch, dass sie Linda, Marianne oder Gunnela Hägg ermordet. Wenn sie die Schuldige wäre, hätte sie wohl eher etwas gegen Carina unternommen. Vielleicht hätte sie sie ermordet.«

»Dieser Gedanke ist mir auch schon gekommen. Barbro als Täterin wirkt absurd. Seit der Scheidung ist zu viel Zeit vergangen.«

»Also Sverker oder Carina.«

»Ja. Aber es fällt mir immer noch schwer, ein Motiv für alle diese Morde zu finden.«

»Was haben wir bloß übersehen? Auf welche Fragen haben wir keine Antwort?«

Irene dachte nach.

»Warum hatte Marianne Lindas Taschenkalender in der Kitteltasche? Wo ist Mariannes Taschenlampe?«

»Yes. Wir wissen, dass der Mörder eine Taschenlampe brauchte, um auf der Treppe zum Speicher etwas zu sehen. Er brauchte auch Licht, als er Linda aufknüpfte. Wahrscheinlich verwendete der Mörder die Taschenlampe auch auf dem Weg durch den OP-Trakt, da dieser fensterlos ist. Auf der Treppe nach unten brauchte er keine Taschenlampe. Die Straßenlaternen und der Mond schienen durch die Fenster. Laut Siv Persson war es fast taghell.«

»Und was machte der Mörder dann mit der Taschenlampe?«

»Wo hat man Taschenlampen?«

Tommy sah Irene neugierig an.

»Wo? Tja. Ich habe eine in der Garage. Und eine im Besenschrank. Aber die ist kaputt. Und dann habe ich noch eine im Auto.«

Irene nickte langsam. Endlich bekam sie Ordnung in ihre Gedanken.

»Ich habe auch eine Taschenlampe im Auto und ein Abschleppseil und einen Wagenheber, aber kein Werkzeug. Hast du Werkzeug im Auto?«

»Im Auto? Nein. Das habe ich in der Garage. Ich habe einen Steckschlüsselsatz im Auto und einen Wagenheber. Abschleppseil habe ich keins.«

»Du hast also keinen Werkzeugkasten mit Hammer und Schraubenzieher und so im Auto?«

»Nein. Warum liegst du mir mit Werkzeugkästen in den Ohren?«

»Weil Carina Löwander gesagt hat, dass sie einen im Kofferraum hat. Sie behauptet, dass sie einen Schraubenzieher aus dem Werkzeugkasten im Auto nahm, um damit die Schlösser der Reisetaschen auf dem Speicher aufzubrechen. Diesen Werkzeugkasten würde ich mir gerne einmal ansehen.«

»Warum?«

»Wenn es den nicht gibt, dann muss sie den Schraubenzieher irgendwo anders hergehabt haben. Ich wette, aus dem Kellerzimmer des Hausmeisters. Bekanntlich hat dort jemand auch eine große Zange und ein paar Meter Flaggenleine mitgehen lassen.«

Irene erreichte Sverker Löwander endlich um sechs Uhr abends zu Hause.

»Warum wollen Sie sich die Garage und unsere Autos ansehen?«, fragte er misstrauisch.

Irene hatte nie ein Problem damit gehabt, etwas zu erfinden. Deswegen sagte sie ruhig:

»Wir suchen nach einem Werkzeug, auf das gewisse Spuren passen, die wir gefunden haben. Etwas wurde aufgebrochen. Eventuell handelt es sich um ein stumpfes Messer, vielleicht auch um einen Schraubenzieher. In der Löwander-Klinik und beim Hausmeister haben wir nichts gefunden, was gepasst hätte. Deswegen suchen wir jetzt zu Hause bei allen, die in die Sache verwickelt sind. Auch bei den Mordopfern.«

Das Letzte sagte sie nur, damit das Ganze nach Routine klingen würde.

»Was wurde denn aufgebrochen?«

»Das darf ich Ihnen leider nicht sagen. Aus ermittlungstechnischen Gründen.«

Das klang immer gut und pflegte weitere Fragen im Keim zu ersticken. Auch auf Sverker Löwander hatte es die beabsichtigte Wirkung.

»Ich muss Emma zum Reiten fahren. Wir sind bereits etwas spät dran. Ich warte immer auf sie, bis sie fertig ist. Wir sind in der Regel nicht vor neun zu Hause.«

»Ihre Frau ist auch nicht zu Hause?«

»Nein. Sie kommt erst um halb elf.«

Eine Familie, die spät zu Bett ging. Wirklich viel zu spät. Die Autos würden auch nicht in der Garage stehen. Irene dachte rasch nach. Dann sagte sie:

»Können Sie morgen früh Ihren Wagen in der Garage lassen?«

Eine Weile wurde es am anderen Ende still.

»Ja. Vermutlich ist es am besten, die Sache so schnell wie möglich hinter sich zu bringen. Aber in unseren Autos liegen nicht viele Werkzeuge. Das müsste also alles sehr schnell gehen. In der Garage gibt es auch nicht viel Werkzeug. Ich gehöre nicht zu den Bastlern und Tüftlern.«

»Schön, dass sich das so einfach regeln lässt. Das Ganze ist eine reine Routinesache. Aber alles muss systematisch überprüft werden. Nichts darf dem Zufall überlassen bleiben, wie sie wissen«, zwitscherte Irene.

Sie war erstaunt, dass er diese dürftige Begründung schluckte, aber er schien das Recht der Polizei, seine Autos und seine Garage zu durchsuchen, nicht in Frage zu stellen. Die Sache wäre unangenehmer geworden, wenn er nach einem Durchsuchungsbeschluss und nach seinen Rechten gefragt hätte. Aber Irene wollte nicht auf einen Gerichtsbeschluss warten. Das dauerte zu lange. Außerdem waren ihre Hypothesen, mit denen sie eine Durchsuchung von Löwanders Autos und Garage begründen konnte, zu vage.

KAPITEL 21

Ein eiskalter Regen fiel von einem pechschwarzen Himmel. Auf dem kurzen Weg von ihrem Wagen zur Treppe des Löwander-Hauses wurde Irene patschnass. Sie spürte, wie das kalte Wasser in einem Rinnsal ihren Nacken hinunterlief, während das Schellen der Klingel im Haus widerhallte. Nach dem dritten Klingeln hörte sie, wie sich Schritte näherten. Die ziegelrote Tür wurde einen Spalt weit geöffnet. Durch den Spalt hörte sie eine Stimme, wütend wie das Zischen einer Kreuzotter:

»Wer da?«

»Hier ist Inspektorin Irene Huss. Ich habe mit Ihrem Mann gesprochen und...«

Die Tür wurde geöffnet, und Irene sah sich in der dunklen Diele einer ungekämmten Gestalt in weißem Morgenmantel gegenüber.

»Hallo! Treten Sie doch ein. Wie spät ist es?«

Die Stimme klang warm und freundlich, nichts Biestiges lag mehr in ihr. Carina Löwander öffnete Irene die Tür.

»Fast acht.«

»Um Gottes willen! Ich habe verschlafen! Entschuldigen Sie. Ich muss nachsehen, ob Emma in die Schule gekommen ist.«

»Ich brauche nicht lange. Ich habe gestern mit Ihrem Mann gesprochen. Hat er Ihnen das nicht erzählt?«

Carina hielt auf dem Weg ins Obergeschoss noch einmal inne.

»Nein. Er schlief bereits, als ich gestern nach Hause kam. Und heute Morgen habe ich geschlafen, als er ging. Wir haben gestern Morgen zuletzt miteinander gesprochen.«

Das erstaunte Irene nicht weiter. Deswegen sagte sie munter:

»Es geht um eine Routinekontrolle. Alle Fahrzeuge, die sich in der Nähe der Löwander-Klinik befunden haben, sollen überprüft werden. Sowohl von außen als auch von innen.«

»Innen und außen? Wieso das?«

»Reine Routine, wie gesagt. Wir haben gewisse Spuren gesichert, die wir jetzt überprüfen müssen. Mehr kann ich dazu nicht sagen. Aus ermittlungstechnischen Gründen.«

Carina sah unschlüssig aus. Zu Irenes unerhörter Erleichterung begann sie ebenfalls nicht, nach einem Durchsuchungsbeschluss zu fragen.

»Ach so? Nun...«

Eilig sagte Irene:

»Sie brauchen mich nicht zu begleiten. Wenn Sie mir nur den Garagen- und die Autoschlüssel geben, dann komme ich schon allein zurecht.«

Immer noch sehr unschlüssig ging Carina auf eine hohe und schmale, weiß lackierte Kommode zu, die neben der Garderobe stand. Diese Kommode schien unzählige kleine Schubfächer zu haben, und jedes hatte einen mikroskopisch kleinen schwarzen Knopf. Carina zog eine der oberen Schubladen heraus und nahm zwei Schlüsselbunde. Sie warf einen misstrauischen Blick in den schmalen, zinngerahmten Spiegel über der Kommode. In diesem Spiegel begegneten sich ihre Augen. Irene war darauf gefasst gewesen und strahlte nichts als ruhige Freundlichkeit aus. Carina presste die Lippen zusammen und drehte sich um. Sie ging zu Irene zurück und sagte:

»Hier. An beiden hängt ein Garagenschlüssel. Sie sehen, welcher Schlüssel für den BMW und welcher für den Mazda ist.«

»Danke. Es dauert nicht lange. Ich bringe Ihnen die Schlüssel dann wieder zurück.«

Irene trat erneut in den Regenguss. Als sie an ihrem Wagen vorbeiging, gab sie Tommy ein Zeichen, er solle sitzen bleiben. Es war sicher kein Fehler, dass jemand das Haus plus Hausherrin unter Beobachtung hatte.

Irene zog das schwere Garagentor auf und schloss es hinter sich. Sie tastete sich vor und fand einen Lichtschalter. Die Garage wurde von einer schwachen Glühbirne an der Decke erhellt. Draußen war es fast dunkel, sodass durch das Fenster weit oben neben dem Garagentor so gut wie kein Licht fiel.

Es handelte sich um eine Doppelgarage. Der blaue Mazda und der silbergraue BMW standen nebeneinander. Irene beschloss, zuerst den BMW zu untersuchen.

Der Fahrgastraum war peinlich sauber. Der Wagen war fast neu, sicher nicht mehr als ein paar Monate alt. Im Handschuhfach lagen nur eine Sonnenbrille und ein Paket Kaugummi. Der Kofferraum war fast ebenso leer. Reservereifen, Wagenheber und ein Erste-Hilfe-Kissen des Roten Kreuzes, das war alles.

Der Mazda wirkte vielversprechender. Er hatte bereits ein paar Jahre auf dem Buckel und war bei weitem nicht so ordentlich wie der BMW. Auf dem Boden vor der Rückbank lagen eine leere Coladose und eine Menge Papierchen von Süßigkeiten. Auch im Handschuhfach fand sich so einiges, aber nichts von Interesse für Irene.

Der Kofferraum war ein einziges Durcheinander, was für ältere Autos typisch ist. Hier lag wirklich eine Tasche mit Werkzeug, aber in dieser war kein Schraubenzieher. In der Tasche gab es Teile eines Steckschlüsselsatzes, ein Fläschchen Nähmaschinenöl, einen kleinen Wagenheber und einen Kreuzschlüssel. Sie hob die Tasche hoch, um dahinter schauen zu können.

In dem schwachen Licht sah sie plötzlich ganz hinten im Kofferraum Stahl aufblitzen. Sie beugte sich vor, um den Metallgegenstand hervorzuziehen. Als ihre behandschuhten Finger sich vorsichtig um das kalte Metall schlossen, setzte ihr Herz einen Schlag aus.

Sie richtete sich auf und hielt den Gegenstand vorsichtig mit zwei Fingern gegen das schwache Licht, um besser sehen zu können.

Im Unterbewusstsein nahm sie einen bekannten Duft wahr und reagierte blitzschnell. Sie warf den Metallgegenstand zurück und klammerte sich an der Kante des Kofferraums fest. Unter Aufbietung all ihrer Kräfte machte sie einen Satz zurück und trat mit beiden Beinen nach hinten aus. Mit einem dumpfen Schlag traf sie die Person hinter sich. Ein ersticktes »Uff« und ein schwerer Fall gegen das Garagentor bestätigten, dass der schwere Tritt getroffen hatte. Dennoch war es dem Angreifer gelungen, ebenfalls einen harten Treffer zu landen. Doch statt Irenes Kopf, wie beabsichtigt, traf er die Wade. Irene spürte, wie etwas barst. Eine Sekunde später hatte sie bereits jedes Gefühl im rechten Fuß verloren. Das Bein trug sie nicht mehr.

Sie warf sich auf dem linken Bein herum und sah, wie Carina sich an das Garagentor gestützt aufzurichten suchte. Sie hielt die linke Hand gegen das Brustbein gepresst, wo der Tritt sie erwischt hatte. Als Irene Carinas Kleider sah, musste sie an Ninja-Krieger denken. Sie trug schwarze Trikothosen und ein enges schwarzes T-Shirt. Unter dem T-Shirt zeichneten sich ihre gut trainierten Muskeln ab.

Wo war Tommy? Warum war er Carina nicht gefolgt? Er musste doch gesehen haben, wie sie sich in die Garage geschlichen hatte. Aus den Augenwinkeln sah Irene in diesem Augenblick eine halb offene Tür direkt neben dem Garagentor. Da verstand sie, dass man die Garage auch durch das Kellergeschoss betreten konnte. Tommy hatte keine Ahnung, was sich hier gerade abspielte. Und dass sie gerade Irenes Unterschenkel mit einem großen und schweren Engländer zerschlagen hatte, konnte er auch nicht wissen.

Carina hatte sich jetzt wieder auf die Füße gearbeitet und

beugte sich zum Engländer vor. Sie stöhnte laut, als sie sich bewegte, was Irene unerhört freute. Das Brustbein und einige Rippen waren wahrscheinlich gebrochen. Ihre Voraussetzungen waren jetzt nicht mehr so unausgewogen. Der größte Unterschied war jedoch, dass Carina eine Waffe in der Hand hielt, während Irene unbewaffnet war. Aber Irene war im Jiu-Jitsu sehr weit gekommen, und von diesem Kampfsport verstand Carina vermutlich überhaupt nichts. Auf Carinas Pluskonto war zu verbuchen, dass sie extrem stark und durchtrainiert war und außerdem vollkommen verrückt und lebensgefährlich.

So schnell sie konnte, wich Irene ins Innere der Garage zurück, um das Auto zwischen sich und Carina zu bringen. Hinter der Motorhaube wurde es eng. Das streikende Bein behinderte sie und machte ihre Bewegungen unbeholfen. Irene übertrieb ihre Probleme, um ihrer Angreiferin das Gefühl der Sicherheit zu geben. Ein triumphierendes Funkeln tauchte jetzt in Carinas wahnsinnigen Augen auf. Sie verzog die Oberlippe zu einem höhnischen Grinsen und begann, sich Irene zu nähern. Diese stand jetzt auf der anderen Seite der Motorhaube des Mazda. Carina fixierte sie. Ziemlich lange verweilten sie so, ohne etwas zu sagen. Schließlich brach Irene das Schweigen.

»Carina. Machen Sie nicht alles nur noch schlimmer. Meine Kollegen wissen, dass ich bei Ihnen bin. Sie stehen bereits unter Verdacht und haben keine Chance, davonzukommen. Es ist vollkommen sinnlos, dass sie jetzt noch über mich…«

Carina stieß ein Geräusch aus, das einem Ruf und einem Zischen glich. Dann sprang sie auf den Kühler des Mazda. Den Engländer hielt sie schräg vor sich. Sie plante offenbar einen kräftigen Rückhandschlag auf Irenes Kopf.

Das passte dieser perfekt. Sie machte zwei Schritte zurück, bis sie mit dem Rücken gegen die Wand stieß. Jetzt sah sich Carina gezwungen, vom Kühler herabzuspringen und mindestens einen Schritt auf Irene zuzugehen. Geschmeidig hüpfte

Carina herab. Sie hielt den Engländer immer noch in der Rück-
handposition und war vollkommen unvorbereitet, als Irene
einen Schritt nach vorne machte und den Schlag mit ihren beiden Unterarmen abwehrte. Sie bekam Carinas Arm zwischen
ihren beiden Unterarmen zu fassen. Ehe sich Carina noch von
ihrer Überraschung erholt hatte, warf sich Irene nach rechts
und zog Carina dabei mit sich. Sie legte Carina in einem regelrechten shi-ho-nage zu Boden. Das Adrenalin bewirkte, dass
sie härter als nötig zupackte. Carina schrie laut auf und ließ
den Engländer widerstandslos fallen. Irene bekam ihn zu fassen und hob ihn hoch.

Glücklicherweise hatte sie noch nicht alles aus ihrer Zeit
als Handballspielerin vergessen. Sie traf das Fenster neben
dem Garagentor genau in der Mitte. Es lag zwei Meter über
dem Zementfußboden direkt unter dem Dach. Mit einem lauten Klirren splitterte die Scheibe, und mit einem metallischen
Klappern fiel der Engländer auf die Erde vor der Garage.

Es war, als hätte das Klirren der Scheibe Carina zu neuem
Leben erweckt. Sie begann sich unter Irene zu aalen und
spannte ihren starken, sehnigen Körper. Carina war die stär-
kere von ihnen, aber Irene beherrschte Kampftechnik. Der
Schweiß lief ihr den Rücken hinunter, als sie versuchte, Carinas Bemühung, sich zu befreien, abzublocken. Obwohl Irene
Carinas Hand in einem harten Sicherungsgriff hielt, schien
diese keinen Schmerz zu empfinden. Irenes einzige Chance bestand darin, festzuhalten und den Druck zu erhöhen. Schließlich krachte es im Handgelenk und Carina schrie wie von Sin-
nen. Durch Carinas Gebrüll hörte Irene, wie Tommy an das
verschlossene Garagentor klopfte und etwas Unverständliches
rief. Anschließend hörte sie ihn davonlaufen. Sekunden später
hielt ein Auto mit quietschenden Reifen vor der Garage. Irene
sah Tommys Kopf und Schultern auf der anderen Seite des kaputten Fensters. Er hatte ihren Wagen unter dem Fenster geparkt und stand auf der Motorhaube. Mit dem Engländer
schlug er die restlichen Glassplitter aus dem Fensterrahmen.

Dann streckte er die Hand hindurch und öffnete es. Das Fenster war groß genug, um hindurchklettern zu können. In Irenes Bein klopfte es. Es tat fürchterlich weh. Ihre Kräfte ließen nach und sie brauchte dringend Verstärkung.

Tommy zog Handschellen aus der Tasche. Mit gemeinsamen Kräften gelang es ihnen, Carina zu bändigen. Sie schrie und wehrte sich aus Leibeskräften. Sicher tat ihr das gebrochene Handgelenk fürchterlich weh, aber sie trat immer noch mit aller Kraft um sich. Schließlich fesselte ihr Tommy auch noch die Beine und setzte sich darauf.

»Für Sie ist die Sache jetzt vorbei. Alles ist vorbei«, sagte er hart.

Die Wirkung ließ keine Sekunde auf sich warten. Carina regte sich nicht mehr und richtete ihren Blick auf Tommy. Könnten Blicke töten, hätte sie jetzt ein viertes Opfer auf dem Gewissen gehabt. Oder ein fünftes, wenn man Nils Peterzén mitrechnete.

KAPITEL 22

Sie weigert sich, zu reden. Um offen zu sein, bin ich mir nicht mal sicher, ob sie hört, was ich sage.«

Die Staatsanwältin Inez Collin sah aufrichtig bekümmert aus. Ein teurer Schuh aus Ziegenleder in einem dunklen Bordeauxton an ihrem einen Fuß wippte ungeduldig auf und nieder. Irene bewunderte die Farbsicherheit der Staatsanwältin. Die Schuhe hatten denselben Farbton wie ihr Kostüm, das aus einer Jacke und einem bis zu den Knien reichenden Rock bestand. Die professionell lackierten Fingernägel waren ebenfalls weinrot, die Bluse war aus einer schimmernden, hellgrauen Seide. Die dünnen Nylonstrümpfe nahmen den Grauton wieder auf. Phantastischerweise war dieses Grau mit der Augenfarbe der Staatsanwältin identisch. Wie machte sie das nur? Gefärbte Kontaktlinsen vielleicht? Wohl nicht! Inez Collin hatte immer dieselben grauen Augen und dasselbe stramm hoch geflochtene, plantinblonde Haar gehabt. Irene bewunderte sie, weil sie gut aussehend und klug war. Aber nicht einmal sie bekam Carina Löwander klein.

Carina schwieg wie eine Mauer. Drei Stunden am Tag trainierte sie in ihrer Zelle. Die Musik dazu kam aus einem kleinen Kassettenrekorder. Das war das Einzige, was man ihr in der U-Haft zugestanden hatte. Der gegipste Unterarm und die angebrochene Rippe schienen sie nicht weiter zu stören. Wenn die Ermittler versuchten, sie zu verhören, saß sie einfach nur mit einem abwesenden und höhnischen Lächeln auf den Lippen da und starrte leer gegen die Wand. Eine rechtspsychiatrische Untersuchung war bereits beantragt. Bis dahin würde es jedoch dauern. Die Ermittlungsgruppe wollte ihre offenen Fragen gerne vorher beantwortet haben.

»Das Schwierige an der Beweisführung ist, dass nur Carina selber beantworten kann, wie die Morde abgelaufen sind und warum sie sie verübt hat. Eigentlich haben wir nur sehr dürftige Beweise. Unser Trumpf ist natürlich die Taschenlampe, die im Kofferraum ihres Wagens gefunden wurde. Dass sie diese Taschenlampe behalten hat, auf der ›Intensiv‹ und die Initialen M. S. eingraviert sind! Die Haare in der Reisetasche sowie die Fingerabdrücke stammen ebenfalls von ihr. Nichts davon beweist jedoch, dass die Morde wirklich sie begangen hat. Das Einzige, was wir de facto in der Hand haben, ist der Mordversuch an der Inspektorin Huss«, sagte Inez Collin.

»Sie war verdammt tüchtig, alle Zeugen aus dem Weg zu räumen«, brummelte Kommissar Andersson.

»Eine entging ihr jedoch«, sagte Birgitta Moberg.

Sie machte eine Kunstpause, bevor sie fortfuhr:

»Siv Persson. Ich habe sie gestern Abend in London angerufen. Sie kommt heute Nachmittag mit ihrem Sohn nach Hause.«

»Sie wird nie zugeben, dass es sich nicht um ein Gespenst gehandelt hat!«, schnaubte Jonny.

»Das hat sie bereits getan. Ich glaube, es war der erste Schock, der sie so felsenfest daran glauben ließ, dass sie ein Gespenst gesehen hätte. Am Telefon hat sie etwas Interessantes zu mir gesagt: ›Jetzt hat sie angefangen, mir den Kopf zuzuwenden. Bald sehe ich, wer es ist.‹ Als ich sie fragte, wie sie das meint, erwiderte sie: ›Genau so.‹ Vielleicht erkannte sie Carina ja doch«, meinte Birgitta.

»Die Alte ist vollkommen übergeschnappt«, sagte Jonny.

Irene bewegte vorsichtig ihr eingegipstes Bein. Unter dem Gips juckte es. Die Operation der vom Knochen abgerissenen Sehnen war gut verlaufen, aber sie würde ein paar Wochen lang einen Gips tragen müssen. Glücklicherweise hatten die Knochen gehalten: Knochenerweichung hatte bei ihr wohl noch nicht eingesetzt.

Inez Collin sah lange auf Irenes eingegipstes Bein. Nachdenklich legte sie den Kopf zur Seite. Schließlich sagte sie:

»Ein gegipstes Bein sieht wirklich eindrucksvoll aus. Viel schlimmer als ein gegipstes Handgelenk.«

Die versammelte Ermittlungsgruppe sah höflich erstaunt aus. Nachdenklich meinte die Staatsanwältin:

»Ich denke daran, welcher Persönlichkeitstyp Carina ist. Ich habe den Eindruck, sie findet, dass sie über allen anderen steht. Cleverer. Schöner. Stärker. Sie findet, dass sie das Recht hat, zu allen Mitteln zu greifen, um ihre Ziele zu erreichen. Eine Psychopathin. Ich glaube, sie ist so eitel wie die meisten Psychopathen. Sehr eitel. Vielleicht sollten wir uns das zu Nutze machen.«

Schnell skizzierte sie ihre Strategie. Erst protestierte Irene lautstark, ließ sich zum Schluss aber überzeugen. Es war wirklich einen Versuch wert.

Sie liehen sich einen Rollstuhl von der Einsatzzentrale. Irene setzte sich, und ihre Kollegen halfen ihr, die Beinstütze auszuklappen. Das gegipste Bein vor sich ausgestreckt sah sie in der Tat ziemlich kläglich aus. Wehrlos und verletzlich.

Fredrik Stridh sollte Pfleger spielen. Mit quietschenden Reifen fuhr er sie in den Aufzug, um noch durch die Türen zu kommen, die sich gerade schlossen. Er drückte auf einen der oberen Knöpfe, und sie fuhren ins Stockwerk, wo das Untersuchungsgefängnis untergebracht war.

Carina war eben erst aus der Dusche gekommen. Sie saß da und trocknete sich ihre Haare mit einem Handschuh. In der kahlen Zelle roch es gut, weiblich. Ein teures Parfüm, das ganz schwach nach Kokos duftete. Dieser Duft hatte Irene in der Garage gewarnt, dass sie nicht mehr alleine war. Der Aufenthalt in Untersuchungshaft hatte Carinas Sonnenbräune noch nicht verblassen lassen. Nicht zu fassen, dass diese schöne Frau eine mehrfache Mörderin ist, dachte Irene.

Fredrik trat als Erster in die Zelle und sagte.

»Hallo. Sie haben Besuch.«

Ohne auf eine Antwort zu warten, trat er wieder auf den Korridor und schob Irene mit dem Rollstuhl in die Zelle. Carina hörte damit auf, sich die Haare trockenzurubbeln, und sah Irene durchdringend an. Sie sagte immer noch nichts.

Fredrik meinte:

»Wirklich nicht schön, wie sie der armen Irene zugesetzt haben. Das Bein ist glatt durchgebrochen! Sie ist mehrere Monate lang krankgeschrieben!«

Das Letzte sagte er nur, weil er sich etwas zu lebhaft in Irenes Rolle hineinversetzt hatte. Carina schien nicht zu reagieren, ihre Augen blitzten jedoch interessiert auf, als sie Irenes eingegipstes Bein näher betrachtete.

Irene beeilte sich, fortzufahren:

»Sie sind wirklich stark. Das war die übelste Schlägerei, die mir je untergekommen ist. Ich muss zugeben, dass Sie die stärkste und intelligenteste Person sind, die mir je begegnet ist. Unglaublich durchtrainiert!«

Irene verstummte. Sie fragte sich, ob sie wohl zu dick aufgetragen hatte. Offenbar nicht, denn auf Carinas Lippen breitete sich ein zufriedenes Lächeln aus. Sie schien auf jeden Fall zuzuhören. Das bestärkte Irene, und sie fuhr fort:

»Das Schlauste war natürlich, sich die Schwesterntracht von Schwester Tekla anzuziehen, die Sie in der Reisetasche gefunden hatten. Hätte Sie jemand gesehen, hätte er glauben müssen, das Klinikgespenst vor sich zu haben. Wirklich clever.«

Zu Irenes Erstaunen ging Carina darauf ein:

»Es lief wirklich alles wie am Schnürchen. Die abergläubischen Weiber glaubten, dass ich das Gespenst bin.«

Dann verstummte sie, aber ihr Gesichtsausdruck war nicht so abwesend wie sonst. Sie schien zufrieden zu sein.

»Was ich nicht verstehe, ist, warum Linda sterben musste. Obwohl sie natürlich versucht hatte, sich Ihren Mann unter den Nagel zu reißen...«, sagte Irene.

Carinas Blick drückte grenzenlose Verachtung aus, als sie antwortete:

»Was sie und Sverker in der Bereitschaftswohnung trieben, war mir völlig egal! Es ging um meine Klinik! Ich hatte den Plan, sie in eines der feinsten Fitnesscenter von Göteborg umzubauen! Was ich mir schon für eine Arbeit mit den Zeichnungen und der Planung gemacht hatte! Und dann kommt dieses Miststück und versucht Sverker dazu zu überreden, sich scheiden zu lassen!«

»Sagte er wirklich, dass er sich scheiden lassen will?«, fragte Irene und versuchte, ihre Stimme empört klingen zu lassen.

»Ich habe sie gehört...!«

Carina hielt inne und warf Irene einen misstrauischen Blick zu. Aber diese wusste, was sie zu tun hatte, und erwiderte ihn mitfühlend. Das ermunterte Carina und sie fuhr fort:

»Ich stand vor der Tür der Bereitschaftswohnung und habe sie belauscht. Das war am ersten Wochenende, nachdem wir aus Thailand zurück waren. Sverker hatte angeblich etwas Unaufschiebbares in der Klinik zu tun. Ich wusste, was ihn dorthin zieht, tat aber so, als sei nichts. Das kannte ich schließlich. Vor zwölf Jahren hatte ich es schließlich genauso gemacht. Ha! Ich wusste genau Bescheid. Aber ich folgte ihm... ich öffnete die Tür der Bereitschaftswohnung... und da hörte ich...«

Sie presste die Lippen zusammen. Ihre Augen waren schmale Schlitze. Sie zischte:

»Das konnte ich nicht zulassen! Meine Pläne und meine Klinik... es war ihr Fehler, dass sie starb. Sie hätte mit Sverker ruhig rummachen dürfen, wenn ihr das so sehr am Herzen lag. Aber sie wollte ihn heiraten. Diese verdammte Schlampe! Das war ausgeschlossen! Ich habe nicht das Geld, um die Klinik zu kaufen. Aber sie gehört ja Sverker, und wir sind schließlich immer noch verheiratet!«

Trotzig hob sie das Kinn und sah Irene direkt an, die eifrig und zustimmend nickte. Vorsichtig fragte sie:

»Wie sind Sie ins Krankenhaus gekommen? Sverker hatte doch wohl seinen Generalschlüssel zurückbekommen?«

Carina lächelte pfiffig und sagte in vertraulichem Ton:

»Ich habe nicht nur Pläne in Hildings Reisetasche gefunden. Dort lag auch ein Schlüsselbund mit Schlüsseln für die alte Villa. Und ein Generalschlüssel für die Klinik! Die Schlösser sind seit Jahren nicht mehr ausgetauscht worden. Natürlich hatte Hilding auch einen Generalschlüssel. Den hatte Sverker vollkommen vergessen!«

Der Triumph ließ das Gesicht von Carina aufleuchten. Sie war wirklich sehr mit sich zufrieden.

»Als Sverker anrief und sagte, dass er in der Klinik übernachten müsse, hatte ich sofort das Gefühl, dass sie dorthin kommen würde. Und ich wusste auch, wann. Sverker besitzt keine Phantasie. Die Schwesterntracht hatte ich bereits mitgenommen und zu Hause versteckt. Dann zog ich mich im Wäldchen um. Sie hätten mich sehen sollen, wie ich über die Wiese gegangen bin! Wenn mich jemand gesehen hätte, hätte ihn der Schlag getroffen!«

Unerwartet lachte Carina höhnisch. Irene stellte es die Nackenhaare auf. Ohne ihre Gefühle zu zeigen, sagte sie:

»Meine Güte, wie clever! Und doch hat Sie jemand gesehen: die Pennerin aus dem Geräteschuppen. Wussten Sie, dass sie dort hauste?«

Carina sah verärgert aus.

»Ich hab sie an Weihnachten bemerkt, als ich nach den Plänen suchte. Ein ekliges, altes Weib! Ich wusste, dass sie im Geräteschuppen wohnt. An diesem Abend hatte ich sie vergessen, aber ich wusste sofort, dass sie es sein musste, als ich später die Zeitung las. Da sie mich gesehen hatte... hielt ich es für das Beste, sie verschwinden zu lassen.«

»Sie sah sie in die Klinik gehen. Sind Sie vor oder nach Linda in das Gebäude hinein?«, fragte Irene vorsichtig.

»Vorher. Ich habe drinnen auf sie gewartet. Sie sah sehr überrascht aus in ihren letzten Minuten!«

Wieder hallte ihr unheimliches Lachen zwischen den Mauern wider. Irene ließ sie zu Ende lachen und fragte dann erst:

»Aber was hatte Ihnen Marianne getan? Bedrohte sie ebenfalls Ihre Pläne?«

Eine Falte tauchte zwischen Carinas Augenbrauen auf.

»Sie hörte mich und Linda. Diese verdammte Linda hatte einen kleinen Rucksack in der Hand und den warf sie die Treppe runter, als ich… sie erwischte.«

»Sie standen also auf dem oberen Treppenabsatz vor dem OP-Trakt?«

»Ja. Hinter der Aufzugtür. Ich machte einfach nur einen Schritt vor, als sie aus dem Aufzug kam.«

Irene schauderte es.

»Wirklich gut ausgedacht. Aber Linda warf ihre Tasche die Treppe runter, und das hörte Marianne?«

»Ja. Ich ging nach unten, um den Rucksack zu holen, und da hörte ich, wie sich Marianne an der Klinke der Intensivstation zu schaffen machte. Ich kam gerade noch die Treppe wieder hoch, konnte Linda aber nicht mehr wegschaffen. Diese verdammte, dumme Nachtschwester begann die Treppe hochzugehen und zu rufen: ›Hallo? Bist du das, Linda?‹ Da wurde mir klar, dass ich auch sie zum Schweigen bringen musste. Und das tat ich dann.«

»Mit der Leine, an der Sie dann Linda aufhängten?«

»Sonst hatte ich nichts in der Hand.«

»Und dann haben Sie Linda vor die Tür zum Speicher gelegt und sind mit Mariannes Leiche im Aufzug nach unten gefahren. Wie kamen Sie auf die Idee, den Strom in der Klinik abzustellen?«

»Ich brauchte Zeit. Wegen der Nachtschwester brauchte ich

schließlich länger. Damit hatte ich nicht gerechnet. Ich wollte nicht, dass Sverker anfangen würde, in der Klinik herumzuschnüffeln. Nicht ehe ich fertig war jedenfalls.«

»Alles lief genauso, wie Sie es geplant hatten.«

Irene versuchte, ihre Stimme bewundernd klingen zu lassen. Ohne Vorwarnung beugte sich Carina vor und schlug hart auf Irenes Gips. Das tat höllisch weh und der Schmerzensschrei war alles andere als gespielt.

»Das tat weh«, stellte Carina zufrieden fest.

Irene jammerte noch etwas extra, ehe sie erneut ansetzte:

»Warum gingen sie die große Treppe nach unten? Es bestand doch das Risiko, dass Siv Persson Sie sehen würde? Was sie ja auch tat.«

Als sie den Namen der Nachtschwester hörte, tauchte eine neuen Falte zwischen Carinas Augenbrauen auf. Sie saß einen Augenblick schweigend da, ehe sie antwortete:

»Gerade als ich den Speicher verließ und denselben Weg zurückgehen wollte, den ich gekommen war, hörte ich, wie Sverker die Tür der Intensivstation öffnete. Er war auf die Suche nach Marianne und Linda. Also ging ich schnell durch den OP-Trakt und die große Treppe hinunter. Da hat mich diese dumme Nachtschwester gesehen. Aber sie wurde vor Schreck ohnmächtig. So hatte ich es mir gedacht.«

Ein zufriedenes Lächeln umspielte Carinas Mundwinkel. Ihr Blick hatte eine seltsame Glut. Vertraulich beugte sie sich vor, und Irene bereitete sich auf den nächsten Schlag auf den Gips vor. Zu ihrer Verwunderung begann Carina stattdessen zu flüstern.

»Ich hörte, dass Sverker hinter mir herkam. Er kümmerte sich um die wirre Krankenschwester und überließ ihr seine Taschenlampe. Dann ging er die Treppe hinunter. Es fehlte nicht viel, und ich hätte einen Schritt vor gemacht. Um ihn zu erschrecken. Aber ich blieb dann doch lieber im Schatten und schaute zu, wie er den Polizisten die Tür öffnete. Dann lief ich die Treppe hinunter in den Keller. Anschließend brauchte ich nur noch quer durch den Keller zu gehen, die Treppe hinauf und durch die Hintertür ins Freie.«

Der Triumph umgab sie wie eine Korona. Irene lief es kalt den Rücken herunter. Entsetzen, das reine, ungeminderte Entsetzen, flößte diese Frau ihr ein. Ohne ihre Gefühle zu zeigen, sagte sie schmeichelnd:

»Dass Sie auch noch daran gedacht haben, Lindas Fahrrad wegzuschaffen. Deswegen kamen wir nie auf den Gedanken, dass sie in der Klinik sein könnte.«

»Auf der gefrorenen Wiese Fahrrad zu fahren, war leicht. Obwohl es im Park und unten am Bach dunkel war. Dann schob ich das Rad unter die Brücke und zog mir die Schwesterntracht aus.«

»Hatten Sie andere Kleider drunter?«

Irene riss die Augen gespannt auf. Sie übertrieb.

»Ja. Strumpfhosen und einen schwarzen Wollpullover. Obwohl es auf dem Speicher kalt war, brach mir der Schweiß aus, als ich … mit Linda beschäftigt war.«

Einen Augenblick lang wurde es still.

»Hatten Sie Ihren Wagen hinter dem Tannenwäldchen geparkt?«, fragte Irene.

»Ja. Von der Brücke zum Auto waren es nur ein paar Meter. Niemand sah mich.«

»Dass Sie nicht erfroren sind. Es waren schließlich fünfzehn Grad minus.«

»Ich hatte eine Jacke im Kofferraum.«

Irene war sich klar darüber, dass Carina jetzt den Fehler begangen hatte, Mariannes Taschenlampe in den Kofferraum zu werfen. Sie hatte vermutlich doch ziemlich unter Druck gestanden. Irene beschloss, die Taschenlampe noch nicht zu erwähnen. Carina war vermutlich nicht daran interessiert, über ihre Fehler zu sprechen.

»Sie waren wirklich unglaublich geschickt, alle Spuren zu verwischen. Dass Sie eine Gefahr in Siv Persson sahen, verstehe ich. Sie hätte Sie schließlich erkannt haben können. Aber warum stellte Anna-Karin Arvidsson ebenfalls eine Bedrohung dar?«

Carina sah nicht aus, als wollte sie antworten. Irene verstand, warum. Der Brandanschlag auf Anna-Karin war ein Fiasko gewesen. Das Opfer lebte noch.

Und über Fiaskos wollte Carina nicht sprechen. Irene war erstaunt, dass sie jetzt trotzdem etwas sagte:

»Ich wusste, dass Anna-Karin und Linda eng befreundet gewesen waren. Linda hatte zu Sverker gesagt, dass sie nicht einmal ihrer besten Freundin von ihrer Beziehung erzählt hätte. Da fragte Sverker, wer ihre beste Freundin sei. Darauf antwortete Linda: ›Anna-Karin.‹«

»Das hörten Sie also, als sie Linda und Sverker in der Bereitschaftswohnung belauschten?«

»Ja. Ich konnte mich nicht darauf verlassen, dass Linda die Wahrheit gesagt hatte. Sie hatte Anna-Karin vielleicht doch etwas erzählt.«

Carina war unheimlich intelligent und intuitiv. Linda hatte ihrer Freundin wirklich alles erzählt, aber erst eine Woche später.

»Ich habe mir überlegt, wie Sie überhaupt noch etwas sehen konnten, nachdem Sie den Strom lahm gelegt hatten«, sagte Irene.

Carina sah erstaunt aus, als sie erwiderte:

»Aber das müssen Sie doch begreifen? Sie haben doch die Taschenlampe gefunden. Ich erinnerte mich plötzlich an diese Taschenlampe … als Sie runter in die Garage gingen.«

»Das war also die Taschenlampe, die Marianne in ihrer Kitteltasche hatte?«

»Ja.«

»Wir fanden auch einen Taschenkalender in ihrer Kitteltasche. Haben Sie den gesehen?«

»Ja. Aber der interessierte mich nicht.«

Marianne hatte offenbar Lindas Taschenkalender in der Kitteltasche gehabt, als sie ermordet wurde. Das konnte nur eins bedeuten: Er musste Linda aus ihrem Rucksack gefallen sein, als sie diesen die Treppe hinunterschleuderte. Carina hatte ihn übersehen, als sie dem Rucksack hinterhergelaufen war. Aber Marianne hatte ihn gefunden und gewusst, dass es Lindas war. Deswegen hatte sie auch Lindas Namen gerufen, als sie die Treppe hinaufgegangen war.

»Ich verstehe, dass Sie uns auf eine falsche Fährte locken und außerdem die Schwesterntracht beseitigen wollten, als sie den Geräteschuppen angezündet haben. Und um alle Spuren von Gunnela Hägg zu beseitigen.«

Carina sah Irene stirnrunzelnd an.

»Gunnela Hägg. Hieß sie so?«

»Ja.«

Carina antwortete nicht. Sie starrte mit einem kalten, höhnischen Lächeln auf den Lippen gegen die Wand. Sie hatte sich wieder in sich selbst zurückgezogen und schien Irene nicht länger wahrzunehmen.

Irene nickte Fredrik zu. Dieser stand von seinem Stuhl neben der Tür auf und rollte den Rollstuhl auf den Korridor.

Dort stellte er das Tonband ab, das hinter Irenes Rücken verborgen gewesen war. Sie würden es nie bei Gericht verwenden können, aber es konnte der Staatsanwältin unschätzbare Informationen liefern, wie sie bei den Ermittlungen weiter vorgehen und die Anklage gestalten sollte.

»Geht jemand mit ein Bier trinken?«

Kurt Höök streckte seinen rotblonden Schopf durch die Tür von Irenes und Tommys Zimmer.

»Vielleicht nachher. Wir sind noch nicht ganz mit dem Abschlussbericht über die Löwander-Morde fertig«, sagte Tommy.

Kurt nickte und lächelte Irene an.

»Ihr wisst, wo ihr mich finden könnt.«

Er verschwand wieder auf dem Korridor. Tommy grinste Irene an.

»Wirklich ein Charmebolzen, dieser Höök.«

»Allerdings.«

Tommy wurde ernst und sah Irene nachdenklich an.

»Apropos Charmebolzen. Hast du Sverker Löwander von seiner richtigen Herkunft erzählt?«

»Nein. Du vermutlich auch nicht?«

»Nein.«

Irene streckte sich nach ihren Krücken aus. Sie stand auf und sagte:

»Jetzt finde ich, dass wir ein Bier trinken gehen sollten.«

»Yes.«

EPILOG

Es war eine sternenklare Nacht. Das Fest bei Tommy und Agneta war sehr nett gewesen, aber Irene hatte zu viel Wein getrunken. Glücklicherweise hatte sie Krister als Chauffeur. Er musste am Sonntag arbeiten. Das war auch der Grund dafür, dass sie kurz nach zwölf bereits auf dem Heimweg waren.

Sie befanden sich fast allein auf dem Delsjövägen. Plötzlich begann Sammie auf dem Rücksitz zu jaulen. Sie hatten ihn mitnehmen müssen, da die Zwillinge beide etwas vorgehabt hatten.

»Natürlich! Wir haben vergessen, mit dem Hund Gassi zu gehen, bevor wir losgefahren sind«, sagte Krister.

Irene erwachte aus ihrem weinseligen Schlummer und sah sich schlaftrunken um. Als sie erkannte, wo sie waren, sagte sie:

»Du kannst da vorne rechts einbiegen. Direkt hinter der Brücke kann man parken. Beim Tannenwäldchen. Da liegt der Park der Löwander-Klinik. Da führen eine Menge Leute ihre Hunde aus. Das weiß ich. Es ist erst knapp vier Wochen her, dass ich in der Hundescheiße herumgestiefelt bin.«

Krister fuhr über die kleine Brücke und parkte. Auf leicht wackligen Beinen stieg Irene aus dem Wagen.

»Bleib sitzen. Ich gehe«, sagte sie.

Tief atmete sie die kühle Nachtluft ein. Das machte sie munterer, eine Runde durch den Park würde sie vermutlich noch nüchterner machen.

Sammie war Feuer und Flamme. Begeistert begann er, am Rand des Tannenwäldchens herumzuschnüffeln. Irene ließ sich an der Leine mitschleifen.

Es dauerte eine Weile, bis sie begriff, dass sie in Richtung Park unterwegs waren. Sammie war auf dem Weg zur Laube. Es war dunkel, und Irene stolperte mehrere Male. Sammie hob immer wieder das Bein und zerrte an der Leine. In den Büschen musste etwas Interessantes liegen.

Sie hielt Sammie zurück. Sowohl Hund als auch Frauchen fuhren furchtbar zusammen, als es in den Büschen krachte und ein Reh auf die Wiese sprang.

Irene sah zu dem düsteren Klinikgebäude hinüber. Die blinden schwarzen Fenster blickten bedrohlich zurück. Ungewollt suchte sie mit den Augen das kleine Speicherfenster, hinter dem zwei Krankenschwestern in einem Abstand von fünfzig Jahren erhängt aufgefunden worden waren. Bei diesem Gedanken schauderte es sie. Im nächsten Augenblick ließ ihr der Schrecken das Blut in den Adern gerinnen.

Hinter dem Fenster der kleinen Dachgaube meinte sie die Konturen einer Person zu erkennen, die direkt vor dem Fenster stand. Eine schwach silberglänzende Handfläche wurde gegen die Scheibe gedrückt. Sie blieb auf ihr haften, bis sich die restliche Gestalt aufgelöst hatte und eins mit dem Dunkel geworden war.